김정은시대 북한사회복지

페이소스와 뫼비우스

김정은시대 북한사회복지
페이소스와 뫼비우스

초판 1쇄 발행   2020년 2월 28일
초판 2쇄 발행   2023년 2월 28일

저 자 ㅣ 이철수
발행인 ㅣ 윤관백
발행처 ㅣ 선인

등 록 ㅣ 제5-77호(1998.11.4)
주 소 ㅣ 서울시 양천구 남부순환로 48길 1
전 화 ㅣ 02)718-6252 / 6257   팩 스 ㅣ 02)718-6253
E-mail ㅣ sunin72@chol.com

정가 85,000원

ISBN 979-11-6068-361-5 93300

김정은시대 북한사회복지

페이소스와 뫼비우스

이 철 수 저

선인

아버지의 이름으로……

가장 중요하지만 아무도 관심이 없고,
쉽게 도달할 수 없는 영역

1992년 무더운 여름이었다. 자의 반 타의 반으로 방황하고 있던 나에게 이 분야를 연구하면 나중에 큰 빛을 볼 거라고 하셨던 은사님의 꼬임(?)에 속아 지금까지도 이 길을 가고 있다. 하지만 작은 빛은커녕, 되려 나 자신을 학대하며 빚을 지고 산다. 또, 30년 전 고향의 지관이 말하기를 '나라의 큰 쓰임을 받을 학자가 나올 명당'이라는 예언은, 이제 공허하다 못해 허망하고 잔망스럽다.(나라가 관심이 없는데 무슨 큰 쓰임... 혹여 그대는 아는가? 이것이 얼마나 중요한지. 그리고 지금 그대와 내가 무엇을 하고자 하는지.)

하여, 아무도 관심이 없는 것을 홀로 하고 있다. 그러다 보니 올해로 북한·통일 사회복지를 연구한 지 22년째이다. 달리 연구하고픈 분야도 없고, 다른 분야를 연구할 만큼의 흥미도 느끼지 못하고, 선뜻 후임도 나서지 않는다. 또 무엇보다 이 분야의 연구들에 관한 지식과 정보가 기존의 관점과 상당부문 달리하고, 접근도 녹록하지 않으니 그저 혼자 공부할 뿐이다. 그렇지만 인성이 모진 탓에 그다지 외롭지도 않고 심심하지도 않다. 한편으로 여전히 공부해야 할 분야가 많은 탓도 있다.(나의 삶과 앎의 궤적은 같다. 하여 이견 없이 내가 통일·북한사회복지 연구이고 통일·북한사회복지가 바로 나다.)

지금까지 싫든 좋든 간에 평생 이 분야를 연구하면서 늘 마음 한 칸에 남아 있는 것은, 필부마저도 이 분야의 중요성과 필요성은 공감하지만, 막상 뭔가 하려 하면 그다지 관심이 없고, 그 누구도 이 분야를 체계적으로 접근하거나 연구하려 하지 않는다는 것이다. 이러한 원인은, 이를 제대로 가르치는 데가 없고 이 분야를 전공한들 그리 주목받지도 못하고, 연구하기도 만만치 않은 '융복합 응용' 분야이기 때문이다. 아울러 이 분야를 깊이 연구한다 해도 고용이 보장된다는 확신도 없다.(그러니 누가 전공하고 싶겠는가? 하루빨리 이러한 연구환경이 깨지기를 학수고대한다.)

우리 민족에게 통일보다 중요한 것이 무엇이며, 통일에 있어 복지보다 중요한 것이 있단 말인가! 이 분야의 전문가가 없는 가운데에 무엇을 제대로 할 수 있단 말인가! 모름지기 시험을 잘 보려면 평소에 열심히 공부해야 한다. 이미 이러한 이치를 알고 있음에도 불구하고 실천하지 않는다는 것은 무지몽매한 사람들이나 하는 짓이다.(그러니 이제라도 정부가 나서야 한다. 이것은 한 사람이 할 일이 아니다. 지식의 독점도 위험하지만, 이보다 더욱 위험한 것은 지적 오류로 인한 비극적인 결과다.)

무릇, 일본 속담에 "대장장이가 없어 말발굽을 만들지 못했고, 말발굽이 없어 준마를 잃어버렸고, 준마를 잃어버려 연락을 못 했고, 연락을 못 해서 전쟁에 졌고, 전쟁에 져서 나라를 빼앗겼다"라는 말이 있다. 기실, 일종의 나비효과를 은유적으로 표현한 것이고 다소 과장되지만 적어도 북한·통일 사회복지연구에서는 곱씹어 볼 말이다.

그러나 그럼에도 불구하고 통일사회복지 연구환경의 경우 과거와 비교해 볼 때 별로 달라진 게 없다. 이 중차대한 사안을 일개 개인이 연구하는 작금의 현실 말이다. 따라서 앞으로는 전공자를 길러내고 연구의 지속성을 담보해야 통일 이후 희망이 보인다.(그게 바로 애국이다. 이 점에서 필자는 매우 심각함을 지나 그 이상의 위험이라 생각한다.)

근 2년 이상 정부 출연 연구기관에서의 외도(?) 이후 학교로 복귀한 필자는 미친 듯이 연구했다. 그것인 아마 새로운 문제의식과 나름대로의 연구 지도(MAP)가 그동안의 경험과 노하우를 통해 설정되었기 때문이다. 이 책은 그러한 차원에서 집필한 것이다. 솔직히 말하자면, 달리 참고할 만한 글도 없고 행여 읽어본들 큰 도움이 되지도 않았다. 오히려 연구주제에 푹 빠져들어 해석하는 것이 더욱 재미있었다. 이제 철이 드는 모양이다. 이 나이에 공부가 더욱 재미있으니 말이다.

불편한 진실: 연구자, 연구의 왜곡과 무책임

최근에 연구물들이 간간히 나오긴 했지만, 필자가 보기에 대다수 연구의 경우 많이 부족한 정도가 아니라 북한을 잘 모르고 기존의 자기지식의 총량에 입각한 견해와 입장에 따라 극과 극을 오고 가고 있다.

특히 보건의료의 경우 남북한 교류협력 차원에서 종종 다루어지나, 필자가 보기에 여기는 더욱 심각한데, 북한을 아예 모르는 상태에서 이른바 '보여주기식', '주목받기식' 연구가 태반이다. 아울러 북한을 팔아서 무엇인가 해보자는 이벤트식 연구는 오래가지도 않지만, 실천현장으로 잘 연결되지도 않는다.(북한도 이를 잘 알고 있다.)

특히 이분들이 논하고 다루는 영역은 '북한보건의료'이다. 북한.

보건. 의료. 즉, 북한을 알아야 다음 주제로 넘어가는데, 북한을 대충 건너서 바로 넘어가다 보니 예컨대, 보건의료의 고유한 영역인 '질병'이나 '치료'와 같은 기술적인 차원 이외에 크게 다룰 수 있는 부문이 부재하다. 이 정도로는 지속적인 연구 발전을 결단코 담보하지 못한다.(통치사상이 보건의료제도에 반영된 북한의 경우 통일 이후 무상치료제의 사회보험화는 자존의 상실이 아닌, 존재의 부정이라 매우 정치적인 이슈이다. 그만큼 어렵고 복잡하다. 한편 이와 마찬가지로 복지의 경우 인민시책의 정치성을 이해해야 북한식 복지를 이해할 수 있다. 이에 자신의 지적 교만으로 인해 북한사회복지의 기초와 기본을 학습하지 않은 연구자가 의외로 많다.)

사실에 대한 왜곡은 더욱 심한데, 2018년 12월 정부출연 연구기관에서 발간된 북한보건의료 관련 보고서를 보면, 북한의 보건의료제도를 설명하면서 1946년 「사회보험법」에서 북한이 무상치료제를 선포했다고 하는데, 이는 전혀 사실이 아니다. 왜냐하면, 법령 자체가 '사회보험법'인데 무슨 무상치료인가? 당시 북한의 사회보험 원리에서 무상은 극히 일부분이었다. 북한은 「사회보험법」에서 '의료상 방조'를 강조했을 뿐, 무상치료제를 선포한 적이 없다. 그저 일부 치료를 무상으로 제공했을 뿐이다. 그리고 사회보험 원리에 입각한 것이기에 수급자는 재정부담을 하였다. 그러니 이는 사실이 아니다.(비전공 연구자의 일부 무분별한 인용에 따른 가짜정보의 확대재생산은 곡해를 넘어 왜곡으로 간다.)

또한, 동 보고서에서 인용한 북한의 1952년 11월 '전반적인 무상치료제를 실시할 데 관하여'라는 내각 결정은 한국전쟁 기간에 발효된 것이다. 이에 대한 해석은 세 가지 관점으로 요약된다. 먼저 '전반적'이라는 의미는 전면적이 아님에 따라, 이는 북한이 무상치료제를 전

지역과 주민에게 적용하고자 노력한다는 의미이지 온전히 완료된 것이 아니다. 다음으로 돌이켜 생각해보면, 전쟁 부상자와 인민들에게 무상치료 말고 달리 적용할 제도가 있는가? 반면 남한은 그럼 환자들을 무상이 아닌 유상으로 치료했나? 또한, 유상치료제라면 당시 다수의 환자들이 이를 부담할 여력이 있었는가? 그것도 전쟁 통에 말이다. 더욱이 당신이 의사라면 이들에게 차마 치료비를 달라 하겠는가? 이는 치명적인 사실의 왜곡과 환경에 대한 몰이해이다. 마지막으로 현실적으로 무상치료제의 완성은 법제, 자원, 인력, 조직, 재원, 기술, 인프라가 구축되고 유지해야 한다. 따라서 시간적으로 한 방에 끝낼 수 있는 사안이 아니다. 더욱이 당시 북한은 보건의료를 발전시키기 위해 노력 중이었을 뿐이다. 정도의 차이는 있지만, 이러한 왜곡은 최근 발간된 민간 주도의 북한보건의료 소개에도 그대로 나타난다.(이쯤 되면 답답하다 못해 갑갑하다. 요즘 애들 표현을 빌리자면 노답이다.)

아울러 중복연구의 행태도 매우 심각한데, 마치 기존에 부재한 것처럼 포장하여 대대적으로 이를 알리고 미디어도 이를 처음인 듯 기사화한다. 이미 잘 정리된 자료가 있는데도 말이다.(이건 양심을 넘어선 영혼의 문제이다.)

결국 중요한 것은 첫째, 이러한 원인이 어디에 있느냐, 둘째, 왜곡된 사실에 대한 책임 주체는 누구인가, 셋째, 왜곡된 사실의 전파로 인한 제3자의 시각과 인식에 대한 책임은 누구의 몫인가, 넷째, 반대로 그렇다면 균형 잡힌 사실과 해석을 어떻게 해야 하나이다. 그러나 결국 이는 아무도 책임을 묻지 않기 때문에 아무도 책임질 필요가 없다.(내 눈에는 보이는데, 참 쉽고 편하게들 말한다. 거짓된 사실을... 반대로 실업이 사실상의 불법인 북한에서 장애인고용률이 높다는 것을 부러워

한다면 뭘 몰라도 한참을 모르는 것이다. 이러한 원인은 제대로 공부한 전공자가 아예 없기 때문이다.)

움직이는 이동표적에서 '신의 한 수'는 없다.
다만 '신의 훈수'일 뿐.

통일 이후 남북한 사회복지통합은 매우 어려운 작업이다. 더욱이 남북한은 너무나 상이한 복지체제이기 때문에 독일과 같은 통합이 구조적으로 성립될 수 없다. 일견, 독일은 단일한 복지체제가 분리되어 운영되었다가 다시 통합되는 과정이었다고 할 수 있다. 그래서 어찌 보면, 독일은 매우 럭키(?)한 복지통합이었다. 그러나 남북한은 출발점이 서로 다른 복지이념과 역사, 분야별 제도, 운영원리, 법령, 재정, 전달체계, 인프라 등 비교적 동일한 부문이 극히 일부이다.

하지만 시간을 갖고 노력한다면 충분히 극복할 가능성이 있다. 그러나 한 가지 분명한 것은 필자가 보기에 남북한 사회복지통합에서 '신의 한 수'는 없다는 것이다. 단지, '신의 훈수'는 가능하다. 여기에서 '신의 훈수'란 엄중한 통합과정에서 발생하는 적절한 상황별·제도별 처방을 의미한다.

즉, 복지는 제도와 현실이 바퀴처럼 엉켜서 해마다 조금씩 변화하는데, 이는 남한이 북한에 비해 더욱 잦다. 따라서 남북한 사회복지통합은 통일 당시 남북한의 제도와 상황, 환경에 맞게 멀리 보고 가야 할 부문과 그렇지 않을 부분으로 나누어야 한다. 그리고 이는 마치 전투행위와 비슷하다.(이에 대한 자세한 내용은 필자의 『통일복지디자인: 엑스(X)자 시소』를 참조하기 바란다.)

그러나 아이젠하워가 말하기를 '모든 작전은 전투가 시작되면서 무용지물이 된다'라고 하였는데, 이는 예상치 못한 돌발변수로 인해 계획대로 이행하기 어려움을 토로한 것이다. 필자가 보기에도 이 분야의 전문가와 북한에 대한 정보가 부족한 가운데에 막상 통일 이후 정책결정자가 과연 얼마나 잘 할 수 있을지는 미지수이다.(그러니 정부는 이 분야의 전문 관료들을 분야별로 길러야 한다. 행여 한국전쟁 초기처럼 축차 투입하면 큰일이다. 나라의 흥망이 달린 문제다.)

총 4부 22장, 용어, 법제, 국가이행보고서, 노동복지 분석

지금 현재 북한사회복지는 한마디로 '국가 빈곤으로 인한 주민의 비자발적 자립' 상태가 장기간 지속되어 신분, 지역, 소득별로 복지의 다층트랙이 형성되어있다. 특히 북한사회복지의 '시장화'와 '상품화'는 이미 고착되었고 국제기구를 통한 복지공급도 장기간에 걸쳐 이루어지고 있다. 즉, 북한의 복지공급 주체가 국가, 시장, 개인, 국제(민간)기구, 외국으로 구분되는 가운데에 이것이 다시 '개별 (무)획득'과 '무상지원'체제로 다변화하였다. 결국, 이로 인해 북한의 '복지독립'은 사실상 요원하다. 더욱이 국제사회의 대북 경제제재가 장기화될수록 앞으로 더욱 심각한 위기에 직면할 것이다.

이러한 반면 그동안 북한의 사회가 일부 자본주의화한 것과 복지는 큰 관계가 없다. 왜냐하면 앞서 언급한 것과 같이 북한은 2000년대 이후 복지공급 주체가 크게 국가와 신분에 따라 이미 달리했기 때문이다.

이러한 이유로 이 책의 부제가 '페이소스와 뫼비우스'인 것이다.

여기에서 페이소스는 북한 주민의 삶의 질에 대한 것을 현학적 의미이고 뫼비우스는 북한의 복지수준이 웬만해서는 회복될 기미가 보이지 않기 때문에 그저 뫼비우스의 띠처럼 안과 밖이 구분되지 않는다는 의미이다.(이를 지켜보는 필자의 마음은 누구보다 착잡하다. 하루빨리 북한이 복지독립 되기를 기원한다.)

각설하고, 이 책은 필자가 지금까지 출간한 책 중에서 가장 많은 공을 들인 책이다. 이 책을 내용 중심으로 구분하면 북한사회복지의 기초부문, 기본 현황과 핵심 법제, 최근 북한 취약계층의 보건복지, 북한의 노동복지(법제) 순으로 필자가 계획대로, 의도대로 연구한 것을 정리한 것이다. 다시 박사학위 논문을 쓰는 자세로, 열악한 통일·북한사회복지 연구환경에 대한 독립운동을 하는 심정으로 임한 이 책의 구성은 다음과 같다.

먼저 도입 부분인 제1부는 (남)북한사회복지 용어를 탐색하였다. 이에 먼저 제1장에서 남북한 간의 사회복지 용어를 비교하였고 상호 대체 가능한가를 살펴보았다. 이어 제2장에서 북한의 사회보장에 대한 정의를, 제3장에서 북한의 사회보험에 대한 정의를 각각 시대별로 추적하고 탐색하였다. 특히 제1부는 기존에 부재한 연구이자 미공개 논문으로 이 책을 통해 최초로 공개하였다. 이는 북한사회복지 연구의 도입이자 기초부문에 해당된다.

다음으로 제2부는 북한 사회복지 법제의 중요한 부분을 다수 고찰하였는데, 이에 제4장에서 김정은시대 북한사회복지 동학을 이념과 제도, 현실부문으로 나누어 정리하였다. 이 부문은 김정은시대를 북한사회복지의 가장 최근의 변화를 주요 쟁점별로 분석한 것이다. 제5장은 2000년대 이후 북한사회복지 법제 동향에 대해 간략히 살펴보았다. 이어 제6장부터는 북한의 사회보장, 노인, 여성, 아동, 장애인에 대한 각 개별 법령을 분석하였다. 즉, 현존하는 북한의 대표적인 사회복지법제들을 모두 살펴보았다. 이에 제6장은 사회보장법을, 제7장은 년로자보호법을, 제8장은 녀성권리보장법을, 제9장은 아동권리보장법을, 제10장 개정된 장애자보호법을 각각 분석하였다. 이 부분은 필자의 비교적 최근의 연구이자 극히 일부는 미발표연구이다.(한편 여성권리와 아동권리 관련 법령은 직접적인 복지법령으로 보기에는 일정부문 한계가 있다.)

그러나 다른 한편으로 북한의 2008년 「사회보장법 시행세칙」과 「사회보험규정」 자료를 획득하지 못해 매우 아쉽다. 양 법령은 북한사회복지 법제의 핵심 중의 핵심인데 대외자료라 접근이 원천 봉쇄되어 있었다.(양 법령은 남북한 사회복지통합의 법제적 기준이다.)

그다음으로 제3부는 최근 발표된 북한의 세 가지 국제협약 국가이행보고서를 분석하였다. 이에 제11장은 고용을 중심으로 여성차별철폐협약을, 제12장은 보건 인프라를 중심으로 여성차별철폐협약을, 제13장은 복지를 중심으로 아동권리협약을, 제14장은 보건을 중심으로 아동권리협약을, 제15장 협약원칙의 쟁점을 중심으로 장애인권리협약에 대한 국가이행보고서를 각각 분석하였다. 이 부분은 필지가 2019년에 연구한 것으로 매우 흥미롭고 험난한 작업이었다. 특히 동 보고서는 북한의 지적 수준과 인식이 곳곳에 나타나있다.

마지막으로 제4부는 북한의 노동복지 법제 부문으로, 제16장은 북한의 경제특구 노동복지 체제를 개성과 라선을 중심으로 비교하였는데, 북한의 최근 변화가 가장 많이 나타나는 부문이다.(아마 북한전공자라면 그들의 변화에 놀랄 것이다.) 제17장은 라선경제무역지대 외국투자기업로동규정과 경제개발구 로동규정의 복지법제를 비교 분석하였다. 제18장은 외국인투자기업 로동규정과 외국인투자기업 로동법을 중심으로 북한의 외국인투자기업 노동복지 법제를 비교하였다. 제19장은 경제개발구 로동규정을 중심으로 북한의 경제개발구 노동복지를, 제20장은 북한의 노동복지 법제를 로동법과 외국인 투자기업 로동법을 비교 분석하였다. 제21장은 외국인투자기업 로동규정과 개성공업지구 로동규정을 중심으로 북한경제특구의 노동복지 법제를 비교하였다. 이에 제4부의 경우 북한의 노동복지 법제에 대한 접근을 교차 연구한 것으로 찬찬히 살펴보면 북한의 사회복지에 대한 북한의 속내가 나타난다.(필자 임의로 비교법령의 무게와 최신 법령 순으로 실었다.)

보론인 제22장에서는 통일 이후 가장 큰 이슈인 남북한 군인연금 통합에 대해 초보적 수준에서 다루었다.(북한은 이미 이를 알고 대비하는 듯하다.) 또한 부록Ⅰ의 경우 남북한 사회복지 용어를 간략히 비교 정리하였다. 이어 부록Ⅱ에서는 북한의 법령을 소개하였는데, 여기에는 「사회보장법」, 「년로자보호법」, 「라선경제무역지대 외국인투자기업 로동규정」, 「라선경제무역지대 외국인투자기업 로동규정시행세칙」을 실었다. 그리고 이는 최근 북한의 대표적인 변화를 감지할 수 있는 의미 있는 법령들이다. 모쪼록 이 책이 통일·북한사회복지를 연구하는데 일조하기를 기대한다.(참고문헌은 필자 임의에 따라 각 장을 독립적으로 정리하였다.)

끝으로 지면을 빌려, 그동안 필자에게 많은 지지와 격려를 해주신 모든 분들께 진심으로 감사의 마음을 드린다. 은사이신 이정희 전 한국외대 교수님, 서경교 교수님, 장경룡 전 광주여대 교수님, 안병민 한국교통연구원 박사님께 감사와 고마움을 전한다. 물심양면으로 연구를 지원해주신 한양대 최진우 교수님께 깊은 감사를 드린다.

또한, 일찍이 통일사회복지의 필요성을 공감한 국민연금연구원 이용하 원장님, 필자를 아우로 여기는 대진대 소성규, 정병화 교수님, '69 동우회' 회원인 김동엽, 임수호, 정영철, 황규성 박사님께도 동지애의 감사를 드린다. 후배인 혁창과 승열, 대진과 지성, 춘홍의 응원에 고마움을 전한다. 또한 멀리 하버드에서 필자를 응원하는 이화영 박사님께도 감사드린다. 특히 모두가 외면할 때, 의기투합한 '통일사회보험포럼' 식구들에게 감사의 마음을 표한다. 아울러 편집하느라 고생한 도서출판 선인의 관계자분들께도 감사를 표한다.

지면 관계상 이 책에서 언급하지 못한 분들은 필자의 마음 안에 항시 있고 앞으로도 영원하다. 이러한 마음의 빚은 미력하나마 앞으로 더욱 좋은 연구로 보답하고자 한다. 또 연구할 다음 과제를 떠올리니 기대와 한숨이 교차한다. 마음에 남아있는 빚만큼 아직도 해야 할 일이 많이 남아있다. 늘 그랬듯이, 무릇, 누가 뭐래도 나는 언제나 내 길을 홀로 표표히 간다.(다음 연구는 북한사회복지법제이다.)

통일 대한민국 사회복지를 위하여
2020년 2월 저자 올림

<대표적인 북한의 사회복지제도와 급여>

장애보조금, 재활, 시설보호		
무의무탁 아동보호	산전산후휴가	노인요양시설보호
	최저임금 · 최저생계비	
(특구)	퇴직보조금 · 생활보조금	
	인체보험	저축성 연금
	국가사회보험 · 국가사회보장	영예군인연금

제도

무상보육	무상교육	폐질연금 · 노동능력상실연금	연로연금	국가공로자연금

무상치료
인민 시책: 의 · 식 · 주 공급제
전 인민

연령

· 0세	· 만 17세	· 만 60세 이상

* 비고: 각종 보조금 다수 존재.

목차

서문 5

제1부 북한사회복지 용어

제1장 남북한 사회복지 용어 비교
소득과 복지를 중심으로   23

제2장 북한의 사회보장 정의 탐색
북한의 공식사전을 중심으로   67

제3장 북한의 사회보험 정의 탐색
북한의 공식사전을 중심으로   105

제2부 북한 사회복지 법제

제4장 김정은시대 북한사회복지 동학
이념·제도·현실을 중심으로   147

제5장 2000년대 이후 북한사회복지 법제 동향   197

제6장 북한 사회보장법 법적 분석
기존 사회복지 관련 법령과의 비교를 중심으로   221

제7장 북한 년로자보호법의 의의와 한계
타 법령과의 비교를 중심으로   261

제8장 북한 장애인복지 법제의 지속성과 변화 고찰
장애자보호법의 개정 내용 비교를 중심으로   307

제9장 북한의 녀성권리보장법에 대한 탐색적 분석
기존 관련 법령과 비교를 중심으로   349

제10장 북한 아동권리보장법 분석
교육, 보건, 가정 관련 조항을 중심으로   381

제3부 북한의 국제협약 국가이행보고서

제11장 북한의 여성차별철폐협약 국가이행보고서 분석
제2·3·4차 통합보고서 고용복지 조항을 중심으로   425

제12장 북한의 여성차별철폐협약 국가이행보고서 분석
제2·3·4차 통합보고서 보건 인프라를 중심으로   479

제13장 북한의 아동권리협약 국가이행보고서 분석
제5·6차 통합보고서 복지조항을 중심으로   503

제14장 북한의 아동권리협약 국가이행보고서 분석
제5·6차 통합보고서 보건조항을 중심으로   557

제15장 북한의 장애인권리협약 국가이행보고서 분석
협약원칙의 쟁점을 중심으로   599

제4부 북한의 노동복지 법제

제16장 북한 경제특구의 노동복지 체제분석
개성과 라선 비교를 중심으로   667

제17장 북한의 경제특구 복지법제 비교분석
라선경제무역지대 외국투자기업로동규정과 경제개발구 로동규정을 중심으로   721

제18장 북한의 외국인투자기업 노동복지 법제 분석
외국인투자기업 로동규정과 외국인투자기업 로동법을 중심으로   757

제19장 북한의 경제개발구 노동복지 법제분석
경제개발구 로동규정을 중심으로   803

제20장 북한의 노동복지법제 비교분석
로동법과 외국인투자기업로동법을 중심으로   839

제21장 북한경제특구의 노동복지법제 비교분석
외국인투자기업 로동규정과 개성공업지구 로동규정을 중심으로   877

보론

북한의 군인연금에 대한 일고
통합 쟁점을 중심으로   919

부록 Ⅰ   남북한 사회복지 용어 비교   945
부록 Ⅱ   957
조선민주주의인민공화국 사회보장법   959
조선민주주의인민공화국 년로자보호법   966
라선경제무역지대 외국투자기업로동규정   973
라선경제무역지대 외국투자기업로동규정시행세칙   981

제1부

북한사회복지 용어

제1장

남북한 사회복지 용어 비교
소득과 복지를 중심으로

Ⅰ. 서론

남북한에 있어 사회복지의 중요성은, 크게 통일 이전 남북한 교류
협력 단계와 통일 이후 남북한 통합단계로 구분된다. 그러나 통일
이전 교류단계와 통일 이후 통합 단계를 떠나 남북한 사회복지는 양
체제 차이만큼 이질적이다. 그리고 이는 분단 이후 파생한 남북한
각각의 상이한 체제 형성 차이에 기인한다. 또 한편으로 더욱 중요
한 것은 남북한 양자 모두 사회복지 기능을 하는 제도가 각각 존재
하고 있다는 것이다. 그리고 이렇게 남북한에 각기 존재하는 사회복
지를 개념적으로 정의하고 나름대로 정리한 것이 바로 사회복지를
포함한 이와 관련된 공식 용어이다. 따라서 남북한이 각각 상호 정
의한 사회복지 관련 용어는 남북한이 생각하는 인식을 있는 그대로
반영한 것이다.

특히 이와 관련 남한에 비해 북한의 경우는 더욱 더 다른 차원의
의미를 갖는다. 왜냐하면 북한은 사적 정의의 영역이 허용되지 않는
전체주의 국가이기 때문이다. 때문에 북한이 나타내고 있는 용어에

대한 설명이나 표현은 상대적으로 남한에 비해 단일하고 체제의 공식적인 의미를 갖는다. 따라서 상대적으로 용어에 대한 자의적인 해석이 존재하고 이에 경우에 따라 상반된 견해와 의견이 존재하는 남한과 달리 북한은 이와 정반대의 행태를 보인다.

즉, 남한과 달리 북한의 공식문헌은 그들의 인식을 대변하는 수단이자 기제이다. 따라서 북한의 공식문헌에 대한 분석은 그들의 사고와 인식, 관심 영역, 문제의식의 정도 등을 파악할 수 있는 중요한 근거이다. 특히 북한이 공식적으로 발간하는 사전의 경우 1차 자료내지는 원 자료에 해당되지만 더욱 중요한 의미를 갖는다. 왜냐하면 북한 스스로 특정사안에 대해 그들의 인식을 나름대로 정리한 것이기 때문이다. 이에 북한·통일연구에 있어 '북한의 사전'이 갖는 기능과 의미는 실로 지대하다 하겠다.

반면 다른 한편으로 용어에 대한 정의가 갖는 중요성과 의미는 그 실행 여부를 떠나 상당한 의미를 갖는다. 왜냐하면 용어의 존재 자체가 인식을 반영하고 해당 용어에 대한 설명이 바로 그 용어에 대한 견해를 나타내기 때문이다. 이러한 점에서 남북한 사회복지 용어 비교는 역으로 남북한이 각기 인식하는 사회복지에 대한 철학과 인식을 보다 더 직접적으로 판단하거나 가늠할 수 있는 중요한 잣대가 된다. 물론 특정 사회복지 용어의 존재가 형식적이거나, 단순히 사회복지제도나 사회복지용어로써만 존재하는 측면도 있다. 또 한편으로는 남북한이 동일한 용어를 상호 달리 인식하거나 해석할 개연성도 충분히 존재한다. 그러나 이러한 과정에서 발견하는 남북한 견해와 인식의 공통점과 차이점은 상당한 의미를 갖는다. 따라서 본 연구는 바로 이러한 문제의식에서 출발한다.

본 연구가 탐색하고자 하는 사회복지와 관련, 남북한이 각기 다른 행태로 존재하는 사안과 용어도 있다. 가령 사회복지란 용어의 경우 북한에서는 사용하지 않는 용어이나 아이러니하게도 사회복지와 관련된 '사회복지법인'에 대한 언급은 있다. 이에 대해 북한은 "사회복지사업의 진행을 목적으로 하여 설립되는 법인. 부르죠아 민법에서 쓰이는 용어이다. 이 법인은 사회복지사업을 진행하는 외에 그 사업의 경영에 충당하기 위하여 리득을 얻기 위한 사업도 진행할 수 있다"[1]라고 언급하였다.

이에 북한은 남한의 사회복지법인에 대해 나름대로 그들의 시각에 입각하여 해석하고 있다 하겠다. 그리고 이는 북한이 남한의 '사회복지'에 대한 뚜렷한 인식을 반영하고 있지는 않으나 '사회복지법인'에 대한 그들의 사고를 직접적으로 엿볼 수 있는 부문이다. 아울러 북한이 명시한 이러한 내용의 경우 일부 사실도 있으나 그렇지 않은 경우도 있다. 가령 북한이 인지하는 사회복지법인은 남한에서 민법상의 용어만은 아니고 광범위한 표현이며 영리사업을 주요 목적으로 하지 않는다.[2]

반면 '사회복지'의 경우 남한의 헌법 "제34조에서는 사회복지를 사회보장과 구별하여 사용하고 있으나 그 의미나 내용에 대한 언급은 없다. 따라서 사회복지의 의미는 사회복지를 사회보장의 일부로 보는 견해, 사회보장, 보건위생, 노동, 교육, 주택 등 생활과 관계되는 공공시책을 총괄한 개념으로 보는 견해, 생활에 관계되는 공공시책 그 자체가 아니라 이와 같은 시책을 국민 개인이 이용하고 개선하여

---

[1] 사회과학원 법학연구소, 「민사법사전」 (평양: 사회과학출판사, 1997), 339쪽.
[2] 그러나 다른 한편으로 더욱 중요한 것은 이에 대한 동기와 해석을 차치하도라도 북한이 남한(혹은 자본주의체제)의 용어를 그들의 공식문헌에 수록했다는 것이다. 다시 말해 이는 북한의 인식의 한 칸에 남한이 존재한다는 것이다.

자신의 생활문제를 자주적으로 해결하게끔 원조함을 의미한다는 견해 등 여러 가지로 풀이되고 있다.…사회복지는 UN의 정의, 즉, 사회복지란 개인, 집단 지역사회 및 여러 제도와 전체사회 수준에서 사회인으로서의 기능이나 사회관계의 개선을 목적으로 한 개인의 복지(personal welfare)증진을 위한 갖가지 사회적 서비스와 측면적 원조(enabling process)라는 것과 내용을 같이 한다. 그러나 사회복지가 사회보장이나 보건의료 등의 생활관련 시책과 다른 고유성으로 사회복지는 인간의 행동과 해결, 생활욕구의 충족 그리고 개인과 제도관계의 문제처리에 채용하는 전체적 종합적 접근법에 있다"[3]고 본다.

따라서 북한은 사회복지라는 용어보다는 사회복지법인 이라는 용어를 통해 간접적으로 사회복지를 표현한 반면 남한은 사회복지와 사회복지법인이라는 두 용어에 대한 견해가 각각 존재한다. 또한 이렇듯 북한에 비해 남한이 상대적으로 특정 용어에 대한 해석이 구체적인데, 이는 남북한 양 체제의 이질성에서 비롯된 체제근친성과 밀접한 관련이 있다. 즉, 후술했지만 기본적으로 남북한 모두 사회복지나 사회보장에 있어 자신들의 체제에 근접한 용어의 경우 해석상 적극적인 행태를 갖는다. 다시 말해 남북한 모두 특정 용어에 대한 정의나 해석이 각기 다른 행태로 존재해 온 체제에 종속 내지는 예속되는 행태를 나타내고 있다.[4]

한편 북한은 상술한 바와 같이 남한과 같은 사회복지에 대한 정의

---

3) 이철수, 「사회복지학사전」 (서울: 혜민북스, 2013), 415쪽.
4) 반면 남북한의 표현의 차이도 있는데, 가령 남한의 '기업연금'과 '퇴직연금', '개인보험'을 북한은 각각 '자가연금'과 '자가보험'으로 표기하고 있다. 사회과학원 세계경제 및 남남협조연구소, 「현대세계경제사전」 (평양: 사회과학출판사, 1998), 475쪽.

는 없지만 우회적으로 사회복지에 대한 그들의 인식이 나타난 부문은 있다. 북한은 사회개발비에 대해 "남조선의 괴뢰예산을 기능별로 묶었을 때 교육, 문화, 보건, 및 ≪사회복지≫를 위한 지출들을 총괄하는 항목. 남조선괴뢰들은 예산을 편성할 때 교육, 문화, 보건, 및 ≪사회복지≫를 위한 지출들을 해당 주관 부서별로 묶는 동시에 그 용도들을 기능별로 명시하고 있다. ≪사회개발비는≫는 명목뿐이며 실제 근로자들을 위한 교육, 문화, 보건, ≪사회복지≫에 지출되는 것은 거의나 없다…"[5]라고 하고 있다.

이를 근거로 하면, 북한은 남한의 사회개발비에 대해 대단히 부정적인 비판을 하고 있다. 하지만 북한은 자신들의 시각으로 남한의 사회개발비를 정의하는 가운데에 그 속에 나타난 사회복지에 대해 간접적으로 표현하고 있다. 여기에 나타난 북한의 남한사회복지에 대한 인식은 직접적이지는 않으나 통상, 남한이 인식하는 사회복지와 차이가 나타나지 않는다. 아울러 이는 북한이 남한사회복지에 대해 무관심하거나 무지하지 않고 일정부문 인지하고 있음을 반증한다.

이러한 문제의식 하에 본 연구의 목적은 거시적-구조적 수준에서 남북한의 주요 사회복지 용어를 비교하여 그 개념과 정의 차원의 공통점과 차이점을 분석하는 것이다.[6] 이에 본 연구는 연구영역을 ① 소득, ② 복지 두 부문으로 구분하여 접근하는데, 이러한 이유는 소득과 복지의 상관관계 때문이다. 또한 본 연구의 서술순서는 현존하는 남북한의 사회복지 용어를 놓고 상술한 바와 같이 소득, 복지 순으

---

5) 사회과학출판사, 「재정금융사전 1」 (평양: 사회과학출판사, 1995), 652쪽.
6) 이에 따라 본 연구에서 미시-행위적 수준의 남북한 사회복지제도와 관련한 주요 용어는 연구대상과 범위에서 제외된다.

로 추적하고자 한다. 이에 본 연구의 방법은 용어의 개념을 해석하고 정의한 남북한의 공식문헌, 특히 각종 사전을 중심으로 문헌조사 기법을 통해 해당 용어의 해석상의 존재와 부재 여부, 존재하는 경우 공통점과 차이점을 비교 분석하고자 한다. 이에 남한의 경우 「사회복지학사전」, 「사회복지용어사전」, 「시사경제용어사전」, 「남북한 학술용어비교 사전」, 기타 관련 법령과 사전 등을 중심으로 한다. 반면 북한의 경우 「경제사전 1 · 2」, 「재정금융사전 1 · 2」, 「법학사전」, 「정치사전」, 「조선말대사전」, 「조선대백과사전(전자자료 별도)」, 「민사법사전」, 「현대세계경제사전」 등을 중심으로 한다.7)

한편 이와 관련 기존 연구의 경우 남북한의 사회복지제도나 체제를 비교하거나 통일을 대비한 통합방안을 연구하거나, 북한의 개별 사회복지에 대한 제도와 실태를 조사한 연구는 다수 존재한다. 또한 남북한 용어의 경우 '인문사회 학술용어', '남북한 통일어', '남북한 생활용어', '북한용어사전', '남북한 언어 비교', '남북한 IT용어 비교', '북한법령 용어' 등을 연구한 경우가 있고 이와 별도로 '남북관계 지식사전', '북한지식사전' 등이 있다. 그러나 동 연구들의 경우 다수의 사회복지 용어가 언급되어 있지 않다.8) 이에 본 연구와 같이 남북한

---

7) 한편 본 연구의 주요 분석대상인 북한사전의 경우 2012년 김정은시대 이전 자료를 중심으로 하는데, 이러한 이유는 최근 북한의 공식적인 사전이 발간된 사례가 빈번하지 않기 때문이다. 역으로 이러한 경우 그동안 북한의 변화한 인식을 반영할 수 있는 가능성이 낮을 수 있다. 하지만 현재까지 북한의 공식화된 자료를 중심으로 분석하기 때문에 연구의 오류성을 최소화하고자 한다. 또한 다른 한편으로 개정 발간된 이후 증보된 북한의 공식사전 또한 부족한 것도 사실이다. 이에 자칫 북한의 오랜 과거 시각만을 반영할 수 있는 연구 접근 자체에 대한 문제도 제기된다. 이러한 점을 의식하여 본 연구는 중복된 용어의 경우 가능한 시차별로 이중 · 중복된 북한의 정의를 참조하였다.

8) 한편 이와 관련 2006년 남북한 공동으로 '겨레말큰사전 남북공동편찬사업회'가 출범, 남북한 공동편찬 사업이 매년 분기별로 열렸다. 하지만 남북 관계의 부침으로 중단과 재개를 반복하여 2010년 중단되었다. 2018년 현재 한글날을 기

의 사회복지 관련 용어를 놓고 이를 근로와 복지로 비교 분석한 연구는 사실상 전무하다. 참고로 본 연구의 분석모형과 분석 틀을 도식화하면 각각 다음 〈그림 1〉, 〈표 1〉과 같다.

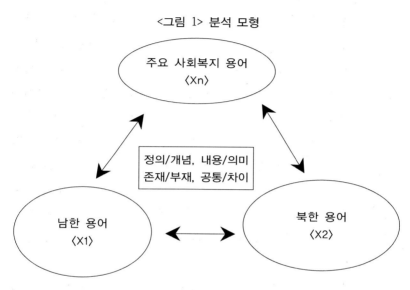

<그림 1> 분석 모형

* 출처: 저자 작성.

<표 1> 분석 틀

구분	분석대상: 사전, 법제, 공식문헌 등
① 소득 ② 복지	① 관련 단어의 정의와 개념 비교 ② 동일 단어의 내용과 의미 비교 ③ 동일 단어의 존재와 부재 여부 ④ 관련 단어의 공통점과 차이점

* 출처: 저자 작성.

점으로 문재인정부에서 이를 재개하려고 한다. 연합뉴스, 2018년 10월 9일.

II. 소득: 생활비, 임금, 근로소득, 가급금

먼저 남한에서 생활비는 통상 가계 생활에 필요한 일체의 현금-생계비[9]-을 의미한다. 그러나 북한은 소득과 가장 밀접한 관련이 있는 임금을, 생활비 혹은 로임, 로동임금[10]으로 표기한다. 때문에 북한은 임금이라는 표현이 사용상 부재하며 생활비가 곧 임금에 대한 정의다. 이에 북한이 생각하는 생활비는 "로동자, 사무원들의 생활을 보장하기 위하여 사회주의 국가가 로동의 량과 질에 따라 분배하는 몫의 화폐적 표현이며 생활비 기준액은 산업부문별 로동자들의 직종과 로동 부류, 기능등급 그리고 기술자, 사무원들의 직제와 자격 및 그 급수에 따라 단위시간에 지출한 로동에 대하여 지불하는 생활비 수준이다. 이와 관련하여 생활비등급제는 지출된 로동에 따르는 정확한 분배를 실시하기 위하여 근로자들의 직종과 직제, 기술기능자격과 급수, 로동 조건 등에 따라 생활비수준에서 차이를 두는 제도"[11]라고 한다.

이에 북한의 생활비는 근로자의 노동에 대한 보상이고 이 경우 생활비의 지급수준은 근로자의 노동기술과 근로시간에 비례하여 지급되며 생활보장의 기능을 한다. 이에 북한의 생활비에 대한 인식의 경우 남한과 이렇다 할 인식의 차이점이나 특성이 발견되지는 않는

---

9) 생활에 필요한 비용을 말한다. 김우수·이용부, 「사회복지용어사전」 (서울: 문화문고, 2013), 246쪽.

10) 로동자, 사무원들이 사회를 위하여 지출한 로동의 양과 질에 따라 받는 보수의 기본형태. 사회주의하에서 로임은 전체 인민의 로동에 의하여 이루어진 국가적부와 사회재산가운데서 로동자, 사무원들에게 그들이 일한 것만큼, 번것만큼 지불하는 보수이다. 사회과학원 법학연구소, 「법학사전」 (평양: 사회과학출판사, 1971), 197쪽.

11) 사회과학출판사, 「조선말대사전 1」 (평양: 사회과학출판사, 1992), 1969쪽.

다. 단, 북한의 생활비 기준인 생활비등급제의 경우 일종의 북한식 호봉으로 북한이 생각하는 생활비 지급수준이 반영된 것이라 판단된다.[12]

반면 남한에서 임금[13]이란 사용자가 근로자에게 근로대가로 지급하는 일체의 현금 급여이다. 이에 따라 임금에는 급료·봉급·상여·수당·보수 등 명칭 여하를 불문한 가운데에 근로자에게 지급되는 실물임금도 포함된다. 이에 남북한 양자의 생활비와 임금에 대한 차이는 지급주체와 지급기준의 차이를 제외하고는 사실상 동일한 의미라 판단된다. 즉, 남북한 모두 생활비와 임금을 근로자의 노동에 대한 보상으로 본다.

다음으로 남북한 모두 사용하는 근로소득의 경우 임금과 직접적으로 관련이 있는데, 북한은 근로소득에 대해 두 가지의 정의를 내렸다. 하나는 "노동의 보상에 따른 직접적인 수입인 1차적 분배. 기본적 재화구입을 위한 소득보장의 형태-근로소득: 근로자들이 자기 로동의 대가로 얻은 개인소득. 근로자들의 로동에 의하여 창조된 사회의 총소득가운데서 근로자들에게 로동의 대가로 차려지는 몫이다"[14]라고 정의하였다. 다른 하나는 "근로자들이 자기 로동의 대가

---

12) 한편 생활비와 관련, 북한은 생활보조금이란 용어가 있는데, 이에 대해 북한은 "조국과 인민을 위하여 몸바쳐 투쟁한 혁명투사들과 군인, 로동자, 사무원, 농민들이 로동능력을 잃었거나 나이가 많아 일할수 없는 경우 또는 사망한 경우에 본인들과 그 가족들에게 돌려지는 당과 국가의 배려금"이라 한다. 사회과학출판사, 「경제사전 2」 (평양: 사회과학출판사, 1985), 189쪽. 이는 남한의 공적연금, 산재연금에 의한 급여와 사회보훈에 의한 급여를 포괄하는 개념이다. 또한 이는 빈곤층에 대한 지원보다는 공훈에 의한 보상, 사고에 의한 보호, 은퇴근로자의 노후보장의 성격이다.

13) 사용자가 근로의 대가로 근로자에게 임금, 봉급, 그밖에 어떠한 명칭으로든지 지급하는 일체의 금품을 말한다.(근로기준법 제2조 5호) 김우수·이용부, 「사회복지용어사전」 (서울: 문화문고, 2013), 373쪽.

로 얻은 개인소득. 근로자들의 로동에 의하여 창조된 사회의 총소득 가운데서 근로자들에게 로동의 대가로 차려지는 몫이다"[15]라고 정의하였는데, 이에 양자 모두 내용상 거의 대동소이하다. 또한 북한은 이러한 근로소득을 불로소득에 대치[16]되는 개념으로 본다.

이에 북한이 말하는 근로소득은 전체 사회 총소득 중에 근로자 개인에게 지급되는 개인소득이고 이는 노동의 대가로 얻는 소득이다. 따라서 달리 보면 이는 앞서 상술한 남한의 임금과 거의 동일한 개념이다. 반면 남한은 "용역의 제공에 대한 보상으로 개인에게 지급되는 개인소득, 이는 용역의 제공에 의한 것만을 말하며 배당소득이나 자본이득 등의 비근로소득과 구분된다"[17]라고 한다. 이 역시 내용상 북한의 근로소득과 거의 동일한 의미이다. 이에 근로소득과 관련한 남북한의 뚜렷한 견해 차이는 나타나지 않는다.

마지막으로 소득과 관련된 용어 중 북한의 가급금의 경우 "생활비표에 규정된 로동 부류와 기능등급, 직제에 의한 생활비. 기준액만으로써는 일률적으로 해결할 수 없는 특수한 조건을 고려하여 해당한 로동자, 사무원들에게 기본생활비밖에 보충적으로 더 주는 추가적 생활비"[18]라고 한다. 또한 "로동자, 사무원들에게 기본생활비외에 근무년한, 로동조건, 기술자격 등에 따라 추가적으로 지불하는 사회주의적로동보수의 한 형태…"[19]라고 한다. 그리고 이러한 가급

---

14) 사회과학출판사, 「조선말대사전 1」 (평양: 사회과학출판사, 1992), 379쪽. 이는 후일 발간된 북한의 「재정금융사전」의 정의와 해설과도 거의 동일하다.
15) 사회과학출판사, 「조선말대사전 1」 (평양: 사회과학출판사, 1992), 379쪽.
16) 과학백과사전출판사,「조선대백과사전(전자자료)」 (평양: 과학백과사전출판사, 2002)에서 검색, 인용.
17) 이철수, 「사회복지학사전」 (서울: 혜민북스, 2013), 206쪽.
18) 사회과학출판사, 「조선말대사전 1」, 앞의 책, 4쪽.
19) 사회과학출판사, 「재정금융사전 1」 (평양: 사회과학출판사, 1995), 17쪽.

금은 다시 근로기간에 따라 달라지는데, 근속년한가급금에 대해 북한은 "해당 직종에서 일정한 기간 고착되어 일한 일군들에게 그 년한에 따라 지불하는 가급금의 한 형태. 근속년한가급금은 근속년한이 길어질수록 직종년한별 월가급금액이 높아진다…"[20]라고 한다. 즉, 이는 가급금에 근로자의 근로기간을 산정하여 지급함을 의미한다.

반면 남한은 가급금에 대해, "정한 돈 이외에 더 주는 돈"[21]으로 남한에서 존재하는 용어이나 자주 사용되는 용어가 아니며 통상 월급여에 포함된 각종 보너스, 수당과 유사한 개념으로 본다. 즉, 가급금은 기본임금에 부가되는 임금이며 그 내용은 ① 작업시간에 비례하여 지급되는 시간외 임금 수당, ② 작업량에 비례하여 지급되는 가중임금, ③ 작업의 성질에 따라 지급되는 위험작업수당, 현장작업수당 등으로 나눌 수 있다. 이들 가급금은 그 성질로 보아 임금의 일부이며 따라서 노무자를 고용함으로써 발생하고 노동급부와 직접적인 관련이 없는 노무부비와는 구별하여 처리하여야 된다[22]라고 한다. 따라서 남한보다 북한에서 상대적으로 자주 통용되는 가급금의 경우 기본임금 이외에 추가적으로 지급되는 임금의 개념으로 보면 된다. 그리고 가급금에 대한 견해에 있어 남북한의 차이점은 사실상 거의 없다. 그러나 사용빈도의 경우 공식화된 북한이 자주 인용하는 편이라 하겠다.

지금까지 논증을 토대로 요약하면, 소득과 관련한 ① 생활비, ② 임

---

20) 위의 책, 220쪽.

21) https://tip.daum.net/openknow/49043904?q=%EA%B0%80%EA%B8%89%EB%B8%88
〈2018년 10월 25일 검색〉

22) https://tip.daum.net/openknow/49043904?q=%EA%B0%80%EA%B8%89%EB%B8%88
〈2018년 10월 25일 검색〉

금, ③ 근로소득, ④ 가급금에 대한 남북한의 차이는 사실상 거의 없고 오히려 동일한 공통분모가 더 크다 하겠다. 그리고 이러한 원인은 무엇보다 남북한이 각각 상이한 경제체제를 갖추고 있지만 기본적으로 소득은 근로자의 노동에 대한 보상인 경제원리에 입각하여 운영되기 때문이다. 따라서 이는 남북한 양 체제를 떠나 기본적인 틀을 벗어나지 못하는 경제원리의 내재적 구조와 기능상의 속성에 기인한다고 판단된다. 지금까지 논증한 남북한 소득 관련 용어를 정리하면 다음 〈표 2〉와 같다.

<표 2> 남북한 소득 관련 용어 정리

구분	존재 여부	주요 내용과 특징
생활비(로임)	상호 존재	· 남한에서 사용하는 용어이나 "생활상의 지출 비용"으로 인식 · 남한의 임금과 동일한 의미 · 북한에서는 근로자의 생활보장을 위한 분배
임금	남한	· 남한에서 주로 통용되는 용어 · 북한에서는 로임으로 통용, 인식 · 내용상 남북한 모두 대동소이
근로소득	상호 존재	· 북한에서 총소득 다음으로 분배되는 개인소득 · 북한에서 노동의 대가로 받는 개인소득 · 남한에서 용역(근로)에 대한 보상의 개인소득 · 분배구조를 제외하고 내용상 거의 동일
가급금	상동	· 북한에서 추가적인 생활비 · 남한에 존재하나 통상 자주 사용하는 용어 아님 · 남한에서 급여에 포함된 각종 수당과 유사 · 남북한 모두 내용상 동질적임

* 출처: 저자 작성.

Ⅲ. 복지[23]

1. 공공복지
: 배급제, (사회)급양, 사회적 혜택, 사회안전망

먼저 북한의 대표적인 사회서비스인 배급제에 대해 북한은, "국가가 공급량이 제한되어 있는 소비품을 일정한 기준에 따라 판매 공급하는 제도"[24]라고 한다. 즉, 북한의 배급제는 국가책임 하에 집행되는 각종 소비품 공급제도이다. 이에 남한 역시 단어로써 배급제를 사용하고 존재하지만 북한이 밝힌 배급제의 내용을 중심으로 하면 이에 전적으로 부합한 제도는 부재하다. 그러나 배급제는 일부 공적인 부문에서 남한에 존재하는 제도는 아니지만 광의의 개념으로 보면 특정 사안과 대상-군 복무자, 교정시설 수용자-에 따라 일부 유사한 경우도 존재한다고 볼 수 있다. 따라서 배급제는 남북한 모두 단어로써 존재한다. 하지만 내용적으로 북한의 설명을 기준으로 본 제

---

23) 참고로 대표적인 남북한 보건용어의 경우, 북한은 고려의학을 주체의학이라 하며 한방치료를 동의학(東醫學)이라 하여 1953년 휴전 이후부터 정책적으로 장려하고 있는데, 이 고려의학은 1993년 '민족 주체성을 살린다'는 취지 아래 기존의 동의학의 명칭을 새롭게 명명한 용어이다. 그리고 이는 남한에서 존재하지 않는 보건의료 용어이나 한의학으로 이해한다. 무상치료제에 대해 북한은 "인민들에게 나라에서 무료로 병의 예방과 치료를 해주는 선진적인 보건제도"라 한다. 사회과학출판사, 「조선말대사전 1」, 앞의 책, 1159쪽. 반면 이는 남한에서 자주 사용되는 용어가 아니며 전 국민이 해당되는 제도도 아니지만 내용상 의료급여대상자, 군복무자, 교도소 시설 수용자의 경우 무상으로 일부 제공된다. 북한의 의사담당구역제는 호담당제라고도 하며 "의사들이 일정한 주민구역이나 기관을 맡아 근로자들의 건강을 일상적으로 책임적으로 돌보면서 예방치료사업을 하는 선진적인 의료봉사제도"라 한다. 사회과학출판사, 「조선말대사전 2」 (평양: 사회과학출판사, 1992), 1788쪽. 이는 남한에서는 존재하지 않는 보건의료 제도이자 용어이다.
24) 사회과학출판사, 「조선말대사전 1」 (평양: 사회과학출판사, 1992), 1579쪽.

도로써의 배급제의 경우 남한에서는 부재하나 극히 일부 이와 유사한 사례나 유사한 공급행태로는 존재하고 있다고 하겠다. 다시 말해 남한에서 배급제는 국가의 공공정책영역에서 북한처럼 보편타당하게 확고히 적용되고 포괄적으로 정착된 제도로 존재한다고 할 수는 없지만 제한된 일부 대상에게 지급되는 공공재의 경우 이와 유사하다고 판단된다.

다음으로 사회급양의 경우 북한은 "여러 가지 음식물을 생산하여 인민들에게 공급하는 사회주의 상업의 한 부분. 사회급양은 상업적 봉사의 한 형태로 급양제품에 대한 근로자들의 수요를 충족시키는데 복무한다"[25]고 한다. 이를 근거로 해석하면 사회급양은 북한이 주민에게 먹거리를 공급하는 일체의 국가 주도의 상업 행위를 의미한다 하겠다. 그리고 이러한 북한의 사회급양은 남한에서는 부재한 용어이다.

그러나 남한은 사회급양이 아닌 급양에 대한 설명이 있다. 남한은 급양에 대해 "입을 것과 먹을 것을 대어 주어 돌봄[26]"이라 하는데, 이는 앞서 설명한 북한의 사회급양과 다소 차이가 있다. 그러나 이를 달리 접근하면 남한에서 기존 급양의 개념을, 북한은 이를 사회급양으로 확대하였다. 이에 따라 북한은 재차 사회주의식으로 탄생, 적용한 것이라 할 수 있다. 다시 말해 남한에서 급양을, 북한은 사회급양으로 덧씌워서 그들만의 용어로 재탄생시켰다. 따라서 이는 기존의 국어에서 파생된 것이고 북한이 이를 자신들의 체제에 맞게 사회급양이라는 복합명사화하여 활용하고 있다 하겠다.

---

25) 사회과학출판사, 「조선말대사전 1」 (평양: 사회과학출판사, 1992), 1646쪽.

26) http://dic.daum.net/word/view.do?wordid=kkw000035210&supid=kku000048313 〈2018년 10월 25일 검색〉

그러나 다른 한편 이로 인해 북한의 사회급양을 남한에서 달리 직접적으로 이와 비교하거나 적용할 근거가 전무하다. 그렇지만 북한의 사회급양에 대한 내용을 중심으로 접근하면, 이는 남한에서 음식물을 생산, 유통, 공급하는 일체의 과정에 해당된다고 판단된다. 따라서 북한의 사회급양에 관한 남한과의 비교는 다양한 차원에서 시사하는 바가 크다 하겠다. 즉, 남한에서의 급양은 단어 자체의 설명에 그치지만 북한에서 사회급양은 사회적 제도적 차원의 용어이다. 그리고 이러한 원인은 북한의 사회주의 계획경제체제하에 국가책임으로 운영되는 국가공급제에 기인한다. 다시 말해 북한의 사회급양은 계획경제체제하에 작동하는 사회주의 상업의 한 축이다.

그 다음으로 공공복지 부문의 사회적 혜택은 북한에서 국가적·사회적 혜택과 거의 비슷한 의미이다. 사회적 혜택에 대해 북한은 "사회주의 근로자들이 로동에 따르는 보수밖에 추가적으로 받는 물질적 혜택. 우리나라 근로자들은 무상치료제와 무료교육제를 비롯한 여러 가지 인민적 시책에 의하여 해마다 많은 사회적 혜택을 추가적으로 받고 있으며 그것은 더욱더 늘어나고 있다"[27)고 한다. 이를 근거로 하면 북한의 사회적 혜택은 기본 보수 외에 추가로 받는 현금이 아닌 물질적 혜택이고 여기에 해당되는 북한의 대표적인 제도는 무상치료제와 무료교육제이다. 반면 사회적 혜택은 남한에서 존재하나 자주 사용되지 않는 용어로 이와 관련한 뚜렷한 사전적 해석이 부재하다. 그러나 북한의 사회적 혜택을 내용적 차원에서 남한과 비교하면, 남한에서는 정부가 지원하는 각종 공공재를 의미한다고 판단된다.

---

27) 사회과학출판사, 「조선말대사전 1」 (평양: 사회과학출판사, 1992), 1647쪽.

또한 이와 관련 북한은 국가적·사회적 혜택에 대해 "사회주의제
도 하에서 근로자들이 노동에 의한 분배 이외에 당과 정부의 인민적
시책28)에 의하여 국가와 사회로부터 추가적으로 받는 혜택"29)이라
고 한다. 이는 앞서 설명한 사회적 혜택에 비해 해석상 소극적이지
만 맥락상 거의 동일하다. 반면 이 단어 또한 남한에서 존재하지 않
는 용어이다. 그러나 북한의 인민적 시책이 "광범한 근로 인민대중
의 이익과 행복을 위하여 실시하는 정책"30)임을 감안하면, 남한에서
는 이는 공공정책에 해당되는 개념이라 하겠다.

한편 이와 관련 북한의 사회문화시책의 경우 "사람들의 건강과 문
화수준을 높이기 위한 사회적 수요를 공동으로 충족시키는 국가적
대책의 총체. 사회문화시책의 본질과 내용은 그것을 실시하는 국가
의 성격에 의하여 규정된다. 사회주의 사회에서의 사회문화시책은
전체 사회성원들의 육체적 및 정신적 능력을 전면적으로 발전시키
며 그들의 물질 문화적 수요를 보다 원만히 충족시킬 것을 목적으로
한다. 사회주의 사회에서의 사회문화시책은 전사회적 범위에서 전
면적으로 그리고 주로 국가 부담에 의하여 실시된다. 사회주의 국가
는 사회문화시설들을 자기 손에 틀어쥐고 자기가 직접 운영한다.…
근로자들의 복리 증진에 대한 배려를 자기 활동의 최고원칙으로 삼
고 있는 조선로동당과 공화국정부는 사회문화시책에 늘 깊은 관심
을 돌리고 학교, 병원, 정휴양소, 극장, 영화관, 도서관과 같은 것들
을 국가투자에 의하여 대대적으로 건설하였으며 이미 건설된 방대

---

28) 인민적 시책에 대해 북한은 "광범한 근로 인민대중의 이익과 행복을 위하여
   실시하는 정책"이라 한다. http://dic.daum.net/word/view.do?wordid=kkw000752724&
   supid=kku010728229 〈2018년 10월 25일 검색〉
29) 사회과학출판사, 「경제사전 1」 (평양: 사회과학출판사, 1985), 208쪽.
30) 사회과학출판사, 「조선말대사전 1」 (평양: 사회과학출판사, 1992), 1700쪽.

한 사회문화시설들의 운영을 위해서도 막대한 국가자금을 지출하고 있다"31)고 한다.

또 다른 한편으로 사회문화시책에 대해 북한은 "사람들의 건강과 문화수준을 높이기 위한 사회적 수요를 공동으로 충족시키는 국가적 대책의 총체이며 사회주의사회에서의 사회문화시책은 전사회적 범위에서 전면적으로 그리고 주로 국가 부담에 의하여 실시한다. 사회문화시책에는 무료교육, 무상치료, 사회보험, 사회보장 등이 속하고 사회문화시책비는 사회문화시책기금으로 보장한다. 사회문화시책기금은 기업으로부터 받는 사회보험료와 종업원으로부터 받는 사회문화시책금으로 조성한다"32)고 한다.

이에 사회문화시책의 경우 북한의 국가적·사회적 혜택을 포괄하는 대표적인 공공정책이라 하겠다. 왜냐하면 사회문화시책의 경우 북한이 사회적 혜택과 국가적·사회적 혜택에서 제시한 제도인 무상치료제와 무료교육제와 더불어 사회보험, 사회보장이 포함되고 여기에 다시 문화와 여가에 관련된 사회 인프라 등을 제시했기 때문이다. 또한 이는 앞서 언급한 인민적 시책을 보다 구체적으로 정의한 것이다. 그리고 이는 남한에서는 자주 사용되지 않는 용어이나 공익을 위한 사회문화, 공공정책과 유사한 개념에서 일부 무료교육, 무상치료, 사회보험, 사회보장 등 사회복지제도를 포괄한 형태이다.

아울러 이러한 북한의 사회문화시책의 재원인 사회문화시책비에 대해 북한은 "국가예산에서 교육, 문화, 보건 등 사회문화시책에 돌려지는 비용"33)이라 한다. 그리고 이는 남한의 국가예산부문에서 남

---

31) 사회과학출판사, 「정치사전」 (평양: 사회과학출판사, 1973), 529~530쪽.
32) 사회과학출판사, 「정치사전」 (평양: 사회과학출판사, 1973), 529~530쪽.
33) 사회과학출판사, 「조선말대사전 1」 (평양: 사회과학출판사), 1992, 1646쪽.

한에서는 존재하지 않는 비목이나, 그 기능상 교육, 문화, 보건 등에 투입되는 예산과 유사하다.

마지막으로 이와 달리 사회안전망 혹은 사회적 안전망의 경우 북한에서는 존재하지 않는 용어인 반면 남한에서는 "정부의 근로자에 대한 고용과 실업에 대한 각종 대책. 개인이 직장을 잃고 실업자가 된 뒤 다시 직장을 얻으려고 노력하는 대신 노숙자 같은 사회적 무기력층이 되는 것을 막기 위해 정부가 최소한의 생계를 유지할 수 있도록 해주는 제도. 또 경제구조조정으로 불가피하게 발생한 실업자들에게 공공사업을 통해 일자리를 제공하거나 생계비를 보조해주는 것을 말한다. 그러나 보다 넓은 의미로는 사회보장과 같은 뜻으로 노령·질병·실업·산업재해 등 사회적 위험으로부터 모든 국민을 보호하기 위한 제도적 장치를 의미"한다.[34)]

이와 마찬가지로 1차적 사회안전망 역시 북한에서는 존재하지 않는 용어이나 남한에서는 "1차적 사회안전망인 4대 사회보험은 일반 국민을 대상으로 노령·질병·산재·실업 등의 사회적 위험을 보험을 통해 분산 보호"한다.[35)] 또한 2차적 사회안전망의 경우 북한에서는 존재하지 않는 용어지만 남한애서 "2차 사회안전망은 공공부조를 통해 1차 사회안전망에서 보호받지 못한 저소득 빈곤계층의 기초생활을 보장[36)]과 의료급여 등 각종 보완적 장치를 운용"한다. 아울러 3차적 사회안전망 또한 북한에서는 존재하지 않는 용어이나 남한에서 3차 사회안전망은 "재난을 당한 사람에게 최소한 생계와 건강을 지원해주는 각종 긴급구호 제도"로 본다.

---

34) 이철수, 「사회복지학사전」 (서울: 혜민북스, 2013), 433~434쪽.
35) 기획재정부, 「시사경제용어사전」 (서울: 기획재정부, 2010.11).
36) 위의 책.

그러나 다른 한편으로 북한에서 사회안전망이 부재한 이유는 의식주 배급제, 사회보장과 사회보험, 무상치료, 무상보육, 무상교육 등의 제도를 통해 일정부문 사회적 위험을 예방 또는 방지하고 있다고 판단하기 때문이다. 따라서 북한의 입장에서 다양한 사회안전망이 이미 확충되어 있다고 보고 이러한 것들이 불필요한 장치라 간주한다고 판단된다. 아울러 3차 사회안전망의 경우 후술한 국가보험을 통해 재해에 대한 구호를 실시하고 있다. 이에 남북한 용어 비교에 있어 용어의 부재가 제도의 부재나 무관심을 의미하지는 않는다.

지금까지 논증을 토대로 살펴보면 공공복지와 관련한 ① 배급제, ② (사회)급양, ③ 사회적 혜택과 국가적·사회적 혜택, ④ 사회안전망과 1차, 2차, 3차 사회안전망에 대한 남북한의 공통점과 차이점은 각기 교차되어 나타난다. 가령 배급제의 경우 북한의 대표적인 공공제도이고 남한에는 공식적인 제도로써는 부재하나 상술한 바와 같이 이와 일부 유사한 사례가 있다. 사회급양의 경우 남한에서는 부재한 용어로 전적으로 북한만의 용어이다. 그러나 남한에서 내용상 설명 가능한 부문이 존재한다. 사회적 혜택의 경우 남한에 부재한 용어이나 내용상 공공정책에 해당된다. 사회안전망의 경우 북한에서는 부재한 용어로 남한에서만 통용되는 용어이다. 지금까지 논증한 남북한 공공복지 관련 용어를 정리하면 다음 〈표 3〉과 같다.

〈표 3〉 남북한 공공복지 관련 용어 정리

구분	존재 여부	주요 내용과 특징
배급제	북한 남한 일부 존재	· 북한에서 실시하는 할당방식의 분배 형태 · 일제강점기, 미군정기 남한에서도 존재 · 남한의 특정대상에 대한 배급제 해석 가능 · 사회복지적인 차원에서 구호대상자의 무상배급과 다름

(사회)급양	북한	· 북한에서 사회급양, 남한에서 급양 · 남한에서 급양이 북한에서 사회급양으로 재정립 · 계획경제하의 사회주의 상업행위 · 급양과 사회급양은 상당한 차이 존재 · 내용상 음식물 유통행위
사회적 혜택 국가적·사회적 혜택	북한	· 북한에서 임금 이외의 물질적 혜택 · 대표적인 제도로 무상치료제, 무료교육제 해당 · 북한 주민에게 제공되는 인민적 시책 · 내용적으로 남한에서 공공재, 공공정책에 해당
사회안전망 1,2,3차 안전망	남한	· 북한에 부재한 용어 · 최저생계유지제도 · 사회보험, 공공부조, 재난구호 안전망 · 북한에서 다른 제도로 포괄

* 비고: 인민적 시책과 사회문화시책은 본문 설명 참조.
* 출처: 저자 작성.

2. 사회보장
: 사회보장(제도), 국가사회보장, 국민기초생활보장제도, 공공부조, 사회서비스

먼저 사회보장에 대해 북한은 "사회주의 사회에서 늙거나 병에 걸리거나 부상당하여 일할 수 없게 된 사람들 그리고 무의무탁한 사람들에게 국가부담으로 생활을 보장하여 주는 인민적 시책"[37]이라 한다. 또한 북한은 사회보장에 대해 "나이가 많거나 병 또는 불구로 로동능력을 잃은 사람들과 돌볼 사람이 없는 늙은이들과 어린이들의 생활을 국가적부담으로 보장하여주는 제도[38]···"라 한다. 이에 북한이 인식하는 사회보장은 노령, 질병, 부상, 실업, 부양 문제에 직면한 주민들의 생계를 보장하는 국가의 공공정책 중의 하나이다.

---

37) 사회과학출판사, 「조선말대사전 1」 (평양: 사회과학출판사, 1992), 1646쪽.
38) 사회과학출판사, 「재정금융사전 1」 (평양: 사회과학출판사, 1995), 656쪽.

반면 남한은 "빈곤상태에 빠지거나 생활수준이 대폭적으로 저하될 위험에 처했을 경우에 국가나 공공단체가 현금 또는 대인서비스를 급여, 최저한도의 생활수준을 보장하는 공적제도. 빈곤이나 생활수준을 저하시키는 원인은 실업 또는 상병에 의한 수입의 상실, 출산, 사망 등에 의한 특별지출 등이다.…제도적으로 공공부조, 사회보험, 사회복지, 공중위생의 4개 부문을 포함하고 있지만, 급여내용은 소득보장, 의료보장, 사회복지서비스 보장의 세 가지로 구성되어 있다. 그 급여수준은 내셔널 미니멈을 원칙으로 하고 있는데, 국제적으로는 ILO의 사회보장최저기준조약(1952)과 장애·노령·유족급여에 관한 조약(1967)이 기준"[39]이라 한다. 이에 상대적으로 남한의 사회보장에 대한 인식이 북한에 비해 양적으로나 질적으로 보다적극적이며 구체적이다. 그러나 기본적으로 남북한 모두 사회보장에 관한 뚜렷한 인식 차이가 나타나지는 않는다. 즉, 사회보장의 정책적 배경, 취지나 기능에 관한 남북한의 차이점은 사실상 부재하다. 왜냐하면 남북한 모두 사회적 위험에 대한 인식의 범위가 거의동일하기 때문이다.

한편 이러한 사회보장을 제도로 승계한 사회보장제도에 대해 북한은 "공민들이 로동능력을 잃었거나 사망하였을 때 본인 또는 그의가족의 생활을 국가적 부담으로 보장하는 제도"[40], "일군들이 로동능력을 잃었거나 사망하였을 경우에 본인 또는 그 가족의 생활을 국가적 부담으로 보장하는 제도. 진정한 사회보장제도는 근로자들의생활에 대하여 국가가 책임지는 사회주의제도 하에서만 실시된다. 사회주의 국가는 국민소득의 분배에서 사회보장 폰드를 계획적으로

---

39) 이철수, 「사회복지학사전」 (서울: 혜민북스, 2013), 410쪽.
40) 사회과학출판사, 「조선말대사전 1」 (평양: 사회과학출판사, 1992), 1646쪽.

형성하며 사회보장대상자들의 건강과 생활을 보장해준다. 우리나라에서 사회보장제도는 당, 국가 경제기관, 기업소 및 근로단체 일군들이 로동 능력을 상실하였거나 사망된 경우에 본인 또는 그 가족에 대하여 국가 부담으로 실시된다.…우리나라에서의 사회보장제도는 현금 및 현물에 의한 방조, 의료상 방조, 사회적 보호시설을 통한 방조, 알맞은 일자리의 보장, 사회적 원호 등의 형태로 실시되고 있다. 현금 및 현물지불에 의한 방조에는 각종 년금[41] 및 보조금 지불, 불구자에 대한 교정기구 공급 등이 속한다. 의료상 방조에 의하여 사회보장대상자들은 건강회복에 필요한 온갖 혜택을 받는다. 건강이 회복된 사회보장대상자들은 건강회복에 필요한 온갖 혜택을 받는다. 건강이 회복된 사회보장대상자들은 그들의 체질과 능력에 알맞은 일자리에 배치된다. 영예군인, 무의무탁한 불구자, 년로자, 고아들은 영예 군인 보양소, 양로원, 애육원 등 사회적 보호시설에서 생활하며 그들은 필요한 교양을 받는다. 로동 능력을 상실한 애국렬사 유가족, 영예 군인, 후방가족 등 사회보장대상자들에 대한 사회적 원호사업은 우리나라 사회보장사업에서 중요한 자리를 차지한다"[42] 라며 상당히 구체적으로 언급하고 있다.

그리고 이는 북한의 기존의 사회보장에 대한 설명을, 실천적 수준의 제도인 사회보장제도를 통해 보다 더 확대, 강화한 행태이다. 다른 한편으로 북한은 사회보장제도에서 남한의 사회보훈[43] 성격인

---

41) 연금에 대해 북한은 "사회주의사회에서 혁명투사, 로동자, 사무원, 군인이 늙었거나 로동능력을 잃었을 경우 와 사망하였을 때 본인 또는 그 유가족들의 생활을 보장해주기 위하여 국가에서 주는 사회보장에 의한 물질적 방조의 한 형태. 년금은 사회보험에 의한 일시적보조금에 대응하여 사회보장에 의한 정기보조금이라고도한다"라고 정의한다. 사회과학출판사, 「경제사전 1」 (평양: 사회과학출판사, 1985), 359쪽.

42) 사회과학출판사, 「정치사전」 (평양: 사회과학출판사, 1973), 532~533쪽.

원호, 영예군인, 사회서비스 성격인 고아, 장애인에 대한 언급이 있다. 나아가 근로자의 재해 시, 치료 완료 후 재취업에 대한 내용도 언급되어 있다. 때문에 북한의 사회보장제도는 남한의 사회보장제도와 사회보훈, 일부 사회서비스가 통합된 제도적 형태를 갖는다. 또한 북한은 스스로 진정한 사회보장제도는 사회주의 하에서만 실시한다고 인식한다. 역으로 이는 남한을 포함, 여타 자본주의국가의 사회보장제도의 부재를 피력하고 사회주의체제의 우월성을 간접적으로 표현한 것이다.

반면 남한은 사회보장제도에 대해 "사회구성원인 개인의 부상, 질병, 출산, 실업, 노쇠 등의 원인에 의해 생활이 곤궁에 처하게 될 경우에 공공의 재원으로 그 최저생활을 보장하여 주는 제도. 여기에는 공공부조와 사회보험의 두 가지가 있다. 공공부조는 국가 또는 공공단체가 생활비의 일부 또는 전부를 부조하는 제도이며, 생활곤궁자에 대해서만 부여된다. 사회보험은 본인 또는 이를 대신하는 자가 보험료를 적립하고 여기에 국가가 보조를 해주어 상기한 바와 같은 사유가 발생한 경우에는 연금 또는 일시금을 지급하는 제도"[44]라고 한다.

이는 남한이 사회보장에서 밝힌 내용을 사회보장제도로써 설명한

---

43) 참고로 사회보훈의 경우 북한에서는 존재하지 않는 용어이나 국가, 사회적 공훈에 대한 국가차원의 물질적 보상을 의미하며 통상 국가, 사회적 공훈과 유사한 의미인 반면 남한은 "국가유공자의 생활이 보장되도록 실질적인 보상을 행함으로써 생활안정과 복지향상을 도모하고 그들이 국민으로부터 예우를 받을 수 있도록 하는 제도. 국가의 존립과 유지를 위해 공헌하거나 희생한 국가유공자의 생활이 보장되도록 실질적인 보상을 행함으로써 생활안정과 복지향상을 도모하고 그들이 국민으로부터 예우를 받을 수 있도록 하며 국민의 애국정신 함양에 이바지하는 제도"이다. 이철수, 앞의 책, 414쪽.

44) 이철수, 「사회복지학사전」 (서울: 혜민북스, 2013), 413쪽.

것이다. 그러나 사회보장제도의 구성을 보면, 공공부조와 사회보험을 중심으로 한다. 그리고 이는 앞서 언급한 바와 같이 북한이 인식하는 사회보장제도의 범위와 다소 차이가 있다. 즉, 북한은 사회보장제도 = ① 연금, ② 건강, ③ 실업, ④ 원호, ⑤ 고아, ⑥ 장애인을 대상으로 한 포괄적인 제도를 지향한다. 그러나 남한의 사회보장제도는 ① 공공부조와 ② 사회보험을 사회보장제도의 대표적인 제도로 본다.[45] 그리고 이러한 원인은 남북한 양 체제 차이에 기인한 것이라 판단된다. 특히 사회보장제도의 개념의 경우 남한이 상대적으로 북한에 비해 취약해 보인다. 그러나 남한의 경우 별도로 사회보훈제도와 다양한 사회서비스제도가 존재하기 때문에 이에 대한 비판은 상쇄된다.

다음으로 국가사회보장에 대해 북한은 "국가기관, 기업소, 사회협동단체들에서 일하다가 로동능력을 완전히 또는 오래 동안 잃거나 사망한 경우에 그와 그 유가족들의 생활을 보장하기 위하여 국가적으로 보장해주는 혜택[46], ◇ 대상: 국가사업을 하다가 로동능력을 완전히 또는 오랫동안(6개월 이상) 잃은 근로자들과 혁명과업을 수행하던 도중 사망한 근로자들의 유가족들에게 돌려지는 국가적 혜택/급여, ◇ 내용: 국가사회보장은 보조금과 연금의 형태로 6개월 이상의 장기 생활보조금 지급"한다고 한다. 또 "국가사업을 하다가 로동능력을 완전히 또는 오랫동안(6개월 이상) 잃은 근로자들과 혁명과업을 수행하던 도중 사망한 근로자들의 유가족들에게 돌려지는 국가적 혜택이다. 국가사회보장은 보조금과 연금의 형태로 6개월 이

---

45) 사실 이는 학자에 따라 사회보장과 사회복지의 개념을 광의의 혹은 협의의 개념으로 보느냐에 따라 견해를 달리한다.
46) 사회과학출판사, 「조선말대사전 1」 (평양: 사회과학출판사, 1992), 325쪽.

상의 장기 생활보조금을 지급한다. 로동능력을 완전히 또는 오랫동안(6개월 이상) 잃은 근로자들과 혁명과업을 수행하던 도중 사망한 근로자들의 유가족들에게 제공된다"[47]라고 한다.

또한 이 보다 앞서 발간된 사전에서 북한은 국가사회보장은 "노동능력을 완전히 또는 '오래 동안'(6개월 이상) 잃은 근로자들과 혁명과업을 수행하던 도중 사망한 근로자들의 유가족들에게 돌려지는 국가적 혜택…적용대상은 항일혁명투사들과 군인, 경비대, 사회안전원, 노동자, 사무원, 협동농장원들과 그들의 부양가족, 기타 무의무탁한 사람들이다.…자금원천은 국가예산자금이다"[48]라고 정의하였다. 따라서 북한의 국가사회보장은 근로자가 노동능력을 완전히 상실했거나 6개월 이상 상실한 경우 지급되는 장기급여로 여기에는 생활보조금, 사망 시 유가족연금 등이 포함된다. 그리고 이러한 북한의 국가사회보험은 남한에서 존재하지 않는 제도이자 용어이다. 그러나 이를 제도적 내용상으로 접근하면 남한의 산업재해보상제도의 상병보상연금[49]과 유사한 급여성격을 갖고 있다.

그 다음으로 공공부조의 경우 북한에서는 존재하지 않는 용어이자 제도이다. 그리고 이러한 가장 직접적인 원인과 배경에는 북한의 배급제 때문이라 판단된다. 즉, 북한의 입장에서 배급제가 정상적으로 작동할 경우 빈곤층이 존재하지 않고 이로 인해 별도의 빈곤층 지원 제도가 필요하지 않기 때문이다. 반면 남한은 공공부조에 대해

---

47) 사회과학출판사, 「경제사전 1」 (평양: 사회과학출판사, 1985), 185쪽.
48) 사회과학출판사 경제연구소, 「경제사전」 (평양: 사회과학출판사 경제연구소, 1985), 88쪽.
49) 동 급여의 경우 산업재해근로자가 요양 개시 후 2년이 경과되어도 완쾌되지 아니하고 지급되는 금액을 말한다. http://100.daum.net/encyclopedia/view/49XXX9201309 〈검색일: 2018년 10월 25일〉

"사적부조에 대응하는 용어로 개인이 아닌 국가나 지방자체단체의 이전지출금에 의해서 운용되는 것으로 사회보험과 더불어 사회보장의 중심. 그러나 공공부조에 대한 용어는 사회보장의 의미가 내용 및 범위에 있어서 통일된 용어를 갖지 못한 것과 마찬가지로 미국은 공공부조, 영국은 국민부조 혹은 무갹출급여. 독일과 프랑스는 사회부조로 사용하고 있어 국제적으로 통일된 용어가 없다"[50]고 보고 있다. 이에 남한의 대표적인 공공부조인 국민기초생활보장제도는 "빈곤선 이하의 저소득층에게 국가가 무상으로 생계·교육·의료·주거·자활 등에 필요한 경비를 주어 최소한의 기초생활을 제도적으로 보장해 줄 목적으로 제정된 제도"[51]라 하고 이 역시 북한에서 존재하지 않는 용어이자 제도이다.

마지막으로 사회서비스의 경우 북한에서는 존재하지 않는 용어이다. 그러나 북한도 사회적 약자를 위한 육아원, 애육원, 초등학원, 노인요양시설, 정신보건시설, 장애인회복치료시설, 장애인보양소 등을 운영하고 있음에 따라 제도적으로 사회서비스가 부재한 것은 아니다. 반면 남한에서는 "국가, 지방자치단체 및 민간부문의 도움이 필요한 모든 국민에게 복지, 보건의료, 교육, 고용, 주거, 문화, 환경 등의 분야에서 인간다운 생활을 보장하고 상담, 재활, 돌봄, 정보의 제공, 관련 시설의 이용, 역량 개발, 사회참여 지원 등을 통하여 국민들의 삶의 질이 향상되도록 지원하는 제도"[52]라 한다.

지금까지 논증을 토대로 사회보장과 관련한 ① 사회보장(제도), ② 국가사회보장, ③ 공공부조, ④ 사회서비스에 대한 남북한의 공

---

50) 이철수, 「사회복지학사전」 (서울: 혜민북스, 2013), 137쪽.
51) 이철수, 「사회복지학사전」 (서울: 혜민북스, 2013), 180쪽.
52) 「사회보장기본법」 (2012년 1월 개정)

통점과 차이점이 확연하다. 사회보장의 경우 남북한 모두 존재하고 기능적으로 동질적이나 북한의 국가사회보장은 남한에 부재한 용어이자 제도이다. 또한 북한에서는 공공부조가 부재하지만 그러한 원인-다른 제도로 커버-이 있다. 그리고 사회서비스의 경우 북한에 부재한 용어지만 제도로서는 일부 기능상 동질적으로 존재한다. 지금까지 논증한 남북한 사회보장 관련 용어를 정리하면 다음 〈표 4〉와 같다.

<표 4> 남북한 사회보장 관련 용어 정리

구분	존재 여부	주요 내용과 특징
사회보장(제도)	상호 존재	· 북한의 대표적인 인민시책 · 남한의 공공정책과 유사 · 남북한의 사회보장에 대한 차이 사실상 부재 · 단, 사회보장제도는 남북한의 제도적 범위가 발생 · 북한은 사회주의에서만 존재하는 제도로 인식
국가사회보장	북한	· 북한에서 대표적인 사회보장제도 · 남한에 부재한 용어이자 제도 · 내용적으로 남한의 상병보상연금과 유사
공공부조	남한	· 북한에 부재한 용어이자 제도 · 대표적인 제도로 국민기초생활보장제도 · 북한의 배급제로 인해 필요치 않은 제도
사회서비스	남한	· 북한에 부재한 용어 · 북한에서 제도적으로는 다양한 시설이 존재

* 출처: 저자 작성.

3. 사회보험

먼저 사회보험에 대해 북한은 "사회주의사회에서 로동자, 사무원들을 비롯한 근로자들의 건강을 증진시키고 문화적인 휴식조건을 보장하며 그들이 병, 부상, 임신, 해산 등으로 로동 능력을 일시적으로 잃었을 때에 생활안정과 치료를 위하여 돌려주는 국가적인 혜택"[53]이라 한다. 또한 북한은 "사회주의사회에서 국가가 로동자, 협동농민, 사무원들의 건강을 보호증진시키며 로동재해, 질병 부상 등에 의하여 일시적으로 로동능력을 잃은 근로자들의 생활을 물질적으로 보장해주는 보험[54]…"이라고도 한다. 이를 근거로 하면 북한의 사회보험은 통상 인식할 수 있는 사회적 위험에 대한 대응으로 남한의 사회보험과 별반 차이가 나지 않는다. 그러나 이를 토대로 북한의 사회보험을 온전히 이해하기에는 다소 무리가 따른다. 왜냐하면 앞의 설명은 양적으로나 질적으로 사회보험에 대한 명확하고 뚜렷한 판단을 하기에는 한계가 있는, 일종의 소극적인 표현이자 해석이기 때문이다.

이와 관련, 사회보험에 대한 보다 자세한 설명이 있는데, 북한은 "일시적인 로동 능력 상실자들의 생활보장, 건강회복과 근로자들의 건강 증진을 위하여 실시되는 물질적 보장제도. 사회보험은 보험가입자가 정한 보험금이 아니라 사회적으로 규정된 기준에 따라 보조금이 지불되며 보험가입자의 보험료와 함께 기관, 기업소에서 납부하는 보험료를 원천으로 한다는 점에서 일반보험과 구별된다. 또한 그것은 보험형식을 취하여 현직일군들은 대상으로 한다는 점에서 사회보장과도 구별된다. 사회보험은 주권이 인민의 손에 쥐여지고 생산수단이 사회주의적 소유로 되어 있는 사회에서 전면적으로 실시하게 된다. 사회주의 하에서 사회보험의 실시는 인민들의 물질 문화적 복리를 증진시킬 데 대한 당과 정부의 커다란 배려로 된다.…현재 우리나라의 사회보험은 국가기관, 기업소, 사회단체와 생산, 건설,

---

53) 사회과학출판사, 「조선말대사전 1」 (평양: 사회과학출판사, 1992), 1646쪽.
54) 사회과학출판사, 「재정금융사전 1」 (평양: 사회과학출판사, 1995), 656쪽.

수산 및 편의 협동조합들에서 일하는 모든 로동자, 기술자, 사무원들을 대상으로 하여 일시적 보조금, 산전산후 보조금, 장례 보조금, 의료상 방조, 휴양, 야영, 관광, 탑승료 등 여러 가지 형태로 실시되고 있으며 그 지출은 기관, 기업소들의 부담을 원천으로 계속 늘어나고 있다. 우리나라에서 사회보험이 로동자, 사무원, 생산협동조합원 등 많은 근로자들에게 널리 실시되며 그 방조 형태가 다양하고 물질적 보장수준이 높으며 보험기금의 압도적 부분이 국가기관, 기업소에 의하여 보장되는 것 등은 그 인민적 성격의 표현"[55]이라 한다.

이에 위의 설명에서 북한은 ① 사회보험의 제도적 취지, ② 보험 재정, ③ 가입대상, ④ 일반보험과의 차이, ⑤ 제도의 도입 주체, ⑥ 다양한 급여, ⑦ 기금의 지출, ⑧ 제도적 성격 등에 대해 언급하고 있다. 그리고 이는 여타 사회보험의 정의나 견해와 크게 다르지 않다. 그러나 일부 문화와 여가, 공공재에 해당되는 야영, 관광, 탑승료를 명시한 것은 북한의 사회보험 혜택의 범위를 달리 보게 만든다. 즉, 이를 근거로 판단하면 북한의 사회보험 급여에는 문화와 공공재적 성격의 혜택도 포함된다. 그리고 이를 사회보험 급여의 확대로 볼 것인지, 일종의 기업복지 급여로 볼 것인지에 대한 논의의 대상이 된다. 그렇지만 다른 한편으로 북한의 이러한 급여가 기본적으로 사회보험에 대한 심각한 오해나 왜곡을 야기하지는 않는다. 왜냐하면 앞서 언급되어 있듯이, 이는 북한 사회보험의 기본적인 급여 중의 하나로 포함되어 있기 때문이다. 다시 말해 이는 북한 사회보험의 기본적인 급여인 다양한 보조금, 의료보호와 더불어 제공되는 급여이다.

---

55) 사회과학출판사, 「정치사전」 (평양: 사회과학출판사, 1973), 533쪽.

반면 남한은 사회보험에 대해 "질병, 부상, 분만, 노령, 장애, 사망, 실업 등 생활 곤란을 초래하는 여러 가지 사고에 대해 일정한 급여를 행함으로써 피보험자의 생활안정을 도모하는 강제성 보험제도로 독일의 비스마르크에 의한 질병보험에서 비롯, 그 후 각국에 보급되었다. 산업재해보상보험, 건강보험, 실업보험, 연금보험 등 네 종류로 대별된다. 급여는 획일적으로 일정한 기준에 따라 정해져 있고, 비용은 피보험자의 보험료를 중심으로 하되 사업주와 국가의 재정 부담 등에 의한다"[56]라고 보고 있다. 그리고 이는 북한의 사회보험 보다 구체적인데, 왜냐하면 사회보험을 구성하는 각각의 제도를 언급했기 때문이다. 아울러 남한의 경우 사회적 위험에 대한 정의도 북한 보다 상대적으로 구체적이다.

다음으로 국가보험에 대해 북한은 "자연재해 또는 불의의 재난이나 사고로 말미암아 개별적인 기관, 기업소 및 개인에게 생긴 피해를 국가가 보상하는 보험. 우리나라 근로자들에 대한 사회보험제도를 광범히 실시하였을 뿐만 아니라 국가보험사업도 사회경제발전의 현실적 요구에 맞게 부단히 개선하고 있다"[57]라고 한다. 이에 북한의 국가보험은 국가가 보상하고 운영하는 제도로 사회보험과는 다소 차이가 있다. 즉, 가령 사회보험이 일반적인 노동재해나 사회적 위험에 대한 대응이라면 국가보험은 재난으로 인한 일시적 구호상태인 개인, 기관, 기업에 대한 보상과 보호 중심으로 이를 국가가 운영한다.[58] 이와 관련, 북한의 '국가보험위원회'라는 조직이 1988년 5월

---

56) 이철수, 앞의 책, 413~414쪽.
57) 사회과학출판사,「조선말대사전 1」, 앞의 책, 325쪽. 그리고 이는「민사법사전」의 정의와 비슷하다.
58) 이에 북한의 국가보험은 앞서 언급한 바와 같이 남한의 3차 사회안전망의 역할과 가능을 한다.

조직되었다[59]고 한다. 이를 근거로 하면, 북한은 국가보험을 1988년 5월부터 적용하였다. 그러나 다른 한편으로 이러한 북한의 국가보험에 대한 법적근거가 「조선민주주의인민공화국 보험법 」[60](1995년 4월 6일 최고인민회의상설회의 결정으로 채택)임을 감안하면 제도적으로 북한이 이를 공식화, 제도화하여 적용한 것은 1995년 이후라 판단된다.

반면 국가보험에 대해 남한은 "자연재해나 미처 생각하지 않았던 재난, 사고로 인하여 개별적인 법인이나 개인에게 생긴 피해를 국가가 보상하는 보험"[61]으로 정의하고 있다. 그리고 이는 북한의 국가보험에 대한 인식과 크게 다르지 않다. 아울러 남한의 경우 태풍, 홍수, 지진, 화재 등 재난과 사고에 대한 다양한 국가의 보상과 보호제도가 여기에 해당된다.

그 다음으로 국가사회보험의 경우 북한은 "국가가 근로자들의 건강을 보호 증진시키며 질병, 부상, 임신, 해산 등으로 로동능력을 일시적으로 잃었을 때 그들의 생활을 보장하여주는 제도[62] ◇ 대상: 생활비를 받는 현직 일꾼들 중에서 일시적으로 로동 능력을 잃은 사람들에게 적용 ◇ 내용: 국가사회보험에 의한 급여는 크게 일시적 보조금, 산전산후보조금, 장례보조금, 의료상 방조, 정 휴양, 료양 등[63] 이라 한다. 또한 "생활비를 받는 현직 일꾼들 중에서 일시적으

59) 사회과학원 법학연구소, 「민사법사전」, 앞의 책, 66쪽.
60) 이후 동 법령은 1999년 2월 4일 최고인민회의 상임위원회 정령 제383호, 2002년 5월 16일 최고인민회의 상임위원회 정령 제3038호, 2005년 9월 13일 최고인민회의 상임위원회 정령 제1298호로 각각 세 차례 수정 보충되었다.
61) http://dic.daum.net/search.do?q=%EA%B5%AD%EA%B0%80%EB%B3%B4%ED%97%98&dic=all&search_first=Y 〈검색일: 2018년 10월 25일〉
62) 사회과학출판사, 「조선말대사전 1」 (평양: 사회과학출판사, 1992), 325~326쪽.
63) 사회과학출판사, 「경제 사전 1」 (평양: 사회과학출판사, 1985), 205~206쪽.

로 로동능력을 잃은 사람들에게 적용되는 것으로서 로동 능력을 완전히 또는 장기적으로 잃은 근로자들에게 적용하는 사회보장과 구별된다"[64]라고 한다. 이에 국가사회보험은 "국가가 …노동재해, 질병, 부상 등으로 '일시적'으로 노동능력을 잃은 근로자들의 생활을 물질적으로 보장해주는 제도 …현직일군들 중에서 일시적으로 노동능력을 잃은 사람들에게 적용되는 것으로서 노동능력을 완전히 또는 장기적으로 잃은 근로자들에게 적용하는 사회보장과 구별된다. … 자기소득의 1%를 국가에 납부하였을 때에만 적용된다"[65]라고 한다.

또한 위의 근거를 지금 현재를 기준으로 할 경우 「조선민주주의인민공화국 사회주의로동법」[66] 제73조에서 북한은 "국가는 로동재해, 질병, 부상으로 로동능력을 일시적으로 잃은 근로자들에게 국가사회보험제에 의한 일시적 보조금을 주며 그 기간이 6개월이 넘으면 국가사회보장제에 의한 로동능력상실년금을 준다"와 일맥상통한 부문이다. 이에 북한의 국가사회보험은 근로자 보호를 위한 대표적인 사회보험제도이다. 이에 북한의 「재정금융사전」의 정의에 따르면 국가사회보험과 사회보험을 동일어로 본다. 이에 양자에 대한 별도의 설명이 부재하고 국가사회보험을 사회보험을 통해 논하고 있다. 그러나 이를 양자의 완전한 제도적 일치로 간주하기에는 한계가 있는데, 왜냐하면 수급자의 급여수급기간 등 내용상 완전히 일치하지 않은 부문이 존재하기 때문이다. 반대로 이것이 제도적으로 동일

---

64) 사회과학출판사, 「경제사전 1」 (평양: 사회과학출판사, 1985), 205~206쪽.

65) 사회과학출판사, 「경제사전 1」 (평양: 사회과학출판사, 1985), 205쪽.

66) 동 법령은 1978년 4월 18일 최고인민회의 법령 제 2호로 채택, 1986년 2월 20일 중앙인민위원회 정령 제 2494호로 수정, 1999년 6월 16일 최고인민회의 상임위원회 정령 제803-1호로 수정, 2015년 6월 30일 최고인민회의 상임위원회 정령 제566호로 각각 세 차례 수정되었다.

시되려면, 사회보험수급자가 사회보장으로 자연스럽게 이전·치환되어야 한다. 때문에 북한의 이러한 수사학적 수준으로 양자를 등치하기에는 제한적이라 하겠다.

한편 이러한 논증을 근거로 북한의 국가사회보험과 앞서 설명한 국가사회보장 양자의 차이를 간략히 살펴보면 국가사회보험의 경우 적용대상은 현직 근로자 중 노동능력을 6개월 미만으로 상실한 근로자 중심이고 급여 지급기간은 6개월-이 기간은 치료기간을 의미-미만이다. 또한 재정부담은 소득의 1%[67]를 납부해야 급여를 제공받는다. 반면 국가사회보장의 경우 적용대상은 노동자뿐만 아니라 다양한 계층이고 6개월 이상 치료가 필요한 사람으로 급여지급 기간에 제한이 없다. 이에 급여의 최종 지급기간은 수급대상의 상태, 수급원인에 따라 각각 회복일 혹은 사망 시까지 지급된다. 또 국가사회보장의 재정은 국가사회보험과 달리 전액 국가예산에서 부담한다.[68]

이렇게 볼 때 양 제도의 구분기준은 수급자의 위험정도에 따른 치료기간에 따라 6개월 단위 기준으로 구분된다 하겠다. 가령 보다 구체적으로 복지급여 수급원인을 중심으로 분류하면 국가사회보험은 6개월 미만의 일시적인 노동능력상실자를 보호하는 산업재해보상제도가 해당된다. 이에 국가사회보험에 의해 지급되는 복지급여는 단

---

67) 한편 이러한 개인부담과 더불어 북한은 2005년 7월 이후 기업이윤의 7%를 사회보험료로 납부하도록 하고 있다. 「조선민주주의인민공화국 국가예산수입법」 (2005년 7월 6일 최고인민회의 상임위원회 정령 제1183호로 채택) 제47조(사회보험료의 납부비률) 종업원의 사회보험료납부비률은 월로동보수액의 1%로 한다. 기업소와 협동단체의 사회보험료납부비률은 월판매수입금에 따라 계산된 생활비의 7%로 한다. 외국투자기업의 사회보험료납부는 따로 정한 기준에 따라 한다.

68) 이철수, 「긴급구호, 북한의 사회복지: 풍요와 빈곤의 이중성」 (서울: 한울아카데미, 2012), 68쪽.

기급여라 하겠다. 반면 국가사회보장은 노동자 본인이나 가족, 6개월 이상의 치료가 필요한 수급자에게 지급되는 장기급여라 하겠다.[69] 결국 국가사회보험과 국가사회보장 수급자는 현금급여와 현물급여를 동시에 제공받기 때문에 양 제도는 일종의 소득보장제도[70]이다.

아울러 양 제도는 상술한 바와 같이 수급자의 노동능력상실 정도와 치료기간에 따른 급여이고 이에 해당하는 치료기간 동안과 영구적인 노동능력상실이 있을 경우 사망 시까지 지급된다. 이에 따라 국가사회보험에 의한 치료기간은 일종의 '요양급여' 성격을 갖는 반면 국가사회보장의 노동능력상실의 경우 장해연금의 성격을 갖고 있다고 판단된다. 그리고 이는 급여수준을 떠나 그 기간을 달리하지만 상술한 바와 같이 남한의 산업재해보상보험 급여인 상병보상연금과 거의 비슷한 성격이라 하겠다.[71] 참고로 지금까지 논증한 북한의 국가사회보험과 국가사회보장 양 제도를 비교하면 다음과 〈표 5〉와 같다.

---

69) 이철수, 「긴급구호, 북한의 사회복지: 풍요와 빈곤의 이중성」 (서울: 한울아카데미, 2012), 68쪽.

70) 그러나 다른 한편으로 더욱 중요한 것은 첫째, 국가사회보험과 국가사회보장에서 명시한 현금과 현물 급여의 수준이 수급자의 안전한 생계를 유지시켜주고 있느냐 하는 것과 둘째, 북한이 이러한 제도를 통해 사회적 누락계층이나 빈곤층의 발생을 억제시키고 있느냐 하는 것이다. 무엇보다도 이것이 중요한 이유는 복지분배의 수준을 통한 북한사회복지의 질적 평가가 가능하기 때문이다. 이철수, 「긴급구호, 북한의 사회복지: 풍요와 빈곤의 이중성」 (서울: 한울아카데미, 2012), 68쪽.

71) 한편 의료서비스를 제공하는 북한의 무상치료제는 이와 달리 의료보장제도에 해당되기도 하지만 무상치료제가 제공하는 의료급여의 경우 국가사회보험과 국가사회보장 모두 수급자의 요구호 상태에 따라 지급된다. 따라서 무상치료제는 양 제도의 수급자가 의료보호를 필요로 할 경우 제공되는 의료급여이고 이러한 맥락에서 무상치료제는 국가사회보험과 국가사회보장의 제도적 틀 안에서 작동하는 보건의료부문의 복지급여라 하겠다. 이철수, 「긴급구호, 북한의 사회복지: 풍요와 빈곤의 이중성」 (서울: 한울아카데미, 2012), 68쪽.

<표 5> 북한의 국가사회보험과 국가사회보장 비교

구분	국가사회보험	국가사회보장
관련법령	「사회주의로동법」 제73조 국가는 로동재해, 질병, 부상으로 로동능력을 일시적으로 잃은 근로자들에게 국가사회보험제에 의한 일시적 보조금을 주며 그 기간이 6개월이 넘으면 국가사회보장제에 의한 로동능력상실년금을 준다.	
보호대상	일시적 혹은 장기적인 노동능력상실자로 소득상실 위험에 처한 근로자	
적용대상	· 노동능력을 상실한 현직 근로자 · 6개월 미만 일시적 노동능력상실자	· 국가기관 종사자, 노동자, 사무원, 농민, (유)가족, 무의무탁자 · 6개월 이상 노동능력 상실자와 장기간 노동능력상실자(정상적인 노동능력 회복 불능자)
급여종류	· 현금급여, 현물급여 · 일시적 보조금, 식량공급	· 현금급여, 현물급여 · 노동능력상실연금, 식량공급
지급기간	· 6개월 미만(단기 급여)	· 6개월 이상(장기급여)
재정부담	· 자기소득의 1% 부담 (사회보험료)	· 국가예산 자금
비 고	· 보건의료서비스는 해당 제도 수급기간에 의거하여 필요시 제공	

* 출처: 필자 작성.

마지막으로 로동보험에 대해 북한은 "로동자, 사무원들에게 뜻하지 않은 사고가 생겼을 때 그로 말미암아 입은 부담을 덜어주기 위하여 실시하는 보험"[72]이라 한다. 반면 남한에서 노동보험에 대해 "노동자가 병, 부상 등으로 노동 능력을 잃거나 실업으로 노동의 기회를 잃었을 때 그 손실을 보충하고 생활의 불안을 없애기 위한 보험"으로 본다. 이에 노동보험에 대한 남북한의 인식과 견해에는 별다른 차이점은 보이지 않으나 내용상 제도적으로 남북한 양자 모두 각각의 사회보험제도에 편입된 형태라 판단된다. 지금까지 논증을 토대로 사회보험과 관련한 ① 사회보험, ② 국가사회보험, ③ 국가보험, ④ 노동보험에 대한 남북한의 공통점과 차이점은 각각 존재하

---

72) 사회과학출판사, 「조선말대사전 1」 (평양: 사회과학출판사, 1992), 965쪽.

는데, 가령 남한에 부재한 제도이자 용어인 북한의 국가사회보험을 제외하고는 대체로 공통적이라 하겠다. 지금까지 논증한 남북한 사회보험 관련 용어를 정리하면 다음 〈표 6〉과 같다.

<표 6> 남북한 사회보험 관련 용어 정리

구분	존재 여부	주요 내용과 특징
사회보험	상호 존재	· 북한의 보조금 이외 일부 문화와 여가 급여 제시 · 이에 남북한의 제도적 범위 차이 발생 · 이외의 남북한의 인식과 견해가 거의 동일
국가보험	상동	· 남북한의 인식과 견해가 거의 동일 · 내용상 남북한 모두 3차 사회안전망에 해당
국가사회보험	북한	· 북한에서 대표적인 사회보장제도 · 북한은 사회보험으로 등치 · 북한의 국가사회보장과 대비 · 남한에 부재한 제도이자 용어
노동보험	상호 존재	· 남북한의 인식과 견해가 거의 동일

* 출처: 저자 작성.

IV. 결론

지금까지 본 연구는 남북한의 주요한 사회복지 용어를 근로와 복지 부문을 중심으로 상호 비교 분석하였다. 이에 남북한은 상호 존재하거나 부재한 용어, 혹은 상호 공통적이거나 서로 다른 차이가 나는 용어가 있다. 또한 이와 마찬가지로 남북한의 근로, 복지 용어가 제도적으로 승화되는 과정에서 상호 공통점과 차이점, 상호 존재와 부재, 포괄과 분화로 구분된다. 아울러 남북한 상호간의 용어의 부재가 제도의 부재로, 제도의 부재가 용어의 부재와 연계되는 경우

도 일부 있었다.[73]

그러나 더욱 분명한 것은 남북한의 근로와 복지용어의 경우 차이점 보다는 공통점이, 상호 부재 보다는 상호 공통 존재가 상대적으로 다수라는 것이다. 그리고 이러한 원인은 근로와 복지가 갖고 있는 체제를 초월하는 분석대상의 본질적인 기능과 내재적 속성에 기인한다. 즉, 어떠한 체제이든지 근로와 복지가 부재한 경우는 매우 미미하고 해당 체제는 나름대로 근로와 복지를 개념화한다. 따라서 이러한 점에서 접근하면 이러한 발견이 어쩌면 당연한 결과이기도 하다.

그리고 더욱 중요한 것은 용어로서의 존재나 정의, 개념화의 수준이 아니라 그들이 표방한 용어의 제도로써의 실체적 존재이다. 또한 다른 한편으로 상호비교를 통해 특정 일방에서 일정한 괴리가 있거나 부재한 경우 해당 일방의 여타 제도나 내용상 대체 가능한 제도와 복지 프로그램이 존재하느냐 하는 것이다. 이것이 중요한 이유는 가령, 대체 가능한 제도나 프로그램이 있다면 대응 방법을 달리 하고 있을 뿐 기능적인 유사성을 갖기 때문에 상대적인 괴리가 상쇄되기 때문이다. 결국 용어의 정의가 그들만의 화려한 수사에서 벗어나기 위해서는 제도화 수준과 복지시스템의 정상적인 작동 여부이다. 또한 일부 부족한 제도의 경우 상술한 바와 같이 제2, 제3의 제도적 방안을 통해 대응하고 있느냐가 관건이다. 이에 지금까지 논증한 남북한 사회복지 주요 용어를 남북한 사용 여부와 상호간 용어의 괴리

---

73) 한편 북한의 공식적인 사전의 경우 출판 년도와 기간의 현격한 시차에도 불구하고 용어에 대한 정의, 설명에 대한 뚜렷한 변화가 나타나지 않았다. 단지 각 사전의 기본적인 취지에 맞는 범위 하의 용어와 새로운 단어를 첨가하는 형식으로 나타났다. 즉, 용어의 기본적인 변화는 불변하되 일부 수용하는 행태로 요약된다.

시 제도적 기능상 치환-대체 적용 가능 제도 유무- 가능성 여부를 종합적으로 접근하여 간략히 정리하면 다음 〈표 7〉과 같다.

<표 7> 남북한 사회복지 주요 용어 정리

구분	용어	용어 사용 여부	제도 기능상 상호 치환 여부
소득	· 생활비(로임)	· 상호 사용	-가능
	· 임금	· 상호 사용(남한 주로 통용)	-상동
	· 근로소득	· 상호 사용	-상동
	· 가급금	· 상호 사용(북한 주로 통용)	-상동
공공복지	· 배급제	· 북한 사용	-불가능
	· 사회급양	· 상동(남한에서 급양)	-상동
	· 사회적 혜택 · 국가, 사회적 혜택	· 상동	-가능(무상복지 제외 시)
	· 사회안전망 · 1,2,3차 안전망	· 남한 사용	-상동
사회보장	· 사회보장(제도)	· 상호 사용	-가능
	· 국가사회보장	· 북한 사용	-상동
	· 공공부조	· 남한 사용	-불가능
	· 사회서비스	· 상동	-가능
사회보험	· 사회보험	· 상호 사용	-가능
	· 국가보험	· 상동	-상동
	· 국가사회보험	· 북한 사용	-불가능, 단, 사회보험으로 등치면 가능
	· 노동보험	· 상호 사용	-가능

* 비고: 동질적인 기능을 하는 급여보다는 제도로 접근.
* 출처: 저자 작성.

그러나 다른 한편으로 본 연구의 분석결과를 조합하면 다음과 같은 함의와 한계에 이른다. 첫째, 남북한 근로와 복지 관련한 용어 비교를 상호 관련 제도와 연결하여 접근한 결과, 매우 유의미한 발견을 하였다. 즉, 연구 과정에서 나타난 사실과 유추된 결과를 놓고 볼 때, 비록 일부 부재하고 괴리가 존재하지만 대체 가능한 부문이 상당부문 상호 존재한다. 따라서 남북한의 근로와 복지에 대한 프레임이 다소 차이가 있긴 하지만 사회적 위험에 대한 국가차원의 정책에서는 거의 동일한 행태-북한의 무상복지를 제외하고는-를 나타냈다.

둘째, 일부 표현의 차이일 뿐, 남북한 모두 기본적으로 근로와 복지에 대한 현격한 인식차이가 발생하지 않는다. 이는 남북한 모두 사회적 위험에 대한 보호와 그에 따른 사회복지의 제도화 부문에서 증명 가능한 부문이다. 그리고 이러한 제도화 과정에 남북한 양 체제의 이념이 일정부문 개입하여 상대적으로 북한의 경우 표현상 무상인 복지제도를 일부 표방하였다.

셋째, 그럼에도 불구하고 일부 남북한 상호간의 인식 차이가 발생하는 부분도 나름대로 의미가 있다. 즉, 이러한 경우에는 남북한에 상호 부재한 제도를 기반으로 하고 이로 인해 자연발생적인 현상의 하나로 용어의 부재가 형성되었다. 따라서 향후에는 남북한의 상호 부재한 용어와 제도에 대한 관심과 연구가 필요하다. 나아가 이러한 경우 상술한 바와 같이 괴리를 상쇄하기 위한 대체 가능한 보다 더 구체적인 제도나 복지프로그램-치환 가능이 아닌 적용 가능한-이 있는지도 연구해야한다. 또한 남북한의 각 개별 사회복지제도의 구체적인 세부 프로그램을 놓고 그 프로그램의 원인과 배경, 실제의 정책적 효율성, 이를 기반으로 하는 상호 적용가능 여부에 대한 검토를 해야 한다.

넷째, 이와 연장선상에서 남북한의 근로와 복지에 대한 이념과 인식의 차이가 제도를 법제화, 구조화하는 가운데 발생하는 괴리를 감안하면 제도를 지배하는 인식의 의미와 무게를 재차 탐색하게 만든다. 즉, 남북한 모두 제도를 구성하는 '중심 축'이 각자가 생각하고 판단하는 이념에서 출발하였음을 인지할 수 있다. 다시 말해 남북한 양자의 이념적 차이가 서로 다른 제도를 형성하게 하였다.

다섯째, 거시적-구조적 접근의 한계이다. 연구의 개시와 시작에서 언급한 특정 주요 용어만을 탐색하는 접근은, 디테일한 복지제도와 프로그램에 대한 구체적인 비교에 이르지 못함에 따라 연구 노력에 비해 성과가 뚜렷하지 나타나지 않았다. 그러나 다른 한편으로 이러한 연구는 각 개별 사회복지제도 용어 비교연구에 지렛대이기도 하다. 즉, 개별 사회복지제도 연구 이전 단계인 복지체제연구에서는 매우 유용하다.

근로와 복지에 관한 용어의 증명은 제도이고 이러한 제도의 증명은 실태이다. 즉, 특정 대상의 이념과 제도, 실태의 합치성이 실체적 진실인데, 근로와 복지의 경우에는 더욱 중요하다. 이에 남북한 모두 결국 근로 부문의 임금 수준, 복지 부문의 급여 수준이 이러한 평가의 기준이 된다. 이러한 점에서 보면 남북한 모두 근로와 복지 수준이 선진화되었다고는 할 수 없다. 따라서 이러한 이유로 남북한 모두 그들이 표방한 근로와 복지에 대한 노력을 지속시켜야만 그들이 내세운 용어의 정의에 입각한 합당한 평가에 도달할 것이다. 나아가 이는 체제를 떠나 이념적으로 표방한 수사가 현실적으로 완성되었음을 의미한다.

[참조]

<해방 전후 주요 정당의 복지 강령>

정당	발표 일시	관련 조항과 주요 내용
민족계열 임시정부	1942년 11월 28일 대한민국 건국 강령	① 3장 4조 1항 노동권, 휴식권, 피보험권, 명시 ② 3장의 6조 6항 노공, 유공, 여공의 야간 노동과 불합리한 노동 금지
조선민족혁명당	① 1941년 12월 10일 　제6차 전당대회 수정 강령 ② 1943년 2월 22일 　제7차 전당대회 개정 강령	① 7조 노동시간단축, 사회보험 8조 남녀 평등 명시 ② 전 강령의 7조가 6조, 8조가 7조로 명시, 8조에 아동보호사업과 동공제 금지규정 신설
한국독립당	1945년 8월 28일 제5차 대표대회 선언	① 11조 교육의 국가부담 ② 16조 남녀평등 ③ 17조 국민보건시설 확보 ④ 18조 노령 제도 확립 ⑤ 20조 공장법과 노동자 보호법 제정
신한민족당	1945년 12월 14일 창당 기본정책	① 9조 8시간노동제 최저임금제 확립 ② 11조 여성, 아동, 양로, 불구자보호제 확립 ③ 12조 의료기관 공영
여당계열 남조선 대한민국 대표민주의원	1946년 3월 18일 임시 정책 대강	① 19조 실업보험과 사회보험 제정 ② 20조 최저임금법 제정 ③ 21조 노동자 농민을 위한 후생복리시설 설치 ④ 22조 14세미만 아동의 고용금지 ⑤ 23조 부녀와 16세미만 아동 6시간 노동 일반노동자 8시간노동제 ⑥ 임산부의 의료상 원조와 사회적 보조
보수야당계열 한국민주당	1945년 9월 16일 정책	① 1조 국민기본생활 확보 ② 4조 교육 및 보건의 기회균등
민주국민당	1946년 1월 26일 정책	8조 교육 및 보건의 사회 균등
혁신계열 건국동맹	1944년 8월 정강 세목	① 8조 최저임금제 ② 9조 8시간노동제 ③ 10조 부인과 소년노동자의 야간 노동 금지 ④ 20조 부인해방과 남녀평등 ⑤ 22조 실습, 양로, 질폐 각종 사회보험 실시 ⑥ 23조 공영탁아소, 유치원, 양로원, 임신부 보양소 ⑦ 24조 교육기관 확장 근로자 교육 교육비 국가 부담 ⑧ 25조 진료기관의 공유화와 사회위생시설 확충

건국준비위원회	1945년 8월 28일 정책	① 4조 남녀 평등확보 ② 6조 미성년 노동 폐지, 최저임금, 최저생활 보장, 배급제 실시, 1일 8시간 노동제 실시
조선인민당	1945년 11월 정책	① 9조 8시간노동제 최저임금제확립과 국민개호제 ② 10조 각종 사회보험 실시 ③ 11조 의료기관, 탁아소, 양로원, 임산부 보호소 등 국영 및 공영시설 확충 ④ 12조 국가부담의 의무교육 실시
사회노동당	1946년 10월 26일 강령	① 12조 8시간 노동제 ② 14조 남녀평등 법령 실시 ③ 16조 의무교육 실시 ④ 보건, 후생의 국가관리
근로인민당	1948년 10월 17일 강령	① 10조 8시간 노동제, 동일임금제, 사회보험 보장 ② 14조 남녀평등, 국가보험제, 임산부보호소, 탁아소
좌익계열 남조선신민당	1946년 7월 14일 중앙위 강령	3조 3항 의무교육제 수립
민주주의 민족전선	1946년 2월 행동슬로건	① 9조 부녀해방과 남녀평등 ② 11조 8시간 노동제 최저임금실시 ③ 22조 국가부담의 의무교육제 ④ 31조 노동법, 사회보험법, 노유년보호법 등 실시 ⑤ 34조 의료기구, 보건 시설, 방역설비 확충 ⑥ 35조 노동부인의 임산기 보호, 탁아시설
북조선노동당	1946년 8월 28일 강령	제6조 8시간 노동제, 사회보험 보장, 남녀 동일 임금
남조선노동당	1946년 9월 4일 강령	제3조 8시간 노동제, 사회보험 보장, 남녀 동일 임금

* 출처: 시인신서(1988)에서 정리.

참고문헌

겨레말큰사전남북공동편찬사업회, 「남북생활용어」, 서울: 한국문화사, 2017.

고조선황조묘사재단, 「남북한 통일어사전」, 서울: 재단법인 고조선황조묘사재
　　　단, 2015.

과학백과사전출판사, 「조선대백과사전(전자자료)」, 평양: 과학백과사전출판
　　　사, 2002.

기획재정부, 「시사경제용어사전」, 서울: 기획재정부, 2010.

김우수 · 이용부, 「사회복지용어사전」, 서울: 문화문고, 2013.

대한민국정부, 「사회보장기본법」.

대한민국정부, 「헌법」.

법률출판사, 「조선민주주의인민공화국 법전(증보판)」, 평양: 법률출판사, 2016.

　　　　　　　, 「조선민주주의인민공화국 법전」, 평양: 법률출판사, 2006.

사회과학원 력사연구소, 「력사사전」, 평양: 사회과학출판사, 1972.

사회과학원 법학연구소, 「국제법사전」, 평양: 사회과학출판사, 2002.

　　　　　　　　　　　, 「민사법사전」, 평양: 사회과학출판사, 1997.

　　　　　　　　　　　, 「법학사전」, 평양: 사회과학출판사, 1971.

사회과학원 세계경제 및 남남협조연구소, 「현대세계경제사전」, 평양: 사회과
　　　학출판사, 1998.

사회과학원 언어학 연구소, 「조선말대사전 1」, 평양: 사회과학출판사, 2003.

　　　　　　　　　　　　, 「조선말대사전 2」, 평양: 사회과학출판사, 2003.

사회과학원 주체 경제학연구소, 「경제사전」, 평양: 사회과학출판사, 1985.

사회과학원 철학연구소, 사회과학출판사 철학사전 편집조 편, 「철학사전」, 평
　　　양: 사회과학출판사, 1985.

　　　　　　　　　　　, 「경제사전 1」, 평양: 사회과학출판사, 1985.

　　　　　　　　　　　, 「경제사전 2」, 평양: 사회과학출판사, 1985.

　　　　　　　　　　　, 「재정금융사전 1」, 평양: 사회과학출판사, 1995.

　　　　　　　　　　　, 「재정금융사전 2」, 평양: 사회과학출판사, 1995.

　　　　　　　　　　　, 「정치사전」, 평양: 사회과학출판사, 1973.

　　　　　　　　　　　, 「조선말대사전 1」, 평양: 사회과학출판사, 1992.

_____, 「조선말대사전 2」, 평양: 사회과학출판사, 1993.

서강훈, 「사회복지사를 위한 사회복지 용어사전」, 서울: 이담북스, 2013.

연합뉴스, 2018년 10월 9일.

이철수, "2000년 이후 북한 사회복지법제 동향," 2016년 춘계 한국사회보장학
회 발표문, 서울: 한국사회보장학회.

_____, 「긴급구호, 북한의 사회복지: 풍요와 빈곤의 이중성」, 서울: 한울아카
데미, 2012.

_____, 「사회복지학사전」, 서울: 혜민북스, 2013.

통일부 통일교육원, 「남북관계지식사전」, 서울: 통일부 통일교육원, 2015.

_____, 「북한지식사전」, 서울: 통일부 통일교육원, 2016.

한국법제연구원, 「북한법령용어사전」, 세종: 한국법제연구원, 2017.

한국학중앙연구원, 「남북한 학술용어비교 사전(인문·사회)」, 성남: 한국학중
앙연구원, 2010.

제2장

북한의 사회보장 정의 탐색
북한의 공식사전을 중심으로

Ⅰ. 서론

　북한사회복지의 시작은 해방 이후 북한이 공표한 1946년 3월의 「20개조 정강」, 1946년 6월의 「노동법령」, 1946년 12월의 「사회보험법」으로부터 출발한다. 따라서 북한사회복지의 역사와 태동은 1945년 8월 15일 해방과 더불어 소련 군정 하에서 시작되었다고 해도 과언이 아니다. 또한 당시 북한의 행정기구를 중심으로 하면 북한의 건국보다 앞선 '북조선임시인민위원회' 시기부터 시작한다. 때문에 이 시기 북한 사회복지의 제도적 수준에 대한 평가를 차치하더라도, 북한사회복지의 역사는 상당히 이른 시기에 시작했다고 하겠다. 그리고 이는 사회주의가 내세운 이념적 지표인 인민복지에 대한 국가책임의 제도화 내지는 제도적 장치를 의미한다.

　또한 이는 북한이 갖는 사회복지의 정책적 관심과 무게를 의미한다. 즉, 특정 사안에 대한 관심이 국가정책에 반영되어 이것이 다시 제도화되고 실천한다는 것은, 그만큼 해당 사안에 대한 그들의 문제의식의 수준과 정도를 반증한다. 따라서 역설적으로 북한이 사회복지에 대한 제도적 기틀을 이른 시기에 시도하였다는 것은 이념적 무게중심을 반증한다. 결국 한마디로 말하자면 북한은 여타 사회주의 국가와 마찬가지로 인민복지에 대한 정부차원의 정책적 대응과 제도적 실천이 비교적 신속했다 하겠다.

이와 더불어 북한이 이러한 자신들의 사상과 인식, 정책과 제도 등을 나타내는 다양한 용어를 정의하고 개념화하기 시작한 것이 전후 복구기인 1957년부터 이다. 이를 보다 더 구체적으로 살펴보면, 북한은 동년 「대중정치용어사전」을 공식적으로 발간하였다. 동 사전의 경우 북한이 정치부문의 다양한 내용을 정의한 북한 최초의 공식적인 사전 중의 하나이다. 이에 동 사전의 명칭에서 나타나듯이, 북한은 이를 통해 그들이 인식하는 정치부문의 표상을 나름대로 정의하고 제시하였다. 따라서 동 사전은 정치부문뿐만 아니라 북한의 다양한 영역에 대한 그들의 인식을 추적하고자 할 때 매우 유용한 자료이다. 다시 말해 이러한 북한의 원문은 그 실현 여부를 떠나 당시 그들의 인식을 직간접적으로 확인할 수 있는 기초 자료이자 판단 근거이다. 왜냐하면 북한이 그들의 공식사전에서 정의한 용어에는 그들의 생각과 의사가 절대적으로 고스란히 반영되었기 때문이다.

다른 한편으로 결코 간과할 수 없는 것은 통상적인 사전의 한계이다. 예컨대 무엇보다 특정 용어에 대한 수사와 표현을 현실과 등치할 수는 없다. 즉, '용어의 정의'와 '용어의 현실'은 별개의 분석대상이자 다른 차원의 논의이다. 따라서 사전에서 정의한 내용이 현실과 일치하거나 완전히 동일하다고 전적으로 판단할 수 없다. 다시 말해 '개념과 정의'와 이에 대한 '현실과 실존'은 또 다른 차원의 스펙트럼으로 접근해야 적확하다.

이러한 문제의식 하에 본 연구의 목적은 북한의 사회복지와 관련된 용어들을 역사 서술적인 방법으로 접근하여 그 개념적 정의에 대한 통시적 동학을 추적하는 것이다. 이에 본 연구는 연구대상을 한 가지 용어를 기준으로 파생하였다. 이에 본 연구에서 용어의 기준은 '사회보장'이고 이것을 기준으로 파생한 용어는 '사회보장제', '사회보장제도'이다. 특히 사회보장과 사회보장제, 사회보장제도는 사회복지와 직접적으로 관련된 용어이자 다양한 사회복지제도들을 포괄하는 대표적인 복지용어이다. 따라서 본 연구는 상기 열거한 북한의 '사회보장'과 '사회보장제', '사회보장제도'를 논의의 핵심 초점이자 주요 분석대상으로 한다.[1]

또한 본 연구는 북한의 '사회보장'용어를 추적함에 있어 북한이 시기별로 정의한 것을 기준으로 재차 ① 적용대상, ② 급여, ③ 재정, ④ 전달체계를 중심으로 탐색하여 그 구체성의 정도에 접근하고자 한다. 즉, 사회복지 제도적 차원의 분석에 주로 활용되는 기준으로 접근하고자 한다. 그리고 이는 길버트(N. Gilbert)와 스펙트(H. Spect)의 분석기준의 활용을 의미한다.[2]

또한 본 연구는 북한의 공식사전을 주요 분석기제로 활용하고자 한다. 이러한 이유는 앞서 상술한 바와 같이 북한의 공식사전이 갖는 의미와 기능에 근거한다. 이에 본 연구는 북한의 다양한 공식사전을 통해 북한이 자신들의 사회보장에 대해 스스로 해석하고 정의한 내용을 추적하여 분석하고자 한다.

---

1) 물론 이외에도 사회복지와 간접적으로 관련된 용어나 제도의 경우 배급제, 사회적 혜택, 급양과 같은 용어도 있다. 그러나 이는 사회복지와 간접적으로 관련 있는 것으로 사회복지의 보완적 개념이다.
2) 다른 한편으로 제기되는 것은, 사회보장의 제도적 구성이 사회보험, 공공부조, 사회서비스라는 지적이 있다. 그러나 이는 어디까지나 남한 기준의 접근이다. 따라서 동 연구에서는 대분류의 복지제도와 중분류 개별 사회복지제도 구성보다는 소분류 제도구성물을 중심으로 고찰하고자 한다.

한편 본 연구의 주요 분석대상인 북한의 공식사전의 경우 2012년 김정은시대 이전 자료를 중심으로 한다. 이러한 이유는 북한이 2012년 김정은시대 이후 사전이 발간된 사례가 전무하기 때문이다. 또한 본 연구 개시 전 사전 탐색한 결과, 이와 관련 현재까지 국내에서 소개된 별도의 공식사전이 발견되지 않았다. 또한 역으로 김정은시대를 중심으로 탐색할 경우 나름대로의 '일장일단'이 있는데, 장점의 경우 무엇보다 가장 최근 북한의 사회복지에 대한 인식을 파악할 수 있다. 단점의 경우 이러한 경우 탐색대상에 대한 특정 기간설정으로 인해 통시적 차원에서 북한의 사회복지에 관한 변화한 인식을 반영할 수 있는 가능성이 낮다. 다시 말해 결국 이는 최근 북한의 사회복지에 대한 인식을 탐지할 수는 있으나 과거의 사회복지에 대한 인식을 관찰할 수 없다는 구조적 차원의 한계가 있다.

더욱이 상술한 바와 같이 김정은시대에 공식적으로 발간된 사전이 부재함에 따라 전자의 경우 연구시도 자체가 성립되지 않는다. 때문에 본 연구는 현재까지 북한의 공식화된 사전을 중심으로 분석하고자 한다. 또한 이는 연구의 오류를 최소화하기 위한 전략적 대안이다. 또 다른 한편으로 개정 발간된 이후 증보된 북한의 공식사전이 부족한 것도 사실이다. 이에 자칫 북한의 오랜 과거 시각만을 반영할 수 있는 연구 접근 자체에 대한 문제도 제기된다. 이러한 점을 의식하여 본 연구는 중복된 용어를 가능한 시차별로 서술한 북한의 정의를 추적하고자 한다.

아울러 본 연구의 분석수단인 북한의 사전의 경우 발간시기를 기준으로 열거하면, 상술한 「대중정치용어사전」(1957, 1964), 「정치용어사전」(1970), 「법학사전」(1971), 「정치사전」(1973), 「정치사전 1·2」(1985), 「경제사전 1·2」(1985), 「정치사전」(1991), 「재정금융사전 1·2」

(1995), 「민사법사전」(1997), 「현대세계경제사전」(1997), 「조선대백과사전」(2001 전자자료), 「국제법사전」(2002), 「조선말대사전 1·2」(2003) 등을 중심으로 한다.

이에 본 연구는 상술한 북한의 각종 사전을 중심으로 시대적 구분을 통한 문헌조사기법을 통해 해당 용어의 개념을 시계열적으로 추적하였다. 이를 위해 본 연구는 북한의 사회보장, 사회보장제, 사회보장제도에 대한 정의를 크게 세 시기인 ① 1950년대~1970년대, ② 1980년대~1990년대, ③ 2000년대 이후로 각각 구분하였다. 이러한 이유는 북한의 사회복지를 제도적 기준으로 접근한 시대적 환경에 기인한다. 먼저 1950년대~1970년대의 경우 한국전쟁 기간을 제외하고는 비교적 북한의 사회복지체제가 도입되고 일정부문 형성·유지된 시기이다. 다음으로 1980년대~1990년대는 북한식 사회주의 사회복지체제가 확고히 형성되었지만 한편으로는 북한의 경제난으로 인해 복지체제의 붕괴와 균열이 시작된 시기이다. 마지막으로 2000년대 이후로는 북한의 경제난과 동시에 복지체제의 와해와 붕괴가 지속된 시점이기 때문이다. 따라서 이러한 구분은 북한사회복지의 제도와 현실의 동학과 그 궤적을 같이 한다 하겠다.[3]

한편 국내외를 막론하고 본 연구와 같이 북한의 사회보장 중심 용어를 통시적으로 추적 조사한 사례는 전무하다. 따라서 동 연구는 향후 공식문헌을 통한 북한사회복지의 역사를 추적함에 있어 기초자료로 활용될 수 있으리라 기대한다.[4] 이에 본 연구의 분석 모형과

---

3) 한편 시대적 구분의 또 다른 요인의 하나는 북한의 공식사전의 출간 시기와도 연계된다.
4) 반면 본 연구의 한계도 있는데, 가령 본 연구는 통시적 탐색으로 시계열적 시대 범위와 기간의 설정 범위가 다소 광범위하여 분석결과를 보편화하는데 일정부문 제한적이다. 그리고 이는 다른 한편으로 북한의 공식사전이 다양하지

분석 틀을 각각 도식화하면, 다음 〈그림 1〉과 〈표 1〉로 정리된다.

<그림 1> 분석 모형

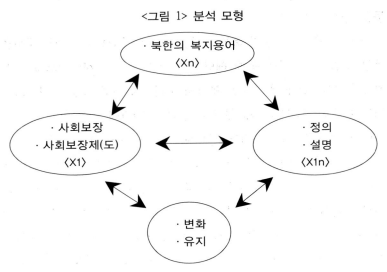

* 출처: 저자 작성.

<표 1> 분석 틀

제도	구분	공식 사전: 1957년~2003년
① 사회보험 ② 공공부조 ③ 사회서비스	① 적용대상 ② 급여 ③ 재정 ④ 전달체계	① 용어의 기술적 정의 ② 기술 내용의 설명 ③ 기술 내용의 변화 ④ 기술 내용의 유지

* 비고: 제도 구성은 참조로 언급.
* 출처: 저자 작성.

않고 출간 시기가 빈번하지 않은 것과도 관련이 있다.

II. 1950년대~1970년대

　　1950년대의 경우 북한은 1957년 「대중정치용어사전」에서 '사회보장'에 대해 다음과 같이 정의하였다.[5]

　　"로쇠, 질병 또는 부상으로 인하여 장기간 로동능력을 상실한 근로자, 애국투사들과 이들의 유가족[적용대상]들 그리고 자립적으로 생활할 수 없는 무의무탁한 사람[적용대상][6]들에게 국가부담[재정]으로 의료상 방조와 물질적 방조를 주어 그들의 생활 안정을 보장하는 것을 말한다. (1) 직업보장 - 사회보장 해당자의 희망에 의하여 그의 능력에 알맞는 직업을 알선하며, (2) 보조금 급여 - 각종 정기 보조금을 지급하며, (3) 보호시설에의 수용 - 무의무탁한 불구자, 년로자, 고아들을 양로원, 고아원 등에 수용하여 보호[급여]하는 한편, 고아들에게는 필요한 교육을 실시하는 것 등이다. 진정한 사회보장제도는 주권이 인민의 수중에 있는 나라에만 있을 수 있다."[7]

　　먼저 적용대상의 경우 크게 ① 고령이나 질병, 부상으로 장기간 노동능력을 상실한 노동자, ② 애국투사들과 그 유가족들, ③ 비자립상태인 무의무탁자로 구분된다. 다음으로 급여의 경우 크게 의료부조와 물질적 방조인 현금급여가 있고 여기에 다시 ① 직업 알선,

---

5) 참고로 남한의 '사회보장'에 대한 제도적 개념은 매우 구체적으로 정의되어 있다. "사회보장이란 출산, 양육, 실업, 노령, 장애, 질병, 빈곤 및 사망 등의 사회적 위험으로부터 모든 국민을 보호하고 국민 삶의 질을 향상시키는 데 필요한 소득·서비스를 보장하는 사회보험, 공공부조, 사회서비스를 말한다."(사회보장기본법 제3조 제1호) 반면 북한의 경우 제도적으로 이와 같은 정의가 부재하다.

6) 이하 '[ ]'는 연구자의 견해이자 표기이고 본 연구에서는 가입대상과 적용대상을 구분하지 않음.

7) 조선로동당출판사, 「대중정치용어사전」, (평양: 조선로동당출판사, 1957), 149~150쪽. 그러나 다른 한편으로 비록 일부지만 북한은 이 시기 사회보험제도에서 실업부조를 시행하고 있었는데, 아이러니하게도 이에 대한 언급이 없다.

② 현금급여 성격인 보조금, ③ 시설보호와 교육서비스가 있다. 그 다음으로 재정의 경우 이 부문에 대한 재정부담 주체에 대한 언급이 없다. 마지막으로 전달체계의 경우 서비스 시설보호 외에 뚜렷한 언급이 부재하다.

그러나 이 시기 북한은 사회보장제도 중에서 사회보험제도의 노후보장, 산업재해에 대한 보상, 공공부조의 무의무탁지 지원, 사회서비스의 장애인, 노인, 고아에 대한 시설보호제도를 운영한 것으로 보인다. 이에 1950년대 북한의 사회보장은 국가사회보장의 초기단계 수준의 모습을 나타내고 있다. 즉, 적용대상의 경우 노인과 고아가 포함되고 장애인은 불구자로 하여 시설보호 대상이다. 이는 비자립상태의 무의무탁자에 대한 정책적 배려라 하겠다. 또한 적용대상에서 애국투사와 그 유가족의 경우 한국전쟁 부상자와 그 유가족을 지칭한다고 판단된다.

반면 급여의 경우 당시를 기준으로 보건의료와 물질적 지원이 나타난다. 그러나 급여의 경우 구체적인 의료급여와 복지급여에 대한 내용이 제시되어 있지 않고 단지 그 존재여부만 언급되어 있다. 또한 재정부담 주체에 대한 언급이 부재한데, 이는 국가부담이기 때문이라 판단된다. 즉, 사실상 당시 북한이 전면적인 사회보장제를 운영할 경우 이용자 본인 부담을 시도할 만한 여유가 부족했다고 사료된다.

또한 매우 인상적인 것은 크게 두 가지 인데, 하나는 이 시기 북한이 사회보장 대상자들로 하여금 직업알선 프로그램을 직업능력에 의거하여 운영하였다는 것과 다른 하나는 고아들에게 시설보호와 더불어 교육서비스를 제공하였다는 것이다. 따라서 이러한 북한의 설명을 기준으로 판단하면 이 시기 북한은 비록 낮은 수준이지만 사회보장에 대한 북한 나름대로의 얼개를 적용하고자 노력하였다고 볼 수 있다.[8] 특히 북한이 국가정책 차원의 효과나 의도를 떠나 일부 복지에 대한 '탈상품화'를 비교적 이른 시기에 시작한 것은 그들의 인식을 반영한다 하겠다. 그리고 이는 북한이 복지에 대한 입장이 보충적 혹은 잔여적이거나 선별적이지 않고 제도적이고 보편주의로 나가겠다는 것을 의미한다.[9]

또한 1960년대의 경우 북한은 1964년 「대중정치용어사전」에서 '사회보장'에 대해 다음과 같이 정의하였다.

> "로쇠, 질병 또는 부상으로 인하여 종신토록 또는 상당히 오랜 기간 로동할 수 없게 된 근로자, 군무자, 애국투사들과 이들의 유가족[적용대상]들 그리고 자립적으로 생활할 수 없는 무의무탁한 사람[적용대상]에게 국가부담 [재정]으로 병을 치료하여 주며 생활 자료를 보장하여 주어 그들의 생활을 안정시키는 것을 말한다. 현재 우리 나라의 사회 보장은 다음과 같은 세 가지 형태로 실시 되고 있다. (1) 사회보장 해당자의 희망에 의하여 그의 능력에 알맞는 직업을 알선하며, (2) 각종 정기 보조금을 주며, (3) 무의무탁한 불구자, 년로자, 고아들을 양로원, 고아원 등에 보내여 보호하는 한편 고아들에게는 필요한 교육[급여]을 실시하는 것 등이다. 자본주의 사회에서는 로쇠, 질병으로 일을 못하게 되여도 국가가 아무런 관심도 돌리지 않으며 일하다가 사고로 인하여 부상을 당하여 일을 못 하게 되여도 사회 보장은 커녕 치료도 잘 해 주지 않는다. 군대에서 부상 당하여 불구자가 되여도 아무런 보상을 받지 못한다. 군무자의 유가족이나 로동 능력 상실자들의 가족

---

8) 반면 다른 한편으로 북한이 실제 이를 적용할 경우를 대비, 가령 노동능력상실 정도, 무의무탁자의 선정 기준, 노인 선정의 연령 기준, 의료부조와 물질적 방조의 다양한 수준과 조건 등에 대한 구체적인 진술이 없다. 그러나 이러한 원인은 공식사전의 경우 포괄적인 정의를 다룸에 따라 간략한 존재만을 언급하였고 이러한 구체적인 내용은 법적 차원에서 제시해야할 사안이라 판단된다.
9) 그러나 다른 한편의 해석도 가능한데, 당시 북한 주민의 대다수 직업이 농민임에 따라 공히 실제 혜택을 받는 직업군은 매우 제한적이었다는 것이다.

들에게도 혜택을 주지 않으며 그 가족이 오히려 그들을 먹여 살려야 한다. 그러므로 진정한 사회 보장 제도는 주권이 인민의 수중에 있는 나라에만 있을 수 있다."10)

먼저 적용대상의 경우 ① 고령이나 질병, 부상으로 장기간 노동능력을 상실한 노동자, ② 군대 복무자, ③ 애국투사들과 그 유가족들, ④ 비자립상태인 무의무탁한 불구자, 노인, 고아로 구분된다. 그리고 이는 1950년대와 달리 적용대상에서 '군대 복무자'가 추가된 형태이다. 따라서 이는 1960년대를 기준으로 하면, 1950년대에 비해 일부 적용대상이 확대된 것이다. 역으로 이는 적어도 1950년대 군대 복무자가 사회보장 적용대상에서 제외되었다고 판단할 수 있는 근거가 된다. 다음으로 급여의 경우 병 치료와 생활 자료 보장을 중심으로 서술되어 있지만 이는 기존의 물질적 방조와 의료적 방조의 연장선상에 있다. 이어서 세 가지 종류의 ① 직업 알선, ② 각종 정기보조금, ③ 시설보호와 교육서비스로 구분된다. 그리고 이는 1950년대와 별반 차이가 나타나지 않는다. 이와 마찬가지로 그 다음의 재정과 마지막 전달체계의 경우 1950년대와 거의 동일한 내용으로 양자에 대한 구체적인 언급이 없다.

따라서 이를 근거로 하면 적용대상의 일부를 제외하면 1960년대 북한의 사회보장과 1950년대 북한의 사회보장 양자 간의 뚜렷한 내용적 차이는 나타나지 않는다. 즉, 이 시기 북한은 1950년대와 마찬가지로 사회보장제도 중에서 사회보험제도의 노후보장, 산업재해에 대한 보상, 공공부조의 무의무탁지 지원, 사회서비스의 장애인, 노인, 고아에 대한 시설보호제도를 동일하게 운영하였다 하겠다.

---

10) 조선로동당출판사, 「대중정치용어사전」 (평양: 조선로동당출판사, 1964), 221쪽.

그러나 다만 1960년대 북한의 사회보장에서는 1950년대에 언급하지 않는 내용이 추가되었는데, 가령 북한은 특정 국가를 지칭하지는 않았지만 자본주의 복지체제에 대한 과장된 비판을 하였다. 그리고 이는 시대적 환경인 냉전과 당시 북한이 인식하는 자본주의 사회의 모습을 그대로 옮긴 것이다. 또한 이는 내용상 다분히 북한의 체제 홍보성 의도도 갖고 있다고 판단된다.

즉, 북한은 1950년대 사회보장 정의에서 부재했던 자본주의 복지체제에 대한 비난을 상당부문의 지면을 할애하여 비난하는 한편 이를 근거로 자신들의 체제 우위를 은연중에 강조하고 있다. 그리고 무엇보다는 이러한 북한의 행태는 시대적 환경인 냉전시대를 떠나 매우 부정적이라 하겠다. 왜냐하면 이러한 북한의 입장은 사회보장 자체를 정치적으로 접근한다는 것을 스스로 인정하는 것이기 때문이다. 또한 이는 제도나 정책으로서의 사회보장의 순수성을 왜곡하게 만들고 종국에는 사회보장을 정치행태의 한 부문이나 영역으로 종속시켜 특정체제의 내재적 속성에 편입시키게 한다. 따라서 결국 이는 사회보장에 대한 모든 해석의 근원이 체제 우위이자 체제 차이에서 기인하는 시각에서 벗어나지 못하게 한다.

1970년대의 경우 북한은 1970년 「정치용어사전」에서 '사회보장'에 대해 다음과 같이 정의하였다.

"사회주의사회에서 늙거나 병에 걸리거나 부상당하여 종신토록 또는 오랜 기간 일할수 없게된 사람[적용대상]들 그리고 무의무탁한 사람[적용대상]들에게 국가부담[재정]으로 생활자료와 의료상 봉사를 보장하여 그들의 생활안정을 도모하는 인민적시책이다. 우리 나라의 사회보장은 다음과 같은 형태로 실시된다. 1. 사회보장해당자의 희망에 따라 그의 능력에 알맞는 적당한 직업을 알선하여주며, 2. 년금 또는 보조금을 주며, 3. 무의무탁한 불구자, 년로자, 고아들을 양로원, 양생원, 애육원, 육아원과 같은데 보내여 보호[급여]하는 한편 고아들에게는 필요한 교육[급여]을 주는것 등이다. 사회보장제도는 오직 주권이 인민의 손에 쥐여져있고 사람을 가장 귀중히 여기는 사회주의사회에서만 실시될수 있다. 자본주의사회에서는 사회보장제도란 있을수 없다."11)

먼저 적용대상의 경우 기존의 1960년대에 대상이었던 군 복무자와 애국투사와 그 유가족이 제외된 형태로 ① 고령이나 질병, 부상으로 장기간 노동능력을 상실한 노동자, ② 무의무탁자로 구분된다. 따라서 이 시기 북한이 군 복무자와 애국투사에 대한 별도의 사회보장이 없는 한, 이는 적용대상의 축소라 할 수 있다. 그러나 이 시기 사회보장을 '인민적 시책'이라 공식화한 것은 다소 인상적이라 하겠다. 다음으로 급여의 경우 생활자료와 의료상 봉사를 중심으로 한다고 언급되어 있는데, 이는 기존의 물질적 방조와 의료상 방조와 표현을 달리할 뿐 별다른 차이가 나타나지 않는다. 이어서 세 가지 종류의 ① 희망과 능력에 따른 직업 알선, ② 연금과 보조금, ③ 시설보호와 교육서비스로 구분된다. 그리고 이는 1960년대와 거의 동일한 모습이다.

단지 1960년대의 각종 정기 보조금이 보다 더 구체화되어 두 가지 급여로 연금과 보조금으로 나누어졌다. 특히 북한은 이 시기 연금을 직접적으로 언급하여 북한의 공적연금제도의 존재를 확인해주고 있다. 그 다음으로 재정의 경우 기존에 없는 국가부담이라는 명확한 표현을 하여 무엇보다 재정부담 주체를 분명히 하였다. 그리고 이는 기존에 부재한 내용이다. 마지막으로 전달체계의 경우 1950년대와

11) 사회과학출판사, 「정치용어사전」 (평양: 사회과학출판사, 1970), 324쪽.

1960년대와 같이 구체적인 언급이 부재하다. 다른 한편으로 아이러니하게도 1960년대에 일정부문의 지면을 할애하여 비난하였던 자본주의 복지체제에 대한 비판이 크게 상쇄되었다.

이를 근거로 할 때 1970년대 북한의 사회보장 정의의 변화는 크게 네 가지로 요약된다. 첫째, 적용대상에서 군 복무자와 애국투사가 제외된 것, 둘째, 인민적 시책이라 하여 사회보장이 북한의 국가정책화되어 승화된 것, 셋째, 현금급여의 종류를 간단히 구체화한 것, 넷째, 재정부담에서 국가부담을 명확히 한 것, 다섯째, 자본주의 복지체제에 비판이 일정부문 후퇴한 것으로 정리된다. 따라서 1970년대 북한의 사회보장 정의는, 상술한 내용을 제외하고는 기존과 다른 내용이 나타나지 않는다.

또한 북한은 1973년 「정치사전」에서 '사회보장'에 대해, '사회보장제도'를 통해 재차 언급하고 있다.

"일군들이 로동능력을 잃었거나 사망하였을 경우에 본인 또는 그 가족[적용대상]의 생활을 국가적 부담으로 보장하는 제도. 진정한 사회보장제도는 근로자들의 생활에 대하여 국가가 책임지는 사회주의제도 하에서만 실시된다. 사회주의 국가는 국민소득의 분배에서 사회보장 폰드[재정]를 계획적으로 형성하며 사회보장대상자들의 건강과 생활을 보장해준다. 우리나라에서 사회보장제도는 당, 국가 경제기관, 기업소 및 근로단체 일군들이 로동능력을 상실하였거나 사망된 경우에 본인 또는 그 가족[적용대상]에 대하여 국가 부담[재정]으로 실시된다. 우리 나라에서 실시되고 있는 사회보장제도는 경애하는 수령 김일성동지의 인민들에 대한 어버이사랑과 지극한 배려의 표현이며 우리 나라 사회주의제도의 우월성의 표현이다. 우리나라에서의 사회보장제도는 현금 및 현물에 의한 방조, 의료상 방조, 사회적보호시설을 통한 방조, 알맞은 일자리의 보장, 사회적 원호[급여] 등의 형태로 실시되고 있다. 현금 및 현물지불에 의한 방조에는 각종 년금 및 보조금 지불, 불구자

에 대한 교정기구 공급[급여] 등이 속한다. 의료상 방조에 의하여 사회보장
대상자들은 건강회복에 필요한 온갖 혜택을 받는다. 건강이 회복된 사회보
장대상자들은 건강회복에 필요한 온갖 혜택을 받는다. 건강이 회복된 사회
보장대상자들은 그들의 체질과 능력에 알맞은 일자리에 배치[급여]된다. 영
예군인, 무의무탁한 불구자, 년로자, 고아[적용대상]들은 영예 군인 보양소,
양로원, 애육원 등 사회적 보호시설에서 생활하며 그들은 필요한 교양[급여]
을 받는다. 로동 능력을 상실한 애국렬사 유가족, 영예 군인, 후방가족[적용
대상] 등 사회보장대상자들에 대한 사회적 원호사업은 우리나라 사회보장사
업에서 중요한 자리를 차지한다. 사회보장제도를 실시할데 대한 요구는 자
본주의사회에서 로동계급에 의하여 제기되였다. 부르죠아국가는 사회보장
제도를 실시할것을 요구하는 로동계급의 강력한 투쟁에 못이겨 이른바 ≪공
공빈민구제비≫를 조성 하였으며 1930년대 후반기에 들어와서 일부 자본
주의나라들에서 사회보장비의 원천은 조세, 국채 등을 통하여 재분배된 근
로자들의 소득에 지나지 않으며 지불되는 사회보장비로는 최저생활도 보장
하지 못한다. 자본주의사회에서는 근로자들이 로쇠, 질병으로 로동능력을
잃어도 국가가 아무런 관심도 돌리지 않고 있다. 자본주의하에서 사회보장
제도란 사실상 무의미한 것이다."12)

먼저 적용대상의 경우 ① 노동능력을 상실한 근로자와 사망한 본
인과 그 유가족, ② 군 복무중 사고를 당한 영예군인, 무의무탁한 불
구자, 연로자, 고아, ③ 노동 능력을 상실한 애국열사 유가족, 영예
군인, 후방가족이다. 이는 앞서 언급한 사회보장에서 정의한 내용보
다 구체적이고 포괄적이다. 그러나 기존의 고령자에 대한 언급이 전
면이 아닌 연로자로 표기하여 후면에 위치하고 있다. 다음으로 급여
의 경우 ① 현금과 현물급여, ② 의료상 방조, ③ 시설보호, ④ 취업
알선이 있다. 그리고 이것이 다시 연금과 보조금 지불, 불구자에 대

---

12) 사회과학출판사, 「정치사전」 (평양: 사회과학출판사, 1973), 532~533쪽.

한 교정기구 공급 등으로 구분된다. 그리고 이는 북한이 앞서 1970년 「정치용어사전」에서 정의한 내용과 대동소이하다. 그러나 기존의 사회보장에서 언급되지 않았던 장애인에 대한 의료기구 지원이 추가된 것은 주목할 만하다. 그 다음으로 재정의 경우 국가가 부담하되 국민소득의 분배에서 사회보장 펀드에 의해 조성됨을 밝혔다. 즉, 북한 사회보장제도의 재원은 국가가 조성하는 사회보장기금이고 이는 재정부담 주체와 더불어 기금의 존재를 분명히 밝힌 것이다. 마지막으로 전달체계의 경우 기존처럼 구체적인 언급이 부재하다.[13]

또한 특이하게도 이 시기 북한은 사회보장제도에 대한 김일성의 배려를 강조함과 동시에 체제우월성을 언급하였다. 나아가 사회보장 정의에서 소극적인 태도로 비판했던 자본주의 복지체제를 사회보장제도에서는 이와 달리 매우 직선적으로 비판하였다. 그리고 이러한 비판이 기존과 달리 일방적인 것이 아니라 일정부문 역사적 근거를 가지고 북한 나름대로의 논리를 기반으로 하는 차이점이 나타난다. 또한 북한은 '최저생활'이라는 자본주의식 표현을 그대로 인용하여 공식문헌에 차용하였다. 그리고 이는 흔히 나타나는 북한의 행태가 아님에 따라 다소 이채롭기까지 하다. 결국 이 시기 북한의 '사회보장' 정의 보다 더 포괄적인 정의를 한 '사회보장제도'는, 그 내용이 '사회보장' 보다 더 구체적이고 진술의 수준이 양적, 질적으로 발달된 형태를 나타내고 있다. 그리고 이는 북한이 생각하는 '사회보

---

13) 전달체계의 경우 지금까지 일체의 언급이 부재한 이유는 각 복지급여마다 제공과 할당체계를 달리하기 때에 이를 수록할 경우 상당한 설명이 필요하고 나아가 이 경우 방대한 작업을 동반하기 때문이라 판단된다. 이와 관련한 보다 자세한 내용은 후면 참조.

장'의 모습을 제도로 승화한 '사회보장제도'에 대해 정의하였기 때문이라 판단된다. 지금까지 논증한 1950년대에서 1970년대까지 북한의 사회보장(제도)에 대한 정의를 요약하면 다음 〈표 2〉와 같다.[14]

<표 2> 사회보장(제도) 정의: 1950년대~1970년대

구분	1957년 : 사회보장	1964년 : 사회보장	1970년 : 사회보장	1973년 : 사회보장제도
적용대상	① 고령자, 장기간 노동능력을 상실한 노동자 ② 애국투사들과 그 유가족들 ③ 비자립상태 무의무탁자	· 좌동 · 군대 복무자 추가 · 무의무탁한 불구자, 노인, 고아로 구분 표기	① 고령자, 장기간 노동능력을 상실한 노동자 ② 무의무탁자	① 노동능력을 상실한 근로자, 사망한 본인, 유가족 ② 영예군인, 무의무탁한 불구자, 연로자, 고아 ③ 애국열사 유가족, 후방가족
급여	· 의료상 방조 · 물질적 방조 ① 직업 알선 ② 보조금 ③ 시설보호, 교육 서비스	· 좌동 · 보조금이 각종 정기 보조금으로 표기	· 좌동 · 정기보조금이 연금과 보조금으로 표기	· 좌동 · 장애인 교정기구 추가
재정	· 언급 부재	· 좌동	· 국가 부담 명기	· 국가 부담 · 사회보장 펀드
전달체계	· 시설보호 외 부재	· 좌동	· 좌동	· 좌동
특징	· 제도화 추구 · 재정, 전달체계 미언급	· 좌동 · 자본주의 복지체제 비판	· 인민적 시책 명기 · 재정부담 주체 표기 · 자본주의 복지체제 비판 감소	· 김일성 배려 강조 · 자본주의 복지체제 비판

* 출처: 저자 작성.

---

14) 1970년대 북한 사회보장제도의 제도적 구성은 앞서 언급한 1960년대와 거의 동일하다.

III. 1980년대~1990년대

1980년대의 경우 북한은 1985년 「경제사전 1」[15)]에서 '사회보장'에 대해, '사회보장제'를 통해 먼저 언급하고 있다.

"로동자, 사무원[적용대상]들이 로동능력을 잃었거나 사망하였을 경우에 본인 또는 그 가족[적용대상]의 생활을 국가적부담[재정]으로 보장하는 제도. 위대한 수령 김일성동지께서는 다음과 같이 교시하시였다. ≪…공민은 무상으로 치료받을 권리를 가지며 나이 많거나 병 또는 불구로 로동능력을 잃은 사람들, 돌볼 사람이 없는 늙은이들과 어린이들은 물질적방조를 받을 권리를 가진다. 이 권리는 무상치료제, 계속 늘어 나는 병원, 료양소를 비롯한 의료시설, 국가 사회보험 및 사회보장제에 의하여 보장된다.≫(≪김일성저작집≫ 27권, 634페지) 진정한 사회보장제는 국가가 로동자, 농민을 비롯한 근로인민[적용대상]들의 물질문화생활을 전적으로 책임지고 보장하여 주는 사회주의제도하에서만 실시된다. 사회주의국가는 국민소득가운데서 사회보장제를 실시하는데 필요한 몫을 계획적으로 형성하여 사회보장대상

---

15) 한편 북한은 동 사전의 머리말에서 다음과 같이 동 사전을 설명하였다. "이 ≪경제사전≫은 1970년에 사회과학출판사에서 발행한 ≪경제사전≫의 개정증보판이다. ≪경제사전≫초판이 나온 때로부터 15년이 경과하는 사이에 주체의 경제리론연구에서는 끊임 없는 전진이 있었으며 경제실천에서도 커다란 성과들이 이룩되었다. 새로 편찬하는 사전에서는 ≪경제사전≫초판에 올라 있는 올림말들을 정리하고 내용을 보충하면서 주체의 경제리론연구에서 달성한 새로운 성과들과 경제관리를 높은 수준에서 과학화하는것을 비롯하여 경제생활이 절박하게 제기하는 리론실천적문제들을 폭 넓게 반영하는데 응당한 주의를 돌렸다. 사전은 3,100여개(초판 2,000여개)의 올림말을 두권에 나누어 수록하면서 경제학연구일군들, 경제실무일군들뿐아니라 광범한 근로자들의 학습에도 편리하도록 항목들을 비교적 세분하여 설정하고 내용을 편성하였다. 사전의 원고는 사회과학원 주체경제학연구소 연구집단이 주로 집필하였으며 이밖에 김일성종합대학, 김일성고급당학교, 인민경제대학, 김책공업대학, 원산경제대학을 비롯한 광범한 과학, 교육, 행정경제 기관의 수많은 우수한 일군들이 집필과 심사에 참가하였다. 사전의 편찬사업은 과학, 백과사전출판사 경제사전편찬집단이 맡아 수행하였다". 사회과학출판사, 「경제사전 1」(평양: 사회과학출판사, 1985), 2쪽.

자들의 건강과 생활을 보장해 준다. 우리 나라 사회보장제는 조국과 인민을 위하여 투쟁한 사람들과 그 가족들을 사회적으로 특별히 보호하고 어린이로부터 늙은이에 이르기까지 모든 사람[적용대상]들이 국가와 사회의 보살핌 속에서 행복하게 살게 하는 인민적이고 선진적인 사회보장제도이다. 우리 나라에서의 사회보장제는 조국과 인민을 위하여 투쟁한 사람들과 그 가족들을 사회적으로 특별히 보호하고 어린이로부터 늙은이에 이르기까지 모든 사람들이 국가와 사회의 보살핌속에서 행복하게 살게 하는 인민적이고 선진적인 사회보장제도이다. 우리 나라에서의 사회보장제는 현금 및 현물에 의한 방조, 알맞는 일자리의 보장, 사회적원호[급여] 등의 형태로 실시되고 있다. 현금 및 현물 지불에 의한 방조에는 각종 년금 및 보조금 지불, 불구자에 대한 교정기구공급[급여] 등이 속한다. 사회보장에 의한 년금 및 보조금에는 공로 있는 사람에게 주는 년금, 나이 많은 사람에게 주는 년로년금, 오래 앓은 사람에게 주는 로동능력상실년금, 불구자에게 주는 로동능력상실년금과 보조금, 유가족년금, 후방가족원호보조금[급여] 등이 있다. 의료상 방조에 의하여 사회보장대상자들은 건강회복에 필요한 온갖 혜택[급여]을 받는다. 건강이 회복된 사회보장자들은 그들의 체질과 능력에 알맞는 일자리[급여]에 배치된다. 영예군인, 무의무탁한 불구자, 년로자, 고아들은 영예군인보양소, 양로원, 애육원 등 사회적보호시설에서 생활하며 그들은 필요한 교양[급여]을 받는다. 혁명투사, 혁명렬사가족, 애국렬사가족, 인민군후방가족, 영예군인[적용대상]들에 대한 사회적원호사업[급여]은 우리 나라 사회보장사업에서 중요한 자리를 차지한다. 우리 나라 사회보장제에는 위대한 수령 김일성동지와 친애하는 지도자 김정일동지의 인민에 대한 뜨거운 사랑과 배려가 깃들어 있으며 우리 나라 사회주의제도의 우월성이 뚜렷이 표현되어 있다. 자본주의사회에서 부르죠아국가는 사회보장제를 실시할것을 요구하는 로동계급의 강력한 투쟁에 못 이겨 이른바 ≪공공빈민구제비≫를 조성하기도 하고 1930년대 후반기에 들어 와서는 일부 자본주의나라들에서 ≪사회보장법≫을 채택하기도 하였으나 이것은 로동계급을 기만하기 위한 술책에 지나지 않는다. 자본주의나라들에서 사회보장비는 조세, 국채 등을 통한 인민수탈에 의하여 형성되며 지불되는 사회보장비는 최저생활도 보장할수 없는것이다."16)

먼저 사회보장제 적용대상의 경우 ① 노동자, ② 사무원을 중심으로 하고 급여의 수급자격에서 로동능력을 잃었거나 사망하였을 경우 ③ 본인과 그 가족을 대상으로 한다. 또한 북한은 ④ 국가 공로자와 그 가족을 특별히 보호하고, ⑤ 어린이부터 노인까지 모든 주민이 대상이다. 따라서 북한의 사회보장제는 북한 주민 전체를 그 대상으로 한다. 그리고 이는 기존의 '사회보장제' 적용대상이 확대된 형태이다. 즉, 여기에서 중요한 것은 '모든 사람'이라는 것이다. 이는 '사회보장제'가 모든 연령의 전체 인민을 대상으로 적용되는 보편적인 제도임을 천명한 것이다. 따라서 이 시기부터 북한의 복지체제가 선별주의에서 보편주의로 확장되었다 할 수 있다.

한편으로 1964년 「대중정치용어사전」에서 언급한 '군대 복무자'에 대한 언급이 부재한데, 이는 영예군인으로 편입된 것이라 판단된다. 또 다른 한편으로 이 시기 북한은 국가공로자에 대한 보호를 강조하였는데, 이는 북한의 기존의 공로자 우대 입장이 불변하였음을 의미한다.

다음으로 급여의 경우 ① 현금급여, ② 현물급여, ③ 직업알선, ④ 원호사업 등으로 크게 구분된다. 보다 구체적으로 살펴보면 여기에서 다시 현금급여 성격인 각종 연금과 보조금은 노후보장인 ㉠ 연로연금, ㉡ 국가공로자연금, ㉢ 장기 노동능력 상실자에 대한 로동능력상실연금, 장애인에 대한 로동능력상실연금과 ㉣ 보조금, ㉤ 그밖에 사망시 지급되는 유가족연금, ㉥ 후방가족원호보조금이 있다. 특히 이는 기존에 언급한 현금급여에 대한 진술이 매우 구체화된 형태로 나타난 것이다. 즉, 1973년 「정치사전」에서 북한이 언급한 내용 이

---

16) 사회과학출판사, 「경제사전 1」 (평양: 사회과학출판사, 1985), 855쪽.

외에 북한의 다양한 여섯 가지 현금급여의 종류가 최초로 명시되어 있다.

또한 현물급여로 의료부조와 장애인에 대한 교정기구 공급서비스가 지원된다. 이는 기존과 거의 동일한 형태로 현금급여의 설명과 달리 이렇다 할 변화가 나타나지 않는다. 또한 시설보호 서비스 형태로 영예군인, 무의무탁한 불구자, 년로자, 고아들은 영예군인보양소, 양로원, 애육원 등에서 생활하고 교육받는다. 또한 이외에도 혁명투사, 혁명열사가족, 애국열사가족, 인민군후방가족, 영예군인들에 대한 원호사업이 있다. 그러나 북한은 이러한 원호 사업에 대한 구체적인 그 내용을 밝히지는 않았다.

그 다음으로 재정의 경우 사회보장제와 관련된 예산을 국민소득에서 일정한 계획에 의거, 갹출함을 밝혔다. 그리고 이는 표현만 달리할 뿐, 기존의 국민소득의 분배에서 사회보장기금 조성을 의미한다고 판단된다. 그러나 북한은 이러한 사회보장기금의 비중과 규모에 대해 언급해야 하는데, 이를 여전히 미제시하였다.

마지막으로 전달체계의 경우 기존과 동일하게 구체적인 언급이 부재하다. 물론 이러한 원인은 다양하게 예측할 수 있지만 크게 두 가지로 예측된다. 하나는 상기 「경제사전 1」에서 확대 제시한 각종 복지급여와 서비스의 경우 전달체계를 달리한다. 때문에 북한의 입장에서 이러한 내용을 각각 모두 언급하고 수록하기에는 지면상의 제약이 있다. 따라서 결국 이로 인해 북한은 전달체계에 대한 언급을 시도하지 않았다. 다른 하나는 북한이 기존의 관례대로 적용대상과 급여에 대한 설명만 치중하고 재정과 전달체계를 회피하였다는 추정이 가능하다.

다른 한편으로 특히, 이 시기 북한은 직접적으로 김일성의 교시를 언급하였고 이어서 김정일의 관심을 명기하였다. 이는 기존과 크게 두 가지의 차이점이 나타난다. 하나는 1973년 「정치사전」에서 는 단순히 김일성의 배려를 강조하였다. 하지만 1985년 「경제사전 1」에서 는 이와 더불어 김일성의 교시를 수록하여 기존과 달리 김일성의 역할을 더욱 강조한 점이다. 다른 하나는 김정일의 '사랑과 배려'를 강조한 새로운 내용이 추가된 것이다. 따라서 이러한 북한의 변화는 이 시기 북한의 통치체제와 무관치 않다. 즉, 이 시기 북한은 김정일 후계체제가 확고히 정립된 가운데에 어떤식으로든 김정일의 은혜를 강조할 수밖에 없었다. 이러한 점에서 북한은 '사회보장제'를 통해 김정일의 역할을 새롭게 언급하여 간접적으로 통치체제의 정통성을 확보하고자 했다. 그리고 이것이 바로 '사회보장'에 관한, 이 시기가 다른 시기와 구별되어 확고한 차이가 발생하는 지점이다.

한편 이 시기 북한은 기존과 같이 자본주의 복지체제에 대한 신랄할 비판도 하였다. 그러나 그 내용적 기술에 있어 북한은 전과 달리 자본주의의 '사회보장법'을 언급하면서 비난하였다. 그리고 이는 비난의 방향과 성격의 차이를 나타내는 것은 아니지만 해석의 근거를 새롭게 제시하였다는 점에서 작은 변화라 하겠다. 아울러 기본적으로, 이 시기 북한 역시 자본주의 복지체제를 신뢰하지 않고 있음을 나타내고 있다.

또한 북한은 1985년 「정치사전 2」에서 '사회보장제'에 대해 다음과 같이 정의하였다.

"로동자, 사무원[적용대상]들이 로동능력을 잃었거나 사망하였을 경우에 본인 또는 그의 가족[적용대상]들의 생활을 국가적으로 보장하는 제도. 위대한 수령 김일성동지께서는 다음과 같이 교시하시였다. ≪…공민은 무상으로 치료받을 권리를 가지며 나이 많거나 병 또는 불구로 로동능력을 잃은 사람들, 돌볼 사람이 없는 늙은이들과 어린이들은 물질적방조를 받을 권리를 가진다. 이 권리는 무상치료제, 계속 늘어나는 병원, 료양소를 비롯한 의료시설, 국가 사회보험 및 사회보장제에 의하여 보장된다.≫(≪김일성저작집≫ 27권, 634페지) 진정한 사회보장제도는 근로자들의 생활에 대하여 국가가 책임지는 사회주의제도하에서만 실시된다. 사회주의국가는 국민소득의 분배에서 사회보장폰드[재정]를 계획적으로 형성하며 사회보장대상들의 건강과 생활을 보장해 준다. 위대한 수령님께서 마련하여 주신 우리 나라 사회보장제도는 조국과 인민을 위하여 성실히 일하고 희생적으로 투쟁한 사람들과 그 가족들을 사회적으로 특별히 보호하고 어린이부터 늙은이에 이르기까지 모든 사람[적용대상]들이 국가와 사회의 보살핌속에서 행복하게 살게 하는 가장 인민적이고 선진적인 사회보장제도이다. 우리 나라에서의 사회보장제도는 현금 및 현물에 의한 방조, 의료상방조, 국가적보호시설을 통한 방조, 알맞는 일자리의 보장, 사회적원호[급여] 등의 형태로 실시되고 있다. 현금 및 현물 지불에 의한 방조에는 각종 년금 및 보조금 지불, 불구자에 대한 교정기구공급[급여] 등이 속한다. 의료상방조에 의하여 사회보장대상자들은 건강회복에 필요한 온갖 혜택을 받는다. 건강이 회복된 사회보장대상자들은 그들의 체질과 능력에 알맞는 일자리[급여]에 배치된다. 영예군인, 무의무탁한 불구자, 년로자, 고아들은 영예군인보양소, 양로원, 애육원 등 사회적보호시설에서 생활하며 그들은 필요한 교양[급여]을 받는다. 혁명투사, 혁명렬사가족, 애국렬사가족, 인민군후방가족, 영예군인[적용대상]들에 대한 사회적원호사업[급여]은 우리 나라 사회보장사업에서 중요한 자리를 차지한다. 자본주의사회에서 부르죠아국가는 사회보장제도를 실시할것을 요구하는 로동계급의 강력한 투쟁에 못 이겨 이른바 ≪공공빈민구제비≫를 조성하였으며 1930년대 후반기에 들어 와서 일부 자본주의나라들이 ≪사회보장법≫을 채택하였으나 이것은 로동계급을 기만하기 위한 속임수에 지나지 않았다. 자본주의나라들에서는 사회보장비를 조세, 국세 등을 통한 인민수탈에 기초하여 형성하며 지불되는 사회보장비란 최저생활도 보장할수 없는것이다. 자본주의사회에서는 근로자들이 로쇠와 질병으로 로동능력을 잃어도 국가가 아무런 관심을 돌리지 않는다."[17]

위의 내용은 동년 발행한 「경제사전 1」의 ① 적용대상, ② 급여, ③ 재정, ④ 전달체계에 있어 내용상 거의 대동소이하다. 다만 재정의 경우 기금에 해당되는 사회보장 펀드를 언급하였는데, 이는 1973년 「정치사전」과 동일한 개념이다. 이에 1985년 각각 발행한 「정치사전 2」와 「경제사전 1」에 나타난 북한의 '사회보장제'는 거의 유사한 내용이라 하겠다. 또한 자본주의 복지체제에 대한 비판이 존재하나 「경제사전 1」과 달리 구체적이지 않다.

다른 한편으로 한 가지 특이한 점은 앞서 언급한 「경제사전 1」과 달리 「정치사전 2」에서는 김정일에 대한 언급이 부재하다는 것이다. 즉, 북한은 「정치사전 2」에서 '사회보장제'에 대한 김일성의 은혜와 배려는 「경제사전 1」과 동일한 내용으로 강조되었다. 하지만 북한은 「정치사전 2」에서 김정일에 대한 어떠한 내용의 언급도 없다. 따라서 이는 다소 아이러니한 측면도 있지만 예측하건대, 동년에 각각 발간된 「경제사전 1」과 「정치사전 2」의 경우 「정치사전 2」가 「경제사전 1」에 비해 수개월 먼저 발간되었다고 판단된다. 왜냐하면 북한의 통치지도자 순서에 입각하면 김일성에 대한 배려가 먼저 제시된 후 그 후계자인 김정일이 언급되어야 하기 때문이다.

1990년대의 경우 북한은 1992년 「조선말대사전 1」에서 '사회보장'에 대해 다음과 같이 정의하였다.

> "사회주의 사회에서 늙거나 병에 걸리거나 부상당하여 일할 수 없게 된 사람[적용대상]들 그리고 무의무탁한 사람[적용대상]들에게 국가부담[재정]으로 생활을 보장하여 주는 인민적 시책."[18]

17) 과학백과사전출판사, 「정치사전 2」 (평양: 과학백과사전출판사, 1985), 16쪽.
18) 사회과학출판사, 「조선말대사전 1」 (평양: 사회과학출판사, 1992), 1646쪽.

위를 근거로 하면, 북한의 사회보장은 적용대상과 재정부담의 경우 기존과 거의 동일한 형태를 갖고 있다. 특히 북한은 사회보장을 '인민적 시책'이라 하여 1970년 「정치용어사전」에서 정의를 계승하였다. 그러나 급여와 전달체계에 대한 언급은 부재하다. 또한 북한은 이러한 사회보장을 제도로 계승한 '사회보장제도'에 대해 다음과 같이 정의하였다.

"공민[적용대상]들이 로동능력을 잃었거나 사망하였을 때 본인 또는 그의 가족[적용대상]의 생활을 국가적 부담으로 보장하는 제도."19)

이에 북한의 사회보장제도는 장애자와 애국열사가 제외된 가운데에 일부를 적용대상으로 한다. 반면 재정부담의 경우 국가부담으로 기존과 거의 동일한 형태이나 기존 북한의 사회보장펀드에 대한 언급이 부재하다. 나아가 급여와 전달체계에 대한 언급도 전무하다. 특히 이러한 북한의 행태는 기존의 사회보장제도에 대한 북한 나름대로의 정의가 존재함에도 불구하고 이러한 서술한 한 것은 다소 의아한 측면이 존재한다 하겠다.

그러나 북한은 1995년 「재정금융사전 1」에서 '사회보장제'에 대해 다음과 같이 정의하였다.

"나이 많거나 병 또는 불구로 로동능력을 잃은 사람[적용대상]들과 돌볼 사람이 없는 늙은이들과 어린이[적용대상]들의 생활을 국가적부담[재정]으로 보장하여주는 제도. 위대한 수령 김일성동지께서는 다음과 같이 교시하시였다. ≪…공민은 무상으로 치료받을 권리를 가지며 나이 많거나 병 또는

---

19) 사회과학출판사, 「조선말대사전 1」 (평양: 사회과학출판사, 1992), 1646쪽.

불구로 로동능력을 잃은 사람들, 돌볼 사람이 없는 늙은이들과 어린이들은 물질적방조를 받을 권리를 가진다. 이 권리는 무상치료제, 계속 늘어나는 병원, 료양소를 비롯한 의료시설, 국가 사회보험 및 사회보장제에 의하여 보장된다.≫(≪김일성저작집≫ 27권, 634페지) 우리 나라 사회주의제도에서는 진정한 사회보장제가 실시되고 있다. 사회주의국가는 로동자, 농민을 비롯한 근로인민들의 물질문화생활을 전적으로 책임지고 보장하여준다. 인민대중중심의 우리 나라 사회주의제도에서는 진정한 사회보장제가 실시되고있다. 우리 나라 사회보장제는 조국과 인민을 위하여 투쟁한 사람들과 그 가족들을 사회적으로 특별히 보호하고 어린이로부터 늙은이에 이르기까지 모든 사람들이 국가와 사회의 보살핌속에서 행복하게 살게 하는 인민적이고 선진적인 사회보장제도이다. 우리 나라에서의 사회보장제는 현금 및 현물에 의한 방조, 알맞은 일자리의 보장, 사회적 원호[급여] 등의 형태로 실시되고 있다. 현금 및 현물 지불에 의한 방조에는 각종 년금 및 보조금의 지불, 불구자에 대한 교정기구공급[급여] 등이 속한다. 사회보장에 의한 년금 및 보조금에는 공로있는 사람에게 주는 년금, 나이 많은 사람에게 주는 년로년금, 오래 앓는 사람에게 주는 로동능력상실년금, 불구자에게 주는 로동능력상실년금과 보조금, 유가족년금, 후원가족원호보조금[급여] 등이 있다. 의료상 방조에 의하여 사회보장대상자들은 건강회복에 필요한 온갖 혜택[급여]을 받는다. 건강이 회복된 사회보장자들은 그들의 체질과 능력에 알맞은 일자리[급여]를 보장받는다. 영예군인, 무의무탁한 불구자, 년로자, 고아들은 영예군인보양소, 양로원, 애육원[급여] 등 국가가 책임지고 돌보는 기관에서 생활한다. 혁명투사, 혁명렬사가족, 애국렬사가족, 인민군후방가족, 영예군인[적용대상]들에 대한 사회적원호사업[급여]은 우리 나라 사회보장사업에서 중요한 자리를 차지한다. 우리 나라 사회보장제에는 위대한 수령 김일성동지와 위대한령도자 김정일동지의 인민에 대한 뜨거운 사랑과 배려가 깃들어있으며 우리 나라 사회주의제도의 우월성이 뚜렷이 구현되여있다. 우리 나라에서의 사회보장사업비는 국가예산[재정]에 집중된 사회순소득을 원천으로 하고있으며 그 지불은 로동행정기관을 통하여 실현된다. 자본주의사회에서 부르죠아국가는 사회보장제를 실시할것을 요구하는 로동계급의 강력한 투쟁에 못이겨 ≪공공빈민구제비≫를 조성하기도 하고 1930년대후반기에 들어와서는 일부 자본주의나라들에서 ≪사회보장법≫을 채택하기도 하였으나 이것은 로동계급을 기만하기 위한 술책에 지나지 않는다. 자본주의나라들에서 ≪사회보장제≫의 자금원천은 조세, 국채 등을 통한 인민수탈에 의하여 형성되며 근로자들에게 지불되는 ≪사회보장자금≫은 그들의 최저생활비도 보장할수 없는 극히 보잘것없는 금액이다."20)

위의 1995년 「재정금융사전 1」의 경우 1985년 「경제사전 1」의 ① 적용대상, ② 급여, ③ 재정, ④ 전달체계와 거의 동일한 내용이다. 다만 한 가지 다른 점은 북한이 자본주의 복지체제를 비판하는 기존 입장이 일관적이다. 하지만 이를 주장하는 그 진술에 있어 미세한 보충이 있다. 가령 이 시기 북한은 자본주의 복지체제를 설명하는 가운데에 '사회보장자금'을 인용하였는데, 이는 기존에 부재한 내용이다. 그리고 이러한 북한의 행태는 역설적으로, -비록 왜곡되었으나- 지속적으로 자본주의 복지체제에 대한 관찰을 하고 있음을 의미한다.

한편 이 시기 특이하게도 북한의 남한사회복지에 대한 견해를 밝혔다. 북한은 동 「재정금융사전 1」에서 사회개발비에 대해 "남조선의 괴뢰예산을 기능별로 묶었을 때 교육, 문화, 보건, 및 ≪사회복지≫를 위한 지출들을 총괄하는 항목. 남조선괴뢰들은 예산을 편성할 때 교육, 문화, 보건, 및 ≪사회복지≫를 위한 지출들을 해당 주관 부서별로 묶는 동시에 그 용도들을 기능별로 명시하고 있다. ≪사회개발비는≫는 명목뿐이며 실제 근로자들을 위한 교육, 문화, 보건, ≪사회복지≫에 지출되는 것은 거의나 없다…"21)라고 하였다.

20) 사회과학출판사, 「재정금융사전 1」 (평양: 사회과학출판사, 1995), 655쪽.
21) 사회과학출판사, 「재정금융사전 1」 (평양: 사회과학출판사, 1995), 652쪽.

이는 사실 여부를 떠나 실로 대단히 중요한 진술인데, 왜냐하면 북한이 최초로 공식문헌을 통해 남한 사회복지체제를 언급했기 때문이다. 또 여기에는 북한의 인식이 일정부문 반영되어있고 이러한 인식은 과거 자본주의 복지체제에 비판의 연장선상에 있다. 따라서 북한은 이로 인해 남한의 사회복지체제에 대한 매우 부정적인 입장을 나타내고 있다.[22] 지금까지 논증한 1980년대에서 1990년대까지 북한의 사회보장제(도)에 대한 정의를 요약하면 다음 〈표 3〉과 같다.[23]

<표 3> 사회보장제(도) 정의: 1980년대~1990년대

구분	1985년: 사회보장제	1995년대: 사회보장제	비고
적용대상	① 노동자, ② 사무원, 본인 ③ 그 가족, ④ 국가공로자 ⑤ 모든 주민	· 좌동	· 적용대상의 구체성
급여	① 현금급여 · 연로연금, · 국가공로자연금 · 노동능력상실연금, · 장애인 보조금 · 유가족연금, · 후방가족원호보조금 ② 현물급여 · 의료부조, · 장애인 교정기구 ③ 직업알선, ④ 원호사업 · 혁명투사, · 혁명열사가족 · 애국열사가족, · 인민군후방가족 · 영예군인 ⑤ 시설보호, 교양서비스	· 좌동	· 진술의 구체성 · 현금급여 종류 명시

---

22) 또한 나아가 북한은 사회복지법인에 대해, "사회복지사업의 진행을 목적으로 하여 설립되는 법인. 부르죠아 민법에서 쓰이는 용어이다. 이 법인은 사회복지 사업을 진행하는 외에 그 사업의 경영에 충당하기 위하여 리득을 얻기 위한 사업도 진행할 수 있다"라고 언급하였다. 사회과학원 법학연구소, 「민사법사전」(평양: 사회과학출판사, 1997), 339쪽. 즉, 북한의 사회복지 법인이 영리사업을 할 수 있다고 보고 있다.
23) 이 시기 북한 사회보장제도의 제도적 구성은 1970년대와 거의 동일하다.

재정	· 국민소득에서 갹출	· 좌동 · 사회보장 펀드	· 비중, 규모 언급 부재
전달체계	· 시설보호 외에 부재	· 좌동	-
특징	· 전 연령을 포괄 전체 주민 · 선별주의에서 보편주의로 · 현금급여의 구체성 · 「정치사전 2」 김일성 교시, 강조 · 「경제사전 1」 김일성 교시, 김정일 강조 · 자본주의 복지체제 비판	· 좌동 · 사회보장제도 인민적시책	-

* 출처: 저자 작성.

Ⅳ. 2000년대 이후

2000년대의 경우 북한은 2003년 「조선대백과사전」에서 '사회보장'에 대해, '사회보장제'를 통해 다음과 같이 정의하였다.

> "나이가 많거나 병 또는 불구로 로동능력을 잃은 사람들과 돌볼 사람이 없는 늙은이들과 어린이[적용대상]들의 생활을 국가적부담[재정]으로 보장하여주는 제도. 위대한 수령 김일성동지께서는 다음과 같이 교시하시였다. ≪…공민은 무상으로 치료받을 권리를 가지며 나이가 많거나 병 또는 불구로 로동능력을 잃은 사람들, 돌볼 사람이 없는 늙은이들과 어린이들은 물질적 방조를 받을 권리는 가진다. 이 권리는 무상치료제, 계속 늘어나는 병원, 료양소를 비롯한 의료시설, 국가사회보험 및 사회보장제에 의하여 보장된다.≫(≪김일성전집≫ 50권, 234쪽) 진정한 사회보장제는 국가가 로동자, 농민을 비롯한 근로인민들의 물질문화생활을 전적으로 책임지고 보장하여주는 사회주의제도하에서만 실시된다. 사회주의국가는 국민소득가운데서 사회보장제를 실시하는데 필요한 몫을 계획적으로 형성하여 사회보장대상자들의 건강과 생활을 보장해 준다. 인민대중중심의 우리 나라 사회주의제도에서 실시되고 있는 사회보장제는 조국과 인민을 위하여 투쟁한 사람들과

그 가족들을 사회적으로 특별히 보호하고 어린이로부터 늙은이에 이르기까지 모든 사람들이 국가와 사회의 보살핌속에서 행복하게 살게 하는 가장 인민적이고 선진적인 사회보장제도이다. 우리 나라에서의 사회보장제는 현금 및 현물에 의한 방조, 알맞은 일자리의보장, 사회적원호[급여] 등의 형태로 실시되고 있다. 현금 및 현물에 의한 방조에는 각종 년금 및 보조금지불, 불구자에 대한 교정기구공급[급여] 등이 속한다. 사회보장제에 의한 년금 및 보조금에는 공로 있는 사람에게 주는 년금, 나이 많은 사람에게 주는 년로연금, 오래 앓은 사람과 불구자에게 주는 로동능력상실년금과 보조금, 유가족년금, 후방가족원호보조금[급여] 등이 있다. 의료상 방조에 의하여 사회보장대상자들은 건강회복에 필요한 온갖 혜택[급여]을 받는다. 건강이 회복된 사회보장자들은 그들의 체질과 능력에 알맞은 일자리[급여]에 배치된다. 영예군인, 무의무탁한 불구자, 년로자, 고아들은 영예군인보양소, 양로원, 육아원 등 사회적보호시설에서 생활하며 거기에서 그들은 필요한 지식을 배우며 교양[급여]을 받는다. 혁명투사, 혁명렬사가족, 애국렬사가족, 인민군후방가족, 영예군인[적용대상]들에 대한 사회적원호사업[급여]은 우리 나라 사회보장사업에서 중요한 자리를 차지한다. 우리 나라 사회보장제에는 위대한 수령 김일성동지와 위대한 령도자 김정일동지의 인민에 대한 뜨거운 사랑과 온정이 깃들어 있으며 우리 나라 사회주의제도의 우월성이 뚜렷이 표현되여 있다. 자본주의사회에서 부르죠아국가는 사회보장제도를 실시할것을 요구하는 로동계급의 강력한 투쟁에 못이겨 이른바 ≪공공빈민구제비≫를 조성하기도 하고 1930년대 후반기에 들어와서는 일부 자본주의나라들에서 ≪사회보장법≫을 채택하기도 하였으나 이것은 로동계급을 기만하기 위한 술책에 지나지 않는다. 자본주의나라들에서 사회보장비는 조세, 국채 등을 통한 인민수탈에 의하여 형성되며 지불되는 사회보장비로는 최저생활도 보장할수 없는 것이다."[24]

위의 2003년 「조선대백과사전」은, 상술한 1995년 「재정금융사전 1」

---

24) 과학백과사전출판사, 「조선대백과사전」 (평양: 과학백과사전출판사, 2002), 전자자료 검색.

과 1985년 「경제사전 1」의 '사회보장제'의 내용과 ① 적용대상, ② 급여, ③ 재정, ④ 전달체계가 거의 동일하다. 이는 곧 2003년 이후 북한의 '사회보장제'에 대한 정의의 개념적 차원의 변화가 부재함을 의미한다. 따라서 이를 근거로 하면 북한은 '사회보장제'를 통해 '사회보장'용어를 사실상 대체하고 있고 그 내용상의 큰 변화는 감지되지 않는다. 즉, 북한은 '사회보장'을 제도인 '사회보장제'를 통해 설명하고 있다.

그러나 2000년대의 경우 적용대상이 보편적이나 취약계층인 여성과 청소년에 대한 별도의 언급이 없고 이와 동시에 새로운 현금급여, 현물급여, 서비스에 대한 내용이 부재하다. 재정의 경우 여전히 사회보장기금의 규모나 갹출 비중에 대한 내용이 없다. 또한 전달체계의 경우 1957년 정의 이후 2000년대까지 구체적인 설명이 부재하다. 결국 이는 2000년대에도 북한은 1985년 정의를 그대로 승계했기 때문이라 사료된다.

또한 이는 적용대상, 급여, 재정, 전달체계에 대한 구체적인 서술이 진보하지 못했음을 의미한다. 때문에 이러한 북한의 행태에 대해, 용어의 개념적 정의의 불변에 대한 이해는 가능하지만 그 구체성에 대한 발달이 매우 정체되어 있음을 반증한다. 지금까지 논증한 2000년대 이후 북한의 사회보장제에 대한 정의를 요약하면 다음 〈표 4〉와 같다.[25]

---

25) 이 당시 북한 사회보장제도의 제도적 구성은 1990년대와 거의 동일하다.

<표 4> 사회보장제 정의: 2000년대 이후

구분	2003년 이후: 사회보장제	비고
적용대상	1985년 내용 거의 그대로 승계	보편적이나 여성, 청소년 언급 부재
급여	상동	새로운 급여 부재
재정	상동	여전히 비중, 규모 언급 부재
전달체계	상동	1957년 이후 여전히 언급 부재
특징	상동	1985년 이후 변화 거의 불변

* 출처: 저자 작성.

V. 결론

지금까지 본 연구는 1950년대부터 2000년대까지 북한의 대표적인 사회복지 용어인 '사회보장', '사회보장제', '사회보장제도'에 대한 설명을 공식사전의 발간된 순으로 탐색하였다. 이에 한 마디로 북한의 '사회보장', '사회보장제', '사회보장제도'는 내용상 매우 근친하고 일정부문 진술의 일관성과 연속성, 확장성을 갖고 있다. 그리고 이러한 원인은 본디, '사회보장'의 제도화된 용어가 각각 '사회보장제도'와 '사회보장제'이기 때문이다. 또한 이로 인해 북한은 상대적으로 '사회보장'보다 '사회보장제'에 대한 진술이 매우 구체적이었다.

그러나 이를 재차 ① 적용대상, ② 급여, ③ 재정, ④ 전달체계를 중심으로 그 동학을 추적하면 1985년을 기준으로 양분된다. 즉, 북한은 1985년 「경제사전 1」를 기점으로 첫째, 무엇보다 김일성과 김정일의 은혜와 배려를 동시에 강조하였다. 둘째, 이 시기 북한은 적용대상의 보편주의와 급여 종류의 구체적 진술이 나타난다. 셋째, 재정은 기존의 1970년대 내용과 거의 동일하였다. 넷째, 전달체계는 모든 시기가 기존과 같이 시설보호를 제외한 별도의 언급이 부재했다. 다섯째, 실업보호와 관련한 직접적인 급여가 전 기간에 걸쳐 부재하였다.

그리고 이러한 내용은 이후 그대로 계승되었고 큰 변화가 나타나지 않는다. 이에 따라 용어 정의에 대한 설명의 내용적 수준을 중심으로 접근하면, 북한은 시간의 경과에 비례하여 1985년까지 발전적인 모습을 보이고 이후 정체되어 있다. 또한 북한은 시간의 경과에 대비하여 설명과 진술의 구체성을 중심으로 살펴보면, 1950년대의 소극적 진술이 시간에 비례하여 적극적 진술로 발전하는 형태를 보인다. 하지만 1985년 이후 2002년까지 사실상의 큰 내용 변화 없이 제자리걸음을 했다. 따라서 결국 '사회보장', '사회보장제', '사회보장제도'에 관한 북한의 정의는 1985년 이후 이렇다 할 새로운 정의나 진술이 부재하다.

그리고 이러한 과정에서 사회주의 체제의 보편성과 북한체제의 특수성이 동시에 나타난다. 사회주의 체제의 보편성의 경우 적용대상의 보편주의, 국가공로자의 우대로 대표되는데, 북한 역시 이러한 점에서 사회주의 복지체제와 그 궤적을 같이 한다. 반면 특수성의 경우 북한은 '사회보장'과 '사회보장제도'에 대해 유난히 통치자인 김일성, 김정일의 시혜를 강조하고 있는데, 이는 북한만의 현상이다.

그리고 이러한 북한의 입장은 내재적으로 접근하면, 통치이념의 연장선상으로 보여 이해되는 부문이다. 반면 이를 외재적으로 접근하면, 사회보장제도가 특정 통치자의 치적으로 평가될 수는 있다. 그렇지만 이것이 통치자의 통치행위로 시작된 것이 아니고 또한 통치자 개인의 의사와 판단에 의해 집행된 것이 아니다. 그리고 이에 대해서는 북한사회복지의 역사가 증명하고 있다. 때문에 이를 북한처럼 통치자의 은혜로 치환하기에는 분명한 한계가 노정된다. 그리고 이는 무엇보다 특정체제를 떠나 특정 제도에 대한 통치자 개인의 숭배화로 사회보장의 정책적 근거와 효과의 왜곡을 가져온다. 즉, 북한의 주장대로라면 사회보장제도의 성공과 실패 모두가 통치자의 책임인 것이다. 따라서 북한의 통치체제를 사뭇 이해하고 용인한다 하더라도 이러한 북한의 입장은 다소 비정상적인 행태라 하겠다. 이에 1950년대부터 2000년대까지 시대별 사회보장(제·제도) 정의의 주요 내용과 특징, 평가를 정리하면 다음 〈표 5〉와 같다.

<표 5> 시대별 사회보장(제·제도) 정의 추적: 1950년대~2000년대

년대	구분	주요 내용	특징과 평가
1950년대	적용대상	· 고령자, · 노동자, · 애국투사와 가족, 무의무탁자	· 사회보장 초기 단계 수준 정의 · 비잔여적 추구 · 일부 급여 체계 구비 · 재정, 전달체계 내용 부재 · 구체성 다소 결여 · 소극적이나 인상적인 진술
	급여	· 의료상, 물질상 방조 외 세 가지	
	재정	· 언급 부재	
	전달체계	· 시설보호 외 부재	
1960년대	적용대상	· 군대 복무자 추가 · 무의무탁한 불구자, 노인, 고아 구분 표기	· 적용대상 일부 확대 · 급여 일부 표기 · 재정, 전달체계 기존과 동일 · 자본주의 복지체제 비판 시작 · 구체성 다소 결여 · 기존보다 양적 진술 발달
	급여	· 1950년대와 거의 동일 · 정기보조금 표기	
	재정	· 1950년대와 거의 동일	
	전달체계	· 상동	

1970년대:
사회보장제
	적용대상	· 근로자, 사망한 본인, 유가족,
		  영예군인, 무의무탁한 불구자,
		  연로자, 고아, 애국열사 유가족,
		  후방가족
			· 적용대상의 구체성
			· 급여 일부 확대
			· 재정부담 주체 명기
			· 김일성 배려 강조 시작
			· 자본주의 복지체제 비판
			· 기존보다 양적 진술 발달

	급여	· 기존 급여에 장애인 교정기구 추가	
	재정	· 국가 부담, · 사회보장펀드	
	전달체계	· 1960년대와 거의 동일	

1980년대: 사회보장제	적용대상	· 노동자, · 사무원, 본인, · 가족, · 국가공로자, · 모든 주민	· 적용대상의 구체성 발달 · 보편주의 보장 · 다수 급여 최초 언급 · 재원 조달 방식 언급 · 김일성 교시 언급 · 김정일 배려 언급 시작 · 자본주의 복지체제 비판 · 진술의 구체성 확보 · 양적 진술 발달
	급여	· 다수 급여 제시	
	재정	· 국민소득에서 갹출	
	전달체계	· 1970년대와 거의 동일	
1990년대: 사회보장제(도)	적용대상	· 1980년대와 거의 동일	· 상동
	급여	· 상동	
	재정	· 상동, 사회보장펀드 언급	
	전달체계	· 1980년대와 거의 동일	
2000년대: 사회보장제	적용대상	· 상동	· 상동
	급여	· 상동	
	재정	· 상동	
	전달체계	· 상동	

* 비고: 실업보호와 실업부조는 전 기간에 미언급.
* 출처: 저자 작성.

한편 이렇듯, 1985년 이후 북한의 '사회보장'과 '사회보장제도'에 대한 정의가 정체된 원인은 매우 다양한 측면에서 해석되고 제시될 수 있지만 다음과 같이 크게 세 가지로 설명된다. 첫째, 북한 체제의 내재적 속성과 관련이 있다. 기본적으로 북한은 그들의 체제가 여타 체제보다 우월하다고 보고 있다. 따라서 이러한 이유로 인해 북한은 사회보장에 관한 새로운 정의, 내용적인 급여의 확장, 새로운 사회보장제도나 복지프로그램을 시도할 필요성이 내부적으로 제기되지 않는다. 때문에 북한은 기존의 정의에 대해 새롭게 접근하거나 재해석할 인과관계가 성립되지 못하는 구도이다.

둘째, 이와 연장선상에서 노정된 문제로, 북한의 국가사회복지체

제의 보편성과 관련이 있다. 사회주의 국가사회복지체제는 기본적
으로 전체 인민을 대상으로 하는 보편주의를 추구한다. 북한 역시
정권초기부터 이러한 노력을 시도한 것이 사실이다. 그리고 북한은
이것이 표면적으로는 여전히 유지되고 있다고 본다. 따라서 북한은
이미 자신들의 인민복지가 완성된 사회라고 인식한다. 그리고 이는
결국 새로운 사회문제에 대한 사회구성원들의 문제제기를 무의식으
로 통제하여 종국에는 제도발전의 정체를 야기한다. 이러한 점에서
북한은 굳이 사회보장에 관한 새로운 정의나 재정의를 시도할 필요
성이 상실되거나 상쇄되게 만든다. 그리고 이는 결국 북한의 사회적
제 문제에 대한 대응방식, 정책적 반응속도와 관련되어 궁극에는 북
한 스스로 이에 대해 둔감하게 만든다.[26]

셋째, 북한 통치체제의 정치성, 즉, 수령과 통치자의 무오류성과
관련이 있다. 앞서 상술한 바와 같이 1985년 이후 사회보장에 관한
북한의 정의는 큰 변화가 없다. 왜냐하면 이 시기부터 북한의 사회
보장제도는 김일성과 김정일의 배려와 은혜로 보고 이를 신성시하
기 때문이다. 따라서 북한의 입장에서 보면 이러한 사회보장제도에
대한 새로운 정의와 해석에 대한 권한은 통치자에게 국한되거나 우
선권이 있다. 역으로 이는 이들을 제외한 사람이 사회보장이나 사회
보장제도에 대한 재정의와 해석을 시도할 경우 통치권에 대한 도전
이다. 때문에 북한의 통치자를 제외한, 북한 지도층은 1985년 이후
신성시되어 성역화된 사회보장에 대해 새로운 정의나 해석을 시도
할 권한이 없다. 따라서 북한체제에서 이는 오직 김일성과 김정일에
게 있고 김정은 역시 이에 개입할 정치적, 제도적 공간이 부재하다.

---

26) 이와 연장선상에서 사회발전 속도와 정도, 수준과 대응방식과도 일부 관련이
    있다.

결국 이러한 점에서 북한의 사회보장에 관한 새로운 정의와 해석에는 일정한 한계가 있을 수밖에 없다.

한편 이러한 이유로 지금 현재를 기준으로 사회보장 관련 용어의 개념적 차원의 변화가능성은 매우 낮다. 그러나 이러한 공식사전의 정의와 달리 정책적 변화 가능성은 여전히 존재한다. 이는 용어의 정의와 다른 차원의 논의로, 만약 북한이 산적한 그들의 빈곤, 영양, 식량, 보건 문제에 대한 새로운 대응방식을 실용적 차원에서 찾는다면 일정부문 가능하다고 판단된다. 그리고 이러한 새로운 대응방식이 장기간 지속되어 제도적 변화를 야기한다면 사회보장에 대한 새로운 정의나 개정 수준의 재해석이 발생할 개연성도 있다. 따라서 이러한 점에서 향후 북한의 사회복지 차원의 당면한 제 문제에 대한 대응의 귀추가 주목된다.

참고문헌

1. 북한법령
국가예산수입법

2. 논문 및 단행본
과학백과사전출판사, 「조선대백과사전(전자자료)」, 평양: 과학백과사전출판사,
    2002.
_____, 「정치사전 1」, 평양: 과학백과사전출판사, 1985.
_____, 「정치사전 2」, 평양: 과학백과사전출판사, 1985.
_____, 「현대조선말사전」, 평양: 과학백과사전출판사, 1981.
법률출판사, 「조선민주주의인민공화국 법전(증보판)」, 평양: 법률출판사, 2016.
_____, 「조선민주주의인민공화국 법전」, 평양: 법률출판사, 2006.
사회과학원 력사연구소, 「력사사전」, 평양: 사회과학출판사, 1972.
사회과학원 법학연구소, 「국제법사전」, 평양: 사회과학출판사, 2002.
_____, 「민사법사전」, 평양: 사회과학출판사, 1997.
_____, 「법학사전」, 평양: 사회과학출판사, 1971.
사회과학원 세계경제 및 남남협조연구소, 「현대세계경제사전」, 평양: 사회과
    학출판사, 1998.
사회과학원 언어학 연구소, 「조선말대사전 1」, 평양: 사회과학출판사, 2003.
_____, 「조선말대사전 2」, 평양: 사회과학출판사, 2003.
사회과학원 주체 경제학연구소, 「경제사전」, 평양: 사회과학출판사, 1985.
사회과학원 철학연구소, 사회과학출판사 철학사전 편집조 편, 「철학사전」, 사
    회과학출판사, 평양: 1985.
사회과학출판사, 「경제사전 1」, 평양: 사회과학출판사, 1985.
_____, 「경제사전 2」, 평양: 사회과학출판사, 1985.
_____, 「재정금융사전 1」, 평양: 사회과학출판사, 1995.
_____, 「재정금융사전 2」, 평양: 사회과학출판사, 1995.
_____, 「정치사전」, 평양: 사회과학출판사, 1973.
_____, 「정치용어사전」, 평양: 사회과학출판사, 1970.

_____, 「조선말대사전 1」, 평양: 사회과학출판사, 1992.

_____, 「조선말대사전 2」, 평양: 사회과학출판사, 1993.

서강훈, 「사회복지사를 위한 사회복지 용어사전」, 서울: 이담북스, 2013.

이철수, 「사회복지학사전」, 서울: 혜민북스, 2013.

_____, "남북한 사회복지 용어 비교: 소득과 복지를 중심으로," 미발표 논문.

조선로동당출판사, 「대중정치용어사전」, 평양: 조선로동당출판사, 1957.

_____, 「대중정치용어사전」, 평양: 조선로동당출판사, 1964.

한국법제연구원, 「북한법령용어사전」, 세종: 한국법제연구원, 2017.

흑룡강조선민족출판사, 「정치사전」, 중국: 흑룡강조선민족출판사, 1991.

3. 기타

Gilbert, N. & Terrell, P, Dimensions of social welfare policy(7th), Boston: Pearson Education, 2010.

제3장

북한의 사회보험 정의 탐색

북한의 공식사전을 중심으로

I. 서론

북한의 사회보험은 가장 대표적인 사회복지제도 중의 하나이다. 그 이유를 열거하면, 첫째, 북한의 사회보험은 대표적인 공적연금인 연로연휼금, 산업재해보상의 노동능력상실연금과 폐질연휼금 등을 적용한다. 따라서 북한의 사회보험은 북한의 대표적인 사회안전망의 기능을 한다. 둘째, 북한의 사회보험은 1946년 12월의「사회보험법」에서 시작하였다. 때문에 북한의 사회보험은 북한 사회복지체제에서 최장기간 존속하고 있는 제도이다. 또한 현재까지 북한 사회복지체제에서 이를 대체할 만한 별도의 제도가 부재하다. 셋째, 북한의 사회보험은 내용적으로 북한의 각종 복지급여와 수당을 담고 있다. 따라서 수급자의 복지급여를 중심으로 접근하면, 북한의 사회보험은 매우 중요한 기능을 한다. 넷째, 북한의 복지체제는 사회보험, 국가공급제, 무상치료제, 무상보육, 무상교육를 제외하고는 이렇다 할 사회보장제도가 부재하다. 따라서 북한의 사회보험은 제도적으로나 역사적으로 북한사회복지체제의 핵심 축이다.

그렇다면 북한이 인식하는 사회보험이 대단히 중요한 의미를 갖고 있다. 그리고 이를 검증하고자 할 때, 반드시 북한의 공식사전에서 밝힌 정의와 설명을 추적할 필요가 있다. 왜냐하면 이러한 사회보험에 대해 북한이 공식적으로 정리한 내용은 공식사전에 나름대로 나와 있기 때문이다. 즉, 북한이 공식사전을 통해 언급한 내용은 그들의 인식을 그대로 반영한 결과이고 이는 곧 그들의 견해와 입장을 나타낸다. 따라서 북한이 공식사전을 통해 언급한 것들은 그들의 인식과 사고를 판단하는 바로미터이다.

북한은 정권 수립 이후 지금까지 여러 차례 다양한 공식사전을 출간하였다. 그리고 북한이 사회보험과 관련하여 최초로 언급한 것은 1957년 출간된 「대중정치용어사전」을 통해서이다. 동 사전을 통해 북한은 자신들이 인식하는 사회보험에 대해 나름대로 피력하였다. 이후에도 북한은 비정기적으로 출간된 여러 종류의 공식사전을 통해 사회보험에 대한 정의를 내렸다. 따라서 북한의 다양한 공식사전을 통해 정의한 사회보험의 정의를 추적하면, 북한이 인식하는 사회보험에 대한 동학을 유추할 수 있다. 즉, 이러한 추적과정에서 발견된 북한의 사회보험에 대한 내용적 변화는 곧 바로 그들의 인식변화와 연결된다.

이러한 배경 하에 본 연구는 북한의 사회보험에 대한 정의를 역사적 방법으로 접근하여 그 제도적 차원에 대한 동학을 고찰하는 것이다. 무엇보다 사회보험은 앞서 상술한 바와 같이 북한의 대표적인 사회복지제도이자 여러 가지 사회복지제도들을 포괄하는 기능성과 상징성을 갖고 있다. 이에 따라 본 연구의 분석기준은 북한이 정의한 '사회보험'과 이와 관련된 '국가사회보험'을 중심으로 한다. 다시 말해 본 연구는 북한의 '사회보험'을 핵심 분석대상으로 이것이 파생한 북한의 '국가사회보험'을 추적한다.

이에 따라 본 연구는 앞서 언급한 것과 같이 북한이 발간한 다양한 공식사전을 핵심 분석기제로 한다. 무엇보다도 이러한 이유는 전술한 바와 같이 북한의 공식사전이 갖는 의의와 상징, 그 기능에 근거한다. 다시 말해 북한이 공식사전을 통해 밝힌 내용은 사실상 북한의 입장과 등치된다. 때문에 본 연구는 북한의 공식사전을 통해 북한이 스스로 명시한 자신들의 '사회보험'과 '국가사회보험'에 대해 그 내용을 검토한다.

또한 본 연구는 북한의 '사회보험'과 '국가사회보험'을 분석함에 있어 북한이 그들의 공식사전을 통해 시기별로 정의한 것을 ① 적용대상, ② 급여, ③ 재정, ④ 전달체계를 중심으로 재차 구분하여 탐색, 그 정의와 설명에 나타난 제도적 차원의 변화에 접근하고자 한다. 그리고 이는 네 가지 스펙트럼을 통한 접근을 의미한다. 또한 이러한 접근은 제도적 차원의 사회복지 분석에 활용되는 기준을 중심으로 분석함을 의미한다.[1]

한편 본 연구의 주요 분석대상인 북한의 공식사전의 경우 2012년 김정은시대 이전 자료를 중심으로 한다. 이러한 이유는 북한이 2012년 김정은시대 이후 사전이 발간된 사례가 전무하기 때문이다. 또한 본 연구 개시 전 사전 탐색한 결과, 이와 관련하여 현재까지 국내에서 소개된 별도의 공식사전이 발견되지 않았다. 또한 역으로 김정은시대를 중심으로 탐색할 경우 '일장일단'이 있는데, 장점의 경우 무엇보다 가장 최근 북한의 '사회보험'과 '국가사회보험'에 대한 인식을 파악할 수 있다. 반면 단점의 경우 이러한 경우 탐색대상에 대한 특

---

1) 이는 길버트(N. Gilbert)와 스펙트(H. Spect)의 분석기준과 거의 동일한 것이라 하겠다.

정 기간설정으로 인해 통시적 차원에서 북한의 변화한 인식을 반영할 수 있는 가능성이 낮다. 다시 말해 결국 이는 최근 북한의 '사회보험'과 '국가사회보험'에 대한 인식을 탐지할 수는 있으나 과거에 대한 인식을 관찰할 수 없다는 구조적 차원의 한계가 있다.[2]

더욱이 상술한 바와 같이 김정은시대에 공식적으로 발간된 사전이 부재-국내든 국외든-함에 따라 전자의 경우 연구시도 자체가 성립되지 않는다. 때문에 본 연구는 현재까지 국내에 소개된 북한의 공식사전을 중심으로 접근하고자 한다. 또한 이는 연구의 오류를 최소화하기 위한 전략적 대안이자 차선책이다. 또 다른 한편으로 개정 발간된 이후 증보된 북한의 공식사전이 부족한 것도 사실이다. 이에 자칫 북한의 오랜 과거 시각만을 반영할 수 있는 연구 접근 자체에 대한 문제도 제기된다. 이러한 점을 의식하여 본 연구는 '사회보험'과 '국가사회보험'을 시차별로 서술한 북한의 정의를 추적하고자 한다.[3]

아울러 본 연구의 분석수단인 북한의 공식사전의 경우 발간시기를 기준으로 열거하면 다음과 같다. 먼저 1950년대~1970년대 두 차례 발간된 「대중정치용어사전」(1957, 1964), 「정치용어사전」(1970), 「법학사전」(1971), 「정치사전」(1973)이다. 다음으로 1980년대~1990년대 발간된 「정치사전 1·2」(1985), 「경제사전 1·2」(1985), 「정치사전」(1991), 「재정금융사전 1·2」(1995), 「민사법사전」(1997), 「현대세계경제사전」(1997)이다. 마지막으로 2000년대 이후 발간된 「조선대백과사전」(2001 전자자료), 「국제법사전」(2002), 「조선말대사전 1·2」(2003)

---

2) 이철수, "북한의 사회보장 정의에 대한 추적: 북한의 공식사전을 중심으로," 미발표 논문, 3쪽에서 일부 인용.
3) 위의 글, 3쪽에서 일부 인용.

등을 중심으로 한다.4)

이에 본 연구는 상술한 북한의 각종 공식사전을 중심으로 시대적 구분을 통한 문헌조사기법을 통해 '사회보험'과 '국가사회보험'의 얼개를 시계열적으로 추적하였다. 또한 이를 위해 본 연구는 북한의 '사회보험'과 '국가사회보험'에 대한 정의와 설명을 크게 세 시기인 ① 1950년대~1970년대, ② 1980년대~1990년대, ③ 2000년대 이후로 각각 구분하였다. 이러한 이유는 북한의 사회복지를 제도적 기준으로 접근한 시대적 환경에 기인한다. 먼저 1950년대~1970년대의 경우 한국전쟁 기간을 제외하고는 비교적 북한의 사회복지체제가 도입되고 일정부문 형성·유지된 시기이다. 다음으로 1980년대~1990년대는 북한식 사회주의 사회복지체제가 확고히 형성되었지만 한편으로는 북한의 경제난으로 인해 복지체제의 붕괴와 균열이 시작된 시기이다. 마지막으로 2000년대 이후로는 북한의 경제난과 동시에 복지체제의 와해와 붕괴가 지속된 시점이기 때문이다. 한편 국내외를 막론하고 본 연구와 같이 북한의 '사회보험'과 '국가사회보험'을 통시적으로 추적 조사한 사례는 전무하다. 따라서 동 연구는 향후 공식문헌을 통한 북한사회복지의 역사를 추적함에 있어 기초자료로 활용될 수 있으리라 기대한다.5) 이에 본 연구의 분석 모형과 분석 틀을 각각 도식화하면, 다음 〈그림 1〉과 〈표 1〉로 정리된다.

---

4) 위의 글, 3쪽에서 일부 인용.
5) 위의 글, 3쪽에서 일부 인용.

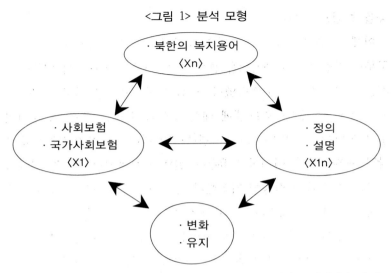

<그림 1> 분석 모형

* 출처: 이철수, "북한의 사회보장 정의에 대한 추적: 북한의 공식사전을 중심으로," 미발표 논문, 3쪽에서 수정.

<표 1> 분석 틀

구분		공식 사전: 1957년~2003년
① 사회보험 ② 국가사회보험	① 적용대상 ② 급여 ③ 재정 ④ 전달체계	① 용어의 기술적 정의 ② 기술 내용의 설명 ③ 기술 내용의 변화 ④ 기술 내용의 유지

* 출처: 이철수, "북한의 사회보장 정의에 대한 추적: 북한의 공식사전을 중심으로," 미발표 논문, 3쪽에서 수정.

Ⅱ. 1950년대~1970년대

1950년대의 경우 북한은 1957년 「대중정치용어사전」에서 '사회보험'에 대해 다음과 같이 정의하였다.

"로동자, 사무원[적용대상]6)들에게 뜻하지 않은 사고가 생겼을 때 그로 인한 손실이나 부담을 덜어 주어 그들의 생활을 안정시키기 위한 일종의 보험이다. 넓은 의미에서는 일종의 사회보장체계의 일부분으로 되나 다음과 같은 점에서 서로 구별된다. (1) 사회보장과 달리 사회보험은 보험 형식을 취하는 것, 즉, 피보험자인 로동자, 사무원들은 로동규율을 준수하며 보험료를 납부하는 등 일정한 의무를 지며 (2) 사회보장은 자금 원천을 국가 예산 또는 지방 예산에 두고 있는 것에 반하여 사회 보험은 자금 원천을 사회보험료에 두고 있는 것. 우리 공화국에서는 사회보험료 관리측(기업주)에서는 전체 임금의 5-12%에 해당하는 금액을 부담하며 로동자, 사무원들은 자기 임금의 1%를 부담[재정]하는데 이것이 사회보험기금이 된다. (3) 피보험자의 범위가 로동자 사무원[적용대상]에 한하는 것 등이다. 사회 보험은 다음과 같은 형태로 실시된다. (1) 질병, 부상, 임신, 해산 또는 로쇠, 사망 등으로 로동이 중단되였을 때에 해당한 보조금[급여]을 지급하며 (2) 질병, 부상, 임신, 해산시에 무료로 치료[급여]를 하여주며 (3) 로동자, 사무원들을 위한 정양소, 휴양소, 야영소[급여]를 설치 운영한다."7)

먼저 적용대상의 경우 사회보험이 노동자와 사무원이 주요 대상임을 분명히 밝혔다. 다음으로 급여의 경우 ① 질병, 부상, 임신, 해산, 로쇠, 사망 등으로 노동이 중단되었을 때 보조금, ② 질병, 부상, 임신, 해산시의 무료치료, ③ 정양소, 휴양소, 야영소를 통한 휴식과 휴가 프로그램을 언급하였다. 이에 급여의 종류는 크게 생계유지에 필요한 보조금, 보건의료상의 무료치료로 대표되는 가운데에 보충적으로 여가와 관련, 시설이용을 통한 휴식과 휴가로 정리된다. 그리고 북한은 이러한 급여의 수급자격에 대해 뜻하지 않은 질병, 부

---

6) 이하 'ㅣㅣ'는 연구자의 견해이자 표기이고 본 연구에서는 가입대상과 적용대상을 구분하지 않음.
7) 조선로동당출판사, 「대중정치용어사전」 (평양: 조선로동당출판사, 1957), 150쪽.

상, 임신, 해산 또는 로쇠, 사망 등이 해당된다고 밝혔다. 그 다음으로 재정의 경우 기업주가 전체 임금의 5~12%에 해당하는 금액을 부담하고 로동자, 사무원들은 자기 임금의 1%를 공동부담하여 이것이 사회보험기금으로 적립된다. 즉, 기업주와 가입자가 공동부담하지만 양자의 사회보험 부담률이 차등적이고 이러한 사회보험기금은 사회보험 운영에 소요되며 독립적인 별도 기금의 성격을 갖는다. 마지막으로 전달체계의 경우 별도의 언급이 부재하다.

보다 구체적으로 살펴보면, 이 당시 북한은 적용대상에서 노동자와 사무원을 주요 대상으로 하지만 그 가족까지 포함하지 않았다. 이러한 원인은 크게 세 가지로 예측된다. 첫째, 1957년 당시 북한은 사회보험제도가 도입된 지 약 10여년이 지난 제도 형성단계임에 따라 재정적으로 가족을 포함시킬 수 없는 환경[8]이었다. 둘째, 복지정책에서 노동자와 사무원을 최우선시하는 사회주의 특수성으로 인해 무노동인 가족을 배제하였다. 셋째, 가족을 포함, 사회보험 적용대상에서 언급하지 않는 대상의 경우 북한은 이들이 사회보장을 통한 보호가 가능하다고 보기 때문에 미포함 시켰다고 할 수 있다. 넷째, 다른 한편으로 이 시기는 전후복구기로 북한은 경제활동 가능 인구의 대부분을 고용상태로 가상하여 제시했을 개연성도 있다. 즉, 이로 인해 북한의 입장에서 굳이 적용대상에 가족을 포함시키지 않아도 되는 아주 이례적인 상황과 관계가 성립된다.

또한 북한은 급여에서 위험에 대한 현금급여 성격의 보조금, 보건의료서비스에 대한 무료치료, 정휴양 서비스 세 가지를 밝혔다. 하지만 북한은 급여 수급조건인 질병, 부상, 임신, 해산, 로쇠, 사망에

---

8) 가령 여기에는 한국전쟁, 가입자의 규모도 해당된다.

따라 지급되는 각종 급여수준에 대한 언급을 제시하지 않았다. 또한 북한은 현금급여와 무료치료 이외의 부가적인 현물급여나 수당, 그 밖의 복지프로그램에 대한 내용을 언급하지 않았다. 반면 북한은 재정에 대해서는 재정의 원천이 사회보험료임을 분명히 언급하면서 재정부담 주체와 각각의 기여율에 대해 밝혔다. 특히 북한은 이렇게 납부한 사회보험료가 사회보험기금임을 구체적으로 명시하였다. 그러나 다른 한편으로 북한은 부담률이 5~12%로 차등 적용되는 사업장의 기준에 대한 언급, 사회보험기금 운영의 주체나 규모, 관리방식에 대한 언급이 부재하다. 또 북한은 사회보험의 관리운영체계에 대한 일체의 내용을 밝히지 않았다.

다만 이 시기 한 가지 인상적인 것은, 당시 북한은 사회보험을 설명하면서 이를 사회보장과 비교하면서 서술하고 있다는 것이다.[9] 이에 북한은 사회보장과 달리 사회보험이 보험 형식을 취하는 것과 이를 위해 가입자의 보험료 납부 의무와 노동규율을 준수를 강조하였다. 따라서 이 시기 북한이 정의한 사회보험은 소극적이지도 적극적이지도 않지만 내용적으로 보면 북한이 인식하는 사회보험 자체를 이해하는 데는 큰 무리가 없다. 그러나 구체적으로 북한 사회보험의 운영원리와 적용, 행정절차 등을 완전히 이해하는 데는 내용상의 한계가 있다.

또한 1960년대의 경우 북한은 1964년 「대중정치용어사전」에서 '사회보험'에 대해 다음과 같이 정의하였다.

---

9) 이는 북한이 '사회보장'을 설명하면서 나타나는 현상과 상충된다. 즉, 북한은 '사회보장'을 정의하면서 1985년 이후 '국가사회보험'에 대해 언급은 하지만 이를 제외한 전 기간동안 '사회보험'에 대한 일체의 언급이 없다.

"로동자, 사무원[적용대상]들에게 뜻하지 않은 사고가 생겼을 때 그로 인한 손실이나 부담을 덜어 주어 그들의 생활을 안정시키기 위한 상호 부조적제도이다. 넓은 의미에서는 사회 보장 체계의 일부분으로 되나 다음과 같은점에서 서로 구별된다. (1) 사회보장과 달리 사회보험은 보험 형식을 취한다. 즉, 피보험자인 로동자, 사무원들은 로동규율을 준수하며 보험료를 납부하는 등 일정한 의무를 진다. (2) 사회보장은 자금 원천을 국가 예산에 두고있지만 사회 보험은 자금 원천을 사회 보험료에 두고 있는다. 우리 나라에서는 사회보험료 기업소, 기관들의 관리 측에서 전체 임금의 5-8%에 해당하는 금액을 부담하며 로동자, 사무원들은 자기 임금의 1%를 부담[재정]하는데 이것이 사회 보험 기금으로 된다. (3) 피보험자의 범위가 로동자 사무원[적용대상]에 한한다. 사회 보험은 다음과 같은 형태로 실시된다. (1) 질병, 부상, 임신, 해산 또는 로쇠, 사망 등으로 로동이 중단되였을 때에 해당한 보조금[급여]을 지급하며 (2) 질병, 부상, 임신, 해산 시에 무료로 치료[급여]를 하여 주며 (3) 로동자, 사무원들을 위한 정양소, 휴양소, 야영소[급여]를 설치 운영한다. 자본주의 나라들에서도 말로는 사회 보험을 실시한다고 떠벌리고 있다(자본주의 사회에서 이것을 흔히 로동보험이라고 하는데본래의 의미는 사회 보험과 같은 말이다). 그러나 그것은 로동자들의 생활을 안정시키기 위한 것이 아니라 본질 상 로동자들의 투쟁을 약화시킬 목적밑에 조작된 것이며 지어는 그것을 리용하여 자본가들이 돈벌이까지 하고있다. 로동자가 일하다가 사고가 생겨도 치료를 하여 주기는 커녕 공장에서내쫓아 버리는 것이 태상사다. 오직 인민이 정권의 주인으로 된 나라들에서만 진정한 사회 보험이 실시될 수 있다."[10]

먼저 적용대상의 경우 1950년대와 대동소이하게 노동자와 사무원을 대상으로 한다. 따라서 이 시기 역시 노동자와 사무원의 가족은 사회보험제도의 적용대상에서 제외된다. 다음으로 급여의 경우 1950

---

10) 조선로동당출판사, 「대중정치용어사전」 (평양: 조선로동당출판사, 1964), 221~222쪽.

년대와 완전히 동일한 내용이 기술되어 있다. 즉, 1950년대와 마찬가지로 동일한 세 가지 급여 종류가 언급되어 있고 각 개별 급여의 급여수준이 여전히 언급되어 있지 않다. 그 다음으로 재정의 경우 내용상의 뚜렷한 변화가 나타난다. 이 시기 사회보험 재정부담률의 경우 1950년대 사업주가 부담했던 5~12%의 부담률이 5~8%로 하향 조정되어 4% 정도 낮아졌다. 그러나 가입자인 노동자와 사무원의 경우 기존과 동일하게 1%를 부담한다. 이에 재정의 경우 이러한 재정부담률의 변화를 제외한 기존과 다른 점은 없다. 마지막으로 전달체계의 경우 1950년대처럼 별다른 내용이 부재하다.

그러나 이 시기 북한이 사회보험을 설명하면서 1950년대의 정의와 달리 사회보험이 상호부조제도임을 언급한 것은 미세한 변화이다. 그렇지만 이것이 1960년대 북한의 사회보험을 정의하는데 큰 변화를 유도하지는 않는다. 다만 북한은 자신들의 사회보험을 설명하면서 말미에 상당한 지면을 할당하면서 자본주의 사회보험에 대한 신랄한 비판을 하였다.[11]

결국 1960년대 북한의 사회보험이 1950년대와 다른 점은 첫째, 재정부담률의 변화, 둘째, 사회보험을 상호부조제도로 이해, 셋째, 자본주의 사회보험제도 비판으로 요약된다. 이를 제외하고는 1960년대 북한 사회보험의 정의는 기존과 거의 동일한 내용이 주류를 이루고 있다. 따라서 이 시기 역시 1950년대 북한이 정의한 사회보험의 내용상의 제기되는 문제는 여전히 존속한다 하겠다.

또한 1970년대의 경우 북한은 1970년 「정치용어사전」에서 '사회보험'에 대해 다음과 같이 정의하였다.

---

11) 이는 북한이 '사회보장'을 정의하면서 나타낸 패턴과 동일하다.

"로동자, 사무원[적용대상]들이 질병, 부상, 임신과 해산 등으로 일할수 없게 되었을때 그들의 건강을 증진시키며 생활을 보장해 주는 제도이다. 우리 나라에서는 근로자들의 건강을 증진시키며 물질문화적복리를 향상시키기 위하여 사회보험제도를 실시하고 있다. 우리 나라에서의 사회보험은 항일무장투쟁시기 경애하는 수령 김일성동지께서 조국광복회10대강령에서 밝히신 각종 로동자의 보험법을 실시할데 대한 위대한 구상을 구현한 것이다. 사람이 사람을 착취하는 관계가 영원히 없어지고 주권이 인민의 손에 쥐여져있으며 모든 생산수단이 사회화되여있는 우리 나라에서는 로동자, 사무원들의 건강과 문화생활을 보장하기 위하여 매년 국가예산에서 막대한 자금을 국가사회보험기금에 돌리고 있다. 사회보험은 모든 로동자, 사무원(농장원, 조합원, 장학금을 받는 학생[적용대상] 등)들에게 로동년한의 길이에 관계없이 적용된다. 우리 나라에서는 로동자, 사무원들이 질병, 부상, 임신과 해산 등으로 일할수 없게 되었을 경우에 해당한 보조금[급여]을 받으며 무료로 의료상 치료[급여]를 받고있으며 또한 정양소, 휴양소, 야영소들에서 무상으로 문화적인 휴식[급여]을 보장받고 있다. 사회보험기금의 대부분이 국가부담에 의하여 이루어지는 것, 모든 로동자, 사무원들에 대한 사회보험의 의무적인 적용, 사회보험에 의한 보장수준이 아주 높은 것 등은 우리 나라 사회보험제도의 진정한 인민적 성격과 우월성을 보여준다. 부르죠아사회에서 ≪사회보험≫은 근로자들에 대한 자본가놈들의 보충적략탈수단이다. 자본가들은 고용로동자들로부터 높은 보험료를 받아내는 한편 ≪보조금≫ 지불에서는 여러 가지 제한조건을 붙임으로써 로동자들은 사실상 어떠한 보험상 보장도 받을수 없다. 오늘 미제강점하의 남조선에서는 사회보험이란 있을수 없으며 질병, 부상 등으로 로동능력을 일시 잃기만해도 아무런 생활상 보장도 받지 못하고 강제해고 당하고 있다."[12]

먼저 적용대상과 급여의 경우 큰 틀에서 보면, 기본적으로 기존과 동일한 대상과 급여를 중심으로 하고 있다. 그러나 양자 모두 기존

---

12) 사회과학출판사, 「정치용어사전」 (평양: 사회과학출판사, 1970), 324~325쪽.

과 다른 의미 있는 변화도 나타난다. 가령 북한은 적용대상에서 사무원의 경우 ① 농장원, ② 조합원, ③ 장학금을 받는 학생 등을 언급하여 기존과 달리 구체적인 내용을 명시하였다. 그러나 농장원과 조합원은 차치하더라도 학생이 적용대상에 포함된다는 것은 다소 논란의 소지가 있다. 즉, 이는 학생을 가입자인 사무원의 가족으로 보지 않는 이상 이해하기 어려운 부문이다. 그러나 만약 이와 반대로 이것이 아니라면 학생을 별도의 대상으로 봐야 한다. 그렇지만 이 경우 학생의 재정부담을 확인해야 하는데 상기 내용으로는 확인이 불가능하다. 결국 이로 인해 이 시기 북한 사회보험의 적용대상에 대한 명확한 해석에 일정한 한계가 있다.

또한 적용대상에서, 특히 농장원의 경우 만약 이것이 사실이라면, 적용대상의 시점을 중심으로 보편주의의 도입 내지는 선별주의에서 보편주의로의 확대로 볼 수 있다. 즉, 이미 과거부터 적용하고 있던 대상을 이 시기에 밝힌 것이라면 이는 도입 초기부터 보편주의를 지향한 것이다. 그러나 이와 반대로 이 시기부터 이들을 포함시켰다면 이는 적용대상의 확대로 봐야 한다. 이와 마찬가지로 급여수급 조건의 경우 노동기간에 관계없이 지급된다면, 이것의 적용 시점에 따라 수급자격의 변화나 유지로 볼 수 있다. 즉, 노동기간을 고려하지 않는 급여자격이 1970년부터 적용되었다면 이는 수급자격의 변화이지만 이것이 도입 초기부터 적용되었다면 수급자격이 그대로 유지된 것이다. 따라서 이 또한 적용대상과 마찬가지로 해석상의 불확실성을 일정부문 갖고 있다.

다음으로 재정의 경우 과거와 달리 확연한 차이가 나타난다. 이에 북한은 1950년대와 1960년대처럼 재정부담률에 대한 내용이 전혀 없고 국가예산에서 막대한 자금을 국가사회보험기금에 투자하고 있음을 밝혔다. 따라서 이를 근거로 하면 1970년부터 사회보험에 대한 노동자, 사무원의 재정부담은 없다. 그러나 이는 일부 사실-국가재정의 투자-일 수도 있으나 가입자인 노동자 사무원의 재정부담이 전혀 없었던 것이 아니기 때문에 이는 사실과 엄연히 다른 부문이다.[13] 마지막으로 전달체계의 경우 기존처럼 구체적인 내용이 부재하다.

이 시기 특이한 것은 크게 두 가지로 지적된다. 하나는 북한의 사회보험에 대한 역사적 전통에 대한 견해이다. 북한은 사회보험이 김일성의 1936년 조국광복회 10대 강령에서 뿌리를 두고 있으며 여기에서 언급한 노동자의 보험법에 기초한다고 주장하고 있다. 실제 북한이 주장한 조국광복회 10대 강령의 경우 제9조에 "8시간 로동제 실시, 로동조건의 개선, 임금의 인상, 로동법안의 확정, 국가 기관으로부터 각종 로동자의 보험법을 실시하며 실업하고 있는 근로대중을 구제"를 명시하였다. 따라서 이러한 북한의 견해가 부분적으로는 타당하다고 할 수 있다. 하지만 당시 이미 사회보험이 제도와 용어로써 존재하였고 이에 따라 직접적인 표현을 사회보험으로 인용하고 표기할 수 있었다. 또한 당시 밝힌 내용을 중심으로 하면, 추상적 수준의 표현으로 이것이 후일 북한이 도입한 사회보험과 직접적인 인과관계가 성립된다고 볼 수는 없다. 그러나 또 다른 측면에서 보면 이와 일정부문 상관관계가 존재한다고 할 수도 있다. 따라서 이러한 북한의 주장은 절반은 타당하나 절반의 비판과 지적도 일면 가능하다 하겠다.

다른 하나는 북한 스스로 그들의 사회보험에 대한 강한 자부심과

---

13) 이에 대해서는 1985년 「경제사전 1」의 '사회보험' 정의 후면 참조.

더불어 남한의 사회보험 존재 자체에 대한 부정과 비판이다. 그리고 이를 통해 북한은 체제우위에 따른 선민의식을 은연중에 나타내고 있다. 즉, 이 시기 북한은 1960년대 자본주의 사회보험을 겨냥한 것과 달리 남한의 사회보험을 직접 언급하며 비판하였다. 그리고 이는 과거와 확연히 차이가 나타나는 부문이다. 요약하면 1970년 북한의 사회보험은 적용대상, 급여, 제정의 변화가 나타나고 여기에 더해 북한의 사회보험의 뿌리에 대한 새로운 주장, 남한 사회보험에 대한 부정적인 인식으로 정리된다.

또한 북한은 1973년 「정치사전」에서 '사회보험'에 대해 다음과 같이 정의하였다.

"일시적인 로동 능력 상실자[적용대상]들의 생활보장, 건강회복과 근로자들의 건강 증진을 위하여 실시되는 물질적 보장제도. 사회보험은 보험가입자가 정한 보험금이 아니라 사회적으로 규정된 기준에 따라 보조금이 지불되며 보험가입자의 보험료와 함께 기관, 기업소에서 납부하는 보험료를 원천으로 한다는 점에서 일반보험과 구별된다. 또한 그것은 보험형식을 취하여 현직일군들은 대상으로 한다는 점에서 사회보장과도 구별된다. 사회보험은 주권이 인민의 손에 쥐여지고 생산수단이 사회주의적 소유로 되어 있는 사회에서 전면적으로 실시하게 된다. 사회주의 하에서 사회보험의 실시는 인민들의 물질 문화적 복리를 증진시킬 데 대한 당과 정부의 커다란 배려로 된다. 우리 나라에서 사회보험은 위대한 수령 김일성동지께서 조국광복회10대강령에서 명시하신 사회보험시책에 따라 해방후 로동법령의 발포로 처음으로 실시되게 되었으며 그후 정확한 사회보험정책에 의하여 끊임없이 발전하여 왔다. 현재 우리 나라의 사회보험은 국가기관, 기업소, 사회단체와 생산, 건설, 수산 및 편의 협동조합들에서 일하는 모든 로동자, 기술자, 사무원[적용대상]들을 대상으로 하여 일시적 보조금, 산전산후 보조금, 장례 보조금, 의료상 방조, 휴양, 야영, 관광, 탑승료[급여] 등 여러 가지 형태로 실시되고 있으며 그 지출은 기관, 기업소들의 부담을 원천으로 계속 늘어나고 있다. 우리 나라에서 사회보험이 로동자, 사무원, 생산협동조합원 등 많은 근로자들에게 널리 실시되며 그 방조 형태가 다양하고 물질적 보장 수준이 높으며 보험기금의 압도적 부분이 국가기관, 기업소에 의하여 보장 되는 것 등은 그 인민적 성격의 표현이다. 자본주의하에서 자본가들은 자본 을 반대하는 로동계급의 혁명투쟁을 무마하기 위하여 허위적인 사회시책의 한 부분으로 ≪사회보험을≫을 실시하는 경우에도 그 부담을 하나도 지지 않고 모두 근로자들에게 전가시키며 보험에 의한 보잘것없는 ≪혜택≫마저 도 자본주의적착취를 강화하는데 리용한다. 자본주의하에서는 근로자들을 위한 진정한 사회보험이 실시될수 없다."[14]

먼저 적용대상의 경우 ① 모든 로동자, ② 기술자, ③ 사무원을 대 상으로 한다. 그리고 이는 1970년 「정치용어사전」에서 사무원으로 편입되어 밝힌 농장원, 조합원, 학생을 제외하고는 대동소이한 내용 이다. 다음으로 급여의 경우 급여자격은, 보험가입자 중 일시적인 로동 능력 상실자이다. 반면 급여종류는 ① 일시적 보조금, ② 산전산후 보조금, ③ 장례 보조금, ④ 의료상 방조, ⑤ 휴양, ⑥ 야영, ⑦ 관광, ⑧ 탑승료 등이다. 그리고 이는 1970년 「정치용어사전」과 달리 급여 종류를 구체적으로 밝힌 것이다. 또한 북한은 이러한 급여 지급 기 준이 정해진 규정과 기준에 의거함을 언급하였는데, 이는 북한이 별 도의 급여 지급기준이 존재함을 간접적으로 밝힌 것이다. 그 다음으 로 재정의 경우 재정부담 주체가 가입자와 사업장의 공동부담임을 명시하였다. 그리고 이는 1970년 「정치용어사전」에서 밝힌 국가예 산의 자금 투자 내용과 전적으로 상충된다. 또한 아이러니하게도 당 시 북한은 기존 1950년대와 1960년대에 명기했던 기업주와 가입자의

---

14) 사회과학출판사, 「정치사전」 (평양: 사회과학출판사, 1973), 533쪽.

재정부담률에 대한 일체의 언급이 없다. 마지막으로 전달체계의 경우 이전과 동일하게 별도의 언급이 없다.

요약하면 1973년 「정치사전」에서 북한은 ① 사회보험의 제도적 취지, ② 보험재정, ③ 적용대상, ④ 일반보험과의 차이, ⑤ 제도의 도입 주체, ⑥ 다양한 급여, ⑦ 기금의 지출, ⑧ 제도적 성격 등에 대해 언급하고 있다. 그리고 이는 여타 사회보험의 정의나 견해와 크게 다르지 않다고 판단된다. 그러나 일부 문화와 여가, 공공재에 해당되는 야영, 관광, 탑승료를 명시한 것은 북한의 사회보험 혜택의 범위를 달리 보게 만든다. 즉, 이를 근거로 판단하면 북한의 사회보험 급여에는 문화와 공공재적 성격의 혜택도 포함된다. 그리고 이를 사회보험 급여의 확대로 볼 것인지, 일종의 기업복지 급여로 볼 것인지에 대한 논의의 대상이 된다. 그렇지만 다른 한편으로 북한의 이러한 급여가 기본적으로 사회보험에 대한 심각한 오해나 왜곡을 야기하지는 않는다. 왜냐하면 앞서 언급했듯이, 이는 북한 사회보험의 기본적인 급여 중의 하나로 포함되어 있기 때문이다. 다시 말해 이는 북한 사회보험의 기본적인 급여인 다양한 보조금, 의료보호와 더불어 제공되는 급여이다.[15]

한편 이 시기 북한은 1970년 「정치용어사전」에 나타난 김일성의 치적에 덧붙여서 당과 정부의 배려가 더해졌다. 또한 남한 사회보험에 대한 직접적인 비판이 완전히 사라지고 1964년 「대중정치용어사전」수준의 자본주의 사회보험에 대한 비판을 유지하고 있다. 이에 1950년대~1970년대 북한이 정의한 '사회보험'은 기술 수준의 경우 양적·질적으로 미세하지만 발달된 형태를 갖고 있지만 내용상으로는

---

15) 이철수, "남북한 사회복지 용어 비교: 소득과 복지를 중심으로," 미발표 논문, 15쪽.

경우에 따라 상충되기도 한다. 그러나 전반적으로 시간의 경과에 비례하여 발달되는 행태를 나타내고 있다 하겠다. 지금까지 논증한 1950년대에서 1970년대까지 북한의 사회보험에 대한 정의를 요약하면 다음 〈표 2〉와 같다.

<표 2> 사회보험 정의: 1950년대~1970년대

구분	1957년: 대중정치용어사전	1964년: 대중정치용어사전	1970년: 정치용어사전	1973년: 정치사전
적용대상	· 노동자, 사무원	· 좌동	· 좌동 · 농장원, 조합원, 장학생	· 좌동 · 모든 노동자 · 기술자 · 사무원 · 농장원, 조합원, 장학생 삭제
급여	· 각종 보조금 · 무료 치료 · 휴식과 휴가	· 좌동 * 급여수준 미언급	· 좌동 · 급여 수급 조건 제시(노동기간 관련 없음)	· 급여 종류 언급 · ① 일시적 보조금, ② 산전산후 보조금, ③ 장례 보조금, ④ 의료상 방조, ⑤ 휴양, ⑥ 야영, ⑦ 관광, ⑧ 탑승료 · 지급기준 언급
재정	· 기업주 5~12% · 가입자 1% * 사회보험기금	· 기업주 5~8% · 가입자 1%	· 국가예산 투입 · 재정부담 주체 미언급	· 부담 주체 언급 · 부담률 미언급 * 기존과 상충
전달체계	· 언급 부재	· 좌동	· 좌동	· 좌동
특징	· 사회보장과 비교 서술	· 기업주 부담률 4% 하향 · 자본주의 사회보험 비판	· 조국광복회 10대 강령 · 남한 사회보험 비판	· 급여 구체화 · 당과 정부 배려 · 남한 비판 부재

* 출처: 저자 작성.

Ⅲ. 1980년대~1990년대

1980년대의 경우 북한은 1985년 「정치사전 2」에서 '사회보험'에 대해 다음과 같이 정의하였다.

"국가가 근로자[적용대상]들의 건강을 보호증진시키며 그들이 일시적으로 로동능력을 잃었을 때[적용대상] 생활과 건강회복을 보장해 주는 혜택. 위대한 수령 김일성동지께서는 다음과 같이 교시하시였다. ≪사회보험지출이 많아 지는것은 근로자들에게 더 많은 보조금과 년금을 줄수 있게 하며 더 많은 근로자들이 국가 휴양소, 정양소, 야영소들에서 무료로 쉴수 있게 보장하여 줄것입니다.≫(≪김일성저작집≫ 15권, 238페지) 사회보험은 근로대중이 국가주권과 생산수단의 주인으로 되고 사회의 모든것이 근로대중을 위하여 복무하는 사회주의사회에서만 실질적으로 실시된다. 사회주의사회에서 사회보험은 로동에는 관계없이 차례지는 공산주의적혜택이다. 우리나라에서 사회보험제는 근로자들이 로동재해, 질병, 부상, 임신, 해산 등으로 로동능력을 일시적으로 잃었을 때 일시적보조금, 산전산후보조금, 장례보조금[급여] 등을 지불하며 전반적무상치료제[급여]를 실시하고 휴양, 야영, 관광, 탐승, 료양, 정양[급여] 등의 국가적혜택을 주는 형태로 실시된다. 우리 나라에서는 해마다 예산지출에서 사회보험비를 계통적으로 늘이여 근로자들에게 더 많은 추가적혜택이 돌려 지도록 하고 있다. 우리 나라 근로자들은 가장 선진적인 사회보험제도에 의하여 국가로부터 많은 혜택을 받으며 안정된 생활을 하고 있다. 일부 자본주의나라들에서 기만적인 사회정책의 한 부분으로 ≪로동자보험≫이라는것을 실시하는 경우가 있다. 그런데 그 부담은 근로자들에게 넘겨 씌우고 있으며 그것마저 근로자들에 대한 자본가들의 보충적략탈수단으로 되고 있다. 자본주의사회에서 진정한 사회보험이란 있을수 없다."[16]

---

16) 과학백과사전출판사, 「정치사전 2」(평양: 과학백과사전출판사, 1985), 16~17쪽.

먼저 적용대상의 경우 근로대중임을 언급하였는데, 이는 전체 노동자와 사무원을 포괄하는 것이라 판단된다. 때문에 이는 기존의 적용대상과 큰 차이가 나타나지 않는 부문이다. 다음으로 급여의 경우 수급자격은 노동유무에 관계없고 노동재해, 질병, 부상, 임신, 해산 등으로 노동능력을 일시적으로 상실했을 때 지급된다. 급여로는 큰 틀의 보조금과 연금 아래 ① 일시적 보조금, ② 산전산후 보조금, ③ 장례보조금 등과 보건의료서비스인 ④ 무상치료제, ⑤ 치료와 휴식의 개념인 요양과 정양, ⑥ 그 밖의 휴양, 야영, 관광 등의 혜택을 명시하였다. 이에 급여의 경우 기존의 내용에서 요양과 정양이 새로이 추가된 모습이다. 이에 요양은 사고에 의한 장단기적인 휴식인 반면 정양은 일시적인 휴식이다. 따라서 이 시기부터 북한은 노동자 사무원의 요양과 정양에 대해 관심을 기울였다 하겠다. 그 다음으로 재정과 마지막 전달체계의 경우 별도의 내용이 없다.

무엇보다 특이한 것은, 이 시기 북한은 사회보험을 기술하면서 서두의 제도 설명에 이어 김일성의 교시를 언급하였다는 것이다. 이는 과거와 사뭇 다른 모습이다. 다시 말해 이는 북한이 1973년 「정치사전」에서 언급한 김일성의 '조국광복회 10대 강령'에 대한 내용이 삭제되고 새롭게 김일성의 교시로 대체된 것이다.[17] 이는 당시 북한의 통치체제와 무관치 않은 것으로 이 시기 북한의 유일사상지도체제가 확립된 가운데에 나타난 현상이라 판단된다. 그러나 이와 같이 특정제도를 특정 통치자와 관련하여 언급하는 것은 다소 부적절하고 이는 제도의 고유한 목표와 취지를 상쇄시킨다. 한편 이 시기에 북한은 남한을 직접 겨냥한 것은 아니지만 1964년 「대중정치용어사

---

17) 이는 북한이 '사회보장'을 설명하면서 나타낸 경향과 동일하다.

전」과 같이 자본주의 사회보험을 공격하고 있다. 즉, 남한에 대한 일체의 부정과 비판이 사라졌다.

또한 북한은 동년 1985년 「경제사전 1」에서 '사회보험'에 대해 '국가사회보험'을 통해 재차 언급하고 있다. 특히 동 사전에서 북한은 사회보험을 국가사회보험과 동일한 용어로 간주한다.[18]

> "사회주의하에서 국가가 로동자, 사무원[적용대상]들의 건강을 보호증진시키며 로동재해, 질병, 부상 등으로 일시적으로 로동능력을 잃은 근로자[적용대상]들의 생활을 물질적으로 보장해 주는 제도. 국가사회보험은 생활비를 받는 현직일군들중에서 일시적으로 로동능력을 잃은 사람들에게 적용되는것으로서 로동능력을 완전히 또는 장기적으로 잃은 근로자들에게 적용되는 사회보장과 구별된다. 국가사회보험을 위한 자금원천은 국가예산자금과 근로자들이 납부하는 사회보험료이다. 국가사회보험은 국가가 제정한 로동법규의 요구대로 로동생활을 진행하고 자기소득의 1%를 국가에 납부[재정]하였을 때에만 적용된다. 위대한 수령 김일성동지께서는 다음과 같이 교시하시였다. ≪사회보험지출이 많아 지는것은 근로자들에게 더 많은 보조금과 년금을 줄수 있게 하며 더 많은 근로자들이 국가 휴양소, 정양소, 야영소들에서 무료로 쉴수 있게 보장하여 줄것입니다.≫(≪김일성저작집≫ 15권, 238페지) 우리 나라에서 국가사회보험에 대한 지출형태에는 일시적보조금, 산전산후보조금, 장례보조금, 의료상 방조, 정휴양, 료양[급여] 등이 있다. 우리 나라 근로자들은 가장 선진적인 사회보험제도에 의하여 일시적으로 로동능력을 잃고 일할수 없게 되였을 때에도 생활상 애로와 불편을 느끼지 않고 정상적인 생활을 보장받고 있으며 치료비에 대한 아무런 근심걱정 없이 건강을 회복하고 있다. 우리 나라 근로자들은 로동능력을 상실한 경우에도 년금외에 주택, 식량, 연료 등 모든 생활조건을 계속 완전히 보장받고 있다. 뿐만아니라 우리 나라 근로자들은 누구나 다 사회보험제에 의한 휴양의 혜

---

18) 그러나 이는 사실 다양한 논쟁과 견해를 야기하는데, 왜냐하면 사회보험과 국가사회보험은 제도적으로 근친하지만 완전한 동일체로 볼 수 없기 때문이다.

택을 받고 있다. 우리 나라 사회보험제도는 근로인민대중의 건강과 로동능력의 증진, 문화적수요를 충족시키기 위한 가장 인민적인 사회보험제도이다. 일부 부르죠아국가들에서 적용하고 있는 ≪로동자보험≫은 고용로동자들에 대한 자본가들의 보충적략탈수단이다. ≪로동자보험≫의 략탈적성격은 그것이 고용로동자들에게서 강제로 징수하는 보험료에 의하여 운영되며 로동자들자신이 대는 보험료가 ≪보험≫으로 지불받는것보다 더 많으며 그것조차 압도적다수의 로동자들에게 적용되지 않는데서 표현된다. 자본주의 나라들에서의 ≪로동자보험≫에 의한 방조란 형식적인것이며 로동자들을 회유기만하기 위한 수단에 불과하다. 미제강점하의 남조선에서는 부르죠아 나라들에 존재하는 형식적인 ≪로동자보험≫조차 없으며 로동자들은 질병, 부상 등으로 로동능력을 잃기만 하면 아무러한 생활보장도 받지 못하고 당장 일자리에서 쫓겨 나고 있다."[19]

먼저 적용대상의 경우 기존과 달리 구체적으로 설명되어 있는데, 북한은 국가사회보험의 적용대상을 현직 근로자와 사무원 중에서 노동재해, 질병, 부상 등으로 인해 일시적으로 노동능력을 상실한 자로 국한하였다. 또한 북한은 이것이 장기간 노동능력을 상실한 근로자를 보호하는 사회보장과 구별됨을 분명히 밝혔다. 따라서 이를 근거로 판단하면 북한의 사회보험과 사회보장의 가장 큰 차이는 노동능력상실 정도이다.[20]

다음으로 급여의 경우 기존과 거의 동일하게 ① 일시적 보조금, ② 산전산후 보조금, ③ 장례보조금, ④ 의료상 방조, ⑤ 정양과 휴양, ⑥ 요양 등이 있다. 이는 앞서 북한이 1985년 「정치사전 2」 밝힌

---

19) 사회과학출판사, 「경제사전 1」 (평양: 사회과학출판사, 1985), 244쪽.
20) 이 보다 앞서 북한은 1978년 '사회주의 로동법' 제73조에서 "국가는 로동재해, 질병, 부상으로 로동능력을 일시적으로 잃은 근로자들에게 국가사회보험제에 의한 일시적 보조금을 주며 그 기간이 6개월이 넘으면 국가사회보장제에 의한 로동능력상실년금을 준다"라고 하였다.

내용 중 야영과 관광, 탐승을 제외하고는 거의 동일한 편이다. 단지 1985년 「정치사전 2」의 무상치료제가 의료상 방조로 표기되어 있어 이와 대비된다. 그리고 여기에서 북한은 이와 더불어 주택, 식량, 연료 등을 제공한다고 밝혔다. 하지만 이것이 직접적으로 국가사회보험에 의거한 것이라 명시하지 않았음에 따라 이는 별도의 프로그램이라 판단된다. 더욱이 이는 북한의 국가공급제에 해당되는 것들이다.

그 다음으로 재정의 경우 국가예산자금과 근로자들이 납부하는 사회보험료 1%로 충당됨에 따라 기존의 사업주가 부담하는 영역이 사라졌다. 그리고 이러한 원인은 이 시기 북한의 국유자산 소유관계에 따라 전 자산의 국유화를 종료했기 때문이다. 이에 따라 국가사회보험의 재정은 국가와 가입자 양자의 공동부담으로 기존과 달리 완전히 개편되었다. 그리고 이것이 바로 이 시기 가장 큰 변화이다. 마지막으로 전달체계의 경우 기존과 같이 이렇다 할 내용이 없다.

또한 이 시기 북한은 1985년 「정치사전 2」에서 나타낸 것과 같이 동일한 내용으로 김일성 교시를 언급하였다. 동시에 북한은 자본주의와 남한의 사회보험체제를 1970년 「정치용어사전」과 같이 비판하고 있다. 그러나 남한에 대한 비판은 이 보다 앞서 상술한 1985년 「정치사전 2」에서는 부재한 내용이다.

1990년대의 경우 북한은 1992년 '사회보험'에 대해 「조선말대사전 1」에서 다음과 같이 정의하였다.

"사회주의사회에서 로동자, 사무원들을 비롯한 근로자[적용대상]들의 건강을 증진시키고 문화적인 휴식조건을 보장하며 그들이 병, 부상, 임신, 해산 등으로 로동 능력을 일시적으로 잃었을 때[적용대상]에 생활안정과 치료

[급여]를 위하여 돌려주는 국가적인 혜택. 우리 나라에서 국가적으로 사회
보험지출이 많아지는것은 그만큼 우리 근로자들의 실질수입이 늘어나는것
으로 된다."[21]

먼저 적용대상의 경우 노동자와 사무원이 중심임을 밝혔다. 다음
으로 급여의 경우 구체적인 급여종류에 대한 언급이 없는 반면 수급
자격은 일시적인 노동능력 상실임을 밝힘과 동시에 이 때에 생활지
원과 보건의료서비스라는 큰 틀의 서비스를 명시하였다. 그 다음으
로 재정과 마지막 전달체계의 경우 뚜렷한 내용이 제시되어 있지 않
다. 단, 여기에서 북한은 사회보험의 취지와 목표, 이것이 국가적인
혜택이며 재정지출이 가입자의 실질소득과 연계되어 있음을 간략히
밝혔다. 그러나 다른 한편으로 기존의 사회보험에 대한 방대한 정의
에도 불구하고 북한이 이렇듯, 간략히 언급한 것은 다소 아이러니한
측면이 있다.

또한 북한은 1995년 「재정금융사전 1」에서 '사회보험'에 대해 북한
은 다음과 같이 정의하였다.

"사회주의사회에서 국가가 로동자, 협동농민, 사무원[적용대상]들의 건
강을 보호증진시키며 로동재해, 질병, 부상 등에 의하여 일시적으로 로동능
력을 잃은 근로자[적용대상]들의 생활을 물질적으로 보장해주는 보험. 위대
한 령도자 김정일동지께서는 다음과 같이 지적하시였다. ≪국가사회보험과
사회보장 제도는 국가가 책임지고 근로자들의 건강을 보호증진시키며 로동
능력을 잃은 사람들과 돌볼 사람이 없는 늙은이, 어린이들에게 안정된 생활
을 보장해주는 제도입니다.≫(≪로동행정사업을 더욱 개선강화할데 대하여≫,
45페지) 사회보험은 근로자들의 건강을 보호증진시키며 로동능력을 일시적

21) 사회과학출판사, 「조선말대사전 1」 (평양: 사회과학출판사, 1992), 1646쪽.

으로 잃은 사람들에게 안정된 생활을 보장하여주기 위한 당과 국가의 인민적이며 공산주의적인 시책이다. 사회보험은 기관, 기업소, 협동단체(협동농장포함)에 적을 두고있으면서 일시적으로 로동능력을 잃은 근로자들에게 적용되는것으로서 6개월까지의 기간에 로동능력을 회복할수 있는 사람[**적용대상**]들이 해당된다. 이 보험은 보험대상규정과 보상방법에서 다른 보험형태와 구별된다. 다른 형태의 보험에서는 사람과 재산이 보험대상으로 된다면 사회보험에서는 일시적으로 로동능력을 상실하였으나 규정된 기간안에 로동능력을 회복할수 있는 근로자들이 보험대상으로 된다. 따라서 사회보험에서의 보장은 현직에서 일하다가 일시적으로 로동능력을 잃은 근로자들과 국가와의 관계로서 로동능력회복의 전기간에 돌려지는 국가와 사회의 추가적인 혜택에 의하여 이루어진다. 그러나 다른 보험형태에서 보험보상은 보험금액범위안에서 보험에 의한 보상이 실시되기때문에 그것은 어디까지나 제한된 보험금액에 국한되게 되며 보험보상에서 보험금액을 초과할수 없다. 사회보험은 로동능력을 완전히 또는 장기적으로 잃은 근로자들에게 적용하는 사회보장과 구별된다. 사회보험과 사회보장 자금원천은 다같이 국가예산자금에 의하여 이루어지지만 일부 차이가 있다. 사회보험의 자금원천은 기본적으로 국가예산에서 지출되는 국가자금으로 이루어지며 여기에 근로자들이 내는 자기 수입의 1%에 해당한 사회보험료[**재정**]가 포함된다. 이것은 사회보험의 자금원천에서 극히 적은 몫을 차지한다. 사회보험의 자금원천과는 달리 사회보장금은 전적으로 국가자금을 원천으로 하여 마련한다. 그것은 사회보장대상자들이 현직일군이 아니라 이미 로동생활령역에서 나온 사람들로서 그들은 로동에 대한 보수를 받을수 없으며 따라서 사회보장사업에 필요한 자금원천형성에 기여할수 없기때문이다. 협동농장원들에 대한 사회보험제는 농촌경리의 특성으로부터 로동자, 사무원들에 대한 사회보험제와는 다른 자체의 특성[**재정**]을 가지고있다. 공업부문 근로자들이 사회보험에 의하여 받는 보조금은 기본생활비의 일정한 비률로 규정된다면 협동농장원들에게 사회보험료에 의하여 지불되는 보조금은 평균로력일의 형태로 규정된다.[**협동농장원 급여기준**] 또한 협동농장원들에 대한 사회보험제는 동일한 보험적근거가 발생하였다 하여도 사회보험에 의한 물질적방조의 규모는 협동농장마다 각이한 수준으로 계산되고 규정되며 그 혜택은 년말에 가서야 확정적으로 생산물에 의하여 지불된다는것이다.[협동농장원 급여] 우리 나라에서 사회보험에 대한 지출형태에는 일시적보조금, 산전산후보조금, 장례보조금, 의료상 방조, 정휴양, 료양[급여] 등이 있다. 우리 나라 근로자들은 가장 선진적인 사회보험제도에 의하여 일시적으로 로동능력을 잃고 일할수 없게 되였을 때에도 생활상 애로와 불편을 모르고 정상적인 생활을 보장받고있으며 치료비에 대한 아무런 근심걱정없이 건강을 회복하고있다. 우리 나라 근로자들은 로동능력을 상실한 경우에 년금외에 주택, 식량, 연료 등 모든 생활조건을 계속 완전히 보장받고있을뿐아니라 누구나 다 사회보험제에 의한 휴양의 혜택을 받고 있다. 우리 나라 사회보험제도는 근로인민대중의 건강과 로동능력의 증진, 물질문화적수요를 충족시킴으로써 그들에게 자주적이며 창조적인 생활을 보장하여주기 위한 가장 선진적이며 인민적인 사회보험제도이다. 일부 자본주의나라들에서 적용하고있는 ≪로동자보험≫은 고용로동자들에 대한 자본주의적착취의 보충적수단으로 되고있다. ≪로동자보험≫의 착취적성격은 그것이 고용로동자들에게서 강제로 징수하는 보험료에 의하여 운영되며 근로자들자신이 내는 보험료가 ≪보험금≫으로 지불받는것보다 더 많으며 그것조차 이러저러한 구실로 압도적다수의 로동자들에게는 적용되지 않는데서 표현된다. 자본주의나라들에서의 ≪로동자보험≫은 로동자들을 회유기만하기 위한 수단에 불과하다. 미제강점하의 남조선에서는 이러한 ≪로동자보험≫조차 없으며 로동자들은 질병, 부상 등으로 로동능력을 잃기만 하면 아무러한 생활보장도 받지 못하고 당장 일자리에서 쫓겨나고 있다."22)

1995년 「재정금융사전 1」의 사회보험은 적용대상, 급여, 재정의 경우 기존과 내용상 거의 동일한 편이다. 그러나 사회보험의 적용대상과 급여의 수급기간을 6개월로 제한한 것은 사회보험이 아닌 기존의 국가사회보험에 해당된다. 따라서 이 시기부터 북한은 사회보험과 국가사회보험을 동일한 선상에서 접근, 이를 설명하였거나 혹

22) 사회과학출판사, 「재정금융사전 1」 (평양: 사회과학출판사, 1995), 655~656쪽.

은 내용상의 오류일 수도 있다. 아울러 급여 지급기준의 경우 전체
는 아니지만 일부 언급하였는데, 가령 공업부문 근로자들의 보조금
은 기본생활비의 일정한 비율로 책정됨을 명시하였다. 또 전달체계
의 경우도 기존의 기술처럼 별다른 언급이 없다.

또한 이 시기 북한은 사회보험에 대해 김일성의 교시를 언급하였
다. 하지만 기존과 같이 사회보험지출에 관한 것이 아닌 김일성의
국가사회보험과 사회보장제도 자체의 견해 부문을 인용했다. 또한
사회보험을 1964년「대중정치용어사전」처럼 '사회보장', 1973년「정
치사전」처럼 '일반보험'과 비교하면서 정의하였다. 아울러 가장 방
대한 분량을 할애하여 설명하고 기술하였다. 이로 인해 이 시기 북
한 사회보험의 설명상 큰 변화가 나타나는데, 이를 주요 내용을 중
심으로 요약하면 다음과 같다.

첫째, 협동농장원들에 대한 사회보험제도 적용을 언급하여 농민
들도 사회보험 적용대상에 포함됨을 분명히 하였다. 그리고 이는 기
존에 부재한 내용이다. 둘째, 이로 인해 농민의 재정부담은 여타 노
동자, 사무원과 달리 부담하고 운영된다. 이는 농민의 경우 일반 노
동자와 사무원과 달리 매달 지급되는 공식적인 임금이 부재하기 때
문이다. 셋째, 이와 동일선상에서 농민에게 지급되는 복지급여 역시
일반 노동자와 사무원처럼 기본생활비 기준이 아닌 평균근로일을
기준으로 한다. 넷째, 농민의 보조금 지급수준은 전체 농민이 동일
한 것이 아니라 각 개별 협동농장의 수준에 근거한다. 이는 곧 협동
농장원의 사회보험기금이 공동관리되는 것이 아니고 이에 따라 보
조금의 지급수준이 각 개별 협동농장원의 수준과 규모에 예속됨을
의미한다. 다섯째, 농민의 직업적 특성상 물질적 지원은 해당년도의
생산물을 년말에 지급한다. 이러한 이유는 북한 협농동장원의 직업

적 특성과 부담 방식, 별도의 사회보험 관리운영체계, 일반 노동자 사무원보다 늦은 시기의 사회보험제 가입[23]에 따른 현상이라 판단된다.

따라서 상술한 북한의 1995년 「재정금융사전 1」에서 밝힌 '사회보험'에 대한 정의와 설명이 지금까지 살펴본 공식사전 중에 가장 방대하고 구체적이다. 그리고 이러한 원인은 크게 협동농장원의 사회보험 편입에 따른 후속조치, 시간 경과에 대비한 북한의 기술능력 향상으로 요약된다. 지금까지 논증한 1980년대에서 1990년대까지 북한의 사회보험에 대한 정의를 요약하면 다음 〈표 3〉과 같다.[24]

---

23) 북한의 농민은 "협동농민들에게 사회보장제를 실시할 데 대하여"(1985.10.4 발표 1986.1.1. 시행) 중앙인민위원회 정령을 통해 1986년부터 사회보장제에 적용되었다.

24) 반면 1990년대 사회보험에 대해 중국은 다음과 같이 정의하였다. "아이를 낳았거나 늙었거나 앓거나 죽었거나 부상을 입어 불구자로 되였거나 실업을 당했거나 재해를 입은 등 형편에서 사회성원들에게 물질적 방조를 주는 각종 조치의 총칭. 우리나라의 사회보험에는 로동보험, 종업원생활곤란보조, 사회구제, 농촌의 농민들에 대한 《5보》(즉 식량, 의복, 화복, 교육, 장례보장) 등이 있다. 사회보험은 19세기 80년대 독일에서 처음 나왔다. 비스마르크는 로동운동을 탄압하다가 실패하자 로동자들에게 정부가 로동자들의 생활상 특수곤란을 해결하여주는 자선기관이라는 착각을 주고 로동운동을 분화, 무마하기 위하여 당시 독일 각지에서 자연발생적으로 생긴 로동자호조보조기금을 《국가화》(즉, 국가의 보험제도로 만듬) 하였으며 1881~1883년에는 《사회보험법령》을 반포하였다. 90년대로부터 자본주의국가들에서 사회보험을 널리 실시하기 시작하였다. 자본주의나라에서 사회보험은 산업보험으로부터 온것으로서 보험기구가 수없이 많고 보험제도가 구전하지 못하며 행정비용이 많이 든다. 대부분의 보험금은 로동자들이 부담하며 보험향수조건과 보조금의 수량 및 한액은 로동자가 바친 보험금의 수량에 따라 결정된다. 우리 나라에서는 건국후 생산이 발전됨에 따라 사회보험업이 점차 확대되고 완비해졌다." 흑룡강조선민족출판사, 「정치사전」(중국: 흑룡강조선민족출판사, 1991), 468~469쪽.

<表 3> 사회보험과 국가사회보험 정의: 1980년대~1990년대

구분	1985년: 정치사전 2	1985년 경제사전 1: 국가사회보험	1995년: 재정금융사전1
적용대상	· 노동자, 사무원	· 좌동	· 좌동 · 6개월 미만 노동능력상실 · 농민 언급
급여	· ① 일시적 보조금, ② 산전산후 보조금, ③ 장례보조금, ④ 무상 치료제, ⑤ 요양과 정양, ⑥ 휴양, 야영, 관광	· ① 일시적 보조금, ② 산전산후 보조금, ③ 장례보조금, ④ 의료상 방조, ⑤ 정휴양, ⑥ 요양	· 좌동 · 보조금 지급 기준 · 농민은 별도
재정	· 언급 부재	· 국가예산, 가입자 1% 공동 부담	· 좌동 · 농민은 별도
전달체계	· 상동	· 좌동	· 좌동
특징	· 김일성 교시 등장 · 자본주의 보험 비판	· 좌동 · 남한 사회보험 비판	· 좌동 · 사회보장과 비교 · 일반보험과 비교 · 보편주의 완료 · 가장 방대함

* 출처: 저자 작성.

IV. 2000년대 이후

2000년대의 경우 북한은 2003년 '사회보험'에 대해, 「조선대백과사
전」에서 '국가사회보험'을 통해 다음과 같이 정의하였다. 동 사전에
서 북한은 1985년 「경제사전 1」과 마찬가지로 사회보험을 국가사회
보험과 동일하게 보고 있다.

"사회주의하에서 국가가 근로자[적용대상]들의 건강을 보호증진시키며
로동재해, 질병, 부상 등으로 일시적으로 로동능력을 잃은 근로자[적용대상]

들의 생활을 물질적으로 보장해 주는 제도. 국가사회보험은 생활비를 받는 현직일군들중에서 국가의 정휴양소, 야영소들에서 휴식을 하는 사람들과 일시적으로 로동능력을 잃은 사람들에게 적용되는것으로서 로동능력을 완전히 또는 장기적으로 잃었거나 년로하여 일을 못하는 근로자에게 적용하는 사회보장과 구별된다. 국가사회보험을 위한 자금원천은 국가예산자금과 근로자들이 납부하는 사회보험료[재정]이다. 우리 나라에서는 근로자들이 내는 사회보험료보다 몇배나 더 많은 사회보험혜택을 받는다. 위대한 수령 김일성동지께서는 다음과 같이 교시하시였다. ≪사회보험지출이 많아 지는것은 근로자들에게 더 많은 보조금과 년금을 줄수 있게 하며 더 많은 근로자들이 국가휴양소, 정양소, 야영소들에서 무료로 쉴수 있게 보장하여 줄것입니다.≫(≪김일성전집≫ 27권, 398페지) 국가사회보험에 대한 지출형태에는 일시적보조금, 산전산후보조금, 정휴양, 료양[급여] 등이 있다. 우리 나라 근로자들은 가장 선진적인 사회보험제도에 의하여 일시적으로 로동능력을 잃고 일할수 없게 되였을 때에도 생활상 애로와 불편을 느끼지 않고 정상적인 생활을 보장받고 있으며 치료비에 대한 아무런 근심걱정 없이 건강을 회복하고 있다. 우리 나라 근로자들은 로동능력을 상실한 경우에도 년금외에 살림집, 식량, 연료 등 모든 생활조건을 계속 완전히 보장 받고 있다. 근로자들은 또한 누구나 다 사회보험제에 의한 휴양의 혜택을 마음껏 누리고 있다. 우리 나라 사회보험제도는 근로인민대중의 건강과 로동능력의 증진, 문화적수요를 충족시키기 위한 가장 인민적인 사회보험제도이다. 일부 자본주의국가들에서 적용하고 있는 ≪로동자보험≫은 고용로동자들에 대한 자본가들의 보충적략탈수단이다. ≪로동자보험≫의 략탈적성격은 그것이 고용로동자들에게서 강제로 징수하는 보험료에 의하여 운영되며 로동자들 자신이 대는 보험료가 ≪보험≫으로 지불받는것보다 더 많으며 그것조차 압도적다수의 로동자들에게 적용되지 않는데서 표현된다. 따라서 자본주의 나라들에서의 ≪로동자보험≫에 의한 방조란 형식적인것이며 로동자들을 회유기만하기 위한 수단에 불과하다."25)

---

25) 과학백과사전출판사,「조선대백과사전」(평양: 과학백과사전출판사, 2002), 전자자료 검색.

먼저 적용대상의 경우 전체 가입자 중 일시적으로 노동능력을 상실한 근로자로 이는 기존과 거의 동일하다. 다음으로 급여의 경우 급여종류가 ① 일시적 보조금, ② 산전산후 보조금, ③ 정휴양, ④ 료양, ⑤ 치료이다. 이는 북한이 1985년 「경제사전 1」의 국가사회보험에서 밝힌 급여 중 장례보조금이 제외된 형태로 후퇴하였다고 할 수 있다. 그 다음으로 재정의 경우 재원이 국가예산자금과 근로자들이 납부하는 사회보험료임을 밝혔지만 근로자의 납부율에 대한 언급은 없다.[26] 마지막으로 전달체계의 경우 여전히 언급이 부재하다. 따라서 2002년 북한의 국가사회보험은 장례보조금을 제외한 기존과 다른 설명이나 예시가 부재하다.

그리고 이는 북한이 1995년 「재정금융사전 1」의 '사회보험' 설명보다 상대적으로 양적으로나 질적으로 내용상 떨어진다. 따라서 2002년 북한의 사회보험에 대한 정의는 정체되어 있다 하겠다. 지금까지 논증한 2002년 북한의 국가사회보험에 대한 정의를 요약하면 다음 〈표 4〉와 같다. 또한 1950년대부터 2000년대까지 시대별 사회보험과 국가사회보험 정의의 주요 내용과 그 특징, 평가를 정리하면 다음 〈표 5〉와 같다.

---

26) 지금 현재 북한의 사회보험료율은 '국가예산법' 제47조(사회보험료의 납부비률) "종업원의 사회보험료납부비률은 월로동보수액의 1%로 한다. 기업소와 협동단체의 사회보험료납부비률은 월판매수입금에 따라 계산된 생활비의 7%로 한다. 외국투자기업의 사회보험료납부는 따로 정한 기준에 따라 한다"고 명시되어 있다.

<표 4> 국가사회보험 정의

구분	2003년: 조선대백과 사전
적용대상	· 일시적 노동능력 상실자
급여	· ① 일시적 보조금, ② 산전산후 보조금, ③ 정·휴양, ④ 요양, ⑤ 치료
재정	· 국가예산자금과 가입자의 사회보험료 · 공동부담이나 부담률 미언급
전달체계	· 언급 부재
특징	· 장례보조금 삭제 · 사회보장과 비교

* 출처: 저자 작성.

<표 5> 시대별 사회보험과 국가사회보험 정의 추적: 1950년대~2000년대

년대	구분	주요 내용	특징과 평가
1950년대	· 적용대상	· 노동자, 사무원	· 사회보장과 비교 서술 · 사회보험기금 존재 언급
	· 급여	· 각종 보조금, · 무료 치료, · 휴식과 휴가	
	· 재정	· 기업주 5~12%, · 가입자 1%	
	· 전달체계	· 언급 부재	
1960년대	· 적용대상	· 1950년대와 거의 동일	· 기업주 부담률 4% 하향 · 자본주의 사회보험 비판
	· 급여	· 상동, · 급여수준 미언급	
	· 재정	· 기업주 5~8%, · 가입자 1%	
	· 전달체계	· 언급 부재	
1970년대	· 적용대상	· 모든 노동자, 기술자, 사무원 (농장원, 조합원, 장학생)	· 급여 구체화 · 당과 정부 배려 · 남한 비판 부재 · 재정부문 기존과 상충
	· 급여	· 8가지 급여, · 지급기준 언급	
	· 재정	· 부담 주체 언급, · 부담률 미언급,	
	· 전달체계	· 언급 부재	
1980년대	· 적용대상	· 노동자, 사무원	· 농장원, 조합원, 장학생 삭제 · 김일성 교시 등장 · 자본주의 보험 비판 · 남한 사회보험 비판 · 재정부담 변화
	· 급여	· 다수 급여 종류 제시	
	· 재정	· 언급 부재(정치사전2) · 국가예산, 가입자 1% 공동 부담 (경제사전1)	
	· 전달체계	· 언급 부재	

1990년대	· 적용대상	· 1980년대와 거의 동일 · 6개월 미만 노동능력상실 · 농민 새로이 언급	· 사회보장과 비교 · 일반보험과 비교 · 보편주의 완료 · 가장 방대함 · 농민 내용 추가
	· 급여	· 1980년대와 거의 동일 · 보조금 지급 기준 · 농민은 별도	
	· 재정	· 국가예산, 가입자 1% 공동 부담 · 농민은 별도	
	· 전달체계	· 언급 부재	
2000년대	· 적용대상	· 1990년대와 거의 동일	· 장례보조금 삭제 · 사회보장과 비교
	· 급여	· 상동	
	· 재정	· 상동이나 부담률 미언급	
	· 전달체계	· 언급 부재	

* 비고 1: 1970년대는 1973년 기준.
* 비고 2: 실업보호와 실업부조는 전 기간에 미언급.
* 출처: 저자 작성.

V. 결론

지금까지 본 연구는 1950년대부터 2000년대까지 북한의 대표적인 사회복지 용어인 '사회보험'과 '국가사회보험'에 대한 정의와 설명을 북한의 공식사전이 발간된 순으로 탐색하였다. 또한 이러한 시대별 북한의 '사회보험'과 '국가사회보험'에 대한 내용을 ① 적용대상, ② 급여, ③ 재정, ④ 전달체계를 중심으로 분석하였다. 그리고 이를 통해 각 시기별로 내용적 변화를 추적하였다.

특히 북한은 제도상으로는 엄연히 다르지만 공식사전의 내용상으로 '사회보험'과 '국가사회보험'을 비슷한 형태로 보고 있다. 이에 북한은 1985년 「경제사전 1」을 기점으로 양자를 완전히 동일하다고 간주한다. 그러나 이는 어디까지나 사실이 아닌 북한의 오류이다. 왜냐하면 양자는 제도적 구성인자와 더불어 적용대상, 급여 등을 달리하기 때문이다. 가령 사회보험은 은퇴한 근로자의 노후보장을 책임지는 공적연금제도이지만 국가사회보험은 노동재해로 인한 근로자의 단기보호를 책임지는 제도이기 때문이다. 따라서 북한의 이러한 인식은 비록 양자간의 공통점이 일부 존재하지만 완전히 동일하다고 볼 수는 없다.

한편 북한의 사회보험은 정치적으로는 1985년을 기준으로, 내용적으로는 1995년을 기준으로 양분된다. 즉, 정치적으로 북한은 1985년 「경제사전 1」에서 김일성 교시를 삽입, 이를 강조하였다. 반면 내용적으로는 1995년 「재정금융사전 1」에서 자신들의 사회보험에 대한 정의를 집약하였다. 환언하면 북한은 정치적으로 1985년 이전까지는 다소 순수한 사회주의 제도로써 사회보험을 정의하였다. 하지만 1985년 이후부터는 사회보험을 김일성의 교시의 일부로 보고 있다. 또한 1995년 이전까지 사회보험에 대한 정의는 내용상 중복되고 다소간의 부침이 있다. 하지만 1995년 사회보험의 적용대상에서 농민을 포함, 이러한 사실에 대한 추가적인 설명을 하는 가운데에 기존에 기술했던 내용을 보강하는 모습을 보였다. 그리고 이러한 집약된 내용이 큰 변화 없이 2003년까지 이어졌다.

또한 북한이 '사회보험'과 '국가사회보험'을 기술함에 있어 나름대로의 일관성이 있다. 또 북한의 사회보험제도 확대와 변화에 따라 진술의 확장성도 일정부문 갖고 있다. 그러나 이와 달리 미언급되고 부족한 부문도 그대로 유지하는 경향을 나타냈다. 즉, 이를 제외하고는 시간에 비례하여 미세하지만 발전되는 행태가 나타났다. 하지만 전달체계와 같이 여전히 지속적으로 정체되는 부문도 발견하였다.

이를 보다 구체적으로 ① 적용대상, ② 급여, ③ 재정, ④ 전달체계를 중심으로 추적하면, 첫째, 적용대상의 경우 초가부터 보편주의를 추구하는 가운데에 1995년 「재정금융사전 1」에서 협동농장원을 포괄하여 설명, 용어의 정리차원에서 적용대상의 보편주의를 일정부문 완료하였다. 그리고 이는 북한 사회보험의 제도적 변화, 즉, 1986년부터 집행한 협동농장원의 노후보장제도의 편입을 반영한 결과이다. 따라서 북한의 사회보험에 대한 정의는 이러한 제도적 변화를 고려하면서 정리한다 하겠다. 그러나 역설적으로 이를 제도의 적용차원에서 접근하면 협동농장원의 사회보장을 실시한 1986년부터 북한 노후보장의 보편화가 적용되었다 하겠다.

둘째, 급여의 경우 1973년 「정치사전」을 통해 구체적인 내용을 제시, 이후 이를 기반으로 변화하는 행태가 나타났다. 1973년 이전까지 북한의 사회보험급여는 크게 세 가지로 각종 보조금, 의료상 지원, 휴식과 휴가로 대표되었다. 그러나 1973년 이후부터는 급여가 구체화되어 다양한 급여종류-① 일시적 보조금, ② 산전산후 보조금, ③ 장례 보조금, ④ 의료상 방조, ⑤ 휴양, ⑥ 야영, ⑦ 관광, ⑧ 탑승료 등-와 지급기준 등을 제시하면서 점차 미시화되는 경향을 나타냈다. 특히 1995년의 경우 보조금의 지급기준을 일반 근로자와 협동농장원을 구분하여 설명한 것은 대단히 유의미한 내용이다.

셋째, 재정의 경우 시기적으로 제도적인 변화를 반영하는 경향도 있었고 혹은 그렇지 않은 사례도 있었다. 가령 북한은 1957년부터 사회보험기금의 존재를 밝히고 이와 관련한 재정부담 주체와 부담률, 공동부담방식을 언급한 것은 인상적이다. 또한 북한은 이러한 사회보험의 재정의 변화를 변동이 있었던 1964년 재차 언급하였고 최종적으로 1985년에 다시 변화된 내용을 제시하였다. 그러나 이와 달리 1970년의 경우 국가예산 투입을 언급하였자만 재정부담 주체를 명시하지 않았다. 또한 1973년의 경우 재정 부담 주체를 언급하였지만 재정부담률을 제시하지 않아 기존과 상충하는 부문도 나타났다.

넷째, 아이러니하게도 북한 사회보험의 전달체계는 모든 시기의 공식사전에서 내용이 부재했다. 이러한 원인은 전달체계의 경우 각 개별 급여의 성격과 서비스에 각각 달리하는 운영체계 때문이라 판단된다. 그럼에도 불구하고 이에 대한 일체의 언급이 전 기간에 걸쳐 부재한 것은 이해하기 어려운 부문이다. 즉, 북한은 사회보험의 전달체계에 대해 미진하더라도 반드시 언급했어야만 했다.

환언하면 북한의 사회보험은 제도적으로 비교적 이른 시기에 시작된 만큼 북한이 공식사전을 통해 정의한 내용도 이에 맞추어 일찍 논의하였다. 또 이와 동렬에서 북한은 매 시기는 아니지만 공식사전이 발간되면 사회보험의 제도적 변화를 일정부문 반영하였다. 그리고 이러한 북한의 행태, 즉, 공식사전에 사회보험의 제도적 변화를 새롭게 반영하고 수정하여 기술하는 것은 당연한 행위이다.

그렇지만 다른 한편으로 내용의 수준을 중심으로 접근하면, 전반적으로 북한의 공식사전을 통한 사회보험에 대한 정의와 설명은 일정부문 이해가 가능한 부문이 있다. 하지만 이와 반대로 때로는 그렇지 않은 부문도 존재한다. 즉, 특정사안에 대해 부족하거나 아예 미언급된 부문도 있기 때문에 북한의 공식사전상의 사회보험에 대한 정의와 설명은 완벽하지 않다. 또한 기술한 사실을 중심으로 접근하면 시기와 경우에 따라 부분적으로 상호 충돌하는 내용도 있다. 그러나 이러한 원인, 즉, 사실의 오기에 대한 판단은 지금 현재로서는 확인할 수 없는 부문이다.

한편 북한의 공식사전을 이외에 사회보험에 대한 기존의 한계를 내용적으로 극복하는 별도의 정의나 설명이 존재하지 않는다. 따라서 북한은 이러한 사회보험에 대한 정의를 새롭게 정리할 필요가 있다. 이에 따라 북한은 이러한 경우 기존의 한계와 논란을 극복하는 수준의 체계적인 내용을 매우 구체적으로 제시해야 한다. 왜냐하면 그리해야만 이러한 논란과 의문을 종식시킬 수 있기 때문이다. 이러한 점에서 북한은 동 연구가 제기하고 지적한 문제점을 참조할 필요가 있다. 북한의 사회보험에 대한 정의와 설명에 새로운 천착이 필요하기 때문이다.[27]

---

27) 그러나 다른 한편으로 북한의 '사회보험'과 '국가사회보험'에 김일성의 교시가 인용된 점을 감안하면, 김정은시대인 지금 이를 시도하기란 쉽지 않다. 그럼에도 불구하고 북한은 기존의 정의와 설명에서 해석상의 노정된 문제와 한계를 극복하기 위해서는 이에 대한 합리적인 접근 내지는 수정을 개시할 필요가 있다.

참고문헌

1. 북한법령
국가예산수입법
사회주의로동법

2. 논문 및 단행본
과학백과사전출판사, 「조선대백과사전(전자자료)」, 평양: 과학백과사전출판
　　　사, 2002.
＿＿＿＿＿＿＿＿＿, 「정치사전 1」, 평양: 과학백과사전출판사, 1985.
＿＿＿＿＿＿＿＿＿, 「정치사전 2」, 평양: 과학백과사전출판사, 1985.
＿＿＿＿＿＿＿＿＿, 「현대조선말사전」, 과학백과사전출판사, 1981.
법률출판사, 「조선민주주의인민공화국 법전(증보판)」, 평양: 법률출판사, 2016.
＿＿＿＿＿, 「조선민주주의인민공화국 법전」, 평양: 법률출판사, 2006.
사회과학원 력사연구소, 「력사사전」, 평양: 사회과학출판사, 1972.
사회과학원 법학연구소, 「국제법사전」, 평양: 사회과학출판사, 2002.
＿＿＿＿＿＿＿＿＿＿, 「민사법사전」, 평양: 사회과학출판사, 1997.
＿＿＿＿＿＿＿＿＿＿, 「법학사전」, 평양: 사회과학출판사, 1971.
사회과학원 세계경제 및 남남협조연구소, 「현대세계경제사전」, 평양: 사회과
　　　학출판사, 1998.
사회과학원 언어학 연구소, 「조선말대사전 1」, 평양: 사회과학출판사, 2003.
＿＿＿＿＿＿＿＿＿＿＿, 「조선말대사전 2」, 평양: 사회과학출판사, 2003.
사회과학원 주체 경제학연구소, 「경제사전」, 평양: 사회과학출판사, 1985.
사회과학원 철학연구소, 사회과학출판사 철학사전 편집조 편, 「철학사전」, 사
　　　회과학출판사, 평양: 1985.
사회과학출판사, 「경제사전 1」, 평양: 사회과학출판사, 1985.
＿＿＿＿＿＿＿, 「경제사전 2」, 평양: 사회과학출판사, 1985.
＿＿＿＿＿＿＿, 「재정금융사전 1」, 평양: 사회과학출판사, 1995.
＿＿＿＿＿＿＿, 「재정금융사전 2」, 평양: 사회과학출판사, 1995.
＿＿＿＿＿＿＿, 「정치사전」, 평양: 사회과학출판사, 1973.

_____, 「정치용어사전」, 평양: 사회과학출판사, 1970.

_____, 「조선말대사전 1」, 평양: 사회과학출판사, 1992.

_____, 「조선말대사전 2」, 평양: 사회과학출판사, 1993.

서강훈, 「사회복지사를 위한 사회복지 용어사전」, 서울: 이담북스, 2013.

이철수, 「사회복지학사전」, 서울: 혜민북스, 2013.

_____, "남북한 사회복지 용어 비교: 소득과 복지를 중심으로," 미발표 논문.

_____, "북한의 사회보장 정의에 대한 추적: 북한의 공식사전을 중심으로," 미발표 논문, 3쪽.

조선로동당출판사, 「대중정치용어사전」, 평양: 조선로동당출판사, 1957.

_____, 「대중정치용어사전」, 평양: 조선로동당출판사, 1964.

한국법제연구원, 「북한법령용어사전」, 세종: 한국법제연구원, 2017.

흑룡강조선민족출판사, 「정치사전」, 중국: 흑룡강조선민족출판사, 1991.

3. 기타

Gilbert, N. & Terrell, P, Dimensions of social welfare policy(7th), Boston: Pearson Education, 2010.

제2부

북한 사회복지 법제

제4장

김정은시대 북한사회복지 동학
이념 · 제도 · 현실을 중심으로

Ⅰ. 서론

김정은시대 북한 사회복지의 동학은 크게 ① 사회복지 관련 법령의 변화, ② 그리고 이러한 법령변화에 영향을 받은 하위 사회복지 제도의 추동 상황, ③ 이를 포함한 지금 현재 각종 복지 수급자와 가입자, 클라이언트의 사회복지 실태 부문의 개선과 변화로 구분된다. 그리고 이를 다소 포괄적으로 접근하면, 첫 번째와 두 번째의 경우는 이념적, 제도적 차원이고 세 번째의 경우 현실적 차원이라 하겠다. 그러나 김정은시대 북한 사회복지에 새롭게 나타난 개선과 변화의 경우 이는 제도와 실태 부문에 동시에 나타날 개연성이 있다. 이는 제도적 개선이 현실적 변화를 추동 혹은 동반하는 상관관계가 성립되기 때문이다. 따라서 특정사안의 경우 일부 중층적으로 이념, 제도, 현실의 층위 구분 없이 적용되기도 한다.

이를 보다 구체적으로 접근하면 먼저 사회복지 관련 법제의 경우 2012년 김정은 집권 이후 북한이 제정한 사회복지 관련 법제의 입법과 수정, 그 자체를 의미한다. 그리고 이는 북한이 인식하는 제도적 차원의 지속성, 변화와 전이 등을 내포한다. 다음으로 이와 마찬가지로 사회복지 제도의 경우 김정은시대 새롭게 등장하거나 변화한 구체적인 복지제도 내지는 복지프로그램의 변동을 말한다. 즉, 이는 앞서 언급한 법제 부문의 입법과 수정을 통한 결과에 따라 나타난 북한 사회복지제도의 현황과 변동을 의미한다. 마지막으로 사회복지 현실의 경우 앞서 명시한 법제와 제도가 파생한 북한 주민의 복지현실 을 포함, 이전 김정일시대와 달라진 김정은시대 북한의 주요 복지수준의 등락을 지칭한다. 따라서 이는 복지동학의 기준 중 최소 단위를 의미한다. 그리고 특히 이 부문은 북한 사회복지 제도의 개선과 변화를 동반한다.

이러한 구조 속에서 파생한 김정은시대 북한 사회복지 변화의 주요 쟁점에 대한 구분은 먼저 법제 부문의 경우 김정일시대와 김정은시대로 나눈다. 다시 말해 김정은시대 출발점인 2012년을 기준으로 이 시기 전후의 북한사회복지 관련 법제의 입법과 수정 동향을 포함한다. 이에 본 연구에서는 2000년 이후부터 2012년까지와 2012년 이후로 시기를 나누어 접근한다. 다음으로 제도적 부문의 경우 이 역시 김정은시대의 변화를 의미하지만 법제와 달리 조금 더 구체적인 개별 사회복지제도의 실증적인 복지프로그램의 변화를 의미한다. 마지막으로 현실부문은 실태적 차원의 논의로 김정은시대 북한 사회복지 수준에 대한 논의를 의미한다.

본 연구의 이러한 이론적 토대와 배경은 코르나이의 견해를 차용한 것이다. 코르나이는 사회주의를 분석하고자 할 때, ① 이념적 차원, ② 제도적 차원, ③ 현실적 차원의 세 가지 스펙트럼을 통한 접근을 강조하였다. 이러한 이유는 첫 번째, 이념의 경우 행위자의 인식과 가치를 반영함에 따라 상징적인 것 이상의 의미를 갖기 때문이다. 두 번째, 제도의 경우 행위자가 이념적 차원에서 표방한 가치 지표가 제도적으로 어떻게 설정되었는지를 내포한다. 세 번째, 현실의 경우 행위자가 이념과 제도에서 각각 밝힌 내용이 실질적으로 어떻게 실천 적용하고 있는가를 말한다. 따라서 이러한 코르나이의 이념, 제도, 현실은 분석대상의 범주와 범위에 따라 수직적이자 수평적인 관계로 상호 교차 분석이 가능하다는 장점이 있다.

한편 이와 관련한 기존연구의 경우 북한의 주요 사회복지 관련 법과 제도, 북한의 다양한 사회복지제도와 실태에 대한 개별 주제로 접근한 연구는 다수 존재한다. 이를 간략히 열거하면, 박복순 외(2014) 연구는 통일대비 남북한 여성 · 가족 관련 법제를 남북한 양 법령을 놓고 비교한 연구로 남북한 관련 법제의 전개과정과 현황, 통합을 중심으로 고찰하였다. 또한 황의정과 최대석(2015) 연구는 북한의 여성 관련 법령을 통해 북한여성의 법적 지위의 변화와 전망을 예측한 것인데, 북한의 여성 관련 법령 전체를 탐색한 것이다. 반면 김영규(2014)의 연구는 북한여성과 아동의 인권에 관한 입법의 특징과 평가를 정리했지만 1990년 이전의 입법을 중심으로 하였다. 또한 김석향 외(2016)의 연구는 UN아동권리협약 국가보고서를 통해 남북한 아동권리의 내용을 비교하였다. 또한 김석향 외(2017)의 연구는 북한의 가정외보호 아동정책에 대한 연구이다.[1]

따라서 이러한 연구들은 북한의 사회복지 관련 법제와 정책을 다

---

1) 이철수, "북한여성권리보장법 분석: 복지 관련 조항을 중심으로" "북한의 '녀성권리보장법'에 대한 탐색적 분석: 기존 관련 법령과 비교를 중심으로,"「통일과 평화」 제10집 1호 (서울: 서울대학교 평화통일연구원, 2019), 230쪽; "북한 아동권리보장법 분석: 교육, 보건, 가정 관련 조항을 중심으로,"「통일과 법률」 제40호, "북한 아동권리보장법 분석: 교육, 보건, 가정 관련 조항을 중심으로" (서울: 법무부 통일법무과, 2019), 2~3쪽 미출간 논문에서 재인용.

소 개별화하여 접근한 연구들이다. 그러나 본 연구와 같이 포괄적으로 접근한 연구는 2000년 이후 북한 사회복지 동향을 연구한 정유석·이철수(2016)연구, 북한사회복지 법적 동학을 분석한 이철수(2016) 외에 이렇다 할 연구가 사실상 전무하다 하겠다. 그러나 이러한 연구들은 주로 북한 사회복지에 대한 법제적 측면을 중심으로 분석하였고 제도적 차원의 단일형 스펙트럼을 활용한 것으로 포괄적 접근의 한계가 있다. 아울러 동 연구들은 김정은시대의 북한 사회복지를 탐색한 것이지만 지금 현재 북한의 사회복지를 논하기에는 한계가 있다.

이러한 문제의식 하에 본 연구의 목적은 김정은시대 북한사회복지의 동향과 변화를 추적, 이를 토대로 평가하는 것이다. 특히 본 연구는 앞서 상술한 바와 같이 분석대상에 대한 다층적인 분석, 즉, 김정은시대 북한 사회복지에 대한 입법-제도-현실에 대한 수직적 탐색을 시도함에 따라 연구 스펙트럼의 다중화를 꾀한다. 때문에 이러한 본 연구의 분석경로는 분석대상에 대한 다양한 접근과 해석을 가능하게 만듦에 따라 기존의 논의를 확대하고 재해석하는데 일조할 것이다. 본 연구의 핵심 분석대상은 김정은시대 북한 보건과 복지 부문의 입법, 제도, 실태, 그리고 이 부분의 변화가 파생한 주요 쟁점들, 나아가 분석대상과 상관관계를 성립하는 소득, 노동, 영양, 위생 등을 탐색한다. 보다 구체적인 본 연구의 분석초점 김정은시대 북한 사회복지 동학에 대해 ① 이념적 차원, ② 제도적 차원, ③ 현실적 차원으로 구분하여 접근한다. 그리고 이를 다시 하위범주인 ① 북한의 사회복지 관련 법제, ② 북한사회복지 제도, ③ 북한사회복지 실태[2]를 통해 논증한다.

본 연구방법은 문헌조사 기법을 중심으로 연구주제와 관련한 국내와 연구 논문과 자료, 북한의 1차 자료와 원전, 관련 법령과 보건 복지 실태자료, 북한사회복지와 관련한 국제기구가 발간한 국제보고서 등을 중심으로 한다. 또한 본 연구의 서술순서는 먼저 김정은 시대 전후의 북한사회복지 관련 법제의 동향을 살펴본다. 다음으로 김정은시대 사회복지제도를 실태와 변화 부문으로 구분하여 주요 쟁점을 탐색한다. 마지막으로 이를 토대로 현 시점에서 북한사회복지의 동학을 일정 부문 진단하고자 한다. 참고로 본 연구의 분석 모형과 분석 틀을 도식화하면 각각 다음 〈그림 1〉, 〈표 1〉과 같다.

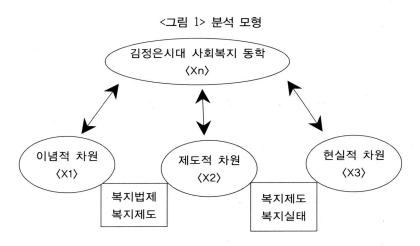

<그림 1> 분석 모형

* 비고: 법제, 제도, 실태의 경우 각각 이념, 제도, 현실의 중층적 부문 고려.
* 출처: 저자 작성.

---

2) 본 연구의 실태 분석은 국제보고서와 북한이탈주민 비공개인터뷰 등을 기반으로 한 것임에 따라 연구의 의의가 있지만 다른 한편으로 조사 기간과 지역, 조사 대상에 따른 일정한 한계도 있다.

분석 경로					
1차	· 이념	· 제도	· 현실		
		↕			
2차	· 이념	· 제도	· 현실		
		↕			
3차	· 입법 · 제도	· 현황 · 실태	· 개선 · 변화		· 고착· 퇴행
분석 초점					
① 복지 관련 주요 법령의 제정, 입법, 수정					
② 주요 복지 제도의 내용 변화					
③ 주요 복지제도의 변화 기능과 성격					
④ 주요 복지제도, 복지행태의 유지와 퇴조					

* 비고: 2차, 3차는 1차를 기준으로 중층적 부분임..
* 출처: 저자 작성.

II. 김정은시대 사회복지 법제 변화: 현대화 진입

1. 2000년대 이후 북한의 사회복지 입법 동향

북한은 2003년 6월 「조선민주주의인민공화국 장애자보호법(이하 장애자보호법으로 약칭)」(최고인민회의 상임위원회 정령 제3835호), 2007년 4월 「조선민주주의인민공화국 년로자보호법3)(이하 년로자 보호법으로 약칭)」(최고인민회의 상임위원회 정령 제2214호), 2008년 1월 「조선민주주의인민공화국 사회보장법(이하 사회보장법으로 약칭)」(최고인민회의 상임위원회 정령 제2513호), 동년 9월 15일 「조선

---

3) 북한은 동 법령 제38조에 년로자보호위원회의 신설을, 제39조에 년로자보호기 금을 각각 명시하였다.

민주주의인민공화국 사회보장법 시행규정」, 동년 10월 13일 「사회
보험규정」4), 2010년 12월 「조선민주주의인민공화국 아동권리보장법
(이하 아동권리보장법으로 약칭)」(최고인민회의 상임위원회 정령 제
1307호)과 「조선민주주의인민공화국 녀성권리보장법(이하 녀성권리
보장법으로 약칭)」(최고인민회의 상임위원회 정령 제1309호)을 각각
제정·공포하였다. 따라서 이를 통해 북한은 소위 장애인·노인·아
동·여성5)으로 대표되는 사회적 약자를 대상으로 하는 법령을 구비
하였다.

한편 장애인의 경우 북한은 '장애자보호법' 법령이 수정된 시기보
다 약 5개월 앞선 2013년 7월 3일 유엔 '장애인권리협약'에 가입하였
다. 때문에 북한의 이러한 행태로 인해, 일정부문 북한이 2013년 7월
'장애인권리협약' 서명의 연장선상에서 동년 11월 '장애자보호법'의
수정 작업이 이루어졌다는 해석도 가능하다. 따라서 결과적으로 볼
때, 북한의 '2003년 장애자보호법 제정', 2013년 7월 '장애인권리협약
서명', 동년 11월 '장애자보호법 수정'은 북한의 장애인복지와 장애인
인권보호가 과거와 달리 긍정적인 면이라 평가할 수 있는 근거가 된
다.6) 이어 북한은 2016년 11월 「장애인권리협약」을 비준하였고 이
에 2019년 1월, 1차 장애인권리협약에 대한 북한의 국가이행보고서
를 유엔 장애인권리위원회에 제출하였다.

---

4) 「사회보장법 시행규정」과 「사회보험규정」은 북한사회보장의 핵심법령인데,
   현재까지 미공개이다.
5) 북한은 네 법령에서 모두 국제기구와의 교류를 공통적으로 언급하였다.
6) 이철수, "북한 장애인복지 법제의 지속성과 변화 고찰: 장애자보호법의 개정
   내용 비교를 중심으로," 미출간 논문, "북한 장애인복지 법제의 지속성과 변화
   고찰: 장애자보호법의 개정 내용 비교를 중심으로," 「동북아연구」 제34권 1호
   (광주: 조선대학교 동북아연구소, 2019), 216쪽. 동 법령 대표적인 신설조항은
   제52조로 동 조항에서 북한은 장애자보호기금의 설립을 명문화하였다.

또한 아동의 경우 북한은 1990년 9월 유엔 아동권리협약에 가입했다. 이에 비해 북한의 '아동권리보장법' 제정은 매우 늦은 행태이다. 또 2014년 11월 북한은「아동권리협약 선택의정서」를 비준하였다. 유엔 아동권리협약 가입 이후 북한은 제1·2차 보고서를 제출하였고 2009년 1월 유엔 아동권리위원회는 북한의 제3·4차 통합보고서 심의 이후 아동의 건강권, 아동에 대한 성적 착취와 인신매매, 아동의 사법권 및 국적취득권, 착취 형태의 아동 노동, 교육권, 신체적·정신적 보호권 등에 대해 우려를 표명하고 개선을 촉구7)하였다. 이에 북한은 「아동권리보장법」에 유엔아동권리위원회의 권고의견을 수용, 동 법령에 관련 조항을 신설하거나 또는 기존 관련 법령을 구체적으로 조문화하였다.8) 이어 북한은 2016년 4월 아동권리위원회 5·6차 통합보고서를 제출하였다.

또한 여성의 경우 북한은 '여성차별 철폐에 관한 유엔협약'에 2001년 2월 27일 가입하였다. 그러나 아동과 마찬가지로 이러한 가입이 제도적 실천으로 이어지지 않아 동 법령 제정 이전까지 북한은 'UN여성차별철폐위원회'로부터 가정폭력, 주요 공직의 여성 진출 등에 관한 권고 사항, '여성차별 철폐에 관한 유엔협약'의 교육, 고용, 복지 사안 들을 제대로 이행하지 않았다. 그러나 북한은 '녀성권리보장법'을 통해 '여성차별 철폐에 관한 유엔협약'에 규정되어 있는 여성의 권리와 'UN여성차별철폐위원회'의 권고를 일부 반영하였다.9) 이어 북한은 2016년 4월 여성차별철폐위원회 2·3·4차 통합보고서 제출

---

7) 임순희 외,「북한의 여성권·아동권 법 제정 동향」(서울: 통일연구원, 2011), 24쪽.
8) 위의 글, 8쪽.
9) 위의 글, 14~17쪽에서 요약.

하였다.

다른 한편으로 북한은 사회복지와 간접적인 관련이 있는 법령도 이 시기에 제정하였는데, 2009년 12월 10일 「조선민주주의인민공화국 로동정량법(이하 로동정량법으로 약칭)」(최고인민회의 상임위원회 정령 제484호), 2010년 7월 8일 「조선민주주의인민공화국 로동보호법(이하 로동보호법으로 약칭)」(최고인민회의 상임위원회 정령 제945호)을 제정하였다. 이를 통해 북한은, 「로동정량법」을 통해 각 사업장에서 노동정량사업을 강조하였고, 「로동보호법」은 근로자 노동보호의 절차와 내용을 구체화하였고 노동인권의 보호와 신장을 주요 내용으로 하고 있다. 또한 「로동정량법」과 「로동보호법」은 기존의 1978년에 제정된 「사회주의 로동법」이 분화된 형태이다. 따라서 이를 근거로 할 때, 북한의 최근 법 제정 동향은 '노동과 복지'라는 두 축의 법제가 거의 동시에 재편되고 있다고 할 수도 있다.

이에 상술한 법령들로 인해, 북한에 대한 사회복지 분야의 법제적 비판은 상당부문 상쇄되었고 이제 적어도 북한은 사회복지법제에 있어 일정한 법적 체계를 제도적·외형적으로는 갖추었다고 할 수 있다. 그러나 2000년대 이후 현재까지 북한의 사회복지법제는 과거와 달리 현대화를 지향하고 있으나 이것이 현실적으로 북한 복지수준의 향상을 의미하는 것은 아니고 이는 어디까지나 제도적 변화를 의미한다.

하지만 다른 한편으로 전반적으로 2000년대 이후 북한의 사회복지 관련 법제 입법 동향을 평가하면, 한마디로 사회복지 관련 법제의 '현대화의 진입'으로 통칭할 수 있다. 여기에서 중요한 관전 포인트는 '현대화'와 '진입'이다. 즉, 북한 사회복지법제의 전체적인 체계로 보면 현대화하였다고 할 수 있다. 그러나 내용적으로 보면 여전히 하위법령의 부재로 법령의 확고한 법적 체계를 갖추었다고 하기에는 한계가 있다. 따라서 북한사회복지 법제는 2000년대 들어와서 현대화하였지만 이는 어디까지나 현대화의 초기단계로 '현대화로 진입'했다고 보아야 타당하다. 참고로 북한의 사회복지 법제 체계와 2000년대 이후 북한 사회복지 관련 법제 동향을 정리하면 각각 다음 〈그림 2〉, 〈표 2〉와 같다.

<그림 2> 북한의 사회복지법 체계

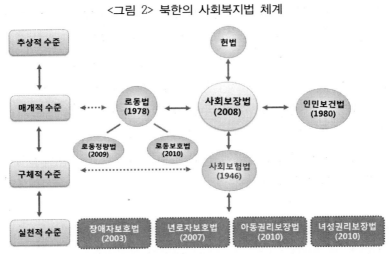

* 비고: 2008년 9월 15일 「사회보장법 시행규정」, 동년 10월 13일 「사회보험규정」은 실천적 수준이라 판단.
* 출처: 이철수, "북한 「년로자보호법」의 의의와 한계-타 법령과의 비교를 중심으로," 「북한연구학회보」, 제19권 1호, (서울: 북한연구학회, 2015), 64쪽을 토대로 수정.

<표 2> 2000년대 이후 북한 사회복지 관련 법제 동향

주요 법령	제정 및 수정 시기	주요 내용과 의의
장애자보호법	· 2003년 6월 18일 · 최고인민회의 상임위원회 정령 제3835호 · 2013년 11월 21일 · 최고인민회의 상임위원회 정령 제3447호	· 장애인에 대한 보호와 책임을 명시 · 장애인에 대한 북한 최초의 독립 법령
년로자보호법	· 2007년 4월 26일 · 최고인민회의 상임위원회 정령 제2214호 · 2007년 8월 21일 수정 보충 · 최고인민회의 상임위원회 정령 제2333호 · 2012년 4월 3일 수정 보충 · 최고인민회의 상임위원회 정령 제2303호	· 연로한 노인에 대한 국가의 보호명시 · 연로자에 대한 북한 최초의 독립 법령 · 북한사회복지법제 현대화에 일조 · 노인복지정책과 서비스 방향 제시 · 고령화사회의 정책적 선택, 법적 대응
사회보장법	· 2008년 1월 9일 · 최고인민회의 상임위원회 정령 제2513호 · 2008년 10월 26일 · 최고인민회의 상임위원회 정령 제2943호 · 2011년 10월 16일 · 최고인민회의 상임위원회 정령 제1902호 · 2012년 4월 3일 · 최고인민회의 상임위원회 정령 제2303호.	· 장기간 단절된 사회복지법제 정비 · 사회보장 제도적 작동근거 보강 · 사회복지법제 체계에 기여 · 사회보장사업 함의와 의지 표현 · 사회보장사업 구체적인 내용 명시 · 형식과 내용, 체계 보강
사회보장법 시행규정	· 2008년 9월 5일	· 비공개
사회보험규정	· 2008년 10월 13일	· 상동
로동정량법	· 2009년 12월 10일 · 최고인민회의 상임위원회 정령 제484호	· 각 사업장에 대한 노동정량을 명시 · 1978년 사회주의 로동법의 분화, 발전
로동보호법	· 2010년 7월 8일 · 최고인민회의 상임위원회 정령 제945호	· 노동인권, 산업재해에 대한 보호와 예방 · 1978년 사회주의 로동법의 분화, 발전

아동권리보장법	· 2010년 12월 22일 · 최고인민회의 상임위원회 정령 　제1307호 · 2014년 3월 5일 · 최고인민회의 상임위원회 정령 　제36호	· 아동에 대한 권리와 국가의 보호 　명시 · 아동에 대한 북한 최초의 독립 법령 · 아동권협약 반영 · 아동권위원회 권고사항 반영 · 교육권, 보건권, 가정권, 사법권 　법적 보장 · 아동복지 반영
녀성권리보장법	· 2010년 12월 22일 · 최고인민회의 상임위원회 정령 　제1309호 · 2011년 7월 5일 수정 보충 · 최고인민회의 상임위원회 정령 　제1734호 · 2015년 6월 30일 · 최고인민회의 상임위원회 정령 　제566호	· 여성에 대한 권리와 국가의 보호 　명시 · 여성에 대한 북한 최초의 독립 법령 · 장기간 미비한 여성권 보장 · UN협약 반영 · UN위원회 권고사항 반영 · 교육권, 문화권, 보건권, 노동권, 　복지권 보장 · 여성복지 반영
인민보건법	· 1980년 4월 3일 · 최고인민회의 법령 제5호 · 1999년 3월 4일 수정 보충 · 최고인민회의 상임위원회 정령 　제488호 · 2001년 2월 1일 수정 보충 · 최고인민회의 상임위원회 정령 　제2054호 · 2008년 8월 19일 수정 보충 · 최고인민회의 상임위원회 정령 　제2841호 · 2012년 4월 3일 수정 보충 · 최고인민회의 상임위원회 정령 　제2303호	· 인민보건에 대한 국가의 책임 명시 · 무상치료제, 예방의학 지표 명시 · 인민보건사업과 보건기관 역할 명시 · 2000년대 3차례 수정

* 출처: 정유석·이철수, "2000년 이후 북한사회복지 동향,"「현대 북한 연구」제19권 2호, (서울: 북한대학원대학교, 2016), 16쪽을 토대로 수정 보충.

2. 김정은시대 사회복지 입법 분석: 2012년 이후

1) 헌법: 사실상의 사유재산 인정

북한 헌법의 경우 김정은 집권 이후인 2012년, 2013년, 2016년, 2019년 각각 개정, 수정·보충되었으나 북한의 대표적인 보건복지제도인 국가사회보험, 국가사회보장, 무상치료, 무상교육, 무상보육 등 사회복지와 직접적으로 관련된 내용의 경우 이전과 뚜렷하게 다른 특이한 내용은 없다. 반면 "헌법" 제24조 "개인소유와 개인부업경리"를 허용한 조항은 주목해야 하는데, 이는 개인의 사유재산을 사실상 허용한 것이기 때문이다.[10] 그리고 이는 북한의 국가사회복지체제의 이념적 변화를 의미한다.

특히, 북한이 이를 최고법령인 "헌법"에서 명시한 것은 다소 상징적이고 이례적인데, 이는 북한 경제체제 변화와 그 변화 속에서 발

---

10) 사실 이와 같은 변화는 2007년 북한 민법을 통해 예정된 것이라 할 수 있다. 이와 관련 상속권을 포함한 북한의 민법상 주요 내용을 소개하면 다음과 같다.
제37조 (소유권의 형태) 조선민주주의인민공화국에서 재산에 대한 소유권은 그 소유형태에 따라 국가소유권, 사회협동 단체소유권, 개인소유권으로 나누어진다.
제58조 (개인소유의 성격과 원천) 개인소유는 근로자들의 개인적이며 소비적인 목적을 위한 소유이다. 개인소유는 로동에 의한 사회주의 분배, 국가 및 사회의 추가적혜택, 터밭경리를 비롯한 개인부업경리에서 나오는 생산물, 공민이 샀거나 상속, 증여받은 재산 그밖의 법적 근거에 의하여 생겨난 재산으로 이루어진다.
제59조 (개인소유권의 대상) 공민은 살림집과 가정생활에 필요한 여러 가지 가정용품, 문화용품, 그밖의 생활용품과 승용차 같은 기재를 소유할수 있다.
제60조 (개인소유권의 담당자와 그 권한) 개인소유권의 담당자는 개별적공민이다. 공민은 자기 소유의 재산을 사회주의적생활규범과 소비적 목적에 맞게 자유로이 점유하거나 리용, 처분할수 있다.
제63조 (상속권) 국가는 개인소유재산에 대한 상속권을 보장한다. 공민의 개인소유재산은 법에 따라 상속된다. 공민은 유언에 의하여서도 자기 소유의 재산을 가정성원이나 그밖의 공민 또는 기관, 기업소, 단체에 넘겨줄수 있다.

생하는 이익과 분배 속에 일부 복지가 존재하는 기본적인 속성과의 관계에 입각한 것이라 판단된다. 아울러 이를 보다 더 확대 해석하면, 이러한 원인은 ① 북한 경제의 시장화, ② 장기적인 경제난, ③ 장마당의 생활상의 기능, ④ 생활공급 주체로서 국가기능의 퇴행과 마비, ⑤ 보건의료체제의 마비와 후퇴로 인해 발생한 "북한주민의 생활상의 변화와 이에 따른 현실적인 문제"를 우회적으로 인정한 것이라 판단된다.

한편 북한이 헌법에서 밝힌 개인소유와 부업경리의 관계는 필요충분조건이 성립된다. 즉, 통상 개인의 부업경리는 부의 축적 이전 해당 개인이 소유자산을 획득하는 수단이 되고 부업경리를 통한 부의 축적이 종국에는 개인소유로 귀결된다. 따라서 결국 이는 북한주민 개개인의 소득과 가계에 반영될 수밖에 없고 이렇게 될 경우 가구별, 개인별, 세대별 소득 활동이 가능하고 이에 따른 소득격차를 유도함은 물론 종국에는 기존의 빈부격차를 더욱 유발하게 된다.

또한 이는 개인과 가구, 세대가 결과적으로든 현실적으로든 복지 공급주체의 일부임을 사실상 명시한 것으로 과거 국가책임의 복지가 개인책임으로 일부 전가되어 법적으로 국가공급과 개인공급으로 다층화 내지는 이중화되었음을 간접적으로 의미한다. 즉, 북한의 사회복지체제를 놓고 볼 때, 전면적인 것은 아니나 일정부문 본인 스스로가 부담하고 공급하는 '셀프 복지'의 영역이 법적으로 탄생하였음을 반증한다. 따라서 향후 1차 적으로 개별 북한주민의 부업경리의 범위와 폭, 그에 따른 개인소유 규모에 따라 북한의 사회복지체제에 대한 정의가 달라질 개연성도 있다.

물론 이와 달리 북한의 사회복지제도는 기존과 같이 유지된다. 따라서 부업경리가 단지 개인적 부의 축적만을 허용한 것이라는 해석도 가능하다. 그러나 사회주의국가인 북한이 최상위법령인 헌법에서 이를 명시하였다. 그리고 이것의 결과로 나타난 소득 실태와 그 기능을 감안하면 다음과 같은 두 가지 견해가 가능하다. 하나는 북한이 정상적이고 높은 수준의 복지공급을 유지할 경우 북한 주민의 부업경리는 부가적인 기능을 한다. 이러한 경우 각 개인에게 미치는 부업경리의 영향력은 낮다고 판단된다.

다른 하나는 이와 반대로 북한이 비정상적이고 낮은 수준의 복지공급을 할 경우 북한 주민의 부업경리는 부가적인 기능이 아니라 적극적인 생계 유지수단으로 작용한다. 그리고 이러한 경우 각 개인에게 미치는 부업경리의 영향력은 매우 높다고 판단된다. 더 나아가 이를 개인과 가족 단위로 재차 적용하면 가구별 부업경리의 소득수준에 따라 그 정체성을 달리하게 된다. 결국 이렇듯 김정은시대 북한 주민에게 있어 부업경리는 사회주의 체제하의 기본생활의 정체성, 기능, 성격을 결정하는 중요한 요소가 되었다.[11]

2) 노동부문: 라선경제특구 사회문화시책기금의 10% 상승

김정은 집권 이후, 2012년 "금강산국제관광특구 로동규정," 2013년 "라선경제무역지대 외국투자기업로동규정"과 "경제개발구 로동규정"을 각각 제정, 해당 지역에 노동복지와 관련된 법규를 신설하였다.

---

11) 참고로 2019년 개정된 북한 헌법상 대표적인 보건복지 관련 조항은 제56조 "국가는 전반적무상치료제를 공고발전시키며 의사담당구역제와 예방의학제도를 강화하고 보건부문에 대한 물질적보장사업을 개선하여 사람들의 생명을 보호하며 근로자들의 건강을 증진시킨다"와 제72조 "공민은 무상으로 치료받을 권리를 가지며 나이많거나 병 또는 신체장애로 로동능력을 잃은 사람, 돌볼 사람이 없는 늙은이와 어린이는 물질적방조를 받을 권리를 가진다. 이 권리는 무상치료제, 계속 늘어나는 병원, 료양소를 비롯한 의료시설, 국가사회보험과 사회보장제에 의하여 보장된다"로 기존 내용과 거의 동일하다.

이는 과거 북한의 "개성공업지구로동규정"과 제정 배경이 거의 동일하고 내용상으로도 전반적인 큰 폭의 괄목할만한 변화가 확고히 포착되지 않는다. 그러나 북한은 2014년 "라선경제무역지대 외국투자기업로동규정시행세칙"을 제정하였는데, 동 세칙 제86조에서 기존과 달리 사회문화시책기금의 경우 월로임의 40%를 부담한다. 이는 기존의 "개성공업지구 로동규정시행세칙"에서 명시한 월로임의 30% 부담보다 10%를 상회하는 것이다. 즉, 결과적으로 10년 동안 10%의 재정기여율이 상승한 것인데, 이러한 배경은 복지주체의 가입자 개인부담 강화와 관련된 것으로 보인다.

이에 따라 북한의 라선경제특구 근로자의 경우 전체 임금에서 15%의 사회보험료[12], 40%의 사회문화시책기금 각각 부담하여 월 소득의 55% 이상을 사회복지 관련 비용으로 지출한다.[13] 결국 북한이 2014년 "라선경제무역지대 외국투자기업로동규정시행세칙"에서 명시한 사회문화시책비 40% 부담은 복지지출의 국가부담을 줄이고 본인부담을 늘린 것이고 역으로 이는 기존 북한의 복지예산 수입과 지출의 불균형, 국가 예산상의 공급능력 수준의 미비를 의미한다. 따라서 이는 북한이 당면한 복지문제에 대해 결국 근로자의 본인부담을 상승시키는 조치로, "개성공업지구 노동규정"의 연장선상에 있고 10년이 지난 2014년에 10%를 추가 부과한다는 것은 그만큼의 변화한 북한의 현실과 변화한 당국의 인식을 반증한다.[14] 결국 복지재정

---

12) 그리고 이는 소득대비 단순 부담 비율만으로 볼 때, 남한의 5대 사회보험료 전체 부담률보다 상대적으로 높다.
13) 여기에 다시 '문화후생기금'을 추가 부담하지만 동 규정에 대한 구체적인 부담률은 미제시하였다. 그리고 이는 달리 보면 당연한 결과인데, 북한의 입장에서 문화후생기금에 대한 부담률을 구체적으로 제시할 경우 라선경제특구 근로자에게 너무 많은 부담을 법적으로 명기함에 따라 대내외적으로 적지 않은 부담이 되기 때문이다.

부담-재원 주체-의 경우 북한의 근로자는 사업장별로 사회보험료가 다층화되어 ① 국영기업, ② 외국기업, ③ 경제특구 기업 종사자, ④ 해외파견 근로자의 경우 각기 다른 부담률이 별도로 존재한다고 판단된다. 참고로 북한의 사회보험료 추이를 정리하면 다음 〈그림 3〉과 같다.

<그림 3> 북한의 사회보험료 추이

- **2006년 이전 : 개인부담 사회보험료 = 월 노동보수액 × 납부비율(1%)**
- **2006년 이후 : ① 기업부담 사회보험료 = 해당 기업소 전체 이윤의 7%**

  +

  ② 개인부담 사회보험료 = 월 노동보수액 × 납부비율(1%)
- **2003년 개성공단 근로자 : 월 임금의 15% 부담**
- **2004년 금강산관광지구 근로자 : 월 임금의 15% 부담**
- **2014년 라선경제무역지대 :**

  1. 사회보험료 월 임금의 15%,

  2. 사회문화시책비 40%

  3. 문화후생기금 부담 총 부담은 임금의 55% 이상

* 출처: 저자 작성.

---

14) 참고로 동 규정 제6조 종업월로임최저기준의 제정에서 "지대에서 종업월로임 최저기준은 라선시인민위원회가 관리위원회와 협의하여 정한다. 이 경우 최저 생계비, 로동생산능률, 로력채용상태 같은 것을 고려한다…"라고 밝혔다. 북한이 동 조항에서 밝힌 내용 중 매우 중요한 점은 「개성공업지구 로동규정」에 부재한 '최저생계비'를 임금책정에 반영한다는 것이다. 특히 '최저생계비'라는 용어 자체가 자본주의식 표현임을 볼 때, 이를 북한이 차용한 것은 괄목할 만한 변화를 의미한다. 또 하나 주목해야할 점은 그럼에도 불구하고 동 규정에서 최저생계비의 책정 기준에 대한 언급이 부재하다는 것이다. 이철수, "북한경제 특구의 노동복지법제 비교분석: 개성공업지구와 라선경제무역지대를 중심으로," 「법학연구」 제28권 1호 (충북: 충북대학교 법학연구소, 2017), 181~182쪽.

3) 복지부문

 : 노인요양시설 유료화와 영리활동 가능, 산전산후 휴가 확대

앞서 상술한 바와 같이 김정일 집권 시기인 2007년 노인복지와 관련, "년로자보호법"을 제정하였고 동년에 수정·보충하였으며 김정은 집권 이후인 2012년에 이를 다시 수정·보충하여 동 법령은 2007년 제정 이후 총 두 차례 수정·보충되었다. "년로자보호법"의 제정배경은 크게 두 가지로 구분되는데, 하나는 북한도 2000년대 중반을 기점으로 고령화사회를 맞이하여 연로자에 대한 사회적 문제와 정책적 대응을 회피할 수 없었고 다른 하나는 2010년 "아동권리보장법"과 "녀성권리보장법"을 제정한 것처럼 국제사회와의 교류와 조응을 의식한 행태에 기인한 것이라 판단된다.

특히 동 법령의 특징은 북한도-비록 극히 일부라 판단되지만 유료(본인이나 가족부담) 요양시설이용자를 허용(제26조)하였는데, 이는 사회주의체제의 특성과 다소 상반되는 정책이나 2000년대 초반부터 북한의 대학 기숙사 사용료의 일부를 유료화한 전례와 비교해 볼 때, 동일한 정책적 맥락으로 이해된다. 그러나 이와 반대로 기존의 노인에 대한 국가사회적 혜택과 책임주체가 부양의무자에게 부담되는 형태로의 변화는 과거와 다소 다른 북한의 국가사회복지체제의 법적 변화를 표방하고 있다.

또한 북한은 김정일 집권 시기인 2008년 "사회보장법"을 제정하였고, 동년에 수정·보충하였으며 김정은 집권 이후인 2012년에 이를 다시 수정·보충하여 2008년 이후 총 두 차례 수정·보충하였다. 동 법령의 경우 남한의 "사회보장기본법," "사회복지사업법"과 다소 비슷한 내용과 성격을 갖는 법령으로, 기존의 "사회보험법"의 내용을

승계-가령, 년로연금 같은 급여-하는 한편 보다 더 현대화된 체계를 갖고 있다. 특히 주목해야 할 것은 동 법령 제34조 기관의 부업경리 허용인데, 이렇게 되면 북한의 사회보장기관은 별도의 영리사업이 가능하고 역설적으로 이는 중앙정부의 지원이 상쇄되는 일종의 사회보장기관의 독립채산제를 부문적으로 허용한 셈이라 판단된다.[15]

한편 여성에 해당되는 산전산후 휴가가 기존 180일에서 240일로 확대되었다. 김정은 집권 이후인 북한은 2015년 6월 30일 최고인민회의 상임위원회 정령 제566호로 「사회주의 로동법」 제66조 "녀성근로자들은 정기 및 보충휴가외에 근속년한에 관계없이 산전 60일, 산후 180일간의 산전산후휴가를 받는다"라고 수정하였다. 이에 기존 산전산후휴가가 총 150일에서 총 240일로 상향조정되었고 이는 일종의 출산장려이자 임수산부 보호 조치로 해석된다. 또한 이는 북한의 영아보호, 여성권리보장 정책, 여성건강과 맞물려 작동한 결과라 판단된다. 이에 따라 2015년 7월부터 동 규정이 북한의 전 지역과 사업장에 동일하게 적용되었으리라 판단되고 이후 후속조치로 전체 산전산후휴가 관련 각종 관련 법령들의 개별 조문이 신속히 수정되었다.

4) 보건의료부문
    : 일부 하위단위 편의 개선 or 보건의료제공체계 부분별 개선 시도

북한은 김일성 집권 시기인 1980년 "인민보건법"을 제정, 김정일 집권 시기인 2008년 수정·보충하였고, 김정은 집권 시기인 2012년

---

15) 이는 6.28조치, 5.30방침 등 일련의 북한기업경영의 독립채산제 행태를 확대한 것으로도 이해 가능하다. 이에 대한 보다 더 자세한 내용은 후면 참조.

에 이를 재차 수정·보충하여 1980년 제정 이후 지금까지 총 네 차례 수정·보충하였다. 그러나 김정은 집권 시기인 지금 현재 보건의료와 관련된 법적 변화는 거의 없는데, 이러한 이유는 무엇보다 북한 보건의료의 대표적인 제도인 무상치료제는 김일성·김정일의 은덕이나 시혜로 보는 기존의 사상적 배경에 근거한다.

즉, 여타 분야와 달리 북한이 무상치료제를 부분적으로라도 개선하고자 할 경우 이는 곧 김일성·김정일의 정책적 오류, 체제부정으로 등치됨에 따라 사실상 이는 거의 불가능한 성역이다. 그러나 다른 한편으로 무상치료제 자체를 제외한 일부 보건부문의 하위단위로 편의 개선 행태가 나타나는데, 북한은 2013년 2월 평양에 24시간 약국을 개소, 처방전 없이 구입할 수 있도록 하였고 이는 '일부 의약분업, 일부 무의약분업'으로 사용자의 입장을 고려한 것이라 판단된다.16) 따라서 보건의료부문의 경우 북한은 기존의 제도적 틀을 깨트릴 수 없는 내재적 한계점을 고려, 보건의료제공체계에 대한 부분별 개선책을 시도하고 있다 하겠다.

---

16) 미국의 소리, 2013년 2월 12일.

Ⅲ. 김정은시대 사회복지의 실태와 변화
: 부분적 개선과 호전 징후

1. 실태

1) 현금급여의 재원과 수준의 불균형 or 현금급여 재원과 수준의 비정합성

북한의 가장 대표적인 현금급여는 대다수 은퇴한 근로자에게 지급되는 노령연금이다. 이러한 북한의 노령연금은 근로자가 노동기간 동안 납부하는 사회보험료에 의해 사회보험기금으로 조성되고 매년 국가예산 지출항목의 인민시책비와 사회문화시책비로 지출된다. 그리고 이러한 사회보험료는 앞서 상술한 바와 같이 2006년 이후 기존 노동보수 월액의 1%에, 해당 사업장 이윤의 7%가 합산되어 모금된다. 따라서 북한의 사회보험료는 2006년 이전은 가입자 단일부담, 2006년 이후는 가입자와 사업장이 공동부담하는 형태이다.

그리고 지금 현재(2019)를 기준으로 재정부담의 경우 단순비율로 보면 사업장 부담률이 상대적으로 근로자의 부담률보다 높다. 즉, 사회보험료 부담 비율로만 보면 사업장이 근로자 보다 약 7배 정도 더 납부하는 셈이다. 한편 이를 외형적으로 보면 2006년 이후 기업의 부담이 새롭게 나타난 반면 근로자의 부담은 기존처럼 유지되고 있다는 해석이 가능하다. 하지만 사업장의 작동기제와 내적 구조를 놓고 보면 이와 정반대의 해석도 가능하다. 즉, 북한의 일련의 경제조치로 인해 북한의 개별 사업장 이윤은 사실상 근로자에게 지급해야할 임금이다. 따라서 이렇게 볼 때, 북한은 근로자의 임금으로 지급되어야할 임금을 사업장 이윤이라는 명목 하에 사회보험료로 갹출하고 있는 셈이다.

이와 관련 다른 한편으로 제기되는 것은 2012년 6.28조치, 2014년 5.30조치가 기업의 자율성과 인센티브제를 각각 도입하도록 했다는 것이다. 따라서 이로 인해 양 경제조치 이후 실제 각 사업장에서 발생한 이윤이란 사실상 근로자 본인이 기여한 노동에 따른 수익이다. 또한 이러한 경우 발생한 기업의 수익은 인센티브제 도입으로 인해 근로자가 임금으로 지급받아야하는 임금이라고도 할 수도 있다. 따라서 이렇게 볼 때, 2006년 북한의 사회보험료 개편은 제도적으로는 기업이 부담하나 실질적으로는 근로자가 부담한다는 주장이 가능하다.[17] 역으로 이는 북한기업의 사회보험료 부담이 부재할 경우 사회보험료 부담금은 원래 근로자에게 인센티브제 도입으로 인해 노동에 대한 보상으로 지급되는 임금인 셈이다.

다른 한편으로 무엇보다 가장 중요한 문제는 이러한 사회보험료의 납부 수준이 은퇴 이후 실제 지급되는 노령연금 평균 지급액을 훨씬 하회한다는 것이다. 가령 공식적인 북한 전체 근로자 최초 임금을 2,000원으로 가정하면, 이 경우 월 납부금액은 20원이다. 이에 수급자가 30년을 근로했다면 해당 수급자는 최소 7,200원 이상을 납부한 것이다. 그리고 상술한 바와 같이 여기에서 2006년 이후 사업장 이윤의 7%가 합산되어 최종 사회보험료가 조성된다.

그러나 은퇴 이후 2,000원 정도의 월 평균 노령연금을 수급한다는 북한이탈주민의 증언들을 종합해 볼 때, 이는 납부비율과 지급비율의 불균형이 확연히 나타난다. 즉, 은퇴한 근로자는 가입기간 전체 납부 금액을 상회하는 급여를 제공받는다. 그리고 이는 2002년 7.1

---

17) 다른 한편으로는 북한이 기존에 음성적으로 운영되던 기업 수익의 7% 사회보험료 부담을 명문화하여 2006년에 이를 공식화하였다는 주장도 제기할 수 있으나 이는 확인할 수 없는 판단불가한 영역이다.

조치 이후 2006년 이전의 노령연금 수준에서도 평균 2,000원 정도를 수급함에 따라 동일한 행태가 나타난다. 즉, 북한의 은퇴한 근로자의 노령연금 수급액은 2006년 사업장 이윤의 7% 부담과 상관없이 2,000원[18] 정도의 현금급여를 2002년 7.1조치 이후 지급받았다.

따라서 이러한 북한의 사회보험료 수입과 지출의 불균형에 대한 해소, 즉, 지출 부족분에 대한 공급은 인민시책비와 사회문화시책비 조성을 통한 방법 이외에 이렇다 할 대안이 없다고 판단된다. 때문에 김정은시대에도 여전히 사회보험기금 운영의 불균형이 노정된다 하겠다. 아울러 사회보험 재정부담에 대해 북한이 이렇듯 제도적으로 우회하는 입장을 견지하는 것은 근로자의 납부율을 상승시킬 경우의 정치적 부담 때문일 공산이 크다. 왜냐하면, 과거 1946년 최초 사회보험을 도입할 당시 사업장의 부담률이 7%였기 때문이다. 결국 1946년 「사회보험법」의 내용을 기반으로 하면 2006년의 사업장부담 7%는 과거로의 회귀인 셈이다.

반면 노령연금 현금급여의 적절성의 경우 노령연금의 월 수급액을 2000원으로 가정할 경우 두 가지 해석이 가능하다. 하나는 정상적인 국가공급 하에 국영가격을 기준으로 하면 일정부문 노후보장 기능을 한다는 것이다. 다른 하나는 시장가격을 기준으로 하면 턱없이 부족하다는 해석이다. 즉, 국영가격을 기준으로 할 경우 원만한 식량배급을 전제로 일정 수준 이상의 노후보장이 가능하다. 하지만 시장가격을 기준으로 하면 이는 은퇴한 근로자의 절대 빈곤 수준을 북한 스스로 인정한 것이다. 따라서 이에 대한 다양한 의견과 견해, 그에 따른 해석과 주장이 두 가지로 나누어진다.

---

18) 2012, 2016, 2017년 북한이탈주민 비공개 인터뷰 조사.

그러나 한 가지 분명한 것은 북한의 노령연금 노후보장기능의 불확실성 해소와 확실성의 강화가 필요하다는 것이다. 그리고 이러한 점에서 보면 북한의 노령연금 수준이 긍정적인 평가를 뚜렷하게 받기에는 다소 무리가 따른다. 다시 말해 노령연금 수급자의 국영가격과 시장가격으로 이중화된 접근 그 자체와 이것이 파생한 급여수준과 공급의 효율성-급여수준을 포함한-, 북한의 지속적인 공급능력에 대한 의문은 여전히 제기된다.

2) 북한의 영양, 식량, 보건, 위생: 국제보고서와 현실 간 괴리

2016년 유엔보고서에 따르면 북한의 식량공급이 불안정한 취약계층-긴급구호 대상-은 대략 1,800만 명 수준으로 파악하고 있고 이는 2012년 이래 비정기적으로 조사·발표된 취약계층의 규모(300-600만 명[19])에 비해 외형적으로 증가한 것으로 보이나 이는 정확한 사실이 아니라 판단된다. 즉, 이들 전체가 식량공급 미비, 영양실조, 보건, 위생 상태가 열악한 것은 아니라 어디까지나 정상적이지 못한 계층들로, 일부 부족한 현실을 지적하고 있다.

이에 2018년 북한의 곡물 생산량은 495만 톤으로 년간 북한의 필요소비량에 비해 140만 톤이 정도 부족하다. 또한 이는 전년도와 비교했을 때 약 50만 3천 톤이 줄어든 것이다. 이는 유엔 세계식량계획과 북한 당국이 2018년 11월 26일부터 12월 7일까지 실시한 공동 평가 결과이다. 특히 최근 북한 내부 문건에 따르면, 조기 수확이 가능한 농작물 40만 톤을 생산하고 20만 톤의 식량을 수입했음에도 "절대적 식량난"이 예견되는 상황이다.[20] 이에 세계식량계획에 따르면,

---

19) 2011-2012년 유엔보고서와 국제기구 보고서에서 요약.

현재 북한 전체 인구의 41%에 해당하는 1,030만 명이 영양부족 상태이다. 특히 어린이 5명 중 한 명이 만성 영양부족으로 성장에 문제가 있고 임산부도 만성적 영양결핍으로 모성 사망률이 10만 명당 82명으로 남한의 11명에 비해 8배 높다. 이에 북한은 2019년 2월 유엔에 공문을 보내 "지난 1월부터 노동자 가정에 대한 배급량을 1인당 550g에서 300g으로 줄였다"고 밝혔다.[21] 이는 다소 이례적인데, 북한 스스로 악화된 식량사정을 있는 그대로 공개한 것은 그만큼 절박한 북한의 식량난과 그에 따른 인식을 반영하고 있다 하겠다. 또한 2019년 5월 3일 유엔 식량농업기구(FAO)와 세계식량계획(WFP)은 "북한의 식량 생산은 최근 10년 사이 최악"이라며 "식량 생산 부족분을 완화하기 위해 인도적 개입이 시급하다"고 밝혔다.[22]

그러나 다른 한편으로 사실 식량의 경우 북한의 극빈층을 제외한 대다수 북한주민은 식량에 대한 자가 구입을 이미 하고 있다. 다시 말해 식량배급의 경우 북한 주민 대다수가 정상적인 국가공급을 기대하지 않고 이미 상당기간 자급자족을 하는 상황이며 대다수 북한주민의 식량공급은 장마당을 통해 오랫동안 이루어지고 있다. 따라서 국제기구의 보고서는 기존의 사회주의체제 하의 제도적 관점에서 북한의 국가공급제 유지를 전제로 한 접근으로 이는 사실과 상당부문 동 떨어진 행태로 다소 과장된 부문이 없지 않다고 판단된다. 참고로 2016-2019년 사이에 조사한 국제기구보고서의 주요 내용을 요약하면 다음 〈그림 4〉와 같다.

---

20) 연합뉴스, 2019년 4월 18일.
21) MBC, 2019년 4월 17일.
22) 세계일보, 2019년 5월 6일.

<그림 4> 2016-2019년 유엔보고서 요약

```
◇ 2016년

1) 식량 공급이 불안정한 인구 - 1,800만명
 · 지원대상 - 140만명 · 필요금액 - 2,320만달러
 · 지원내용 - 북한의 9개 지역의 전반적인 식량생산과 배급상황 개선 농업생산을 향상
   시키기 위한 지원(경작지 관리, 비료 씨앗 공급, 농업 설비)
 · 북한 주민의 41.6%(약1,000만명)가 영양실조

2) 영양 공급이 불안정한 인구 - 600만명
 · 지원대상 - 290만명 · 필요금액 - 5,470만달러
 · 지원내용 - 영양부족을 예방하고, 즉각적인 치료 제공, 국제적으로 사용되는 1,000일
   전략

3) 보건 상태가 불안정한 인구 - 1,500만명
 · 지원대상 - 1,210만명 · 필요금액 - 2,980만달러
 · 지원내용 - 필수적인 백신, 의료장비, 약품을 공급하여 피할 수 있는 질병 예방, 치
   료, 어린이와 여성을 위한 기본적인 보건서비스 제공

4) 물, 위생 상태가 불안정한 인구 - 500만명
 · 지원대상 - 280만명 · 필요금액 - 1,390만달러
 · 지원내용 - 안전한 물, 위생시설과 위생 공급, 지방 지역과 어린이집, 고아원이 집중
   대상, 적은 비용과 중력을 이용한 물 공급 장치 제공, 오물, 오수처리, 위생훈련

◇ 2019년
1) 식량부족인구 - 1,090만명(전체 인구의 43%)
 · 최소한의 식량공급 부족 아동 전체의 1/3(생후 6-23개월)
 · 아동의 만성영양 실조 비율 - 전체 1/5

2) 지원필요 대상 - 513,000명
 · 필요금액 - 1,000만달러(약 112억 4,400만원, FAO보고서)

 · 필요금액 - 1억 2,000만달러(인도주의 필요와 우선순위보고서)
```

* 출처: 2016-2019년 FAO, 인도주의 필요와 우선순위 보고서에서 요약.

한편 영양상태의 경우 가장 최근인 2018년 9월 11일 발표된 '2017년

유엔 식량안보보고서'에 따르면 2015년부터 2017년까지 전체 주민의 43%인 약 1,100만 명이 영양 부족 상태이다. 즉, 부족한 상태이지 이로 인해 생명이 위독한 상태는 아닌 것이다. 반면 북한의 일부 취약계층은 심각한 생존권의 위기에 직면한 대상인데, 이들은 자립·자활 능력이 매우 부족하고 독립적인 생활을 유지할 능력이 전무한 계층으로 이들은 전적으로 가족에 의지해서 생활을 유지하고 있다.[23]

또한 유엔세계식량기구(WFP)가 발표한 「2017 북한의 인도주의 필요와 우선순위」에 따르면 5세 미만 어린이 130만 명을 포함한 1,800만 명, 즉 북한 총 인구 10명 중 7명이 여전히 단백질과 지방이 부족한 공급배급체계에 의존하고 있는 것으로 나타났다.[24]

한편 특이하면서도 우려되는 것은 북한의 생활 인프라와 관련한 부문이다. 이는 북한 주민의 식수, 위생, 방역을 포함한 기본적인 생활환경에 대한 것인데, 적어도 이 부문에 대한 북한의 생활환경은 지방일 경우 더욱 심각한 것으로 나타났다. 이는 최근 국제기구의 식수와 위생 분야 지원 현황에서 나타난다. 참고로 최근 국제기구의 북한 물·위생분야 지원 현황을 정리하면 〈표 3〉과 같다.

---

23) 이는 시장 비친화적인 가구별, 세대별 소득 수준과 상태를 의미한다. 참고로 최근 북한 주민의 복지상태는 Design & Layout Jesús Alés, "Korea DPRK 2017 MICS: DEMOCRATIC PEOPLE'S REPUBLIC OF KOREAMULTIPLE INDICATOR CLUSTER SURVEY," UNICEF DPRK, 2018; 우리민족서로돕기운동본부, "2018 북한 필요와 우선순위 보고서"와 "2019 북한 필요와 우선순위 보고서" 참조.

24) WFP, "2017 DPR Korea: Needs and Priorities," March 2017, p.6. https://reliefweb.int/ sites/reliefweb.int/files/resources/DPRK%20Needs%20and%20Priorities%202017.pdf.

<표 3> 국제기구의 북한 물·위생분야 지원 현황

	기관	내용
1	UNICEF (유엔아동기금)	- 4개 지역(강원도, 평안북도, 함경남도, 황해북도)에서 127,000명(12만 7천명) 대상 - 중력을 활용한 공급 방식으로 안전한 식수 제공 - 식수·위생시설을 위한 물품 제공
2	Save the Children (세이브더칠드런)	- 2개 지역(강원도, 함경남도)에서 중력공급방식과 가구단위로 수도관 지원(120,000명 대상)(12만 명) - 우선순위는 의료·어린이 관련 기관에 주어짐
3	Concern Worldwide (컨선월드와이드)	- 2개 지역(강원도, 황해북도)지역에서 709,000명(70만 9천명) 대상 - 안전한 물·위생시설·위생교육 제공에 집중 - 수인성전염병 감소 목표
4	Deutsche Welthungerhilfe (독일세계기아원조기구)	- 2개 지역(평안북도, 강원도)에서 6만 명의 수혜자 대상 - 오수처리와 매립을 통한 안전한 식수 공급 위생시설과 홍수 관리
5	DPRK RCS (북한적십자회)	- 8개 지역에서 6,400가구의 위생 개선활동에 집중 - 식수공급, 위생시설관련 기술·교육 제공
6	SDC (스위스개발협력청)	- 2개 지역(강원도, 황해북도)에서 3만 명 대상 - 북한 도시경영성과 협조하여 위생관련 훈련 제공(물 공급·수자원 보호·분석, 태양광에너지를 활용한 양수방법, 오물·오수 처리, 중력을 활용한 공급시설, 지방지역 위생)

* 출처: "2016 DPR Korea: Needs and Priorities," Produced by the Humanitarian Country Team에서 요약.

3) 임수산부, 영유아, 아동, 청소년, 장애인, 노인의 '빈곤'과 부분적 '개선'

북한 임수산부의 경우 영양과 보건, 출산전후의 부족한 서비스, 영유아와 아동, 청소년의 경우 영양결핍으로 인한 유병률과 발육부족, 발달(성장)장애, 장애인의 경우 소득과 (재활)서비스, 노인의 경우 낮은 노후보장 급여와 건강서비스 등의 부족으로 과거부터 위기에 항시 조응한다. 특히 이러한 계층들은 국가서비스의 정상적인 제공, 부양자의 소득이 부족할 경우 1차적인 생존권 위기 대상이다. 특히 장애자보조금과 노령연금의 현금급여 수준은 정상적인 장애인[25] 보호와 노후보장을 하기에는 부족하다. 참고로 유엔이 밝힌 북한의 산모 및 영유아 시기의 영양부족의 영향 요인을 정리하면 다음 〈그림 5〉와 같다.

<그림 5> 산모 및 영유아 시기의 영양부족의 영향 요인

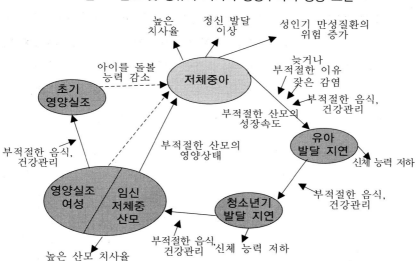

* 출처: UN Standing Committee on Nutrition, "Commission on the Nutrition Challenges of the 21st century," 2000, 이철수 외, 『통일의 인구·보건·복지 통합 쟁점과 과제』(세종: 경제·인문사회연구회, 2017), 164쪽에서 재인용.

한편 유엔인구기금이 2016년에 발표한 「2017 세계 인구현황 보고

---

25) 2019년 1월 북한은 유엔에 "장애인권리협약에 관한 국가보고서"를 제출하였다. 보고서의 주요 내용은 북한이 2013년 7월 3일 장애인권리협약 가입 이후 현재까지 변화, 개선된 내용이 주류이다. 그러나 괄목할 만한 제도 개선이나 시설 서비스의 내용은 다소 부족하다. 그렇지만 북한이 당면한 능력과 현실 속에서 장애인들을 위한 노력할 흔적도 일부 나타난다.

서」에 따르면 2017년을 기준으로 10만 명당 북한 모성 사망률은 82명으로 남한 모성 사망률 11명보다 약 8배 높은 것으로 나타났다.[26] 또한 2016년 세계기아지수(GHI)에 따르면 북한은 28.6점으로 '심각한(serious)' 수준으로 분류됐으며 전체 118개국에서 98위로 나타났고 또한 전체 인구의 41%(1,050만 명)가 영양결핍 상태이다.[27] 또 국제식량정책연구소(IFPRI)의 「2017 세계 기아 지수」에 따르면 북한 주민의 영양결핍인구비율은 40.8%로 높으며, 이중에서 5세 미만 발육 부진 아동은 27.9%로 나타났다. 물론 1990-1994년 43.7%, 1998-2002년 51.0%에 비하면 많이 개선됐지만 여전히 북한 5세 미만 아동 중 1/3은 발육이 부진한 것으로 나타났다.[28] 참고로 북한 5세 미만 아동 발육부진을 시대별로 정리하면 다음 〈표 4〉와 같다.

〈표 4〉 북한 5세 미만 아동 발육부진: 개선

구분	시기	5세 미만 아동
김일성시대	1990-1994년	전체 아동의 43.7%
김정일시대	1998-2002년	전체 아동의 51.0%
김정은시대	2016년	전체 아동의 27.9%

* 출처: 저자 작성.

26) UNFPA, "State of World Population 2017: Worlds Apart, Reproductive health and rights in an age of inequality," 2017, p.120. https://reliefweb.int/sites/reliefweb.int/files/resources/UNFPA_PUB_2017_EN_SWOP.pdf.

27) WFP, "2017 DPR Korea: Needs and Priorities," March 2017, p.6. https://reliefweb.int/sites/reliefweb.int/files/resources/DPRK%20Needs%20and%20Priorities%202017.pdf.

28) International Food Policy Research Institute, "2017 Global Hunger Index: The Inequalities of Hunger," October 2017, p.37. http://www.ifpri.org/cdmref/p15738coll2/id/131422/filename/131628.pdf.

그러나 조사가 약 2년이 지난 이 시점에서는 상당부문 개선되었
으리라 판단되고 특히, 발육부진 아동의 감소는 영양공급이 개선되
었음을 의미하는 것으로 매우 주목할 만한 내용이다. 유니세프와 세
계보건기구, 세계은행 등 국제기구들이 발행한 「영아 사망 수준과
경향 2017」에 따르면 북한의 5세 아동의 사망률은 1천 명당 1990년
8명에서 2016년 4명으로, 5-14세 아동의 사망률은 1천 명당 1990년 3명
에서 2016년 1명으로 감소하였다. 참고로 같은 시기 남한의 5세 아
동의 사망률이 1천 명당 1990년 5명에서 2016년 1명으로, 5-14세 아
동의 사망률은 1천 명당 1990년 4명에서 2016년 0명으로 감소하였
다.[29] 북한의 아동 사망률을 정리하면 다음 〈표 5〉와 같다.

<표 5> 북한 아동 사망률: 개선

구분	5세 아동	5-14세 아동
김일성시대	· 1990년 천명 당 8명(북한) · 1990년 천명 당 5명(남한)	· 1990년 천명 당 3명(북한) · 1990년 천명 당 4명(남한)
김정은시대	· 2016년 천명 당 4명(북한) · 2016년 천명 당 1명(남한)	· 2016년 천명 당 1명(북한) · 2016년 천명 당 0명(남한)

* 출처: 저자 작성.

이 또한 매우 의미 있는 변화로, 과거에 비해 일부 호전된 것으로
가장 최근의 상황을 반영한다. 이 시기 북한은 대내외적인 노력을
하였는데, 대내적으로는 아동시설 확장, 제약공장 증가, 의약품 국내
합작생산을, 대외적으로는 국제기구를 통한 보건의료부문의 의료시
설 지원, 예방접종 지원, 다양한 전문요양시설 등을 건립하였다. 결

---

29) Unicef, WHO, World Bank Group, and UN, "Levels & Trends in Child Mortality
Report 2017," 2017, p.25. https://www.unicef.org/publications/files/Child_Mortality_
Report_2017.pdf.

국 김정은시대에 접어들어 일부 보건복지 상황이 일부 호전된 상태라 하겠다. 참고로 북한의 영유아 예방 접종률을 정리하면 다음 〈그림 6〉과 같다.

<그림 6> 북한 영유아 예방접종률

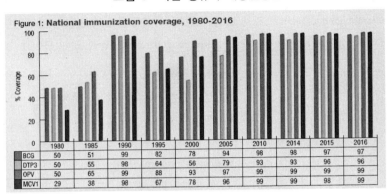

Figure 1: National immunization coverage, 1980-2016

	1980	1985	1990	1995	2000	2005	2010	2014	2015	2016
BCG	50	51	99	82	78	94	98	98	97	97
DTP3	50	55	98	64	56	79	93	93	96	96
OPV	50	65	99	88	93	97	99	99	99	99
MCV1	29	38	98	67	78	96	99	99	98	99

* 출처: WHO, "Expanded Programme on Immunization(EPI): Democratic People's Republic of Korea 2017, Fact Sheet," 2017, p.6.

한편 국제식량정책연구소(IFPRI)의 「세계 영양 보고서 2017」에 따르면 북한의 영양 지표 수준은 세계 각국의 최신 영양 지표들과 비교할 때 다소 부족하다. 2017년을 기준으로 남한의 만성영양장애 비율이 2.5%인데 반해, 북한의 만성영양장애는 27.9%로 매우 높으며, 남한의 급성영양장애 비율이 1.2%인데 반해, 북한의 급성영양장애는 4%로 남한의 급성영양장애 비율보다 3배 이상 높고 가임기 여성 빈혈 비율이 남한은 22.7%인데 반해, 북한은 32.5%로 대략 10%정도 높게 나타났다.[30]

---

30) IFPRI, "2017 Report Online Appendix: 2017 Global Nutrition Report," 2017. http://www.globalnutritionreport.org/2017-report-online-appendix.

그러나 통상 영양지표가 해당 국가의 경제지표와 연관된 것을 감안하면, 북한경제 수준에 비해 이는 최악의 상황은 아니라 판단된다. 이에 남북한의 영양과 보건 상태를 비교한다는 것 자체가 다소 무의미한 측면도 있다. 때문에 북한의 영양 지표는 경제수준에 비해 다소 높은 편이라 하겠다. 참고로 북한의 영유아·아동·모성 사망 다이어그램을 정리하면 다음 〈그림 7〉과 같다.

<그림 7> 북한 영유아·아동·모성 사망 다이어그램

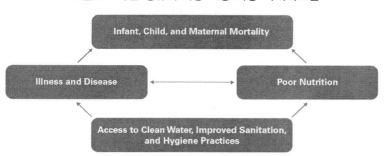

* 출처: Unicef, "Situation Analysis of Children and Women in the Democratic People's Republic of Korea – 2017," Unicef, 2016, p.30.

4) 영양, 보건의료, 위생, 성장의 순환 관계 개선

보건복지 분야인 영양, 보건의료, 위생, 성장은 상호 순환관계로 이것이 다시 외생적인 환경과 연관되어 인과관계를 형성하고 이러한 점에서 북한의 보건복지는 다소 낙후되어 있고 전반적으로 확고히 진전될 수 있는 상황이 아니라 판단된다. 그러나 다른 한편으로 부분적인 개선이 이루어지고 있는 징후가 나타난다.

즉, 식량권 확보를 통한 지속적인 영양공급, 보편적인 전염병 예방과 위생적인 주거 및 생활환경이 담보되어야만 안정적인 성장과 질병에 대한 적절한 대응이 가능하다. 이에 북한은 이러한 대내외적인 인프라-에너지 포함-와 환경이 취약하고 이를 북한도 인지하고 있음에 따라 최근 국제기구를 통해 지원을 요청하고 있다. 참고로 북한의 보건복지 순환관계를 도식화하면 다음 〈그림 8〉과 같다.

<그림 8> 북한의 보건복지 순환관계

- 보건복지 현황: 경제난, 식량빈곤, 위생공급, 식수, 주거환경, 에너지
　　　　　　 (복합작용) → 빈곤

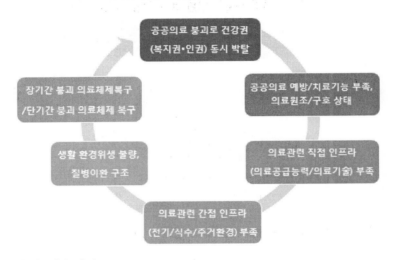

* 출처: 저자 작성.

2. 변화

1) 임금구조의 변화: 최저생계비 개념 도입

북한의 라선경제무역지대의 경우 임금제정 권한을 포함한 최저임금에 대한 권한은 '라선시인민위원회'에 있다. 북한은 2014년 「라선

경제무역지대 외국투자기업로동규정」 제6조 종업월로임최저기준의 제정에서 "지대에서 종업월로임최저기준은 라선시인민위원회가 관리위원회와 협의하여 정한다. 이 경우 최저생계비, 로동생산능률, 로력채용상태 같은 것을 고려한다…"라고 밝혔다. 따라서 동 조항에 따르면 라선경제무역지대의 임금제정 권한은 라선 경제무역지대 관리위원회와 라선시인민위원회 소관이다.[31] 그리고 이는 어찌보면 당연한 조치이자 해당 경제특구의 고유한 권한이기도 하다.

한편 북한이 동 조항에서 밝힌 내용 중 매우 중요한 점은 「개성공업지구 로동규정」에 부재한 '최저생계비'를 임금책정에 반영한다는 것이다. 특히 '최저생계비'라는 용어 자체가 자본주의식 표현임을 볼 때, 이를 북한이 차용한 것은 괄목할 만한 변화를 의미한다. 더욱이 북한이 이를 자신들의 공식적인 법 조문에 명문화한 것은 매우 인상적인 태도이다. 또 하나 주목해야할 점은 그럼에도 불구하고 동 규정에서 최저생계비의 기준에 대한 언급이 부재하다는 것이다. 이는 결국 또 하나의 역설적인 의미이자 북한의 한계, 나아가 동 법령의 기본적인 속성을 반증한다 하겠다. 아울러 이를 토대로 요약하면 무엇보다 북한의 경제특구 법령에 관한 변화의 폭이 매우 크고 인상적이라는 것이다.[32]

따라서 결국 북한이 공식적인 법령이자 대외적으로 공개되는 법령에 전례없는 표현과 인용을 한 것은 그동안 변화한 북한의 인식을 방증한다. 그리고 북한의 이러한 변화는 상당히 고무적인 현상이다.

---

31) 이철수, "북한경제특구의 노동복지법제 비교분석: 개성공업지구와 라선경제무역지대를 중심으로," 「법학연구」 제28권 1호 (충북: 충북대학교 법학연구소, 2017), 181쪽.
32) 앞위의 글, 181~182쪽.

때문에 향후 북한의 이러한 행태에 그 귀추가 더욱 더 주목된다 하
겠다.[33]

2) 사업장·지역별 소득 변화와 격차, 라선경제 특구 최저임금 상승

김정은시대인 2012년 6월 6.28조치, 2014년 5월 5.30조치의 배경은
1990년대 이후 지속되고 있는 북한의 경제난을 타개하기 위한 것이
고 사실 이는 일종의 경제조치로서 북한의 자구책이자 불가피한 선
택이다. 무엇보다도 이러한 경제조치들의 궁극적인 목적과 초점은
북한경제의 성장에 있기 때문에 상위체제인 경제체제 아래 하위체
제인 복지체제가 영향을 받는 구조이고 이러한 이유로 최근 북한사
회복지의 변화는 경제와 복지의 상관관계 속에서 파생된 것이다.

6.28조치는 "우리식의 새로운 경제관리 체계 확립에 대하여"를 뜻
하는데, 동년 4월 6일에 제시한 경제관리 개선방향을 다소 보완한
것으로 국가의 계획적이며 통일적인 지도 아래에 각 공장과 기업소,
협동농장 등 단위별로 창의성을 발휘할 수 있는 독자적인 경영목표
를 세우고 이러한 것의 실현을 위한 전략이다. 반면 5.30조치는 북한
전역의 모든 공장과 기업, 회사, 상점 등에 자율경영권을 부여한 것
으로, 이는 기존의 국가중심의 생산권, 분배권이 각 개별 공장, 기업
의 독자적인 자율경영권-사실상의 독립채산제-으로 이관된 것이다.

---

33) 북한은 2013년 5월 29일 「경제개발구법」을 제정하고, 순차적으로 경제개발구
   설치를 발표함으로써 2016년 12월 현재 경제특구 5개, 중앙급 경제개발구 4개,
   지방급 경제개발구 17개 등 총 26개 이다. 북한이 기존에 발표한 5개의 경제특
   구(나선 경제특구, 황금평·위화도 경제특구, 개성공업지구, 원산·금강산관광
   지구, 신의주 국제무역지대)를 제외하면, 김정은 정권이 새롭게 지정한 경제특
   구·경제개발구는 21개나 된다. 통일부, 「2017 북한이해」(서울: 통일부, 2017),
   174쪽. 따라서 향후 동 지역과 관련된 새로운 법령들의 제정과 그 속에 '최저생
   계비'에 대한 관찰이 필요하다.

결국 북한의 양 경제조치의 결과를, 현장 근로자 개인차원에서 접근하면 각 사업장의 경영 실적과 성과에 따라-비록 공식임금 수준이 낮아 미약하지만- 개별 근로자의 소득과 가계 수입에 영향을 미치고 소득의 편차가 클 경우 근로동기의 변화를 유발한다.[34]

한편 2014년 라선경제무역지대의 경우 최저임금이 €75.2(혹은 뒤에 50불 표기와 같이, 75.2유로)로 과거 개성공단 최저임금인 50불에 비해 약 2배 정도 인상되었는데, 이는 약 10년이라는 시차를 감안하더라도 큰 폭의 상승이며 북한의 최저임금에 대한 인식 변화를 반증한다. 참고로 북한의 경제조치와 경제특구로 인한 북한사회복지의 변화를 요약하면 다음 〈표 6〉과 같다.

<표 6> 경제조치와 경제특구로 인한 북한사회복지의 변화

경제조치와 해당지역	해당 대상	제도적 특성
6.28조치 (2012)	· 전 지역 · 공장·기업소·협동농장 · 상기 사업장 근로자	· 경영관리 권한부여 · 최초투자비 국가부담 · 국가와 기업소가 일정비율 수익분배 · 인센티브제 도입 · 근로 동기 유발 · 사업장 수익분배에 따른 임금차등 유발
5.30조치 (2014)	· 전 지역 · 기관·기업소·단체·상점 · 상기 사업장 근로자	· 자율적 권한부여 · 사업장 수익기준 임금 지급 · 인센티브제 도입 · 생활수준 향상 유도
라선경제무역지대 (2014)	· 라선경제무역지대	· 개성공단과 동일한 제도 시행 · 상대적 부담 상승, 복지혜택 상승 · 사회문화시책비 근로자 40% 부담 · 최저임금 상승(75.2€)

* 출처: 이철수, "북한사회복지 법적 동학: 체제·범위·개입,"「법학연구」, 제27권 제2호 (청주: 충북대학교 법학연구소, 2016), 524~525쪽에서 발췌 수정.

---

34) 최근 북한이 취한 협동농장개선과 농업생산 분배정책의 경우도 이와 같은 맥락으로 이해된다.

3) 장마당의 활성화: 복지의 시장화·상품화·공고화

2018년 현재 북한이 공식적으로 허가한 장마당이 전국에 약 436개로 추산되고 평양을 포함, 각 도에는 평균 48개의 장마당이 있고 이를 통해 북한은 '장세'을 징수하며 매대 사용료 등 세금으로 연간 5680만 달러를 거둔다.[35] 이러한 북한 장마당의 활성화는 다음과 같이 이어졌다. 기존 북한의 복지공급의 주체의 역할과 무게중심의 변화를 야기, 국가역할 후퇴 → 개인·가족 책임 강화 → 사경제활동 유도 및 보장 → 가구별·세대별 복지제공 자급자족 강화 → 장마당을 통한 획득과 공급 → 비자발적 자립·자활 상태로 이어졌다. 이를 도식화 하면 다음 〈그림 9〉와 같다.

<그림 9> 북한복지의 변동 추이

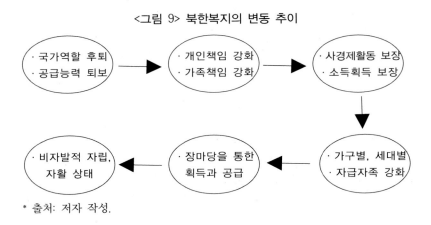

* 출처: 저자 작성.

그리고 이는 비단 김정은시대에 나타난 현상이 아니라 고난의 행군 이후 발생한 북한의 국가사회복지체제 붕괴 이후 나타난 현상으

---

35) 북한주민의 약 60만 명 정도가 장마당에 종사하고 있다고 예측된다. 미국의 소리, 2018년 8월 29일.

로 한마디로, '복지의 개인별 상품화'가 장마당을 통해 공고히 되는 상황이다. 그리고 역으로 이는 국가가 기존의 국가공급체계를 장마당을 통해 열어 준 것이라 하겠다. 따라서 북한의 장마당은 국가공급 능력이 부족하고, 북한주민의 욕구에 부응하지 못하는 문제에 대한 공급처의 역할을 하고 있다. 그리고 이는 장마당의 순기능이기도 하지만 복지수혜자 개인의 입장로 접근하면 어디까지나 개인의 능력에 따른 수급을 의미한다. 때문에 북한의 장마당은 개인과 가족의 소득에 따른, 능력에 따른 시장 공급처인 셈이다.

4) 사적고용·이중고용 확대: 국가사회보장체제의 이중화

북한은 기본적으로 국가에 의한 취업알선으로 국가와 근로자의 직접적인 임금과 노동관계를 형성하고 있으나 최근에는 일부 근로자에 대한 사적 노동관계가 발생하기 시작하였다. 비록 사적 노동관계에 대다수의 북한 근로자가 해당되는 것은 아니지만 이는 기존의 8.3근로자와는 또 다른 형태로 사실상의 이중 고용, 이중 노동관계를 의미한다고 판단된다.

특히 이러한 사적 고용관계에 의한 근로행태는 근로자 개인의 소득 변화를 기점으로, ① 사회보험 가입, ② 사회보험료율의 납부 수준과 절차, ③ 사회보장 혜택의 절차, ④ 근로기간에 대한 인정과 평가, ⑤ 퇴직급여, ⑥ 국가사회보험, ⑦ 국가사회보장 등에 영향을 준다. 따라서 이는 기존의 국가사회복지체제 하에서 사회보험 가입과 혜택을 받던 북한 근로자들에 대해 다소 기형적인 변화를 야기함과 동시에 사회보장과 사회보험, 무상치료에 관한 관리운영체제의 변화를 야기한다. 더욱이 이러한 경우 근로기간 내의 산업재해보상, 퇴직 시 노후보장, 각종 현금 및 현물급여 등을 수급해야 할 경우

수급조건과 절차에 상당한 문제를 발생하리라 판단된다. 즉, 북한의 이러한 고용관계의 변화로 인해 기존 국가중심 복지관리 운영체계의 일관성이 다소 퇴조했다. 참고로 지금까지 논증한 김정은시대 북한 사회복지를 이념, 제도, 현실을 대분류로 이하 주요 내용을 중심으로 평가하면 다음 〈표 7〉과 같다.

<표 7> 김정은시대 북한 사회복지 평가

구분			주요 내용	평가
이념	이념	· 입법 · 제도	· 법적 현대화 진입 · 법적 체계 구비 · 사유재산 인정 · 개인영리 보장 · 특구 사회문화시책비 상승 · 요양시설 일부 유료 · 시설의 영리활동 가능 · 산전산후휴가 확대 · 대내외 비판 억제 · 국제협약가입 · 국제교류 지원 추진 · 최저생계비 도입 · 경제특구 최저임금 상승 · 특구 사회문화시책비 상승	· 일부 부족하나 과거에 비해 매우 발전된 형태 · 과거와 달리 국제화와 개방화에 적극적 태도 변화 · 노인, 장애인 등 복지기관과 각종 기금을 설립 · 경제특구 사회문화비 10%상승으로 근로자부담 증가 · 일부 시설사용료 본인 및 가족 부담 전환 · 기존과 다른 인식이 나타남 ※ 북한현실을 반영, 북한식 개혁과 개선 징후 뚜렷
	제도			
제도	현실	· 현황 · 실태	· 현금급여의 불균형 · 급여수준의 비정합성비효율성(?) · 빈곤층 일부 존재 · 대다수 자립자활상태 · 식량의 자가공급체제 확보 · 장마당을 통한 복지공급 · 영양, 보건, 식량, 위생 불안 · 국제기구를 통한 지원	· 복지재원에 대한 의문성 유지 · 급여수준에 대한 효율성정합성 문제 · 대규모의 빈곤층이나 긴급구호 대상 부재 · 보건의료부분의 인프라가 일부 개선 · 대도시의 보건의료체제 부문적 정상 작동 · 자체 개선에 적극적인 태도 ※ 셀프 복지의 공고화, 공공복지의 일부 개선
현실		· 개선 · 변화	· 부문적 영양 개선 · 영아 및 아동사망율 개선 · 사업장별 소득 개선	· 일부 영양, 보건 개선 · 일부 계층 삶의 질 호전 · 사적고용/이중노동 구조를 통한 소득보장

· 근로동기 유발 · 특구 최저생계비 개념 도입 · 특구 최저임금 상승	· 국가사회보장체제의 이중화 · 제도적 변화에 조응한 개선 징후 포착 · 취약계층에 대한 법적 보호 강화 · 최저생계비 법령화, 경제특구 최저임금 상승 ※ 제도적 변화와 실태의 변화가 동시에 발생	
· 고착 · 퇴행	· 사회보험료 과거 회귀 · 보건의료체제 유지 · 보건, 위생 상태 불량 · 빈곤 계층 존재 · 장마당의 활성화 · 복지의 상품화, 시장화	· 사회보험료 부담의 우회적 개선과 퇴조 · 보건의료제체의 불변 속의 제공체계 일부 변화 · 장마당의 기능 유지 고착 ※ 개인/가족 부담의 고착화 국가책임의 퇴행

* 비고: 이념, 제도, 현실 중분류와 소분류에서 중층적이고 병립 공존함.
* 출처: 저자 작성.

지금까지 논증을 근거로 김정은시대 북한의 사회복지를 현실적 차원에서 간략히 요약하면 ① 지역별, ② 사업장별, ③ 계층별, ④ 소득별 차이가 발생하는데, 가령 국경지역은 식량공급이 여타 지역에 비해 용이하고, 기업의 경우 경제특구를 포함 일반 국영기업과 외국기업, 그리고 북한주민의 계층에 따른, 가구별 소득과 자산의 차이가 발생하고 있으며 중산층 이하의 경우 이른바 '셀프 복지'에 대한 윤곽이 확연한 추세라 하겠다. 나아가 도시와 농촌, 개인적인 사경제활동을 통한 가구별, 세대별, 소득격차로 인해 기존의 '빈익부 부익부' 현상이 고착화되고 있다고 판단된다. 반면 소득활동을 하지 못하는 북한의 취약계층의 경우 빈곤 상태이며 이로 인한 영양부족으로 질병에 노출되어 이른바, '복지권', '건강권'이 일부 상실된 상태이다. 그러나 이것이 매우 심각할 수준의 '식량권', '건강권'이 박탈된 상태는 아니고 이들은 가족을 통해 보호받는다고 판단된다. 결국 한마디로 최근 북한의 복지 현황은 자립·자활을 통한 부분적 개선으로 통칭된다 하겠다.

이에 경제난 이후 와해된 북한사회복지 '체제'와 '현실'은 김정은 시대인 지금 여전히 부족하고, 마비되어있지만 부분적으로는 일부 작동하고 개선되고 있는 상태이다. 이로 인해 사실상 과거의 국가책임 보다 개인과 가족, 기업책임이 더욱 강화되었고 이는 일련의 경제조치로 확인되는 사안이다. 때문에 북한사회복지체제의 회복과 북한식 복지개혁은 북한의 경제성장과 인과관계·상관관계를 형성한다. 하지만 이것이 경제난 이후 발생한 사경제활동 종사자들의 가계까지 엄격한 통제를 하지는 못한다. 이로 인해 북한의 각종 경제개선 조치의 결과, 경제특구의 성과, 북중 무역, 대외관계의 개방성과, 국제교류와 지원36), 개인·가족단위의 사경제활동-그에 따른 소

---

36) 최근 프랑스 구호단체 '트라이앵글 제너레이션 휴머니테어(TGH)'가 올해 신규 대북지원사업 2건을 실시하였다.
신규 사업은 요양원 시설 개보수 등을 지원하는 노인복지 사업과 취약계층을 위한 식량안보 개선 사업이다.
이를 위해 유럽연합 국제개발청으로부터 각각 46만 달러, 152만 달러 등 총 198만 달러(22억원 상당)를 지원받았다. 자유아시아방송, 2019년 3월 26일. 또한 가장 최근 정부는 대북 인도지원(식량지원)을 위한 남북협력기금 800만 달러를 11일 오후 국제기구로 송금 완료했다고 밝혔다.
앞서 한국정부는 6월 5일 남북교류협력추진협의회(교추협) 의결을 통해 남북 협력기금 800만 달러를 세계식량계획(WFP)과 유니세프(UNICEF)에 지원하기로 했다.
800만 달러 중 WFP에 지원되는 450만 달러는 북한의 9개도 60개군의 탁아소, 고아원, 소아병동의 영유아, 임산부 등에 대한 영양 강화식품 지원에 사용될 예정이다. 이는 WFP가 이미 운영 중인 대북 영양지원 사업에 정부의 기금이 지원되는 것이다.
유니세프에 지원되는 350만 달러도 이미 유니세프가 운영 중인 모자보건 및 영양사업에 투입된다. 아동, 임산부, 수유부 등을 대상으로 치료식과 기초 필수 의약품 키트, 미량 영양소 복합제 등을 제공하는 사업이다.
뉴스원, 정부 "대북 지원 800만 달러 국제기구에 입금 완료," 2019년 6월 11일.

득-, 국제사회의 대북 경제제재 조치는 직·간접적으로 북한사회복지체제의 기능과 성격에[37] 간접적인 관련이 있다 하겠다.

Ⅳ. 결론

본 연구는 김정은시대 북한 사회복지의 동학을 이념, 제도, 현실이라는 세 가지 스펙트럼을 통해 일고하였다. 이러한 본 연구의 접근 결과, 김정은시대 북한 사회복지를 ① 입법과 제도, ② 현황과 실태, ③ 개선과 변화, ④ 고착과 퇴행이라는 카테고리로 정의하였다. 그리고 이러한 가운데에 특정 사안의 경우 북한 사회복지의 이념, 제도, 현실 부분에 때로는 단일하게 작용하거나 혹은 중층적으로도 작용하였다. 무엇보다 이러한 원인은 해당 사안이 갖는 속성과 실질적으로 미치는 파장에 의거한 것이다. 결국 분명한 사실은 김정은시대 북한사회복지가 다양한 변화-혼재-를 했다는 것이다.

이와 관련, 이철수는 2016년 연구에서 김정은시대 북한의 사회복지체제를 다음과 같이 진단하고 전망하였다. 첫째, 북한은 대외적으로는 체제개방, 대내적으로는 경제개선·개혁의 성과에 따라 북한 사회복지체제가 리-셋팅(Re-setting)될 것이고 이는 현재도 진행 중이다. 둘째, 이러한 과정에서 북한은 개혁과 개방, 교류와 지원, 시장화의 성과, 경제발전의 결과에 비례하여 전체 북한주민의 복지수준이 연동될 것이지만 이 역시 북한 핵실험과 대북 경제제재의 여파로 상당부문 정체되어 있고 이렇다 할 뚜렷한 해결책이 부재하다. 셋

---

37) 이철수, "북한사회복지 법적 동학: 체제·범위·개입,"「법학연구」제27권 제2호 (청주: 충북대학교 법학연구소, 2016), 527쪽.

째, 2016년 북한의 식량, 보건복지 공급수준에 따라 북한주민의 빈곤층, 취약계층, 요보호 계층의 상태는 당분간 지속될 것이며 이들의 중산층으로의 편입은 요원할 것인데, 이는 북한경제 성장의 한계와 더불어 북한의 노령화, 낮은 복지 현금급여 수준에 기인한다. 넷째, 따라서 북한주민의 개별적인 생활복지 수준은 ① 국가능력에 예속된 우선 공급대상 집단, ② 개인과 가족의 능력에 따른 셀프복지 집단, ③ 외부지원에 예속된 집단, ④ 국가의 지원이 필요치 않은 '돈주' 집단으로 재편·구분될 것인데, 이 또한 상당부문 진행되고 있다. 다섯째, 이로 인해 각각의 계층들이 재차 소득별로 분리되어 고소득(부유층·상류층)·중산층·저소득층(빈곤층과 근로빈곤층)·취약계층으로 블록화가 토착화되었다. 여섯째, 따라서 종국에는 중산층 이하 북한 주민의 가계생활상의 자본주의화가 더욱 확대되어 ① 복지의 시장화, ② 복지의 상품화, ③ 복지의 가족화·개인화가 시간의 경과에 비례하여 의식적 제도화로 연결,[38] '비자발적인 자립·자활 상태'의 복지현실이 더욱 더 공고히 되리라고 전망하였다.

그리고 이러한 진단과 전망은 2019년 현재에도 여전히 일부 유효하다고 판단된다. 그러나 다른 한편으로 본 연구가 주목한 김정은시대 북한 사회복지의 이념, 제도, 현실에 대한 포괄적인 평가를 하면 다음과 같다. 첫째, 이념적 차원의 입법과 제도의 경우 북한이 당면한 경제와 복지현실을 반영하여 이른바 '북한식 개혁과 개선' 징후가 뚜렷하게 나타났다. 둘째, 제도적 차원의 현황과 실태의 경우 고난의 행군 이후 나타난 비자발적 자립자활 상태인 셀프 복지의 공고화와 공공복지의 일부 개선 현상이 발견된다. 셋째, 현실적 차원은 두

---

38) 앞위의 글, 528쪽.

가지로 재차 분류되는데, 개선과 변화 부분의 경우 제도적 변화와 실태의 변화가 동시에 발생하고 고착과 퇴행의 경우 셀프 복지의 연장선상에서 개인과 가족부담의 고착화와 국가책임의 퇴행 현상이 나타난다. 따라서 이로 인해 김정은시대 북한 사회복지는 이념·제도·현실 차원에서 '지속성과 변화'가 상호 공존하고 있다 하겠다.

즉, 2000년대 이후 북한의 사회복지는 제도적 발전과 시장화의 실질적 고착, 부문적 개선 등 다층화된 방향으로 진행되고 있다. 또한 2012년 이후 김정은시대인 지금 현재에도 일부 부분적인 개선과 변화가 포착된다. 하지만 여전히 일부 취약계층이 존재하며 전반적으로 빈부·소득 격차, 지역간·계층간·사업장별 소득격차가 제도적으로, 현실적으로 나타난다. 그렇지만 김정일시대인 과거에 비해 김정은시대인 지금 현재, 대규모의 긴급구호 대상이나 극빈층은 상대적으로 하락하였다고 판단된다.

그러나 다른 한편으로 북한의 자립적인 식량과 보건의료, 위생과 방역 상태는 요원하고 외부의 지원이 필요한 상황이다. 그리고 이러한 원인의 한 면에는 노후화된 기초적인 생활인프라가 상황을 더욱 악화시키고 있다. 즉, 북한경제가 아닌 보건복지와 간접적으로 관련된 열악한 주거, 에너지, 환경 등도 북한의 복지수준을 퇴행 및 정체시키는 요인인 것이다. 아울러 이로 인해 북한은 UN 및 국제기구, 국제 민간 구호단체에 의존하는 경향을 나타내는 한편 북한 스스로도 일부 자구책을 강구하고 있고 이러한 내외부적 요인이 복합적으로 북한 사회복지에 영향을 미친다고 판단된다.

요약하면, 결국 김정은시대 북한 사회복지는, 크게 ① 이념적 변화는 법령에서 명시된 내용으로, ② 제도적 변화는 이념적 차원의 법령의 내용과 더불어 노동, 보건, 복지 제도의 기본 틀 속의 미시적 변동으로, ③ 현실적 변화는 이러한 변화들이 야기한 복지현장의 변화와 경제 상황, 개인별·가족별 소득에 따라 재정의된다 하겠다. 또한 나아가 이를 복지수급의 최소단위인 한 개인을 기준으로 하면 다양한 복지제도와 급여, 특정사안 따라 수직적·수평적이고, 단층적·중층적·다층적인 카테고리 안에 별도로 존재한다 하겠다. 따라서 향후 이러한 세 가지 스펙트럼의 변화가 또 다시 감지되고 이로 인해 괄목할만한 새로운 변동이 발생할 경우 북한사회복지의 정체성에 대해 재차 포괄적으로 재정의해야 한다. 그리고 이러한 접근의 키는 본 연구가 분석하고 분류한 다층적 교차 분석 방식의 재검토를 의미한다.

참고문헌

김석향 외, "북한의 가정외보호 아동정책에 대한 탐색적 분석," 「청소년복지연구」 제19권 1호, 한국청소년복지학회, 2017.

김석향 외, "유엔아동권리협약 국가보고서를 통해 본 남북한 아동권리 내용 비교," 「한국아동복지학」 제54호, 한국아동복지학회, 2016.

김영규, "북한의 여성과 아동의 인권에 관한 입법의 특징과 평가: 1990년 이전의 입법을 중심으로," 「국방연구」 제57권 4호, 대전: 국방대학교 안보문제연구소, 2014.

뉴스원, 정부 "대북 지원 800만 달러 국제기구에 입금 완료," 2019년 6월 11일.

도경옥 외, 「북한의 여성·아동인권 실태」, 서울: 통일연구원, 2016.

미국의 소리, 2018년 8월 29일.

_____, 2013년 2월 12일.

박경숙, 「북한사회와 굴절된 근대-인구, 국가, 주민의 삶」, 서울: 서울대학교 출판문화원, 2013.

박복순 외, 「통일대비 남북한 여성·가족 관련 법제 비교 연구」, 서울: 한국여성정책연구원, 2014.

세계일보, 2019년 5월 6일.

연합뉴스, 2019년 4월 18일.

이철수, "북한경체특구의 노동복지법제 비교분석: 개성공업지구와 라선경제무역지태를 중심으로," 「법학연구」 제28권 1호, 충북: 충북대학교 법학연구소, 2017.

_____, "북한사회복지 법적 동학: 체제·범위·개입," 「법학연구」 제27권 제2호, 청주: 충북대학교 법학연구소, 2016.

_____, "북한 「년로자보호법」의 의의와 한계-타 법령과의 비교를 중심으로," 「북한연구학회보」 제19권 1호, 서울: 북한연구학회, 2015.

_____, "북한 사회보장법 법적 분석-기존 사회복지 관련 법령과의 비교를 중심으로," 「통일정책연구」 제24권 1호, 서울: 통일연구원, 2015.

_____, "북한의 '녀성권리보장법'에 대한 탐색적 분석: 기존 관련 법령과 비교를 충심으로," 「통일과 평화」 제10집 1호, 서울: 서울대학교 평화통일

연구원, 2019.

_____, "북한 장애인복지 법제의 지속성과 변화 고찰: 장애자보호법의 개정 내용 비교를 중심으로," 「동북아연구」 제34권 1호, 광주: 조선대학교 동북아연구소, 2019.

_____, "북한 아동권리보장법 분석: 교육, 보건, 가정 관련 조항을 중심으로," 「통일과 법률」 제40호, 법무부: 통일법무과, 2019.

임순희 외, 「북한의 여성권·아동권 법 제정 동향」, 서울: 통일연구원, 2011.

우리민족서로돕기운동본부, "2019 북한 필요와 우선순위(Needs&Priorities) 보고서," 번역본.

_____, "2018 북한 필요와 우선순위(Needs&Priorities) 보고서," 번역본.

자유아시아방송, 2019년 3월 26일.

정세현·황재옥·정청래, 「정세현 정청래와 함께 평양갑시다」, 서울: 푸른숲, 2018.

정유석·이철수, "2000년 이후 북한 사회복지법제 동향," 「현대 북한연구」, 제19권 2호, 서울: 북한대학원대학교, 2016.

조선장애자보호연맹, "조선민주주의 인민공화국 장애자 권리 협약 리행 초기 보고서," 평양, 2018년 12월.

차문석·박순성 역, 「사회주의체제의 정치경제학 1·2」, 야노쉬 코르나이, 서울: 나남, 2019.

통일부, 「2017 북한이해」, 서울: 통일부, 2017.

황의정·최대석, "북한의 여성관련 법제정을 통해 본 여성의 법적 지위의 변화 전망," 「동북아법연구」 제9권 2호, 전주: 전북대학교 동북아법연구소, 2015.

Design & Layout Jesús Alés, "Korea DPRK 2017 MICS: DEMOCRATIC PEOPLE'S REPUBLIC OF KOREAMULTIPLE INDICATOR CLUSTER SURVEY," UNICEF DPRK, 2018.

DPRK, Initial Report of the Democratic People's Republic of Korea on the Implementation of the Convention on the Rights of Persons with Disabilities, Pyongyang DPRK, December, 2018.

FAO·IFAD·WFP·UNICEF·WHO, "2018년 The State of Food Security and Nutrition in the World: Building Climate Resilience for Food Security and

Nutrition," 2018.

IFPRI, "2017 Report Online Appendix: 2017 Global Nutrition Report," 2017.

International Food Policy Research Institute, "2017 Global Hunger Index: The Inequalities of Hunger," October 2017.

Kornai, Janos, 『The Socialist System: The Political Economy of Communism』, Princeton, New Jersey: Princeton University Press, 1992.

MBC, 2019년 4월 17일.

UN Report, "2016 DPR Korea: Needs and Priorities," Produced by the Humanitarian Country Team, 2016.

UN Report, "2011-2012년 North Korea Special Report," WFP · FAO · UNICEF, 2011-2012.

UN Standing Committee on Nutrition, "Commission on the Nutrition Challenges of the 21st century," 2000, 이철수 외, 『통일의 인구 · 보건 · 복지 통합 쟁점과 과제』, 세종: 경제 · 인문사회연구회, 2017.

UNFPA, "State of World Population 2017: Worlds Apart, Reproductive health and rights in an age of inequality," 2017.

UNICEF, "Situation Analysis of Children and Women in the Democratic People's Republic of Korea-2017," 2016.

UNICEF · WFP · FAO, "2012년 북한 영양실태 조사 보고서," 북한중앙통계국, 2012.

UNICEF · WHO, World Bank Group, and UN, "Levels & Trends in Child Mortality Report 2017," 2017.

WFP, "2017 DPR Korea: Needs and Priorities," March 2017.

WHO, "Expanded Programme on Immunization(EPI): Democratic People's Republic of Korea 2017, Fact Sheet," 2017.

제5장

2000년대 이후 북한사회복지 법제 동향

I. 서론

  사회복지법제와 관련, 2000년 이후 북한은 2003년 6월 「조선민주
주의인민공화국 장애자보호법(이하 장애자보호법으로 약칭)」(최고
인민회의 상임위원회 정령 제3835호), 2007년 4월 「조선민주주의인
민공화국 년로자보호법(이하 년로자보호법으로 약칭)」(최고인민회
의 상임위원회 정령 제2214호), 2008년 1월 「조선민주주의인민공화
국 사회보장법(이하 사회보장법으로 약칭)」(최고인민회의 상임위원
회 정령 제2513호), 2010년 12월 「조선민주주의인민공화국 아동권리
보장법(이하 아동권리보장법으로 약칭)」(최고인민회의 상임위원회
정령 제1307호)과 「조선민주주의인민공화국 녀성권리보장법(이하
녀성권리보장법으로 약칭)」(최고인민회의 상임위원회 정령 제1309호)
을 각각 제정·공포하였다.[1]

  또한 북한은 사회복지와 간접적인 관련이 있는 법령도 이 시기에
제정하였는데, 2007년 1월 10일 「조선민주주의인민공화국 적십자회

---

1) 이철수, '북한 사회보장법 법적 분석: 기존 사회복지 관련 법령과의 비교를 중
심으로', 「통일정책연구」 제24권 1호 (서울: 통일연구원, 2015a), 178쪽.

법(이하 적십자회법으로 약칭)」(최고인민회의 상임위원회 정령 제
2113호), 2009년 12월 10일 「조선민주주의인민공화국 로동정량법(이
하 로동정량법으로 약칭)」(최고인민회의 상임위원회 정령 제484호),
2010년 7월 8일 「조선민주주의인민공화국 로동보호법(이하 로동보
호법으로 약칭)」(최고인민회의 상임위원회 정령 제945호), 2011년 1월
19일 「조선민주주의인민공화국 보통교육법(이하 보통교육법으로 약
칭)」(최고인민회의 상임위원회 정령 제1355호), 2011년 12월 14일
「조선민주주의인민공화국 고등교육법(이하 고등교육법으로 약칭)」
(최고인민회의 상임위원회 정령 제2036호)을 각각 제정·공포하였다.

　이러한 2000년 이후 북한 사회복지 입법 동향은 북한의 사회복지
에 대한 인식과 행태-적어도 제도적 수준의-를 반영하고 있다. 또 이
러한 북한의 입법 동향을 분석하면, '대상별 법적 분화'가 나타나고
있다 하겠다. 따라서 이러한 점에서 2000년 이후 북한의 사회복지
관련 입법 행위는 상당한 의미를 갖는다. 왜냐하면 이는 과거 북한
사회복지법제의 경우 북한이 대상별 통합적인 법제를 추구하는 행
태와 정반대의 태도이기 때문이다. 즉, 2000년 이후 북한의 사회복
지 관련 입법행위는 대상별로 독립적인 입법화를 추진하고 있다. 이
에 한마디로 북한도 사회적 약자인 장애인, 노인, 아동, 여성에 대한
제도적 장치를 완비하였다[2]고 할 수 있다.

　이러한 점에서 2000년 이후 북한 사회복지법제의 동향은 2003년
「장애자보호법」을 기준으로 하면, 다소 시계열적 차이는 있으나 '분
화와 포괄'이 거의 동시에 나타난다. 반면 1946년 「사회보험법」을 기
준으로 하면 '분화와 포괄'현상이 혼재되어있다. 그리고 무엇보다 이

---

2) 위의 책, 178쪽.

러한 원인은 북한의 정치·경제·사회적 환경과 상황, 이를 촉발시킨 체제 동학에 기인한다.[3]

한편 북한의 사회복지법제 전체의 구성은 「헌법」을 최고상위법으로 파생되어 있다. 특히 1946년 제정된 「사회보험법」의 경우 제정 당시를 기준으로 하면, 상당히 구체적이며 포괄적인 내용을 명시하고 있다. 그러나 이러한 북한 사회복지법제를 2000년 이후 제정한 법령들과 비교하면, 다음과 같은 몇 가지 의미로 요약된다.[4]

가령 첫째, 노인복지와 관련, 북한은 1946년 이후 이렇다 할 직접적인 법령을 제정하지 않았지만 2007년 제정한 「년로자보호법」을 통해 이를 강화하였다. 즉 동 법령으로 인해 북한은 다소 취약하다 할 수 있는 노인복지 입법에 대한 비판을 상쇄시킬 수 있다. 이러한 맥락에서 「헌법」을 제외한, 북한 노인복지법제의 작동근거와 체계를 「년로자보호법」 제정을 통해 일정부문 보강하였다. 즉, 장기간 결여되어 왔던 북한 노인복지법제 동학을 「년로자보호법」을 통해 일정부문 보충하였다. 또한 북한은 「년로자보호법」을 제정함으로써 적어도 사회복지법제에 있어 상술한 장애인, 아동, 여성 등 요보호자를 포함한 법령들과 더불어 일정한 체계를 갖추게 되었다. 둘째, 내용적인 면에서 1946년 제정한 「사회보험법」은 구체적인 급여기준을 명시한 반면 「년로자보장법」은 북한이 노인복지 사업을 수행함에 있어 필요한 내용들을 명시하고 있다. 따라서 「년로자보호법」은 북한이 국가차원의 노인복지정책에 대한 방향을 제도적으로 공식화한 것이다. 셋째, 다른 한편으로 지적되는 것은 동 법령의 제정 배경

---

3) 위의 책, 178쪽.
4) 이철수, '2008년 북한 사회보장법에 대한 연구', 2014 4대 사회정책통합학회 발표문을 수정 보완한 것임(오송: 사회정책통합학회, 2014).

인데, 북한 인구센서스에 따르면 2008년 현재 만 65세 이상 인구가 209만 7천 명으로 전체 인구 2천 405만 2천 명의 8.7%를 차지한다.[5] 이에 북한이 2007년을 전후로 북한도 이른바 고령화사회-고령인구 비중 7% 이상-로 진입하였다. 따라서 북한의 입장에서 자신들도 고령화사회를 맞이하였고 그에 조응하는 법령을 제정할 필요성을 자연히 인식할 수밖에 없는 상황에 봉착하였다. 결국 북한은 이러한 대내적인 인구변화 추이에 따른 정책적 선택을 해야만 했고 이러한 결과의 하나로 동 법령이 제정된 것이라 하겠다. 즉, 북한은 노인 인구의 고령화 추세를 반영한 국가차원의 사회보장제 보완이라는 측면을 고려한 것이다.[6]

또한 동일한 시기인 2009년과 2010년에 각각 제정한 「로동정량법」과 「로동보호법」의 경우 1978년에 제정한 기존의 「조선민주주의인민공화국 사회주의 로동법(이하 로동법으로 약칭)」을 보충하는 의미와 역할을 함에 따라 노동에 대한 북한의 인식이 반영되었다고 판단된다. 그리고 이 역시 앞서 상술한 여타 사회복지법제의 입법 동향과 무관하지 않다. 이에 역설적으로 입법시기를 기준으로 할 때 「로동정량법」과 「로동보호법」은 사회복지법제 입법의 연장선상에 있다 하겠다.[7]

이러한 문제의식 하에 본 연구의 목적은 북한이 2000년 이후 제정

---

5) 『연합뉴스』, 2013년 1월 3일.
6) 이철수, "북한「년로자보호법」의 의의와 한계: 타 법령과의 비교를 중심으로," 제19권 1호 (서울: 북한연구학회, 2015b), 60~62쪽.
7) 물론 이러한 법제가 제대로 작동하고 있는지에 관한 논란이 존재한다. 본 논문은 북한의 사회복지법제가 존재 혹은 부존재에 대한 확인을 기초로 하여 법령들의 유기성을 분석하는 것을 목적으로 한다. 북한 사회복지법제와 인권문제에 대한 논의는 연구의 범위에서 배제하였다. 이에 대한 실상은 해마다 발간되는 통일연구원의 『북한인권백서』와 대한변협인권재단의 『북한인권백서』를 참고.

한 사회복지관련 법령의 입법 동향을 파악하고 그 주요 특성을 분석하고자 한다. 이를 위한 본 연구의 핵심 분석대상은 서술순서와 동일한데, 먼저 거시-구조적 수준에서 북한 사회복지법제 동학에 대한 맥락적인 검토를 한다. 다음으로 2000년 이후 북한 사회복지법제 입법 동향을 관련 법령을 중심으로 고찰하고자 한다. 마지막으로 이를 토대로 본 연구는 북한 사회복지법제의 체계와 법적관계, 정체성과 그 함의에 이르고자 한다. 이를 위한 본 연구의 분석대상의 상관관계를 도식화하면 다음 〈그림 1〉과 같다.

<그림 1> 분석모형

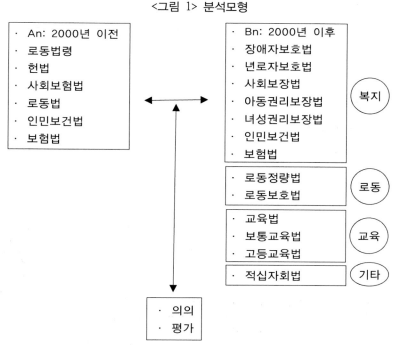

* 출처: 저자 작성.

II. 북한 사회복지법제 동학

북한의 사회복지와 관련된 법령의 동학은 북한의 사회보험과 사회보장을 동시에 추적하여 유추해야한다. 이에 북한의 사회복지 관련 법령의 역사적 전개는 다음과 같다. 첫 번째 법령의 경우, 1946년 6월 26일 「북조선 노동자·사무원에 대한 로동법령(이하 로동법령으로 약칭)」[8](북조선임시인민위원회 결정 제29호)을 통해 북한은 노동자·사무원에 대한 의무적인 사회보험제를 명시하였다.[9]

두 번째 법령의 경우, 상술한 「로동법령」이 1946년 12월 19일 「사회보험법」(북조선 임시인민위원회 결정 제135호)을 통해 승계된다. 주목해야 할 것은 북한이 동 법령보다 앞서 제정된 「로동법령」의 제25조 "직업총동맹이 주도하는 특별위원회가 연금(각종 급여)에 관한 규정을 6개월 내에 처리한다는 조항"을 동 법령을 통해 이행한 것이다. 이에 동 법령은 「로동법령」과 연계한 후속법령이자 세부 시행조치의 성격을 가지고 있다. 이렇게 볼 때 앞서 제정된 「로동법령」은 상위법령이고 「사회보험법」은 하위법령, 즉 실천수준의 법령이라 판단된다.[10]

특히 동 법령은 전문과 총 14장 175개조로 구체적이고 방대한 규정을 명시하였다. 따라서 사회주의 국가건설과 연계해 볼 때 그 실현여부를 떠나 동 법령은 일정부문의 체계성을 가지고 있다고 판단

---

8) 한편 북한은 본 법령 발표 후 약 2개월이 지난 1946년 8월 9일 채택된 "북조선 로동당 강령"의 총 13개 조항 중 "제6조에서 8시간 노동제를 실시, 사회보험 보장 등"의 복지 관련조항이 명시되어 있다.

9) 이철수, 「긴급구호, 북한의 사회복지: 풍요와 빈곤의 이중성」 (서울: 한울아카데미, 2012), 168쪽.

10) 위의 책, 170쪽.

된다.[11]

세 번째 법령의 경우, 1978년 4월 18일「로동법」(최고인민회의 제6
기 2차 회의 법령 제2호)에 나타나 있다. 동 법령은 전문과 총 7장,
79개조로 구성되어 있고 노동자에 대한 권리와 의무에 대한 다양한
내용을 포괄하고 있다. 따라서 동 법령은 상술한「로동법령」이후의
북한이 정식으로 채택한 '노동 법규'이자「헌법」을 제외한 최상위법
령이다. 또한 동 법령은 기존의「로동법령」을 대체하는 기능과 의의
를 가진 노동과 관련한 북한의 최고 법령이라 하겠다.[12]

한편 동 법령에 앞서 북한이 제정한「로동법령」과「사회보험법」
은 이후 개정된 사례가 없다. 하지만「로동법」은 1978년 4월 18일 제
정된 이후 1986년 2월 20일 중앙인민위원회 정령 제2494호, 1999년
6월 16일 최고인민회의 상임위원회 정령 제803-1호로 2015년 6월 30일
최고인민회의 상임위원회 정령 제566호로 각각 세 차례 수정되었다.
그러나 세 차례의 수정이 북한의 노동정책에 이렇다 할 변화를 야기
한 것은 아니라 부분적인 수정만 하였다.[13] 가령 1999년의 수정된
「로동법」의 주요 내용을 살펴보면 제40조 "국가는 독립채산제원칙
에 따라 공장, 기업소들의 현물지표별 생산계획과 원가계획을 정확
히 평가한데 기초하여 공장, 기업소들에 생활비자금을 분배한다"라
는 것인데 이는 기존의 조항을 보다 더 구체화 시킨 것이다.[14] 또한
2015년의 경우 산전산후 휴가가 기간이 기존 180일에서 240일로 확
대되었다.

---

11) 위의 책, 170쪽
12) 위의 책, 171쪽
13) 위의 책, 173쪽
14) 위의 책, 173쪽. 보다 자세한 내용은 유성재(2009)연구 참조.

네 번째 법령의 경우 1995년 4월 6일 결정한 「조선민주주의인민공화국 보험법(이하 보험법으로 약칭)」(최고인민회의 상설회의 채택·결정)인데, 동 법령은 1999년 2월 4일 최고인민회의 상임위원회 정령 제383호, 2002년 5월 16일 최고인민회의 상임위원회 정령 제3038호, 2005년 9월 13일 최고인민회의 상임위원회 정령 제1298호, 2008년 12월 16일 최고인민회의 상임위원회 정령 제2989호, 2015년 4월 8일 최고인민회의 상임위원회 정령 제456호를 통해 각각 다섯 차례 수정·보충되었다.

동 법령의 경우 북한이 도입한 일종의 보험제도로 인체와 재산에 대한 보험을 도입하였지만 1946년 제정된 「사회보험법」과는 전혀 다른 차원의 법령이다. 가령 1946년 「사회보험법」이 노동자와 사무원의 의무가입을 명시한 반면 1995년 「보험법」은 임의가입이다. 또한 보호의 범위에서도 1946년 「사회보험법」이 사회안전망에 대한 합의라면 1995년 「보험법」은 보험기관과 당사자간 계약에 의거한 부가적인 보호의 기능을 갖고 있다. 이를 한마디로 표현한다면 1946년 「사회보험법」은 노동자와 사무원에 대한 보편주의적 성향이 있는 반면 1995년 「보험법」은 선별주의적이고 이에 따라 가입자(계약자)의 가입의사에 따라 적용여부가 결정되고 국가보험기관과 당사자간 계약에 의한 위험과 보호의 범위를 결정한다. 또한 계약에 의한 법적인 보호의 내용에 있어 인체와 재산을 중심으로 하고 있다. 이에 동 법령 "제2조(보험의 분류) 보험은 인체보험과 재산보험으로 나눈다. 인체보험에는 생명보험, 재해보험, 어린이보험, 려객보험 같은것이, 재산보험에는 화재보험, 해상보험, 농업보험, 책임보험, 신용보험 같은것이 속한다."라고 명시하였다.

다섯 번째 법령의 경우 2008년 1월 9일 제정한 「조선민주주의인민

공화국 사회보장법(이하 사회보장법으로 약칭)」(최고인민회의 상임
위원회 정령 제2513호)인데, 이는 북한이 공식적으로 사회보장에 관
해 독립적이고 직접적으로 언급한 북한 최초의 법령이다. 이후 동
법령은 동년 10월 26일 최고인민회의 상임위원회 정령 제2943호,
2011년 10월 16일 최고인민회의 상임위원회 정령 제1902호, 2012년
4월 3일 최고인민회의 상임위원회 정령 제2303호로 재차 세 차례 수
정·보충되었다. 이는 과거 북한이 「로동법」을 제정한 이후 20년 동
안 두 차례 수정된 것과 비교할 때, 의미하는 바가 크다. 왜냐하면
「사회보장법」의 경우 「로동법」과 달리 제정된 이후 만 4년이 안된
시점에서 이미 세 차례나 수정했기 때문이다. 이는 역설적으로 북한
이 동 법령에 대한 관심도를 반증한다. 아울러 동 법령은 법 제정의
의의측면에서 접근하면 북한이 1946년 제정한 「사회보험법」에 이후
가장 주목할 만한 법령이다.15)

북한은 사회보장과 관련, 동 법령이 제정되기 이전까지 간접적인
법령들을 통해 자신들의 입장을 밝혔다. 역으로 이는 북한 사회보장
과 관련한 법령의 경우 사회보장과 직접적으로 관련된 국가차원의
정식법령이 2008년까지 채택되지 않았다는 것이다. 하지만 동 법령
을 통해 북한은 가장 직접적으로 사회보장에 관한 함의를 제시하였
다. 아울러 이는 북한이 1946년 「사회보험법」 이후 부족하거나 단절
되었던 사회보장 관련 입법행태에 대한 비판의 마침표를 찍은 법령
이다. 때문에 동 법령이 갖는 법 제정적 의의는 그 기능에 대한 검증
을 차치하더라도 북한 사회복지법제에 있어 상당한 의미가 있다.16)
참고로 지금까지 논증한 북한 사회복지·사회보장 관련 대표 법령

---

15) 이철수, 앞의 책, 2015a, 181쪽.
16) 위의 책, 181쪽.

을 정리하면 다음 〈표 1〉과 같다.[17]

<표 1> 북한의 사회복지·사회보장 관련 대표 법령

주요 법령	제정 시기	주요 내용과 의의
로동법령	· 1946년 6월 26일 · 북조선임시인민위원회 결정 제29호	· 의무적인 사회보험제 명시 · 제도 도입의지 공식화 · 실천 의지 천명
사회보험법	· 1946년 12월 19일 · 북조선 임시인민위원회 결정 제135호	· 각종 사회보험 제도 최초 명시 · 제도 실천 규정 명문화 · 구체적 급여 기준 제시
로동법	· 1978년 4월 18일 · 최고인민회의 제6기 2차 회의 법령 제2호 · 3차례 수정	· 국가적 사회적 혜택 언급 · 각종 복지 급여 명시 · 사회보장제도 운영원리 부문 제시
보험법	· 1995년 4월 6일 · 최고인민회의 상설회의 결정 · 5차례 수정	· 인체·재산의 피해 보상 명시 · 계약에 의한 보험제도 도입 · 보험기능 제도적 강화 · 임의가입 형태로 유지
사회보장법	· 2008년 1월 9일 · 최고인민회의 상임위원회 정령 제2513호 · 3차례 수정	· 사회보장사업 함의 · 사회보장사업 구체적인 내용 명시 · 단절된 법제 재정비

* 출처: 저자 작성.

---

17) 참고로 북한의 「조선민주주의인민공화국 인민보건법(이하 인민보건법으로 약
   칭)」은 사회보장 부문의 보건의료서비스를 실천하기 위한 법적기제이나 사회
   보장 법령에 직접적인 관련이 있지 않고 간접적인 관련이 있음에 따라 현재
   부문에서는 논의에서 배제하고자 한다.

Ⅲ. 2000년 이후 사회복지법제: 입법과 수정

1. 동향

본 연구의 주요 분석대상인 2000년 이후 북한 사회복지법제 입법 동향은 다음과 같다. 앞서 상술한 바와 같이 북한은 2003년 6월 「장애자보호법」, 2007년 4월 「년로자보호법」, 2008년 1월 「사회보장법」, 2010년 12월 「아동권리보장법」[18]과 「녀성권리보장법」을 각각 제정·공포하였다. 따라서 이를 통해 북한은 소위 장애인·노인·아동·여성으로 대표되는 사회적 약자를 대상으로 하는 법령을 완비한 셈이다.

이에 2000년 이후 북한의 법 제정은 북한의 인식이 반영되어 있고 그 의의 또한 크다고 판단된다. 왜냐하면 상술한 바와 같이 북한은 취약계층인 장애인·노인·아동·여성에 대한 법령이 2010년을 기점으로 비로소 완료했기 때문이다.[19] 그러나 이는 역설적으로 북한이 이러한 계층에 대한 법 제정 이전까지의 부족한 관심과 사회복지 서비스 정도를 반영하기도 한다. 즉 역으로 이는 동 법령들이 제정되기 이전까지 이들에 대한 북한의 인식을 반증한다.[20]

---

18) 북한은 「장애자보호법」의 일종의 실행기구인 '장애자보호위원회'를 두도록 규정하고 있다. 또한 2013년에는 이 법제를 국제기준에 맞추기 위하여 UN의 장애인권리 협약에 서명했던 내용을 반영하여 개정하였다. 구체적인 내용으로 장애자후원기금'을 설립한다는 조항을 추가했으며 장애인 복지사업 투자에 관한 내용이 포함되었다. 개정법은 모든 건물과 시설을 장애인이 편리하게 이용할 수 있도록 설계하고 장애인이 사회활동에 적극적으로 참가할 수 있는 환경을 조성하도록 했다고 알려졌다.(조선신보, 2013.12.6)
19) 이철수, 앞의 책, 2012, 120~121쪽.
20) 위의 책, 121쪽.

가령 장애인의 경우 장애인을 위한 별도의 교육기관이나 서비스가 부재하였으며 이는 법 제정이후 현재까지도 과거와 거의 동일한 실정이다. 또 노인의 경우 노령연금으로 인한 노후보장 이외에 이렇다 할 공적서비스 프로그램이 전무하다. 또한 여성의 경우 기존의 산전산후 휴가 보장, 아동의 경우 탁아소를 제외한 별도의 서비스 프로그램이 부족하다.[21] 또 이 경우 북한이 보장한 이들에 대한 사회복지서비스의 제도적 수준에 대한 비판이 제기된다.

또 「아동권리보장법」과 「녀성권리보장법」은 다소 대외적인 요인에 기인한 측면도 있다. 가령 아동과 관련, 북한은 1991년 '유엔아동권리협약'에 가입하였지만 이후 이렇다 할 행태를 나태내지 않았다. 또한 2014년 11월 유엔 총회가 북한인권결의안의 채택을 앞두자 북한은 유엔 인권이사회가 권고한 아동권리협약 선택의정서를 비준하였다. 아울러 이에 앞서 북한은 2013년 7월 '장애인권리협약'에도 서명하였다. 이는 결국 북한이 인권문제에 대한 국제사회의 비난 여론을 의식한 대응이다. 따라서 북한은 이러한 문제의 연장선상에서 장애인, 아동, 여성에 대한 법령을 제정할 수밖에 없는 대외적 환경에 따른 '비자발적 입법'을 진행하였다는 해석도 가능하다.

한편 이러한 북한의 입법 배경과 동기를 떠나 결과적으로 이러한 법령들의 제정은 북한의 인식이 사회적 약자에 대한 배려로 확대되었다는 법적 의지의 표현을 의미한다. 하지만 여전히 법령의 제정이 다른 국가와 비교하였을 때, 상당부문 늦은 측면이 있고 아울러 이를 뒷받침할 만한 후속적인 세부조치가 행동으로 이어지는가에 대한 의문이 제기된다. 다시 말해 북한이 이에 상응하는 행위를 사회

---

21) 위의 책, 121쪽.

복지현장에 실천했을까하는 점은 여전히 미확인된 부문이다. 그러나 다른 한편으로 북한이 2000년대 접어들어 이들에 대한 관심의 결과로 국가차원의 법령을 제정한 기존과 다른 북한의 태도변화는 주목할 만하다.[22] 이와 연장선상에서 2009년과 2010년의 노동관련 법령들의 입법을 통한 법적 분화는 동일한 맥락에서 이해된다 하겠다.

즉, 북한은 사회복지와 간접적인 관련이 있는 법령도 이 시기에 제정하였는데, 2009년 12월 10일 「로동정량법」, 2010년 7월 8일 「로동보호법」각각 제정하였다. 북한의 「로동정량법」은 각 사업장에서 노동정량사업을 강조하였고, 「로동보호법」은 근로자의 노동보호의 절차와 내용을 구체화하였고 노동인권의 보호와 신장을 주요 내용으로 하고 있다. 따라서 이 또한 근로자의 노동보호, 노동인권, 산업재해에 대한 북한의 인식이 반영된 것으로 상술한 법령의 제정과 그 맥락을 같이 한다.

때문에 북한의 이러한 입법 동향이 의미하는 것은 북한 스스로 기존의 법령의 한계를 인식함과 동시에 비교적 촘촘한 법령을 통해 국가의 기틀과 사회적 약자에 대한 보호와 배려에 임하겠다는 인식의 변화와 의지로 해석된다. 다시 말해 이러한 북한의 새로운 법 제정 동향은 기존의 북한모습과 그 궤적을 달리하는 행태라 판단된다.[23]

또한 「로동정량법」과 상술한 「로동보호법」은 기존의 1978년에 제정된 「로동법」이 분화된 형태라 하겠다. 이를 근거로 할 때, 북한의 최근 법 제정 동향은 '노동과 복지'라는 두 축의 법제가 거의 동시에 재편되고 있다고 판단된다. 그리고 이는 북한 역시 노동과 복지의 양자의 상호관계성과 고유한 속성을 인식하고 있음을 의미한다. 따

---

22) 위의 책, 121쪽.
23) 이철수, 앞의 책, 2015b, 58쪽.

라서 이로 인해 적어도 북한에 대한 사회복지 법제적 비판은 상당부문 상쇄되었다. 다시 말해 이제 북한은 사회복지법제에 있어 일정한 법적 체계를 적어도 제도적·외형적으로는 갖추었다고 할 수 있다.[24]

한편으로 주목해야 할 점은 북한의 대표적인 보건의료법령인 「인민보건법」의 경우 2000년대 들어와서 세 차례나 수정하였다는 것이다. 물론 2000년 이후 세 차례의 수정을 통해 「인민보건법」의 주요 내용이 크게 변화한 것은 없지만 수정시기가 기존에 비해 짧고 잦아진 점을 감안하면 이 역시 북한법제의 현대화·국제화[25]와 관련이 있다 하겠다.

다른 한편 북한은 2011년 1월 19일 「보통교육법」을, 동년 12월 14일 「고등교육법」을 각각 제정하였다. 전자인 「보통교육법」은 기존의 교육법과 비교했을 때 인재양성을 강조하고 있고 특히 기초과학기술과 외국어교육 강화를 명시하고 있다. 반면 후자인 「고등교육법」은 고등교육 정책과 사업에 대한 전반적인 내용을 담고 있다.

특이한 점은, 양 법령은 북한이 1999년 7월 14일 제정한 「조선민주주의인민공화국 교육법(이하 교육법으로 약칭)」(최고인민회의 상임위원회 정령 제847호)을 기본으로 다소 분화된 형태를 갖고 있다는 점이다. 그리고 이는 상술한 북한 「로동법」이 「로동정량법」과 「로동보호법」으로 각각 분화된 행태와-시간적 차이를 제외하고는-거의 유사하다. 따라서 이러한 것들을 근거로 판단해 볼 때, 2000년대 후

---

24) 하지만 「로동보호법」은 "노동보호 물자를 무상 또는 유상 공급"으로 규정함으로써 유상의 가능성을 열어 두고 있어 인권 비친화적인 요소로 작용할 여지도 포함하고 있다.

25) 이 시기 북한 법제의 국제화와 현대화에 대한 보다 자세한 내용은 손희두 (2010) 연구 참조.

반을 기점으로 북한법제 자체의 본격적인 현대화가 시작됨과 동시에 고착화 되었다고 판단된다. 또한 이는 입법 당시 해당 사안에 대한 북한의 문제의식을 고스란히 반영한 고민의 결과이기도 하다.

이에 장명봉은 김정일시대 북한의 입법에 대해 2006년 다음과 같이 평가하였다. 첫째, 폐쇄에서 개방으로 실용주의적 입법 경향을 보여주고 있다. 둘째, 1990년대 김정일시대 법제정비는 북한의 대내외적 환경변화에 대한 법적 대응으로 나타나고 있다. 즉, 북한은 대내외적 환경변화에 대응하여 북한식의 변화를 모색하고 있으며, 이러한 변화 모색은 법제에 반영되고 있다. 셋째, 북한법제의 변화내용은 종래의 북한법제에 비하여 서로 유기적인 연관성을 가지고 체계적으로 이루어지고 있다는 점에서 발전면모를 보여주고 있으며, 이러한 북한법제의 변화내용은 향후 북한의 정책전개의 향방을 가늠하는 지표가 될 수 있다. 넷째, 최근 북한법제는 그 내용과 형식면에서 볼 때, 무엇보다 대내외적 환경변화를 수용하고 있으며 향후 지속적인 변화를 예고하고 있다. 다섯째, 북한의 현행 법제정비의 내용 면에서 이념적 색채를 완화하고 있는 것과 함께 그 형식면에서도 비교적 안정된 체제를 갖추면서 법제의 체계화를 도모하고 있다고 할 수 있다. 여섯째, 근래에 제정 또는 개정된 북한의 법률들의 내용을 일별할 때, 이데올로기적 요소가 줄어들고 대신 객관적 사회규범으로서의 기능이 기대됨으로써 북한도 향후 인치(人治)로부터 법치(法治)로의 변화, 즉 교시에 의한 통치로부터 법에 의한 통치로의 변화가 촉진될 가능성이 엿보인다. 일곱째, 북한의 법제정비와 입법동향에 비추어 향후 북한의 통치시스템은 '교시'가 '당정책화'하고 그것이 '법제화'(교시→당정책화→법제화)하는 메커니즘으로 작동될 전망이다[26]라고 하였다. 이에 지금까지 논증한 2000년 이후 북

한 사회복지법제 관련 법령들의 동학은 크게 여섯 가지로 구분되는
데 이를 도식화하면 다음 〈그림 2〉와 같다.

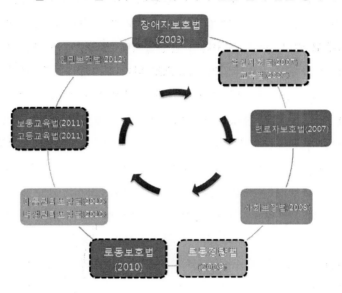

<그림 2> 2000년 이후 북한 사회복지 관련 법제 입법 동학

* 비고: 1. 점선은 사회복지와 간접적으로 관련된 법령.
　　　 2. 시계방향으로 입법과 수정순으로 정렬.
　　　 3. 「교육법」과 「인민보건법」은 수정.
* 출처: 저자 작성.

2. 각 법령들의 정체성: 위치·관계·기능

북한의 사회복지법제, 즉, 사회복지 법체계에 있어 관련 법령들의

---

26) 장명봉, "북한의 최근 법제 동향과 평가 -대중용법전 증보판(2006) 발간에 즈음
하여-," 『북한법연구』 제9호 (서울: 북한법연구회, 2006), 24쪽.

법적 위치, 기능은 다음과 같다. 첫째, 법적 위치의 경우 사회복지법제에 있어 최고 상위법인 「헌법」이고 이에 반해 「사회보장법」과 「사회보험법」이 별도로 존재한다. 즉, 북한의 「헌법」이 사회복지에 관한 추상적 수준의 함의를 제공한 반면 「사회보험법」은 이를 실천하기 위한 구체적 수준의 내용이다. 또한 「사회보장법」은 양 법령의 매개적 수준 즉, 「헌법」이 보장한 사회복지에 관한 국가차원의 복지사업에 대한 내용을 밝힌 것이다. 따라서 북한 사회복지법제는 크게 「헌법」→「사회보장법」→「사회보험법」순이다. 이에 따라 앞서 언급한 세 법령은 수직적 상하관계를 형성한다.[27]

이에 「사회보장법」은 양 법령의 매개적 수준 즉, 「헌법」이 보장한 사회복지에 관한 국가차원의 복지사업에 대한 내용을 밝힌 것이다. 따라서 동 법령은 「헌법」과 「사회보험법」의 중간에 위치한다 하겠다.[28] 이에 따라 앞서 언급한 세 법령은 수직적 상하관계를 형성한다.[29] 역설적으로 이는 동 법령이 제정되기 이전까지 북한의 구체적인 사회복지의 제도적 운영기반이 「헌법」과 「사회보험법」에 의거했음을 의미한다. 아울러 이는 또한 북한의 사회보장사업에 대한 뚜렷한 법적기반이 다소 미약했음을 의미한다.[30]

---

27) 이철수, 앞의 책, 2015b, 62쪽.
28) 이에 동 법령은 사회복지법체계에 있어 남한의 '사회보장기본법'(혹은 '사회복지사업법')의 위치, '공공부조법'의 성격과 매우 흡사하고 이로 인해 동 법령은 다소 '이중적인 정체성'을 갖고 있다고 하겠다.
29) 한편 이와 다른 해석도 가능한데, 사회복지법제의 체계가 아닌 일반적인 법적 위치, 즉 법의 상하관계에 있어, 「사회보장법」이 「사회보험법」에 비해 상대적으로 높은 위치에 있다고 판단하기에는 다소 한계가 있다. 이러한 기준을 중심으로 한 법적 위치는 「사회보장법」과 「사회보험법」이 거의 동일한 위치에 있다고 할 수도 있다. 즉, 이러한 판단의 근거는 양 법령의 관계를 일반법(기본법)과 특별법의 관계로 볼 여지도 있기 때문이다.
30) 이철수, 앞의 책, 2015a, 182쪽.

이러한 구도에서 「장애자보호법」과 「년로자보호법」은 상술한 세 법령의 하위단위에 해당된다. 이러한 원인은 「장애자보호법」과 「년로자보호법」에서 명시한 각종 급여와 혜택에 대한 정책적 방향이 「사회보장법」에 명시되어 있고, 그 실제적 기준이 「사회보험법」에 나타나있기 때문이다. 아울러 이러한 점에서 「아동권리보장법」, 「녀성권리보장법」도 동일한 법적관계를 갖는다.[31]

둘째, 북한의 「사회보장법」과 「로동법」, 「인민보건법」은 상호 수평적인 관계이다. 북한의 「로동법」이 노동을 중시하는 사회주의 체제의 국가차원에 대한 함의라면 「인민보건법」은 보건의료에 대한 국가차원의 정책을 표명한 것이다. 이에 양 법령은 「사회보장법」과 상호 보완적인 기능을 갖는데, 이는 노동(능력)에 의거하여 사회보장 혜택을 받고 나아가 사회보장서비스에 보건의료가 포함되는 상관관계 때문이다. 따라서 앞서 언급한 세 법령은 「헌법」을 제외한 사회복지와 관련된 법령 중에서 사실상 거의 동일한 의미와 무게를 가진 법령이다.[32]

이와 연장선상에서 「사회보장법」, 「로동법」, 「인민보건법」은 법적인 내용상 대동소이한 조항이 상당부문 존재한다. 특히 「로동법」의 경우 사회보험과 관련한 내용을 포함하고 있어 「사회보장법」과 법적 경계가 중복된다. 그리고 이러한 원인은 사회주의 국가사회복지 체제의 속성과 특징으로 요약된다. 즉, 사회주의 체제하의 이른바 노동과 복지의 상관관계와 세 법령의 제도적 역할의 중첩성에 기인한다.[33]

---

31) 이철수, 앞의 책, 2015b, 63쪽.
32) 이철수, 앞의 책, 2014, 5쪽.
33) 이철수, 앞의 책, 2015a, 183쪽.

셋째, 북한의 「로동정량법」과 「로동보호법」은 각각 근로자를 위해 근로조건과 산업재해 등에 대한 보호와 예방을 명시하였다. 양 법령을 근거로 할 때, 양 법령은 「로동법」과 밀접한 관련이 있다. 즉, 기존에 제정한 북한의 노동과 복지 기준인 「로동법」이 큰 틀의 사회주의 노동과 보호에 대한 함의를 밝힌 반면 양 법령은 상술한 바와 같이 근로조건과 산업재해에 대한 하위법주에 대한 함의를 언급하였다. 따라서 이들 간의 법적관계는 사실상의 상하관계로 상위범주인 「로동법」을 중심으로 하위범주인 「로동정량법」과 「로동보호법」이 각각 자리하고 있다 하겠다.

넷째, 기능의 경우 북한의 「헌법」은 사회복지와 관련된 국가의 책임과 의무를 제시한 반면 「사회보험법」은 각종 복지급여에 대한 적용기준을 명시하였다. 반면 「사회보장법」은 이에 동반되는 국가차원의 사회보장 사업에 대해 다소 구체적으로 명시하였다.[34] 이러한 구도에서 「장애자보호법」과 「년로자보호법」은 상술한 세 법령에서 북한이 언급한 년로자에 관한 내용을 집약하여 독립적인 법령을 통해 보다 구체화시켰다. 이에 「년로자보호법」과 「장애자보호법」은 앞서 언급한 세 법령-헌법, 사회보험법, 사회보장법-에서 나타난 복지서비스 대상의 범위를 (재)설정하여 보다 더 세밀한 법적구성을 하였다.[35] 또한 「아동권리보장법」과 「녀성권리보장법」, 「로동정량법」과 「로동보호법」은 각 개별 법령이 표방하는 보호대상과 사안에 대해 기준을 제시하였다.

다섯째, 이에 다른 한편으로 법적 기능과 성격상 「장애자보호법」, 「년로자보호법」, 「아동권리보장법」, 「녀성권리보장법」은 상호 수평

---

34) 이철수, 앞의 책, 2014, 5쪽.
35) 이철수, 앞의 책, 2015b, 63쪽.

적 관계이다. 왜냐하면 상술한 네 법령 모두 앞서 언급한 바와 같이 법적 적용대상이 분명하고 이들이 모두 사회적 약자라는 공통점이 있기 때문이다. 또한 「년로자보호법」과 「장애자보호법」 보호대상에 대한 서비스가 초점인 반면 「아동권리보장법」과 「녀성권리보장법」은 해당 대상의 법적 권리가 초점이다.[36)]

이러한 이유로 앞서 상술한 바와 같이 「년로자보호법」과 「장애자보호법」은 수평적 관계이다. 반면 후자인 「아동권리보장법」과 「녀성권리보장법」은 양 법령만 놓고 보면 상호 수평적 관계이다. 그러나 양 법령을 「년로자보호법」과 「장애자보호법」에 대입하면 직접적인 관련성은 미비하나 상관관계가 사실상 성립된다. 왜냐하면 년로자와 장애자에 각각 여성과 아동이 포함되기 때문이다.[37)]

여섯째, 「년로자보호법」은 「장애자보호법」, 「사회보장법」과 법적인 내용상 대동소이한 조항이 상당부문 존재한다. 가령, 적용대상과 서비스의 속성으로 인해 현물급여 종류의 경우 상당부문 일맥상통한다. 다른 한편으로 이러한 원인은 각 법령의 법적 관계의 연장선상에서 발생한 것이라고도 할 수 있다. 또한 북한의 국가사회복지체제의 특성과 한계인 단일복지체제에서 비롯된 것이라 판단된다.[38)]

일곱째, 2000년 이후 입법된 법령들 역시 북한의 여타 법령과 마찬가지로 법령의 '정합성 문제'가 제기된다. 가령 법치주의적 원리 하에 해당 법령이 제도적 구속력을 완비했다 해도 반드시 시행령과 시행세칙을 통해 미비점을 보완하는 법적 체계를 정비해야한다. 그러나 동 법령은 하위규범인 시행령과 시행세칙이 제정되지 않았다.

---

36) 위의 책, 63쪽.
37) 위의 책, 63쪽
38) 위의 책, 64쪽.

따라서 북한이 동 법령에 대한 규범력과 실천력을 보장하기 위한 법률의 실천적 기능을 간과한 것은 분명한 한계로 지적된다. 때문에 이로 인해 동 법령이 실제 작동 여부보다는 대내외적인 홍보를 위한 형식적 요건을 갖추는데 초점을 두고 법을 제정한 것은 아닌지에 대한 다양한 해석이 가능하다.39)

IV. 결론

본 연구는 2000년 이후 북한이 제정한 주요 사회복지법령을 놓고, 북한의 사회복지제도와 관련 법령의 법제와 동학, 각 법령의 법적 정체성과 상호관계를 중심으로 논증하였다. 결국 북한은 2000년대 당면한 대내적인 환경과 맞물려 추동한 결과, 다수의 사회복지 관련 법령들을 제정하게 되었다고 판단된다. 때문에 이는 북한의 복지환경과 복지인식 사이의 작용과 반작용의 상관관계에 기인한 결과로서 '입법화'로 승화되었다. 이를 견지에서 2000년 이후 북한 사회복지법제 동향에 대한 의의와 평가를 하면 다음과 같다.

첫째, 「장애자보호법」을 시작으로 북한 사회복지법제는 요보호대상별로 법적 분화가 시작되었고 이로 인해 개별 독립화된 법령들이 나타나기 시작하였다. 따라서 이는 기존과 다른 행태이고 이는 결국 북한 사회복지의 법제적 '현대화'를 의미하고 있어 큰 의의가 있다.

둘째, 이와 연장선상에서 이제는 북한 사회복지법제의 법적 구성과 체계측면에서 일정한 체계를 갖추게 되었다. 즉, 기존에 비해 법

---

39) 이철수, 앞의 책, 2015b, 66쪽.

적 보호대상의 사각지대가 전문화되어 협소해짐과 동시에 보호대상이 보다 더 확고해졌다. 이에 북한이 2000년 이후 입법한 주요 법령들은 북한의 사회복지법제에 있어 법적체계를 구성하는 데 일조한다.

셋째, 북한의 현실에서 노동과 복지의 상관관계를 다시금 인지한 듯, 마치 입법순서가 이를 의식한 듯이 진행되었다. 그리고 이는 북한의 사회복지법제의 정비이자 진일보한 행태로 다소 인상적이다.

넷째, 그럼에도 불구하고 여전히 부족한 점으로 지적되는 것은 이를 구체적으로 적용할 수 있게 하는 실천적 수준의 후속법령이 제정되지 않았다는 것이다. 즉, 북한 사회복지의 법적 기준은 있으나 이를 실천하여 현실화하게 만드는 법적 장치와 환경적 기반이 다소 부족하다는 것이다.

다섯째, 아울러 이러한 비판에도 불구하고 2000년 이후 북한 사회복지법제는 기존과 달리 구성과 내용적 측면에서 상당한 변화를 추동하였다. 그리고 이는 북한 사회복지의 법적체계에 있어 다소 긍정적인 요인이라 평가할 수 있다.

여섯째, 이 시기 북한은 사회복지와 관련된 입법만을 하는 것과 동시에 노동, 보건, 교육과 관련된 법령들을 입법·수정하였다. 이는 북한이 사회복지법령을 입법화하면서 이와 관련된 법령까지 조치하는 이른바, 북한식 법적 체계와 틀 속에서 전체를 통솔·통제하는 입법동향을 나타낸 것이다.

일곱째, 하지만 이와 달리 아이러니하게도 북한은 소위 말해 노인, 여성, 아동, 장애인을 제외한 취약계층이라 할 수 있는 영유아, 청소년 계층에 대한 별도의 보호 법령을 이 시기에 제정하지 않았다. 더욱이 이 시기는 이들에 대한 필요이상의 보호가 필요한 시기였다. 특히 이 시기 영유아의 열악한 복지현실에 대한 제도적 지원이 다른 계층에 비해 진전되지 않았다는 것은 북한 사회복지법제 현대화에 있어 논란의 대상된다. 또한 이는 북한이 복지환경과 현실 변화에 상응하는 제도적 반응에 있어 다소 둔감하다는 것이다. 이러한 점에서 북한 사회복지법제의 미완에 대한 부분적인 비판이 여전히 가능하다 하겠다.

여덟째, 아동과 장애인의 경우 입법배경에 대외적인 요인도 있다는 것이다. 즉, 국제사회가 지속적으로 제기해 온 북한인권 문제의 연장선상에 대한 대응으로 북한이 이와 관련된 법령을 제정한 측면도 있다는 것이다.

그러나 무엇보다 한 가지 분명한 것은 2000년 이후 북한 사회복지법제가 과거와 달리 괄목할 만한 변화를 하였다는 것이다. 그리고 이것이 북한 사회복지법제의 양적이고 질적인 발전을 일으켰고 종국에는 과거보다 한 차원 높은 법적체계를 형성했다는 것이다. 때문에 북한의 이러한 행태가 지속되는 한 적어도 제도적 측면에서 발전은 일정부문 가능하지 않겠느냐는 전망과 추측이 가능하다. 따라서 북한 사회복지법제 전체를 놓고 볼 때, 북한의 2000년 이후 입법 동향은 상당부문 의미하는 바가 크고 이는 결국 북한 사회복지법제 동학의 과거와 현재를 구분하는 판단기준이 되었다.

참고문헌

1. 북한자료

사회과학원 법학연구소,『민사법사전』, 평양: 사회안전부출판사, 1997.

사회과학출판사,『조선말대사전Ⅰ』, 평양: 사회과학출판사, 1992.

_____,『경제사전Ⅰ·Ⅱ』, 평양: 사회과학출판사 경제연구소, 1985.

2. 논문 및 단행본

손희두,『북한 법령의 국제화 추세에 관한 연구』, 서울: 한국법제연구원, 2010.

이철수,『긴급구호 북한의 사회복지: 풍요와 빈곤의 이중성』, 서울: 한울아카데미, 2012.

_____,『북한사회복지: 반복지의 북한』, 서울: 청목, 2003.

장명봉,『최신 북한법령집(2013)』, 서울: 북한법연구회, 2013.

유성재, "북한 사회주의노동법에 관한 연구,"『2009 남북법제연구보고서(Ⅱ)』, 서울: 한국법제연구원, 2009.

이철수, "북한 사회보장법 법적 분석: 기존 사회복지 관련 법령과의 비교를 중심으로,"『통일정책연구』제24권 1호, 서울: 통일연구원, 2015a.

_____, "북한「년로자보호법」의 의의와 한계: 타 법령과의 비교를 중심으로," 제19권 1호, 서울: 북한연구학회, 2015b.

_____, "2008년 북한 사회보장법에 대한 연구," 4대 사회정책통합학회 발표문, 2014.

장명봉, "북한의 최근 법제 동향과 평가-대중용법전 증보판(2006) 발간에 즈음하여-,"『북한법연구』제9호, 서울: 북한법연구회, 2006.

3. 기타

연합뉴스, 2013년 1월 3일.

제6장

북한 사회보장법 법적 분석
기존 사회복지 관련 법령과의 비교를 중심으로

Ⅰ. 서론

북한은 2003년 「장애자보호법」, 2007년 「년로자보호법」, 2008년 「사회보장법」, 2010년 「아동권리보장법」, 「녀성권리보장법」을 각각 제정·공포하였다. 이러한 북한 사회복지법제 동향은 북한의 사회복지에 대한 인식과 행태-적어도 제도적 수준의-를 반영하고 있다. 또 이러한 북한 사회복지법제 동향을 분석하면, '대상별 법적 분화'가 나타나고 있다. 따라서 이러한 점에서 최근 북한의 사회복지 관련 입법 행위는 상당한 의미를 갖는다. 왜냐하면 이는 과거 북한 사회복지법제의 경우 북한이 대상별 통합적인 법제를 추구하는 행태와 정반대의 태도이기 때문이다. 즉, 2000년대 이후 북한의 사회복지 관련 입법행위는 대상별로 독립적인 입법화를 추진하고 있다고 하겠다.

또한 이러한 의미의 연장선상에서 접근하면, 「사회보장법」은 제도적 차원에서 보다 더 직접적인 것으로 북한의 사회복지에 대한 인식을 나타내고 있다. 왜냐하면 여타 법령은 그 주요 대상을 각각 장애인, 노인, 아동, 여성인 반면 동 법령은 전체 국민을 대상으로 하기 때문이다. 즉, 동 법령의 적용대상은 사회적 약자를 포함, 제외대상이 거의 전무한 것으로 그 대상과 규모가 여타 법령에 비해 광범위하다. 역으로 이는 동 법령에 장애인, 노인, 아동, 여성이 포함된다는 것을 의미한다. 따라서 2000년대 북한 사회복지법제 입법동향은 '분화와 포괄'이 동시에 나타난다. 즉, 「사회보장법」을 기준으로 하면 포괄적인 경향이 있는 반면 나머지 법령을 기준으로 하면 대상별 분화적인 경향이 있다.

한편 북한이 사회보장에 관한 독립적이고 직접적인 법령을 최초로 공표한 것이 바로 「사회보장법」임을 감안하면 동 법령이 갖는 의미는 지대하다 하겠다. 이러한 의미와 달리 본 연구와 관련한 기존 연구1)는 사실상 전무하다. 이러한 이유는 무엇보다 2008년 제정한 북한의 「사회보장법」이 국내에 공개된 것이 2013년 장명봉의 연구를 통해 최초로 전문이 소개되었기 때문이다. 따라서 2013년 이전까지 국내에서는 동 법령에 대한 연구를 시도할 만한 정보나 환경이 마련되지 않았다. 아울러 동 법령의 전문이 소개된 2013년 이후 현재까지도 이와 관련한 연구가 시도된 사례는 매우 부족하다.

이러한 배경 하에 본 연구의 목적은 북한의 「사회보장법」을 기존의 관련 법령들과 비교, 그 특성을 분석·도출하고자 한다. 이를 위해 본 연구는 먼저 동 법령의 정체성을 제정 의의와 성격 등을 통해 고찰하고자 한다. 다음으로 동 법령의 적용대상, 급여, 재정부담, 전달체계, 관리운영을 중심으로 기타 법령들과 비교 분석하고자 한다.

---

1) 참고로 간접적으로 관련한 대표적인 연구로는 박복순 외(2014), 장혜경 외(2014), 이헌경(2013), 김성욱(2009), 김정순(2009), 박광동(2009), 손희두(2009), 유성재(2009), 이규창(2009) 등의 연구가 있다.

마지막으로 이를 토대로 동 법령의 법제적 함의를 의의와 평가, 지속성과 변화를[2] 통해 규명하고자 한다.

이에 본 연구의 연구방법과 범위는 문헌연구를 중심으로 하여 원자료인 「사회보장법」과 이와 관련한 주요 법령을 핵심 분석대상으로 한다. 이에 본 연구는 원 자료인 북한의 「사회보장법」을 X로 놓고, 이와 비교할 북한의 사회복지 관련 법령들을 Yn[3]으로 하여 양자를 비교·분석하고자 한다. 특히 비교 분석대상인 X와 Y(n)의 경우 관련 변인들을 적용대상, 급여, 재정부담, 전달체계, 관리운영의 다섯 가지 기준을 중심으로 접근하는데, 이를 N으로 한다. 또한 본 연구는 이러한 비교 분석의 결과를 토대로 최종적인 함의인 Zn을 도출하고자 한다.

특히 본 연구가 이러한 비교 분석을 시도하는 이유는 다음과 같다, 첫째, 관련 법령과의 교차분석을 통해 「사회보장법」에 대한 다층적 해석이 가능하다. 둘째, 북한사회복지 법제의 지속성과 변화에 접근하기 위해서는 관련 법령들과의 비교를 통해 추출해야한다. 셋째, 「사회보장법」은 2008년 제정 이후 괄목할만한 법적 내용수정이 사실상 전무하다. 이에 관련 법령과의 비교를 통해 접근하는 것이 연구에 부합하다. 넷째, 관련 법령의 내용들은 「사회보장법」과 대상

---

2) 본 연구에서 지속성은 「사회보장법」을 기존 법령과 비교했을 때 나타나는 공통적인 부문을 의미하는 반면 변화는 이와 반대되는 개념으로 기존 법령과 내용상 현격한 차이가 발생하는 부문들을 의미한다.

3) 본 연구가 분석하는 Yn에 해당되는 9개 법령의 선정기준은 다음과 같다. 「헌법」은 사회보장과 관련된 추상적 수준의 내용, 「사회보험법」은 구체적 수준의 내용, 「사회주의 로동법」은 적용대상과 서비스, 복지급여에 대한 내용, 「인민보건법」은 보건의료서비스에 대한 내용, 「가족법」은 부양에 대한 내용, 「장애자보호법」, 「년로자보호법」, 「아동권리보장법」, 「녀성권리보장법」은 해당 대상에 대한 국가차원의 복지서비스와 권리에 대한 내용을 각각 명시하고 있기 때문에 「사회보장법」과 제도적 상관관계를 갖고 있다.

과 서비스측면에서 밀접한 관련이 있다. 때문에 각각의 법령에서 나타난 내용을 교차 비교하는 것이 필요하다. 이를 위한 본 연구의 분석모형의 상관관계를 도식화하면 다음 〈그림 1〉과 같다.

<그림 1> 분석모형

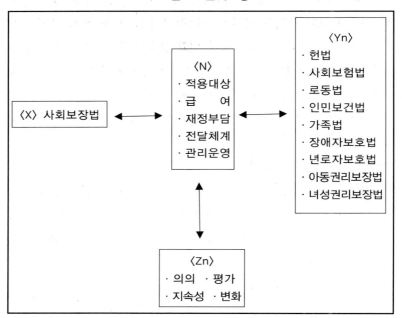

* 출처: 저자 작성.

II. 법적 정체성

1. 제정 의의

북한의 사회복지법제 구성은 「헌법」을 최고상위법으로 파생되어 있다. 특히 1946년 제정된 「사회보험법」의 경우 제정 당시를 기준으로 하면 상당히 구체적이며 포괄적인 내용을 명시하고 있다. 그러나 이러한 북한사회복지 법제를 「사회보장법」과 비교하면 다음과 같은 몇 가지 의미로 요약된다.

첫째, 사회보장과 관련, 북한은 1946년 이후 주목할 만한 수준의 직접적인 법령을 제정하지 않았지만 2008년 제정한 「사회보장법」을 통해 이를 강화하였다. 즉 동 법령으로 인해 북한은 다소 취약하다 할 수 있는 사회복지 입법에 대한 비판을 상쇄시킬 수 있다. 둘째, 이와 연장선에서 추상적 수준의 「헌법」을 제외한 북한 사회복지법제의 작동근거와 체계를 구체적 수준인 동 법령의 제정을 통해 일정 부문 보강하였다. 즉, 장기간 결여되어 왔던 북한 사회복지법제 동학을 동 법령을 통해 보충하였다. 셋째, 북한은 사회보장과 관련, 최근 북한의 가장 직접적인 의지를 동 법령을 통해 표현하고 있다. 넷째, 북한은 동 법령을 제정함으로써 적어도 사회복지법제에 있어 상술한 장애인, 노인, 아동, 여성 등 요보호자를 포함한 법령들과 더불어 일정한 체계를 갖추게 되었다. 다섯째, 내용적인 면에서 1946년 제정한 「사회보험법」은 구체적인 급여기준을 명시한 반면 동 법령은 북한이 '사회보장사업'을 수행함에 있어 필요한 내용들을 명시하고 있다. 따라서 동 법령은 북한이 국가차원의 사회보장정책에 대한 방향을 다소 구체적 수준에서 제도적으로 공식화한 것이다. 다른 한

편으로 이는 「사회보장법」의 입법경과가 동 법령이 제정되기 이전까지 전무했음을 반증한다.[4]

따라서 「사회보장법」은 법 제정의 의의측면에서 접근하면 북한이 1946년 제정한 「사회보험법」에 이후 가장 주목할 만한 법령이다. 북한은 사회보장과 관련, 동 법령이 제정되기 이전까지 간접적인 법령들을 통해 자신들의 입장을 밝혔다. 역으로 이는 북한 사회보장과 관련한 법령의 경우 사회보장과 직접적으로 관련된 국가차원의 정식법령이 2008년까지 채택되지 않았다는 것이다. 하지만 동 법령을 통해 북한은 가장 직접적으로 사회보장에 관한 함의를 제시하였다. 아울러 이는 북한이 1946년 「사회보험법」 이후 부족하거나 단절되었던 사회보장 관련 입법행태에 대한 비판의 마침표를 찍은 법령이다.

또한 2008년 제정 이후 현재까지 북한의 「사회보장법」은 세 차례 수정·보충되었다. 이는 과거 북한이 「로동법」을 제정한 이후 20년 동안 두 차례 수정된 것과 비교할 때, 의미하는 바가 크다. 왜냐하면 동 법령의 경우 「로동법」과 달리 제정된 이후 만 4년이 안된 시점에서 이미 세 차례나 수정·보충했기 때문이다.[5] 이는 역설적으로 북한이 동 법령에 대한 관심도를 반증한다. 참고로 사회보장법 제정과 수정·보충시기를 포함, 그 의미를 정리하면 다음 〈표 1〉과 같다.

---

4) 그러나 다른 한편 「사회보험법」과 「사회보장법」 양자만을 비교한다면 「사회보장법」 제정이 입법적 후퇴로 평가될 수도 있다. 왜냐하면 북한이 실질적 성격인 「사회보험법」의 질적 수준(향상)을 도외시한 가운데에 수단적 성격이 강한 「사회보장법」을 제정한다는 것은 다소 아이러니한 측면이 존재하기 때문이다.
5) 한편 동 법령이 국내에 소개된 시점이 2013년임에 따라 2012년까지 세 차례 수정·보충된 내용에 대한 구체적인 확인이 사실상 불가능하다.

<표 1> 사회보장법의 제정·수정·보충시기와 의미

제정 시기	수정 시기	의미
· 2008년 1월 9일 최고인민회의 상임위원회 (정령 제2513호)	· 2008년 10월 26일 최고인민회의 상임위원회 (정령 제2943호) · 2011년 10월 16일 최고인민회의 상임위원회 (정령 제1902호) · 2012년 4월 3일 최고인민회의 상임위원회 정령(제2303호) · 3차례 수정	· 장기간 단절된 사회복지법제 정비 · 사회보장 제도적 작동근거 보강 · 사회복지법제 체계에 기여 · 사회보장사업 함의와 의지 표현 · 사회보장사업 구체적인 내용 명시 · 형식과 내용, 체계 보강

* 출처: 저자 작성.

2. 성격: 위치·역할·기능·한계

　체계적인 관점에서 북한의 사회복지법제, 즉, 사회복지 법체계에 있어 「사회보장법」의 법적 위치, 역할과 기능을 정리하면 다음과 같다. 첫째, 사회복지를 기준으로 한 법적 위치의 경우 사회복지법제에 있어 최고 상위법인 「헌법」에 비해서는 낮은 위치를 점하고 있으나 「사회보험법」에 비해서는 상대적으로 높은 위치에 있다. 즉, 북한 「헌법」이 사회복지에 관한 추상적 수준의 함의를 제공한 반면 「사회보험법」은 상대적으로 이를 실천하기 위한 구체적 수준의 내용이다.

　이에 「사회보장법」은 양 법령의 매개적 수준 즉, 「헌법」이 보장한 사회복지에 관한 국가차원의 복지사업에 대한 내용을 밝힌 것이다. 따라서 동 법령은 「헌법」과 「사회보험법」의 중간에 위치한다 하겠다.[6] 이에 따라 앞서 언급한 세 법령은 수직적 상하관계를 형성한

---

6) 이에 동 법령은 사회복지법체계에 있어 남한의 '사회보장기본법'(혹은 '사회복지사업법')의 위치와 매우 흡사하다고 판단된다.

다.7) 역설적으로 이는 동 법령이 제정되기 이전까지 북한의 구체적
인 사회복지의 제도적 운영기반이 「헌법」과 「사회보험법」에 의거했
음을 의미한다. 아울러 이는 또한 북한의 사회보장사업에 대한 뚜렷
한 법적기반이 다소 미약했음을 의미한다.

둘째, 역할과 기능의 경우 북한의 「헌법」은 추상적 수준에서 사회
복지와 관련된 국가의 책임과 의무를 제시한 반면 「사회보험법」은
실천적 수준에서 각종 복지급여에 대한 적용기준을 명시하였다. 이
와 달리 「사회보장법」은 양 법령을 잇는 매개적 수준에서 이에 동반
되는 국가차원의 사회보장 사업에 대해 다소 구체적으로 명시하였
다. 이에 북한은 동 법령 제1조에서 "조선민주주의인민공화국 사회
보장법은 사회보장사업에서 제도와 질서를 엄격히 세워 인민들의
건강을 보호하고 그들에게 안정되고 행복한 생활환경과 조건을 보
장해주는데 이바지한다"라고 천명하였다. 따라서 동 법령은 「헌법」
과 「사회보험법」을 집행하기 위한 수단으로서 사회보장 사업에 대
한 북한의 정책적 입장을 표명한 것이다. 다시 말해 동 법령은 북한
이 사회복지 실천 목표이자 수단으로서 필요한 사회보장사업을 명
문화하여 이에 대한 제도적 좌표를 밝힌 것이다.

셋째, 다른 한편으로 「사회보장법」은 「로동법」과 「인민보건법」과
는 수평적 관계이다. 북한의 「로동법」이 노동을 중시하는 사회주의
체제의 국가차원에 대한 함의라면 「인민보건법」은 보건의료에 대한
국가차원의 정책을 표명한 것이다. 이에 양 법령은 「사회보장법」과

---

7) 한편 이와 다른 해석도 가능한데, 사회복지법제의 체계가 아닌 일반적인 법적
   위치, 즉 법의 상하관계에 있어, 「사회보장법」이 「사회보험법」에 비해 상대적
   으로 높은 위치에 있다고 판단하기에는 다소 한계가 있다. 이러한 기준을 중심
   으로 한 법적 위치는 「사회보장법」과 「사회보험법」이 거의 동일한 위치에 있
   다고 할 수도 있다. 즉, 이러한 판단의 근거는 양 법령의 관계를 일반법(기본
   법)과 특별법의 관계로 볼 여지도 있기 때문이다.

상호 보완적인 기능을 갖는데, 이는 노동(능력)에 의거하여 사회보장 혜택을 받고 나아가 사회보장·사회복지서비스에 보건의료가 포함되는 상관관계 때문이다. 따라서 앞서 언급한 세 법령은 「헌법」을 제외한 사회복지와 관련된 법령 중에서 사실상 거의 동일한 의미와 무게를 가진 법령이다.

넷째, 연장선상에서 후술하겠지만 「사회보장법」은 「로동법」과 「인민보건법」과 법적인 내용상 대동소이한 조항이 상당부문 존재한다. 특히 「로동법」의 경우 사회보험과 관련한 내용을 포함하고 있어 「사회보장법」과 법적 경계가 중복된다. 그리고 이러한 원인은 사회주의 국가사회복지 체제의 속성과 특징으로 요약된다. 즉, 사회주의 체제하의 이른바 노동과 복지의 상관관계와 세 법령의 제도적 역할의 중첩성에 기인한다.

다섯째, 「사회보장법」 역시 북한의 여타법령과 마찬가지로 법령의 '정합성 문제'가 제기된다. 가령 법치주의적 원리 하에 해당 법령이 제도적 구속력을 완비했다 해도 반드시 시행령과 시행세칙을 통해 미비점을 보완하는 법적 체계를 정비해야한다. 그러나 북한의 동 법령은 하위규범인 시행령과 시행세칙이 제정되지 않았다. 따라서 북한이 동 법령에 대한 규범력과 실천력을 보장하기 위한 법률의 실천적 기능을 간과한 것은 분명한 한계로 지적된다.[8] 참고로 지금까지 논증한 다섯 가지 법령을 포함, 북한 사회복지의 법제적 관계와 수준을 도식화하면 다음 〈그림 2〉와 같다.

---

8) 그러나 한편으로 이러한 지적은 기존 북한의 「사회보험법」을 통해 상쇄될 수도 있다. 왜냐하면 동 법령의 경우 그 내용이 방대하고 상당부문 구체적이며 실천적인 기능을 하기 때문이다. 따라서 북한의 입장에서 보면 「사회보장법」의 시행령과 시행세칙이 불필요할 개연성도 있다. 그러나 다른 한편으로 국가사회복지체제인 사회주의국가의 제도적 밀도를 보다 더 구체화하기 위한 하위법령의 미비에 대한 비판의 소지는 여전히 존재한다.

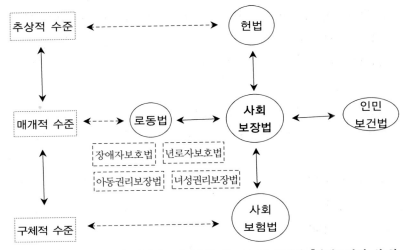

<그림 2> 북한 사회복지법 체계: 수직·수평 관계

* 비고 1: 「장애자보호법」과 「년로자보호법」은 기능과 성격상 「사회보장법」의 하
위체계.
* 비고 2: 「아동권리보장법」과 「녀성권리보장법」은 기능과 성격상 「사회보장법」의
관련체계.
* 출처: 저자 작성.

III. 사회보장법과 기존 관련 법령 비교: X vs Yn

1. 기존 적용대상의 유지·보호: 수급관계의 성립

북한 「사회보장법」의 사회보장사업 적용대상에 대한 언급은 다음
과 같다. 동 법령 제2조에서 "사회보장의 대상에는 나이가 많거나 병
또는 신체장애로 로동능력을 잃은 사람, 돌볼 사람이 없는 늙은이,
어린이가 속한다…"라고 명시하였다. 이에 동 법령의 적용대상은 고
령자, 장기 와병자와 장애로 노동능력을 상실한 사람, 무의무탁 독

거노인, 아동이 해당된다고 판단된다. 이에 동 조항을 근거로 판단할 때, 동 법령은 포괄적으로 사회적 약자 모두를 대상으로 한다고 하겠다. 역으로 동 법령은 신체기능이 정상이고 노동에 종사하는 근로자를 제외한 모든 이를 대상으로 한다고 할 수 있다. 다시 말해 신체기능이 정상이고 노동에 종사하더라도 사고로 인해 노동능력을 상실할 경우 동 법령의 대상이 된다.

그러나 다른 한편으로 동 조항을 뒷받침할 만한 구체적인 조항이 동 법에 명시되어 있지 않음에 따라 해석상 논란의 여지는 있다. 가령 고령자와 아동, 무의무탁 노인의 경우 나이에 따른 구분 기준, 장기 와병자의 경우 와상 상태, 노동능력상실자의 신체기능 상실 정도 등에 대한 구체적인 기준이 언급되어 있지 않다.

사실 이는 동 법령의 취지로 미루어 볼 때, 구체적인 기준을 밝히지 않아도 되는 부문이다. 왜냐하면 동 법령은 어디까지나 북한이 추진하고자 하는 국가차원의 사회보장사업에 대한 내용을 밝힌 것이기 때문이다. 아울러 이러한 내용들은 동 법령의 시행령이나 시행세칙에서 명시해야 할 내용들이다. 하지만 상술한 바와 같이 북한은 현재까지 동 법령의 직접적인 하위법령이자 실천규정인 시행령과 시행세칙을 공표하지 않았다. 다른 한편으로 이는 북한이 여전히 1946년에 제정한 「사회보험법」에 근거한 각종 급여를 제공하고 있음을 반증한다 하겠다.

한편 동 법령에서도 북한 사회복지체제의 특성이 나타나는데, 제4조에서 "국가는 조국과 인민을 위하여 공로를 세운 혁명투사, 혁명렬사가족, 애국렬사가족, 사회주의 애국희생자 가족, 영웅, 전쟁로병, 영예군인들을 사회적으로 우대하도록 한다"라고 하여 국가공로자에 대한 특별한 대우를 명시하였다.

이는 북한의 다른 법령에도 나타나 있는데, 「년로자보호법」 제5조에서 공로있는 년로자의 특별보호원칙이라 하여 "국가는 혁명투사와 혁명투쟁공로자, 전쟁로병, 영예군인과 공로자 같은 조국수호와 사회주의건설에서 공로를 세운 년로자를 사회적으로 특별히 우대하며 그들의 생활을 따뜻이 보살펴주도록 한다"라고 하였고, 「인민보건법」 제11조에서 "국가는 혁명투사, 혁명렬사가족, 애국렬사가족, 영예군인, 인민군 후방가족들의 건강관리에 특별한 관심과 배려를 돌린다"라고 하여 국가공로자에 대한 우대를 분명히 하였다.

이는 국가공로자를 우대하는 북한 특유의 체제속성에 기인한다. 이에 북한은 사회보장에 있어서도 예외없이 국가공로자를 우선시하는 기존의 입장을 고수하고 있다.[9] 이에 상술한 동 조항들을 근거할 때 동 법령에서 나타난 사회보장 사업의 적용대상은 광의의 요보호자들을 포함하고 있으면서도 국가공로자에 대한 우대를 표방하고 있다.[10]

---

9) 한편 동 법령 제8조 "국가는 사회보장분야에서 다른 나라, 국제기구들과의 교류와 협조를 발전시킨다"하고 명시하였는데, 이는 「년로자보호법」 제7조 "국가는 년로자보호사업에서 다른 나라, 국제기구들과의 교류와 협조를 강화하도록 한다," 「아동권리보장법」 제9조 "국가는 아동권리보장분야에서 다른 나라, 국제기구들과의 교류와 협조를 강화하도록 한다," 「녀성권리보장법」 제9조 "국가는 녀성권리보장분야에서 다른 나라, 국제기구들과의 교류와 협조를 강화하도록 한다"라고 명시한 교류와 협조 내용과 대동소이하다.

10) 동 법령에는 사회보장자의 의무도 명시되어 있는데, 제16조(사회보장자의 의무) 사회보장자는 다음과 같은 의무를 지닌다. 1. 로동능력상실에 의한 사회보장자는 정기적으로 로동능력에 대한 의학감정을 받아야 한다. 2. 거주지, 가족수 그 밖의 생활상변동이 생긴 경우에는 5일안으로 해당 리, 읍, 로동지구, 동 사무소에 알려야한다. 3. 국가의 법규범과 사회질서를 자각적으로 지켜야 한다. 4. 사회보장년금과 보조금지불을 위하여 해당 기관에서 요구하는 자료를 제때에 내야 한다. 5. 사회보장금증서를 다른 사람에게 빌려줄 수 없으며 분실, 오손된 경우에는 제때에 재발급받아야 한다. 이를 통해 볼 때, 급여수급에 대한 북한의 관리의지가 나타난다.

반면 이와 달리 아이러니하게도 북한은 2009년 12월 15일 최고인 민회의 상임위원회 정령 제520호로 수정 보충된 북한의 「가족법」을 보면, 동 법령 제19조 "남편과 안해는 로동능력을 잃은 배우자를 부양할 의무를 진다," 제36조 "…돌볼 자가 없는 형제자매는 부양능력이 있는 형제자매가 부양할 의무를 진다," 제37조 "미성인과 로동능력이 없는자는 부양능력이 있는 가정성원이 부양한다. 부양능력이 있는 가정성원이 없을 경우에는 따로 사는 부모나 자녀가 부양하며 그들이 없을 경우에는 조부모나 손자녀, 형제자매가 부양한다"라고 하고 있다.

이에 동 조항들은 각각 배우자, 형제자매, 가족구성원의 부양의무를 밝힌 것으로 2008년 제정한 국가책임의 사회보장법의 사업내용과 다소 상반된다. 중요한 것은 이러한 북한의 의도와 원인인데, 북한은 가족의 책임을 강조·실천을 강요함과 동시에 이를 통해 국가부담을 축소하고자 하는 입장과 그럼에도 불구하고 다른 한편으로는 국가가 보장하는 사회보장사업의 의지를 동시에 나타내는 이른바 '이중전략'을 취하고 있다 하겠다. 이에 북한의 경우 1차적인 가족부양은 가족책임인 반면 2차적으로 가족책임부양에서 누락된 사람의 경우 국가책임으로 예속되는 구도이다. 따라서 북한의 부양의무에 대한 책임과 전략은 가족과 국가의 투 트랙이다.

결국 「사회보장법」에서 적용대상은 기존 적용대상을 대체로 유지·보호하는 가운데에 국가와 요구호자·요보호자의 수급관계를 명시하였다. 그리고 부분적이지만 적용대상의 보호와 의무에 대해 다소 배치되는 법령이 각각 존재한다. 참고로 지금까지 논증한 동 법령의 적용대상을 포함, 기타 법령에서 명시한 적용대상에 대해 간략히 요약하면 다음 〈표 2〉와 같다.

<표 2> 사회보장법과 기타 법령 적용대상 비교

관련 조항	사회보장법 적용대상 조항	기타 법령 적용대상 조항
제2조	· 고령자 · 장기 와병자 · 장애로 노동능력을 상실한 사람 · 무의무탁 독거노인 · 아동	· 헌법(2012): 제72조 무상치료 권리, 요구호자와 요보호자의 물질적 방조 권리 · 사회보험법(1946): 제1조 노동자, 사무원의 급부 　　　　　　　　　　　제15조 피보험자 자격 · 로동법(1999): 제78조 요구호자와 요보호자의 보호 · 인민보건법(2012): 제9조 무상치료의 권리 　　　　　　　　　　제13조 로동능력상실자, 무의무탁 어린이, 만성환자, 년로한 환자의 건강보호 · 장애자보호법(2003): 제2조 장애자 정의와 보호 · 가족법(2009): 제19조 배우자의 부양의무 　　　　　　　　　제37조 미성인, 로동능력이 없는 자의 부양 · 년로자보호법(2012): 제2조 년로자의 나이, 보호대상 　　　　　　　　　　　제12조 국가적 부양 · 아동권리보장법(2010): 제30조 장애아동의 보호 　　　　　　　　　　　　제31조 돌볼 사람이 없는 아동의 양육
제4조	· 공로를 세운 혁명투사 · 혁명렬사가족 · 애국렬사가족 · 사회주의 애국희생자 가족 · 영웅 · 전쟁로병 · 영예군인	· 헌법(2012): 제76조 혁명투사, 혁명렬사가족, 애국렬사가족, 인민군후방가족, 영예군인의 국가와 사회적 특별한 보호 · 로동법(1999): 제75조 국가공로자들이 로동능력을 잃었거나 사망하였을 때에는 그들과 가족에게 특별한 배려 · 인민보건법(2012): 제12조 혁명투사, 혁명렬사가족, 애국희생자가족, 영웅, 전쟁로병, 영예군인, 인민군 후방가족의 건강관리 · 장애자보호법(2003): 제7조 영예군인을 비롯한 장애자의 사회적으로 우대 · 년로자보호법(2012): 제5조 공로있는 년로자의 특별 보호원칙

* 출처: 저자 작성.

2. 급여불변과 중복급여금지 재강조

북한 「사회보장법」의 사회보장사업 급여에 대한 언급은 다음과 같다. 동 법령 제19조 "사회보장자는 사회보장금증서에 따라 사회보장년금과 보조금을 받는다. 사회보장년금, 보조금의 지불대상과 기준을 정하는 사업은 중앙로동행정지도기관이 한다"라고 명시하였다. 이를 근거로 할 때, 사회보장 수급대상자의 판정은 행정기관이 담당하고 이에 따라 증서가 발부되고 그 증서를 근거로 급여가 지급되는 것으로 판단된다. 그리고 이는 기존의 사회보험과 사회보장 급여수급 절차와 거의 동일하다.

또한 동 법령 제20조에서 "사회보장년금과 보조금은 사회보장자로 등록한 달부터 계산하여 지불된다. 사회보장년금과 보조금의 지불을 중지, 변동시켜야 할 사유가 생겼을 경우에는 그 다음달부터 지불을 중지 또는 변동시킨다"라고 하여 사회보장연금과 보조금의 지불·중지·변동에 대해 밝혔다.

한편 연금과 보조금의 지급금지 사항에 대해 동 법령 제22조 "다음의 경우에는 사회보장년금과 보조금을 지불하지 않는다. ① 법질서를 어기는 행위를 하다가 사망하였거나 로동능력을 상실하였을 경우, ② 위법행위를 하여 법적제재를 받고 있는 경우, ③ 사회보장 신청을 허위로 하였을 경우, ④ 국가로부터 생활상방조를 따로 받고 있는 경우, ⑤ 기타 따로 정한 법규에 사회보장년금, 보조금을 지불하지 않기로 하였을 경우"라고 명시하였다. 즉, 이는 곧 사실상 수급권자의 수급권 박탈과 종료에 대한 구체적 사례를 나열한 것이다.

그리고 이는 북한이 사회보장 급여 지급금지에 대해 사망이나 노동능력상실의 원인이 범법행위인 경우, 현재 법률위반으로 일정한 제재를 받고 있는 경우, 허위·과당 부정 신청과 발급, 생활지원과 중복급여 방지, 특례대상과 사례 등에 대한 수급제한을 의미한다. 반면 급여지급 수준의 과다수급과 미달수급에 대한 조정도 명시하였는데, 이는 동 법령 제21조 "사회보장년금, 보조금을 더 지불하였거나 적게 지불하였을 경우에는 그해에 한하여 더 지불된 몫을 회수하거나 적게 지불된 몫을 추가로 지불한다"라고 언급하였다. 이는 북한이 행정상의 급여지급 오류에 대해 시정할 수 있는 법적 근거를 제시한 것이다.

특히 주목해야 할 것은 동 법령에는 기존의 사회복지 관련 법령에서 비교적 언급되지 않은 중복급여 방지조항이 있는데, 제23조 "사회보장자에게는 본인에게 유리한 한가지 사회보장년금 또는 보조금을 지불한다. 그러나 필요에 따라 사회보장자에게 사회보장년금 외에 보조금을 더 지불하여야 할 경우에는 중앙로동행정지도기관이 정한데 따른다"라고 하였다.

이것이 의미하는 바는 큰데, 첫째, 북한에서도 동일한 제도 안에 복수(이중) 연금이 지급되는 사례가 있다는 것이며, 둘째, 이 경우 합산하여 둘 중 높은 급여를 지급하며, 셋째, 그럼에도 불구하고 보조금의 경우 추가적 지급이 가능하다는 것이다. 따라서 이는 북한이 중복급여 방지를 제도적으로 명시했다는 것과 더불어 추가적 지급에 대해 일정부문 제도적 공간을 보장하였다는 이중적인 의의를 갖는다. 다른 한편으로 이는 1946년 「사회보험법」 제36조 "연휼금급부의 사유가 둘 이상 병발하였을 때에는 그 최고액의 연휼금만을 지급한다"라는 내용을 보다 더 구체화 시킨 것이다. 또한 이는 「사회보장법」과 「사회보험법」의 법적 상관관계에 있어 그 내용의 일관성을 유지하고자 하는 북한의 의도가 나타난다 하겠다.

또한 이러한 현금급여 외에도 현물급여도 있는데, 동 법령 제37조 "보조기구는 장애자의 필수적인 생활보조수단이다. 해당 기관, 기업소는 장애자들에게 필요한 보조기구를 제때에 생산, 공급하여야 한다"라고 명시하였다. 동 조항을 근거로 판단할 때, 북한은 국가가 장애인에 대한 보조기구를 지급한다. 이는 국가가 장애인에게 필요한 다양한 보조기구를 현물급여 형태로 지급하는 것을 의미한다.

또 동 법령 제38조 "중앙보건지도기관과 해당 기관, 기업소는 교정기구, 삼륜차, 안경, 보청기 같은 보조기구를 계획적으로 생산보장하여야 한다. 보조기구생산기업소는 장애자의 성별, 나이, 장애정도와 기호에 맞는 여러 가지 보조기구를 질적으로 만들어야 한다"라고 명시하였다. 이는 「장애자보호법」 제14조 "보건 지도기관과 해당 기관, 기업소는 교정기구, 삼륜차, 안경, 보청기 같은 보조기구를 계획적으로 생산 보장하여야 한다. 보조기구는 쓰기 편하게 질적으로 만들어야 한다"라는 조항을 보다 더 구체화시켰지만 내용상 거의 동일하다.

이에 상술한 위 조항들을 근거할 때 「사회보장법」에서 나타난 사회보장 사업의 급여종류는 크게 현금급여와 현물급여로 구분된다. 현금급여는 사회보장장년금과 보조금이 있고 현물급여는 장애자를 위한 각종 보조기구가 해당된다 하겠다. 결국 「사회보장법」에서 급여는 기존 급여와 다른 괄목할만한 내용은 존재하지 않으나 중복급여 방지조항을 재천명한 것은 주목할 만하다. 참고로 지금까지 논증한 동 법령의 급여를 포함, 기타 법령에서 명시한 급여에 대해 간략히 요약하면 다음 〈표 3〉과 같다.

<표 3> 사회보장법과 기타 법령 급여 비교

관련 조항	사회보장법 급여종류 조항	기타 법령 급여 조항
제19조 제37조 제38조	· 사회보장년금, 보조금(현금급여) · 보조기구 생산(현물급여) · 보조기구 명시(현물급여)	· 사회보험법(1946): 제1조 1-10항 · 로동법(1999): 제74조 년로년금 　　　　　　　　　제77조 유가족년금 · 인민보건법(2102): 제10조 무상치료 급여 내용 · 장애자보호법(2003): 제40조 장애자보조금 　　　　　　　　　　제14조 장애인 보조기구 · 년로자보호법(2012): 제14조 년금, 보조금보장 　　　　　　　　　　제21조 보조기구 및 치료 　　　　　　　　　　기구 보장
제20조 제21조 제22조	· 급여의 지불, 중지, 변동 · 급여 지급 오류 시정 사항 · 급여지급 금지 사항	· 사회보험법(1946): 제42조 보험급부 금지 사항 　　　　　　　　제44조 고의로 업무상감독 　　　　　　　　자의 지휘에 불복종 시 지급 　　　　　　　　금지 　　　　　　　　제45조 부정한 수단으로 　　　　　　　　보험급부 시 정지 　　　　　　　　제166조 허위 부정의 수 　　　　　　　　단으로 보험급부로 사취한 　　　　　　　　경우 사회보험기관은 그 　　　　　　　　급부의 반환을 명령, 집행
제23조	· 중복 급여 방지 조항	· 사회보험법(1946): 제36조 급부의 사유가 둘 　　　　　　　　이상 병발하였을 때 그 최 　　　　　　　　고액의 연휼금만을 지급

* 출처: 저자 작성.

3. 재정부담의 국가보조 유지

후술하겠지만 북한의 사회보장 대상자에 대한 자금의 원천은 전액국가 예산에서 지출된다. 따라서 북한은 「사회보장법」에서 사회보장 사업의 구체적인 재정부담 방식과 비율에 대해 밝힐 필요가 없다. 이에 북한은 재정부담과 관련한 조항 몇 가지를 명시하였다. 이에 동 법령의 사회보장사업 재정부담에 대한 언급은 다음과 같다.

동 법령 제6조 "국가는 재정수입이 늘어나는데 맞게 사회보장금의 지출을 계통적으로 늘이도록 한다"라고 하여 수입에 비례하여 사회보장사업 지출규모를 확대하도록 하였다.

또한 동 법령 제17조 "사회보장금은 사회보장자의 생활을 보장하기 위하여 지출하는 자금이다. 재정은행기관과 해당 인민위원회는 사회보장금을 정확히 지출하여야 한다"라고 하여 사회보장 기금의 관리기관인 두 단체를 언급하였다. 또 동 법령 제18조 "사회보장금은 사회보장년금, 보조금의 지불과 사회보장기관의 운영, 장애보조기구의 생산, 공급 같은 목적에 지출한다…"라고 하여 사회보장기금의 지출대상과 출처를 밝혔다. 여기에서 주목해야하는 것은 사회보장기금이 사회보장기관의 운영비로도 충당된다는 것이다. 다른 한편으로 동 조항을 근거로 할 때, 사회보장사업 기금의 지출항목은 첫째, 현금급여 지출 부문, 둘째, 사회보장기관 운영비 지원, 셋째, 보조기구 지원 등 세 가지로 구분된다.

또한 동 법령 제46조 "국가계획기관과 로동행정기관, 보건기관, 재정은행기관, 인민위원회는 사회보장사업에 필요한 로력, 자금, 설비, 물자를 제때 보장하여주어야 한다"라고 하여 사업에 필요한 관련 제 기관과 제반 환경을 이들이 담당함을 밝혔다. 반면 현물급여인 각종 보조기구에 대해 동 법령 제41조 "보조기구의 값과 장애자가 보조기구를 공급받기 위하여 오가는데 든 려비는 국가와 본인이 부담한다. 구체적인 비용부담관계는 따로 정한데 따른다"라고 하여 여비에 대한 본인과 국가의 공동부담을 명시하였다.

이는 「인민보건법」 제10조 "3항. 근로자들의 료양의료봉사는 무료이며 료양을 위한 왕복려비는 국가 또는 사회협동단체가 부담한다"라는 조항과 동질적이나 왕복여비와 관련된 내용은 보다 더 구체적이다. 이에 상술한 동 조항들을 근거할 때 「사회보장법」에서 나타난 사회보장사업의 재정부담은 요보호자의 왕복여비에 대한 국가와 본인의 공동부담 이외에 별도의 재정부담은 없다.

한편 이와 사뭇 다르게 북한은 「년로자보호법」 제39조에서 "년로자보호기관은 년로자보호기금을 세울수 있다. 년로자보호기금은 년로자보호기관이 조성하는 자금과 국제기구와 자선단체, 해외동포의 자선자금 같은 것으로 적립하고 리용한다"라고 명시하고 있다. 이는 곧 북한이 연로자에 대한 별도의 기금운영을 공식화한 것으로 기금의 조성방식까지 밝혔다. 그리고 년로자보호기관이 기금을 조성 할 수 있게 하였는데, 이는 곧 후술할 부업경리를 통해 조성한 자금을 의미한다고 판단된다.

결국 「사회보장법」의 재정부담은 기존과 같은 국가보조 정책을 유지하고 있다고 판단된다. 그러나 이와 별개로 북한이 연로자보호기금을 명시한 「년로자보호법」은 기금의 창설과 더불어 재원의 조달을 다양화하고 있다. 따라서 「사회보장법」의 사회보장금과 「년로자보호법」의 연로자보호기금은 그 대상의 중복성에도 불구하고 재정부담이 적어도 제도적으로 이원화되어 있다고 판단된다. 참고로 지금까지 논증한 동 법령의 재정부담을 포함, 기타 법령에서 명시한 재정부담에 대해 간략히 요약하면 다음 〈표 4〉와 같다.

<표 4> 사회보장법과 기타 법령 재정부담 비교

관련 조항	사회보장법 재정부담 조항	기타 법령 재정부담 조항

제6조	· 재정수입에 비례하여
	  사회보장사업 확대
		· 헌법(2012): 제25조 국가 책임 명시
		· 사회보험법(1946): 제14조 2. 피보험자는 고용주로
		  부터 받은 임금 또는 보수의 1%에 해당하는 금액

		· 인민보건법(2012): 제4조 치료예방의 현대화, 과학화원칙 · 장애자보호법(2003): 제3조 국가 책임 명시 · 년로자보호법(2012): 제4조 년로자 투자 원칙
제17조	· 사회보장금의 정의 · 사회보장금 지출 기관 명시	· 년로자보호법(2012): 제39조 년로자보호기금
제18조	· 사회보장금 지출 항목 제시 · 사회보장년금, 보조금 지불 · 사회보장기관의 운영 · 장애보조기구의 생산, 공급	· 사회보험법(1946): 제2조 1. 질병, 부상의 예방 및 체육에 관한 시설, 2. 의료기관에 관한 시설, 3. 요양에 관한 시설, 4. 휴양에 관한 시설, 5. 모성에 관한 시설, 6. 소년보호에 관한 시설, 7. 아동보호에 관한 시설, 8. 양로에 관한 시설 · 장애자보호법(2003): 제14조 장애인 보조기구
제41조	· 현물급여 수급 시 여비 규정	· 인민보건법(2012): 제10조 3항 왕복려비
제46조	· 재정 관련 제 기관 명시 · 국가계획기관과 로동행정기관, 보건기관, 재정은행기관, 인민위원회 · 로력, 자금, 설비, 물자 보장	· 사회보험법(1946): 제152조 사회보험심사원 배치 · 인민보건법(2012): 제48조 인민보건사업조건보장 · 장애자보호법(2003): 제46조 국가기관의 재정보장 · 년로자보호법(2012): 제42조 사업조건의 보장

* 출처: 저자 작성.

4. 전달체계의 구체화와 시설 유료화

1) 전달절차와 경로 기준

북한「사회보장법」의 사회보장사업 전달체계에 대한 언급은 다음과 같다. 동 법령 제10조 "사회보장신청은 사회보장을 받으려는 공민이 속한 기관, 기업소, 단체가 한다. 기관, 기업소, 단체는 사회보장을 받으려는 대상이 제기되였을 경우 사회보장신청문건을 작성하여 대상에 따라 중앙로동행정기관 또는 해당 인민위원회에 내야한다"라고 하여 사회보장 신청과정과 절차에 대해 명시하였다.

또한 동 법령 제11조 "사회보장신청문건에는 사회보장을 받으려는 공민의 이름과 나이, 직장직위, 신청리유와 경력, 수훈관계 같은 것을 정확히 밝히고 기관, 기업소, 단체의 공인을 찍으며 로동수첩과 그밖의 필요한 문건을 첨부한다. 병 또는 부상을 리유로 사회보장신청을 제기하는 경우에는 해당 보건기관에서 발급한 의학감정서를 첨부한다"라고 하여 사회보장 신청문건의 기재사항과 이를 증빙하는 첨부문건에 대해 밝혔다.

아울러 동 법령 제12조 "중앙로동행정지도기간과 해당 인민위원회는 사회보장신청문건을 접수하였을 경우 제때에 심의하고 승인 또는 부결하는 결정을 하여야 한다"라고 하여 사회보장 신청문건의 심의·의결사항을 언급하였다. 또한 동 법령 제13조 "중앙로동행정지도기관과 해당 인민위원회는 사회보장신청문건심의에서 승인된 공민을 사회보장자로 등록하여야 한다"라고 사회보장자의 등록에 대해 제시하였다. 또 동 법령 제14조 "중앙로동행정지도기간과 해당 인민위원회는 사회보장자등록정형을 그가 거주하고있는 지역의 리, 읍, 로동지구, 동사무소에 알려주어야 한다"라고 사회보장자등록정형 통보에 대해 명시하였다.

반면 동 법령에는 사회보장기관에 대해 언급하고 있는데, 제25조 "중앙로동행정지도기관과 해당 인민위원회는 영예군인과 돌볼 사람이 없는 늙은이, 장애자의 생활보장을 위하여 영예군인보양소, 양로원, 양생원, 같은 사회보장기관을 조직하고 책임적으로 관리운영하여야 한다. 영예군인보양소는 중앙로동행정기관이, 양로원, 양생원, 같은 것은 중앙로동행정지도기관의 승인을 받아 도(직할시)인민위원회가 조직하고 관리 운영한다"라고 언급하였다. 이에 동 법령에서 제시한 북한의 사회보장기관은 ① 복무중 장애를 입은 군인을 대상으로 하는 영예군인보양소, ② 무의무탁노인을 수용하는 양로원, ③ 장애인을 시설 수용하는 양생원으로 구분된다.

이는 북한이 「로동법」 제78조와 「장애자보호법」 제41조에서 명시한 양로원과 양생원, 「아동권리보장법」 제31조에서 언급한 육아원, 애육원과 비교해 볼 때, 군인과 관련한 시설은 보충된 반면, 아동과 관련한 시설에 대한 언급은 없다. 또한 이는 「사회보장법」 제2조 적용대상에서 아동을 포함한 것과 달리 이들을 위한 시설을 명시하지 않은 것은 다소 아이러니하다.

2) 일부 유료시설보호 추구

한편 동 법령에서 북한은 사회보장시설수용자 대상에 있어 예외조항을 별도로 밝혔다. 동 법령 제26조 "돌볼 사람이 없거나 돌볼 사람이 있는 경우에도 그의 부양을 받기 어렵다고 인정되는 사회보장자는 사회보장기관에서 생활할 수 있다. 부양의무자가 있는 대상을 사회보장기관에서 생활하게 하려 할 경우에는 본인의 동의를 받아야 한다. 이 경우 부양의무자는 매달 정해진 부양료를 사회보장기관에 내야한다"라고 하여 사회보장기관에서 생활할 수 있는 대상을 제시하였다. 그리고 이는 여타 법령에서 전혀 언급되지 않은 것이다.

특히 동 조항에서는 기존의 북한의 정책과 다소 상반된 내용이 있는데 이는 상당히 주목할 만하다. 즉, 동 조항에서는 특이하게도 부양의무가 있음에도 불구하고 본인의 희망에 의거, 사회보장 시설수용이 가능하게 한 것과 이 경우 가족이 일정한 부양료를 부담을 하게 했다. 이는 첫째, 재정부담에 있어 과거와 차이가 있는데 사회보장사업의 재정은 전액국가의 자금으로 집행된다. 이에 본인부담이 있는 경우 부분적으로 대치된다. 둘째, 이와 동렬에서 이는 동 법령의 사회보장사업 취지와 다소 어긋나는데, 북한이 동 법령에서 비록 무의무탁 노인을 주요대상으로 하였지만 사회보장사업에 대해 전적으로 국가책임을 강조하였다. 셋째, 무엇보다 무의무탁자를 제외한 경우에도 시설수용을 허용하였다는 것인데, 이는 가족법의 취지와 내용과도 배치된다. 넷째 이 때문에 시설수용자의 경우 부양의무자의 재정 기여를 분명히 했다는 것인데, 이는 무상복지서비스를 강조하는 기존의 정책적 입장과 완전히 상반되고 북한도 남한처럼 유료 복지시설을 운영하고 있음을 스스로 공표한 것이다.

다른 한편으로 지적되는 것은 동 법령이 제정되기 1년 전인 2007년 「년로자보호법」 제12조 "부양의무자가 없고 자립적으로 살아가는데 지장을 받는 년로자는 국가가 부양한다. 부양의무자가 있어도 년로자의 요구에 따라 국가의 부양을 받을 수 있다. 이 경우 부양비용은 부양의무자가 부담한다"라고 명시하여 부양비용에 관한 법적내용의 일관성을 유지하고 있다.

3) 시설 자부담과 현물급여 전달

또 하나의 특이한 사례도 발견되는데, 동 법령 제34조 "사회보장기관은 사회보장자들의 생활보장을 위하여 부업경리[11]를 할 수 있다. 부업경리에서 나오는 수입은 해당 도(직할시) 인민위원회의 승인을 받아 사회보장기관운영에 쓴다"라고 명시하였다. 이는 사회보장기관이 별도의 독립적인 경제활동을 할 수 있도록 한 것이다. 또한 여기에서 발생하는 수익은 해당 사회보장기관의 운영비로 지출할 수 있다.

---

11) 부업경리에 대해 북한은 다음과 같이 정의하고 있다. 기본경리에서 리용되지 않거나 불충분하게 리용되는 생산적 예비를 리용하여 추가적 수입을 얻을 목적으로 조직되는 경리. 사회과학출판사, 『경제사전 I』(평양: 사회과학출판사 경제연구소, 1985), 637쪽.

이는 사회보장사업의 재정에 해당 사회보장기관이 개입하고 재정적인 기여를 한다는 것을 의미한다. 나아가 이는 사회보장기관의 자발적인 재정기여를 강요하는 행태도 된다. 결국 이는 국가와 사회보장기관의 입장에서 보면 긍정적인 부문과 부정적인 부문이 동시에 존재한다. 문제는 국가주도의 사회보장사업 재정에 개별 사회보장기관의 경제수익을 반영한다는 것과 사회보장기관이 부업경리에 치중할 경우 사회보장사업을 등한시하게 된다는 것이다. 따라서 이를 사전에 방지하고자 한다면 북한은 부업경리사업에 대한 가이드라인, 즉, 허용범위에 대해 반드시 제시해야 한다.[12]

다른 한편으로 이는 「헌법」 제24조 "개인소유는 공민들의 개인적이며 소비적인 목적을 위한 소유이다. 개인소유는 로동에 의한 사회주의분배와 국가와 사회의 추가적혜택으로 이루어진다. 터밭경리를 비롯한 개인부업경리에서 나오는 생산물과 그밖의 합법적인 경리활동을 통하여 얻은 수입도 개인소유에 속한다. 국가는 개인소유를 보호하며 그에 대한 상속권을 법적으로 보장한다"라는 내용에 대해 그 적용대상을 달리 한 것으로 볼 수도 있다. 그러나 「사회보장법」의 부업경리의 수익은 해당 사회보장기관에게 주어진다. 따라서 북한은 사회보장기관의 부업경리는 철저한 공익활동으로 본다고 판단된다.

반면 동 법령은 사회보장기관 시설수용자의 퇴소에 대해서도 언급하였는데, 제35조 "다음의 경우에는 사회보장자를 사회보장기관에서 내보낸다. ① 보호자, 부양자가 나타났을 경우, ② 로동행정기관

---

12) 다른 한편으로 이러한 배경은 8.3조치의 영향, 경제적 현실을 반영한 중앙정부의 사회보장 재정 부족지원에 대한 간접적 인정, 그로 인한 사회보장기관의 자발적 희생 내지는 참여를 강제, 일정부문 국가의 사회보장기관 재정지원에 대한 책임회피 등의 복합적인 요인이 작용한 것이라 판단된다.

의 로력파견장을 받았을 경우, ③ 부양의무자가 3개월 이상 정해진 부양료를 바치지 않았을 경우, ④ 사회보장기관의 부양을 받지 않고도 자체로 생활할 수 있다고 인정될 경우"가 해당된다.

이는 첫째, 상실된 보호·부양자가 회복·발생할 경우, 둘째, 사업장의 노력동원이 필요한 경우, 셋째, 3개월 동안 부양료를 미납한 경우, 넷째, 자립자활이 가능하다고 판단되는 경우로 요약된다. 이 가운데에 다소 논란의 여지가 있는 조항은 ②항과 ③항이다. ②항의 경우 정상노동이 불가능한 상태인 보호대상자의 차출은 윤리적 비판에 직면한다. 이 경우 이것이 정당화되고자 한다면 시설수용자가 정상노동이 가능한 상태라는 의학적 소견과 증명이 필요하고 최소한의 노동력이 필요한 경노동에 동원되어야 한다. 또 ③항의 경우 부양료를 미납한 경우 강제퇴소는 오히려 시설수용자를 더 큰 위험에 처하게 만든다. 이러한 원인은 부양가족의 물질적 수입이 시설부담료를 제때에 납부하지 못하는 상황에 기인한다고 판단된다. 이러한 경우 북한은 오히려 이들을 무의무탁자로 재판정하여 시설거주를 허용해야 이들을 보호할 수 있다. 그리고 이는 무엇보다 북한의 사회보장사업 근본 취지에 반하는 행위이다. 따라서 이는 유연하게 해석할 경우 국가에 대한 기여와 부양의 의무를 강조하였다고 할 수 있지만 달리보면 시설수용자의 입장에서는 독소조항이라고도 할 수 있다.

반면 동 법령의 현물급여인 보조기구의 전달체계에 대한 언급은 다음과 같다. 동 법령 제39조 "보조기구를 공급받으려는 장애자는 신청서를 만들어 해당 인민위원회에 내야한다. 신청서를 접수한 인민위원회는 그것을 정확히 검토하고 보조기구공급승인문건을 발급하여야 한다"라고 명시하였다. 이는 보조기구의 공급 승인 신청과정을 제시한 것이다.

또 동 법령 제40조 "보조기구는 정해진 기관, 기업소에서 공급한다. 보조기구를 공급받으려는 장애자는 해당 인민위원회에서 발급한 보조기구공급승인문건을 해당 기관, 기업소에 내야 한다. 해당 기관, 기업소는 보조기구공급승인문건에 따라 보조기구를 제때에 공급하여야 한다"라고 하여 보조기구의 공급에 대해 언급하였다.

한편 동 법령 제43조 "교정기구생산기업소는 장애자를 위한 교정기구초대소를 꾸리고 그들이 교정기구를 공급받기 위하여 머무르는 기간 생활상 불편이 없도록 편의를 보장하여주어야 한다"라고 하는데, 이에 보조기구가 장시간 작업으로 완성될 경우 수급자가 대기기간 동안 체류할 또 다른 수용시설을 밝힌 것이라 판단된다.

이에 상술한 동 조항들을 근거할 때 동 법령에서 나타난 사회보장사업의 전달체계는 사회보장승인 절차와 보조기구의 수급은 과거에 비해 크게 벗어나지 않는다. 반면 장기간 보호받는 사회보장기관의 입소와 퇴소, 파송에 대해서는 구체적이다. 하지만 퇴소의 경우 강제퇴소 조항은 일정부문 논란의 여지가 있다. 또한 상술한 바와 같이 사회보장시설의 유료화와 부업경리의 허용은 기존의 정책과 크게 상반되는 변화이다. 참고로 지금까지 논증한 동 법령의 전달체계를 포함, 기타 법령에서 명시한 전달체계에 대해 간략히 요약하면 다음 〈표 5〉와 같다.

<표 5> 사회보장법과 기타 법령 전달체계 비교

관련 조항	사회보장법 전달체계 조항	기타 법령 전달체계 조항
· 제11조 · 제12조 · 제13조 · 제14조	· 사회보장 신청문건의 기재사항과 첨부 문건 · 사회보장신청문건의 심의사항 · 사회보장자 등록 · 사회보장자등록정형 통보	· 사회보험법(1946): 제51조 급여신청, 전달과정 · 장애자보호법(2003): 제10조 장애유형 등록

· 제25조	· 사회보장기관 명시 · 영예군인보양소, 양로원, 양생원	· 사회보험법(1946): 제2조 〈표 4〉 참조 · 로동법(1999): 제78조 요구호자와 요 　보호자의 보호 · 장애자보호법(2003): 제41조 시설보호 　규정 · 아동권리보장법(2010): 제31조 돌볼 　사람이 없는 아동의 양육
· 제26조	· 사회보장기관 시설수용자 예외 규정 · 부양료 납부 명시	
· 제34조	· 사회보장기관 부업경리 허용 · 사회보장기관 재정기여	· 헌법(2012): 제24조 개인소유, 부업경 　리보장
· 제35조	· 사회보장기관 시설수용자 퇴소 사례 　4가지 명시	
· 제39조 · 제40조 · 제43조	· 보조기구 발급절차 · 보조기구 공급절차 · 보조기구 발급 시 숙박서비스 　(교정기구초대소)	· 장애자보호법(2003): 제14조 장애인 　보조기구

* 출처: 저자 작성.

5. 관리운영의 불변과 확대

　북한「사회보장법」의 사회보장사업 관리운영체계에 대한 언급은 다음과 같다. 동 법령 제5조 "국가는 사회보장자들이 안정되고 행복한 생활을 할 수 있도록 사회보장기관을 현대적으로 꾸리고 정상적으로 관리운영하도록 한다"라고 하며 사회보장기관의 운영원칙을 명시하였다.

　또 동 법령 제24조 "사회보장기관을 잘 조직하고 운영하는 것은 사회보장자들의 생활조건을 원만히 보장해주어 그들이 아무런 불편 없이 생활할 수 있도록 하기 위한 중요조건이다. 중앙로동행정지도기관과 해당 인민위원회는 사회보장기관의 운영체계를 바로세우고 끊임없이 개선해나가야한다"라고 사회보장기관조직운영의 기본요구에 대해 언급하였다. 이는 기존의 북한의 입장과 거의 대동소이한 내용이다.

이에 상술한 동 조항들을 근거할 때 동 법령에서 나타난 사회보장사업의 관리운영체계는 과거 노동행정기관과 인민위원회를 중심으로 조직운영되는 사업의 관례를 크게 벗어나지 않는다.

반면 「장애자보호법」 제45조 "국가는 장애자보호사업을 계획적으로 협의하고 통일적으로 집행하기 위하여 비상설로 장애자보호위원회를 둔다. 장애자보호위원회의 실무사업은 장애자련맹이 한다"라고 하였고 또 년로자보호법 제38조 (년로자보호기관의 조직) "국가는 년로자보호사업을 계획적으로 협의하고 통일적으로 집행하기 위하여 내각과 도(직할시), 시(구역), 군인민위원회에 비상설로 년로자보호위원회를 둔다. 년로자보호위원회의 실무사업은 중앙년로자보호련맹과 해당 기관이 한다"라고 하여 장애자와 연로자를 위한 각각의 위원회와 별도의 주관 기구를 분명히 하였다.

한편 이러한 차이는 대상에 의거하기 때문이라 판단된다. 장애자와 연로자의 경우 요보호자로써 별도의 보호와 관심이 필요하다. 반면 사회보장 대상자의 경우 다양한 계층을 포괄하고 있기 때문에 기존의 행정기관과 인민위원회를 통해 관리한다고 판단된다. 결국 「사회보장법」의 관리운영은 기존과 같은 체계를 유지하고 있다. 참고로 지금까지 논증한 동 법령의 관리운영을 포함, 기타 법령에서 명시한 관리운영에 대해 간략히 요약하면 다음 〈표 6〉과 같다.

<표 6> 사회보장법과 기타 법령 관리운영 비교

관련 조항	사회보장법 관리운영 조항	기타 법령 관리운영 조항
제5조	국가주도와 책임 명시	· 헌법(2012): 제25조 국가 책임 명시 · 인민보건법(2012): 제2조 인민보건 성과의 공고발전원칙 · 장애자보호법(2003): 제46조 국가기관의 재정보장 · 년로자보호법(2012): 제3조 년로자의 지위와 보장원칙
제24조	사회보장 담당기관 명시	· 사회보험법(1946): 제6조 사회보험사무 사무관장 　　　　　　　　　　제163조 사회보험금고 설치규정 　　　　　　　　　　제164조 사회보험사무소 설치규정 · 장애자보호법(2003): 제45조 장애자보호위원회와 장애자련맹 규정 · 년로자보호법(2012): 제38조 년로자보호기관의 조직 규정

Ⅳ. 법제적 함의

1. 의의와 평가

지금까지의 논증을 토대로 「사회보장법」에 대한 의의와 평가를 하면 다음과 같다. 첫째, 동 법령은 북한이 보다 더 직접적으로 사회보장에 대해 최초로 공표한 법령으로서 지대한 의의가 있다. 즉, 기존의 북한 사회보장 관련 법제는 「사회보험법」의 제도와 해당 급여, 「로동법」에 명시한 대상과 급여, 특정 제도와 관련된 조항 외에 이렇다 할 법령이 존재하지 않았다.

둘째, 동 법령은 내용상 사회보장사업에 대해 북한이 국가차원의 함의를 밝힌 것으로 북한의 사회보장사업에 대한 얼개가 나타나있다. 즉, 동 법령을 통해 북한은 사회보장사업의 진행방향과 내용에 대한 정책적 입장을 밝혔는데, 이는 북한의 사회보장사업에 대한 제도적 장치이자 기반이다. 이에 북한은 동 법령을 통해 사회보장사업을 이러한 방향과 축으로 전개해나가겠다는 입장을 공식화하였다.

셋째, 동 법령은 「헌법」과 「사회보험」의 중간에 위치하는 매개적인 법령으로 법적체계를 구성하는 데 일조한다. 가령 동 법령으로 인해 북한 사회복지법제는 추상적-매개적-구체적 수준의 일정한 체계와 각각의 법령 사이에 일정한 상관관계를 구성하게 되었다. 그리고 이는 결과적으로 기존의 취약한 사회복지법제의 법적 체계성을 완화시켜 공고히 하는데 일조하였다.

넷째, 이 때문에 동 법령은 서비스 대상별 권리를 명시한 여타 법령들을 선도하는 부문이 있다. 즉, 동 법령은 사회적 약자인 노인, 여성, 아동, 장애인의 각종 서비스에 대한 법적 기반과 수단이 된다. 그리고 이러한 과정에서 동 법령은 여타 법령에서 명시한 대상들에 대해 국가차원의 직접적이고 실천적인 '사회보장사업'부문을 적용한다. 이에 따라 동 법령은 대상별 서비스를 명시한 법령들을 사실상 포괄한다.

다섯째, 그럼에도 불구하고 법적 내용상 여타 기존 법령과 마찰되는 부문이 다소 존재한다. 가령 이는 상술한 바와 같이 국가가 전적으로 책임지는 사회보장사업에 대해 일부 유료시설 수용자를 허용, 종국에는 부양에 대한 가족책임의 전가로 이어지는 것을 의미한다.[13]

여섯째, 동 법령의 법 규정이 기존법령과 비교할 때 비교적 현대화된 경향이 있다. 이는 동 법령의 경우 과거와 달리 일관된 법적

---

13) 그러나 이러한 법령간 마찰이 실제 사회복지 현장에서 사회복지 실천서비스를 현저히 훼손하지는 않는다고 판단된다.

구성과 구체성을 나타내고 있음을 의미한다. 또한 이는 북한 법제의 현대화 경향과 같은 맥락으로 동 법령의 조문 구성과 체계, 표현과 진술, 여타 법령과의 체계 일관성이 과거에 비해 다소 발전된 형태를 나타내는 변화의 하나이다.

일곱째, 그럼에도 불구하고 동 법령은 여전히 내용상 부족한 부문이 존재한다. 즉, 동 법령은 법령의 '정합성 문제를 비롯하여 과거 법령에 비해 구체적이고 현대적이나 실제 적용과 해석상의 혼란이 존재한다. 가령 구체적인 현장사업 집행 주체에 대한 체계나 사업의 무 위반 시 행정제재의 구체적인 수위에 대한 언급이 부재하다.[14]

여덟째, 법적인 내용에 있어 동 법령은 「아동권리보장법」과 「녀성권리보장법」과 뚜렷한 상관관계가 발견되지 않는다. 이는 동 법령이 사회보장사업을 밝힌 것과 달리 「아동권리보장법」과 「녀성권리보장법」은 아동과 녀성의 권리를 언급했기 때문이다. 즉, 동 법령과 「아동권리보장법」, 「녀성권리보장법」은 법적 취지와 구성, 초점에서 현격한 차이가 발생한다.

2. 지속성과 변화

이를 내용적으로 접근, 북한 사회복지법제의 지속성을 정리하면, 첫째, 북한은 여전히 1차적으로 사회보장에 관한 제도적으로 국가책임과 역할을 강조하고 있다. 둘째, 때문에 일부를 제외하고는 사회보장사업의 재정은 기존과 같이 국가재정에 의거한다. 셋째, 특히 급여의 경우 주목할 만한 새로운 급여를 신설하지 않아 여전히 기존

---

14) 이는 물론 기존의 북한법령에서 나타나는 현상과 거의 동일하다.

급여에 예속된다. 넷째, 기존의 사회보장사업에 있어 관련 기관의 제 역할과 기능에는 큰 변화가 없다. 다섯째, 전달과 관리운영 체계는 기존과 거의 동일한 체계를 유지하고 있다는 것이다.

한편 중요한 것은 이러한 북한의 지속성이 유지되거나 유지될 수밖에 없는 원인이 무엇 때문이냐는 것이다. 이러한 이유는 북한에 내재되어 있다고 판단된다. 이러한 근거를 열거하면 첫째, 사회주의 국가인 북한은 제도적으로나 표면적으로 여전히 복지에 관한 국가책임을 표방할 수밖에 없다. 때문에 북한의 입장에서 일정부문 국가책임 축소는 허용할 수 있다. 하지만 이와 달리 공식적인 국가책임의 과도한 포기나 후퇴는 체제 우월성을 스스로 부정하는 행위이다. 따라서 북한이 사회주의를 지향하는 한 복지의 국가책임과 역할에 대한 괄목할만한 제도적 변화를 추진하기에는 분명한 한계가 존재한다.

둘째, 복지급여의 경우 급여의 향상이나 신설은 복지재정의 확대를 야기한다. 이에 무엇보다 현재 북한의 입장에서 인민시책비에 대한 추가부담을 시도할 경제적 능력이 매우 부족하다고 판단된다. 따라서 현실적으로 북한이 새로운 급여를 신설하거나 기존의 급여를 향상시킬 수 있는 환경이 성숙되어 있지 않다. 때문에 결국 북한은 기존의 복지급여를 발전시키기 못하고 계승할 수밖에 없다. 다른 한편으로 북한이 새로운 급여를 신설할 경우 기존 법령과의 마찰되는 부분도 존재하게 된다. 따라서 특정급여의 신설은 관련 법령의 수정을 수반하게 되는데, 이에 대한 북한의 부담도 적지 않다.

셋째, 동 법령에서 북한은 사회보장사업의 강화를 추구하고 있다. 이에 관련 제 기관과 전달, 관리운영 체계의 경우 기존의 역할과 기능에 새로운 변화를 추동할 별도의 기관이나 체계가 필요치 않다.

다시 말해 북한의 복지행정은 복지 현실과 달리 제도적 작동을 하고 있고 일정부문 유지하고 있다. 때문에 북한의 입장에서 별도의 체계를 수립할 근거나 명분이 필요 없다고 판단된다.

반면 변화를 추적하면 첫째, 기존과 같이 국가책임을 표방하지만 부분적으로 부양의무와 같은 가족책임도 강조한다. 둘째, 동 법령은 복지급여의 중복급여 방지 조항이 구체적으로 명기된 최초의 법령으로 이는 사실상의 신설 조항이다. 셋째, 부분적이지만 「사회보장법」의 취지에 반하는 조항도 있는데, 가령 부양의무자의 부양료 부담은 과거 북한의 입장과 현격한 차이가 있다. 넷째, 시설수용자의 경우 강제퇴소 조항이 있는데, 이는 동 법령의 취지는 물론이거니와 과거의 정책과도 정면으로 배치된다. 다섯째, 이와 연장선상에서 동 법령은 부분적으로 개인과 가족의 책임과 역할을 강화하는 방향으로 추동하고 있다. 여섯째, 사회보장기관의 부업경리를 통해 기관의 운영자금에 일종의 자부담을 유도하고 있다. 그리고 이는 다소 괄목할만한 북한의 정책적 입장변화라 하겠다.[15]

상술한 지속성과 마찬가지로 더욱 중요한 것은 북한이 이러한 변화를 야기한 원인이 무엇 때문이냐는 것이다. 이러한 이유 또한 지속성과 마찬가지로 북한에 내재되어 있는데, 첫째, 북한은 부양에 대한 가족책임의 명문화를 통해 국가와 가족의 공동 부양책임을 지향함과 동시에 기존의 과도한 국가책임을 희석시키고자 한다. 즉, 부양에 관한 가족책임이 강화된 반면 국가책임의 역할 약화가 그 원인의 하나이고 나아가 이는 북한이 당면한 경제현실과 밀접한 관계가 있다.

---

15) 다른 한편으로 이는 동 법령을 통해 그동안 북한이 음성적으로 해당기관에 재정을 부담시킨 것을 제도화한 것이라고도 할 수도 있다.

둘째, 북한은 중복급여 방지를 통한 급여수준의 제한을 통해 복지재정 지출을 억제하고자 한다. 다른 한편으로 이는 북한 역시 복지급여 기준에 대한 보편적인 추세를 따르는 경향이 있음을 의미한다. 결국 북한은 이러한 과도한 급여지출과 수급의 역기능을 상쇄하고자 한다.

셋째, 북한경제와 관련된 것으로 북한은 무상의 노인복지 시설을 운영할 재정적 여유가 현실적으로 지금 현재 매우 부족하다고 판단된다. 이로 인해 북한은 비록 부문적이지만 노인시설 일부 수용자들에 한해 유료운영을 시도하고 있다. 그리고 이는 상술한 바와 같이 기존의 국가 대 개인·가족의 역할 변화와도 상당한 관련이 있다. 또한 이를 통해 북한은 이전과 다른 법적 메시지를 통해 복지급여에 대한 주민의 인식을 제고하고자 한다.

넷째, 이와 연장선상에서 유료시설 수용자의 강제퇴소의 경우 북한은 가족책임 강화를 통해 부양에 대한 가족의 명확한 역할과 책임을 규정하고자 한다. 동시에 이는 특히 다소 취약한 북한의 복지재정 현실을 반증한다. 다시 말해 북한은 노인시설을 무상으로 운영할 여력이 부족함을 의미한다. 아울러 이는 재차 노인시설의 부업경리 허용과 연결된다.

다섯째, 부업경리의 경우 북한은 이를 허용하여 국가재정에 기여하도록 독려하고자 한다. 즉, 해당 기관의 부업경리의 수익은 자동적으로 해당기관의 예산에 편입된다. 이는 곧 국가 재정지원의 축소를 의미함에 따라 북한의 입장에서 복지시설에 대한 재정부담을 상쇄할 수 있는 기회이자 수단이 된다. 또한 이는 북한이 「헌법」 제24조에서 밝힌 "개인부업경리"를 변형하여 노인시설 종사자에게 확대 적용한 것이라 할 수 있다.

결국 이러한 지속성과 변화의 원인과 배경은 북한의 당면한 현실과 그러한 가운데에 북한이 이를 타개하기 위한 그들의 고민과 의도에서 비롯된 것이라 판단된다. 이에 지금까지 논증을 기초로 제도적 관점에서 동 법령의 법제적 함의를 요약하면 다음 〈표 7〉과 같다.

<표 7> 사회보장법의 법제적 함의

구분	주요 내용	주요 배경
의의	· 북한 최초의 직접적인 사회보장법 · 사회보장사업에 대한 국가차원의 함의 · 「헌법」과 「사회보험법」의 매개 역할 · 장기간 단절된 사회복지법제 강화	
평가	· 사회보장사업을 총정리 · 관련 법령과 비교적 일관성 유지, 부분적 마찰 존재 · 법적 구성의 현대화 · 내용상 부족한 조항 존재 · 아동·녀성권리보장법과 내용상 상관관계 거의 없음	
지속성	· 제도적 국가책임의 강조 · 일부 재정 제외, 재정지원 기존 유지 · 급여의 불변 · 관련 제 기관 대다수가 기존 기관 · 전달체계와 관리운영은 기존 체계 유지	· 사회주의 국가 북한의 기본적인 한계 · 북한 경제력 부족과 환경 미성숙 · 별도의 기관 신설 불필요
변화	· 부분적 가족책임 강조, 제도화 · 중복 급여조항 재차 명문화 · 시설수용자 특수한 경우 부양료의 가족 부담 · 시설수용자 강제 퇴소 조항 신설 · 사회보장기관 부업경리를 통한 자부담 유도	· 국가책임 희석 의도 · 복지재정 억제와 주민인식 제고 · 제정부족과 국가 대 가족 역할 변화 · 부양의 가족책임 규정 · 국가 재정기여 상쇄수단

* 출처: 저자 작성.

V. 결론

본 연구는 분석대상인 북한 「사회보장법」에 놓고, 동 법령의 정체성과 관련 법령과의 비교 분석을 시도하여 이를 토대로 법제적 함의를 시도하였다. 2000년대 이후 북한이 장기간 단절되었던 사회복지 법제를 정비한 것은 비록 그 제정시기가 늦었으나 그 행위만큼은 긍정적으로 평가할 만하다. 특히 북한의 동 법령 제정은 국가차원의 사회보장정책의 좌표를 밝힌 것이다. 이에 동 법령에 대한 탐색만으로도 북한의 사회보장에 대한 정책적 지표를 파악할 수 있다. 이러한 점에서 재차 지적되는 것은 이를 실천하고자 노력하는 북한의 의지와 능력의 문제이다. 왜냐하면 복지제도와 복지현실은 엄연히 차원이 다른 문제이고 현 상황에서 북한의 복지현실은 여전히 낙후되어있기 때문이다.

이러한 원인은 크게 국가차원에서 접근하면 북한의 경제력과 분배 현실, 개인차원에서 접근하면 고난의 행군이후 만연한 개인능력에 의거한 가계소득 격차에 기인한다. 적어도 제도적으로 북한이 추구하는 무상교육, 무상치료, 무상보육은 국가사회복지체제의 이상향이다. 하지만 이를 실천할 경제적 능력이 부족할 경우 문자적으로만 존재할 수밖에 없다. 사실 북한의 복지체제는 극히 일부 계층과 시기, 일부 서비스를 제외하고는 문자로만 존재한지 오래이다. 이에 북한 인권문제에 해당되는 북한 주민과 취약계층의 복지권과 건강권의 위험은 매우 심각한 수준이다. 나아가 이러한 북한 주민의 복합적인 결핍으로 인한 생존의 '안보권 위기'에 대한 지적은 이를 곧 방증한다. 때문에 현실에서 존재하는 사회복지제도는 체제를 떠나 경제력을 바탕으로 한 재정지원이 복지현실에 그대로 반영된다.

이러한 점에서 북한이 동 법령의 일부 조항을 통해 부분적으로 가족책임을 명문화한 것은 북한의 입장에서 일종의 고육책이다. 즉, 사회보장에 관한 외형적으로 국가책임을 유지하는 가운데에 일정부분을 가족책임으로 할애한 것이 그 사례이다. 이는 곧 북한의 입장에서 당면한 현실과 타협한 정책적 산물인 것이다. 특히 이것이 제도적으로 명문화되었고 2008년 이후 고착화되었다면 북한에도 남한처럼 유로시설수용자가 있고 더욱이 시설이용료를 미납할 경우 강제퇴소도 적용된다.

이렇게 볼 때 북한의 사회보장정책의 부문적 변화가 이미 동 법령을 통해 발생하였다. 그리고 이는 북한의 사회보장정책이 고난의 행군 이후 사실상 개인·가족책임으로 전가된 복지현실을 제도에 반영한 결과라고 할 수 있다. 이를 통해 북한은 자연스러운 국가책임의 축소, 가족책임의 강화를 간접적으로 유도하는 것이 아니라 이제는 제도적으로, 그것도 직접적으로 명문화하고 있다. 즉, 북한의 변화는 패착된 복지현실로 인해 이미 예고된 것이라 할 수 있지만 그 변화의 폭이 예상을 훨씬 뛰어넘는 결과를 야기하였다.

하지만 동 법령은 북한의 여타 법령처럼 구체적인 하위법령이 존재치 않아 법령의 정합성 문제가 지적된다. 적용대상은 기존의 사회보장자들을 대체로 포함하여 다소 포괄적인 수급관계와 여전히 국가공로자에 대한 우대를 표방하였다. 즉, 적용대상은 보편성을 지향하지만 그러한 가운데에 특수성 또한 존재한다. 급여는 기존에 지급되던 급여를 취합하여 명문화하였지만 중복급여 방지조항은 인상적이라 하겠다. 이에 급여는 여전히 기존의 제한된 급여체제를 유지하고 있다. 또 재정은 기존과 같이 국가부담에 의거하지만 급여와 마찬가지로 관련 조항은 과거에 비해 상당히 구체적이다. 전달체계는 전달경로와 시설을 명문화하였지만 기존의 체계를 유지하는 방향이다. 그러나 일부 유료시설보호와 기관 자부담은 과거와 확연히 차이가 나는 괄목할 만한 변화이다. 반면 관리운영은 뚜렷한 변화 없이 기존의 체제를 고수하고 있다. 결국 한마디로 동 법령은 상당한 변화를 지향하는 만큼 거의 동일한 수준으로 기존의 체계를 유지하고자 한다 하겠다.

다른 한편으로 아이러니하게도 북한의 이러한 변화는 남북한 사회복지체제의 이질성을 상쇄하는 방향으로 진행되고 있다고 판단된다. 다시 말해 비록 부문적이지만-부양의 경우- 북한의 국가사회복지체제의 '개인 · 가족책임'의 제도화는, 북한주민의 입장에서는 적지 않은 부담이나 자립과 자활을 궁극적인 목표로 삼는 우리의 입장에서는 다소 긍정적인 요소도 내재되어 있다.

그러나 또 다른 한편으로는 이것이 본인과 가족부담으로 전가할 만큼 북한의 입장에서 필요하고 개인의 입장에서 가능한가에 대한 의문 역시 존재한다. 결국 중요한 것은 기존의 북한사회복지 체제에 작지만 큰 변화를 의미하는 신호탄이 「사회보장법」부터 시작된 것을 부정할 수 없다는 것이다. 그리고 향후 남한은 이러한 북한의 괄목할만한 변화와 행위를 지속적으로 관찰할 필요가 있다. 왜냐하면 이러한 것들이 취합되면 추후 통일한국 사회복지통합의 기초자료로 천착될 것이기 때문이다. 동시에 북한의 복지제도와 현실에 대한 꾸준한 모니터링도 통일에 반드시 필요한 과제이다.

참고문헌

김성욱, "북한 인민보건법에 관한 연구,"「2009 남북법제연구보고서(Ⅰ)」, 서울: 한국법제연구원, 2009.

_____, "북한의 어린이보육교양법에 관한 연구,"「2009 남북법제연구보고서(Ⅱ)」, 서울: 한국법제연구원, 2009.

김정순, "북한의 연로자보호법에 관한 연구,"「2009 남북법제연구보고서(Ⅱ)」, 서울: 한국법제연구원, 2009.

박광동, "남북한 의료법에 관한 비교연구,"「2009 남북법제연구보고서(Ⅱ)」, 서울: 한국법제연구원, 2009.

박복순 외,「통일대비 남북한 여성·가족 관련 법제 비교 연구」, 서울: 한국여성정책연구원, 2014.

손희두, "남북한 의약품관리법제 비교연구,"「2009 남북법제연구보고서(Ⅱ)」, 서울: 한국법제연구원, 2009.

유성재, "북한 사회주의노동법에 관한 연구,"「2009 남북법제연구보고서(Ⅱ)」, 서울: 한국법제연구원, 2009.

사회과학출판사,『경제사전 Ⅰ·Ⅱ』, 평양: 사회과학출판사 경제연구소, 1985.

이규창, "남북한 장애인법제 비교연구,"「2009 남북법제연구보고서(Ⅱ)」, 서울: 한국법제연구원, 2009.

이철수, "2008년 북한 사회보장법에 대한 연구,"「2014년 4대 통합학회 발표문」, 오송: 4대 통합학회, 2014.

이현경, "남북한 사회복지제도 비교분석-사회적 욕구충족과 사회경제적 불평등 감소를 위한 정책과 실태,"「통일문제연구」통권 제59호, 서울: 통일연구원, 2013.

장혜경 외,「통일대비 효과적인 가족정책 지원방안 연구」, 서울: 한국여성정책연구원, 2014.

장명봉,『최신 북한법령집(2013)』, 서울: 북한법연구회, 2013.

북한 년로자보호법의 의의와 한계

타 법령과의 비교를 중심으로

I. 서론

북한은 2003년 6월 「조선민주주의인민공화국 장애자보호법(이하 장애자보호법으로 약칭)」(최고인민회의 상임위원회 정령 제3835호), 2007년 4월 「조선민주주의인민공화국 년로자보호법(이하 년로자보호법으로 약칭)」(최고인민회의 상임위원회 정령 제2214호), 2008년 1월 「조선민주주의인민공화국 사회보장법(이하 사회보장법으로 약칭)」(최고인민회의 상임위원회 정령 제2513호), 2010년 12월 「조선민주주의인민공화국 아동권리보장법(이하 아동권리보장법으로 약칭)」(최고인민회의 상임위원회 정령 제1307호)과 「조선민주주의인민공화국 녀성권리보장법(이하 녀성권리보장법으로 약칭)」(최고인민회의 상임위원회 정령 제1309호)을 각각 제정·공포하였다.

이러한 북한 사회복지 입법 동향은 북한의 사회복지에 대한 인식과 행태-적어도 제도적 수준의-를 반영하고 있다. 또 이러한 북한의 입법 동향을 분석하면, '대상별 법적 분화'가 나타나고 있다. 따라서 이러한 점에서 최근 북한의 사회복지 관련 입법 행위는 상당한 의미

를 갖는다. 왜냐하면 이는 과거 북한 사회복지법제의 경우 북한이
대상별 통합적인 법제를 추구하는 행태와 정반대의 태도이기 때문
이다. 즉, 2000년대 이후 북한의 사회복지 관련 입법행위는 대상별로
독립적인 입법화를 추진하였다. 이로 인해 북한은 사회적 약자인 장
애인, 노인, 아동, 여성에 대한 제도적 장치를 완비하였다 하겠다.[1]

한편 북한의 이러한 입법 동향이 의미하는 것은 북한 스스로 기존
법령의 한계를 인식함과 동시에 비교적 촘촘한 법령을 통해 국가의
기틀과 사회적 약자에 대한 보호와 배려에 임하겠다는 인식의 변화
와 의지로 해석된다. 그리고 이러한 북한의 새로운 법 제정 동향은
적어도 북한 사회복지법제에 관한 기존의 모습과 그 궤적을 달리하
는 행태이다.

반면 이와 다른 해석도 가능한데 2000년대 북한 사회복지 법제 동
향은 「장애자보호법」을 기준으로 하면, 다소 시계열적 차이는 있으
나 '분화와 포괄'이 거의 동시에 나타난다고도 할 수 있다.[2] 즉, 「사
회보장법」은 법적 기능과 성격상 포괄성을 지향하나 이를 제외한
나머지 법령은 상술한 바와 같이 대상별 분화를 나타내고 있다. 결
국 분명한 것은 2000년대 북한 사회복지 법제는 제도적 변화를 추동
하고 있다는 것이다.

또한 이러한 의미의 연장선상에서 접근하면, 「년로자보호법」은
제도적 차원에서 보다 더 직접적인 것으로 북한의 년로자에 대한 인
식을 나타내고 있다. 아울러 북한이 년로자에 관한 독립적이고 직접

---

1) 이철수, "2008년 북한 사회보장법에 대한 연구," 「한국사회의 사회안전망을 점
   검한다」 2014년 사회정책연합공동학술대회 통합학회 발표문, 2014.10.17, (오
   송: 4대 통합학회, 2014), 1쪽.
2) 위의 논문, 1쪽.

적인 법령을 최초로 공표한 것이 바로 「년로자보호법」임을 감안하면 동 법령이 갖는 의미는 지대하다 하겠다. 그리고 이러한 북한의 제도적 변화는 결국 현실적 변화를 야기할 수밖에 없다.

반면 이러한 의미와 달리 김정순(2009)의 연구를 제외하고 본 연구와 관련한 기존 연구는 사실상 전무하다.[3] 김정순의 연구는 「년로자보호법」을 고찰하면서 노인복지에 대한 남북한 법제를 단순 비교하였다. 즉, 동 법령을 놓고 기존의 북한 관련 법령과 교차분석을 생략하고 법조문 중심으로 남한 노인복지법과 비교 연구하였다. 따라서 동 연구는 「년로자보호법」을 고찰하였지만 이와 관련된 북한의 여타 법령과 비교하지 않았다. 이러한 접근이 중요한 이유는 상호 교차분석을 통해 법령간의 관계가 정립되고 나아가 북한 사회복지법제에 대한 분석규준이 되기 때문이다.

이러한 배경 하에 본 연구의 목적은 북한의 「년로자보호법」을 기존의 관련 법령들과 비교, 그 특성을 분석·도출하고자 한다. 이를 위해 본 연구는 먼저 동 법령의 정체성을 제정 의의와 성격 등을 통해 고찰하고자 한다. 다음으로 동 법령의 적용대상, 급여, 재정부담, 전달체계, 관리운영을 중심으로 기타 법령들과 비교 분석하고자 한

---

3) 참고로 간접적으로 관련한 대표적인 연구로는 박복순 외,『통일대비 남북한 여성·가족 관련 법제 비교 연구』(서울: 한국여성정책연구원, 2014); 장혜경 외,『통일대비 효과적인 가족정책 지원방안 연구』(서울: 한국여성정책연구원, 2014); 김성욱, "북한 인민보건법에 관한 연구,"『2009 남북법제연구보고서(Ⅰ)』(서울: 한국법제연구원, 2009); "북한의 어린이보육교양법에 관한 연구,"『2009 남북법제연구보고서(Ⅱ)』(서울: 한국법제연구원, 2009); 박광동, "남북한 의료법에 관한 비교연구,"『2009 남북법제연구보고서(Ⅱ)』(서울: 한국법제연구원, 2009); 손희두, "남북한 의약품관리법제 비교연구,"『2009 남북법제연구보고서(Ⅱ)』(서울: 한국법제연구원, 2009); 유성재, "북한 사회주의노동법에 관한 연구,"『2009 남북법제연구보고서(Ⅱ)』(서울: 한국법제연구원, 2009); 이규창, "남북한 장애인법제 비교연구,"『2009 남북법제연구보고서(Ⅱ)』(서울: 한국법제연구원, 2009) 등의 연구가 있다.

다. 마지막으로 이를 토대로 동 법령의 법제적 의의와 평가, 지속성과 변화를[4] 규명하고자 한다.

이에 본 연구의 연구방법과 범위는 문헌연구를 중심으로 하여 원자료인 「년로자보호법」과 이와 관련한 주요 법령을 핵심 분석대상으로 한다. 이에 본 연구는 원 자료인 북한의 「년로자보호법」을 놓고, 이와 비교할 북한의 사회복지 관련 법령들을 비교·분석하고자 한다. 특히 비교 분석대상인 「년로자보호법」과 관련 법령의 변인들을 적용대상, 급여, 재정부담, 전달체계, 관리운영의 다섯 가지 기준을 중심으로 접근하고자 한다. 또한 본 연구는 이러한 비교 분석의 결과를 토대로 최종적인 함의를 도출하고자 한다.

특히 본 연구가 이러한 비교 분석을 시도하는 이유는 다음과 같다. 첫째, 무엇보다 관련 법령과의 교차분석을 통해 「년로자보호법」에 대한 다층적 해석이 가능하다. 둘째, 북한사회복지 법제의 지속성과 변화에 접근하기 위해서는 반드시 관련 법령들과의 비교를 통해 추출해야한다. 셋째, 동 법령은 2007년 제정 이후 괄목할만한 법적 내용수정이 사실상 전무하다. 따라서 관련 법령과의 비교를 통해 접근하는 것이 연구방법에 부합하다. 넷째, 관련 법령의 내용들은 동 법령의 대상과 서비스측면에서 실제 밀접한 관련이 있다. 때문에 각각의 법령에서 나타난 내용을 교차 비교하는 것이 필요하다고 판단된다.

---

4) 본 연구에서 지속성은 「년로자보호법」을 기존 법령과 비교했을 때 나타나는 공통적인 부문을 의미하는 반면 변화는 이와 반대되는 개념으로 기존 법령과 내용상 차이가 발생하는 부문들을 의미한다.

II. 법적 정체성

1. 제정 의의

북한 사회복지법제 구성은 최상위법인 「헌법」을 기점으로 수직적으로 파생되어 있다. 특히 1946년 제정된 「사회보험법」의 경우 제정 당시를 기준으로 하면 상당히 구체적이며 포괄적인 내용을 명시하고 있다. 반면 이러한 북한사회복지 법제를 2007년 제정한 「년로자보호법」과 비교하면 다음과 같은 몇 가지 의미로 요약된다.[5]

첫째, 노인복지와 관련, 북한은 1946년 이후 이렇다 할 직접적인 법령을 제정하지 않았지만 2007년 제정한 「년로자보호법」을 통해 이를 강화하였다. 즉, 동 법령으로 인해 북한은 다소 취약하다 할 수 있는 노인복지 입법[6]에 대한 비판을 상쇄시킬 수 있다.

---

5) 이철수, "2008년 북한 사회보장법에 대한 연구," 1쪽.
6) 장명봉은 김정일시대 북한의 입법에 대해 2006년 다음과 같이 평가하였다. 첫째, 폐쇄에서 개방으로 실용주의적 입법 경향을 보여주고 있다. 둘째, 1990년대 김정일시대 법제정비는 북한의 대내외적 환경변화에 대한 법적 대응으로 나타나고 있다. 즉, 북한은 대내외적 환경변화에 대응하여 북한식의 변화를 모색하고 있으며, 이러한 변화 모색은 법제에 반영되고 있다. 셋째, 북한법제의 변화내용은 종래의 북한법제에 비하여 서로 유기적인 연관성을 가지고 체계적으로 이루어지고 있다는 점에서 발전면모를 보여주고 있으며, 이러한 북한법제의 변화내용은 향후 북한의 정책전개의 향방을 가늠하는 지표가 될 수 있다. 넷째, 최근 북한법제는 그 내용과 형식면에서 볼 때, 무엇보다 대내외적 환경변화를 수용하고 있으며 향후 지속적인 변화를 예고하고 있다. 다섯째, 북한의 현행 법제정비의 내용 면에서 이념적 색채를 완화하고 있는 것과 함께 그 형식면에서도 비교적 안정된 체제를 갖추면서 법제의 체계화를 도모하고 있다고 할 수 있다. 여섯째, 근래에 제정 또는 개정된 북한의 법률들의 내용을 일별할 때, 이데올로기적 요소가 줄어들고 대신 객관적 사회규범으로서의 기능과 역할이 기대됨으로써 북한도 향후 인치(人治)로부터 법치(法治)로의 변화, 즉 교시에 의한 통치로부터 법에 의한 통치로의 변화가 촉진될 가능성이 엿보인다. 일곱째, 북한의 법제정비와 입법동향에 비추어 향후 북한의 통치시스템은 '교시'가 '당정책

둘째, 이와 연장선에서 「헌법」을 제외한, 북한 노인복지법제의 작동근거와 체계를 동 법령 제정을 통해 일정부문 보강하였다. 즉, 장기간 결여되어 왔던 북한 노인복지법제 동학을 동 법령 통해 보충하였다. 따라서 동 법령으로 인해 북한은 노인복지서비스 실천에 대한 법적 근거와 기준을 마련하였다.

셋째, 동 법령으로 인해 북한은 적어도 상술한 장애인, 아동, 여성 등 요보호자를 포함한 법령들과 더불어 사회적 약자에 대한 일정한 법적 체계를 갖추게 되었다. 즉, 동 법령은 북한 사회복지법제의 현대화에 일조하고 있다.

넷째, 내용적인 면에서 동 법령은 북한이 노인복지 사업을 수행함에 있어 필요한 내용들을 명시하고 있다. 따라서 동 법령은 북한이 국가차원의 노인복지 정책과 서비스에 대한 방향을 제도적으로 공식화한 것이다.

다섯째, 다른 한편으로 지적되는 것은 동 법령의 제정 배경인데, 북한 인구센서스에 따르면 2008년 현재 만 65세 이상 인구가 209만 7천 명으로 전체 인구 2천 405만 2천 명의 8.7%를 차지한다.[7] 이에 북한이 2007년을 전후로 북한도 이른바 고령화사회-고령인구 비중 7% 이상-로 진입하였다. 따라서 북한의 입장에서 자신들도 고령화사회를 맞이하였고 그에 조응하는 법령을 제정할 필요성을 자연히 인식할 수밖에 없는 상황에 봉착하였다. 결국 북한은 이러한 대내적인 인구변화 추이에 따른 정책적 선택을 해야만 했고 이러한 결과의 하나로 동 법령이 제정된 것이라 하겠다. 즉, 북한은 노인 인구의 고령화 추세를 반

화'하고 그것이 '법제화'(교시→당정책화→법제화)하는 메커니즘으로 작동될 전망이다. 장명봉, "북한의 최근 법제 동향과 평가-대중용법전 증보판(2006) 발간에 즈음하여,"『북한법연구』제9호 (서울: 북한법연구회, 2006), 24쪽.

[7] 『연합뉴스』, 2013년 1월 3일.

영한 국가차원의 사회보장제 보완이라는 측면을 고려한 것이다.

반면 북한은 동 법령을 2007년과 2012년 각각 수정·보충하였다. 하지만 이러한 수정과 보충을 통해 북한이 동 법령에 대한 주목할 만한 뚜렷한 변화를 유도한 사실은 감지되지 않는다. 단지 동 법령 제47조 행정적 형사적 책임 조항에 대한 표현이 변화하였다. 이를 구체적으로 살펴보면 북한은 2007년 최초 법령에서는 행정적 책임만 지우나 이후 수정·보충된 2012년 최종 법령에서는 행정적, 형사적 책임을 동시에 부과하였다. 북한의 이러한 변화는 작기는 하지만 행정적 책임에 형사적 책임을 이중으로 부과하여 동 법령에 대한 집행의지를 강화·발현한 것이라 판단된다. 참고로 동 법령 제정과 수정시기를 포함, 그 의미를 정리하면 다음 〈표 1〉과 같다.

〈표 1〉 년로자보호법의 제정·수정·보충 시기와 의미

제정 시기	수정 시기	의미
· 2007년 4월 26일 · 최고인민회의 상임위원회 (정령 제2214호)	· 2007년 8월 21일 수정 보충 · 최고인민회의 상임위원회 (정령 제2333호) · 2012년 4월 3일 수정 보충 · 최고인민회의 상임위원회 (정령 제2303호) · 2차례 수정	· 연로한 노인에 대한 국가의 보호명시 · 년로자에 대한 북한 최초의 독립 법령 · 북한사회복지법제 현대화에 일조 · 노인복지정책과 서비스 방향 제시 · 고령화사회의 정책적 선택, 법적 대응

* 출처: 저자 작성.

2. 성격: 위치·역할·기능·한계

북한의 사회복지법제, 즉, 사회복지 법체계에 있어 「년로자보호법」의 법적 위치, 역할과 기능은 다음과 같다. 첫째, 법적 위치의 경우 사회복지법제에 있어 최고 상위법인 「헌법」에 비해서 낮고 「사회보장법」과 「사회보험법」에 비해서도 낮다. 즉, 북한의 「헌법」이 사회복지에 관한 추상적 수준의 함의를 제공한 반면 「사회보험법」은 이를 실천하기 위한 구체적 수준의 내용이다. 또한 「사회보장법」은 양 법령의 매개적 수준 즉, 「헌법」이 보장한 사회복지에 관한 국가차원의 복지사업에 대한 내용을 밝힌 것이다. 따라서 북한 사회복지법제는 크게 「헌법」 → 「사회보장법」 → 「사회보험법」순이다. 이에 따라 앞서 언급한 세 법령은 수직적 상하관계를 형성한다. 이러한 구도에서 「년로자보호법」은 상술한 세 법령의 하위체계와 단위에 해당된다.

이러한 원인은 동 법령에서 명시한 각종 급여와 혜택에 대한 정책적 방향이 「사회보장법」에 명시되어 있고 그 실제적 기준이 「사회보험법」에 나타나있기 때문이다. 아울러 이러한 점에서 「장애자보호법」, 「아동권리보장법」, 「녀성권리보장법」도 「사회보장법」과 동일한 관계를 갖는다.

한편 북한의 「사회보장법」과 「로동법」, 「인민보건법」은 상호 수평적인 관계이다. 북한의 「로동법」이 노동을 중시하는 사회주의 체제의 국가차원에 대한 함의라면 「인민보건법」은 보건의료에 대한 국가차원의 정책을 표명한 것이다. 이에 양 법령은 「사회보장법」과 상호 보완적인 기능을 갖는데, 이는 노동(능력)에 의거하여 사회보장 혜택을 받고 나아가 사회보장서비스에 보건의료가 포함되는 상관관계 때문이다. 따라서 앞서 언급한 세 법령은 「헌법」을 제외한 사회복지와 관련된 법령 중에서 사실상 거의 동일한 의미와 무게를 가진 법령이다.[8]

둘째, 법적 기능과 성격상 동 법령은 「장애자보호법」, 「아동권리보장법」, 「녀성권리보장법」과는 수평적 · 상관관계이다. 왜냐하면 상술한 네 법령 모두 앞서 언급한 바와 같이 법적 적용대상이 분명하

---

8) 이철수, "2008년 북한 사회보장법에 대한 연구," 6쪽.

고 이들이 모두 사회적 약자라는 공통점이 있기 때문이다. 또한 동 법령과 「장애자보호법」보호대상에 대한 서비스가 초점인 반면 「아동권리보장법」과 「녀성권리보장법」은 해당 대상의 법적 권리가 초점이다.

이러한 점에서 전자인 동 법령과 「장애자보호법」은 수평적 관계이다. 반면 후자인 「아동권리보장법」과 「녀성권리보장법」은 양 법령만 놓고 보면 상호 수평적 관계이다. 그러나 양 법령을 동 법령과 「장애자보호법」에 대입하면 직접적인 관련성은 미비하나 상관성은 성립된다. 왜냐하면 년로자와 장애자에 각각 여성과 아동이 포함되기 때문이다.

셋째, 역할과 기능의 경우 북한의 「헌법」은 사회복지와 관련된 국가의 책임과 의무를 제시한 반면 「사회보험법」은 각종 복지급여에 대한 적용기준을 명시하였다. 반면 「사회보장법」은 이에 동반되는 국가차원의 사회보장 사업에 대해 다소 구체적으로 명시하였다.[9] 이러한 구도에서 「년로자보호법」은 상술한 세 법령에서 북한이 언급한 년로자에 관한 내용을 집약하여 독립적인 법령을 통해 보다 구체화시켰다. 이에 동 법령은 앞서 언급한 세 법령에서 나타난 복지 서비스 대상의 범위를 (재)설정하여 보다 더 세밀한 법적구성을 하였다. 따라서 동 법령은 북한 사회복지법제에서 노인복지서비스에 관한 가장 직접적이고 독립적인 법령이다.

넷째, 동 법령은 「장애자보호법」, 「사회보장법」과 법적인 내용상 대동소이한 조항이 상당부문 존재한다. 가령, 적용대상과 서비스의 속성으로 인해 현물급여 종류의 경우 상당부문 일맥상통한다. 다른 한편으로 이러한 원인은 각 법령의 법적 관계의 연장선상에서 발생

---

9) 위의 논문, 5쪽.

한 것이라고도 할 수 있다. 또한 북한의 국가사회복지체제의 특성과
한계인 단일복지체제에서 비롯된 것이라 판단된다.

　다섯째, 동 법령 역시 북한의 여타 법령과 마찬가지로 법령의 '정
합성 문제'가 제기된다. 가령 법치주의적 원리 하에 해당 법령이 제
도적 구속력을 완비했다 해도 반드시 시행령과 시행세칙을 통해 미
비점을 보완하는 법적 체계를 정비해야한다. 그러나 동 법령은 하위
규범인 시행령과 시행세칙이 제정되지 않았다. 따라서 북한이 동 법
령에 대한 규범력과 실천력을 보장하기 위한 법률의 실천적 기능을
간과한 것은 분명한 한계로 지적된다. 때문에 이로 인해 동 법령이
실제 작동 여부보다는 대내외적인 홍보를 위한 형식적 요건을 갖추
는데 초점을 두고 법을 제정한 것은 아닌지에 대한 다양한 해석이
가능하다. 참고로 지금까지 서술한 북한 사회복지의 법제적 관계와
수준을 도식화하면 다음 〈그림 1〉과 같다.

<그림 1> 북한 사회복지법 체계: 수직·수평 관계

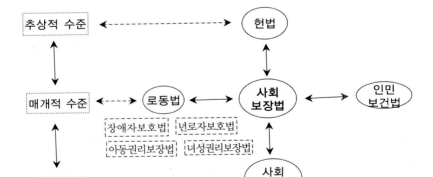

* 비고: 1. 「장애자보호법」과 「년로자보호법」은 기능과 성격상 「사회보장법」의 하위체계.
　　　 2. 「아동권리보장법」과 「녀성권리보장법」은 기능과 성격상 「사회보장법」의 관련체계.
* 출처: 저자 작성.

Ⅲ. 비교 분석

1. 적용대상의 중첩성: 년로연금 수급연령 고려

「년로자보호법」의 적용대상에 대한 언급은 다음과 같다. 동 법령 제2조에서 "조선민주주의인민공화국에서 년로자는 남녀 60살 이상의 공민이다. 로동년한을 끝마쳤거나 현재 일하고 있는 남자 60살, 여자 55살 이상의 공민은 이 법의 보호를 받는다"라고 명시하였다. 이에 동 법령의 적용대상은 연령을 기준으로, 1차적으로 남녀 60세를, 2차적으로 현재 노동종료·노동중인 경우 남자는 60세, 여자는 55세로 재차 구분된다.

이를 근거로 판단할 때, 먼저 북한은 남녀 모두 60세 이상을 년로자로 보고 있다. 그러나 이와 달리 노동종료·노동중인 경우 남자는 60세로 상술한 년로자 기준과 동일한 반면 여자는 55세부터 년로자로 간주하여 5세가 낮다. 이는 다소 특이한 것으로 북한이 년로자에 대한 이중적인 척도를 제시한 것이라 하겠다. 하지만 이와 다른 견해도 가능한데, 북한의 노령연금 수급자격기준이 남자 60세, 여자 55세이기 때문에 북한은 여기에 근거하여 법적 형평성을 동일하게 적용한 것이라고도 볼 수 있다. 즉, 이는 북한의 「로동법」 제74조 "국가는 남자 만 60살, 녀자 만 55살에 이른 근로자들에게 일정한 근속로동년한을 가진 경우에 년로년금을 준다"라는 조항을 준용한 것이다.

보다 구체적으로 접근하면 북한의 입장에서 노후보장 취지이자 북한의 대표적인 공적연금-사회보험방식-인 노령연금의 수급대상자의 기준연령과 노동종료·노동중인 년로자보호 기준연령이 동일할 경우 몇 가지 이익이 발생한다. 첫째, 년로자 보호대상과 노령연금

수급 개시 연령을 동일하게 할 경우 북한은 이들 모두를 노령연금이라는 단일급여를 통해 보장하게 된다. 둘째, 이와 연장선상에서 양자의 기준연령이 동일함에 따라 기존의 노령연금 수급기준의 법적 일관성을 유지하게 된다. 셋째, 때문에 북한의 입장에서 년로자에 대한 중복급여를 방지하고 급여의 지출-북한의 입장에서 다소 부담되는-을 최소화하게 된다. 넷째, 근로소득이 중지된 년로자의 경우 북한의 입장에서 어떠한 방식으로든지 현금급여를 통해 이들의 노후를 보장해야 한다. 이에 북한은 기존의 노령연금으로 이들의 소득을 보장, 기존의 단층연금을 통해 이를 유지하는 것이 유리하다. 다시 말해 북한의 입장에서 「년로자보호법」의 제정과 취지는 긍정적이나 동 법령을 통해 또 하나의 공적연금을 제시하기에는 다소 부담이 된다. 이러한 점에서 북한이 년로자를 대상으로 또 다른 연금을 새롭게 도입·적용하기에는 다소 무리가 있다. 다섯째, 이러한 년로자에 대한 다소 느슨한 연령 적용기준이 북한의 입장에서 체제선전적인 요소로도 작용하여 결과적으로 체제에 대한 긍정적인 요인으로 활용될 수 있다. 여섯째, 다른 한편으로 이는 노동을 유인하는 효과도 가져다주는데, 여자는 근로중인 경우 55세부터 보호받기 때문에 여자의 입장에서 동 법령을 통해 보호받고자 한다면 반드시 노동에 종사해야 하기 때문이다. 따라서 동 법령의 년로자에 대한 연령기준은 북한의 현실과 고민이 고스란히 담겨져 있다 해도 과언이 아니다.

한편 북한은 「아동권리보장법」에서도 적용대상에 대한 기준연령을 제시하였는데, 동 법령 제2조 "…이 법에서 아동은 16세까지이다"라고 명시하였다. 이에 북한의 「아동권리보장법」 적용대상의 기준연령은 상술한 바와 같이 16세 미만 아동이다. 하지만 「아동권리보장법」 적용대상의 시작연령이 제시되어 있지 않은 점도 발견된다.

이는 다소 논란의 소지가 있는 부문이다. 따라서 이를 근거로 할 때, 북한의 아동권리법의 적용대상은 영유아를 포함한 16세 미만의 모든 아동에게 적용된다는 해석이 가능하다. 그리고 이 경우 북한은 적어도 「아동권리보장법」에 나타난 적용대상은 영유아와 아동을 모두 포괄하는 기준을 제시하고 있다 하겠다.[10] 아울러 이와 달리 북한은 「장애자보호법」에서 장애인에 대한 기준연령이 명시되어 있지 않다. 이는 장애발생시점을 대상자로 보는 장애인복지서비스의 속성에 기인한 것으로 당연한 결과라 하겠다.

다른 한편 「사회보장법」의 적용대상은 동 법령 제2조에서 "사회보장의 대상에는 나이가 많거나 병 또는 신체장애로 로동능력을 잃은 사람, 돌볼 사람이 없는 늙은이, 어린이가 속한다. …"라고 명시하였다. 또한 「인민보건법」의 적용대상은 동 법령 제9조에서 "국가는 모든 공민에게 완전한 무상치료의 혜택을 준다…"라고 하였다. 그리고 이러한 적용대상의 차이는 양 법령이 각각 규정하는 대상과 속성, 법적 기능의 차이에 기인한다.

아울러 「인민보건법」의 경우 제9조에서 이미 북한 전체 주민에 대한 적용을 명시하였음에도 불구하고 제11조에서 여성과 어린이 제13조에서 로동능력상실자, 무의무탁어린이, 만성환자, 년로한 환자의 건강보호를 재차 각각 언급하였다. 이는 북한이 무상치료제 적용에 대한 요보호 대상별 법적 강조를 재차 천명한 것이라 판단된다. 다시 말해 북한은 무상치료제를 북한 전체 주민에게 적용하지만 요보호자를 재차 상기시켜 이들에 대한 국영보건의료서비스 실천을 강조한 것이다. 그리고 북한의 입장에서 이는 서비스 대상 구분을

---

10) 참고로 북한은 '유아상담소에 관한 규정', '탁아소에 관한 규정' 제1조에서 영유아를 모두 3세 미만으로 보고 있다.

통한 법적 구체성 확보와 더불어 자신들의 의무를 스스로 강화한 것이다.

반면 「년로자보호법」에서도 북한 사회복지체제의 특성이 나타나는데, 제5조에서 공로있는 년로자의 특별보호원칙이라 하여 "국가는 혁명투사와 혁명투쟁공로자, 전쟁로병, 영예군인과 공로자 같은 조국수호와 사회주의건설에서 공로를 세운 년로자를 사회적으로 특별히 우대하며 그들의 생활을 따뜻이 보살펴주도록 한다"라고 하여 국가공로자에 대한 특별한 대우를 명시하였다.

이는 북한의 다른 법령에도 나타나 있는데, 「사회보장법」 제5조에서 "국가는 조국과 인민을 위하여 공로를 세운 혁명투사, 혁명렬사가족, 애국렬사가족, 사회주의 애국희생자 가족, 영웅, 전쟁로병, 영예군인들을 사회적으로 우대하도록 한다"라고 하였고 「인민보건법」 제11조에서 "국가는 혁명투사, 혁명렬사가족, 애국렬사가족, 영예군인, 인민군 후방가족들의 건강관리에 특별한 관심과 배려를 돌린다"라고 하여 국가공로자에 대한 우대를 분명히 하였다.

이는 국가공로자를 우대하는 사회주의 국가와 북한 특유의 체제 속성에 기인한다. 이에 북한은 년로자의 보호에 있어서도 예외 없이 국가공로자를 우선시하는 기존의 입장을 고수하고 있다.[11] 이에 상

---

11) 한편 동 법령 제7조 "국가는 년로자보호사업에서 다른 나라, 국제기구들과의 교류와 협조를 강화하도록 한다"라고 명시하였는데, 「사회보장법」 제8조 "국가는 사회보장분야에서 다른 나라, 국제기구들과의 교류와 협조를 발전시킨다," 「아동권리보장법」 제9조 "국가는 아동권리보장분야에서 다른 나라, 국제기구들과의 교류와 협조를 강화하도록 한다," 「녀성권리보장법」 제9조 "국가는 녀성권리보장분야에서 다른 나라, 국제기구들과의 교류와 협조를 강화하도록 한다"라고 명시한 교류와 협조 내용과 대동소이하다. 한편 이러한 사례도 있는데, 최근 프랑스 구호단체 '트라이앵글 제너레이션 휴머니테어'는 유럽연합으로부터 지원받은 67만 유로, 미화 91만 달러로 2013년 12월부터 2016년 3월까지 북한 노인을 위한 식량 지원 사업을 하고 있다. 동 사업은 조선년로자보호

술한 동 조항들을 근거할 때 동 법령에서 나타난 년로자보호의 적용
대상은 1차적 기준연령인 남녀 60세 2차적 기준연령인 남자 60세, 여
자 55세를 기준으로 하면서도 동 연령에 해당되는 국가공로자에 대
한 우대를 표방하고 있다. 참고로 지금까지 논증한「년로자보호법」
적용대상을 포함, 기타 법령에서 명시한 적용대상에 대해 간략히 요
약하면 다음 〈표 2〉와 같다.

<표 2> 년로자보호법과 기타 법령 적용대상 비교

관련 조항	년로자보호법 적용대상 조항	기타 법령 적용대상 조항

제2조	· 남녀 60살 이상의 공민
	· 로동년한을 끝마쳤거나
	  현재 일하고 있는 남자 60살,
	  여자 55살 이상의 공민
		· 사회보험법(1946): 제1조 노동자, 사무원의 급부
		             제15조 피보험자 자격
		· 로동법(1999): 제74조 남자 만60살, 녀자 만55살
		          년로연금
		          제78조 요구호자, 요보호자 보호
		· 장애자보호법(2003): 제2조 장애자 정의와 보호
		· 아동권리보장법(2010): 제30조 장애아동의 보호
		             제31조 돌볼 사람이 없는
		               아동양육
		· 사회보장법(2012): 제2조 고령자, 장기 와병자, 장
		          애로 노동능력을 상실한 사람,
		          무의무탁 독거노인, 아동
		· 인민보건법(2012): 제9조 모든 공민 무상치료 권리
		          제13조 로동능력상실자, 무의무탁
		          어린이, 만성환자, 년로한 환자
		          의 건강보호

제5조	· 혁명투사 · 혁명투쟁공로자	· 헌법(2012): 제76조 혁명투사, 혁명렬사가족, 애국 렬사가족, 인민군후방가족, 영예군인의

연맹 소속 180여 명과 은퇴자 시설에 거주하는 7천 200여 명의 노인들에게 식
량과 의약품, 생필품 등을 지원하는 것을 포함하고 있다. 또 프랑스 국제개발
처의 지원으로 가족이 없는 7천 5백여 명의 노인에게 식량을 제공하는 사업도
진행하고 있다. 『미국의 소리 방송』, 2014년 11월 6일.

		국가와 사회적 특별한 보호
· 영웅 · 전쟁로병 · 영예군인		· 로동법(1999): 제75조 국가공로자들이 로동능력을 잃었거나 사망하였을 때에는 그들과 가족에게 특별한 배려 · 장애자보호법(2003): 제7조 영예군인을 비롯한 장애자의 사회적으로 우대 · 사회보장법(2012): 제4조 공로를 세운 혁명투사, 혁명렬사가족, 애국렬사가족, 사회주의 애국희생자 가족, 영웅, 전쟁로병, 영예군인 · 인민보건법(2012): 제12조 혁명투사, 혁명렬사가족, 애국희생자가족, 영웅, 전쟁로병, 영예군인, 인민군 후방가족의 건강관리

* 비고: 괄호 안은 해당 법령 최종 제정 수정 보충 년도.
* 출처: 저자 작성.

2. 급여 불변과 승계

1) 복지 급여: 연금, 보조금, 각종 보조기구

「년로자보호법」의 년로자에 대한 복지급여에 대한 언급은 다음과 같다. 동 법령 제14조 년금, 보조금보장에서 "년로자는 국가로부터 년로년금과 여러가지 형태의 보조금을 받는다…"라고 명시하고 있다. 이는 북한이 년로자에 대해 연로연금과 보조금이라는 현금급여를 지급한다는 것을 의미한다. 이에 동 조항에서 밝힌 연로연금의 경우 기존의 노령연금을 의미한다고 하지만 보조금에 대한 의문이 제기된다.

가령 구체적인 급여수준은 차치하더라도 동 조항의 '여러 가지 보조금'이 기존의 표창과 포상에 의거한 보조금을 지칭하는지, 새로운 급여기준에 의거한 보조금을 의미하는지에 대한 해석의 기준이 다소 모호하다. 따라서 북한이 동 법령에 의거, 별도의 연금과 보조금을 신설하지 않는 한 이는 기존의 노령연금-장기급여-과 보조금-단기급여-을 의미한다고 판단된다. 하지만 년로자가 년로연금과 보조금을 동시에 수급 받을 수 있는가에 대한 문제가 제기되는데, 동 법령에서는 이에 대한 구체적인 언급이 없다.[12]

또 북한은 「사회보장법」 제19조에서 "사회보장자는 사회보장금증서에 따라 사회보장년금과 보조금을 받는다"…라고 하여 사회보장 대상자에 대한 사회보장년금과 보조금을 언급하였다. 이를 근거로 판단하면, 사회보장 대상자 역시 현금급여인 사회보장연금과 보조금을 수급받는다. 그리고 이는 「년로자보호법」에서 명시한 급여 조항과 동일하지는 않으나 일정부문 일맥상통한다. 특히 적용대상을 기준으로 할 경우 실제 「년로자보호법」의 '년로연금'과 「사회보장법」의 '사회보장연금'이 동일한 대상에 대한 동일한 급여일 개연성이 있다.

한편 북한은 「헌법」 제72조에서 "공민은 무상으로 치료받을 권리를 가지며 나이 많거나 병 또는 불구로 로동능력을 잃은 사람, 돌볼 사람이 없는 늙은이와 어린이는 물질적 방조를 받을 권리를 가진다…"라고 하여 무상치료 권리, 요구호자와 요보호자의 물질적 방조에 대한 권리를 명시하였다. 이는 북한이 추상적 수준의 복지권을 밝힌 것이라 판단된다. 그러나 북한 「헌법」의 동 조항을 기준으로

---

12) 가령 북한은 「사회보장법」에서 이에 대해 분명히 밝히고 있는데, 동 법령 제23조 (한가지 사회보장년금 또는 보조금의 지불) "사회보장자에게는 본인에게 유리한 한가지 사회보장년금 또는 보조금을 지불한다. 그러나 필요에 따라 사회보장자에게 사회보장년금외에 보조금을 더 지불하여야 할 경우에는 중앙로동행정지도기관이 정한데 따른다"라고 하여 중복급여 방지와 더불어 추가지급에 대해서도 언급하였다. 이에 동 법령이 앞서 지적한 바와 같이 「년로자보호법」보다 상위법령임에 따라 수급자의 중복급여 발생시 「사회보장법」에 근거한다고 판단된다.

법적 하위체계가 구성된 것 또한 주지해야한다.

다른 한편 「장애자보호법」 제40조 "국가는 로동능력을 완전히 상실한 장애자에게 보조금을 준다"라는 조항이 명시되어 있다. 이에 북한은 장애자에게도 년로자와 같은 보조금을 지급한다. 즉, 북한은 사회적 약자에 대한 현금급여를 제공하고 있다.

반면 「년로자보호법」은 2007년 4월, 「사회보장법」은 2008년 1월 각각 제정된 것을 감안할 때 미세한 차이가 발견된다. 가령 「년로자보호법」에서는 년로자를 증빙하는 증서가 없는 반면 「사회보장법」에서는 사회보장대상자를 인정하는 '사회보장금증서'를 명시하여 대상자에 대한 구분을 분명히 하였다. 이에 적용대상의 증빙에 대해 「사회보장법」이 「년로자보호법」에 비해 보다 더 구체적이고 해석상의 모호성이 상쇄된다.

무엇보다 양자의 이러한 차이는 양 법령의 속성과 대상의 차이에 기인한 것이다. 즉 「년로자보호법」은 '년로자'에 대한 보호가 중심인 반면 「사회보장법」은 사회보장 '사업'이 중심이기 때문이다. 그럼에도 불구하고 결과적으로 「년로자보호법」에 비해 약 8개월 후에 제정한 「사회보장법」이 다소 구체적인데, 이는 북한의 법령이 시간에 비례하여 다소 촘촘하게 제정되는 2000년대 이후 최근 경향을 나타낸다 하겠다.

또한 「년로자보호법」에서 년로자의 보건의료서비스와 관련, 제18조 병치료 및 간호에서 "보건기관과 의료기관은 해당 지역의 년로자를 빠짐없이 등록하고 정상적으로 건강검진과 치료사업을 하며 왕진을 비롯한 의료사업에서 정성을 다하여야 한다. 부양의무자는 년로자의 질병간호상식을 배우고 운신 할수 없는 년로자에 대한 간호를 특별히 잘하여야 한다"라고 하여 의료기관과 부양의무자의 책임을 명시하였다. 또 제21조 보조기구 및 치료기구 보장에서 "보건기관과 해당 기관, 기업소, 단체는 년로자를 위한 현대적인 보청기, 안경, 지팽이 같은 보조기구와 회복치료기구를 더 많이 생산공급하여야 한다"라고 하여 별도의 현물급여도 명시하였다. 특히 동 조항의 지급 내용들은 년로자에게 생활상에 반드시 필요한 기구와 용품들 열거한 것이다.

이와 관련 「사회보장법」 제38조 "중앙보건지도기관과 해당 기관, 기업소는 교정기구, 삼륜차, 안경, 보청기 같은 보조기구를 계획적으로 생산보장하여야 한다. 보조기구생산기업소는 장애자의 성별, 나이, 장애정도와 기호에 맞는 여러 가지 보조기구를 질적으로 만들어야 한다"라고 명시하였다. 또한 이는 「장애자보호법」 제14조 "보건지도기관과 해당 기관, 기업소는 교정기구, 삼륜차, 안경, 보청기 같은 보조기구를 계획적으로 생산 보장하여야 한다. 보조기구는 쓰기 편하게 질적으로 만들어야 한다"라는 조항과 내용상 거의 동일하다. 이를 근거로 할 때, 북한은 년로자, 장애인, 사회보장 대상자에 대해 이들에게 생활상 필요한 보조기구를 지급해야한다.

2) 국가 부양의 변화

년로자의 부양에 대해 북한은 「년로자보호법」 제8조 년로자부양의 기본요구에서 "국가는 년로자에 대한 국가적 부양과 가정부양을 결합하도록 한다…"라고 하여 국가부양과 가족부양의 정책적 두 축을 밝혔다. 또한 동 법령 제12조 국가적 부양에서 "부양의무자가 없고 자립적으로 살아가는데 지장을 받는 년로자는 국가가 부양한다.[13] 부양의무자가 있어도 년로자의 요구에 따라 국가의 부양을 받을 수 있다. 이 경우 부양비용은 부양의무자가 부담한다"라고 하였다.

한편 「사회보장법」에서도 북한은 사회보장시설수용자 대상에 있어 예외 조항을 별도로 밝혔다. 동 법령 제26조 "돌볼 사람이 없거나 돌볼 사람이 있는 경우에도 그의 부양을 받기 어렵다고 인정되는 사회보장자는 사회보장기관에서 생활할 수 있다. 부양의무자가 있는 대상을 사회보장기관에서 생활하게 하려 할 경우에는 본인의 동의를 받아야 한다. 이 경우 부양의무자는 매달 정해진 부양료를 사회보장기관에 내야한다"라고 하여 사회보장기관에서 생활할 수 있는 대상을 제시하였다.

　동 조항에서는 기존의 북한의 정책과 다소 상반된 내용이 있는데 이는 상당히 주목할 만하다. 즉, 동 조항에서는 특이하게도 부양의무가 있음에도 불구하고 본인의 희망에 의거, 사회보장 시설수용이 가능하게 한 것과 이 경우 가족이 일정한 부양료를 부담하게 했다. 이는 첫째, 재정부담에 있어 과거와 차이가 있는데 사회보장사업의 재정은 전액국가의 자금으로 집행된다. 이에 본인부담이 있는 경우 부분적으로 대치된다. 둘째, 이와 동렬에서 이는 동 법령의 사회보장사업 취지와 다소 어긋나는데, 북한이 동 법령에서 비록 무의무탁 노인을 주요대상으로 하였지만 사회보장사업에 대해 전적으로 국가책임을 강조하였다. 셋째, 무엇보다 무의무탁자를 제외한 경우에도 시설수용을 허용하였다는 것인데, 이는 가족법의 취지와 내용과도 배치된다. 넷째, 이 때문에 시설수용자의 경우 부양의무자의 재정기여를 분명히 했다는 것인데, 이는 무상복지서비스를 강조하는 기

---

13) 이는 「로동법」 제78조 "국가는 로동능력을 잃은 돌 볼 사람이 없는 늙은이들과 불구자들을 양로원과 양생원에서 무료로 돌보아준다"라는 기존입장과 2010년 제정한 「아동권리보장법」 제31조(돌볼 사람이 없는 아동의 양육) "부모 또는 후견인의 보살핌을 받을수 없는 아동은 육아원, 애육원, 학원에서 국가부담으로 키운다"라는 입장과 거의 동일하다.

존의 정책적 입장과 완전히 상반되고 이제 북한도 남한처럼 유료 노인복지전문 요양시설-유료 본인부담 수용자로 인한-을 운영하고 있음을 스스로 공표한 것이다.[14]

이는 기본적으로 노인부양에 대해 북한은, 무의무탁 년로자는 국가가 부양하는 반면 부양의무자가 있는 년로자는 부양의무자가 부양한다. 하지만 부양의무자가 있는 경우에도 년로자가 희망할 경우 국가가 부양하고 이 경우 부양비용을 부양의무자가 부담한다. 여기에서 주목해야하는 것은 부양의무자가 있는 경우에도 국가가 부양하는 경우이다. 이것이 의미하는 바는 대단히 큰데, 상술한 바와 같이 이러한 경우 국가부양으로 인해 년로자는 시설보호를 받지만 부양비용을 부담하게 된다. 이는 곧 북한이 유료노인복지시설을 운영한다는 것을 반증한다. 따라서 동 조항을 근거로 할 때, 북한은 유료노인시설을 운영하고 있는데, 이를 과거 무상으로 운영되던 행태와 완전히 상반된다.

특히 부양과 관련, 북한은 2009년 12월 15일 최고인민회의 상임위원회 정령 제520호로 수정 보충된 북한의 「가족법」을 보면, 동 법령 제19조 "남편과 안해는 로동능력을 잃은 배우자를 부양할 의무를 진다," 제36조 "…돌볼 자가 없는 형제자매는 부양능력이 있는 형제자매가 부양할 의무를 진다," 제37조 "미성인과 로동능력이 없는 자는 부양능력이 있는 가정성원이 부양한다. 부양능력이 있는 가정성원이 없을 경우에는 따로 사는 부모나 자녀가 부양하며 그들이 없을 경우에는 조부모나 손자녀, 형제자매가 부양한다"라고 하고 있다. 또한 제38조 국가의 부양대상자에서 "이 법 제37조에 지적된 부양자

---

14) 이철수, "2008년 북한 사회보장법에 대한 연구," 12쪽.

가 없는 미성인과 로동능력이 없는 자는 국가가 돌보아준다"라고 명시하여 부양에 대한 국가책임과 가족책임을 분명히 구분하고 체계화하고 있다.

그러나 아이러니하게도 「년로자보호법」에 명시한 것과 같이 년로자의 요구에 대한 국가부양이나 이 경우 부담비용에 대한 구체적인 언급은 없다. 이러한 원인은 「가족법」의 배경과 제정 취지와 관련된 것이라 판단된다. 즉, 북한의 입장에서 「가족법」에서 굳이 유료 부양비용에 대해 부양자 부담을 언급할 경우 국가부양 책임의 후퇴라는 비판을 받을 개연성이 농후하기 때문이다. 더불어 북한은 부양비의 유료부담에 대한 언급을 특정 법률에 국한하여 제시하여도 운영상의 큰 문제가 발생하지 않는다.

따라서 이를 근거로 판단하면, 「년로자보호법」에서 언급한 부양은 1990년 제정한 「가족법」에서 명시한 부양의 틀을 토대로 재적용하였지만 일부 대상의 경우 유료부담을 명시하여 변화를 꾀하였다. 이에 상술한 「가족법」의 동 조항들은 각각 배우자, 형제자매, 가족구성원의 부양의무를 밝힌 것으로 2007년 제정한 「년로자보호법」의 부양보다 더 구체적이다.

더욱 중요한 것은 이러한 북한의 의도와 원인인데, 북한은 가족의 책임을 강조·실천을 강요함과 동시에 이를 통해 국가부담을 축소하고자 하는 입장이 상존한다. 그럼에도 불구하고 다른 한편으로는 국가가 보장하는 사회보장사업의 의지를 동시에 나타내는 이른바 '이중전략'을 취하고 있다 하겠다. 이에 북한의 경우 1차적인 가족부양은 가족책임인 반면 2차적으로 가족책임부양에서 누락된 사람의 경우 국가책임으로 예속되는 구도이다. 따라서 북한의 부양의무에 대한 책임과 전략은 요보호자의 상태에 의거, 가족과 국가의 투 트

랙이다.[15]

이에 상술한 위 조항들을 근거할 때 「년로자보호법」에 나타난 급여종류는 크게 현금급여와 현물급여로 구분된다. 현금급여는 연로연금과 보조금이 있고 현물급여는 년로자를 위한 각종 보조기구(노인전문용품)와 식료품과 생활용품, 그 밖의 각종 혜택, 국가적 부양이 해당된다 하겠다. 참고로 지금까지 논증한 「년로자보호법」의 급여종류를 포함, 기타 법령에서 명시한 급여종류에 대해 간략히 요약하면 다음 〈표 3〉과 같다.

<표 3> 년로자보호법과 기타 법령 급여 비교

관련 조항	년로자보호법 급여 조항	기타 법령 급여 조항
· 제8조 · 제9조 · 제10조 · 제11조 · 제12조 · 제14조 · 제18조 · 제21조	· 년로자부양 · 가정부양자의무자 · 사회적부양의무자 · 가정부양자의 의무 · 국가적 부양 · 년로연금, 보조금 · 병치료 및 간호 · 보조기구, 치료기구	· 헌법(2012): 제72조 무상치료 권리, 요구호자와 　　요보호자의 물질적 방조 권리 · 사회보험법(1946): 제1조 1-10항 · 로동법(1999): 제74조 년로년금 　　제77조 유가족년금 · 장애자보호법(2003): 제40조 장애자보조금 　　제14조 장애인 보조기구 · 사회보장법(2012): 제19조 사회보장년금, 보조금 　　제37조 보조기구 생산 　　제38조 보조기구 명시 · 인민보건법(2102): 제10조 무상치료 급여 내용

* 비고: 괄호 안은 해당 법령 최종 제정 수정 보충 년도.
* 출처: 저자 작성.

---

15) 위의 논문, 8쪽.

3. 국가부담·일부 변화와 '년로자기금' 창설

북한은 기본적으로 년로자를 비롯한 사회적 약자에 대한 재정은 국가가 부담한다고 명시하고 있다. 이에 「년로자보호법」에 의한 년로자보호 대상자에 대한 자금의 원천은 전액국가 예산에서 지출된다. 따라서 북한은 동 법령에서 구체적으로 본인이 부담하는 재정부담 수준, 방식과 비율에 대해 별도로 밝힐 필요가 없다. 이에 동 법령에서 재정부담과 관련된 몇 가지 조항을 명시하였는데, 이는 대한 언급은 다음과 같다. 동 법령 제4조 년로자보호부문의 투자원칙에서 "년로자의 생활과 건강을 국가가 책임지고 돌보아주는것은 사회주의제도의 우월한 시책이다. 국가는 년로자보호부문에 대한 투자를 계통적으로 늘여 년로자에게 보다 문명하고 행복한 생활을 보장하도록 한다"라고 하여 국가책임과 지출규모를 확대하도록 하였다.

하지만 앞서 지적한 바와 같이 북한이 동 법령을 통해 별도의 연금을 새로이 신설하지 않았다면 북한의 년로자들은 기존의 노령연금과 보조금을 통해 노후보장을 받는다. 이 경우 노령연금은 년로자 본인이 노동기간동안 부담한 사회보험료 임에 따라 사실상 본인의 자부담과 기여에 의한 보상이라 할 수 있다. 따라서 이를 근거로 판단할 때, 북한은 노인복지서비스 재정부담을 전적으로 국가재정에 의한다고 규정하기엔 한계가 있다. 결국 북한의 노인복지서비스의 재정부담은 다양한 주체가 재정적 기여를 한다고 하겠다.

또한 「년로자보호법」 제39조 년로자보호기금의 창설에서 "년로자보호기관은 년로자보호기금을 세울수 있다. 년로자보호기금은 년로자보호기관이 조성하는 자금과 국제기구와 자선단체, 해외동포의 자선자금 같은 것으로 적립하고 리용한다"라고 명시하고 있다. 이는 곧 북한이 년로자에 대한 별도의 기금운영을 공식화한 것이자 나아가 기금의 조성방식까지 밝힌 것이다. 여기에서 년로자보호기관이 조성하는 자금은 후술한-사회보장법 제34조- 해당기관이 부업경리[16]를 통해 조성한 자금을 의미한다고 판단된다.

반면 국제기구와 자선단체, 해외동포의 자선자금은 지원 자금으로 외부에서 조성하는 자금이다. 따라서 북한이 표방하는 년로자보호기금은 크게 대내외적인 두 방향으로 조성·조달된다 하겠다. 아울러 이것이 의미하는 바는 대단히 큰데, 북한이 특정계층을 대상으로 공식적인 법령에서 기금의 창설을 명시한 사례가 전무했다. 따라서 역으로 이는 북한이 특정계층을 대상으로 한 기금창설을 언급한 최초의 공식법령이다.

아울러 이를 포함, 년로자보호에 해당되는 재정은 ① 국가지원 예산, ② 노령연금의 경우 본인부담, ③ 년로자보호기금으로 구분되고 ④ 앞서 상술한 바와 같이 시설수용인 경우 일부 수용자가 유료 부담을 하는 네 가지의 사례가 있다고 판단된다.

반면 「사회보장법」의 경우 동 법령 제6조 사회보장금지출 확대원칙에서 "국가는 재정수입이 늘어나는데 맞게 사회보장금의 지출을 계통적으로 늘이도록 한다" 와 제17조 "사회보장금은 사회보장자의 생활을 보장하기 위하여 지출하는 자금이다. 재정은행기관과 해당 인민위원회는 사회보장금을 정확히 지출하여야 한다"라고 하여 재정수입에 비례한 예산확대와 사회보장 기금의 관리기관인 두 단체

---

16) 부업경리에 대해 북한은 다음과 같이 정의하고 있다. 기본경리에서 리용되지 않거나 불충분하게 리용되는 생산적 예비를 리용하여 추가적 수입을 얻을 목적으로 조직되는 경리. 사회과학출판사, 『경제사전 I』(평양: 사회과학출판사 경제연구소, 1985), 637쪽.

를 언급하였다.[17]

또 동 법령 제18조 "사회보장금은 사회보장년금, 보조금의 지불과 사회보장기관의 운영, 장애보조기구의 생산, 공급 같은 목적에 지출한다…"라고 하여 사회보장기금의 지출대상과 출처를 밝혔다. 여기에서 주목해야하는 것은 사회보장기금이 사회보장기관의 운영비로도 충당된다는 것이다. 다른 한편으로 동 조항을 근거로 할 때, 사회보장사업 기금의 지출항목은 첫째, 현금급여 지출 부문, 둘째, 사회보장기관 운영비 지원, 셋째, 보조기구 지원 등 세 가지로 구분된다.[18]

또 하나의 특이한 사례도 발견되는데,「사회보장법」제34조 "사회보장기관은 사회보장들의 생활보장을 위하여 부업경리를 할 수 있다. 부업경리에서 나오는 수입은 해당 도(직할시) 인민위원회의 승인을 받아 사회보장기관운영에 쓴다"라고 명시하였다. 이는 사회보장기관이 별도의 독립적인 경제활동을 할 수 있도록 한 것이다. 또한 여기에서 발생하는 수익은 해당 사회보장기관의 운영비로 지출할 수 있다. 또 이를 근거로 할 때 년로자를 시설수용하는 사회보장기관이 바로 여기에 해당된다고 판단된다.[19]

이는 사회보장사업의 재정에 해당 사회보장기관이 개입할 수 있고 재정적으로 기여한다는 것을 의미한다. 나아가 이는 사회보장기관의 자발적인 재정기여를 강요하는 행태도 된다. 결국 이는 국가와 사회보장기관의 입장에서 보면 긍정적인 부문과 부정적인 부문이 동시에 존재한다. 문제는 국가주도의 사회보장사업 재정에 개별 사회보장기관의 경제수익을 반영한다는 것과 사회보장기관이 부업경

---

17) 이철수, "2008년 북한 사회보장법에 대한 연구," 10쪽.
18) 위의 논문, 10쪽.
19) 위의 논문, 13쪽.

리에 치중할 경우 사회보장사업을 등한시하게 된다는 것이다. 따라서 이를 사전에 방지하고자 한다면 북한은 부업경리사업에 대한 가이드라인, 즉, 허용범위에 대해 반드시 제시해야 한다.

다른 한편으로 이는 「헌법」 제24조 "개인소유는 공민들의 개인적이며 소비적인 목적을 위한 소유이다. 개인소유는 로동에 의한 사회주의분배와 국가와 사회의 추가적 혜택으로 이루어진다. 터밭경리를 비롯한 개인부업경리에서 나오는 생산물과 그밖의 합법적인 경리활동을 통하여 얻은 수입도 개인소유에 속한다. 국가는 개인소유를 보호하며 그에 대한 상속권을 법적으로 보장한다"라는 내용에 대해 그 적용대상을 달리 한 것으로 볼 수도 있다. 그러나 「사회보장법」의 부업경리의 수익은 해당 사회보장기관에게 주어진다. 따라서 북한은 사회보장기관의 부업경리는 재정확충을 위한 철저한 공익활동으로 본다고 판단된다.[20]

반면 현물급여인 각종 보조기구에 대해 「사회보장법」 제41조 "보조기구의 값과 장애자가 보조기구를 공급받기 위하여 오가는데 든 려비는 국가와 본인이 부담한다. 구체적인 비용부담관계는 따로 정한데 따른다"라고 하여 여비에 대한 본인과 국가의 공동부담을 명시하였다. 이는 「인민보건법」 제10조 "3항. 근로자들의 료양의료봉사는 무료이며 료양을 위한 왕복려비는 국가 또는 사회협동단체가 부담한다"라는 조항과 동질적이나 왕복여비와 관련된 내용은 보다 더 구체적이다.[21] 이에 상술한 동 조항들을 근거할 때 「사회보장법」에서 나타난 사회보장사업의 재정부담은 요보호자의 왕복여비에 대한 국가와 본인의 공동부담 이외에 별도의 재정부담은 없다.

---

20) 위의 논문, 13쪽.
21) 위의 논문, 10쪽.

이에 재정부담과 관련, 「년로자보호법」과 여타 법령은 다소 간의 공통점과 차이점이 나타난다. 먼저 관련 제 기금을 언급한 경우 「년로자보호법」과 「사회보장법」의 경우 각각 년로자보호기금과 사회보장금으로 명시되어 있다. 다음으로 현물급여인 각종 보조기구의 재정부담에 대해 「년로자보호법」은 구체적인 언급이 없는 반면 여타 법령은 이와 달리 다소 상응하는 내용을 제시하고 있다. 마지막으로 이러한 차이는 년로자의 경우 사회적 약자에 해당되어 이들에 대한 국가차원의 보호와 서비스가 당연시 인식되는 한편 기존 법령의 재정부담 내용으로도 충분하기 때문이라 판단된다. 참고로 지금까지 논증한 「년로자보호법」의 재정부담을 포함, 기타 법령에서 명시한 재정부담에 대해 간략히 요약하면 다음 〈표 4〉와 같다.

〈표 4〉 년로자보호법과 기타 법령 재정부담 비교

관련 조항	년로자보호법 재정부담 조항	기타 법령 재정부담 조항
제4조	재정수입 확대	· 헌법(2012): 제25조 국가 책임 명시 · 사회보험법(1946): 제14조 2. 피보험자는 고용주로부터 받은 임금 또는 보수의 1%에 해당하는 금액 · 장애자보호법(2003): 제3조 국가 책임 명시 · 사회보장법(2012): 제6조 재정수입 비례 사업 확대 · 인민보건법(2012): 제4조 치료예방의 현대화, 과학화원칙
제39조	년로자보호기금의 창설	· 사회보장법(2012): 제17조 사회보장금 정의, 사회보장금 지출 기관 명시 제34조 기관의 부업경리 허용

* 비고: 1. 괄호 안은 해당 법령 최종 제정 수정 보충 년도.
      2. 2006년부터 사회보험료는 가입자 1%, 사업장 수익의 7% 공동부담.
      3. 개성공단 근로자는 임금의 15% 부담.
* 출처: 저자 작성.

4. 전달체계의 기존 예속

「년로자보호법」의 년로자에 대한 급여전달과 운영체계에 대한 언급은 다음과 같다. 동 법령 제14조 년금, 보조금보장에서 "···재정은행기관과 해당 기관은 년로자에게 정해진 년금, 보조금을 정확히 내주어야 한다. 년금, 보조금대상과 기준을 정하는 사업은 중앙로동행정지도기관이 한다"라고 명시하고 있다. 이에 연금대상에 대한 지정과 사업주체는 중앙노동행정기관이, 연금과 보조금의 지급은 재정은행이 각각 담당한다. 이는 기존의 북한 사회보장 담당 행정기관과 매우 유사하다. 따라서 기존과 다른 년로자보호 서비스 전달과 관리운영체계에 대한 큰 변화는 나타나지 않는다. 이러한 이유는 북한이 년로자에 대한 사회복지서비스 공급은 기존의 사회보장 대상자의 연장선상에서 적용·집행하기 때문이라 판단된다.

아울러 이는 「사회보장법」의 복지급여 전달체계에 대한 내용과 대동소이하다. 동 법령 제19조 사회보장년금, 보조금의 지불에서 "···사회보장년금, 보조금의 지불대상과 기준을 정하는 사업은 중앙로동행정지도기관이 한다"라고 명시하였다. 이를 근거로 할 때, 사회보장 대상자 역시 현금급여인 사회보장연금과 보조금을 수급받는다. 또한 사회보장 수급대상자의 판정은 중앙노동행정기관이 담당하고 이에 따라 증서가 발부되고 그 증서를 근거로 급여가 지급된다. 그리고 이 또한 기존의 사회보험과 사회보장 급여, 수급 절차와 거의 동일하다.

반면 이와 달리 「사회보장법」의 사회보장사업 전달체계에 대한 언급은 「년로자보호법」에 비해 상당히 구체적인데, 이를 살펴보면 다음과 같다. 동 법령 제10조 "사회보장신청은 사회보장을 받으려는 공민이 속한 기관, 기업소, 단체가 한다. 기관, 기업소, 단체는 사회 보장을 받으려는 대상이 제기되였을 경우 사회보장신청문건을 작성하여 대상에 따라 중앙로동행정기관 또는 해당 인민위원회에 내야한다"라는 신청과정과 절차에 대해 명시하였다.

또한 동 법령 제11조 "사회보장신청문건에는 사회보장을 받으려는 공민의 이름과 나이, 직장직위, 신청리유와 경력, 수훈관계 같은 것을 정확히 밝히고 기관, 기업소, 단체의 공인을 찍으며 로동수첩과 그밖의 필요한 문건을 첨부한다. 병 또는 부상을 리유로 사회보장신청을 제기하는 경우에는 해당 보건기관에서 발급한 의학감정서를 첨부한다"라고 하여 사회보장신청문건의 기재사항과 첨부문건에 대해 밝혔다.[22]

아울러 동 법령 제12조 "중앙로동행정지도기관과 해당 인민위원회는 사회보장신청문건을 접수하였을 경우 제때에 심의하고 승인 또는 부결하는 결정을 하여야 한다" 라고 하여 사회보장신청문건의 심의사항을 언급하였다. 또한 동 법령 제13조 "중앙로동행정지도기관과 해당 인민위원회는 사회보장신청문건심의에서 승인된 공민을 사회보장자로 등록하여야 한다"라고 사회보장자의 등록에 대해 제시하였다. 또 동 법령 제14조 "중앙로동행정지도기간과 해당 인민위원회는 사회보장자등록정형을 그가 거주하고있는 지역의 리, 읍, 로동지구, 동사무소에 알려주어야 한다" 라고 사회보장자등록정형 통보에 대해 명시하였다.[23]

반면 동 법령에는 사회보장 서비스 시설기관에 대해 언급하고 있는데, 제25조 "중앙로동행정지도기관과 해당 인민위원회는 영예군

---

22) 위의 논문, 11쪽.
23) 위의 논문, 11쪽.

인과 돌볼 사람이 없는 늙은이, 장애자의 생활보장을 위하여 영예군인보양소, 양로원, 양생원, 같은 사회보장기관을 조직하고 책임적으로 관리운영하여야 한다. 영예군인보양소는 중앙로동행정기관이, 양로원, 양생원, 같은 것은 중앙로동행정지도기관의 승인을 받아 도(직할시)인민위원회가 조직하고 관리 운영한다"라고 언급하였다. 이에 동 법령에서 제시한 북한의 사회보장기관은 ① 복무중 장애를 입은 군인을 대상으로 하는 영예군인보양소, ② 무의무탁노인을 수용하는 양로원, ③ 장애인을 시설 수용하는 양생원으로 구분된다.[24]

이는 북한이 「로동법」 제78조와 「장애자보호법」 제41조에서 명시한 양로원과 양생원, 「아동권리보장법」 제31조에서 언급한 육아원, 애육원과 비교해 볼 때, 군인과 관련한 시설은 보충된 반면 아동과 관련한 시설에 대한 언급은 없다. 또한 이는 「사회보장법」 제2조 적용대상에서 아동을 포함한 것과 달리 이들을 위한 시설을 명시하지 않은 것은 다소 아이러니하다.[25]

한편 「년로자보호법」의 현물급여인 보조기구 및 치료기구 보장의 전달체계는 앞서 언급한 동 법령 제21조 이외에 이렇다 할 내용이 언급되어 있지 않다. 반면 「사회보장법」의 현물급여인 보조기구의 전달체계에 대한 언급은 다음과 같다. 동 법령 제39조 "보조기구를 공급받으려는 장애자는 신청서를 만들어 해당 인민위원회에 내야한다. 신청서를 접수한 인민위원회는 그것을 정확히 검토하고 보조기구공급승인문건을 발급하여야 한다"라고 명시하였다. 이는 보조기구의 공급 승인 신청과정을 제시한 것이다.

---

24) 위의 논문, 11~12쪽.
25) 위의 논문, 12쪽. 최근 북한은 평양에 양로원을 신축 공사한 것으로 알려졌다. 『로동신문』, 2015년 3월 6일.

또 「사회보장법」 제40조 "보조기구는 정해진 기관, 기업소에서 공급한다. 보조기구를 공급받으려는 장애자는 해당 인민위원회에서 발급한 보조기구공급승인문건을 해당 기관, 기업소에 내야 한다. 해당 기관, 기업소는 보조기구공급승인문건에 따라 보조기구를 제때에 공급하여야 한다"라고 하여 보조기구의 공급에 대해 언급하였다.

이에 상술한 동 조항들을 근거할 때 「년로자보호법」에 나타난 전달체계는 과거에 비해 크게 벗어나지 않는다. 그러나 「사회보장법」과 비교하면 상대적으로 그 구체성이 다소 떨어진다. 그리고 이러한 원인은 무엇보다 양 법령의 속성과 제정시기의 차이에 기인한 것이라 판단된다. 또한 「사회보장법」이 「년로자보호법」의 상위법령임을 감안하면 「년로자보호법」의 해석상의 논란을 불식시키는 법적인 근거는 「사회보장법」에 의거하면 된다고 판단된다. 참고로 지금까지 논증한 「년로자보호법」의 전달체계를 포함, 기타 법령에서 명시한 전달체계에 대해 간략히 요약하면 다음 〈표 5〉와 같다.

<표 5> 년로자보호법과 기타 법령 전달체계 비교

관련 조항	년로자보호법 전달체계 조항	기타 법령 전달체계 조항
제14조	현금급여 관리, 지급기관 명시	· 사회보험법(1946): 제51조 급여신청, 전달과정 · 사회보장법(2012): 제19조 지불기관 제10조 신청기관 제11조 신청문건과 증빙 서류 제12조 심의 의결 제13조 사회보장등록 제14조 사회보장통보 제25조 사회보장시설 제39조 보조기구 신청절차 제40조 보조기구 공급절차

* 비고: 괄호 안은 해당 법령 최종 제정 수정 보충 년도.
* 출처: 저자 작성.

5. 관리운영 유지와 '년로자보호위원회' 신설

「년로자보호법」의 관리운영에 대한 언급은 다음과 같다. 동 법령 제3조 년로자의 지위와 보장원칙에서 "…국가는 년로자들에게 혁명의 선배, 사회와 가정의 웃사람으로서의 지위와 역할을 다 할 수 있도록 온갖 조건을 보장한다"라고 명시하여 국가책임을 분명히 하였다. 또한 동 법령 제38조 년로자보호기관의 조직에서 "국가는 년로자보호사업을 계획적으로 협의하고 통일적으로 집행하기 위하여 내각과 도(직할시), 시(구역), 군인민위원회에 비상설로 년로자보호위원회를 둔다. 년로자보호위원회의 실무사업은 중앙년로자보호련맹[26]과 해당 기관이 한다"라고 하여 관리운영에 대한 담당조직을 밝혔다.

이는 특히 「장애자보호법」 제45조 "국가는 장애자보호사업을 계획적으로 협의하고 통일적으로 집행하기 위하여 비상설로 장애자보호위원회를 둔다. 장애자보호위원회의 실무사업은 장애자련맹이 한다"하여 장애자를 위한 각각의 위원회와 별도의 주관 기구를 분명히 한 것과 매우 유사하다.

반면 「사회보장법」에서는 제5조 "국가는 사회보장자들이 안정되고 행복한 생활을 할 수 있도록 사회보장기관을 현대적으로 꾸리고 정상적으로 관리운영하도록 한다"라고 하며 사회보장기관의 운영원칙을 명시하였다. 또 동 법령 제24조 "…중앙로동행정지도기관과 해당 인민위원회는 사회보장기관의 운영체계를 바로세우고 끊임없이

---

26) 참고로 동 법령이 제정된 2007년 북한은 '조선년로자보호련맹 중앙위원회'를 조직한 것으로 알려졌는데, 이는 2003년 4월 30일 '조선년로자방조협회'가 확대 개편된 것이라 판단된다. 아울러 북한은 별도로 동 단체의 홈페이지도 개설하였다.

개선해나가야한다" 라고 사회보장기관조직운영의 기본요구에 대해 언급하였다. 이는 기존의 북한의 입장과 거의 대동소이한 내용이다.[27]

또한 「사회보장법」 제46조 "국가계획기관과 로동행정기관, 보건기관, 재정은행기관, 인민위원회는 사회보장사업에 필요한 로력, 자금, 설비, 물자를 제때 보장하여주어야 한다"라고 하여 사업에 필요한 관련 제 기관과 제반 환경을 이들이 담당함을 밝혔다. 이에 상술한 동 조항들을 근거할 때 동 법령에서 나타난 사회보장사업의 관리운영체계는 과거 노동행정기관과 인민위원회를 중심으로 조직운영되는 사업의 관례를 크게 벗어나지 않는다.

그러나 관리운영에 있어 「년로자보호법」, 「장애자보호법」, 「사회보장법」 사이에 국가주도와 책임이라는 공통점이 있는 반면 차이점도 발견된다. 가령 「년로자보호법」과 「장애자보호법」에서 각각 명시한 '년로자보호위원회'와 '장애자보호위원회'이다. 이는 「사회보장법」에는 존재하지 않은 것이다. 역으로 이는 인민위원회를 제외한 사회보장 대상자를 위한 별도의 위원회가 없다는 것을 의미한다.

무엇보다 이러한 차이는 세 법령의 초점과 대상, 법적관계에 의거하기 때문이라 판단된다. 가령 장애자와 년로자의 경우 요보호자로 별도의 보호와 관심이 필요하다. 반면 사회보장 대상자의 경우 다양한 계층을 포괄하고 있기 때문에 기존의 행정기관과 인민위원회를 통해 관리한다고 판단된다. 참고로 지금까지 논증한 「년로자보호법」의 관리운영을 포함, 기타 법령에서 명시한 관리운영에 대해 간략히 요약하면 다음 〈표 6〉과 같다.

---

27) 이철수, "2008년 북한 사회보장법에 대한 연구," 15쪽.

<표 6> 년로자보호법과 기타 법령 관리운영 비교

관련 조항	년로자보호법 관리운영 조항	기타 법령 관리운영 조항
제3조	국가주도와 책임 명시	· 헌법(2012): 제25조 〈표 4〉 참조 · 인민보건법(2012): 제2조 인민보건 성과의 공고 발전원칙 · 사회보장법(2012): 제5조 국가주도와 책임 명시 　　　　　　　　　　 제24조 운영기관명시 · 장애자보호법(2003): 제3조 〈표 4〉 참조
제38조	년로자보호 담당기관 명시	· 사회보험법(1946): 제6조 사회보험사무 사무관장 　　　　　　　　　　 제163조 사회보험금고 설치규정 　　　　　　　　　　 제164조 사회보험사무소 설치 규정 · 사회보장법(2012): 제24조 사회보장담당 기관 명시 　　　　　　　　　　 제46조 사회보장 사업 조건 보장 · 장애자보호법(2003): 제45조 장애자보호위원회

* 비고: 괄호 안은 해당 법령 최종 제정 수정 보충 년도.
* 출처: 저자 작성.

Ⅳ. 법제적 함의

1. 의의와 평가

지금까지의 논증을 토대로 「년로자보호법」에 대한 의의와 평가를 하면 다음과 같다. 첫째, 동 법령은 북한이 직접적으로 년로자에 대해 최초로 공표한 독립 법령으로서 사실상 북한의 노인복지서비스법으로 큰 의의가 있다. 즉, 기존의 북한 노인복지서비스법은 「사회보험법」에 명시한 공적연금 관련 조항 외에 주목할 만한 법령이 존재하지 않았다. 따라서 동 법령은 이를 보다 더 구체화시켜 「사회보험법」의 노인복지서비스법의 관련 내용을 분리하여 독립함과 동시에 체계화 하였다.

둘째, 동 법령은 년로자보호사업에 대해 북한이 국가차원의 함의를 밝힌 것으로 북한의 노인복지서비스사업에 대한 얼개가 나타나 있다. 즉, 동 법령을 통해 북한은 향후 노인복지서비스에 대해 어떻게 진행해나가겠다는 정책적 입장을 밝혔다. 또한 이는 북한의 노인복지서비스 사업에 대한 제도적 장치이자 기반을 의미한다. 그럼에도 불구하고 후속법령의 미비로 이것이 실천적 차원까지 승화되지 않은 한계 또한 엄연히 존재한다.

셋째, 동 법령은 수직적으로 「헌법」, 「사회보장법」의 아래에 위치하는 법령으로 북한 사회복지법제에 있어 법적체계를 구성하는 데 일조한다. 이를 테면 동 법령으로 인해 북한 사회복지법제는 추상적-매개적-구체적 수준의 체계를 구성한 가운데에 재차 법적 서비스 대상별 개별 입법화를 추구, 결과적으로 과거에 비해 법적 체계성을 공고히 하게 되었다.

넷째, 동 법령은 「장애자보호법」과 더불어 북한이 사회적 약자인 요보호자의 대상별 서비스와 권리를 명시한 대표적인 법령이다. 즉, 「장애자보호법」과 동 법령 제정 이전까지 북한은 장애인과 노인을 비롯한 사회적 약자에 대한 뚜렷한 법적 보호와 우대를 직접적으로 언급한 적이 없다. 따라서 동 법령은 북한이 사회적 약자인 노인에 대한 복지서비스를 언급한 최초 법적사례이다.

다섯째, 동 법령은 동 법령보다 먼저 제정한 「장애자보호법」과 비교적 법적인 일관성을 유지하고 있다. 이는 동 법령이 노인이라는 특수한 대상에 대한 보호와 서비스를 추구함에 따라 앞서 제정한 「장애자보호법」과 양 법령의 법적 적용대상의 속성을 제외한 경우 일관된 법적 구성을 하고 있음을 의미한다. 또한 이는 북한 법제의 현대화와 같은 맥락으로 법조문의 구성과 체계, 표현과 진술이 과거에 비해 다소 발전된 형태를 추구하는 변화의 연장선상이다.

여섯째, 법적인 내용에 있어 동 법령은 「아동권리보장법」과 「녀성권리보장법」과 뚜렷한 상관관계가 나타나지 않는다. 이는 동 법령이 노인에 대한 보호와 서비스를 위한 사업을 밝힌 것과 대비되게 「아동권리보장법」과 「녀성권리보장법」은 아동과 녀성의 권리를 추상적으로 명시했기 때문에 나타난 결과이다. 즉, 동 법령과 「아동권리보장법」, 「녀성권리보장법」은 법적 내용의 구성과 초점을 달리한다.[28]

2. 지속성과 변화

이를 북한 사회복지법제의 지속성 차원에서 접근하면, 첫째, 북한은 여전히 년로자보호에 관한 국가책임과 역할을 일정부문 강조하는 경향이 있다. 둘째, 년로자의 노후보장을 위한 급여의 경우 주목할 만한 새로운 현금급여나 현물급여 없어 기존의 급여체계에 예속된다. 셋째, 년로자보호위원회 신설을 제외하고는 기존의 노인복지사업에 있어 관련 행정기관의 역할과 기능에는 큰 변화가 없다는 것이다.

한편 더욱 중요한 것은 북한의 이러한 지속성이 유지되거나 유지할 수밖에 없는 원인이다. 이러한 이유는 사실상 북한에 내재되어 있는데, 첫째, 사회주의 국가인 북한은 제도적으로나 표면적으로 여전히 노인복지에 관한 국가책임을 표방할 수밖에 없다. 때문에 북한의 입장에서 일정부문 국가책임의 축소는 허용할 수 있으나 포기나

---

28) 이철수, "북한 사회보장법 법적 비교 분석," (미발표 원고), 18쪽.

후퇴는 체제를 스스로 부정하는 행위이다. 따라서 북한이 사회주의를 지향하는 한 복지의 국가책임과 역할에 대한 괄목할만한 제도적 변화를 추진하기에는 분명한 한계가 있다.[29]

둘째, 노인복지 급여의 경우 급여의 향상이나 신설은 복지재정의 확대를 수반한다. 이에 무엇보다 현재 북한의 입장에서 노후보장과 관련한 인민시책비에 대한 확장을 시도할 만큼의 경제적인 여력이 매우 부족하다고 판단된다. 따라서 현실적으로 북한이 새로운 급여를 신설하거나 기존의 급여를 향상시킬 수 있는 환경이 조성·성숙되어 있지 않다. 때문에 결국 북한은 기존의 복지급여를 발전시키기 못하고 계승할 수밖에 없다.[30]

셋째, 동 법령에서 북한은 노인복지사업의 강화를 추구하고 있다. 때문에 관련 제 기관과 전달, 관리운영 체계의 경우 기존의 역할과 기능에 새로운 변화를 추동할 별도의 기관이나 체계가 필요치 않다고 판단된다.[31] 더욱이 지금 현재 북한은 새로운 기관을 통한 별도의 전달, 관리운영기관을 신설할 경우 여기에 소요되는 인력과 재원을 공급할 능력도 부족하다고 판단된다.

반면 변화를 추적하면 첫째, 기존과 같이 국가책임을 표방하지만 부분적으로 부양의무와 같은 가족책임도 강조한다. 즉, 비록 부문적이지만 동 법령의 취지에 반하는 조항이 있다. 가령 부양의무자의 부양료 부담은 과거 북한의 입장과 분명한 차이가 있다. 둘째, 이와 연장선상에서 동 법령은 일부 개인과 가족의 책임과 역할을 강화하는 방향으로 추동하고 있다. 셋째, 「장애자보호법」과 달리 장애인이

---

29) 위의 논문, 18쪽.
30) 위의 논문, 18쪽.
31) 위의 논문, 18쪽.

동일한 사회적 약자임에도 불구하고 별도의 기금이 없는 반면 년로자의 경우 북한이 새롭게 '년로자기금'을 창설하였다. 이로 인해 북한은 재정수입 채널을 다양화하고 있다. 넷째, 이와 동렬에서 별도의 관련 제기관인 '년로자보호위원회'를 신설하여 일정부문 전문화·조직화를 추구하고 있다. 다섯째, 동 법령을 포함 2000년대 이후 제정된 법령에서 공통적으로 나타나는 현상으로, 북한은 국제기구들과의 교류와 협력을 강화하고자 한다는 것이다.

이 또한 상술한 지속성과 마찬가지로 더욱 중요한 것은 북한의 이러한 변화를 야기한 원인이 무엇이냐이다. 이러한 이유 또한 지속성과 마찬가지로 북한에 내재되어 있다고 판단된다. 이를 열거하면 첫째, 북한은 부양에 대한 가족책임의 명문화를 통해 국가와 가족의 공동 부양책임을 지향함과 동시에 기존의 과도한 국가책임을 희석시키고자 한다. 즉, 부양에 관한 가족책임이 강화된 반면 국가책임의 역할 약화가 그 원인의 하나이고 나아가 이는 북한이 당면한 경제와 밀접한 관계가 있다.[32]

둘째, 이와 연장선상에서 국가적 부양에서도 일부 부양의무자의 부양비용 부담은 북한경제와 관련된 것으로 북한은 무상의 노인복지 시설을 운영할 재정적 여유가 지금 현재 부족하다고 판단된다. 이로 인해 북한은 비록 부문적이지만 노인시설 일부 수용자들에 한해 유료운영을 하고 있다. 그리고 이는 상술한 바와 같이 기존의 국가 대 개인·가족의 역할 변화와도 상당한 관련이 있다.[33]

셋째, 무엇보다 년로자기금의 신설은 북한의 의지가 나타난다. 이는 북한이 별도의 독자적인 기금을 운용, 동 법령에서 북한이 천명

---

32) 위의 논문, 19쪽.
33) 위의 논문, 19쪽.

한 년로자보호사업의 원활한 진행을 담보하기 위한 재정수단 확보에 기인한 것이 판단된다. 즉, 년로자기금의 존재는 동 사업에 대한 북한의 실천적 전략에서 비롯된 것이라 하겠다.

넷째, 이와 동렬에서 년로자보호위원회의 신설 또한 지역단위의 위원회를 구성, 동 사업에 대한 실천 의지를 표명한 것이라 판단된다. 무엇보다 이는 기존의 행정기관이 지도하던 형식을 유지하는 가운데에 별도의 위원회를 내각과 도, 시, 군 단위까지 구성했음을 주목할 필요가 있다. 따라서 이 또한 북한이 노인복지사업의 전문화·조직화를 유도하고 있음을 의미한다.

다섯째, 국제교류는 북한이 동 사업의 국제화·개방화를 통해 원활한 사업수행과 더불어 재정지원을 유치하고자 하는 의도에서 비롯된 것이라 판단된다. 역설적으로 이는 북한의 부족한 재정능력에 기인한 것이기도 하다. 북한의 입장에서 국제교류를 통한 외부지원은 이미 다방면에서 진행되어 왔다. 때문에 이는 북한이 국제사회와의 교류에 법적 근거인 동시에 지원 기반이고 나아가 년로자기금의 모체가 된다. 따라서 북한의 입장에서 교류는 곧 지원을 의미함에 따라 상당한 이익을 도모할 수 있게 된다.

결국 이러한 지속성과 변화의 원인과 배경은 북한의 당면한 현실과 그러한 가운데에 북한이 이를 타개하기 위한 그들의 고민과 의도에서 비롯된 것이라 판단된다. 지금까지 논증을 근거로 동 법령의 법제적 정의를 요약하면 다음 〈표 7〉과 같다.

<표 7> 년로자보호법의 법제적 정의

구분	주요 내용	주요 배경
의의	· 북한 최초의 독립·직접적인 노인복지서비스 법 · 노인복지서비스에 대한 국가차원의 함의 · 「헌법」, 「사회보장법」의 하위 법령 · 사회적 약자에 대한 사회복지법제 강화	-
평가	· 노인복지서비스 사업 얼개 · 별도의 신설 급여 없이 기존 급여에 예속 · 관련 법령과 비교적 일관성 유지 · 아동·녀성권리보장법과 내용상 상관관계 거의 없음	-
지속성	· 제도적 국가책임의 강조 · 급여 불변 · 관련 제 기관 대다수가 기존 기관과 동일	· 사회주의 국가 북한의 기본적인 한계 · 북한 경제력 부족과 환경 미성숙 · 별도의 기관 신설 불필요
변화	· 부분적 가족책임 강조, 제도화 · 일부 시설수용자의 경우 부양료 가족 부담 · 년로자기금 신설 · 년로자보호위원회 신설 · 국제교류 협력 강화	· 국가책임 희석 · 제정부족과 국가 대 가족 역할 변화 · 재정수단 확보 · 노인복지사업의 전문화·조직화 · 국제화, 개방화, 외부 지원 확보

* 출처: 저자 작성.

V. 결론

본 연구는 2007년 북한이 제정한 「년로자보호법」을 놓고 동 법령의 주요 내용을 기존 법령들과 비교를 중심으로 논증하였다. 동 법령은 북한이 국가차원에서 사회적 약자인 년로자의 사회복지정책의 좌표를 밝힌 것으로 이에 대한 탐색만으로도 북한의 노인복지에 대한 정책적 지표를 파악할 수 있다. 특히 북한이 동 법령을 제정한 가장 큰 배경은 북한 역시 고령화 사회로 노인복지서비스에 대한 시대적 필요성과 그에 따른 법적 근거가 필요했기 때문이라 판단된다.

그럼에도 불구하고 동 법령은 구체적인 하위법령이 존재치 않아 법령의 정합성 문제가 제기된다. 또 적용대상은 기존 노령연금과의 충돌을 방지하기 위해 사실상 거의 동일한 연령범위를 적용하였다. 이와 마찬가지로 급여는 기존과 다른 새로운 급여를 신설하지 않았다. 이는 기존의 제한된 급여를 구체적이고 다양한 급여로 확대 재생산하지 않았음을 의미한다. 때문에 이는 북한의 입장에서 재정적인 부담을 완화시키게 된다. 또 재정은 여전히 국가부담에 의거하지만 일부 본인부담을 신설한 것과 년로자기금을 창설한 것은 눈에 띄는 변화이다. 특히 북한이 신설한 년로자기금의 경우 재정운영의 독립화를 추구하고 있어 이전에 비해 다소 선진화를 꾀하고 있다고 볼 수 있다. 그러나 전달체계는 기존의 체계를 유지하는 방향으로 예속되었다. 하지만 관리운영은 년로자라는 대상의 속성을 감안, 별도의 위원회를 조직한 것은 주목할 만하다 하겠다.

결국 북한은 동 법령을 통해 상당한 변화를 지향하는 만큼 거의 동일한 수준으로 기존의 체계를 유지하고자 한다 하겠다.[34] 이에 북한은 노인복지에 관한 기존에 파편화되어있는 법령들과 크게 충돌하지 않는 범위 내에서 독립시켜 입법화하였다. 또한 이러한 변화의 축과 함께 북한은 다른 한편으로 그들 스스로의 자구책과 국제화를 지향하고 있다. 더욱 중요한 것은 이러한 변화를 추동하는 원인인데, 북한의 경우 한마디로 이는 당면한 그들의 현실에서 기인하고 파생된다 하겠다.

다른 한편으로 아이러니하게도 북한의 이러한 변화와 개혁은 남북한 사회복지체제의 이질성을 상쇄하는 방향으로 진행되고 있다고

---

34) 위의 논문, 21쪽.

판단된다. 다시 말해 비록 부문적이지만 -부양의 경우- 북한의 국가 사회복지체제의 '개인·가족책임'의 제도화는, 북한주민의 입장에서는 적지 않은 부담이나 자립과 자활을 궁극적인 목표로 삼는 남한의 입장에서는 다소 긍정적인 요소도 내재되어 있다. 그러나 또 다른 한편으로는 이것이 본인과 가족부담으로 전가할 만큼 북한의 입장에서 필요하고 개인의 입장에서 가능한가에 대한 의문 역시 존재한다.[35]

이러한 점에서 재차 제기·지적되는 것은 이를 실현·실천하고자 노력하는 북한의 의지와 능력의 문제이다. 왜냐하면 '노인복지제도'와 '노인복지현실'은 전혀 다른 차원의 논의 대상이고 현 상황에서 북한이 당면한 '복지현실'은 여전히 빈곤상태이기 때문이다. 또한 이는 법 규범의 이중성과 허구성의 정도, 즉, 법 규정과 현실사이의 괴리나 간극의 범위가 갖는 상징적 의미를 말한다. 따라서 이는 한마디로 형식적 법치주의냐, 실질적 법치주의냐를 가늠하는 판단근거를 의미한다.

그럼에도 불구하고 동 법령이 갖는 의미는 실현 여부를 떠나 북한이 동 법령의 제정을 기점으로 노인에 대한 새로운 시각과 정책을 제시하였다는 것이다. 그리고 이를 통해 북한은 적어도 사회복지법제 부문에 있어 보편적 국가가 지향하는 사회적 약자에 대한 관심과 배려를 일정부문 충족시켰다는 것이다. 아울러 이로 인해 북한의 사회적 약자인 노인복지서비스에 대한 비판은 감소하게 되었다. 결국 북한의 노인복지서비스의 '축과 방향'이 동 법령을 시작으로 인상적인 변화와 발전을 지향하고 있다.

---

35) 위의 논문, 21쪽.

이러한 점에서 더욱 중요한 것은 기존의 북한 노인복지서비스에 작지만 큰 변화를 의미하는 신호탄이 「년로자보호법」부터 시작된 것을 부정할 수 없다는 것이다. 그리고 향후 남한은 이러한 북한사회복지의 변화와 행위를 지속적으로 관찰할 필요가 있다. 왜냐하면 이것이 곧 통일한국 사회복지통합의 기초자료와 현장 경험으로 천착·전이될 것이기 때문이다. 동시에 북한의 복지제도와 현실에 대한 지속적인 모니터링도 통일에 반드시 필요한 과제이다.[36]

---

36) 위의 논문, 22쪽.

참고문헌

1. 국문단행본

박복순 외,『통일대비 남북한 여성·가족 관련 법제 비교 연구』, 서울: 한국여
    성정책연구원, 2014.
사회과학출판사,『경제사전 I · II』, 평양: 사회과학출판사 경제연구소, 1985.
장명봉,『최신 북한법령집(2013)』, 서울: 북한법연구회, 2013.
장혜경 외,『통일대비 효과적인 가족정책 지원방안 연구』, 서울: 한국여성정책
    연구원, 2014.

2. 국문논문

김성욱, "북한 인민보건법에 관한 연구,"『2009 남북법제연구보고서(I)』, 서
    울: 한국법제연구원, 2009.
_____, "북한의 어린이보육교양법에 관한 연구,"『2009 남북법제연구보고서
    (II)』, 서울: 한국법제연구원, 2009.
김정순, "북한의 년로자보호법에 관한 연구,"『2009 남북법제연구보고서(II)』,
    서울: 한국법제연구원, 2009.
박광동, "남북한 의료법에 관한 비교연구,"『2009 남북법제연구보고서(II)』, 서
    울: 한국법제연구원, 2009.
손희두, "남북한 의약품관리법제 비교연구,"『2009 남북법제연구보고서(II)』,
    서울: 한국법제연구원, 2009.
유성재, "북한 사회주의노동법에 관한 연구,"『2009 남북법제연구보고서(II)』,
    서울: 한국법제연구원, 2009.
이규창, "남북한 장애인법제 비교연구,"『2009 남북법제연구보고서(II)』, 서울:
    한국법제연구원, 2009.
이철수, "2008년 북한 사회보장법에 대한 연구,"「한국사회의 사회안전망을 점
    검한다」, 2014년 사회정책연합공동학술대회 통합학회 발표문, 4대 통
    합학회, 2014.
_____, "북한 사회보장법 법적 비교 분석," 미발표 원고.
이헌경, "남북한 사회복지제도 비교분석-사회적 욕구충족과 사회경제적 불평

등 감소를 위한 정책과 실태,"『통일정책연구』통권 제59호, 2013.
장명봉, "북한의 최근 법제 동향과 평가 -대중용법전 증보판(2006) 발간에 즈
음하여-,"『북한법연구』제9호, 2006.

3. 영문단행본
Gilbert, N. & Terrell, P, *Dimensions of social welfare policy*(7th), Boston: Pearson
Education, 2010.

4. 기타
로동신문, 2015년 3월 6일.
미국의 소리 방송, 2014년 11월 6일.
연합뉴스, 2013년 1월 3일.

제8장

북한 장애인복지 법제의 지속성과 변화 고찰
장애자보호법의 개정 내용 비교를 중심으로

Ⅰ. 서론

북한은 김정일시대인 2003년 6월 18일 최고인민회의 상임위원회 정령 제3835호로 '장애자보호법'[1]을 제정하였다. 동 법령은 북한이 직접적으로 장애인복지에 대해 규정한 최초의 입법 결과로, 제정 당시는 물론이거니와 지금도 상당한 의미를 갖고 있다. 동 법령은 북한의 장애인에 대한 최초이자 독립적이고 지금까지도 유일한 법령이기 때문이다. 그리고 이후 동 법령은 약 10년 후인 2013년 11월 21일 최고인민회의 상임위원회 정령 제3447호로 수정·보충되었다.[2] 따

---

[1] 동 법령의 정식명칭은 '조선민주주의인민공화국 장애자보호법'이나 본 연구에서는 북한의 모든 법령을 약칭한다.

[2] 2013년 당시 개정에 대해 북한의 조선장애자보호연맹 중앙위원회 정현 부장은 "사회발전과 세계적 추세에 맞게 장애자보호사업을 더욱 확대·발전시켜 나가기 위한 것"이라고 밝혔다. 개정법은 장애인이 모든 건물과 시설을 편리하게 이용할 수 있도록 만들고 장애인과 비장애인이 똑같은 여건에서 교육을 받을 수 있도록 장애인 등록사업을 개선했다. 뿐만 아니라 '장애자후원기금'을 설립한다는 조항이 신설됐으며 장애인 복지사업에 대한 투자를 늘리는 내용이 포함되었다. 이영재, "北 '장애자보호법' 개정…국제기준 반영," 『연합뉴스』, 2016년 3월 3일.

라서 북한은 동 법령을 최초 입법 이후 약 10년 동안 유지하였고 김정은시대인 2013년에 이르러 수정하였다. 결국 동 법령은 제정 이후 지금까지 한차례 수정되었다.

한편 북한은 동 법령이 수정된 시기보다 약 5개월 앞선 2013년 7월 3일 유엔 '장애인권리협약'에 서명하였다. 북한의 이러한 행태로 인해, 일정부문 북한이 2013년 7월 '장애인권리협약' 서명의 연장선상에서 동년 11월 '장애자보호법'의 수정 작업이 이루어졌다는 해석도 가능하다. 따라서 북한의 '2003년 장애자보호법 제정', 2013년 7월 '장애인권리협약 서명'[3], 동년 11월 '장애자보호법 수정'은 북한의 장애인복지와 장애인 인권보호가 과거와 달리 긍정적인 면이라 평가할 수 있는 근거가 된다.[4]

그러나 다른 한편으로 입법 시기와 수정 상황으로 볼 때, 이는 제도적 관점에서 북한의 장애인에 대한 관심을 반증하는 행태이기도 하다. 다시 말해서, 북한의 대표적인 취약계층인 장애인의 복지와 인권에 대한 긍정적인 평가를 하기에는 다소 무리가 따르는 측면도

---

3) 참고로 북한은 2018년 12월 장애인권리협약에 의거, 협약서명 발효 이후 국가 이행보고서를 UN장애인권리보호위원회에 제출하였다. 이와 관련한 연구로는 이철수 · 김효주, "북한의 '장애인권리협약 국가이행보고서' 분석: 협약원칙의 쟁점을 중심으로, 「북한연구학회보」 제23권 1호, 북한연구학회, 2019가 있다.

4) 이에 '동 법령의 개정'과 '최근 북한의 장애인복지 동향'에 대해 최은석은 "그동안 국제사회는 북한 인권 문제 제기와 장애인 인권에 대해 지속적으로 강조해왔다. 북한은 이러한 유엔(UN) 차원의 장애인 인권 관련 논의에 적극 대응하고 한편으로 장애인 후원기금 설립을 통해 장애인 복지를 국제적 기준에 맞춤으로써 국제기구와 자선단체 등 국제사회의 합법적 지원을 받기 위한 관련 법 근거를 마련해 정당성을 확보하고자 하고 있다. 과거와 달리 최근 김정은 정권 들어 장애인 정책을 비교적 활발히 펼치고 있는 것은 대외적으로 국제사회의 인권 문제 제기에 대응하는 한편, 대내적으로 김정은의 애민(愛民) 이미지 제고를 통해 사회주의 우월성 강조 등 체제선전 수단으로 활용하기 위함으로 보인다."라고 하였다. 최은석, "북한法 통일LAW: 北에서 장애인으로 산다는 것?," 「통일한국」 404호, 2017, 40쪽.

존재한다 하겠다. 즉, 이러한 북한의 장애인복지와 장애인 인권에 대한 입법 행태는 각각 입법 이전 약 반세기, 입법 이후 10년의 공백에 대한 비판-이념과 제도, 현실이 각각의 평가에서 치환되더라도-을 상쇄시키지는 않는다. 결국 이러한 이유로 북한의 장애인복지 정책에 대한 다양한 해석과 주장이 가능하다.

이러한 문제의식을 근거로 본 연구는 거시-구조적 차원에서 북한의 장애인복지 법제를 탐색하고자 한다. 이를 통해 본 연구는 북한 장애인복지 법제를 추적하여 제도적 차원의 지속성과 변화를 분석, 그 함의에 이르고자 한다. 보다 세부적으로 본 연구의 목적은 북한의 '2003년 장애자보호법'과 '2013년 장애자보호법'양자를 비교, 북한 장애인복지 법제의 동학을 추적하는 것이다. 이에 따라 본 연구는 북한이 2003년과 2013년에 각각 제정하고 수정한 '장애자보호법'을 분석대상으로 한다. 또한 연구방법은 문헌연구로 하여 원 자료인 두 법령들을 놓고, 장애인복지 관련 조항을 핵심 분석대상으로 하며 제도분석에 일반적으로 사용되는 내용분석을 통해 접근하고자 한다.

이를 위한 주요 분석대상으로는 먼저, 장애인복지와 관련된 북한의 여타 관련 법규를 역사적으로 간략히 고찰하고자 한다. 다음으로 북한의 2003년과 2013년 장애자보호법을 법적 개괄을 시작으로 핵심 변인들을 길버트(N. Gilbert)[5]와 스펙트(H. Spect)의 분석기준인 적용

5) 사회복지제도의 차원(dimension of social security programs)

구분	내용	추세
적용대상	누구에게 급여를 할 것인가?	선별주의에서 보편주의로
급여	무엇을 급여할 것인가?	추상적, 제한된 급여에서 구체적, 다양한 급여로
재정	재원마련은 어떻게 할 것인가?	개방형의 범주적 보조금에서 폐쇄형의 포괄적 보조금으로
전달체계	어떻게 제공할 것인가?	공공기관에서 공사혼합으로 소득+서비스의 통합에서 분리로

대상, 급여, 재정부담, 전달체계 이렇게 네 가지 기준을 중심으로 분석하고자 한다. 마지막으로는 분석내용을 토대로 양 법령을 통한 북한 장애인복지 법제에 관한 제도적 차원의 지속성과 변화를 도출하고자 한다. 특히 이러한 북한 장애인복지 법제의 지속성과 변화에 대한 추적은 북한 장애인복지의 동학을 추적할 수 있는 판단 근거이다.

한편 본 연구가 여타 법령과의 추적과 동일한 법령 간의 비교 분석을 시도하는 이유는 다음과 같다. 첫째, 관련 법령들과의 교차분석을 통해 북한 장애인복지 법제에 대한 다층적 해석이 가능하다. 둘째, 북한 장애인복지 법제의 지속성과 변화에 접근하기 위해서는 반드시 관련 법령과의 비교를 통해 추출해야한다. 셋째, 더욱이 핵심 분석 대상인 '장애자보호법'은 시차적으로 약 10년의 시간적 간극이 존재하기에 현 시점에서 통시적인 접근과 해석이 가능하기 때문이다.[6]

아울러 동 연구의 경우 기존의 유사한 연구[7]가 비교적 활성화된 영역이라 할 수 없다. 특히 북한 정보 의 공개 시점의 국내 한계점으로 인해 연구의 시기의 제약도 발생하였다.[8] 그럼에도 불구하고 동 연구의 경우 향후 북한 장애인복지, 북한 장애인복지법제에 있어 정

자료: Gilbert, N. & Terrell, P, Dimensions of social welfare policy(7th), *Boston: Pearson Education*, 2010, pp.69~70.

6) 그러나 다른 한편으로 북한장애인의 구체적인 실태나 현황자료가 부족한 상태에서 정책분석 틀을 적용하는 한계도 일정부문 존재한다. 이에 이와 관련한 연구로는 송인호, "북한의 장애인 관련 법제와 실태: 북한의 '유엔 장애인권리협약 이행 최초보고서'를 중심으로," 「법학연구」 제21권 1호 참조.

7) 본 연구와 관련, 동 법령의 공개시기로 인해 현재까지 양 법령을 비교한 연구는 이규창(2017)의 연구가 유일하다.

8) 2013년 개정된 동 법령이 국내에 정식으로 공개된 시점은 2017년 11월 통일법제 데이터베이스를 통해서이다.

책적 판단 근거나 실천적 기초자료로 활용되리라 기대한다. 또한 가장 인도적인 남북한 장애인복지 분야의 교류와 지원에 있어 북한 장애인법제 동향을 고찰하는 것은 일정부문 의의가 있다. 참고로 본 연구의 분석 모형과 분석 틀을 도식화하면 각각 〈그림 1〉과 〈표 1〉과 같다.

<그림 1> 분석 모형

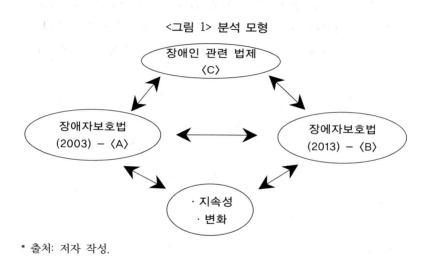

* 출처: 저자 작성.

<표 1> 분석 틀

구분	장애자보호법(2003)	장애자보호법(2013)	장애인 관련 법제
① 적용대상 ② 급여 ③ 재정 ④ 전달체계	① 관련 조항의 구체적 진술 ② 관련 조항의 공통점과 차이점 ③ 관련 조항의 내용·비교		

* 출처: 저자 작성.

II. 장애인 관련 법규 고찰[9]

북한의 '장애자보호법'의 제정과 그 동학을 이해하기 위해서는 장애인복지를 언급했던 기존의 파편화된 개별 법령과 조항을 살펴볼 필요가 있다. 따라서 2003년 '장애자보호법'을 기준으로 북한정권 수립 이후 대표적인 장애인복지 관련 법령들을 시계열적으로 나열하면, '사회보험법'(1946), '국가사회보장에 관하여'(1951), '사회주의 노동법'(1978), '인민보건법'(1980), '가족법'(1990), '장애자보호법'(2003)이 있다.

상술한 법령들의 장애인 관련 주요 내용을 요약하면, 첫째, 1946년 12월 19일 공포(1947년 1월 시행)하고 북조선임시인민위원회 결정 제135호인 '사회보험법'은 노동자·사무원을 대상으로 한 산업재해보상으로 이는 노동재해로 인한 후천적 장애인에 대한 보상의 의미를 갖는다. 즉, 여기에서 북한이 언급한 폐질연휼금과 로동능력상실연금은 장애의 원인이 노동재해로 인한 것임에 따라 사실상 '장애인연금'이라 할 수 있다. 즉, 급여의 지급 기준과 종류, 그 수준을 놓고 보면 결과적으로 후천적 장애인에 대한 현금보상이다. 그러나 이는 어디까지나 선천적 장애인에 대한 보호와 보상이 아님에 따라 직접적인 장애인 복지법제라고 할 수 없다. 다만 그 대상의 경우 노동재해로 인한 장애인을 염두에 둔 것으로 산업재해보상에 뿌리를 둔 다소 소극적인 장애인복지 법제라 하겠다.[10]

---

9) 이 부문은 이철수(2018)의 연구를 토대로 수정 보충한 것임.
10) 한편 '사회보험법'의 경우 제정 시기의 문제로 현재 동 법령의 유효성에 대한 논의가 있다. 그러나 무엇보다 현재까지 동 법령을 대체할 만한 급여 수급 조건, 급여 기준 등 복지급여를 작동시킬 법제 근거가 부재하기 때문에 여전히 유효하다고 봐야 된다. 즉, 이는 동 법령의 구체성과 이를 대체할 법령의 부재

한편 북한의 장애인복지 주요 적용대상은 해방 이후 1950년대 초
· 후반까지만 해도 무장 항일독립 운동 부상자와 한국전쟁 부상자
(민간인 포함)이었다. 하지만 상술한 바와 같이, 1946년 '사회보험법'
을 통해 노동자 · 사무원을 대상으로 후천적 장애인에 대한 보호도
일정부문 꾀했다고 할 수 있다. 그러나 당시 가입자가 극소수의 노
동자 · 사무원임에 따라 '사회보험법'의 가입과 적용에 한계가 있었
고 이에 따라 동 법령을 통한 장애인복지서비스의 효율성은 그다지
높지는 않았다고 판단된다.

둘째, 1951년 8월 30일 제정된 내각 결정 제322호로 이는 법령이라
기보다는 결정서의 무게를 가진 '국가사회보장에 관하여'에서 북한
은 동 결정서 제6조 "ㄱ. 로동상은 불구자를 위한 노동합숙소 및 양
로원을 확충할 것, ㄴ. 교육상은 고아보호를 위한 애육원, 불구로 된
고아를 위한 특수애육원, 맹아학교 유자녀들의 교육시설을 확충할
것" 등을 명시하였다. 이는 비록 한국전쟁 당시를 배경으로 한 가운
데 결정된 것이지만 지체장애인의 시설보호, 시각장애인 교육과 보
호를 명시한 것이다. 그리고 중앙정부의 직제상 장애인에 대한 서비
스는 로동부가, 장애인의 교육은 교육부가 담당하도록 하였다. 그러
나 이는 장애인복지의 대상을 지체장애인과 시각장애인만을 주요
서비스 대상으로 한 것으로 장애인복지에 대한 북한의 한계가 나타
나는 부문이다.[11]

로 인해 현재까지도 유효하다고 판단된다.

11) 다른 한편으로 시기적 특성으로 인해 북한은 1951년 '조국해방전쟁에서 불구자
로 된 인민군 장병 및 빨치산을 위한 명예군인학교설치에 관하여'라는 법령을
통해 상이군인(영예군인)을 대상으로 하는 재교육프로그램을 명시하였다. 이
에 상이군인은 본인이 희망할 경우 고등교육을 받도록 하였고 동 법령에 따라
영예군인공업학교, 영예군인농업학교, 영예군인통계부기학교 등이 전액 국가
부담으로 설치 · 교육되었다. 이에 졸업생들은 각자의 신체 상태와 교육 수준

셋째, 1978년 4월 18일 최고인민회의 법령 제2호로 채택한 '사회주의 로동법'에서 북한은 동 법령 제78조 "국가는 로동능력을 잃은 돌볼 사람이 없는 늙은이들과 불구자들을 양로원과 양생원에서 무료로 돌보아준다"라고 명시하였다. 이는 요보호 상태의 노인과 신체적 장애를 가진 불구자 즉, 선천적 장애인에 대한 '시설보호'를 국가가 보장하고 책임진다는 의미이다. 그러나 장애인복지는 시설보호에만 국한되는 제한적인 서비스라기보다는 장애의 원인에 따라 예방, 치료, 재활 등이 반드시 필요한 특수 분야이다.

결국 북한의 장애인복지 대상의 경우 상술한 1951년 '국가사회보장에 관하여'와 1978년 '사회주의 노동법'을 통해 다소 변화·첨가하게 되었다. 이에 전자는 장애인의 시설보호, 시각장애인 교육 및 보호, 후자는 노동능력을 상실한 독거노인과 장애인들을 주요 대상으로 함을 천명하였다. 따라서 양 법령으로 인해 북한의 장애인복지의 법적 적용대상이 보다 더 명확하게 확대되었다 하겠다.

넷째, 장애인 관련 의료서비스의 경우 장애, 비장애를 떠나 1980년 4월 3일 최고인민회의 제6기 4차 회의에서 제정한 '인민보건법'에 나타나 있다. 북한은 동 법령 제9조 "국가는 모든 공민에게 완전한 무상치료의 혜택을 준다. 로동자, 농민, 병사, 근로인테리를 비롯한 모든 공민은 무상으로 치료받을 권리를 가진다. 모든 의료봉사는 완전히 무료이다"라고 명시하였다.[12] 그러나 동 조항에서 북한은 '장애

에 적합한 기업소 또는 기관에 의무적으로 2년간 근무하였고 이는 한국전쟁 휴전 이후에도 지속되었다. 따라서 북한은 한국전쟁 전상자에 대한 지원프로그램은 매우 적극적이었다. 북한연구소, 『북한총람』, 북한연구소, 1993, 1512쪽.

12) 참고로 동 법령은 이후 네 차례(1999.3.4, 2011.2.1, 2008.8.19, 2012.4.3) 수정 보충되었으나 장애인복지와 관련된 뚜렷한 내용 변화가 나타나지 않는다. 그리고 이는 앞서 언급한 '사회주의 로동법((1986.2.20, 1999.6.16, 2015.6.30 수정)과 후술한 '가족법'(1993.9.23, 2004.12.7, 2007.3.20, 2009.12.15 수정)의 경우에도 마

인'을 별도로 표기하지 않았는데, 이는 직종을 중심으로 접근한 결과이다. 따라서 동 법령에 의거하면 북한의 모든 정상인과 장애인은 무상의 의료급여, 즉 무상치료서비스 대상이다. 하지만 장애인의 재활과 치료의 경우 이 역시 특수한 분야임에 따랄 별도의 조항으로 다루지 않은 것은 이때까지 북한의 장애인에 대한 관심과 인식을 반증한다 하겠다.

다섯째, 북한의 장애인에 대한 부양과 보호 '책임여부'를 간접적으로 인지할 수 있는 부문이 1990년 10월 24일 최고인민회의 상설회의 결정 제5호로 채택한 '가족법'에 나타나 있다. 북한은 동 법령 제40조 "미성인과 신체상 결합으로 행위능력을 가지지 못한 자를 위하여 후견인을 정한다"라고 명시하였다. 또 동 법령 제41조 "미성인에 대한 후견인으로는 부모, 조부모, 형제자매가 될 수 있다. 신체상 결함으로 행위능력이 없는 자에 대한 후견인으로는 배우자 또는 부모나 자녀, 조부모나 손자녀, 형제자매가 될 수 있다. 후견인으로 될 수 있는 자가 여럿인 경우 후견의무수행에 가장 적당하다고 인정되는 자가 후견인으로 된다"라고 밝혔다.

또한 동 법령 제42조 "미성인과 신체상 결함으로 행위능력을 가지지 못한 자에게 이 법 제41조에 지적된 후견인이 없거나 후견인 선정에서 분쟁이 있는 경우에는 주민행정기관이 후견인을 정한다"라고 언급하였다. 아울러 동 법령 제44조 "후견인은 후견받는 자를 보육 교양하며 그의 생활과 건강을 돌보아주어야 한다"라고 하여 1차적으로 장애인에 대한 가족의 책임, 2차 적으로 주민행정기관 즉, 국가의 책임을 명시하였다.[13]

찬가지이다.

13) 이밖에도 북한은 장애인에 대한 주무 행정기관을 밝혔는데, 동 법령 제45조

이에 동 법령을 통해 북한은 장애인에 대한 가족책임과 더불어 장애인을 위한 후견인 제도, 후견인의 자격, 후견인의 책임, 후견인 미발생 시 조치들을 규정하였다. 그러나 이는 사실상 동 법령이 제정되기 이전부터 일부 존재했던 장애인에 대한 가족의 보호행위를 법적으로 천명한 것이라고도 할 수 있다. 따라서 동 법령은, 북한이 과거 장애인에 대한 법적인 배려를 외면해 온 시기 동안 가족에 의해 보호되었던 장애인의 현실을 인정, 이를 법적으로 반영한 것뿐이라고도 할 수 있다. 즉, 한편으로 이는 장애인에 대한 국가의 관심과 책임에 대해 적절히 대응하고 다른 한편으로 장애인 가족의 역할과 기능을 법적으로 명시하여 결과적으로 장애인에 대한 국가의 책임과 역할을 일부 상쇄시킨 것이라고 볼 수 있다.[14]

여섯째, 2003년 6월 18일 최고인민회의 상임위원회 정령 제3835호로 채택된 '장애자보호법'이 제정되었다. 이에 앞서 언급하였지만 북한은 동 법령을 제정함으로 인해 적어도 법적으로는 장애인복지의 토대와 대외적인 법적 장치를 마련하였다. 그러나 문제는 이를 집행하기 위해서는 막대한 인력과 시설, 재정, 기술 등이 전제된다. 따라서 북한의 당시 현실을 감안할 때, 실제 이를 집행하고자 하기 보다는 향후 장애인에 대한 정책적 배려를 담고, 가능한 이를 추진하고자 하는 기본적인 입장을 동 법령을 통해 대내외적으로 공표한 것이

"후견의무수행정형을 감독하는 사업은 주민행정기관이 한다"라고 명시하였다.
14) 가령 북한의 영예군인과 상이군인은 각 시·군단위로 있는 경노동공장에 취업하는 경우가 있는데, 이는 부분노동이 가능한 경우에만 해당된다. 아울러 상이군인들로만 구성된 이른바 '상이군인 기업소'가 행정단위별로 있어 일정한 노동력이 있는 상이군인은 본인이 거주하는 지역의 기업소에 배치된다(북한연구소, 『북한총람』, 1512쪽). 그리고 기업소의 전체 노동인구의 10%는 정상인으로 구성되는데 이들은 상이군인의 가족으로서 '가족법'에 명시된 후견인이라 판단된다.

라 하겠다. 지금까지 언급한 북한의 장애인복지 관련 법령을 정리하면 〈표 2〉와 같다.

〈표 2〉 북한의 장애인복지 관련 법제

법령	장애인복지 관련 내용과 조항
사회보험법 (1946)	▲ 노동자·사무원을 대상으로 노동재해로 인한 장애 보상 기준과 급여 명시
국가사회보장에 관하여 (1951)	▲ 제6조 "ㄱ. 노동상은 불구자를 위한 노동합숙소 및 양로원을 확충할 것, ㄴ. 교육상은 고아보호를 위한 애육원, 불구로 된 고아를 위한 특수애육원, 맹아학교 유자녀들의 교육시설을 확충할 것" (시설보호)
사회주의로동법 (1978)	▲ 제78조 "국가는 로동능력을 잃은 돌 볼 사람이 없는 늙은이들과 불구자들을 양로원과 양생원에서 무료로 돌보아준다"(시설보호)
인민보건법 (1980)	▲ 제9조 "국가는 모든 공민에게 완전한 무상치료의 혜택을 준다. 로동자, 농민, 병사, 근로인테리를 비롯한 모든 공민은 무상으로 치료받을 권리를 가진다. 모든 의료봉사는 완전히 무료이다"(무상치료)
가족법 (1990)	▲ 제40조 "미성인과 신체상 결합으로 행위능력을 가지지 못한 자를 위하여 후견인을 정한다"(장애인 후견인) ▲ 제41조 "미성인에 대한 후견인으로는 부모, 조부모, 형제자매가 될 수 있다. 신체상 결함으로 행위능력이 없는 자에 대한 후견인으로는 배우자 또는 부모나 자녀, 조부모나 손자녀, 형제자매가 될 수 있다. 후견인으로 될 수 있는 자가 여럿인 경우 후견의무수행에 가장 적당하다고 인정되는 자가 후견인으로 된다"(가족 후견인) ▲ 제42조 "미성인과 신체상 결함으로 행위능력을 가지지 못한 자에게 이 법 제41조에 지적된 후견인이 없거나 후견인 선정에서 분쟁이 있는 경우에는 주민행정기관이 후견인을 정한다"(후견인 부재시 주문행정기관의 개입) ▲ 제44조 "후견인은 후견받는 자를 보육 교양하며 그의 생활과 건강을 돌보아주어야 한다"(후견인의 의무)
장애자보호법 (2003)	▲ 북한 최초이자 유일한 장애인복지 관련 독립 법령

* 비고: 가족법 제40조(후견인의 선정조건), 제44조(후견인의 의무)는 후일 조문 수정.
* 출처: 저자 작성.

한편 이외에도 북한이 2000년대 들어 제정한 법률들 중, 장애인복지와 관련 간접적으로 개별 조문을 통해 언급한 법령으로는 '사회보장법(2008)', '아동권리보장법(2010)', '녀성권리보장법(2010)', '보통교육법(2011)'이 있다. 각 법령의 주요 관련 내용을 살펴보면, '사회보장법'의 경우 사회보장 적용대상의 하나로 장애인, 장애인 보조기구의 생산과 공급, '아동권리보장법'의 경우 장애아동의 보호와 후견인, '녀성권리보장법'의 경우 장애여성 학대금지, '보통교육법'의 경우 장애상태에 따른 취학 시기 조정에 대해 각각 언급하고 있다. 이는 장애인복지 법제와 직접적인 관련이 있고 해당 법령이 포괄하고 있는 장애인과 장애에 대한 내용을 언급한 것이다. 따라서 이 시기부터 북한은 법제정 시 장애와 관련된 사항에 대해 기존과 달리 다소 적극적인 대응을 했다 하겠다. 참고로 북한이 2000년대 이후 현재까지 제정한 법령에서 장애인복지와 관련한 주요 내용을 명기한 법령을 정리하면 〈표 3〉과 같다.

〈표 3〉 2000년대 제정한 법령 중 장애인복지 관련 내용

법령	장애인복지 관련 내용과 조항
사회보장법 (2008)	▲ 제2조(사회보장대상) 사회보장의 대상에는 나이가 많거나 병 또는 신체장애로 로동능력을 잃은 사람, 돌볼 사람이 없는 늙은이, 어린이가 속한다. 국가는 사회보장자들에게 사회보장의 혜택이 정확히 차례지도록 한다. ▲ 제37조(보조기구생산, 공급의 기본요구) 보조기구는 장애자의 필수적인 생활보조수단이다. 해당 기관, 기업소는 장애자들에게 필요한 보조기구를 제때에 생산, 공급하여야한다.
아동권리보장법 (2010)	▲ 제30조(장애아동의 보호) 장애아동은 다른 아동과 꼭같은 교육과 치료를 받을 권리를 가진다. 교육지도기관과 보건지도기관, 지방인민위원회는 맹, 롱아학교를 바로 운영하며 장애아동의 교육, 치료, 생활에 필요한 조건을 원만히 보장하여야 한다. ▲ 제40조(장애아동에 대한 부모 또는 후견인의 책임) 부모 또는 후견인은 신체상결함이 있는 아동에 대한 교육교양에 특별한 관심을 돌리며 그의 생활과 건강을 책임적으로 돌보아야 한다.

녀성권리보장법 (2010)	▲ 제38조 (건강, 생명의 불가침권) 녀성은 건강과 생명의 불가침권을 가진다. 녀성이라는 리유로 갓난 녀자아이를 죽이거나 녀자아이를 낳은 녀성, 임신한 녀성, 앓고있는 녀성, <u>장애녀성</u>, 년로한 녀성을 학대, 괄시하는 행위를 할수 없다.
보통교육법 (2011)	▲ 제12조(학령어린이의 취학) 지방인민위원회와 해당 기관은 해마다 교육받을 나이에 이른 어린이를 빠짐없이 장악하여 취학시켜야 한다. 그러나 <u>육체적 및 지적장애</u>를 받는 어린이는 장애상태를 고려하여 취학나이를 늦출수 있다. ▲ 제14조(장학금) 국가는 맹, 롱아학교, 제1중학교 학원의 정한 학생에게 장학금을 준다. ▲ 제15조(무의무탁자, 장애자의 교육 및 생활조건의 보장) 부모 또는 보호자가 없는 어린이의 맹, 롱아 같은 <u>장애어린이</u>에 대한 교육과 생활조건은 국가가 책임지고 돌봐준다.
교육법 (2015)	▲ 제17조(장학금) 국가는 학업을 전문으로 하는 고등교육체계의 대학, 수재교육체계의 학교, 맹, <u>롱아학교의</u> 정한 학생에게 일반장학금을 준다. 학업에서 특별히 우수한 학생에게는 특별장학금을, 군관복무 또는 그와 류사한 경력을 가진 학생, 박사원생에게는 우대장학금을, 일하면서 배우는 학생에게는 현직생활비를 준다.

* 비고: 교육법은 1999년 제정, 이후 네 차례 수정, 보충.
* 출처: 저자 작성.

Ⅲ. 2003년과 2013년 장애자보호법의 법적 개괄

북한의 '2003년 장애자보호법'은 전체 총 6장 54개 조항으로 제1장 장애자보호법의 기본, 제2장 장애자의 회복치료, 제3장 장애자의 교육, 제4장 장애자의 문화생활, 제5장 장애자의 로동, 제6장 장애자보호사업에 대한 지도통제로 구성되어 있다. 이는 북한이 장애인에 대해 전반적·직접적으로 법적근거를 총망라한 독립된 법령이라고 평가할 수 있다.[15]

---

15) 하지만 상술한 바와 같이 이철수에 따르면, 제정 이후 현재까지 동 법령은 다

반면 이후 수정된 '2013년 장애자보호법'은 총 6장 55개 조항으로 제1장 장애자보호법의 기본, 제2장 장애자의 회복치료, 제3장 장애자의 교육, 제4장 장애자의 문화생활, 제5장 장애자의 로동, 제6장 장애자보호사업에 대한 지도통제로 이는 2003년과 완전히 동일한 형식이고 양적으로 1개 조항이 늘어났다. 따라서 외형적으로 보면 '2013년 장애자보호법'은 '2003년 장애자보호법'에 비해 큰 변화가 없는 듯 보인다. 그러나 조금 더 구체적으로 접근하면 상당부문 차이가 있음을 발견할 수 있다.

　이에 거시-구조적 차원에서 양 법령의 차이점과 의의를 열거하면 첫째, '2013년 장애자보호법'의 경우 법적 구성과 서술 면에서 '2003년 장애자보호법'과 그 차원을 달리한다. 가령 각 조항은 해당 항목의 정의에 이은 관련 사항의 구체적인 진술로 구성되어 있는데, 이는 '2003년 장애자보호법'에서 살펴볼 수 없던 모습이다. 즉, 필요한 내용에 대한 단순한 나열 성격의 '2003년 장애자보호법'과 달리 '2013년 장애자보호법'은 상당부문 세련되고 현대화된 법적 형태를 갖고 있다.

　둘째, 나아가 '2013년 장애자보호법'은 전체적으로 구체적이고 세부적인 진술로 서술되어 있어 양적으로도 기존에 비해 1/3정도 증가

소 선언적인 문구가 많고 또한 이를 실천하기 위한 구체적인 후속법령이 제정되지 않았다. 또한 국가의 장애인에 대한 책무를 강조한 동 법령은 법적 실천을 위한 제반여건이 반드시 형성되어야 하는데, 현재 북한의 능력으로서는 이를 실현하기가 거의 불가능하다. 따라서 동 법령이 가지는 의미는 첫째, 북한이 장애인에 대한 인식을 최초로 언급한 독립된 법령이라는 것, 둘째, 향후 북한이 지향하고자 하는 장애인 정책의 일정부문을 대내외에 공표했다는 것, 셋째, 이를 위해 북한이 지금 현재의 낙후된 여건을 개선하고자 노력할 것이라는 것, 넷째, 이에 따라 외부로부터의 지원과 내부로부터의 노력이 절실하다는 것이다. 이철수, "북한 장애인복지 정책," 『통일연구원 국제장애인학술세미나』 (2018년 3월 26일), 2018, 8쪽

하였다. 때문에 사실상 북한은 2013년 동 법령의 전면적인 수정을 꾀했다 할 수 있다. 결국 한마디로 이는 기존의 '엉성한 법령'을 '촘 촘하고 세련된 법령'으로 리모델링한 것이라 하겠다. 그리고 이는 2000년대 후반기부터 나타난 북한 법령의 현대화 조류와 그 맥락을 같이 하고 있다고 판단된다.

셋째, 법령의 실체적 존재 이유인 사명 부문의 변화가 감지된다. '2003년 장애자보호법'의 사명은 동 법령 제1조 "…장애자의 회복치 료와 교육, 문화생활, 로동에서 제도와 질서를 엄격히 세워 장애자 에게 보다 유리한 생활환경과 조건을 마련하여주는데 이바지 한다" 이다. 반면 수정된 '2013년 장애자보호법'의 사명은 동 법령 제1조 "장애자보호법은 장애자보호제도와 질서를 엄격히 세워 사회생활의 모든 분야에서 장애자들의 권리와 리익을 보장하며 그들에게 안정 되고 유리한 생활환경과 조건을 충분히 마련해주는데 이바지한다" 라고 명시되어 있다. 이에 수정된 '2013년 장애자보호법'이 기존의 '2003년 장애자보호법'보다 내용적인 면에서 큰 변화를 갖고 있다.

가령 '2003년 장애자보호법'에서 언급한 '…장애자의 회복치료와 교육, 문화생활, 로동…'이 수정된 '2013년 장애자보호법'에서는 '… 장애자보호제도…'로 대표되었다. 이는 단순히 기존 조항의 회복치 료와 교육, 문화생활에만 국한되는 것이 아니라 장애자와 관련된 모 든 국가적·사회적 보호제도를 의미한다고 판단된다. 또한 수정된 '2013년 장애자보호법'에서 '…장애자들의 권리와 리익을 보장…'한 다는 새로운 문구가 삽입되었는데, 이는 앞서 언급한 유엔 '장애인권 리협약'을 반영한 것이다. 따라서 수정된 '2013년 장애자보호법'의 사 명이 기존 '2003년 장애자보호법'에서 북한이 밝힌 사명보다 상대적 으로 포괄적이고 우수하다 하겠다.

넷째, 장애자의 정의에 대한 재 개념화와 장애 유형에 대한 인식이 나타났다. '2003년 장애자보호법'에서 장애자는 동 법령 제2조 "장애자는 육체적, 정신적기능이 제한 또는 상실되어 오랜 기간 정상적인 생활을 하는데 지장을 받는 공민이다. 국가는 장애자의 인격을 존중하여 그의 사회정치적권리와 자유, 리익을 건강한 공민과 똑같이 보장하도록 한다"라고 하여 장애자의 정의와 국가책임, 차별금지에 대해 밝혔다.

반면 수정된 '2013년 장애자보호법' 제2조 장애자의 정의, 장애자의 권리보장원칙에서 "장애자는 장기적인 신체상 결함과 주위환경의 요인들에 의하여 사회생활에 자립적으로 참가하는데 지장을 받는 공민이다. 장애에는 시력장애, 청력장애, 언어장애, 지체장애, 지능장애, 정신장애, 복합장애가 있다. 국가는 장애자의 인격을 존중하며 그들의 사회정치적권리와 자유, 리익을 건강한 사람과 똑같이 보장하도록 한다"라고 하였다. 이에 수정된 '2013년 장애자보호법'에서는 특히 기존 '2003년 장애자보호법'에 부재한 다양한 장애의 유형을 밝혀 그동안의 변화한 자신들의 인식을 나타내고 있다. 나아가 역설적으로 이는 제도적 차원에서 북한의 장애인복지의 경우 장애 유형을 밝힌 동 조항이 신설되기 이전까지 장애에 대한 구분이 모호했다는 것을 의미한다. 따라서 동 조항의 신설로 인해 이제 북한의 장애인에 대한 정의가 보다 더 명확해져 이와 관련한 이론의 여지가 없게 되었다.

다섯째, 상술한 조항 이외 다수의 조항이 수정되었지만 특히 '2013년 장애자보호법' 제52조에서 북한은 장애자후원기금의 설립을 언급하였는데, "장애자보호기관은 장애자들의 생활환경과 조건을 개선하는데 필요한 자금을 보장하기 위하여 장애자후원기금을 내오고 운영할 수 있다. 장애자후원기금은 장애자보호기관이 조성하는 자금과 국제기구와 자선단체, 해외 동포들이 내오는 협조자금, 자선금, 물자 같은것으로 적립 한다"라고 하여 후원기금의 대외원조에 대한 법적 근거를 마련하였다. 이에 동 조항은 '2003년 장애자보호법'에 부재한 조항으로 북한의 장애인복지에 대한 현실과 고민이 고스란히 담겨져 있는 조항이다. 즉, 적어도 재정적 부문에 있어 북한은 자력으로 장애인복지체제를 완성할 수 없음을 간접적으로 밝힌 것이다. 그리고 북한은 이러한 탈출구를 '장애자후원기금'이라는 법적 근거를 통해 해결하고자 한다.

정리하면, 양 법령의 입법과 수정 차이가 약 10년임을 고려하면, '2013년 장애자보호법'의 외형적인 구성과 내형적인 내용상의 질적·양적 변화도 일정부문 자연스러운 것이기도 하다. 즉, 여타 법령도 마찬가지지만 북한의 법령이 시간의 경과에 비례하여 발달하고 있다. 그러나 다른 한편으로는 이를 감안한다 하더라도 '2013년 장애자보호법'은 괄목할 만한 변화를 추구하고 있다는 것이다. 참고로 간략히 2003년과 2013년 장애자보호법을 비교하면 〈표 4〉와 같다.16)

16) 보다 구체적인 비교는 후면 참조. 한편 이규창은 북한이 유엔 장애인권리협약 당사국으로서 동 협약을 이행하여야 할 국제법상의 의무가 있다는 점에서 수정된 '2013년 장애자보호법'의 유엔 '장애인권리협약' 합치성 여부를 분석하였다. 그 결과, 동 법령은 크게 두 가지 측면에서 협약에 부합하지 않는다고 주장하였다. 첫째, 동 협약의 규정이 북한 장애자보호법에 반영되어 있기는 하나 그 정도가 미흡한 규정들이 존재한다는 것이다. 가령 장애인의 범주, 장애인 전담부서, 차별금지, 접근성 및 사회참여에 관한 규정이 그러하다. 둘째, 북한 장애자보호법에 동 협약의 규정이 아예 미 반영된 조문이 다수 존재한다는 점이다. 구체적으로 북한 장애자보호법은 동 협약이 규정하고 있는 사회권 관련 규정들은 대부분 반영한 반면, 자유권 관련 규정들은 전혀 반영하지 않고 있다. 아울러 동 협약이 규정하고 있는 생명권 및 가족권, 여성장애인 및 장애아동에 상응하는 명시적인 규정들도 동 법령에는 존재하지 않는다고 비판하였

<표 4> 2003년과 2013년 장애자보호법 비교

구분		2003년 총 6개장 54개 조항	20013년 총 6개장 55개 조항
공통점		- 법령의 목적과 기능, 성격 - 기존과 거의 동일한 구성과 형식 - 시행령 시행세칙 같은 후속 법령 미비	
차이점	형식	- 해당 조항 항목 설명 없음	- 해당 조항 정의 표기
	내용	- 다소 설명 부족	- 형식의 변화로 인한 구체성 증가 - 내용상 전면 수정에 가까움
	분량	- A4 4장 정도	- A4 6장 정도, 약 1/3 증가
	수정	- 해당사항 없음	- 장애인 권리와 이익 언급 - 장애인 정의 재 개념화 - 장애 유형 추가 - 장애자후원기금 조항 신설 등

* 출처: 저자 작성.

IV. 장애자보호법 비교: 2003년 VS 2013년

1. 적용대상: 7개 장애유형 명확화와 공로 장애인 우대

북한의 '2003년 장애자보호법'의 경우 동 법령 제2조 "장애자는 육체적, 정신적기능이 제한 또는 상실되여 오랜 기간 정상적인 생활을 하는데 지장을 받는 공민이다. 국가는 장애자의 인격을 존중하여 그의 사회정치적권리와 자유, 리익을 건강한 공민과 똑같이 보장하도록 한다"라고 명시되었다. 그러나 아이러니하게도 동 법령 제7조 "국

다. 그러나 이규창은 동 법령 자체에 대해 긍정적인 평가도 하였다. 이를 요약하면 ① 장애인의 범위 확대 및 인권생활환경 개선 명시, ② 기존 내용의 구체화, ③ 새로운 규정 마련 및 기구 신설, ④ 기존 활동 단체의 법적 근거 사후 명시 등이다. 이규창, "북한 장애인법제 분석 및 평가와 향후 과제," 「인권과 정의」 제465호, 2017, 109~112쪽.

가는 조국과 인민을 위하여 헌신한 영예군인[17]을 비롯한 장애자를 사회적으로 우대하도록 한다"라고 하여 공훈을 강조하는 체제의 속성과 기존의 입장을 그대로 반영하였다.

반면 수정된 '2013년 장애자보호법'의 경우 동 법령 제2조 장애자의 정의, 장애자의 권리보장원칙에서 "장애자는 장기적인 신체상 결함과 주위환경의 요인들에 의하여 사회생활에 자립적으로 참가하는 데 지장을 받는 공민이다. 장애에는 시력장애, 청력장애, 언어장애, 지체장애, 지능장애, 정신장애, 복합장애가 있다. 국가는 장애자의 인격을 존중하며 그들의 사회정치적권리와 자유, 리익을 건강한 사람과 똑같이 보장하도록 한다"라고 하였다.

이에 무엇보다 주목되는 점은 '2003년 장애자보호법'에 부재했던 장애유형에 대한 정의이다. 즉, 수정된 '2013년 장애자보호법'에 따르면 북한이 인식하는 장애유형은 모두 일곱 가지로 여기에는 ① 시력장애, ② 청력장애, ③ 언어장애, ④ 지체장애, ⑤ 지능장애, ⑥ 정신장애, ⑦ 복합장애이다. 이는 기존 법령보다 명확하고 질적으로 발전된 형태로 북한의 변화를 입증하는 부문이다. 따라서 이 시기부터 북한은 장애인의 장애 유형에 대한 법적 정의와 재 개념화가 나타났다 하겠다.

반면에 다른 한편으로 이를 보다 더 구체화하는 각종 장애유형별 등급에 대한 논의가 전무한 아이러니한 측면도 있다. 아울러 이는

---

17) 북한은 동 법령 제정 전에도 과거부터 영예군인을 대상으로 간병인 보조, 교정·의료기구 무상보급, 매월 정기검진, 무상치료 등의 의료보장을 실시하였다. 또한 한국전쟁과 군복무시 사고로 인해 신체장애인이 된 상이군인들에 대해서는 시설수용을 통해 장기적으로 치료해주고 영예군인병원, 요양을 위한 영예군인요양소·휴양소 등을 설치·운영하였다. 통일원, 『1990 북한이해』, 통일원, 1990, 267쪽.

동 법령의 하부 시행법령이나 시행세칙, 혹은 지침을 통해 규정지을 수 있다. 그러나 현재까지 북한은 장애등급에 대한 기준이나 세부 내용에 대한 구체적인 부문이 전무하다. 때문에 북한의 장애등급 규정에 대한 최소한의 법적 기반은 다소 미미하다 하겠다. 역으로 이러한 원인은, 북한의 장애인복지서비스의 실천 경험과 노하우에 대한 현주소를 의미한다.

또한 북한은 동 법령 제7조 장애자의 우대원칙에서 "국가는 조국과 인민을 위하여 헌신한 영예군인과 사회주의건설에서 공로를 세운 장애자를 사회적으로 우대하고 내세우도록 한다"라고 하였다. 이는 '2003년 장애자보호법'을 기반으로 수정한 것으로 기존의 영예군인 우대와 더불어 공훈 장애자가 추가된 형태이다. 따라서 수정된 '2013년 장애자보호법'에 따르면 장애인복지서비스의 우대 대상은 두 종류인데, 하나는 군사복무 부상으로 인한 영예군인, 다른 하나는 국가공로자 중 장애인이 여기에 해당된다.

결국 북한의 장애인복지의 적용대상은 북한의 모든 요보호상태의 장애인을 주요 대상으로 하여 표면적으로는 여타 국가와 차이가 발견되지 않는다. 단지 제7조의 공훈에 의한 장애인의 우대원칙을 강조하였다는 특징이 있다. 하지만 이 또한 사회주의체제의 속성에서 비롯된 것이다. 그러나 역설적으로 북한의 장애인복지서비스는 현실적으로 국가가 제공할 수 있는 소량의 급여를 가지고 있다면 결국 영예군인과 공훈에 의한 장애인을 우대하기 때문에 순수장애인에 대한 혜택이 부족—적용대상에서 후순위—할 개연성이 있다 하겠다. 지금까지 논증한 '장애자보호법'의 적용대상에 대한 지속성과 변화를 요약하면 〈표 5〉와 같다.

<표 5> 적용대상의 지속성과 변화

구분	장애자보호법(2003)	장애자보호법(2013)	지속성	변화
적용 대상	- 육체적·정신적 기능 제한, 상실로 인한 장기간 비정상적인 공민	- 장기적인 신체상 결함, 주위환경으로 인해 비자립적인 공민 - 시력, 청력, 언어, 지체, 지능, 정신, 복합장애	- 포괄적인 장애인 대상	- 장애유형 추가 - 공로자 우대 추가

* 출처: 저자 작성.

2. 급여

1) 현금급여: 노동능력완전상실 시 보조금, 장학금, 보육비 지원

북한의 '2003년 장애자보호법'의 경우 동 법령 제40조 "국가는 로동능력을 완전히 상실한 장애자에게 보조금을 준다"라고 조항을 명시하여 노동이 어려운 중증장애인에게 현금급여를 하도록 되어 있다. 이에 동 조항은 수정된 '2013년 장애자보호법' 제40조 로동능력을 상실한 장애자의 보조금지불 항목에서 "국가는 로동능력을 완전히 상실한 장애자에게 보조금을 준다"라고 그대로 인용·승계되어 있다. 따라서 제40조를 근거로 할 때, 북한 장애인 중 노동능력을 완전히 상실한 장애인은 현금급여인 보조금을 지급받는다. 그러나 동 법령에서 노동능력 완전상실에 대한 판단기준, 보조금의 수준, 보조금의 종류에 대한 언급은 없다.

이러한 원인은 여러 가지로 예측되는데, 첫째, 북한의 입장에서 노동능력상실에 대한 판정기준과 보조금의 경우 '사회보험법'의 노동능력상실연금에 근거하면 되기 때문이다. 둘째, 이를 인용한다하더라도 실천적 수준의 법령인 별도의 '시행세칙'이나 '시행규정'을 통해 보다 구체적으로 제시하면 되기 때문이다. 그러나 현재까지 북한의 '장애자보호법'과 관련한 시행세칙'이나 '시행규정'이 부재함에 따라 첫 번째의 예측이 타당할 것이라 판단된다.

또 한편으로 이러한 북한의 보조금 관련 조항은 몇 가지의 문제가 있다. 첫째, 무엇보다 장애인 보조금의 지급기준을 장애정도가 아니라 노동능력에 근거한다는 것이다. 이는 곧 체제구성원들의 노동을 중시하는 사회주의 사상을 그대로 반영한 것이라 할지라도 적어도 장애인 보조금은 예외적인 것이어야 한다. 즉, 수급자의 장애정도를 기준으로 보조금을 책정, 적용해야 공히 장애인을 위한 보조금이라 할 수 있다. 둘째, 나아가 이를 차지하더라도 동 조항에 따르면 완전 노동능력을 상실한 중증장애인에게만 보조금이 지급됨에 따라 부분 노동능력을 상실한 경증장애인에게는 일체의 보조금이 지급되지 않는다. 만약 이러한 경우 북한의 경증장애인은 무조건적인 노동을 할 수 밖에 없다. 따라서 동 조한의 치명적 결함은 장애를 노동과 등치하여 인식하는 보조금의 지급기준이라 할 수 있다.

한편 수정된 '2013년 장애자보호법'에서는 새로운 현금급여가 신설되었는데, 동 법령 제19조 특수학교의 조직운영에서 "…특수학급, 특수학교의 학생에게는 일반장학금을 준다…"하고 하여 특수학교에 재학 중인 장애인에 대한 장학금을 명시하였다. 이는 기존의 '2003년 장애자보호법'에서는 전혀 언급되지 않은 부재한 내용이다. 특히 제도적으로 무상교육을 추구하는 북한에서 이러한 경우 특수학교 장애인은 무상교육과 더불어 별도의 장학금을 제공받게 된다. 다시 말해 이는 장애인의 교육권 보장에 대해 안정화와 적극성을 나타내는 다소 인상적인 내용이다.

그러나 다른 한편으로 이는 2011년 제정된 '보통교육법' 제14조 "국가는 맹, 롱아학교, 제1중학교, 학원의 정한 학생에게 장학금을 준다"는 조항과 비교하면 다른 견해도 가능하다. 즉, 이를 근거로 하면 '2013년 장애자보호법'에서 장학금 조항이 법적으로는 신설되었다. 하지만 이는 기존 '보통교육법'에서 시행되고 있던 장애학생에 대한 장학금지급제도를 '2013년 장애자보호법'을 개정하면서 이를 재차 반영했다고 할 수 있다. 따라서 이러한 점에서 보면 이는 신설된 조항이라 할 수 없다. 그러나 이와 달리 상호 독립된 법적 관계로만 접근하여 '2013년 장애자보호법'을 중심으로 하면, '2003년 장애자보호법'에서는 부재했기 때문에 이것이 신설되었음을 부정할 수도 없다. 따라서 장학금 신설 조항에 대한 분명한 사실은 첫째, 기존에 '보통교육법'에 존재했던 내용이고 둘째, '2003년 장애자보호법'에는 부재했으며 셋째, '2013년 장애자보호법'에는 존재하는 내용이라는 것이다.

또한 북한은 '2003년 장애자보호법'에서 동 법령 제16조 "…장애자의 보육교양비용은 국가 또는 기관, 기업소, 단체가 부담한다"라고 하였다. 이는 취학 전 장애아동에 대한 무상보육을 의미한다. 그리고 동 조항은 수정된 '2013년 장애자보호법'에서 제16조 학령전장애자의 보육교양 항목으로 그대로 승계된다. 하지만 이 경우 보육비용 부담 주체가 국가, 기관, 기업소, 단체로 구분되어 있어 보육비용을 각 기관별 개별부담인지, 혹은 공동부담인지, 아니면 사안별로 달리 부담하는지에 대한 기관별로 구체적인 역할문제가 제기된다. 더불어 구체적으로 여기서 말하는 기관과 기업소, 단체가 무엇인지에 대한 문제가 제기된다. 또한 기관이라면 보건기관과 교육기관인지, 기업소라면 장애인 당사자 혹은 장애인 부모의 사업장인지, 또 단체라면 장애인보육단체인지 등의 의문도 제기된다. 따라서 동 조항을 긍정적으로 보면 다양한 기구가 참여하는 재정부담 구조나 그 역할과 해당

기관에 대한 구체성일 다소 떨어져 그로 인한 논란의 소지가 있다.

그러나 다른 한편 이러한 북한의 장애인 현금급여의 실태에 대해, 북한의 한 시각장애인이 북한의 대외 홍보용 잡지 '금수강산'에 기고한 글에 따르면, 북한에서는 생활비방조금, 특전보조금, 치료안내비, 관혼상제보조금, 맹아장학금 등의 현금급여가 제공되고 있다고 하였다.[18] 이중에 치료안내비란 "맹인공장에서 일하는 맹인이 치료를 위하여 병원으로 갈 때 그를 안내한 종업원에게 지불하는 생활비와 려비이다. 맹인공장에 관한 규정에는 맹인이 치료를 위하여 병원에 갈 때 혼자 갈수 없어 공장종업원이 함께 갔다오는 경우 안내자의 생활비(기준생활비)와 려비를 특전자금에서 쓴다고 되어있다"라고 언급하여 다양한 종류의 현금급여와 보조금이 존재하고 있음을 알 수 있다.[19]

하지만 문제는 이러한 법적 근거가 현재까지 국내 공개된 북한 법령에서는 일부 현금급여를 제외하고는 뚜렷하게 나타나지 않는다는 것이다. 따라서 이러한 경우 몇 가지의 추론이 가능한데, 첫째, '장애자보호법'의 하위 법령 존재 가능성, 둘째, '사회보험법', '사회주의로동법', '인민보건법' 등 기존의 관련 법령에서 인용 적용할 가능성, 셋째, 현재까지 공표되었거나 입법화 혹은 공식화되지는 않았지만 북한 내에서 인용되는 별도 '지침'의 존재 가능성으로 요약된다. 지금 현재를 기준으로 이 중에서 가장 설득력 있는 것은 세 번째라 판단된다. 왜냐하면 상술한 다양한 보조금의 존재 여부보다 중요한 것

---

18) 노재현, "北 대외용 잡지, 점자책 전문 출판사 소개 눈길," 『연합뉴스』, 2016년 3월 3일.

19) 정지웅·이철수, "북한 장애인복지정책 분석," 「한국장애인복지학」 제34호, 2016, 168쪽.

은 보조금의 지급기준인데, 이러한 지급기준을 명백히 밝히고자 한다면 별도의 적용기준이 필요하기 때문이다. 따라서 현재까지 '장애자보호법'을 포함, 상술한 법령들의 하위법령이 부재함에 따라 세 번째일 가능성이 높다고 판단된다. 지금까지 논증한 '장애자보호법'의 현금급여에 대한 지속성과 변화를 요약하면 〈표 6〉과 같다.

<표 6> 현금급여의 지속성과 변화

구분	장애자보호법(2003)	장애자보호법(2013)	지속성	변화
현금급여	- 노동능력 완전상실 보조금 - 취학전 보육비 지원	- 보조금 - 취학전 보육비 지원 - 장학금	- 보조금 - 보육비 지원	- 장학금 지급 추가

* 비고: '2011년 보통교육법' 장학금 지급 명시.
* 출처: 저자 작성.

2) 현물 급여: 무상치료, 보조기구, 시설보호, 교통비 지원

북한 장애인의 현물급여는 무상치료, 보조기구, 시설보호, 교통비 지원으로 대표된다. 먼저 무상치료의 경우 북한은 '2003년 장애자보호법'에서 동 법령 제9조 "… 의료기관과 해당 기관은 장애자에 대한 치료조직을 짜고들며 그들이 전반적 무상치료제의 혜택을 원만히 보장받도록 하여야한다"라고 명시하였다. 이에 동 조항은 수정된 '2013년 장애자보호법'에서 제9조 장애자회복치료의 기본요구 항목으로 그대로 인용, 승계되었다.

또한 '2003년 장애자보호법'에서 동 법령 제12조 "장애자에 대한 회복치료는 해당 치료기관에서 한다. 그러나 의료일군의 방조밑에 기관, 기업소, 단체 또는 가정에서도 장애자의 회복치료를 할 수 있다"라는 조항은 수정된 '2013년 장애자보호법'에서 제9조 의료일군의 장애자회복치료 항목으로 재차 인용, 승계되어 현물급여와 급여 전달자에 대한 변화는 전무하다.

특이하게도 기존의 '2003년 장애자보호법'과 수정된 '2013년 장애자보호법'에서 북한은 장애인의 주요 치료기관을 '의료기관과 해당 기관'에 한정하지 않았다. 즉, 의료 전문인력의 책임 하에 "기관, 기업소, 단체, 가정"에서도 이를 가능하도록 허용하였다. 무엇보다 이러한 북한의 의도는 크게 긍정적인 부문과 부정적인 부문으로 구분된다. 긍정적인 부문은 치료기관의 확대를 통한 장애인 재활의 높은 관심도를 반영한다는 점이고 부정적인 부문은 완치 불가능한 장애인의 경우 이들에 대한 보호를 여타 기관으로 전가하는 법적 기반이 된다는 점이다. 따라서 동 조항의 불변은 열악한 북한 보건의료와 장애인복지의 현실, 이를 타파하고자 하는 일련의 노력을 동시에 나타내는 다중성을 갖고 있다 하겠다.

다음으로 보조기구의 경우 북한은 '2003년 장애자보호법'에서 동 법령 제14조 "보건 지도기관과 해당 기관, 기업소는 교정기구, 삼륜차, 안경, 보청기 같은 보조기구를 계획적으로 생산 보장하여야 한다. …"라고 밝혔다. 이에 동 조항은 수정된 '2013년 장애자보호법'에서 보다 더 확대되어 동 법령 제14조 보조기구의 생산보장 항목에서 "보건지도기관과 해당 기관, 기업소는 교정기구, 삼륜차, 안경, 보청기, 자전거 같은 장애자에게 필요한 보조기구생산공급체계를 정연하게 세우고 계획적으로 생산공급 하여 장애자의 보조기구수요를 제때에 원만히 보장하여야 한다…"라고 전환되었다.

즉, 수정된 '2013년 장애자보호법'에서 북한은 보조기구의 생산공급체계를 강조하였다. 이는 '2003년 장애자보호법'과 달리 보조기구의 계획적인 생산은 정상적인 보조기구의 생산공급체계가 전제되어야 가능하다. 때문에 북한은 수정된 '2013년 장애자보호법'에서 과거 계획적인 보조기구의 생산보다는 원만한 공급체계에 방점을 두었다. 그리고 이렇듯, 북한은 변화한 자신들의 인식을 적극 반영하여 동 조항을 확대 수정하였다고 판단된다.

그 다음으로 시설보호의 경우 북한은 '2003년 장애자보호법'에서 동 법령 제41조 "국가는 로동능력을 완전히 상실한 장애자의 의사에 따라 양생원 또는 양로원에서 안정된 생활을 보장한다"라고 언급하였다. 이에 동 조항은 수정된 '2013년 장애자보호법' 제41조 장애자의 양생원, 양로원생활보장 항목으로 그대로 인용, 승계되었다.

여기서 다소 아쉬운 점은 수정된 시기 북한에 존재했던 북한의 대표적인 회복치료와 재활 전문시설인 '보양소'와 '회복치료센터'에 대한 언급이 전혀 없다는 것이다. 가령 동 조항에서 북한은 '노동능력을 부분적으로 상실한 장애인의 경우 보양소와 회복치료센터를 통한 회복치료를, 노동능력을 완전히 상실한 장애자의 경우 양생원과 양로원에서 생활을 보장한다' 하는 것이 북한의 현실과 장애인복지의 서비스 이념에도 부합하다. 따라서 동 조항의 변화 없는 승계는 인식론적 차원에서 여전히 부족한 북한 장애인복지의 한계를 나타내고 있다 하겠다.

마지막으로 교통비 지원의 경우 '2003년 장애자보호법'에서 동 법령 제48조 "교통운수기관과 편의봉사기관, 체신기관은 장애자에게 교통수단, 편의시설, 체신수단의 리용에서 편의를 보장하며 그들을 친절히 대하고 우선적으로 봉사하여야 한다. 맹인같이 자립적 능력이 심히 제한 또는 상실된 장애자는 시안의 뻐스, 배를 비롯한 려객 운수수단을 무상으로 리용할 수 있다"라고 하였다. 이에 동 조항은 수정된 '2013년 장애자보호법' 제48조 장애자의 편의보장항목에서 변화 없이 그대로 인용, 승계되었다. 따라서 동 조항을 근거로 하면 북한의 중증 시각장애인은 무상의 교통비 지원을 받는다. 다른 한편으로 지적하고 싶은 것은 동 조항의 '맹인'이라는 표현이다. 적어도 양질의 장애인복지법령을 지향한다면 이러한 표현보다는 '중증시각장애인'이라는 표현이 타당하다. 따라서 이 역시 북한의 일정한 한계를 나타내고 있고 이는 수정된 '2013년 장애자보호법' 제2조에서 언급한 장애유형의 표기에서 '시각장애'와 다소 충돌하는 행태이다. 지금까지 논증한 '장애자보호법'의 현물급여[20])에 대한 지속성과 변화를 요약하면 〈표 7〉과 같다.

<표 7> 현물급여의 지속성과 변화

구분	장애자보호법(2003)	장애자보호법(2013)	지속성	변화
현물급여	- 무상치료 - 보조기구 - 시설보호 - 교통비 지원	- 좌동	- 급여종류	-

* 출처: 저자 작성.

---

20) 한편 동 법령을 벗어난 급여와 전달체계에 대한 다른 시각도 있다. 북한의 장애인 급여는 식량, 교육, 의료, 주거, 생활보호 등으로 구성되어 있는데, 이러한 급여에 대해 중앙기관인 교육성, 보건성, 노동성, 장애자연맹 등이 행정 업무를 담당하고 있다. 즉, 북한의 장애인복지서비스 전달체계는 단일한 중앙정부 부처가 아닌, 다수의 기관과 조직으로 구성되어 있다. 이는 남한의 사회복지 전달체계가 파편화되어 있는 것과 비슷하다. 장용철, "통일대비 북한 사회복지 서비스 전달체계 구축 방안 연구," 「북한학연구」 제11권 1호, 2015, 88쪽.

3. 재정: 공적지원과 기금(내외부 지원)

1) 공적 지원

북한 장애인복지 재정과 관련, 북한은 '2003년 장애자보호법' 제46조에서 "국가계획기관과 로동행정기관, 자재공급기관, 보건기관, 재정은행기관은 장애자보호사업에 필요한 로력, 설비, 자재, 의약품, 의료기구, 자금을 제때에 보장하여야 한다"라고 명시하였다. 이에 장애인복지의 주요 재정이 공적지원임을 밝히고 있다. 또한 동 조항은 수정된 '2013년 장애자보호법' 제46조 장애자보호사업조건의 보장 항목으로 그대로 인용, 승계되었다. 따라서 1차적으로 북한 장애인복지 재정의 대부분은 공적지원이라 하겠다.

하지만 일부는 이와 다른 경우도 있는데, 북한은 '사회보장법' 제41조 비용부담 항목에서 "보조기구의 값과 장애자가 보조기구를 공급받기 위하여 오가는데 든 려비는 국가와 본인이 부담한다. 구체적인 비용부담관계는 따로 정한데 따른다"라고 하여 현물급여를 받기 위한 이동여비에 대해 장애인 본인과 국가의 공동부담을 명시하였다.[21] 그리고 이는 북한이 보건의료제도에서 밝힌 치료목적의 왕복여비에 대한 부담구조와 거의 동일하다. 따라서 역설적으로 북한의 장애인복지에서 본인 부담은 장애인 보조기구를 수급받기 위해 필요한 왕복여비 뿐이고 이를 제외한 경우 대부분은 본인 부담이 아니라 하겠다.

---

21) 이철수, "북한 사회보장법 법적 분석: 기존 사회복지 관련 법령과의 비교를 중심으로," 「통일정책연구」 제24권 1호, 2015, 190~191쪽.

2) 장애자후원기금과 조선장애자원아기금

수정된 '2013년 장애자보호법' 제52조에서 북한은 장애자후원기금의 설립을 언급하였는데, "장애자보호기관은 장애자들의 생활환경과 조건을 개선하는데 필요한 자금을 보장하기 위하여 장애자후원기금을 내오고 운영할수 있다. 장애자후원기금은 장애자보호기관이 조성하는 자금과 국제기구와 자선단체, 해외 동포들이 내오는 협조자금, 자선금, 물자 같은것으로 적립 한다"라고 하였다.

동 조항에서 언급한 북한의 장애자후원기금은 ① 장애자보호기관의 자금, ② 국제기구 지원금, ③ 자선단체 지원금, ④ 해외 동포 지원금, ⑤ 기타 자선금과 물자가 해당된다. 따라서 이를 근거로 하면 북한의 장애인복지 재정조달 채널은 상술한 공적지원과 기금을 통한 내외부 지원으로 구분된다.

한편 동 법령에는 부재하지만 북한의 장애인복지 재원으로 특이한 것은 바로 '조선장애자원아기금'[22]이다. 2010년 1월에 창설된 조선장애자원아기금은 북한의 조선장애자보호련맹이 운영하고 있다. 참고로 조선장애자보호련맹은 북한의"장애자들과 애육원, 육아원, 학원[23] 원아들의 권리를 옹호하고 건강과 복리를 증진시키기 위한 비정부단체"이다. 북한은 본 기금을 통해 '장애자전문기업소' 설립하였고, 장애아동을 위한 기능회복치료, 의료봉사, 영양상태 개선, 생

---

22) 특이하게도 동 기금의 법적근거를 여타 북한 법령에서 찾을 수가 없다.

23) 북한에는 고아를 지원하기 위한 아동복지시설로 육아원, 애육원, 학원이 있다. 육아원은 유치원 취학 전 아동을 양육하고, 애육원은 유치원 나이의 어린이를 양육하며, 이후에는 초등학원과 중등학원에 입학하여 생활한다. 이처럼 '육아원-애육원-초등학원-중등학원'으로 연계되는 고아들 대상 교육제도는 북한의 정규 의무교육 제도인 '탁아소-유치원-초등학교-초급중학교-고급중학교' 제도와 비교할 수 있다. 최재영, "북한 아동들의 교육. 의료, 복지현장을 가다," 『통일뉴스』, 2016년 3월 3일.

활환경개선, 문화, 체육, 예술 등의 사업을 수행하고 있다. 이 기금은 북한의 출연금 이외에 국제 인도주의단체들과 해외동포들의 기부로 구성됨에 따라, 북한 장애인복지정책의 재원이 민간기부도 포함하고 있음을 알 수 있다.[24)

한편 이와 달리 북한의 장애인전문시설 이용료에 대한 문제도 제기되는데, 제도적으로 북한의 장애인은 장애인시설을 이용할 경우 별도의 서비스 이용료를 지불하지 않는다고 판단된다. 이러한 원인은 이용 대상자마다 각기 그 원인을 달리하지만 크게 세 가지로 요약된다. 먼저 영예군인연금 대상자의 경우 국가보훈 대상자임에 따라 북한의 입장에서 이들은 무상으로 서비스를 이용하도록 해야 한다. 다음으로 일반 장애인의 경우 무엇보다 이들은 이용료를 지급할 경제적 여유가 부족한 대상이 대다수라 판단된다. 마지막으로 북한의 입장에서 사회적 약자이자 장기간 방치되었던 장애인복지를 유상으로 이용하도록 하는 것은 체제이념과 통치이념에 다소 반하는 행태이다.[25) 지금까지 논증한 '장애자보호법'의 재정에 대한 지속성

---

24) 조선장애자보호련맹, 2016; 정지웅·이철수, "북한 장애인복지정책 분석," 173쪽에서 재인용.

25) 정지웅·이철수, 위의 논문, 173~174쪽에서 재인용. 반면 북한의 사회보장법 제26조에 "돌볼 사람이 없거나 돌볼 사람이 있는 경우에도 그의 부양을 받기 어렵다고 인정되는 사회보장자는 사회보장기관에서 생활할 수 있다. 부양의무자가 있는 대상을 사회보장기관에서 생활하게 하려 할 경우에는 본인의 동의를 받아야 한다. 이 경우 부양의무자는 매달 정해진 부양료를 사회보장기관에 내야한다"라고 규정하여 부양의무자가 있는 사회복지시설(노인요양시설)의 이용자는 일정한 이용료를 부담해야 함을 명시하고 있다. 이는 "시설수용자의 경우 부양의무자의 재정 기여를 분명히 했다는 것인데, 이는 무상복지서비스를 강조하는 기존의 정책적 입장과 완전히 상반되고 북한도 남한처럼 유료복지시설을 운영하고 있음"을 나타내는(이철수, "북한 사회보장법 법적 분석: 기존 사회복지 관련 법령과의 비교를 중심으로," 193~194쪽) 정책적 변화이다. 즉, 부양자가 있는 노인요양시설 수용자는 별도의 이용료를 납부해야하는 유료 노인시설수용자를 의미한다.

과 변화를 요약하면 〈표 8〉과 같다.

<표 8> 재정의 지속성과 변화

구분	장애자보호법(2003)	장애자보호법(2013)	지속성	변화
재정	- 국가, 기관, 기업소 단체	- 국가, 기관, 기업소 단체 - 장애자후원기금 추가	- 부담 주체	- 장애자후원기금 신설 * 조선장애자원아기금

* 비고: *는 동 법령에 미언급된 기금.
* 출처: 저자 작성.

4. 전달체계26): 이중적인 공공조직

북한 장애인복지 전달체계와 관련, '2003년 장애자보호법' 제43조 "장애자보호사업에 대한 지도는 내각의 통일적인 지도밑에 중앙보건 지도기관과 해당 중앙기관이 한다. 중앙보건지도기관과 해당 중앙기관은 장애자보호사업에 대한 지도체계를 바로 세우고 장애자보호사업을 정상적으로 장악하고 지도하여야 한다"라고 밝혔다. 그리고 이는 수정된 '2013년 장애자보호법' 제43조 장애자보호사업에 대한 지도 항목으로 그대로 인용, 계승된다.

또한 이와 마찬가지로 '2003년 장애자보호법' 제44조 "지방정권기관과 해당 기관은 관할지역의 장애자보호사업실태를 료해하고 개선

---

26) 한편 장애인복지가 아닌 사회보장 대상자의 경우 "국가사회보장보호기관들에 대한 관리운영의 직접적인 담당자는 다름 아닌 해당 도정권기관들이다. 도인민위원회는 양로원, 양생원을 비롯한 국가사회보장보호기관들을 문화위생적으로 꾸미고 관리운영과 관련한 로력, 물자, 설비, 자금, 보양생들의 생활필수품을 정확히 계획화하여 해당 기관에 맞물리며 승인된 계획과 국가재정예산을 바로 집행하며 보양생들의 생활을 책임적으로 돌봐줄데 대한 의무를 지니고 있다." 김명옥, "우리 나라에서 돌볼 사람이 없는 늙은이, 장애자, 어린이들에 대한 생활보장의 법적 담보," 「김일성종합대학학보(력사, 법률)」 제61권 2호, 2015, 78쪽.

조치를 취하여야 한다"는 조항은 수정된 '2013년 장애자보호법' 제44
조 지방지도기관의 임무 항목으로 그대로 인용, 승계된다. 이러한
조직은 중앙조직을 중심으로 중앙-지방-일선기관으로 이어지는 수
직적인 전달체계를 갖는 남한과도 유사하다.

반면 장애인의 재활과 치료에 대해 북한은 '2003년 장애자보호법'
제11조 "국가는 장애자의 회복치료를 위하여 필요한 지역에 전문 또
는 종합적인 장애자회복치료기관을 조직한다. 장애자회복치료기관
을 조직하는 사업은 해당 기구조직기관이 한다"라고 언급하였다. 동
조항을 근거로 하면 북한 역시 장애인의 재활과 치료에 대해 전문적
인 기관을 통해 접근하고자 한다. 따라서 역설적으로 북한이 이러한
조직을 지역별, 계층별, 장애별, 위험별로 갖추었다면 전달체계에 관
한 일정한 체계가 갖추어졌다는 평가가 가능하다.

한편 동 조항은 수정된 '2013년 장애자보호법' 제11조 장애자회복
치료 및 연구기관의 조직 항목으로 승계, 확대된다. 동 조항에서 북
한은 추가적으로 "…장애자회복치료 및 연구기관은 장애자에 대한
전문적인 회복치료와 함께 장애의 원인, 발병과 관련한 조사, 연구
활동을 진행한다…"라고 하여 기존보다 더욱 구체화되었다. 동 조항
에서 북한이 새롭게 언급한 내용은 장애인의 재활과 치료를 맡은 전
문기관의 역할이다. 이를 살펴보면 북한은 재활과 치료에만 국한된
과거 기관의 역할과는 달리 장애의 원인, 발병 등의 연구 활동도 병
행하게 된다. 이는 다분히 향후 북한이 장애를 예방하려는 의도에서
비롯된 것으로 변화한 북한의 인식을 반증한다 하겠다. 즉, 이는 한
마디로 사후치료 중심에서 사전예방 중심의 대응으로, 문제를 근본
적으로 접근·해결하겠다는 정책적 의지의 표현이다.

한편 북한은'2003년 장애자보호법' 제45조 "국가는 장애자보호사

업을 계획적으로 협의하고 통일적으로 집행하기 위하여 비상설로 장애자보호위원회를 둔다. 장애자보호위원회의 실무사업은 장애자련맹27)이 한다"라고 명시하였다. 이 또한 수정된 '2013년 장애자보호법' 제45조 장애자보호위원회의 조직 항목으로 그대로 인용, 전이된다. 따라서 북한은 별도로 장애인복지 전달기관이 있는데, 이것이 바로 '장애자련맹'이고 이 조직은 동 법령을 근거로 한 공공조직이다. 때문에 남한과 달리 장애인전문기관이 부족한 북한의 동 조직의 경우 북한 장애인복지사업에서 갖는 의미는 상당하다고 봐야한다. 또한 이로 인해 북한의 장애인복지 전달체계의 두 축은 정부차원의 공공조직과 공공성을 가진 '장애자연맹'28)으로 구분되고 양자의 역

---

27) "조선장애자보호련맹은 1998년 7월 29일에 조선장애자지원협회로 설립되었다가, 2005년 7월 27일에 현재의 명칭으로 변경되었다. 조선장애자보호련맹은 장애인 관련 비정부기구로서 장애자들의 모든 권리와 리익을 옹호하고 대변하는 것을 자기의 사명으로 하며 여러가지 지원활동과 옹호활동, 출판선전활동을 통하여 장애자들의 정신육체적기능회복과 무장애환경의 수립, 장애방지와 장애자들의 사회적지위보장에 기여함으로써 장애자들이 사회와 집단의 참된 주인으로서의 자기의 역할을 다하도록 하는 것을 기본임무로 하고 있다(조선인권연구협회, 2014). 연맹은 20여 명의 전임일군과 4천여 명의 자원봉사자 및 각 도와 시, 군에 산하 위원회와 필요한 기구들을 두고 활동하고 있다(조선신보, 2006년 10월 23일). 조선장애자보호련맹 등 북한의 장애인단체는 해외에서 지원을 받기 위한 수단으로서의 시작되었다고 평가되며 북한 당국의 보건성에서 직원의 급여와 운영비가 나오고 있지만 NGO로 간주되고 있다(中西由起子, 2014). 연맹은 보건성과 교육성, 도시경영성을 비롯한 국가기관들과 협력관계를 맺고 장애자보호사업을 진행하고 있으며 장애자관련 국제기구들과 유럽동맹 나라들과의 협조활동도 추진하고 있다(조선인권연구협회, 2014). 또한 조선장애자보호련맹 산하에는 조선장애자예술협회, 조선장애자체육협회, 조선장애후원회사, 조선장애자원아기금이 있으며 도, 시, 군단위에 장애자보호위원회가 설치되어 있다. 조선신보, "장애자들이 누리는 삶의 보람," 2013년 12월 7일; 정지웅·이철수, "북한 장애인복지정책 분석," 170~171쪽에서 재인용.

28) 동 연맹 안에 조선장애자보호련맹 중앙위원회(KFPD)가 있다. 동 위원회는 2010년 북한의 도, 시, 군 단위까지 장애인관련 담당자를 배치하는 등 장애인의 인권 및 복지향상에 힘쓰고 있으며, 2011년에는 북한 최초로 장애인의 날(6월 18일)을 제정, 전국적인 행사를 개최하는 등 북한 장애인복지의 기반을 마련하고 있

할을 동 법령에서 명시한 내용으로 재차 구분된다.

한편 전달체계의 전제조건으로 최우선시 되는 장애인 등록의 경우 '2003년 장애자보호법' 제10조 "의료기관과 해당 기관은 관할지역의 장애자를 빠짐없이 조사장악하고 장애유형별로 등록하여야 한다. 거주지를 옮긴 장애자의 등록자료는 관할지역의 해당 기관에 보내주어야 한다"고 명시하였다. 이 역시 수정된 '2013년 장애자보호법' 제10조 장애자의 장악등록 항목으로 그대로 인용, 전환되었다.

그러나 아이러니하게도 다른 한편으로 동 조항이 인상적인 것은, 북한이 이미 '2003년 장애자보호법'에서 장애자등록이 장애유형별로 이루어짐을 언급하였다는 것이다. 아울러 그럼에도 불구하고 구체적인 장애유형에 대한 언급이 '2003년 장애자보호법'에는 부재했다는 것이다. 그리고 앞서 언급했다시피 이를 인식한 듯, 수정된 '2003년 장애자보호법'에 와서야 구체적인 장애유형을 밝혔다는 것이다. 따라서 이를 근거로 할 때, 북한 장애인복지 현장에서는 장애인등록 시 장애유형별로 이루어졌으리라 판단된다. 더욱이 장애인복지 실천현장에서 서비스 제공자가 클라이언트에 대한 구체적인 정보가 부족하거나 부재할 경우 제대로 된 서비스를 제공하는데 제한이 있다. 지금까지 논증한 '장애자보호법'의 전달체계에 대한 지속성과 변화를 요약하면 〈표 9〉와 같다.

다. 국제푸른나무 홈페이지 인용.

<표 9> 전달체계의 지속성과 변화

구분	장애자보호법(2003)	장애자보호법(2013)	지속성	변화
전달체계	– 중앙보건 지도기관 – 해당 중앙기관 – 지방정권기관 – 치료기관 – 장애자보호위원회 – 장애자연맹 – 의료기관	– 좌동	– 전달기관	– 큰 변화 없음

* 출처: 저자 작성.

V. 결론

지금까지 본 연구는 북한의 '2003년 장애자보호법'과 '2013년 장애자보호법' 양자를 비교, 북한 장애인복지 법제의 동학을 추적하였다. 이에 본 연구는 북한의 2003년과 2013년 장애자보호법을 각각 적용대상, 급여, 재정부담, 전달체계 등의 네 가지 기준을 중심으로 분석하였다. 이를 토대로 양 법령을 통한 북한 장애인복지 법제에 관한 제도적 차원의 지속성과 변화를 도출하면 다음과 같다.

먼저 지속성은 첫째, 적용대상의 경우 여전히 포괄적인 장애인을 주요 대상으로 하고 있다. 둘째, 현금급여의 경우 노동능력을 완전히 상실한 장애인에 대한 보조금과 취학 전 장애인에 대한 보육비 지원을 유지하고 있다. 셋째, 현물급여의 경우 장애인에 대한 보건의료와 치료를 중심으로 한 현물급여의 종류는 전과 같다. 넷째, 재정의 경우 국가, 기관, 기업소, 단체 중심의 부담 주체의 변화는 없다. 다섯째, 전달체계의 경우 기존의 중앙조직 중심의 수직적 구조의 전달체계를 유지하고 있다.

다음으로 변화는 첫째, 적용대상의 경우 새롭게 일곱 가지의 장애유형과 장애인 공로자 우대가 추가되었다. 둘째, 현금급여의 경우 특수학교에 재학 중인 장애학생에 대한 일반 장학금 지급 조항이 추가되었다. 셋째, 현물급여의 경우 기존의 급여종류를 유지함에 따라 이렇다 할 변화가 없다. 넷째, 재정의 경우 가장 큰 변화가 감지되는데, 장애자후원기금을 신설하여 재원조달의 창구를 다원화하였다. 다섯째, 전달체계의 경우 기존의 전달체계를 유지하는 가운데에 부분적인 변화가 감지되는데, 이는 과거와 다른 서비스 전문기관의 장애에 대한 사전 예방적 접근이 해당된다.

마지막으로 이러한 지속성과 변화의 의의는 첫째, 적용대상의 경우 구체적인 장애유형에 따른 구분과 등록으로 인해 기존의 법령보다 질적인 발달을 꾀하고 있다. 둘째, 현금급여의 경우 장애학생에 대한 장학금 조항이 추가되어 결과적으로 현금급여의 종류가 증가하였다. 셋째, 현물급여의 경우 지속성만 존재할 뿐 변화 요인이 부재하여 이렇다 할 내용이 없다. 따라서 이는 여전히 부족한 북한의 장애인복지에 대한 인식을 나타내고 있다. 넷째, 재정의 경우 북한이 장애자후원기금을 신설하여 장애인복지재정에 대해 국내는 물론 외부 지원에 대한 법적 기반을 마련하였다. 다섯째, 전달체계의 경우 장애유형의 확대로 인해 다소 예방적 접근을 추구한다고 판단되는데, 이는 기존의 사후 재활과 치료중심적 인식과 사고의 전환을 의미한다. 결론적으로 북한의 수정된 '장애자보호법'은 긍정적·부정적 부문이 동시에 존재한다. 지금까지 논증한 북한의 2003년 대비, 2013년 기준'장애자보호법'의 지속성과 변화를 요약하면 〈표 10〉과 같다.

<표 10> 장애인복지 법제의 지속성과 변화: 2003년 대비, 2013년 기준

구분		지속성	변화	의의
적용대상		- 포괄적인 장애인 대상	- 장애유형 추가 - 공로자 우대 추가	- 장애등록 구분
급여	현금급여	- 보조금 - 보육비 지원	- 장학금 추가 지급	- 현금급여 종류 증가
	현물급여	- 급여종류	-	-
재정		- 부담주체	- 장애자후원기금 신설 * 조선장애자원아기금	- 재정조달의 다원화
전달체계		- 기존 전달기관 유지	- 전문기관의 사전 예방적 접근	- 인식변화

* 비고: *는 장애자후원기금의 일종이라 추측.
* 출처: 저자 작성.

북한의 '장애자보호법'은 북한 장애인에 대한 북한의 유일한 법령이다. 따라서 동 법령이 갖는 법적 의의와 상징은 지대하다. 그리고 이러한 법령이 10년의 차이를 두고 전면적인 수정을 하였다. 이에 수정된 '2013년 장애자보호법'은 향후 북한이 추구하는 장애인복지의 정책적 방향을 의미한다. 이에 앞서 논증했다시피 동 법령에서 북한 장애인복지의 지속성과 변화가 동시에 나타나고 있다. 또한 이는 북한 장애인복지 서비스 현장의 성과에 따라 미약할 수도 있고 괄목할만한 변화를 야기할 수도 있다. 그러나 다른 한편으로 더욱 중요한 것은 북한도 스스로의 자정을 통해 장애인복지의 중요성과 문제점을 인식하고 이를 타파하고자 노력하고 있다는 것이다. 따라서 이러한 점에서 북한 장애인복지의 법령과 더불어 장애인복지 서비스 현장의 동태를 파악할 필요가 있다. 그리고 이러한 접근이야말로 북한 장애인복지의 실체를 담보하는 지렛대이다.

북한의 장애인 실태와 관련, 2015년 12월 3일 '조선장애자보호연맹' 중앙위원회 소속 리 광은 유엔에서 지정한 '세계 장애인의 날'을 맞아 진행한 노동당 기관지 노동신문과의 인터뷰에서 "우리나라에 서는 시종일관 장애자(장애인)들의 인격을 존중하고 그들이 보통사 람들과 똑같은 사회 · 정치적 권리를 향유하며 국가와 사회 활동에 적극적으로 참가하도록 필요한 모든 조건과 환경을 보장해주고 있 다. … 장애자 직업기능공학교를 졸업한 장애자들이 취미와 희망에 따라 이발과 미용, 피복, 식료가공, 목공 작업 등 노동 활동에 적극 참가하고 있다"[29]고 하였다.

그러나 이를 전적으로 신뢰하기에는 다소 무리가 따른다. 왜냐하 면 북한은 장애인복지 인프라가 부족하여 외부의 지원을 일정부문 기대하기 때문이다. 그러나 한편으로 북한의 장애인을 위한 노력을 부정적으로 평가할 수는 없다. 즉, 북한의 장애인복지에 대한 법적 인 부문의 변화와 노력은 일정부문 고무적인 현상이다. 하지만 다른 한편으로 이러한 노력 역시 국제사회의 기준을 충족하기에는 일정 한 한계가 노정된다. 따라서 향후 북한은 장애인복지와 관련한 법 제도적 부문과 양질의 서비스 제공에 대한 끊임없는 노력이 필요하 다.

이로 인해 향후에는 실천적 수준에서 북한의 장애인복지 서비스 현장에 대한 지속적인 연구가 필요하다고 판단된다. 즉, 특정 사안 을 놓고 해당 사안의 이념적 성향, 그러한 이념이 추구하는 제도적 형태, 또한 그러한 제도를 실천하고 적용하는 가운데에 발생하는 현 실에 대한 교차검증, 내지는 이를 동반하는 다양한 스펙트럼을 동원 하여 접근해야만 그 실체적 진실에 도달할 수 있다. 이러한 점에서

---

29) 문관현, "북한, 장애인에 필요한 모든 조건 · 환경 보장 주장," 『연합뉴스』, 2016년 3월 3일.

본 연구는 제도적 차원에서 북한 장애인복지 법령에 대한 지속성과 변화를 탐색하여 일정한 함의를 제공했다고 판단된다.

참고문헌

1. 북한법령
가족법
교육법
녀성권리보장법
보통교육법
사회보장법
사회주의로동법
아동권리보장법
인민보건법
장애자보호법

2. 논문 및 단행본

국제푸른나무, "대북사업 협력 장애인 단체," 2016년 3월 3일.
김명옥, "우리 나라에서 돌볼 사람이 없는 늙은이, 장애자, 어린이들에 대한 생활보장의 법적 담보," 「김일성종합대학학보(력사, 법률)」 제61권 2호, 2015.
노재현, "北 대외용 잡지, 점자책 전문 출판사 소개 눈길," 『연합뉴스』, 2016년 3월 3일.
문관현, "북한, 장애인에 필요한 모든 조건·환경 보장 주장," 『연합뉴스』 2016년 3월 3일.
북한연구소, 『북한총람』, 북한연구소, 1993.
송인호, "북한의 장애인 관련 법제와 실태: 북한의 '유엔 장애인권리협약 이행 최초보고서'를 중심으로," 「법학연구」 제21권 1호, 2019.
이규창, "북한 장애인법제 분석 및 평가와 향후 과제," 「인권과 정의」 제465호, 2017.
_____, "북한의 장애인권리 신장을 위한 법제도적 과제: 북한의 장애인권리협약 서명을 계기로," 「통일문제연구」 제25권 2호, 2013.
이영재, "北 '장애자보호법' 개정…국제기준 반영," 『연합뉴스』, 2016년 3월 3일.

이철수 · 김효주, "북한의 '장애인권리협약 국가이행보고서' 분석: 협약원칙의 쟁점을 중심으로,「북한연구학회보」제23권 1호, 2019.

이철수, "북한 사회보장법 법적 분석: 기존 사회복지 관련 법령과의 비교를 중심으로,"「통일정책연구」제24권 1호, 2015.

_____, "북한 장애인복지 정책,"『통일연구원 국제장애인학술세미나』(2018년 3월 26일), 2018.

장용철, "통일대비 북한 사회복지서비스 전달체계 구축 방안 연구,"「북한학연구」제11권 1호, 2015.

정지웅, "북한 장애인 관련 법규의 장애학적 고찰: 노동지상주의와 집단주의가 초래하는 장애억압,"「한국장애인복지학」제33호, 2016.

정지웅 · 이철수, "북한 장애인복지정책 분석,"「한국장애인복지학」제34호, 2016.

조선신보, "장애자들이 누리는 삶의 보람," 2013년 12월 7일.

조선인권연구협회, 「조선인권연구협회 보고서」, 2014.

조선장애자보호련맹, "조선장애자보호련맹 소개," 조선장애자보호련맹 중앙위원회, 2016.

최은석, "북한法 통일LAW: 北에서 장애인으로 산다는 것?,"「통일한국」404호, 2017.

최재영, "북한 아동들의 교육. 의료, 복지현장을 가다,"『통일뉴스』, 2016년 3월 3일.

통일원, 『1990 북한이해』, 통일원, 1990.

3. 기타

中西由起子, "アジア · ディスアビリティ · インスティテート: 北朝鮮の障害者," 中西由起子, http://asiadisability.com에서 2016년 3월 3일.

Gilbert, N. & Terrell, P, Dimensions of social welfare policy(7th), *Boston: Pearson Education*, 2010.

제9장

북한의 녀성권리보장법에 대한 탐색적 분석

기존 관련 법령과 비교를 중심으로

Ⅰ. 서론

북한은 2003년 6월 「장애자보호법[1]」(최고인민회의 상임위원회 정령 제3835호), 2007년 4월 「년로자보호법」(최고인민회의 상임위원회 정령 제2214호), 2008년 1월 「사회보장법」(최고인민회의 상임위원회 정령 제2513호), 2010년 12월 「아동권리보장법」(최고인민회의 상임위원회 정령 제1307호)과 「녀성권리보장법」(최고인민회의 상임위원회 정령 제1309호)을 각각 제정·공포하였다.[2]

이러한 북한 사회복지 입법 동향은 북한의 사회복지에 대한—적어도 제도적 수준의—인식과 행태를 반영하고 있다. 또 이러한 북한의 입법 동향을 통해 '대상별 법적 분화'가 나타나고 있음을 알 수 있다. 이는 상당한 의미가 있는데, 과거 북한 사회복지법제가 대상

---

[1] 동 법령의 정식명칭은 '조선민주주의인민공화국 장애자보호법'이나 본 연구에서는 북한의 모든 법령을 약칭하고자 한다.
[2] 이철수, "북한 「년로자보호법」의 의의와 한계-타 법령과의 비교를 중심으로," 『북한연구학회보』 제19권 1호, 2015a, 58쪽.

별 통합적인 법제를 추구한 것과 정반대의 태도이기 때문이다. 즉, 2000년대 이후 북한은 사회적 약자인 장애인, 노인, 아동, 여성에 대해 대상별로 독립적인 입법화를 추진하였고, 이들에 대한 제도적 장치를 완비하였다.[3]

한편 북한의 이러한 입법 동향은 북한 스스로 기존 법령의 한계를 인식함과 동시에 비교적 촘촘한 법령을 통해 국가의 기틀과 사회적 약자에 대한 보호와 배려에 임하겠다는 인식의 변화와 의지로 해석된다.[4]

반면 이와 다른 해석도 가능한데 2000년대 북한 사회복지법제 동향은 「장애자보호법」을 기준으로 하면, 다소 시계열적 차이는 있으나 '분화와 포괄'이 거의 동시에 나타난다고도 할 수 있다.[5] 즉, 「사회보장법」은 법적 기능과 성격상 포괄성을 지향하나 이를 제외한 나머지 법령은 상술한 바와 같이 대상별 분화를 나타내고 있다. 결국 분명한 것은 2000년대 북한 사회복지 법제는 제도적 변화를 추동하고 있다는 것이다.[6]

이러한 함의들의 연장선상에서 접근하면, 「녀성권리보장법」은 기존의 제도적 차원에서 여성을 복지의 대상으로서 직접적으로 강조한 것으로 북한의 여성에 대한 인식을 나타내고 있다. 아울러 북한 내에서 여성에 관한 독립적이고 직접적인 법령을 최초로 공표했다는 점에서 「녀성권리보장법」이 갖는 의미는 지대하다. 그리고 이러

---

3) 이철수, "2008년 북한 사회보장법에 대한 연구," 「한국사회의 사회안전망을 점검한다」, 2014년 사회정책연합공동학술대회 통합학회 발표문, 2014.10.17(2014), 1쪽.
4) 이철수, 앞의 논문, 2015a, 58쪽.
5) 이철수, 앞의 논문, 2014, 1쪽.
6) 이철수, 앞의 논문, 2015a, 58~59쪽.

한 제도적 변화가 결국 현실적 변화를 야기한다는 점에서 동 법령에 더 주목하게 된다.

특히 본 연구가 동 법령을 분석하고자 하는 이유는 다음과 같다. 첫째, 북한의 경우 별도의 독립된 '여성복지법'이 없음에 따라 적어도 동 법령은 북한의 여성복지를 간접적으로 고찰할 수 있는 유일한 법령이다. 둘째, 동 법령이 비교적 최근인 2010년에 제정되었음에 따라 북한의 최근 인식이 반영되었으리라 판단된다. 셋째, 무엇보다 동 법령인 「녀성권리보장법」 내에 북한여성에 해당되는 여성복지의 정책적 방향이 내재되어 있으리라 판단할 수 있기 때문이다.

다시 말해 동 법령은 북한의 대표적인 취약계층인 여성에 대한 포괄적인 복지서비스의 정책적 방향을 담고 있다. 또한 다양한 연령별 여성층이 사회복지 서비스 실천 대상으로 중복되어 있다. 이러한 동 법령의 '다중적 정체성'으로 인해 북한 사회복지 중, 특히 '여성복지'와 밀접한 관련이 있고 이에 따라 동 법령은 북한 사회복지법제상, 북한의 여성복지를 대변하고 있는 대표적인 법령이라 할 수 있다.

그러나 다른 한편으로 동 법령에 대한 제도적 한계도 제기된다. 가령 북한이 동 법령에서 제시하고 언급한 내용이 정책에 반영된다 하더라도 이것이 법적 표현에 불과할 수 있는 가능성을 배제할 수 없다. 즉, 법령의 제정 자체를 마치 현실화된 것으로 등치 할 수 없다는 것이다. 특히 북한의 경우에는 더욱 그러하다. 그러나 또 다른 한편으로 그렇다면 동 법령을 완전히 무시해야하는가?, 또 북한의 여성복지에 관한 제도적 차원으로 접근한다면, 동 법령을 배제한 다른 대안이 있는가? 하는 문제도 제기된다. 따라서 본 연구는 이러한 양가적인 입장을 기본 전제로 인지한 상태에서 출발한다.

한편 이와 관련, 기존 연구의 경우 임순희 외(2011)의 연구는 동일한 날 제정된 북한의 「녀성권리보장법」과 「아동권리보장법」에 대해 주요 내용과 특징, 인권협약과 비교한 연구이다. 또한 박복순 외 (2014) 연구는 남북한 여성·가족 관련 법제를 남북한 양 법령을 놓고 비교한 연구로 남북한 관련 법제의 전개과정과 현황, 그리고 통일을 대비한 통합방안을 중심으로 고찰하였다. 또한 황의정과 최대석(2015) 연구는 북한의 여성 관련 법령을 통해 북한여성의 법적 지위의 변화와 전망을 예측한 것인데, 북한의 여성 관련 법령 전체를 탐색하였다. 그러나 이러한 연구들은 북한의 여성복지와는 다소 거리가 있다.

이러한 배경 하에 본 연구는 북한의 「녀성권리보장법」을 기존의 관련 법령들과 비교하고 그 특성을 고찰하고자 한다. 보다 구체적인 본 연구의 목적은 북한의 「녀성권리보장법」에 나타난 각종 복지조항을 분석, 이를 토대로 북한 '여성복지'의 제도적 수준과 변화를 추적하는 것이다.

본 연구의 서술순서는 먼저 동 법령의 정체성을 제정 배경과 의의, 그 성격 등을 중심으로 고찰하고자 한다. 다음으로 동 법령에 나타난 북한여성의 ① 교육권, ② 문화권, ③ 보건권, ④ 노동권, ⑤ 복지권을 중심으로 분석하고자 한다. 마지막으로 이를 토대로 동 법령을 통한 북한 여성복지의 법제적 차원의 평가와 함의에 이르고자 한다. 이에 본 연구의 연구방법과 범위는 문헌연구를 중심으로 하여 원 자료인 「녀성권리보장법」과 이와 관련한 북한의 주요 법령을 분석대상으로 한다. 또한 본 연구는 북한의 「녀성권리보장법」과 북한의 관련 법령들을 놓고, 제도분석에 일반적으로 사용되는 분석기법인 질적 차원의 내용분석 방법을 통해 접근하고자 한다. 이에 본 연구의 분석 모형을 도식화하면 〈그림 1〉과 같다.

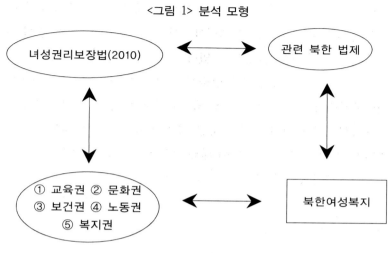

<그림 1> 분석 모형

① 교육권 ② 문화권
③ 보건권 ④ 노동권
⑤ 복지권

녀성권리보장법(2010)

관련 북한 법제

북한여성복지

* 출처: 저자 작성.

II. 제정 배경과 의의

북한의 「녀성권리보장법」은 2010년 12월 22일 최고인민회의 상임
위원회 정령 제1309호로 최초로 채택되어 2011년 7월 5일 최고인민
회의 상임위원회 정령 제1743호로, 2015년 6월 30일 최고인민회의 상
임위원회 정령 제566호로 각각 수정·보충되었다. 따라서 동 법령은
최초 제정 이후 현재까지 총 두 차례 수정되었다.

동 법령은 총 7장 55개 조항으로 제1장 녀성권리보장법의 기본(제
1조~제10조), 제2장 사회정치적 권리(제11조~제17조) 제3장 교육, 문화,
보건의 권리(제18조~제25조), 제4장 로동의 권리(제26조~제35조), 제
5장 인신 및 재산적 권리(제36조~제43조), 제6장 결혼, 가정의 권리
(제44조~제51조), 제7장 여성권리보장사업에 대한 지도통제(제52조~

제55조)로 구성되어 있다. 또한 동 법령은 형식과 진술에서 해당 조항의 정의에 이은 설명으로 개념화되어 서술되어 있어 최초 입법 시기부터 나름의 수준을 갖추고 있다.

다만 한 가지 특이한 것은 상술한 바와 같이 최초 입법 시, 「아동권리보장법」도 같은 날 동시에 제정되었다는 것이다. 이는 그동안 국제사회가 끊임없이 제기한 북한 여성과 아동의 인권 상황과 무관하지 않다. 그러나 당시 입법에 대해 북한은 "「여성권리보장법」과 「아동권리보장법」이 채택됨으로써 남녀평등을 보장하며 아동을 중시하고 그들의 권리와 리익을 우선적으로 보장할데 대한 우리 국가의 일관된 정책을 더욱 철저히 관철 할 수 있는 튼튼한 법적 담보가 마련"[7])되었다고 자평했다. 이를 근거로 해석하면 역으로 동 법령들이 제정되기 전까지는 북한여성과 아동에 대한 법적 담보가 부족하거나 부재했음을 의미한다.

그럼에도 불구하고 「여성권리보장법」과 「아동권리보장법」은 기존의 북한 법령들에 부분적으로 산재되어 있는 규정들을 단일 법안으로 체계화하였다는 데 상당한 의의가 있다. 특히 만약 북한이 실제에 있어 「여성권리보장법」과 「아동권리보장법」 제정이 기존의 관련 법령을 보완 내지 보강, 궁극적으로 여성과 아동의 인권 개선을 도모함으로써 자신들이 밝힌 대로 법 제정의 의의를 실현한다고 할때 두 부문의 법 제정은 보다 중대한 의의를 갖는다.[8])

이에 북한은 「녀성권리보장법」 제1장 제1조 녀성권리보장법의 사명 항목에서 "조선민주주의인민공화국 녀성권리보장법은 사회생활의 모든 분야에서 녀성의 권리를 철저히 보장하여 녀성의 지위와 역

---

7) 『민주조선』, 2011년 1월 26일.
8) 임순희 외, 「북한의 여성권·아동권 법 제정 동향」, 서울: 통일연구원, 2011, 2쪽.

할을 더욱 높이도록하는데 이바지한다"라고 천명하였다. 따라서 동 법령의 궁극적인 목적은 기존의 여성 지위와 역할을 더욱 강화하고 확장하는데 있음을 분명히 하였다. 나아가 동 법령 제9조 국제교류 와 협조 항목에서 "국가는 녀성권리보장분야에서 다른 나라, 국제기 구들과의 교류와 협조를 발전시킨다"라고 하였다. 특히 동 조항의 경우 국제교류와 협력을 강조한 조항으로 2000년대 제정된 대다수 북한의 사회복지 관련 법령에 공통적으로 나타나 있는 내용이다.

한편 이와 관련된 법령을 입법순서대로 살펴보면 다음과 같다. 먼 저 2003년 「장애자보호법」제8조 장애자보호분야의 교류와 협조 항 목에서 "국가는 장애자보호분야에서 다른 나라, 국제기구 및 해외동 포단체들과의 교류와 협조를 강화하도록 한다"하고 하였다. 다음으 로 2007년 「년로자보호법」제7조 대외교류와 협조 항목에서 "국가는 년로자보호사업에서 다른 나라, 국제기구들과의 교류와 협조를 강 화하도록 한다"라고 언급하였다. 그 다음으로 2008년 「사회보장법」 제8조 사회보장분야의 교류와 협조 항목에서 "국가는 사회보장분야 에서 다른 나라, 국제기구들과의 교류와 협조를 발전시킨다"라고 명 시하였다. 마지막으로 2010년 「아동권리보장법」 제9조 국제교류와 협조 항목에서 "국가는 아동권리보장분야에서 다른 나라, 국제기구 들과의 교류와 협조를 발전시킨다"라고 하였다. 이렇듯 동 조항들은 여타 법령에 각각 별도로 언급되어 있지만 사실상 거의 동일한 취지 의 내용들이다.

따라서 이는 기존 법령에서 이미 북한이 언급한 내용으로, 과거 소극적인 국제사회와의 교류를 향후 확대·강화하여 보다 더 적극 적인 사회복지 분야의 교류를 추진할 것임을 밝힌 것이다. 역으로 이는 북한이 상술한 동 법령들에서 밝힌 다양한 사업의 발전을 위해서는 일정부문 외부의 협력과 협조가 필요함을 우회적으로 명시한 것이기도 하다. 또한 이는 북한의 사회복지가 외부 지원과 협조 없이 자생적인 자립과 자활을 지원하기에는 일정한 한계가 있음을 반증한다 하겠다.

또한 동 법령에서 다소 인상적인 조항은 제10조인데, 북한은 제10조 법의 규제범위와 적용 항목에서 "이 법은 녀성의 권리를 보장하는데서 나서는 문제들을 규제한다. 녀성권리보장과 관련하여 이 법에서 규제하지 않은 사항은 해당 법에 따른다. 녀성권리와 관련하여 우리 나라가 가입한 국제협약은 이 법과 같은 효력을 가진다"라고 하였다. 또 동 조항은 「아동권리보장법」 제10조 법의 규제범위와 적용 항목에서 "이 법은 아동의 권리를 보장하고 리익을 보호하는데서 나서는 문제들을 규제한다. 아동권리 보장과 관련하여 이 법에서 규제하지 않은 사항은 해당 법에 따른다. 조선민주주의인민공화국이 가입한 아동권리보장관련 국제협약은 이 법과 같은 효력을 가진다"라고 거의 동일한 내용으로 명시되어 있다. 이에 동 조항들에서 주목해야 하는 것은 '국제협약은 이 법과 같은 효력'이라는 표현이다. 이는 곧 북한이 국제협약을 그만큼 존중하겠다는 의미로써 대외적으로 변화한 그들의 인식과 입장을 대변하고 있다고 판단된다.

다른 한편 동 법령 제정에 앞서 북한은 '여성차별 철폐에 관한 유엔협약'에 이미 2001년 2월 27일 가입하였다. 그러나 이러한 가입이 제도적 실천으로 이어지지 않아 동 법령 제정 이전까지 북한은 'UN 여성차별철폐위원회'로부터 가정폭력, 주요 공직의 여성 진출 등에 관한 권고 사항, '여성차별 철폐에 관한 유엔협약'의 교육, 고용, 복지 사안들을 제대로 이행하지 않았다. 그러나 북한은 동 법령을 통해 '여성차별 철폐에 관한 유엔협약'에 규정되어 있는 여성의 권리와

'UN여성차별철폐위원회'의 권고를 일부 반영하였다.[9]

가령 2007년 5월 'UN여성차별철폐위원회'는 여성차별철폐협약 이행에 관한 북한의 최초보고서 심의에서 북한이 가정폭력의 존재를 인식하지 못하고 있으며 그 결과 여성에 대한 폭력을 예방하고 피해자를 보호하는 조치가 없다는 것을 우려하고 가정폭력 관련법을 도입할 것을 권고하였다. 이에 북한은 동 법령 제35조 사회보험제의 적용 항목에서 이를 언급하였다. 또한 '여성차별철폐협약' 제11조 제1항은 고용 분야에서는 사회보장에 대한 권리를 확보하기 위하여 여성에 대한 차별을 철폐하기 위한 적절한 조치를 취할 것을 요구한다. 이에 북한은 동 법령 제35조 사회보험제의 적용 항목에서 이를 언급하였다.[10] 따라서 동 법령을 통해 북한은 그동안 국제사회로부터 받아온 여성차별에 대한 지적과 논란을 일정부문 회피하고 종식시키는 근거를 마련하였다.

따라서 북한의 「녀성권리보장법」의 제정 배경—이는 「아동권리보장법」도 마찬가지—은 첫째, 대외적으로는 장기간 국제사회가 지적한 내용을 입법을 통해 개선하고, 둘째, 이러한 과정에서 국제사회와의 소통함과 동시에 의지를 표현하고, 셋째, 대내적으로는 2000년대 이후 북한 자체의 인식 변화와 더불어 입법화를 통한 다양한 분야의 법적 개선 작업의 연장선상에 있다고 판단된다. 이에 동 법령의 의의는 외면적으로 동 법령들의 제정으로 2001년부터 제기된 유엔여성차별철폐위원회의 권고에 대한 국제사회의 대외적인 비판을 상쇄시킬 수 있고 대내적으로는 체제 선전과 안정에 일정부문 기여한다.

---

9) 위의 글, 14~17쪽에서 요약.
10) 위의 글, 14~16쪽에서 요약.

그러나 다른 한편으로 동 법령들을 내형적으로 접근하면 법적 구성과 수준이 국제협약에 미치지 못하거나 부족할 경우 여전히 논란의 여지가 존재한다는 것이다. 아울러 또 다른 한편으로 동 법령들의 의의를 북한의 사회복지 법제적 측면에서 접근하면, 결과적으로 북한의 의도와 상관없이 북한의 '여성복지'에 대한 일정한 함의를 제공하고 있다는 것이다. 참고로 「녀성권리보장법」 제정과 수정·보충시기를 포함, 그 의미를 정리하면 〈표 1〉과 같다.

<표 1> 「녀성권리보장법」의 제정과 수정·보충시기와 의의

제정 시기	수정과 보충 시기	의의
·2010년 12월 22일 최고인민회의 상임위원회 (정령 제1309호)	·2011년 7월 5일 최고인민회의 상임위원회(정령 제1743호) ·2015년 6월 30일 최고인민회의 상임위원회(정령 제566호) ·총 2 차례 수정	·여성권리의 국가보호 명시 ·여성권리, 최초 독립 법령 ·장기간 미비한 여성권 보장 ·UN협약 반영 ·UN위원회 권고 사항 반영 ·교육권, 문화권, 보건권, 노동권, 복지권 법적 보장 ·여성복지 반영

* 출처: 저자 작성.

Ⅲ. 법령 관련 조항 분석

1. 교육권과 문화권, 보건권

북한은 「녀성권리보장법」 제3장 교육, 문화, 보건의 권리의 제18조 교육, 문화, 보건분야에서 녀성권리보장의 기본요구 항목에서 "녀성은 교육, 문화, 보건분야에서 남성과 평등한 권리를 가진다. 조선민주주의인민공화국에서 녀성에 대한 교육, 문화, 보건의 권리는 국가의 올바른 녀성정책에 의하여 철저히 담보된다"라고 명시하였다. 동 조항을 근거로 하면 북한은 북한여성에 대한 ① 교육권, ② 문화권, ③ 보건권을 동일선상에서 인지하고 있다. 그리고 북한은 이를 정부차원에서 정책적으로 보장해야한다. 따라서 이는 북한 정부차원의 북한여성에 대한 교육권, 문화권, 보건권 보장의 적극성이 나타나는 부문이다.

또한 동 법령 제25조 농촌녀성들의 교육, 문화, 보건의 권리보장 항목에서 "지방인민위원회와 해당 기관은 농촌녀성들이 도시녀성들과 꼭같이 교육과 치료를 받으며 문화적인 생활을 할수 있도록 필요한 시설과 조건을 충분히 갖추어주어야 한다"라고 천명하였다. 이에 상술한 제18조가 '남녀평등'인 반면, 제25조는 '도농 여성평등'으로 교육권, 문화권, 보건권에 대한 취약지역 여성보호 내지는 도농 여성간 격차금지 조항이라 할 수 있다. 아울러 이는 교육권, 문화권, 보건권에 대한 '남녀간의 평등'과 '녀녀간의 평등'을 추구하는 북한의 의지를 반증한다.

이러한 권리와 관련, 북한은 최상위법인 「헌법」 제64조 "국가는 모든 공민에게 참다운 민주주의적권리와 자유, 행복한 물질문화생활을 실질적으로 보장한다. 조선민주주의인민공화국에서 공민의 권리와 자유는 사회주의제도의 공고발전과 함께 더욱 확대된다"라고 하였다. 그리고 이는 포괄적 권리에 대한 실질적인 국가의 보장과 노력을 의미한다. 즉, 동 조항에서 교육권, 문화권, 보건권에 대한 직접적인 언급은 없지만 공민의 권리가 이를 포괄하고 있다고 판단된다.

한편 「녀성권리보장법」 제18조는 북한이 1946년 7월 30일 「북조선 남녀평등권에 대한 법령(이하 '남녀평등법'으로 약칭)」 제1조 "국가, 경제, 문화, 사회, 정치 생활의 모든 령역에서 녀성들은 남자들과 평등권을 가진다"와 제3조 "녀성들은 남자들과 동등한 로동의 권리와 동일한 임금과 사회적보험 및 교육의 권리를 가진다" 라는 고전적·매개적―추상적 수준의 내용이 현 시대에 맞게 현대적― 의미로 통합되어 새롭게 재정의한 것으로 볼 수 있다. 즉, 「남녀평등법」과 「녀성권리보장법」 모두 각각 당시의 시대적 입법 환경에 기인하였다. 물론 후일 제정된 「녀성권리보장법」이 상대적으로 내용상 구체적인 면을 갖고 있다.

또한 이와 관련 북한은 「헌법」 제77조에서 "녀자는 남자와 똑같은 사회적지위와 권리를 가진다. 국가는 산전산후휴가의 보장, 여러 어린이를 가진 어머니를 위한 로동시간의 단축, 산원, 탁아소와 유치원망의 확장, 그밖의 시책을 통하여 어머니와 어린이를 특별히 보호한다. 국가는 녀성들이 사회에 진출할 온갖 조건을 지어준다"라고 하여 남녀평등, 기혼 여성과 아동의 사회권을 언급하였다. 그리고 이는 「녀성권리보장법」의 여성 평등권과 일맥상통하다 하겠다.

또한 북한의 「가족법」 제18조 남편과 안해의 평등권 항목에서 "가정생활에서 남편과 안해는 똑같은 권리를 가진다"라고 하여 부부의 가정 내 평등권에 대해서도 언급하였다. 따라서 교육, 문화, 보건부문을 차치하고 남녀평등 그 자체로만 접근하면 북한의 인식이 다양한 법령에 반영되어 있다 하겠다. 지금까지 논증한 「녀성권리보장법」에 나타난 남녀평등권을 타 법령과 비교·정리하면 〈표 2〉와 같다.

<표 2> 타 법령과 남녀평등권 비교

구분	관련 조항	특징
녀성권리보장법	▲ 제2조 "녀성은 교육, 문화, 보건분야에서 남성과 평등한 권리를 가진다. 조선민주주의인민공화국에서 녀성에 대한 교육, 문화, 보건의 권리는 국가의 옳바른 녀성정책에 의하여 철저히 담보된다" ▲ 제25조 "지방인민위원회와 해당 기관은 농촌녀성들이 도시녀성들과 꼭같이 교육과 치료를 받으며 문화적인 생활을 할수 있도록 필요한 시설과 조건을 충분히 갖추어주어야 한다"	·남녀평등 ·교육권 ·문화권 ·보건권 ·녀녀평등 ·도농평등 ·정책적 보장
헌법	▲ 제64조 "국가는 모든 공민에게 참다운 민주주의적권리와 자유, 행복한 물질문화생활을 실질적으로 보장한다. 조선민주주의인민공화국에서 공민의 권리와 자유는 사회주의제도의 공고발전과 함께 더욱 확대된다" ▲ 제77조 "녀자는 남자와 똑같은 사회적지위와 권리를 가진다. 국가는 산전산후휴가의 보장, 여러 어린이를 가진 어머니를 위한 로동시간의 단축, 산원, 탁아소와 유치원망의 확장, 그밖의 시책을 통하여 어머니와 어린이를 특별히 보호한다. 국가는 녀성들이 사회에 진출할 온갖 조건을 지어준다"	·공민의 권리 ·남녀평등 ·기혼여성보호 ·아동사회권
남녀평등법	▲ 제1조 "국가, 경제, 문화, 사회, 정치 생활의 모든 령역에서 녀성들은 남자들과 평등권을 가진다" ▲ 제3조 "녀성들은 남자들과 동등한 로동의 권리와 동일한 임금과 사회적보험 및 교육의 권리를 가진다"	·남녀평등권 ·동일임금 ·복지권 ·교육권
가족법	▲ 제18조 "가정생활에서 남편과 안해는 똑같은 권리를 가진다"	·부부평등권

* 출처: 저자 작성.

보다 더 구체적으로 접근하면, 세 영역 중 먼저 여성 교육권의 경우 북한은 「헌법」 제73조에서 "공민은 교육을 받을 권리를 가진다. 이 권리는 선진적인 교육제도와 국가의 인민적인 교육시책에 의하여 보장된다"라고 명시되어 있다. 이에 동 조항은 남녀를 기준으로 한 것이 아닌 공민을 기준으로 보편적인 교육권을 밝힌 것으로 「녀성권리보장법」과는 대비된다.

또한 이는 북한의 「교육법」 제12조 중등일반교육을 받을 의무, 무료교육의 권리 조항과도 비교된다. 동 조항에서 북한은 "전반적 무료의무교육제를 실시하는 것은 온 사회의 문화기술수준을 높일수 있게 하는 기본담보이다. 조선민주주의인민공화국 공민은 중등일반교육을 받을 의무와 무료로 교육받을 권리를 가진다"라고 하였다. 또한 「보통교육법」 제9조 중등일반교육을 받을 권리와 의무 항목에서 "조선민주주의인민공화국 공민은 중등일반교육을 받을 권리를 가진다. 학령기에 있는 공민에 대하여서는 국가가 책임지고 의무적으로 공부시킨다"라고 명시하였다. 아울러 「고등교육법」 제10조 무료교육의 실시 항목에서 "국가는 고등교육을 무료로 실시한다. 학생의 입학, 수업, 실습, 견학, 답사와 관련한 모든 고등교육비용은 국가가 부담한다"하고 하였다.

이에 세 법령 모두 공민의 무상교육 권리를 천명한 것이다. 즉, 동 조항들은 특정 대상의 교육권을 밝힌 것이 아니라 무상교육권을 명시한 것으로 여성의 교육권이 동 조항에서 포함되어 있는 행태이다. 그렇지만 이것이 남녀교육에 있어 동등한 평등권으로 해석, 등치되기에는 일정한 한계가 있다. 남녀의 동등한 교육권을 각 개별 법령에 독립된 조항으로 명시하지 않았기 때문이다.

다음으로 여성 문화권의 경우 북한은 「헌법」 제53조 "국가는 정신적으로, 육체적으로 끊임없이 발전하려는 사람들의 요구에 맞게 현대적인 문화시설들을 충분히 갖추어주어 모든 근로자들이 사회주의적 문화정서생활을 마음껏 누리도록 한다"라고 하였다. 동 조항에서 북한은 여성 문화권에 대한 직접적인 표현이나 언급이 없지만 통칭 '근로자'를 기준으로 문화권을 보장하는 모습을 나타내고 있다. 때문에 이 역시 상술한 교육권과 같은 맥락으로 이해된다.

마지막으로 여성 보건권의 경우 특이하게도 동 법령인 「녀성권리보장법」 제24조 치료받을 권리 항목에 재차 언급되어 있다. 북한은 동 법령 제24조 "녀성은 남성과 평등하게 치료받을 권리를 가진다. 보건기관은 녀성을 위한 전문의료시설을 갖추고 녀성의 건강을 적극 보호하며 녀성들이 불편없이 치료받도록 하여야 한다. 해당 기관, 기업소, 단체는 녀성들에게 치료받을수 있는 조건을 우선적으로 보장해주어야 한다"라고 명시하였다.

동 조항을 근거로 하면 북한은, 남녀의 평등한 치료권은 물론이거니와 나아가 여성에 대한 전문 의료 서비스 보장과 우선 치료를 표방하고 있다. 그리고 상술한 북한여성의 교육권 및 문화권과 달리 보건권은 동 법령에서 별도의 독립된 조항으로 재차 구체적으로 제시·언급되어 있다. 이러한 원인을 추측하면, 교육권·문화권과 달리 보건권은 육체적 생명과 관련된 건강권과 직접적인 관련이 있기 때문이다. 또 북한의 입장에서 보면 이는 대내외적인 이미지 개선에 긍정적인 기능을 한다. 나아가 이러한 북한의 적극적인 표현은 그동안 국제사회가 꾸준히 제기한 북한여성 인권문제에 대한 해소 방안의 하나가 된다.

한편 보건권과 관련 북한은 「헌법」 제72조 "공민은 무상으로 치료받을 권리를 가지며 나이 많거나 병 또는 불구로 로동능력을 잃은 사람, 돌볼 사람이 없는 늙은이와 어린이는 물질적방조를 받을 권리를 가진다. 이 권리는 무상치료제, 계속 늘어나는 병원, 료양소를 비롯한 의료시설, 국가사회보험과 사회보장제에 의하여 보장된다"라고 하고 있다. 그러나 이는 보건권이나 건강권이 아닌 북한의 무상치료제권과 무상치료제에 대한 설명이다. 따라서 북한이 「헌법」에서 별도로 언급한 여성의 보건권이나 건강권에 대한 내용은 전무하다.

또한 「인민보건법」의 경우 동 법령 제9조 무상치료의 권리 항목에서 "국가는 모든 공민에게 완전한 무상치료의 혜택을 준다. 로동자, 농민, 지식인을 비롯한 모든 공민은 무상으로 치료받을 권리를 가진다"라고 하여 북한이 「헌법」상 밝힌 무상치료권을 반복하고 있다. 그러나 「인민보건법」에는 여성 보건과 관련된 별도의 조항이 있다. 북한은 동 법령 제11조 녀성과 어린이의 건강보호 항목에서 "국가는 녀성들과 어린이들의 건강보호에 깊은 관심을 돌린다. 국가는 녀성들이 어린이를 많이 낳아 키우는 것을 장려하며 한번에 여러 어린이를 낳아 키우는 녀성들과 그 어린이들에게 특별한 혜택을 베푼다"라고 하였다.

동 조항을 근거로 하면 북한의 보건권은 여성의 건강보호, 다산장려정책, 다자녀 여성, 다자녀 가족 아동 우대로 요약된다. 그리고 이는 북한 여성의 보건권과는 직접적이지 않고 간접적으로 관련 있는 내용이다. 따라서 북한의 「인민보건법」상 여성건강권 보호와 보장은 「녀성권리보장법」에 비해 다소 소극적이라 하겠다. 결국 북한이 「녀성권리보장법」에서 언급한 북한여성의 교육권, 문화권, 보건권은 여타 법령에서 포괄적으로 제시한 것으로 온전히 새로운 내용은 아니다. 그러나 북한은 동 법령에서 이를 '여성'을 기준으로 재차 법령으로 정리·명문화하였다. 지금까지 논증한 「녀성권리보장법」에 나타난 북한여성의 교육권, 문화권, 보건권을 타 법령과 비교·정리하면 〈표 3〉과 같다.

<표 3> 타 법령과 교육권·문화권·보건권 비교

구분	녀성권리보장법	헌법	(보통, 고등)교육법	인민보건법
교육권	·제18조	·제73조 공민의 교육권	·제12조(교육법) ·제9조(보통교육법) ·제10조(고등교육법) 공민의 무상교육권	-
문화권	·상동	·제53조 근로자 문화권	-	-
보건권	·제18조 ·제24조	·제72조 무상치료제권 무상치료제	-	·제9조 무상치료권 ·제11조 여성 아동건강

* 출처: 저자 작성.

2. 로동권

북한은 「녀성권리보장법」 제4장 로동의 권리의 제26조 로동분야에서 녀성권리보장의 기본요구 항목에서 "녀성은 로동분야에서 남성과 평등한 권리를 가진다. 지방인민위원회와 해당 기관은 녀성들이 남성과 평등하게 로동에 참가할수 있는 권리와 로동보호를 받을 권리, 사회보장을 받을 권리를 보장하여야 한다"라고 명시하였다. 동 조항에서 북한은 노동분야의 남녀평등권을 ① 노동참여권, ② 노동보호권, ③ 사회보장권으로 보고 있고 나아가 이를 보장해야 하는 공공기관의 책무를 언급하였다.

먼저 여성 노동참여권의 경우 이와 관련 동 법령에 비해 상위법인 북한 「헌법」 제70조 "공민은 로동에 대한 권리를 가진다…"와 「사회주의로동법」 제1장 사회주의로동의 기본원칙 제4조 "사회주의하에서 공민은 로동에 참가할 의무를 지닌다…"라고 언급하여 노동권과 노동참여권을 여성이 아닌 공민 차원에서 제기하고 있다. 특히 북한은

「사회주의로동법」 제3장 사회주의로동조직 제31조에서 "국가는 녀성 근로자들이 사회적로동에 적극 참가할수 있도록 온갖 조건을 보장한다. 지방정권기관과 해당 국가 기관, 기업소, 사회협동단체는 녀성들이 일하는데 편리하게 탁아소, 유치원, 아동병동, 편의시설을 꾸려야 하며 직장에 나가지 못하는 녀성들이 희망에 따라 일할수 있도록 가내작업반, 가내협동조합 등을 조직하여야 한다"라고 하여 「녀성권리보장법」의 노동참여권에 비해 보다 구체적인 내용들을 명시하였다.

다음으로 특이하게도 여성 노동보호권의 경우 상술한 보건권과 마찬가지로 「녀성권리보장법」에 재차 중복되어 있다. 동 법령 제4장 로동의 권리의 제29조 녀성근로자의 로동보호 항목에서 "기관, 기업소, 단체는 녀성로동보호사업에 깊은 관심을 돌려야 한다. 녀성들에게는 정해진 로동안전시설, 로동위생시설을 갖추어주며 녀성의 생리적특성에 맞게 로동안전을 보장하여야 한다. 녀성에게 적합하지 않는 업무와 작업은 시킬수 없다. 녀성은 산전산후기간, 젖먹이는 기간에 특별한 보호를 받는다"라고 다시금 강조하고 있다.

이는 앞서 상술한 북한 「헌법」 제77조 "…국가는 산전산후휴가의 보장, 여러 어린이를 가진 어머니를 위한 로동시간의 단축, …그밖의 시책을 통하여 어머니와 어린이를 특별히 보호한다. 국가는 녀성들이 사회에 진출할 온갖 조건을 지어준다"와 「사회주의로동법」 제6장 로동보호에서 제59조 "국가는 녀성근로자들이 로동보호사업에 특별한 관심을 돌린다. 국가기관, 기업소, 사회협동단체는 녀성근로자들을 위한 로동보호위생시설을 충분히 갖추어야 한다. 녀성들에게는 힘들고 건강에 해로운 작업을 시킬수 없으며 젖먹이아이를 가졌거나 임신한 녀성근로자들에게는 야간로동을 시킬수 없다"와 「노동보호법」 제3장 로동보호조건의 보장의 제24조 녀성근로자들의 로동보호조건보장 항목에서 "기관, 기업소, 단체는 임신한 녀성근로자들에게 산전산후휴가에 들어가기 전까지 헐한 일을 시키며 젖먹이 어린이를 가진 녀성근로자들에게 젖먹이는 시간을 보장하여야 한다"와 다소 비슷한 부문에 대한 내용을 제 각각 제시하고 있다.

그러나 상대적으로 「녀성권리보장법」이 「헌법」, 「사회주의로동법」보다 더 적극적이다. 가령 「헌법」에서는 산전산후휴가보장과 다자녀 여성근로자에 대한 근로시간 단축만을 언급하였다. 또한 「사회주의로동법」에서 보호여성은 임신한 여성근로자와 영유아를 양육하는 여성근로자의 야간노동을 금지하였다. 하지만 「녀성권리보장법」에서는 여성근로자의 산전산후 기간을 포함, 이 기간 동안의 특별한 보호를 제시하여 보호대상과 기간, 프로그램을 보다 더 확장시켰다.

한편 「녀성권리보장법」 차원에서 「노동보호법」 제24조를 해석하면 다소 대비된다. 「노동보호법」 제24조를 근거로 해석하면 기본적으로 여성의 경노동이 가능하고 산전산후휴가 직전까지 가능하며 또 영유아 양육기간에 있는 여성근로자에게는 젖먹이는 시간만 보장하면 된다. 때문에 자의든 타의든 임신한 여성근로자들은 출산 직전까지 노동을 해야 한다. 그러나 이러한 논란을 불식시키는 조항이 동 법령 제38조에 있다.

「노동보호법」 제5장 로동과 휴식의 제38조 녀성근로자들의 로동 항목에서 "기관, 기업소, 단체는 녀성근로자들에게 체질적 특성을 고려하여 힘든 로동, 건강에 해롭거나 위험한 로동을 시키지 말아야 한다.[11] 젖먹이 어린이가 있거나 임신한 녀성근로자들에게는 야간 로동, 시간외 로동, 휴식일 로동을 시킬수 없으며 특별한 사유가 없는 한 그를 기관, 기업소, 단체에서 내보낼 수 없다. 녀성근로자들이 일할 수 없는 직종을 정하는 사업은 내각이 승인을 받아 중앙로동행정지도기관이 한다"라고 하여 포괄적인 여성노동 보호에 대해 언급하였다. 이에 상술한 법령들의 경우 여성의 노동보호에 대해 「녀성권리보장법」은 '권리'와 '행동'을 동시에 언급한 반면 나머지 법령들은 '행동'차원의 내용을 언급하고 있다. 그리고 이것이 바로 「녀성권리보장법」이 여타 법령과 다른 미세한 차별성이다.

마지막으로 아이러니하게도 여성 사회보장권의 경우 「사회보장법」에 명시되어 있으리라 예측되지만 동 법령에서 이와 관련된 조항은 부재하다. 단지, 북한 「헌법」 제72조에서 "공민은 무상으로 치료받을 권리를 가지며 나이많거나 병 또는 불구로 로동능력을 잃은 사람, 돌볼 사람이 없는 늙은이와 어린이는 물질적방조를 받을 권리를 가진다. 이 권리는 무상치료제, 계속 늘어나는 병원, 료양소를 비롯한 의료시설, 국가사회보험과 사회보장제에 의하여 보장된다"라고 총 망라하여 언급하고 있다. 따라서 북한이 여성의 사회보장권에 대해 독립적으로 법 조문화한 것은 현재까지 「녀성권리보장법」이 유일하다. 지금까지 논증한 「녀성권리보장법」에 나타난 북한여성의 노동참여권, 노동보호권, 사회보장권을 타 법령과 비교·정리하면 〈표 4〉와 같다.

---

11) 특히 동 법령에서는 이를 위반할 경우 제재대상이 된다. 동 법령 제72조 행정처벌 항목에서 북한은 "…6. 녀성근로자들에게 금지된 로동을 시켰거나 로동보호조건을 충분히 갖추어 주지 않아 생명과 건강에 해를 주었을 경우"적용된다고 명시하였다.

<표 4> 타 법령과 노동참여권·노동보호권·사회보장권 비교

구분	녀성권리보장법	헌법	사회주의로동법	로동보호법
노동참여권	·제26조	·제70조 공민의 노동참여	·제4조 공민의 노동참여 ·제31조 여성노동 참여보장	-
노동보호권	·제26조 ·제29조	·제77조 여성 노동보호	·제59조 여성 노동보호	·제24조 ·제38조 여성 노동보호
사회보장권	·제26조	·제72조 무상치료권 사회보장권	-	-

* 출처: 저자 작성.

또한 「녀성권리보장법」에서는 여성노동의 직장배치에 대한 차별금지조항이 있다. 동 법령 제28조 로력배치에서의 차별금지 항목에서 "기관, 기업소, 단체는 종업원을 받을 경우 녀성에게 적합하지 않는 직종이나 부서를 제외하고는 성별 또는 기타 결혼, 임신, 해산 같은것을 려유로 녀성을 받지 않거나 제한하지 말아야 한다. 로동한 나이에 이르지 못한 녀성을 받는 행위는 할수 없다"라고 하여 고용부문의 여성 불이익과 노동 불가한 여성 연령의 취업을 차단하였다. 그러나 다른 한편으로 북한이 동 조항에서 밝힌 적합하지 않은 직종과 부서에 대한 구체적인 언급이 없어 다소 부족한 조문이라 하겠다.

또한 동 조항에서 밝힌 노동이 불가한 여성근로자의 연령에 대한 구체적인 언급이 없지만 「사회주의로동법」 제2장 로동은 공민의 신성한 의무 제15조 "조선민주주의인민공화국에서 로동하는 나이는 16살부터이다. 국가는 로동하는 나이에 이르지 못한 소년들의 로동을 금지한다"라고 밝혔다. 반면 「아동권리보장법」 제2조 아동에 대한 정의 항목에서 "…이 법에서 아동은 16살까지이다"라고 하였는데 이는 법적으로 상호 명백히 충돌되는 사항이다. 즉, 이를 적용하여 해석하면 노동이 가능한 나이는 16세 이상이지만, 이들은 아동이다. 다른 한편으로 아동이 노동하면 아동 노동금지 사항을 위반하게 된다. 따라서 북한이 이를 정확하게 법적 문제없이 적용하고자 한다면, 「녀성권리보장법」에서는 15세 미만 여성에 한해서 적용해야한다.

또한 「녀성권리보장법」에서는 임금에 대한 평등조항이 있다. 동 법령 제31조 로동보수에서의 남녀평등 항목에서 "기관, 기업소, 단체는 같은 로동에 대하여 녀성에게 남성과 꼭같은 로동보수를 주어야 한다. 3명이상의 어린이를 가진 녀성로동자의 하루로동시간은 6시간이며 생활비를 전액 지불한다"하고 언급하고 있다. 동 조항을 근거로 하면 남녀는 '동일노동 동일임금'이고 세 자녀 이상 보육하는 여성근로자의 1일 노동시간은 6시간이며 이를 기관, 기업소, 단체가 보장해야한다. 결국 동 법령을 통해 북한은 동일직종에 대한 남녀동일 임금을 표방하고 나아가 다자녀 여성근로자의 노동시간 단축을 통한 가정보호를 지향한다 하겠다.

그러나 이는 앞서 언급한 「남녀평등법」 제3조 "녀성들은 남자들과 동등한 로동의 권리와 동일한 임금과 사회적보험 및 교육의 권리를 가진다"[12]라는 조항으로 인해 새로운 것은 아니다. 그러나 내용적으로는 기존 조항 보다 더 확고히 구체화 되었다.

한편 노동시간의 경우 이는 「장애자보호법」 과 대비된다. 동 법령 제36조 장애자의 로동시간 항목에서 "장애자의 하루 로동시간은 8시간이다. 장애정도가 심한 근로자와 2명 이상의 장애어린이를 가진

---

12) 앞에서 재인용.

녀성근로자의 하루 로동 시간은 8시간 아래로 할수 있다.…"라고 명시되어 있다. 따라서 양 조항을 놓고 비교하면「녀성권리보장법」이「장애자보호법」에 비해 상대적으로 유연하고 혜택도 높다고 하겠다. 왜냐하면 중증 장애배우자와 두 명의 장애아동을 부양하는 여성근로자보다 세 자녀를 양육하는 여성근로자의 노동시간이 법적으로 짧기 때문이다. 따라서 이는 역으로 북한이 장애자의 노동보호에 취약하다는 비판을 받을 소지가 있다.

또한「녀성권리보장법」에서는 부당해고 금지조항이 있다. 동 법령 제34조 부당한 제적금지 항목에서 "기관, 기업소, 단체는 본인의 요구가 있는 경우를 제외하고는 결혼, 임신, 산전산후휴가, 젖먹이는 기간 같은것을 리유로 녀성을 직장에서 내보내지 말아야 한다"라고 하여 비자발적 해고에 대해 원천적으로 차단하였다.

한편 이는「개성공업지구 로동규정」제16조 종업원을 해고할 수 없는 조건 항목에서 "종업원을 내보낼 수 없는 경우는 다음과 같다. 1.직업병을 앓거나 작업과정에 부상당하여 치료받고 있는 기간이 1년이 되지 못하였을 경우. 2.병으로 치료받는 기간이 6개월을 초과하지 않았을 경우. 3.임신, 산전산후 휴가, 어린이에게 젖먹이는 기간인 경우"와 거의 동일한 맥락이라 하겠다.[13]

결국「녀성권리보장법」에 노동권에 대한 주요 내용은 여성의 ① 노동참여권, ② 노동보호권, ③ 사회보장권, ④ 남녀 고용차별 금지, ⑤ 남녀 동일직종 동일임금, ⑥ 부당해고 금지로 요약된다. 그리고

---

13) 이와 거의 동일한 규정이 또 있다. '라선경제무역지대 외국투자기업로동규정' 제20조 종업원을 해고할 수 없는 사유 항목에서 "종업원을 해고할 수 없는 경우는 다음과 같다. 1. 종업원이 직업병을 앓거나 작업과정에 부상당하여 치료받고 있는 경우 2. 병치료를 받는 기간이 6개월을 초과하지 않았을 경우 3. 임신, 산전산후휴가, 어린이에게 젖먹이는 기간에 있을 경우"이다.

이는 기존의 여타 법령에서 언급한 내용도 있지만 일부 부문―노동보호권―적으로 새롭게 제시한 내용들도 있다.

3. 복지권

북한은 「녀성권리보장법」을 2015년 6월 30일 최고인민회의 상임위원회(정령 제566호) 수정했는데, 이 때 수정된 유일한 조항이 제4장 로동의 권리의 제33조 산전산후휴가의 보장이다. 북한은 동 조항에서 "국가적으로 녀성근로자에게는 정기 및 보충휴가외에 근속년한에 관계없이 산전 60일, 산후 180일간의 산전산후휴가를 준다. 산전산후휴가기간에는 녀성에게 일시킬수 없다"라고 하였다. 동 조항의 경우 수정 이전에는 산전 60일 산후 90일로 총 150일 이였지만 수정이후 총 240일로 늘어났다. 그리고 이는 상위법인 「사회주의로동법」 제7장 로동과 휴식 제66조 "녀성근로자들은 정기 및 보충휴가외에 근속년한에 관계없이 산전 60일, 산후 180일간의 산전산후휴가를 받는다"와 동일한 내용이다. 이에 「녀성권리보장법」의 여성근로자의 산전산후휴가는 새로운 것이 아니라 상위 법령인 「사회주의로동법」의 내용을 그대로 인용, 승계한 것이다.

한편 이와 관련 북한의 「인민보건법」 제14조 환자, 산전산후의 녀성과 그 부양가족에게 식량, 보조금, 분배몫의 보장항목에서 "환자 및 산전산후휴가를 받은 녀성들과 그 부양가족들에게 식량, 보조금, 분배몫을 준다. 이 경우 식량, 보조금, 분배몫은 국가와 사회협동단체가 부담한다"하고 명시되어 있다. 동 조항을 근거로 하면 북한의 산전산후휴가 중인 여성근로자에게는 240일의 산전산후휴가 외에도 식량과 보조금, 일정한 분배물이 지급된다.

또한 「어린이보육교양법」 제20조 "국가는 어린이를 가진 어머니를 특별히 보호한다. 국가는 녀성들에게 산전산후휴가를 보장한다. 산전산후휴가기간의 생활비와 식량, 분배몫은 국가와 사회협동단체가 부담한다. 국가는 산원을 비롯한 의료기관을 통하여 임신한 녀성들을 제때에 등록하고 그들에게 체계적인 의료봉사와 해산방조를 무료로 주며 산후의 건강을 보호한다. 국가는 임신한 녀성들에게 그에 맞는 헐한 일을 시키며 어린이를 가진 어머니들에게는 로동시간 안에 젖먹이는 시간을 보장한다. 국가는 여러 어린이를 가진 어머니들의 로동시간을 줄이고 그들에게 웅근 생활비를 준다"라고 하였다. 이는 상술한 세 법령 보다 가장 구체적인 조항으로, ① 임산부의 보호, ② 식량, ③ 보조금, ④ 일정한 분배물, ⑤ 임신기간 동안의 보건의료지원, ⑥ 해산방조, ⑦ 산후 건강관리, ⑧ 임신한 여성근로자 노동보호, ⑨ 다자녀를 양육하는 여성근로자 노동시간 단축 혜택, ⑩ 생활비 지원 등 여성근로자에 대한 총체적인 지원 방안을 언급하였다.

또 「녀성권리보장법」에는 여성근로자의 사회보험제 가입과 혜택 조항이 있다. 동 법령 제35조 사회보험제의 적용 항목에서 "각급 지방인민위원회와 해당 기관은 녀성들에 대한 사회보험제를 철저히 실시하여 병 또는 부상 같은 리유로 로동능력을 일시적으로 잃은 녀성들의 생활을 안정시키고 치료조건을 충분히 보장해주어야 한다"라고 하였다. 동 조항을 근거로 하면 여성근로자는 사회보험 의무가입이고 일시적으로 노동능력을 상실한 경우 해당기관은 치료를 보장해야한다. 그리고 이것이 동 법령의 대표적인 여성복지권을 가장 직접적으로 명시한 조항이다.

그러나 사실 동 조항은 국가사회복지체제인 북한의 경우 남녀를 떠나 모든 근로자는 사회보험에 의무가입하게 된다. 또한 일시적으로 노동능력을 상실한 경우 국가사회보장제로 보호받는다. 따라서 이는 새로운 것이 아니라 기존의 내용을 정리하여 언급한 것이다. 그리고 복지급여 종류와 수급조건의 경우「사회주의로동법」제8장 근로자들을 위한 국가적 및 사회적혜택에 나타나 있다. 북한은 동 법령 제73조 "국가는 로동재해, 질병, 부상으로 로동능력을 일시적으로 잃은 근로자들에게 국가사회보험제에 의한 일시적보조금을 주며 그 기간이 6개월이 넘으면 국가사회보장제에 의한 로동능력상실년 금을 준다"라고 명시하였다. 결국 이러한 이유로「녀성권리보장법」의 여성복지에 대한 권리 부문을 제시하였지만 상대적으로 여타 법 령에 비해 다소 소극적인 내용들이라 판단된다.[14] 지금까지 논증한 「녀성권리보장법」에 나타난 북한여성의 복지권을 타 법령과 비교·정리하면 〈표 5〉와 같다.

---

14) 이밖에도 동 법령 제6장 결혼, 가정의 권리의 제50조 출산의 자유 항목에서 "녀 성은 자녀를 낳거나 낳지 않을 권리가 있다. 국가적으로 녀성이 자식을 많이 낳아 키우는것을 장려한다. 삼태자, 다태자를 낳아 키우는 녀성과 어린이에게 는 담당의사를 두며 훌륭한 살림집과 약품, 식료품, 가정용품을 무상으로 공급 하는것 같은 특별한 배려와 혜택을 돌린다"라고 하였다. 이에 동 조항은 여성 의 출산 자유와 더불어 이와 달리 다자녀를 부양하는 여성, 다자녀 아동의 경 우 다수의 우대정책을 표방하였다. 그리고 이는 「어린이보육교양법」제21조 "국가는 한번에 여러 어린이를 낳아 키우는 어머니와 그 어린이들에게 특별한 혜택을 베푼다. 한번에 둘이상의 어린이를 낳아 키우는 어머니에게는 유급으 로 일정한 기간 산후휴가를 더 준다. 3명이상의 쌍둥이가 태여났을 경우에는 그들에게 일정한 기간 옷과 포단, 젖 제품 같은것을 무상으로 공급하고 학교에 갈 나이에 이르기까지 양육보조금을 주며 어린이와 어머니에게 의료일군을 따로 담당시켜 그들의 건강을 책임적으로 돌보아 준다"라는 조항과 내용적으로 대동소이하다.

<표 5> 타 법령과 복지권 비교

구분	녀성권리보장법	사회주의로동법	인민보건법	어린이보육교양법
복지권	제33조 산전산후휴가	제66조 산전산후휴가일수	제14조 임수산부 각종지원	제20조 포괄적 지원
사회보장권 (사회보험)	제35조 가입과 혜택	제73조 제도와 급여	-	-

* 출처: 저자 작성.

Ⅳ. 결론

　본 연구는 북한의 「녀성권리보장법」의 복지조항을 북한 관련 법령들의 개별 조항들과 비교 분석하였다. 이에 본 연구는 북한의 여성복지를 포괄적인 ① 교육권, ② 문화권, ③ 보건권, ④ 노동권, ⑤ 복지권을 중심으로 분석하였다. 이에 전반적으로 「녀성권리보장법」의 복지조항의 경우 기존의 법령 중에서 주요 관련 내용들을 발췌, 이를 부분적으로 보완 또는 수정하거나 변형한 경향이 있다. 즉, 「녀성권리보장법」는 최상위법인 「헌법」, 「가족법」, 「고등교육법」, 「교육법」, 「남녀평등법」, 「노동보호법」, 「보통교육법」, 「사회주의노동법」, 「어린이보육교양법」, 「인민보건법, 「장애자보호법」에서 각각 이를 기반으로 하거나, 부분적으로 인용하거나, 간접적으로 수정한 사례가 다수 발견되었다. 따라서 「녀성권리보장법」에서 내용적으로 여타 법령과 관련된 다수의 중복된 조항이 나타났다. 때문에 동 법령을 통해 나타난 북한의 여성복지의 제도적 수준은 여전히 낮고 그 변화의 폭은 존재하지만 미약하다 하겠다.

　그리고 이러한 원인은 무엇보다 「녀성권리보장법」과 여타 비교 법령과의 ① 위계적 관계, ② 내용적 연관성, ③ 동 법령의 내재적 속성에 기인한다. 이를 보다 더 구체적으로 살펴보면 첫째, 동 법령과 타 법령과의 위계적 관계는 비교 대상과 내용에 따라 수직적이거나 수평적인 관계이다. 따라서 북한이 동 법령을 통해 새로운 내용을 제시하지 않는 한 내용적으로 중복될 수밖에 없는 한계가 존재한다.

둘째, 이와 연장선상에서 동 법령과 여타 법령과의 내용적 연관성이 발견된다. 즉, 동 법령의 내용이 여타 법령과 내용적으로 근친한데, 이는 북한의 입장에서 새로운 것을 제시하기에는 다소 부담스럽기 때문이다. 다시 말해 만약 북한이 동 법령을 통해 새로운 내용을 제시한다면, 이는 기존의 내용을 포괄하면서 보다 더 확대 발전된 형태로 진행해야한다.

셋째, 동 법령의 내재적 속성을 살펴보면, 무엇보다 동 법령은 북한의 여성권리 신장을 통한 법적 보장과 제도적 기반을 보장한다. 북한은 그동안 국제사회가 지속적으로 문제제기한 북한여성의 열악한 권리를 개선해야 했고 이를 보완하는 제도적인 기제를 필요로 했다. 따라서 북한은 동 법령을 새롭게 제정했지만 다른 법령들 속에서 북한여성에 대해 인권을 보장하는 측면이 있으므로 굳이 이를 확장하여 무리하게 새로운 것을 제시할 필요성이 낮았다. 때문에 동 법령은 북한의 입장에서 '이 정도면 여성권리가 일정부문 보장된 법제이다'라고 자부할 수준이면 충분하였다.

그런데 북한이 동 법령을 '형식적 권리'차원이 아닌 '실질적 보장' 차원으로 접근한다면, 북한은 이를 위해 실제 수반되는 제반요소를 반드시 집행·수립해야 한다. 그러나 현재 북한이 당면한 복지상황에서는 그리 녹록한 문제가 아니고 단박에 해결될 사안은 더 더욱 아니다. 때문에 이러한 이유로 동 법령은 북한의 여성복지 확대 및 실현에 있어 실질적 한계를 야기하였다.

다시 말해서 동 법령은 표면적으로는 여성권리를 강조한 것이지만 내용적으로는 기존의 내용과 이렇다 할 차이가 나타나지 않는다. 결국 북한의 「녀성권리보장법」은 법 자체의 상징적인 의미가 강한 반면 내용적인 의미는 여성의 권리 강화를 강조한 것 이외에 기존 법령들과 뚜렷한 차별성—특히 여성복지—이 발생하지 않는다. 그럼에도 불구하고 동 법령의 상징성과 내용을 무시할 수는 없는데, 북한의 여성복지를 포괄적으로 제시한 유일한 법령이기 때문이다.

특히 여성복지 측면에서 동 법령을 접근하면 복지현장에서 여성이 경험한 다양한 차별과 배제, 그리고 박탈에 대해 북한이 나름대로 정리했다는 것이다. 그리고 이는 기존의 법령에서 산발적으로 분리된 채 제시하였던 여성복지의 내용들을 통합하여 제시한 것으로 나타났다. 그렇지만 전체적으로 여성복지에 대해 이 정도 수준의 법령이면 충분한가에 대한 의문을 제시한다면, '여전히 부족하다'는 것이다. 따라서 북한의 여성복지는 법제와 복지급여, 복지서비스, 전달체계에 있어 일정부문 낙후되어 있다 하겠다. 이러한 점에서 향후 북한은 두 가지의 선택이 가능한데, 하나는 동 법령의 여성복지와 관련된 내용을 대폭 수정하고 개정하는 방법, 다른 하나는 「장애자보호법」과 「년로자보호법」처럼 별도로 독립된 가칭 '여성보호법'을 제정하는 것이다.

그러나 다른 한편으로 이러한 경우 북한이 어떠한 방법을 선택하느냐를 차지하더라도 다양한 문제가 제기된다. 가령 북한이 동 법령의 수정이나 새로운 법령의 입법을 한다고 해도 여성복지에 관한 급여와 구체적인 재정 확보방안, 전달체계를 제시하지 못할 경우 이는 여전히 부족하다는 평가를 받을 것이다. 그리고 이는 사실상 법령 수정이나 제정 이전에 여성복지에 대한 개념 규정 내지는 해결해야 하는 북한 여성복지의 현실적인 문제를 동반한다. 따라서 북한 여성복지의 발전은 북한의 현실과 능력, 자구적인 해결책, 기존 급여의 확장성, 새로운 급여의 개발과 연관된다. 결국 이러한 점에서 보면 북한 여성복지의 제도적 발전은 과거와 현재, 미래에 대한 '계산된 합리적 합의'에 기인한다 하겠다.

참고문헌

1. 북한법령
가족법
고등교육법
교육법
녀성권리보장법
년로자보호법
로동보호법
보통교육법
북조선 남녀평등권에 대한 법령
사회보장법
사회보험법
사회주의로동법
아동권리보장법
어린이보육교양법
인민보건법
장애자보호법
헌법

2. 논문 및 단행본
도경옥 외, 「북한의 여성·아동인권 실태」, 서울: 통일연구원, 2016.
박경숙, 「북한사회와 굴절된 근대-인구, 국가, 주민의 삶」, 서울: 서울대학교
　　　출판문화원, 2013.
박복순 외, 「통일대비 남북한 여성·가족 관련 법제 비교 연구」, 서울: 한국여
　　　성정책연구원, 2014.
이철수, "북한 「년로자보호법」의 의의와 한계-타 법령과의 비교를 중심으로,"
　　　「북한연구학회보」 제19권 1호, 2015a.
＿＿＿, "북한 사회보장법 법적 분석-기존 사회복지 관련 법령과의 비교를 중
　　　심으로," 「통일정책연구」 제24권 1호, 2015b.

_____, "2008년 북한 사회보장법에 대한 연구,"「한국사회의 사회안전망을 점
  검한다」, 2014년 사회정책연합공동학술대회 통합학회 발표문, 2014.
  10.17, 오송: 4대 사회정책학통합학회, 2014.
정유석 · 이철수, "2000년 이후 북한 사회복지법제 동향,"「현대 북한연구」제
  19권 2호, 2016.
임순희 외,「북한의 여성권 · 아동권 법 제정 동향」, 서울: 통일연구원, 2011.
황의정 · 최대석, "북한의 여성관련 법제정을 통해 본 여성의 법적 지위의 변
  화 전망,"「동북아법연구」제9권 2호, 2015.

3. 기타
민주조선, 2011년 1월 26일.

제10장

북한 아동권리보장법 분석
교육, 보건, 가정 관련 조항을 중심으로

Ⅰ. 서론

북한은 2003년 6월 「장애자보호법[1]」(최고인민회의 상임위원회 정령 제3835호), 2007년 4월 「년로자보호법」(최고인민회의 상임위원회 정령 제2214호), 2008년 1월 「사회보장법」(최고인민회의 상임위원회 정령 제2513호), 2010년 12월 「아동권리보장법」(최고인민회의 상임위원회 정령 제1307호)과 「녀성권리보장법」(최고인민회의 상임위원회 정령 제1309호)을 각각 제정·공포하였다.[2]

이러한 북한 사회복지 입법 동향은 북한의 사회복지에 대한 인식과 행태-적어도 제도적 수준의-를 반영하고 있다. 또 이러한 북한의 입법 동향을 분석하면, '대상별 법적 분화'가 나타나고 있다. 따라서 이러한 점에서 최근 북한의 사회복지 관련 입법 행위는 상당한 의미

---

1) 동 법령의 정식명칭은 '조선민주주의인민공화국 장애자보호법'이다. 그러나 본 연구에서는 이하 북한의 모든 법령을 약칭하고자 한다.
2) 이철수, "북한 「년로자보호법」의 의의와 한계-타 법령과의 비교를 중심으로," 「북한연구학회보」 제19권 1호 (서울: 북한연구학회, 2015a), 58쪽.

를 갖는다. 왜냐하면 이는 과거 북한 사회복지법제의 경우 북한이
대상별 통합적인 법제를 추구하는 행태와 정반대의 태도이기 때문
이다. 즉, 2000년대 이후 북한의 사회복지 관련 입법행위는 대상별
로 독립적인 입법화를 추진하였다. 이로 인해 북한은 사회적 약자인
장애인, 노인, 아동, 여성에 대한 제도적 장치를 완비하였다 하겠
다.3)

한편 북한의 이러한 입법 동향이 의미하는 것은 북한 스스로 기존
법령의 한계를 인식함과 동시에 비교적 촘촘한 법령을 통해 국가의
기틀과 사회적 약자에 대한 보호와 배려에 임하겠다는 인식의 변화
와 의지로 해석된다. 그리고 이러한 북한의 새로운 법 제정 동향은
적어도 북한 사회복지법제에 관한 기존의 모습과 그 궤적을 달리하
는 행태이다.4)

반면 이와 다른 해석도 가능한데 2000년대 북한 사회복지 법제 동
향은 「장애자보호법」을 기준으로 하면, 다소 시계열적 차이는 있으
나 '분화와 포괄'이 거의 동시에 나타난다고도 할 수 있다.5) 즉, 「사
회보장법」은 법적 기능과 성격상 포괄성을 지향하나 이를 제외한
나머지 법령은 상술한 바와 같이 대상별 분화를 나타내고 있다. 결
국 분명한 것은 2000년대 북한 사회복지 법제는 제도적 변화를 추동
하고 있다는 것이다.6)

또한 이러한 의미의 연장선상에서 접근하면, 「아동권리보장법」은

---

3) 이철수, "2008년 북한 사회보장법에 대한 연구," 「한국사회의 사회안전망을 점
검한다」 2014년 사회정책연합공동학술대회 통합학회 발표문, 2014.10.17, (오
송: 4대 통합학회, 2014), 1쪽.
4) 이철수, 앞의 논문, 2015a, 58쪽.
5) 이철수, 앞의 논문, 2014, 1쪽.
6) 이철수, 앞의 논문, 2015a, 58~59쪽.

제도적 차원에서 보다 더 직접적인 것으로 북한의 아동에 대한 인식을 나타내고 있다. 아울러 북한이 아동에 관한 독립적이고 직접적인 법령을 최초로 공표한 것이 바로 「아동권리보장법」임을 감안하면 동 법령이 갖는 의미는 지대하다 하겠다. 그리고 이러한 북한의 제도적 변화는 결국 현실적 변화를 야기할 수밖에 없다.[7]

특히 본 연구가 동 법령을 주목하는 이유는 다음과 같다. 첫째, 북한의 경우 별도의 독립된 '아동복지법'이 없음에 따라 적어도 동 법령은 북한의 아동복지를 간접적으로 고찰할 수 있는 유일한 법령이다. 둘째, 동 법령이 비교적 최근인 2010년에 제정되었음에 따라 북한의 최근 인식이 반영되었으리라 판단된다. 셋째, 무엇보다 동 법령인 「아동권리보장법」 내에 북한아동에 해당되는 아동복지의 정책적 방향이 내재되어 있으리라 판단하기 때문이다.

그러나 다른 한편으로 동 법령에 대한 제도적 한계도 문제도 제기된다. 가령 북한이 동 법령에서 제시하고 언급한 내용이 정책에 반영된다하더라도 이것이 법적 표현일 가능성을 배제할 수 없다. 즉, 법령의 제정 자체를 마치 현실화된 것으로 등치 할 수 없다는 것이다. 특히 북한의 경우에는 더욱 그러하다. 그러나 또 다른 한편으로 그렇다면 동 법령을 완전히 무시해야하는가?, 또 북한의 아동복지에 관한 제도적 차원의 접근을 한다면, 동 법령을 배제한 다른 대안이 있는가? 하는 문제도 제기된다. 따라서 본 연구는 이러한 양가적인 입장을 기본 전제로 인지한 상태에서 출발한다.

한편 이와 관련, 기존 연구의 경우 임순희 외(2011)의 연구는 북한의 여성권·아동권 법 제정 동향에 대해 동일한 날 제정된 북한의

---

7) 위의 글, 59쪽.

「녀성권리보장법」과 「아동권리보장법」에 대해 주요 내용과 특징, 인권협약과 비교한 연구이다. 임순희 외(2012)의 연구는 북한의 아동교육권 실태와 관련 법제 동향에 대한 연구이다. 또한 김영규 (2014)의 연구는 북한여성과 아동의 인권에 관한 입법의 특징과 평가를 했지만 1990년 이전의 입법을 중심으로 하였다. 또 박복순 외 (2014) 연구는 통일대비 남북한 여성·가족 관련 법제를 남북한 양 법령을 놓고 비교한 연구로 남북한 관련 법제의 전개과정과 현황, 통합을 중심으로 고찰하였다. 또 김석향 외(2016)의 연구는 UN아동권리협약 국가보고서를 통해 남북한 아동권리의 내용을 비교하였다. 또 김석향 외(2017)의 연구는 북한의 가정외보호 아동정책에 대한 연구이다. 그러나 이러한 연구들이 법제도를 중심으로 하였지만 북한의 아동복지 서비스와 복지급여에 대한 논의가 아님에 따라 아동복지와는 상당한 거리가 있다.

이러한 배경 하에 본 연구는 북한의 「아동권리보장법」을 기존의 관련 법령들과 비교, 그 특성을 고찰하고자 한다. 보다 구체적인 본 연구의 목적은 북한의 「아동권리보장법」에 나타난 각종 복지관련 조항을 분석, 이를 토대로 북한 '아동복지'의 제도적 수준과 변화를 추적하는 것이다.

이를 위한 본 연구의 서술순서는 먼저 동 법령의 정체성을 제정배경과 의의, 성격, 사회복지법제로써 '아동권리보장법'의 지위와 기능 등을 고찰하여 법적 정체성을 간략히 분석하고자 한다. 다음으로 동 법령에 나타난 주요 내용 중 북한아동의 복지조항을 ① 교육권, ② 보건권, ③ 가정권을 중심으로 분석하고자 한다. 특히 본 연구가 아동의 교육권, 보건권, 가정권을 중심으로 접근하는 이유는 아동복지의 주요 핵심적인 요소이자 판단근거이기 때문이다.[8] 마지막으로 이를 토대로 동 법령을 통한 북한 아동복지의 법제적 차원의 평가와 함의에 이르고자 한다. 이에 본 연구의 연구방법과 범위는 문헌연구를 중심으로 하여 원 자료인 「아동권리보장법」과 이와 관련한 주요 법령을 분석대상으로 한다. 또한 본 연구는 북한의 「아동권리보장법」을 놓고 제도분석에 일반적으로 사용되는 방법인 질적 내용분석을 통해 접근하고자 한다. 참고로 본 연구의 분석 모형을 도식화하면 다음 〈그림 1〉과 같다.

<그림 1> 분석 모형

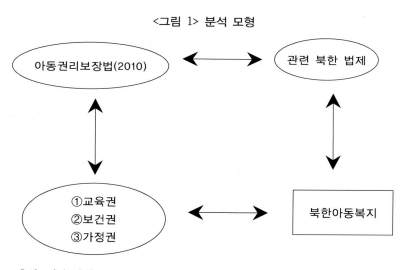

* 출처: 저자 작성.

---

8) 그러나 이는 어디까지나 법제적 판단이고 현실적 혹은 실제적 판단과는 별개의 문제이다. 다른 한편으로 북한의 아동복지에 대한 적확한 평가는 이념과 제도, 실태에 대한 교차분석, 종·횡단분석을 통해 가능하다. 또한 이를 다시 국제사회의 기준인 아동국제협약, 국제규약 등과의 비교를 통해 재차 검증해야 한다. 아울러 이러한 과정에서 발생한 괴리들은 그 원인이 어디에 있고 무엇을 개선해야하는지, 어느 정도 개선이 필요한지에 대한 논의도 필요하다.

Ⅱ. 법적 정체성: 구성과 체계, 의의

북한의 「아동권리보장법」은 2010년 12월 22일 최고인민회의 상임위원회 정령 제1307호로 최초로 채택되어 만 4년 차인 2014년 3월 5일 최고인민회의 상임위원회 정령 제36호로 수정·보충되었다. 따라서 동 법령은 최초 제정 이후 현재까지 총 한 차례 수정되었다. 특이하게도 최초 제정된 동 법령에는 같은 날 제정된 「녀성권리보장법」에 부재한 별도의 전문이 있다. 이러한 전문이 갖는 의미는 북한이 동 법령을 그만큼 중요하게 인식하고 있음을 나타낸다 하겠다. 특히 전문 2항 "…내각과 해당 기관들은 이 정령을 집행하기 위한 실무적대책을 세울 것"이라는 표현은 북한이 동 법령을 인식하는 무게를 대변함과 동시에 정책적 집행의지의 표현이라 하겠다. 따라서 같은 날 제정된 「아동권리보장법」과 「녀성권리보장법」 중, 상대적으로 북한이 중요하게 보고 있는 법령은 「아동권리보장법」이다. 이에 양 법령의 각 정령의 제호의 경우에도 「아동권리보장법」이 제1307호로 「녀성권리보장법」의 제1309호 보다 앞선다. 참고로 「아동권리보장법」의 최초 법령에 수록된 전문은 다음 〈그림 2〉와 같다.

〈그림 2〉 아동권리보장법의 전문

조선민주주의인민공화국 아동권리보장법을 채택함에 대하여 조선민주주의인민공화국 최고인민회의 상임위원회는 다음과 같이 결정한다. 1. 조선민주주의인민공화국 아동권리보장법을 채택한다. 2. 조선민주주의인민공화국 내각과 해당 기관들은 이 정령을 집행하기 위한 실무적대책을 　세울 것

* 출처: 아동권리보장법 전문에서 인용.

동 법령의 구성을 살펴보면 전체 총 6장 62개 조항으로 제1장 아동권리보장법의 기본(제1조~제10조), 제2장 사회생활분야에서의 아동권리보장(제11조~제21조) 제3장 교육, 보건분야에서의 아동권리보장(제22조~제37조), 제4장 가정에서의 아동권리보장(제38조~제46조, 제5장 사법분야에서의 아동권리보장(제47조~제56조), 제6장 아동권리보장사업에 대한 지도통제(제57조~제62조)로 구성되어 있다. 또한 동 법령은 최초 법령 때부터 형식에서 해당 조항의 정의에 이은 구체적인 진술로, 일관된 형식으로 개념화되어 서술되어 있다.

다만 한 가지 특이한 것은 상술한 바와 같이 최초 입법 시, 「녀성권리보장법」도 같은날 동시에 제정되었다는 것이다. 그리고 이는 그동안 국제사회가 끊임없이 제기한 북한 여성과 아동의 인권 상황과 무관하지 않다. 그러나 이와 달리 당시 입법에 대해 북한은 "「여성권리보장법」과 「아동권리보장법」이 채택됨으로써 남녀평등을 보장하며 아동을 중시하고 그들의 권리와 리익을 우선적으로 보장할데 대한 우리 국가의 일관된 정책을 더욱 철저히 관철 할 수 있는 튼튼한 법적 담보가 마련"[9]되었다고 자평했다. 이를 근거로 해석하면 역으로 동 법령들이 제정되기 전까지는 북한여성과 아동에 대한 법적 담보가 부족하거나 부재했음을 의미한다.[10]

그러나 「여성권리보장법」과 「아동권리보장법」은 기존의 북한 법령들에 부분적으로 산재되어 있는 규정들을 단일 법안으로 체계화하였다는 데 상당한 의의가 있다. 특히 만약 북한이 실제에 있어 「여

---

9) 민주조선, 2011년 1월 26일.
10) 이철수, "북한 「녀성권리보장법」에 대한 탐색적 분석: 기존 관련 법령과 비교를 중심으로," 「통일과 평화」 제11집 1호, 서울: 서울대학교 통일평화연구원, 222~233쪽.

성권리보장법」과 「아동권리보장법」 제정이 기존의 관련 법령을 보완 내지 보강, 궁극적으로 여성과 아동의 인권 개선을 도모함으로써 자신들이 밝힌 대로 법 제정의 의의가 실현된다고 할 때 두 부문 법 제정은 보다 중대한 의의를 갖는다.[11]

이에 북한은 「아동권리보장법」 제1장, 제1조 아동권리보장법의 사명 항목에서 "조선민주주의인민공화국 아동권리보장법은 아동권리보장제도를 더욱 공고발전시켜 사회생활, 교육, 보건, 가정, 사법 분야를 비롯한 모든 분야에서 아동의 권리와 리익을 최대로 보장하는데 이바지한다"라고 명시하였다. 따라서 동 법령의 궁극적인 목적은 기존의 아동 지위와 역할을 더욱 강화하고 이를 제도적으로 확장하는데 있음을 분명히 하였다. 특히 동 조항에서 중요한 것은 언급은 '…아동권리보장제도를 더욱 공고발전…'인데, 이는 북한이 북한 내에 존재하는 아동관련 제도를 제도로써 발전시켜 기존의 아동관련 제도를 확대 강화하겠다는 의미와 표현으로 해석된다.

또한 동 조항에서 북한은 제2조 아동에 대한 정의 항목에서 "아동은 민족의 장래운명을 떠메고나갈 조국의 미래이며 사회주의건설의 후비대이다. 이 법에서 아동은 16살까지이다"라고 하여 아동에 대한 연령을 구분하였다. 특이하게도 북한이 동 조항에서 아동의 연령을 다소 폭넓게 16세 까지로 보는 것은, 예측하건대 북한군의 입대연령이 만 16세 이상이기 때문이라 판단된다.

다른 한편으로 아이러니하게도 이는 「사회주의로동법」 제2장 로동은 공민의 신성한 의무 제15조 "조선민주주의인민공화국에서 로동하는 나이는 16살부터이다. 국가는 로동하는 나이에 이르지 못한

---

11) 임순희 외, 「북한의 여성권·아동권 법 제정 동향」 (서울: 통일연구원, 2011), 2쪽.

소년들의 로동을 금지한다"라고 조항과 충돌한다.[12] 즉, 양 법령을 융합하여 적용하면 「사회주의로동법」에 의해 16세부터 노동이 가능하지만 이들은 「아동권리보장법」에 의하면 명백히 '아동'이다. 따라서 북한은 아동이 노동을 하는 국가가 되는 셈이다. 그러나 입법 당시 이에 대해 북한 역시 인지하고 있었으리라 예측된다. 그럼에도 불구하고 북한이 공법상 충돌되는 조항을 스스로 제정한 것은 매우 유감스럽고 의뭉스러운 부문이다.

또한 동 법령에서 북한은 아동에 대한 여섯 가지 원칙을 밝혔는데, 여기에는 제3조 아동의 평등보장원칙, 제4조 아동중시원칙, 제5조 교육, 보건분야에서 아동권리보장원칙, 제6조 가정에서의 아동권리보장원칙, 제7조 사법분야에서의 아동권리보장원칙, 제8조 아동에 대한 물질적보장원칙을 제시하였다. 이는 같은 날 제정된 「녀성권리보장법」과 다소 대비된다. 「녀성권리보장법」의 경우 제2조에서 남녀평등의 원칙만을 제시한 반면 「아동권리보장법」에서는 아동평등보장원칙 이외에 상술한 바와 같이 다섯 가지 원칙을 추가적으로 명시하였기 때문이다. 이는 곧 북한이 아동과 여성에 대해 인식하는 무게를 반증한다고 판단되는데, 이를 근거로 하면 북한은 아동을 여성보다 더욱 중대하게 보고 있다.

또한 동 법령 제9조 국제교류와 협조 항목에서 "국가는 아동권리보장분야에서 다른 나라, 국제기구들과의 교류와 협조를 발전시킨다"라고 하였다. 특히 동 조항의 경우 국제교류와 협력을 강조한 조항으로 2000년대 제정된 대다수 북한의 사회복지 관련 법령에 공통

---

12) 또한 이는 '아동권리보장법'아동로동의 금지 조항인 제19조"조선민주주의인민공화국에서는 아동로동을 엄격히 금지한다. 기관, 기업소, 단체와 개별적공민은 아동에게 로동을 시킨 행위를 할수 없다"와 재차 충돌한다.

적으로 나타나 있는 내용이다.[13]

한편 이와 관련된 법령을 입법순서대로 살펴보면 다음과 같다. 먼저 2003년 「장애자보호법」 제8조 장애자보호분야의 교류와 협조 항목에서 "국가는 장애자보호분야에서 다른 나라, 국제기구 및 해외 동포단체들과의 교류와 협조를 강화하도록 한다"하고 하였다. 다음으로 2007년 「년로자보호법」 제7조 대외교류와 협조 항목에서 "국가는 년로자보호사업에서 다른 나라, 국제기구들과의 교류와 협조를 강화하도록 한다"라고 언급하였다. 그 다음으로 2008년 「사회보장법」 제8조 사회보장분야의 교류와 협조 항목에서 "국가는 사회보장분야에서 다른 나라, 국제기구들과의 교류와 협조를 발전시킨다"라고 명시하였다.[14] 마지막으로 2010년 「녀성권리보장법」 제9조 국제교류와 협조 항목에서 "국가는 녀성권리보장분야에서 다른 나라, 국제기구들과의 교류와 협조를 발전시킨다"라고 하였다. 이에 동 조항들은 여타 법령에 각각 별도로 언급되어 있지만 사실상 거의 동일한 취지의 내용들이다.

따라서 이는 기존 법령에서 이미 북한이 언급한 내용으로, 과거 소극적인 국제사회와의 교류를 향후 확대·강화하여 보다 더 적극적인 사회복지 분야의 교류를 추진할 것임을 밝힌 것이다. 역으로 이는 북한이 상술한 동 법령들에서 밝힌 다양한 사업의 발전을 위해서는 일정부문 외부의 협력과 협조가 필요함을 우회적으로 명시한 것이기도 하다. 또한 이는 북한의 사회복지가 외부 지원과 협조 없이 자생적인 자립과 자활이 하기에는 일정한 한계가 있음을 반증한다 하겠다.[15]

---

13) 이철수, 앞의 논문, 2019, 233쪽.
14) 위의 글, 234쪽.

또한 동 법령에서 다소 인상적인 조항은 제10조 인데, 북한은 제
10조 법의 규제범위와 적용 항목에서 "이 법은 아동의 권리를 보장
하고 리익을 보호하는데서 나서는 문제들을 규제한다. 아동권리 보
장과 관련하여 이 법에서 규제하지 않은 사항은 해당 법에 따른다.
조선민주주의인민공화국이 가입한 아동권리보장관련 국제협약은
이 법과 같은 효력을 가진다"라고 하였다. 또 동 조항은「녀성권리
보장법」제10조의 동일한 항목에서 "이 법은 녀성의 권리를 보장하
는데서 나서는 문제들을 규제한다. 녀성권리보장과 관련하여 이 법
에서 규제하지 않은 사항은 해당 법에 따른다. 녀성권리와 관련하여
우리나라가 가입한 국제협약은 이 법과 같은 효력을 가진다"와 거의
동일한 내용으로 명시되어 있다. 이에 동 조항들에서 주목해야 하는
것은 '국제협약은 이 법과 같은 효력'이라는 표현이다. 이는 곧 북한
이 국제협약을 그만큼 존중해 주겠다는 의미로 대외적으로 변화한
그들의 인식과 입장을 대변하고 있다고 판단된다.[16]

한편 이에 앞서 2009년 1월 유엔 아동권위원회는 북한의 제3·4차
통합보고서 심의 이후 아동의 건강권, 아동에 대한 성적 착취와 인
신매매, 아동의 사법권 및 국적취득권, 착취 형태의 아동 노동, 교육
권, 신체적·정신적 보호권 등에 대해 우려를 표명하고 개선을 촉
구[17]하였다. 이에 북한은「아동권리보장법」에 유엔아동권리위원회
의 권고의견을 수용, 동 법령에 관련 조항을 신설하거나 또는 기존
관련 법령을 구체적으로 조문화하였다.[18]

---

15) 위의 글, 234쪽.
16) 위의 글, 234~235쪽.
17) 임순희 외, 앞의 글, 2011, 24쪽.
18) 위의 글, 8쪽.

따라서 「아동권리보장법」은 북한이 아동권협약을 반영, '권리' 측
면에서 아동에 대한 독자인 법령을 최초로 제정한 것이다. 이에 북
한은 동 법령에서 아동권협약에 규정되어 있는 아동 권리의 대부분
을 반영하려는 의지가 나타난다. 이에 따라 북한이 유엔 아동권협약
에 가입한 당사국으로서 아동권협약을 반영하여 아동을 권리의 주
체로 설정하고 아동의 권리를 보장하기 위한 독자적 입법을 하였다
는 점에서 「아동권리보장법」 제정의 적지 않은 의의가 있다.[19]

  결국 북한의 「아동권리보장법」의 제정 배경-이는 「녀성권리보장
법」도 마찬가지-은 첫째, 대외적으로는 장기간 국제사회가 지적한
내용을 입법을 통해 개선하고, 둘째, 이러한 과정에서 국제사회와의
소통함과 동시에 의지를 표현하고, 셋째, 대내적으로는 2000년대 이후
북한 자체의 인식 변화와 더불어 입법화를 통한 다양한 분야의 법적
개선 작업의 연장선상에 있다고 판단된다. 이에 동 법령의 의의는
외면적으로 동 법령들의 제정으로 인해 대외적인 비판을 상쇄시킬
수 있고 대내적으로는 체제 선전과 안정에 일정부문 기여한다.[20]

  그러나 다른 한편으로 동 법령들을 내형적으로 접근하면 법적 구
성과 수준이 국제협약에 미치지 못하거나 부족할 경우 여전히 논란
의 여지가 존재한다는 것이다. 아울러 또 다른 한편으로 동 법령들
의 의의를 북한의 사회복지 법제적 측면에서 접근하면, 결과적으로
북한의 의도와 상관없이 북한의 '아동복지'에 대한 일정한 함의를 제
공하고 있다는 것이다.[21] 참고로 「아동권리보장법」 제정과 수정·
보충시기를 포함, 그 의미를 정리하면 다음 〈표 1〉과 같다.

---

19) 위의 글, 19쪽.
20) 이철수, 앞의 논문, 2019, 236쪽.
21) 위의 글, 236쪽.

<표 1> 「아동권리보장법」의 제정과 수정·보충시기와 의의

제정 시기	수정과 보충 시기	의의
·2010년 12월 22일 최고인민회의 상임위원회 (정령 제1307호)	·2014년 3월 5일 최고인민회의 상임위원회 (정령 제36호)	·아동권리의 국가보호 명시 ·아동권리, 최초 독립 법령 ·아동권협약 반영 ·아동권위원회 권고사항 반영 ·교육권, 보건권, 가정권, 사법권 법적 보장 ·아동복지 반영

* 출처: 저자 작성.

한편 「아동권리보장법」은 북한의 사회복지법 체계상, 북한의 대 표적인 취약계층인 아동에 대한 포괄적인 복지서비스의 정책적 방 향을 담고 있다. 또한 그러한 가운데에 16세 이하 연령별 아동 층이 사회복지 서비스 실천 대상으로 중복되어 있다. 때문에 이러한 동 법령의 '이중적 정체성'으로 인해 북한사회복지 중, 특히 '아동복지' 와 밀접한 관련이 있다 하겠다. 따라서 결국 동 법령은 북한사회복 지법제상, 북한의 아동복지를 대변하고 있는 대표적인 법령이다.

특히 「아동권리보장법」의 제8조 아동에 대한 물질적보장원칙 항 목에서 "국가는 ≪제일 좋은 것을 어린이들에게!≫라는 원칙에 따라 아동의 건강과 교육교양, 생활에 필요한 모든 것을 제일 좋은 것으 로, 우선적으로 보장하도록 한다"라고 천명하였다. 그리고 이는 「어 린이보육교양법」 제12조 "국가기관과 사회협동단체는≪제일 좋은것 을 어린이들에게≫라는 원칙에 따라 어린이보육교양사업에 필요한 모든것을 책임지고 보장하여야 한다"와 내용적으로 대동소이하다.

결국 이는 북한이 북한아동에 대한'복지권'을 언급함과 동시에 이 러한 '복지권'의 국가의 공급의무를 간접적으로 밝힌 것이다. 따라서 동 법령은 북한이 북한아동의 아동권리에 대한 법적인 보장을 명시하는 가운데에 그러한 권리의 하나로 아동복지에 대한 내용이 포함되어 명문화된 형태로 나타났다 하겠다.

III. 주요 내용과 특징: 관련 조항 분석

1. 교육권

북한은 「아동권리보장법」 제5조 교육, 보건분야에서 아동권리보장원칙 항목에서 "조선민주주의인민공화국에서 아동은 무료교육, 무상치료의 최고혜택자, 향유자이다. 국가는 전반적 12년제무료의 무교육제도와 완전하고도 전반적인 무상치료제도를 더욱 공고발전시켜 모든 아동을 정신도덕적으로 건전하고 육체적으로 튼튼하게 키우도록 한다"하고 명시하였다. 동 조항에서 북한은 아동의 '교육권'과 '보건권'을 강조하였고 이를 '무상교육권과 무상치료권'을 통해 밝혔다. 따라서 동 조항을 근거로 하면 북한의 모든 아동은 '교육권'에 관한 12년의 의무무상교육과 '보건권'에 관한 무상치료[22]를 받는다. 그러나 이는 사실 여타 법령에도 이미 일부 존재하는 것이다.

이에 교육의 경우 북한은 최상위 법령인 「헌법」 제45조에서 "국가는 1년동안의 학교전의무교육을 포함한 전반적12년제의무교육을 현대과학기술발전추세와 사회주의건설의 현실적요구에 맞게 높은 수준에서 발전시킨다"라고 하여 의무교육제에 대해 언급하였다. 따라서 「아동권리보장법」은 기존의 의무교육에 대해 북한 아동을 기준으로 재차 적용, 명시한 것이다.

---

22) 이하 보건과 무상치료권에 대한 논의는 후면 보건권 참조.

또한 이외에도 북한의 「교육법」 제12조 중등일반교육을 받을 의
무, 무료교육의 권리 항목에서 북한은 "전반적무료의무교육제를 실
시하는 것은 온 사회의 문화기술수준을 높일수 있게 하는 기본담보
이다. 조선민주주의인민공화국 공민은 중등일반교육을 받을 의무와
무료로 교육받을 권리를 가진다"라고 하였다. 또한 「보통교육법」 제
9조 중등일반교육을 받을 권리와 의무 항목에서 "조선민주주의인민
공화국 공민은 중등일반교육을 받을 권리를 가진다. 학령기에 있는
공민에 대하여서는 국가가 책임지고 의무적으로 공부시킨다"라고
명시하였다. 아울러 동 법령 제10조 무료교육 항목에서 "중등일반교
육은 무료이다…"라고 선언하였다. 또한 「고등교육법」 제10조 무료
교육의 실시 항목에서 "국가는 고등교육을 무료로 실시한다. 학생의
입학, 수업, 실습, 견학, 답사와 관련한 모든 고등교육비용은 국가가
부담한다"하고 하였다. 이에 세 법령 모두 공민의 무상교육권을 중
등교육과 고등교육으로 천명한 것이다. 즉, 동 조항들은 특정 대상
에 대한 교육권을 밝힌 것이 아니라 북한 공민의 무상교육권을 명시
한 것으로, 아동의 경우 연령상 동 조항들 중 중등교육의 무상교육
권에 해당된다 하겠다.[23)]

또 북한은 「아동권리보장법」 제22조 아동에게 교육, 보건분야의
혜택이 더 많이 차례지게 할데 대한 요구 항목에서 "교육과 보건은
아동의 성장과 건강증진에 중요한 역할을 한다. 내각과 교육지도기
관, 보건지도기관은 아동에게 돌려지는 국가의 혜택이 정확히 차례

---

23) 참고로 교육권 자체에 대해 북한은 「헌법」 제73조에서 "공민은 교육을 받을 권
리를 가진다. 이 권리는 선진적인 교육제도와 국가의 인민적인 교육시책에 의
하여 보장된다"라고 명시되어 있다. 이에 동 조항은 공민을 기준으로 보편적인
교육권을 밝힌 것으로 「아동권리보장법」과는 대비된다.

지도록 온갖 조건을 충분히 보장하여야 한다"라고 명시하였다. 이는 아동의 '교육권'과 '보건권'에 대한 행정주체기관을 밝힌 것으로 동 조항을 근거로 하면 북한의 내각과 교육지도기관이 아동교육과 아동보건을 최일선에서 보장해야한다.

한편 이와 관련 북한의 「어린이보육교양법」에도 동질의 조항이 있다. 동 법령 제6장 어린이보육교양사업에 대한 지도통제에서 북한은 제47조 "어린이보육교양사업에 대한 지도는 내각의 통일적인 지도밑에 중앙 교육지도기관과 중앙보건지도기관, 지방정권기관이 한다. 중앙교육지도기관과 중앙보건지도기관, 지방정권기관은 어린이보육교양사업에 대한 지도체계를 바로세우고 정상적으로 장악지도하여야 한다"라고 명기하였다.[24] 이는 아동보육에 관한 사항이지만 교육과 보건의 관리운영과 전달체계에 있어 「아동권리보장법」 제22조와 비슷한 체계를 갖는다.[25]

다른 한편으로 보다 더 구체적인 내용이 있는데, 북한은 동 법령 제24조 아동교육기관 항목에서 "내각과 지방인민위원회, 해당 기관

---

24) 이밖에도 '어린이보육교양법' 제48조 "중앙교육지도기관과 중앙보건지도기관은 어린이보육교양사업을 다음과 같이 조직지도하여야 한다. 1. 어린이보육교양강령과 탁아소, 유치원사업규범을 만들며 보육교양의 내용과 방법을 끊임없이 개선하고 완성한다. 2. 어린이들의 건강을 보호증진시키기 위한 사업을 한다. 3. 보육원, 교양원의 양성과 그들의 정치실무수준을 높여주기 위한 사업을 한다. 4. 어린이보육교양사업과 관련한 기술방법적인 지도를 한다"와 제49조 "지방정권기관은 관할지역안의 탁아소와 유치원사업을 다음과 같이 조직지도한다. 1. 탁아소와 유치원에서 어린이보육교양강령을 정확히 집행하며 해당규범의 요구대로 사업하도록 한다. 2. 탁아소, 유치원의 어린이들에게 의료봉사를 주기 위한 사업을 한다. 3. 탁아소, 유치원을 건설하고 보육교양설비를 갖추며 식료품을 비롯한 물질적 조건을 보장하기 위한 사업을 한다"라고 명시되어 있다.

25) 이와 관련 '교육법' 제46조 교육사업에 대한 지도, '보통교육법' 제47조 보통교육사업에 대한 지도, '고등교육법' 제64조 고등교육사업에 대한 지도의 내용도 동질적이다.

은 아동교육을 위한 학교교육기관과 사회교육기관을 잘 꾸리고 그 운영을 바로하여 모든 아동이 마음껏 배우도록 하여야 한다. 학교교육기관에는 유치원, 소학교, 중학교 같은 것이 속하며 사회교육기관에는 도서관, 학생소년궁전, 학생소년회관, 소년단야영소 같은 것이 속한다"라고 명기하였다.

이에 동 조항을 근거로 하면 북한의 아동교육을 책임지는 기관은 ① 내각, ② 지방인민위원회, ③ 해당 교육기관이고 이러한 기관은 ① 학교교육기관, ② 사회교육기관 두 종류이다. 그리고 학교교육기관은 정규교육 형태인 ① 취학 전 유치원, ② 취학 이후 소학교, ③ 중학교이고 사회교육기관은 ① 도서관, ② 학생소년궁전, ③ 학생소년회관, ④ 소년단야영소와 같은 아동교육시설로 대표된다 하겠다. 특히 동 법령 제2조에서 북한은 아동을 16세까지로 언급했고 이를 재학 연령기준으로 보면 중학생에 해당된다. 따라서 북한은 동 조항에서 법적 논리성을 의식, 중학교까지만 아동교육기관으로 명시한 것이라 판단된다.

또한 「아동권리보장법」 제23조 무료의무교육을 받을 권리 항목에서 "아동은 전반적12년제 의무교육을 받을 권리를 가진다. 전반적12년제의무교육은 무료로 실시한다"라고 하였다. 이는 아동에 부여된 무상교육권에 대해 그 교육기간을 밝힌 것으로 기존의 무상교육과 같은 맥락이다. 때문에 동 조항은 단지 동 법령 제5조에서 밝힌 그 기간을 재차 표현한 것일 뿐이다.

또한 「아동권리보장법」 제30조 장애아동의 보호 항목에서 "장애아동은 다른 아동과 꼭같은 교육과 치료를 받을 권리를 가진다. 교육지도기관과 보건지도기관, 지방인민위원회 맹, 롱아학교를 바로 운영하며 장애아동의 교육, 치료, 생활에 필요한 조건을 원만히 보장하여야 한다"라고 하였다. 이는 북한이 별도로 장애아동에 대한 교육권과 보건권을 밝힌 것으로 다소 인상적 행태이다.

이에 동 조항을 근거로 하면 북한의 장애아동은 정상아동과 동등한 '교육권'과 '치료권26)'이 있다. 그리고 장애아동의 특성상, 북한은 장애아동을 위한 별도의 ① 교육지도기관, ② 보건지도기관이 이를 책임진다. 또한 ③ 지방인민위원회도 교육과 보건과 관련된 행정을 담당한다. 아울러 교육시설의 경우 ④ 맹아학교와 농아학교를 통해 장애아동을 교육시킨다. 따라서 북한은 동 조항을 통해 장애아동의 교육과 치료에 대한 총론적 수준의 언급을 하였다.

한편 동 조항에서 장애아동 보건과 관련, 동질적인 내용이 「장애자보호법」제2장 장애자의 회복치료 제11조 장애자회복치료 및 연구기관의 조직 항목에 일부 나타나있다. 동 법령 제11조 "장애자의 회복치료를 위하여 필요한 지역에 전문 또는 종합적인 장애자회복치료 및 연구기관을 조직한다. 장애자회복치료 및 연구기관은 장애자에 대한 전문적인 회복치료와 함께 장애의 원인, 발병과 관련한 조사, 연구활동을 진행한다. 장애자회복치료 및 연구기관을 조직 하는 사업은 해당 기구 조직기관이 한다"와 동 법령 제12조 의료일군의 장애자회복치료 항목에서 "장애자에 대한 회복치료는 해당 치료기관에서 한다. 그러나 의료일군의 방조밑에 기관, 기업소, 단체 또는 가정에서도 장애자의 회복치료를 할수 있다"라는 조항이다. 동 조항은 북한이 장애자에 대한 포괄적인 치료와 서비스를 언급한 것으로, 동 조항들을 근거로 하면 북한의 장애인 재활치료는 장애인서비스 전문기관이, 서비스는 전문의료인력이 담당하며 일부의 경우

---

26) 즉, 북한이 동 조항에서 치료받을 권리라고 한 것은 장애아동의 특성을 고려, 정상아동의 '보건권'을 장애아동에서 '치료권'으로 변형, 표현한 것이라 판단된다.

의료전문인력의 허락 하에 가정에서도 가능하다. 그리고 북한이 「아동권리보장법」에서 밝힌 장애아동의 보건지도기관은 바로 「장애자보호법」애서 제시한 장애자회복치료기관을 의미한다고 판단된다.

또한 「아동권리보장법」 제31조 돌볼 사람이 없는 아동의 양육 항목에서 "부모 또는 후견인의 보살핌을 받을수 없는 아동은 육아원과 애육원, 학원에서 국가의 부담으로 키운다"라고 하였다. 동 조항은 북한아동 중 일부 무의무탁 아동에 대한 무상의 시설보호 조항이다. 그러나 이는 「사회주의로동법」 제8장 근로자들을 위한 국가적 및 사회적혜택 제77조 "국가는 로동재해, 질병, 부상 등의 원인으로 근로자들이 사망하였을 때에는 그들의 양육을 받아오던 부양가족들에게 유가족년금을 주며 돌볼 사람이 없는 어린이들은 국가가 맡아키운다"라는 조항과 내용적으로 근친하다. 왜냐하면 동 조항에서 말하는 '돌볼 사람이 없는 어린이'는 바로 상술한 「아동권리보장법」 제31조 '부모 또는 후견인의 보살핌을 받을수 없는 아동'을 의미하기 때문이다. 따라서 동 조항의 기존의 「사회주의로동법」의 관련 조항에서 내용을 승계, 파생한 것이라 하겠다.

아울러 이는 또한 북한의 「보통교육법」 제15조 무의무탁자, 장애자의 교육 및 생활조건보장 항목에서 "부모 또는 보호자가 없는 어린이 맹, 롱아 같은 장애어린이에 대한 교육과 생활조건은 국가가 책임지고 돌봐준다"라는 조항과도 내용상 대동소이하다. 따라서 북한은 동 법령에서 이를 북한아동을 기준으로 재차 강조, 표현하였다. 한편 이는 「장애자보호법」 제41조 장애자의 양생원, 양로원생활보장 항목에서 "국가는 로동능력을 완전히 상실한 장애자의 의사에 따라 양생원 또는 양로원에서 안정된 생활을 보장한다"라는 조항과 일맥상통한다.

한편 「아동권리보장법」 제32조 외진 지역의 아동교육조건보장 항목에서 "교육지도기관과 지방인민위원회는 깊은 산골, 외진섬 같이 주민지역과 멀리 떨어져있는 지역의 아동에 대한 교육 조건을 원만히 보장한다"라고 하였다.27) 이는 취약지역 아동보호 조항으로 거주지역을 중심으로 가령, 도농 아동간의 교육평등을 강조한 것이다.

그리고 이는 「녀성권리보장법」 제25조와 대비된다. 북한은 동 법령 농촌녀성들의 교육, 문화, 보건의 권리보장 항목에서 제25조 "지방인민위원회와 해당 기관은 농촌녀성들이 도시녀성들과 꼭같이 교육과 치료를 받으며 문화적인 생활을 할수 있도록 필요한 시설과 조건을 충분히 갖추어주어야 한다"라고 천명하였다. 동 조항은 '도농여성평등'으로 교육권, 문화권, 보건권에 대한 취약지역 여성보호 내지는 도농 여성간 격차금지 조항이라 할 수 있다. 아울러 이는 교육권, 문화권, 보건권에 대한 '녀녀간의 평등'을 추구하는 북한의 의지를 반증한다 하겠다.28)

따라서 이를 근거로 하면 「아동권리보장법」은 도농아동의 교육평등만을 강조한 반면 「녀성권리보장법」은 노동여성간의 교육, 문화, 보건 전반에 걸친 평등을 언급하였다. 때문에 이러한 점에 있어서는 상대적으로 「아동권리보장법」이 「녀성권리보장법」에 비해 소극적이고 단선적이라 하겠다.

정리하면 「아동권리보장법」의 북한 아동 교육권의 경우 대다수

---

27) 이밖에도 북한은 '아동권리보장법' 제27조 희망과 재능을 발전시킬 권리 항목에서 "아동은 자기의 희망과 재능을 발전시킬 권리를 가진다. 교육지도기관과 지방인민위원회는 특수한 재능을 가진 아동이 자기의 희망에 따라 교육을 받을수 있는 조건을 보장하여야 한다"라고 하였다. 이는 사실상 북한의 조기 영재교육 조항이다.

28) 이철수, 앞의 논문, 2019, 237쪽.

조항이 이미 여타 법령에 제시된 내용으로 구성되어 있다. 따라서 동 법령은 기존 법령에 존재하지 않았던 새로운 내용의 아동교육에 대한 조항은 사실상 전무한 편이다. 그러나 파편화되어 있던 기존의 아동교육 관련 내용을 아동권리 차원에서 접근하여 체계화한 것은 의미 있는 현상이고 이를 아동복지 차원에서 재차 접근하면 정책적 성패를 떠나 고무적인 행태라 하겠다. 지금까지 논증한 「아동권리보장법」에 나타난 북한아동의 교육권을 타 법령과 비교·정리하면 다음 〈표 2〉와 같다.

<표 2> 타 법령과 교육권 비교: 대표 조항만 정리

아동권리보장법	헌법	(보통, 고등)교육법	녀성권리보장법
·제5조 교육 보건원칙 의무교육	·제45조 의무교육	·아래 참조	·제18조 교육, 문화, 보건 남녀평등
·제22조 ·제24조 교육 보건기관	어린이보육교양법	·제46조(교육법) ·제47조(보통교육법) ·제64조(고등교육법 사업 지도 체계	*·제19조 입학, 진학, 졸업 남녀평등
	·제47조 행정체계		
·제23조 무상교육권	·제73조 공민의 교육권	·제12조(교육법) ·제9조, 제13조 (보통교육법) ·제10조(고등교육법) 공민의 무상교육권	*·제21조 의무교육과 관련한 부모의 의무
·제30조 장애아동보호		·제9조(보통교육법) 장애아동 보호 무의무탁아동보호	장애자보호법
			·제11조 ·제12조 장애자치료
·제31조 무의무탁아동	장애자보호법	*·제25조(보통교육법) 장애아동 교육기관	사회주의로동법
	*·제41조 양생원, 양로원		·제77조 국가보호
·제32조 농촌아동교육권	−	−	녀성권리보장법
			·제12조 도농여성 교육, 문화, 보건, 평등

* 비고: *는 간접적인 관련 내용으로 참조
* 출처: 저자 작성.

2. 보건권

북한은 「아동권리보장법」 제5조 교육, 보건분야에서 아동권리보장원칙 항목에서 "조선민주주의인민공화국에서 아동은 무료교육, 무상치료의 최고혜택자, 향유자이다. 국가는 전반적 12년제무료의 무교육제도와 완전하고도 전반적인 무상치료제도를 더욱 공고발전시켜 모든 아동을 정신도덕적으로 건전하고 육체적으로 튼튼하게 키우도록 한다"하고 명시하였다.[29] 이에 상술한 바와 같이 북한은 동 조항에서 북한아동의 '보건권'을 '무상치료제'를 통해 언급하였다.

무상치료제와 관련, 북한은 최상위법인 「헌법」 제72조 "공민은 무상으로 치료받을 권리를 가지며 나이많거나 병 또는 불구로 로동능력을 잃은 사람, 돌볼 사람이 없는 늙은이와 어린이는 물질적방조를 받을 권리를 가진다. 이 권리는 무상치료제, 계속 늘어나는 병원, 료양소를 비롯한 의료시설, 국가사회보험과 사회보장제에 의하여 보장된다"[30]라고 하고 있다. 따라서 북한아동에 대한 무상치료제는 이미 적용되는 북한의 보건의료서비스 제도이다.

또한 「인민보건법」에서 북한은 동 법령 제11조 녀성과 어린이의 건강보호 항목에서 "국가는 녀성들과 어린이들의 건강보호에 깊은 관심을 돌린다.…"라고 하였다. 이에 북한의 여성과 아동에 대한 보건의료부문의 건강보호는 과거부터 법령에서 명시된 것이었다. 그러나 북한이 「아동권리보장법」을 통해 별도로 이를 강조한 것은 작

---

29) 앞에서 재인용.
30) 이밖에도 북한은 '헌법' 제56조: "국가는 전반적무상치료제를 공고발전시키며 의사담당구역제와 예방의학제도를 강화하여 사람들의 생명을 보호하며 근로자들의 건강을 증진시킨다"라고 하여 무상치료제를 통한 보건의료제도에 대해 재차 강조하고 있다.

지만 의미있는 행태인데, 왜냐하면 북한아동만을 대상으로 별도의 독립된 조항으로 이를 재차 언급하였기 때문이다. 한편으로 「아동권리보장법」의 성격과 기능상, 이를 언급하지 않는다는 것은 매우 부자연스러운 것이기도 하다.

아울러 「인민보건법」의 경우 동 법령 제9조 무상치료의 권리 항목에서 "국가는 모든 공민에게 완전한 무상치료의 혜택을 준다. 로동자, 농민, 지식인을 비롯한 모든 공민은 무상으로 치료받을 권리를 가진다"라고 하여 북한이 「헌법」에서 밝힌 무상치료권을 재차 언급하고 있다. 또한 「사회주의로동법」 제8장 근로자들을 위한 국가적 및 사회적혜택에서 북한은 제79조 "국가는 모든 근로자들에게 완전한 무상치료제에 의한 의료상 혜택을 준다. 로동자, 사무원, 협동농장원 및 그들의 부양가족은 치료, 료양, 예방, 해산 등 모든 의료봉사를 무상으로 받는다"라고 하였다. 따라서 무상치료제는 특정대상인 북한아동에게만 해당되는 제도가 아니라 북한의 모든 공민에게 공통적으로 적용된다.

이어서 북한은 「아동권리보장법」 제33조 무상치료를 받을 권리 항목에서 "아동은 완전하고 전반적인 무상치료제의 혜택을 받을 권리를 가진다. 아동의 병을 예방하거나 치료하는데 드는 일체 진찰비와 실험 검사비, 약값, 입원치료비, 료양비, 료양소에 오가는 려비, 건강검진비, 의료상담비, 예방접종비, 교정기구비 같은 것은 국가가 전적으로 부담한다"라고 명시하였다. 이에 동 법령에서 북한은 보건의료에 대한 아동권리보장원칙적을 무상치료제라는 제도로 밝힌후, 다시 아동의 무상치료제 혜택 권리와 구체적인 급여의 내용을 언급하였다. 그리고 동 조항을 근거로 하면 북한 아동이 보건의료서비스를 이용하는 모든 비용은 국가가 부담한다. 이 또한 「아동권리보장법」의 성격과 기능상, 유상으로 제공된다는 것을 밝힐 수도 없고 특히 소득이 없는 아동에게 이를 부담하게 한다는 것은 이치에 맞지도 않으며 동 법령의 입법 취지에도 반한다.

한편 이는「인민보건법」제10조 무상치료의 내용 항목에서 "무료의료봉사의 내용은 다음과 같다. 1. 외래치료환자를 포함하여 의료기관에서 환자에게 주는 약은 모두 무료이다. 2. 진단, 실험검사, 치료, 수술, 왕진, 입원, 식사 같은 환자치료를 위한 모든 봉사는 무료이다. 3. 근로자들의 료양의료봉사는 무료이며 료양을 위한 왕복려비는 국가 또는 협동단체가 부담한다. 4. 해산방조는 무료이다. 5. 건강진단, 건강상담, 예방접종등 예방의료봉사는 무료이다"라는 조항을 기반으로 축약하여 인용한 것이다. 단, 아동의 경우 모든 비용이 국가부담인 반면 근로자는 요양에 소요되는 왕복여비만 해당 기관이 부담하는 형국이다.

반면「녀성권리보장법」의 경우 이와 동질적인 내용이 제24조 치료받을 권리 항목에 언급되어 있다. 북한은 동 법령 제24조 "녀성은 남성과 평등하게 치료받을 권리를 가진다. …해당 기관, 기업소, 단체는 녀성들에게 치료받을수 있는 조건을 우선적으로 보장해주어야 한다"라고 하여 남녀치료 평등권과 여성우선권을 명시하였다. 그러나 상대적으로 내용면에서「아동권리보장법」이「녀성권리보장법」보다 구체적이고 적극적이다. 왜냐하면「녀성권리보장법」의 경우「아동권리보장법」과 같은 구체적인 보건의료서비스 급여항목이 부재하기 때문이다. 하지만 그렇다고 여성의 보건의료서비스가 아동보다 낮다고 예단할 수는 없는데, 이는 상술한 바와 같이「헌법」과「인민보건법」에서 모든 공민과 근로자에 대한 '무상치료권'과 '무상치료혜택'을 보장했기 때문이다.

또한 「아동권리보장법」 제34조 아동에 대한 의료봉사 항목에서 "보건지도기관과 지방인민위원회는 탁아소, 유치원, 학교에 의료일 군을 배치하고 의료기구와 의약품을 원만히 공급하며 아동의 건강 을 책임적으로 돌보도록 하여야 한다. 병이 난 아동에 대하여서는 제때에 전문의료기관을 통하여 치료하도록 하여야 한다"라고 하였 다. 이는 아동의 보건과 건강에 대한 전문의료 봉사를 의미한다. 동 조항을 근거로 하면 북한은 탁아소, 유치원, 학교에 소아과 전문의료 내지는 간호 인력을 배치해야하고 각종 의료기구와 의약품도 구비 해야 한다. 그리고 이 역시 「녀성권리보장법」에는 부재한 내용이다.

그러나 이와 관련 「장애자보호법」과 「년로자보호법」에는 각 법령 의 기능에 맞게 일부 내용이 기능상 동질적으로 명시되어 있다. 가 령 「장애자보호법」 제14조 보조기구의 생산보장 항목에서 북한은 "보건지도기관과 해당 기관, 기업소는 교정기구, 삼륜차, 안경, 보청 기, 자전거 같은 장애자에게 필요한 보조기구생산공급체계를 정연 하게 세우고 계획적으로 생산공급 하여 장애자의 보조기구수요를 제때에 원만히 보장하여야 한다"라고 하였다. 또한 「년로자보호법」 제21조 보조기구 및 치료기구 보장 항목에서 북한은 "보건기관과 해 당 기관, 기업소, 단체는 년로자를 위한 현대적인 보청기, 안경, 지팽 이 같은 보조기구와 회복치료기구를 더 많이 생산공급하여야 한다" 라고 하였다. 이에 북한은 장애자와 연로자에 맞는 각각의 보조기구 와 치료기구 공급을 천명하였고 이는 각 법령의 적용대상에게 반드 시 필요한 기구들이다.

하지만 다른 한편으로 양 법령의 경우 「아동권리보장법」과 같은 의료인력배치에 대한 내용은 부재한데, 이는 양 법령의 서비스 대상 이 장애인과 노인임에 따라 별도의 서비스공급체계를 갖추고 있기 때문이라 판단된다. 가령 「년로자보호법」에는 제18조 병치료 및 간호 항목에서 "보건기관과 의료기관은 해당 지역의 년로자를 빠짐없이 등록하고 정상적으로 건강검진과 치료사업을 하며 왕진을 비롯한 의료사업에서 정성을 다하여야 한다…"라고 하여 「아동권리보장법」의 제34조 의료인력배치를 왕진으로 대처하고 있다. 또한 북한은 장애인의 경우 사후 치료 중심의 보건의료서비스를 제공하기 때문에 북한의 입장에서 장애인을 위한 별도의 전문인력 배치는 반드시 필요한 사항이 아니라 판단된다.

또한 「아동권리보장법」 제35조 아동병원, 병동의 배치 항목에서 "보건지도기관과 지방인민위원회는 필요한 곳에 전문 아동의 병을 예방하고 치료하는 아동병원 또는 아동병동을 꾸리고 그 관리운영을 바로 하여 모든 아동을 튼튼하게 키우도록 하여야 한다"라고 하였다. 이는 아동전문병원과 소아과병원의 인프라 구축을 의미한다. 이에 양 조항은 실현여부를 떠나 아동건강권에 대한 북한의 인식이 아동보육과 교육시설의 의료인력 배치, 아동전문 의료인프라 구축으로 요약된다. 아울러 동 조항은 「어린이보육교양법」 제26조 "국가는 어린이들의 건강을 철저히 보호하며 녀성들의 사회적활동을 적극 보장하기 위하여 탁아소가 있는 모든 곳에 아동병동을 둔다.…"라는 조항이 확대 발전된 형태이다.

한편 전문의료 서비스시설의 경우 「녀성권리보장법」 제24조 치료받을 권리 항목에서 "…보건기관은 녀성을 위한 전문의료시설을 갖추고 녀성의 건강을 적극 보호하며 녀성들이 불편없이 치료받도록 하여야 한다…"와 「년로자보호법」 제19조 치료방법의 개선 항목에서 "…필요한 지역에 년로자전문병원 또는 전문과를 내올수 있다"라고 각각 여성과 노인 전문병원 설치에 대한 내용이 동일하게 언급되어 있다. 따라서 이러한 북한의 인식이 아동에게만 국한되어 나타나는 것은 아니다.

또한 「아동권리보장법」 제36조 료양시설을 통한 아동의 건강증진 항목에서 "보건지도기관과 지방인민위원회는 온천과 약수터, 바다가 경치좋은 곳에 료양시설을 잘 꾸리고 아동들이 적극 리용하면서 건강을 증진하도록 온갖 조건을 책임적으로 보장하여야 한다"라고 하였다. 이는 와병중인 아동의 요양보호를 의미한다. 이는 「어린이보육교양법」 제27조 "국가는 온천과 약수터, 바다가, 경치좋은 곳에 어린이들을 위한 료양시설을 잘 꾸려 그들의 건강을 증진시킨다"와 「인민보건법」 제17조 료양치료 항목에서 "국가는 온천, 약수지대와 기후가 좋은 지대에 현대적인 료양시설들을 많이 건설하여 인민들이 자연인자에 의한 료양치료의 혜택을 더 잘 받도록 한다"와 일맥 상통한 내용이다.

한편 아이러니하게도 북한이 여성과 어린이에 대한 건강보호를 강조했지만 요양보호의 경우 「녀성권리보장법」과 「년로자보호법」, 「장애자보호법」에 부재한 내용이다. 따라서 이러한 점에서 북한이 취약계층 중 아동에게 가장 관심이 높다고 할 수 있고 역으로 「녀성권리보장법」과 「년로자보호법」, 「장애자보호법」에 요양보호와 관련하여 수정할 내용이 남아 있다는 의미이다.

또한 「아동권리보장법」 제37조 영양제와 영양식품, 생활용품의 보장 항목에서 "해당 기관, 기업소는 아동의 건강과 성장에 필요한 영양제와 영양식품, 생활용품을 더 많이 개발하고 계획적으로 생산보장하여야 한다. 아동물자공급기관과 해당 상업 기관, 교육기관은 생산된 제품이 아동들에게 정확히 공급되도록 하여야 한다"라고 하였다. 이 또한 「인민보건법」 제25조 어린이의 영양관리, 위생관리 항목에서 "해당 국가기관, 기업소, 단체들은 어린이들에게 건강과 발육에 필요한 비타민과 성장촉진제 같은 영양제를 원만히 공급하여야 한다. 탁아소, 유치원은 어린이들의 영양관리와 위생관리를 과학적리 치에 맞게 하여야한다"와 내용적으로 동질적이다. 따라서 동 조항은 「인민보건법」을 기반으로 아동에 맞게 내용을 승계, 수정한 것이다.

반면 「년로자보호법」에도 이와 비슷한 조항이 있다. 동 법령 제20조 장수보약, 영양식품의 보장 항목에서 북한은 "보건기관과 해당 기관, 기업소, 단체는 년로자의 생리적특성에 맞게 비타민, 칼시움 같은 미량원소가 풍부한 영양식품, 장수보약제를 더 많이 생산공급하여 야 한다"라고 하였다. 그러나 아이러니하게도 동일한 취약계층 보호 법령인 「녀성권리보장법」과 「장애자보호법」에는 위와 같은 내용이 부재하다. 따라서 예측하건대, 여성은 차지하더라도 장애자의 경우 영양공급보다는 재활과 치료를 중심으로 서비스를 제공하기 때문이 라 판단된다.

정리하면 「아동권리보장법」의 북한 아동 보건권의 경우 다수 조 항이 「인민보건법」을 기반으로 하고 있다. 그리고 이는 동 부문이 보건권에 관한 내용임에 따라 달리 보면 당연한 결과이기이고 하다. 또한 부문적으로 여타 법령과 법적 제 기능과 내재적 속성에 따라 산발적으로 연관된 조항이 나타난다. 가령 비록 일부지만 「녀성권 리보장법」과 「년로자보호법」과 동질적인 조항도 존재한다. 그러나 적어도 「아동권리보장법」의 아동 보건권에 대해서는 「녀성권리보 장법」과 「년로자보호법」, 「장애자보호법」에 비해 내용적으로 구체 적이고 적극적이며 발달된 형태를 갖고 있다. 이에 예컨대, 같은날 제정된 「아동권리보장법」과 「녀성권리보장법」의 각각의 보건권에 관해 접근하면, 「녀성권리보장법」이 '평등과 우대'를 강조한 것이라면 「아동권리보장법」은 '특혜와 보호'를 강조하였다 하겠다. 그리고 이를 다시 아동복지 차원에서 접근하면 아동 보건권에 관한 정부차원의 체계적인 정의와 정리가 이루어진 것이라 하겠다. 지금까지 논증한 「아동권리보장법」에 나타난 북한아동의 보건권을 타 법령과 비교·정리하면 다음 〈표 3〉과 같다.

<표 3> 타 법령과 보건권 비교: 대표 조항만 정리

아동권리보장법	인민보건법	녀성권리보장법
·제6조 교육 보건원칙	·제11조 어린이 건강보호 ·제9조 무상치료권리	·제24조 남녀평등치료권, 여성우선권
·제33조 무상치료권 서비스 내용	사회주의로동법 ·제79조 무상치료제	인민보건법 ·제10조 무상치료 내용
·제34조 의료인력배치 의료기구 의약품	장애자보호법 ·제14조 보조기구 생산	년로자보호법 ·제18조 왕진 치료 ·제19조 보조 및 치료기구 보장
·제35조 아동전문의료시설	어린이보육교양법 ·제26조 아동병동 녀성권리보장법 ·제24조 여성전문의료시설	·제19조 노인전문의료시설
·제36조 아동요양시설	어린이보육교양법 ·제27조 어린이 요양시설	· 인민보건법 ·제17조 요양치료
·제37조 아동영양	년로자보호법 ·제20조 노인영양	·제25조 어린이영양

* 출처: 저자 작성.

3. 가정권

아동의 가정권과 관련, 북한은 「아동권리보장법」 제6조 가정에서의 아동권리보장원칙 항목에서 "가정의 역할을 높이는 것은 아동의 성장과 발전의 중요담보이다. 국가는 가정에서 아동의 권리와 리익이 철저히 보장되도록 하는데 깊은 관심을 돌린다"라고 가정의 중요성을 총론적으로 역설하였다. 이는 아동의 부양을 책임지는 가정의 기능과 가정 내에서의 아동권 보장에 대한 국가차원의 함의를 밝힌 것이다.[31]

이는 「녀성권리보장법」 제44조 결혼, 가정에서 녀성권리보장의 기본요구와 대비된다. 동 조항에서 북한은 "녀성은 남성과 평등한 결혼 및 가정의 권리를 가진다. 결혼과 가정은 국가의 보호를 받는다"라고 하였다. 이에 「아동권리보장법」에서 아동은 가정에서 권리와 이익을 보장·보호받는다면 「녀성권리보장법」에서 여성은 가정에서 남자와 평등한 권리를 갖는다. 양 법령에서 이러한 차이가 발생하는 원인은 아동의 경우 남녀에 대한 성별 구분 없이 집합적 개념으로 접근하였다. 반면 여성은 남성이라는 우월적 지위를 가진 대상과의 비교를 통한 결과에 기인한다. 다시 말해 「아동권리보장법」은 비교대상이 없는 단수 개념인 반면 「녀성권리보장법」 남녀간의 비교대상이 존재하는 복수의 개념이다.

이어서 북한은 「아동권리보장법」 제38조 가정에서 아동권리보장의 기본요구 항목에서 "가정은 아동생활의 중요한 거점이다. 부모는 아동의 성장과 발전에 유리한 가정적환경을 보장하며 그들의 교육교양에 언제나 깊은 관심을 돌려야 한다"라고 명시하였다. 이는 상

---

31) 참고로 '가정'에 대해 북한은 '헌법' 전문에서 "…김일성동지와 김정일동지께서는 ≪이민위천≫을 좌우명으로 삼으시여 언제나 인민들과 함께 계시고 인민을 위하여 한평생을 바치시였으며 숭고한 인덕정치로 인민들을 보살피시고 이끄시여 온 사회를 일심단결된 하나의 대가정으로 전변시키시였다…"라고 하며 김일성과 김정일의 은혜를 강조하고 있다. 또한 이에 덧붙여서 북한은 '헌법' 제78조에서 "결혼과 가정은 국가의 보호를 받는다. 국가는 사회의 기층생활단위인 가정을 공고히 하는데 깊은 관심을 돌린다"라고 하며 가정에 대한 국가의 책무를 밝히고 있다.

술한 제6조의 연장선상으로 제6조가 가정과 국가의 역할을 강조한 것이라면 동 조항은 아동을 부양하는 부모의 역할을 언급한 것이다.

이와 관련, 북한은 「가족법」 제6조 어린이와 어머니의 보호원칙 항목에서 "어린이와 어머니의 리익을 특별히 보호하는것은 조선민주주의인민공화국의 일관한 시책이다. 국가는 어머니가 어린이를 건전하게 양육하고 교양할수 있는 조건을 보장하는데 선차적인 관심을 돌린다"라고 하였는데, 이는 상술한 「아동권리보장법」 제6조와 다소 동질적인 내용이다. 그러나 동 조항을 근거로 하면 「가족법」에서는 아동에 대한 어머니의 양육만을 강조하였지만 「아동권리보장법」에서는 부모의 역할을 강조하여 대상의 범위가 확장되었다.

이와 관련 보다 더 구체적인 내용이 동 법령 제39조 부모의 양육과 교양을 받을 권리 항목에서 나타나 있다. 북한은 「아동권리보장법」 제39조에서 "아동은 부모의 양육과 교양을 받을 권리를 가진다. 부모는 아동에게 모범이 되며 그들에 대한 양육과 교양을 잘하여 지덕체를 갖춘 나라의 역군으로 키워야 한다"라고 하였다. 이에 동 조항에서 북한은 아동의 양육권리는 보장하였고 이는 상술한 ① 국가, ② 부모, ③ 아동의 삼각관계에서의 역할과 의무, 권리에 대한 정의라 판단된다. 이러한 점에서 동 법령은 일정한 체계를 갖추었다 하겠다. 그리고 이는 「가족법」에 부재한 내용이다.

또한 이러한 아동 양육과 교양의 책임주체에 대해 북한은 「아동권리보장법」 제41조 아동양육과 교양에 대한 국가적조건보장 항목에서 "지방정권기관과 해당 기관, 기업소, 단체는 부모들이 가정에서 아동을 건전하게 양육하고 교양할수 있도록 충분한 조건을 보장하여야 한다"라고 하였다. 동 조항을 근거로 하면 국가와 부모의 아동양육을 원만히 보장하기 위해 지방정부와 각 공공기관은 협조해야한다. 그리고 이는 아동양육에 대한 ① 지방행정기관, ② 부모의 사업장, ③ 아동양육 가정으로 이어지는 구도에서, 제 관련 기관의 역할을 명시한 것이라 판단된다.

한편 북한 아동의 양육과 보육 관련,「어린이보육교양법」제2장 국가와 사회적부담에 의한 어린이양육편인 제11조~제21조에 더욱 구체적으로 나와 있다.[32] 그리고 동 법령은 북한의 아동양육에 대한 가장 대표적인 법령이다. 따라서 동 법령이「아동권리보장법」에서 명시한 양육관련 조항보다 양적 · 질적으로 우수하다. 때문에「아동권리보장법」의 양육은「어린이보육교양법」의 양육을 기저에 두고 이를 재차 명문화한 것이라 하겠다.

또한「아동권리보장법」제40조 장애아동에 대한 부모 또는 후견인 책임 항목에서 "부모 또는 후견인은 신체상결함이 있는 아동에 대한 교육교양에 특별한 관심을 돌리며 그의 생활과 건강을 책임적으로 돌보아야 한다"라고 언급하였다. 이는 장애아동에 대한 보호 조항으로, 장애아동을 부양하는 부모, 가족, 후견인의 책무를 언급한 것이다. 또 이러한 후견인에 대해 동 법령 제44조 후견인 선정 항목에서 "부모의 보살핌을 받을수 없는 아동을 위하여 후견인을 정한다. 아동의 후견인으로는 조부모, 형제자매가 될수 있다"라고 하였다. 이는 아동이 고아인 경우 조부모나 형제자매가 후견인이 될 수 있음을 의미한다.

이는「가족법」제40조 후견인의 선정조건 항목에서 "부모의 보살

---

32) 참고로 '어린이보육교양법'제11조~제21조의 주요 내용을 요약하면 다음과 같다. ① 보육교양사업을 통한 주체사상에 의한 요구 관철, ② 공공기관의 책무, ③ 공공기관의 시설 및 인프라 구축, ④ 어린이 시설 확보, ⑤ 식량공급권, ⑥ 공공기관의 식품 보장 등, ⑦ 어린이 용품 생산 등, ⑧ 무의무탁 아동 보호, ⑨ 국가공로자 자녀 우대, ⑩ 아동과 어머니 특별보호, ⑪ 다자녀 가족 혜택 등이다.

핌을 받을수 없는 미성인과 신체상결함으로 행위능력을 가지지 못
한자를 위하여 후견인을 정한다"와 동 법령 제41조 후견인의 자격
항목에서"미성인에 대한 후견인으로는 조부모, 형제자매가 될수 있
다. 신체상 결함으로 행위능력이 없는자에 대한 후견인으로는 배우
자 또는 부모나 자녀, 조부모나 손자녀, 형제자매가 될수 있다. 후견
인으로 될수 있는자가 여럿인 경우 후견의무수행에 가장 적당하다
고 인정되는 자가 후견인으로 된다"라는 조항의 일부를 각각 차용하
여 하나의 조항으로 재정리한 것이다.

따라서 「아동권리보장법」에서 후견인의 선정이나 후견인의 자격
은 기존에 존재해왔던 내용들이다. 한편 후견인 자격의 경우 「장애
자보호법」에도 이와 비슷한 내용이 있다. 동 법령 제50조 장애자의
후견의무 항목에서 "장애자의 후견인으로 배우자, 부모나 자녀, 조
부모나 손자녀, 형제자매가 된다…"라고 하였는데, 이는 「아동권리
보장법」과 「가족법」[33]의 후견인인 조부모와 형제자매에 비해 그 범
위가 넓다는 특징이 있다.

또한 「아동권리보장법」 제46조 아동의 상속권 항목에서 "아동은
상속권을 가진다. 해당 기관과 공민은 아동이라는 리유로 그의 상속
권을 침해하는 행위를 하지 말아야 한다"라고 하였다. 이는 「가족법」
제46조 상속순위 항목에서 "공민이 사망하면 그의 재산은 배우자와
자녀, 부모에게 상속된다…"와 「민법」 제63조 상속권 항목에서 "국

---

33) 이밖에도 '가족법'에는 부양과 관련한 내용이 있다. 제37조 미성인, 로동능력이
없는자의 부양 항목에서 "미성인과 로동능력이 없는자는 부양능력이 있는 가
정성원이 부양한다. 부양능력이 있는 가정성원이 없을 경우에는 따로 사는 부
모나 자녀가 부양하며 그들이 없을 경우에는 조부모나 손자녀, 형제자매가 부
양한다"라고 하였다. 또 동 법령 제38조 국가의 부양대상자 항목에서 "이 법
제 37조에 지적된 부양자가 없는 미성인과 로동능력이 없는자는 국가가 돌보
아준다"라고 하였다. 이는 '아동권리보장법'에 부재한 내용이다.

가는 개인소유재산에 대한 상속권을 보장한다. 공민의 개인소유재산은 법에 따라 상속된다"라는 조항과 일맥상통하다. 그러나 북한이 아동에 대한 별도의 독립된 조항으로 상속권을 인정한 것은 다소 인상적이다. 한편 「녀성권리보장법」에서 북한은 제43조 재산상속에서의 남녀평등 항목에서 "녀성은 남성과 평등한 재산상속권을 가진다. 상속순위가 같은 경우 성별을 리유로 녀성을 차별하지 말아야 한다"라고 하여 남녀가 평등한 재산상속권을 밝혔다.

또한 참고로 「아동권리보장법」 사법분야에서 제54조 리혼을 막기 위한 교양 항목에서 "리혼은 아동의 불행으로 된다. 부모는 아동의 성장과 발전을 위하여 리혼을 하지 말아야 한다. 기관, 기업소, 단체와 재판소는 아동을 가진 부부리혼문제가 제기되는 경우 아동의 리익을 위하여 부부가 갈라지지 않도록 교양하여야 한다"라고 하였다. 이에 북한은 부모가 이혼할 경우 아동의 불행으로 간주, 이를 억제하기위한 제 기관들의 역할을 언급한 것이다. 또 동 법령 제55조 리혼시 아동양육 항목에서 "부모가 리혼하는 경우 아동의 양육문제는 아동의 리익의 견지에서 당사자들이 합의하여 정한다. 합의가 이루어지지 않을 경우에는 재판소가 정한다. 부득이한 사유가 없는 한 3살아래의 아동은 어머니가 양육한다"라고 하였다. 이는 협의에 의한 이혼절차, 협의가 불가능할 경우 재판에 의한 이혼, 아동이 3세 이하인 경우 어머니의 양육에 대한 함의이다.

또한 「아동권리보장법」에는 아동 양육비에 대한 내용이 있다. 동 법령 제56조 아동의 양육비 항목에서 북한은 "아동을 양육하지 않는 당사자는 아동의 양육을 맡은 당사자에게 아동이 로동할 나이에 이르기 까지 양육비를 월마다 지불하여야 한다. 양육비는 아동수에 따라 월수입의 10~30%범위에서 재판소가 정한다"[34]라고 하였다. 동

조항을 근거로 하면 아동을 양육하지 않은 당사자는 양육비를 노동
가능한 연령인 16세까지 매월 지급해야 하고 양육비의 수준은 양육
아동수와 양육하지 않은 당사자 월수입에 근거해서 재판소가 정한다.

정리하면 「아동권리보장법」의 북한 아동 가정권의 경우 상술한
아동 교육권과 아동 보건권과 마찬가지의 경향이 나타난다. 즉, 기
존의 법령에서 제정한 내용을 아동권리 신장이라는 동 법령의 취지
에 맞게 재정의 하였다. 그리고 이를 재차 아동복지 차원에서 접근

<표 4> 타 법령과 가정권 비교: 대표 조항만 정리

아동권리보장법	가족법	녀성권리보장법
·제6조 가정에서 아동권리보장 원칙 ·제38조 가정에서 아동기본요구	·제6조 어린이, 어머니 보호	·제44조 가정에서 권리
·제39조 양육보장	*·제22조 이혼 자녀양육 ·제23조 자녀 양육비	어린이보육교양법
·제39조 양육보장	*·제22조 이혼 자녀양육 ·제23조 자녀 양육비	*·제11조~제21조 국가 사회부담 양육
·제41조 양육책임주체	어린이보육교양법	어린이보육교양법
·제41조 양육책임주체	*·제11조~제21조 국가 사회부담 양육	*·제11조~제21조 국가 사회부담 양육
·제40조 장애아동 후견 ·제44조 후견인 선정	가족법	장애자보호법
·제40조 장애아동 후견 ·제44조 후견인 선정	·제40조 후견인 선정 조건 ·제41조 후견인 자격	·제50조 장애자 후견 의무
·제46조 아동상속권	·제46조 상속 순위	민법
·제46조 아동상속권	·제46조 상속 순위	·제63조 상속권
·제46조 아동상속권	·제46조 상속 순위	녀성권리보장법
·제46조 아동상속권	·제46조 상속 순위	·제43조 상속의 남녀평등

* 비고: *는 간접적인 관련 내용으로 참조
* 출처: 저자 작성.

---

34) 이밖에도 '아동권리보장법' 제42조 가정에서 아동의 의사존중 항목에서 "가정에
서는 아동의 의사를 최대로 존중하고 홀시하거나 무시하지 말아야 한다"라고
하였다. 또 동 법령 제43조 가정에서 처벌금지 항목에서 "가정에서는 아동에 대
한 학대, 무관심, 욕설, 추궁, 구타 같은 행위를 하지 말아야 한다"라고 하였다.

하면 동 법령을 통해 아동의 가정에서의 확고한 법적 지위와 권리를 밝혔음에 따라 일정부문 기여했다 하겠다. 지금까지 논증한 「아동권리보장법」에 나타난 북한아동의 가정권을 타 법령과 비교·정리하면 〈표 4〉와 같다.

IV. 결론

본 연구는 북한의 「아동권리보장법」을 북한 관련 법령들의 개별 조항들과 비교 분석하였다. 이에 본 연구는 북한의 아동복지를 ① 교육권, ② 보건권, ③ 가정권을 중심으로 접근하여 분석하였다. 이에 북한은 전반적으로 같은 날 제정된 「녀성권리보장법」과 마찬가지로 기존 법령에서 산발적으로 흩어져 있던 아동 관련 조항을 철저히 아동의 입장에서 재정리하여 입법한 경향이 나타났다.

가령 「아동권리보장법」은 최상위법인 「헌법」, 「가족법」, 「고등교육법」, 「교육법」, 「녀성권리보장법」, 「민법」, 「보통교육법」, 「사회주의노동법」, 「어린이보육교양법」, 「인민보건법」, 「장애자보호법」에서 각각 이를 기반으로 부분적으로 인용하거나, 간접적으로 수정하거나, 통합한 사례가 다수 발견되었다. 따라서 「아동권리보장법」에서 내용적으로 여타 법령과 관련된 다수의 중복된 조항이 나타났다. 때문에 동 법령을 통해 나타난 북한의 아동복지의 제도적 수준은 전과 같고 비록 그 변화의 폭은 존재하지만 미진하다 하겠다. 즉, 한마디로 동 법령에서 새로운 것은 단지 북한이 아동의 기준에서 기존의 법령을 참조하여 명문화한 것뿐이다. 따라서 이로 인해 북한이 북한 아동을 위해 제정한 동 법령은 상징적이고 독립적인 법령의 색채가

질지만 내용적으로는 기존 한계를 극복하지는 못했다.

그리고 이러한 원인은 무엇보다 「아동권리보장법」과 여타 비교 법령과의 ① 위계적 관계, ② 내용적 연관성, ③ 변화의 파급성, ④ 동 법령의 내재적 속성에 기인한다. 이를 보다 더 구체적으로 살펴보면 첫째, 동 법령과 타 법령과의 위계적 관계는 비교 대상과 내용에 따라 수직적이거나 수평적인 관계이다. 따라서 북한이 동 법령을 통해 새로운 내용을 제시하지 않는 한 내용적으로 중복될 수밖에 없는 한계가 존재한다.[35]

둘째, 이와 연장선상에서 동 법령과 여타 법령과의 내용적 연관성이 발견된다. 즉, 동 법령의 내용이 여타 법령과 내용적으로 다소 근친한데, 이는 북한의 입장에서 새로운 것을 제시하기에는 다소 부담스럽기 때문이다. 다시 말해 만약 북한이 동 법령을 통해 새로운 내용을 제시한다면, 이는 기존의 내용을 포괄하면서 보다 더 확대 발전된 형태로 진행해야 한다. 또한 이와 반대로 전혀 새로운 것을 제시한다면 기존의 법령과 법제적 마찰과 모순이 발생한다. 따라서 북한의 입장에서는 동 법령을 입법할 때, 이를 고려하지 않을 수 없었다.[36]

셋째, 이와 동렬에서 동 법령과 여타 법령과의 변화의 파급성이 나타날 수 있다. 즉, 북한이 동 법령을 통해 과감하게 상술한 두 번째 문제를 해결하기 위해 노력한다 하더라도 관련된 모든 법령을 수정하기란 현실적으로 쉽지 않다. 가령 동 법령에서 북한이 교육, 보건과 관련 구체적인 아동복지서비스 급여수준을 명시할 경우 법적 일관성을 위해 북한은 관련된 법령을 수정해야 한다. 그리고 북한은 이와 관련된 기존의 「교육법」, 「보통교육법」, 「고등교육법」, 「인민

---

35) 이철수, 앞의 논문, 2019, 252~253쪽.
36) 위의 글, 253쪽.

보건법」 등의 수정작업을 동반하게 만든다. 이는 결국 동 법령이 야기하는 파급현상이자 북한의 법적 후속작업이다. 따라서 북한의 입장에서는 동 법령 하나로 인한 관련 법령의 연쇄적 수정은 결코 받아들이기 쉬운 문제가 아니다.

넷째, 동 법령의 내재적 속성은, 무엇보다 동 법령은 북한의 아동권리 신장을 통한 법적 보장과 제도적 기반을 의미한다. 즉, 북한의 입장에서 접근하면, 북한은 동 법령을 통해 그동안 국제사회가 지속적으로 제기한 북한아동의 열악한 권리를 개선해야 하고 이에 북한은 동 법령을 통해 보완하는 제도적인 기제를 필요로 했다. 따라서 북한은 동 법령을 새롭게 제정했지만 그 속에 굳이 이를 확장하여 무리하게 새로운 것을 제시할 필요성이 낮았다. 때문에 동 법령은 북한의 입장에서 '이 정도면 아동권리가 일정부문 보장된 법제이다'라고 대내외적으로 자부할 수준이면 충분하다.[37]

아울러 북한이 동 법령에서 명시한 각종 아동권리를 '형식적 권리' 차원이 아닌 '실질적 보장'차원으로 접근한다면, 북한은 이를 위해 실제 수반되는 제반요소를 반드시 집행·수립해야한다. 즉, 동 법령에서 밝힌 6대 원칙인 ① 평등보장원칙, ② 아동중시원칙, ③ 교육, 보건 분야의 아동권리보장원칙, ④ 가정에서 아동권리보장원칙, ⑤ 사법분야의 아동권리보장원칙, ⑥ 아동에 대한 물질적 보장 원칙의 경우 기본적으로 막대한 재정과 인프라가 소요되는 사업이다. 따라서 북한은 법적으로는 이를 실현할 의지가 있으나 현실적으로는 이를 온전히 실현하기에는 사실상 불가능한 부분이다. 때문에 이러한 이유로 동 법령은, 법적으로는 북한의 아동복지 정립과 확대를 꾀했지

---

37) 위의 글, 253쪽.

만 현실적으로는 다양한 한계성과 선결해야 하는 과제를 남겼다.

특히, 동 법령은 표면적으로는 아동권리를 강조한 것이지만 내용적으로는 기존의 내용과 이렇다 할 차이가 나타나지 않는다. 결국 북한의 「아동권리보장법」은 법 자체의 상징적인 의미가 강한 반면 내용적인 의미는 아동의 권리 강화를 강조한 것 이외에 기존 법령들과 뚜렷한 차별성-특히 아동복지-이 발생하지 않는다. 그럼에도 불구하고 동 법령의 상징성과 내용을 무시할 수는 없는데, 왜냐하면 동 법령은 현재까지 북한이 아동복지를 포괄적으로 제시한 유일한 독립 법령이기 때문이다.

다른 한편으로 아동복지 차원에서 동 법령을 접근하면 북한이 6대 원칙을 통해 아동을 최대한 보호하려는 의도가 나타난다. 즉, 아동이 성장하면서 자연스럽게 경험하게 될 보편적인 문제에 대해 북한이 이를 나름대로 재정리했다는 것이다. 또한 동 법령이 기존의 법령에서 많은 부문을 인용 혹은 차용하거나 수정했지만 일정부문 일관성 있게 체계화하거나 재정의한 것은 부정할 수 없는 사실이다. 그러나 동 법령의 경우 아동복지에 관한 추상적인 수준이 아닌 구체적인 수준의 복지급여를 제시하지 않은 것은 다소 아쉬운 부문이다. 따라서 적어도 북한의 교육과 보건 부문의 아동복지는 법제와 복지급여, 복지서비스, 전달체계, 관리운영체계에 있어 기존과 거의 동일한 형국이라 하겠다.

이러한 점에서 향후 북한은 두 가지의 대안 내지는 선택이 가능한데, 하나는 동 법령의 아동복지와 관련된 내용을 대폭 수정하고 개정하는 방법, 다른 하나는 동 법령보다 앞서 제정한 「장애자보호법」과 「년로자보호법」처럼 별도로 완전히 독립된 가칭 '아동보호법'을 제정하는 방법이다. 이에 지금 현재를 기준으로 동 법령의 취지나 기능, 내용적 수준으로 볼 때, 후자가 더욱 쉽고 적합하다고 판단된다.

그러나 다른 한편으로 이러한 경우 북한이 어떠한 방법을 선택하느냐를 차지하더라도 다양한 문제가 제기된다. 가령 북한이 동 법령의 수정이나 새로운 법령의 입법을 통해 기존과 다른 아동복지에 관한 급여와 구체적인 재정 확보방안, 전달체계를 제시하지 못할 경우 이는 여전히 부족하다는 평가를 받을 것이다. 그리고 이는 사실상 법령 수정이나 제정 이전에 전제 내지는 해결해야하는 북한 아동복지의 현실적인 문제를 동반한다. 따라서 북한 아동복지의 발전은 북한의 현실과 능력, 자구적인 해결책, 기존 급여의 확장성, 새로운 급여의 개발과 연관된다. 결국 이러한 점에서 보면 북한 아동복지의 제도적 발전은 과거와 현재, 미래에 대한 '계산된 합리적 합의'에 기인하다 하겠다.[38] 때문에 나아가 이러한 점에서 북한 아동복지에 대한 연구는 법제적 분야뿐만 아니라 자원, 인력, 조직, 재원, 국제사회와의 기준 비교, 다양한 교육프로그램등과 연계된 실태분야의 연구가 필요하다고 판단된다.

---

38) 위의 글, 254~255쪽.

참고문헌

1. 북한 법령
가족법
고등교육법
교육법
녀성권리보장법
년로자보호법
로동보호법
민법
보통교육법
사회보장법
사회보험법
사회주의로동법
아동권리보장법
어린이보육교양법
인민보건법
장애자보호법
헌법

2. 논문 및 단행본

김석향 외, "북한의 가정외보호 아동정책에 대한 탐색적 분석," 「청소년복지연구」 제19권 1호, 한국청소년복지학회, 2017.

김석향 외, "유엔아동권리협약 국가보고서를 통해 본 남북한 아동권리 내용 비교," 「한국아동복지학」 제54호, 한국아동복지학회, 2016.

김영규, "북한의 여성과 아동의 인권에 관한 입법의 특징과 평가: 1990년 이전의 입법을 중심으로," 「국방연구」 제57권 4호, 대전: 국방대학교 안보문제연구소, 2014.

도경옥 외, 「북한의 여성·아동인권 실태」, 서울: 통일연구원, 2016.

박경숙, 「북한사회와 굴절된 근대-인구, 국가, 주민의 삶」, 서울: 서울대학교

출판문화원, 2013.

박복순 외, 「통일대비 남북한 여성·가족 관련 법제 비교 연구」, 서울: 한국여성정책연구원, 2014.

법무부, 「북한 가족법주석」, 서울: 법무부, 2015.

이철수, "북한 「녀성권리보장법」에 대한 탐색적 분석: 기존 관련 법령과 비교를 중심으로," 「통일과 평화」 제11집 1호, 서울: 서울대학교 통일평화연구원, 2019.

_____, "북한 「년로자보호법」의 의의와 한계-타 법령과의 비교를 중심으로," 「북한연구학회보」 제19권 1호, 서울: 북한연구학회, 2015a.

_____, "북한 사회보장법 법적 분석-기존 사회복지 관련 법령과의 비교를 중심으로," 「통일정책연구」 제24권 1호, 서울: 통일연구원, 2015b.

_____, "2008년 북한 사회보장법에 대한 연구," 「한국사회의 사회안전망을 점검한다」 2014년 사회정책연합공동학술대회 통합학회 발표문, 오송: 4대통합학회, 2014.10.17..

이철수·정유석, "2000년 이후 북한 사회복지법제 동향," 「현대 북한연구」 제19권 2호, 서울: 북한대학원대학교, 2016.

임순희 외, 「북한의 아동교육권 실태와 관련 법령 제정 동향」, 서울: 통일연구원, 2012.

임순희 외, 「북한의 여성권·아동권 법 제정 동향」, 서울: 통일연구원, 2011.

한국법제연구원, 「북한법률용어사전」, 세종: 한국법제연구원, 2017.

황의정·최대석, "북한의 여성관련 법제정을 통해 본 여성의 법적 지위의 변화 전망," 「동북아법연구」 제9권 2호, 전주: 전북대학교 동북아법연구소, 2015.

3. 북한 문헌 및 보도자료

"조선민주주의인민공화국 법전(대중용) 제2판," 법률출판사, 2012.

"조선말대사전(증보판) 3," 사회과학출판사, 2007.

"조선말대사전(증보판) 2," 사회과학출판사, 2007.

법제처 통일법제 데이터베이스.

민주조선, 2011년 1월 26일.

제3부
북한의 국제협약
국가이행보고서

제11장

북한의 여성차별철폐협약 국가이행보고서 분석
제2 · 3 · 4차 통합보고서 고용복지 조항을 중심으로

Ⅰ. 서론

북한은 유엔여성차별철폐협약에 2001년 2월 27일 가입하였다. 동 협약은 1967년 제22차 유엔총회에 채택한 '여성에 대한 차별철폐선언'을 바탕으로 1979년 12월 18일 제34차 유엔총회에서 채택, 1981년 9월 3일부터 발효되었다. 동 협약의 정식 명칭은 '여성에 대한 모든 형태의 차별철폐에 관한 협약(CEDAW, Convention on the Elimination of Discrimination against Women)'이다. 동 협약은 여성이 정치적 · 경제적 · 사회적 · 문화적 그밖에 어떠한 분야에서도 성에 따른 차별을 해서는 안 된다는 원칙, 모성이 차별의 대상이 되어서는 안 되며 가정의 책임은 남녀 모두에게 있다고 규정한다. 이에 한마디로 동 협약은 여성의 인권보장과 차별해소에 대한 국가적 의무를 명시한 협약이라 하겠다.[1] 따라서 동 협약은 국제사회가 전 세계적 차원에서 협의한 여성차별에 대한 포괄적 협약으로 국제규약적인 성격을 갖

---

[1] 다음백과, "유엔여성차별철폐협약," 〈검색일: 2019년 10월 28일〉 다음백과에서 요약 정리.

고 있다.

또한 동 협약에 가입한 당사국의 경우 공통적으로 동 협약은 국내법과 동일한 효력을 가지며, 이 국가들은 여성차별철폐위원회[2]에 협약 이행에 대한 보고서를 제출해야 하는 의무를 가진다. 이에 동 보고서에는 당사국이 협약가입 이후 여성차별철폐 증진을 위해 취한 해당 국가의 법적·정책적·실천적 노력에 대해 보고한다. 또한 협약 가입국가가 제출한 이행보고서는 유엔여성차별철폐위원회의 최초 심의를 거친 후, 추가자료 쟁점 제출요청, 이에 대한 해당 국가의 추가 소명과 자료 제출, 이후 최종적으로 여성차별철폐위원회의 심의와 공표과정으로 종결된다.

특히 동 위원회는 여성차별철폐협약을 비준한 국가의 보고서를 포함하여 동 협약의 이행과 진전되는 상황에 대해 조사 보고하며, 개인 및 단체의 진정을 접수 심사한다.[3] 아울러 동 협약을 위반한 중대하고 조직적인 인권 침해가 일어날 경우 협약 제8조에 의거 당사국의 동의를 전제로 당사국을 방문하여 조사할 수 있다.[4]

---

2) 이에 대해 동 협약 제17조 1항에서 " … 23인의 본 협약 규율분야에서 높은 도덕적 명성과 능력을 갖춘 전문가로 구성한다. … "라고 명시되어 있다. 또한 위원의 선출은 협약당사국 회의에서 하고 정부의 추천으로, 정부대표들이 비밀투표를 하여 과반수 득표로 선출되지만, 위원들은 자국정부를 대표하지 않고 개인 전문가로서의 독립성을 유지한다. 위원회는 연 3회 뉴욕에서 개최된다. 한 회에 2~3주간씩 열리며, 한 회기에 보통 8개국 내지 15개국의 보고서를 심의한다. 당사국은 심의를 위해 정부대표단을 파견하고 각 위원들의 질문을 받고 답변하는 '건설적 토의'가 위원회에서 이루어지고 심의 후에는 위원회가 최종권고문을 채택한다. 그리고 해당 당사국은 협약과 더불어 이 권고문도 이행할 의무를 갖는다. 아울러 이 시기 국가보고서 심의와 더불어 개인진정서도 심의하지만 이 과정은 비공개이다. 국가인권위원회 인권교육센터, "유엔여성차별철폐위원회,"〈검색일: 2019년 10월 29일〉

3) 이 경우 선택의정서를 통해 진행되는데, 따라서 선택의정서는 여성차별철폐협약에 보장된 권리가 침해당했을 때 이를 구제하는 방편이라 판단된다.

4) 한편 동 위원회는 동 협약 제17조에 의해 1982년에 설치되었고 위원들은 당사

한편 지금까지 북한은 여성차별철폐협약에 대한 국가 이행보고서를 총 두 차례 제출하였다. 가장 최근인 2차, 3차, 4차 통합보고서는 2016년 1월 1일이 제출일이었지만 약 4개월이 지난 동년 4월 16일 제출하였다. 이에 여성차별철폐위원회가 2017년 3월 15일 추가 쟁점자료를 요청하였다. 이에 북한은 여성차별철폐위원회가 요청한 추가 답변서를 동년 6월 16일 제출하였다. 이어서 유엔여성차별철폐위원회는 이행보고서와 추가 답변서를 토대로 동년 10월 23일~11월 17일 심의에 이은 최종 견해가 공표되었다. 결국 북한은 현재까지 총 1~4차 보고서 중 한 차례의 통합보고서를 포함, 전체 총 두 차례의 여성차별철폐에 관한 국가이행보고서를 유엔여성차별철폐위원회에 제출하였다. 이와 마찬가지로 유엔여성차별철폐위원회 역시 두 차례의 심의와 공표과정을 거쳤다.

다른 한편 이와 관련 북한가족을 포함, 포괄적으로 북한여성과 관련한 연구를 간략히 요약하면 다음과 같다. 강동완(2019)의 연구는 김정은 시대 북한 화장품의 선전과 실제에 대해 화장품을 통해서 북한의 여성문화를 고찰하였다. 이철수(2019)의 연구는 북한의 녀성권리보장법을 기존의 관련 법령들과 비교하였다. 홍승아 외(2016)의 연구는 통일 대비 여성·가족정책 추진 전략과 통일한국 사회통합 전망 연구에 대한 보고서이다. 이가영(2017)의 연구는 특이하게도 북한의 여성동맹조직의 역할 변천에 대해 추적하였다. 현인애(2015)의 연구는 노동신문 사·논설을 통해서 본 북한 여성담론과 여성정책의 변화를 탐색하였다. 황의정과 최대석(2015)의 연구는 북한의 여성 관련 법제정을 통해 여성의 법적 지위에 대한 변화를 고찰하였

국들의 추천에 의해 선출된 전문가 23명으로 구성된다. 다음백과, "유엔여성차별철폐위원회," 〈검색일: 2019년 10월 28일〉 다음백과에서 요약 정리.

다. 박복순 외(2014)의 연구는 통일대비 남북한 여성·가족 관련 법제를 비교하였다. 박민주(2014)의 연구는 북한의 임신과 출산 관련한 법제와 경험에 대한 연구이다. 김충렬(2013)의 연구는 김정은 체제에서의 북한 여성의 정치적 위상에 관해 추적하였다.

반면 북한 아동과 여성을 동시에 놓고 고찰한 융합연구는 다음과 같다. 이지언과 김상용(2016)의 연구는 북한 여성과 아동의 인권 증진을 위한 사회복지서비스 방안을 제시하였다. 도경옥 외(2016)의 연구는 북한의 여성과 아동의 인권 실태를 분석하였다. 이인정(2015)의 연구는 북한 문헌인 「조선녀성」을 통해 북한의 가족과 자녀 교육을 고찰하였다. 김영규(2014)의 연구는 북한의 여성과 아동의 인권에 관한 입법 특징과 평가를 1990년 이전의 입법을 중심으로 살펴보았다. 김영규(2011)의 연구는 2009년 이후 북한 민사관련 법령의 특징과 평가를 부동산관리법, 아동권리보장법, 녀성권리보장법을 중심으로 고찰하였다. 임순희 외(2011)의 연구는 북한의 여성권과 아동권 관련 법령의 제정 동향을 살펴보았다.[5]

또한 북한여성과 관련한 이외의 융합연구로는, 이소희(2019)의 연구는 북한 개발협력과 여성 보건의료이라는 두 가지 주제에 대해 고찰하였다. 이준모(2018)의 연구는 북한의 개발협력 20년과 성불평등에 대해 나름대로 분석하였다. 김석향 외(2016)의 연구는 북한 내 재생산 영역의 사회구조와 여성의 실천에 대해 분석하였다. 박태상(2016)의 연구는 북한의 과학기술 발전과 북한 여성정책의 지향점에 대해 추적하고 분석하였다. 이승윤 외(2015)의 연구는 북한 공식-비공식 노동시장의 형성과 여성에 대해 추적하였다. 임옥규(2014)의

---

5) 이철수, "북한의 '아동권리협약 국가이행보고서' 분석: 제5·6차 통합보고서 복지조항을 중심으로, 미발표논문, 3쪽.

연구는 북한 문학을 통해 본 김정은 체제에서의 국가와 여성을 『조선문학』을 통해 고찰하였다.

한편 이러한 기존연구의 경향은 다음과 같이 정리된다. 첫째, 북한여성에 대한 포괄적인 연구는 분석대상을 달리할 뿐 여성과 관련한 법과 정책, 문화 부문이 주류를 이루고 있다. 둘째, 아동과 여성을 융합한 연구는 법과 인권, 교육과 권리를 주로 탐색하였다. 셋째, 여타 융합연구는 연구주제와 분석대상에 따라 다양한 관점에서 진행되었는데, 가령 여기에는 여성을 중심으로 하는 젠더적 관점뿐만 아니라 여성 보건의료, 노동시장, 문학 같은 분야가 해당된다. 넷째, 가장 중요한 것으로, 본 연구와 관련 현재까지 북한의 여성차별철폐협약 국가이행보고서를 분석한 연구가 전무하다는 것이다.

이러한 점에서 본 연구의 목적은 가장 최근인 2016년 4월 16일 북한이 유엔여성차별철폐위원회에 제출한 북한의 여성차별철폐협약 2·3·4차 통합 국가이행보고서를 놓고, 동 보고서의 고용복지 조항을 분석·평가하는 것이다. 이에 따라 본 연구의 주요 분석대상은 북한이 유엔여성차별철폐위원회에 제출한 ① 북한의 여성차별철폐협약 2·3·4차 통합 국가이행보고서, ② 유엔여성차별철폐위원회가 추가로 요청한 쟁점목록, ③ 이 쟁점목록에 대한 북한의 답변서, ④ 유엔여성차별철폐위원회의 최종 견해에 나타난 고용복지 부문 내용들이다.[6] 또한 본 연구의 연구방법은 질적 연구방법을 통해 상기 문헌들을 분석하고자 한다.

---

6) 동 보고서에서 북한여성의 고용복지와 관련한 직접적인 조항은 25개 조문인 반면 보건 관련 직업적인 조항은 70개 조문으로 매우 방대하다. 한편 동 보고서의 앞 부문인 동 협약 제3조 여성의 개발과 발전 부문에 여성 인권, 교육, 노동, 사회보장, 상속 등에 대한 내용이 있으나 이는 간접적인 내용들이다.

이를 위한 본 연구의 서술 순서는 먼저 유엔여성차별철폐협약과 북한의 국가 이행보고서, 유엔여성차별철폐위원회의 추가 쟁점, 이에 대한 북한의 답변서, 유엔여성차별철폐위원회의 최종 견해에 대해 간략히 고찰하였다. 다음으로 북한이 제출한 이행보고서에 명시한 북한여성의 고용복지 관련 조항을 주요 항목별 구분하여 분석하였다. 이에 열거하면 ① 법령, ② 고용지원, ③ 고용(율), ④ 임금과 수당, ⑤ 노동보호, ⑥ 사회보장, ⑦ 양육과 부양을 중심으로 추적하였다. 또한 본 연구는 상술한 바와 같이 이러한 과정에서 발생한 북한과 유엔여성차별철폐위원회의 추가 쟁점목록, 이에 대한 북한의 추가 답변서, 유엔여성차별철폐위원회의 최종 견해로 마무리된 보고서를 추적하였다. 마지막으로 이를 토대로 북한의 유엔여성차별철폐협약 이행보고서 보고행태를 정리하였다.

한편 무엇보다 본 연구는 북한이 자체적으로 분석하여 작성·제출한 유엔여성차별철폐협약 국가 이행보고서의 고용복지와 관련한 내용을 분석한 연구이다. 이에 따라 향후 남북한 여성복지서비스, 가족복지서비스, 모자보건 의료협력, 보육과 육아, 탁아 부문의 교류를 시도할 경우 유용한 정책적 자료라 되리라 기대한다. 아울러 본 연구의 분석결과는 북한의 여성복지제도, 가정과 가족정책의 개선점, 그 방향과 해결방안에 대한 정책적 판단근거가 되리라 기대한다.

II. 여성차별철폐협약과 북한의 국가이행보고서

1. 유엔 여성차별철폐협약

세계인권선언을 기초로 작성된 동 협약은 전문과 본문을 포함 전체 총 6부, 30개 조로 구성되어 있고 여성차별에 대한 정의 및 양성평등의 원리, 국가가 취해야 할 조치 등을 밝히고 있다. 특히 동 협약은 1979년 유엔총회에서 채택된 이후 단기간 내에 가장 많은 국가가 비준한 국제조약으로, 현재까지 전 세계 189개 국가가 비준하였으며, 협약 당사국들은 4년마다 국가 보고서를 작성·제출하여 유엔 여성차별철폐위원회의 심의를 받는다.[7]

보다 구체적으로 동 협약의 내용에 대해 살펴보면, 동 협약 전문에서 " … 현재까지 충분히 인식되지 못하고 있는 가정의 복지와 사회의 발전에 대한 여성의 지대한 공헌, 모성의 사회적 중요성 및 가정과 자녀양육에 있어서의 부모의 역할을 명심하며 또한 출산에 있어서의 여성의 역할이 차별의 근거가 될 수 없으며, 아동의 양육에는 남성, 여성 및 사회전체가 책임을 분담해야 함을 인식하고, 남성과 여성 사이에 완전한 평등을 달성하기 위하여는 사회와 가정에서 여성의 역할뿐만 아니라 남성의 전통적 역할에도 변화가 필요함을 인식하고, 여성에 대한 차별의 철폐에 관한 선언에 명시된 제 원칙을 이행하며, 이러한 목적으로 모든 형태와 양태에 있어서의 차별을 철폐하는 데 필요한 조치를 취할 것을 결의하면서 다음과 같이 합의하였다"라고 하였다. 즉, 이를 통해 볼 때, 동 협약의 궁극적인 목적

---

7) 한국여성정책연구원, 「여성차별철폐협약(CEDAW)」 (서울: 한국여성정책연구원, 2018), 1쪽.

은 여성차별철폐를 위한 즉각적인 실천과 최종적인 실현이다.

이에 동 협약 제1조에 여성차별에 대한 정의가 나와 있는데 "정치적, 경제적, 사회적, 문화적, 시민적 기타 모든 영역에서 결혼 여부에 상관없이 인권과 기본적 자유의 인식, 향유, 행사에 지장을 초래하거나 그러한 목적을 가지 성에 기반을 둔 모든 구별, 배제, 제한을 의미"한다. 이어 제2조에서 이를 위해 "여성차별철폐는 국가의 의무이고 나아가 모든 형태의 여성차별을 없애는 것은 국가의 의무이다"라고 언급하면서 "헌법이나 법률에 성평등 원칙을 명시하고, 성평등을 실현해야 함(제2조 a항), 모든 여성차별을 금지하는 조치를 취해야 함(제2조 b항), 차별당했을 때 구제조치 제공(제2조 c항), 여성차별적인 법과 규칙, 관습과 관행은 폐지하거나 수정(제2조 f항), 여성차별적인 형법의 조항은 폐기(제2조 g항), 또한 개인, 단체, 기업의 차별도 국가의 책임에 대해 정부나 공공기관은 여성에 대해 어떤 종류의 차별도 해서는 안 되고(제2조 d항), 개인이나 단체, 기업에 의해 자행되는 여성차별은 근절하기 위해서도 국가는 모든 필요한 조치를 강구하여야 한다(제2조 e항)"라고 구체적으로 밝혔다.[8]

이에 동 협약 제2조를 재차 요약하면, 모든 형태의 여성차별을 없애기 위해 "모든 가능한 방법을 즉시 협약 당사국이 실시할 것"을 명시하면서 "남녀평등의 원칙을 헌법이나 법률에 포함하고 이의 실현을 법적으로 보장할 것, 여성차별을 금지하고 이를 처벌하기 위한 법적, 기타 조치의 실시, 여성의 권리를 보호하고, 차별 시 구제받을 수 있는 기관 설치, 공권력이나 공공기관, 개인, 조직, 기업이 차별하지 못하도록 보장할 것, 여성차별적인 형법의 조항을 모두 폐기할

---

8) 국가인권위원회 인권교육센터, "유엔여성차별철폐위원회," 〈검색일: 2019년 10월 29일〉.

것"[9] 등이 포함된다.

이 밖에도 동 협약에는 실질적 평등을 위한 "한시적 특별조치"에 대해, "여성의 실질적 평등을 앞당기기 위해서는 한시적 특별조치가 필요(제4조, 1항), 동시에 모성을 보호하기 위한 특별조치도 차별이 아님을 분명히 하고(제4조, 2항), 모성의 사회적 기능, 자녀양육의 남녀 공동책임 명기(제5조 b항), 여성의 인신매매와 성매매에 의한 착취 금지(제6조), 정치적, 공적 분야에서의 차별철폐(제7조), 국제적 활동에서의 평등(제8조), 국적상의 동등한 권리(제9조), 교육에 있어서의 차별철폐(제10조), 취업에 있어서의 차별철폐(제11조), 보건(가족계획 포함)에서의 차별철폐(제12조), 경제와 사회생활에서의 평등(제13조), 농촌여성의 권리보장(제14조), 법 앞에서의 평등(제15조), 결혼과 가족관계 있어서의 차별철폐(제16조)" 등을 규정하였다.

이에 동 협약의 제1조부터 제16조까지는 본문에 해당되는 것으로 제1조 차별의 정의를 시작으로, 이하의 내용은 여성차별철폐를 위해 기해야할 사항들을 주요 항목별로 정리 제시한 것이다. 반면 제17조부터 제22조의 경우 유엔여성차별철폐위원회의 운영과 권한에 대한 내용을, 제23조부터 제30조까지는 협약가입 당사국의 의무와 절차에 대해 명시하고 있다.

따라서 유엔여성차별철폐협약의 주요 내용을 요약하면, ① 남녀 평등과 여성의 발전을 확보할 국내입법의 의무화, ② 모성보호를 위한 조치, ③ 인신매매·매음의 금지, ④ 투표권·공무담임권의 평등, ⑤ 국적취득권의 동등과 처의 국적독립권, ⑥ 교육과 노동의 기회, 임금 등의 평등, ⑦ 결혼 또는 해산에 따른 차별해고 방지, ⑧ 사회·

---

9) 국가인권위원회 인권교육센터, "유엔여성차별철폐위원회," 〈검색일: 2019년 10월 29일〉.

경제권의 평등, ⑨ 농촌여성의 개발이익 향유보장과 평등 확보, ⑩ 재산관리 및 사법절차에서의 남녀평등, ⑪ 여성의 법적 능력을 제한하는 계약·문서의 무효, ⑫ 가사 책임에 관한 남녀 분담 등의 내용을 담고 있다.[10]

특히 동 보고서의 경우 동 협약 제18조 1항에서 "당사국은 그들이 본 협약의 규정을 실시하기 위하여 채택한 입법, 사법, 행정 또는 기타 조치와 이와 관련하여 이루어진 진전에 대한 보고를 위원회가 심의하도록 국제연합 사무총장에게 제출한 의무를 진다. 즉, (가) 관계국에 대하여 발효한 후 1년 이내에 제출하며, (나) 그 이후에는 최소한 매 4년마다 제출하며 위원회가 요구하는 때는 언제든지 제출한다"라고 명기되어 있다. 따라서 협약가입 당사국의 이행 보고는 정기적인 의무조항이다.[11] 이에 참고로 지금까지 논증한 동 협약의 조문 구성과 그 주요 내용을 간략히 정리하면 다음 〈표 1〉과 같다.

---

10) 국가인권위원회 인권교육센터, "유엔여성차별철폐위원회," 〈검색일: 2019년 10월 29일〉.

11) 또한 유엔 회원국들은 동 협약에 비준함으로써 여성에 대한 차별을 철폐하기 위해 일련의 절차들을 도입할 것을 약속하고 다음을 포함한다. ① 남녀평등의 원칙을 당사국 법적 제도 내에 반영하고, 여성에 대한 차별적인 법을 철폐하고, 차별을 금지하는 적절한 법을 제정한다. ② 여성에 대한 차별에 대한 효과적인 보호를 위해 재판소나 기타 공적 제도를 설립한다. ③ 개인, 단체, 공공기관, 정부, 기업체 등이 행사하는 여성에 대한 모든 차별 행위 근절을 보장한다. ④ 정부는 차별적인 법, 정책, 프로그램, 가치, 관습, 문화에 책임이 있다. 동 협약은 이외에도 평등의 원칙과 철저한 권리 기반 원칙을 고수하고 있으며, 재생산권은 여성의 권리이고, 문화와 전통이 불평등한 젠더역할과 가족관계를 형성하는 데 영향을 미친다는 것을 확인한 유일한 협약이다. 한국여성정책연구원, 「여성차별철폐협약(CEDAW)」 (서울: 한국여성정책연구원, 2018), 2쪽.

구조	해당 조항 요약	
전문		
제1부	·차별의 정의(제1조) ·당사국의 여성차별 철폐의무(제2조) ·여성의 완전한 발전, 향상의 확보(제3조) ·특별조치(제4조) ·남녀의 역할론 극복(제5조) ·여성의 매매와 매춘(제6조)	
제2부	·정치적 공적 활동(제7조) ·국제적 활동(제8조) ·국적(제9조)	
제3부	·교육(제10조) ·고용(제11조) ·보건(제12조) ·경제적, 사회적 활동(제13조) ·농촌 여성 차별 철폐(제14조)	
제4부	·법 앞의 평등과 민사관계(제15조) ·혼인과 가족관계에서 여성 차별 철폐(제16조)	
제5부	·여성차별철폐위원회 운영 및 권한(제17조~제22조)	
제6부	·협약에 대한 해당 국가의 의무와 절차(제23조~제30조)	

* 비고: 굵은 고딕 표기가 본 연구의 주요 분석대상임.
* 출처: 여성가족부와 유엔여성차별철폐협약을 토대로 저자 추가 작성.

2. 유엔여성차별철폐협약 관련 보고서

1) 4개의 보고서:

① 이행보고서, ② 추가 쟁점목록, ③ 추가 쟁점목록 답변, ④ 최종 견해

국가이행보고서는 당사국이 여성차별철폐협약의 의무를 얼마나 잘 이행하고 있는지 평가하는 것으로 동 협약의 제1조부터 제16조까지의 내용을 어떤 법률을 가지고 어떤 정책을 실시했으며 어떤 효과를 보았는지, 앞으로는 어떻게 할 것인지에 대해 작성[12]하는 것이다.

이에 2016년 4월 11일 북한이 제출한 여성차별철폐협약 제 2·3·4차 통합 국가 이행보고서는 전체 272개 조문으로 구성되어 있다. 이에 대해 2017년 3월 15일 유엔여성차별철폐위원회는 동 보고서에 대해 총 14개 분야 21개 조문으로 구성된 쟁점에 대해 추가 자료를 요청하였다. 이에 따라 동년 6월 16일 북한은 21개 부문, 77개 조문의 추가 답변을 제출하였다. 이에 동년 10월 23일~11월 17일 유엔여성차별철폐위원회는 심의과정을 거쳐 5개 부문, 59개 조문으로 정리된 최종 견해를 공표하였다.

보다 더 자세히 상술한 네 종류의 문서를 정리하면, 첫 번째인 북한의 국가 이행보고서는 동 협약 조문에 의거, 조문 순서에 입각하여 서술되어 있다. 이에 따라 북한이 작성·제출한 동 보고서는 서문에 이은 제1조 여성에 대한 차별의 정의를 시작으로 제16조 결혼 및 가족에 대한 평등까지 협약 이행에 대해 기술되어 있다. 그리고 이는 동 협약 제1부~제4부에 해당되고 여성차별철폐를 위한 보고기간 동안 북한의 성과를 명기한 것이다. 즉, 다시 말해 동 보고서는 동 협약의 16개 조문의 각 사안에 대한 북한의 다양한 노력과 변화를 명시한 것이다.

두 번째인 유엔여성차별철폐위원회의 추가 쟁점 자료요청은 ① 헌법적·입법적 틀, ② 여성에 대한 차별의 정의, ③ 사법 접근성, ④ 제도적 틀과 국가 조직, ⑤임시 특별 조치, ⑥ 여성에 대한 고정관념과 성에 기반한 폭력, ⑦ 인신매매와 성매매에 의한 착취, ⑧ 정치 및 공적 생활 참여, ⑨ 교육, ⑩ 고용, ⑪ 건강, ⑫ 농촌 여성, ⑬ 소외된 여성 집단, ⑭ 여성차별철폐협약 선택의정서와 제20조 (1)항 개정 사

---

12) 국가인권위원회 인권교육센터, "유엔여성차별철폐위원회," 〈검색일: 2019년 10월 29일〉.

항에 대한 것이다. 그리고 이는 동 위원회가 판단하기에 북한의 최초 제출한 이행보고서에서 부족하거나 심의에 반드시 필요한 부문에 대한 추가적인 자료들이다. 그리고 이는 북한에 대한 유엔여성차별철폐위원회의 추가 요청이나 동 협약의 16개 부문 중 국적과 경제사회적 활동을 제외한 전 부문에 대한 것이다. 역설적으로 이는 유엔여성차별철폐위원회가 북한의 최초 보고 내용에 대해 미비하다고 판단했음을 반증한다 하겠다.

세 번째인 유엔여성차별철폐위원회가 제기한 쟁점에 대한 북한의 추가 답변서는 동 위원회가 제기한 추가 쟁점에 대해 순서대로 답변했고 경우에 따라 각 사안에 대해 1~4개 조문으로 비교적 성실히 보고하였다. 이에 한마디로 북한의 추가 답변서는 최초 보고에서 명시해야 할 내용들이 다수이다. 따라서 만약 북한이 최초 보고에서 이를 보고했다면 추가 쟁점에 대한 요청 량이 다소 소수였으리라 예측된다.

네 번째인 유엔여성차별철폐위원회의 최종 견해는 크게 ① 서문과 ② 4가지의 긍정적인 측면을 시작으로, ③ 본 협약의 효과적 이행을 막는 요소 및 어려움, ④ 의회, ⑤ 주요 우려 사항 및 권고 순으로 서술되어 있다. 이중에서 압도적 다수 부문이 다섯 번째인 주요 우려 사항과 권고 사안이다. 이는 동 위원회가 북한에게 향후 여성차별철폐를 위해 노력해야 할 부문과 사안에 대한 구체적인 내용을 적시한 것이다. 특히 동 위원회의 최종 견해는 첫 페이지를 제외하고는 대부분이 북한에 대한 권고 사항이다. 그리고 이는 역설적으로 북한의 여성차별철폐에 대한 다수의 과제를 의미하고 나아가 그만큼 북한의 여성차별철폐협약에 대한 이행 수준을 반증한다 하겠다. 지금까지 논증한 북한의 아동권리협약 제2·3·4차 통합보고서, 추가 쟁점 요청, 추가 쟁점 답변, 심의와 최종 견해, 공표과정을 요약 정리하면 다음 〈표 2〉와 같다.

〈표 2〉 북한의 제2·3·4차 통합보고서 심의와 공표과정

일시	주요 내용	행위 주체
2016년 4월 16일	· 이행보고서 제출 · 272개 조문	· 북한
2017년 3월 15일	· 14개 부문 · 21개 조문 추가 요청	· 유엔여성차별철폐위원회
2017년 6월 16일	· 21개 부문 · 77개 조문 추가 답변	· 북한
2017년 10월 23일	· 추가 요청안 심의 · 최초, 추가 보고서	· 유엔여성차별철폐위원회
2017년 11월 17일	· 최종 공표 · 5개 부문 · 59개 조문 정리	· 상동

* 출처: 저자 작성.

2) 북한의 이행보고서

북한은 이행보고서에 대해 동 보고서 서문 제1항에서 "조선민주 주의인민공화국은 여성에 대한 모든 형태의 차별 철폐에 관한 협약 제18조에 따라 본 협약 이행에 관한 제2·3·4차 통합보고서를 제출 한다. 본 보고서는 본 협약 당사국이 제출해야 하는 국가 보고서에 대해 본 위원회가 채택한 지침에 따라 준비되었다"[13]라고 밝혔다.

나아가 북한은 동 보고서 제3항에서 "보고 기간 동안 위대한 동지 김정일과 위대한 수령 동지 김정은의 현명한 지도 하에 조선민주주

---

13) 조선민주주의인민공화국, 「여성차별철폐협약 당사국 제2·3·4차 이행보고서」 (평양: 조선민주주의인민공화국, 2016), 2쪽.

의인민공화국의 여성은 온전한 사회의 온전한 주인으로서 모든 정치, 경제, 사회, 문화 생활의 영역에 있어서 남성과 평등한 권리를 완전히 행사하여 국가의 번영을 위해 위대한 업적을 이루었다. 적대 세력의 정치적 압력과 경제적 봉쇄, 군사적 협박에 직면한 상태에서 여성이 이룬 놀라운 업적과 발전 그리고 여성 권리의 보호와 증진은 여성을 중요시하고 존중하는 조선민주주의인민공화국의 정책과 번영하는 국가 건설을 위해 여성이 보여준 열정적 애국심과 창의력의 산물이다"[14]라고 하며 김정일과 김정은의 역할을 강조함과 동시에 그 동안의 업적, 더불어 북한의 당면한 현실에 대해 여과 없이 표명하였다. 따라서 동 보고서의 제출 시점이 2016년 4월임을 감안하면, 북한은 자신들이 처한 상황에 대해 담담히 받아들이면서도 그에 굴하지 않는 그들의 인식을 읽을 수 있다.

또한 북한은 동 보고서 작성주체에 대해 동 보고서 제5항에서"국제인권조약 이행을 위한 국가위원회는 입법, 행정, 사법, 검찰 기관뿐 아니라 학술 기관, 협회, 사회단체의 대표로 구성된 보고서 초안 작성단을 마련했다"[15]라고 하였다. 따라서 이를 근거로 할 때 동 보고서의 작성주체는 국가위원회[16]를 중심으로, 여성 관련 정부기구

---

14) 위의 책, 2쪽.
15) 위의 책, 2쪽.
16) 참고로 북한의 아동권리협약 이행보고서의 경우 "4항.'국제인권조약 이행을 위한 국가위원회의 지원을 토대로, 최고인민회의 상임위원회 관료와 아동 관련 위원회, 정부 부처, 사회단체, NGO(비정부기구), 연구소와 전문가 등으로 이루어진 작업반을 구성하고, 수렴된 정보와 견해를 반영하여 본 보고서를 작성하였다'라고 명시되어 있다. 조선민주주의인민공화국, 「아동권리협약 당사국 제 5·6차 이행보고서」, (평양: 조선민주주의인민공화국, 2016), 3쪽; 또한 장애인 권리협약 이행보고서의 경우 "4항. 본 보고서는, 국제 인권기구의 장애자 인권 증진 및 보호 조치 시행을 위해 조선의 국무위원회의 주관 아래 최고인민회의, 위원회, 부처, 사회단체, 협회 및 연구기관 등의 관계자와 전문가로 구성된 초

와 학술단체, 사회단체 등 다양한 기구와 인력이 보고서 작성에 참여했음을 알 수 있다.

또한 북한은 동 보고서 제6항에서 "초안작성단은 본 보고서에 반영된 데이터를 수집하고 의견을 취합하기 위해 본 협약, 베이징행동강령17), 조선민주주의인민공화국의 최초 보고서-1차 보고서를 의미-에 대한 검토 결과 유엔여성차별철폐위원회가 채택한 최종 견해를 최고인민회의 상임위원회, 내각, 최고재판소, 최고검찰소, 교육위원회 보건성, 노동성, 문화성, 각급 인민회의, 김일성사회주의청년동맹, 조선민주여성동맹, 조선장애자보호연맹, 조선인권연구협회와 인구연구소에 배포했다. 여러 차례의 분야별 회의 및 전문가 협의 회의를 했으며 특히 다양한 분야의 여성의 의견을 듣고 이들의 의견을 반영하기 위해 특별한 노력을 기울였다. 본 보고서에 인용된 사실과 수치에 따르면 보고 기간 동안 여성의 발전과 여성 권리의 보호 및 증진에 대한 유의미한 진전이 이루어졌다"18)라고 밝혔다. 이를 통해 볼 때, 북한은 1차 이행보고서에 대한 유엔여성차별철폐위원회의 최

안작성반에 의해 작성되었다. 초안은 관련지침과 각계 각층에서 수집한 다양한 자료를 바탕으로 작성되었다. 본 보고서 작성의 편의를 위해 조선 장애자 보호 연맹 중앙위원회와 긴밀히 협조하여 장애자의 견해와 의견을 구하는데 충분한 주의를 기울여 9개 협의회를 개최하였으며, 완성된 초안은 관련 기관에 배포 되었으며, 최종 완성된 사본은 조선 장애자 보호 위원회에 심의 및 승인을 위해 제출 되었다"라고 밝혔다. 조선장애자보호연맹, 「조선민주주의 인민공화국 장애자 권리 협약 리행 초기 보고서」(평양: 조선장애자보호연맹, 2018), 3쪽. 이에 북한의 협약 이행보고서의 작성주체가 각각 달리하는데, 여성과 아동 관련 이행보고서는 2014년 조직된 국가위원회 중심인 반면 장애인 관련 이행보고서는 국무위원회 주관 하에 조선장애자보호연맹중앙위원회이다.

17) 동 강령은 1995년 제정된 것으로 여성인권과 양성평등에 대한 12개 분야의 우선 과제를 담고 있다.

18) 조선민주주의인민공화국, 「여성차별철폐협약 당사국 제2·3·4차 이행보고서」(평양: 조선민주주의인민공화국, 2016), 2쪽.

종 견해에 대해 각 기관 배포·열람하게 하였다. 그리고 북한은 이를 통해 나름대로의 노력을 하였고 보고 기간 동안 일정한 변화를 가져왔다고 자평하였다.

한편 북한은 동 보고서 제20항에서 "2015년 4월, 조선민주주의인민공화국이 당사국인 인권 조약 이행을 위해 존재했던 조정위원회를 통합하여 국제인권조약 이행을 위한 국가위원회를 설립했다. 국가위원회는 녀성권리보장법과 본 협약상의 의무가 국가 정책에 통합되고 이행되도록 하는 것을 주된 활동 목표로 설정했다. 국가위원회는 기관, 기업소, 단체 내 여성의 지위와 상황에 대한 정기적 조사를 진행하고, 최고인민회의 상임위원회, 내각, 법집행기관, 기타 관련기관에 시정을 권고한다. 또한 본 협약과 최종 견해를 전파하고 조약 기구에 제출할 국가 보고서 준비에 참여한다"[19]라고 하였다. 이는 북한이 국제인권조약 대응하기 위해 조직한 국가위원회가 동 협약 이행을 위한 주무기관임을 사실상 밝힌 것이다. 즉, 북한은 여성차별철폐협약 이행을 위한 별도의 전문기구가 존재하지 않고 기존의 국제인권조약 이행을 담당하는 국가위원회가 담당함을 의미한다.

또한 북한은 동 보고서 제21항에서 "국가위원회의 권고는 국가 행정 시스템을 통해 중앙에서 인민에게 전달되며 그 이행상황 또한 이 시스템 내에서 종합되고 평가된다. 국가위원회는 1년에 1회 최고인민회의 상임위원회, 내각, 중앙통계국으로부터 권고 이행상황, 여성의 권리 보호 및 증진을 위한 조치, 진전 상황에 관한 정보와 관련 통계 수치를 받는다"[20]라고 다소 구체적으로 밝혔다.

이를 근거로 하면 북한의 국가위원회는 최고인민회의 상임위원

19) 위의 책, 5~6쪽.
20) 위의 책, 6쪽.

회, 내각, 중앙통계국으로부터 여성차별철폐조약 이행상황에 대해 자동적으로 보고받고 매년 1회 점검과 평가를 한다. 또한 북한은 이러한 자체 점검과정에서 정량화된 통계 보고를 받는다. 또한 이 과정에서 이루어지는 평가는 북한이 동 협약 이행에 대한 일종의 '자가 체크'에 해당된다 하겠다. 그리고 만약 이것이 사실이라면 매우 고무적인 행태이다. 즉, 국가위원회를 통한 여성차별철폐협약 이행에 대한 통제는 북한의 의지와 노력을 엿볼 수 있는 부문이기 때문이다. 나아가 이는 북한이 동 협약 이행에 임하는 관심도와 무게를 반증한다. 그리고 이는 북한이 동 보고서에 보고한 ① 전담 조직 구성, ② 자체 점검과 평가, ③ 정보의 구축 등이 이를 증명한다. 또한 국가위원회가 국제인권조약 이행을 위한 기구임을 감안하면 북한은 여성차별철폐협약 이행을 국제인권적 차원에서 인식하고 접근하고 한다 하겠다.

그러나 다른 한편으로 이러한 협약 이행에 대한 북한의 체계적인 구성이 동 협약 이행의 완수로 간주할 수는 없다. 이는 어디까지나 협약이행을 위한 수단으로써 북한의 제도적 장치일 뿐이다. 역으로 북한의 동 협약 이행은 현실적인 문제로 이러한 제도적 장치와는 별개의 문제이다. 즉, 북한의 동 협약이행 여부, 개선과 발전 등 현실적인 평가와 진단에 대한 부문은 또 다른 영역이다. 지금까지 논증한 북한의 여성차별철폐협약 제2·3·4차 통합보고서와 관련 이행 추진 주체, 지행 점검 유무, 보고서 작성 주체, 보고서 기재 내용상 정보의 원천, 보고서의 주요 내용을 요약, 정리하면 다음 〈표 3〉과 같다.

<표 3> 북한의 여성차별철폐협약 제2·3·4차 통합보고서

주요이행 추진 주체	이행 점검 유무	주요 작성 주체	주요 정보 원천
국가위원회 통제	· 년 1회	· 정부기구 · 학술단체 · 사회단체	· 최고인민회의 상임위원회, · 내각 · 중앙통계국
주요 내용과 특징		· 협약 제1조~제16조에 대해 조문 순서대로 보고 · 김정일과 김정은 역할 강조 · 전차(1차) 보고서의 최종 견해 반영 및 이행 · 보고 기간 동안 발전과 진전에 대해 자평	

* 출처: 저자 작성.

III. 여성차별철폐협약 제2·3·4차 이행보고서 분석
: 제116항~제140항 조문

1. 법령

· (116) 노동은 조선민주주의인민공화국 시민의 권리일 뿐 아니라 의무이자 영광입니다. 모든 여성은 사회주의헌법, 사회주의로동법, 녀성권리보장법, 노동보호법, 사회보장법과 관련 법에 따라 일자리, 노동보호, 사회보장에 대한 권리를 보장받습니다. 사회주의 헌법은 "공민은 로동에 대한 권리를 가진다. 로동능력있는 모든 공민은 희망과 재능에 따라 직업을 선택하여 안정된 일자리와 로동조건을 보장받는다. 공민은 능력에 따라 일하며 로동의 량과 질에 따라 분배를 받는다"(제70조)라고 명시한다. 로동법은 "국가는 녀성근로자들이 사회적로동에 적극 참가할 수 있도록 온갖 조건을 보장한다. 지방정권기관과 해당 국가기관, 기업소, 사회협동단체는 녀성들이 일하는데 편리하게 탁아소, 유치원, 아동병동, 편의 시설을 꾸려야 하며 직장에 나가지 못하는 녀성들이 희망에 따라 일할 수 있도록 가내작업반, 가내협동조합 등을 조직하여야 한다"(제31조)고 명시하고 있다. 녀성권리보장법은 "녀성은 로동분야에서 남성과 평등한 권리를 가진다. 지방인민위원회와 해당 기관은 녀성들이 남성과 평등하게 로동에 참가할 수 있는 권리와 로동보호를 받을 권리, 사회보장을 받을 권리를 보장하여야 한다"(제26조)고 명시한다. 이뿐 아니라 많은 노동 관련법이 여성의 노동 조건, 동일한 업무에 대한 동일한 보수, 여성에게 부적합한 직업과 분야에 관한 구체적 조항을 가지고 있다.(22쪽)
· (128) 여성이 안전하고, 세련되고, 위생적인 노동 조건 하에서 일하도록 하는 입법적

및 실질적 조치가 취해졌다. 2010년 7월 8일 채택된 노동보호법과 광범위하게 개정
된 노동보호규정은 직장에서 여성의 보호에 관한 구체적인 조항을 포함한다.(24쪽)
· (132) 노동관련 법과 규정을 심각하게 위반한 경우 형사적 제재가 적용된다. 노동보호와
노동안전설비를 제공하지 않아 사망 또는 심각한 사고를 유발한 자는 형법 제176조에
따라 5년 이하의 노동교화형에 처해진다. 노동안전규정 위반을 통해 사망, 심각한 사
고 또는 재산손실을 유발한 자는 동일한 법의 제177조에 따라 동일한 처벌을 받는다.
여성으로 하여금 법으로 금지된 유형의 업무를 하도록 한 자는 동일한 법의 제182조
에 따라 1년 이하의 노동단련형에 처해진다.(24~25쪽)

동 보고서에서 여성차별철폐의 법령과 관련한 조항은 총 3개 조문
이다. 주요 내용을 분석하면, 먼저 북한은 「헌법」 제70조, 「로동법」
제31조, 「녀성권리보장법」 제26조를 근거로 노동과 고용에 관한 법
적 권리가 제도적으로 보장된다고 보고했다. 이러한 서술순서는 각
법령의 법적 지위와 위계에 따른 서술이다. 즉, 추상적 수준에서 법
령에서 매개적 수준, 실천적 수준으로 연결되는 각 법령의 조문을
인용한 것이다. 따라서 이는 합리적인 진술이다. 또한 북한은 여타
노동 관련 법이 ① 노동조건, ② 동일 임금, ③ 여성 취업 알선에 대
해 보장하고 있다고 주장하였다. 그러나 이에 대해 북한은 구체적인
관련 법령과 해당 조항에 대해 명시하지 않았다.

다음으로 북한은 여성의 노동보호에 대해 「노동보호법」과 개정된
「노동보호규정」을 근거로 실질적인 조치가 취해졌다고 주장하였다.
그러나 이 또한 명시한 법령을 제외한 구체적인 조항에 대한 내용이
부재하다. 나아가 북한이 취한 실질적인 조치에 대한 내용이 부재하
다.

마지막으로 북한은 노동 관련 법을 위반할 경우 「형법」 제 176조,
제177조, 제186조를 근거로 법적 제재조치에 대해 언급하였다. 그러
나 이는 앞의 두 조항의 경우 일반적인 조치이다. 다만 마지막 조항

의 경우 여성과 관련된 조항이다. 그렇지만 이러한 보고는 일정부문 필요한 부분도 있다. 즉, 노동 관련 법을 위반할 경우의 법적 조치는 포괄적인 서술에 이은 해당 사안에 대한 구체적 진술로 이어지는 것이 논리적이기 때문이다. 이러한 점에서 동 보고는 앞서 제116항의 보고 패턴과 일치한다 하겠다.

이러한 여성의 고용복지 법령에 대한 북한의 최초 보고에 대해, 유엔여성차별철폐위원회의 추가 쟁점목록은 총 2개 조항이다. 이에 동 위원회는 추가 쟁점목록 제14항 고용부문에서 " … 보고서 제30항[21] 과 제49항[22])에 관해, 2010년 7월 채택된 「노동보호법」과 2015년 7월 개정된 「노동 규정」이 기관, 기업소, 단체가 '여성의 체질적 특성'을 고려하고, 업무를 할당하고, '가족을 보살피고 아이를 양육하기 위한' 휴가를 제공함에 있어서 어떻게 여성 노동자에 대한 차별을 심

---

21) 최초보고서 제30항은 "2010년 7월 8일 채택된 노동보호법은 근로자에게 위생적 노동환경을 제공하고 이들의 생명을 보호하고 건강을 증진해야 할 기관, 기업, 단체, 개인의 의무를 명시한다. 특히, 이 법은 임신한 여성은 출산 휴가를 가기 전에 가벼운 업무를 할당받아야 하며, 수유 중인 여성은 모유수유를 위한 휴식 시간을 보장받아야 하며(제24조), 기관, 기업소, 단체는 여성의 신체적 특징을 고려하여 여성에게 몹시 고되거나 해롭거나 위험한 작업을 할당하거나, 임신 했거나 수유 중인 여성을 밤 교대에 배치하거나 시간 외 근무 또는 공휴일 근 무에 배치해서는 안되며 해고할 강력한 이유가 없는 경우 이들을 해고해서는 안 되며(제38조) 여성은 출산휴가뿐 아니라 정기 및 추가적 휴가를 받아야 한 다(제40조)고 명시한다. 이 법을 채택함으로써 여성 근로자 보호를 위한 법적 제도의 완성도를 더욱 높일 수 있었다"이다. 조선민주주의인민공화국, 「여성차 별철폐협약 당사국 제2·3·4차 이행보고서」(평양: 조선민주주의인민공화국, 2016), 9쪽.

22) 최초보고서 제49항은 "2015년 7월 내각 결정 제59호에 따라 개정된 노동규율규 정에 따라, 허약한 사람과 노인은 이들에게 적절한 직업을 할당받았으며 여성 에게 고되고 유해한 일이 할당되지 않도록 특별히 주의를 기울였다. 여성은 치 료, 가족 간병 또는 자녀 양육을 위해 희망하는 경우 임시 사직을 신청할 수 있다"이다. 조선민주주의인민공화국, 「여성차별철폐협약 당사국 제2·3·4차 이행보고서」(평양: 조선민주주의인민공화국, 2016), 11쪽.

화시키지 않는지 설명하시오"[23]라고 요청하였다. 그리고 이는 ① 여성의 신체적 조건을 고려한 고용, ② 가족의 양육 부양에 대한 배려, ③ 휴가 보장에 대한 질문이다.

또한 나아가 유엔여성차별철폐위원회는 북한의 보고에 대해 법률적 조치 이외에 이를 실제 실천할 수 있는 방법에 대한 답변을 요청하였다. 그리고 이를 현학적으로 표현하면 북한의 '한 수 아래 수준의 보고'에 대해 유엔여성차별철폐위원회의 '한 수 높은 수준의 요구'로 해석된다. 다시 말해 북한은 여성고용과 노동에 대해 구체적인 법조문을 인용하여 보고하였다. 그러나 유엔여성차별철폐위원회는 여기에 만족하지 않고 더 나아가 이를 집행할 수 있는 북한의 역량에 대해 의문을 제기, 이에 대한 추가 답변을 요청한 것이다.

이에 대해 북한은 쟁점목록에 대한 추가 답변서 제58항에서 "여성에게 부적합한 직업과 분야는 노동보호법과 그 시행규정이 명시하고 있다. 예를 들면 독성 물질과 방사성 물질을 다루는 유해한 노동, 섭씨 30도를 넘고 상대 습도 80퍼센트를 초과하는 장소에서의 작업, 극심한 소음 또는 진동이 있는 장소에서의 작업, 석탄 또는 광물 채굴과 같이 지하에서 이루어지는 작업이 포함된다. 임신한 여성이나 미취학 자녀가 있는 여성을 밤 교대 근무에 배치하는 것은 금지된다. 또한 여성 농민은 살충제 및 제초제와 직접 접촉하지 않도록 법으로 규정되어 있다"[24]라고 답변하였다.

그러나 북한의 이러한 답변은 당초 유엔여성차별철폐위원회가 제

---

23) 유엔여성차별철폐위원회, 「조선민주주의인민공화국의 제2·3·4차 정기보고서에 관한 쟁점목록」(유엔: 유엔여성차별철폐위원회, 2017), 5~6쪽.
24) 조선민주주의인민공화국, 「조선민주주의인민공화국의 제2·3·4차 정기보고서에 관한 쟁점목록 답변」(평양: 조선민주주의인민공화국, 2017), 14쪽.

기한 문제에 대한 답변에 해당되지만 근본적이고 본질적인 답변과는 다소 거리가 있다. 동 위원회는 제기한 사안에 대한 여성차별을 상쇄하기 위한 법적 근거와 더불어 그에 해당하는 보호 프로그램을 요구한 것이라 판단되기 때문이다. 때문에 이러한 점에서 판단하면 북한의 답변은 절반의 답변만 충족한 형태라 하겠다. 즉, 북한의 답변이 유엔여성차별철폐위원회의 질문에 대한 초점과 내용적인 핵심을 담고 있다고 하기에는 다소 부족하다.

결국 이를 토대로 평가한 북한의 여성 고용복지 법령에 대한 유엔여성차별철폐위원회의 최종 견해의 경우 고용부문인 제35항에서 "본 위원회는 여성 고용 접근성 증진을 위해 당사국이 취한 조치와 출산 휴가를 150일에서 240일로 연장하는 사회노동법 및 2015년 여성권리보장법 개정을 긍정적으로 평가한다. 그러나 본 위원회는 다음에 대해 우려한다. a) 집단으로서의 여성의 특징에 대한 인식에 기반하여 각 여성의 개인적 잠재력을 고려하지 않고 특정 직업을 여성에게 할당하고 다른 직업에는 여성이 진입하지 못하도록 하는 노동법률과 지침에 따른, 직장에서의 성 평등을 저해하는 노동력에 있어서의 지속적인 성별 구분"[25)]에 대해 지적받았다. 그리고 이는 여성의 고용과 성 평등에 대한 포괄적인 차원의 문제제기이다. 역설적으로 보면 북한의 출산휴가 기간 연장 이외에 여타 부문에 대한 긍정적인 평가가 전무하다는 의미이다. 지금까지 논증한 북한의 여성 고용복지의 법령 부문에 대한 내용을 각 보고서 별로 요약 정리하면 다음 〈표 4〉와 같다.

---

25) 유엔여성차별철폐위원회, 「조선민주주의인민공화국의 제2 · 3 · 4차 정기보고서에 대한 최종 견해」 (유엔: 유엔여성차별철폐위원회, 2017), 10쪽.

<표 4> 법령

보고서	행위 주체	주요 내용과 특징
· 이행보고서	· 북한	· 3개 조문으로 보고
· 14개 부문 추가 요청	· 유엔여성차별철폐위원회	· 여성차별철폐 방안 구체적인 설명 요구
· 22개 부문 추가 답변	· 북한	· 노동보호법과 시행규정, 일부 사례 소개
· 최종 견해	· 유엔여성차별철폐위원회	· 일부 법적 조치 긍정적 평가 · 여성을 개인이 아닌 집단으로 인식 · 특정 직업에 대한 여성 할당 · 일부 직업 여성 진출 불가 · 노동부문의 성 불평등

* 출처: 저자 작성.

2. 고용지원

· (117) 조선민주주의인민공화국에서는 국가가 인민에게 희망과 보유한 기술에 따라 적합한 일자리를 제공함으로써 인민의 권리를 실현하는 것이 국가의 책리이자 의무이다.
· (118) 보고 기간 동안 여성에게 적합한 새로운 분류의 직업을 지정하고 기존 직업의 범위를 확대하여 여성의 권리를 완전히 실현하기 위해 일련의 조치를 취했다.
· (119) 많은 기관, 기업소, 단체가 새로 설립되어 여성이 자신의 능력에 적합한 일자리를 찾고 자신의 능력을 최대한 발휘할 수 있는 환경이 조성되었다. 식료품, 양말류, 화장품 공장과 같은 경공업 분야의 공장, 치과 병원, 소아과 병원, 재활 센터와 같은 의료분야 기관, 초급 및 중학교와 같은 학교의 수가 증가하여 여성 노동력이 필요해졌다. 한편, 기존의 공장과 기업소들은 그 생산 과정을 현대화하여 여성이 한 때 남성이 했던 일을 할 수 있도록 하였다. 많은 기업소와 조합이 일용품 작업반 및 작업장과 같이 여성이 접근 가능한 생산조직을 마련했다.
· (120) 2011년 9월 가판운영규정이 채택되면서 거리와 마을에 여성이 운영하는 수 천 개의 가판이 마련되어 이들에게 일자리를 제공할 뿐 아니라 일반 대중의 필요를 충족하고 있다.
· (121) 더 많은 가내작업반과 부업작업반이 조직되어 가정주부, 병자, 노인이 일용품 생산, 보조식료품 가공, 수공예작업, 뜨개질, 신발, 의류 및 가구 수선에 참가할 수 있도록 하였다.
· (122) 노동력의 합리적 배치를 증진하기 위해 직장배치규정이 채택되었다. 노동성과 도, 시, 군 급의 노동행정기관은 해당 규정을 엄격히 따라 전국의 직장배치에 대해 조사하고 근로 연령의 능력 있는 모든 자가 적합한 일자리를 받을 수 있도록 했다. 기술적 지식과 능력, 건강 상태, 성 및 연령이 직장 배치의 주요 고려사항이었으며 특히

여성이 일할 수 있는 직업을 적절히 지정하고, 관련 분야 근로자 중 규정된 여성 비율이 보장되도록 하고, 노동행정기관에서 업무상 질환이 생긴 사람(하루 8시간 미만 일하도록 의료적으로 증명된 자)를 경공업 작업장에 배치하고 완전히 회복된 후 본래 일하던 조직에 재통합시키고, 여성 제대군인, 상이군인, 시력, 청력, 언어 장애인과 중증 장애인을 기관에서 의무 고용해야 함을 특히 강조했다.

· (123) 직장 배치에 있어서의 차별적 관행은 엄격히 금지되어 있다. 노동성과 모든 다른 기관, 기업소, 단체는 모든 기관, 기업소, 단체가 여성에게 부적절한 직업 및 영역인 경우를 제외하고 직장 배치 또는 근로자 고용에 있어서 여성을 고용할 것을 거부하거나 고용을 제한해서는 안된다고 명시한 녀성권리보장법 28조[26]의 요건을 따라야 한다.(22~23쪽)

동 보고서에서 여성의 고용지원과 관련한 조항은 총 7개 조문으로 가장 다수를 차지한다. 주요 내용을 분석하면, 먼저 북한은 고용지원이 국가의 책임이자 의무임을 명시하였다. 또한 북한은 그동안의 여성근로자의 고용지원에 대해 자평하였는데, 이에 대한 구체적인 근거를 제시하지는 않았다. 즉, 동 보고서에 명시된 소위 그동안의 '일련의 조치'에 대한 북한의 근거가 부재하다. 또한 이어서 언급한 북한의 ① 노동환경, ② 노동시장 변화, ③ 여성 고용 창출 등에 대한 언명적인 보고 내용은 그 귀추가 주목되는 내용이 아닌 일상적인 내용들이다.

다음으로 북한은 「가판운영규정」과 가내작업반과 부업작업반 조직으로 인한 여성의 고용 창출 효과에 대해 언급하였다. 그러나 이러한 경우 이를 통한 그동안의 정량적인 성과를 제시한 후 이를 근거로 보고 기간 동안 개선된 사항에 대해 언급해야한다. 즉, 특정 주

---

26) 북한의 「녀성권리보장법」 제28조 "기관, 기업소, 단체는 종업원을 받을 경우 녀성에게 적합하지 않는 직종이나 부서를 제외하고는 성별 또는 기타 결혼, 임신, 해산 같은것을 리유로 녀성을 받지 않거나 제한하지 말아야 한다"라는 직장 배치 차별금지 조항이 있다. 따라서 북한은 동 법령과 동 조항의 법적 근거를 동 보고서에 서술, 제시했으면 하는 아쉬움이 있다.

장과 이에 증명하는 근거의 경우 변화한 상황을 설명하는 것이 아닌 변화의 전후를 비교할 수 있는 준거를 제시해야한다. 때문에 이러한 점에서 이러한 북한의 보고행태는 여전히 부족하고 답답한 부문이 있다 하겠다.

마지막으로 북한은 「직장배치규정」 채택을 통한 개선, 노동성과 각 지방 노동행정기관은 직장배치 노력, 직장 배치의 주요 고려사항에 대해 보고하였다. 또한 북한은 여성 취업 보장, 여성 할당제, 업무상 재해인 경우 경노동 사업장 배치, 회복 후 원소속 사업장 복귀 등 현재 자신들이 운영하고 있는 고용행태에 대해 설명하였다. 아울러 북한은 여성 제대군인, 상이군인, 시력, 청력, 언어 장애인과 중증 장애인에 대한 의무 고용을 언급했다. 또한 북한은 「녀성권리보장법」 제28조를 근거로 직장 배치 차별금지에 대해 보고하였다. 이러한 북한의 보고는 표면상 큰 문제가 없는 듯 보인다. 그러나 무엇보다 이를 입증할 만한 근거가 거의 제시되어 있지 않다. 때문에 이 역시 기존의 보고 행태와 거의 대동소이한 모습을 나타내고 있다.

이러한 여성 고용지원에 대한 북한의 최초 보고에 대해, 유엔여성차별철폐위원회는 추가 쟁점목록 제14항 " … 당사국 보고서 제123항[27)]에 관해, 어떠한 고용 직업과 분야가 여성에게 적합하지 않은 것으로 분류되는지 알려주시오. 여성의 일터를 결정하는 데 있어 성분(사회적 계급)의 역할을 명확히 설명해주시오"라고 요청하였다.[28)]

---

27) 최초보고서 제123항은 "직장 배치에 있어서의 차별적 관행은 엄격히 금지되어 있다. 노동성과 모든 다른 기관, 기업소, 단체는 모든 기관, 기업소, 단체가 여성에게 부적절한 직업 및 영역인 경우를 제외하고 직장 배치 또는 근로자 고용에 있어서 여성을 고용할 것을 거부하거나 고용을 제한해서는 안된다고 명시한 녀성권리보장법 28조의 요건을 따라야 한다"이라. 조선민주주의인민공화국, 「여성차별철폐협약 당사국 제2·3·4차 이행보고서」 (평양: 조선민주주의인민공화국, 2016), 23쪽.

즉, 유엔여성차별철폐위원회는 북한이 판단하는 여성고용 부적합 직종과 여성의 직업선택에 영향을 미치는 북한의 출신성분과의 관계에 대해 질문하였다. 특히 후자의 경우 유엔여성차별철폐위원회의 기존의 북한에 대한 인권 관련 정보에 의한, 북한에 대한 부정적인 인식과 선입견이 내재되어 있다고 판단된다.

이에 북한은 쟁점목록에 대한 추가 답변서 제59항에서 "여성의 직장 배치는 해당 여성의 희망, 전문성, 능력을 고려하여 관련 규정을 엄격히 준수하여 이루어진다. 조선민주주의인민공화국은 번영하는 사회주의 국가 건설이라는 야심적인 목표를 세우고 모든 분야와 모든 조직이 인재를 소중히 하고 그 직원의 실질적 능력을 향상하도록 특별히 주의를 기울일 뿐 아니라 능력 있고 사람들 사이에서 신뢰와 사랑을 받는 자 중에서 지도자급 관료를 선발한다. 따라서 여성의 직장을 배치할 때 적용하는 일반적 원칙은 그 능력을 주로 고려하는 것이다"라고 보고하였다. 즉, 북한은 유엔여성차별철폐위원회의 의문과 달리 여성 근로자의 취업 희망분야와 취업 분야의 전문성, 능력 중심의 고용임을 주장하였다. 또한 여기에서 더 나아가 북한은 제60항에서 "사회적 계급 같은 것은 존재하지 않는다. 이는 조선민주주의인민공화국의 명망을 중상하고 훼손하기 위한 절박한 조치로 적대 세력이 터무니없이 만들어낸 것이다"[29]라고 주장하였다. 그리고 이는 북한의 다소 격양된 반응으로 평가에 긍정적인 요소는 아니라 판단된다. 즉, 이 경우 북한은 근거와 논리를 중심으로 대응하거

---

28) 유엔여성차별철폐위원회, 「조선민주주의인민공화국의 제2·3·4차 정기보고서에 관한 쟁점목록」 (유엔: 유엔여성차별철폐위원회, 2017), 6쪽.

29) 조선민주주의인민공화국, 「조선민주주의인민공화국의 제2·3·4차 정기보고서에 관한 쟁점목록 답변」 (평양: 조선민주주의인민공화국, 2017), 15쪽.

나 답하고 상대적인 체제 차이를 감안한 접근을 해야 한다.

결국 북한의 여성 고용지원에 대한 유엔여성차별철폐위원회의 최종 견해의 경우 고용부문인 제35항에서 "… a) 집단으로서의 여성의 특징에 대한 인식에 기반하여 각 여성의 개인적 잠재력을 고려하지 않고 특정 직업을 여성에게 할당하고 다른 직업에는 여성이 진입하지 못하도록 하는 노동법률과 지침에 따른, 직장에서의 성 평등을 저해하는 노동력에 있어서의 지속적인 성별 구분 … "[30)]에 대해 지적받았다. 그리고 이는 앞서 논증한 법령 부문의 지적과 부분적으로 거의 동일하다. 지금까지 논증한 북한의 여성 고용지원에 대한 내용을 각 보고서 별로 요약 정리하면 다음 〈표 5〉와 같다.

<표 5> 고용지원

보고서	행위 주체	주요 내용과 특징
· 이행보고서	· 북한	· 7개 조문으로 보고
· 14개 부문 추가 요청	· 유엔여성차별철폐위원회	· 여성취업 배제 부문 · 계급과 출신성분에 따른 직업 차별
· 22개 부문 추가 답변	· 북한	· 희망과 전문성, 능력 중심의 취업 · 사회적 계급 존재 부정
· 최종 견해	· 유엔여성차별철폐위원회	· 여성을 개인이 아닌 집단으로 인식 · 특정 직업에 대한 여성 할당 · 일부 직업 여성 진출 불가 · 노동부문의 성 불평등

* 출처: 저자 작성.

---

30) 유엔여성차별철폐위원회, 「조선민주주의인민공화국의 제2 · 3 · 4차 정기보고서에 대한 최종 견해」 (유엔: 유엔여성차별철폐위원회, 2017), 10쪽 앞에서 재인용.

3. 고용(율)

> · (124) 여성이 근로자의 47.8퍼센트를 차지한다는 것은 인구의 반을 차지하는 여성이 어떠한 차별도 받지 않고 그들의 희망과 능력에 따라 일할 수 있는 권리를 완전히 보장받으며 적극적으로 공적 활동을 한다는 것을 의미한다.
> · (125) 노동성은 각급 노동행정기관과 기관, 기업소 단체들이 적절히 직장 배치 및 재배치를 하도록 지도하고 정기적 감독 및 단속을 실시했다. 타당한 이유 없이 고용을 거부하거나 좋은 근로 및 생활 환경을 근로자에게 제공하지 않았을 경우 노동공급중단과 같은 이에 따른 제재 조치가 적용된다.(23쪽)

동 보고서에서 여성고용(율)과 관련한 조항은 총 2개 조문이다. 주요 내용을 분석하면, 먼저 북한은 전체 근로자 중 여성 근로자가 차지하는 비율을 보고하였다. 그리고 이는 정량적인 기준에 따른 보고로 기존과 다른 행태이다. 그러나 다른 한편으로 여성고용율에 대한 정량보고 이외에 다른 보고가 존재할 수 없음에 따라 달리 접근하면 이는 당연한 결과이기도 하다. 또한 이는 여성 고용율을 단순히 양적으로만 접근하면 다소 긍정적인 부문이다. 그러나 이는 표면적인 비율일뿐 이를 다시 내용적으로 접근하면 이와 다른 견해도 가능하다 판단된다. 나아가 북한은 여성 고용율 수준을 보고하면서 비차별과 노동권 보장에 대해 자평했다.

다음으로 북한은 여성 근로자의 직장배치와 이와 관련한 감독 관리, 고용거부에 대한 기관의 제재에 대해 보고하였다. 그러나 양자 모두 구체적인 사례와 근거를 명기하지 않아 다소 평이한 형태의 보고라 하겠다. 다시 말해 북한이 여성 고용에 대해 긍정적인 평가를 기대했다면 동 부문에 대한 법적 근거, 실제 적용 사례, 구체적인 교용프로그램과 재취업 사례 등에 대한 내용을 기재할 필요가 있다.

더욱이 이렇다 할 인상적인 보고 내용이 부재한 가운데에 나타나는 북한의 이러한 보고 행태야말로 긍정적인 평가를 받기가 어렵다고 판단된다.

이러한 여성고용에 대한 북한의 최초 보고에 대해, 유엔여성차별철폐위원회는 추가 쟁점목록 제15항에서 "경제 위기와 정부의 식량 분배제도가 어려움을 겪으면서 더 많은 여성들이 민간 시장에서 일하기 시작했다. 그러한 시장을 관리함에 있어 여성이 책임있는 직책을 맡을 수 있는 평등한 기회를 보장하기 위한 조치에 대해 알려주시오. … 기혼 여성이 남성과 평등한 직업적 기회를 가질 권리를 인정하고 보장하기 위해 구상한 조치에 대해 알려주시오"[31]라고 요청했다. 그리고 이는 유엔여성차별철폐위원회가 북한여성의 평등한 고용 기회보장, 진급과 그와 관련된 일련의 조치에 대한 지적이다. 아울러 이는 여성고용 비율과는 거리가 있으나 여성고용 형태에 대한 질의로 여성고용 비율의 이전인 상위범주에 대한 질문이다.

이에 북한은 쟁점목록에 대한 추가 답변서 제61항에서 "시장은 인민의 편의를 위해 만들어졌으며, 상업성과 관련 인민위원회의 지침하에 관련 규정에 따라 관리된다. 시장은 일종의 사업이므로 관리직을 맡은 자는 사업운영, 회계, 상업 등의 분야 관련 필요 자격을 갖추어야 한다. 그러한 자격을 갖춘 여성은 누구라도 관리직을 맡을 수 있다"하고 하였다. 또한 제63항에서 "직장 배치에 관한 기혼 여성 차별은 법으로 의해 금지된다. 기혼 여성의 로동권은 사회주의로동법, 로동보호법, 녀성권리보장법과 직장배치규정에 의해 보장된다"[32]

---

31) 유엔여성차별철폐위원회, 「조선민주주의인민공화국의 제2·3·4차 정기보고서에 관한 쟁점목록」(유엔: 유엔여성차별철폐위원회, 2017), 6쪽.
32) 조선민주주의인민공화국, 「조선민주주의인민공화국의 제2·3·4차 정기보고

라고 하였다.

즉, 북한은 유엔여성차별철폐위원회가 제기한 문제가 법적으로 이미 존재하고 조치되어 보장되고 있음을 강조하였다. 그러나 이러한 북한의 보고와 주장의 경우 구체적인 법령의 해당 조항을 명기하면서 답변할 필요가 있다. 또한 북한 여성의 관리직 진출의 경우 정량적인 내용으로 보고하여 유엔여성차별철폐위원회의 지적에 대해 적극적으로 대응했어야 했다. 그리고 북한은 여기에서 더 나아가 향후 관리직 여성비율에 대한 계획을 명기할 필요가 있었다.

결국 유엔여성차별철폐위원회의 최종 견해의 경우 고용부문인 제35항에서 " … b) 지속적인 고위 직책에 대한 여성의 접근성 제한"을 지적받았다. 또한 제36항에서" … b) 할당제 또는 고속 승진 과정 채택 등을 통해 여성의 관리자급 및 지도자급 직책 참여 장려"[33]를 권고받았다. 즉, 동 위원회는 북한 여성 근로자의 승급에 대해 문제제기와 개선을 권고하였다. 그리고 이는 여성의 사회적 진출과 지위에 대한 문제이자 여성차별철폐와 관련된 사안이다. 다른 한편 동 위원회는 추가 답변에서 제기한 기혼 여성의 고용보장에 대해 별도의 문제제기나 최종적인 권고를 하지는 않았다. 지금까지 논증한 북한의 여성 고용에 대한 내용을 각 보고서 별로 요약 정리하면 다음 〈표 6〉과 같다.

서에 관한 쟁점목록 답변」(평양: 조선민주주의인민공화국, 2017), 15쪽.
33) 유엔여성차별철폐위원회, 「조선민주주의인민공화국의 제2·3·4차 정기보고서에 대한 최종 견해」(유엔: 유엔여성차별철폐위원회, 2017), 10쪽.

<표 6> 고용(율)

보고서	행위 주체	주요 내용과 특징
· 이행보고서	· 북한	· 2개 조문으로 보고
· 14개 부문 추가 요청	· 유엔여성차별철폐위원회	· 평등한 고용과 진급 보장 · 이와 관련한 조치
· 22개 부문 추가 답변	· 북한	· 여성관리직 진출 보장 · 관련 법령 명기 대응
· 최종 견해	· 유엔여성차별철폐위원회	· 여성관리직 진출 보장 권고

* 출처: 저자 작성.

4. 임금과 수당

- (126) 조선민주주의인민공화국에서 임금에 관한 성 평등은 오랫동안 확립되어왔다. 로동법은 제37조에서 모든 근로자는 성, 연령, 국적에 관계없이 같은 노동에 대해 같은 보수를 받아야 한다고 명시한다. 녀성권리보장법 31조에서는 기관, 기업소, 단체가 여성에게 동일한 가치의 업무에 대해 동일한 보수를 지급해야 한다고 명시한다. 이러한 조항에 따라 임금 지급에 있어서 어떠한 차별도 허용되지 않으며 모든 여성은 행한 업무의 양과 질에 따라 임금을 지급받는다. 고의적으로 실행된 업무의 양과 질을 잘못 평가한 자는 형법 제180조에 따라 노동단련형에 처해진다.
- (127) 여성은 법에 따라 추가적 보수에 대한 권리를 가지고 있다. 임신 6개월을 넘은 여성 근로자는 가벼운 일을 받고 휴가 동안 자신의 평균 봉급을 수령하며 자녀가 3명이 넘는 여성은 하루 6시간 일하고 8시간에 해당하는 봉급을 받는다.(24쪽)
- (137) 3명 이상의 자녀, 세쌍둥이 또는 네쌍둥이가 있는 여성은 특별수당을 받으며 부모가 없는 아동, 자녀가 없는 노인, 자녀가 있는 장애인 부부의 가정은 보조생활수당을 지급받았다.

동 보고서에서 여성임금과 수당과 관련한 조항은 총 3개 조문이다. 주요 내용을 분석하면, 먼저 북한은 「로동법」 제37조와 「녀성권리보장법」 제31조를 인용하며 남녀 동일임금을 강조하였다. 그리고 이를 위반할 경우 「형법」 제180조에 의거 처벌됨을 보고하였다. 그리고 이는 북한의 남녀 동일임금 보장에 대한 법적 장치이다.

다음으로 북한은 ① 여성 근로자의 추가 수당 권리, ② 임신 6개월 이상 여성 근로자의 경노동, ③ 휴가기간 동안의 평균 임금, ④ 다자녀 양육 여성근로자의 6시간 노동을 보장한다고 보고했다. 이는 「녀성권리보장법」 로동보수에서의 남녀평등 조항인 제31조 "기관, 기업소, 단체는 같은 로동에 대하여 녀성에게 남성과 꼭같은 로동보수를 주어야 한다. 3명이상의 어린이를 가진 녀성로동자의 하루로동시간은 6시간이며 생활비를 전액 지불한다"라는 내용과 일맥상통한다. 즉, 동 조항의 경우 ① 남녀동일임금, ② 다자녀 여성근로자 1일 6시간 보장, ③ 다자녀 여성근로자 생활비 보장을 명문화한 것이다. 따라서 북한의 동 보고서의 여성임금에 대한 보고는 「녀성권리보장법」의 동 조항을 확장한 것이라 하겠다.

마지막으로 북한은 특별수당과 생활보조 수당에 대해 언급하였다. 여기에는 ① 세 자녀 이상, ② 세쌍둥이 이상 여성은 특별수당, ③ 무의무탁 아동과 노인, ④ 장애인자녀 가정의 생활보조 수당으로 구분된다. 그러나 이 경우 북한은 현급급여 수급자격뿐만 아니라 지급 수준, 수혜대상 규모 등에 대해서도 보고해야만 했다. 즉, 수당의 존재 여부에 대한 보고에서 더 나아가 실질적인 혜택에 대한 구체적인 근거와 사례에 대해 명시했다면 심의와 평가에 긍정적이었으리라 판단된다. 다시 말해 이렇듯, 단순한 언명적인 보고는 제3자로 하여금 보고 내용을 신뢰할 수 있는 인식을 견인하지 못한다.

반면 이러한 여성임금에 대한 북한의 최초 보고에 대해, 유엔여성차별철폐위원회는 별도의 추가 답변을 직접적으로 요청하지 않았다. 이로 인해 북한은 추가 답변에도 여성임금에 대한 부문이 부재하다. 그러나 유엔여성차별철폐위원회의 최종 견해의 경우 고용부문인 제35항에서 " … d) (동일노동) 동일임금에 대한 통계의 부재

··· "를 지적받았다. 이어 제36항에서 북한은 "본 위원회는 당사국에 ··· a) 직장 내 성별 구분을 근절하기 위해 여성의 노동시장 참여를 제한하거나 여성에게 저임금 직업을 할당하는 직업 표를 포함한 노동 관련 법률과 정책 검토, d) (동일노동) 동일임금에 대한 정보와 통계 정기적으로 공개할 것[34]"을 권고받았다.

예측하면, 동 위원회는 북한의 동일임금에 대한 보고를 크게 신뢰하지 않는듯한 인상이다. 그리고 이러한 원인은 동 보고서상에서 북한의 주장을 뒷받침할만한 별도의 증빙자료가 부재했기 때문이다. 따라서 동 위원회도 이를 의식한 듯, 이에 대해 향후에 신뢰할 수 있는 조치를 취하도록 권고하였다고 판단된다. 지금까지 논증한 북한의 여성임금과 수당에 대한 내용을 각 보고서 별로 요약 정리하면 다음 〈표 7〉과 같다.

〈표 7〉 임금과 수당

보고서	행위 주체	주요 내용과 특징
· 이행보고서	· 북한	· 3개 조문으로 보고
· 14개 부문 추가 요청	· 유엔여성차별철폐위원회	· 미언급
· 22개 부문 추가 답변	· 북한	· 상동
· 최종 견해	· 유엔여성차별철폐위원회	· 동일임금 통계 부재 · 관련 법률과 정책 검토 · 동일임금 정보, 통계 정기적 공개

* 출처: 저자 작성.

---

34) 유엔여성차별철폐위원회, 「조선민주주의인민공화국의 제2·3·4차 정기보고서에 대한 최종 견해」 (유엔: 유엔여성차별철폐위원회, 2017), 10쪽.

5. 노동보호

> - (129) 여성의 생리적 특징을 고려했을 때 여성을 지나치게 고되고, 유해하며 위험한 일을 하도록 하고 수유 중이거나 임신한 여성을 밤 교대, 초과 근무, 공휴일에 배치하는 것은 법과 규정을 위반하는 것이다(본 보고서 제4항[35] 참고).
> - (131) 국가는 노동성과 각급 인민회의의 노동행정국의 기능 향상을 통해 노동 보호 관련 업무의 감독 및 단속을 강화했습니다. 예를 들면 노동성의 노동보호감독국은 공장, 기업소, 단체 감독자들의 역할 증진을 통해 노동보호에 관한 법과 규정이 엄격히 준수되도록 하였다.(24쪽)

동 보고서에서 여성의 노동보호와 관련한 조항은 총 2개 조문이다. 주요 내용을 분석하면, 먼저 북한은 여성근로자의 ① 중노동, ② 유해 노동, ③ 임수산부의 야간노동, ④ 초과 근무, ⑤ 휴일 근무가 법 규정상 보장되고 있음을 밝혔다. 그리고 이는 「녀성권리보장법」 제29조 "기관, 기업소, 단체는 녀성로동보호사업에 깊은 관심을 돌려야 한다. 녀성들에게는 정해진 로동안전시설, 로동위생시설을 갖추어 주며 녀성의 생리적 특성에 맞게 로동안전을 보장하여야 한다. 정해진 로동안전시설과 로동위생시설을 갖추지 않은 곳에서는 녀성들에게 작업을 시킬 수 없다. 녀성은 산전산후기간, 젖먹이는 기간에 특별한 보호를 받는다"와 동 법령 제30조 "로동행정지도기관은 녀성들에게 금지시켜야 할 로동분야와 직종을 정하고 엄격히 지키도록 하여야 한다. 기관, 기업소, 단체는 녀성들을 금지된 로동분야

---

35) 최초 보고서의 제4항은 "본 보고서는 서문과 상세한 사실과 수치를 포함한 본 협약의 각 조항별 이행상황을 포함한다"인데, 동 조항이 동 보고사항과 어떠한 관련이 있는지 구체적인 상관관계를 관찰하기 모호하다. 조선민주주의인민공화국, 「여성차별철폐협약 당사국 제2·3·4차 이행보고서」(평양: 조선민주주의인민공화국, 2016), 2쪽.

와 직종에서 작업시키는 행위, 젖먹이아이가 있거나 임신한 녀성근로자에게 야간로동을 시키는 행위를 하지 말아야 한다"라는 '여성근로자의 노동보호'와 '여성근로자에게 금지된 노동분야와 직종'의 법적 조항을 기반으로 한 것이다. 따라서 북한은 동 보고서에서 이러한 구체적인 법령과 조문을 인용하면서 보고할 필요가 있었다. 왜냐하면 이러한 구체적인 법 조문을 인용할 경우 훨씬 더 설득력이 있기 때문이다.

또한 이밖에도 북한은 「로동정량법」 제13조 "기관, 기업소, 단체의 로동정량은 표준로동정량을 자로 하여 발전하는 현실과 구체적 실정에 맞게 제정한다. 해당기관, 기업소, 단체는 제품별, 작업공정별에 따라 로동정량제정대상과 방법을 바로 정하고 종합로동정량, 세부로동정량, 로력배치기준, 작업량과제 같은 것을 구체적으로 제정하여야 한다"라는 조항을 인용, 노동보호에 대한 포괄적이고 광범위한 세부 법조문을 예시할 필요가 있었다.[36]

다음으로 노동감독에 대한 북한은 여성노동 보호와 관련한 조직에 대해 다소 평이하게 나열식 보고를 하였다. 그러나 이 경우에도 북한은 별도의 추가적인 조직의 신설, 특별보호 담당 조직에 대한 노력 등 여성근로자의 노동보호를 위한 일련의 조치와 노력, 향후 계획에 대해 언급할 필요가 있다.

한편 이러한 여성의 노동보호에 대한 북한의 최초 보고에 대해, 유엔여성차별철폐위원회는 추가 쟁점목록 제14항에서 "당사국이 노

---

[36] 특이하게도 동 보고서에 동 법령에 대한 일체의 언급과 인용이 부재하다. 이외에도 동 법령의 제19조 노동정량의 적용의무, 제20조 노동정량 적용조건 보장, 제21조 임시로동정량의 적용에 대한 내용이 명시되어 있는데, 이는 광범위한 노동보호에 해당된다.

동 입법을 검토하고, 여성의 선택의 자유를 박탈하고, 임금을 최저 수준으로 삭감하며 여성을 폭력에 노출시키는 '경제과제', '사회동원', '돌격대'을 통한 여성의 강제 노역을 폐지할 의향이 있는지 여부를 알려주시오… 37)"라고 요청하였다. 이는 동 위원회가 북한의 여성 노동보호에 대한 심각한 문제제기를 한 것으로 최초 보고에서 언급되지 않은 사안이다.

이에 북한은 쟁점목록에 대한 추가 답변서 제57항에서 "노동여단은 공민으로서의 의무를 인식하고 공동체를 위해 그리고 미래 세대의 행복을 위해 기여하고자 하는 가정주부들의 자발적 단체이다. 학교 개보수, 공원 재정비 또는 도로 녹지 프로젝트가 거주지역에서 진행될 때 소규모 또는 대규모 집단의 가정주부들이 노동자들에게 도움을 주거나 이들에게 물질적 지원을 제공하기 위해 참여한다. 이러한 활동은 공동체의 이익을 자신의 이익으로 여기고 공동체를 위한 헌신을 자랑스럽게 여기는 조선민주주의인민공화국 시민의 정신적 준비 자세를 보여준다. 예를 들면, 2016년 9월에 유례없이 심각한 홍수가 북부 지역에 발생했을 때 전 인민이 나서서 불과 4개월 만에 이재민을 위한 11,900개의 주택을 지었다. 당시 가정주부를 비롯한 지역 여성들이 재건 노력에 적극적으로 참여했습니다. 2016~2017년 평양 여명거리 건설 기간에도 본래의 집을 임시적으로 떠난 자들을 비롯한 많은 가정주부들이 건설에 적극적으로 참여했다. 국가가 인민과 아동에 대한 사랑의 정치를 추구하며 지속적으로 인민의 복지를 위한 정책을 펼침에 따라 이러한 자발적 활동은 점점 늘어날 것이다38)"라며 동 조직이 가정주부들의 자발적인 조직이라 강조 · 보

---

37) 유엔여성차별철폐위원회, 「조선민주주의인민공화국의 제2 · 3 · 4차 정기보고서에 관한 쟁점목록」 (유엔: 유엔여성차별철폐위원회, 2017), 5쪽.

고하였다.

한편 이렇듯 북한이 장문의 추가 답변으로 대응한 것은 동 사안의 중요성에 대해 북한이 나름대로 인식하고 있음을 의미한다. 즉, 여성에 대한 강제 노동동원 문제는 사실 여부를 떠나 사안의 제기 자체가 심각한 인권침해에 해당되기 때문이다. 따라서 북한의 입장에서 유엔여성차별철폐위원회가 제기한 문제에 대해 적극적으로 대응할 필요가 있었다. 더욱이 동 협약은 국제인권조약의 하나이고 북한도 이를 인식하고 있다. 때문에 북한은 이러한 의문을 불식시켜 국제사회에서의 자신들의 이미지 개선에 주력해야만 했다. 이에 따라 결국 아이러니하게도 유엔여성차별철폐위원회의 최종 견해의 경우 북한의 여성 노동보호에 대한 직접적인 권고 사항이 부재한 편이다. 지금까지 논증한 북한 여성의 노동보호에 대한 내용을 각 보고서 별로 요약 정리하면 다음 〈표 8〉과 같다.

<표 8> 노동보호

보고서	행위 주체	주요 내용과 특징
· 이행보고서	· 북한	· 2개 조문으로 보고
· 14개 부문 추가 요청	· 유엔여성차별철폐위원회	· 여성의 강제노역 문제 제기
· 22개 부문 추가 답변	· 북한	· 자발적 조직으로 답변
· 최종 견해	· 유엔여성차별철폐위원회	· 직접적인 권고 부재

* 출처: 저자 작성.

---

38) 조선민주주의인민공화국, 「조선민주주의인민공화국의 제2·3·4차 정기보고서에 관한 쟁점목록 답변」 (평양: 조선민주주의인민공화국, 2017), 14쪽.

6. 사회보장

- (133) 여성의 사회보장을 받을 권리는 2008년 1월 9일 채택된 사회보장법, 2008년 9월 15일 채택된 시행규정, 2008년 10월 13일에 채택된 사회보험규정에 따라 보장된다.
- (134) 질병 또는 장해로 인해 근로 능력을 상실한 자, 돌보아줄 사람이 없는 노인과 아동과 같이 국가의 특별 보호를 필요로 하는 자는 근로제공불능 수당, 장애 수당, 간병 수당 또는 특별 수당을 받는다.
- (135) 질병 또는 상해로 인한 근로 능력 상실에 대한 사회보장을 받는 근로자, 농민, 사무직 근로자는 근로 기간에 따라 상병 수당을 받으며 남성에게는 20년, 여성에게는 15년이 적용된다. 상이군인과 산업재해로 인해 고통 받고 있는 자는 장애 수당을 받으며 이들을 돌보는 자는 간병 수당을 받는다.
- (136) 새로 채택된 사회보장법 시행규정에 따라 여성의 근무 기간 산출에 새로운 기준이 적용되어 퇴직연령까지 계속해서 근무한 여성이 우선적 대우를 받을 수 있도록 했다.
- (138) 각급 인민위원회는 사회보장 하에 있는 자의 상황을 정기적으로 조사하고 이들에게 건강 진단을 제공하고, 의약품과 재활을 위한 강장제를 제공하고 회복이 필요한 자를 건강리조트로 보내는 등의 조치를 통해 문제를 해결했다.(25쪽)

동 보고서에서 여성의 사회보장과 관련한 조항은 총 5개 조문이다. 주요 내용을 분석하면, 먼저 북한은 2008년 「사회보장법」[39), 「사회보장법 시행규정」, 「사회보험규정」 의거 여성 사회보장권의 법적 보장에 대해 보고하였다. 그리고 이는 비단 여성뿐만 아니라 북한의 모든 근로자에게 의무적으로 적용되는 법령이다. 특히 무엇보다 여기에서 주목해야 하는 것은 「사회보장법 시행규정」과 「사회보험규

---

39) 한편 최초보고서 제31항에서 "2008년 1월 9일 채택되고 2회 개정된 사회보장법은 고령, 질병 또는 장애로 인해 일을 할 수 없는 사람들에게 사회 보장을 제공함에 있어서 지켜야 할 원칙, 사회보장 신청 절차, 사회보장수당 지급금, 사회보장기관의 설립과 운영, 관련 기관, 기업소, 단체의 의무를 규정한다"라고 동 법령에 대한 간략한 소개가 있다. 조선민주주의인민공화국, 「여성차별철폐협약 당사국 제2·3·4차 이행보고서」 (평양: 조선민주주의인민공화국, 2016), 8쪽; 그러나 이하 명시된 「사회보장법 시행규정」과 「사회보험규정」에 대한 설명은 부재하다.

정」인데, 왜냐하면 북한이 양 법령의 존재 여부를 공식적인 문서를 통해 확인시켜 주었기 때문이다. 아울러 상기 세 법령의 입법 순서를 추적하면 일정부문 동 분야에 대한 북한의 의지가 나타난다. 덧붙여서 세 법령의 경우 북한 사회보장제도의 핵심 법령임에 따라 동 보고서에서 이를 언급한다는 것은 지극히 자연스러운 행태이다.

한편 이외에도 「녀성권리보장법」 제35조 "각급 지방인민위원회와 해당 기관은 녀성들에 대한 사회보험제를 철저히 실시하여 병 또는 부상 같은 리유로 로동능력을 일시적으로 잃은 녀성들의 생활을 안정시키고 치료조건을 충분히 보장해주어야 한다"라는 별도의 법령과 조문이 있다. 따라서 북한은 동 법령들을 포함함과 동시에 상기 세 법령의 사회보장 관련 대표적인 법 조문을 언급하면서 보고했다면 다소 풍성한 법적 근거가 되었으리라 판단된다.

다음으로 북한은 질병과 장애로 인한 노동능력 상실자, 무의무탁 노인과 아동에 대한 ① 근로제공불능 수당, ② 장애 수당, ③ 간병 수당, ④ 특별 수당에 대한 보고와 질병과 상해로 인한 노동능력 상실 근로자, 농민에 대한 ① 장기 상병 수당, 상이군인과 산재 근로자의 ② 장애 수당, 이들을 케어하는 사람에 대한 ③ 간병 수당에 대해 언급하였다.

그러나 이는 이미 기존에 존재하던 연금과 수당이고 여성 근로자를 위한 별도의 혜택이 아니라 사회보장 대상자에게 의무적으로 지급되는 현금급여-노동능력상실연금, 폐질연금, 각종 보조금 등-라 판단된다. 또한 이러한 경우 북한은 수당의 종류에 대해서만 명시하는 것이 아니라 수당의 소득대체율을 언급하여 사회안전망 차원의 효과에 대해 설명해야한다. 특히 상병수당의 경우 남녀의 지급기간 차이는 오히려 역효과를 야기한다. 이는 표면상으로만 보면 명백한 여성 근로자에 대한 차별이기 때문이다. 따라서 이러한 점에서 북한의 보고는 다소 순진한 면이 있다. 다시 말해 이것이 명백한 법적 사실이라 할지라도 북한은 향후 지급기간이 남녀 동일하도록 개선할 예정이라 답해야 한다.

마지막으로 북한은 여성 근로자의 퇴직까지의 고용보장, 사회보장 수급자에 대한 인민위원회의 건강보장, 치료와 재활에 대해 밝혔다. 이에 전자의 경우 신설된 「사회보장법 시행규정」에 의거한 새로운 사항인 반면 후자는 이미 작동하던 제공체계이다. 때문에 이러한 보고는 절반의 긍정과 절반의 부정이 교차되는 부문이다. 특히 여성 근로자를 새로운 규정에 의거, 정년을 보장한다는 것은 역설적으로 기존에는 여성 근로자의 정년보장이 되지 않았음을 반증한다.[40]

이러한 여성의 사회보장에 대한 북한의 최초 보고에 대해, 유엔여성차별철폐위원회는 직접적인 별도의 언급 없이 추가 쟁점목록 제15항 "경제 위기와 정부의 식량분배제도가 어려움을 겪으면서 더 많은 여성들이 민간 시장에서 일하기 시작했다. 그러한 시장을 관리함에 있어 여성이 책임있는 직책을 맡을 수 있는 평등한 기회를 보장하기 위한 조치에 대해 알려주시오. … "[41]라며 식량공급의 문제를

---

40) 이외에도 북한은 최초보고서 제37항에서 "사회주의노동법과 녀성권리보장법은 2015년 6월 30일 개정되어 출산휴가를 150일에서 240일로 연장했다. 이러한 새로운 조치는 모성 건강을 회복하고 신생아의 영양 관리를 위한 보다 나은 환경을 조성하고 모성 및 아동 의료에 대한 대중의 관심을 높였다"라고 보고하였다. 조선민주주의인민공화국, 「여성차별철폐협약 당사국 제2·3·4차 이행보고서」(평양: 조선민주주의인민공화국, 2016), 9쪽; 그러나 이 경우에도 「여성권리보장법」 제33조 "국가적으로 녀성근로자에게는 정기 및 보충휴가외에 근속년한에 관계없이 산전 60일, 산후 180일간의 산전산후휴가를 준다. 산전산후휴가기간에는 녀성에게 일시킬수 없다"라는 조항을 근거로 보고해야 설득력이 있고 추가 질문을 사전에 차단할 수 있다.
41) 유엔여성차별철폐위원회, 「조선민주주의인민공화국의 제2·3·4차 정기보고서에 관한 쟁점목록」(유엔: 유엔여성차별철폐위원회, 2017), 6쪽 앞에서 재인용.

제기하였지만 이에 대한 문제보다는 여성의 관리직 보장에 대해 지적하였다. 이에 북한의 추가적인 답변은 부재하다.

결국 북한 여성의 사회보장에 대한 유엔여성차별철폐위원회의 최종 견해의 경우 고용부문인 제35항에서 " … c) 남성의 은퇴 연령이 60세인데 비해 여성의 은퇴 연령은 55세로 설정되어있다는 점과 이것이 연금 혜택과 경제적 독립뿐 아니라 의사결정 권한을 갖는 직책에 대한 접근성에 영향을 미친다는 점"을 지적받았다. 이어 제36항에서 북한은 "본 위원회는 당사국에 … c) 여성에게 보다 나은 고용 기회를 제공하고 평등한 연금 혜택을 제공하기 위해 여성의 은퇴 연령이 남성의 은퇴 연령과 일치하도록 상향 조정하기 위해 노동법 검토"할 것을 권고받았다.[42] 즉, 동 위원회는 본 연구가 앞서 제기한 남녀 정년보장 차이와 복지급여 지급기간의 차이에 대한 시정을 요청받았다. 지금까지 논증한 북한의 여성 사회보장에 대한 내용을 각 보고서 별로 요약 정리하면 다음 〈표 9〉와 같다.

<표 9> 사회보장

보고서	행위 주체	주요 내용과 특징
· 이행보고서	· 북한	· 5개 조문으로 보고
· 14개 부문 추가 요청	· 유엔여성차별철폐위원회	· 미언급
· 22개 부문 추가 답변	· 북한	· 미보고
· 최종 견해	· 유엔여성차별철폐위원회	· 남녀 동일 정년 보장 · 남녀 동일 복지급여 지급기간 보장

* 출처: 저자 작성.

---

42) 유엔여성차별철폐위원회, 「조선민주주의인민공화국의 제2·3·4차 정기보고서에 대한 최종 견해」 (유엔: 유엔여성차별철폐위원회, 2017), 10쪽.

7. 양육과 부양: 시설보호

- (130) 기관과 기업소는 여성을 위한 별도의 탈의실과 화장실뿐 아니라 탁아소, 유치원, 아동병동, 복지시설을 마련하는 것을 상례로 하여 여성이 조금의 불편함도 없이 근무할 수 있도록 하였다. 예를 들면 2014년에는 김정숙 섬유 공장의 근로자를 위해 훌륭한 생활 환경을 갖춘 새로운 호스텔이 건설되었다. 평양기초식품공장의 탁아소와 유치원은 훌륭하게 개조되었다. 남흥청년화학연합기업소와 여러 다른 지방 생산 시설은 어떠한 기준에 비추어도 완벽한 여성 복지시설을 마련했다.(24쪽)
- (139) 아동을 돌보고 양육하기 위한 모든 필요 시설을 갖춘 육아원과 애육원이 평양과 강원도에 각각 2014년과 2015년에 지어졌으며 이에 따라 다른 도에도 아이들이 고아라는 슬픔 없이 행복하게 자랄 수 있는 육아원과 애육원이 새롭게 지어졌다. 평양에는 노인의 근심 없는 건강한 생활을 위한 좋은 조건과 환경을 제공하는 양로원이 새로 지어졌으며 다른 도들도 현지 노인을 위한 새로운 양로원을 건설하는 중이다. 평양 양로원에 있는 대부분의 사람들은 여성이다.
- (140) 아동, 여성, 노인을 존중하고, 돌보며, 지원하는 분위기가 사회 전체에 스며있다. 많은 사람들이 고아와 노인을 자신의 집에 받아들여 부모, 형제와 같은 사랑으로 이들을 돌본다. 인민위원회와 해당 지역의 사회적 단체뿐 아니라 이웃은 그러한 가정을 지원하는 것을 자신의 책임으로 여기고 이들에게 새로운 주택, 생활필수품을 제공하고 이들을 자신의 가족과 같이 대우한다.(25~26쪽)

동 보고서에서 양육과 부양, 시설보호에 대한 조항은 총 3개 조문이다. 주요 내용을 분석하면, 먼저 북한은 여성 근로자를 위한 다양한 시설에 대해 언급하였다. 또한 일례로 김정숙 섬유공장, 평양기초식품공장, 남흥청년화학연합기업소를 사례로 여성복지시설들을 소개하였다. 한편 이는 「녀성권리보장법」제27조 "지방인민위원회와 해당 기관은 녀성들이 사회적 로동에 적극 참가할수 있도록 온갖 조건을 충분히 보장해주어야 한다. 해당 기관, 기업소, 단체는 직장에 다니는 녀성들이 로동에 마음놓고 참가할수 있도록 탁아소, 유치원, 편의시설 같은것을 잘 꾸리고 바로 운영하여야 한다"라는 조항과 일맥상통하는 부문임에 따라 북한은 동 법령과 동 조항을 명시하면서 보고해야 했다. 즉, 법적인 근거를 제시하면서 그에 해당되는 사례를 기술하는 것이 체계적이며 논리적이다.

다음으로 북한은 아동을 위한 평양과 강원도의 육아원과 애육원 건설, 평양의 양로원 신설에 대해 보고하였다. 그렇지만 이는 「아동권리보장법」 제31조 "부모 또는 후견인의 보살핌을 받을수 없는 아동은 육아원과 애육원, 학원에서 국가의 부담으로 키운다"라는 무의무탁아동의 양육 조항과 「년로자보호법」 제12조 "부양의무자가 없고 자립적으로 살아가는데 지장을 받는 년로자는 국가가 부양한다. 부양의무자가 있어도 년로자의 요구에 따라 국가의 부양을 받을수 있다. 이 경우 부양비용은 부양의무자가 부담한다"라는 조항을 동시에 언급하면서 기술하였으면 하는 아쉬움이 있다.

마지막으로 북한은 취약계층인 노인, 여성, 아동, 고아에 대한 돌봄과 케어, 나아가 이들에게 제공되는 현물서비스에 대해 명시하였다. 그리고 이는 다소 평이한 열거방식의 보고 행태이다. 또한 이러한 보고의 경우 검증할 수 없는 한계가 있다. 이로 인해 동 보고의 경우 주목은 받으나 신뢰는 받지 못하는 인상을 준다. 아울러 동 보고의 경우 기존 북한의 전형적인 선전 문구와 별다른 차이가 나타나지 않는 부문이라 하겠다.

이러한 북한의 최초 보고에 대해, 유엔여성차별철폐위원회는 양육과 부양, 여성복지 시설에 대한 추가 답변 요청은 부재하다.[43] 이와 마찬가지로 북한의 쟁점에 대한 추가 답변도 전무하다. 이에 따라 유엔여성차별철폐위원회의 최종 견해 고용부문에도 직접적인 언

---

43) 추가 쟁점목록의 제10항 "가정폭력 피해 여성을 위한 대피 시설의 존재 여부와 이들에게 의료, 심리, 법률 서비스가 제공되는지 여부에 대해 알려주시오"와 제20항 "여성이 모든 구금시설에서 성폭력과 성별에 근거한 폭력으로부터 보호받도록 취한 조치에 대해 알려주시오"라고 여타 부문의 시설에 대해 자료를 요청하였다. 유엔여성차별철폐위원회, 「조선민주주의인민공화국의 제2・3・4차 정기보고서에 관한 쟁점목록」 (유엔: 유엔여성차별철폐위원회, 2017), 4~7쪽.

급이 부재하다. 그러나 유엔여성차별철폐위원회의 고정관념 부문의 최종 견해인 제23항에서 " ··· 본 위원회는 여성을 '사회와 가정에서', '아동의 양육과 교육'이라는 '임무'에 가두고, 많은 경우 여성이 신체적 안전과 정서적 행복을 희생하여 가정 유지에 대한 책임을 지도록 하는, 가정과 사회에서의 여성과 남성의 역할과 책임에 대한 차별적 고정관념이 지속되고 있는 점에 대해 우려한다"[44]라고 이에 대해 간접적으로 별도 부문을 통해 지적하였다.

즉, 동 위원회는 고용과 관련된 부문이 아니라 여성에 대한 사회적 제도적 인식의 문제점 부문을 통해 이에 대해 언급하였다. 한편 동 위원회가 이를 여성에 대한 인식론적 차원에서 문제 삼은 것은 북한의 여성차별이 북한의 인식에서 비롯됨을 직시하고 이를 지적한 것이라 판단된다. 지금까지 논증한 북한 양육과 부양에 대한 내용을 각 보고서 별로 요약 정리하면 다음 〈표 10〉과 같다. 또한 지금까지 논증한 북한의 여성차별철폐협약 보고서의 고용복지 관련 내용을 유엔여성차별철폐위원회의 최종 견해의 권고 내용을 중심으로 요약하면 다음 〈표 11〉과 같다.

<표 10> 양육과 부양

보고서	행위 주체	주요 내용과 특징
· 이행보고서	· 북한	· 3개 조문으로 보고
· 14개 부문 추가 요청	· 유엔여성차별철폐위원회	· 미언급
· 22개 부문 추가 답변	· 북한	· 미보고
· 최종 견해	· 유엔여성차별철폐위원회	· 고정관념 부문에서 지적

* 출처: 저자 작성.

---

44) 유엔여성차별철폐위원회, 「조선민주주의인민공화국의 제2·3·4차 정기보고서에 대한 최종 견해」(유엔: 유엔여성차별철폐위원회, 2017), 6쪽.

<표 11> 북한의 여성차별철폐협약 이행보고서 요약: 고용복지 관련 조항

구분	본 보고서 조문수	추가 답변서 조문수	유엔여성차별철폐위원회의 주요 권고 사항
· 법령	· 3	· 1	· 일부 법적 조치 긍정적 평가 · 여성을 개인이 아닌 집단으로 인식 · 특정 직업에 대한 여성 할당 · 일부 직업 여성 진출 불가 · 노동부문의 성 불평등
· 고용지원	· 7	· 2	· 상기와 거의 동일
· 고용(율)	· 2	· 2	· 여성관리직 보장 권고
· 임금과 수당	· 3	· 부재	· 동일노동, 동일임금 통계 부재 · 관련 법률과 정책 검토 · 동일노동, 동일임금 정보, 통계 정기적 공개
· 노동보호	· 2	· 1	· 직접적인 권고 부재
· 사회보장	· 5	· 부재	· 남녀 동일 정년 보장 · 남녀 동일 복지급여 지급기간 보장
· 양육과 부양	· 3	· 부재	· 고정관념 부문에서 간접적으로 지적

* 출처: 저자 작성.

Ⅳ. 결론

지금까지 본 연구는 북한이 작성, 유엔에 제출한 제2·3·4차 통합 여성차별철폐협약 이행에 관한 국가보고서를 일곱 가지 측면인 ① 법령, ② 고용지원, ③ 고용(율), ④ 임금과 수당, ⑤ 노동보호, ⑥ 사회보장, ⑦ 양육과 부양을 중심으로 분석하였다. 또한 본 연구는 이러한 과정에서 발생한 북한과 유엔여성차별철폐위원회의 상호 주고받은 추가 쟁점목록과 이에 대한 북한의 답변서, 유엔여성차별철폐위원회의 최종 견해를 분석하였다.

분석결과, 첫째, 법령과 고용지원의 경우 북한은 유엔여성차별철폐위원회로부터 가장 많은 지적과 다수의 권고를 받았다. 그러나 비록 일부지만 기존 180일에서 240일로 확대된 산전산후휴가의 경우 긍정적인 평가를 받았다. 하지만 이를 제외한 경우 대체로 부정적인 평가를 받았다. 유엔여성차별철폐위원회는 북한이 여성을 개인이 아닌 집단으로 인식 문제, 특정 직업에 대한 여성 할당 문제, 일부 직업의 경우 여성 진출 불가한 점, 노동부문의 성 불평등에 대해 개선할 것을 권고하였다. 따라서 이를 근거로 하면 이념적, 제도적 차원의 북한의 여성 고용은 여전히 후진적이라 하겠다. 그리고 이러한 개선과제들은 일정부문은 단기간에 해소될 수는 있지만 이를 완전히 해결하기까지는 제도적, 의식적 차원의 상당한 노력과 시간이 필요한 부문이다.

둘째, 고용(율)의 경우 북한은 유엔여성차별철폐위원회로부터 여성근로자의 관리직 진출을 보장할 것을 권고받았다. 그리고 이는 북한이 여전히 남성 중심의 사회 제도와 문화, 가부장 중심의 의식과 그로 인한 여성의 제도적 사회적 차별에 기인한다. 아울러 이는 유엔여성차별철폐위원회의 북한에 대한 사실상의 경고이다. 그렇지만 유엔여성차별철폐위원회의 이러한 권고가 상술한 법령과 고용지원의 경우와 마찬가지로 단순히 제도적 개선을 통해 자리잡기보다는 제도적 보장과 더불어 의식의 함양이 동반되는 과제라 판단된다. 따라서 이러한 점에서 향후 이 부문에 대한 북한의 집행과정과 그 결과가 주목된다 하겠다.

셋째, 임금과 수당의 경우 유엔여성차별철폐위원회는 북한에게 남녀 동일노동과 동일임금 통계 부재, 관련 법률과 정책 검토, 동일노동, 동일임금 정보와 통계를 정기적으로 공개할 것을 권고했다. 이는 사실상 유엔여성차별철폐위원회가 북한의 여성 근로자의 임금 자체에 대한 문제를 제기한 것으로 매우 심각한 우려를 나타낸 것이다. 동시에 유엔여성차별철폐위원회의는 향후 이 부문에 대한 공개를 통해 임금에 대한 남녀의 동등한 대우 여부를 관찰하겠다는 의사를 표명한 것이다. 따라서 북한의 입장에서 향후 남녀의 동일임금에 대해 어떠한 식으로든 일정한 변화와 성과, 대외적인 공개를 하지 않을 수 없게 되었다. 다른 한편으로 공식임금 수준이 낮은 북한의 경우 이것이 그리 어려운 과제가 아니라 판단된다.

넷째, 노동보호의 경우 유엔여성차별철폐위원회의 추가 답변에서 북한 여성의 강제노역에 대해 문제를 제기하였다. 하지만 유엔여성차별철폐위원회의 최종 견해에서 여성 근로자의 노동보호에 대한 직접적인 권고가 부재했다. 그러나 다른 한편으로 이러한 유엔여성차별철폐위원회의 여성 근로자의 노동보호에 대한 권고 부재가 협약 이행의 완수나 문제의 미발견, 혹은 문제의 해소를 의미하지는 않는다.

왜냐하면 북한은 노동보호를 근로행태에 대한 한 부문으로 접근한 반면 유엔여성차별철폐위원회는 여성 근로자의 노동력 동원의 강제성 문제, 즉, 근로 동기 자체에 대한 원천적인 문제로 접근했기 때문이다. 따라서 북한과 유엔여성차별철폐위원회 양자가 기본적으로 인식하는 여성 근로자의 노동보호는 상당한 인식 차이가 있다. 그러한 점에서 보면 북한의 여성 근로자의 노동보호에 대한 협약 이행은 유엔여성차별철폐위원회의 최종 견해에서 언급되지 않았을 뿐 여전히 진행형인 사안이라 하겠다. 때문에 북한은 향후 이를 감안한 가운데에 협약 이행에 임할 필요가 있다.

다섯째, 사회보장의 경우 북한은 유엔여성차별철폐위원회로부터 남녀 동일한 정년 보장, 남녀 동일한 복지급여 지급기간을 보장할 것을 권고받았다. 그러나 정년보장의 경우 이미 기 완료된 사안으로 유엔여성차별철폐위원회가 최종적으로 이를 권고할 사항이 아니라 판단된다. 또한 일부 수당의 차등 적용에 대한 유엔여성차별철폐위원회의 권고의 경우 북한의 입장에서 보면 그리 어려운 문제가 아니다. 왜냐하면 이는 북한 공식임금 수준의 맥락과 거의 동일한 것으로 북한의 공식적인 복지급여 수준이 그리 높지 않기 때문이다. 따라서 여성의 사회보장에 관한 유엔여성차별철폐위원회 이행 권고는 북한으로서는 비교적 달성하기 쉬운 과제이다.

여섯째, 양육과 부양의 경우 유엔여성차별철폐위원회의 직접적인 최종 견해에서는 부재하고 다른 부문인 고정관념 부문에서 이를 지적하였다. 이는 유엔여성차별철폐위원회가 상술한 여성차별철폐에 대한 법령과 고용지원, 노동보호의 경우와 마찬가지 문제로 북한의 의식과 제도 부문에 상호 교차되는 사안이다. 따라서 이 역시 다소 어려운 이행 과제로 일정한 시간과 노력이 필요한 부문이다. 이러한 점에서 보면 향후 북한이 이 문제를 상술한 법령과 고용지원, 노동보호 문제와 더불어 이를 어떻게 해소할지 관찰할 필요가 있다.

한편 무엇보다 북한에 대한 유엔여성차별철폐위원회의 최종 견해는 매우 부정적이다. 이러한 원인은 북한의 최초 보고서상의 분량이 다소 적어 설명의 수준이 거시적일 수밖에 없고 나아가 질적으로도 언명적 수준의 보고 내용이 다수인데 기인한다. 때문에 동 보고서의 경우 북한이 일정한 논리적 체계와 구성을 갖춘 가운데에 서술하고 있다 할지라도 다음과 같은 한계가 있다.

첫째, 진술 방식의 한계로 동 협약의 조문 순서에 입각하여 작성된 동 보고서의 경우 '앞 문단과 뒷 문단', '앞 문장과 뒷 문장'이 진술 관계에 있어 명백한 상관관계를 가지는 경우가 비교적 흔치 않다고 판단된다. 가령 이는 북한의 특정 주장, 해당되는 근거제시, 구체적인 사례 열거, 기준에 의한 성과와 평가, 향후 발전계획 순으로 기술된 사안이 다수가 아니라는 것이 증명한다. 그렇지만 다른 한편으로 이것이 평가에 치명적이지는 않다고 판단되는데, 왜냐하면 이는 형식적인 차원에 해당되기 때문이다. 즉, 역설적으로 접근하면 평가자는 이를 감안하면서 형식보다는 내용 중심의 평가를 지향한다.

둘째, 기술적인 한계로 동 보고서의 경우 전반적으로 정량적 근거보다 정성적 근거가 다수를 차지한다. 그리고 이는 자연스럽게 언명적 표현으로 발현되어 심의와 평가의 기준인 객관화를 지향하지 않게 된다. 아울러 이러한 보고 패턴이 반복될 경우 특정 사안의 보고 초점을 흐려 종국에는 전달력과 가독성을 상쇄시킨다. 나아가 이는 특히 심의와 평가에 부정적인 요인으로 작용할 수밖에 없다. 더욱이 사안의 증명에 대한 구체적 진술이 빈약할 경우 이는 배가 된다.

셋째, 내용적인 한계로 동 보고서의 경우 일부의 법적 인용이 누락되어 있고 무엇보다 실천적 수준의 진술이 소수이다. 때문에 이러한 경우 양적으로든 질적으로든 보고서의 내용과 수준이 알차지 못하게 된다. 무엇보다 북한이 스스로 존재하는 법적 조항을 누락시킨 것은 작성 주체와 조업자 사이의 협업과 정보, 지식의 차이에 기인한다. 따라서 이러한 점에서 보면 다소 아쉬운 부문이라 하겠다.

또한 이행 과정이나 결과에 대한 실천 현장의 목소리인 사례의 경우 북한은 이에 대한 다수의 인용을 통해 보고 기간 동안 집행하고 시도한 노력을 열거해야만 했다. 왜냐하면 이러한 보고들은 그 실현 여부를 떠나 협약 이행을 위한 북한의 노력으로 보여지기 때문이다. 다시 말해 이는 평가자에게 성실한 북한의 노력과 태도로 고착되고 북한의 협약 이행을 위한 진정성으로 승화되어 궁극적으로 평가에 긍정적으로 기여하기 때문이다. 따라서 이러한 점에서 동 보고서는 북한의 최선에도 불구하고 일정한 한계가 노정된다. 때문에 북한이 향후 제출할 제5차 국가 이행보고서는 이를 고려하면서 협약을 집행하고 보고할 필요가 있다 하겠다.

참고문헌

1. 북한법령
녀성권리보장법
년로자보호법
로동보호법
로동정량법
사회보장법
사회주의로동법
아동권리보장법

2. 논문 및 단행본

강동완, "김정은 시대 북한 화장품의 '선전'과 '실제': 화장품을 통해서 본 북한 여성 문화,"「한국문화기술」제14권 2호, 단국대학교 한국문화기술연구소, 2019.

국가인권위원회 인권교육센터, "유엔여성차별철폐위원회," 〈검색일: 2019년 10월 29일〉

김석향 외, "북한 내 재생산 영역의 사회구조와 여성의 실천,"「여성학논집」제33권 1호, 서울: 이화여자대학교 한국여성연구원, 2016.

김석향 외, "유엔아동권리협약 국가보고서를 통해 본 남북한 아동권리 내용 비교,"「한국아동복지학」제54호, 한국아동복지학회, 2016.

김영규, "2009년 이후 북한 민사관련 법령의 특징과 평가: 부동산관리법, 아동권리보장법, 녀성권리보장법을 중심으로,"「신안보연구」제170호, 서울: 국가안보전략연구원, 2011.

_____, "북한의 여성과 아동의 인권에 관한 입법의 특징과 평가: 1990년 이전의 입법을 중심으로,"「국방연구」제57권 4호, 대전: 국방대학교 안보문제연구소, 2014.

김충렬, "김정은 체제에서의 북한 여성의 정치적 위상에 관한 연구,"「한국동북아논총」제18권, 2호, 한국동북아학회, 2013.

다음백과, "유엔여성차별철폐협약," 〈검색일: 2019년 10월 28일〉

도경옥 외,『북한의 여성·아동인권 실태』, 서울: 통일연구원, 2016.

박복순 외,『통일대비 남북한 여성·가족 관련 법제 비교 연구』, 서울: 한국여성정책연구원, 2014.

박태상, "과학기술 발전과 북한 여성정책의 지향점," 「비평문학」 제61호, 서울: 한국비평문학회, 2016.

여성가족부, "유엔여성차별철폐협약," 〈검색일: 2019년 10월 29일〉

위키백과, "유엔여성차별철폐협약," 〈검색일: 2019년 10월 28일〉

유엔여성차별철폐위원회, 「조선민주주의인민공화국의 제2·3·4차 정기보고서에 관한 쟁점목록」, 유엔: 유엔여성차별철폐위원회, 2017.

──────────, 「조선민주주의인민공화국의 제2·3·4차 정기보고서 심의」, 유엔: 유엔여성차별철폐위원회, 2016.

──────────, 「조선민주주의인민공화국의 제2·3·4차 정기보고서에 대한 최종 견해」, 유엔: 유엔여성차별철폐위원회, 2017.

이가영, "북한 여성동맹조직 역할 변천에 대한 연구," 「아세아연구」 제60권 3호. 고려대학교 아세아문제연구소, 2017.

이소희,『북한 개발협력과 여성 보건의료』, 서울: 한국여성정책연구원, 2019.

이승윤 외, "북한 공식-비공식 노동시장의 형성과 여성," 「비판사회정책」 제48호, 비판과 대안을 위한 사회복지학회, 2015.

이인정, "「조선녀성」에 드러난 북한의 가족과 자녀 교육에 관한 연구," 「도덕윤리과교육」 제46호, 서울: 한국도덕윤리과교육학회, 2015.

이준모,『북한의 개발협력 20년과 성불평등』, 서울: 한국여성정책연구원, 2018.

이지언·김상용, "북한 여성·아동의 인권 증진을 위한 사회복지서비스 방안," 한국행정학회 학술대회 발표문, 서울: 한국행정학회, 2016.

이철수, "북한의 '녀성권리보장법'에 대한 탐색적 분석: 기존 관련 법령과 비교를 중심으로," 「통일과 평화」 제10집 1호, 서울: 서울대학교 평화통일연구원, 2019.

임순희 외,『북한의 여성권·아동권 법 제정 동향』, 서울: 통일연구원, 2011.

임옥규, "북한 문학을 통해 본 김정은 체제에서의 국가와 여성:『조선문학』(2012~2013)을 중심으로," 「국제한인문학연구」 13호, 국제한인문학회, 2014.

조선장애자보호연맹(DPRK), 「조선민주주의 인민공화국 장애자 권리 협약 리행 초기 보고서」, 평양: 조선장애자보호연맹, 2018.

조선민주주의인민공화국, 「아동권리협약 당사국 제5·6차 이행보고서」, 평양: 조선민주주의인민공화국, 2016.

_____, 「여성차별철폐협약 당사국 제2·3·4차 이행보고서」, 평양: 조선민주주의인민공화국, 2016.

_____, 「조선민주주의인민공화국의 제2·3·4차 정기보고 서에 관한 쟁점목록 답변」, 평양: 조선민주주의인민공화국, 2017.

한국여성정책연구원, 「여성차별철폐협약(CEDAW)」, 서울: 한국여성정책연구 원, 2018.

현인애, "노동신문 사·논설을 통해서 본 북한 여성담론과 여성정책의 변화," 「통일정책연구」 제24권 1호, 서울: 통일연구원, 2015.

홍승아 외, 『통일 대비 여성·가족정책 추진 전략과 통일한국 사회통합 전망 연구(Ⅱ)』, 서울: 한국여성정책연구원, 2016.

황의정·최대석, "북한의 여성관련 법제정을 통해 본 여성의 법적 지위의 변 화 전망," 「동북아법연구」 제9권 2호, 전주: 전북대학교 동북아법연구 소, 2015.

제12장

북한의 여성차별철폐협약 국가이행보고서 분석

제2 · 3 · 4차 통합보고서 보건 인프라를 중심으로

Ⅰ. 서론

북한은 2016년 4월 16일 여성차별철폐협약 제2 · 3 · 4차 통합 국가
이행보고서를 유엔여성차별철폐위원회에 제출하였다. 이는 북한이
1차 보고서 제출 이후 두 번째로 제출한 보고서이다. 북한이 제출한
동 보고서는 동 협약 순서에 의거, 전체 16개 분야 총 272개 조문으
로 작성되어 있다. 이를 다시 협약의 조문 순서로 구분하면, 여성 차
별의 정의(제1조), 여성차별 철폐의무(제2조), 여성의 개발과 발전
(제3조), 임시 특별 조치(제4조), 여성에 대한 고정관념과 폭력 철폐
(제5조), 여성의 성적 착취(제6조), 정치와 공적 생활 참여(제7조), 국
제 활동 참여(제8조), 국적(제9조), 교육(제10조), 고용(제11조), 보건
(제12조), 경제와 문화 혜택(제13조), 농촌 여성(제14조), 법과 민사상
평등(제15조), 결혼과 가족관계에 대한 평등(제16조) 순이다. 이에
북한은 동 분야에 대해 보고 기간 동안의 자신들이 실천한 내용에
대해 기록하고 보고하였다.

이에 따라 북한은 각 분야별로 보고하였는데 이를 양적으로 구분

하면 다음과 같다. ① 서문의 8개 조문으로 시작하여 ② 여성 차별의 정의-5개 조문, ③ 여성차별 철폐의무-13개 조문, ④ 여성의 개발과 발전-15개 조문, ⑤ 임시 특별 조치-9개 조문, ⑥ 여성에 대한 고정관념과 폭력 철폐-15개 조문, ⑦ 여성의 성적 착취-9개 조문, ⑧ 정치와 공적 생활 참여-9개 조문, ⑨ 국제 활동 참여-10개 조문, ⑩ 국적-2개 조문, ⑪ 교육-20개 조문, ⑫ 고용-25개 조문, ⑬ 보건-70개 조문, ⑭ 경제와 문화 혜택-19개 조문, ⑮ 농촌 여성-18개 조문, ⑯ 법과 민사상 평등-8개 조문, ⑰ 결혼과 가족관계에 대한 평등-17개 조문이다. 그리고 이 중에서 가장 다수는 전체 272개 조문 중 70개 조항을 차지하는 보건 분야로 압도적 다수를 차지한다. 이에 북한의 유엔여성차별철폐협약 제2·3·4차 통합국가 이행보고서 해당 조문 수와 조문 비율을 기준으로 요약하면 다음 〈표 1〉과 같다.

<표 1> 북한의 유엔여성차별철폐협약 이행보고서 해당 조문 수

년번	해당 조항 요약	조문 수	비율
1	서문	8(1-8)	2.9
2	차별의 정의(제1조)	5(9-13)	1.8
3	당사국의 여성차별 철폐의무(제2조)	13(14-26)	4.7
4	여성의 완전한 발전, 향상의 확보(제3조)	15(27-41)	5.5
5	특별조치(제4조)	9(42-50)	3.3
6	남녀의 역할론 극복(제5조)	15(51-65)	5.5
7	여성의 매매와 매춘(제6조)	9(66-74)	3.3
8	정치적 공적 활동(제7조)	9(75-83)	3.3
9	국제적 활동(제8조)	10(84-93)	3.6
10	국적(제9조)	2(94-95)	0.7
11	교육(제10조)	20(96-115)	7.3
12	고용(제11조)	25(116-140)	9.1
13	보건(제12조)	70(141-210)	25.7

14	경제적, 사회적 활동(제13조)	19(211-229)	6.9
15	농촌 여성 차별 철폐(제14조)	18(230-247)	6.6
16	법 앞의 평등과 민사관계(제15조)	8(248-255)	2.9
17	혼인과 가족관계에서 여성 차별 철폐(제16조)	17(256-272)	6.2

* 비고: 소수점 둘째자리 이하는 절삭으로 총비율 누계 99.3%임.
* 출처: 북한 국가 이행보고서 토대 저자 작성.

상술한 바와 같이 동 보고서상의 가장 높은 비율을 차지하는 분야가 보건부문인 것은 북한의 인식을 대변한다 하겠다. 즉, 동 협약 이행에 있어 북한은 보건부문을 가장 중요하게 인식하여 이에 대한 보고에 상당부문을 할애했다. 그리고 무엇보다 이러한 원인은 크게 세 가지라 판단된다. 하나는 보건 분야가 갖는 내적 속성으로, 동 협약 이행에 있어 보건분야는 여성의 건강권, 보건권, 치료권, 예방권 등 여타 동 협약에서 밝힌 내용을 이행함에 있어 전제되는 부문이다. 즉, 보건분야는 동 협약 이행의 전 분야에 걸쳐 직간접적으로 연결되는 교차영역이다. 가령 여성 건강보장이 고용과 교육에 간접적으로 연관되듯이, 이를 조금 확장해서 적용하면 여성 생명권의 보장의 전제가 바로 보건분야의 건강보장인 셈이다. 때문에 이러한 점에서 보건분야의 보고가 많은 비중을 차지할 수밖에 없다.

다른 하나는 보건 자체의 기본적인 기능과 속성에 기인하는 것인데, 가령 보건분야는 중분류적 차원에서 다양한 분야로 재차 구분된다. 이를 열거하면 ① 보건 관련 법령과 정책, ② 특정 질병이나 보건발전 및 관리운영 계획과 프로그램, ③ 보건 자원과 인력, 조직과 재원, 교육 현황, ④ 전문시설과 진료체계 등 보건 인프라, ⑤ 질병과 위생 관리체계, ⑥ 보건의료서비스 제공체계, ⑦ 주요 질병 연구와 지표 등으로 재차 나누어진다. 따라서 이러한 전 분야에 대해 보고하자고 하면 분량이 다수일 수밖에 없다.

　나머지 하나는 북한의 보건의료 현황과 실태와 관련이 있는데, 북한은 1980년 「인민보건법」을 제정하여 그들 스스로 무상치료제를 완수하였다고 주장하고 있다. 즉, 이는 제도적으로는 단일한 국영보건의료체계가 자리잡았음을 의미한다. 따라서 적어도 외형적으로 보면 북한 보건의료체계는 일정부문 고착화된 체제이다. 때문에 이러한 점에서 보면 북한은 동 분야에서 긍정적인 평가를 위해 자연히 보고할 사항이 다수를 차지할 수밖에 없다 하겠다. 다른 한편으로는 이와 달리 북한의 보건의료 실태차원에서 보면 그동안 다양한 국제기구의 보건의료지원 하에 개선되었거나 협업한 사례, 향후 추진된 사항 등 개선과 발전부문에 대한 언급이 필요함에 따라 보고서의 상당 지면을 할애해야만 했다. 참고로 동 보고서의 보건 관련 보고 내용을 정리하면 다음 〈표 2〉와 같다.

<표 2> 북한의 국가 이행보고서 보건 부문 분석

분야	해당 조문: 141~210(70개 조문)	조문수	비율
법령과 정책	141~148, 193	9	12.8
관리운영(계획)체계	164~165, 167, 170~172, 177, 180, 190~191, 195, 200, 207~210	16	22.8
자원, 인력, 조직, 교육	158~160, 169, 173~174, 176, 178, 199	9	12.8
보건 인프라	149~157, 162~163	11	15.7
질병, 위생관리체계	166, 198, 201, 202~205	7	10
서비스 제공체계	161, 168, 179, 181, 197	5	7.1
연구와 지표(조사)	175, 182~189, 192, 194, 196, 206	13	18.5

* 비고 1: 중복 조문도 존재하나 필자가 임의로 판단.
* 비고 2: 소수점 둘째자리 이하는 절삭으로 총비율 누계 99.7%임.
* 출처: 저자 작성.

한편 이러한 유엔여성차별철폐협약 국가 이행보고서는 최종 심의 이전에 유엔여성차별철폐위원회로부터 추가 쟁점에 대한 답변을 요구받는다. 이에 당사국은 이 부문에 대한 답변서를 추가로 제출한다. 이어서 유엔여성차별철폐위원회는 이를 토대로 최종 심의·공표하고 이에 유엔여성차별철폐위원회의 최종 견해로 종결된다. 그리고 이러한 과정에서 통상 이행 보고 당사국과 유엔여성차별철폐위원회는 각각 두 종류의 문서가 작성되고 공개된다.

이러한 점에서 본 연구의 목적은 북한이 2016년 5월 3일 유엔여성차별철폐위원회에 제출한 유엔여성차별철폐협약 2·3·4차 국가이행보고서를 놓고, 동 보고서의 보건 인프라 조항을 분석·평가하는 것이다. 이에 따라 본 연구의 주요 분석대상은 북한이 공식적으로 유엔에 제출한 ① 북한의 여성차별철폐협약 제2·3·4차 국가이행보고서, ② 유엔여성차별철폐위원회가 추가로 요청한 쟁점, ③ 이에 대한 북한의 추가 답변서, ④ 유엔여성차별철폐위원회의 최종 견해를 표명한 보고서에 나타난 보건 인프라 관련 조문들이다. 또한 이를 위한 본 연구의 연구방법은 문헌조사기법에서 주로 활용하는 질적 연구방법을 분석기제로 사용하고자 한다.[1]

이에 본 연구의 서술 순서는 먼저 북한의 제2·3·4차 통합 국가이행보고서의 보건 인프라 부문에 대해 고찰하였다. 다음으로 유엔여성차별철폐위원회가 추가로 요청한 보건 인프라 쟁점에 대해 분석하였다. 그다음으로 북한이 유엔여성차별철폐위원회가 추가로 요청한 쟁점에 대한 답변서를 추적하였다. 마지막으로 유엔여성차별철폐위원회의 최종견해에 나타난 보건 인프라에 대해 고찰하였다.

---

1) 한편 본 연구와 관련, 기존 연구의 경우 북한의 국제협약 이행보고서를 분석한 연구로는 이철수(2019)연구가 유일하다.

또한 이를 토대로 본 연구는 이러한 과정에서 나타난 북한의 보건 인프라에 대해 평가하고 북한의 이행보고서에 나타난 보건 인프라 부문의 보고행태를 분석하였다.

II. 북한의 국가이행보고서: 보건 인프라

- (149) 최종견해 제46항과 관련하여, 현대적 시설을 갖춘 병원과 의원이 도시와 농촌 지역, 공장, 기업소, 어촌, 임업촌에 설립되었으며 여성병원과 소아과 병원, 요양소 등 전문 병원이 설립되었으며 그 전문성의 수준은 지속적으로 향상되었다.
- (150) 2014년 현재, 1,829개의 중앙, 도급 일반 및 전문 병원, 55개 예방원, 6,263개의 종합진료소와 진료소, 예방 및 치료 서비스를 제공하는 682개 요양소 있다. 또한 중앙, 도, 시, 구/군 차원의 전염병 통제를 담당하는 235개 위생방역 기관이 있다.
- (151) 모든 인민은 의사담당구역제에 따라 45,000명의 책임있는 가정의로부터 정기적인 예방 및 치료 서비스를 받는다. 리 병원과 종합진료소는 상황과 의료제도의 변화에 맞게 구조조정 되었다.
- (152) 생식보건 관련 의료서비스 제도에 따라 1차 진료 차원에는 도시 지역 종합진료소와 농촌 지역 리 병원, 2차 진료 차원에는 시(또는 구) 및 군 병원의 산부인과와 소아과가 있으며 도 차원의 여성병원과 소아과 병원이 있다. 중앙에는 평양 여성병원과 옥류아동병원이 있다.
- (153) 공장과 기업소에서 일하는 여성은 이중 의료서비스를 받는다. 즉 일터 내 병원 담당의와 거주지 의원의 가정의 모두로부터 의료서비스를 받을 수 있다.
- (154) 정기적 건강진단, 1차 진료 시설에서의 상담 및 전문 치료를 통해 여성의 건강이 향상되었으며 임신한 여성은 때에 맞추어 등록하고 적절한 의료서비스를 통해 산부인과의 전문의로부터 서비스를 받았다. 상급병원으로의 의뢰제도를 강화하여 합병증이 있는 여성을 위한 시기에 맞는 적절한 조치가 이루어졌다.
- (155) 유방 관련 질병의 진단, 치료, 연구에 대한 종합 기관인 유선종양연구소는 2012년 평양 여성병원 산하 기관으로 설립되었으며 도 여성병원에 유방암과가 새롭게 설립되고 유방암 검사 및 의뢰제도가 전국적으로 확립되었다.
- (156) 2015년에는 좋은 환경에서 생식 건강 관련 상담 서비스를 증진하기 위해 도, 시, 군 병원에 가족상담과가 설립되었다.
- (157) 보건성 내에 비상설로 모자질병관리를 위한 국가조정위원회가 설립되었으며 2006년에는 모성보건을 위한 기술적 실무그룹이 설립되었다.(27~28쪽)
- (162) 중앙에서부터 시/군 차원에 이르기까지 효과적 환경위생체계가 확립되었다. 매년 위생의 달인 3월과 4월과 9월과 10월에는 엄격한 위생 및 안전 단속이 이루어진다.

2013년 1월에 환경 위생과 어린이 위생을 위한 국(department)이 각급 위생 및 방역 기관과 시설에 개설되었다.

· (163) 보건분야는 위생 및 방역체제와 의사담당구역제를 개선, 강화하고, 모자 보건을 중요시하고, 보다 정성스런 서비스를 주민들에게 제공하고, 의료 정보 시스템을 발전시키고, 의학과 기술을 빠르게 발전시키면서, 제약 및 의료 기구 산업이 자급 가능하도록 강화하여 사회주의 의료제도의 이점을 최대한 실현하는 데 중점을 두었다.(29쪽)

동 보고서에서 70개 보건 관련 조문 중 보건 인프라와 관련한 조항은 총 11개 조문이다. 주요 내용을 분석하면, 먼저 전차 보고서의 최종 견해에 대해 북한은 보고 기간 동안 변화한 자신들의 보건의료시설에 대해 보고하였다. 이에 북한은 보건의료시설 구축망에 대해 현대적 수준의 시설이 도시와 농촌에 설립되었고 여성[2]과 아동[3]을 위한 전문 병원, 노인을 위한 요양시설이 갖춰졌다고 자평했다. 또한 북한은 이에 대한 구체적인 근거로, 일반병원과 전문병원, 예방원, 종합진료소, 요양원, 위생방역 기관에 대해 정량적인 수치로 각각 보고하였다. 아울러 상기 보고된 북한의 보건의료시설에 대한 정량적인 보고 내용만을 놓고 볼 때, 북한의 보건의료망 자체는 일정한 체계를 갖추었다고 할 수 있다.

한편 동 보고의 보고 패턴의 경우 이는 전형적인 진술 내지는 보고 방식으로, 현황과 구체적인 근거를 나열하는 보고 방식이다. 따라서 이러한 북한의 보고 행태는 매우 고무적이다. 그러나 다른 한편으로 이는 이전과의 비교를 할 수 없는 경우에 해당되어 일정부문 한계점도 존재한다. 때문에 이러한 경우 정량적인 수치의 전후에 대

---

2) 한편 북한은 동 보고서에서 「녀성권리보장법」 제51조 임산부에 대한 보호에 대한 조문을 인용하지는 않았다.

3) 한편 북한은 동 보고서에서 「아동권리보장법」 제33조 무상치료를 받을 권리, 제34조 아동에 대한 의료봉사, 제35조 아동병원, 병동의 배치에 대한 조문을 인용하지는 않았다.

한 근거를 제시하는 것이 다소 이상적인 보고 행태라 하겠다. 따라서 이러한 점에서 보면 북한의 보고 행태에 다소 아쉬운 점이 있다.

다음으로 북한은 의사담당구역제라는 제도를 통한 가정의 배치, 1차 진료기관인 질병관리 부문에 대해 보고하였다. 여기에서 북한은 보고 기간 동안의 자신들의 리 병원과 종합진료소의 구조 조정에 대해 언급하였다. 그러나 무엇보다 이 부문에 대한 구체적인 내용이 부재하다. 따라서 이 경우 북한은 가령 몇 개의 리 병원과 종합진료소가 신설되었다라는 보고를 해야한다. 때문에 이러한 보고 내용은 신뢰성을 스스로 상쇄시키는 행태이다.

이와 동렬에서 북한은 1차 진료 단계의 종합진료소와 리 병원, 2차 진료 단계의 시, 구와 군병원의 산부인과와 소아과, 도 차원의 여성병원과 소아과 병원, 중앙의 평양 여성병원과 옥류아동병원에 대해 보고하였다. 따라서 이를 근거로 하면 북한은 도급 이하의 경우 과 차원의 진료를, 도급 이상은 전문병원 차원의 진료를 여상과 아동에게 각각 제공한다. 그리고 이는 앞서 제149항의 보고와 일부 중복되는 경향이 있다. 특히 동 보고서에서 북한이 여성과 아동병원에 대해 언급하는 것은, 동 보고서가 여성차별철폐협약 이행과 관련된 것이기 때문에 이는 어찌 보면 당연한 결과이기도 하다.

또한 북한은 근로 여성[4]에 대한 이중적인 의료서비스에 대해 보고하였다. 즉, 직장과 자택에서의 이중 관리체제에 대해 언급하였다. 그러나 이것이 전 사업장과 그로 인한 전체 여성 근로자에게 적용되는가에 대한 의문과 동시에 이 경우 앞서 제151항과 같이 배치된 보건의료 전문인력의 규모에 대한 언급이 부재하다. 따라서 이를

---

4) 한편 북한의 「녀성권리보장법」 제24조 치료받을 권리는 동 보고서의 보건 도입 부문 제142항에 언급되어 있다.

전적으로 신뢰하기에는 한계가 있다 하겠다. 때문에 북한은 이 경우 구체적인 사업장 수, 인력배치 규모, 제공되는 의료서비스 내용, 이 것이 갖는 보건의료관리의 의미와 기능에 대해 언급할 필요가 있었다.

그다음으로 북한은 여성 건강관리와 임신한 여성에 대한 의료서 비스, 여성 질환 관리, 새롭게 신설된 도, 시, 군 병원에 가족상담과 와 모자질병관리를 위한 국가조정위원회가 설립에 대해 보고하였 다. 이는 여성 건강과 일부 질병관리에 대한 것이다. 보다 구체적으 로 살펴보면 첫째, 제154항의 경우 정기적인 건강진단, 1차 진료단계 에서의 상담과 치료, 임산부에 대한 산부인과 서비스, 중장기치료가 필요한 경우 이송치료 시스템에 대한 보고이다. 둘째, 제155항의 경 우 유방질병 질환, 종합 연구 기관소개, 도 단위의 여성 전문병원의 유방암과 신설, 유방암 검사에 대한 확대로 유방질환에 대한 설명이 다. 셋째, 건강관리를 위한 도, 시, 군 병원에 가족상담과가 설립과 비상설 모자질병관리 위원회 설립에 대한 보고이다.

그러나 상기의 보고 내용들은 구체성이 다소 떨어진다. 가령 정기 적인 검진의 년간 횟수, 1차 진료단계의 상담과 치료사례, 이송치료 에 대한 프로그램과 성과와 같은 내용으로, 현황에 이은 구체적 사 실에 대해 보고해야 설득력이 있다. 또한 유방질환의 경우 이와 관 련한 관리프로그램을 제시와 더불어 상담과 진료, 전문병원 치료 사 례에 대해 언급할 필요가 있다. 또 특정 조직에 대한 설명의 경우 조직의 역할과 기능을 중심으로 상대적으로 비중이 큰 기관을 먼저 언급해야 한다. 따라서 동 보고서의 제156항과 제157항은 보고 순서 의 선후가 뒤바뀐 경우이다.

마지막으로 북한은 환경위생 체계 확립, 년간 4회의 위생 단속, 환 경 위생과 아동 위생을 위한 부서 개설에 대해 보고하였다. 또한 위생 및 방역체제와 의사담당구역제를 개선·강화, 모자 보건 강조와 더불어 이하 평이한 현황에 대한 보고이다. 이에 제162항의 경우 환경 위생과 아동 위생을 위한 부서 신설은 고무적이나 기타 환경위생 체계 확립과 위생 단속을 이렇다 할 초점이 부재하다. 더욱이 이는 동 협약의 취지인 여성차별철폐와 뚜렷한 상관관계가 성립되지 않는다. 즉, 이는 일상적인 환경, 보건위생, 방역과 관련된 내용이다.

또 제163항의 경우 이와 마찬가지로 동 협약 이행과 명백한 인과관계가 성립되지 않는 보건 인프라의 일반적인 사항들이다. 이에 보건 인프라 부문에 대한 북한의 보고는 ① 보건의료시설, ② 진료체계와 의료서비스, ③ 건강과 질병관리 체제, ④ 환경, 위생 방역체계로 구분된다. 그리고 이러한 보고의 순서로 볼 때, 이는 다소 제한적인 보고서의 구도이다. 지금까지 논증한 북한의 국가 이행 보고서의 보건 인프라 부문을 정리하면 다음 〈표 3〉과 같다.

〈표 3〉 북한의 국가이행보고서: 보건 인프라

분야	주요 보고 내용	비고
· 보건의료시설	· 보건의료 구축망 · 여성, 아동 전문병원	· 정량 보고 내용 · 비교 근거 부재
· 진료체계와 의료서비스	· 의사담당구역제(진료체계) · 여성, 아동 서비스 체계	· 언명적 보고 행태 · 구체적 결여
· 건강과 질병관리 체제	· 여성 건강관리 · 유방질환 치료와 연구 · 가관과 부서 설립, 신설	· 사례 제시 미흡 · 구체성 결여 · 비위계적 보고 순서
· 환경, 위생 방역체계	· 환경, 위생 방역 일반 현황 보고	· 협약이행과 다소 무관

* 출처: 저자 작성.

Ⅲ. 유엔여성차별철폐위원회의 쟁점: 보건

> [16] 당사국 보고서 제164항과 제183항~제185항에 관련하여 2005년에서 2016년까지의 모성 사망에 대한 정보를 연도, 지역(농촌 또는 도시), 원인별로 알려주시오. 보고서 제165항에 관해, 2011~2015년의 생식보건전략의 8가지 전략 분야에서의 주요 성과에 대해 연도, 지역별(농촌 또는 도시)로 알려주시오. 전국 모든 여성이 이용할 수 있으며 접근할 수 있는 일반적, 성 관련, 재생산 보건의료 서비스에 대한 정보를 분야별로 상세히 알려주시오. 또한, 성 관련, 재생산 건강에 대한 당사국의 정책에 따라 남성과 남아 및 청소년을 대상으로 이루어진 조치에 대해 알려주시오.(6쪽)

유엔여성차별철폐위원회는 크게 네 가지 부문에 대해 추가적인 자료를 북한에게 요청하였다. 이와 관련한 주요 내용을 살펴보면 먼저 유엔여성차별철폐위원회는 2005년~2016년까지 북한의 모성 사망에 대한 통계를 각 년도, 지역, 원인별로 제출할 것을 요청하였다. 특히 모성사망율의 경우 동 협약과 직접적인 관계가 있는 매우 중요한 사안이다. 따라서 북한은 동 보고서에서 이에 대해 구체적으로 명시해야만 했다. 때문에 동 위원회가 이를 북한에 요청한 것은 동 보고서에 이에 대한 북한의 보고 내용이 부족했거나 부재했기 때문이다.

한편 동 보고서에서 북한은 모자보건에 대해 부분적으로 관련 사안을 보고했다. 그 주요 내용을 요약하면 동 보고서 제146항 '모자보건을 보장을 위한 의료분야 개발의 우선사항', 제147항 '보고 기간 동안의 모자보건에 대한 노력', 제164항 '보건 분야 발전 중기전략 (2010-2015) 수립과 목표', 제165항 '모자보건 관련 생식보건전략 (2011-2015)과 8가지 전략적 영역', 제181항 '긴급 재난 상황에서의 모자보건 서비스 제공을 위한 비상설 조정 기구' 등, 제183항 '2009년 모성사망 조사, 2013년 모성 보건과 영양 상황 평가 포함, 핵심 보건 지표 변화 보고서', 제196항 '2009년 종합지표조사와 2012년 국가영양 조사, 모자영양 실조 통제를 위한 전략 및 행동계획(2014-2018) 진행 사안' 등이다.

그러나 동 항들을 살펴보면 북한의 모성 사망에 대한 구체적 내용이 기술되어 있지 않다. 즉, 동 협약의 모자보건 이행사항을 판단할 핵심 준거가 사실상 부재하다. 때문에 유엔여성차별철폐위원회는 동 보고서의 이러한 보고 내용을 기반으로 사전 점검한 결과, 이에 대한 판단 결과로 동 부문에 대한 구체적인 근거 자료를 요청한 것이다.

다음으로 유엔여성차별철폐위원회는 2011~2015년의 생식보건전략의 여덟 가지 전략에 대한 각 연도별, 지역별 성과를 제출할 것을 요구했다. 동 보고서의 제165항에 명기된 8가지 전략은 "1) 안전한 모성 및 신생아 의료, 2) 높은 수준의 가족 계획(FP) 서비스, 3) 생식기 감염/성매개 감염과 HIV의 예방, 발견, 관리, 4) 안전한 낙태, 5) 불임 치료, 6) 자궁경부암 및 유방암의 조기 발견 및 치료, 7) 갱년기 장애 치료, 8) 청소년 건강"이다.

무엇보다 이는 매우 중요한 사안으로 북한은 이러한 전략의 결과에 대해 동 보고서에서 반드시 보고해야한다. 왜냐하면 보고 기간 동안 당사국의 개선과 발전, 노력에 대한 평가를 하는 것이 동 보고서의 주요 목적임을 감안하면 이를 필수적인 보고 사안이기 때문이다. 특히, 북한이 언급한 여덟 가지 전략은 보고 기간 동안 북한이 새로이 도입·시도한 보건관리 프로그램으로 북한의 대표적인 협약 이행 성과에 해당된다. 따라서 북한은 이러한 점을 고려, 동 보고서에서 동 전략의 집행 결과를 포함한 내용을 중심으로 보고해야만 했다.

그리고 이를 통해 북한은 그동안의 개선된 사항에 대해 구체적인 변화와 성과를 중심으로 기술할 필요가 있었다. 때문에 이처럼 여덟 가지 전략 자체에 대한 소개에 그칠 경우 유엔여성차별철폐위원회는 이에 대한 구체적인 결과에 대한 자료를 요청할 수밖에 없다. 아울러 이러한 보고 행태는 소극적인 태도로 인해 평가에 긍정적인 영향을 미치는데 일정한 한계가 있다.

그다음으로 유엔여성차별철폐위원회는 북한의 모든 여성이 이용하고 접근할 수 있는 보건의료 서비스에 대한 정보를 분야별로 보고해 달라고 요청했다. 이는 여성의 보건의료서비스 접근과 이용에 대한 질의이다. 보다 더 확장해서 해석하면 이는 여성 보건의료 서비스 인프라 구축망에 대한 지적이다. 이러한 지적의 배경은 크게 두 가지로 구분되는데, 하나는 북한의 동 부문에 대한 미진한 보고 경향이고 다른 하나는 동 부문이 협약 이행 심의에 반드시 필요한 사안이기 때문이다. 더욱이 동 부문의 보고는 여성 보건의료 부문에 대한 기본적이고 기초적인 자료이다. 따라서 북한은 이행 여부를 떠나 동 부문에 대한 보고를 해야만 한다. 때문에 이 역시 북한의 동 부문에 대한 미진한 보고 행태로 궁극적으로 최종 심의와 평가에 부정적인 영향을 미치리라 판단된다.

마지막으로 유엔여성차별철폐위원회는 남성과 아동, 청소년의 건강관리에 대한 정보를 요청했다. 이는 동 협약 이행 사항과 직접적으로 관련된 사안이 아니라 판단된다. 그러나 동 협약 이행을 점검하는 과정에서 보완적인 의미로 동 위원회가 참고적으로 검토해야 할 사안이다. 다시 말해 이는 동 협약 이행 심의와 평가에 직접적인 영향을 주지는 않으나 일정부문 보건의료 부문 심의에 있어 고려할 사항들이다. 따라서 동 위원회는 이러한 차원에서 여성이 아닌 남성에 대한 자료를 추가적으로 요청한 것이라 판단된다.

결국 요약하면 유엔여성차별철폐위원회는 협약 이행 점검에 대한 최종 심의에 앞서 북한의 필수적이지만 미진한 보고 사안과 더불어 참조할 사안에 대해 북한에 추가 자료 요청을 한 것이다. 지금까지 논증한 유엔여성차별철폐위원회의 보건 관련 추가 요청 쟁점을 요약, 정리하면 다음 〈표 4〉와 같다.

<표 4> 유엔여성차별철폐위원회의 추가요청 쟁점: 보건

분야	주요 쟁점
질병 정보	모성사망율에 대한 구체적인 자료
보건관리계획	8가지 전략 결과에 대한 보고
보건의료 서비스	보건의료 시설 인프라
건강관리	남성과 남아, 청소년의 건강관리

* 출처: 저자 작성.

Ⅳ. 북한의 유엔여성차별철폐위원회의 쟁점 답변: 보건

· [16] 모성사망률, 생식보건전략(2011~2015)의 8가지 분야에서의 주요 성과, 전국 모든 여성이 사용할 수 있으며 접근할 수 있는 일반, 성 관련, 생식 건강 서비스와 남성과 남자 아동 및 청소년을 대상으로 이루어진 성 및 생식 건강에 대한 조치
· (64) 모성사망률(100,000건의 정상출산 당)은 2008, 2010, 2012, 2015년에 각각 85.1, 76, 68.1, 58이었다.
· (65) 생식보건전략(2011~2015)의 8가지 전략 분야는 안전한 모성 및 신생아 돌봄, 높은 질의 가족계획 서비스, 생식 계통 전염/성매개 감염과 HIV의 예방, 발견, 관리, 안전한 낙태, 불임 치료, 자궁경부암 및 유방암의 조기 발견 및 치료, 갱년기 장애 및 청소년 건강을 포함한다. 이 전략은 성공적으로 수행되었으며, 그 결과 응급 산과 및 신생아 돌봄에 대해 새롭게 개발된 지침이 의료 종사자들의 현장 교육 과정에 도입되어 모성 및 신생아 돌봄 분야의 교육이 개선되었으며 구와 군의 인민 병원의 분만실 및 수술실 현대화로 분만 서비스의 질이 향상되었고, 현대적 피임법을 사용하지 않는 비율을

감소시킨다는 전략적 목표를 달성하여 현대적 피임법을 사용하지 않는 비율이 4.6퍼센트로 감소하고, 현대적 피임법 사용자의 비율이 78.2퍼센트로 증가했으며, 자궁고리를 적용하여 98퍼센트의 피임이 이루어지며, 산과 의사의 낙태 관리 기술이 향상되고 의료인을 대상으로 한 강력한 MVA 임상 교육을 통해 낙태 등 임신합병증으로 인한 모성사망이 유의미하게 감소했으며, 자궁경부암 관리를 위한 국가 행동계획이 마련되어 2개 도에서 시범 도입되었다(청소년 의료에 대해서는 보고서 제207항5)~제209항6) 참고).

· (66) 전국 모든 여성은 남성과 동등한 의료서비스를 받으며 추가적으로 여성의 생리적 특징에 적합한 특별 서비스를 받는다. 중앙에서 도, 구, 군, 동(리)까지 모든 급의 구역에 일반 의료 기관이 설립되었다. 분만 아니라 평양산원 여성과를 중심으로 도 및 군 인민병원, 동 종합병원과 리 병원, 의원의 산부인과 의사/조산사를 포함하는 여성의료 종합 시스템이 확립되어 여성들이 일반 의료분 아니라 성 및 생식 의료서비스를 전적으로 이용할 수 있게 되었다(의료기관과 시설의 수에 대해서는 보고서 제150항 참고).

· (67) 생식 건강 증진 노력에 있어서 남성의 역할을 개선하고 이들의 적극적 참여를 장려하는 다양한 캠페인이 진행되었다(보고서 제209항 참고).(15~16쪽)

5) 동 보고서의 제207항은 다음과 같다."청소년 건강은 생식보건 전략(2011-2015)의 8대 요소 중 하나로 포함되었다. 청소년(10-19세)과 청년(20-24세)에게 생식 보건 서비스와 정보를 제공하는 것이 이 전략의 주요 목표로 설정되었으며 이에 따라 종합적 청소년 보건 전략 개발, 적절한 채널과 수단을 통한 필요한 보건 정보 전파, 학교/대학교 보건 프로그램을 통한 영양 개선이 진행 중이다. 갱년기 장애 여성의 건강 개선을 위한 전략적 목표와 주요 활동도 이 전략에 포함되었다"이다. 조선민주주의인민공화국,「여성차별철폐협약 당사국 제2·3·4차 이행 보고서」(평양: 조선민주주의인민공화국, 2016), 35쪽.

6) 동 보고서의 제209항은 다음과 같다. "조선가족계획 및 모성유아건강협회는 청소년 보건 사안을 중요한 요소로서 2011-2015년 전략적 틀에 포함시키고 청소년의 생식보건관련 필요 사항을 충족하기 위한 상세한 목표, 전략, 주요 활동을 설정했다. 또한, 인기 있는 교육 채널을 통해서 그리고 청년 자원봉사자가 수행하는 또래 교육, 사안에 대한 부모의 인식을 제고하고 이들의 상담 기술을 향상시키고, 가족 교육 모듈 개발을 위한 교육 워크샵과 다양한 출판물, 청년 친화적인 서비스를 위한 서비스 지침 개발 및 학습 접근법 개발에 따른 교육, 청년을 위한 상담전화 서비스, 청년을 위한 별도의 시간과 공간 마련을 통한 서비스 친화적 환경 조성, 청년 포럼 개최 등 다양한 활동을 진행했다. 또한 2012년에 청소년에 대한 인식 제고를 위해 정보, 교육 및 커뮤니케이션 활동에 사용될 청소년 교육 지침, 청소년을 위한 서비스 지침, 청소년 윤리 교육, 청소년 동반자(A Companion of Adolescents)를 개발했다. 청년 재생산 건강 정보가 인민대학습당 웹사이트를 통해 보급되었으며 평양 여성병원, 김일성 종합대학의 평양의학대학 병원, 조선가족계획, 모자보건 가족계획 의원의 의료 서비스 제공자가 참여하는 청년 중심의 서비스를 논의하기 위한 공동 회의가 마련되었으며 이 회의에서 마련된 권고안에 기반하여 시범 프로젝트가 개발되어 시

북한은 유엔여성차별철폐위원회의 추가 쟁점에 대해 순서대로 답변하였다. 이와 관련한 주요 내용을 살펴보면 먼저 북한은 모성사망율에 대해 점차 낮아지는 추세에 대해 정량적으로 보고하였다. 그러나 이는 유엔여성차별철폐위원회가 당초 요청한 2005년~2016년 각년도별 보고가 아닌 2008년, 2010년, 2012년, 2015년에 대한 보고이다. 따라서 북한은 2005년, 2006년, 2007년, 2009년, 2011년, 2013년, 2014년, 2016년의 8년 치의 보고를 의도적으로 누락하였다. 그리고 더 나아가 북한은 이러한 이유에 대한 설명을 하지 않았다.

이에 추측하면, 이러한 원인은 2008년 이전의 경우 북한의 모성사망율에 대한 뚜렷한 개선이 나타나지 않았기 때문이다. 또한 2011년 이후의 경우 위의 추가 답변으로 설명이 가능하다고 보았기 때문이라 판단된다. 즉, 북한은 협약 이행 여부를 평가하는 동 보고서의 성격에 맞게, 전략적으로 긍정적인 내용만을 언급하였다. 그러나 북한의 모성사망율은 비공개된 내용이 아님에 따라 이러한 북한의 전략적 선택이 반드시 긍정적인 심의 결과를 유도한다고 보기에는 일정한 한계가 있다.

다음으로 북한은 생식보건전략의 여덟 가지 부문에 대한 성과를 포괄적으로 보고하였다. 이에 북한은 각 해당 사항에 대한 답변을 하였고 '일안일답' 형식을 추구했으며 일부 정량적인 보고를 하였다. 그러나 이는 당초 유엔여성차별철폐위원회가 요청한 설명과 성과에 대한 답변이라기보다는 동 전략의 결과에 대한 설명 수준에 머무르고 있다. 따라서 북한은 여덟 가지 부문에 대한 항목별 보고를 하되, 이룩한 성과에 대해 최대한 풍부한 보고를 해야만 했다. 즉, 북한은

행 중"이라는 내용이다. 위의 책, 35~36쪽.

여덟 가지 부문에 대해 구체적으로, 각 사안별로, 성과를 중심으로, 개선되고 변화한 부문에 대해 언급할 필요가 있었다. 이러한 점에서 동 부문에 대한 추가 답변은 다소 아쉬움이 남는 부문이다.

그다음으로 북한은 여성 보건 인프라에 대한 보고를 하였는데, 이 역시 기존의 보고 경향과 거의 비슷한 행태를 나타내고 있다. 즉, 북한은 구체적으로 이러한 여성 보건의료 시설에 대한 이용 수준과 만족도, 개선사항에 대한 추가적인 답변 없이 최초 보고서와 동어반복적인 내용의 보고를 했다. 그러나 유엔여성차별철폐위원회의 질문의 의도는 정량적인 보건의료망에 대한 현황 보고이고 이는 시설이용과 접근을 판단함에 있어 필수적인 자료이다. 따라서 북한은 각 지역별로 여성 전문병원, 여성전문 이용시설, 산부인과 배치 등에 대한 실증적 자료를 보고해야만 했다. 때문에 이는 다소 초점을 벗어난 보고 행태이고 이 역시 심의와 평가에 부정적인 영향을 줄 수밖에 없다 하겠다.

마지막으로 북한은 남성과 아동, 청소년에 대한 건강관리 보고 역시 아주 단촐한 보고로 마무리하였다. 그리고 이는 기존의 보고 경향과 거의 비슷한 내용과 수준이다. 즉, 북한은 사실상 유엔여성차별철폐위원회의 구체적인 보고 요청에 대해 언명적인 자신들의 견해를 중심으로 대응하였다. 따라서 이러한 북한의 반복되는 보고 행태의 중복은 협약 이행 심의와 평가에 부정적인 요소로 작용할 수밖에 없다 하겠다.

결국 북한의 유엔여성차별철폐위원회의 추가 쟁점에 대한 답변은 인상적인 내용 없이 마무리되었다. 즉, 유엔여성차별철폐위원회의 두 번째 기회에 대해, 북한은 별다른 노력과 수고 없이 종결되었다 하겠다. 그리고 이러한 원인은 무엇보다 북한의 인식과 태도, 그동안의 성과 등 복합적인 요인에 의거한 것이라 판단된다. 지금까지 논증한 북한의 유엔여성차별철폐위원회의 추가 쟁점에 대한 보고 내용을 요약 정리하면 다음 〈표 5〉와 같다.

<표 5> 북한의 유엔여성차별철폐위원회의 쟁점 답변: 보건

분야	주요 답변 내용과 경향
· 질병 정보	· 8개년 누락 보고
· 보건관리계획	· 성과 설명 부족
· 보건의료 서비스	· 기존 보고 경향과 거의 동일
· 건강관리	· 캠페인에 대한 단순 보고

* 출처: 저자 작성.

V. 유엔여성차별철폐위원회 최종 견해: 보건

· (39) 본 위원회는 당사국의 헌법이 보편적인 무상 의료를 보장한다는 점에 주목하며 여성 건강 증진과 모성 사망률 감소를 위해 취한 조치를 환영한다. 그러나 본 위원회는 특히 임신 및 수유 중인 여성 중 28%가 영양결핍 상태라는 점을 비롯하여, 여성의 영양실조 수준이 높다는 점을 우려한다. 또한 제공할 수 있는 현대적 피임수단이 제한적이라는 점과 당사국 영토 전반적으로 미혼인 사람들이 가족계획에 대한 정보와 상담을 체계적으로 이용할 수 없다는 점을 우려한다. 본 위원회는 영토 내 보고된 HIV/AIDS 사례가 없다고 당사국이 알린 점을 인지하고 있으나 이에 대한 치료가 해외 여행 중인 여성에게만 제공될 수 있다는 점에 대해 우려한다.

· (40) 본 위원회는 당사국에게 다음을 권고한다.

  a) 특히 임신 및 수유 중인 여성을 비롯하여 여성과 여아의 영양실조를 근절하기 위한 노력 강화

  b) 청소년들이 성 및 재생산 건강에 대한 상담 및 각 연령에 적합한 교육을 받을 수 있도록 보장하고, 현대적 피임법에 대한 인식 제고 캠페인을 수행하고, 안전하고 저렴한 피임법에 대한 접근성을 높일 것

  c) 여자, 남자 청소년들이 책임 있는 성행위, 조기 임신 및 성병 예방을 포함한 자신의 성 및 재생산 건강과 권리에 대한 정확한 정보에 접근할 수 있도록 성 및 재생산 건강에 대한 연령에 적합한 교육을 학교 교과과정에 포함할 것. 제공되는 정보는

유엔여성차별철폐위원회의 보건 관련 최종 견해는 총 2개 조문이다. 그리고 이를 크게 구분하면 하나는 지적 사항이고 다른 하나는 권고사항이다. 지적사항의 경우 유엔여성차별철폐위원회는 일단 북한의 헌법상 보장된 무상치료제와 보고 기간 동안 북한의 여성 건강 증진을 위한 조치에 대해 긍정적인 평가를 하였다. 그러나 이는 사실에 기반한 의사 표현일지라도 큰 의미가 없다. 왜냐하면 유엔여성차별철폐위원회의 협약 이행에 대한 최종 견해의 첫 문장은 의례적인 표현일뿐 그 이상도 그 이하도 아니기 때문이다. 즉, 이것이 성립되려면 그 이하의 지적 사항과 권고 내용이 소수이거나 다소 빈약해야 한다. 그러나 북한의 경우 이와 정반대의 지적과 권고를 받았다.

그리고 이를 반증하는 것이 바로 이어서 밝힌 유엔여성차별철폐위원회의 견해이다. 동 위원회는 임신한 여성의 영양결핍, 제한적인 피임, 전국적 차원에서 미혼 여성의 가족계획 서비스 이용 한계, 제한적인 HIV/AIDS 치료에 대해 지적하였다. 따라서 이를 통해 볼 때, 유엔여성차별철폐위원회는 북한의 여성보건에 대해 전반적인 문제점을 지적하지는 않았지만 영양결핍과 같은 심각하고 기초적인 문제를 지적하였다. 역설적으로 이는 유엔여성차별철폐위원회가 북한 여성의 보건보장 이전의 가장 기초적인 문제를 지적, 사실상의 여성보건 보장의 한계점을 제기한 것이다. 따라서 이러한 점에서 보면 북한은 동 협약 이행 자체에 대해 유엔여성차별철폐위원회로부터 심의의 전제 조건에 대한 지적을 받은 셈이다.

반면 권고 사항의 경우 첫째, 유엔여성차별철폐위원회는 앞서 지적 사항에서 언급한 바와 같이 임수산부[7]의 영양실조 개선에 대해 권고하였다. 둘째, 동 위원회는 청소년의 성과 건강교육, 피임보장에 대해 권고하였다. 셋째, 동 위원회는 청소년 성교육의 학교 교육화와 이러한 교육에 있어 바람직한 교육 방향에 대해 강조하였다. 넷째, 동 위원회는 HIV/AIDS에 대한 정보와 인식 캠페인을 개발·시행하고, HIV/AIDS에 감염된 여성과 여아의 치료와 접근을 제공할 것을 권고하였다.

결국 유엔여성차별철폐위원회는 북한의 여성 보건에 대해 네 가지 권고를 하였다. 그리고 이는 북한의 여성 보건 인프라와 직접적인 관계가 성립되지는 않지만 당면한 북한 보건문제이며 동 협약 이행에 수반되는 사항들이다. 아울러 동 내용의 권고 사항은 영양결핍의 경우 식량, 영양제, 의약품, 생활환경과 관계된 문제이다. 반면 청소년 성과 피임, 건강관리는 인식과 교육, 의약품 생산과 공급과 관련된 문제이다. 또한 HIV/AIDS치료의 경우 북한의 의료서비스 수준과 직결되는 사안이다. 따라서 상기 유엔여성차별철폐위원회가 제기한 최종 견해의 권고 사항은 북한의 보건의료 자체에만 국한되는 문제가 아니라 여타 영역과 상호 교차 연계된 부문이라 하겠다. 지금까지 논증한 유엔여성차별철폐위원회의 보건 관련 최종 견해를

---

7) 한편 북한의 「녀성권리보장법」 제51조 임산부에 대한 보호에서 "녀성이 해산을 하는 경우 해당 의료기관은 안전하고 효과적인 약품과 치료기술을 제공하여 녀성의 건강을 책임적으로 보장하여야 한다. 보건기관과 해당 기관, 기업소, 단체는 임산기의 녀성건강보호에 깊은 관심을 돌리며 산모와 어린이의 건강을 잘 돌봐주어야 한다"라고 명시하고 있다. 그러나 북한은 동 보고서에서 동 조문에 대한 언급을 하지 않았다.

요약 정리하면 다음 〈표 6〉과 같다.

〈표 6〉 유엔여성차별철폐위원회 최종 견해: 보건

구분	주요내용
지적 사항	· 무상치료제, 여성건강증진 조치 긍정 평가
	· 임신 여성의 영양 결핍, 영양실조 수준 우려
	· 제한적인 피임, 미혼 여성의 가족계획 서비스 이용 한계
	· 제한적인 HIV/AIDS 치료
권고 사항	· 임수산부의 영양 실조 개선 권고
	· 청소년의 성과 건강교육, 피임보장
	· 청소년 성교육의 학교 교육화와 바람직한 교육 방향
	· HIV/AIDS 감염된 여성과 여아 치료와 접근 제공

* 출처: 저자 작성.

VI. 결론

지금까지 본 연구는 북한 보건 인프라를 ① 북한의 여성차별철폐협약 제2·3·4차 국가이행보고서, ② 유엔여성차별철폐위원회가 추가로 요청한 쟁점, ③ 추가 쟁점에 대한 북한의 답변서, ④ 유엔여성차별철폐위원회의 최종 견해를 기준으로 분석하였다. 그리고 상술한 각각의 문서들은 그 성격과 기능을 달리하고 있지만 공통적으로 유엔여성차별철폐협약 이행에 대한 문서들이다.

분석결과, 첫째, 북한의 국가 이행보고서상의 보건 인프라의 경우 보고 내용은 일부 정량적인 보고가 있지만 다수가 정성적인 내용 중심의 보고이다. 그리고 이는 기존의 보고 행태와 거의 동일한 패턴이다. 그러나 부분적이지만 고무적인 모습도 나타나는데, 이는 현황

보고에 이은 관련 증거제시 순의 보고행태를 말한다. 그렇지만 전반적으로 북한의 보건 인프라에 대한 보고는 구체적인 진술 부족, 관련 준거 제시 미비로 요약된다 하겠다.

둘째, 반면 유엔여성차별철폐위원회의 추가 쟁점은 협약 이행 점검의 필수 사안인 여성 보건 현실에 대한 자료를 요청하였다. 그리고 이는 북한의 동 보고서와 관련된 모성 사망율 추가 통계자료, 북한이 시도한 여덟 가지 전략에 대한 구체적인 내용, 북한의 보건 인프라 현황과 더불어 남성과 아동, 청소년의 건강관리 정보였다. 무엇보다 이러한 유엔여성차별철폐위원회의 추가 요청은 본 보고서의 미진한 보고 행태에 기인한다. 따라서 북한은 이에 대해 최초 동 보고서에서 구체적으로 보고해야했다.

셋째, 이에 대한 북한의 추가 쟁점에 대한 답변서의 경우 북한이 추가적인 답변을 했지만 내용적으로 접근하면 일부 누락된 보고와 추상적 수준의 초점을 벗어난 답변이 주류를 이루고 있다. 때문에 이러한 보고 행태는 북한의 심각한 오류이고 결과적으로 이는 사실상의 북한 스스로 마지막 소명 기회를 놓친 셈이다. 결국 이를 적절히 활용하지 못한 원인은 북한의 인식 부족, 전문성 결여, 기존 보고 경향 미극복 등으로 정리된다.

넷째, 결국 상기 문서들을 토대로 한 유엔여성차별철폐위원회의 최종 견해의 경우 보건 인프라에 대한 지적과 경고보다는 보건 현실에 대한 문제제기이다. 그러나 한편으로 유엔여성차별철폐위원회의 북한 보건의료 인프라에 대한 지적과 권고가 부재하다고 해서 이것이 협약 이행 완수를 의미하지 않는다고 판단된다. 왜냐하면 유엔여성차별철폐위원회의 전체 최종 견해의 경우 압도적으로 협약 이행에 대한 부정적인 평가가 주류를 이루고 있기 때문이다. 따라서 이로 인해 북한의 여성 보건 인프라에 대한 문제가 공식화되기에는 일정한 한계가 있다고 판단된다. 특히 다른 한편으로 유엔여성차별철폐위원회는 심의와 평가에 전제되는 문제를 제기하였는데, 이는 북한이 당면한 해결과제이자 여성 보건의 선결과제들이다.

한편 북한의 여성차별철폐협약 이행 보고서의 두 번째인 동 보고서의 경우 이미 전차 보고서에 대한 심의와 평가를 한차례 받았다. 그럼에도 불구하고 북한의 전반적인 보고 경향은 기존과 거의 동일한 보고 패턴과 내용, 수준이다. 즉, 동 보고서만을 놓고 보면 북한의 경험적 학습에 대한 개선 징후가 뚜렷하게 나타나지는 않는다.

다른 한편으로 주지하다시피 북한의 보건의료체제 자체는 제도적으로 일정부문 완비되었다고 할 수 있다. 하지만 기능적으로 접근하면 비록 그 일부가 최근 회복되었다고 할 수 있지만 전반적으로 보면 보편적인 의료서비스를 제공하기에는 여전히 부족한 부문이 존재한다 하겠다. 그리고 이는 무엇보다 북한 주민의 영양, 보건, 위생, 방역체계와 상호 밀접하게 관련된 문제이다.

이에 북한의 보건의료의 자립적 기능 회복은 단기간에 해결될 사안이 더더욱 아니다. 또한 대북 경제제재가 지속되는 현 상황 하에서 전 주민에 대한 정상적인 보건의료서비스 실천은 역부족이다. 따라서 이러한 점에서 남한은 보건의료를 포함, 북한의 대표적인 취약계층인 노인, 여성, 아동, 장애인, 청소년에 대한 다양한 분야의 지원과 교류를 통해 궁극적으로 북한을 견인할 필요가 있다 하겠다. 때문에 무엇보다 현 시점에서 이러한 남북한의 대내외 환경을 극복할 돌파구를 찾는 것이 시급하다고 판단된다.

참고문헌

1. 북한법령
녀성권리보장법
아동권리보장법
인민보건법

2. 논문 및 단행본
유엔여성차별철폐위원회, 「조선민주주의인민공화국의 제2·3·4차 정기보고
　　　서에 관한 쟁점목록」, 유엔: 유엔아동권리위원회, 2017.
　　　　　　　　　　　　, 「조선민주주의인민공화국의 제2·3·4차 정기보고
　　　서 심의」, 유엔: 유엔아동권리위원회, 2016.
　　　　　　　　　　　　, 「조선민주주의인민공화국의 제2·3·4차 정기보고
　　　서에 대한 최종 견해」, 유엔: 유엔아동권리위원회, 2017.
이철수, "북한의 '녀성권리보장법'에 대한 탐색적 분석: 기존 관련 법령과 비교
　　　를 중심으로," 「통일과 평화」 제10집 1호, 서울: 서울대학교 평화통일
　　　연구원, 2019.
　　　, "북한의 '장애인권리협약 국가이행보고서' 분석: 협약원칙의 쟁점을
　　　중심으로," 「북한연구학회보」 제23권 1호, 서울: 북한연구학회, 2019.
조선민주주의인민공화국, 「여성차별철폐협약 당사국 제2·3·4차 이행 보고
　　　서」, 평양: 조선민주주의인민공화국, 2016.
　　　　　　　　　　　　, 「조선민주주의인민공화국의 제2·3·4차 정기보고
　　　서에 관한 쟁점목록 답변」, 평양: 조선민주주의인민공화국, 2017.

제13장

북한의 아동권리협약 국가이행보고서 분석

제5 · 6차 통합보고서 복지조항을 중심으로

Ⅰ. 서론

유엔은 1989년 세계 아동의 보편적 권리를 담은 유엔아동권리협약(United Nations Convention on the Rights of the Child, UNCRC)을 채택했다. 동 협약에 대해 북한은 1990년 8월 23일과 9월 21일 각각 서명·비준하였다.[1] 동 협약에 가입한 국가는 가입 이후 일정기간이 지난 이후-협약 발효 후 2년, 그 후 5년- 의무적으로 아동권리에 관한 국가 이행보고서를 유엔아동권리위원회에 정기적으로 제출해야 한다. 이에 동 보고서에는 협약가입 이후 아동권리 증진을 위해 취한 해당 국가의 다양한 정부차원의 제도적·실질적 조치들을 제시하고 설명한다. 또한 통상적으로 협약 가입국가가 제출한 이행보고

---

[1] 또한 유엔은 2000년 기존의 아동권리협약을 보완하기 위해 아동 매매와 아동 성매매, 아동 음란물에 관한 선택의정서를 채택했다. 이에 북한은 동 선택의정서에 2014년 9월 9일 서명·가입하였다. 한편 1979년 유엔이 제정한 여성차별 철폐협약의 경우 북한은 2001년 2월 27일 가입하였다. 또한 2006년 유엔이 제정한 장애인권리협약의 경우 북한은 2013년 7월 유엔 장애인권리협약에 서명하였고 3년 뒤인 2016년 11월에 비준하였다. 이에 따라 2018년 12월 최초 국가 이행 보고서를 유엔장애인권리보호위원회에 제출하였다.

서는 유엔아동권리위원회의 심의를 거친 후, 다시 이에 대한 해당 국가의 추가 소명, 이후 최종적으로 아동권리위원회의 공표과정으로 종결된다. 아울러 협약가입 국가는 이러한 보고과정이 일회성으로 그치는 것이 아니라 주기적으로 정례화된다. 왜냐하면 유엔은 이러한 정기적이고 반복된 보고를 통해 협약가입국의 아동권리를 지속적으로 관찰·추적하고 이를 근거로 해당국가의 발전과 변화 여부를 확인할 수 있기 때문이다.

지금까지 북한은 아동권리협약에 대한 국가 이행보고서를 총 네 차례 제출하였다. 그리고 각각의 이행보고서는 유엔아동권리위원회가 최초 보고를 제외한 경우 전차보고서를 심의·최종 공표한 결과에서 제기한 다양한 권고에 대한 시행조치들을 담고 있다. 이에 북한의 경우 그동안의 경과를 살펴보면 북한의 1차 보고서의 제출기한은 1992년 10월 20일이었지만 약 4년이 지난 1996년 2월 13일 제출하였다. 또한 2차 보고서의 제출기한은 1997년 10월 20일이었으나 약 5년이 지난 2002년 5월 16일 제출하였다. 또한 3차와 4차는 통합보고서인데, 제출기한이 2007년 10월 20일이었으나 약 2개월 후인 동년 12월 10일 제출하였다. 또한 5차와 6차 역시 통합보고서인데, 당초 제출일이 2012년 10월 20일이었지만 약 4년이 지난 2016년 5월 3일 제출하였다.

또한 상술한 바와 같이 이러한 이행보고서를 검토하는 유엔아동권리위원회는 최종 심의 결과를 공표하였다. 이를 열거하면 북한의 1차 보고서는 1998년 5월 20-22일 심의, 동년 6월 28일 최종 견해가 공표되었다. 또 2차 보고서는 2004년 6월 1일 심의, 동년 7월 1일 최종 견해가 공표되었다. 또한 3차와 4차 통합보고서는 2009년 1월 23일 심의, 동년 3월 26일 최종 견해가 공표되었다. 또 5차와 6차 통합보고서는 2017년 9월 20일 최종 심의, 동년 10월 23일 최종 견해가 공표되었다.

즉, 북한은 현재까지 총 1~6차 보고서 중 두 차례의 통합보고서를 포함, 총 네 차례의 아동권리보장에 관한 국가이행보고서를 유엔에 제출하였고 이와 마찬가지로 유엔아동권리위원회 역시 이에 따른 네 차례의 심의와 공표를 하였다. 그러나 특이하게도 북한의 이행보고서의 경우 네 차례 모두 제출기한을 상당 기간 넘긴 반면 유엔아동권리위원회의 심의 기간은 정상적으로 이루어졌다. 이렇듯, 매번 제출기한을 넘긴 북한의 행태에 대한 다양한 해석과 주장이 가능하겠지만 부정할 수 없는 사실은 무엇보다 북한의 준비가 부족했음을 의미한다 하겠다.

한편 국가 이행보고서의 기반인 유엔아동권리협약은 총 8개 영역으로 구분된다. 동 협약의 8개 영역을 간략히 정리하면 ① 일반 이행조치, ② 아동의 정의, ③ 일반원칙, ④ 시민적 권리와 자유부여, ⑤ 가정환경과 대리보호, ⑥ 기초보건과 복지, ⑦ 교육여가와 문화활동, ⑧ 특별보호조치[2] 등이다. 이에 동 협약에서 아동의 '기초보건과 복지'는 ① 제6조 아동 생명권과 생존발전권, ② 제18조 1~2항 부모 아동 양육과 보호, ③ 제23조 장애아동 보호, ④ 제24조 아동 건강권 보장, ⑤ 제26조 사회보장권, ⑥ 제27조 1~3항 생활권이 해당된다. 그리고 이것이 바로 아동복지와 직접적으로 관련된 보편적인 내용이다. 따라서 특정국가를 떠나 국가 이행보고서의 동 조항들을 분석한다는 것은 해당 국가의 아동복지 현주소를 고찰함을 의미한다.

---

2) 김연우, "유엔아동권리위원회의 동향 및 한국에의 시사점," 「국제 보건복지 정책동향」 제171호 (서울: 한국보건사회연구원, 2011), 101쪽.

<유엔아동권리협약 8대 영역>

```
1) 일반 이행조치
2) 아동의 정의
3) 일반원칙
4) 시민적 권리와 자유부여
5) 가정환경과 대리보호
6) 기초보건과 복지
7) 교육여가와 문화활동
8) 특별보호 조치
```

* 출처: 유엔아동권리협약을 토대로 저자 작성.

한편 본 연구와 관련한 기존연구의 경우 북한 유아를 포함한 북한 아동 관련 독립연구를 살펴보면 다음과 같다. 임세와(2017)의 연구는 남북한 성인의 아동권리인식에 관한 비교 연구이다. 김석향 외(2017)의 연구는 북한의 가정외보호 아동정책을 분석하였다. 김석향 외(2016)의 연구는 북한의 유엔아동권리협약 국가보고서를 통해 남북한 아동권리 내용을 비교하였다. 이제훈 외(2015)의 연구는 통일 기반구축을 위한 민간단체의 역할을 북한의 아동복지 현안을 중심으로 분석하였다. 임순희 외(2012)의 연구는 북한의 아동교육권 실태와 관련한 법령 제정 동향을 분석하였다. 강재희(2010)의 연구는 북한 유치원 유아의 실태를 식량권, 건강권, 보호권, 교육권을 중심으로 고찰하였다. 양정훈(2009)의 연구는 북한 아동복지 관련 법제를 분석하였다.

반면 이러한 경향과 달리 북한 아동과 여성을 동시에 놓고 고찰한 융합연구는 다음과 같다. 이지언과 김상용(2016)의 연구는 북한 여성과 아동의 인권 증진을 위한 사회복지서비스 방안을 제시하였다. 도경옥 외(2016)의 연구는 북한의 여성과 아동의 인권 실태를 분석하였다. 이인정(2015)의 연구는 북한 문헌인 「조선녀성」을 통해 북한의 가족과 자녀 교육을 고찰하였다. 김영규(2014)의 연구는 북한의 여성과 아동의 인권에 관한 입법 특징과 평가를 1990년 이전의 입법을 중심으로 살펴보았다. 김영규(2011)의 연구는 2009년 이후 북한 민사관련 법령의 특징과 평가를 부동산관리법, 아동권리보장법, 여성권리보장법을 중심으로 고찰하였다. 임순희 외(2011)의 연구는 북한의 여성권과 아동권 관련 법령의 제정 동향을 살펴보았다.

한편 이와 달리 북한 아동과 대비되는 북한 여성과 관련한 독립연구로는 다음과 같다. 이철수(2019)의 연구는 북한의 녀성권리보장법을 기존의 관련 법령들과 비교하였다. 황의정과 최대석(2015)의 연구는 북한의 여성 관련 법제정을 통해 여성의 법적 지위에 대한 변화를 고찰하였다. 박복순 외(2014)의 연구는 통일대비 남북한 여성과 가족 관련 법제를 비교하였다. 박민주(2014)의 연구는 북한의 임신과 출산 관련한 법제와 경험에 대한 연구이다.

다른 한편으로 본 연구과 간접적으로 관련이 있는 북한 장애인과 관련한 연구로는, 송인호(2019)의 연구는 북한의 장애인 관련 법제와 실태를 '유엔 장애인권리협약 국가 이행보고서'를 중심으로 분석하였다. 이철수(2019)의 연구는 북한 장애인복지 법제의 지속성과 변화를 2013년 장애자보호법의 개정 내용을 중심으로 비교하였다. 이철수와 김효주(2019)의 연구는 북한이 2018년 유엔에 제출한 장애인권리협약 국가 이행보고서를 장애인권리협약 8대 원칙을 중심으로 분석하였다.

한편 이러한 기존연구의 경향은 다음과 같이 요약된다. 첫째, 연구대상을 중심으로 하면 아동과 여성, 가족이 경우 연구자의 관점과 의지에 따라 독립적이거나 때로는 혼합되어 진행되었다, 둘째, 연구

대상을 시기적으로 구분하면 통일대비 연구와 지금 현재 북한상황에 대한 연구로 분리된다. 셋째, 연구내용을 구분하면 법제연구와 대비되는 실태연구가 연구자에 따라 동시에 진행되거나 혹은 별도로 분리되어 이루어졌다. 넷째, 연구방법 차원인 연구 분석 기제의 경우 법제중심의 문헌연구와 이와 대비되는 조사연구기법으로 구분된다. 다섯째, 가장 중요한 것으로 본 연구와 관련, 지금까지 북한의 아동권리협약 국가이행보고서를 분석한 연구는 극소수(1편)였다.

이러한 점에서 본 연구의 목적은 가장 최근인 2016년 5월 3일 북한이 유엔아동권리위원회에 제출한 아동권리협약 5·6차 국가이행보고서를 놓고, 동 보고서의 아동복지 조항을 분석하여 북한의 보고 행태를 추적하는 것이다. 이에 따라 본 연구의 주요 분석대상은 북한이 공식적으로 유엔에 제출한 ① 북한의 아동권리협약 국가이행보고서, ② 유엔아동권리위원회가 추가로 요청한 보고서, ③ 이에 대한 북한의 추가 답변서, ④ 최종적인 유엔아동권리위위회의 최종 견해를 표명한 보고서에 나타난 복지부문 조항들이다.[3] 또한 본 연구의 연구방법은 문헌조사기법에서 주로 활용하는 질적 연구방법을 시도하고자 한다.

이를 위한 본 연구의 서술 순서는 먼저 유엔아동권리협약과 북한의 국가 이행보고서에 대해 간략히 고찰하였다. 다음으로 북한이 제출한 이행보고서에 명시한 북한아동의 복지관련 조항을 주요 항목별 구분하여 분석하였다. 이에 열거하면 ① 생존권과 성장권, ② 생활권, ③ 양육권, ④ 장애아동 권리, ⑤ 사회보장권을 중심으로 추적

---

3) 단, 아동보건의 경우 동 보고서상의 내용이 총 30개 조문으로 매우 방대함에 따라 별도의 연구로 갈음하고자 한다. 이에 따라 본 연구에서 아동보건은 분석 대상에서 제외된다.

하였다. 또한 본 연구는 상술한 바와 같이 이러한 과정에서 발생한 북한과 유엔아동권리위원회의 추가 요청서, 추가 답변서, 최종 견해로 마무리된 보고서를 추적하였다. 마지막으로 이를 토대로 북한의 아동권리협약 이행보고서 보고행태를 정리하였다.

한편 무엇보다 본 연구는 북한이 자체적으로 분석하여 제출, 작성한 아동권리협약 국가 이행보고서의 복지 관련 내용을 분석한 연구이다. 이에 향후 남북한 아동복지서비스, 모자보건 의료협력, 보육과 육아 부문의 교류를 시도함에 있어 매우 유용한 자료라 되리라 판단된다. 또한 본 연구의 분석결과는 북한의 아동복지제도의 개선방향과 정책적 판단근거 자료로 활용되리라 기대한다.

Ⅱ. 아동권리협약과 북한의 국가이행보고서

유엔아동권리협약은 인류의 미래인 아동에게 보편적으로 제공해야 하는 기본권을 명시한 것으로, 아동을 단순한 보호의 대상이 아닌 이를 넘어서는 존엄과 권리 주체로 보는 국제협약이다. 동 협약의 경우 1989년 11월 20일 유엔 총회에서 만장일치로 채택되어 이듬해인 1990년 9월 2일 공식적으로 발효되었다. 이에 동 협약은 2019년 현재 남북한을 포함하여 전 세계 196개국이 가입하였는데, 이는 거의 모든 유엔 가입국-미국 제와-이 비준했음을 의미한다. 따라서 동 협약은 아동권리와 관련한 전 세계의 합의된 보편적인 인식을 대변함과 동시에 일정부문 구속력을 갖는 국제규약이라 하겠다.

또한 동 협약은 전문과 전체 54개 조항으로 구성되어 있다. 전문에서 "이 협약의 당사국은, 국제연합헌장에 선언된 원칙에 따라, 인류사회의 모든 구성원 고유의 존엄성과 평등하고 양도할 수 없는 권리를 인정하는 것이 세계의 자유·정의 및 평화의 기초가 됨을 고려하고, 국제연합(UN)체제하의 모든 국민들은 기본적인 인권과 인간의 존엄성과 가치에 대한 신념을 헌장에서 재확인하였고, … 세계 모든 국가에 예외적으로 어려운 여건하에 생활하고 있는 아동들이 있으며, 이 아동들은 특별한 배려를 필요로함을 인정하고, 아동의 보호와 조화로운 발전을 위하여 각 민족의 전통과 문화적 가치의 중요성을 충분히 고려하고, 모든 국가, 특히 개발도상국가 아동의 생활여건을 향상시키기 위한 국제 협력의 중요성을 인정하면서, 다음과 같이 합의하였다"[4]라고 밝히고 있다. 이에 동 협약 전문의 경우 동 협약의 제정 배경과 취지, 보호 대상인 아동에 대한 국제적 차원의 배려를 명시하였다. 따라서 동 협약은 아동의 권리를 국제사회 차원에서 명시하고 이에 대한 집행을 유도하는 국제법적 성격을 가진 협약이라 하겠다.

동 협약의 경우 내용적인 차원에서 아동의 기본권과 협약 당사국의 의무, 관련 절차 등을 주요 내용으로 하고 있다. 이에 동 협약은 국제인권 A규약(경제적 사회적 및 문화적 권리에 관한 국제규약)과 B규약(시민적 정치적 권리에 관한 국제규약)에서 제기한 제반 권리들을 아동권리로 규정하면서, 여기에 추가적으로 아동의 의사표명권, 놀이·여가의 권리 등 아동에게 반드시 필요한 인권을 확보하기 위한 구체적인 내용을 언급하고 있다.[5]

또한 유엔아동기금(UNICEF)은 유엔아동권리협약이 아동의 기본

---

4) 유엔아동권리협약 전문에서 요약 정리.
5) 위키백과, "유엔아동권리협약," 〈검색일: 2019년 9월 28일〉 위키백과에서 요약 정리.

권을 ① 생존의 권리, ② 보호의 권리, ③ 발달의 권리, ④ 참여의 권리로 구분한다고 설명한다. 첫째, 생존의 권리는 인간다운 생활을 위한 기본권으로 적절한 생활 수준과 안전한 주거지, 영양 섭취와 기본적인 보건서비스를 받을 권리 등을 말한다. 둘째, 보호의 권리는 부당한 형사처분과 아동에 대한 과도한 노동 등 모든 형태의 학대와 방임에서 보호받을 권리이다. 셋째, 발달의 권리는 교육을 받을 수 있는 권리와 문화생활 등 여가를 즐길 권리를 포함하는 개념이다. 넷째, 참여의 권리[6]는 아동이 자신에게 영향을 주는 문제에 대해 의견을 말할 수 있는 권리를 말한다.[7]

또한 총 3부로 구성된 유엔아동권리협약의 주요 내용을 요약하면 다음과 같다. 제1부는 제1조~제41조까지로 제1조에서 제5조까지는 일반적인 의무조항인 반면 제6조 이하는 구체적인 권리에 관한 내용이다. 따라서 사실상 아동권리와 직접적으로 관련된 사항을 언급한 것은 제6조부터이다. 가령 동 협약의 제6조 생존과 성장의 권리, 제13조 표현의 자유, 제14조 사상·양심·종교의 자유, 제16조 프라이버시의 보호, 제19조 부모 등의 학대로부터의 보호, 제20조 가족이 없는 아동의 보호, 제22조 난민아동의 보호 및 지원, 제23조 장애아동의 권리, 제24조 건강 및 의료에 관한 권리, 제26조 사회보장의 혜택을 받을 권리, 제27조 적당한 생활수준을 향유할 권리, 제28조 교

---

6) 유엔아동권리협약 제12조에서는 '아동은 본인에게 영향을 미치는 모든 문제에 있어 자신의 견해를 자유롭게 표시할 수 있으며 아동의 견해는 나이와 성숙 정도에 따라 정당한 비중이 부여되어야 한다'고 명시하고 있다. 이에 아동은 표현의 자유와 사상, 양심 및 종교의 자유를 가질 권리가 있으며 이는 발달과 참여의 권리 모두를 포함한다.

7) 또한 유엔은 동 협약 채택 이후에도 2011년 「아동청원권에 관한 제3선택의정서 (OP3CRC)」를 채택하였다. 다음백과, "유엔아동권리협약," 〈검색일: 2019년 9월 28일〉 다음백과에서 요약 정리.

육을 받을 권리, 제32조 경제적 착취와 유해한 노동으로부터의 보호, 제34조 성폭력 및 성적 학대로부터의 보호, 제35조 아동유괴 및 매매 등의 방지, 제36조 모든 형태의 착취로부터의 보호 등을 명시하였다. 따라서 상기의 내용들은 구체적인 아동권리에 대한 내용들로 동 협약의 본론이자 동 협약을 통해 유엔이 추구하는 가치와 실천방향에 해당된다 하겠다.

다음으로 제2부는 제42조에서 제45조로 협약의 내용을 알릴 의무와 유엔아동권리위원회의 설립에 관한 내용이다. 특히 제44조 "당사국은 협약 발효 후 2년 이내 그리고 그 후 5년마다 보고서를 유엔사무총장을 통하여 유엔아동권리위원회에 제출해야 한다"라고 명시하고 있다. 따라서 동 조항으로 인해 모든 협약 가입국들은 국가 이행보고서는 정기적으로 유엔아동권리위원회에 제출할 의무가 있다. 마지막으로 제3부는 제46조에서 제54조로 비준 또는 가입, 협약서의 기탁 등에 관한 내용이다. 이에 동 협약의 조문 구성과 그 주요 내용을 간략히 정리하면 다음 〈표 1〉과 같다.

<표 1> 유엔아동권리협약 구조와 해당 조항 요약

구조		해당 조항 요약
전문		
제1부	·총론(제1조~제5조) ·각론(제6조~제41조)	·제1조(아동 정의), 제2조(당사국 관할과 의무), 제3조(당사국 이행활동 등), 제4조(당사국 이행조치 의무), 제5조(당사국 책임과 의무), **제6조(생존과 성장의 권리)**, ·제7조(출생신고·성명·국적을 취득할 권리와 부모를 알고 부모에 의해 보호받을 권리), ·제8조(신분을 보유할 권리), ·제9조(부모와 별거 당하지 않을 권리), ·제10조(외국에 있는 부모와의 만남을 유지하기 위한 출입국의 권리), ·제11조(해외로의 불법이송을 당하지 않을 권리), ·제12조(의사를 표명할 수 있는 권리), ·제13조(표현의 자유), ·제14조(사상·양심·

		종교의 자유), ·제15조(자유로운 교제와 집회에 참가할 수 있는 자유), ·제16조(프라이버시의 보호), ·제17조 (정보에 대한 접근권), **·제18조(부모의 1차적 양육책임과 국가의 후원)**, ·제19조(부모 등의 학대로부터의 보호), ·제20조(가족이 없는 아동의 보호), ·제21조(입양시의 보호), ·제22조(난민아동의 보호 및 지원), **·제23조(장애아동의 권리)**, **·제24조(건강 및 의료에 관한 권리)**, **·제25조(보호시설에 수용되어 있는 아동의 정기적 검진을 받을 권리)**, ·제26조(사회보장의 혜택을 받을 권리), **·제27조(적당한 생활수준을 향유할 권리)**, ·제28조(교육을 받을 권리), ·제29조(교육의 목적), ·제30조(소수민족 및 원주민 아동의 문화에 대한 권리), ·제31조(휴식과 예술활동 등에 참가할 권리), ·제32조(경제적 착취와 유해한 노동으로부터의 보호), ·제33조(마약 등으로부터의 보호), ·제34조(성폭력 및 성적 학대로부터의 보호), ·제35조(아동유괴 및 매매 등의 방지), ·제36조(모든 형태의 착취로부터의 보호), ·제37조(고문·부당한 대우·부당한 처벌 등으로부터의 보호), ·제38조(무력충돌시의 보호), ·제39조(희생된 아동의 심신회복 및 사회복귀), ·제40조(형사절차상의 아동의 권리), ·제41조(이 협약보다 유리한 법률의 적용)
제2부	·협약 이행과 위원회 등 (제42조~제45조)	·제42조(당사국 협약 고지 의무), ·제43조(위원회 설립), ·제44조(이행보고 의무), ·제45조(국제협력)
제3부	·비준, 가입 등 (제46조~제54조)	·제46조(서명), ·제47조(비준), ·제48조(개방), ·제49조(발효), ·제50조(개정안 발효절차), ·제51조(비준, 가입, 유보), ·제52조(폐기), ·제53조(수탁자), ·제54조(협약 언어)

* 비고: 굵은 고딕 표기가 본 연구의 주요 분석대상임.
* 출처: 유엔아동권리협약을 토대로 저자 작성.

한편 동 협약 제44조 이행보고 의무에 대해 북한은 동 보고서를 통해 다음과 같이 명기하였다. "조선민주주의인민공화국은「아동권리협약」제44조에 따라 협약 이행에 관한 제5·6차 통합보고서를 제출하는 바이다. … "라고 하며 이행보고 의무를 준수함을 밝혔다. 또한 동 보고서에서 북한은 "본 보고서는 보고 대상 기간 동안 아동의 권리를 보호하고 증진하기 위해 취해진 입법적·실질적 조치와 이행 상황을 몇 개의 부분으로 나누어 기술하고 있으며, 북한의 제3·4

차 통합보고서(이하 '이전 보고서')와 관련하여 위원회가 2009년 1월에 채택한 최종 견해(CRC/C/PRK/CO/4)의 내용을 온전히 고려하였다"8)라고 하며 전반적인 보고서의 취지에 대해 언급하였다.

또한 북한은 동 보고서 작성주체에 대해 "'국제인권조약 이행을 위한 국가위원회(NCIHRT, 제22항 참고)'의 지원을 토대로, 최고인민회의 상임위원회 관료와 아동 관련 위원회, 정부 부처, 사회단체, NGO(비정부기구), 연구소와 전문가 등으로 이루어진 작업반을 구성하고, 수렴된 정보와 견해를 반영하여 본 보고서를 작성하였다"9)라고 명시하였다. 따라서 이를 근거로 할 때 동 보고서의 작성주체는 북한의 최고인민회의 상임위원회, 아동 관련 정부기구와 사회단체, 전문가 등 다양한 기구와 인력이 보고서 작성에 참여했음을 알 수 있다.

특히 북한은 동 보고서의 내용의 경우 "본 보고서에 담긴 정보는 최고인민회의 상임위원회, 최고재판소, 최고검찰소, 교육위원회, 보건성, 중앙통계국, 인민위원회 및 기타 아동 관련 기관을 비롯해, 김일성사회주의청년동맹과 조선민주여성동맹, 조선인권연구협회 같은 사회단체, 조선어린이후원협회와 조선교육후원기금, 조선장애자보호연맹, 교육과학연구원, 의학과학연구원 산하 어린이영양관리연구소, 인구센터 같은 학술기관과 NGO 등에서 제공하였다. 이 밖에도 다수의 아동보호시설과 교육기관, 조선소년단, 청년동맹 등으로부터 의견을 수렴하고 부모와 아동의 견해도 경청해 반영하였다"10)

---

8) 조선민주주의인민공화국, 「아동권리협약 당사국 5·6차 이행보고서」 (평양: 조선민주주의인민공화국, 2016), 3쪽.
9) 위의 책, 3쪽.
10) 위의 책, 3쪽.

라고 하며 다양한 정보의 원천에 대해 언급하였다. 그러나 역설적으로 동 보고서에서 북한이 언급한 보고서 작성주체와 보고서 정보 원천에서 밝힌 동 기관들과 인력들은 보고서 작성주체이자 유엔아동권리협약 이행주체이기도 하다. 또한 북한은 " … 본 보고서는 2007년에 제출된 제3·4차 보고서를 토대로 그 내용을 보완해 작성되었다"[11]라고 밝혀 5·6차 동 보고서가 기존 이행 보고서의 연장선상에 있음을 분명히 하였다.

한편 앞서 상술한 바와 같이 북한이 2016년 5월 3일 총 248개 조문과 도표 10개로 구성한 동 보고서에 놓고 2017년 2월 28일 유엔아동권리위원회가 최초 심의한 결과, 북한에게 총 3부 22개 부문에 대해 추가적인 답변을 요구하였다. 이에 대해 북한은 약 4개월이 지난 2017년 6월 15일 동 위원회가 추가로 요청한 22개 부문에 대해 총 97개 조문으로 작성한 별도의 보고서를 다시 제출하였다.

이어 유엔아동권리위원회는 2017년 9월 11일~29일 개최된 제76차 회의에서 북한이 최초로 제출한 당사국 이행보고서와 추가보고서를 종합 검토하였다. 결국 동 위원회는 2017년 9월 29일 북한의 아동권리협약 5·6차 보고서에 대해 전체 67개 항목의 최종 견해로 정리하였고 이를 동년 10월 23일 최종 공표하였다. 즉, 북한은 각각 한 차례의 본 보고서와 한 차례의 추가보고서를 유엔아동권리위원회에 제출하였고 여기에 맞추어서 동 위원회 역시 두 차례의 심의가 이루어졌다. 참고로 북한의 아동권리협약 제5·6차 통합 보고서 보고와 심의, 공표과정을 요약 정리하면 다음 〈표 2〉와 같다.

---

11) 위의 책, 3쪽.

<표 2> 아동권리협약 제5·6차 통합보고서 심의, 공표과정

일시	주요 내용	행위 주체	비고
2016년 5월 3일	· 이행보고서 제출	· 북한	· 248개 조문 · 도표 10개 · 총 43페이지
2017년 2월 28일	· 22개 부문 추가 요청	· 유엔아동권리위원회	· 22개 추가 요청 · 총 5페이지
2017년 6월 15일	· 22개 부문 추가 답변	· 북한	· 97개 조문 · 총 16페이지 · 22개 추가 제출
2017년 9월 11일~29일	· 종합 심의	· 유엔아동권리위원회	· 최초 보고서 · 추가 보고서
2017년 10월 23일	· 최종 공표	· 상동	· 67개 부문 정리 · 총 18페이지

* 출처: 저자 작성.

Ⅲ. 아동권리협약 제5·6차 이행보고서 분석

1. 아동의 생존과 성장(제6조), 생활권(제27조)

1) 생존권과 성장권: 제6조-10개 조문

· (44) 최종 견해[12] 제24항과 관련하여, 「형법」 제29조에서는 범죄 시점에 18세에 도달하지 않은 자에게는 사형을 언도할 수 없다고 규정하고 있다. 「아동권리보장법」 제11조 역시 아동은 생명 및 발달에 대한 권리를 갖고 있으며 부모와 후견인, 관련 기관은 아동에게 완전한 신체적·정신적 발달의 권리를 최대한 보장해야 할 의무가 있다고 규정하고 있다. 아울러 동법 제34조는, 보건지도기관과 지방인민위원회가 탁아소와 유치원에 의료진을 배치하고 의료장비와 약품을 충분히 제공함으로써 아동의 건강을 보호해야 한다고 규정하고 있다. 「어린이보육교양법」 제28조는, 교육행정기관과 보건행정기관, 보육교양기관이 아동의 건강과 발육을 종합적으로 분석해 적절한 조치를 취하는 한편 아동 보육을 과학화해야 한다고 명시하고 있다.
· (45) 2008년 내각 결의 제6호에 따라 채택된 「아동보험 규칙」은 5세에서 16세 사이 피보험 아동의 생명에 관한 정교한 체계와 질서를 규정하고 있다.

- (46) '조선민주주의인민공화국 보건발전 중기전략계획(2010-2015)'과 '신종말라리아 퇴치 전략계획(2014-2017)', '결핵퇴치 전략계획(2014-2017)', '생식보건 교육전략 (2013-2015)', '신생아보건 행동프로그램(2015-2016)' 등이 현재 시행되고 있다.
- (47) 2009년에는 아동의 복지 및 새천년개발목표와 관련한 국가행동프로그램의 전반적 목표 달성도를 평가하고, 아동의 생명과 생존, 생활 조건 개선을 위한 장기 목표 설정 전략을 수립하기 위해 다중지표군조사를 실시하였다. 2012년에는 아동의 영양 및 건강 평가를 통한 개선 전략 수립과 우선순위 설정을 위해 국가영양실태조사를 진행하였다.
- (48) 2011년에는 평양 옥류아동병원과 각 도의 소아병원을 연계하고, 각 도의 소아병원을 다시 시(市)와 군(郡) 병원 소아과와 연계하는 원격의료 서비스가 개시되었다. 이러한 네트워크는 아동 사망률을 낮추는 데 중추적 역할을 담당하고 있다.
- (49) 아동 질병의 조기 발견과 관리를 위해 『신생아 응급소생술』(2015)과 『신생아 질병 지침』(2010) 같은 참고 도서가 출판되었으며, 『아동질병 통합관리』(2010)와 『공동체와 가정의 아동질병 통합관리를 위한 가정의 지침』(2010), 『공동체와 가정의 아동질병 통합관리를 위한 강사 지침』(2010)이 제작되어 의료진과 의과대학 학생들, 공동체와 단체 등에 배포되었다.
- (50) 아동 관련 사고 예방을 위한 일련의 조치가 실시되었다. 「교통법」에 따라 학령기 미만의 아동은 보호자를 동반하지 않고 도로를 보행해서는 안 되고, 부모와 교원, 기타 관련 인물은 아동이 도로에서 보행이나 놀이를 하지 않도록 해야 하며(제20조), 교육기관과 관련 기관은 교통안전과 교통도덕에 관한 교육을 실시하고, 교통안전 교양마당을 활용하는 등 교통안전 교육의 형식과 방법을 다양화해야 한다(제78조).
- (51) 인민보안기관은 아동의 교통사고 예방을 위해 다양한 활동을 진행하였다. 예컨대, 아동을 상대로 「교통법」 및 관련 시행규칙을 설명하였고 일반적인 교통 지식을 숙지시켰으며, 아동의 연령과 심리에 맞는 멀티미디어 프로그램과 교재를 배포하였다. 교육기관은 『사회주의 도덕과 법』 과목에서 교통안전 교육 시간을 확대하였고, 보건지도기관에서는 아동의 계절병 및 사고 예방을 위한 전파 계획을 수립하였다. '안전 제일의 달'로 별도 지정된 3월과 11월에 이러한 활동이 집중적으로 이루어지고 있다. 새로 건립된 애육원과 소학교에 교통안전 교양마당을 설치함으로써 아동들이 실제 상황에서 교통법규를 학습하고 있으며, 기타 모든 아동 관련 기관에도 이러한 사례를 장려하고 있다.(9~10쪽)

동 보고서에서 아동의 생존권과 성장권 관련한 조항은 총 10개 조문이다. 주요 내용을 분석하면, 먼저 북한은 각각 「형법」 제29조, 「아

---

12) 동 보고서에서 '최종 견해'란 2009년 3월 23일 공표된 기존의 3·4차 통합 보고 서에 대한 유엔아동권리위원회의 최종 견해를 말한다.

동권리보장법」제11조와 제34조, 「어린이보육교양법」 제28조를 근거로 유엔아동권리위원회의 제3·4차 전차 보고서에 대한 2009년 3월 26일 최종 견해에 대해 자신들의 입장을 피력하고 있다. 북한의 인용한 「형법」 제29조는 사형에 대한 조항으로 "사형은 범죄자의 육체적생명을 박탈하는 최고의 형벌이다. 범죄를 저지를 당시 18살에 이르지 못한자에 대하여서는 사형을 줄수 없으며 임신녀성에 대하여서는 사형을 집행할수 없다"라고 명시되어 있다. 이에 동 법령은 미성년과 임신한 여성에 대한 사형집행 금지를 명문화한 것으로 이들에 대한 사형 배제 원칙을 명문화한 것이다.

그러나 다른 한편으로 동 조항의 경우, 역설적으로 사형에 대한 면제일 뿐 이를 제외한 다른 처벌은 가능하다는 해석상의 오해를 야기할 소지가 있다. 따라서 이러한 북한의 대응은 법률적 차원의 아동 생존권에 대한 대응으로 적절치 않다 하겠다. 즉, 북한이 아동 생존권에 대한 법적 근거로 제일 먼저 제시한 북한의 「형법」 제29조 사형에 관한 조문은 아동 생존권 보장과 직접적으로 관련된 조항이라 볼 수 없다. 무엇보다 동 협약이 추구하는 아동 생존권은 형법적인 부문뿐만 아니라 아동의 존엄을 위한 생활상의 생존권을 의미한다. 때문에 이러한 북한의 보고는 아동 생존권의 초점에서 벗어난 것으로 적절한 보고라고 할 수 없다. 반면 다른 하나의 중요한 발견은 북한의 아동 생존권애 대한 인식인데, 상기 보고내용을 근거로 할 때 북한이 인지하는 아동 생존권은 아동의 생명보장을 최우선시한다고 판단된다.

한편 이에 대해 유엔아동권리위원회의는 제5·6차 보고서에 대한 최종 견해 제24항에서 "협약 제17조에 따라, …'적대 방송 청취 및 적선전물 수집·보관·유포'로 간주되는 것을 아동이 접하는 것이 처벌대상이 되지 않도록 당사국의 법률, 특히 「형법」 제185조를 재검토할 것을 당사국에 권고"[13]하였다. 이는 사실상 체제에 반하는 행위를 한 아동에 대한 법적 보호와 형사처벌에 대한 예외조항의 신설을 의미한다. 또한 유엔아동권리위원회는 북한 「형법」 제185조인 적대방송청취, 적지물수집, 보관, 류포죄에 대해 "반국가목적이 없이 적들의 방송을 들었거나 적지물을 수집, 보관하였거나 류포한 자는 1년이하의 로동단련형에 처한다. 앞항의 행위가 정상이 무거운 경우에는 5년이하의 로동교화형에 처한다"에 대한 수정을 요청한 것이다. 즉, 유엔아동권리위원회는 북한으로 하여금 여기에 해당되는 아동을 예외로 인정하고 나아가 이를 법적으로 보장하도록 요구하였다. 결국 비록 유엔아동권리위원회는 해당 조항의 검토를 권고하였지만 이는 아동의 위법 행위에 대한 명백한 법적 보호 조치로의 수정 적용을 피력한 것이라 하겠다.[14]

반면 북한이 동 보고서에서 언급한 「아동권리보장법」의 경우 보편적인 아동의 권리와 보호, 「어린이보육교양법」의 경우 아동건강과 발육의 과학화를 명시한 것이다. 따라서 이는 아동의 생존권을 보장한다기보다는 「형법」상의 일부 형법상의 보호와 「아동권리보장법」과 「어린이보육교양법」의 일부 조항을 인용한 것으로 아동 생존권과 성장권을 옹호·확대하는 적극적인 태도로 보기에는 한계가 있다. 이로 인해 동 법령들의 내용들은 아동의 생존권과 성장권에 대한 법적 근거의 구체성과 무게가 상쇄되는 인상을 준다.[15]

---

13) 유엔아동권리위원회. 「조선민주주의인민공화국의 제5차 정기보고서에 대한 최종 견해」 (유엔: 유엔아동권리위원회, 2017), 6쪽.
14) 때문에 북한은 유엔아동권리위원회가 지적한 「형법」 제185조를 가령 ' … 이 경우 아동은 예외로 해당되지 않는다'라는 내용으로 수정할 필요가 있다.
15) 이에 기술적인 측면에서 보고서의 경우 ① 완전성(명확한 자료수집 구체적인

다음으로 북한은「아동보험 규칙」을 통해 아동 생명 보호, 이어 정부차원의 보건과 관련한 중장기 계획, 보건의료 인프라 사례, 질병관리 등에 대해 밝혔다. 그러나 무엇보다 이러한 경우 후속적으로 그 구체적인 내용을 적시하여 이러한 근거를 뒷받침해야 한다. 가령「아동보험 규칙」의 경우 동 규칙의 특정 조항을 근거로 실질적인 보호 받고 있는 경우, 보건의료발전계획에 따른 실증적인 효과, 아동복지와 관련한 국가행동프로그램의 경우 프로그램 실천 전후의 실증적인 변화, 아동보건 인프라의 경우 특정 병원을 지칭하고 있지만 전국적인 소아전문병원 규모, 지역별 소아과와 소아 전문 병동 등 별도의 특화된 아동 보건의료 관리체계에 대한 구체적인 내용들을 각각 명기해야 한다. 따라서 이러한 내용이 부재한 북한의 보고내용을 중심으로 평가하면, 다소 소극적인 답변이 주류를 이루고 있다 하겠다.

마지막으로 이와 마찬가지로 북한은 아동의 안전을 위해 교통사고 예방 등에 대해 열거하였다. 그러나 아동의 경우 각종 재난과 사고, 재해에 가장 취약한 계층으로 자립구호가 원천적으로 불가능하다. 따라서 상기의 보고서에서 언급한 교통안전뿐만 아니라 다양한 어린이 안전사고에 대한 정부의 정책과 사례를 법적으로 나아가 실질적으로 보호하고 있는 내용들을 언급해야 한다.

결국 아동의 생존권과 성장권에 대한 북한의 최초 보고는, 한마디로 법령을 기반으로 하는 언명적 내용, 정책과 실질적인 개선 프로그램을 중심으로 하는 일부 조치, 그리고 일부 사례 중심의 내용이 주류를 이루고 있다. 그러나 실제 아동의 생존권과 성장권을 위해 취한

사실 중심의 기술), ② 정확성(해석에 대한 주관성 배제와 객관성 유지), ③ 유효성(보고내용의 가치와 활용 정도), ④ 간결성(핵심 보고, 불필요한 내용 배제)을 추구해야 한다고 판단된다.

구체적인 법적 기반과 실질적 조치와 그에 해당되는 사례, 스스로 검증된 효과성에 대한 내용이 부족함에 따라 긍정적인 인상을 심어주기에는 한계가 있다. 특히 이미 북한은 아동권리협약 가입 이후 세 차례의 이행보고서 작성과 그에 따른 유엔아동권리위원회의 최종 견해에 대한 경험이 있음에도 불구하고 이러한 보고의 패턴을 가진 것은 그동안의 경험에 따른 학습효과가 미진했음을 다소 의미한다.

한편 이러한 북한의 최초 보고에 대해, 2017년 2월 28일 유엔아동권리위원회는 북한에게 22개 항목의 추가 답변을 요구하였다. 여기에는 첫 번째 항목에 "2010년 「아동권리보장법」의 시행을 위해 포괄적인 정책과 전략을 수립하고 이행하는 과정에서 달성된 진척 사항을 보고해 주기 바란다. … "라고 하였고 이어 두 번째 항목에서 "협약 이행과 관련한 포괄적 자료 수집 체계 개발을 위해 시행된 조치와 그에 따른 결과를 보고해 주기 바란다. … "[16]라고 요청했다.[17] 그리고 이러한 유엔아동권리위원회가 추가로 요청한 내용들은 심의와 평가에 반드시 필요한 기초적인 자료라 사료된다.

이에 대해 북한은 2017년 6월 15일 총 22개 항목의 97개 조문의 답변을 추가로 제출하였고 이중 20개 조문의 경우 유엔아동권리위원

---

16) 유엔아동권리위원회, 「조선민주주의인민공화국의 제5차 정기보고서에 관한 쟁점목록」 (유엔: 유엔아동권리위원회, 2017), 1쪽.

17) 위의 책, 2쪽. 이외에도 유엔아동권리위원회는 제7항에서 "학대와 방임에 관한 위원회의 이전 권고(CRC/C/PRK/CO/4, 제41항 참고) 이행을 위해 취한 조치에 관한 정보를 제공하기 바란다. 모든 상황에서 발생하는 학대와 방임에 대한 연구, 모니터링 체계 강화, 관련 인력 교육, 대중 교육 캠페인 실시, 피해자 서비스 제공, 무료 아동 상담전화 설치 같은 조치를 예로 들 수 있다. 남아 대상 성적 학대를 처벌하는 법률에 관해 알려 주기 바란다"라고 하여 북한이 적시하지 않은 것에 대한 추가 요청을 하였다. 유엔아동권리위원회, 「조선민주주의인민공화국의 제5차 정기보고서에 관한 쟁점목록」 (유엔: 유엔아동권리위원회, 2017), 2쪽.

회가 제기한 아동 생존권과 성장권에 대해 비교적 성실하게 답변하였다. 가령 북한은 추가 답변서 6항과 7항에서 각각 "아동보건 및 영양 부문에서는 눈에 띄는 개선이 이루어졌다. 2012년 실시된 복수지표집단 조사 결과, 5세 이하 영유아사망률이 현저히 하락하였다. 소아마비는 완전히 퇴치되었으며, 2007년 이후 홍역은 단 한 건도 발생하지 않았고 말라리아 발병사례는 10만 명당 2010년 63.2명에서 2014년 44명으로 3분의 2로 감소하였다"와 "모유수유 장려를 위한 교육 및 자료지원이 강화되어 2015년 현재 11개 산원이 아기친화 병원으로 지정되었고, 월령 6개월 이하 신생아의 완모율은 68.9%를 기록했으며 2007년 이후 모든 종류의 백신에 대해 정기예방접종률이 90%를 상회하고 있다"[18]라고 정량화된 내용을 중심으로 진행 상황에 대해 비교적 구체적으로 보고하였다. 그리고 무엇보다 이러한 보고내용이 사실상 아동 생존권과 직접적으로 관련된 내용들이다.

결국 이를 토대로 평가한 아동 생존권과 성장권에 대한 유엔아동권리위원회의 최종 견해의 경우 제17항에서 "위원회는 사회·경제적 박탈과 불평등, 발육부진과 저체중을 야기하는 아동 영양실조, 고된 신체적·정신적 활동으로 아동의 건강한 발달을 저해하는 아동 노동 등, 영아 사망률과 아동 사망률의 근본 원인을 해결하기 위해 더욱 노력할 것을 당사국에 권고한다"[19]로 귀결되었다. 그리고 이는 유엔아동권리위원회가 보고의 형식에 대한 문제를 제기한 것아 아니라 내용을 기반으로 북한의 아동 생존권과 성장권의 부족한

---

18) 조선민주주의인민공화국, 「조선민주주의인민공화국의 제5차 정기보고서에 관한 쟁점목록 답변」 (평양: 조선민주주의인민공화국, 2017), 2~3쪽.
19) 유엔아동권리위원회, 「조선민주주의인민공화국의 제5차 정기보고서에 대한 최종 견해」 (유엔: 유엔아동권리위원회, 2017), 5쪽.

부분을 지적한 것이다. 지금까지 논증한 북한 아동의 생존권과 성장권을 각 보고서 별로 요약 정리하면 다음 〈표 3〉과 같다.

<표 3> 아동 생존권과 성장권

보고서	행위 주체	주요 내용과 특징
· 이행보고서	· 북한	· 10개 조문으로 보고
· 22개 추가 요청서	· 유엔아동권리위원회	· 생존권, 발달권에 대한 포괄적, 구체적 정량적 추가 자료 요청
· 22개 추가 답변서	· 북한	· 생존권, 발달권에 대한 관련 20개 조문으로 추가 답변 · 구체적이고 정량화된 내용, 진척 상황 등 20개 관련 조문으로 추가 답변
· 최종 견해	· 유엔아동권리위원회	· 근본적인 문제해결을 위한 노력 권고

* 출처: 저자 작성.

2) 생활권: 제27조(1-3항)-3개 조문

· (178) 최종 견해 제51항과 관련하여, 모든 아동은 출생 시부터 식량을 공급받아야 한다고 규정한 「어린이보육교양법」 제15조에 따라 탁아소와 유치원의 모든 아동들에게 식량을 공급하였다. 북한은 식량 부족에도 불구하고, 임산부와 4세 미만 아동에게 월 단위로 음식을 공급하였고, 다자녀 가구에는 방 2-3개를 갖춘 아파트를 우선적으로 공급하였다. 2014년 내각 결정 제42호에 따라, 경공업 부문에서는 아동의 연령과 계절적 수요에 맞춰 옷과 신발 등 아동의 생필품을 계획·생산해 상업 유통망을 통해 공급하였다.
· (179) 육아원과 애육원, 양로원에만 생선을 공급하는 대형 어장을 새로 조성해 1인당 하루 300g의 생선을 공급하였다. 아울러 대동강종합과수농장과 고산과수농장의 수확량을 확대하였고 과일의 종류를 다각화함으로써 아동에게 다양한 과일을 공급하였다. 매년 처음 수확한 과일은 탁아소와 유치원에 제일 먼저 공급하였다. 2014년에는 식품 생산 공장의 생산 현대화를 통해 아동에게 12종의 분식을 제공하고 영유아에게는 보충식을 제공하였다. 아울러, 모든 아동에게 안전한 식수를 최우선적으로 공급하고 있으며, 두유 수송 비용을 국가가 부담함으로써 모든 아동에게 차질 없이 우유를 공급하고 있다.
· (180) 북한은 WHO와 UNICEF, WFP, FAO, EU 같은 국제기구의 현장 시찰을 허용하고 있으며, 비정부기구와 민간의 인도적 기구가 지원 프로그램 이행의 투명성과 목표 이행 여부를 확인하도록 돕고 있다. 이들 각 기구는 주기적인 모니터링 계획에 따라 제한이나 제약 없이 프로그램 이행 점검을 위한 현장 방문을 진행하였다. WFP는 2013년 12월 게시판을 통해 매월 약 250차례에 걸쳐 북한을 방문했다고 보고하였다.(28~29쪽)

동 보고서에서 아동의 생활권과 관련한 조항은 총 3개 조문이다. 주요 내용을 분석하면, 먼저 북한은 아동의 육체적 성장과 발육에 필요한 식량공급에 대해, 「어린이보육교양법」 제15조[20]를 근거로 대응하였다. 또한 북한은 그동안의 식량부족에 대해 스스로 인정하는 한편 그럼에도 불구하고 4세 미만 아동에 대한 식량과 주택의 우선 공급을 피력하였다. 아울러 북한은 아동에게 필요한 주요 생필품을 2014년 이후 공급하고 있음을 강조하였다.

반면 이러한 북한의 보고에 대해 의문스러운 것은 첫째, 아동식량 공급에 대한 법적 보장과 더불어 이를 증빙하는 실질적인 근거자료, 둘째, 5세 이상 아동에 대한 우선 식량공급 조치 사례, 셋째, 다자녀 가구 우선 공급주택 사례, 넷째, 2014년 내각결정 제42호의 구체적인 내용과 이후의 집행 자료 등에 대한 내용이 부재하다는 것이다. 따라서 이로 인해 사실 여부를 떠나 동 보고의 내용상의 완전성에 대한 문제가 제기된다.

다음으로 북한은 보고서 제179항에서 앞서 제178항의 식량공급에 대해 보다 더 구체적인 내용을 적시하였다. 동 항에는 북한이 탁아소와 유치원의 아동과 영유아에게 ① 생선과 과일, ② 분식과 보충식, ③ 식수, ④ 두유와 우유 등을 각각 우선 공급한다고 밝혔다. 특히 생선의 경우 무의무탁 아동과 영유아의 양육을 책임지는 육아원과 애육원 아동의 1일 공급량을 명기하였는데, 이는 정량지표성 보고내용으로 다소 긍정적인 보고행태이다.

그렇지만 다른 한편으로 총 공급량과 혜택 받은 아동 규모와 그 기간, 또한 후술한 과일, 분식과 보충식, 식수, 두유와 우유 등에도

---

20) 「어린이보육교양법」 제15조는 "조선민주주의인민공화국에서 모든 어린이는 태여나자부터 식량을 공급받는다"이다.

1일 공급량과 보충량을 밝혔으면 하는 아쉬움이 있다. 즉, 이는 보고의 일관성과 구체성에 대한 준거 수준에 대한 문제로, 보고서의 형식이 일관적이고 보고내용이 구체적이며 증거 수준이 정량화된 경우 나아가 이러한 과정이 자세히 설명된 보고서란 자연스럽게 신뢰하기 때문이다.

마지막으로 북한은 그동안 다양한 국제기구와 민간기구가 북한지역 내에서 활동에 협력한 것과 제약 없는 프로그램 모니터링, 이행점검을 위한 현장 방문, 세계식량계획(WFP)의 보고를 인용한 방문 횟수에 대해 각각 언급하였다. 그러나 다른 한편으로 사실 동 항은 매우 중요한 의미를 갖는데, 왜냐하면 동 항의 경우 북한이 그동안 국제사회와의 소통 정도를 나타내기 때문이다. 즉, 이는 동 보고서를 평가하는 유엔아동권리위원회와 다소 동질적인 국제기구의 북한 내의 조직적인 활동, 북한과 국제기구와의 협업에 대한 정도를 가늠하는 기준이다. 따라서 동 보고서를 평가하는 유엔아동권리위원회는 동 부문에 대한 관심도가 매우 높을 수밖에 없다고 판단된다.

이러한 이유로 북한은 동 항의 보고내용에 대해 매우 구체적이고 신중해야 한다. 결국 이러한 점을 감안하면 동 항의 내용이 다소 미진한 부문이 있고 이러한 이유로 최종 평가에서 다소 부정적인 영향을 주리라 예상된다. 결국 북한이 이러한 부정적인 요인을 상쇄시키려면 보다 더 구체적이고 실증적인 내용과 더불어 협업 사례, 프로그램 모니터링 결과 등에 대해 자세히 명시해야 한다.

이에 이러한 북한의 최초 보고에 대해 유엔아동권리위원회는 추가 요청서 제6항에서 "비취업모의 자녀에게 제공되는 보육 서비스에 관해 알려 줄 것. 아동의 가족생활에 대한 권리를 보호하고, 가정위탁보호를 장려하고, 시설 거주 아동 수를 줄이고, 시설입소에 대한 정기 점검을 보장하기 위해 취해진 조치를 알려 줄 것"과 제9항 "아동 노동에 관한 위원회의 이전 권고(CRC/C/PRK/CO/4, 제61항 참고)와 관련해 적용 가능한 법적 틀에 대한 것 이외에 어떻게 이행하였는지 알려 줄 것. 16세에서 17세 아동의 돌격대(노동 부대) 배치 기준과 대상 아동의 거부권 행사 가능 여부, 충분한 생활 수준 보장 방식 등에 관한 정보를 제공. 아울러 모든 아동의 휴식권과 여가권 존중을 위한 조치에 대해 알려"[21] 달라고 추가로 요구하였다. 그리고 이는 최초 보고에 누락된 부문이자 최초 보고에 당연히 포함되어야만 하는 내용들이다.

이에 대해 북한은 추가 답변서 제34항~제36항으로 답변하였는데, 북한은 제34항에서 "「사회주의헌법」 제49조는 국가는 학령 전 어린이들을 탁아소와 유치원에서 국가와 사회의 부담으로 키우며, 제72조 및 제73조에서는 공민은 무상의료 및 교육의 권리를 갖는다고 정하고 있다. 「어린이보육교양법」 제16조 및 제17조에서는 국가기관 및 사회협동단체는 탁아소와 유치원에 우유, 고기, 과일, 채소, 과자류 및 그 밖의 식량을 제공하도록 하고 있으며, 탁아소와 유치원 아이들에게 제공된 음식의 비용은 정부는 사회협동단체가 부담해야 한다. 또한 정부는 고품질의 의복, 신발 및 기타 물품들이 아동용으로 생산되도록 하고 그 가격도 생산비용을 충당할 만큼만 또는 그 이하로 책정되도록 해야 한다"[22] 고 하였다. 그러나 이는 유엔아동권

---

21) 유엔아동권리위원회, 「조선민주주의인민공화국의 제5차 정기보고서에 관한 쟁점목록」 (유엔: 유엔아동권리위원회, 2017), 2쪽.
22) 조선민주주의인민공화국, 「조선민주주의인민공화국의 제5차 정기보고서에 관한 쟁점목록 답변」 (평양: 조선민주주의인민공화국, 2017), 7쪽.

리위원회가 제기한 다양한 가족과 그에 따른 양육 형태에 대한 답변이라기보다는 포괄적인 의미의 답변으로 다소 그 초점을 달리한다 하겠다.

또한 동 추가 답변서 제35항에서 북한은 "위 법에 따라 북한의 모든 아동은 어머니가 직장에 다니든 아니든 무상의료와 무상교육 등 정부가 제공하는 복지혜택을 모두 누릴 수 있다. 동네나 시설에서 고아들을 돌보는 자원봉사자의 수도 늘어나고 있다. 특히 20대 여성과 공장관리자가 고아 여러 명을 엄마처럼 사랑으로 돌보는 모습이 언론에 널리 보도되어 대중의 심금을 울리며 본보기가 되기도 했다. 정부는 이러한 모범가정에 보급품이 우선 지급되도록 하였으며 교복과 교재를 무료로 지원하였다. 이러한 조치의 결과 기관에서 가정으로 이동하여 가족의 품 안에서 부모의 사랑을 누리는 아이들의 수가 늘어나고 있다"[23]고 하였다. 그러나 이 역시 추가 요청 논점과 다소 동떨어진 답변이다. 즉, 유엔아동권리위원회의가 제기한 다양한 비취업 가정 양육, 가정위탁보호, 시설거주 아동, 아동양육시설 점검, 아동의 노동거부권, 휴식권과 여가권에 대한 답변이라 할 수 없다.

이에 아동 생활권에 대한 유엔아동권리위원회의 최종 견해의 경우 제44항에서 "위원회는 물과 위생, 영양을 통합한 당사국의 2016년 부문간 이니셔티브를 환영한다. 위원회는 지속가능발전목표 16.2에 대해 당사국의 주의를 환기하며, 물과 위생, 영양 관련 개입을 우선적으로 추진하는 한편 기술 및 '중력 기반 물 공급 시스템' 활용에 관한 남-남 학습교류에 참여할 것을 권고한다. 위원회는 또한 주민

---

23) 위의 책, 7쪽.

의 생계 기회를 증진하고 촉진할 것을 당사국에 권고한다"[24]라고 평
가하였다.

　여기에서 주목해야하는 것은 첫째, 유엔아동권리위원회가 북한
아동의 생활권 보장에 대한 북한의 노력에 일부 긍정적인 입장이라
는 것, 둘째, 식수 공급을 위한 기술교류를 권유하는 것, 셋째, 나아
가 북한 아동뿐만 아니라 북한 주민의 생계를 우려하고 있다는 것이
다. 그리고 이는 유엔아동권리위원회가 인지하고 있는 북한의 현재
상황을 기반으로 하는 총체적인 평가라 판단된다. 따라서 북한아동
의 생활권에 대한 북한의 보고와 유엔아동권리위원회의 최종적인
평가는 일부 긍정과 일부 부정이 혼재되어 있다 하겠다. 지금까지
논증한 북한 아동 생활권을 각 보고서 별로 요약 정리하면 다음 〈표
4〉와 같다.

〈표 4〉 아동 생활권

보고서	행위 주체	주요 내용과 특징
· 이행보고서	· 북한	· 3개 조문으로 보고
· 22개 추가 요청서	· 유엔아동권리위원회	· 비취업업 가정 아동보호, 아동노동에 대한 추가 　자료 요청
· 22개 추가 답변서	· 북한	· 3개 조문으로 추가 답변 · 법령을 기반으로 포괄적인 답변
· 최종 견해	· 유엔아동권리위원회	· 일부 긍정, 일부 부정 평가 혼재 · 외부와 기술 교류 권고

* 출처: 저자 작성.

---

24) 유엔아동권리위원회, 「조선민주주의인민공화국의 제5차 정기보고서에 대한
　　최종 견해」 (유엔: 유엔아동권리위원회, 2017), 12쪽.

2. 양육권(제18조-1-2항): 4개 조문

- (94) 「아동권리보장법」 제39조에 따라, 부모는 자녀에게 바람직한 모범이 되어야 하며, 풍부한 지식과 건강한 도덕, 강인한 신체를 가진 나라의 기둥으로 성장할 수 있도록 아동을 양육하고 교육해야 한다. 「가족법」 제27조에서는, 부모가 자녀를 지덕체를 갖춘 아동으로 양육해야 한다고 규정하고 있다. 「형법」 제258조에서는, 아동 보호의 의무를 진 자가 고의로 의무를 게을리하여 아동의 건강을 해치게 한 경우, 최고 1년 이하의 노동단련형에 처할 수 있다고 명시하고 있다.
- (95) 남성보다 여성에게 더 많은 육아를 부담시키는 그릇된 관행을 근절하고, 부모 모두에게 아동의 양육과 발달, 교육에 대한 책임을 지게 하는 조치를 시행하였다.
- (96) 학기 말에 열리는 학부모 회의나 주요 행사에 어머니가 아닌 아버지, 경우에 따라서는 양 부모에게 참석을 요청함으로써, 아버지들이 자녀 교육에 더욱 관심을 쏟을 수 있게 하였다. 아동 교육과 관련한 부모의 책임을 다루는 강연과 워크숍, 영화 상영, 경험 공유 세미나 등은 과거에 주로 여성동맹의 주도로 이루어졌으나, 최근 들어 다른 사회단체에서도 이 문제의 중요성을 인식하고 인식 제고 회의를 체계적으로 진행하고 있으며, 그 결과 아동 교육에서 아버지의 역할이 차츰 확대되고 있다.
- (97) 노동자 단체에서는 집중 교육과 전파 프로그램을 통해 그 구성원들이 자녀의 역할 모델이 되게 함으로써, 자녀가 부모에게 긍지를 갖고 부모의 길을 따를 수 있게 하였다.(16쪽)

동 보고서에서 아동 양육권과 관련한 조항은 총 4개 조문이다. 주요 내용을 분석하면, 먼저 북한은 「아동권리보장법」 제39조와 「가족법」 제27조를 근거로 부모의 아동양육과 교육 의무에 대해 밝혔다. 이에 「아동권리보장법」의 경우 모범적인 부모와 더불어 아동의 양육과 교육을 직접적으로 언급한 반면 「가족법」은 지덕체를 갖춘 아동으로 양육해야 함을 밝혔는데, 이는 사실상 거의 대동소이한 맥락이다.

보다 구체적으로 살펴보면 북한의 「아동권리보장법」 제39조는 부모의 양육과 교양을 받을 아동권리 조항으로 "아동은 부모의 양육과 교양을 받을 권리를 가진다. 부모는 아동에게 모범이 되며 그들에 대한 양육과 교양을 잘하여 지덕체를 갖춘 나라의 역군으로 키워야 한다"고 하고 있다. 반면 북한의 「가족법」 제27조는 자녀교양의무 조항으로 "자녀교양은 부모의 중요한 의무이다. 부모는 자녀교양을 잘하여 그들을 지덕체를 갖춘 자주적 인간으로 키워야 한다"고 명시되어 있다. 따라서 양 법령 중 아동양육과 보다 더 직접적인 내용을 담은 것은 「아동권리보장법」이다. 그렇지만 「아동권리보장법」 보다 먼저 제정된 「가족법」에도 부분적으로 동질적인 내용이 언급되어 있다 하겠다.

그리고 이것이 시사하는 바는 크게 두 가지인데, 하나는 입법 시점을 기준으로 하면 내용과 표현의 수준이 시계열적으로 발전된 행태를 나타낸다는 것이다. 즉, 후일 제정된 「아동권리보장법」의 내용이 「가족법」에 비해 상대적으로 수사와 기술, 내용이 우월하다는 것이다. 다른 하나는 보고서의 서술 순서에 있어 북한은, 보고 사안과 관련해서 보다 더 직접적인 법령을 먼저 언급한 다음 관련 법령을 제시하는 순서라는 것이다.

한편 「형법」 제258조의 경우 노인과 아동에 대한 보호책임회피죄 조항으로 "늙은이, 어린이 또는 로동능력이 없는 사람을 보호할 의무를 지닌자가 자기의 책임을 회피하여 엄중한 결과를 일으킨 경우에는 1년이하의 로동단련형에 처한다"라고 명시하고 있다. 그러나 동 조항의 경우 보호대상에 대한 포괄적인 조항으로 노인과 아동, 노동능력을 상실한 자-중증 장애인 같은-에 대한 것으로 엄밀히 말해 아동 양육과 직접적인 관련이 있다고 간주하기에는 한계가 있다. 그러나 다른 한편으로 동 조항의 경우 보호 대상과 범위, 보호의무자의 추상성에도 불구하고 「형법」에서 이를 다룬다는 것 자체가 북한의 의지와 인식의 정도를 가늠할 수 있는 부문이라 하겠다.

다음으로 부모 공동의 아동양육과 교육에 대해 언급하였는데, 이는 정통적인 가족관계를 유지하던 과거와 달라 새로운 부모의 역할을 의미한다. 특히 북한의 '~그릇된 관행을 근절~'하고라는 보고서의 표현은 다소 인상적이다. 이는 북한 스스로 기존의 관행이 일부 오류임을 인정하고 개선해 나가겠다는 의지의 표현이라 할 수 있다. 그러나 동 항목의 보고에서 부모 공동의 양육과 교육에 대한 구체적인 조치가 무엇인지에 대한 언급이 누락되어 있어 실천적 수준에 대한 의문은 여전히 남는다.

마지막으로 제96항과 제97항은 전항인 제95항에 대한 추가적인 설명으로 부모 공동 양육과 교육, 아동교육에 대한 아버지의 역할, 이와 관련한 사회단체와 노동자 단체의 교육프로그램에 대해 적시하였다. 즉, 이러한 내용들은 변화한 북한의 아동양육에 대한 태도와 발전내용을 담을 수 있는 부문이다. 그러나 북한은 이러한 중차대한 사안임에도 불구하고 간략히 언급한 것은 아이러니한 측면이 있다 하겠다.

한편 이러한 아동 양육권의 보고에 대해 유엔아동권리위원회가 제기한 문제에 대해 직접적인 추가 요청은 없고 다만 제17항 "가정의 보호를 받지 못하는 다음 각호의 상황과 관련하여, 연령·성별·사회경제적 배경·민족·국적·지리적 위치에 따라 분류된 지난 3년간의 자료를 제출 요청. 부모와 분리된 아동의 수, 시설 입소 아동의 수, 국내 또는 해외 입양 아동의 수"[25]에 대한 구체적인 정보를 요구하였는데, 이는 위기 아동 양육 보호에 대한 내용이다.

이에 대해 북한은 유엔아동권리위원회에 추가 답변서 제88항~제

---

25) 유엔아동권리위원회, 「조선민주주의인민공화국의 제5차 정기보고서에 관한 쟁점목록」 (유엔: 유엔아동권리위원회, 2017), 4쪽.

91항을 통해 답변하였다. 북한은 "양친 모두로부터 분리된 아동은 없다. 양친 모두가 중죄를 범해 복역해야 하는 드문 경우, 아동을 최대한 참작하여 어머니가 집행유예 또는 사회적 교양 처분을 받는다. 부부가 이혼하는 경우 아동은 부부 중 한쪽, 대부분의 경우 아내가 양육권을 갖는다. 시설에 배치된 아동, 육아원에 2,998명, 애육원에 1,902명, 기숙중학교에 1,837명, 기숙고등중학교에 10,043명이 있다. 국내입양된 아동, 736명의 아동이 입양되었다"[26]라고 비교적 담담하고 솔직하게 밝혔다.

이에 따라 아동 양육권에 대한 유엔아동권리위원회의 최종 견해의 경우 제30항~제35항을 통해 광범위하게 권고하였다. 이를 열거하면 제30항 " … 부모의 공동 책임을 증진하는 활동 및 아동의 교육과 발달에 아버지를 지속적으로 참여시키는 활동을 강화할 것, 부당한 압력을 주지 않으면서 부모의 아동 양육을 협력적이고 건설적으로 지원하고, 부모의 사생활을 존중하면서 가정의 갈등을 해결할 수 있도록 이들에게 상담과 지원을 제공할 것, 이혼 관련 법률을 검토하여 아동 최선의 이익 원칙에 따라 양육권이 결정되는지 확인할 것, 아동 최선의 이익에 입각하여 최후의 수단으로만 아동이 부모와 분리되게 할 것"과 제32항 가정의 보호를 받지 못하는 아동의 경우 " … 위원회의 이전 최종 견해(CRC/C/PRK/4, 제37항)의 권고 사항이 대부분 해결되지 않았다는 점에 유감을 표한다. 위원회의 우려 사항은 다음과 같다. 출생부터 16세에 이르기까지 시설에서 계속 보호되는 아동의 수가 상당한 점, 그리고 아동 위탁 기준에 대한 명확한 지침 없이 시설입소가 증가하고 있음을 시사하는 육아원과 애육원

---

26) 조선민주주의인민공화국, 「조선민주주의인민공화국의 제5차 정기보고서에 관한 쟁점목록 답변」 (평양: 조선민주주의인민공화국, 2017), 14~15쪽.

신축, 아동의 시설 입소를 정기적으로 점검하고 시설 장기입소에 따른 부작용을 피하기 위한 개인별 후속조치 관련 정보의 부재, 시설 거주 아동을 위한 별도의 학교 존재 및 사회 재통합을 방해하는, 수용소 같은 생활 조건, 다른 형태의 대안적 보호에 관한 제한적 정보와 사실에 근거하지 않은 일회적 정보, 장애 아동을 거주형 보호시설에 위탁하는 정책"[27]에 대해 지적하였다.

또한 유엔아동권리위원회는 제33항에서 " … 가족 중심의 대안적 보호 개발을 위해, 아동이 공공보호시설에 위탁되는 이유를 밝히기 위한 연구를 진행하고, 한부모 가정의 아동을 지원할 것, 아동, 특히 장애아동의 공공보호시설 위탁 여부를 결정하기 위한 기준과 세이프가드를, 아동의 필요와 의견, 최선의 이익 등을 고려하여 수립할 것. 부모의 이혼을 시설 위탁의 근거로 간주하지 말 것, 아동의 시설 입소와 가정위탁을 정기적으로 점검하기 위한 절차를 수립해 시행하고, 아동 학대를 보고하고 시정할 수 있는, 접근 가능한 체계를 제공함으로써 해당 시설의 보호 품질을 모니터링할 것, 시설 아동의 상시적 상호작용과 사회 재통합을 촉진하기 위해, 수용소 같은 시설을 건립하는 정책을 재검토할 것, 이러한 맥락에서 탈시설화 경험과 모범 사례, 교훈 등을 수집하기 위해 유니세프(UNICEF) 등과의 기술 협력을 모색할 것"[28]을 권고하였다.

---

27) 유엔아동권리위원회, 「조선민주주의인민공화국의 제5차 정기보고서에 대한 최종 견해」(유엔: 유엔아동권리위원회, 2017), 8쪽.
28) 위의 책, 9쪽. 이외에도 유엔아동권리위원회는 최종 견해 제34항 입양 항목에서 "위원회는 아동 최선의 이익이 우선적으로 고려되도록 입양법을 재검토하고, 양부모의 정치적 견해에 관한 규정을 삭제할 것을 당사국에 권고한다. 위원회는 1993년 「헤이그 국제아동입양협약」가입을 고려할 것을 당사국에 권고한다"와 제35항 구금된 부모의 아동 항목에서 "위원회는 아동이 그 부모의 범죄를 이유로 어떤 식으로든 처벌이나 제재, 구금의 대상이 되지 않게 하고, 아

그리고 이는 현재까지 논증한 유엔아동권리위원회의 최종 견해 중 가장 방대하고 포괄적이며 구체적인 내용들로 북한의 아동 양육권에 대한 개선사항에 대해 매우 구체적으로 조목조목 제시하고 있다. 역설적으로 이는 북한의 보고가 미진함과 더불어 그동안의 발전 정도가 부족함을 의미한다. 지금까지 논증한 북한 아동 양육권을 각 보고서 별로 요약 정리하면 다음 〈표 5〉와 같다.

<표 5> 아동 양육권

보고서	행위 주체	주요 내용과 특징
· 이행보고서	· 북한	· 4개 조문으로 보고
· 22개 추가 요청서	· 유엔아동권리위원회	· 위기아동 보호 3년간 추가 자료 요청
· 22개 추가 답변서	· 북한	· 4개 조문으로 추가 답변
· 최종 견해	· 유엔아동권리위원회	· 6개 조문으로 구체적인 권고

* 출처: 저자 작성.

3. 장애아동의 권리(제23조): 18개 조문

· (126) 「장애자보호법」 제2조는, 국가가 장애인의 인격을 존중해야 하며 이들이 비장애인과 똑같이 사회적·정치적 권리와 자유, 이익을 … . 「아동권리보장법」 제30조는, 장애 아동이 다른 아동과 똑같은 교육과 치료를 받을 권리가 있으며, … 생활에 필요한 조건을 충분히 제공해야 한다고 규정하고 있다.
· (127) 2012년에 발간된 『북한 장애인 관련 법률 및 규칙 안내서』는 …
· (129) 조선장애자보호연맹(KFPD)은 2009년 조직을 재편하고 … 보고 대상 기간 동안 조선장애자원아기금(2010), 조선장애자후원회사(2010), 조선장애자체육협회(2010), 조선장애자예술협회(2010), 조선장애어린이회복원(2012), 조선농맹경제문화사(2013) 같은 KFPD 산하 단체가 설립되었다. …

동이 희망할 경우 구금된 부모를, 정치범 수용소에 구금된 경우를 포함해, 정기적으로 접견할 수 있게 할 것을 당사국에 권고한다"라고 대해 각각 별도의 내용을 고지하였다. 유엔아동권리위원회, 「조선민주주의인민공화국의 제5차 정기보고서에 대한 최종 견해」 (유엔: 유엔아동권리위원회, 2017), 9쪽.

- (130) KFPD는 장애인 보호 프로그램을 더욱 발전시키기 위해 2012-2015 중기계획을 수립하였다. 아울러 직업 교육 프로그램을 통해, 장애 아동에게 합리적인 근무 및 생활 조건을 제공하면서 종합적인 교육 프로그램을 진행하였다.
- (131) 조선장애자체육협회는 장애인을 위한 체육 정책과 프로그램 수립을 위해 자체 데이터베이스를 구축하였다. …
- (133) 2009년에는 『지적 장애』와 『농아 지원』, 『맹아 지원』 같은 장애인 관련 출판물과 동영상 … 번역 및 배포되었고, …『정형외과 기기 디자인의 원칙』과 『보철용어』, 『장애여성의 건강관리를 위한 보조기기와 참고도서』 … 2011년에서 2013년 사이에 출간되었다. …
- (134) 최종 견해 제43항과 관련하여, 북한은 2008년 〈인구주택총조사〉에 장애 관련 지수를 포함시켰고, 장애 정도, 연령, 성별, 지역(도시 및 지방) 분포를 기준으로 시각장애와 청각장애, 보행장애, 지적장애 관련 통계 자료를 취합하였다.
- (135) 2011년에는 평안남도와 황해남도, 강원도에서 일부 지역을 선정해 장애인에 대한 표본조사를 실시하였다. …
- (136) 최종 견해 제43항과 관련하여, 「장애자보호법」 제15조(장애자 교육의 기본 요건)와 제16조(학령 전 장애 아동의 보육 및 양육), 제17조(학령기 장애 아동의 등록)를 개정함으로써, … 장애 아동의 보육과 양육을 담당하는 기관의 의무를 정의하였다.
- (137) 「장애자보호법」에 따라 일반학교에 특수학급을 편성하였고, 맹아와 농아의 정신 교양을 위해 신체적·정신적 특성과 장애 유형 등을 고려한 특수학교를 설립하였으며, 학생을 지정해 보조금을 지급하였다. …
- (138) 2010년에는 평양과 평안남도, 강원도에서 장애 문제 담당 관료와 장애아동의 부모를 대상으로 '조선어 손말 워크숍'을 다섯 차례 진행하였다. …
- (140) 교육 부문과의 협조를 강화한 결과, … '특수학교 생활 조건 개선 사업 계획 (2013-2015)'이 수립되었고, …2013년부터 '감각장애 아동을 위한 양질의 교육 제공' 이라는 교육 사업이 전국 4개 도에서 시행 중이다.
- (141) 최종 견해 제43항과 관련하여, 북한은 장애 아동을 기술적·재정적으로 지원하기 위해 가능한 모든 조치를 취하였다. …
- (142) 보고 대상 기간에 문을 연 현대식 문수기능회복원은 … (20~23쪽)

동 보고서에서 장애아동의 권리와 관련한 조항은 총 18개 조문으로 가장 다수를 차지하는데 이는 북한의 장애아동에 대한 관심과 무게를 대변한다 하겠다. 주요 내용에 대해 분석하면, 먼저 북한은 「장애자보호법」 제2조의 장애인의 권리, 「아동권리보장법」 제30조의 장애아동의 교육권, 치료권, 생활권을 근거로 보고하였고 이어 2012년에 발간된 『북한 장애인 관련 법률 및 규칙 안내서』를 언급하여 장애아동의 권리를 옹호하였다. 특히 여기에서 주목해야 하는 것은 2012년 발간된 『장애인 관련 법률 및 규칙 안내서』이다. 왜냐하면 동 도서의 경우 북한이 장애인복지서비스를 위해 정리한 법률지식을 정리한 것이기 때문이다. 따라서 북한은 동 도서의 내용에 대한 소개를 상당부문 할애하여 보고할 필요가 있었다. 그리고 이러한 경우 평가에 긍정적인 요인으로 작용하였으리라 판단된다.[29]

다음으로 북한은 장애자를 위한 북한의 여러 다양한 기구들을 언급하였는데, 여기에는 조선장애자보호연맹(2009), 조선장애자후원회사(2010), 조선농맹경제문화사(2013), 조선장애자체육협회(2010), 조선장애자예술협회(2010) 같은 순수 장애인을 위한 기관과 조선장애어린이회복원(2012) 같은 장애인 재활치료시설, 조선장애자원아기금(2010) 같은 장애인복지서비스 재원에 대해 소개하였다. 그러나 이 중에서 장애아동과 직접적으로 관련된 것은 '조선장애어린이회복원'과 '조선장애자원아기금'[30]뿐이고 나머지는 모두 장애인 전체를 대상으로 하는 기관이다. 따라서 이를 북한 전체 장애아동의 권리보장과 완전히 등치하기에는 일정한 한계가 있다.

그다음으로 북한은 장애인 보호프로그램, 장애아동에 대한 종합적인 교육프로그램, 장애인 체육프로그램, 장애인 관련 전문도서의 출판상황, 장애인 전수조사와 표본조사 등 보고기간 동안의 자국내 활동을 언급하였다. 그러나 동 보고서에서 북한이 명시한 장애인 보

---

29) 한편 아이러니하게도 이러한 내용이 2018년 12월 북한이 유엔장애인권리보호위원회에 후일 보고된 '북한 유엔장애인권리협약 국가 이행보고서'에는 수록되어 있지 않다. 따라서 이를 근거로 하면 아동과 장애인 양 보고서 작성의 공통적인 부문에 대한 북한 내의 조직과 인력 사이의 의사소통이 원활하지 않다고 하겠다.

30) 동 기금은 북한의 「장애자보호법」에 명시되어 있지 않아 순수 외부 민간기금이라 판단된다.

호 프로그램 2012-2015 중기계획의 경우 시기상 종료되었음에도 불구하고 이에 대한 구체적인 내용과 성과를 언급하지 않았다. 또한 나머지 보고내용의 경우 장애인에 대한 포괄적인 활동으로 장애아동과 관련한 내용이기는 하지만 특화된 별도의 활동으로 간주하기에는 일정한 한계가 있다. 그렇지만 다른 한편으로 장애아동과 간접적으로 관련이 있음에 따라 전혀 무관한 보고라고도 할 수 없다. 그러나 무엇보다 이러한 경우 북한은 포괄적인 보고에 이어 그 속에 장애아동과 관련된 사실을 명시해야 하는데, 이를 누락한 것은 다소 아쉬운 부분이다.

마지막으로 북한은 「장애자보호법」의 개정, 동 법령에 의거한 일반학교에 특수학급을 편성, 설립, 보조금 지급, 수어 관련 행사, 장애아동 교육 관련 내용, 아동재활 치료시설 소개로 보고를 갈음하였다. 그러나 북한의 장애아동 권리와 관련된 보고내용은 포괄적인 장애아동 권리보장과 법적 보호, 장애 유형별 재활프로그램과 시설 인프라, 그리고 이러한 것에 대한 정량보고, 국가차원의 계획과 실천된 행동에 대한 사례보고, 향후 부족한 부문에 대한 조치 계획 등을 중심으로 서술의 일관성과 내용의 구체성을 유지해야 한다. 따라서 이러한 점에서 북한의 장애아동 권리에 대한 보고는 상당부문 초점에서 벗어났거나 흐려진다 하겠다.

한편 장애아동 권리와 관련한 북한의 최초 보고에 대해 유엔아동권리위원회는 추가 자료를 요청하였는데, 아이러니하게도 이는 장애아동 권리에 관한 구체적인 내용에 대한 요구가 아닌 기본적인 자료였다. 유엔아동권리위원회는 요청서 제18항을 통해 "다음 각호에 해당하는 장애아동의 수와 관련하여, 연령·성별·장애 유형·민족·국적·사회경제적 지위·지리적 위치에 따라 분류된 지난 3년간의 자료. 가족 동거, 시설 거주, 일반 소학교 재학, 일반 중등학교 재학, 특수학교 재학, 학교 중퇴, 부모에게 버림받은"[31] 장애아동에 대한 다양한 자료를 요청하였다.

이에 대해 북한은 추가 답변서 제18항을 통해 답변하였다. 북한은 제18항 "장애아동에 대한 통계. 장애아동 전체의 수: 34,171명, 학교에 다니는 장애아동의 수: 33,013명, 기숙학교에 다니는 장애아동의 수: 1,144명, 학교에 다니지 않는 장애아동의 수: 1,158명, 장애유형별 아동 인구수. 시각장애: 6,383명, 청각장애: 7,518명, 언어장애: 2,272명, 신체장애: 9,563명, 지적장애: 6,042명, 정신장애: 2,393명"[32]으로 보고하였다. 그러나 이는 유엔아동권리위원회가 당초 요청한 연령, 성별, 사회경제적 지위와 지리적 위치에 따른 장애아동 분류를 제외한 보고내용이다. 즉, 당초 유엔아동권리위원회가 요청한 거주 정보, 가족과 동거 상황, 시설보호 규모, 장애학생 재학 상황에 대한 내용아 누락되어 있다.

이에 장애아동 권리에 대한 유엔아동권리위원회의 최종 견해의 경우 제36항에서 "위원회는 당사국의 「장애인권리협약」 비준과 2013년 11월 「장애자보호법」 개정, 그리고 체육을 활용한 장애아동의 교육 및 건강 증진 조치를 환영한다. 장애아동의 권리에 관한 위원회의 일반논평 제9호(2006)와 지속가능발전목표 4 및 11과 관련하여, 관련 조치를 강화하고 다음 사항을 이행할 것을 당사국에 권고한다. 장애에 대한 인권 기반 접근법을 채택하고 장애아동을 포용하기 위한 포

---

31) 유엔아동권리위원회, 「조선민주주의인민공화국의 제5차 정기보고서에 관한 쟁점목록」 (유엔: 유엔아동권리위원회, 2017), 4쪽.
32) 조선민주주의인민공화국, 「조선민주주의인민공화국의 제5차 정기보고서에 관한 쟁점목록 답변」 (평양: 조선민주주의인민공화국, 2017), 15쪽.

괄적인 전략을 수립할 것, 장애아동 관련 항목별 자료 수집 시, 5세 미만을 포함해 18세 미만의 모든 아동을 고려하고, 장애아동을 위한 적절한 정책과 프로그램을 시행할 수 있도록 효율적인 장애 진단 체계를 수립할 것, 포용적 교육 개발에 필요한 종합적 조치를 수립하고, 청각 및 시각장애 아동을 포함하는 장애아동들을 특수시설 및 특수학급에 배치하는 대신, 점진적으로 포용적 교육이 우선되도록 할 것, 특수교사와 전문가를 양성해 포용적 학급에 배치함으로써 아동의 학습적 필요를 개별적으로 지원할 것, 장애아동을 위한 9년제 교육과정을 검토하여 12년제 의무교육제도에 부합하게 할 것, 장애아동의 부모와 가족을 지원하여 장애 아동을 적절히 보살필 수 있게 할 것"[33]을 통보받았다. 결국 유엔아동권리위원회는 북한 장애아동에 대한 포괄적이고 전반적인 문제점을 지적하며 이를 개선할 것을 권고하였다. 그리고 이는 지금까지 본 연구가 논증한 분야 중에서 아동 양육권 다음으로 가장 방대한 지적이다. 지금까지 논증한 북한 장애아동의 권리를 각 보고서 별로 요약 정리하면 다음 〈표 6〉과 같다.

<표 6> 장애아동의 권리

보고서	행위 주체	주요 내용과 특징
· 이행보고서	· 북한	· 18개 조문으로 보고
· 22개 추가 요청서	· 유엔아동권리위원회	· 3년간 장애아동 기본 자료 요청
· 22개 추가 답변서	· 북한	· 1개 조문으로 추가 답변 · 연령, 성별, 사회경제적 지위, 지리적 위치 제외한 추가 답변
· 최종 견해	· 유엔아동권리위원회	· 포용 전략수립 등 다수의 지적과 노력 권고

* 출처: 저자 작성.

33) 유엔아동권리위원회, 「조선민주주의인민공화국의 제5차 정기보고서에 대한 최종 견해」 (유엔: 유엔아동권리위원회, 2017), 9~10쪽.

4. 사회보장권(제26조): 4개 조문

- (174) 사회보험을 비롯해 아동의 사회보장 권리 증진을 위해 취해진 세부 조치와 그 이행 상황은 이전 보고서 제165항에서 제168항 및 본 보고서 'I. 협약 이행을 위한 일반 조치'를 참고할 것.
- (175) 2015년 6월부터 시행 중인 8개월간의 유급 출산 휴가를 통해 아동에 대한 6개월의 모유 수유뿐 아니라 산모의 회복과 건강 관리를 보장하였다. 2014년에서 2015년 사이에는 고아 전담 부서가 내각과 보건성, 교육위원회, 각급 인민위원회에 설치되었다. 이 부서들은 건강 관리와 위생, 영양, 지능 개발 같은 고아 관련 업무를 비롯해 감독과 규제 업무를 진행하였다. 국가의 법률적 보장을 바탕으로, 아동들은 건강과 영양, 지능 개발, 교육 등의 혜택을 온전히 향유하였으며, 자신이 처한 특수한 환경에 따라 추가 혜택을 받았다. 실제로, 오지 마을의 한 아동이 위독한 상황에 빠졌을 때, 약품과 의료 장비를 헬기로 수송해 전문적인 치료를 진행하였다. 이러한 노력을 통해 아동의 목숨을 구할 수 있었으며 치료비는 전액 국가가 부담하였다.
- (176) 새로 건립된 옥류아동병원과 류경치과병원은 현대식 의료 및 위생 시설과 아동 친화적 놀이 공간을 구비함으로써 의인성 감염에 대한 우려와 공포를 불식시켰으며, 병원에 부속된 학급에서는 시간제 교원들을 활용하여 입원 아동의 지속적인 학습을 지원하였다. 아울러, 류경치과병원은 별도의 근관(根管) 치료 부서 운영, 실내외의 아동 친화적 놀이 공간 확보, 아동기 치아 관리를 위한 각종 IEC 자료 제공 등을 통해 아동 치과 진료를 획기적으로 개선하였다.
- (177) 아동 전용 백화점과 아동 용품 판매점, 이발소 등 모든 편의시설을 새로 건립하거나 현대식으로 보수함으로써 아동 관리 서비스를 전문화하였다. 탁아소와 유치원에 현대식 놀이 시설과 놀이 공간을 갖추는 한편 아동의 연령과 심리에 맞춘 다양한 장난감 제작을 위해, 아동용 장난감 공장과 장난감 조립 워크숍 및 조립반을 운영하였다. 목재 가공 공장에서는 책상, 의자, 탁자, 침대 등 탁아소와 유치원용 가구를 우선적으로 제작하였으며, 만화와 동요, 동시, 춤, 그림카드 쇼 같은 문학 작품과 영상을 제작함으로써 아동의 지능 발달에도 이바지하였다.(28쪽)

　　동 보고서에서 아동의 사회보장권과 관련한 조항은 총 4개 조문이다. 주요 내용을 분석하면, 먼저 북한은 아동 사회보장권에 대해 유엔아동권리위원회에 2007년 12월 10일 제출한 제3·4차 보고서를 인용하여 대변하였다. 또한 북한은 총 20개 조문으로 이루어진 동 보고서의 협약 이행을 위한 일반 조치[34]를 통해 보고하였다. 동 보고서의 동 부문의 경우 "보고 대상 기간은, 아동을 극진히 사랑하여 무엇이든 아끼지 않는 최고영도자 김정은 위원장의 아동 사랑 정책에 따라 북한의 아동이 자신들의 권리를 온전히 향유하는 한편 더욱 높은 차원에서 아동 복지 증진이 이루어진 시기였다"[35]라고 자평하며 시작한다.

이어 북한은 2010년 12월 22일 「아동권리보장법」 제정, 2012년 9월 25일 「전반적 12년제 의무교육을 실시함에 대한 법령」 제정, 2011년 1월 10일 「보통교육법」 채택, 2014년 6월 27일 「재난 방지, 구조 및 복구법」 채택, 2013년 11월 21일 「장애자보호법」 개정, 「농장법」, 「농업법」, 「가격법」, 「국가예산수입법」, 「상업법」, 「재정법」, 「과수법」, 「축산법」 개정, 「식료품위생법」, 「환경보호법」, 「도시경영법」, 「대동강오염방지법」, 「명승지ㆍ천연기념물보호법」, 「공중위생법」, 「공원ㆍ유원지관리법」, 「도시미화법」, 「담배통제법」, 「민족유산보호법」 등 법률 개정 사항을 언급하였다. 그리고 이는 아동의 사회보장권과 직간접적으로 관련이 있는 법령들이다.

그러나 이러한 경우 북한은 관련 법령의 구체적인 조항을 근거로 보고해야 설득력이 있는데, 이처럼 단순 나열식의 보고나 다수의 법령이 아동의 사회보장권과 직접적으로 관련된 법령이 아닌 경우 심의에 순기능적이라기보다는 역기능적이라 판단된다. 즉, 아동 사회보장권에 대한 관련 분야별 법령을 명시한 후, 이에 대한 각 개별 법령들의 조항을 중심으로 구체적인 보장범위와 내용을 중심으로 진술해야 한다.

---

34) 이는 아동권리협약 제4조, 제42조, 제44조 6항에 해당된다.
35) 조선민주주의인민공화국, 「5ㆍ6차 아동권리 국가 이행보고서」 (평양: 조선민주주의인민공화국, 2016), 3쪽.

또한 북한은 2013년 11월 21일 설립된 '조선어린이후원협회', 2012년 11월 16일 '어머니의 날' 제정, 2013년 6월 6일 '조선소년단 창립절'의 국경일 지정 등 실천적 차원에서 북한이 그동안 아동권리의 확대를 위해 행한 일을 언급하였다. 그러나 일부지만 '조선소년단 창립절'과 같은 단체조직 기념일을 아동 사회보장권의 확대라 간주하기에는 무리가 따른다. 반면 북한은 인권 협약 서명과 비준을 강조하며 2014년 북한은 아동권리협약 채택 25주년을 맞아 「아동의 매매·성매매·아동음란물에 관한 아동권리협약 선택의정서」를 비준, 2013년 6월 「테러자금 조달의 억제를 위한 국제협약」을 비준, 2013년 7월에는 「장애인권리협약」서명, 2015년 4월 국제인권조약 이행을 위한 국가위원회를 설립과 후속 활동에 대해 명시하였다. 하지만 이 또한 「테러자금 조달의 억제를 위한 국제협약」의 경우 아동의 사회보장권과 직접적인 관련이 있는 국제협약이라 할 수 없다. 따라서 북한의 이러한 보고들은 심의에 긍정적인 기여를 하지 않고 오히려 그와 정반대인 역효과를 야기한다 하겠다.

특히 북한은 동 보고서 제25항에서 "국가기관과 사회단체가 참여하는 총회와 부문별 회의를 각각 개최하여 협약 이행 상황을 점검하고 구체적인 조치와 프로그램에 대해 논의하였다. 조선어린이후원협회와 조선교육후원기금, 조선 가족계획 및 모자보건협회 같은 NGO는 각 기관의 독자적 활동 프로그램을 통해 협약 이행에 참여하였다"[36]라고 보고했는데, 이는 북한이 아동권리 협약 이행을 위한 노력들을 의미한다.

---

36) 위의 책, 6쪽. 그러나 이러한 내용은 심의와 직접적인 관련이 있는 것으로 그동안 협약 이행과 관련한 동 기관들의 세부 활동에 대해 매우 구체적으로 설명해야 한다.

이에 동 보고서의 동 부문의 경우 첫째, 아동의 사회보장권을 위한 법률적 근거 제시, 둘째, 아동복지와 관련한 국내 동향, 셋째, 이행기간 동안의 가입과 비준한 다양한 국제협약 소개, 넷째, 협약 이행을 위한 자신들의 노력에 대해 밝히고 있다. 그러나 법률 개정 내용에 대한 구체적인 설명 부족, 비교적 낮은 국내 활동, 다양한 국제협약 가입 이후 변화한 분야에 대한 소명 부족, 협약 이행을 위한 조치와 활동에 대한 추상적 수준의 답변, 일부 불필요하고 관련 없는 내용들로 인해 신뢰성에 제한이 있다.

다음으로 2015년 240일 산전산후 휴가 기간의 확대, 무의무탁 아동을 위한 전담 행정기구 신설, 아동 영양과 보건의료에 대해 간략히 보고하였다. 그러나 이는 임수산부의 출산전후 휴가, 고아를 위한 행정기구 신설을 제외한 나머지 부문은 여타 보고된 부분과 동질적임에 따라 다소 중복된다 하겠다. 따라서 동 조문의 경우 동 보고서의 중복된 내용은 배제하고 그 나머지 부분에 대한 실증적 사례를 중심으로 기술하고 아동복지의 분야별로 나열했다면 긍정적인 인상을 주리라 판단된다. 마지막으로 동 보고서에서 북한은 아동전문 의료시설, 아동 전문 편의시설과 여가시설 등에 대해 간략히 언급하였다. 그러나 이 역시 앞항의 보고 경향과 비슷한 논조의 중언과 부언 형태이다.

한편 이러한 북한의 최초 보고에 대해, 유엔아동권리위원회는 추가 요청서 제13항에서 "당사국은 보고서에 담긴 정보 가운데 다음 각호와 관련한 최신 정보(최대 3페이지)를 위원회에 알려 주기 바란다. 2010년 「아동권리보장법」과 2011년 「보통교육법」을 포함한, 새로운 법안이나 법률, 그리고 각각의 시행규칙, 새로운 기관(및 기관의 권한), 또는 기관의 개편, 최근 도입된 정책과 프로그램 및 행동계획, 그리고 그 범위와 재원 조달 방식, 최근에 이루어진 인권 조약 비준[37])에 대해 요청하였는데, 이는 이행보고서를 판단하는데 반드시 필요한 구체적인 자료이지만 북한이 최초 보고서에서 누락한 내용들이다.

또한 유엔아동권리위원회는 북한에게 아동의 사회보장권과 직접으로 관련이 있는 정보도 요청하였는데, 제15항 "지난 3년간의 영양실조 비율과 관련하여 연령·성별·출신민족·출신국적·지리적 위치·사회경제적 지위에 따라 분류된 최신 통계 자료가 있다면 이를 알려달라"[38)고 통보하였다. 그리고 이는 아동의 식량과 영양공급 상태를 판단하는 기본적인 근거자료들이다.

이에 대해 북한은 유엔아동권리위원회에 추가 답변서 제13항~제15항을 통해 답변하였다. 북한은 제13항에서 "「교원법」은 2015년 10월 8일 최고인민회의 상임위원회 정령 제708호로 채택되었으며, 교과과정시행법은 2016년 6월 24일 채택되었다. 직업교육 관련 규정을 담은 법안이 준비중에 있다. 「아동권리보장법」, 「보통교육법」, 「교과과정시행법」의 시행규칙은 각각 2011년 9월, 2011년 12월, 2016년 9월에 채택되었다. 소·중·고급중학교, 장애인학교, 애육원 관련규정은 각각 2016년 2월, 3월, 6월에 개정되었다. 기술고급중학교 설립

---

37) 유엔아동권리위원회, 「조선민주주의인민공화국의 제5차 정기보고서에 관한 쟁점목록」(유엔: 유엔아동권리위원회, 2017), 3쪽.

38) 위의 책, 3쪽. 이외에도 유엔아동권리위원회는 제14항에서 "지난 3년간 아동 및 사회 부문에 책정된 예산정보를 통합해 제공하고, 국가총예산 및 국민총생산에서 각 예산이 차지하는 비중을 제시할 것. 아울러 그러한 자원의 지역별 분배상황에 관해 보고 바란다"고 요청하였다. 그리고 이는 북한 아동권리를 평가하는 기본적인 지표인데, 최초 보고에서 북한은 이를 누락하였다. 유엔아동권리위원회, 「조선민주주의인민공화국의 제5차 정기보고서에 관한 쟁점목록」(유엔: 유엔아동권리위원회, 2017), 3쪽.

에 대한 내각지침이 2016년 6월 발표되었다"고 보고하였다. 또한 북한은 동 조항에서 유엔아동권리위원회가 요청한 기관에 대해 "보건성에 아동시설부를 설치하여 육아원, 애육원고아원 및 기숙학교 등 아동시설의 보건업무에 대한 지도와 규제를 담당하게 하였다. 보건행정연구원에 탁아과를 설치하여 육아원과 탁아소의 보육여건 개선을 위한 연구를 실시하고 연구원의 업무에 필요한 학술적 지원을 제공하게 하였다. 보통교육성에 아동시설부를 설치하여 고아 교육에 특화된 지도를 담당하도록 하였다. 교육위원회의 교보재운영국을 특수계급 조직으로 승격시켰다. … "[39]고 보고하였다.

또한 북한은 동 조항에서 최근에 도입된 정책, 프로그램, 행동계획 및 그 적용범위와 재원에 대해 "보건증진 5개년계획(2016-2020)은 현재 시행 중이며, 평균기대수명, 영아사망률 및 보조분만율 등 주요보건지표를 세계 최고 선진국 수준으로 끌어올리는 것을 목표로 하고 있다. 아동질병 통합관리 확대전략(2005-2020)은 현재 시행 중이며, 그 결과 보고기간 동안 11개 도, 구역 및 118개 군에서 아동질병 통합관리체계 확립이 완료되었다. 교육개선 5개년계획(2016-2020) 및 중등교육품질개선 실천계획(2017-2020)은 시행 중이다. 국가통신망에 기숙학교 홈페이지를 별도로 개설하여 고아 교육과 학교 운영 과정에서 얻은 경험을 공유할 여건을 조성하였다. 보건성 아동시설부와 보건행정연구원 탁아과에 육아원 인트라넷을 개설하여 육아원에서 얻은 탁아 경험을 공유할 수 있도록 하였다"[40]라고 비교적 진정성이 나타나게끔 보고하였다.

---

39) 조선민주주의인민공화국, 「조선민주주의인민공화국의 제5차 정기보고서에 관한 쟁점목록 답변」 (평양: 조선민주주의인민공화국, 2017), 12쪽.
40) 위의 책, 12~13쪽.

아울러 최근 인권 조약 비준 현황에 대해 북한은 동 조항을 통해 "2016년 11월 23일 장애인권리협약을 비준하였다"고 보고하였다. 또한 북한은 지난 3년간 아동관련 예산에 대한 정보에 대해 제14항 "2014, 2015, 2016년 각각 6.4%, 6.4%, 6.4%의 예산이 보건에, 8.4%, 8.5%, 8.6%의 예산이 교육에 할당되었다"고 하였고 지난 3년간 영양실조 발병률 관련 통계에 대해 제15항 "영양실조 발병률에 대해서는 부속서 표9: 영양보건조사 결과 참조, 2014년 실시된 복수지표집단조사에 따르면 출생시 저체중아의 비중은 4.74%를 기록했다"[41]고 밝혔다. 이를 통해 볼 때, 북한은 아동 사회보장권에 대한 유엔아동권리위원회의 추가 요청에 대해 비교적 성실히 답변하고자 한다 하겠다.

이에 따라 아동 사회보장권에 대한 유엔아동권리위원회의 최종 견해의 경우 방대한 부문에 걸쳐 지적하였지만 제41항에서 "위원회는 당사국의 '모자 영양실조 관리 및 실행계획(2014-2018)' 채택에 주목하는 반면 다음 사항에 대해 심각한 우려를 표명한다. 2015년 FAO(식량농업기구) 보고서에 따르면, 아동 및 모성 사망의 근본 원인이 되고 있는, 해당 인구 40% 이상의 높은 영양 부족 상태, 5세 미만 아동의 28%가 만성영양실조에, 4%가 급성영양실조에 시달리고 있다는 2012년 전국영양실태조사 결과와 실제로는 이 수치가 더 높을 수 있다는 사실"[42]을 지적하였다.

결국 유엔아동권리위원회는 아동의 사회보장권에 대해 북한아동의 영양상태를 근거로, 이에 대한 심각한 우려를 표명하였다. 그리고 이는 유엔아동권리위원회가 안식하는 아동의 대표적인 사회보장

---

41) 위의 책, 13쪽.
42) 유엔아동권리위원회, 「조선민주주의인민공화국의 제5차 정기보고서에 대한 최종 견해」(유엔: 유엔아동권리위원회, 2017), 11쪽.

권의 초점이자 북한아동의 사회보장권에 대한 문제의식을 대변한다 하겠다. 지금까지 논증한 북한 아동의 사회보장권을 각 보고서 별로 요약 정리하면 다음 〈표 7〉과 같다. 또한 지금까지 논증한 북한의 아동권리 보고서의 복지 관련 내용을 유엔아동권리위원회의 최종 견해의 권고 내용을 중심으로 요약하면 다음 〈표 8〉과 같다.

〈표 7〉 아동의 사회보장권

보고서	행위 주체	주요 내용과 특징
· 이행보고서	· 북한	· 4개 조문으로 보고
· 22개 추가 요청서	· 유엔아동권리위원회	· 세부 법령, 조직, 프로그램, 재원 자료 요청 · 인권조약 비준 내용 요청 · 3년간 영양실조 통계 자료 요청
· 22개 추가 답변서	· 북한	· 3개 조문으로 추가 답변 · 추가 요청 사안에 대한 비교적 성실한 답변 · 최초 보고에 기본적으로 기재해야 하는 사항
· 최종 견해	· 유엔아동권리위원회	· 방대한 지적과 개선 권고 · 아동 영양 실조 지적

* 출처: 저자 작성.

〈표 8〉 북한의 아동권리협약 이행보고서 요약: 복지 관련 조항

구분	본 보고서 조문수	추가 답변서 조문수	유엔아동권리위원회의 주요 권고 사항
생존권과 성장권(제6조)	10	20	· 근본적인 문제 해결 촉구
양육권(제18조)	4	4	· 포괄적이고 구체적인 내용 개선 지시
장애아동의 권리(제23조)	18	1	· 포용적 전략 등 개선 · 장애아동 교육 환경 개선
사회보장권(제26조)	4	3	· 모자 영양 개선 필요
생활권(제27조)	3	3	· 긍정과 부정이 일부 혼재 · 식수 개선 등 필요

* 출처: 저자 작성.

Ⅳ. 결론

지금까지 본 연구는 북한이 작성, 유엔에 제출한 제5·6차 통합 아동권리협약 이행에 관한 국가보고서를 다섯 가지 측면인 ① 아동의 생존권과 성장권, ② 아동의 양육권, ③ 장애아동의 권리, ④ 아동의 사회보장권, ⑤ 아동의 생활권적 측면에서 접근하여 분석하였다. 또한 이러한 과정에서 유엔아동보호위원회가 요청한 추가 요청서, 이에 대한 북한의 추가 답변서, 유엔아동보호위원회의 최종 견해를 각각 비교 검토하였다.

최초 북한의 아동권리협약 이행보고서의 전반적인 보고 경향은 북한의 「아동권리보장법」, 「어린이보육교양법」, 「장애자보호법」, 「교육법」 등을 기반으로 제도적으로 북한 아동의 권리가 보호받고 있음을 밝히고 있다. 또한 동 보고서의 주요 보고내용은 2007년 이후 그동안 북한의 새로운 법 제정, 북한이 아동권리와 복지를 위해 집행한 정책과 프로그램, 일부 보건의료 관련된 정량지표 등에 대한 것이다. 그러나 이러한 북한의 노력에도 불구하고 유엔아동권리위원회의 최종 견해는 대체로 매우 낮은 평가에 이른다고 할 수 있고 이는 유엔아동권리위원회가 지적한 방대한 권고 사항이 반증한다.

그리고 이러한 원인을 북한의 보고행태 차원에서 접근해서 정리하면 다음과 같이 귀결된다. 첫째, 보고서의 형식과 내용 차원에서 북한은 기존의 세 차례의 동일한 사항에 대한 보고 경험에도 불구하고 일관되고 그룹화된 형식과 질적으로 풍부한 내용을 담지 못했다. 그리고 이는 북한이 동 보고서 최종 심의 이전 유엔아동권리위원회로부터 요구받은 다수의 추가 요청사항을 통해 증명된다. 무엇보다 이러한 원인은 동 보고서의 경우 내용의 구체성이 부족하고 심의과정에서 또 다른 의문이 제기되는 다소 미진한 보고내용과 질적 수준에 기인한다.

다시 말해 북한의 동 보고서는 미시적인 내용이 주류를 이루는 보고서라기보다는 다소 거시적이고 추상적인 내용이 다수를 차지한다. 따라서 이러한 이유로 인해 유엔아동권리위원회의 심의위원들은 구체적이고 실증적인 판단근거가 될만한 추가 자료를 요청하지 않을 수 없었다. 또한 역설적으로 이는 앞서 상술했다시피 북한의 경험적 학습능력이 부족하거나 보고 기간 동안 북한의 아동권리에 관한 뚜렷한 진척상황이 다소 부진함을 의미한다. 나아가 이는 동 보고서를 작성하는데 있어 북한이 심의자에 입장과 관점에서 접근하는 행태가 부족했음을 의미한다.

둘째, 이와 연장선상에서 보고서 작성방식과 설명의 구체성에 대해 지적하지 않을 수 없다. 물론 동 보고서의 경우 일부 보고가 논리적이고 특정사안의 경우 다소 구체적인 부문도 있다. 하지만 통상 동종의 보고서의 경우 ① 최상위법을 중심으로 하위법의 법적 근거 제시, ② 보고 기간 동안의 각종 성과와 지표, ③ 협약 이행을 위한 각종 계획의 집행과 성과-정성적이고 정량적인 사례 예시-, ④ 이에 대한 자체 평가와 이를 기반으로 하는 향후 개선계획,[43] ⑤ 국제사회와의 교류협력 순의 진술 구조를 갖는 것이 이상적이다. 그러나 북한의 동 보고서의 경우 이러한 진술체계를 지향하나 이것이 만족스럽지 못한 가운데에 언명적인 표현이 다수임에 따라 보고내용의 정확성과 신뢰성에 대한 문제가 제기된다.

---

43) 특정 계획을 언급할 경우 ① 기본적인 계획의 목표와 배경, ② 계획의 집행과 실천 현황, ③ 자체적인 성과와 평가 결과, ④ 이를 근거로 한 재계획 설정 순으로 핵심적인 내용을 간략히 명기해야 한다.

또한 다른 한편으로 유엔아동권리협약이 논리적 구조로 그룹화되어 있는 가운데에 이를 기반으로 보고하는 동 보고서의 경우 여기에 준하는 범위와 동질적인 성격의 답변으로 구조화된 방식과 실증적 내용을 중심으로 접근해야한다. 물론 북한의 보고서가 이를 추동하고는 있지만 온전히 구조화된 방식과 실증적 내용이라 간주하기에는 한계가 있다. 그리고 이러한 원인은 내부적으로는 작성주체의 역량과 경험, 환경적으로는 해당 사안의 발전 정도, 외부적으로는 모방할만한 특정 롤모델의 부족에 기인한다고 판단된다.

셋째, 기술적인 차원에서 동 보고서의 경우 평가의 척도인 ① 계량화된 정량보고, ② 특정 성과와 사례 예시, ③ 보고서에 명시한 각종 계획의 전후 상황에 대한 설명이 다소 부족하다.[44] 가령 정성적인 부분이 다수를 차지하는 동 보고서는 판단자로 하여금 시기상 전후를 비교하거나 평가척도를 가늠할 수 있는 근거자료가 부족하다는 인식을 갖게 한다. 또한 이로 인해 판단자는 보고자의 보고를 신뢰하기에는 일정한 거리가 존재할 수밖에 없다. 그리고 이는 동 보고서에서 북한이 누적된 통계자료를 인용한 사례가 극소수, 부분적 성과와 사례 예시, 일부 계획의 경우 존재 중심의 설명 등이 이를 반증하고 있다.

특히 특정 성과와 사례 예시의 경우 무엇보다 이를 증빙할 실존적인 자료를 토대로 서술해야 한다. 그러나 북한의 동 보고서는 일부 성과와 사례를 치적으로 내세우지만 논증의 구체성이 떨어지고 나아가 표피적이고 파편화된 내용 중심의 기술이 종국에는 판단자에게 부정적인 영향을 미쳤다. 즉, 특정 성과와 사례는 대상과 범위,

---

44) 이를 기반으로 ① 견해와 주장, ② 근거 자료 제시, ③ 근거 사례 예시 순으로 접근해야 한다.

구체적인 내용, 진행과정과 상황에 대해 매우 실천적 수준에서 언급해야 한다. 또한 특정 계획의 경우 해당 계획의 진행형, 과거형, 미래형, 완료형에 따라 그에 준하는 내용을 언급해야 하는데, 동 보고서의 경우 대체로 단일시점인 완료형을 기준으로 기술되어 있다.

결국 동 보고서는 이에 대한 미비함으로 인해, 한마디로 보고자의 일방적인 주장에 대한 판단자의 근거 부족한 보고내용에 대한 불신으로 연결되었다 하겠다. 그리고 이러한 상황에서 판단자가 인식하는 보고서의 내용은 그저 레토릭[45]의 수준이라 판단할 수밖에 없다.

넷째, 예상외로 북한의 인지적 차원에서 동 보고서의 경우 일부 누락된 부문도 존재한다. 즉, 기초적이고 필수적인 일부 내용에 대한 보고가 부재하다. 가령 북한은 「헌법」 제77조에서 "녀자는 남자와 똑같은 사회적지위와 권리를 가진다. 국가는 산전산후휴가의 보장, 여러 어린이를 가진 어머니를 위한 로동시간의 단축, 산원, 탁아소와 유치원망의 확장, 그밖의 시책을 통하여 어머니와 어린이를 특별히 보호한다. 국가는 녀성들이 사회에 진출할 온갖 조건을 지어준다"라고 명시하고 있다. 그러나 아이러니하게도 북한은 국가의 최상위 법령인 「헌법」에서 여성과 아동에 대한 특별보호를 명시하였음에도 불구하고 동 보고서에서 이러한 중요한 내용을, 당연히 언급해야할 부분을 놓쳤다. 물론 심사자의 경우 이를 그저 상징적인 의미로 받아들일 수도 있다. 하지만 북한은 「헌법」에서 명시한 내용을 언급하며 이를 상기해 주는 한편 이를 통해 북한의 아동권리에 대한 인식과 무게의 정도를 강조할 필요가 있었다. 이러한 점에서 북한이

---

45) 이러한 점에서 북한은 동 보고서에서 ① 논점과 증언의 명확성, ② 심사자 입장에서 정리 보고, ③ 문장과 문단의 상관관계와 논리적 구성과 구체적 증언을 중심으로 기술해야만 했다.

이를 인지하지 못한 것은 다소 아쉬운 부문이다.

다섯째, 동 보고서에서, 북한은 현재의 아동권리 상황에 대한 인식과 더불어 미래지향적인 목표와 내용에 대한 제시가 부족하다. 이는 가령 그동안 아동권리에 대한 보고할만한 뚜렷한 변화가 부족하거나, 성과가 미치지 못하거나, 긍정적인 보고 사안이 소수인 경우, 부정적인 요소가 다수인 경우에 필요한 전략적 차원의 보고행태이다. 때문에 이러한 환경과 조건일 경우 북한은 이를 일부 인정하면서 미래지향적인 제시를 통해 부정적인 요소를 제거 내지는 극복해야한다. 이러한 점에서 동 보고서의 경우 '보고 초점 오류'와 '비논리적 답변'과 더불어 현재와 미래를 포함한 '실천적 내용 제시 부족' 등이 지적된다. 이로 인해 결국 동 보고서는 메시지 전달력과 호소력, 인상적인 강점이 두드러지지 않은 다소 밋밋한 내용의 보고서라 하겠다.

한편 동 보고서의 내용을 중심으로 북한의 아동복지권을 포괄적으로 평가하면 먼저 법령의 경우 「아동권리보장법」을 필두로 「어린이보육교양법」, 「장애자보호법」, 「보통교육법」 등을 통해 법적으로 보장하고자 한다. 다음으로 적용대상의 경우 북한 아동 전체가 포함됨에 따라 일부 실제 차별이 존재할 수도 있으나 적어도 제도적으로는 차별이 부재하다 하겠다. 그다음으로 북한의 경우 가장 큰 문제는 아동복지와 관련한 서비스 수준인 급여와 재원, 이에 종속되는 아동을 위한 사회안전망이다. 특히 북한은 아동복지에 대한 의지가 부족보다는 아동복지를 선진화할 만큼의 재원과 인프라가 부족하다. 마지막으로 이의 연장선상에서 북한은 아동복지 정책과 다양한 프로그램, 체계적인 발전계획을 수립했다 할지라도 이를 수행하기 위한 재원이 부족하고 이는 그동안 국제사회가 지원한 북한아동에 대한 지원을 통해 증명되고 있다. 따라서 이러한 점에서 보면 현 시점에서 대북 경제제재와 국제기구의 지원, 북한의 자구책이 북한아동복지 변동의 중심축 중의 하나이다.

환언하면 사회주의의 국가사회복지체제의 장점은 제도의 구속력 정도. 정부의 정책의지가 높다. 반면 단점은 단일 국가사회복지체제로 인한 국가복지의 예속, 즉, 국가의 복지공급 능력에 따른 복지수준 결정, 국민의 욕구 반영 정도가 낮다. 때문에 이러한 맥락에서 북한의 아동복지는 아동권리협약 가입에 상관없이 여전히 개선할 사안이 산적해 있고 이로 인해 북한 스스로의 자구책과 외부 국제사회의 지원책, 대북 경제제재 조치의 변화 정도가 북한아동복지의 현주소와 발전 정도를 대변한다 하겠다.

참고문헌

1. 북한법령
가족법
교원법
교통법
보통교육법
아동권리보장법
장애자보호법
재난 방지, 구조 및 복구법
전반적 12년제 의무교육을 실시함에 대한 법령
헌법

2. 논문 및 단행본

강재희, "북한 유치원 유아의 식량권 및 건강권, 보호권, 교육권 실태,"「아동과 권리」제14집 제4호, 서울: 국가안보전략연구원, 2010.

김두섭 외, 『북한 인구와 인구센서스』, 서울: 통계청, 2011.

김석향 외, "북한의 가정외보호 아동정책에 대한 탐색적 분석,"「청소년복지연구」제19권 1호, 한국청소년복지학회, 2017.

김석향 외, "유엔아동권리협약 국가보고서를 통해 본 남북한 아동권리 내용 비교,"「한국아동복지학」제54호, 한국아동복지학회, 2016.

김연우, "유엔아동권리위원회의 동향 및 한국에의 시사점,"「국제 보건복지 정책동향」제171호, 서울: 한국보건사회연구원, 2011.

김영규, "북한의 여성과 아동의 인권에 관한 입법의 특징과 평가: 1990년 이전의 입법을 중심으로,"「국방연구」제57권 4호, 대전: 국방대학교 안보문제연구소, 2014.

_____, "2009년 이후 북한 민사관련 법령의 특징과 평가: 부동산관리법, 아동권리보장법, 여성권리보장법을 중심으로,"「신안보연구」제170호, 서울: 국가안보전략연구원, 2011.

다음백과, "유엔아동권리협약,"〈검색일: 2019년 9월 28일〉

도경옥 외,『북한의 여성·아동인권 실태』, 서울: 통일연구원, 2016.

박경숙,『북한사회와 굴절된 근대: 인구 국가 주민의 삶』, 서울: 서울대학교 출판문화원, 2013.

박민주, "북한의 임신, 출산 관련 법제와 여성 경험에 관한 연구," 북한연구학회 춘계학술발표문, 서울: 북한연구학회, 2014.

박복순 외,『통일대비 남북한 여성·가족 관련 법제 비교 연구』, 서울: 한국여성정책연구원, 2014.

송인호, "북한의 장애인 관련 법제와 실태: 북한의 '유엔 장애인권리협약 이행 최초 보고서'를 중심으로,"「법학연구」제21권 제1호, 서울: 연세대학교 법학연구원, 2019.

양정훈, "북한 아동복지 관련법 분석,"「남북문화예술연구」제4호, 서울: 남북문화예술학회, 2009.

유엔아동권리위원회,「조선민주주의인민공화국의 제5차 정기보고서에 대한 최종 견해」, 유엔: 유엔아동권리위원회, 2017.

_____,「조선민주주의인민공화국의 제5차 정기보고서에 관한 쟁점목록」, 유엔: 유엔아동권리위원회, 2017.

_____,「조선민주주의인민공화국의 제5차 정기보고서 심의」, 유엔: 유엔아동권리위원회, 2016.

원재천 외,『유엔장애인권리협약에 비추어 본 북한장애인인권』, 서울: 공동체, 2019.

위키백과, "유엔아동권리협약," 〈검색일: 2019년 9월 28일〉

이규창, "북한의 최근 인권 관련 법제의 동향과 분석 및 평가,"「북한법연구」제14호, 서울: 북한법학회, 2012.

이용자, "북한의 보육제도와 여성문제에 관한 연구,"「유아교육·보육복지연구」제10권 1호, 서울: 한국유아교육·보육복지학회, 2006.

이인정, "「조선녀성」에 드러난 북한의 가족과 자녀 교육에 관한 연구,"「도덕윤리과교육」제46호, 서울: 한국도덕윤리과교육학회, 2015.

이제훈 외, "통일기반구축을 위한 민간단체(NGO)의 역할 모색: 북한 아동복지 현안을 중심으로" 2015년 1호, 서울: 초록우산어린이재단, 2015.

이지언·김상용, "북한 여성·아동의 인권 증진을 위한 사회복지서비스 방안," 한국행정학회 학술대회 발표문, 서울: 한국행정학회, 2016.

이철수, "북한 장애인복지 법제의 지속성과 변화 고찰: 장애자보호법의 개정

　　　내용 비교를 중심으로,"「동북아연구」제34권 1호, 광주: 조선대학교 동북아연구소, 2019.

＿＿＿, "북한의 '녀성권리보장법'에 대한 탐색적 분석: 기존 관련 법령과 비교를 중심으로,"「통일과 평화」제10집 1호, 서울: 서울대학교 평화통일연구원, 2019.

＿＿＿, "북한 아동권리보장법 분석: 교육, 보건, 가정 관련 조항을 중심으로,"「통일과 법률」제40호, 법무부: 통일법무과, 2019.

임세와, "남북한 성인의 아동권리인식에 관한 비교연구: 남한 주민과 북한이탈주민을 대상으로,"「어린이재단 연구논문 모음집」, 서울: 초록우산 어린이재단, 2017.

임순희 외,『북한의 여성권·아동권 법 제정 동향』, 서울: 통일연구원, 2011.

임순희 외,『북한의 아동교육권 실태와 관련 법령 제정 동향』, 서울: 통일연구원, 2012.

조선민주주의인민공화국, 「아동권리협약 당사국 제5·6차 이행 보고서」, 평양: 조선민주주의인민공화국, 2016.

＿＿＿＿＿＿＿＿＿＿, 「조선민주주의인민공화국의 제5차 정기보고서에 관한 쟁점목록 답변」, 평양: 조선민주주의인민공화국, 2017.

황의정·최대석, "북한의 여성관련 법제정을 통해 본 여성의 법적 지위의 변화 전망,"「동북아법연구」제9권 2호, 전주: 전북대학교 동북아법연구소, 2015.

제14장

북한의 아동권리협약 국가이행보고서 분석
제5 · 6차 통합보고서 보건조항을 중심으로

Ⅰ. 서론

　1989년 11월 20일 제정된 유엔아동권리협약은 총 54개 조문으로
구성되어있다. 그리고 이 중 약 40개 조문이 아동권리와 관련한 직접
적인 내용이라 판단된다. 아울러 동 협약은 협약의 3대 원칙과 아동
의 4대 권리를 표방하고 있다. 이에 협약의 3대 원칙의 경우 ① 아동
의 정의, ② 아동에 대한 비차별, ③ 아동 최선의 이익에 관한 것이
다. 반면 아동의 4대 권리는 ① 생존권, ② 발달권, ③ 보호권, ④ 참
여권이다. 보다 더 구체적으로 동 협약의 아동권리와 관련한 구분을
하면 총 8개 영역으로 구분된다. 또한 이러한 8개 영역을 간략히 정리
하면 ① 일반 이행조치, ② 아동의 정의, ③ 일반원칙, ④ 시민적 권
리와 자유부여, ⑤ 가정환경과 대리보호, ⑥ 기초보건과 복지, ⑦ 교
육여가와 문화활동, ⑧ 특별보호조치[1]로 요약된다.
　이에 동 협약에서 아동의 '기초보건과 복지'는 ① 제6조 아동 생명권

---

1) 김연우, "유엔아동권리위원회의 동향 및 한국에의 시사점," 「국제 보건복지 정
　책동향」 제171호 (서울: 한국보건사회연구원, 2011), 101쪽.

과 생존발전권, ② 제18조 1~2항 부모 아동 양육과 보호, ③ 제23조 장애아동 보호, ④ 제24조 아동 건강권 보장, ⑤ 제26조 사회보장권, ⑥ 제27조 1~3항 생활권이 해당된다. 그리고 이것이 바로 아동복지와 직접적으로 관련된 내용이다. 따라서 특정국가를 떠나 유엔아동권리협약 국가 이행보고서의 동 조항들을 분석한다는 것은 해당 국가의 아동복지 현주소를 고찰함을 의미한다.[2]

한편 아동 보건과 관련, 동 협약 제24조에 이에 대한 내용이 구체적으로 나타나 있는데, "1. 당사국은 도달 가능한 최상의 건강수준을 향유하고, 질병의 치료와 건강의 회복을 위한 시설을 사용할 수 있는 아동의 권리를 인정한다. 당사국은 건강관리지원의 이용에 관한 아동의 권리가 박탈되지 아니하도록 노력하여야 한다. 2. 당사국은 이 권리의 완전한 이행을 추구하여야 하며, 특히 다음과 같은 적절한 조치를 취하여야 한다. 가. 유아와 아동의 사망률을 감소시키기 위한 조치, 나. 기초건강관리의 발전에 중점을 두면서 모든 아동에게 필요한 의료지원과 건강관리의 제공을 보장하는 조치, 다. 환경오염의 위험과 손해를 감안하면서, 기초건강관리 체계 내에서 무엇보다도 용이하게 이용 가능한 기술의 적용과 충분한 영양식 및 깨끗한 음료수의 제공 등을 통하여 질병과 영양실조를 퇴치하기 위한 조치, 라. 산모를 위하여 출산 전후의 적절한 건강관리를 보장하는 조치, 마. 모든 사회구성원, 특히 부모와 아동은 아동의 건강과 영양, 모유 수유의 이익, 위생 및 환경정화 그리고 사고예방에 관한 기초지식의 활용에 있어서 정보를 제공 받고 교육을 받으며, 지원을 받을 것을 확보하는 조치, 바. 예방적 건강관리, 부모를 위한 지도 및

---

2) 이철수, "북한의 '아동권리협약 국가이행보고서' 분석: 제5·6차 통합보고서 복지조항을 중심으로," 미발표 논문, 2쪽.

가족계획에 관한 교육과 편의를 발전시키는 조치, 3. 당사국은 아동의 건강을 해치는 전통관습을 폐지하기 위하여 모든 효과적이고 적절한 조치를 취하여야 한다. 4. 당사국은 본 조에서 인정된 권리의 완전한 실현을 점진적으로 달성하기 위하여 국제협력을 촉진하고 장려하여야 한다. 이 문제에 있어서 개발도상국의 필요에 대한 특별한 고려가 베풀어져야 한다"라고 아동 보건에 관한 포괄적인 내용과 실천과제, 이를 위한 국제협력, 개발도상국 우선배려 등에 대해 명시하였다. 그리고 이는 아동 보건에 관한 ① 건강권과 치료권 보장, ② 아동사망률 감소 노력, ③ 기초 건강관리, ④ 영양 공급 보장, ⑤ 산모 보호, ⑥ 아동건강을 위한 교육, ⑦ 예방보호 조치 등을 언급한 것으로 아동건강권 보장에 필수적인 내용들이다.

또한 이어서 동 협약 제25조에서 유엔은 "당사국은 신체적, 정신적 건강의 관리, 보호 또는 치료의 목적으로 관계 당국에 의하여 양육지정 조치된 아동이, 제공되는 치료 및 양육지정과 관련된 여타 모든 사정을 정기적으로 심사 받을 권리를 가짐을 인정한다"라고 하여 아동 보건이 독립조항으로 명기되어 있을 뿐만 아니라 양육아동에게도 건강권 보호차원의 관련이 있는 등 아동 보건이 단일 집약성 사안이 아님을 피력하였다. 그리고 이는 아동 보건이 아동의 건강과 치료, 신체적, 정신적 보호 권리와도 연계되고 포괄적으로 모든 아동에게 적용됨을 의미한다.

한편 2016년 5월 3일 북한이 유엔아동권리위원회에 제출한 제5·6차 통합보고서의 경우 전체 248개 조문 중 아동 보건과 직접적으로 관련된 조문은 약 30여 개이다. 그리고 이를 내용 중심으로 구별하면 ① 법령과 제도 부문, ② 질병과 위생 관리, ③ 조사와 연구 부문으로 구분된다. 보다 더 자세히 살펴보면 첫째, 법령과 제도 부문은 동 보고서에서 북한이 아동 보건을 위해 언급한 북한의 각종 법령과 제도적 차원에서 보장한 아동 보건정책과 제도를 의미한다. 그리고 여기에는 북한이 동 보고서에서 언급한 북한의 관련 법령과 보건계획, 보건의료 시설, 인력, 의약품을 비롯한 보건 인프라(공급체계) 등이 해당된다. 둘째, 질병과 위생관리 부문은 아동 질병과 위생관리를 위한 북한의 주요 행위를 말한다. 즉, 이는 앞서 언급한 법령과 제도 부문에 대한 검증에 해당되는 분야로 북한이 법적으로 명시한 내용에 대한 적용 유무와 실천 수준을 판단하는 것이다. 그리고 여기에는 질병관리 차원의 예방접종, 위생관리, 보건의료 관리체계 등이 해당된다. 셋째, 북한의 아동 보건을 위한 조사와 연구는 앞서 제기한 내용의 보완적인 의미로 이해된다. 이에 조사연구의 경우 보건 실태에 대한 조사와 이를 개선하기 위한 연구 행위를 말한다. 따라서 한마디로 세 영역의 관계는, 하나는 제도적 정책적 지향점, 다른 하나는 이를 검증할 수 있는 객관적 근거 내자는 준거 틀, 나머지 하나는 이를 재차 확인하거나 보충할 수 있는 분야이다. 때문에 세 영역의 관계는 상호 수평적이면서도 보완적인 다중적인 성격과 기능을 갖고 있는 관계라 하겠다.

한편 동 연구와 관련한 기존 연구의 경우 크게 연구 주체를 기준으로 국내의 개인 연구와 국제기구의 (집단) 연구로 구분된다. 이에 국내 연구의 경우 조경숙(2016)의 연구는 북한의 영아와 아동 사망률에 대비한 대북 인도적 지원에 대한 연구이다. 황나미(2016)의 연구는 북한의 모자보건 현황과 향후 과제를 고찰하였다. 김석향 외(2016) 연구는 유엔아동권리협약 국가보고서를 통해 남북한 아동권리 내용을 비교하였다. 강재희(2010)의 연구는 북한 유치원 유아의 식량권, 건강권, 보호권, 교육권 실태에 대한 연구이다. 이에 국내연구의 경우 북한의 아동 보건과 직접적으로 관련한 연구가 극소수이다. 그리고 이러한 원인은 첫째, 국내 개인 연구자의 경우 북한 아동 보건관련 정보에 접근하기 어려운 점, 둘째, 그로 인한 정보와 자료의 부족, 셋째, 다수의 기존 국내 연구의 경우 북한 아동 보건 부문을 여타 영역-인권과 같은-동일한 범주로 넣고 특정 주제의 일부 내지는 하부 연구로 접근하는 연구행태에 기인한다고 판단된다.

반면 북한 아동 보건과 관련 다수의 국제기구의 보고서가 있는데, 이를 요약하면 매년 정기적으로 발간되는 세계보건기구(WHO)의 년차 보고서, 북한 중앙통계국과 유엔아동기금(UNICEF, 2018)의 공동보고서, 국제개발기구(2018)의 영양공급 보고서, 세계식량농업기구(FAO, 2018)외의 북한식량 안보 상황 보고서, 국제식량정책연구소(IFPRI., 2017)의 기아 불평등 보고서, 국제연합(UN, 2015~2019)의 북한의 욕구와 우선순위에 대한 보고서, 국제연합(UN, 2014, 2017)의 아동사망율에 대한 보고서, 유엔아동기금(UNICEF, 2017)의 북한아동과 여성의 상황 분석 보고서, 유엔아동기금(UNICEF, 2017)외의 아동사망 관련 공동보고서, 세계식량계획(WFP, 2017)의 북한 욕구와 우선순위 보고서, 세계보건기구(WHO, 2017, 2018)의 보건 관련 면역 프로그램 확대에 대한 보고서 등이 있다.

무엇보다 이러한 국제기구의 보고서는 북한의 당면한 상황에 대한 보고서로서 북한의 아동 보건과 직접적인 관련이 일부 있으나 다수의 보고서가 북한 아동의 상황을 담고 있다. 즉, 다수의 보고서들은 북한 아동의 영양, 보건, 복지 수준에 대한 보고서이다. 그리고 이러한 원인은 식량과 영양, 보건과 복지의 상관관계에 기인한 것이자 북한이 당면한 위기상황에 대한 보고서이기 때문이라 판단된다.

다른 한편으로 이러한 국내외 기존연구의 경향은 다음과 같이 요약된다. 첫째, 양적으로 국내 개인연구의 경우 비교적 소수의 연구이고 분석대상이 상호 중첩되지 않는다. 둘째, 그러나 국제기구의 경우 양적으로 다수의 연구가 진행되었고 분석대상이 북한의 영양, 보건의료 실태를 중심으로 중첩되는 경향이 있다. 셋째, 이에 상대적으로 비교적 접근이 용이한 국제기구의 경우 북한연구에 있어 국내 개별연구자의 연구보다 양적으로 대비된다. 넷째, 하지만 궁극적으로 국내외 연구 모두 북한에 대한 인도적 지원을 고려한 연구로 문제의식의 발단은 동질적이다. 다섯째, 이와 연장선상에서 개인 연구자 중심의 국내연구와 국제기구 중심의 북한 관련 보고서의 경우 연구경향이 확연히 구분된다. 즉, 국내연구의 경우 일부 분야의 대북지원을 고려한 반면 국제기구의 경우 다방면의 대북지원을 의식한 연구라 하겠다. 여섯째, 연구행위자의 내적 속성으로 인해 국내연구는 비정기적이고 단발성인 반면 국제기구의 연구는 정기적 혹은 다발성인 경향이 있다. 일곱째, 국내연구가 남북관계로 인해 현장연구가 부족한 반면 국제기구의 연구는 대체로 현장연구를 중심으로 이루어졌다는 것이다. 그리고 이러한 원인은 북한과 국제기구와의 관계, 보건의료 분야의 연구 경향에 기인한다고 판단된다. 결국 양적으로나 질적으로 국내연구보다는 국외연구가 우월하다 하겠다. 이러한 원인은 연구 주체와 북한과의 특수한 관계에 기인한다.

이러한 점에서 본 연구의 목적은 가장 최근인 2016년 5월 3일 북한이 유엔아동권리위원회에 제출한 아동권리협약 5·6차 국가이행보고서를 놓고, 동 보고서의 아동 보건과 관련한 조항을 분석하여 북한의 보고 수준을 분석하는 것이다. 이에 따라 본 연구의 주요 분석대상은 북한이 공식적으로 유엔에 제출한 ① 북한의 아동권리협약 5·6차 국가이행보고서, ② 유엔아동권리위원회가 추가로 요청한 요청서, ③ 이에 대한 북한의 추가 답변서, ④ 최종적으로 유엔아동 권리위원회의 최종 견해를 나타낸 보고서 상의 각각 아동 보건 관련 내용들이다. 또한 본 연구의 연구방법은 문헌조사기법에서 주로 활용하는 질적 연구방법을 시도하였다.[3]

무엇보다 이를 위해 본 연구는 앞서 상술한 바와 같이 북한 아동 보건을 세 가지 영역으로 구분하여 접근하였다. 이에 첫째, 법령과 제도 부문으로 이는 동 보고서에서 북한이 아동 보건을 위해 언급한 북한의 제도적 차원의 내용을 의미한다. 둘째, 질병과 위생관리 부문으로 이는 아동 보건과 위생 관리를 위한 북한의 주요 행위를 말한다. 즉, 이는 앞서 언급한 법 제도 부문에 대한 실천 유무를 재차 고찰하는 것이다. 셋째, 북한의 아동 보건 주요 지표 조사에 대한 것인데, 이는 앞서 제기한 아동 보건 제도와 행위와 대한 보완적인 차원의 검증을 의미한 다. 이에 따라 본 연구의 서술 순서는 먼저 아동 보건과 관련한 동 보고서의 법령과 제도 부문을 고찰하였다. 다음으로 아동 보건과 관련한 보건과 위생관리 부문을 추적하였다. 마지막으로 북한 아동 보건에 대한 조사와 연구에 대해 앞서 상술한 네 보고서에 각각 명시한 내용을 분석하였다.

---

3) 위의 책, 2쪽에서 일부 발췌 인용.

II. 법령과 제도

1. 법령

> · (143) 「인민보건법」 제15조에 따라, 도시와 농촌, 공장, 기업소, 어촌, 임산마을 등지에 인민병원과 진료소를 합리적으로 배치하고, 산원과 소아병원 같은 전문병원과 요양소 등을 전국 각지에 세움으로써 의료 서비스의 전문화 수준을 끊임없이 향상시켰다. 북한의 아동들은 출생 전과 출생 후에 가정의의 돌봄을 받고 있다. 북한 아동들은 탁아소와 유치원, 학교의 보건 시설은 물론이고 소아병원과 위생방역소의 소아 전문의 같은 예방 및 치료 전문 시설 등을 통해 이원화된 보건 서비스와 관리를 받고 있다.(23쪽)

동 보고서에서 아동 보건의 법령과 관련한 조항은 총 1개 조문이라 판단된다. 주요 내용을 분석하면, 먼저 북한은 2012년 4월 3일 개정된 「인민보건법」 제15조를 근거로, 이하 아동 보건에 관한 법 제도적 차원의 내용을 제시하였다. 이에 동 조항은 ① 아동과 관련한 의료안전망 보장, ② 의료 인프라와 서비스 향상, ③ 출산 전후의 가정의에 의한 아동 의료 케어, ④ 아동 보건에 대한 예방과 치료 등을 명시하였다. 이에 아동 보건에 대해 북한은, 보건의료의 최고 법령인 동 법령을 통해 대응한 다음 이에 해당되는 구체적인 실천내용을 적시하였다.

그러나 아이러니하게도 「인민보건법」에는 이외에도 아동 보건과 관련한 별도의 조항이 존재한다. 이를 열거하면 동 법령 제11조 여성과 아동의 건강보호 조항에서 "국가는 녀성들과 어린이들의 건강보호에 깊은 관심을 돌린다. 국가는 녀성들이 어린이를 많이 낳아 키우는 것을 장려하며 한번에 여러 어린이를 낳아 키우는 녀성들과 그 어린이들에게 특별한 혜택을 베푼다"라고 하여 여성과 아동의 보편적인 건강보호와 다자녀 가정에 대한 모성보호를 명시하였다.

또한 동 법령 제13조 노동능력상실자, 무의무탁 아동, 만성환자, 고령 환자의 건강보호 조항에서 "국가는 로동능력을 잃은 사람, 돌볼 사람이 없는 어린이와 만성환자, 년로한 환자들에게 무상치료의 혜택이 잘 차례지도록 그들을 책임적으로 돌보아준다"라고 하였는데, 이는 취약계층에 대한 무상의 의료보장이다. 특히 동 법령 제25조 아동 영양관리와 위생관리 조항에서 "해당 기관, 기업소, 단체는 어린이들에게 건강과 발육에 필요한 비타민과 성장촉진제 같은 영양제를 원만히 공급하여야 한다. 탁아소, 유치원은 어린이들의 영양관리와 위생관리를 과학적리치에 맞게 하여야 한다"라고 언급되어 있다. 이는 아동성장에 필요한 영양관리의 공급과 책임주체를 명기한 것이다.

또한 이외에도 북한의 「아동권리보장법」 제5조 교육, 보건의 아동권리보장원칙, 제22조 아동의 교육, 보건분야의 추가 혜택, 제33조 무상치료 권리, 제34조 아동 의료봉사[4]), 제35조 아동병원과 병동의 배치, 제36조 요양시설 보호, 제37조 영양제와 영양식품, 생활용품의 보장, 제60조 아동의 교육과 보건사업에 대한 사회적 지원에 대한 법 조항이 별도로 존재한다.

따라서 북한은 이러한 법적 내용이 구체적으로 존재함에도 불구하고 이를 누락하였는데, 이러한 원인을 추적하면 첫째, 「인민보건법」 제15조가 아동 보건에 관한 법적 함의를 총망라함에 따라 북한은 동 조항으로 법적인 내용에 대한 보고가 충분하다고 판단했을 가능성, 둘째, 동 법령의 나머지 조항의 경우 아동 보건과 간접적인 조

---

4) 동 조항은 동 보고서 생명권, 생존권, 발달권(협약 제6조) 부문에 인용되어 있다.

항으로 인식하여 보고하지 않았을 가능성, 셋째, 무엇보다 「아동권리보장법」의 경우 가장 판단하기에 다소 모호한데, 우선 동 부문이 아동 보건과 관련한 것임에도 불구하고 이를 언급하지 않은 것은 매우 이례적이라 하겠다.[5]

즉, 이 경우 두 가지 가설이 가능한데, 하나는 북한이 「아동권리보장법」의 동 조항의 내용을 인지하지 못했다는 것과 다른 하나는 이와 반대로 이를 인식해서 의도적으로 배제했다는 것이다. 그러나 동 보고서를 통해 아동권리에 대한 평가받는 북한의 입장에서는 아동 보건과 관련한 「아동권리보장법」의 구체적인 조항을 언급하여 법적인 내용이 풍부해야만 평가에 긍정적인 영행을 미친다. 따라서 이를 근거로 예측하면 전자인 인지하지 못했을 가능성이 상대적으로 높다 하겠다. 이와 동렬에서 만약 북한이 이를 인지한 가운데에 의도적으로 누락했다면 북한이 이를 통해 획득하는 것은 사실상 전무하다. 때문에 평가의 가장 기본적인 제도적 차원의 아동 보건에 관한 북한의 법령 근거 보고는, ① 양적 내용 부족과 누락, ② 그로 인한 법적 보장의 미비로 요약된다.[6]

이에 북한의 최초 보고에 대해, 2017년 2월 28일 유엔아동권리위

---

5) 그러나 아동 보건부문과 달리 동 법령의 경우 동 보고서에 가장 많이 인용되었다. 동 보고서의 동 법령의 인용 횟수는 전체 37회로 다수를 차지한다. 이 중 동 법령의 법 조문을 인용한 횟수는 약 20회이다.

6) 이외에도 아동 보건과 간접적으로 관련 있는 법령은, 북한 「헌법」 제49조 "국가는 학령전어린이들을 탁아소와 유치원에서 국가와 사회의 부담으로 키워준다"와 제77조 "녀자는 남자와 똑같은 사회적지위와 권리를 가진다. 국가는 산전산후휴가의 보장, 여러 어린이를 가진 어머니를 위한 로동시간의 단축, 산원, 탁아소와 유치원망의 확장 그밖의 시책을 통하여 어머니와 어린이를 특별히 보호한다. 국가는 녀성들이 사회에 진출할 온갖 조건을 지어준다"라고 되어 있다. 그리고 이는 아동보육, 여성과 아동에 대한 국가의 특별 보호를 각각 명시하고 있다.

원회는 북한에게 22개 항목의 추가 답변을 요구하였다. 여기에는 첫 번째 항목에 "2010년 「아동권리보장법」의 시행을 위해 포괄적인 정책과 전략을 수립하고 이행하는 과정에서 달성된 진척 사항을 보고해 주기 바란다. … "라고 하였고 이어 두 번째 항목에서 "협약 이행과 관련한 포괄적 자료 수집 체계 개발을 위해 시행된 조치와 그에 따른 결과를 보고해 주기 바란다. … "[7]라고 요청했다. 그리고 이는 아동권리에 대한 전반적인 평가에 필요한 필수적인 기초자료들이다.

한편 아동 보건 법령과 관련, 유엔아동권리위원회는 추가 요청서 제13항 "당사국은 보고서에 담긴 정보 가운데 다음 각호와 관련한 최신 정보(최대 3페이지)를 위원회에 알려 주기 바란다. 2010년 「아동권리보장법」과 2011년 「보통교육법」을 포함한, 새로운 법안이나 법률, 그리고 각각의 시행규칙 … "[8]을 요청하였다.

유엔아동권리위원회의 추가 요청에 대해 북한은 2017년 6월 15일 총 22개 항목의 97개 조문의 답변을 다시 유엔아동권리위원회에 추가로 제출하였다. 이 중에서 아동 보건과 관련한 법령부문의 추가적 보고는 추가 답변서 제59항에서 "아동권리보장법, 보통교육법, 교과 과정시행법의 시행규칙은 각각 2011년 9월, 2011년 12월, 2016년 9월에 채택되었다"[9] 라고 하였다. 그러나 이러한 북한의 추가 보고 내용은 유엔아동권리위원회가 요청한 내용과는 다소 동떨어진 답변이다. 왜냐하면 유엔아동권리위원회는 관련 법령의 채택 일시만을 요청한 것이 아니라 각 해당 법령의 주요 내용에 대한 보고를 요구했

---

7) 유엔아동권리위원회, 「조선민주주의인민공화국의 제5차 정기보고서에 관한 쟁점목록」 (유엔: 유엔아동권리위원회, 2017), 1쪽.

8) 위의 책, 3쪽.

9) 조선민주주의인민공화국, 「조선민주주의인민공화국의 제5차 정기보고서에 관한 쟁점목록 답변」 (평양: 조선민주주의인민공화국, 2017), 12쪽.

기 때문이다. 따라서 이는 북한의 명백한 '불성실 보고'라 하겠다. 때문에 북한의 이러한 '미답변'은 최종 심의에 부정적일 뿐만 아니라 보고 수준 평가에도 부정적이라 판단된다.

결국 법령에 대한 유엔아동권리위원회의 최종 견해는 협약 이행을 위한 일반 조치(협약 제4조, 제42조, 제44조 6항)를 근거로 제6항에서 "위원회는 2010년 「아동권리보장법」의 채택을 환영하며, 당사국이 해당 법률 및 그 이행에 관한 정보를 공개할 것을 권고한다. 아울러 해당 법률의 이행을 지원하고 국제사회의 모범 사례와 교훈을 공유할 수 있도록 유엔아동기금(UNICEF) 등과의 기술 협력 모색을 권고한다"[10]라고 밝혔다.

그리고 이는 사실상 북한으로 하여금 아동 보건뿐만 아니라 아동 권리에 관한 법적 집행 부문의 근거자료를 공개하라는 의미이다. 또한 역설적으로 이는 향후 북한이 이를 공개하지 않을 경우 북한의 보고를 신뢰하지 않는다는 의미를 내포하고 있다. 나아가 유엔아동권리위원회는 이를 의식한 듯, 보완적인 조치로 아동전문 국제기구와의 협약이행을 위한 공조를 권고하였다. 즉, 이는 유엔아동권리위원회가 향후 북한의 행태를 계산한 가운데에 협약이행을 위한 일종의 계산된 의도이다. 지금까지 논증한 북한 아동 보건의 법령에 대한 내용을 각 보고서 별로 요약 정리하면 다음 〈표 1〉과 같다.

---

10) 유엔아동권리위원회, 「조선민주주의인민공화국의 제5차 정기보고서에 대한 최종 견해」(유엔: 유엔아동권리위원회, 2017), 2쪽.

<표 1> 아동 보건 법령

보고서	행위 주체	주요 내용과 특징
· 이행보고서	· 북한	· 1개 조문으로 보고
· 22개 추가 요청서	· 유엔아동권리위원회	· 직접적인 내용 부재, · 최신 관련법과 하위법령 요구
· 22개 추가 답변서	· 북한	· 1개 조문으로 답변 · 하위법령의 채택 일시만 답변
· 최종 견해	· 유엔아동권리위원회	· 법적 이행정보 공개 · 국제기구와 이행 공조

* 출처: 저자 작성.

2. 보건 계획: 아동·모자·청소년

- (145) 북한은 '아동건강 개선계획((2001-2010)'을 수립하여 시행하였다. 아울러 '아동질병통합관리(IMCI) 확대전략(2005-2020)'에 따라 전국 11개 도와 118개 군에 IMCI를 전면 도입하였다.
- (146) IMCI 교육 지침을 국제 수준에 맞게 개정하였고, 2014년에는 개정 IMCI 지침 도입에 관한 도(道) 단위 기술 워크숍을 진행하였으며, 이듬해인 2015년에는 118개 군의 소아과 의사들과 리(里) 단위 가정의를 대상으로 이와 유사한 교육을 실시하였다.
- (147) 『IMCI-치료 식별』(2010)과 『IMCI-치료』(2010) 같은 출판물이 개발되었고, 이를 통해 진료소와 가정의 아동 질병 조기 발견, 치료 조치 시행, 지속적 치료 보장, 필요시 상급 병원 진료 의뢰 등과 관련한 역량이 강화되었다. 이 외에 『아동의 투약 용량』(2010)이 출판·배포되었고, 아동의 예방 접종과 IMCI에 관한 과학영화가 제작 및 방영되었다.
- (149) 최종견해[11] 제45항과 관련하여, '모자영양실조 관리전략 및 실행계획(2014-2018)'이 수립되었다. 이 전략에는, 임신부터 생후 2세까지 집중적인 영양 관리가 필요한 1,000일 동안, 모자의 영양을 합리적으로 관리하기 위한 세부 목표와 활동이 담겨 있다. 이를 통해 생후 1,000일 동안 이루어지는 합리적 영양 관리의 중요성과 그 실천 방법을 신문과 라디오, TV를 통해 널리 알려 나갔다. 『아동의 예방 접종과 건강』 리플릿과 『소아마비 백신 접종 운동』 포스터를 비롯한 각종 IEC 자료를 보고대상 기간 동안 제작하였다. 생후 1,000일간의 영양 관리 문제가 보육원양성소 교육과정에 포함되었으며, 기술 워크숍을 통해 산부인과와 소아과 보건의료진의 역량을 강화하였다.(23~24쪽)
- (164) 임신과 출산, 산후의 여성과 아동들에게는 '생식보건전략(2011-2015)'에 따라 보건 서비스를 제공하고 있다. '생식보건전략'은 '북한 보건발전중기전략계획'에 네 번째 항목으로 포함되어 있으며 잘 구축된 보건 시스템을 토대로 추진되고 있다.

· (168) 청소년 보건이 '생식보건전략(2011-2015)'의 8대 요소에 포함되었다. '생식보건전략'은 청소년(10-19세)과 청년(20-24세)에 대한 생식 보건 서비스 및 정보 제공을 주요 목표로 삼고 있다. 현재 시행 중인 이 전략에는, 종합적 청소년 보건 전략 수립, 적절한 채널과 수단을 통한 필수 보건 정보 전파, 학교·대학의 보건 프로그램을 통한 영양 개선 등의 내용도 포함되어 있다.
· (170) '조선 가족계획 및 모자보건 협회(KFP & MCHA)'는 '2011-2015 전략프레임워크'에 청소년 보건 문제를 주요 요소로 포함시키고, 청소년의 생식 보건 필요를 충족시키기 위한 구체적인 목표와 전략, 주요 활동 등을 설정하였다. 2012년 이 협회는 『청소년 교육 지침』과 『청소년 서비스 지침』, 『청소년 도덕 교육』, 『청소년의 동반자』 등을 개발하여 IEC 활동과 청소년 인식 제고 활동에 활용하고 있다. … .
· (172) '신종 말라리아 퇴치 전략계획(2014-2017)과 결핵 퇴치 전략계획(2014-ㅁ 2017)'이 각각 2013년 5월과 8월에 수립되었다. 결핵 퇴치 전략계획에 따라 2015년에는 결핵 환자와 사망률이 2008년의 절반 수준으로 감소하였다. 2010년에는 말라리아 고위험 지역의 5세 미만 아동을 대상으로 장기살충처리망(LLIN) 이용 표본조사를 실시하였다.(26~27쪽)

동 보고서에서 아동과 청소년의 보건계획과 관련한 조항은 총 9개 조문이라 판단된다. 주요 내용을 분석하면, 먼저 북한은 보고 기간 동안 집행한 아동건강 개선계획과 아동질병 통합관리 확대전략, 이를 실현하기 교육사례에 대해 언급하였다. 이는 아동 보건과 직접적으로 관련된 것으로, 특히 아동질병 통합관리의 경우 북한 대부분의 지역에 관리망을 형성하였음을 시사하였다. 또한 아동질병통합관리를 위한 보건의료 종사자 교육과 관련 교재출판 역시 긍정적인 시그널이라 하겠다. 아울러 만약 이것이 사실이라면 매우 고무적 현상이다. 역설적으로 이는 북한이 아동만을 위한 별도의 보건관리 계획을 도입하여 정착시킨 것이기 때문이다.

다음으로 모자영양 실조관리에 대해 명기하였는데, 이는 아동과 여성 모두에게 해당되는 영양공급 계획이라 하겠다. 역으로 이는 그

---

11) 동 보고서의 '최종 견해'란 유엔아동권리위원회가 지난 2009년 3월 23일 공표한 기존의 3·4차 통합보고서에 대한 최종 견해이다.

동안 북한의 모자영양 관리가 낙후하였음을 의미한다. 특히 동 보고서에서 언급한 모자영양 1,000일 프로그램에 대한 소개와 이를 위한 인력공급은 다소 인상적이라 하겠다.[12]

그다음으로 생식보건전략과 조선 가족계획 및 모자보건 협회 활동에 대한 소개는 주로 청소년에 해당된다. 북한은 동 보고서에서 아동 보건의 연장선상에서 청소년 보건문제를 인식하고 있고 이를 위해 청소년 보건 전략을 별도로 운영하고 있음을 밝혔는데, 이는 다소 고무적이다. 또한 이는 북한이 아동 보건과 청소년 보건을 정책적으로 분리하지 않고 있음을 의미한다. 동시에 이는 북한이 보건계획의 일관적인 체계를 형성하고자 하는 의지를 표방한 것이다.

마지막으로 신종 말라리아 퇴치 전략계획과 결핵 퇴치 전략계획의 경우 아동뿐만 아니라 전체 북한 주민에게 해당되는 사안이다. 그리고 동 보고서에서 북한은 5세 미만 아동에 대한 장기살충처리망 이용 표본조사 사례를 언급하였다. 이에 동 내용의 경우 포괄적인 북한 보건계획 내의 북한아동에 대한 사항을 정리한 것이라 판단된다. 보건계획에 대한 북한의 보고는 구체적인 보건계획을 소개하고 나열하는 형식과 더불어 일부 사례를 열거하는 방식으로 전개하였다. 그러나 북한은 이러한 다양한 보건계획에 대한 집행결과, 정량적인 개선 사례에 대한 보고 내용이 부재하여 구체성이 다소 떨어진다.

---

12) 이외에도 동 보고서 제158항의 경우 북한과 국제기구와의 공조 사례에 대해 보고되어 있다. 북한은 "2008년에는 국제기구의 지원을 받아 '긴급 상황에서의 생식 보건에 관한 최소한의 초기 서비스'관련 교육을 국내외에서 진행하였고, 긴급 및 재난 상황에서 모자 보건 서비스를 제공하기 위한 비상임 조정기구를 설립하였다. 아울러 긴급 상황에 대비한 의약품을 준비하고 조정하기 위해 비상대응 대비계획을 시행하였다"라고 하였다. 조선민주주의인민공화국, 「아동권리협약 당사국 제5·6차 이행 보고서」 (평양: 조선민주주의인민공화국, 2016), 25쪽.

이러한 북한의 최초 보고에 대해, 유엔아동권리위원회는 북한이 보고한 보건계획을 일일이 지적하진 않았다. 하지만 추가 요청서 제 13항에서 " … 최근 도입된 정책과 프로그램 및 행동계획, 그리고 그 범위와 재원 조달 방식"13)에 대한 내용을 추가로 요구했다. 즉, 유엔 아동권리위원회는 북한의 보고에 대한 구체적인 내용과 더불어 이 를 실제 집행할 수 있는 재원조달에 대해 검증하고자 했다.

이에 북한은 추가 답변서 제67항에서 "보건증진 5개년계획(2016-2020)은 현재 시행 중이며, 평균기대수명, 영아사망률 및 보조분만율 등 주요보건지표를 세계 최고 선진국 수준으로 끌어올리는 것을 목 표로 하고 있다"라고 밝혔다. 그리고 이는 어디까지나 북한의 목표 이지 현실화된 것은 아니다. 또한 북한은 제68항에서 "아동질병 통 합관리 확대전략(2005-2020)은 현재 시행 중이며, 그 결과 보고기간 동안 11개도, 구역 및 118개 군에서 아동질병 통합관리체계 확립이 완료되었다"14)라고 보고하였다.

이에 북한의 추가 답변서 제67항의 경우 답변 요구 핵심사항과 다

---

13) 유엔아동권리위원회, 「조선민주주의인민공화국의 제5차 정기보고서에 관한 쟁 점목록」 (유엔: 유엔아동권리위원회, 2017), 3쪽.

14) 조선민주주의인민공화국, 「조선민주주의인민공화국의 제5차 정기보고서에 관 한 쟁점목록 답변」 (평양: 조선민주주의인민공화국, 2017), 11쪽. 이외에도 유 엔아동권리위원회는 제39항에서 "당사국이 '2011-2015 재생산 및 모성 보건 전 략'에 청소년 보건문제를 포함시킨 것에 주목하는 반면 새로 채택된 계획에 관 한 정보가 부재하고, 위원회의 이전 권고 사항이 이행되지 않았다는 점에 유감 을 표한다. 청소년 보건에 관한 위원회의 일반논평 제4호(2003) 및 지속가능발 전목표 3.7과 관련하여 위원회는 다음과 같이 당사국에 권고한다. 1. 남녀 청 소년을 모두 포함하여, 청소년 건강 문제의 성격과 정도를 파악하기 위한 종합 적 연구를 진행할 것. 2. 청소년을 위한 종합적인 성 및 재생산 보건 정책을 채택하고, 의무교육과정에 성 및 재생산 보건을 포함시키되 남녀 청소년을 모 두 대상으로 삼을 것. 3. 청소년을 배려하고 비밀이 유지되는 재생산 보건 서 비스를 전국의 모든 청소년들이 이용할 수 있게 할 것"이라고 권고하였는데, 이는 청소년 보건과 성 문재 등에 대한 권고내용이다.

소 거리가 있다. 그러나 이는 최초 보고에 부재한 새로운 보고 내용이다. 반면 제68항의 경우 최고 보고서 제145항과 거의 동일한 보고 내용이다. 특히 양 답변 모두 유엔아동권리위원회가 요구한 재원조달에 대한 답변이 전혀 언급되지 않았다. 따라서 이는 유엔아동권리위원회의 입장에서 볼 때, 다소 부족한 내용의 답변이자 초점을 벗어난 내용이라 하겠다.

결국 보건계획에 대한 유엔아동권리위원회의 최종 견해의 경우 제41항 위원회는 "당사국의 '모자 영양실조 관리 및 실행계획(2014-2018)' 채택에 주목하는 반면 다음 사항에 대해 심각한 우려를 표명한다. 2015년 식량농업기구(FAO) 보고서에 따르면, 아동 및 모성 사망의 근본 원인이 되고 있는, 해당 인구 40% 이상의 높은 영양 부족 상태. 5세 미만 아동의 28%가 만성영양실조, 4%가 급성영양실조에 시달리고 있다는 2012년 전국영양실태조사 결과와 실제로는 이 수치가 더 높을 수 있다는 사실"[15]에 대해 지적하였다.

이러한 유엔아동권리위원회의 최종 견해는 사실상 북한의 보고에 대한 불신과 더불어 비난을 내포하고 있다 하겠다. 다시 말해, 북한이 최고 보고에서 명기한 다양한 보건계획과 그에 따른 집행에도 불구하고 유엔아동권리위원회가 북한의 아동 영양 부족에 대한 문제를 지적한 것이 이를 반증한다. 그리고 이는 또한 유엔아동권리위원회가 북한이 모순되거나 상충되는 보고를 했다고 보는 근거이다.

따라서 북한은 이러한 점을 감안, 최초 보고부터 열악한 아동 영양을 일부 인정하고 그러한 가운데에 보고기간 동안의 계획에 의거한 집행 효과, 그럼에도 불구하고 현재 여전히 부족한 부분, 이를 위

---

15) 유엔아동권리위원회, 「조선민주주의인민공화국의 제5차 정기보고서에 대한 최종 견해」 (유엔: 유엔아동권리위원회, 2017), 10~11쪽.

한 자구책에 대해 보고했다면 비록 부분적이지만 일부 긍정적인 평가도 가능했으리라 판단된다. 지금까지 논증한 북한의 아동·모자·청소년 보건계획에 대한 내용을 각 보고서 별로 요약 정리하면 다음 〈표 2〉와 같다.

<표 2> 보건계획: 아동·모자·청소년

보고서	행위 주체	주요 내용과 특징
· 이행보고서	· 북한	· 9개 조문으로 보고
· 22개 추가 요청서	· 유엔아동권리위원회	· 구체적인 프로그램과 행동계획 · 재원조달 방식 요구
· 22개 추가 답변서	· 북한	· 2개 조문으로 보고 · 재원조달 방식 미보고
· 최종 견해	· 유엔아동권리위원회	· 모자보건에 대한 심각한 우려 표명 · 사실상의 보고 내용 불신

* 출처: 저자 작성.

3. 보건 인프라: 시설·인력·의약품(공급체계)

· (148) 2013년에 완공된 세계적 수준의 옥류아동병원은 아동 질병의 예방과 치료, 교육 및 연구 센터 운영, 소아병원 행정의 모델 제시 등을 통해 상급병원의 역할을 담당하고 있다.

· (154) 북한은 도시와 농촌, 저지대와 산간 지대 사이에 존재하는, 보건 서비스 네트워크 및 보건 인력 분배의 격차를 좁히는 것을 보건 계획 수립의 주요 원칙으로 삼고 있으며 이 원칙을 일관해서 적용하고 있다. 중앙과 도의 의과대학 15곳과 보육원양성소 66곳을 비롯해 조산사양성소, 보철사양성소, 안마사양성소, 방사선사양성소 등, 전국적으로 200여 곳의 의료진 양성기관을 운영하고 있으며, 전일제 교육과 원격 학습, 재교육 체계도 더욱 강화하였다. 한편 WHO(세계보건기구)와 UNICEF, UNFPA, GAVI(세계백신면역연합), GF(글로벌펀드) 등과의 협력을 통해 보건의료진의 국내외 연수를 확대하였다.

· (155) 최종견해 제45항과 관련하여, 조선어린이후원협회는 지역 보건시설의 역량 강화 사업을 개발 중이다. 이 사업의 목적은, 기존 리 단위 진료소의 역량을 강화함으로써 지리적으로 불리한 지역에 사는 아동에게 양질의 의료 서비스를 제공하는 것이다.

조선어린이후원협회는 아동 건강 지원 체계의 실효성을 높이기 위해, 여성 밀집 지역과 산간 지역에서 자원봉사자로 운영되는 이동식 진료소 사업도 준비하고 있다.(24~25쪽)
· (156) 북한은 수도에서부터 농촌과 산간 마을, 외딴 등대 섬에 이르기까지 질병의 예방 및 치료 체계와 약품 공급 체계를 구축해 왔다. 육아원과 애육원에 전문 질병 감시 체계를 도입하였고, 도(道) 의약품 저장소의 분기별 약품 공급 체계를 항시 가동함으로써 응급 의약품을 차질 없이 공급하고 있다.
· (157) 보고 대상 기간 동안 '남포어린이약공장'이 보수를 마치고 문을 열었으며, 중앙 제약공장 10여 곳에서 수백 종의 필수 의약품과 백신이 생산되었다. 이 외에도 북한 공민의 체질에 맞는 고려의약품을 북한 내 고려의약품 공장에서 생산함으로써 필수 의약품 수요를 충족시키고 있다.
· (163) 아동의 성장과 발달에 필수적인 요오드를 모든 가정에 충분히 공급하기 위해 요오드염 생산을 확대하였고, 북한의 모든 아동에게 요오드 정제를 공급하기 위한 지원 프로그램을 UNICEF의 도움을 받아 준비하고 있다.(25~26쪽)

동 보고서에서 아동 보건 인프라와 관련한 조항은 총 3개 조문이라 판단된다. 주요 내용을 분석하면, 먼저 북한은 아동전문 요양병원의 운영에 대해 보고하였다. 그러나 특정 병원 규모가 북한 아동 규모에 비해 극소수임에 따라 이는 오히려 역기능적인 보고 행태이다. 이러한 경우 먼저 현재 운영 중인 아동전문병원의 효과와 그동안의 성과를 제시한 다음 향후 아동전문 병원의 지역별 확대계획에 대해 언급해야 한다.

특히 보건의료인력 양성의 경우 직접적으로 아동 보건과 관련된 보고가 아니며 이 경우 가령 소아전문 보건인력 양성과 교육에 대해 명시해야 한다. 또한 보육원을 제외한 상기 보고 제154항의 경우 이는 아동이 아닌 일반인을 주요 대상으로 하는 것이다. 따라서 이는 보편적인 보건의료 서비스 제공체계에 해당된다. 때문에 이러한 보고 내용은 아동 보건에서 다소 초점이 벗어난 것이라 하겠다. 다른 한편으로 동 항의 보고를 돋보이게 하자면 아동 보건 전문인력 양성에 대한 구체적인 내용과 계획을 제시해야 한다.

한편으로 이러한 경우 북한은 「어린이보육교양법」 제26조 아동 병동 조항을 인용, "국가는 어린이들의 건강을 철저히 보호하며 녀성들의 사회적활동을 적극 보장하기 위하여 탁아소가 있는 모든 곳에 아동병동을 둔다. 아동병동에서는 병원에 입원하지 않을 정도로 앓는 탁아소의 어린이들을 받아 치료한다"라는 법적 근거를 제시하면서 보고해야 하는데, 동 보고서에서 이러한 법적 조항에 대한 언급이 부재하다.[16]

다음으로 조선어린이후원협회의 활동을 보고하였는데, 이러한 경우 단체 활동의 소개보다는 활동 내용과 성과, 향후 계획, 아동 보건을 위한 조직화 방안에 대해 언급해야 한다. 특히 북한은 동 단체가 현재 지역 보건시설의 역량 강화 사업을 개발 중이라고 보고하였는데, 이는 진행 중인 것이 아님에 따라 이미 일정부문 실천한 사업이 아니라 판단된다. 더욱이 동 단체의 경우 아동 보건에 주력하는 단체라기보다는 취약아동이나 요보호 아동, 요구호 아동에 대한 생활을 지원하는 단체임에 따라 지역보건 사업과는 다소 거리가 있다. 그러나 북한의 보고 내용과 동일하게 동 단체가 아동 보건을 위해 활동한다면 매우 인상적이라 판단된다.

마지막으로 북한은 의약품 공급체계와 질병관리체계, 의약품생산 등에 대해 보고하였다. 그러나 보고 내용 중 아동전문 의약품 공장을 제외한 경우 이렇다 할 내용이 부재하다. 즉, 이 경우 아동 보건을 위한 필수 의약품 공장 수와 규모·지역별 분포, 년간 소비량 대비 생산량 실적 등 구체적인 내용을 담아야 한다. 또한 일부 특정기

---

16) 이외에도 「아동권리보장법」제35조 아동병원과 병동의 배치 조항에 이와 거의 동일한 법적 내용이 명기되어 있다. 반면 「어린이보육교양법」의 제15조, 제28조, 제53조는 동 보고서 다른 분야에 인용되어 있다.

관을 명시하는 단일 사례중심의 보고 행태보다는 종합적인 내용을 적시할 필요가 있다. 즉, 일부 특정기관만을 언급하면서 보고할 경우 해당 단일기관이 북한 전 지역에 거주하는 모든 아동을 보호하지 못한다는 인식이 성립되기 때문이다.

한편으로 북한은 「의약품관리법」제4조 의약품보관과 공급원칙, 제7조 의약품에 대한 과학연구사업, 기술자, 전문가양성 원칙, 제9조 의약품생산의 계획화, 제10조 의약품 생산자, 제11조 의약품 생산능력 조성에 대한 법 조항을 인용, 제시하면서 동 부분에 대한 보고를 했다면 평가에 긍정인 영향을 주었으리라 판단된다.[17]

그러나 이와 달리 아이러니하게도 이러한 북한의 최초 보고에 대해, 유엔아동권리위원회는 별도의 자료를 추가로 요청하지는 않았다. 하지만 이와 관련, 북한은 추가 답변서 제22항 아동권리협약 이행 관련 우선순위로 간주되는 아동 분야에서 "우선순위 중 하나는 아동질병의 치료를 위한 의약품 수요 충족이다. 아동질병 관리체계는 각급 소아과에 수립되었으므로 이제는 의약품의 지속적인 생산과 공급이 중요하게 대두되고 있다. … "[18]라고 언급하였는데 이는 북한의 아동 보건에 대한 문제의식을 가늠할 수 있는 부문이다.

즉, 북한의 동 답변은 유엔아동권리위원회가 추가 요청서 제22항 "이 외에 협약 이행과 관련하여 우선순위가 높다고 판단한 아동 관련 분야가 있다면 당사국이 이를 열거할 수 있다"[19] 라는 것에 대한

---

17) 특히 동 법령의 경우 후술한 「의료법」과 「전염병예방법」과 같이 동 보고서에 전혀 언급되지 않았다.

18) 조선민주주의인민공화국, 「조선민주주의인민공화국의 제5차 정기보고서에 관한 쟁점목록 답변」 (평양: 조선민주주의인민공화국, 2017), 16쪽.

19) 유엔아동권리위원회, 「조선민주주의인민공화국의 제5차 정기보고서에 관한 쟁점목록」 (유엔: 유엔아동권리위원회, 2017), 5쪽.

북한의 답변이기 때문이다. 다시 말해 동 답변은 유엔아동권리위원회의 당사국에 대한 문제를 지적한 것이 아니라 당사국이 스스로 인식하는 아동권리 보장을 위한 우선순위가 무엇이냐 라는 것에 대한 자율적인 답변이다. 이에 북한의 이러한 답변은 아동 보건 발전을 위해 의약품 공급의 중요성을 스스로 인지하고 있음을 반증한다 하겠다. 역설적으로 이는 부족한 북한의 의약품 공급 능력과 더불어 치료에 반드시 필요한 의약품의 내적 속성, 양자 모두에 기인한다 하겠다.

결국 보건 인프라에 대한 유엔아동권리위원회의 최종 견해의 경우 제37항 "위원회는 아동의 건강과 관련한 당사국의 조치에 주목하며, 도달 가능한 최고 수준의 건강을 누릴 아동의 권리와 관련한 위원회의 일반논평 제15호(2013)와 지속가능발전목표 3.2 및 3.8과 관련하여, 다음과 같이 당사국에 권고한다. 1. 특히 각 도와 농촌 지역의 영아·아동·모성 사망률을 낮추기 위한 노력을 강화할 것. 2. 북한 전역의 모든 아동에게 의약품이 무상으로 또는 저가에 공급되게 하고, 특히 농촌 지역과 오지에 관심을 기울일 것. 3. 보건 인프라 확충과 보건 인력 교육에 충분히 그리고 지속적으로 투자할 것. 4. 5세 미만 아동의 예방 가능한 사망이나 질환 발생을 줄이고 종식시키기 위한 정책과 프로그램 시행에 인권 기반 접근법을 적용할 수 있도록 OHCHR의 기술 지침을 고려할 것(A/HRC/27/31). 5. 이러한 관점에서 UNICEF와 WHO 등의 재정적·기술적 지원을 모색할 것"[20]을 권고했다.

이에 유엔아동권리위원회는 북한의 아동 보건 인프라에 대한 전

20) 유엔아동권리위원회, 「조선민주주의인민공화국의 제5차 정기보고서에 대한 최종 견해」(유엔: 유엔아동권리위원회, 2017), 10쪽.

반적인 문제점을 지적하며 이를 개선할 것을 요청했다. 또한 동 위원회는 실질적인 개선을 위해 전략적 차원에서 국제기구와의 협업을 권고하였다. 지금까지 논증한 북한의 아동 보건 인프라에 대한 내용을 각 보고서 별로 요약 정리하면 다음 〈표 3〉과 같다.

<표 3> 아동 보건 인프라: 시설·인력·의약품

보고서	행위 주체	주요 내용과 특징
· 이행보고서	· 북한	· 6개 조문으로 보고
· 22개 추가 요청서	· 유엔아동권리위원회	· 미언급, 미요청
· 22개 추가 답변서	· 북한	· 우선순위로 인식 간접 답변
· 최종 견해	· 유엔아동권리위원회	· 전반적인 문제 지적, 개선 권고 · 국제기구 지원 모색

* 출처: 저자 작성.

III. 질병과 위생관리

1. 질병관리: 예방접종

· (144) 최종견해 제45항과 관련하여, 2006년 비상임기구로 발족된 아동질병관리 국가 조정위원회가 아동 질병 관리를 모니터링 및 지도하고 있다.
· (150) 아동의 건강을 관리하기 위해, 적시 임신 등록을 비롯해 상담과 건강검진(산전 방문 17회, 산후 방문 5회) 등 산전 관리 기준을 준수하였다. 임신 중인 산모에게 비타민과 미량영양소를 보충하였고, 산원 및 리·군 단위 병원의 산부인과에서는 분만 후 1시간 이내에 산모의 초유 수유를 시행하였다. 아울러 생후 6개월 동안은 모유만을 수유하되 6개월이 지난 뒤에는 모유 수유와 보충식 제공을 병행할 것을 산모에게 독려하였다. … 2015년 기준, 전국의 산원 중 11곳이 '아기 친화 병원'으로 지정되어 있다.
· (151) 국가계획에 따라, 비타민 A 및 미량영양소 복합제 보충, 예방 접종, 구충 등의 활동을 진행하였다. 2007년 시작된 '국가 예방접종의 날'보다 더욱 진전된 프로그램인 '아동 보건의 날'을 매년 5월 20일과 11월 20일에 진행하는 한편 아동 보건을 주제로 다양한 캠페인을 진행하였다. … .

- (152) 전국 어디에나 병원과 진료소를 운영하고 있으며, 예방 접종 담당 의료진을 지정하여 모든 아동을 대상으로 예외 없이 접종 활동을 펼치고 있다. 2007년 이후 각종 예방 접종의 접종률이 90%를 상회하고 있으며, 복합 백신과 홍역의 예방 접종률(2012년 기준 99%)은 전 지역에서 90%를 웃도는 것으로 보고되었다. … .
- (153) 주기적인 연수와 백신 관련 기술 워크숍을 통해 EPI(예방접종확대사업) 인력의 역량을 강화하였다. 예컨대, 새로운 백신이 도입되면 중앙과 도, 시와 군 단위의 관련 의료진을 대상으로 기술 워크숍을 진행하였고, 현장 방문과 감독 활동을 주기적으로 실시하였다.
- (165) 가정의 제도와 백신 접종, 모자 보건 관리를 통한 여성 보건·의료 체계 강화는 보건 부문 발전의 우선순위 중 하나로 선정되었다. 다자녀를 둔 여성에게는 국가보조금이 지급되며, 산전 2개월 및 산후 6개월의 유급 출산 휴가제가 2015년에 도입되었다.
- (171) 지금까지 북한에서는 HIV/AIDS 환자가 보고되지 않았다. 'HIV/AIDS관리를 위한 국가중기계획 및 국가전략계획'이 수립되었으며 2009년부터 2012년에 해당하는 목표는 달성되었다. 'HIV/AIDS예방과 관리를 위한 다부문 국가전략계획'이 새로 수립되었으며, 그에 맞게 '국가 HIV/AIDS 위원회'의 기능을 강화하였다. 전략계획에서는 모자를 위한 HIV/AIDS 예방적 개입을 중점적으로 다루고 있다.(23~27쪽)

동 보고서에서 아동의 보건관리와 관련한 조항은 총 7개 조문이라 판단된다. 주요 내용을 분석하면, 먼저 북한은 아동의 질병관리와 관련, '아동질병관리 국가조정위원회'가 이를 담당하고 있다고 보고하였다. 그러나 북한은 동 위원회가 구체적으로 아동질병관리와 관련한 내용에 대해서는 언급하지 않았다. 즉, 이러한 경우 가령 동 위원회의 활동을 견인하는 조직, 인력, 모니터링과 지도 사례에 대한 구체적인 내용을 중심으로 보고해야 한다. 하지만 북한은 상기 내용과 같이 동 위원회의 존재 유무와 간략한 역할만을 보고하였다. 따라서 결국 이러한 북한의 보고 행태는 심의자로 하여금 부정적인 인식을 야기할 개연성이 있다.

다음으로 북한은 아동 건강관리를 위해 임수산부에 대한 상담과 건강검진, 영양공급, 모유 수유에 대해 명시하였다. 동 보고서에서 다소 인상적인 부문은 임수산부의 상담과 건강검진에 대한 북한의 정량보고 행태이다. 북한은 산전 방문 17회, 산후 방문 5회, 총 22회 정도 임수산부에 대한 케어 활동-일종의 관리프로그램-을 언급하였는데, 이러한 구체적인 내용의 보고는 심의에 긍정적이라 판단된다.[21] 그러나 이하 동 조문의 경우 단순한 소개에 그쳐 여전히 부족한 경향이 있다 하겠다.

그다음으로 북한은 국가계획에 의거한 예방접종, 아동 보건의 날 지정 등에 대해 보고하였다. 또한 이어서 북한은 예방접종률에 대한 정량보고, 예방접종 확대사업, 가정의 제도와 백신 접종, 모자 보건 관리 등 보고 기간동안 자신들이 집행한 내용을 단순 나열식으로 보고하였다. 가령 이 경우에도 보고서에서 언급한 다자녀 여성에게 지급되는 보조금의 지급수준과 조건, 지급대상 규모, 이로 인한 그동안의 성과 등에 대해 제시해야 한다.

다른 한편으로 북한은 「의료법」[22] 제5조 질병의 예방원칙 조항에 명시된 "병에 대한 예방사업을 강화하는 것은 인민들의 건강증진을 위한 기본담보이다. 국가는 예방을 치료에 앞세우고 위생방역사업과 환경보호사업을 정상적으로 벌려 병을 미리 막도록 한다"라는 법적 조항을 제시하면서 보고했다면 평가에 긍정적이었으리라 판단된다.

마지막으로 북한은 HIV/AIDS관리를 위한 국가중기계획 및 국가전략계획에 대해 보고하였다. 이는 아동 보건과 직접적인 관련이 있지 않다. 그러나 북한은 이러한 보고를 통해 자신들의 보건관리에 대한 의지를 표명한 것이라 판단된다. 아울러 이러한 경우 북한은 동 부

---

21) 그러나 다른 한편으로 북한은 여기에서 더 나아가 임수산부를 위한 별도의 관리프로그램과 성과, 사례에 대해 언급했다면 심의와 평가에 더욱 긍정적이라 판단된다.

22) 동 법령의 경우 상술한 「의약품관리법」과 후술한 「전염병예방법」과 같이 동 보고서에 전혀 언급되지 않았다.

문이 아동 보건과 '어떠한 관련이 있기 때문에 보고한다'라는 기본적인 보고 취지에 대해 언급해야 한다. 즉, 아동 보건과 HIV/AIDS관리에 대한 직접적인 상관관계에 대해 설명해야 타당한 보고 근거가 된다.

이러한 북한의 최초 보고에 대해, 유엔아동권리위원회는 아동의 질병관리와 관련 직접적으로 추가 요청한 내용은 없다. 단지 동 위원회는 추가 요청서 제13항에서 " … 최근 도입된 정책과 프로그램 및 행동계획, 그리고 그 범위와 재원 조달 방식"[23]에 대한 내용을 추가로 요구했다. 즉, 동 위원회는 아동의 질병관리에 대해 전반적인 북한의 아동 보건정책 차원에서 접근하여 이에 대한 구체적인 자료를 통해 심의하고자 했다.

이에 북한은 추가 답변서 제2항 "아동 보건 향상을 위하여 보건발전중기전략계획(2010-2015), 생식보건전략(2011-2015), 생식보건교육전략(2013-2015), 말라리아관리전략계획(2014-2017), 결핵관리전략계획(2014-2017), 신생아보건실천계획(2015-2016), 아동질병통합관리확대전략(2015-2020), 아동 및 산모 영양실조 관리전략 및 실천계획(2014-2018), 공공보건증진 5개년계획이 실시되었거나 실시되고 있다"[24]라고 재차 보고하였다. 그러나 상술한 바와 같이 북한의 추가 답변서에서 유엔아동권리위원회가 요청한 재원에 대한 내용은 부재했다.

---

23) 유엔아동권리위원회, 「조선민주주의인민공화국의 제5차 정기보고서에 관한 쟁점목록」 (유엔: 유엔아동권리위원회, 2017), 3쪽 앞에서 재인용.

24) 조선민주주의인민공화국, 「조선민주주의인민공화국의 제5차 정기보고서에 관한 쟁점목록 답변」 (평양: 조선민주주의인민공화국, 2017), 2쪽. 이밖에도 동 추가 답변서 제68항 "아동질병 통합관리 확대전략(2005-2020)은 현재 시행 중이며, 그 결과 보고기간 동안 11개 도, 구역 및 118개 군에서 아동질병 통합관리 체계 확립이 완료되었다"라고 하였는데, 이는 최초 보고서 제145항의 내용과 거의 대동소이한 내용이다. 즉, 중복된 보고 내용이라 하겠다. 조선민주주의인민공화국, 「조선민주주의인민공화국의 제5차 정기보고서에 관한 쟁점목록 답변」 (평양: 조선민주주의인민공화국, 2017), 13쪽.

결국 아동 질병관리에 대한 유엔아동권리위원회의 최종 견해의 경우 직접적인 내용이 아닌 상술한 제37항을 통해 포괄적으로 개선 방안에 대해 권고하였다. 지금까지 논증한 북한 아동의 질병관리에 대한 각 보고서 별로 요약 정리하면 다음 〈표 4〉와 같다.

<표 4> 아동 질병관리

보고서	행위 주체	주요 내용과 특징
· 이행보고서	· 북한	· 7개 조문으로 보고
· 22개 추가 요청서	· 유엔아동권리위원회	· 직접적인 추가 요청 부재 · 포괄적인 보고 요청
· 22개 추가 답변서	· 북한	· 1개 조문으로 보고
· 최종 견해	· 유엔아동권리위원회	· 전반적인 문제 지적, 개선 권고 · 국제기구 지원 모색

* 출처: 저자 작성.

2. 위생관리

· (159) 최종견해 제45항과 관련하여, 중앙에서 군 단위에 이르는 환경 위생 체계가 구축되었다. '위생 월간'인 매년 3월과 4월, 그리고 9월과 10월에는 위생 및 안전 감시가 철저하게 이루어졌으며, 각급 위생방역소 내에 환경 위생과와 아동 위생과가 신설되었다.

· (160) 안전한 식수와 손 씻기에 대한 인식 개선을 위해 IEC 활동과 캠페인을 활발히 진행함으로써 급성 설사 같은 아동 질병을 예방하고 있다. 여섯 단계의 손 씻기 방법을 담은 포스터와 스티커를 다량 제작해 배포함으로써, 탁아소과 유치원의 아동들이 어린 시절부터 청결하고 위생적인 환경을 생활화할 수 있게 하였다. '세계 손 씻기의 날'과 '세계 물의 날', '세계 화장실의 날'에는 아동이 참여하는 세미나와 체험 공유, 영상 상영, 사진전, 예술 공연 등의 행사를 개최하였다.

· (161) 각급 위생방역소의 아동 위생과에서는 아동 위생 설문지를 활용하여 건물과 교실, 개인 위생뿐 아니라 탁아소와 유치원, 학교, 육아원, 애육원을 비롯해 고아 대상 초등 및 중등 학교의 화장실과 내·외부 환경을 조사하였다. 이 외에도 탁아소와 유치원, 육아원과 애육원의 아동을 대상으로 영양 관리, 건강 검진, 성장 측정과 관련한 실태를 평가하였다.

· (162) 2009년에는 비상임기구인 '국가감염관리위원회'가 발족되었고, 이를 필두로 군 단위 이상의 모든 병원에서도 이러한 위원회가 설립되었다. 2009년부터 2014년까지 위원회 위원들과 병원 관리자를 위한 중앙 단위의 기술 워크숍을 비롯해 전국 및 도 단위 병원의 감염 관리 인력과 실험실 근무자를 위한 워크숍이 개최되었다. 『의인성 감염예방의 첫째요건: 청결한 손』이라는 포스터를 제작·인쇄하여 지역 병원을 비롯한 모든 병원에 배포하였다.(25~26쪽)

동 보고서에서 아동의 위생관리와 관련한 조항은 총 4개 조문이라 판단된다. 주요 내용을 분석하면, 먼저 북한은 지역별 위생관리 체계 구축과 더불어 별동의 아동위생과가 신설되었음을 보고하였다. 이에 북한이 위생관리를 위해 별도의 체계를 구축한 것과 아동위생과의 신설은 눈여겨 볼만한 부문이다. 특히 북한의 아동위생과 신설은 북한의 아동 위생관리에 대한 문제의식과 해결 의지를 나타내는 일례라 하겠다.

한편 동 보고서에서 제159항에서 명기한 '위생 월간'의 경우 「공중위생법」25) 제4조 "국가는 공중위생사업을 활발히 벌리기 위하여 위생월간을 정한다. 위생월간을 정하는 사업은 내각이 한다"라는 법령에 기인한 것이다. 따라서 이는 일종의 위생 문화사업으로 기존의 이미 존재하던 것이다.

다음으로 북한은 위생관리 활동에 대한 소개, 각종 행사, 위생관리에 대한 일부 조사와 실태 평가 등을 열거하였다. 그리고 이러한 언명적인 보고 행태는 동 보고서의 전반적인 보고 경향과 그 궤적을 같이 하는 것이다. 따라서 동 부문의 경우에도 북한은 매우 구체적인 내용을 중심으로 정성적인 내용보다는 정량적인 지표 중심의 보고를 해야 한다. 가령 이 부문은 위생관리 행사 횟수, 정례화를 통한

---

25) 동 법령은 동 보고서에 딱 한 차례 간략히 언급되었다.

지속적인 노력, 참여 인력과 규모, 누적된 성과에 대해 언급해야 한다. 또한 북한이 실시한 위생관리 조사와 실태 평가의 경우 조사와 평가 결과를 놓고 이를 어떻게 정책적으로 반영하였는지에 대한 내용을 명시할 필요가 있다.[26]

다른 한편으로 이 경우에도 북한은 「공중위생법」 제7조 "물은 용도에 따라 먹는 물, 생활용물 같은 것으로 나누며 그 수질기준을 보장한다. 수질기준을 정하는 사업은 내각이 한다"와 제8조 "도시경영기관과 해당기관, 기업소, 단체는 먹는 물, 생활용수를 위생적으로 관리하기 위한 시설을 갖추어야 한다. 물위생시설을 갖추었거나 보수하였을 경우에는 위생방역기관의 검사를 받아야 한다"라는 등 공중위생 관련 다수의 법 조항을 명기할 필요가 있다.

마지막으로 북한은 국가감염관리위원회의 군 병원 이상 설치, 위생관리를 위한 종사자들의 활동에 대해 간략히 보고하였다. 그러나 이러한 보고 내용 또한 동 보고서의 보고 경향과 거의 동일한 수준이다. 따라서 이러한 경우에도 북한은 감염관리를 위한 년간 워크숍 개최 횟수, 행사별 참여 인원, 구체적인 프로그램, 성과와 향후 계획 등에 대해 제시해야 했다. 또한 이 경우 먼저 북한은 「전염병예방법」[27] 제6조 전염병 예방부문의 물질기술적 수단 현대화 원칙 조항과 제7조 전염병 예방사업의 대중화 원칙 조항을 미리 제시, 언급하며 보고하는 태도가 필요했다. 왜냐하면 법적 근거 제시에 이은 정책 집행 순으로 보고, 작성하는 것이 단순 나열식 보고보다 상대적으로 설득력

---

26) 참고로 이외의 아동 위생과 간접적으로 관련 있는 북한의 법령으로는, 「식료품위생법」 제4조 식료품생산취급기관, 기업소, 단체의 위생조건보장, 제6조 식료품 생산표준조작법 승인 등에 관한 내용이 있다.

27) 동 법령의 경우 상술한 「의약품관리법」과 「의료법」처럼 동 보고서에 전혀 언급되지 않았다.

을 갖기 때문이다.

반면 공교롭게도 이러한 북한의 최초 보고에 대해, 유엔아동권리위원회의 위생관리에 대한 추가적인 자료 요청이 부재했다. 이러한 원인에 대한 해석은 다양한데, 이는 크게 첫째, 동 위원회는 이미 다양한 국제기구가 발표한 공식보고서를 통해 북한의 위생관리 현황을 인지하고 있음에 따라 불필요했다라는 점, 둘째, 북한의 상기 보고 수준으로 위생관리에 대한 충분한 심의 근거가 된다라는 점으로 구분하여 예측할 수 있다. 예측하건대, 상대적으로 전자의 이유로 유엔아동권리위원회가 추가 요청을 하지 않았다고 판단된다.

그러나 북한의 추가 답변서 제12항 " … 각급 위생 및 전염병퇴치 관련기관에 환경위생 및 아동위생국이 신설되었다"[28]라고 하였다. 즉, 북한은 위생관리 자체에 대한 구체적인 답변이 아닌 위생관리 조직에 대한 내용을 보고하였다. 그리고 이는 유엔아동권리위원회가 추가로 요청한 전반적인 개선사항 추가 보고에 해당된다. 결국 위생관리에 대한 유엔아동권리위원회의 최종 견해의 경우 제44항 " … 물과 위생, 영양 관련 개입을 우선적으로 추진하는 … 권고한다"와 제49항 영유아 발달 부문에서 " … 아동이 적절한 식량과 영양, 물, 위생시설에 접근할 수 있게 할 것을 당사국에 권고한다"라고 밝혔다.[29] 즉, 유엔아동권리위원회는 위생을 독립적인 조문을 통해 권고하지 않고 영양, 식량, 식수와 동일한 영역에서 개선할 것을 북한에 요구하였다. 지금까지 논증한 북한 아동의 위생관리에 대한 내용을 각 보고서 별로 요약 정리하면 다음 〈표 5〉와 같다.

---

28) 조선민주주의인민공화국, 「조선민주주의인민공화국의 제5차 정기보고서에 관한 쟁점목록 답변」 (평양: 조선민주주의인민공화국, 2017), 3쪽.

29) 유엔아동권리위원회, 「조선민주주의인민공화국의 제5차 정기보고서에 대한 최종 견해」 (유엔: 유엔아동권리위원회, 2017), 12~13쪽.

<표 5> 아동 위생관리

보고서	행위 주체	주요 내용과 특징
· 이행보고서	· 북한	· 4개 조문으로 보고
· 22개 추가 요청서	· 유엔아동권리위원회	· 미언급, 미요청
· 22개 추가 답변서	· 북한	· 위생 관리 전담 조직 보고
· 최종 견해	· 유엔아동권리위원회	· 영양, 식량, 물과 더불어 개선 권고

* 출처: 저자 작성.

Ⅳ. 조사와 연구

· (166) 2008년 〈인구주택총조사〉와 2009년 〈모성사망률조사〉, 2010년 〈전국생식보건조사〉, 2010년 〈생식보건서비스품질평가〉, 2011년 〈생식보건 지식·태도·실천(KAP)조사〉 등을 UNFPA의 지원을 받아 실시하였다. 아울러 UNICEF의 지원을 받아 2009년 〈다중지표군조사〉와 2012년 〈전국영양실태조사〉를 실시함으로써 모자 보건 실태, 보건 정보 전파 같은 서비스의 제공 범위와 유형, 사망률과 주요 사망 원인 등을 조사하였다. 2013년에는 모성 보건과 영양 상태 조사를 위해 모자 보건 사업(MCH)을 포함하는 『주요 보건지수 변동 연차보고서』를 작성하였다.
· (167) 최종견해 제47항과 관련하여, 중앙통계국은 2011년 인구센터와 함께 4개 도를 선정해 〈생식보건 KAP조사〉를 실시하였다. 이 조사에서는 17세에서 24세 청년을 대상으로 가족계획 방식, 정보 출처, 서비스 적용 범위 등에 대한 인식을 평가하였다.
· (173) 『국가 결핵 퇴치 지침』(제4판)을 개정하였다. 결핵을 진단하는 연구소의 수가 모든 수준에 걸쳐 359곳으로 증가하였고 기록 및 보고 체계도 강화되었다. 2007년부터는 단기직접복약확인법(DOTS)을 통해 결핵을 치료하고 있으며, 그 결과 치료 성공률이 증가하고 사망률은 감소하였다. GFATM(세계에이즈·결핵·말라리아 퇴치기금)의 지원 프로그램은 북한이 결핵 퇴치 프로그램을 성공적으로 이행하는 데 일조하였다.(26~27쪽)

동 보고서에서 아동 보건의 조사와 연구 관련한 조항은 총 3개 조문이라 판단된다. 주요 내용을 분석하면, 먼저 북한은 2008년 〈인구주택총조사〉, 2009년 〈모성사망률조사〉, 〈다중지표군조사〉, 2010년 〈전국생식보건조사〉, 2010년 〈생식보건서비스품질평가〉, 2011년 〈생식보건 지식·태도·실천조사〉, 2012년 〈전국영양실태조사〉를 실시하였음을 보고했다. 또한 북한은 2013년 모자 보건 사업을 포함한『주요 보건지수 변동 연차보고서』를 발간에 대해 언급하였다. 이를 통해 볼 때, 북한의 아동 보건과 관련한 조사 행태는 크게 두 가지인데, 하나는 일반조사에 포함된 형태와 다른 하나는 모자보건 차원의 별도 조사로 구분된다 하겠다. 다른 한편으로 북한은 이러한 조사 결과를 기반으로 채택한 그동안의 보건의료 정책과 아동과 모자를 위한 프로그램에 대한 내용을 제시해야 한다.

다음으로 이어서 북한은 2011년의 중앙통계국에서 실시한 표본조사를 보고하였다. 그러나 조사대상의 연령이 17세에서 24세임에 따라 다소 동 보고서의 보고 사항에 크게 해당되지 않는다. 즉, 18세 미만을 아동으로 정의 하는 유엔아동권리협약과 크게 중첩되지 않는다. 마지막으로 북한은 결핵퇴치에 대한 그동안의 연구 행태와 관리체계, 성과에 대해 통상적 수준의 내용을 언급하였다. 그러나 이러한 경우에도 북한은 아동결핵의 중요성을 역설하면서 확고한 결핵관리 프로그램을 구체적으로 명시해야한다.

아이러니하게도 이러한 북한의 최초 보고에 대해, 유엔아동권리위원회는 별도의 추가 답변을 요구 하지 않았다. 무엇보다 이러한 원인은 아동 보건과 관련한 조사의 경우 대다수가 국제기구의 지원 하에 이루어졌다. 이에 따라 동 위원회는 이미 그 자료를 확보하고 있다. 때문에 동 위원회는 상기 보고된 북한의 다양한 조사 결과에 대해 요청할 필요가 없었다고 판단된다. 또한 다른 한편으로 이외에도 다양한 국제기구가 그동안 북한 아동의 영양, 보건, 위생, 질병에 대한 다종의 보고서가 공개되어 있다. 따라서 이러한 이유들로 동 위원회는 별도의 자료를 요청하지 않을 것이다. 이에 북한 역시 추가 답변서에 이와 관련한 보고가 부재하다.

이와 동렬에서 결국 조사와 연구에 대한 유엔아동권리위원회의 최종 견해는 별도의 독립된 권고 보다는 여타 지적과 개선안 내에서, 조사나 연구 행위 자체보다는 그와 관련한 내용에 대해 직간접적으로 언급되어 있다고 판단된다. 지금까지 논증한 북한 아동 보건의 조사와 연구에 대한 내용을 각 보고서 별로 요약 정리하면 다음 〈표 6〉과 같다. 또한 지금까지 논증한 북한의 아동권리 보고서의 보건 관련 내용을 유엔아동권리위원회의 최종 견해의 권고 내용을 중심으로 요약하면 다음 〈표 7〉과 같다.

<표 6> 아동 보건 조사와 연구

보고서	행위 주체	주요 내용과 특징
· 이행보고서	· 북한	· 3개 조문으로 보고
· 22개 추가 요청서	· 유엔아동권리위원회	· 미언급, 미요청
· 22개 추가 답변서	· 북한	· 미대응
· 최종 견해	· 유엔아동권리위원회	· 여타 조문에서 직간접적으로 언급

* 출처: 저자 작성.

<표 7> 북한의 아동권리협약 이행보고서 요약: 보건 관련 조항

구분	본 보고서 조문수	추가 답변서 조문수	유엔아동권리위원회의 주요 권고 사항
· 법령	· 1	· 1	· 법적 이행정보 공개 · 국제기구와 이행 공조
· 보건계획	· 9	· 9	· 모자보건에 대한 심각한 우려 표명 · 사실상의 보고 내용 불신
· 보건인프라	· 6	· 간접 답변	· 전반적인 문제 지적, 개선 권고 · 국제기구 지원 모색
· 질병관리	· 6	· 1	· 상동
· 위생관리	· 4	· 부재	· 영양, 식량, 물과 더불어 개선 권고
· 조사와 연구	· 3	· 상동	· 여타 조문에서 직간접적으로 언급

* 출처: 저자 작성.

V. 결론

지금까지 본 연구는 북한이 작성, 유엔에 제출한 제5 · 6차 통합 아동권리협약 이행에 관한 국가보고서를 세 가지 영역의 여섯 가지 측면에서 북한의 아동 보건과 관련한 주요 보고 내용에 대해 고찰하였다. 이에 본 연구의 세 가지 주요 영역은 ① 법령과 제도 부문, ② 질병과 위생관리 부문, ③ 조사와 연구 부문이다. 또한 여섯 가지 측면은 ① 법령, ② 보건계획, ③ 보건 인프라, ④ 질병관리, ⑤ 위생관리, ⑥ 주요 지표 조사 사례와 연구이다.

분석결과, 먼저 최초 북한의 보고서의 경우 첫째, 법령의 경우 「인민보건법」을 제15조를 중심으로 기술하였으나 아동 보건과 관련, 북한은 이밖에도 「인민보건법」 제11조, 제13조, 제25조와 「아동권리보장법」 제5조, 제22조, 제33조, 제34조, 제35조, 제36조, 제37조, 제60조에 대한 내용을 언급하지 않았다. 때문에 이에 대해, 누차 상술한 바와 같이 이러한 북한의 행태가 의도적인 생략인가, 아니면 이와 반대로 미인지에 의한 미언급인가에 대한 다양한 추측과 논란이 제기된다. 이에 따라 북한의 아동 보건과 관련한 법령 보고의 경우 상기 지적한 내용을 감안하면 상당부문 아쉬움이 있다 하겠다. 결국 이러한 이유로 동 보고서의 아동 보건에 관한 법령의 보고 수준은 다소 부족하다 하겠다.

둘째, 보건계획의 경우 동 보고서의 보고 수준은 일부 긍정과 일부 부정이 교차한다. 가령 북한이 보고한 아동질병통합관리와 모자영양 1,000일 프로그램, 청소년 보건에 대한 보고는 다소 긍정적이다. 반면 말라리아와 결핵 퇴치 전략계획의 경우 보고 내용의 구체성 결여로 인해 다소 부정적이다. 결국 아동 보건계획의 경우 동 보고서의 전반적인 보고 경향인 정성 보고중심의 태도로 인해-동 사안의 중요성에도 불구하고-보고 수준이 상쇄된다 하겠다.

셋째, 보건 인프라의 경우에도 상기와 거의 동일하게 긍정과 부정이 혼합되어 있다. 부정적인 부문의 경우 북한은 특정 병원 한곳을 지명하여 보고하였다. 하지만 실제로는 다수의 아동 전문병원이 필요하다. 때문에 이 경우 아동병원에 대한 수요와 공급을 고려하지 않은 보고이다. 또한 양적인 면에서 북한은 동 부문의 법적 근거인 「어린이보육교양법」 제26조를 생략한 가운데에 보고하였다. 반면 긍정적인 부문의 경우 의약품 공급체계와 의약품생산의 경우 북한의 능력을 떠나 유엔아동권리위원회의 추가 답변에 대한 미요청에도 불구하고 북한 스스로 동 부문에 대한 문제를 제기했다는 것이다. 물론 이것은 어디까지나 인지적인 측면이지만 그럼에도 불구하고 북한이 이를 최우선순위로 꼽았다는 것은 시사하는 바가 크다 하겠다. 따라서 이렇게 볼 때, 북한의 아동 보건에 대한 의지와 능력은 상호 비대칭한다 하겠다.

넷째, 질병관리의 경우 임수산부의 상담과 건강검진에 대한 정량보고 이외에 아동질병관리, 예방접종, HIV/AIDS관리에 대한 보고는 대부분이 정성적인 내용이다. 더욱이 매우 중요한 사안인 예방접종의 경우 법적 근거인 「의료법」 제5조를 생략한 보고하여 앞서 제기된 문제가 다시금 연상된다. 결국 아동 질병관리의 보고 수준은 기존의 보고 행태와 수준에서 크게 벗어나지 않는다.

다섯째, 위생관리의 경우 북한은 위생관리체계 구축과 새로운 조직 신설에 대해 보고했다. 하지만 위생관리 활동과 행사, 위생관리 조사와 실태 평가에 대한 정량적인 보고 내용이 부재하다. 더욱이 동 부문의 경우 관련 법령인 「공중위생법」 제7조와 제8조를 언급하지 않았다. 또한 이밖에도 국가감염관리위원회의 다양한 활동에 대해 적시하고 있다. 그러나 이 역시 단순 나열식 보고와 한 문단에 다소 이질적인 보고 내용이 혼재되어 있다. 결국 위생관리 보고 수준은 동어반복적인 경향과 패턴을 벗어나지 못했다.

여섯째, 조사와 연구의 경우 그동안 시행한 조사를 보고하였지만 이를 기반으로 한 북한의 새로운 정책이나 프로그램에 대한 설명이 부재하다. 더욱이 2011년 중앙통계국의 조사는 보고 대상에 해당되는 연령이 극소수이다. 나아가 결핵연구의 경우 추상적 수준의 내용을 중심으로 보고하였다. 결국 이러한 이유로 조사와 연구의 보고 수준은 양적으로나 질적으로 부족하고 이로 인해 심의에 긍정적이지도 않으며 그 수준도 높지 않다고 판단된다.

다음으로 북한의 추가 답변서의 보고 수준은, 첫째, 법령의 경우 북한은 유엔아동권리위원회의 법령에 대한 구체적인 추가 요청에 대해 간략한 요약 보고로 갈음하여 구체적인 보고를 하지 않았다. 둘째, 보건계획의 경우 북한은 유엔아동권리위원회의 추가 요청에 대해 초점을 벗어난 부족한 답변을 하였다. 셋째, 보건인프라의 경우 유엔아동권리위원회의 추가 요청이 부재하였다. 넷째, 질병관리의 경우 유엔아동권리위원회의 직접적인 추가 요청은 없었다. 그러나 북한은 이와 간접적으로 관련한 추가 요청 자료 중 재정부문을 보고하지 않았다. 다섯째, 위생관리의 경우 유엔아동권리위원회의 직접적인 추가 요청은 없었다. 그러나 북한은 이와 관련한 간접적인 내용을 추가 답변서에서 보고하였다. 여섯째, 조사와 연구의 경우 유엔아동권리위원회는 북한에게 관련 사안에 대해 추가로 요청하지 않았다. 따라서 결국 이를 근거로 할 때, 아동 보건과 관련한 북한의 추가 답변서의 경우 전반적으로 부족한 답변이 주류라 하겠다.

마지막으로 유엔아동권리위원회의 최종 견해의 다수는 북한에 대한 다양한 개선과 이행을 권고하고 있는데, 이는 아동 보건에 대한 부정적인 심의 결과와 더불어 향후 이를 개선해야만 하는 현재 상황에 대한 우려와 위기에 기인한다. 이를 각 분야별로 요약 열거하면 첫째, 법령의 경우 유엔아동권리위원회는 북한의 아동 보건과 관련한 법적 이행 정보를 공개하고 나아가 북한의 개선과 발전을 위해 전략적 차원에서 국제기구와 공조를 권고하였다. 둘째, 보건계획의 경우 유엔아동권리위원회는 북한의 모자보건에 대한 심각한 우려 표명하였고 사실상 북한의 보고 내용을 불신하는 듯한 태도를 보였다. 셋째, 보건인프라와 넷째, 질병관리의 경우 유엔아동권리위원회는 양자의 전반적인 문제점을 지적하였고 이에 대한 개선을 권고하는 한편 국제기구의 지원책을 모색하라고 권고했다. 다섯째, 위생관리의 경우 유엔아동권리위원회는 북한 아동의 영양, 식량, 물 등 아동의 건강과 생활보장에 대해 개선하라고 강권했다. 여섯째, 조사와 연구의 경우 유엔아동권리위원회는 직접적인 언급은 없지만 여타 조문에서 직간접적으로 개선할 것을 언급하였다.

이를 근거로 향후 북한이 동 부문의 국제보고서에 대해 긍정적인 심의 결과를 받고자 한다면, 먼저 특정협약에 따른 이행여부를 판단하는 최초 기본보고서는 협약의 실현 여부에 대해 있는 그대로 보고하되 해당 보고사안의 본질적인 내용을 중심으로 고정화된 법적, 제도적, 실천적 근거를 제시하면서 보고해야 한다. 그리고 이러한 가운데에 보고기간 동안 완수하지 못했거나 부족한 것은 향후 이를 집행하기 위한 별도의 계획을 제시하면서 심의에 대비해야 한다. 또한 보고사안 중 부정할 수 없는 문제점이 있다면 문제해결 방안을 제시하되, 이 경우 근본적인 사안부터 시작하여 전략 전술적 차원의 실천계획을 명기할 필요가 있다. 아울러 이행에 대한 성과는 정량적인 보고 행태를 기준으로 최대한 구체적이고 실증적인 자료를 제출해야 한다. 또한 보고서 기술에 있어 무엇보다 심의자의 입장과 관점에서 사안을 분석하고 보고할 필요가 있다.

또한 추가 답변서의 경우 북한은 심의자의 요청자료에 대한 의도를 먼저 파악하고 최대한 적극적인 자세로 성실한 내용을 중심으로 작성해야 한다. 또한 이 가운데에 만약 추가 답변내용이 또 다른 문제나 자료를 요청할 가능성이 있는지 미리 판단해야 한다. 그리고 이러한 경우 추가될 문제를 미리 고려하여 사전에 지적을 차단할 필요가 있다. 이러한 점에서 아동 보건에 관한 북한의 보고 내용과 수준은 여전히 개선해야 할 부문이 다수이고 이는 당면한 북한보건의료 현실과 맞물려 단기간에 해결될 수 있는 사안이 아니라 판단된다.

결국 이러한 측면에서 접근하면 남한은 향후 남북보건의료 지원과 교류를 통해 북한의 아동 보건에 일정부문 기여하고 견인할 필요가 있다. 또한 이와 더불어 아동 보건 당사자인 북한 스스로의 노력도 중요하다. 나아가 국제기구의 지원이 상당부문 북한의 아동보건에 이미 개입되어 있음도 주지해야 한다. 따라서 아동 보건에 대한 북한, 남한, 국제기구의 이른바 질서 있고 체계적인'삼각 공조'가 천착되도록 삼자 모두 노력해야 한다.

참고문헌

1. 북한법령
공중위생법
식료품위생법
아동권리보장법
어린이보육교양법
의료법
의약품관리법
인민보건법
전염병예방법
헌법

2. 논문 및 단행본
강재희, "북한 유치원 유아의 식량권 및 건강권, 보호권, 교육권 실태,"「아동
　　　과 권리」제14집 제4호, 서울: 국가안보전략연구원, 2010.
김석향 외, "유엔아동권리협약 국가보고서를 통해 본 남북한 아동권리 내용
　　　비교,"「한국아동복지학」제54호, 한국아동복지학회, 2016.
김연우, "유엔아동권리위원회의 동향 및 한국에의 시사점,"「국제 보건복지 정
　　　책동향」제171호, 서울: 한국보건사회연구원, 2011.
유엔아동권리위원회,「조선민주주의인민공화국의 제5차 정기보고서에 대한
　　　최종 견해」, 유엔: 유엔아동권리위원회, 2017.
　　　　　　　　　　,「조선민주주의인민공화국의 제5차 정기보고서에 관한
　　　쟁점목록」, 유엔: 유엔아동권리위원회, 2017.
　　　　　　　　　　,「조선민주주의인민공화국의 제5차 정기보고서 심의」,
　　　유엔: 유엔아동권리위원회, 2016.
위키백과, "유엔아동권리협약,"〈검색일: 2019년 9월 28일〉
이철수, "북한 아동권리보장법 분석: 교육, 보건, 가정 관련 조항을 중심으로,"
　　　「통일과 법률」제40호, 법무부: 통일법무과, 2019.
　　　　, "북한의 '아동권리협약 국가이행보고서' 분석: 제5·6차 통합보고서 복

지조항을 중심으로," 미발표 논문.

조선민주주의인민공화국, 「아동권리협약 당사국 제5·6차 이행 보고서」, 평양: 조선민주주의인민공화국, 2016.

_____, 「조선민주주의인민공화국의 제5차 정기보고서에 관한 쟁점목록 답변」, 평양: 조선민주주의인민공화국, 2017.

조경숙, "북한의 영아 및 아동 사망률과 대북 인도적 지원,"「보건사회연구」제36권 3호, 한국보건사회연구원, 2016.

황나미, "북한 모자보건 현황 및 향후 과제,"「한국모자보건학회지」제20권 2호, 한국모자보건학회, 2016.

3. 기타

Central Bureau of Statistics of the DPR Korea and UNICEF, 『DPR Korea Multiple Indicator Cluster Survey 2017, Survey Findings Report』, Pyongyang, DPR Korea: Central Bureau of Statistics and UNICEF, 2018.

Development Initiatives, 『Global Nutrition Report 2017: Nourishing the SDGs』, Bristol, UK: Development Initiatives, 2017.

FAO·IFAD·WFP·UNICEF·WHO, "The State of Food Security and Nutrition in the World: Building Climate Resilience for Food Security and Nutrition," Rome: FAO: 2018.

International Food Policy Research Institute, "2017 Global Hunger Index: The Inequalities of Hunger," October 2017.

UN, 『2015 DPR Korea Needs and Priorities』, UN: 2015.

___, 『2016 DPR Korea Needs and Priorities』, UN: 2016.

___, 『2017 DPR Korea Needs and Priorities』, UN: 2017.

___, 『2018 DPR Korea Needs and Priorities』, UN: 2018.

___, 『2019 DPR Korea Needs and Priorities』, UN: 2019.

United Nations Inter-agency Group for Child Mortality Estimation(UN IGME), 『Levels & Trends in Child Mortality: Report 2014, Estimates Developed by the UN Inter-agency Group for Child Mortality Estimation』, New York: United Nations Children's Fund, 2014.

_____,

『Levels & Trends in Child Mortality: Report 2017, Estimates Developed by the UN Inter-agency Group for Child Mortality Estimation』, New York: United Nations Children's Fund, 2017.

UNICEF, "Situation Analysis of Children and Women in the Democratic People's Republic of Korea-2017," 2017.

UNICEF · WHO · World Bank Group · UN, "Levels & Trends in Child Mortality Report 2017," 2017.

WFP, "2017 DPR Korea: Needs and Priorities," March 2017.

WHO, "Expanded Programme on Immunization(EPI): Democratic People's Republic of Korea 2017, Fact Sheet," 2017.

_____, "Expanded Programme on Immunization(EPI): Democratic People's Republic of Korea 2017, Fact Sheet," 2018.

제15장

북한의 장애인권리협약 국가이행보고서 분석
협약원칙의 쟁점을 중심으로

Ⅰ. 서론

북한은 2018년 12월, '장애인권리협약(Convention on the Rights of Persons with Disabilities) 국가이행보고서(이하 보고서로 약칭)'를 UN 장애인권리보호위원회에 제출했다. 앞서 북한은 2013년 7월 UN 장애인권리협약에 서명하였고, 3년 뒤인 2016년 11월에 비준을 완료하였다. 이어 동년 12월 북한은 비준서를 UN 사무국에 기탁했고 이로 인해 2017년 1월 6일 장애인권리협약이 북한에 정식으로 발효되었다. 때문에 북한은 국제협약으로 일정한 구속력을 갖는 장애인권리협약을 이행하지 않을 수 없게 되었다.

장애인권리협약의 경우, 동 협약이 자국에 발표된 이후 2년 이내에 협약 이행에 관한 최초보고서를 의무적으로 제출하도록 규정(제35조)하고 있다. 이에 동 보고서의 경우 북한이 보고서 제출 기한을 며칠 앞두고 해당 협약에 따른 보고서를 제출한 것이다. 동 보고서는 주요 내용의 실현 여부를 떠나, 북한이 장애인권리협약에 서명한 이후, 최초로 공개한 정부차원의 공식적인 보고서라는 데에서 그 의의가 있다.

또한 장애인의 대상에 장애여성과 장애아동을 포함하고 있음에 따라 북한이 장애인권리협약 이외에 서명 · 가입한 아동권리협약(Convention on the Rights of the Child)과 여성차별철폐협약(Convention on the Elimination of All Forms of Discrimination against Women)에 대한 간접적인 내용도 언급할 수밖에 없다. 따라서 동 보고서는 다양한 대상을 포괄하고 있어 다중적이고 다층적인 성격을 갖는다 하겠다.

동 보고서에서 북한은 "…거의 모든 단위에서 로령1)으로 인한 장애, 선천성 장애, 사고로 인한 장애, 질병, 중독 등 특정 류형의 장애가 있는 인민들을 발견할 수 있다.2) …"라고 솔직히 밝히고 있다. 이에 동 보고서는 북한이 2013년 7월 장애인권리협약에 서명한 이후 국제사회에서 지속적으로 제기되어 왔던 장애인권리와 인권 신장, 더불어 장애인복지서비스에 대한 북한의 협약 이행 여부를 북한 스스로 자체 평가한 최초의 공식보고서이다.3) 또 지난 2017년 5월 2~9일 장애인 인권 특별보고관의 방북 이후 제기된 다양한 지적사항 대한 대응 성격의 보고서이기도 하다. 또한 동 보고서는 국제사회에 공개되고 여러 나라에 공유된다는 점에서 북한이 갖는 인식의 무게는 크다고 판단된다. 결국 동 보고서는 북한의 입장에서 향후 국제

---

1) 본 연구에서 북한법령은 약칭한다.
2) 조선장애자보호연맹(DPRK), 『조선민주주의 인민공화국 장애자 권리 협약 리행 초기 보고서』(평양: 조선장애자보호연맹, 2018), 39쪽.
3) 참고로 북한의 장애인복지법제의 경우 2003년 6월 18일 최고인민회의 상임위원회 정령 제3835호로 '조선민주주의인민공화국 장애자보호법'이 있다. 동 법령은 북한의 장애인복지에 대한 최초의 공식 법령이다. 동 법령은 2013년 11월 21일 최고인민회의 상임위원회 정령 제3447호로 수정 · 보충되었다. 즉, 북한은 2013년 7월 장애인권리협약 가입하고 약 4개월이 지난 후에 동 법령을 수정한 것이다.

사회를 향한 자신들의 이미지 변화를 꾀하는 수단이 되는 매우 의미 있는 보고서라 하겠다. 때문에 이러한 의미에서 동 보고서를 보다 상세하고 구체적으로 분석할 필요가 있다.

본 연구의 목적은 북한의 장애인권리협약 보고서를 놓고, 장애인 권리에 관한 주요 쟁점을 중심으로 분석하여 북한의 해당 협약 이행 상황을 평가하는 것이다. 아울러 본 연구는 이러한 평가 결과를 바탕으로 향후 북한 장애인권리와 인권, 장애인복지서비스를 증진시킬 수 있는 정책적 과제를 제시하고자 한다. 이에 본 연구의 주요 분석대상은 북한이 제출한 장애인권리협약에 관한 보고서이다.[4]

동 보고서는 두 가지 종류로 영문판과 국문판이 각각 별도로 있고 영문판은 UN장애인권리보호위원회 제출용이고 국문판은 북한 내의 관련 기관 회람용이라 판단된다. 또한 양 보고서 모두 장애인권리협약의 조문 순서에 따라 제1조부터 제33조까지 관련된 이행 사항을 전체 210개 조문-문단-과 부속서로 구성되었고 각각 약 76쪽의 영문판과 약 70쪽의 국문판으로 작성되었다. 이에 본 연구는 동 보고서를 장애인권리협약이 제시한 일반 원칙 제3조에 준하여 주요 쟁점을 중심으로 내용을 분석하고자 한다. 장애인권리협약 제3조에서는 협약의 원칙으로 8개가 제시되어 있는데, 그 원칙을 간략히 정리하면 다음과 같다.

---

4) 지면관계상, 동 연구는 북한이 동 보고서에서 밝힌 내용을 분석하지만 그 내용을 재차 북한장애인복지의 현실과 등치, 이러한 북한장애인의 '현실'에 대한 별도의 평가를 시도하지 않는다.

<표 없음>

<장애인권리협약 8대 원칙>

1) 천부적인 존엄성, 선택의 자유를 포함한 개인의 자율성 및 자립에 대한 존중
2) 비차별
3) 완전하고 효과적인 사회참여 및 통합
4) 장애가 갖는 차이에 대한 존중과 인간의 다양성 및 인류의 한 부분으로서의 장애인의 인정
5) 기회의 균등
6) 접근성
7) 남녀의 평등
8) 장애아동의 점진적 발달능력 및 정체성 유지권리에 대한 존중

　　본 연구에서는 분석을 위해 위의 8개 원칙들 중, 비차별과 기회의 균등을 하나로 묶고, 국제협력을 추가하여 총 8개 원칙으로 재구성하였다. 이러한 이유는 비차별과 기회의 균등의 경우 그 성격이 크게 다르지 않은 점을, 국제협력의 경우 최근 북한 장애인 권리증진을 위한 대외협력의 중요성이 커지고 있는 상황을 반영한 것이다. 이를 토대로 본 연구는 8개 원칙을 기준으로 장애인권리협약의 각 조항을 분류하고 그 주요 쟁점이 되는 조항들을 선별하였다. 이에 8개 원칙 및 분석 조항들은 다음 〈표 1〉과 같다.

<표 1> 장애인권리협약 원칙 및 분석 조항

년번	8가지 원칙 재구성: 분석 틀	해당 분석 조항
1	개인의 존엄성, 자율성 및 자립에 대한 존중	생명권(10조), 신체의 자유 및 안전(14조), 근로 및 고용(27조)
2	비차별 및 기회의 균등	평등 및 비차별(5조), 법 앞의 평등(12조), 사법에 대한 접근(13조), 정보 접근권(21조), 교육(24조), 건강(25조)
3	완전하고 효과적인 사회참여 및 통합	훈련 및 재활(26조)
4	장애 차이 존중, 장애인의 인정 및 보호	인식제고(8조), 위험상황과 인도적 차원의 긴급사태(11조), 적절한 생활수준과 사회적 보호(28조)

5	접근권	접근권(9조), 개인의 이동성(20조)
6	남녀의 평등	장애여성(6조)
7	장애아동 권리 존중	장애아동(7조)
8	국제협력	국제협력(32조)

* 출처: 저자 작성.

본 연구는 상기와 같은 분석 틀을 토대로 내용분석 방법을 사용하여 북한의 장애인권리협약 이행보고서를 분석하였다. 이에 따른 본 연구의 서술순서는 먼저 장애인권리협약을 간략히 고찰하고 다음으로 이행보고서에 나타난 ① 장애인 현황, ② 장애인의 존엄성, 자율성 및 자립에 대한 존중, ③ 장애인의 비차별과 기회의 균등, ④ 장애인의 완전하고 효과적인 사회참여 및 통합, ⑤ 장애 차이 존중, 장애인의 인정 및 보호, ⑥ 접근권, ⑦ 남녀의 평등, ⑧ 장애아동 권리 존중, ⑨ 국제협력을 중심으로 고찰하고자 한다. 마지막으로 이를 토대로 북한장애인권리와 장애인복지서비스에 대한 평가와 향후 과제를 제시하고자 한다.

무엇보다 본 연구는 북한이 가장 최근 발표한 장애인권리협약 보고서 분석을 시도한 연구라는 데에 의의가 있다.[5] 즉, 연구시점의 시기성이 적절하고 나아가 최근 남북한 장애인복지부문의 교류를 시도하는 상황에서 매우 필요한 연구이다. 또한 본 연구의 결과는 북한장애인복지 발전과 장애인인권 개선에 대한 실천적·정책적 대안을 마련하는데 유용한 자료로 활용될 수 있다. 더불어 남북한 장애인복지 교류협력, 북한의 장애인복지서비스 관련 정책적 판단

---

5) 동 연구와 다소 동질적인 연구로는 송인호, "북한의 장애인 관련 법제와 실태: 북한의 '유엔 장애인권리협약 이행 최초보고서'를 중심으로,"『법학연구』제21권 제1호 (서울: 연세대학교 법학연구원, 2019) 연구가 있다.

근거나 자료로 활용될 수 있을 것이라 기대한다.

II. 장애인권리협약과 북한의 국가이행보고서

2006년 12월, UN은 총회에서 '장애인권리협약'을 공식적으로 채택하였다. 이후 동 협약은 2019년 1월 기준으로 UN 가입국 중 177개국이 비준한 국제조약이다. 이는 2019년 현재 유엔 가입국 기준으로 보면, 유엔 가입 정회원국이 193개국임에 따라 나머지 16개국을 제외한 거의 모든 국가가 가입한 협약이다. 이러한 점에서 보면 북한의 2016년도 11월의 동 협약 비준이 다소 늦었다고 비판할 수도 있다. 다른 한편으로는 이렇듯 압도적 다수의 국가가 가입한 협약임에 따라 상당한 강제력이 있다고 판단된다. 즉, 동 협약에 가입한 국가는 동 협약에서 명시한 장애인권리에 관한 내용을 최대한 이행하고자 하는 행태를 보여야만 한다. 왜냐하면 이를 통해 국제사회에서 정상국가임을 인정받는 하나의 촉매제가 되기 때문이다. 때문에 이러한 점에서 보면 북한의 장애인권리협약 가입은 '실'보다는 '득'이 많다 하겠다.[6]

특히 보고서와 관련, 동 협약 제35조 당사국 보고서의 경우 "… 1. 각 당사국은 이 협약에 따른 의무를 이행하기 위하여 취한 조치 및 진전사항에 관하여 이 협약이 자국에 대하여 발효한 후 2년 안에 종합적인 보고서를 국제연합 사무총장을 통하여 위원회에 제출한다. 2. 그 이후 당사국은 최소한 4년마다 후속 보고서를 제출하며 위원

---

6) 한편 북한이 장애인에 대한 본격적인 관심을 가진 것은 2003년 「장애자보호법」 제정 이후이다.

회가 요구하는 경우에는 언제든지 제출한다. 3. 위원회는 이 보고서의 내용에 적합한 지침을 결정한다. …"라고 명시하고 있다. 이는 달리 표현하면, UN장애인권리보호위원회가 해당 국가의 장애인인권 개선에 대한 지속적인 모니터링과 이행 권고사항을 점검한다는 의미이다. 더불어 이는 보고서에 대한 UN장애인권리보호위원회의 종합적인 평가를 내포하고 있다.[7]

이를 뒷받침하는 것이 동 협약 제36조 보고서의 검토인데, 동 조항은 "…1. 위원회는 각 보고서를 검토하고 보고서에 관하여 적절하다고 판단되는 제안과 일반적인 권고를 하며, 이를 관련 당사국에 송부한다. 당사국은 이에 대한 정보를 위원회에 제출할 수 있다. 위원회는 이 협약의 이행과 관련된 추가 정보를 당사국에 요청할 수 있다. 2. 당사국의 보고서 제출이 상당히 지체될 경우, 위원회는 통지 이후 3개월 이내에 관련 보고서가 제출되지 아니하는 경우 위원회가 이용 가능한 신뢰할 만한 정보를 기초로 관련 당사국에게 협약 이행을 심사할 필요성이 있음을 통지할 수 있다. 위원회는 관련 당사국에게 이러한 심사에 참여하도록 요청한다. 당사국이 관련 보고서를 제출함으로써 이에 응한다면, 이 조 제1항의 규정이 적용된다.

---

7) 동 협약은 전문과 총 50개 조항으로 구성되어 있다. 그리고 이는 크게 네 부분으로 구분된다. 첫째, 제1조부터 제8조까지는 총론으로 볼 수 있고 이에 주로 보편타당한 일반원칙에 해당하는 조항으로 구성되어 있다. 둘째, 제9조부터 제32조까지는 장애인의 구체적이고 실체적인 권리조항으로 구성되어 있다. 즉, 이 부분은 가장 핵심적이고 실천적인 내용들을 제기하고 있다. 셋째, 제33조부터 제40조까지는 장애인권리위원회와 협약의 이행 및 모니터링과 관련한 내용으로 이루어져 있다. 이 부분은 협약가입 이후 발생하는 의무사항과 다양한 조치들에 대해 언급한 것이다. 넷째, 제41조부터 50조까지는 협약 서명과 발효, 개정과 폐기 등에 있어 절차적 규정이 명시되어 있다. 따라서 동 협약은 전반적인 장애인권리에 대한 내용을 포괄함과 동시에 협약 가입국에 대해 의무적인 이행을 촉구하여 실질적인 장애인권리의 변화를 유도하는 의미 있는 국제협약이라 하겠다.

…4. 당사국은 보고서가 자국 국민에게 널리 활용 가능하도록 하여야 하며, 이 보고서에 관한 제안 및 일반 권고에 대한 접근을 증진한다. 5. 위원회는 적절하다고 판단되는 경우, 기술적 자문 또는 지원을 요청하거나 그 필요성을 지적하고 있는 당사국의 보고서를 그러한 요청 또는 지적에 대한 위원회의 소견과 권고가 있다면 그 소견 및 권고와 함께 국제연합의 전문기구, 기금 및 프로그램과 기타 관련 기구에게 전달한다."라고 명시되어 있다. 이는 궁극적으로 장애인인권 증진을 위한 실천과 실현을 강조한 것으로, 단순히 해당 국가의 장애인 인권개선의 관심만을 의미하는 것이 아니라 장애인인권에 관한 실질적이고 발전적인 변화를 하기 위함이라고 하겠다.

아울러 해당 국가의 이행보고서에 대한 최종 평가는 UN장애인권리보호위원회의 보고서를 통해 당사국에게 전달된다. 동 협약 제39조 위원회보고서에서 "위원회는 위원회의 활동에 대한 보고서를 2년마다 총회와 경제사회이사회에 제출하며, 당사국으로부터 접수한 보고서와 정보에 대한 심사를 기초로 하여 제안 및 일반적 권고를 할 수 있다. 이러한 제안 및 일반적 권고는 당사국으로부터의 논평이 있는 경우에는 이와 함께 위원회의 보고서에 수록되어야 한다."라고 밝혔다. 이는 UN장애인권리보호위원회의 평가 결과와 이에 대한 당사국의 의견을 동시에 보고한 것으로 해당 국가의 발언권과 방어권을 일정부문 보장하여 보고서의 균형을 유지하고자 하는 것이다. 이에 동 협약의 법적 구성을 간략히 정리하면 다음 〈표 2〉와 같다.

<표 2> 장애인권리협약 구조와 해당 조항 요약

구조		해당 조항
전문		
1부	총론(1조~8조)	장애인권리협약의 목적(1조), 정의(2조), 일반원칙(3조), 일반의무(4조), **평등과 차별금지(5조)**, **장애여성(6조)**, **장애아동(7조)**, 인식제고(8조)
2부	실체적 조항(9조~32조)	**접근권(9조)**, 생명권(10조), 위험상황 및 인도적 긴급사태(11조), 법 앞의 평등(12조), **사법접근권(13조)**, **개인의 자유와 안전(14조)**, 고문이나 형벌로부터의 자유(15조), 폭력 및 학대로부터의 자유(16조), 개인의 고유성 보호(17조), 이주 및 국적의 자유(18조), 자립생활과 지역사회통합(19조), **개인의 이동(20조)**, **정보접근의 자유(21조)**, 사생활 존중(22조), 가족에 대한 존중(23조), **교육(24조)**, **건강(25조)**, **장애에 대한 재활(26조)**, **근로 및 고용(27조)**, **적절한 생활수준과 사회적 보호(28조)**, 정치와 공적생활 참여(29조), 문화 및 여가 참여(30조), 통계와 자료수집(31조), **국제협력(32조)**
3부	장애인권리위원회와 모니터링(33~40조)	국내이행과 모니터링(33조), 장애인권리위원회(34조), 당사국 보고(35조), 보고서 심사(36조), 당사국과 위원회간의 협력(37조), 위원회와 기타 기구와의 관계(38조), 위원회 보고서(39조), 당사국 회의(40조)
4부	절차적 규정(41조~50조)	기탁(41조), 서명(42조), 기속적 동의(43조), 지역통합기구(44조), 발표(45조), 유보(46조), 개정(47조), 협약의 폐기(48조), 접근 가능한 형식(49조), 정본(50조)

* 비고: 굵은 고딕 표기가 본 연구의 주요 분석대상임.
* 출처: UN인권해설집 장애인권리협약 해설집(2007) 내용 재구성.

　반면 이러한 협약의 이행 주체에 대해 북한은 동 보고서에서 다음과 같이 언급하고 있다. "조선민주주의 인민공화국에서 조약 및 기타 국제 인권기구들의 협약 시행을 조율하고 리행하는 것은 국무위원회의 책임이다. 이 위원회는 정기적으로 회의를 개최하여 협약 및 기타 인권 문서의 리행을 위한 조치를 논의하고, 국제 인권문서를 보급하며, 국제 인권기구의 리행 보고서를 작성하고, 관련 조약기구가 채택한 최종 견해를 배포하는 것 등을 논의한다. 또한 협약 및 관련 국내법의 기관, 기업소 및 단체의 리행 상태를 파악하고 최고 인민회의 상임위원회, 내각 및 기타 권한 있는 기관에 의견 및 권고를 제출한다."[8]

이를 통해 볼 때, 동 협약의 이행 주체는 북한의 최고 국가 통치기구인 국무위원회이다. 특이하게도 동 보고서에서 동 위원회의 역할을 언급하면서 '인권'을 재차 다룬 것은 북한의 최근 인식을 반영한다 하겠다. 즉, 이러한 북한의 태도는 국제사회가 그동안 지속적으로 제기한 북한 인권문제에 대한 대응이자 방어이다. 아울러 북한은 동 보고서가 국제사회에 공개된다는 사실을 인지한 가운데에 이를 감안, 상기 내용을 밝힌 것이다. 따라서 동 보고서를 북한의 입장에서 보면 다기능적인 측면이 있다. 때문에 추후 발생할 국제사회의 동 보고서에 대한 평가와 견해는 최근 북한에 대한 국제사회의 이미지와 인식에 상당한 영향을 미칠 수밖에 없다.

한편 동 보고서 작성주체에 대해 북한은 다음과 같이 밝혔다. "본 보고서는, 국제 인권기구의 장애자 인권 증진 및 보호 조치 시행을 위해 조선의 국무위원회의 주관 아래 최고 인민회의, 위원회, 부처, 사회단체, 협회 및 연구기관 등의 관계자와 전문가로 구성된 초안작성반에 의해 작성 되었다. 초안은 관련지침과 각계 각층에서 수집한 다양한 자료를 바탕으로 작성 되었다. 본 보고서 작성의 편의를 위해 조선 장애자 보호 연맹 중앙위원회(이하 KFPD)와 긴밀히 협조하여 장애자의 견해와 의견을 구하는데 충분한 주의를 기울여 9개 협의회를 개최하였으며, 완성된 초안은 관련 기관에 배포 되었으며,

---

8) 조선장애자보호연맹(DPRK), 앞의 책, 14쪽.

최종 완성된 사본은 조국 장애자 보호 위원회에 심의 및 승인을 위해 제출 되었다."[9]

이를 근거로 판단하면, 동 보고서의 작성과 관련 북한의 최상위 국가기구인 국무위원회의 주관 하에 다양한 관련 국가기관과 사회단체가 참여하였다. 그러나 동 보고서 작성의 실무 주체는 조선장애자보호연맹 중앙위원회이다. 또한 이를 위해 북한은 9차례의 회의를 가졌고 이를 통해 완성된 최종 보고서는 관련 기관에 공개 · 배포되었다. 따라서 지금 현재 동 보고서는 북한 내에서 회람되고 있다고 판단된다.

한편 북한은 동 협약의 도입 부문에서 제기한 일반원칙에 대해, "이 협약의 일반적인 원칙들은 장애자들의 선천적인 존엄성 및 개인적 자율성과 독립성 존중, 차별 금지, 사회에로의 완전하고 효과적인 참여, 접근성, 남녀 평등, 장애아동권리 존중 등으로, 장애자 보호법, 공중 보건법[10], 교육법, 일반 교육법, 고등 교육법, 사회주의 로동법, 사회 보장법, 인민회의 대의원 선거법, 가정법, 아동권리보호법, 녀성 권리 보호법, 민법, 민사소송법, 형법, 형사소송법 등의 조선 사회주의 헌법의 분야별 법률에 반영 되여 있다."[11] 라고 하였다.

즉, 북한은 동 보고서를 상기한 법령들을 중심으로 작성하였음을 밝혔다. 이는 곧 북한이 동 보고서를 자신들의 제도를 통해 접근하고 있음을 의미한다. 그리고 이는 지극히 보편적이고 자연스러운 대응방식이다. 그러나 다른 한편으로 북한의 법령에 대해 접근하면, 크게 법령의 기능과 법령의 체계에 대한 문제에 직면하게 된다. 법

---

9) 위의 책, 3쪽.
10) 동 법령은 북한의 「인민보건법」을 칭한다고 판단된다.
11) 조선장애자보호연맹(DPRK), 앞의 책, 5쪽.

령의 기능의 경우 당 우위의 국가체제에서의 문제, 법령의 체계의 경우 법 체계의 구체성의 문제가 항시 제기되기 때문이다. 따라서 동 보고서 역시 이러한 점에서 보면 보고서 자체에 일정한 문제가 노정된다 하겠다.

III. 장애인권리협약 국가이행보고서 분석

1. 장애인 조사와 현황

1) 장애인 조사

북한이 제출한 2018년 장애인권리협약 이행보고서에 언급되어 있지만, 북한의 「장애자보호법」 제5조에 따르면 "장애자의 현황에 대한 주기적인 조사를 실시하고 장애 정도를 명확하게 평가해야 하며, 장애 기준을 적절하게 정의해야 하고 내각은 장애 정도를 평가하는 기준을 규정해야 하는 책임이 있다. 그리고 제10조에서 관련 의료기관 및 기타 기관은 해당 지역의 장애자에 대한 조사를 주기적으로 실시하고 장애 류형별로 등록해야 하며, 장애자가 거주지를 변경하는 경우 그들에 관한 등록정보는 해당 지역의 관계 기관에 이전 되여야 한다."고 명시되어 있다.[12]

그리고 이러한 북한의 장애 조사 및 등록은 공중보건, 교육 및 로동 행정기관에 의해 수행된다. 장애아동의 출생 및 장애 유무에 대한 자료, 취학 전 장애아동과 학령기 교육 기관별 장애아동 자료 및

---

12) 위의 책, 62~63쪽.

장애자에 관한 자료, 로동 행정기관에서 근무할 수 있는 능력이 없는 장애자에 관한 각각의 자료들은 공공 보건기관에 의해 수집된다. 의사는 장애 류형별로 분류된 장애자의 자료 수집 및 등록을 직접 담당한다.[13]

또한 장애인의 설문 조사 지표는 롱인협회, 맹인협회 및 기타 장애자 단체와 협의하고 국제 표준을 참고하여 KFPD가 설정한다. 가정의학과와 교육기관, 공중보건 및 로동기관이 수집한 장애에 대한 모든 자료는 해당 지역의 장애자를 보호하기 위해 지역 통계기관 및 장애자 보호기관으로 전송 되여 중앙통계국, KFPD, 중앙위원회가 공유하는 장애 자료기지에 최종적으로 입력된다.[14]

북한의 장애 자료는 또한 국가 인구조사 및 장애 표본조사를 통해 수집된다. 2008년 인구 조사에서 워싱턴 장애 인구 통계에 대한 네 가지 질문이 포함 되었다. KFPD는 중앙 통계국과 긴밀히 협력하여 2018년 인구조사에 대한 지표를 설정했다. KFPD 중앙위원회 근로자들은 2017년 1월 시범실사를 위한 설문지 작성과 평가관리 교육훈련에 참여했다.[15]

특히 북한의 장애 표본 조사는 일반적으로 3년마다 KFPD와 중앙통계국의 장애 전문가 및 통계 전문가가 수행한다. 1999년 실시된 첫 번째 표본 조사는 장애자가 인구의 약 3.41%를 차지하는 것으로 나타났다. 두 번째 표본 조사는 2011년에 완료되었으며 2014년에는 세 번째 조사가 실시되었다. 2014년 표본 조사는 함경남도, 강원도, 평안남도, 평안북도 등 4개 도의 가구당 50,175명(남성 47.4%, 녀성

---

13) 위의 책, 63쪽.
14) 위의 책, 63쪽.
15) 위의 책, 63쪽.

52.6%)을 대상으로 수행 되었다. 그 결과는 인구의 6.2%가 서로 다른 류형의 장애를 가지고 있음을 보여주었다. 이러한 모든 결과는 장애자 보호를 위한 조국의 정책 및 장애자 보호를 위한 계획 실행에 효과적으로 사용된다.[16)

2) 장애인 현황

북한의 2018년 장애인권리협약 이행보고서에 따르면 북한의 장애인 비율은 전체 인구의 5.5%이다. 이는 북한 전체 인구 약 2천 573만명 중 141만 5천 명 정도가 장애인이라는 것이다. 성별로는 여성장애인 비율이 5.9%로 남성보다 높게 나타났고, 연령별로는 60대 이상장애인 비율이 16.9%로 가장 높다. 특히, 60대 이상이 장애인 비율이 높은 것은 여러 가지로 추정할 수 있다. 이러한 원인은 다소 복합적인 것으로 크게 노화 현상, 노후 영양공급, 생활 인프라, 보건의료서비스와 연계된 사안이라 판단된다. 또한 장애유형별로는 지체장애가 2.5%로 가장 많은 것으로 나타났고, 그다음으로 청각장애 1.3%, 시각장애 1.2%, 정신장애 0.4%, 지적장애 0.3%로 나타났다.[17) 지금

---

16) 위의 책, 63~64쪽.

17) 이는 과거 북한정부가 조사 및 공개한 바 있는 북한장애인조사 통계보고서에 제시된 1999년 북한장애인 총수 763,237명 보다 약 2배 정도 높은 수치이다. 이철수, "김정일시대 북한의 사회복지와 장애인복지에 대한 연구,"「남북한 보건의료」제7호, 서울: 아주남북한보건의료연구소, 2008에서 요약; 이러한 원인은 몇 가지로 추정할 수 있다. 첫째, 고난의 행군 시기에 탄생한 북한 신생아들의 건강상태이다. 1999년 조사 당시 신생아였던 이들은 영양 부족 상태였지만 그렇다고 장애인판정을 받을 수 있는 상황이 아니었음에 따라 자연스레 장애인에 포함되지 않았다. 따라서 이로 인해 장애인 수가 2018년에 비해 상대적으로 낮을 수밖에 없었다. 그리고 이들이 성장한 2018년 현재 이들 중에 상당수가 장애인이 된 것이고 이 때문에 장애인 수가 증가한 것이라 판단된다. 둘째, 1999년 장애인의 판정 기준이다. 1999년 북한장애인 조사는 5가지 기준으로 장애인을 판정하였다. 이로 인해 조사 초기부터 장애인의 범주를 좁힌 결과, 장

까지 상술한 북한의 장애인 비율과 장애유형을 정리하면 각각 다음 〈표 3〉과 〈표 4〉와 같다.

<표 3> 북한 전체 인구 대비 장애인 성별, 연령별 비율(%)

구분		2016		
		전체	남	여
연령	전체	5.5	5.1	5.9
	0~4세	0.3	0.4	0.2
	5~6세	0.5	0.6	0.4
	7~16세	1.0	1.2	0.8
	17세~59세	4.8	5.4	4.2
	60세 이상	16.9	13.3	19.1

* 출처: 북한중앙통계국 2017년 통계자료.

<표 4> 전체 인구 대비 장애유형에 따른 북한 장애인 비율(%)

장애유형	2016
	장애인 비율
시각장애	1.2
청각장애	1.3
언어장애	0.4
지체장애	2.5
지적장애	0.3
정신장애	0.4
합계	5.5

* 출처: 북한중앙통계국 2017년 통계자료.

또한 2018년 보고서의 경우 장애인의 교육수준과 관련해서는 고등중학교 졸업이 64.3%로 가장 많은 것으로 나타났다. 다음으로 대학교 14%, 전문대학 8.2%, 초등학교 5.9% 순으로 나타났다. 또 북한의 장애인 근로와 관련된 통계에서는 전체 장애인 가운데 58.4%가

애인의 수가 2018년에 비해 적었다. 반면 2018년의 경우 7가지 기준을 적용하여 조사한 결과 상대적으로 1999년에 비해 증가한 것이라 판단된다.

근로 활동에 참여하는 것으로 나타났고, 근로유형별로는 일반노동
자가 47.4%로 가장 많은 것으로 나타났다. 상술한 북한 장애인의 교
육수준[18]과 근로유형을 정리하면 각각 다음 〈표 5〉와 〈표 6〉과 같
다.

<표 5> 북한 장애인의 교육수준 (%)

교육수준	2014		
	전체	남	여
유치원	2.6	2.4	3.4
초등학교	5.9	4.1	9.4
중학교	64.3	65.3	62.4
직업학교	3.6	3.8	3.2
전문대학	8.2	8.6	7.4
대학교	14	15.1	12.0
무응답	1.4	0.7	2.2
합계	100	100	100

* 출처: 북한 2014 장애표본조사.

---

18) 1999년의 경우 교육수준에 따른 장애인 수를 비교해 보면, 중등교육이 56.7%로
가장 많은 비중을 차지하는 것으로 나타났다. 이는 당시 조사지역의 전체 장애
인 12,979명 중 7,359명에 해당된다. 이외에 고등교육이 22.9%, 초등교육이
16.4%, 기타 4.0% 순으로 나타났다. 또한 북한 장애인의 직업상태를 살펴보면,
타인의 지원으로 살아가는 장애인이 30.5%로 가장 많은 비중을 차지하였고, 근
로자 23.8%, 연금수급권자 18.0%, 사무원 9.4%, 사회보장 8.6%, 농부 7.8%, 학생
1.9% 순으로 나타났다. 이를 토대로 실제 직업을 가진 장애인은 근로자, 사무
원, 농부로 전체 대비 41%를 차지하고 있었다. 이철수, "김정일시대 북한의 사
회복지와 장애인복지에 대한 연구," 「남북한 보건의료」 제7호 (서울: 아주남북
한보건의료연구소, 2008)에서 요약; 이를 근거로 판단하면, 장애인의 교육수준
은 1999년과 대동소이한 반면 근로유형의 경우 2017년 현재 증가한 것으로 나
타난다. 그리고 이러한 차이가 발생하는 원인은 김정은시대 들어 장애인복지
에 대한 정책적 관심과 의지가 반영된 것이라 판단된다.

<표 6> 북한 장애인의 근로유형 (%)

구분	2016		
	전체	남	여
근로 참여 비율	58.4	61.6	54.7
참여 비율	100	100	100
노동자	47.4	48.7	45.7
공무원	25.3	22.6	28.9
농민	27.3	28.7	25.4

* 출처: 북한중앙통계국 2017년 통계자료.

한편 장애인 현황과 관련, 2018년 '국가이행 보고서'는 북한의 '1999년 장애인조사 통계 보고서'에 비해 구체적이지 않다. 이러한 원인은 양 보고서의 본질적인 성격 차이에 기인한다. 2018년 국가이행 보고서는 장애인 권리에 대한 내용인 반면 1999년 장애인 조사 통계보고서는 장애인에 대한 전수조사 보고서이다. 때문에 1999년 장애인 조사통계 보고서의 경우 ① 전국 장애인수, ② 장애율과 장애유형별 비중, ③ 지역별 장애인수, ④ 도시·농촌 장애인 수, ⑤ 성별에 따른 장애인 수, ⑥ 연령별 장애인 구성, ⑦ 장애인의 직업상태, ⑧ 교육수준에 따른 장애인, ⑨ 장애원인별 구성, ⑩ 장애인의 활동상태, ⑪ 장애인의 간병 상태 등을 포괄하여 구체적으로 명시하였다. 반면 2018년 보고서는 장애인권리를 중심으로 한 보고서이고 장애유형에 관한 표본조사를 기초로 했기 때문에 장애인 실태[19]에 관한 보고 내용이 1999년 보고서보다 상대적으로 낮을 수밖에 없다.

---

19) 북한장애인에 대한 다양한 실태는 원재천 외,『유엔장애인권리협약에 비추어 본 북한장애인인권』(서울: 공동체, 2019) 참조.

2. 장애인의 존엄성, 자율성 및 자립에 대한 존중

1) 생명권: 제10조-3개 조문

- (77) 헌법은 장애자를 포함한 모든 인민에게 그 개인의 불가침권을 부여한다. 인민을 구속하거나 법적 명령장없이 구속하는 것은 심각한 법 위반에 해당한다.(28쪽)[20]

- (79) 아동권리보호법은 장애아동을 포함한 모든 아동에게 생명권과 발달권을 부여하고, 부모, 보호자 또는 관련 기관이 자신의 생명과 존재를 보호할 권리를 완전히 보장하며, 정신적, 육체적으로 건강하게 성장할 수 있도록 의무화하고 있다. 이 법에 따른 의무를 리행 하기 위해 공공 보건지도 기관과 지방 인민위원회는 … 적절한 의약품과 의료기기를 공급하는 한편, 아동 양육기관은 아동의 건강과 성장을 정기적으로 점검하고 과학적 지식에 기반하여 필요한 조치를 취하도록 한다.(28~29쪽)

동 보고서에서 장애인의 생명권과 관련한 보고 조항은 총 3개 조항이다. 주요 내용에 대해 분석하면,「헌법」과 관련한 내용은 사실상 국제사회가 그동안 지속적으로 제기한 북한인권과 관련된 포괄적인 사안이다. 또한 이는 북한 장애인의 생명권에 대한 별도의 내용이라기보다는 일반적인 북한 주민의 생명권에 대한 법적 보호를 의미한다. 장애인의 생명권 보장과는 다소 거리가 있다고 판단된다. 한편으로는 북한의 「헌법」에서 공민의 불가침권에 관한 내용은 제79조 "공민은 인신과 주택의 불가침, 서신의 비밀을 보장받는다. 법에 근거하지 않고는 공민을 구속하거나 체포할수 없으며 살림집을 수색할수 없다"라는 조항이 있다. 따라서 이를 차용한 동 보고서의 경우 일정부문 타당한 근거가 있다 하겠다.

또한 「아동권리보호법」을 차용한 보고의 경우에도 일반 아동의 권리에 관한 내용이다. 따라서 이 역시 비장애 아동의 생명권에 장

---

20) 본 연구의 북한 보고서 인용문의 페이지 표기는 북한의 국내 국문판 기준이다.

애아동의 생명권을 포괄하여 설명하고 있다. 즉, 동 보고의 내용은 비장애 아동 보호 내의 장애아동 보호 조항인데, 장애아동의 경우 비장애 아동과 달리 특별보호 대상으로 봐야 하고 이러한 인식과 접근을 통해 제도화해야 한다. 이에 결국 장애인의 생명권과 관련한 이 정도 수준의 답변은 국제사회에서 신뢰성을 확보하기에는 일정한 한계가 있다고 판단된다. 한편 한 가지 특이한 것은 「아동권리보호법」인데, 북한이 2010년 12월 22일 제정한 「아동권리보장법」이 있지만 별도의 「아동권리보호법」이 제정되지는 않았다. 따라서 이는 번역상의 단순 오류일 가능성이 있다.[21]

다른 한편 아동의 보건의료와 관련한 내용은, 인력배치는 일부 사실이다. 그러나 이는 북한의 보건의료 수준과 직결된 사안이다. 따라서 이는 국제사회의 대북 보건의료지원에서 나타난 것과 같이 의약품과 의료기구, 의료공급 능력과 의료인프라는 부족한 실정이라 판단된다. 특히 장애인의 경우 장애유형별로 제공되는 의료보조기구, 각종 보장구, 치료와 재활에 필요한 의약품의 경우 북한의 현재 보건의료 공급 수준과 거의 동일함에 따라 다소 낮은 수준이라 판단된다.

2) 신체의 자유 및 안전: 제14조-4개 조문

· (92) 헌법은 제79조에서 인민은 개인과 가정의 불가침과 통신의 사생활이 보장 되여야 하며 어떠한 인민도 통제 또는 체포될 수 없으며 법 집행 명령장없이 인민의 주택을 수색할 수 없다고 규정하고 있다.(32쪽)

· (93) 형사소송법에 따르면 수사관은 범죄자가 범죄를 저지를 때 또는 범죄를 저지를 때 발견되거나 범죄자가 도주하는 시점에 있는 경우 등 부득이한 경우를 제외하고는 범인이나 범죄자를 체포해서는 안된다고 규정하고 있다.(32~33쪽)

---

21) 그러나 다른 한편으로 북한이 자신들의 법의 존재를 인지하면서 그 법명을 제대로 확인하지 않았다면 이는 북한의 심각한 오기라 판단된다.

> · (95) 정신 질환자의 검진 및 격리 처우는 정신병의 의학적 검사 및 의학적 조치를 받는 인민의 고립된 치료에 관한 의료법과 규정에 따라 엄격히 수행된다. 건강 검진은 규제 및 감독기관이나 기타 기관, 기업소 및 단체의 신청, 의료기관의 통보나 개인의 요청 등에 의해 실시되거나, 의료 검사의 실시과정에서 이러한 검진이 필요한 상황이 확인될 때 실시한다. 신청서를 수령한 검사 기관은 해당 기관의 장, 보건 전문가 및 필요에 따라 다른 기관의 정신과 의사가 참석하는 자문 회의를 개최하고 과학적이며 객관적인 데이터에 근거하여 법적 및 의학적 요구 사항을 충족시켜야 한다. … (33쪽)

장애인의 신체의 자유 및 안전과 관련한 보고 조항은 총 4개 조항이다. 주요 내용을 살펴보면 먼저 「헌법」과 관련한 내용은 지극히 당연한 것으로, 장애인에 대한 자유와 안전을 별도의 법령으로 보장하지 않는 한 긍정적인 평가를 받기에는 한계가 있다. 다음으로 「형사소송법」을 인용한 내용은 장애인과 관련한 내용이라기보다는 일반 형사범과 관련한 내용이다. 따라서 이 또한 앞서 언급한 「헌법」상의 맥락과 거의 동일시된다.

마지막으로 지적장애인에 대한 내용은 가장 직접적으로 북한 장애인의 신체자유와 안전에 관련한 내용이다. 다른 한편으로 지금 현재 북한은 전체 유형별 장애에 대한 구체적인 장애등급 판정 기준이 부재하다. 따라서 북한의 경우 장애에 대한 유형별 검사는 가능하지만 검사결과에 따른 초보적 수준의 장애등급화가 미비하다고 판단된다. 또한 북한의 「의료법」상의 "의료의 검진과 진단"만으로 지적장애 장애를 판단할 수는 있으나 의학적 치료와 재활을 하기에는 일정부문 한계가 있다.

3) 근로 및 고용: 제27조-5개 조문

- (169) …부상당한 전직 군인들을 위한 공장, 경로동 근로자를 위한 교육훈련, 광명 공장(맹인 공장 및 시각 장애자 공장), 자활단체 및 기타 전문 기업소 및 단체가 전국 각지에 설립 되었다. …그들은 하루에 4, 5시간 동안 그들의 신체 조건에 맞는 가벼운 일을 한다. 광명 공장은 근로 연령에 있는 맹인을 고용한다. 현재 60개 이상의 지역에 시각 장애자에게 그들의 특성에 따라 일할 수 있는 기회를 제공하는 공장이 있다. 또한 청각, 언어 장애자 또는 지체 장애가 있는 인민들은 미용실, 수리점, 재단사 등, 다른 인민들과 섞인 복지 시설에서 일한다.(56쪽)

- (170) 장애자 보호법에 따르면 장애자 전문기업소 및 단체의 경제활동에는 우대 조건이 마련돼 있다. 예를 들어 광명공장은 맹인 공장 규정에 따라 장애자 급여, 특별상여금, 특별생활수당, 결혼수당, 장례수당, 시각장애자 수당 등을 지급하기 위해 수익의 상당 부분을 특별기금으로 마련해 놓는다. …(56쪽)

- (171) 장애자 보호법에 따르면 … 장애자의 법정 근로시간은 8시간이지만 중증 장애가 있고 직장 녀성이 장애아동을 둔 경우는 단축할 수 있다. 사회주의 로동법에 따라 근무일을, 고된 무역 및 기타 특수한 직업 범주에서 7시간 또는 6시간으로 정하고 있으며, 3명 이상의 자녀가 있는 녀성은 6시간으로 되어 있어, 직장 생활에 있어 장애 녀성을 포함한 녀성들의 적극적인 참여를 보장하고 있다. … 이외에도 해당 기관, 기업소 및 단체는 장애자의 업무와 휴식이 적절히 배합 되어 있는지 확인하고, 보건 휴양 및 휴일을 위한 숙박시설을 우선적으로 제공한다.(56~57쪽)

- (184) … 장애관련 단체에서 일하는 장애자 비율이 KFPD 중앙위원회 근로자는 20%, 맹인 및 청각 장애자협회는 100%, 롱아인 축구팀, 맹인 및 롱아인 경제 교류센터 근로자는 70%, 미술 협회회원은 50%, 손말 통역 협회 회원은 14.3%, 청각 장애자를 위한 가구 공장 근로자는 84%로 증가하고 있다.

장애인의 근로 및 고용과 관련한 보고 내용은 총 5개 조항과 관련 조항 1개 추가된 형태이다. 핵심 내용을 살펴보면 먼저 이는 북한의 지역별로 배치된 '영예군인공장'과 '경노동공장'을 의미한다. 그러나 이들의 장애의 원인이 군 복무 중 사고로 인한 후천적 장애인임을 고려하면 선천적 장애인보다 이들을 우선시하는 경향을 보이고 있다는 점에서 비판의 소지가 있다. 또 고용시설의 설립은 긍정적이나 언제 어느 정도의 규모인가에 대한 언급이 없어 신뢰성을 상쇄시킨다. 또한 장애인의 1일 4~5시간 노동 시간보장에 대한 법적 규정은 부재하다.[22]

다른 한편으로 매우 인상적인 것은 북한의 공식 보고서에 '복지시설'이라는 남한식 표현을 사용했다는 것이다. 북한은 통상 '복지시설'이라는 표현 대신 '보양소', '보양원', '요양원' 등 사회복지서비스 시설 이용 대상별로 별도의 명칭을 사용해 왔다. 그러나 동 보고서를 통해 그들의 표현을 배제하고 남한식 표현을 인용한 것은 다소 의아스럽기도 하지만 그동안의 남북한 장애인 교류의 영향인 것으로 판단된다.

다음으로 다양한 장애인 급여와 수당에 대한 언급은 고무적이나 이를 인용한 북한의 「장애자보호법」에는 제40조 로동능력을 상실한 장애자의 보조금지불의 경우 "국가는 로동능력을 완전히 상실한 장애자에게 보조금을 준다"라고 명시되어 있다. 따라서 위의 보고 내용에서 언급한 각종 급여와 수당에 대한 법적 근거가 부재하다. 또한 북한의 각종 기금적립은 장애인만 하는 것이 아니라 노동자, 사무원, 농민도 하고 있기 때문에 장애인에게만 국한되는 별도의 주목할 만한 사안은 아니다.

그러나 다른 한편 이러한 북한의 장애인 현금급여의 실태에 대해, 북한의 한 시각장애인이 북한 모 월간지에 기고한 글에 따르면, 북한에서는 생활비 방조금, 특전보조금, 치료안내비, 관혼상제보조금,

---

22) 이러한 보고의 경우 구체적으로 관련 법 조항을 통해 대응해야 설득력과 신뢰성을 갖는다. 또한 북한의 구체적인 장애인 고용사례나 예시의 경우보다 더 많은 사실을 언급하고 고용현황을 정량화하여 동 보고서의 본문에 표기하는 것이 바람직하다.

맹아장학금 등의 현금급여가 제공되고 있고 이중 "치료안내비란 맹인공장에서 일하는 맹인이 치료를 위하여 병원으로 갈 때 그를 안내한 종업원에게 지불하는 생활비와 려비이다. 맹인공장에 관한 규정에는 맹인이 치료를 위하여 병원에 갈 때 혼자 갈수 없어 공장종업원이 함께 갔다오는 경우 안내자의 생활비(기준생활비)와 려비를 특전자금에서 쓴다고 되어있다[23]"라고 제시하여 다양한 종류의 현금급여와 보조금이 존재한다고 한다.

아울러 동 보고서에 언급한 특별기금의 존재 여부를 확인할 수 있도록 밝히는 것이 대단히 중요한데, 이에 대한 답변이 소극적으로 나열되어 있어 긍정적인 평가가 어렵다. 특히 기금을 언급할 경우 「장애자보호법」 제52조 장애자후원기금의 설립에서 "장애자보호기관은 장애자들의 생활환경과 조건을 개선하는데 필요한 자금을 보장하기 위하여 장애자후원기금을 내오고 운영할 수 있다. 장애자후원기금은 장애자보호기관이 조성하는 자금과 국제기구와 자선단체, 해외 동포들이 내오는 협조자금, 자선금, 물자 같은것으로 적립한다"라고 명시되어 있다. 따라서 북한은 중앙정부차원의 기금인 '장애자후원기금'을 언급하며 「장애자보호법」의 동 조항을 제시해야 할 것이다.

노동시간을 언급한 조항의 경우 이는 모두 사실이고 장애인뿐만 아니라 임신 여성근로자, 다자녀 양육 여성 근로자에게도 보장된다. 그리고 이러한 노동안전과 보호는 2010년 제정한 「노동보호법」의 연장선상에 있다. 즉, 장애근로자를 위한 특별보호조항 이라기 보다

---

23) 연합뉴스, "北 대외용 잡지, 점자책 전문 출판사 소개 눈길," 2013년 10월 14일; 이철수, "북한 장애인복지 법제의 지속성과 변화 고찰: 장애자보호법의 개정 내용 비교를 중심으로," 미간 논문, 12쪽에서 재인용.

는 노동과 관련해서 통합 적용되는 법적 틀 안에 존재한다는 것을 의미한다. 따라서 이러한 점에서 보면 장애인의 근로와 고용에 관한 긍정적인 평가를 내리기에는 한계가 있다. 그러나 이와 달리 장애인 단체에서 근무 중인 장애인 비율의 경우 매우 고무적이라 하겠다.[24]

3. 비차별과 기회의 균등

1) 평등 및 비차별: 제5조-4개 조문

> · (39) 헌법은 제65조에서 인민은 조국 및 공공 활동의 모든 영역에서 평등한 권리를 향유할 것이라고 규정하고 있다. 이 조항은 장애자를 포함한 모든 인민의 기득권을 선언하는 것이다.(14쪽)
>
> · (40) 헌법과 모든 계층의 인민 위원회 선거법에 따라, 만 17세가 된 모든 인민은 … 투표하고 선출될 권리가 있다. 공중 보건법, 사회 보장법 및 사회주의 로동법 등은 장애자가 다른 인민들과 동등한 조건으로 의료서비스를 무료로 받을 수 있고, 로인, 질병 또는 장애 등으로 인해 더 이상 일할 수 없는 모든 인민, 물질적 지원이 없는 로인과 미성년자에게도 자유로이 의료 혜택을 받을 수 있는 권리를 부여한다. 교육법, 고등 교육법, 일반 교육법 및 아동 양육 및 간호법[25])에 따라 장애자를 포함한 모든 인민은 유치원부터 대학까지 무상 교육을 받는다.(14~15쪽)
>
> · (41) … 장애자 보호법에 따라 장애자가 자주 이용하는 시설에서 근무하는 써비스 제공자는 장애자의 요구를 수용할 수 있도록 점자 및 손말 교육을 정기적으로 실시한다. 형사 소송법 및 민사 소송법에 따라 범죄 혐의로 기소되거나 증인으로 불리는 청각 장애자를 심문할 경우 손말 통역사가 제공된다.(15쪽)

24) 북한의 장애인 실태와 관련, 2015년 12월 3일 '조선장애자보호연맹' 중앙위원회 소속 리 광은 유엔 지정 '세계 장애인의 날'을 맞아 노동당 기관지 노동신문과 인터뷰를 통해 "우리나라에서는 시종일관 장애자(장애인)들의 인격을 존중하고 그들이 보통사람들과 똑같은 사회·정치적 권리를 향유하며 국가와 사회 활동에 적극적으로 참가하도록 필요한 모든 조건과 환경을 보장해주고 있다"고 밝혔다. 그는 "장애자 직업기능공학교를 졸업한 장애자들이 취미와 희망에 따라 이발과 미용, 피복, 식료가공, 목공 작업 등 노동 활동에 적극 참가하고 있다"고 하였다. 연합뉴스, "북한, 장애인에 필요한 모든 조건·환경 보장 주장," 2015.12.3.

장애인의 평등 및 비차별과 관련한 보고 내용은 총 4개 조항이다. 핵심 내용을 살펴보면 먼저 북한은 「헌법」 제65조에서 "공민은 국가 사회생활의 모든 분야에서 누구나 다같은 권리를 가진다"라고 명시하였다. 그러나 이는 북한이 장애인을 공민에 포함한 접근과 인식이다. 무엇보다 장애인은 여성, 아동, 노인과 마찬가지로 사회적 약자임을 고려하면, 다소 소극적인 답변이라 하겠다. 그러나 다른 한편으로 국가의 최상위법인 헌법에 장애인을 직접적으로 언급하기에는 다소 부자연스러운 것이기도 하다. 따라서 이러한 내용의 보고는 일정부문 이해되고 허용 가능한 부문이기도 하다.

다음으로 선거권 장애인권리협약 제29조 정치 및 공적 생활에 대한 참여와 연관되는 부분의 경우 북한의 「각급 인민회의 대의원선거법」 제3조 평등선거원칙의 경우 "각급 인민회의 대의원선거는 평등선거원칙으로 한다. 선거할 권리를 가진 공민은 누구나 한 선거에서 한 표의 투표권을 가진다. 매 선거자의 투표효력은 같다"라고 하여 보고 내용에 준하는 조문이 명시되어 있다. 또한 「공중 보건법」, 「사회보장법」, 「사회주의 로동법」, 「교육법」, 「고등교육법」을 언급하면서 밝힌 각종 보건의료 서비스, 사회복지, 사회보장, 교육에 관한 내용은 기존의 북한 사회복지 제도들을 제기한 것이다. 즉, 이를 달리 말하면 북한이 협약가입 이후 장애인만을 위한 새로운 사회복지와 교육 제도를 신설하지 않았다는 것이다.

마지막으로 점자와 수어 서비스의 경우 이 정도로 수준으로 국제사회에 북한의 장애인에 대한 장애와 차별이 없다고 하기 매우 어렵

---

25) 여기에서 또 오기가 나타나는데, 북한은 '일반 교육법'은 부재하며 「보통교육법」이 있다. 또한 '아동 양육 및 간호법'의 경우에도 이와 관련한 법령들은 있으나 동 법령과 동일한 지칭으로 명명된 법령은 부재하다.

다. 즉, 동 보고서에서 밝힌 장애인 이용시설의 점자와 수어 배치 및 확보 현황, 장애인 이용시설 종사자들의 점자와 수어 교육 사례, 그를 통한 서비스 효과를 제시해야 한다. 한편으로 장애인 수용시설의 경우 북한은 매우 부족한 것은 물론이거니와 전문화된 인프라가 부족하여 사실상 정상적인 장애인복지 서비스를 실천하기에는 한계가 있다. 결국 북한의 장애인에 대한 평등과 비차별에 관한 평가 역시 의지의 표현은 있으나 이를 실질적으로 증명할만한 뚜렷한 내용은 부족하다 하겠다.

2) 법 앞의 평등: 제12조-4개 조문

- (83) 장애자는 사회주의 헌법, 민법, 가족법, 상속법 및 민사소송법에 따라 다른 인민들과 동등한 법적 능력 …(29쪽)

- (84) 헌법은 제65조에서 인민은 국가 및 공공 활동의 모든 영역에서 동등한 권리를 향유해야 한다고 … 제4조의 가족법은 존엄을 보호하고 인민의 권리를 증진하는 것은 … 인민이 가장 소중하게 여기며 조국은 보호주의 제도를 통해 무력한 인민의 권익을 보호하여야 한다고 규정하고 있다. 19조의 인민법[26]은 … 모든 인민은 인민권과 평등하며 아무도 인민의 인민 권리를 제한할 수 없다.…(29~30쪽)

- (86) 민법[27] 37조에 … 재산 소유는 조국 소유, 사회 소유, 협동 소유, 인민 소유의 범주에 속한다 …, 제39조에서 소유 지분이 있는 자가 … 규정된 한도 내에서 소유, 사용 및 처분할 수 있다 … . 이 규정에 따라, 장애자는 소매업 기관, 조달 기관 및 개인과의 물품 매매 계약, 자신이 생산한 농산물을 소비자에게 판매 계약, 소매업을 위탁하는 써비스 계약 등을 타인과 동등하게 체결할 수 있다.…(30쪽)

장애인의 법 앞의 평등과 관련한 보고 내용은 총 4개 조항이다. 핵심 내용을 분석하면, 관련 사안에 대해 현존하는 북한의 각종 법

---

26) 이 또한 오기로 정식명칭은 「민법」이다
27) 이는 상술한 「인민법」을 칭한다고 판단된다.

령을 언급하였다. 하지만 여기에서 제시한 장애인의 동등한 법적 지위는 사실상 포괄적인 의미라 사료된다. 그리고 이는 동 보고서의 보고 패턴과 동일하게 진술되어 있다. 이에 서술 행태를 간략히 정리하면, 관련 주제에 대한 ① 해당 사안의 포괄 서술, ② 관련 법령 제시, ③ 관련 사항 설명과 논거, ④ 관련 내용이 존재할 경우 사례 제시, ⑤ 일부 향후 계획 언급 순의 경향을 갖고 있다.

다른 한편으로, 이 부문은 장애인의 법적 보호 뿐만 아니라 장애인의 법앞의 평등에 대한 북한의 구체적인 법적 지원과 서비스가 어떠한가를 판단하는 것이다. 따라서 동 사항에 대해서는 구체적인 법조항과 사례, 협약 가입이후 변화 등의 내용을 통해 대응해야한다. 이와 마찬가지로 북한의 「헌법」과 「가족법」, 「민법」을 통한 권리와 소유에 대한 언급 역시 평이한 내용이 주류이다. 즉, 북한이라는 국가의 제도를 소개하고 언급하고 있을 뿐이다.

3) 사법에 대한 접근: 제13조-5개 조문

- (89) 말 또는 청각 장애가 있는 인민이 법 위반을 저지르거나 증인으로 사법 절차에 참여할 때 손말 통역자를 제공해야 한다는 것이 형사소송법과 민사소송법에 규정돼 있다.(32쪽)

- (90) 만성적인 정신질환이나 일시적인 정신질환으로 자신의 행동을 판단하거나 통제할 수 없는 상태에서 사회적으로 위험한 행위를 한 범죄자에 대해서는 처벌을 하지 않으며, 대신 의료조치를 적용한다. 시각장애자, 청각장애자, 일반범죄를 저지른 장애자 등을 다루는 원칙은 처벌을 면제하거나 완화하는 것이다.(32쪽)

- (91) 2013년에 채택된 장애자 보호법 개정안 및 2016년에 비준된 협약의 경우 법집행관을 대상으로 교육훈련, 강습 및 훈련이 조직 되었으므로 이들이 장애자 권리를 잘 알고 있으며, 장애자들의 권리 리행 과정을 보장한다. 그들은 또한 장애자들의 여러 실질적인 문제와 함께 장애자들의 존엄성을 존중하면서 그들의 특성에 맞는 방식으로 법을 위반한 장애자를 다루는 방법 및 협약의 원칙과 요건을 배웠다.(32쪽)

장애인의 사법적 권리와 보호에 관한 내용은 총 5개 조항이다. 핵심 내용을 열거하면 먼저 사법접근에 대한 일반규정이 2개가 서술되어 있고 이어, 장애인과 직접적으로 관련된 3개 조항이 나열되어 있다. 이를 보다 더 구체적으로 살펴보면 다음과 같다. 동 보고서에 기재된 장애인이 형사 혹은 민사소송 재판을 받을 경우에 대한 수어통역에 대해, 2012년 5월 14일 수정된 북한의「형사소송법」제172조 조선말을 모르는 피심자 또는 벙어리, 귀머거리피심자심문 조항에서 "예심원은 조선말을 모르는 피심자를 심문할 경우 통역을, 벙어리, 귀머거리피심자를 심문할 경우 그의 의사표시를 해석할수 있는 자를 붙인다. …"라고 명시되어 있다. 또한 2015년 12월 23일에 수정된「민사소송법」제9조 민사사건조사심리의 어문 조문에서 "… 조선말을 모르는 사람에게는 통역인을 말을 하지 못하는 사람에게는 해석인을 붙인다. …"라고 밝혔다. 이를 근거로 판단하면 동 보고서의 내용이 사실에 기반한 것이고 현재 적용되고 있다고 판단된다.

그러나 다른 한편으로「형사소송법」법 조문에 순우리말이지만 장애인을 다소 비하하는 이미지인 '벙어리, 귀머거리'라는 표현과,「민사소송법」에서 '말을 하지 못하는 사람에 대한 해석인'이라는 진술은 다소 논란의 소지가 있다. 왜냐하면 북한이 보다 더 명확한 장애인의 사법적 접근을 보장하고자 한다면, 상기와 같은 표현보다는 직접적인 장애인의 유형-가령 시각장애인, 청각장애인-을 통해 밝히는 것이 제3자가 볼 때 긍정적이기 때문이다.

다음으로 정신지체 장애인의 범법행위에 대한 처벌 면제와 완화, 후속적인 의료서비스는 보편적인 것으로, 보고 내용이 다소 평이하다 하겠다. 즉, 이를 달리 보면 당연히 적용해야 할 내용들이라 하겠다. 마지막으로 법 집행관에 대한 교육의 경우 매우 중차대한 사안이고 이를 위해서는 장애인의 사법 접근에 대한 법 집행관의 교육을 매우 구체적으로 밝혀야 한다.

예컨대 이러한 경우에는 북한의 법 집행관들이 '언제, 어디서, 무엇을, 어떻게, 얼마나 배웠고, 이후 언제부터 재판에 반영하였고, 그리하여 이러한 효과를 보았다'라는 등의 구체적인 실천 사례에 관한 내용들을 언급해야 한다. 특히 사법접근의 경우 이는 무엇보다 재판 과정에 대한 장애인의 법적 보호뿐만 아니라 이 과정에서 장애인에 대한 법적 지원이 어떠한가를 판단하는 것이다. 따라서 동 사항에 대해서는 반드시 구체적으로 명문화한 법 조항, 증명 가능한 사례, 누적되고 정량화된 수치를 제시할 필요가 있다.

4) 정보 접근권: 제21조-5개 조문 중 3개 조문

- (127) 조선어 손말은 공식적으로 자국어로 인정받았고, 손말 시험 심사위원회를 구성하여 그 역할을 향상시킴으로써 보급 및 사용 뿐 아니라 표준화를 촉진하고 있다. KFPD가 주관하는 모든 행사는 손말 통역과 청각 장애인을 위한 자막을 제공한다. 광명 출판사는 시각 장애인을 위한 다양한 서적과 사회 정치, 경제 기술, 문학, 상식에 관한 책자를 조선어 점자로 발간한다. … 현재 시각장애자 및 청각장애자를 위한 경제 교류쎈터는 그 수용력을 확장하고 건물을 개조하는 과정에 있다.(42~43쪽)

- (128) 손말 협회와 조선손말검정 비상임위원회는 조선 중앙 텔레비전과 라디오 방송 위원회 등 관련 기관과 공동으로 청각장애자를 위한 과학 영화 편집물 및 동영상을 제작하고 있다. 14개의 과학 영화와 편집물이 손말판과 조선어 자막으로 제작 되었다. 가까운 장래에 손말 표준화가 완료되면 그와 같은 영화와 편집물을 더 많이 제작할 수 있게 되며, 뉴스 보도나 TV 프로그램에 손말 자막이나 조선어 자막을 광범위하게 제공할 수 있게 된다.(43쪽)

- (129) 롱맹경제교류사와 평양정보쎈터는 조선롱인 및 맹인 장애자를 대상으로 한글 문자인식 및 변환 프로그람을 제공하기 위해 함께 노력하고 있으며, 조선어 필기체를 조선어 점자로 변환하는 프로그람으로, 시험판이 이미 개발 되어 도입 되었다.(43쪽)

장애인의 정보에 대한 접근권은 장애인의 표현과 의견의 자유와 함께 동일한 카테고리에 서술되어 있다. 이에 동 보고서의 정보접근에 관한 내용은 총 3개 조항으로 상기와 같다. 이에 보고 내용을 요약하면 ① 수어의 표준화 진행 상황, ② 수어 통역서비스, ③ 점자출판, ④ 특정 기관의 상황 등에 대해 비교적 구체적으로 보고하고 있다. 즉, 북한은 이에 대해 노력하고 실천한 그동안의 사실들을 열거하였다. 따라서 이러한 점에서는 다소 긍정적인 측면이 있다. 그러나 이러한 수어 표준화 미비, 미디어 수어 자막 부족, 문자인식 프로그램 일부 미비 등은 여전히 문제점으로 제기된다. 왜냐하면 상술한 문제들은 북한의 의지에 따라 일정 부문 가능한 영역이기 때문이다. 한편 동 보고서의 예시의 경우 추가로 2014년 6월[28]과 2017년 6월[29] 조선맹인협회의 활동을 소개할 필요가 있는데, 왜냐하면 동 조항과 관련된 장애인의 정보접근을 위한 활동을 진행하였기 때문이다.

---

28) 조선맹인협회는 시각장애인을 위한 점글자정보기술센터 구축사업을 통해, 맹인들을 위한 점글자인쇄물을 전문으로 출판하는 광명출판사와 대동맹학교(평양시 대동군), 함흥맹학교(함경남도 함흥시), 봉천맹학교(황해남도 봉천군)를 연결하는 정보망을 형성한다. 이를 통해 맹학교 학생들은 컴퓨터망을 통하여 음성으로 된 각종 자료들을 입수 이용할 수 있으며 필요한 내용을 점자로 인쇄하여 사용할 수도 있다. 통일뉴스, "조선맹인협회, 전문출판사와 맹학교 연결 정보망 구축," 2014.6.25.

29) 조선맹인협회를 중심으로 3개 도의 맹학교(황해남도 봉천맹학교, 함경남도 함흥맹학교, 평안남도 대동맹학교)와 광명출판사 사이에 '점자정보망' 구축을 위한 설비 협조가 성과적으로 진행되었다. 청각장애인 어린이들의 조기 양성을 위해 평양시 모란봉구역 개선탁아소를 새로 꾸미고 수화 조기 양성반과 손말통역원 양성실을 정상적으로 운영할 수 있도록 시설과 설비를 갖추었다. 세계농아인연맹에서 조선농인협회 회원들을 위한 청각장애인용 시각신호인 '빛신호 전자제품' 개발도입과 관련한 기술직업양성과 청각장애인 정보기술양성사업을 적극 지원했다. 통일뉴스, "북, 장애인 단체와 세계 장애인 기구간 협력·교류 활발," 2017.6.30.

5) 교육: 제24조-12개 조문

- (143) ··· 장애아동을 지역사회 유치원에서 다른 인민들과 평등하게 양육하는 한편, ··· 특수 기관이 설립 되었다. 예를 들어, 장애어린이 회복쎈터는 ··· 조기 특성화교육을 실시하는데, ··· 2015년에만 6명의 장애아동(뇌성마비 4명, 자폐증 2명)이 성공적인 치료 후 일반 학교에 등록 ··· (47쪽)

- (144) 도, 시, 군 인민위원회 교육 부서는 해당 지역의 모든 장애아동을 ··· 다른 학생들과 함께 학교에 다니도록 의무화하고 있다. 예를 들어 수도 평양에 있는 구·군 인민위원회 ··· 2018년 2월과 3월 학령기의 장애아동 ··· 일반 학교에 입학시켰다. 평양에 있는 한 초등학교를 통합교육 시범학교로 지정하고 청각장애자 1개 반을 운영하는 준비작업이 진행 중이다.(47~48쪽)

- (145) ··· 맹인 장애자와 언어 청각장애자학교는 12년제 의무교육의 교육과정을 맞추기 위해 2015년에 교육과정을 개발하여 ··· 예를 들어 청각장애학교의 초등 반은 ··· 중등반은 ···, 상급 중등반은 ···같은 과목들을 예로 들 수 있다. 상급 중등교육에서는 학생들의 희망과 적성에 따라 직업훈련도 실시 ··· .(48쪽)

- (146) 시각 및 청각 장애아동 학교의 교사 자격을 향상시키기 ··· 중앙교사 연수 쎈터를 창안했고, 매년 2회의 교육훈련을 조직하여 교사들에게 새로운 교수법 및 기술을 가르쳤다. ··· 청각 장애자 교육에 사용하기 위해 손말사전 및 손말학습 참고서가 출판 되었다. 원산 청각장애학교에서 시행된 청각장애아들을 위한 시범 콤퓨터 교육은 그렇게 얻은 경험의 일반화를 위한 전국 교육훈련이 뒤따랐다. ··· 청각장애자 학교와 시각 장애자 학교를 위한 새로운 교과서는 2014-2018년에 작성 되었으며, 롱아 학교 교과서 출판을 정보통신 기반으로 하고 점자 간행물의 편집 및 인쇄 과정을 완료하였다.(48~49쪽)

- (148) 졸업 후 시각장애자거나 청각장애자 아동들이 원한다면 공장이나 기업소, 대학, 원격교육기관 또는 직업 학교에 부속된 기술훈련학교와 같은 고등 교육기관으로 진급한다. 대표적인 사례가 KFPD의 직업훈련 쎈터로, 졸업생들에게 목공예, 가전제품 제조, 의류 가공, 수리 기술, 보철 치과, 마사지, 식품 가공 등 전문 교육을 제공한다. KFPD는 이 쎈터의 커리큘럼의 범위를 확대하고 ··· 직업 선택권의 다양성을 확대한다는 계획을 가지고 있다.(49쪽)

- (149) 2009년에 설립된 원격교육 시스템은 장애자가 고등교육과 정보를 이용할 수 있고, ··· 이들은 중앙대학과 지방대학에 설치된 원격교육 시스템을 활용해 어려움없이 그들의 분야에서 교육을 받는다. ··· (49쪽)

- (150) 장애아동의 통합적이고 포괄적인 교육의 실현을 위해 해결해야 할 많은 문제들이 남아 있다. 지적 또는 정신적 장애를 ··· 방법론 연구, ··· 교육과정 개발, ··· 이를 위해 조선은 외국과의 기술 교류를 장려하면서 유능한 전문가 양성을 위한 실질적 실천 방안을 모색할 계획이다.(49쪽)

장애인의 교육에 관한 내용은 총 12개 조항으로 인식 제고와 건강과 더불어 가장 분포가 많은 부문이다. 도입 부문의 2개 조항은 무상교육의 역사적 사실에 관한 내용으로 장애인교육과는 뚜렷한 연관성이 부족하다. 그러나 이후부터 동 보고서에서 북한은 다양한 장애인 교육 관련 사례를 통해 서술하고 있다. 이러한 예시를 통한 답변은 다소 부족하다 하겠다.

가령 북한의 조기 특성화교육을 통한 장애 학생 6명, 통합 시범학교의 1개 반 정도의 규모는 협약 이행 이전에도 가능한 수준이다. 또한 2015년 시작한 시각·청각 장애인 학생을 위한 교육과정과 2014~2018년에 제작한 장애 학생을 위한 새로운 교과서는 다소 늦은 감이 없지 않다. 이는 북한의 장애인권리협약 가입 여부와 사실상 무관한 부문이라 할 수 있다. 다시 말해 이는 북한이 장애 학생에게 어느 정도 관심을 가졌다면 일정부문 실행할 수 있는 사안이다. 반면 장애인의 직업교육과 원격교육 시스템은 긍정적이나 이에 관한 정량적인 사례를 제시하지 않아 신뢰도가 다소 떨어진다.

결국 장애인의 교육부문은 장애인의 특수교육과 일반교육, 재활교육, 평생교육 등의 장애인에 대한 '교육권' 보장과 차별 철폐, 직업과 재활교육서비스 보장 등을 판단하는 부문이다. 따라서 동 보고서처럼 교육기회 보장과 일부 교육 인프라만으로 호평받기 어렵다. 그럼에도 불구하고 한 가지 인상적인 것은, 북한 스스로 장애인교육과 관련한 산적한 문제들을 인식하고 이를 해결하기 위해 노력하고 있고 이러한 수단의 하나로 국제교류를 실천하고자 한다는 점은 다소 긍정적이라 하겠다.

6) 건강: 제25조-11개 조문

- (151) 조선에서는 1947년 사회 보장법에 따른 최초의 무료 의료 혜택이 로동자, 당원 및 부양 가족에게만 적용 되었으며, 전쟁이 끝난 1953년부터 보편적인 무료 의료 써비스가 도입 되었고, 마지막으로 1960년 이래로 완전하고 보편적인 무료 의료 시스템입니다.(50쪽)

- (154) 장애자의 기능 회복을 전문적으로 하는 기관이, 전문화의 수준 향상, 류형별 기능장애의 감소, 건강의 보호 · 증진을 목적 …. 예를 들어 문수기능회복쎈터와 대한적십자병원 기능회복연구쎈터는 장애자들을 위한 전문 기능회복 및 연구쎈터이다. … 직업치료, 언어치료 등과 같은 회복기법과 치료법에 관한 연구를 실시한다. 조기발견, 조기회복 및 조기교육의 모델인 장애아 회복쎈터에서는 … 아동에게 제공한다. 현재 그러한 써비스는 평양에 살고 있는 아이들에게만 제공되고 있지만, … 모든 지역에 이런 쎈터들이 설치될 것이다.(51쪽)

- (157) … 사회보장법은 제33조에서 사회보장기관은 … 특별한 치료가 필요한 경우에는 전문 병원으로 보내도록 규정하고 있다. 로인 복지법은 제15조에서 … 장애물이 없는 환경을 조성하여 로인 주거의 안정과 편의를 보장하도록 한다. 제18조에 따라 보건 써비스 및 의료기관은 해당 지역에 거주하는 모든 고령자를 … 스스로 움직일 수 없는 로인들을 돌보기 위해 특별한 노력을 기울여야 한다.(52쪽)

- (160) 또한 정신 질환자의 의료 써비스를 개선하고 인민들의 정신 건강을 보호하고 증진시키기 위한 노력도 이루어졌다. 이를 위한 내각의 결정 및 지침이 발표 되었는데, 예를 들어, 정신질환 예방 및 치료제도개선, 정신질환자의 치료 및 관리 수행, 정신질환자를 위한 회복시설 관리 및 정신질환자의 합법적 검사와 격리된 진료를 적절하게 수행하는 것에 관한 규정이다. 정신건강 관리기관은 정신질환자에 대한 사례 이력을 과학적 진단과 가족 및 이웃의 의견을 토대로 작성한다. … 정신 보건에 관한 지침 및 안내서가 발간되고 배포되어 … 정신 건강검진을 정기적으로 실시하여 정신질환자 및 피의자를 확인하고 병원에서 적시에 적절한 의료써비스를 제공한다. 정신질환의 조기파악과 개입을 위해 정신상담원의 역량강화 교육을 정기적으로 실시한다.(53쪽)

- (161) 장애자는, 관련법의 보증 하에, 다른 인민들과의 평등을 근거로 하여, 공정하고 합리적인 방법으로 각종 보장의 혜택을 누린다. … 오히려 장애자는 사회보장제도와 사회보장제도 하에 추가적인 혜택을 누린다.(53~54쪽)

장애인의 건강과 관련한 내용은 총 11개 조항으로 상술한 인식제고와 교육부문 다음으로 가장 분포가 많은 분야이다. 서두의 서술 내용은 무상치료의 역사에 관한 내용이다. 그러나 동 조항에 기재된 내용 중 사실과 다른 경우가 있다. 먼저 1947년의 「사회보장법」이 아니라 「사회보험법」이다. 「사회보장법」은 2008년 1월 9일 제정된 것이다. 따라서 이는 동 보고서의 치명적인 보고 내용 오류이다. 다음으로 1947년과 1953년의 무상의료서비스는 동 보고서의 내용과 달리 보편적인 것이 아니라 일부 보건의료서비스에 국한되었다. 마지막으로 1960년대 이후부터 북한이 무상치료제를 도입 적용하기 시작한 것이지 이를 완수한 것은 아니다. 따라서 도입 부문의 북한 무상치료의 역사는 다소 과장된 내용들이 주류를 이루고 있다 하겠다.

이후 동 보고서에는 장애인 건강에 대한 본격적인 내용들이 서술되어 있다. 이를 살펴보면 평양의 장애인 재활 치료시설 소개와 더불어 장애인 재활 전문치료시설의 전국적 확대 의지 표명하였다. 그러나 북한은 현재 전국적으로 전문적인 장애인 재활 치료센터를 건립할 재정적 여유가 부족하다. 또한 설령 외부의 지원으로 건립된다 하더라도 전문적인 재활 프로그램운영 경험이 미비하다. 이에 따라 북한은 선진화된 장애인 재활 치료시설을 확보하고 능숙한 재활프로그램을 운영하기에는 재원과 인력, 자원과 프로그램, 경영 비결 등을 별도로 교육받아야 한다. 그리고 북한은 일부 물리치료사와 작업치료사의 경우 이와 같은 교육사례에 대해 동 보고서에 수록하였다.

또한 북한은 「사회보장법」을 인용, 장애인의 치료서비스를 언급하였다. 아울러 「로인복지법」을 차용하여 장애노인에 대한 치료서비스를 제시하였다. 그러나 법 명칭이 증명하듯이, 이는 모두 장애인 재활과 직접적으로 관련된 법령이나 사안이라 하기에는 분명한 한계가 있다.[30]

한편 지적장애인에 대한 내각 결정과 지침은 다소 인상적인데, 이

에 대한 구체적인 결정서나 법령, 관련 규정이나 지침이 언급되지
않은 것은 아이러니하다. 다시 말해 만약 이것이 사실이라면, 해당
결정서의 일시와 명칭, 내용, 그로 인한 후속 시행조치와 적용 효과
에 대해 순차적이고 구체적으로 제시해야 설득력이 있다. 또한 장애
인의 추가적 혜택의 경우 북한은 「장애자보호법」에 명시한 '장애자
보조금'(월 500원 수준)이 있고 별도로 사회보장제도와 사회보험제
도의 추가적 혜택이 있다. 하지만 현실적으로 북한의 다수 현금급여
수준이 매우 낮음에 따라 생계보장 기능이 낮다.[31]

4. 완전하고 효과적인 사회참여 및 통합
: 제26조-6개 조문

· (163) 장애아동 회복쎈터는 전국 규모로 장애 조기 발견 및 개입 쎄비스 제공을 위한 준비
  작업을 진행하면서 장애아동 조기회복쎄비스를 제공하고 있다. … 문수기능회복쎈터는 회
  복 쎄비스 제공 뿐 아니라 과학적 연구와 훈련을 수행하고 있다. 장애자는 인공 팔다리,
  정형외과 보조기 및 보조기구를 무료로 또는 할인된 가격으로 제공받고 있다.(54쪽)

· (164) 방문 쎄비스는 보철 시설과 기타 보조기구를 제공하는 기관에서 … 매년 조직된
  다. KFPD의 … 방문 쎄비스 혜택을 받았다. 예를 들어, 2008~2014년은 평균 장애
  자 800~900명이, 2015년과 2017년에는 각각 1,000명의 장애자가, 2016년에는 홍
  수 피해를 입은 4,420명의 장애자가 보철 보조기 혜택을 받았다.(54~55쪽)

· (165) 국가적 조치 및 백내장 예방에 대한 KFPD의 적극적 노력의 결과로 2009~
  2014년 기간 동안 매년 1만5000건의 백내장 수술이 실시 되었다. 지방 병원의 안과
  의사들을 대상으로 한 기술 훈련이 실시되었고, 눈수술용 에이스캔(A-scan)과 현미
  경, 안구 내 렌즈 같은 안과용 기구 및 소모품을 2009년부터 매년 지방 병원에 제공
  하여 … (55쪽)

---

30) 또한 북한은 「로인복지법」이 아닌 「년로자보호법」이 있는데, 이 역시 표기 오기
   인 것이라 판단된다.
31) 이 경우 무엇보다 이를 위한 각종 복지 급여종류와 수준을 명시하면서 적극적
   으로 답변해야 한다.

- (167) … 2015년과 2016년동안 함흥 정형외과병원, 평안북도 동림군 인민병원, 함경남도 함흥 송천강 인민병원에 물리치료사와 직업치료사에 관한 교육훈련을 조직함에 따라 장애자를 위한 보다 과학적인 기능회복 써비스를 제공할 수 있는 토대가 마련됐다.(55쪽)

장애인의 사회참여와 통합과 관련한 내용은 총 6개 조항이다. 서두의 도입 부문은 여타 조항과 마찬가지로 북한의 장애인에 대한 사회참여에 대한 노력을 당위적 차원에서 언급하였다. 이어 장애아동의 재활 치료에 관한 내용이 명시되어 있는데, 이는 주로 장애의 조기발견과 조기 치료서비스에 대해 명시하고 있다. 또한 이러한 사례의 하나로 북한의 문수기능회복센터[32]를 제시하였다. 그러나 이는 간접적으로 북한의 장애인 전문 재활치료 서비스 기관이 부족함을 사실상 우회적으로 밝힌 것이라 하겠다.

만약 북한이 전국적으로 조직화한 장애인 재활 치료시설을 완비하고 있거나 완비할 예정이라고 했다면 긍정적인 평가를 할 수 있다. 그러나 북한은 오직 문수기능회복센터의 존재와 기능만을 언급하였음에 따라 장애인 재활치료의 수요와 공급의 대비를 스스로 밝히고 있다. 또한 각종 장애인 전문 의료기구의 경우 무상치료제 하에서 무료로 제공하고 정기적으로 교환해주는 것이 현행 북한 보건의료 법상의 원칙이다. 따라서 할인된 가격으로 제공되는 의료기기의 경우 이는 현행 북한 법과 다소 충돌할 소지가 있다.[33]

또한 다른 한편으로 각종 의료 보조기구와 관련 북한의 「장애자보호법」에서 무상 지원 조항이 부재하다. 예컨대 동 법령 보조기구

---

32) 북한의 공식문헌상 '문수기능회복원'이라 칭한다.
33) 다른 한편으로 보건의료서비스의 '무상치료'와 각종 의료기구의 '무상제공'이 상호 다른 차원의 실천일 가능성도 있다. 즉, '무상치료'와 '무상제공'이 별개의 영역일 가능성도 있다.

의 생산보장 조항에서 제14조 "보건지도기관과 해당 기관, 기업소는 교정기구, 삼륜차, 안경, 보청기, 자전거 같은 장애자에게 필요한 보조기구생산공급체계를 정연하게 세우고 계획적으로 생산공급 하여 장애자의 보조기구수요를 제때에 원만히 보장하여야 한다…"라고 명시하고 있을 뿐, 무상 공급과 지원에 관한 구체적인 조항이 부재하다.

　반면 이와 관련 북한은 「인민보건법」 제13조 로동능력상실자, 무의무탁어린이, 만성환자, 년로한 환자의 건강보호 조항에서 "국가는 로동능력을 잃은 사람, 돌볼 사람이 없는 어린이와 만성환자, 년로한 환자들에게 무상치료의 혜택이 잘 차례지도록 그들을 책임적으로 돌보아 준다"라고 하여 무상치료를 강조하고 있다. 그리고 이는 어디까지나 의료기구나 의료보조기구와는 결이 다른 영역이라 하겠다.

　한편 장애인을 위한 보철, 보조기 서비스의 경우 2008~2017년까지의 사례를 제시하며 정량화된 보고를 하고 있는데, 이는 다소 긍정적인 내용이자 보고 행태이다. 이와 마찬가지로 2009~2014년까지 실시한 백내장 시각장애인을 위한 보고도 비교적 긍정적인 내용이다. 또한 2015년, 2016년의 물리치료사와 직업치료사에 관한 교육훈련 사례를 적시하였다. 그리고 이러한 위의 보고 내용을 중심으로 판단하면, 양적인 병원의 규모와 수의 문제로 인해 장애인의 규모에 비해 시범사업 수준이라 할 수 있다.[34]

---

34) 북한이 이 정도의 교육과 훈련으로 재활서비스의 토대가 마련되었다고 자평하기에는 다소 무리가 따른다고 판단된다. 따라서 이 부문에서 북한은 이를 향후 전국적으로 확대할 구체적인 계획을 제시하면서 답변해야 긍정적인 평가를 기대할 수 있다.

5. 장애 차이 존중, 장애인의 인정 및 보호

1) 인식제고: 제8조-13개 조문

· (54) 사회주의 헌법의 보급, 장애자 보호법, 사회주의 로동법, 사회 보장법, 교육법 및 기타 장애 관련 법률은 다양한 형태와 방법으로 실시 되여, 인민들이 장애자는 단순히 보살핌을 받는 인민이 아니라 다른 인민들과 동등한 존재 … 그리고 그들을 보호하고 지원하는 것은 단지 윤리나 도덕적인 문제가 아니라 법적 의무이다. 예를 들어, 2016년 12월, 2017년 2월에는 협약 비준의 후속 조치로, KFPD의 전문가들이 각 부처 및 중앙기관의 고위 관계자들을 대상으로 장애 및 장애자에 대한 종합 강연을 실시해, 장애 문제에 대해 올바른 태도를 취할 수 있도록 하였다. KFPD의 중앙위원회는 각 부처 및 중앙 기관들에게 장애관련 핵심 역량을 강화하기 위한 훈련 및 교육을 정기적으로 3회 주최하였다. 현장 실습의 경우, … 매우 유용했다.(20쪽)

· (55) 조선민주주의인민공화국은 2013년과 2016년 협약 서명과 비준 분 아니라 협약의 원칙과 요구 사항까지도 언론매체를 통해 광범위하게 전달했다. 개정된 장애자 보호법도 조선법 교육망을 통해 보급 되었다. 이 협약은 2011년 조선어로 번역 되었으며, 2012년과 2015년에는 이 협약의 장애자 보호법과 규정 수천 부를 인쇄하여 영어와 한글로 공표하여 장애 전문가와 교수 분 아니라 일반 인민들도 장애 문제에 대해 명확하고 긍정적인 이해를 갖도록 했다.(20쪽)

· (56) … TV 및 기타 언론 매체는 뉴스 보도, 기사 및 시각 자료를 통해 장애에 관한 일반 지식 및 장애자를 보살피는 방법 등을 전파하기 위해 참여했다. … 그러나 조선어 손말의 표준화는 여전히 과제로 남아 있으며, 이 문제를 해결하기 위해 집중적인 노력이 이루어지고 있다.(20~21쪽)

· (57) KFPD는 인민들의 인식을 높이는데 중요한 역할을 한다. … 인민들을 위해 소책자와 전단지를 여러 권 발간했다. KFPD는 2010년 조선민주주의 인민공화국 홈페이지 '내나라'에서 웹사이트 '희망'을 개설했다. … (21쪽)

· (58) KFPD 산하 롱맹장애자 경제문화쎈터, 손말통역 위원회, 조선어 손말검정을 위한 비상임위원회 등 수많은 기관들이 손말통역 표준화를 위한 연구를 진행하고 있다. 손말교육을 위한 여러 종류의 DVD 및 CD가 평양 및 각 지역의 CD/DVD구비소에 배포 … 손말통역사 협회는 손말통역 표준화를 실현한 후 TV 뉴스에 손말 자막을 도입할 계획이며 현재 기초를 다지고 있다.(21쪽)

· (60) … 한 녀성이 전쟁 중(1950-1953) 편 마비 및 기타 심각한 장애로 고통받는 전직군인과 결혼하였다. 그녀의 헌신적인 보살핌과 격려 덕분에, 43년 동안 병상에

> 누워있는 남편은 젊은 세대의 교육에 도움이 되는 수십 편의 시와 이야기를 썼고, 마침내 인민 예술가와 로동 영웅의 명예를 얻었다. … (22쪽)
>
> · (61) 장애자 보호법 시행일인 6월 18일이 장애자의 날로 설립됐고, … 2014년부터는 이날 즈음 EU 회원국 및 국제기구 공관원과 해외동포들이 조선민주주의 인민공화국을 방문하는 등 공동 축하 행사가 열렸다. … (22쪽)
>
> · (62) 국제 장애자의 날은 KFPD의 후원으로 2010년부터 매년 열리고 있다. 여기에는 평양 인민, 장애 관련 기관 관계자 및 전문가, 장애자와 그 가족, 그리고 외국의 외교 공관원 및 국제기구 주재원 등이 있다. … (23쪽)
>
> · (64) 2017년 5월 장애자 권리에 관한 유엔 특별 보고관[35]이 방문했다는 언론 보도는 장애 문제에 대한 인민들의 관심을 불러 일으키는데 매우 중요했다. 조국이 유엔 대표단을 맞이한 것은 세계 동향에 따라 장애자 보호를 개선하고자 하는 의지의 표명이었고, … (23쪽)

장애인의 인식제고와 관련한 내용은 총 13개 조항으로 보고서 내용에서 가장 많은 분량을 차지한다. 즉, 이는 북한의 장애인 인식제고에 대한 무게를 의미한다. 동 보고서의 북한은 자신들의 다양한 법령을 소개하고 장애인의 보호와 지원이 법정 의무임을 강조하고 있다. 이어 장애인 인식개선에 대한 사례를 열거하고 있는데, 그러나 이는 시기상 협약가입 이후 상당한 시간이 경과한 후에 시행한 것이라 호평받기 어렵다. 또한 위의 내용 이외에도 평양의 경우 2018년 6월 장애인 인식제고 캠페인을 실시한 바 있다.

그러나 북한은 이 사실을 누락하였다. 또한 이와 관련 무엇보다도

---

35) 카탈리나 데반다스 아퀼라르 유엔인권이사회 산하 장애인 권리담당 특별보고관은 … 체류기간 특별보고관 일행은 평양의 옥류아동병원, 과학기술전당 장애자열람실, 조선장애어린이회복원, 평양초등학원과 황해남도 봉천맹학교 등을 참관했다. 또 조선장애자예술협회에서 진행한 장애자 예술소조원들의 공연을 관람하고 김일성종합대학 체육관에서 진행된 '2017년 봄철 장애자 및 애호가 탁구경기'를 관람했다. 통일뉴스, "북, 인권 특별보고관 인정않지만 국제인권협약은 성실 이행," 2017.5.10.

현재까지 북한이 장애인 인식제고를 법률로 의무화한 사실 여부가 확인되지 않는다. 북한의 장애인 인식개선과 제고에 대한 법제화를 언급하는 것은 매우 중요하다. 왜냐하면 특정 사안에 대한 법제화가 해당 사안의 적용과 실천으로 가는 수단으로 보기 때문이다. 따라서 장애인 인식제고를 포함, 구체적으로 명문화한 법 조문의 여부와 그 내용적 수준이 일차적으로 평가받는 대상이라 하겠다.

또한 이어서 언급한 북한의 장애인권리 협약 서명과 비준, 협약의 원칙과 요구, 2013년 11월 21일 개정된 「장애자보호법」의 보급은 장애인 인식제고와 직접적인 관계를 갖는다고 보기 어렵다. 다시 말해 이는 일반 대중에게 알려진 장애인에 대한 문제의식과 수준을 확인하는 것이 아니라 일반인들의 장애인에 대한 편견과 차별이 인식개선 교육을 통해 어느 정도 향상되었는가를 확인하는 것이다. 따라서 이 정도 내용으로 긍정적인 평가를 하기에는 역부족이다. 왜냐하면 장애인에 대한 인식제고는 법령의 내용을 통해 이루어지는 것이 아니라 교육과 홍보를 통해서 일정 부문 장애인에 대한 비장애인의 의식 전환을 요구하기 때문이다. 따라서 상기 보고는 협약과 법령 그 자체에 대한 홍보와 알림일 뿐이라 하겠다.

또 북한의 각종 미디어를 통한 장애인 케어는 장애인 인식제고에 일정부문 이바지했다고 할 수 있다. 그러나 수어의 표준화는 장애인 인식제고와 이렇다 할 관련이 없는 사안이다. 따라서 이 부문은 동 부문이 아닌 상술한 장애인의 정보접근권과 같은 분야에서 다루어야 한다. 또한 조선장애인보호연맹의 역할, 도서 보급, 홈페이지 개설은 동 기관의 역할과 기능에 관한 내용이다.[36]

---

36) 이 경우 동 기관의 장애인 인식제고와 관련한 뚜렷한 활동을 기술해야 한다.

그리고 이는 뒤이어 언급한 동 기관 산하단체의 수어 관련 활동의 경우도 이와 마찬가지이다.[37] 또한 이어서 언급한 장애 남편의 케어에 대한 이야기는 전형적인 북한식 선전과 선동에 해당되는 스토리로 장애인 인식제고와 전혀 관련이 없는 가운데에 간접적으로 희생과 봉사를 강조하였다. 그러나 이후 명시한 장애자의 날과 2014년 이후 외국과의 공동행사 개최, 2010년 이후 국제장애자의 날, 2017년 5월 유엔 장애인 특별보고관의 방북조사의 경우 장애인 인식제고와 일정한 연관성이 성립된다.[38]

2) 위험상황과 인도적 차원의 긴급사태: 제11조-3개 조문

- (80) … 재난방지법, 구호 및 복구법, 지진 및 화산재해예방에 관한 법률, 적십자에 관한 법률 및 그 시행규칙에 규정 되어 있다. … 특히 긴급구호 물자의 공급순서를 결정할 때 관련 기관은 어린이, 로인, 장애자, 녀성 및 기타 피해 지역에서 긴급히 지원이 필요한 인민들에게 우선권을 주어야 한다고 규정하고 있다.(28쪽)

- (81) … KFPD 중앙위원회는 공화국 비상대책위원회와 긴밀히 협력하여 재난에 피해를 입은 장애자의 어려움과 대응력을 평가하는 등의 활동으로 주류를 이루는 재난 예방 활동, 비상계획의 개발, 조기경보시스템 구축 및 장애물 없는 환경을 제공했다. … 교육훈련을 개최했다. 예를 들어, KFPD는 2015년 홍수 및 산사태로 타격을 입은 황해북도의 봉산 롱아학교에서 포괄적인 재해 위험 감소를 위한 시범 사업을 성공적으로 수행했다. 2016년 9월과 10월에도 함경북도 회령시에 있는 장애자와 그 가족 500명에게 이동 보조품과 생활필수품을 제공했다. 2017년부터 함경남도 함흥 맹인학교와 청각장애자학교, 황해북도 봉산 청각장애학교와 주변 마을, 용촌군 안과 평북 용암포 부근에서 포괄적인 재해위험감소 교육이 시행되고 있다.(28~29쪽)

- (82) KFPD 중앙위원회는 …, 보조장치 및 기타 비상물자는 재난발생 시 장애자에게 적시에 공급할 수 있도록 비상재해 관리 및 지방 위원회와 비축 상태를 공유할 수 있는 체계를 구축한다.(29쪽)

---

37) 수화 자막의 경우 TV뉴스 수화 자막을 언제까지 완료할 예정이다라고 적시해야 한다.
38) 이 경우에도 이를 통해 발생한 가시적인 성과를 근거로 구체적으로 제시해야 한다.

장애인의 위험상황과 인도적 차원의 긴급사태 총 3개 조항이다. 먼저 북한의 관련 법령의 소개와 긴급구호 공급 우선순위에 대한 언급이 있다. 다음으로 긴급구호에 대한 주무 기관과 해당 사례를 예시하였다. 마지막으로 주무 기관의 역할을 설명하였다. 그러나 이 사안은 장애인의 위험상황과 긴급사태에 따른 장애인 생계 보장과 생활보호, 보건의료서비스, 거택보호 등 실에 대한 각종 긴급구호 프로그램을 살펴보는 것이다.

그리고 나아가 이를 제도적으로 어떻게 갖추었는가를 판단한다. 따라서 이와 관련된 핵심 내용이 부족하다. 따라서 이 부문에 대한 답변은 요구호상태의 장애인에 대한 상황별 긴급구호 프로그램과 구체적인 지원체계, 이를 위한 조직과 인력에 대한 논거가 중심이 되어야 한다.[39]

3) 적절한 생활수준과 사회적 보호: 제28조-8개 조문

· (173) 사회주의 헌법은 25조에 … 국가는 전체 근로자에게 식량[40],, 의복 및 주택 구입을 위한 모든 조건을 제공해야 한다. 장애자 보호법 제3조에 따르면 장애자의 생활 환경 및 조건을 지속적으로 개선하기 위해 … 장애자 보호 분야에 대한 투자를 체계적으로 증강해야 한다고 규정하고 있다.(57쪽)

· (174) … 장애자를 포함한 자국 인민을 위한 식량 의복, 주택과 같은 모든 생활 조건을 제공한다. 1990년대 중반까지 극심한 경제난을 겪던 시절에도 맹인 및 청각장애 학교의 아동들에게는 식량 등 물자가 중단 없이 공급됐다. 조선은 … 장애자를 포함한 인민 모두에게 무료로 제공하고 있으며, … 모든 국가계획에는 장애자의 복지와 관련된 문제가 포함 되여 있다.(57~58쪽)

· (177) 사회 보장법은 제25조에서 중앙 로동부행정기관과 관련 인민위원회는 부상당한 전직 군인, 부양가족이 없는 로인들과 장애자들에게 … 료양소, 로인 료양원, 위탁

---

39) 이 경우 보편화된 국제구호 프로그램과 차용, 비교하면서 협약가입 이후 북한의 제도화된 변화 내용을 기반으로 대응해야 한다.

가정 및 기타 사회 보장기관을 책임감 있게 조직하고 … 고령자 관리에 관한 법41)은 제6조에 … 로인을 존중하고 지원하는 풍토를 조성하도록 보장해야 한다고 규정하고 있다.(58쪽)

· (178) 장애자에게는 보조 장치와 수당, 사회보장 혜택 및 연금을 제공한다. … (58쪽)

· (179) 장애자 간호를 위한 사회적 조건은 법으로 보장된다. … 간호할 아기나 로약자가 있거나, 일할 능력을 상실한 장애자를 돌보아야 할 경우에는 일하지 않을 수 있다. … 일할 능력을 완전히 상실해 다른 인민의 보살핌이 필요한 장애자의 경우 보호자나 가족에게 간호 수당을 지급해 장애자 가족의 재정상황 개선에 도움을 준다.(58~59쪽)

· (180) 장애 전문가의 양성은 장애자를 돌보는 일을 담당하는 가족 및 보건 기관의 근로자를 위해 다양한 형태로 수행 되었다. … 장애물 없는 환경을 구축하는 지침, 간질 관리 및 치료, 지능 장애에 대한 일반 지식, 청각 장애아동 돕기, 시각장애아동 돕기 등의 … 관련자에게 배포 되었다. 또한, 보조기 설계 보조기, 보철 및 보조기 용어집, 장애 녀성 보육 관련 참고서 등과 같은 간행물 및 소책자도 공개 및 보급 되었다.(58~59쪽)

　　장애인의 적절한 생활수준과 사회적 보호는 총 8개 조항이다. 이를 분석하면 도입 부문의 내용은 북한 「헌법」과 「장애자보호법」의

---

40) 한편 북한의 식량사정은 매우 심각한데, 2019년 5월 3일 유엔 식량농업기구(FAO)와 세계식량계획(WFP)은 "북한의 식량 생산은 최근 10년 사이 최악"이라며 "식량 생산 부족분을 완화하기 위해 인도적 개입이 시급하다"고 밝혔다. 세계일보, "대북 인도적 식량지원도 성사 미지수," 2019년 5월 6일; 더불어 최근 북한의 식량과 보건, 위생 등에 대해서는 FAO · IFAD · WFP · UNICEF · WHO, "2018년 The State of Food Security and Nutrition in the World: Building Climate Resilience for Food Security and Nutrition," 2018; International Food Policy Research Institute, "2017 Global Hunger Index: The Inequalities of Hunger," October 2017; UN Report, "2016 DPR Korea: Needs and Priorities," Produced by the Humanitarian Country Team, 2016; UNICEF, "Situation Analysis of Children and Women in the Democratic People's Republic of Korea－2017," 2016; UNICEF · WHO, World Bank Group, and UN, "Levels & Trends in Child Mortality Report 2017," 2017; WFP, "2017 DPR Korea: Needs and Priorities," March 2017; WHO, "Expanded Programme on Immunization(EPI): Democratic People's Republic of Korea 2017, Fact Sheet," 2017 참조.

41) 이는 북한의 「년로자보호법」을 말한다.

제3부 북한의 국제협약 국가이행보고서　**641**

조항을 인용하였다. 하지만 이는 어디까지나 상징적이고 당위적인 내용들이다. 또한 이어서 언급한 1990년대 중반까지의 공급 상황, 국가계획상의 장애인복지 반영의 경우 동 보고서와 같은 열거식 서술이 아니라 해당 사안의 실증적인 내용들을 제시해야 바람직하다. 한편 동 보고서의 과거 1990년대 중반의 북한 장애인복지에 대한 언급은 때에 따라 평가자로 하여금 긍정적인 인식을 심어줄 수 있는 사안이다. 다시 말해 만약 북한이 협약가입 이전 북한장애인복지에 관한 구체적인 사례를 제시했다면, 북한의 장애인복지에 대한 부정적인 요인을 일정 부문 상쇄시킬 수 있을 것이다.

또한 「사회보장법」과 「년로자보호법」을 인용한 경우는, 제대한 부상 군인과 일부 노인들에게만 해당되는 조항이다. 즉, 동 조항들은 다수의 장애인을 포괄하지 않고 있다. 따라서 긍정적 평가가 어렵다. 동 사안의 경우 특정 장애인이 아닌 전체 장애인에게 제공되는 생활보장과 사회적 보호에 관한 내용을 기술해야 한다. 그러나 북한도 이를 의식하듯, 바로 이어서 장애인의 의료 보조 장치, 수당, 연금에 대해 언급하였다.

하지만 이러한 경우에도 수당을 비롯한 각종 혜택의 종류와 근거, 그로 인한 정책적 효과에 관한 내용도 동시에 제시해야 한다. 또 뒤이은 조항의 경우 북한은 장애자 간호를 위한 구체적인 법령과 조항을 제시해야 하고 간호수당의 경우에도 지급수준과 사례, 이를 통한 가계생활의 효과에 대해 언급해야 한다. 특히 마지막 조항에서 북한이 언급한 장애인 케어에 있어 가족 돌봄은 역설적으로 국가의 역할과 기능을 간접적으로 인정한 것임과 동시에 현실적으로 장애가족의 애로를 해결해주기 위한 개입이라 판단된다.

6. 접근권

1) 접근성: 제9조-12개 조문

- (66) 장애자 보호법 제47조에는 … 주택, 공공건물 및 구조물을 건축하고 설계할 때 장애자에게 편리한 생활조건을 제공하는 원칙…. 제48조에서 운송 봉사, 봉사시설 및 통신소는 … 장애자에게 편의를 제공하고, 그들에게 우대를 제공하며, … 시각장애자와 그 밖의 인민들에게도 편의를 제공해야한다. 또한 버스, 선박 및 기타 운송수단 료금을 지불하지 않고 탈 수 있다.(24쪽)

- (67) 2009년 7월 19일 국영 건설 통제부령에서 발행된 장애자를 위한 건축공간 설계기준은 건물 설계 시 장애자의 편의를 보장하기 위한 세부 기준은 …. 이 표준은 장애자가 일하고 생활하는 건물이나 시설을 설계할 뿐 아니라 새로 건설되거나 개조될 도시의 도로와 공공시설에서 … 설계하는 길잡이 역할을 한다. 또한 이 기준에는 휠체어 사용자, 맹인 및 지팡이, 목발 또는 기타 보행 보조 장치사용자의 편의를 위해 보도, 건넘길, 버스 정류장, 교량 및 차굴 설계에 필요한 기본 요구 사항 분 아니라 경사로, 입구, 점자판, 승강기, 위생실 및 변기, 전망대, 전실 및 관람석이 장애자의 필요에 …. 현재 국방부[42] 및 설계총국은 장애물 없는 환경조성에 … 개정하는 과정에 있다.(24쪽)

- (68) 2017년 9월 조국건설 관리부, 도시 관리부, 설계총국 등 … 부처들이 협약에 포함된 보편적 설계, 합리적 조정 및 기타 접근성 문제에 대한 개념 및 요구 사항을 논의하기 위한 목적으로 회의모임을 조직하였다. … 장애자 보호를 위한 국가 전략 실행계획에는 장애물 없는 환경 조성을 위한 법률, 제도, 행정, 기술 및 물류 조치가 포함된다.(25쪽)

- (70) 주요 종합병원에는 장애자를 위한 국제 표준마크가 표시된 택시 주차장이 생기고 장애자 전용 택시[43]가 운행되고 있다. 최근 건립된 조국 해방 전쟁 기념관, 평양 국제공항, 원산 갈마공항 등에는 시각 장애자를 위한 통로와 화장실 및 승강기, 장애자를 위한 검문소 및 기타 장애자 편의 시설이 마련돼 있다. 2015년에 제작된 새로운 지하철은 로인과 장애자를 위한 특별 좌석[44]과 공간을 갖추고 있다. 능라 경기장 및 극장, 유원지, 과학 기술 단지 및 평양 옛집 등의 공공 장소에는 장애자 전용 화장실이 있다. 특히 공상 과학 기술 단지에는 … 특별히 설계된 전자 독서실이 있다. 맹인 및 시각 장애자는 오디오 쏘프트웨어를 사용하여 전자 서적을 듣고 조선어 점자 인식 및 편집 쏘프트웨어가 설치된 콤퓨터 … (25쪽)

- (71) 국내 모범 관광명소가 될 삼지연군의 재건축 및 원산 갈마 해안 관광 지구 건설에는 국제 기준에 부합하는 장애자를 위한 장애물 없는 환경 건설이 포함 되어 있다.(25쪽)

> · (74) 손말 통역사 협회는 주요 공공 건물, 음식점 및 도로 안내를 위한 손말 설명서를 발간 …. 또한 표준 손말사전 출판을 위한 준비작업과 손말 및 손말 연구를 위한 참고서 작업도 준비하고 있다. 청각장애자 경제교류쎈터가 운영하는 손말 조기교육반은 청각장애자뿐 아니라 비장애 희망자들에게도 손말교육을 한다. 예를 들어, 이 쎈터는 중앙위원회 및 KFPD 산하 기관의 근로자들을 위해 2011년에 네 차례의 교육을 실시했다. … (26쪽)

장애인의 접근권은 총 12개 조항으로 인식제고와 교육과 더불어 상당한 분량이다. 이에 북한은 동 조항의 모두에 「장애자보호법」 제47조와 제48조를 언급하고 있다. 그러나 동 조항에서 서술된 내용의 경우 실제 「장애자보호법」 제48조 장애자의 편의보장 조항의 "교통운수기관과 편의봉사기관, 체신기관은 장애자에게 교통수단, 편의시설, 체신수단의 리용에서 편의를 보장하며 그들을 친절히 대하고 우선적으로 봉사하여야 한다. 맹인같이 자립적능력이 심히 제한 또는 상실된 장애자는 사안의 버스, 배를 비롯한 려객운수수단을 무상[45]으로 리용할수 있다"와 제47조 장애자의 생활환경보장 조항의 "국가건설감독기관과 설계기관, 도시경영기관, 해당 기관, 기업소, 단체는 살림집을 비롯한 공공건물과 시설물을 설계하거나 건설하는 경우 장애자에게 편리한 생활환경을 보장하는 원칙에서 하여야 한다"와 맥락은 거의 비슷하나 완전히 동일한 법조문을 인용한 것은 아니다. 따라서 동 조항과 「장애자보호법」을 아주 정확히 적용한다면, 일정 부문 일치하지 않은 법조문이라 하겠다. 그러나 그렇다고 해서 이것이 해석상 큰 틀의 변화를 일으키지는 않는다.

이어 제시한 2009년 장애인을 위한 건축공간 설계기준의 경우 이

---

42) 이는 '인민무력부'를 의미한다고 판단된다.
43) 장애인전용 택시는 후면 개인의 이동성의 내용과 배치된다.
44) 이는 후면의 개인의 이동성에서 다시 언급된다.
45) 이 또한 후면의 개인의 이동성에서 다시 언급된다.

는 시기상 북한이 장애인권리협약에 가입하기 이전이기 때문에 다소 긍정적이다. 그리고 이러한 내용을 북한이 명시한 것은 2013년 협약가입 이전부터 장애인에 관한 관심과 배려를 하고 있음을 간접적 표명, 긍정적인 평가를 유도하기 위함이다. 아울러 이것이 2017년에 재차 조직화되어 동 조항에 명시된 것처럼 국가 실행계획에 포함한 것도 늦은 감이 없지 않지만 다소 고무적이라 하겠다.[46] 그러나 다른 한편으로 무엇보다 북한은 일반 생활시설을 포함, 장애인종합복지관, 재활 치료시설, 장애인 이용시설 등 장애인 전문시설에 대한 설계, 시공, 건립에 대한 기법과 국제적인 기준을 맞추기에는 다소 능력이 미진하다 하겠다.

또한 이어서 명시한 북한의 각종 공공시설의 장애인 전용시설 확보, 시각과 청각 장애인을 위한 배려의 경우 장애인의 이용시설과 편의시설을 기준으로 하면 여전히 부족하다. 따라서 이러한 내용으로 긍정적인 평가를 받기에는 무리가 따른다. 이 때문에 가령 특정 계획에 의거 전체 공공이용시설 몇 개를 언제까지 리모델링 할 것이라고 답변해야 한다. 특히 동 조항의 경우 원산을 제외한 모든 시설이 평양에 소재한다.[47]

한편 특정 지역 제한을 의식하듯, 북한은 바로 뒤이어 삼지연과 원산 관광지구에 대한 장애인편의시설 확보를 제시하였다. 아울러 이어서 명시한 북한의 수어 통역사 협회 활동과 청각장애자 경제교류센터의 수어 교육 사례가 소개되어 있다. 그러나 동 조항의 수어 교육의 경우 2011년만 국한된 네 차례의 교육 시행으로 인해 단발성

---

46) 이 경우 조치의 최종 결과에 대해 언급해야 한다.
47) 이 경우 북한은 향후 이를 전국적으로 언제까지 확장할 계획이라고 답변해야 한다.

교육으로 인지하기 쉽다. 따라서 이 경우에는 정기적인 교육프로그램으로 자리 잡도록 노력해야 한다.

2) 개인의 이동성: 제20조-6개 조문

- (120) KFPD의 계열사로 송광 합작 투자 회사가 운영하면서 KFPD 로고를 부착한 택시는 2016년 5월부터 평양에서 시범적으로 장애자를 위한 시험 써비스를 시작하여 …. 이들 택시는 중증 장애자나 료금을 낼 여력이 없는 인민에게 료금을 부과하지 않거나, 할인된 료금을 부과한다. … (41쪽)

- (121) 장애자가 … 특수 기호가 표시된 좌석과 공간은 새로 제조된 운송수단에서 구별된다. 예를 들어, 2015년 12월과 2018년 각각 써비스를 시작한 새 지하철과 궤도전차는 장애자를 위한 국제 표시로 식별된 특별 좌석 … (41쪽)

- (123) 인공 팔다리와 다른 인공 보철을 … 보건의료기기 산업관리국은 … 보조 기기의 계획 및 생산을 담당한다. 로동부 사회보장국은 장애자의 필요에 따라 보조제품의 보급을 담당한다. 함경남도 함흥 정직교신공장에 폴리프로필렌 플라스틱 보형물 생산공정이 생겼고, 황해북도 송림시에 새로 지은 정형외과 전문쎈터가 들어섰다. 특히 군복무중 부상당한 전직 군인들을 위한 회복쎈터가 평양 락랑구에 세워져서 … 보형물 및 각종 정형외과 치료가 통합적으로 … 써비스의 효율성을 제고하였다.(41~42쪽)

- (124) 보철사, 정형외과 의사 및 보조기기를 생산하는 여러 시설의 전문가 및 기술자를 위한 기술 교육이 국제기구 및 행위자의 후원 하에 조직 되어, 장애자용 보철 및 보조기기를 개선하고 장애자를 위한 봉사의 질을 향상시켰다.(42쪽)

장애인 개인의 이동성은 총 6개 조항이다. 이에 관련 조항을 분석하면 북한은 장애인 택시가 있지만 이 택시는 장애인 전용택시가 아니라 일반택시를 겸한다. 따라서 북한은 일반택시 내에 장애인 택시가 있고 때문에 북한은 장애인택시는 있지만 장애인 전용택시는 없는 셈이다. 그리고 이는 앞서 접근성 조항에 명시한 내용과 배치된다. 한편 시기적으로 북한이 2013년 7월 협약 서명, 2016년 11월 협약 비준, 2017년 1월 6일 협약 발효 순으로 진행된 것은 참작하면 이러한 북한의 행태가 다소 이른 감이 없지 않다. 그러나 전체적으로 북한장애인의 이동성을 보편적으로 확보하기에는 매우 부족하다. 이로 인해 북한은 휠체어, 장애인 전문 이동 차량 등을 국제사회가 지원해주기를 희망하고 있다고 판단된다.[48] 또 동 조항의 중증 장애인에 대한 무료 이용은 인상적이기는 하나 그 실현 여부를 언급하지 않아 의문이 제기되는 부문이다.

또한 북한은 2015년과 2018년 운송수단인 지하철과 궤도전차는 장애인을 특별 좌석 표기를 했다. 하지만 이 경우에 북한은 동시에 기존의 전체 지하철과 궤도전차에 장애인을 위한 좌석표기를 해야 했다. 그래야만 북한의 대중 교통수단에 대한 장애인의 배려를 체감할 수 있다. 그러나 사실 북한은 협약가입 이전부터 버스와 기차 등 대중교통 수단에 영예군인을 위한 별도의 좌석을 배치하고 있었다. 따라서 이 경우 북한은 영예군인 좌석에 대한 답변을 통해 이 사안을 돌파해야 하는데, 아이러니하게도 북한은 이를 놓치고 장애인과 영예군인을 분리해서 접근하고 있다.

이어 인공 팔다리와 보철에 대한 계획과 생산, 보급에 대한 주관기관을 언급하였고 공급과 치료에 관한 사례를 제시하였다. 그러나 치료의 경우 북한은 영예군인에 대한 서비스를 통해 이 사안을 돌파하고 있다. 즉, 이 또한 장애인과 영예군인을 분리해서 취급하고 있다. 결국 이러한 북한의 태도는 매우 부적절한 답변이자 부정적인 요소이다.[49]

---

48) 이 경우 이용자 자체 조사를 통해 북한 장애인의 택시 이용률과 만족도에 관한 내용을 언급하는 것이 평가에 이롭다.

49) 즉, 영예군인뿐만 아니라 북한의 전체 지체장애인에 대한 서비스 사례를 적시하면서 접근해야 한다. 다시 말해 이 경우에도 이용사례에 대한 이야기와 각종 인공보철 생산 성과지표, 보급률, 교환율, 회복센터 이용빈도 등에 관한 내용

7. 남녀의 평등: 제6조-3개 조문

- (43) 장애 녀성들이 자신의 권리를 충분히 누릴 수 있도록 2011년부터 4개 도에서 장애 녀성 단체 협회가 조직되어 중앙 차원에서 이러한 단체를 조직하고 운영할 수 있도록 하였다. 평안남북도, 강원도, 함경남도에 조직된 협회는 장애 녀성의 능력과 잠재력에 대한 대중의 인식을 높이고, … 타인과 함께 평등하게 가치 있는 삶을 누릴 수 있도록 했다. 이들은 행동 계획을 수립하고 KFPD 지방위원회와 협력하며, 군과 마을의 녀성 장애자 대표를 선발하고 협력한다. … 이들 협회 위원들의 역량을 우선적으로 강화하기 위해 KFPD의 중앙위원회와 지방위원회는 여러 주제와 관련하여 강연회와 훈련과정을 공동으로 조직했다. 이 협회 위원들은 가정 방문을 통해 장애 녀성과 그 가족과 대화를 나누고, 그들의 현황과 필요를 파악하며, KFPD 지방위원회에 해결책을 제안한다. … (16쪽)

- (44) 아직도 장애를 가진 녀성들과 그들의 가족들은, 뿌리 깊은 고정관념 때문에, 자신의 장애에 대해 부끄러움을 느끼고, 다른 인민들에게 알리거나 다른 인민들과 어울리는 것을 꺼린다. 이러한 문제들은 장애 녀성 협회의 개선된 활동, 일반 대중들의 추가적인 인식 향상 등을 통해 극복 되여야 한다.(16~17쪽)

장애인 남녀의 평등은 총 3개 조항이다. 이에 북한이 장애여성을 위한 조직을 열거한 조항의 경우 고무적이나 4개 도만 해당하기 때문에 북한의 전체 지역에 각각 존재하지 않는다. 다시 말해 여성장애인을 위한 기관의 경우 북한의 각 도, 시 단위의 전국적 조직 편성되어야 하고 나아가 이들 조직에 대한 중앙정부 차원의 다양한 지원도 있어야 하는데, 동 보고서에는 이를 증명할 북한의 구체적인 사업이나 준거가 부족하다.[50]

또한 북한은 장애여성이 타인과 등등한 삶을 누린다고는 하지만 구체적으로 어떠한 개선이 이루어졌는지에 대한 내용과 등등한 삶

을 제시해야 한다. 다른 한편으로 다소 이른 감이 있지만 북한이 장애인 활동 도우미 도입에 대한 계획을 밝혔다면 긍정적인 해석을 유도할 수 있을 것이다.
50) 이 경우에 북한은 앞으로 동 조직과 같은 기관이 전국적으로 확대될 예정이라고 밝혀야 한다.

의 사례에 대한 내용이 부재하다. 따라서 이러한 언명적인 내용의 보고서는 부정적인 인식을 초래한다. 그러나 조선장애인연맹의 전국적 조직화와 이를 통한 중앙과 지방간의 대화 채널의 확보, 협회 위원들의 교육, 정책적 제안-그 실현 여부를 떠나- 등은 눈여겨 볼만한 내용이다. 아울러 향후 북한의 장애여성을 위한 동 기관의 활동에 그 귀추가 주목된다.

한편 동 사안의 경우 북한의 「녀성권리보장법」제38조 건강, 생명의 불가침권 조항에서 "녀성은 건강과 생명의 불가침권을 가진다. 녀성이라는 리유로 갓난 녀자아이를 죽이거나 녀자아이를 낳은 녀성, 임신한 녀성, 앓고있는 녀성, 장애녀성, 년로한 녀성을 학대, 괄시하는 행위를 할수 없다…"라는 조항을 대비하며 답변하지 않는 것이 다소 아이러니하다. 북한은 동 조항에서 전체 북한 여성을 포괄하며 보호·정의하고 있다. 또한 동 조항에서 북한이 장애여성에 대한 특별한 권리를 언급한 점은 다소 주목할 필요가 있다.

8. 장애아동 권리 존중: 제7조-7개 조문

· (46) … 아동권리 보호법[51] 제3조에 따라, … 모든 아동은 … 평등한 권리를 가져야한다고 규정하고 있다. 제16조에서 아동은 아동협회 또는 다른 아동단체에 가입할 권리를 가지며 … 자유롭게 의견을 표명해야 한다. 제17조에 따라 아이들의 사생활, 가족, 편지, 명예와 존엄은 법에 의해 보호 되여야 한다. 제20조에 따라 아동은 민원을 제출할 권리를 가지며 기관, 기업소 및 단체는 아동의 불만 사항과 청원서를 … 무책임하게 처리해서는 안된다. 제30조에서 장애아동은 교육 및 의료 혜택을 다른 어린이와 동등하게 받을 권리를 갖는다. 교육지도기관, 공공 보건기관 및 지역 인민위원회는 맹인 및 청각 장애자 학교를 적절히 관리하고, 그들에게 학교교육, 치료 및 생활을 위한 적절한 조건을 제공해야 한다. 제42조에 따라, …. 제43조에 따라 …. 제47조에 따라 … (17~18쪽)

· (47) 아이들이 … 학급 문학상 경연 대회, 전국 소학교 과학전, 문학 작품 및 모형, 미술 발표회, 전국 어린이 예술제 및 유치원 어린이 미술 경연 대회와 같은 다양한

축제 및 경연 대회가 장애아동을 포함한 전국의 수백 명의 아이들을 한데 모아 매년 두 차례 열린다. … 이들의 작품은 TV, 라디오, 소년 신문, 새날 신문 등 아동 신문을 통해 전달된다. 예를 들어, 현재 장애자 예술협회의 작가인 소아마비가 있는 한 인민은 10대에 나의 친구 이야기로 십대때의 이야기를 비롯한 많은 작품을 썼고 청소년 문학 분야에서 최고 상인 내 동무 문학상을 5개 받았다. … (18쪽)

· (49) 어릴 때부터 … 비장애아동들도 장애아동의 존엄성을 인정하고 그들을 지지하며 우호적으로 대하기 위한 대책이 잇따라 마련됐다. 아동권리보호법, 장애자보호법 및 기타 관련법을 사회주의 도덕과 법 계층에서 학생들에게 가르쳐 장애아동에 대한 … 긍정적인 인식을 높이는 데 기여하고 있다. … 2017년과 2018년에만, 많은 교사와 어린이들이 학습 및 생활에서 장애를 가진 아이들에게 따뜻한 지원과 도움을 주는 훌륭한 특성으로 TV와 주요 신문에 보도 되었다.(18~19쪽)

· (138) 전국의 모든 유아원, 탁아소 및 초등 및 중등 기숙학교는 2014년부터 2016년 사이에 새로 지어졌으며 어린이의 양육, 교육 및 생활을 위한 최상의 조건을 갖추고 있다. 새로운 어린이 영양관리 기준이 마련 되었고, 그들에게 영양가 있는 식품 및 기타 식료품들을 우선적으로 제공하기 위한 새로운 체계가 수립 되었다. 한편, 부모의 보살핌을 받지 못하는 장애자들을 보살피는 봉사자들과 자신의 자녀들처럼 아동을 돌보는 기관들의 좋은 특성을 널리 홍보해서 다른 인민들이 모범으로 따를 수 있도록 격려했다.(46쪽)

장애아동 권리 존중은 총 7개 조항이고 관련 조항이 1개 추가된 형태이다. 이에 북한은 「아동권리보장법」의 관련 조항을 토대로 장애아동권리 존중에 대해 논거하고 있다. 특히 동 법령의 제30조를 제기하면서 장애아동권리의 명문화 근거를 제시하고 있는데, 이는 긍정적이라 할 수 있다. 또한 북한은 비장애아동과 장애아동의 구분 없이 각종 문화 예술 행사가 진행되었고 이러한 고무적인 사례까지 보고하고 있다.

이어 장애아동 관련 법제의 순기능과 더불어 2017년과 2018년 언론 보도를 언급하고 있는데, 이러한 이유는 북한이 장애인에 대한

---

51) 이는 오기로 「아동권리보장법」을 말한다.

정책적, 제도적 배려를 통해 자신들의 이미지를 긍정적으로 유도하는 한편 이를 통해 국제사회에서 대화와 지원, 교류 채널을 확보하고자 하는 의도도 있다고 판단된다. 다른 한편으로 동 사안의 사례 예시의 경우 북한의 협약가입 이후, 북한 장애아동에게 나타난 모든 사례를 제시할 필요가 있다. 또한 보도 내용의 경우 특정 사안을 추출하여 사실적인 내용을 담아 전달할 필요가 있다. 또한 김정은시대의 아동복지의 발전과 변화를 언급하고 있지만 구체적이지 않아 사실여부를 떠나 그 무게감이 떨어진다.

9. 국제협력: 제32조-8개 조문

· (199) 장애자 보호법 제8조에 조선은 장애자의 보호 영역에서 외국, 국제기구 및 재외 동포단체와의 교류협력을 증진해야 한다고 규정하고 있다. ⋯ (64쪽)

· (200) 조선민주주의 인민공화국은 식량 안보, 공중 보건, 교육, 아동보호 및 재난위기 감축과 같은 분야에서 외국의 외교공관과 조선 내부의 국제기구와의 협력 사업을 리행함에 있어서 장애자 문제가 포함됨을 확인하여 이에 적절하고 효과적인 조치를 취했다. 그 결과, 시각 및 청각장애아동을 위한 학교 등이 지속적으로 제공 되었고, 2007년 이후부터는 영양이 풍부한 음식들도 공급 되었다.(64쪽)

· (201) ⋯ 예를 들어, 문수기능회복쎈터의 치료사를 위한 기술 훈련은 2013년부터 거의 매년 실시 되였는데, 이곳에서 세계적으로 유명한 물리 치료사, 작업 치료사 및 기타 회복 전문가가 이론 및 실전 문제에 대한 강의를 했다. ⋯ KFPD와 교육위원회 관계자는 장애아동 교육을 담당하고 있으며 포괄적인 교육과 통합교육을 실현하는 방법을 배우기 위해 국제 회의 및 교육에 참석했다. ⋯ 2016년 이후, 재해 발생시 장애자의 구호·구제, 조기경보시스템 구축과 같은 장애자 관련 문제를 재해 위험감소 프로그램에 포함시키기 위해 노력하는 한편, 재해 위험감소에 관련된 전문가의 역량강화 교육 ⋯ (65쪽)

· (202) 2010년 KFPD와 세계 롱인련맹간에 양해각서가 채택 된 이후, 2건의 4년 단위 협력 사업이 리행 되어졌고, 그 결과 청각 장애자의 직업 훈련을 위한 물류협력 및 필요한 기반시설 구축이 성공적으로 완료 되었다.(65쪽)

- (204) 여러 국제기구, 외교 공관, 외국 국가 협회 및 인민들이 물질적 기반의 세우고, 더 나은 교육여건을 조성하고, 장애자의 체육과 문화 생활을 제공하는 데 소중한 기여를 했다.(65쪽)

- (205) 그러나 장애자의 권리보호와 국제기구 및 외국과의 협력을 위한 조선민주주의 인민공화국의 노력은 정당화될 수 없는 대북 안보리 제재로 큰 도전에 직면해 있다. 예를 들어, 어떤 나라들은 심지어 장애자를 위한 인도적 지원물품에 대한 통관을 거부하거나 방해하거나 운송을 미룬다. 다른 나라들은 장애자를 위한 장비 생산을 위한 자재, 보철 및 보조기구, 장애 학교시설물의 구입을 막기도 한다. 장애자에 대한 이러한 인권 유린과 위반은 협약을 충실히 리행 하려는 조선의 노력에 막대한 지장을 초래한다.(65~66쪽)

- (206) 조선민주주의 인민공화국은 인도주의의 이상과 국제인권기구의 원칙 및 요건, 특히 협약에 위배되는 이러한 비인도적 제재는 어떤 수단으로도 정당화될 수 없으며 어떤 조건도 없이 즉각 철회되어야 한다고 강력히 주장한다.(66쪽)

동 보고서의 국제협력은 총 8개 조항이다. 북한의「장애자보호법」을 통한 국제교류 조항은,「여성권리보장법」과「아동권리보장법」에도 있는 동일한 내용이다. 북한은 양 법령 제9조 국제교류와 협조 조항에서 각각 "국가는 녀성권리보장 분야에서 다른나라, 국제기구들과의 교류와 협조를 발전시킨다"와 "국가는 아동권리보장분야에서 다른 나라, 국제기구들과의 교류와 협조를 발전시킨다"라고 동일하게 명시하였다. 그리고 이는 사실상 북한에 대한 국제사회와 외국, 민간단체의 지원을 의미한다.

이어 동 보고서는 기존의 국제교류사업을 통해 발생한 장애인복지 협력사업, 문수기능회복센터의 물리치료사와 작업치료사의 기술교육, 2016년 이후 전문가 역량 강화 교육, 세계농인연맹과의 협력사업 언급하였다. 동시에 북한은 그들과 장애인 교류 협력사업을 시행한 다양한 국제기구와 외국 국가들에게 감사를 표하고 있다.

한편 동 보고서에서 북한은 보고서를 제출한 2018년 12월 현재 자

신들의 입장을 담담하게 옮기고 있다. 즉, 국제교류의 가장 큰 장애
요소로 대북 경제제재 조치 문제를 제기한 것이다. 당시 이러한 국
제사회의 대북 경제제재가 사실이고 이에 따라 북한은 동 보고서를
통해 당시 대북제재로 인한 자신들의 불편함을 표현하였다. 역설적
으로 이는 북한이 장애인교류만이라도 대북제재 대상의 예외로 인
정받고자 하는 의도를 간접적으로 표명한 것이다. 또한 더 나아가
북한은 이러한 비인도적 대북제재에 대한 철회를 강력히 주장하고
있다.[52] 지금까지 논증한 북한의 장애인권리 보고서 분석을 요약,
평가하면 다음 〈표 7〉과 같다.

<표 7> 북한의 장애인권리협약 이행보고서 평가

8가지 원칙과 국제협력	조문수	진술 경향	비고
개인의 존엄성, 자율성 및 자립에 대한 존중: 생명권(10조), 신체의 자유 및 안전(14조), 근로 및 고용(27조)	12 * 1개 추가(근로)	① 포괄 서술 ② 법령 제시 ③ 설명과 논거	· 일부 완료 · 일부 이행 중 · 일부 고무

---

52) 사실 2006년 10월 UN 안보리 결의 1718호에 의해 대북제재위원회가 설치된 이
래 북한에 대한 제재는 지속적으로 강화되어 왔다. 동시에 '본 결의로 인해 대
북 인도적 지원이 영향을 받아선 안 된다'는 내용도 결의 때마다 강조됐었다.
하지만 이후 대북제재위원회의 금수품목이 증가할수록 인도적 지원은 현실적
으로 성사되지 못했다. 최근 이와 관련 UN은 2019년 3월 미국 개신교 비영리단
체 메노파 중앙위원회(MCC)는 UN 안전보장이사회 대북제재위원회의 제재 면
제를 받았다. UN 안보리 대북제재위원회는 지난 2018년 8월 이행지원정보 7호
'북한에 대한 인도적 지원 전달에 있어 면제 취득을 위한 지침'을 채택했고,
2019년에 들어서 면제 건수가 늘어나고 있는 추세이다. 오마이뉴스, '옷핀·휠
체어도 막는 촘촘한 대북제재, 그물코를 넓혀라', 2019.4.10. 보도; 또한 최근 미
국 국무부는 대북 인도적 지원과 관련해 "엄격한 제재 조치가 북한 주민에 대
한 적법한 인도 지원 제공을 방해하지 않도록 하는 것이 미국의 정책"이라고
확인했다. 미국의 소리, 2019.5.3.

비차별 및 기회의 균등: 평등 및 비차별(5조), 법 앞의 평등(12조), 사법에 대한 접근(13조), 정보 접근권(21조), 교육(24조), 건강(25조)	39		· 일부 완료 · 일부 시도 · 일부 고무 · 다수 부족
완전하고 효과적인 사회참여 및 통합: 훈련 및 재활(26조)	6	④ 사례 제시 ⑤ (일부) 계획 언급 * 사안 자평 * 일부 사실 누락 * 일부 배치 오류 * 일부 사안 진행 중	· 일부 시도 · 다수 부족 · 일부 노력 중
장애 차이 존중, 장애인의 인정 및 보호: 인식제고(8조), 위험상황과 인도적 차원의 긴급사태 (11조), 적절한 생활수준과 사회적 보호(28조)	24		· 일부 시도 · 다수 부족 · 일부 노력 중
접근권: 접근권(9조), 개인의 이동성(20조)	18		· 일부 완료 · 다수 미이행 · 일부 노력 중
남녀의 평등: 장애여성(6조)	3		· 일부 완료 · 일부 고무 · 일부 이행 중 · 일부 노력 중
장애아동 권리 존중: 장애아동(7조)	7 * 1개 추가		· 일부 완료 · 일부 이행 중 · 일부 노력 중
국제협력: 국제협력(32조)	8		· 적극 이행 중 · 적극 노력 중

* 출처: 저자 작성.

Ⅳ. 결론

지금까지 본 연구는 북한이 작성, 유엔에 제출한 장애인권리협약 이행에 관한 국가보고서를 8가지 원칙에 입각, 다양한 스펙트럼을 통해 분석하였다. 본 연구의 분석 규준은 ① 장애인 현황, ② 장애인의 존엄성, 자율성 및 자립에 대한 존중, ③ 장애인의 비차별과 기회의 균등, ④ 장애인의 완전하고 효과적인 사회참여 및 통합, ⑤ 장애 차이 존중, 장애인의 인정 및 보호, ⑥ 접근권, ⑦ 남녀의 평등, ⑧ 장애 아동 권리 존중, ⑨ 국제협력 등을 중심으로 고찰하였다. 동 보고서는 북한이 장애인권리협약 서명 이후 그동안의 성과를 중심으로 작성한 것으로 이를 통해 UN장애인권리위원회 및 국제사회는 북한의 장애인권리에 대한 평가를 한다.

동 보고서의 전반적인 경향은 북한의 「헌법」이나 「장애자보호법」을 필두로, 「사회보장법」, 「년로자보호법」, 「사회주의로동법」, 「녀성권리보장법」, 「아동권리보장법」 등을 기반으로 제도적으로 북한 장애인들의 권리가 보호받고 있다는 것을 지속적으로 강조하고 있다. 그러나 보고서의 다수의 보고 내용이 상징적 · 정성적 · 언명적 · 추상적인 내용이 주류를 이루고 있다. 이와 반대로 계량적 · 정량적 · 실증적인 내용도 있기는 하나, 소수에 불과하다. 또한 국제사회가 그동안 지속적으로 제기하고 지적한 장애인 인권에 대한 언급이 부족하다.

또한 극히 극소수이기는 하지만 사안에 따른 답변의 배치가 불일치한 경우도 있다. 결국 한마디로 북한의 장애인권리협약 이행에 대한 태도의 적극성은 감지되나 답변의 구체성은 한계가 있다. 따라서 동 보고서는 최종평가에 긍정적인 측면과 부정적인 측면이 동시에 있다. 하지만 상대적으로 부정적인 요소가 다수이다. 또한 대외용인 영문보고서와 대내용인 국문보고서의 경우 내용은 차지하더라도 상대적으로 영문보고서의 법명 오기는 부재하나 국문보고서는 다수의 법명 오기-일부 조직명 포함-가 나타났다.[53]

그러나 다른 한편으로 동 보고서의 내용만 놓고 보면, 북한이 협약가입 이후 장애인권리를 위한 노력한 흔적이 나타난다. 하지만 이러한 북한의 노력과 수고가 과거 자신들이 인식하고 있던 장애인권리와 확고한 차이가 나타난다고 할 수 없다. 즉, 요약하면 장애인권리 협약가입 이후 부분적 개선의 징후는 보이지만 그렇다고 이것이 전체적인 북한 장애인권리 분야의 발전을 크게 선도하지는 못했다. 그러나 다른 한편으로 북한은 주어진 자신들의 여건과 환경 속에서

53) 이에 동 보고서에 나타난 다수의 법명 오기 원인에 대해 다음과 같이 추정할 수 있다. 첫째, 대외용인 영문보고서와 대내용인 국문보고서 작성자나 작성 팀이 각각 따로 존재할 가능성이 크다. 왜냐하면 영문보고서에 나타나지 않은 법명의 오기가 국문보고서에 다수 나타나기 때문이다. 다시 말해 양자의 작성자가 동일하다면 이러한 초보적인 수준의 법명의 오류가 빈번하게 발생할 가능성이 매우 낮다. 둘째, 국문보고서는 영문보고서를 토대로 하였기에 법령의 오기가 발생했을 개연성이 크다. 즉, 보고서 작성을 위한 작업순서에 있어 북한은 영문판을 먼저 작성한 후 국문판으로 단순 번역-해당 법명을 미확인하고 번역에만 치중한 결과-하여 이러한 과정에서 발생한 우연한 표기 오류일 수도 있다. 그러나 만약 이것이 역으로, 즉, 국문보고서를 토대로 영문보고서를 작성해서 발생한 문제라면 작성자나 작성 팀이 북한의 법에 대해 낮은 수준의 지식과 정보를 가진 셈이다. 셋째, 상술한 두 번째의 이유로 북한의 국문보고서 번역자 혹은 작성자는 영문보고서를 중심으로 단순히 국문 번역을 할 수밖에 없었다. 그리고 이러한 가운데에 영문 표기 자체를 국문으로 번역한 결과, 법령 명칭에 대한 다수의 오류가 발생하였다. 한편 역으로 이는 북한의 보고서 작성과 검독 시스템의 문제이기도 하다. 넷째, 이와 동렬에서 무엇보다 국문보고서 작성자의 경우 「년로자보호법」, 「사회보험법」, 「민법」, 「성형외과법」, 「녀성권리보장법」, 「아동권리보장법」등을 포함, 일부 북한의 법령을 제대로 인지하지 못하는 가운데에 작성한 것이다. 즉, 국문보고서 작성자-즉, 영문보고서 번역자-는 전반적인 북한의 사회복지법제에 대한 지식과 정보가 부족하다. 다섯째, 국문보고서에 나타난 다수의 법령 표기 오류는, 사실 매우 심각한 문제로 동 보고서가 북한 내에서 회람될 경우 혼돈과 오해의 소지가 다분히 존재한다. 그러나 다른 한편으로 실제 동 보고서를 정독하는 북한의 실무진과 전문가 그룹이 다수이고 이들의 피드백이 재차 반영되어 수정될 것인가 하는 문제에 관해서는 판단이 불가한 영역이다. 여섯째, 나아가 무엇보다 이러한 오류는 동 보고서의 신뢰성과 정확성을 상쇄시키는 부정적인 요인으로 작용한다. 그러나 한편으로 국제사회에서는 이를 인지할 수 있을 가능성이 낮다. 왜냐하면 이들은 대내용 국문보고서가 아닌 대외용 영문보고서를 중심으로 판단하기 때문이다.

나름대로 노력을 하고 있다.

환언하면 동 보고서 내용의 대부분이 장애인권리협력의 각 개별 조항의 핵심을 벗어난 답변이 많고 본질을 벗어난 지엽적인 북한의 성과를 적시했음에 따라 긍정적인 평가를 받기에는 일정한 한계가 있다. 하지만 다른 한편으로 동 보고서는 북한이 스스로 평가한 보고서이고 국제사회에서 향후 공개·공유되며 기록됨을 인지한 가운데에 작성한 것임에 따라 북한의 노력도 일정부문 나타나는 보고서이다. 결국 본 보고서를 기준으로 국제사회의 인식을 판단하면, 북한의 협약가입 이후 일부 노력과 변화는 감지된다. 하지만 북한은 장애인권리보장이 여전히 부족하고 이를 극복하기위해 자신들의 지속적인 노력과 더불어 국제사회의 지원이 반드시 필요하다는 견해가 다수일 거라 판단된다.

이러한 점에서 동 보고서를 통한 북한의 장애인권리 협약 이행 수준 향상을 위한 과제를 제시하면 다음과 같다. 전략적 차원으로, 첫째, 무엇보다 북한의 장애인권리 개선과 보장과 관련한 법령의 '체계화'와 '미시화'이다. 이는 북한이 동 보고서에서 언급한 장애인권리 협약 이행과 관련한 북한 법령들을 추후에 체계적이고 미시적으로 입법화하여 구체적인 법령-시행령과 시행세칙과 같은-으로 제시하고 이행하는 것을 의미한다. 따라서 이러한 구체적인 법령들에서 명시한 각 개별 조항을 통해, 북한은 이를 장애인권리 보장에 대한 실천적 의지와 기준으로 적용하고 이것이 종국에는 북한의 장애인권리 보장에 일조할 것이다. 또한 이는 국제사회의 북한의 이미지-정상국가로 가는-에 긍정적인 기여를 할 것이다.

둘째, 북한 장애인권리와 복지 향상을 위한 '특별법'제정이 필요하다. 이는 앞서 제시한 논의의 연장선상의 접근으로 북한은 현행「장애자보호법」과 더불어 가칭 「장애인권리보장 특별법」을 제정하고 이를 대내외에 공표하여 자신들의 확고한 의지 표명과 동시에 장애인 권리보장의 법적 수단으로 활용해야 한다. 이는 특히 제반 법적 조항에서 북한이 인식하는 자신들의 장애인권리를 위한 개선 방향과 발전방안 등을 포괄할 것임에 따라 대내외적으로 한 차원 진일보하는 평가를 가져다줄 것이다.

셋째, 이 점은 북한 스스로도 자각하고 있다고 판단되는데, 협약 이행을 위한 북한의 장애인권리 강화에 대한 북한의 자체 평가가 필요하다. 즉, 장애인권리 협약 이행은 물론이거니와 장애인복지, 장애인 인권 등의 향상을 위한 별도의 분야별 평가 시스템을 갖출 필요가 있다. 이를 통해 장애인권리협약에 대한 관련 데이터의 축적, 정량화된 지표, 영역별 기준과 평가 등을 제시하여 점차 개선되고 발전하는 북한장애인복지의 모습을 보여주어야 한다.

넷째, 북한 스스로 장애인권리협약 이행을 위한 중장기 발전계획 수립이 필요하다. 궁극적으로 이는 북한의 장애인복지의 자생력 확보에 두어야 한다. 그리고 북한은 이를 위한 장애인권리와 복지에 대한 사안별, 단계별, 대상별, 시기별, 서비스별 계획을 세우고 이를 전략적으로 실천하고 성장해야 한다. 아울러 이를 위한 북한의 체계적인 실현방안과 계획 수립도 필요하다.

다섯째, 북한장애인 주무기관과 장애인 전문 국제기구와의 공조도 필요하다. 현 시점을 기준으로 보면, 현실적으로 북한은 단기간 내에 북한 장애인의 권리를 신장시킬 의지는 있으나 능력이 다소 부족하다. 따라서 이를 위해서는 국제사회와의 지속적인 사업 교류, 사업 공조가 필요하고 이러한 점에서 국제사회는 북한 장애인을 위한 관심과 지원에 적극적으로 동참해야 한다.

여섯째, 남한장애인 민간단체와의 인적 물적 협력을 포함한 다방면의 교류가 필요하다. 북한은 남한을 자신들의 파트너로 보고 비정치분야인 장애인복지와 관련한 교류 협력사업을 통해 자신들의 장애인권리와 장애인복지를 견인할 필요가 있다. 이에 남한 역시 이를 인식하고 북한과의 교류협력에 적극적으로 나서야 한다. 이를 위해 남북한은 장애인복지에 대한 교류 협력사업, 남북한 장애인 협력 공동기구 신설, 정기적인 회의 개최 등이 필요하다.

또한 이를 위한 전술적 차원으로, 추후 북한이 동 보고서를 통해 국제사회에서 긍정적인 평가를 받고자 한다면 다음과 같은 방향으로 보고서를 작성해야 한다. 첫째, 협약가입 이후 변화한 관련 법령과 해당 법령의 구체적인 조항을 통해 대응해야 한다. 즉, 북한은 제도적으로 변화한 부분에 대해 자신들의 의지와 성의를 최대한 발현해야 한다.

둘째, 관련 사안의 사례를 적시할 때 다수의 사례를 정량화하여 보고해야 한다. 이는 단순히 나열식의 사례 예시를 의미하는 것이 아니라 정량적 통계를 통해 설명하고 대응하는 것을 의미한다. 가령 특정 사안의 경우 협약가입 이후 변화한 수치나 횟수를 기준에 따라 정리하여 보고하는 기술적인 부문을 말한다.

셋째, 장애인권리보장에 관해 현재 진행 중이거나 혹은 계획 중인 사안에 대해서는 추가적인 의문이 제시되지 않을 정도의 구체적인 내용을 담아야 한다. 다시 말해 이는 북한이 실현하고자 하는 정책적인 시기와 방법, 조건과 환경에 대한 구체성을 의미한다.

넷째, 이와 동렬에서 북한은 장애인권리에 대한 중앙정부 차원의 정책적 계획을 제시하여 동 분야에 대한 국제사회의 문제제기에 선제적으로 대응해야 한다. 왜냐하면 그리해야만 국제사회에서 긍정적인 평가를 받을 수 있기 때문이다.

장애인권리 개선을 위한 노력은 해당 국가의 의지만으로 되는 것이 아니다. 이는 해당 국가의 장애인권리에 대한 문제의식 정도, 제도적 실천 의지와 능력, 기술과 노하우, 인력과 관련 인프라 보유 정도, 기본적인 토대와 정책 환경 등 다양한 영역과 관련이 있다. 특히 장애인의 경우 더욱더 그러한데, 이러한 이유는 다양한 장애의 유형에 따른 이질적인 서비스 종류, 특정 성별과 연령에 국한되지 않는 특수성, 현금과 현물 서비스와 더불어 반드시 작동해야 하는 치료와 재활, 고용과 소득, 인권과 교육 등의 문제도 있다는 점, 그리고 이외에도 산적한 문제가 다수이기 때문이다. 특정 국가를 떠나 장애인권리 보장에 대한 완전한 종료 시점은 사실상 불가역적인 부문이다. 때문에 이러한 점에서 본다면 북한은 이제 막 장애인권리를 위한 대장정을 시작한 셈이다. 그리고 바로 이것이, 북한의 장애인권리 발전과 향상에 남한의 역할이 매우 중요시되는 이유이다.

참고문헌

1. 북한법령
가족법
각급인민회의 대의원선거법
고등교육법
교육법
녀성권리보장법
년로자보호법
로동보호법
로동정량법
민법
보통교육법
사회보장법
사회보험법
사회주의로동법
아동권리보장법
인민보건법
장애자보호법
장애자보호법
헌법

2. 단행본
강민조 외, 「원격탐사를 활용한 북한지역 인구분포 추정 및 활용방안 연구」,
　　　세종: 국토연구원, 2016.
국가인권위원회, 「장애인권리협약 해설집」, 서울: 국가인권위원회, 2007.
김두섭 외, 「북한 인구와 인구센서스」, 서울: 통계청, 2011.
노용환 외, 「북한 인구센서스의 정책적 함의」, 서울: 한국보건사회연구원, 1998.
박경숙, 「북한사회와 굴절된 근대: 인구 국가 주민의 삶」, 서울: 서울대학교 출
　　　판문화원, 2013.

원재천 외, 「유엔장애인권리협약에 비추어 본 북한장애인인권」, 서울: 공동체, 2019.

정영철 외, 「북한 인구의 동태적 및 정태적 특징과 사회경제적 함의」, 서울: 한국보건사회연구원, 2011.

조선장애자보호연맹(DPRK), 「조선민주주의 인민공화국 장애자 권리 협약 리행 초기 보고서」, 평양: 조선장애자보호연맹, 2018.

한국장애인개발원, 「장애인 권리보장에 관한 국제인권규범 연구」, (재)한국장애인개발원, 2015.

3. 영문단행본

Design & Layout Jesús Alés, 「Korea DPRK 2017 MICS: DEMOCRATIC PEOPLE'S REPUBLIC OF KOREAMULTIPLE INDICATOR CLUSTER SURVEY」, UNICEF DPRK, 2018.

DPRK, 「Initial Report of the Democratic People's Republic of Korea on the Implementation of the Convention on the Rights of Persons with Disabilities」, Pyongyang DPRK, December, 2018.

FAO · IFAD · WFP · UNICEF · WHO, 「2018년 The State of Food Security and Nutrition in the World: Building Climate Resilience for Food Security and Nutrition」, 2018.

IFPRI, 「2017 Report Online Appendix: 2017 Global Nutrition Report」, 2017.

International Food Policy Research Institute, 「2017 Global Hunger Index: The Inequalities of Hunger」, October 2017.

UN, 「Convention on the Rights of Persons with Disabilities」, UN, 2006.

UN Report, 「2016 DPR Korea: Needs and Priorities」, Produced by the Humanitarian Country Team, 2016.

UNFPA, 「State of World Population 2017: Worlds Apart, Reproductive health and rights in an age of inequality」, 2017.

UNICEF, 「Situation Analysis of Children and Women in the Democratic People's Republic of Korea－2017」, 2016.

UNICEF · WHO, World Bank Group, and UN, 「Levels & Trends in Child Mortality Report 2017」. 2017.

WFP, 「2017 DPR Korea: Needs and Priorities」, March 2017.

WHO, 「Expanded Programme on Immunization(EPI): Democratic People's Republic of Korea 2017, Fact Sheet」. 2017.

4. 국문논문
송인호, "북한의 장애인 관련 법제와 실태: 북한의 '유엔 장애인권리협약 이행 최초보고서'를 중심으로," 『법학연구』 제21권 제1호, 서울: 연세대학교 법학연구원, 2019.
이철수, "북한의 장애인복지 정책 분석,"「한반도 미래연구」 제2호. 서울: 한반도미래연구원, 2018.
_____, "북한 장애인복지 정책," 북한장애인 지원 국제학술세미나 발표문, 서울: 통일연구원, 2018.
_____, "북한 장애인복지 법제의 지속성과 변화 고찰: 장애자보호법의 개정 내용 비교를 중심으로," 미간논문.
_____, "북한 '녀성권리보장법' 분석: 복지 관련 조항을 중심으로," 미간논문.
_____, "북한 '아동권리보장법' 분석: 교육, 보건, 가정 관련 조항을 중심으로," 미간논문.
_____, "김정일시대 북한의 사회복지와 장애인복지에 대한 연구,"「남북한 보건의료」 제7호, 서울: 아주남북한보건의료연구소, 2008.

5. 언론 보도
미국의 소리, 미 국무부 "대북 인도 지원, 엄격한 제재로 인한 지장 없어야," 2019.5.3.
세계일보, "대북 인도적 식량지원도 성사 미지수," 2019.5.6.
연합뉴스, "北 대외용 잡지, 점자책 전문 출판사 소개 눈길," 2013.10.14.
_____, "북한, 장애인에 필요한 모든 조건 · 환경 보장 주장," 2015.12.3.
오마이뉴스, "옷핀 · 휠체어도 막는 촘촘한 대북제재, 그물코를 넓혀라," 2019.4.10. 보도.
NK뉴스, "김정은, 상이군인 운영 공장 시찰," 2017.5.11.
통일뉴스, "조선맹인협회, 전문출판사와 맹학교 연결 정보망 구축," 2014.6.25.
_____, "북, 장애인 단체와 세계 장애인 기구간 협력 · 교류 활발," 2017.6.30.
_____, "북, 인권 특별보고관 인정않지만 국제인권협약은 성실 이행," 2017.5.10.

제4부

북한의 노동복지 법제

제16장

북한 경제특구의 노동복지 체제분석
개성과 라선 비교를 중심으로

I. 서론

2010년 이후 북한의 대표적인 경제특구 관련 법령으로는 2011년 11월 3일 「조선민주주의인민공화국 황금평, 위화도 경제지대법」(최고인민회의 상임위원회 정령 제2006호로 채택, 이하 황금평, 위화도 경제지대법으로 약칭)이 있다. 그리고 2013년 9월 12일 「조선민주주의인민공화국 라선경제무역지대 외국투자기업로동규정」(최고인민회의 상임위원회 결정 제139호로 채택, 이하 라선경제무역지대 외국투자기업로동규정으로 약칭), 2014년 11월 17일 「조선민주주의인민공화국 라선경제무역지대 외국투자기업로동규정시행세칙」(라선시인민위원회 결정 제162호로 채택, 이하 라선경제무역지대 외국투자기업로동규정시행세칙으로 약칭)을 각각 제정하였다.

라선경제무역지대의 경우 이는 북한이 2013년 라선경제무역지대라는 경제특구에 별도의 로동규정을 시행하겠다는 것을 천명한 것이고 연이어 2014년 이를 실제 적용하기 위해 실천규정을 재차 제정한 것이다. 특히 북한이 동 법령들을 순차적으로 제정한 배경은 북한의 경제발전 전략과 경제특구 전술 입각, 여기에 해당되는 라선경제특구에 이를 적용·대입한 것이다. 따라서 북한은 라선경제특구 개발을 위해 이를 법제적으로 정비·강화하였고 궁극적으로 외국기업 유치의 법적 토대를 마련했다 하겠다. 그러나 황금평, 위화도의 경우 제정 시기가 라선경제무역지대에 비해 약 3년 먼저 제정되었음에도 불구하고 구체적인 로동규정과 로동규정시행세칙이 제정되지 않은 것은 다소 아이러니한 부문이다.

한편 이는 북한이 2003년 9월 18일 제정한 「조선민주주의인민공화국 개성공업지구 로동규정」(최고인민회의 상임위원회 결정 제2호로 채택)과 대비된다.[1] 왜냐하면 현재까지 별도의 로동규정이 존재하지 않은 황금평, 위화도를 차치하더라도 북한이 '개성과 라선'이라는 두 지역에 대해 각각 2003년과 2013년 각각 별도의 '로동규정'을 제정했기 때문이다. 따라서 북한의 경제특구인 개성공업지구와 라선경제무역지대, 양 지역에만 해당되는 로동규정을 놓고 그 내용을 비교 분석하면, 10년이라는 시간적 차이로 인해 발생한 북한의 경제특구 로동규정에 관한 위계적 차원의 동학을 추적할 수 있다.

통상 특정국가가 추진하는 경제특구의 목적은 자국의 외자유치를 통한 경제발전 기제 내지는 수단으로 작용한다. 특히 북한이 당면한 대내외의 경제환경을 고려하면 이는 더욱 더 자명한 사실이다. 결국 북한은 경제특구라는 미명하에 사회주의체제 내에 별도의 경제체제를 운영, 이를 통해 경제발전 효과를 극대화함과 동시에 체제안정을

---

1) 반면 개성공업지구의 경우 '로동규정 세칙'을 제정했지만 현재까지 전문 전체 국내에 공개되지 않았고 그 일부만 공개되었다. 한편 동 세칙의 경우 2014년 11월 20일 일부 개정을 통해, 노력보장사업에 대한 지도통제를 중앙공업지구 지도기관이 하는 것으로 변경하였다. 연합뉴스, 2014년 12월 8일.

일정부문 유지하고자 하는 이중적인 전략을 구사하고 있다.

그리고 이러한 대외적인 변화는 공히 해당 경제특구가 여타 북한 지역과 다른 차이를 유도하고 있다. 아울러 이러한 차이 속에 노동 복지 법제의 변화도 감지된다. 다시 말해 경제특구 자체가 기존과 다른 경제체제를 지향함에 따라 노동복지 역시 이를 추동하고 이는 재차 법제부문의 변화를 동반한다. 따라서 이렇게 보면 북한의 노동 복지체제는 크게 경제특구와 나머지 지역으로, 경제특구 외국기업 과 나머지 지역의 국내기업으로 구분된다.

이에 본 연구는 북한 경제특구의 노동복지 법제를 추적하여 법제 도적 변화를 분석, 그 함의를 도출하고자 한다. 보다 구체적인 본 연 구의 목적은 북한의 '개성공업지구 로동규정', '라선경제무역지대 로 동규정'을 비교, 북한경제특구 노동복지법제의 동학을 추적하고자 한다. 이에 본 연구의 주요 분석 대상은 상술한 바와 같이 북한이 2003년과 2013년에 각각 제정한 '개성공업지구 로동규정', '라선경제 무역지대 로동규정'을 중심으로 한다. 또 본 연구는 분석대상과 초 점에 따라 국내에 공개된 '개성공업지구 로동규정 관련 세칙', '라선 경제무역지대 외국투자기업로동규정시행세칙'을 부가적으로 고찰 하고자 한다.

이에 본 연구의 연구방법은 문헌연구를 중심으로 하여 원 자료인 두 법령들을 중심으로 한다. 또한 동 법령들과 관련된 북한의 여타 법령도 고찰하고자 한다. 이에 연구주제와 관련한 북한의 경제특구 구의 노동복지 관련 조항을 핵심 분석대상으로 하고자 한다. 그리고 이러한 법령들을 놓고 법제도 분석에 일반적으로 사용되는 연구방 법인 질적 내용분석을 통해 검토하고자 한다.

이를 위한 본 연구의 서술순서는 다음과 같다. 먼저 개성과 라선

을 중심으로 양 로동규정과 관련 세칙을 중심으로 근로소득의 경우
① 임금 종류와 제정 권한, ② 최저임금, ③ 임금 지불방식으로 분석하
고자 한다. 다음으로 근로복지의 경우 ① 근로자의 노동시간, ② 휴
식과 휴가, ③ 여성근로자의 보호로 접근하고자 한다. 마지막사회보
장의 경우 ① 사회문화시책과 문화후생기금, ② 최저임금과 최저생
계비, ③ 퇴직보조금과 생활보조금, ④ 사회보험료로 비교하고자한
다. 이를 통해 본 연구는 개성과 라선 지역 법령 분석을 통해 북한경
제특구의 노동복지에 지속성과 변화를[2] 도출하고자 한다.

  특히 본 연구가 이러한 비교 분석을 시도하는 이유는 다음과 같
다. 첫째, 무엇보다 관련 법령들과의 교차분석을 통해 북한경제특구
의 노동복지 법제에 대한 다층적 해석이 가능하다. 둘째, 북한경제
특구의 노동복지 법제의 지속성과 변화에 접근하기 위해서는 반드
시 관련 법령들과의 비교를 통해 추출해야한다. 셋째, 동 법령들은
시차적으로 10년의 시간적 간극이 존재하기에 현 시점에서 통시적
인 접근과 해석이 가능하다. 때문에 본 연구는 각각의 법령에 나타
난 동종의 내용을 비교분석하고자 한다.[3] 참고로 본 연구의 분석 모
형과 분석 틀을 도식화면 각각 다음 〈그림 1〉과 〈표 1〉과 같다.

---

2) 본 연구에서 지속성은 최초 법령과 이후 법령과 비교했을 때 나타나는 공통적인
   부문을 의미하고 변화는 최초 법령과 이후 법령의 내용상 차이가 발생하는 부
   문을 의미한다. 다시 말해 변화는 단순히 시계열적으로, 평면적으로 변화한 것
   이 아니라 대비 혹은 대립되는 사안의 내용이 진화, 보완, 발달됨을 의미한다.
3) 참고로 본 연구와 관련한 기존연구 중 직접적인 관련이 있는 연구는 이철수의
   2017b, 2017c인 반면 북한 경제특구와 관련한 대표적인 연구는 문무기(2009),
   박천조(2015), 배종열(2014), 유현정(2014), 이효원(2016), 이승욱(2016), 임을출
   (2014, 2015), 최우진(2015) 등의 연구가 있다.

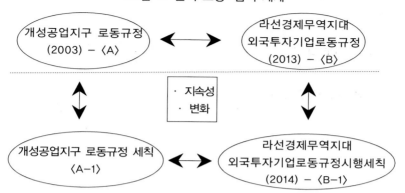

<그림 1> 분석 모형: 법적 체계

개성공업지구 로동규정
(2003) – 〈A〉

라선경제무역지대
외국투자기업로동규정
(2013) – 〈B〉

· 지속성
· 변화

개성공업지구 로동규정 세칙
〈A-1〉

라선경제무역지대
외국투자기업로동규정시행세칙
(2014) – 〈B-1〉

* 비고 1: 개성공업지구 로동규정 세칙은 2008년 10월 다수 제정되었지만 일부만
공개, 라선경제무역지대 외국투자기업로동규정시행세칙은 공개.
비고 2: 점선 위 두 법령 중심의 위계적 차원의 비교.
* 출처: 저자 작성.

<표 2> 분석 틀

구분	개성공업지구 로동규정(2003)	라선경제무역지대 외국투자기업로동규정(2013)
①근로소득 ②근로복지 ③사회보장	①관련 조항의 구체적 진술 ②관련 조항의 공통점과 차이점 ③동일 조항의 내용(변화) 비교(추적)	

* 비고: 개성과 라선의 경우 법령의 하위법령인 세칙과 시행세칙 비교.
* 출처: 저자 작성.

II. 근로소득

1. 개성공업지구와 라선경제무역지대 로동규정

1) 개성공업지구 로동규정

근로소득인 임금의 경우 ① 임금 종류와 제정 권한, ② 최저임금, ③ 임금 지불방식으로 크게 구분된다. 첫째, 먼저 제정된「개성공업지구 로동규정」에서 남측기업이 북측 개성공단 근로자에게 지급하는 임금의 종류는 동 규정 제24조 로동보수의 내용에 언급되어 있다. 동 조항에서 북한은 "로동보수에는 로임, 가급금, 장려금, 상금이 속한다"라고 명시하였다. 따라서 동 조항에 의거한 개성공단 근로자의 법적인 임금의 종류는 네 가지로 여기에는 ① 통상적인 급여 성격인 임금, ② 초과근무 시 지급되는 수당 성격의 가급금, ③ 특정 사안의 독려에 대한 장려금, ④ 특정 사안에 대한 근무자의 포상을 위한 상금[4]이 있다.

다음으로 이러한 임금의 제정 권한은 동 규정 제5조 로임의 제정에서 "종업원의 로임은 종업원월최저로임에 기초하여 기업이 정한다"라고 하여 임금제정 권한은 해당 기업이, 적정 임금 기본선은 최저임금에 기초함을 밝혔다. 이에 따라 북한은 후속적인 조항으로 동 규정 제25조에서 최저임금액을 밝히고 있는데, "기업의 종업원월최저로임은 50US$[5]로 한다. 종업원월최저로임은 전년도 종업원월최

---

4) 참고로 개성공업지구 상금의 지불방식은 동 규정 제31조 '기업은 세금을 납부하기 전에 리윤의 일부로 상금기금을 조성하고 일을 잘한 종업원에게 상금 또는 상품을 줄수 있다'라고 명시하였다.

5) 북한은 2014년 11월 20일 동 규정을 일부 개정, 기존의 관리기관과 중앙공업지구지도기관이 협의하여 최저임금을 결정하였던 것을 중앙공업지구지도기관

저로임의 5%를 초과하여 높일수 없다"라고 명시하고 있다. 따라서 동 조항에서 북한은 임금의 지정 주체, 최저임금액, 최저임금에 대한 년간 임금인상 상한율을 각각 명시하고 있다.

한편 이러한 북한의 개성공단 근로자 최저임금은 2007년 이후 매년 상승하여 공단폐쇄 직전인 2015년의 경우 월 73.87USD이다.[6] 또한 이러한 최저임금액에 각종 수당이 계상되어 2015년 기준 개성공단 근로자의 월 평균인건비는 141.4USD이다.[7]

또한 매월 지급하는 근로자의 급여에 대해 동 규정 제26조 종업원월로임의 제정에서 "종업원의 월로임은 종업원월최저로임보다 낮게 정할수 없다. 그러나 조업준비기간에 있는 기업의 종업원과 견습공, 무기능공의 로임은 종업원월최저로임의 70%범위에서 정할수 있다"라고 하여 최저임금보장과 동시에 최초 채용 이후 인턴기간동안에 견습 근로자와 무기능 근로자의 최저임금 지급을 미준수 해도 가능한 일정기간과 특정 근로자의 최저 임금격차를 언급하여 다소 유연한 임금보장선을 명시하였다. 그러나 동 조항에서 조업준비기간에 대한 분명한 '기간 명시'가 제시되어 있지 않은 점은 다소 논란의 여지가 있다 하겠다.

마지막으로 임금 지불방식의 경우 동 규정 제32조 로동보수의 지

단독으로 결정하는 것으로 변경하였다. 이에 따라 중앙공업지구지도기관이 2015년 2월 경 최저임금을 74$로 일방적으로 정하여 통보하였다. 최우진, "라선경제무역지대의 법제도 정비 현황,"「통일과 법률」2015년 8월호 (서울: 법무부), 113쪽.

6) 연합뉴스, 2015.8.18. 참고로 과거 최저임금의 경우 개성공업지구는 2014년 12월 31일 기준 미화 70.35$인 반면 라선경제무역지대의 경우 약 미화 83.99$이다. 최우진, "라선경제무역지대의 법제도 정비 현황,"「통일과 법률」2015년 8월호 (서울: 법무부), 114쪽.

7) 연합뉴스, 2015.3.13.

불에서 "기업은 로동보수를 화폐로 종업원에게 직접 주어야 한다. 이 경우 상금은 상품으로 줄수도 있다…"라고 명시되어 있다. 이에 동 조항을 근거로 할 때 임금(로임, 가급금, 장려금)은 화폐 즉, 미화로 지불되는 반면 상금은 경우에 따라 화폐와 상품으로 대체할 수 있다고 판단된다.

그러나 한편 실제 임금은 법령에 명시한 것과 같이 기업이 근로자에게 전액 직접 지급되지 않았다. 이를 보다 구체적으로 살펴보면 의무납부인 사회보험료 15%는 중앙특구 개발지도총국으로, 사회문화시책비 30%는 개성시 인민위원회로 공제되었다. 이를 제외한 55% 중 일부는 현금으로 나머지 일부는 현물로 개성공단 근로자에게 직접 전달하였다. 이러한 개성공업지구 북측 근로자의 임금의 흐름도의 두 가지 견해와 실질적으로 수급 받는 임금구성을 중심으로 정리하면 각각 〈그림 2〉, 〈표 2〉와 같다.

<그림 2> 개성공업지구 북측 근로자의 임금 흐름도1

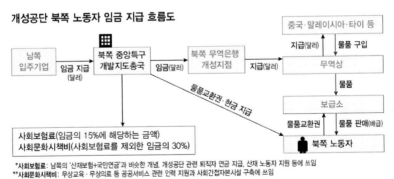

* 비고: 문화후생기금 추가 공제 예상.
* 출처: 한겨레신문, 2016년 2월 11일.

<표 2> 개성공업지구 북측 근로자의 임금 구성

공제항목	비율	징수와 납부기관
사회문화시책비	30%	개성시 인민위원회
현물임금(물품교환권) 현금임금	70%	북측 개별근로자

* 비고: 문화후생기금 등 추가 공제 예상.
* 출처: 한겨레신문, 2016년 11월 7일.

　한편 북한은 동 규정 제30조에서 추가 근무인 연장, 야간작업에 대한 가급금 지급기준을 밝혔는데, "기업은 로동시간밖의 연장작업 또는 야간작업을 한 종업원에게 일당 또는 시간당 로임액의 50%에 해당한 가급금을…. 명절일, 공휴일에 로동을 시키고 대휴를 주지 않았거나 로동시간밖에 야간작업을 시켰을 경우에는 로임액의 100%에 해당한 가급금[8]을…" 지급해야한다고 밝혔다. 이에 북한은 개성공업지구 북측 근로자의 초과근무에 대한 수당지급을 명문화하여 '초과 근로 수당=추가 임금소득'의 구도를 확립하였다.

　이는 북한이 1999년 제정한 「외국투자기업로동규정」 제29조 "외국투자기업은 공휴일에 일을 시키고 대휴를 주지 않았거나 로동시간밖의 낮 연장작업 또는 로동시간안의 밤작업을 한 종업원에게 로임과 함께 일한 날 또는 시간에 따라 일당 또는 시간당 로임액의

---

8) 2009년 기준 개성공업지구 북측 근로자들은 주당 평균 6-7시간 정도의 연장근무를 수행하는 것으로 알려져 있으며 이에 대한 초과근무수당(50% 가급금)이 지급되었다고 한다. 그러나 아이러니하게도 북한은 개성공단에서 개별 근로자에 대한 금전적인 인센티브 지급에 대해서는 매우 부정적인 입장이었다라고 한다. 북측은 개성공단 운영사업으로 인하여 북측의 통치체제에 근본적인 혼란을 가져오는 것을 원하지 않았기 때문에 자본주의 제도로서의 인센티브 지급을 원하지 않았다고 한다. 문무기, "개성공업지구 노동규정의 운영상황 분석과 향후 제도 개선방향," 「수은 북한경제」, 2009년 봄호 (서울: 한국수출입은행, 2009), 35~36쪽.

50%(명절일작업과 로동시간밖의 밤연장작업을 한 종업원에게는 100%)에 해당한 가급금을 주어야 한다"라는 조항을 그대로 인용한 것이라 하겠다. 때문에 이 시기까지 북한은 대외기업 근로자의 초과근무와 대휴에 대한 현금보상 수준의 큰 변화가 감지되지는 않는다.

2) 라선경제무역지대 로동규정

먼저 「라선경제무역지대 외국투자기업로동규정」에서 외국기업이 라선경제특구 북측 근로자에게 지급하는 임금의 종류는 동 규정 제28조 로동보수의 내용에 나타나 있다. 동 조항에서 북한은 "종업원의 로동보수에는 로임, 장려금, 상금이 속한다.… 같은 로동을 한 종업원들에 대해서는 성별, 년령에 관계없이 로동보수를 똑같이 지불하여야 한다"라고 명시하였다.

따라서 동 조항에 따르면 라선경제특구 근로자의 법적 임금의 종류는 세 가지로 여기에는 ① 로임, ② 장려금, ③ 상금9)이 있다. 이에 라선경제특구 근로자의 임금의 종류는 「개성공업지구 로동규정」에서 제시한 임금 종류 중 '가급금'이 삭제되어 있다. 이는 다소 의아한 경우라 판단할 수도 있지만 후술한 동 규정 제34조의 초과근무에 해당되는 로임 조항을 보면 기존의 가급금이 로임에 포함된 형태로 변형된 것을 반영한 결과라 하겠다. 이러한 반면 동 조항에 나타나 있듯이 「개성공업지구 로동규정」에서 부재한 '동일노동 동일임금'을 새롭게 추가한 것은 다소 이채롭다 하겠다. 그리고 이는 기존의 사회주의 임금방식과 비슷한 경우라 하겠다.

---

9) 한편 이러한 라선경제무역지대 상금과 장려금의 지불방식은 동 규정 제36조 "기업은 결산리윤의 일부로 상금기금을 조성하고 일을 잘하는 종업원에게 상금 또는 장려금을 줄수 있다"라고 명시하였다.

다음으로 임금의 제정 권한, 즉, 매월 지급하는 라선경제특구 근로자의 급여에 대해 동 규정 제29조에서 북한은 "종업원의 월로임은 기업이 정한다. 이 경우 종업원월로임최저기준보다 낮게 정할수 없다. 조업준비기간에 있는 기업의 종업원 또는 견습공, 무기능공의 월로임은 종업원월로임최저기준의 70%이상의 범위에서 정할수 있다"라고 명시하였다. 이는 「개성공업지구 로동규정」 제26조와 대동소이한 내용이다.

반면 임금제정 권한을 포함한 최저임금에 대한 권한은 '라선시인민위원회'에 있다. 북한은 동 규정 제6조 종업월로임최저기준의 제정에서 "지대에서 종업월로임최저기준은 라선시인민위원회가 관리위원회와 협의하여 정한다. 이 경우 최저생계비, 로동생산능률, 로력채용상태 같은 것을 고려한다…"라고 밝혔다. 따라서 동 조항에 따르면 라선경제무역지대의 임금제정 권한은 상술한 바와 같이 경제무역지대 관리위원회와 라선시인민위원회 소관이다.

한편 북한이 동 조항에서 밝힌 내용 중 매우 중요한 점은 「개성공업지구 로동규정」에 부재한 '최저생계비'를 임금책정에 반영한다는 것이다. 특히 '최저생계비'라는 용어 자체가 자본주의식 표현임을 볼 때, 이를 북한이 차용한 것은 괄목할 만한 변화를 의미한다. 또 하나 주목해야할 점은 그럼에도 불구하고 동 규정에서 최저생계비의 기준에 대한 언급이 부재하다는 것이다. 이는 결국 또 하나의 역설적인 의미이자 북한의 한계, 나아가 동 법령의 기본적인 속성을 반증한다 하겠다. 아울러 이를 토대로 요약하면 무엇보다 북한의 경제특구 법령에 관한 변화의 폭이 매우 크고 인상적이라는 것이다.

다른 한편으로 동 규정은 「개성공업지구 로동규정」과 달리 최저임금액에 대한 구체적인 내용이 명시되어 있지 않다. 그리고 이러한 의문에 대한 해답은 「라선경제무역지대 외국투자기업로동규정시행세칙」에 나타나 있다. 북한은 동 시행세칙 제9조 "지대에서 기업의 종업원월로임최저기준은 최저생계비, 로동생산능률, 로력채용상태 같은 것을 고려하여 75.2€ 이상으로 한다…" 라고 하여 라선경제무역지대의 최저임금은 75.2€ 이상이다. 이렇게 볼 때, 개성공업지구와 라선경제무역지대 근로자의 최저임금 수준은 약 2배 정도 차이가 있다. 그리고 이러한 원인은 두 지역의 기업의 주체와 북한과의 관계, 여타 경제특구와 중국·러시아·중동·동유럽 파견 북한근로자의 임금, 10년 동안의 임금과 물가 상승을 반영한 결과라 판단된다.

또한 이는 북한이 개성공업지구의 최저임금이 '50불'이라고 분명히 밝힌 것과 다소 대비된다. 왜냐하면 라선경제무역지대의 최저임금은 '75.2유로 이상'이라고 언급했기 때문이다.

마지막으로 임금 지불방식의 경우 동 규정 제37조 로동보수의 지불에서 "기업은 종업원의 로동보수를 정해진 기간안에 전액 지불하여야한다. 로임은 화폐로 지불하며 상금과 장려금은 화폐로 지불하거나 상품으로 줄수도 있다…"라고 명시하였다. 이는 북한이 「개성공업지구 로동규정」 제26조와 다소 대비된다. 가령 북한은 「개성공업지구 로동규정」에서는 근로자에서 임금을 직접 전달하는 체계를 강조한 반면 「라선경제무역지대 외국투자기업로동규정」에서는 지급기간을 강조하였다. 즉, 「라선경제무역지대 외국투자기업로동규정」은 임금의 체납과 체불, 연체에 대한 인식을 반영하였다. 아울러 「개성공업지구 로동규정」에서는 '상금을 상품'으로 대체할 수 있다. 하지만 「라선경제무역지대 외국투자기업로동규정」에서는 상금과 장려금을 화폐나 상품으로 지급이 가능하도록 하였다.

2. 개성공업지구와 라선경제무역지대 로동관련 규정(시행)세칙

1) 개성공업지구 로동규정 관련 세칙

근로소득과 관련, 첫째, 북한이 2008년 10월 제정한 「개성공업지구 로동보수세칙(제9호)」은 5년여 앞서 2003년 9월 제정한 「개성공업지구 로동규정」보다 상당부문 구체적인 내용이다. 특히 북한은 동 세칙 제1조에서 "이 세칙은 ≪조선민주주의인민공화국 개성공업지구법≫과 ≪개성공업지구 로동규정≫ 제4장 로동보수에 따라 종업원들에게 로동보수를 정확히 지불하는데 이바지한다"라고 하였는데, 이는 동 세칙이 상위규정인 「개성공업지구 로동규정」의 연장선상에 있음을 의미한다.[10]

먼저 임금 종류의 경우 동 세칙 제3조에서 근로소득의 종류와 정의를 언급하였다. 이에 동 세칙 제3조에서 ① 기본로임, ② 도급로임, ③ 가급금, ④ 장려금[11], ⑤ 상금[12]에 대해 각각 설명하였다. 이

---

10) 개성공업지구의 경우 로동규정을 보다 더 구체화시킨 시행세칙의 경우 2008년 이후 제정되었는데, 2008년 10월 1일 「개성공업지구 로력채용 및 해고세칙」(중앙특구개발지도총국 지시 제6호, 2015년 4월 14일 수정), 「개성공업지구 로동시간 및 휴식세칙」(중앙특구개발지도총국 지시 제7호), 「개성공업지구 로동보호세칙」(중앙특구개발지도총국 지시 제8호), 2008년 11월 20일 「개성공업지구 로동보수세칙」(중앙특구개발지도총국 지시 제9호)이 각각 제정되었다. 그렇다면 왜 북한은 「개성공업지구 로동규정」이 제정된 지 약 5년이 경과된 이후 로동규정과 관련한 세칙을 제정했는가 하는 의문이 제기된다. 이 점에 대해서는 다양한 해석이 가능하고 여전히 의뭉스러우나 뚜렷한 근거를 제시하기에는 한계가 있다. 단지, 추론해 보면 북한의 입장에서 첫째, 사실상 제대로 된 대규모 외자유치 사업의 경험부족으로 인한 입법준비 소홀, 둘째, 사업의 상대방이 남측이기에 다소 낙관적인 전망속의 문제의식 결여, 셋째, 본격적인 사업 이후 전개될 향후 법적 제 문제에 대한 다양한 예상 부족으로 요약된다.
11) 한편 동 세칙에서 장려금의 적용은 제12조 기업은 보다 높은 경제적 효과성을 얻기 위하여 자체의 실정에 맞게 장려금 평가기준, 적용대상, 금액을 로동규칙

는 「개성공업지구 로동규정」 제24조에서 밝힌 임금 종류에서 도급임금이 추가된 형태이다. 따라서 「개성공업지구 로동규정」에서 밝힌 임금의 종류가 네 가지인 반면 동 세칙에서 밝힌 임금의 종류는 다섯 가지로 임금 종류가 한 가지 추가되었다.

다음으로 동 세칙에는 「개성공업지구 로동규정」에서 언급한 임금 제정권한에 대한 조항이 없다. 이러한 원인은 북한의 입장에서 보면 첫째, 개성공단이 운영된 지 5년이나 지났고 둘째, 이미 최저임금을 책정하여 운영되고 있었으며 셋째, 때문에 이를 굳이 재차 언급할 법적 필요성이 성립되지 않았기 때문이다. 따라서 북한의 입장에서 동 세칙을 통해 임금 제정 권한을 이중으로 법적 명문화해야 하는 필요충분 조건이 성립되지 않는다.

반면 최저임금의 경우 동 세칙에서 최저임금에 대한 구체적인 액수를 제시하지는 않았다. 이러한 원인은 이미 「개성공업지구 로동규정」에서 최저임금을 명시하였기 때문이다. 따라서 북한은 동 세칙 제10조에서 "기업은 년에 1차 중앙공업지구지도기관과 공업지구관리기관이 합의하는데 따라 월최저로임을 올려야 한다"라고 하여 최저임금 상승 절차에 대해 명시하였다.

마지막으로 동 세칙 제5조에서 임금 지급시기에 대해 명시하였는데, "…2. 종업원의 로동보수를 매월 10일안으로 지불…. 3. 로동보수를 지불하기 5 일전에 지불할 보수의 상세한 내용이 기재된 로동보수계산서를 종업원에게 제시하여 확인서명을 받아야 한다"라고 임

에 구체적으로 반영하고 적용하여야 한다.

12) 한편 동 세칙에서 상금의 적용은 제13조 기업은 여러 가지 경제지표들을 보다 훌륭하게 수행한 집단이나 개별적종업원에게 상금을 적용하여야 한다. 기업은 자체의 실정에 맞게 상금평가기준, 적용대상, 금액을 로동규칙에 구체적으로 반영하고 적용하여야 한다.

금지불 방법에 대해 언급하였다. 따라서 동 세칙에 의거하면 개성공단 북한 근로자의 매월 임금 지급은 당월 10일 이전에 지급해야하고 지불 5일 이전에 당월 지급될 임금총액에 대해 당사자의 확인과 서명이 반드시 필요하다.[13] 그리고 이는 북한이 「개성공업지구 로동규정」 제32조 로동보수의 지불에서 밝힌 화폐와 상금인 현금급여, 상품인 현물급여 지급가능 여부를 밝힌 것 보다 매우 구체적인 조항이다.[14]

한편 북한은 동 세칙 제11조에서 추가근무에 따른 가급금 지불과 계산에 대해 밝혔는데, "… 2. 1일(전날 오전작업시작시간으로부터 다음날 오전작업시작시간까지)이상 련속적으로 연장 및 야간작업을 조직하지 말아야 하며 부득이한 사정으로 련속적인 연장 및 야간작업을 시켰을 경우에는 시간당 또는 일당 로임액이 300%에 해당한 가급금…. 이 경우 작업시간은 8시간을 초과하지 말아야 하며 가급금은 대휴에 관계없이 지불하여야 한다"라고 명시하였다. 이는 「개성공업지구 로동규정」 제30조의 내용을 그대로 승계하여 연속 연장, 야간 근무에 대한 가급금 지급 규모와 노동시간 제한을 명문화 한

13) 이 밖에도 동 세칙에는 계약에 의한 임금책정 조항이 있다. 제7조 로동보수는 다음의 내용을 담아 로력알선계약과 로력채용계약을 통하여 정한다. 1. 로동규정에 규제된 월최저로임액이상으로 기본로임을 정한다. 2. 로력에 대한 구체적인 요구사항과 그에 적용하려는 로임기준액, 기타 필요한 내용을 로력알선계약에 정확하게 반영한다. 3. 기본로임과 기타 로동보수(가급금, 장려금, 상금)에 대한 구체적인 내용은 로력알선계약에 반영된 로임기준액에 준하면서 기업과 로력자사이의 합의에 따라 로력채용계약에서 정한다. 4. 기업과 로력자는 해마다 로력채용계약에서 로동보수의 내용을 재확정한다.
14) 이 밖에도 동 세칙에서 임금연체료의 계산 추가지불 조항이 있다. 제21조 기업은 종업원들의 월로임을 제정된 기일안에 계산지불하여야 한다. 종업원들에게 일을 시키고 로임을 제때에 지불하지 않았을 경우 기업은 로임지불일이 지난 날부터 로임이 지불될 때까지의 일수에 따라 월로동보수총액의 연 20%에 해당한 연체료를 매일 계산하여 종업원에게 지불하여야 한다.

것이다. 참고로 「개성공업지구 로동보수세칙(제9호)」에 부록에 명시
된 개성공단 근로자 월로동보수지불계산서는 다음 〈표 3〉과 같다.

<표 3> 개성공단 근로자 월로동보수지불계산서

월로동보수지불계산서

No	이름	생년월일	부서및직종	입직년월일	월로임	일로임	시간로임	로동시간						결근일수	지각일수	외출일수	로임		로임계	가급금	장려금·상금	월로동보수계	수표
								가동일수	연장시간		야간로동시간		휴식일근무시간				기본로임	공제로임					
									1(150%)	2(300%)	1(150%)	2(200%)											

* 비고: 공제노임은 있으나 각 개별 로동자가 부담하는 사회보험료, 사회문화시책비,
　　　문화후생기금 공제에 대한 구체적인 항목 없음.
* 출처: 개성공업지구 로동보수세칙(제9호).

2) 라선경제무역지대 외국투자기업로동규정시행세칙

먼저 임금 종류의 경우 「라선경제무역지대 외국투자기업로동규
정시행세칙」 제44조 "종업원의 로동보수에는 로임, 장려금, 상금[15)]

같은 것이 속한다. 기업은 로동의 질과 량에 따라 로동보수를 정확히 계산하며 같은 로동을 한 종업원들에 대해서는 성별, 년령에 관계없이 로동보수를 꼭같이 지불하여야 한다"라고 하였다. 이는 상위규정인 로동규정 제28조의 내용을 그대로 인용한 것이다.

다음으로 임금제정 권한의 경우 「라선경제무역지대 외국투자기업로동규정시행세칙」 제45조 "종업원의 월로임은 기업이 정한다. 이 경우 월로임을 종업원월로임최저기준보다 낮게 정할수 없다. 조업준비기간에 있는 종업원 또는 견습공, 무기기능공의 월로임은 종업원월로임최저기준의 70%이상의 범위에서 정할수 있다. 조업준비기간은 3개월을 넘을수 없다"라고 하였다. 이는 상위규정인 로동규정 제29조를 인용·승계하면서 상위규정에서 의문시되었던 최저임금 지급수준의 격차를 둔 기간을 명시한 것이다. 따라서 라선경제특구 조업준비기간 근로자와 수습기간 근로자는 최초 고용 이후 3개월 동안 최저임금의 70%수준의 임금을 받는다.

그 다음으로 최저임금의 경우 「라선경제무역지대 외국투자기업로동규정시행세칙」 제9조 "지대에서 기업의 종업원월로임최저기준은 최저생계비, 로동생산능률, 로력채용상태 같은 것을 고려하여 75.2€ 이상으로 한다.[16] 종업원월로임최저기준은 라선시인민위원회가(관리위원회 관할지역안의 종업원월로임최저기준은 관리위원회와 협의하여)정한다"라고 명시하였다. 이에 라선경제무역지대의 경우 매월 지급되는 임금은 기업이, 최저임금은 라선시인민위원회

---

15) 동 세칙에서 상금기금에 대해 다음과 같이 정의하고 있다. 제52조 기업은 결산리윤의 일부로 상금기금을 조성하고 일을 잘하는 종업원에게 상금 또는 장려금을 줄수 있다.

16) 앞에서 재인용.

가 관할지역안의 관리위원회와 협의하여 결정한다.

마지막으로 임금 지불방식의 경우 「라선경제무역지대 외국투자기업로동규정시행세칙」 제53조 "기업은 종업원의 로동보수를 정해진 기간안에 전액 지불하여야 한다. 로임은 화폐로 지불하며 상금과 장려금은 화폐로 지불하거나 상품으로 줄수도 있다. 로동보수를 주는 날이 되기전에 사직하였거나 기업에서 내보낸 종업원에게는 수속이 끝난 날부터 7일안으로 로동보수를 지불하여야 한다"라고 명시하였다. 이는 상위규정인 로동규정 제37조와 동일한 내용이다.[17]

결국 양 로동규정과 하위 세칙의 임금관련 내용을 비교 분석하면, 북한은 경제특구에 관한 시간 경과에 따라 상당부문 변화하였고 이는 그동안 북한의 학습된 경험, 10년 동안의 변화한 북한의 대내외 환경 등을 반영한 것이라 판단된다. 지금까지 논증한 「개성공업지구 로동규정」과 「라선경제무역지대 외국투자기업로동규정」, 「개성공업지구 로동보수세칙(제9호)」와 「라선경제무역지대 외국투자기업로동규정시행세칙」의 임금 관련 주요 내용을 정리하면 다음 〈표 4〉와 같다.[18]

---

17) 이밖에도 동 세칙에는 로동규정 제34조 연장·야간작업에 대한 임금 지급기준, 제35조 명절과 공휴일의 로동에 대한 임금 지급기준이 각각 세칙 제50조와 제51조 승계되었다(후면 참조). 단, 동 세칙 제50조에서 북한은 근무시간 이외의 야간작업에 대해 일당 또는 시간당 로임액의 200% 임금 지급 기준을 명기하였고 나아가 야간작업 시간(22시부터 다음날 6시)에 대한 정의를 명시하였다.

18) 반면 황금평, 위화도경제지대의 경우 임금에 대한 언급은 없고 「황금평, 위화도경제지대법」 제36조 "기업은 우리 나라의 로력을 우선적으로 채용하여야 한다. 필요에 따라 다른 나라 로력을 채용하려 할 경우에는 관리위원회에 통지하여야 한다"라고 하여 노동력 공급에 대한 내용만 명시되어 있다.

<표 4> 근로소득 관련 조항 비교: 개성과 라선

구분	·개성공업지구 로동규정(2003) ·개성공업지구 로동보수세칙(2008)	·라선경제무역지대 외국투자기업로동규정(2013) ·라선경제무역지대 외국투자기업로동규정시행세칙(2014)	주요 변화
임금 종류	로임, 가급금, 장려금, 상금 *도급로임 추가	로임, 장려금, 상금	가급금 삭제
임금제정 권한	기업: 최저임금액에 기초 (남북간 합의전제)	라선시인민위원회와 관리위원회와 협의: 최저생계비, 로동생산능률, 로력채용상태	최저생계비, 로동 생산능률, 로력채용 상태 추가
최저임금	미화 50$ *임금상승 절차 명시	** 유로 75.2€ 이상 **조업준비기간 최저임금명시	임금 수준 차이 큼
임금지불 방식	로임, 가급금, 장려금 화폐, 상금 화폐·상품 가능	로임 화폐, 장려금, 상금 화폐·상 품 가능	다소 유연해짐

* 비고: *는 개성공업지구 로동보수세칙, **는 라선경제무역지대 외국투자기업로동
  규정시행세칙.
* 출처: 저자 작성.

III. 근로복지

1. 개성공업지구 로동규정과 관련 세칙

1) 노동시간

먼저 제정된 「개성공업지구 로동규정」에서 로동시간의 경우 동 규정 제20조 "공업지구에서 기업의 종업원로동시간은 주 48시간으로 한다. 기업은 로동의 힘든 정도와 특수한 조건에 따라 종업원의 주로동시간을 48시간보다 짧게 할수 있다. 계절적제한을 받는 부문의 기업은 년간 로동시간범위에서 종업원의 주로동시간을 실정에 맞게 정할수 있다"라고 명시하였다. 따라서 동 조항에 의거하면 개

성공업지구 근로자들은 1일 8시간 기준, 주 6일 동안의 노동시간을 갖게 된다. 또한 중노동이나 노동제한이 있는 경우 신축적으로 근로시간을 다소 유연하게 조정할 수 있도록 하였다. 하지만 이러한 견해와 달리 1일 근로시간에 대한 분명한 명시가 없어 해석과 적용상의 문제를 동시에 내포하고 있다.

또 이러한 노동시간에 대해 동 규정 제21조 "기업은 종업원에게 로력채용계약 또는 로동규칙에 정해진 로동시간안에서 로동을 시켜야 한다. 연장작업이 필요한 기업은 종업원대표 또는 해당 종업원과 합의하여야 한다"라고 명시하였다. 이는 노동시간의 준수와 더불어 연장작업이 필요할 경우 종업원과의 합의가 전제되어야 함을 의미한다.

이에 또한 노동시간의 경우 북한은「개성공업지구 로동시간 및 휴식세칙(제7호)」제3조 "공업지구에서 로동은 ≪우리 민족끼리≫의 리념에 따라 민족경제의 발전과 민족공동의 번영을 위한 근로자들의 창조적활동이다. 공업지구에서 종업원의 주 로동시간은 48시간, 하루 로동시간은 8시간으로 한다"라고 하여 노동의 정의와 노동시간에 대해 밝혔다. 그리고 이는 「개성공업지구 로동규정」에서 밝힌 내용을 승계함과 동시에 다소 모호했던 개성공단 근로자의 1일 노동시간을 분명히 한 것이다.

2) 휴식과 휴가

휴식과 휴가의 경우 동 규정 제22조 "기업은 종업원에게 공화국의 명절일과 공휴일의 휴식을 보장하여야 한다. 명절일과 공휴일에 로동을 시켰을 경우에는 15일안으로 대휴를 주거나 해당한 보수를 지불하여야한다"라고 밝혔다. 동 조항은 명절과 공휴일의 휴식보장과 동시에 이 기간 동안 근무하였을 경우 이에 상응하는 휴가와 별도의 추가적인 보수 지급을 명문화한 것이다. 특히 명절과 공휴일 근무 이후 15일 내에 대휴와 해당 기간 동안의 추가보수 지급을 언급, 실제 적용의 마지노선을 제시한 것은 다소 인상적이라 하겠다.

그리고 북한은 이를 관련 세칙 제7호 제9조에서 재차 언급하였다. 제9조 "기업은 종업원들에게 공화국 명절일과 공휴일의 휴식을 보장하여야 한다. 기업은 명절일, 휴식날과 로동시간 외에 일을 시키려할 경우 해당 종업원과 종업원대표와 협의하여야 한다. 부득이하여 명절일과 공휴일, 시간외 로동을 시켰을 경우에는 15일안으로 대휴를 주거나 해당한 보수를 주어야 한다"라고 명시하였다. 이는 「개성공업지구 로동규정」 제22조를 보다 더 구체화한 것으로 휴식보장과 더불어 명절과 휴식일 근무 시 절차에 대해 밝혔다.

이 밖에도 북한은 동 세칙 제7호, 제7조[19])에서 휴식의 내용을, 제6조[20])에서 작업 중 휴식시간보장을, 제8조[21])에서 일간 휴식에 대해 명문화하여 「개성공업지구 로동규정」에서 밝힌 휴식 보다 상세한 내용을 명기하였다.

반면 휴가의 경우 동 규정 제23조 "기업은 종업원에게 해마다 14일

---

19) 제7조(휴식의 내용) 기업은 종업원들에 대한 휴식보장사업을 잘 하여야 한다. 종업원들의 휴식에는 일간휴식, 주간휴식, 명절휴식, 정기휴가, 보충휴가, 산전 산후휴가가 속한다.

20) 제6조(작업중휴식, 휴지) 기업은 하루 로동시간안에 종업원들에게 오전 20분, 오후 20분정도의 휴지시간을 보장하여야 한다. 작업장에는 시계 또는 전기종 같은것을 갖추어놓고 종업원들에게 작업시작시간과 마감시간, 쉬는 시간과 식 사시간을 알려주어야 한다.

21) 제8조(일간휴식, 시간외 로동시 협의) 기업과 해당 기관은 하루 작업을 끝낸 종업원들에게 충분한 휴식조건을 지어주어야 한다. 설비수리 같은 특수한 경 우에는 종업원들에게 시간외 로동을 시킬수 있다. 이 경우 종업원대표와 해당 종업원과 협의하여야 한다.

간의 정기휴가를 주며 중로동, 유해로동을 하는 종업원에게는 2~7일간의 보충휴가를 주어야 한다. 임신한 녀성종업원에게는 60일간의 산전, 90일간의 산후휴가를 주어야 한다"라고 밝혔다. 이에 동 조항에 따르면 개성공업지구 근로자들은 ① 1년 동안 14일의 정기휴가, ② 중노동과 유해 근로자의 경우 14일의 정기휴가에 추가적으로 2-7일 동안의 보충휴가를 받음에 따라 1년 동안 총 16-21일의 휴가, ③ 임신한 여성 근로자의 산전산후 150일간의 출산휴가[22]로 구분·보장된다.

이에 북한은 동 세칙 제7호, 제10조 정기휴가[23], 제11조 보충휴가[24], 제12조 이직 시 휴가[25], 제16조 산전산후휴가[26], 제17조 산전

---

22) 이는 기존의 북한 여성근로자의 산전산후 휴가기간과 동일하다. 그러나 북한은 2015년 6월 30일 최고인민회의 상임위원회 정령 제566호로 「조선민주주의인민공화국 사회주의로동법」제66조 "녀성근로자들은 정기 및 보충휴가외에 근속년한에 관계없이 산전 60일, 산후 180일간의 산전산후휴가를 받는다"라고 하여 기존 총 150일에서 총 240일로 상향조정되었다. 이에 따라 2015년 7월부터 동 규정이 북한의 전 지역과 사업장에 적용되리라 판단된다. 그러나 본 연구는 이를 반영한 수정된 법 조항을 발견하지 못한다면 기존의 내용을 중심으로 서술하였다.

23) 제10조(정기휴가일수, 방법) 기업은 처음으로 배치된 종업원의 첫 14일간 정기휴가를 11개월이상일한 다음에 주며 다음해부터는 해마다 주어야 한다. 정기휴가는 일요일을 제외하고 기업의 실정과 본인의 요구에 따라 한번에 주거나 나누어 줄 수 있다. 이 경우 기업의 사전승인을 받아야 한다.

24) 제11조(보충휴가 직종, 일수) 기업은 해마다 고열 및 유해직종 같은 중로동부문, 정신적피로를 많이 받는 부문에서 일하는 종업원들에게 일요일을 제외하고 2~7일간의 보충휴가를 주어야 한다. 보충휴가는 정기휴가를 받을 자격이 있는 종업원에게 준다. 결혼, 부모사망 같은것에 의한 휴가는 기업이 로동규칙으로 정한다.

25) 제12조(기업옮길 때 휴가) 기업은 휴가를 받아야 할 종업원들이 휴가(정기, 보충휴가)를 받지 못하고 조직적으로 로력채용계약의 권리의무를 넘겨맡아 다른 기업에 옮겨갔을 경우 종업원을 보낸 기업이 발급한 휴가확인서에 따라 그를 받은 기업에서 휴가를 주어야 한다.

26) 제16조(산전산후휴가 및 일수) 기업은 녀성종업원에게 일요일을 포함하여 산전 60일, 산후 90일 합하여 150일간의 산전산후휴가를 주어야 한다. 기업의 실

산후휴가 조정[27]), 제18조 산전산후휴가 조건[28]), 제13조 휴가 절차[29])
에 대해 각각 명시하였다. 그리고 이는 「개성공업지구 로동규정」에
서 밝힌 내용을 계승하여 보다 더 구체화한 것이다.

또한 휴가기간의 로임지불에 대해 동 규정 제27조 "기업은 정기
및 보충휴가를 받은 종업원에게 휴가일수에 따르는 휴가비를 지불
하여야 한다. 산전산후휴가를 받은 녀성종업원에게는 60일에 해당
한 휴가비를 지불하여야 한다"라고 하였다. 이에 동 조항에 따르면
개성공업지구 근로자들은 매 휴가기간 동안 근로자의 소속기업으로
부터 별도의 휴가비를 지급받는다. 또한 산전산후휴가 중인 여성근
로자의 경우 60일 동안의 휴가비 지급을 보장받는다.[30]) 그리고 이때
지급받는 휴가비의 경우 동 규정 제28조 "휴가비의 계산은 휴가받기
전 3개월간의 로임을 실가동일수에 따라 평균한 하루로임에 휴가일
수를 적용하여 한다"라고 하였다. 이에 동 조항에 따르면 휴가기간
동안 휴가비의 계산방식은 최근 3개월 동안의 1일 임금 기준에 휴가
일 수를 계상하는 방식으로 결정된다.

정과 본인의 요구에 따라 그해의 정기휴가, 보충휴가를 산전산후휴가와 함께
줄 수 있다.
27) 제17조(산후휴가기일조절 경우) 기업은 종업원이 쌍둥이를 낳았을 경우에는
97일, 삼태자를 낳았을 경우에는 104일의 산후휴가를 주며 조산, 류산한것을
비롯한 이상적인 해산사유가 있을 경우에는 종업원대표와 협의하여 산후휴가
기일을 조절할 수 있다.
28) 제18조(로동년한에 관계없는 산전산후휴가) 산전산후휴가는 로동년한에 관계
없이 의료기관의 진단 또는 조산확인문건에 따라 해당 해산기일이 되는 경우
에 준다.
29) 제13조(휴가신청) 휴가(산전산후휴가 포함)를 받으려는 종업원은 휴가받기 3일
전에 휴가신청서를 작업단위책임자의 수표를 받아 기업에 내야 한다.
30) 한편 이러한 경우 150일간의 산전산후휴가 기간 동안의 임금과 더불어 60일간
의 휴가비 지급 문제가 제기된다. 즉, 수급조건과 환경에 따라 임금과 휴가비
의 이중지급 문제가 제기되는데, 이는 달리 보면 휴가기간 동안의 휴가비를 보
장하는 동 규정 자체에 이미 이 문제가 내포되어있다 하겠다.

이에 또한 휴가비 계산의 경우 북한은「개성공업지구 로동보수세칙(제9호)」제14조 "기업은 정기 및 보충휴가를 받는 모든 종업원들에게 ≪개성공업지구 로동규정≫ 제 28조에 따라 휴가비를 계산하여 지불하여야 한다. 산전산후휴가에 대한 휴가비는 휴가기간중 첫 60일에 대하여 지불하며 휴가기간경과에 따라 분할하여 로임지불일에 지불할수 있다. 휴가비는 휴가받기전 3개월간의 로임을 실가동일수로 나눈 평균로임에 휴가일수를 곱하는 방법으로 계산한다"라고 하여 재차 명시하였다.

3) 여성근로자 보호

마지막으로 여성근로자의 보호는 동 규정 제34조 "임신 6개월이 지난 녀성종업원에게는 힘들고 건강에 해로운 일을 시킬수 없다. 기업은 녀성종업원을 위한 로동위생보호시설을 충분히 갖추어야 한다"라고 명시하였다. 이에 동 조항에 따르면 개성공업지구 기업은 임신한 여성근로자에 대한 보호와 더불어 여성근로자를 위한 별도의 시설보호를 보장해야한다.

한편 이 조항 역시 앞서 언급했듯이 북한이 1999년 제정한 「외국인투자기업 로동규정」 제34조 "외국인투자기업은 녀성종업원을 위한 로동보호위생시설을 잘 갖추어주어야 한다. 임신 6개월이 넘는 녀성에게는 힘들고 건강이 해로운 일을 시키지 말아야 한다. 외국인투자기업은 실정에 맞게 종업원의 자녀를 위한 탁아소, 유치원을 조직하고 운영할 수 있다"라는 조항에서 파생한 것이라 하겠다.

이에 또한 여성근로자 보호의 경우 북한은「개성공업지구 로동보호세칙(제8호)」제32조에서 여성근로자 노동보호[31], 제31조에서 탁아소와 유치원 운영[32]을 재차 밝혔다. 여기에 제8호 동 세칙은 더 나아가 제30조 여성근로자를 위한 시설확보[33], 제33조 기혼 여성근로자의 노동시간 제약[34], 제34조 장기 기립 근로 여성에 대한 휴식 보장[35], 제35조 여성근로자 배제 노동부문[36]에 대해 각각 밝혔다. 이는「개성공업지구 로동규정」에서 명시한 여성근로자보호 보다 더욱 상세하고 확대된 내용이다.[37]

---

31) 제32조(해롭고 위험한 일, 임신종업원 밤일금지) 기업은 임신 6개월이 되는 녀성종업원들에게 힘들고 건강에 해롭거나 위험한 로동을 시키지 말며 임신하였거나 한살아래의 젖먹이를 가진 종업원에게는 밤일, 연장작업, 로동시간밖의 로동, 높이 3m가 넘는 곳에서 일을 시키지 말아야 한다.

32) 제31조(탁아소, 유치원운영) 기업은 ≪개성공업지구 로동규정≫ 제35조에 따라 해당녀성종업원들을 위한 탁아소, 유치원을 실정에 맞게 꾸리고 운영하여야 한다. 공업지구에는 종합탁아소를 꾸리고 운영할 수 있다. 중앙공업지구지도기관과 기업, 공업지구관리기관은 공업지구에서 어린이의 출생률이 장성하는데 맞게 계획을 세워 정한 장소에 탁아소, 유치원을 꾸리고 어린이를 가진 녀성종업원들의 로동생활에 지장이 없도록 하여야 한다.

33) 제30조(녀성종업원들을 위한 시설구비) 기업은 녀성개별위생실을 두며 150명 이상되는 기업은 150명당 1개의 비율로 녀성개별위생실을 꾸리고 관리원을 두어야 한다. 필요한 경우에는 녀성종업들과 협의하여 기업의 실정에 맞게 정할 수도 있다. 기업은 녀성개별위생실에 필요한 물자와 의약품을 기업의 로동보호자금에서 갖추어 놓아야 한다.

34) 제33조(가정부인종업원시간외 로동금지) 기업은 가정부인종업원들에게 로동시간밖의 로동, 쉬는 날의 로동, 이동작업같은 일을 시키지 말아야 한다. 그러나 부득이 일을 시키려 할 경우에는 해당 종업원과 협의하여야 한다.

35) 제34조(10분씩 앉아 휴식, 량한 작업조건 퇴치) 기업은 계속 서서 일하는 녀성종업원들에게 한시간에 10분씩 앉아 쉴수 있는 조건을 지어주어야 한다. 그러나 작업 실정에 따라 2시간 일하고 10분이상씩 쉬게 할수도 있다. 계속 찬데서 앉아 일하는 녀성종업원들에게는 찬기운을 막을 수 있는 의자와 더운깔개 같은 것을 갖추어주어야 한다.

36) 제35조(녀성배치금지작업부문) 기업은 녀성종업원들을 다음의 작업부문에 배치하지 말아야 한다. 1. 연, 수은, 비소, 린, 브롬 및 그의 화합물, 아닐린과 그 유도물질 같은 유독성 물질을 다루는 작업 2. 작업장안의 온도가 녀성들의 건강에 해로울 정도로 뜨겁거나 찬곳에서 특별한 보호대책이 없이 하는 작업 3. 유해광선을 다루는 작업 4. 심한진동과 물속에서 하는 작업 5. 녀성들의 체질에 맞지 않는 끌어당기는 작업 6. 20kg이 넘는 물건을 하루 4시간 이상 손으로 다루는 작업 7. 기타 녀성건강보호에 해롭다고 인정되는 작업

37) 한편「개성공업지구 로동보호세칙(제8호)」에는 근로자의 보건의료와 관련된

2. 라선경제무역지대 외국투자기업로동규정과 시행세칙

1) 노동시간

「라선경제무역지대 외국투자기업로동규정」에서 로동시간의 경우 동 규정 제24조 "지대에서 종업원의 로동시간은 하루 8시간, 주 평균 48시간을 초과할수 없다. …기업은 하루에 3시간정도 로동시간을 연장할수 있다"라고 명시하였다. 이에 라선경제특구 로동시간의 경우 개성공업지구와 달리 보다 구체적으로 명시되어 다소 진전된 형태라 하겠다. 가령 동 조항에서는 ① 1일 근로시간, ② 일주일 평균 근로시간, ③ 일주일 초과시간, ④ 1일 최장 연장 근로시간이 제시되어 있어 「개성공업지구 로동규정」과 달리 해석과 적용이 분명하다.

또 이러한 노동시간에 대해 동 규정 제25조 "기업은 종업원에게 정해진 로동시간안에서 로동을 시켜야 한다. 연장작업을 시키거나 명절일, 공휴일, 휴가기간에 로동을 시키려 할 경우에는 직업동맹조직 또는 종업원대표와 합의하여야 한다. 종업원은 정해진 로동시간을 지키며 로동을 성실히 하여야 한다"라고 밝혔다. 이 또한 「개성공업지구 로동규정」과 비교하면 사뭇 발전된 내용들이다. 가령 동 조항은 「개성공업지구 로동규정」에서 언급하지 않은 종업원의 성실 의무 조항이 추가되어 궁극적으로 기업의 근로시간 준수와 더불어 이에 대한 종업원의 의무도 동시에 언급하였다.

한편 기업이 근로자에게 연장근무와 명절, 공휴일, 휴가기간에 대

내용도 있다. 제29조(의사직제, 치료조건 보장) 기업은 로력채용규모가 600명 이상인 경우 전임의사, 그 이하인 경우 겸직의사를 두고 치료를 받아야 할 종업원에게 해당한 치료조건을 보장해주어야 한다. 공업지구관리기관은 공업지구안에 구급치료대 같은 시설을 포함하는 병원을 두고 운영할 수 있다.

한 근무를 근로자에게 요청할 경우에도 다소 차이가 있다. 이러한 경우 북한이 「개성공업지구 로동규정」에서 밝힌 종업원대표와 해당 종업원과의 합의에 의하지만 동 규정에서는 종업원과의 합의가 삭제되는 대신 직업동맹조직과 합의한다고 밝혔다. 이러한 원인은 개성공업지구는 북한이 직접 관할하는 별도의 개성공업지구총국이 있는 반면 라선경제무역지대는 별도의 독립기관이 부재, 기존 북한 사업장의 직업동맹위원회와 같은 업무를 그대로 승계했기 때문이라 판단된다.[38]

2) 휴식과 휴가

휴가의 경우 동 규정 제23조 "기업은 종업원에게 해마다 14일간의 정기휴가를 주며 중로동, 유해로동을 하는 종업원에게는 7~21일간의 보충휴가를 주어야 한다. 녀성종업원에게는 산전 60일, 산후 90일간의 휴가를 준다"라고 언급하였다. 이는 「개성공업지구 로동규정」에서 밝힌 14일간의 정기휴가 기간과 150일간의 산전산후 휴가 기간의 내용은 동일하다. 반면 「개성공업지구 로동규정」에서 제시한 중노동과 유해 근로자의 정기휴가 외에 2-7일 동안의 보충휴가가 동

---

38) 참고로 동 규정의 시행세칙 제16조 '외국투자기업복무소는 외국인기업의 실정에 맞게 직업동맹조직을 내오고 책임자를 임명해주어야 한다. 종업원이 10명 이상인 기업에는 직업동맹위원회를 조직하며 그 이하인 기업에는 종업원대표를 둔다. 직업동맹조직과 종업원대표는 종업원들의 권리와 리익을 대표하며 기업의 경영활동에 협력한다'라고 명시하였다. 이에 라선경제무역지대의 경우 사업장별 직업동맹조직의 신설과 강화를 강조하고 있다. 또한 제18조 '기업은 매월 직업동맹조직에 아래와 같은 활동자금을 보장해주어야 한다. 1. 종업원 500명까지는 전체 종업원 월로임의 2%에 해당한 자금, 2. 종업원 501명부터 1000명까지는 전체 종업원 월로임의 1.5%에 해당한 자금, 3. 종업원 1001명이상은 전체 종업원 월로임의 1%에 해당한 자금'을 명시, 재정적 지원 방안을 제시하였다.

규정에서는 7-21일로 증가하여 기존에 비해 약 3배 증가하였다.

또한 휴가기간의 로임지불에 대해 동 규정 제27조 "기업은 정기 및 보충휴가를 받은 종업원에게 휴가일수에 따르는 휴가비를 지불하여야 한다. 산전산후휴가를 받은 녀성종업원에게는 90일에 해당한 휴가비를 지불하여야 한다. 휴가비는 로임을 지불하는 때에 함께 지불한다"라고 하였다. 이에 동 조항에 따르면 라선경제무역지대 근로자들은 매 휴가기간 동안 기업으로부터 별도의 휴가비를 지급받는다. 그리고 이는「개성공업지구 로동규정」과 거의 대동소이하다.

반면 산전산후휴가 중인 여성근로자의 경우 90일 동안의 휴가비 지급을 보장하였다. 이에 동 조항의 경우 기존의「개성공업지구 로동규정」과 분명한 차이가 있다. 즉, 산전산후휴가 중인 여성근로자의 휴가비가「개성공업지구 로동규정」에서 밝힌 60일에서 90일로 증가한 것이다. 이에 따라 산전산후 휴가비의 경우 정량적으로 접근하면 기존 기준보다 1/2정도의 증가하였다. 그리고 이때 지급받는 휴가비의 경우 동 규정 제28조 "휴가비의 계산은 휴가받기전 3개월간의 로임을 실가동일수에 따라 평균한 하루로임에 휴가일수를 적용하여 계산한다"라고 하였다. 이는「개성공업지구 로동규정」과 거의 동일한 내용이다.

3) 여성근로자 보호

여성근로자의 보호는 동 규정 제34조 "기업은 녀성종업원을 위한 로동위생보호시설을 특별히 갖추어야 한다. 임신하였거나 젖먹이는 기간에 있는 녀성종업원에게는 연장작업, 야간작업, 힘들고 건강에 해로운 작업을 시킬수 없다"라고 명시하였다. 이는「개성공업지구 로동규정」과 내용상 상당부문 차이가 나타난다. 즉,「라선경제무역지대 외국투자기업로동규정」에서 북한은 임신기간에 상관없이 임신한 여성근로자 자체와 출산직후의 여성근로자에 대한 노동보호를 언급하였다. 이는 북한이 「개성공업지구 로동규정」에서 밝힌 여성근로자의 노동보호 내용 보다 훨씬 더 발전된 형태이다.[39]

요약하면 「라선경제무역지대 외국투자기업로동규정」에서 북한은 「개성공업지구 로동규정」에서 밝힌 여성근로자의 시설보호 조항은 그대로 계승하였다. 반면 「라선경제무역지대 외국투자기업로동규정」에서는 임신한 여성근로자에 대한 노동보호 대상의 적용범위를 기존의 「개성공업지구 로동규정」에서 밝힌 임신 6개월이라는 기간 제한이 삭제되었다. 이에 따라 결국 라선경제무역지대에서는 임신 초기부터 임신 5개월 미만의 여성근로자를 포함시킴에 따라 이전과 달리 그 대상이 확대되었다. 또한 「라선경제무역지대 외국투자기업 로동규정」에서는 임신한 여성근로자 뿐만 아니라 출산한 여성근로자에 대한 노동보호도 일정부문 언급하였다. 이는 기존의 「개성공업지구 로동규정」에서 사실상 부재한 내용이다.

반면 먼저 「라선경제무역지대 외국투자기업로동규정시행세칙」에서 노동시간의 경우 동 세칙 제40조 "기업은 종업원의 로동시간을 하루 8시간, 주 평균 48시간이상 초과할수 없으며 필요한 경우 연장작업을 시키거나 명절일, 공휴일, 휴가기간에 로동을 시키려 할 경우 직업동맹조직 또는 종업원대표와 합의하여야 한다"라고 명시하였다. 이에 상위규정인 로동규정에서 나타난 근로기간과 동일한 내

---

39) 참고로 보육과 탁아의 경우 「개성공업지구 로동규정」 제35조(탁아소, 유치원의 운영) '기업은 실정에 맞게 종업원의 자녀를 위한 탁아소, 유치원을 꾸리고 운영할수 있다'와 「라선경제무역지대 외국투자기업로동규정」 제41조(탁아소, 유치원의 운영) '기업은 실정에 맞게 종업원의 자녀를 위한 탁아소, 유치원을 꾸리고 운영할수 있다'고 완전히 동일하게 적용하고 있다.

용을 나타내고 있다. 하지만 동 조항에서 북한은 시간외 연장근무가 필요할 경우에 대한 내용이 추가되었다. 그리고 이는 상위규정인 로동규정 제25조의 내용을 동 조항에 삽입한 것이다.

한편 동 조항은 로동규정에서 밝힌 1일 3시간의 연장에 대한 언급은 누락되어 있는데, 이는 동 세칙 제41조 "기업은 종업원의 건강을 보장하는 조건에서 하루 3시간 정도 로동시간을 연장할수 있다.… "로 별도의 독립된 조항으로 승계되었다. 즉, 동 세칙에서 북한은 자의적으로 상위규정인 기존의 로동규정을 놓고 법 조항의 '독립과 편입'을 유발하였다.

다음으로 휴식과 휴가의 경우 동 세칙 제68조 "기업은 종업원들에게 휴식, 휴가, 휴양, 정양의 권리를 충분히 보장하며 건강보호사업을 책임적으로 하여야 한다"라고 명시하였다. 이는 상위규정인 로동규정에 부재한 조항으로 '휴식과 휴가'는 로동규정에서 인용된 표현이지만 '휴양과 정양'은 새로이 추가된 진술이다. 이처럼 휴양과 정양이 법조문에 새롭게 추가된 것은 실천 여부를 떠나 다소 인상적인 부문이라 하겠다.

또한 휴식과 휴가와 관련, 동 세칙 제42조 휴식과 대휴, 제43조 정기휴가, 보충휴가, 산전산후 휴가, 제46조 휴가비 지불, 산전산후휴가비 지불, 제47조 휴가비 계산은 상위 규정인 로동규정을 그대로 인용하였다.

마지막으로 여성근로자의 보호는 동 세칙 제81조에 명시되어 있는데, 이는 동 규정 제34조를 그대로 인용하였다. 결국 양 로동규정과 하위 세칙의 근로복지 관련 내용을 비교 분석하면, 「라선경제무역지대 외국투자기업로동규정」과 「라선경제무역지대 외국투자기업로동규정시행세칙」이 「개성공업지구 로동규정」과 「개성공업지구 로동시간 및 휴식세칙(제7호)」에 비해 상당부문 양질화된 형태라 판단된다. 지금까지 논증한 「개성공업지구 로동규정」과 「라선경제무역지대 외국투자기업로동규정」의 근로복지 관련 주요 내용을 정리하면 다음 〈표 5〉와 같다.

<표 5> 근로복지 관련 조항 비교: 개성과 라선

구분	·개성공업지구 로동규정(2003) ·개성공업지구 로동시간 및 휴식세칙(2008)	·라선경제무역지대 외국투자기업로동규정 (2013) ·라선경제무역지대 외국투자기업로동규정시행 세칙(2014)	주요 변화
노동시간	주 48시간 *1일 로동시간 명시	1일 8시간, 주 48시간	1일 근로시간 제시
연장근로	종업원(대표)합의 시간언급 없음	1일 3시간제한, 직맹, 종업원(대표)합의	연장근무 시간제한
명절, 공휴일 휴식	보장 *공휴일 근무 협의 명시	좌동	-
휴식과 정양	- *휴식의 내용, 작업 중 휴식시간 보장, 일간 휴식 명시	**추가	휴식과 정양 신설
명절, 공휴일 근무 대휴와 보수	15일 안에 결정 의무 추가보수 지급보장	7일 안에 결정 의무 추가보수 지급언급 없음	대휴결정기간 단축 추가보수 누락
정기휴가	14일 *이직 시 휴가 등, 각종 휴가 조정, 조건, 절차 명시	14일	-
보충휴가	2-7일	7-21일	3배 증가
산전산후휴가	산전 60일, 산후 90일 *산전산후휴가 조정, 산전산후휴가 조건	좌동	-
휴가기간 임금	산전산후휴가 녀성종업원 60일 휴가비	산전산후휴가 녀성종업원 90일 휴가비	30일 추가 지급
휴가비 계산	최근 3개월 1일 임금 기준 *휴가비 계산방법 명시	좌동	-

	임신 6개월 이상 여성근로자 여성근로자 로동보호시설 *기혼 여성근로자의 노동시간 제약, 장기 기립 근로 여성에 대한 휴식보장, 여성근로자 배제 노동부문 명시	여성근로자 로동보호시설 임신출산한 여성근로자 보호	임신기간 제한 철폐
녀성로력보호			

* 비고: *는 개성공업지구 로동시간 및 휴식세칙, **는 라선경제무역지대 외국투자 기업로동규정시행세칙.
* 출처: 저자 작성.

Ⅳ. 사회보장

1. 사회문화시책과 문화후생기금

1) 사회문화시책

「개성공업지구 로동규정」에서 사회문화시책의 경우 동 규정 제40조 "공업지구의 기업에서 일하는 공화국의 종업원과 그 가족은 국가가 실시하는 사회문화시책의 혜택을 받는다. 사회문화시책에는 무료교육, 무상치료, 사회보험, 사회보장 같은것이 속한다"[40]라고 명

---

40) 이는 북한이 1999년 제정한 「외국인투자기업 로동규정」 제7장 사회보호, 사회보장의 제37조 '외국인투자기업에서 일하는 공화국공민인 종업원은 병 또는 부상, 일할 나이가 지나 일하지 못하는 경우 사회보험, 사회보장에 의한 혜택을 받는다. 사회보험, 사회보장에 의한 혜택에는 보조금, 년금의 지불, 정휴양 및 치료가 포함된다. 보조금과 년금을 받으려는 종업원은 보건기관이 발급하는 진단문건 또는 보조금과 년금을 받아야 할 사유를 확인하는 문건을 외국인투자기업에 내야 한다. 외국인투자기업은 사회보험보조금지불청구문건을 사회보험기관에 내여 확인을 받은 다음 은행기관에서 해당한 사회보험보조금을 받아 로동보수를 주는 날에 해당 종업원에게 내주어야 한다. 정휴양소에 가고

시하였다. 이는 북한의 대표적인 사회보장제도들을 적용함을 의미한다. 따라서 개성공업지구 근로자들은 기존의 북한 주민에게 적용하는 사회보장제도들을 그대로 받는다.

또 이러한 제도의 재원인 사회문화시책기금의 조성의 경우 동 규정 제41조 "사회문화시책비는 사회문화시책기금으로 보장한다. 사회문화시책기금은 기업으로부터 받는 사회보험료와 종업원으로부터 받는 사회문화시책금으로 조성한다"라고 하였다. 이에 동 조항에 근거하면 사회문화시책기금은 기업과 종업원이 각각 부담하는 사회보험료와 사회문화시책금으로 각출한다.

아울러 이러한 사회문화시책금의 납부의 경우 동 규정 제43조 "… 종업원은 월로임액의 일정한 몫을 사회문화시책금으로 계산하여 다음달 10일안으로 중앙공업지구지도기관이 지정하는 은행에 납부하여야 한다"라고 하지만 여기에 소요되는 '일정한 몫'에 대한 분명한 제시가 나타나 있지 않다. 그러나 2016년 2월 11일 한겨레신문 보도에 의하면 종업원의 월로임의 30%[41]를 사회문화시책금 명목으로 납부한다고 한다. 또한 이러한 사회문화시책기금의 이용, 즉, 수입과 지출의 경우 동 규정 제44조 "사회문화시책기금의 리용질서는 중앙공업지구지도기관이 해당 기관과 협의하여 정한다"라고 하여 중앙기구가 담당함을 밝혔다. 그리고 이는 기존의 행태와 거의 동일하다.

반면「라선경제무역지대 외국투자기업로동규정」에서 사회문화시

오는데 드는 려비와 장례보조금은 해당문건에 의하여 먼저 내주고 후에 청산받아야 한다. 사회보장에 의한 년금, 보조금은 외국인투자기업이 사회보장년금지불기관에서 달마다 정한 날에 대상자에게 내주어야 한다'라는 조항을 기반으로 축약된 것이라 할 수 있다. 그리고 동 조항은 기존의「사회보험법」의 내용을 인용·축약한 것이라 판단된다.

41) 한겨레신문, 2016년 2월 11일.

책의 경우 동 규정 제47조 "기업에서 일하는 우리 나라 공민과 그 가족은 국가가 실시하는 사회문화시책의 혜택을 받는다. 사회문화시책에는 무료교육, 무상치료, 사회보험, 사회보장 같은것이 속한다. 지대에서 사회문화시책과 관련한 사업은 라선시인민위원회가 맡아한다"라고 명시하였다. 이에 동 규정의 경우 「개성공업지구 로동규정」과 크게 변화한 것이 없고 단지 사업의 집행주체인 라선시인민위원회를 추가하여 언급하였다. 그리고 이는 북한이 사회문화시책 사업에 대한 책임주체를 분명히 밝혀 제도 집행에 관한 의지를 나타낸 것이라 판단된다.

이는 「라선경제무역지대 외국투자기업로동규정시행세칙」 제83조 "기업에서 일하는 우리나라 공민과 그 가족은 국가가 실시하는 사회문화시책의 혜택을 받는다. 사회문화시책에는 무료교육, 무상치료, 사회보험, 사회보장 같은 것이 속한다"라고 하였다. 이는 상위규정인 로동규정의 내용 중 사회문화시책의 운영과 책임주체를 제외한 나머지를 그대로 인용한 것이다.

또 사회문화시책기금의 조성의 경우 동 규정 제48조 "지대에서 사회문화시책비는 사회문화시책기금으로 보장한다. 사회문화시책기금은 기업으로부터 받는 사회보험료와 종업원으로부터 받는 사회문화시책금으로 조성한다"라고 하였다. 또한 사회문화시책기금의 납부의 경우 동 규정 제50조 "우리 나라 공민인 종업원은 로임의 일정한 몫을 사회문화시책금으로 계산하여 다음달 10일안으로 라선시인민위원회가 정한 은행에 납부하여야 한다"라고 명시하였다. 이는 「개성공업지구 로동규정」과 거의 동일한 내용으로 기존의 조항을 그대로 차용하였다. 하지만 동 규정에도 여전히 근로자가 매월 부담하는 '일정한 몫'에 대한 구체적인 진술이 없다.

또한 이는「라선경제무역지대 외국투자기업로동규정시행세칙」제
84조 "지대에서 사회문화시책비는 사회문화시책기금으로 보장한다.
사회문화시책기금은 기업으로부터 받은 사회보험료와 종업원으로
부터 받는 사회문화시책금으로 조성한다"라는 조항으로 재차 강조
된다.

한편 상위규정인 로동규정에서 밝힌 '일정한 몫'에 대한 자세한 내
용은 동 규정 시행세칙 제86조 "우리 나라 공민인 종업원은 로임의
40%를 사회문화시책금으로 달마다 계산하여 다음달 10일안으로 라
선시인민위원회가 정한 은행으로 납부하여야 한다"라고 언급하였
다. 때문에 라선경제무역지대 근로자의 사회문화시책금은 개성공업
지구 근로자 보다 10% 상승한 40%를 부담한다. 이는 북한의 중대한
변화라 할 수 있는데, 왜냐하면 후술하겠지만 기업부담인 사회보험
료 15%에 대한 상승이 전혀 없는 반면 사회문화시책금은 30%에서
40%로 상승했기 때문이다.

이는 표면적으로 보면 사실상 근로소득의 감소를 야기한다. 하지
만 북한은 이를 만회하기 위해서 라선경제무역지대 최저임금을 개
성공업지구 보다 상승시켰다. 또한 역설적으로 이는 사회문화시책
에 소요되는 재원이 기존의 30%의 부담으로는 수입과 지출의 균형
이 맞지 않음을 반증한다. 즉, 사회문화시책사업의 실제 집행에 있
어 월 임금의 30%의 부담으로 원만한 사업집행의 미비함을 의미한
다. 따라서 결과적으로 라선경제무역지대는 기존의 개성공업지구
보다 높은 최저임금, 이로 인한 높은 사회보험료, 상승된 사회문화
시책금 부담을 유도하는 북한의 선제적 의도가 나타난다 하겠다.

2) 문화후생기금

사회문화시책기금과 대비되는 문화후생기금의 경우 「개성공업지구 로동규정」 제45조 "기업은 세금을 납부하기전에 리윤의 일부로 종업원을 위한 문화후생기금을 조성하고 쓸수 있다. 문화후생기금은 종업원의 기술문화수준의 향상과 체육사업, 후생시설운영 같은데 쓴다"라고 언급하였다. 이에 동 조항에 의거하면 문화후생기금의 재원은 기업이 부담하고 지출은 근로자의 교육 문화, 건강, 복리후생시설에 소요된다.

사실 이는 북한이 1999년 제정한 「외국인투자기업 로동규정」 제42조 "외국인투자기업은 결산리윤에서 세금을 바치고 남은 리윤의 일부로 종업원을 위한 문화후생기금을 세우고 쓸 수 있다. 문화후생기금은 기술문화수준의 향상과 군중문화체육사업, 후생시설운영과 같은데 쓴다. 문화후생기금의 사용에 대한 감독은 직업동맹조직이 한다"라는 조항의 일부를 차용하여 변용한 것이다. 단지 동 조항에서는 문화후생기금의 운영에 대해 감독을 직업동맹조직할 수 있도록 하였다. 이렇게 보면 개성공업지구의 문화후생기금에 대한 감독권이 어디에 있느냐하는 문제가 제기된다.

반면 「라선경제무역지대 외국투자기업로동규정」에서 문화후생기금은 동 규정 제51조 "기업은 결산리윤의 일부로 종업원을 위한 문화후생기금을 조성하고 쓸수 있다. 문화후생기금은 종업원의 문화기술수준향상, 체육사업, 후생시설의 운영 같은데 쓴다"라고 하여 「개성공업지구 로동규정」 과 내용상 거의 동일하다.

또한 이는 「라선경제무역지대 외국투자기업로동규정시행세칙」 제87조 "기업은 결산리윤의 일부를 종업원을 위한 문화후생기금을 조성하고 쓸수 있다. 문화후생기금은 종업원의 문화기술수준향상, 체육사업, 후생시설의 운영 같은데 쓴다"라고 하여 상위규정의 내용을 그대로 인용되었다.

2. 최저임금과 최저생계비

1) 최저임금

「개성공업지구 로동규정」에서 최저임금의 경우 동 규정 제5조 로임의 제정에서 "종업원의 로임은 종업원월최저로임에 기초하여 기업이 정한다"라고 하여 임금제정 권한은 해당 기업이, 적정 임금 기본선은 최저임금에 기초함을 밝혔다. 이에 동 규정 제25조에서 최저임금액을 밝히고 있는데, "기업의 종업원월최저로임은 50US$로 한다. 종업원월최저로임은 전년도 종업원월최저로임의 5%를 초과하여 높일수 없다"라고 명시하였다. 따라서 동 규정에서 북한은 임금의 지정 주체, 최저임금액, 최저임금에 대한 임금인상 상한율을 각각 명시하고 있다.[42]

반면 「라선경제무역지대 외국투자기업로동규정」에서 최저임금의 경우 동 규정 제6조 종업월로임최저기준의 제정에서 "지대에서 종업

---

42) 앞에서 재인용. 한편 황금평, 위화도경제지대의 경우 「황금평, 위화도경제지대법」 제37조 "경제지대의 기업에서 일하는 종업원의 월로임최저기준은 평안북도 인민위원회가 관리위원회와 협의하여 정한다"라고 하여 최저임금과 임금 재정 주체에 대한 언급은 있다. 그러나 최저임금에 대한 구체적인 기준금액에 대한 내용은 명시되어 있지 않다. 이러한 원인은 첫째, 동 법령의 경우 황금평, 위화도경제지대 자체에 대한 법령으로 북한의 입장에서 굳이 최저임금액을 제시할 필요성이 없고 둘째, 이는 하위법령인 노동규정이나 노동규정시행세칙에서 추후에 언급해도 무방하며 셋째, 동 법령 제정 이후 북한이 향후 동 지대에서 경제활동을 할 외국기업과 추후에 협상을 할 사안이기 때문이다. 따라서 이러한 다중적인 이유로 북한은 동 법령에서 최저임금에 대한 구체적인 액수를 명시하지 않은 것이라 판단된다.

월로임최저기준은 라선시인민위원회가 관리위원회와 협의하여 정한다. 이 경우 최저생계비, 로동생산능률, 로력채용상태 같은 것을 고려한다…"라고 밝혔다. 즉, 동 규정은 「개성공업지구 로동규정」와 달리 구체적인 최저임금액에 대한 명시적인 내용이 부재하고 단지 최저임금액에 대해 라선시인민위원회가 관리위원회와 협의하여 결정하도록 하였다.[43]

따라서 북한이 이에 근거하여 동 규정 제정 이후 약 14개월이 경과한 후 동 규정 시행세칙을 제정, 제9조 "지대에서 기업의 종업원월로임최저기준은 최저생계비, 로동생산능률, 로력채용상태 같은 것을 고려하여 75.2€ 이상으로 한다. 종업원월로임최저기준은 라선시인민위원회가(관리위원회 관할지역안의 종업원월로임최저기준은 관리위원회와 협의하여)정한다[44]"라고 하여 최저임금에 대한 기준액과 고려사항, 협의주체를 명시하였다.

다른 한편 양 지역의 최저임금의 결정주체는 다소 차이가 있다. 가령 개성공업지구의 경우 해당 기업인 반면 라선경제무역지대의 경우 라선시인민위원회가 관리위원회와 협의하여 결정한다. 이러한 가장 큰 원인은 양 지역의 투자기업 유치 과정 때문이라 판단된다. 즉, 개성공업지구의 경우 사업 개시 전 남측 정부와 기업을 통해 일정부문 합의된 상황이었지만 라선경제무역지대의 경우 이와 달리 사업 개시 전 뚜렷한 사업주체가 명확하지 않았음에 따라 「라선경

---

43) 다른 한편으로 북한은 동 규정 제8조 (로동분야에서 기업의 독자성) '지대에서 기업은 법규에 정한 범위에서 로력채용, 로임기준과 지불형식, 로동조건보장과 같은 사업을 독자적으로 결정할 권리를 가진다'라고 하였다. 이는 북한이 라선경제무역지대에 상주하는 외국기업의 자율성을 일정부문 보장하는 의도이다. 그러나 이는 상술한 바와 같이 최저임금 기준 같은 경우 '라선시인민위원회가 관리위원회'와 협의하도록 하여 다소 제도상 배치된다 하겠다.

44) 앞에서 재인용.

제무역지대 외국투자기업로동규정」에서 이를 명확히 할 수 없었다.

2) 최저생계비

「라선경제무역지대 외국투자기업로동규정」 제6조와 「라선경제무역지대 외국투자기업로동규정시행세칙」 제9조에는 최저생계비가 언급되어 있다. 즉, 북한이 동 조항에서 밝힌 내용 중 매우 중요한 점은 「개성공업지구 로동규정」에 부재한 '최저생계비'를 임금책정에 반영한다는 것이다. 특히 '최저생계비'라는 용어 자체가 자본주의식 표현임을 볼 때, 이를 북한이 차용한 것은 괄목할 만한 변화를 의미한다. 또 하나 주목해야할 점은 그럼에도 불구하고 동 규정에서 최저생계비의 기준에 대한 언급이 부재하다는 것이다. 이는 결국 또 하나의 역설적인 의미이자 북한의 한계, 동 법령의 기본적인 속성을 반증한다 하겠다. 아울러 이를 토대로 요약하면 무엇보다 북한의 경제특구 법령에 관한 변화의 폭이 매우 크고 인상적이라는 것이다.[45]

3. 퇴직보조금과 생활보조금

1) 개성공업지구 로동규정과 관련 세칙

「개성공업지구 로동규정」에서 퇴직보조금의 경우 동 규정 제19조 "기업의 사정으로 1년이상 일한 종업원을 내보내는 경우에는 보조금을 준다. 보조금의 계산은 3개월평균월로임에 일한 해수를 적용하여 한다"라고 언급하였다. 이는 기업의 사정으로 인한 근로자의 비자발적 실업에 대한 현금보상을 언급한 것으로 여타 북한의 기업에 부재

---

45) 앞에서 재인용.

한 제도이다.

그리고 이는 북한이 1999년 제정한 「외국인투자기업 로동규정」 제17조 "외국인투자기업은 종업원을 본인의 잘못이 아닌 사유로 기업에서 내보내는 경우 그에게 일한 년한에 따라 보조금을 주어야 한다. 일한 년한이 1년이 못되는 경우에는 최근 1개월분의 로임에 해당한 보조금을 주며 1년이상인 경우에는 최근 3개월 평균월로임액에 일한 해수를 적용하여 계산한 보조금을 주어야 한다"라는 조항을 그대로 계승한 것이다. 따라서 이러한 북한의 사실상의 퇴직보조금에 대한 인식은 이미 오래전부터 인식한 것이라 하겠다. 그리고 무엇보다 이러한 원인이 중요한데, 이는 퇴직보조금의 지급주체가 외국기업이기 때문이라 판단된다. 즉, 북한은 퇴직보조금 지급에 대한 부담을 갖지 않아도 되는 환경에 기인한다.

이에 또한 퇴직보조금의 경우 북한은 「개성공업지구 로력채용 및 해고세칙(제6호)」제30조 "기업은 기업자체의 사정으로 1년이상 일한 종업원을 내보내는 경우 보조금을 주어야 한다. 그러나 로동년한이 1년미만인 경우에는 보조금을 주지 않을 수 있다"라고 하였다. 또한 「개성공업지구 로동보수세칙(제9호)」제16조 "기업은 1년이상 일한 종업원(조직적으로 채용계약의 권리의무관계가 넘어가는 종업원 포함)이 퇴직하는 경우 보조금을 주어야 한다. 보조금계산은 퇴직되기 전 3개월간의 로임총액을 그 기간의 일수로 나눈 평균로임에 30일을 곱하고 거기에 일한 해수(6개월이상의 잔여기간 포함)를 곱하여 계산한다"라고 재차 언급하여 기존의 「개성공업지구 로동규정」에서 밝힌 내용을 승계하였다.

또 생활보조금의 경우 동 규정 제29조 "기업은 자기의 책임으로 또는 양성기간에 일하지 못한데 대하여 종업원에게 일당 또는 시간당 로임의 60%이상에 해당한 생활보조금을 주어야 한다. 생활보조금을 주는 기간은 3개월을 넘을수 없으며 생활보조금에는 사회보험료, 도시경영세를 부과하지 않는다"라고 명시하였다.

이 또한 북한이 1999년 제정한 「외국인투자기업 로동규정」 제28조 "외국인투자기업은 종업원의 잘못이 아닌 기업의 책임으로 일하지 못하였거나 양성기간에 일하지 못한 종업원에게 일하지 못한 날 또는 시간에 따라 일당 또는 시간당 로임액의 60% 이상에 해당한 보조금을 주어야 한다46)"라는 규정에서 파생된 것으로 동 조항의 내용이 보다 더 진전된 형태로 발전되었다 하겠다. 그리고 이는 북한의 경제특구에 대한 반복된 경험과 학습에 따른 결과가 반영되었다. 즉, 북한은 시간의 경과에 비례하여 법조문 자체의 레토릭이 성장하고 있다. 가령 이는 동일한 내용의 법조항의 경우 기존의 내용을 승계하면서도 문맥과 내용, 표현의 축약과 함축, 행위자 대 행위자간의 관계, 문장상의 발생하는 해석상의 오류를 최소화하는 방향으로 전개됨을 의미한다.

이에 또한 생활보조금의 경우 북한은 「개성공업지구 로동보수세칙(제9호)」 제15조 "기업은 종업원들에게 ≪개성공업지구 로동규정≫ 제29조에 따라 생활보조금을 지불하여야 한다"라고 재차 명시하였다.

한편 「개성공업지구 로동보수세칙(제9호)」의 경우 특이하게도 산재보상과 해고수당 조항이 각각 명시되어 있다. 동 세칙 제17조에서 북한은 "기업은 기업에서 일을 하다가 병 또는 로동재해로 사망한 종업원의 유가족들에게 보조금을 지불하여야 한다. 유가족보조금의

---

46) 이밖에도 동 규정 제40조 '외국인투자기업은 종업원들의 건강증진을 위한 정양소, 휴양소를 조직하고 운영할 수 있다. 정양소, 휴양소의 운영비는 사회보험기금에서 낸다'라고 하여 외국인투자기업의 역할을 분명히 하고 있다.

계산방법은 이 세칙 제 16조에 따른다"라고 하여 산업재해사망에 대한 유가족보조금의 지불과 보상급여 계산에 대해 제시하였다. 또한 동 세칙 제18조에서 "기업은 해고자에게 해고가 결정되기전 3개월간의 로임총액을 그 기간의 일수로 나눈 평균로임을 계산하여 30일간의 로임을 지불하여야 한다"라고 하여 해고 시 별도의 수당 지불과 보상급여 계산방식에 대해 언급하였다. 이는 기존의「개성공업지구 로동규정」에서 부재한 내용이다. 따라서 이는 북한 스스로 개성공단 운영에 대한 경험과 시간이 경과함에 따라 산업재해 사망-실제 산업재해 사망 원인 규명을 떠나-시와 해고에 대한 법적 장치를 마련한 것이라 판단된다.

2) 라선경제무역지대 외국투자기업로동규정과 시행세칙

「라선경제무역지대 외국투자기업로동규정」에서 퇴직보조금의 경우 동 규정 제38조 "기업의 자체의 사정으로 종업원을 내보내는 경우 보조금을 주어야 한다. 그러나 로동년한이 1년이 못되는 경우에는 1개월분의 로임을 적용하여 계산한다"라고 언급하였다. 이는 「개성공업지구 로동규정」에서 퇴직보조금 수급자격을 보다 더 확대한 것이다. 가령 동 규정의 경우 1년 이상 근무한 종업원만이 퇴직한 경우에 보조금이 지급된다. 반면 「라선경제무역지대 외국투자기업 로동규정」에서는 근무기간이 1년 미만이어도 지급된다. 또 이러한 경우 급여수준이 1개월분의 임금만 지급된다하더라도 기존보다 퇴직에 대한 보호가 강화된 것이다.

이는 또한「라선경제무역지대 외국투자기업로동규정시행세칙」제54조 "기업은 자체의 사정으로 종업원을 내보내는 경우 보조금을 주어야 한다. 보조금은 종업원을 기업에서 내보내기 전 마지막 3개월간의 로임을 평균한 월로임에 일한 해수를 적용하여 계산한다. 그러나 로동년한이 1년이 못되는 경우에는 1개월분의 로임을 적용하여 계산한다"라고 하여 상위규정을 그대로 승계하였다.

또 생활보조금의 경우 동 규정 제23조 "기업은 양성기간에 있거나 기업의 책임으로 일하지 못하는 종업원에게 일당 또는 시간당 로임의 60%이상에 해당한 생활보조금을 주어야 한다. 생활보조금을 주는 기간은 3개월을 넘을수 없다"라고 밝혔다. 이는 「개성공업지구 로동규정」과 거의 동일한 내용으로 생활보조금의 지급수준과 지급기간이 기존과 동일하다.[47]

이러한 생활보조금의 경우 퇴직보조금과 마찬가지로 「라선경제무역지대 외국투자기업로동규정시행세칙」 제49조 "기업은 양성기간에 있거나 기업의 책임으로 일하지 못하는 종업원에게 일단 또는 시간당 로임의 60%이상에 해당한 생활보조금을 주어야 한다. 생활보조금을 주는 기간은 3개원을 넘을수 없다"라고 하여 상위규정인 로동규정을 준수하면서 이를 재차 언급하였다.

---

47) 한편 황금평, 위화도경제지대의 경우 퇴직보조금과 생활보조금에 대한 언급은 없으나 「황금평, 위화도경제지대법」 제43조 "경제지대에서 기업은 정해진 세금을 납부하여야 한다. 기업소득세률은 결산리윤의 14%로, 특별히 장려하는 부문의 기업소득 세률은 결산리윤의 10%로 한다"라고 하여 기업의 세금납부의무와 기업소득세률을 구체적으로 명시하였다. 이를 근거로 접근하면 북한이 일정부문 기업의 세금부담을 요구한다고 가정할 때, 황금평, 위화도경제지대에서도 개성공업지구와 마찬가지로 퇴직보조금과 생활보조금을 도입할 의도가 분명하다 하겠다. 그리고 이는 개성공업지구를 시작으로 북한의 입장에서 새롭게 전 경제특구에 도입하고자 하는 법적 시도라 하겠다. 또한 동 법령 제62조에서 북한은 "경제지대에서 10년이상 운영하는 정해진 기업에 대하여서는 기업 소득세를 면제하거나 감면하여준다. 기업소득세를 면제 또는 감면하는 기간, 감세률과 감면기간의 계산시점은 해당 규정에서 정한다"라고 하여 향후 10년 이상 장기적으로 사업을 하는 외국기업에 대한 소득세 감면에 대한 언급도 하였다.

4. 사회보험료

1) 개성공업지구 로동규정과 관련 세칙

「개성공업지구 로동규정」에서 기업의 사회보험료의 경우 동 규정 제42조 "기업은 공화국공민인 종업원에게 지불하는 월로임총액의 15%를 사회보험료로 달마다 계산하여 다음달 10일안으로 중앙공업지구지도기관이 지정하는 은행에 납부하여야 한다. 사회문화시책과 관련하여 기업은 사회보험료밖의 다른 의무를 지니지 않는다"라고 명시하였다. 이는 법 제정 당시인 2003년을 기준으로 하면 상당히 파격적이다. 왜냐하면 당시 북한의 근로자의 월 사회보험료 납부액은 월로임의 1%였기 때문이다. 따라서 이 시점을 기준으로 북한의 사회보험 재정은 이중적인 납부체제로 재편되었다 하겠다.[48]

한편 이러한 사회보험료가 연체될 경우 동 규정 제47조 "사회보험료를 제때에 납부하지 않았을 경우에는 납부기일이 지난 날부터 매일 0.05%에 해당한 연체료를 물린다. 연체료는 미납액의 15%를 넘을수 없다"라고 하여 납부의무를 강조함과 동시에 연체료 상한선을 제시하였다.

다른 한편 북한이 1999년 제정한 「외국인투자기업 로동규정」 제39조 "사회보험 및 사회보장에 의한 혜택은 사회보험기금에 의하여 보장된다. 사회보험기금은 기업과 종업원에게서 받는 사회보험료로 적립된다"라고 하였다. 동 조항에서 북한은 사회보험료 납부비율에

---

48) 북한의 사회보험 재정부담은 2006년을 기점으로 월 임금의 1%와 사업장 수익의 7%를 부담하는 것으로 개편되는데, 여기에서 의미하는 사업장 수익은 사실상의 근로자의 임금을 의미한다. 사실 북한의 사회보험기금은 납부규모와 지출규모가 정반대인데, 이는 기존의 사회보험료 재정부담이 지출을 감당하는 구조나 규모가 아닌 현실적인 문제에 기인한다.

대한 언급이 없다. 따라서 「개성공업지구 로동규정」은 동 규정 보다 더 구체적이라 하겠다.[49] 또한 이러한 납부와 달리 지출의 경우 동 규정 제38조 '사회보험, 사회보장에 의한 보조금, 년금은 공화국의 로동법규범에 따라 계산한다'라고 하여 각종 복지급여수준 계상이 기존과 동일함을 밝혔다. 즉, 동 조항에 의거하면 북한의 복지급여 지출은 이중적이지 않다. 하지만 「개성공업지구 로동규정」에서는 이러한 급여계상에 대한 언급이 부재하다.

2) 라선경제무역지대 외국투자기업로동규정과 시행세칙

「라선경제무역지대 외국투자기업로동규정」에서 기업의 사회보험료의 경우 동 규정 제49조 "기업은 우리 나라 공민인 종업원에게 지불하는 로임총액의 15%를 사회보험료로 달마다 계산하여 다음달 10일 안으로 라선시인민위원회가 정한 은행에 납부하여야 한다"[50]라고 명시하였는데, 이는 「개성공업지구 로동규정」과 거의 동일하다. 또한 이러한 사회보험료 연체될 경우 동 규정 제53조 "사회보험료를 제때에 납부하지 않았을 경우에는 납부기일이 지난 날부터 매일

---

49) 또한 동 규정 제41조 '외국인투자기업은 사회보험료의 납부, 사회보험기금의 지출에 대하여 기업소재지 사회보험기관과 직업동맹조직의 감독을 받는다'고 하여 이 시기까지 북한의 노동복지체제에 대한 의도적인 분리는 크게 감지되지 않는다.

50) 참고로 1985년 3월 20일 제정된 「(구)합영법 시행세칙」 제44조에서 "합영회사의 종업원들은 조선민주주의인민공화국의 사회보험 및 사회보장에 의한 혜택을 받는다. 합영회사는 종업원들에게 지불되는 노동보수의 7%, 종업원들은 자기가 받는 노동보수의 1%의 사회보장료를 물어야 한다'라고 명시되어 있다. 또한 1992년 10월 16일 제정된 「(신)합영법 시행세칙」 제71조에서 "합영회사는 종업원들에게 지불되는 노동보수의 7%, 종업원들은 받는 노동보수의 1%에 해당한 사회보험료를 바쳐야 한다'라고 명시되어 있다. 그리고 이는 사실상 사회복지 재정에 대한 북한의 인식이 그대로 나타나는 부문이다.

0.05%에 해당한 연체료를 물린다"라고 명시하였다. 이는 「개성공업지구 로동규정」과 거의 동일하나 미세한 차이도 존재한다. 가령 「개성공업지구 로동규정」과 달리 「라선경제무역지대 외국투자기업로동규정」에서는 연체료 상한선에 대한 언급이 부재하다. 그리고 이러한 경우 연체료의 상한선이 제시되어 있지 연체기간이 증가할수록 납부액도 증가하게 된다.

또한 사회보험료의 경우 「라선경제무역지대 외국투자기업로동규정시행세칙」제85조 "기업은 우리 나라 공민인 종업원월로임총액의 15%를 사회보험료로 달마다 계산하여 다음달 10일안으로 라선시 인민위원회가 정한 은행에 납부하여야 한다"라고 하여 상위규정에서 밝힌 내용을 계승하였다.

결국 양 로동규정과 하위 세칙의 사회보장 관련 내용을 비교 분석하면, 「라선경제무역지대 외국투자기업로동규정」이 「개성공업지구 로동규정」에 비해 부문적 개선과 개혁이 나타나는 형태라 판단된다. 또한 양 세칙의 경우 대체로 기존의 골격을 유지하며 법적으로 승계하였지만 부문적인 변화도 감지된다. 가령 개성공업지구에 존재하는 유가족보조금의 경우 라선경제무역지대에서는 부재하다. 지금까지 논증한 「개성공업지구 로동규정」과 「라선경제무역지대 외국투자기업로동규정」, 「개성공업지구 로동보수세칙(제9호)」와 「라선경제무역지대 외국투자기업로동규정시행세칙」의 사회보장 관련 주요 내용을 정리하면 다음 〈표 6〉과 같다.[51]

---

51) 한편 황금평, 위화도경제지대의 경우 사회보험료에 대한 언급은 없으나 「황금평, 위화도경제지대법」제41조 "경제지대에서 기업과 개인은 우리 나라 령역안에 있는 보험회사의 보험에 들며 의무보험은 정해진 보험회사의 보험에 들어야 한다. 경제지대에서 투자가는 보험회사를, 다른 나라의 보험회사는 지사, 사무소를 설립운영할수 있다"라고 하여 별도의 민영보험 성격의 보험가입과

<表 6> 사회보장 관련 조항 비교: 개성과 라선

구분	·개성공업지구 로동규정(2003) ·개성공업지구 로력채용 및 해고세칙, 개성공업지구 로동보수세칙(2008)	·라선경제무역지대 외국투자기업로동규정(2013) ·라선경제무역지대 외국투자기업로동규정 시행세칙(2014)	주요 변화
종류	무료교육·무상치료 사회보험·사회보장	좌동	-
사회문화시책 기금(조성)	① 기업의 사회보험료, ② 종업원은 월로임의 30%	① 기업의 사회보험료, ② 종업원은 로임의 40%	10% 상승
문화후생기금	기업부담	좌동	-
최저임금	미화 50$ 상승 가능	언급없음 ** 유로 75.2€ 이상	-
최저생계비	부재	존재	라선만 해당 구체적인 언급 없음
퇴직보조금	1년 이상 일한 종업원 3개 월평균월로임 기준	1년 미만 종업원 1개월분의 로임 적용	1년 미만도 지급
생활보조금	일당 또는 시간당 로임의 60%이상 3개월 지급	좌동	-
유가족보조금	*산재보호 명시	부재	개성만 해당
사회보험료	기업이 종업원 월로임총액의 15% 납부	좌동	부담률은 동일하나 최저임금격차가 큼

* 비고: *는 개성공업지구 로력채용 및 해고세칙, 개성공업지구 로동보수세칙, **는 라선경제무역지대 외국투자기업로동규정시행세칙.
* 출처: 저자 작성.

보험기구의 설립을 명시하고 있다. 그러나 동 조항만을 놓고 볼 때, 북한이 구체적으로 의도하는 바가 무엇인지 나타나지 않는다. 다만 동 조항을 근거로 접근하면 북한은 보험제도를 통해 황금평, 위화도경제지대의 기업과 개인의 제도적 보호를 유도하고 있음은 분명하다 하겠다.

V. 결론

본 연구는 북한의 '개성공업지구 로동규정'과 '관련 세칙', '라선경제무역지대 로동규정'과 '시행세칙'을 각각 비교하여 북한경제특구 노동복지법제를 분석하였다. 특히 본 연구는 근로소득과 근로복지를 양 노동규정과 관련 세칙을 비교 분석하였다. 이에 본 연구는 ① 관련 조항의 구체적 진술, ② 상호 관련된 조항의 공통점과 차이점, ③ 동일 조항간의 내용을 비교하고 그 변화를 추적, ④ 네 법령 간의 관련 조항의 내용을 비교 분석하였다.

이에 개성은 로동규정과 분화된 로동규정 관련 세칙, 라선은 로동규정과 단일한 로동규정시행세칙이 각각 존재하는 특성이 있다. 그리고 이러한 특성의 차이는 법령이 제정된 배경과 상황, 각 경제특구의 사업진행 상황, 사업 파트너와의 관계, 경제특구에 관한 북한의 경험된 학습정도에 따라 그 행태가 달리 나타났다 하겠다.

지금까지의 논증을 토대로 개성공업지구 대비 라선경제무역지대를 기준으로 북한 경제특구 노동법제의 지속성은 첫째, 북한은 경제특구 노동복지의 기본적인 골격을 기존과 같은 제도를 중심으로 이를 그대로 유지하고자 하는 경향이 있다. 둘째, 경제특구의 다양한 복자급여의 경우 주목할 만한 새로운 현금급여나 현물급여 없어 기존의 급여체계와 거의 동일하다. 셋째, 이의 연장선상에서 기존의 노동복지 체제를 벗어나 괄목할만한 새로운 제도나 프로그램을 제시하지는 않았다. 넷째, 사회문화시책기금과 문화후생기금과 같은 노동복지와 관련된 재정부담 주체는 기존과 동일하게 적용된다. 다섯째, 사회보장과 관련이 있는 재정부담율은 기존과 동일하다.

반면 변화는 첫째, 전반적으로 법령의 양적·질적 증가와 발달과 더불어 표현의 구체화·현대화가 나타난다. 즉, 법령의 양적·질적 수준과 내용이 발달하는 경향을 나타내고 이로 인해 해석과 적용상의 충돌문제가 다소 상쇄되었다. 둘째, 기존과 같은 골격을 유지하지만 다양한 초과근무에 대한 임금 지급 수준의 매우 큰 변화를 추구하고 있다. 셋째, 근로자의 입장을 반영, 이들을 법적으로 보호하고자 고민하는 행태가 나타난다. 즉, 대휴, 보충휴가, 산전산후휴가, 휴가기간의 임금, 퇴직보조금 적용대상 등과 같은 경우 근로자의 입장을 적극 반영하여 기존과 다른 모습을 나타냈다. 넷째, 이와 연장선상에서 북한은 개성과 라선 경제특구의 최저임금의 수준차이를 크게 유도하였다. 다섯째, 라선 경제특구의 경우 최저생계비 같은 자본주의식 요소를 임금에 책정하는 등 기존과 완전히 다른 전향적인 태도를 나타내고 있다. 특히 북한이 이를 법조문에 명기한 것은 의미 있는 인식변화를 반증한다. 여섯째, 반면 사회문화시책기금의 근로자 기여율이 10년 전 보다 10% 상승하여 가입자 부담을 가중시켰다. 일곱째, 이러한 변화와 달리 다른 한편으로 개성에 존재하는 산재보상인 유가족보조금의 경우 라선 경제특구에서는 부재하여 다소 아이러니한 측면이 있다.

결국 이러한 북한경제특구 노동법제의 지속성과 변화의 원인과 배경은 북한의 경제발전 전략과 전술, 당면한 현실, 이러한 환경 속의 북한의 의지와 의도에서 비롯된 것이라 판단된다. 다시 말해 북한이 스스로 변화의 필요성을 인지하고 이것이 가능하다면 변화를 추구하는 반면 이와 달리 필요치 않고 지속시켜야할 경우는 기존의 관례를 유지하고자 한다. 지금까지 논증을 근거로 북한 경제특구 노동법제의 지속성과 변화를 요약하면 다음 〈표 7〉과 같다.

<표 7> 개성과 라선 노동복지법제의 지속성과 변화

구분	·개성공업지구 로동규정(2003) ·개성공업지구 로동 관련세칙(2008)	·라선경제무역지대 외국투자기업로동규정(2013) ·라선경제무역지대 외국투자기업로동규정 시행세칙(2013)
지속성	·노동복지의 골격 유지 경향	·노동복지의 기본적인 제도 유지 경향 ·기존 급여체계와 동일 ·새로운 제도나 프로그램 부재 ·노동복지 재정부담 주체 동일 ·사회보험료 동일
변화	·최저임금, 퇴직보조금 도입 ·생활보조금 실제 적용 도입 ·사회보험료 15% 부담 ·유가족보조금 도입	·법령의 양적 질적 변화 추동 ·초과근무 지급 수준 등 큰 변화 ·근로자의 입장을 반영, 법적 보호 ·최저임금의 수준차이 유도 ·최저생계비 임금 책정 ·사회문화시책기금의 10% 상승 ·유가족보조금 부재

* 비고: 개성은 기존 법령과, 라선은 개성과 각각 비교.
* 출처: 저자 작성.

　　북한의 경제특구는 경제발전 전략과 맞물려 지금 현재도 진행 중이다. 때문에 일례이기는 하지만 상술한 경제특구의 노동복지 역시 적용-지역과 규모를 떠나-되고 있다. 따라서 이러한 북한의 이중적인 노동복지(경제특구 대 비경제특구), 다층적인 노동복지(최저임금·퇴직보조금·실업보조금·유가족보조금 대 비존재 복지급여)를 통해 북한의 복지체제는 더욱 더 분리되고 유리된 형태로 지속할 것이다. 그리고 이러한 천착이 대규모로 진행되어 향후 고착화될 경우 북한의 복지체제는 더욱 더 자본주의 복지체제 중심으로 다가올 것이다.

　　따라서 향후 김정은시대 북한경제특구의 활성화와 확장에 비례하여 북한 노동복지체제의 규모와 비중의 변화가 예상된다. 그리고 북한의 입장에서 이러한 결과가 노동복지체제 운영에서 현실적으로 제도운영의 합리성과 효율성을 담보한다면-바록 북한경제의 발전이 전제되지만- 중장기적으로 전체 북한 사업장으로 확장될 개연성도 없지 않다. 다시 말해 이는 북한 노동복지 '중심 축'의 완전한 변화를 야기할 개연성과 가능성이 있다는 의미이다.

다른 한편으로 제기되는 것은 본 연구와 같은 북한의 경제특구 지역 간의 차이와 더불어 경제특구와 경제특구 외 여타 지역의 노동복지에 대한 제도적 차이이다. 이에 간략히 논하면 가령 ① 최저임금 기준액의 차이, ② 사회보험료의 부담요율-경제특구 기업 15%, 특구 외 기업 근로자 1%, 사업장 수익 7%-, ③ 퇴직보조금과 실업보조금 존재와 수준의 차이로 요약된다.

그동안 북한은 노동복지에 대한 자신들의 개선전략을 직접적인 정책적 변화보다는 항시 우회적으로 진행해 왔다. 이러한 이유는 무엇보다 북한이 직접적으로 노동복지를 개선할 경우 북한 자체의 정치적 부담으로 인해 그들이 표방한 체제이념에 반하기 때문이다. 이에 북한은 경제특구에서만이라도 기존의 국가의 과도한 부담을 외국기업의 부담으로 전가하고 이를 통해 그들이 실천할 수 있는 일정 수준 이상의 노동복지에 대한 정책적 실현을 하고자 한다.

따라서 역설적으로 지금 현재 나타난 북한 경제특구의 노동복지의 제도적 배경은 기존 경제특구 외 지역에서 개선되어야만 하는 내용들이다. 때문에 북한 경제특구의 노동복지제도는 기존의 북한경제특구 외 지역의 노동복지제도에서 나타난 부족한 재정부담, 기업복지 서비스 등으로 인해 파생된 것이라 하겠다. 결국 북한 경제특구의 노동복지제도는 북한이 생각하고, 적용하고 싶은 노동복지의 '속내'인 셈이다.

참고문헌

1. 북한 법령

개성공업지구 로동규정

개성공업지구 로동보호세칙

개성공업지구 로동보수세칙

개성공업지구 로동시간 및 휴식세칙

개성공업지구 로력채용 및 해고세칙

개성공업지구 세금규정

경제개발구 로동규정

라선경제무역지대법

라선경제무역지대 벌금규정

라선경제무역지대 세금규정

라선경제무역지대 외국투자기업로동규정

라선경제무역지대 외국투자기업로동규정시행세칙

라선경제무역지대 외국투자기업 재정관리규정

라선경제무역지대 외국투자기업 회계규정

사회주의로동법

외국인기업법

외국인기업법 시행규정

외국인투자기업 로동규정

외국인투자기업 로동법

자유경제무역지대법

합영법

합영법 시행규정(1995 · 2000)

합영법 시행세칙(1985 · 1992)

합작법

합작법 시행규정

황금평, 위화도 경제지대법

2. 논문 및 단행본

문무기, "개성공업지구 노동규정의 운영상황 분석과 향후 제도 개선방향,"「수
　　은 북한경제」 2009년 봄호, 서울: 한국수출입은행, 2009.

박형중, "김정은 시대 북한 경제 변화에 대한 평가: 1980년대 후반 중국과의
　　비교," 서울: 통일연구원, 2015.

박천조, "개성공단 노동제도의 변화와 영향 연구,"「산업노동연구」 21(2), 서울:
　　한국산업노동학회, 2015.

배종열, "김정은 시대의 경제특구와 대외개방: 평가와 전망,"「김정은 시대의
　　경제와 사회」, 서울: 선인, 2015.

배국열, "김정은 시대 경제개방 정책 평가: 경제개발구를 중심으로," 2014년 경
　　제학공동학술회의 발표문, 2014.

유현정, "북한의 경제개발구법에 대한 평가와 전망,"「국가전략」 2014년 제20권
　　1호, 서울: 세종연구소, 2014.

산업연구원,『2016년도 북한경제 종합평가 및 2017년 전망』, 세종: 산업연구
　　원, 2017.

이승욱, "김정은 시대 북한의 경제특구전략: 영역화, 분권화, 그리고 중국식 개
　　혁개방?,"「한국경제지리학회지」 제19권 제1호, 서울: 한국경제지리
　　학회지, 2016.

이철수, "북한의 경제특구 복지법제 비교분석: 라선경제무역지대 외국투자기
　　업로동규정과 경제개발구 로동규정을 중심으로,"「법학논총」 제34집
　　3호, 서울: 한양대학교 법학연구소, 2017c.

_____, "북한의 경제개발구 노동복지 법제분석: 경제개발구 로동규정을 중심
　　으로,"「동서연구」 제29권 3호, 서울: 연세대학교 동서문제연구소,
　　2017b.

_____, "북한경제특구의 노동복지법제 비교분석: 개성공업지구와 라선경제
　　무역지대를 중심으로,"「법학연구」 제28권 1호, 충북: 충북대학교 법
　　학연구소, 2017a.

이효원, "라선경제무역지대법의 특징과 개선 과제－경제개발구법과 비교를
　　중심으로,"「서울대학교 法學」 제56권 제4호 2015년 12월, 서울: 서울
　　대학교, 2015.

임을출, "김정은 시대의 경제특구 정책: 실태, 평가 및 전망,"「동북아 경제연
　　구」 27권 3호, 서울: 한국동북아경제학회, 2015.

_____, "김정은식 경제정책 전망: 남북경협 추진과 개선 가능성," 「월간 북한」
  506호, 서울: 북한연구소, 2014.
최우진, "라선경제무역지대의 법제도 정비 현황," 「통일과 법률」 2015년 8월호,
  서울: 법무부, 2015.
통일부, 『2017 북한이해』, 서울: 통일부, 2017.
_____, 『2018 북한이해』, 서울: 통일부, 2018.
홍양호, "개성공단 사업의 현황, 정책적 함의와 개선과제," 「통일문제연구」 제
  27권 1호, 서울: 평화문제연구소, 2015

3. 보도 자료
연합뉴스, 2014.12.8.
연합뉴스, 2015.3.13.
연합뉴스, 2015.8.18.
한겨레신문, 2016.2.11.
한겨레신문, 2016.11.7.

제17장

북한의 경제특구 복지법제 비교분석

라선경제무역지대 외국투자기업로동규정과
경제개발구 로동규정을 중심으로

Ⅰ. 서론

북한은 2013년 5월 29일 「조선민주주의인민공화국 경제개발구법」
(최고인민회의 상임위원회 정령, 이하 경제개발구법으로 약칭), 동
년 9월 12일 「조선민주주의인민공화국 라선경제무역지대 외국투자
기업로동규정」(최고인민회의 상임위원회 결정 제139호로 채택, 이
하 라선경제무역지대 외국투자기업로동규정으로 약칭)을 제정하였
다. 또한 북한은 동년 12월 12일 「조선민주주의인민공화국 경제개발
구 로동규정」(최고인민회의 상임위원회 결정 제150호로 채택, 이하
경제개발구 로동규정으로 약칭)을 공포하였다. 또한 북한은 2014년
11월 17일 「조선민주주의인민공화국 라선경제무역지대 외국투자기
업로동규정 시행세칙」(라선시인민위원회 결정 제162호로 채택, 이하
라선경제무역지대 외국투자기업로동규정 시행세칙으로 약칭)을 제
정하였다.[1]

대표적으로 이러한 북한의 경제특구 관련, 2010년대 입법동향을

추적하면 ① 2013년 5월「경제개발구법」, ② 동년 9월「라선경제무역지대2) 외국투자기업로동규정」, ③ 동년 12월「경제개발구 로동규정」, ④ 2014년 11월「라선경제무역지대 외국투자기업로동규정 시행세칙」으로 정리된다. 이는 북한이 경제특구와 관련한 입법의 시계열적 순서가 점차 구체화되는 경향임을 의미한다. 또한 이는 북한의 경제특구와 관련한 자신들의 의지와 태도를 반증하는 하나의 사례이다.3)

이에 북한의 경제특구 관련 법적 동향의 의미는 크게 두 가지로 요약된다. 하나는 북한의 라선경제무역지대의 경우 '상위범주인 로동규정과 하위범주인 시행세칙'을 완비하여 법적 체계를 갖추었다는 것이다. 다른 하나는 이러한 특정 지역과 별도로 북한이 향후 개발할 '경제개발구'에 한해 또 다른 별도의 로동규정을 재차 입법하여 일종의 '입법과잉' 현상이 나타난다는 것이다. 또한 '경제개발구 로동규정'의 경우 '라선경제무역지대 외국투자기업로동규정'과 달리 특정지역을 대상으로 한 것이 아니라 북한의 '경제개발구' 자체를 포괄하는 규정이다. 따라서 동 규정의 법적 적용대상의 범위는 여타 특정 경제특구 법령의 대상과 지역을 능가하는 불특정 지역에 대한 함의를 의미한다. 그리고 이것이 바로 동 법령이 여타 법령과 다른 법적 차별성이다.4)

다른 한편 경제개발구의 경우 북한이「경제개발구법」을 제정하고

---

1) 이철수(a), "북한의 경제개발구 노동복지 법제분석: 경제개발구 로동규정을 중심으로" 제39권, 3호, 동서문제연구원, 2017.10, 27면.
2) 참고로 지금까지 북한의 라선경제무역지대 경제특구전략은 4단계로 구분된다. 보다 자세한 내용은 이승옥, "김정은 시대 북한의 경제특구전략: 영역화, 분권화, 그리고 중국식 개혁개방?,"『한국경제지리학회지』제19권, 제1호, 한국경제지리학회, 2016.4, 122~142면 참조.
3) 이철수(a), 앞의 논문, 28면.
4) 위의 논문, 28면.

약 6개월 후에 「경제개발구 로동규정」을 입법하여 북한의 의지가 돋보인다. 그러나 북한은 동 규정의 최하위규정인 '경제개발구 로동규정 시행세칙'을 제정하지 않았다. 즉, 현재까지 북한은 경제개발구에 관한 「경제개발구법」, 「경제개발구 로동규정」, '경제개발구 로동규정 시행세칙'으로 이어지는 법률적 체계를 완비하지 않은 것이다. 반면 북한은 라선경제무역지대의 경우 상술한 바와 같이 2013년 9월 「라선경제무역지대 외국투자기업로동규정」, 2014년 11월 「라선경제무역지대 외국투자기업로동규정 시행세칙」 각각 제정하여 법적 체계를 갖추었다. 이에 북한의 경제특구의 경우 일부는 법적체계가 완성되었고 일부는 법적체계를 완성해가는 중에 있다 하겠다. 하지만 분명한 것은 이러한 북한의 입법 행태가 과거와 달리 적극적이고 다소 신속함에 따라 변화한 북한의 모습이 내포되어 있다는 것이다.[5]

한편 이에 앞서 북한은 1999년 5월 8일 「조선민주주의인민공화국 외국인투자기업로동규정」(내각결정 제40호로 채택, 이하 외국인투자기업로동규정으로 약칭)을 제정하였다. 이는 기존의 북한 경제발전 전략 수립의 연장선상의 법령으로 외자유치를 목적으로 한 법령이다.[6] 특히 이는 북한이 2003년 9월 18일 제정한 「조선민주주의인민공화국 개성공업지구 로동규정」(최고인민회의 상임위원회 결정 제2호로 채택, 이하 개성공업지구 로동규정으로 약칭)과 대비된다. 왜냐하면 하나는 북한이 외자유치를 위해 제정한 법령이고 다른 하나는 남북경협이지만 사실상의 외자유치에 성공한 특정 지역에 대

---

5) 위의 논문, 29면.
6) 한편 이는 북한의 1998년 9월 5일 헌법개정과 관련이 있는데, 당시 북한은 헌법 제37조에 '특수경제지대에서의 여러 가지 기업창설운영'이라는 규정을 삽입했다. 배종렬, "김정은 시대의 경제특구와 대외개방: 평가와 전망," 『북한연구학회보』 제18권 2호, 북한연구학회, 2014.6, 32면.

해 각각 1999년과 2003년에 별도의 '로동규정'을 제정했기 때문이다.

이러한 점에서 '외국인투자기업로동규정'과 '개성공업지구 로동규정'은 의미하는 바가 크다. 왜냐하면 '외국인투자기업로동규정'과 '개성공업지구 로동규정'은 '라선경제무역지대 외국투자기업로동규정'과 '라선경제무역지대 외국투자기업로동규정 시행세칙'과 그 기능을 같이 하지만 시기적으로 10년 먼저 제정되었기 때문이다.

이러한 측면에서 본 연구는 북한 경제특구의 복지법제를 추적하여 법 제도적 지속성과 변화를 분석, 그 함의를 도출하고자 한다. 보다 구체적인 본 연구의 목적은 북한의 '라선경제무역지대 외국투자기업로동규정'과 '경제개발구 로동규정'을 비교 분석하여 북한 경제특구 복지법제의 동향을 추적하고자 한다. 이에 본 연구의 주요 분석 대상은 북한이 2013년 각각 제정한 '라선경제무역지대 외국투자기업로동규정'과 '경제개발구 로동규정'을 비교하고자 한다. 아울러 본 연구는 이를 통해 양 법령의 공통점과 차이점을 발견하고자 한다. 또한 본 연구의 연구방법은 문헌연구를 중심으로 하여 원 자료인 동 법령을 놓고, 노동과 복지 관련 조항을 핵심 분석대상으로 하여 법 제도 분석에 일반적으로 사용되는 방법인 질적 내용분석을 통해 분석하고자 한다.[7]

이를 위한 본 연구의 서술순서는, 먼저 '라선경제무역지대 외국투자기업로동규정'과 '경제개발구 로동규정'의 개괄적 차원의 법제 고찰을 통해 거시적 분석을 시도하고자 한다. 다음으로 양 규정을 놓

---

7) 본 연구는 연구분석 대상의 특수성을 감안 노동과 복지부문의 법제를 동시에 분석하면서 이를 복지법제로 통칭하고자 한다. 한편 통상 북한의 로동규정은 포괄적 수준의 해당 법령과 구체적 수준의 해당 법령 시행세칙 사이에 존재하는 중간적이고 매개적인 위치에 있는 법령을 의미한다.

고 ① 근로소득, ② 근로복지, ③ 사회보장을 중심으로 비교 분석하고자 한다. 마지막으로 이를 토대로 동 법령들을 통한 김정일-김정은 시대의 북한 경제특구의 복지법제에 대한 지속성과 변화를 도출하고자 한다. 참고로 본 연구의 분석모형과 분석 틀을 도식화면 각각 다음 〈그림 1〉, 〈표 1〉과 같다.

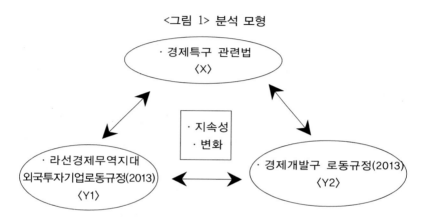

<그림 1> 분석 모형

* 비고 1: 법적 체계와 위계상 매개적 법령인 라선경제무역지대법(1993), 경제개발구법(2013) 각각 제정.
* 비고 2: 라선경제무역지대 외국투자기업로동규정은 시행세칙(2014)이 존재, 경제개발구 로동규정 시행세칙은 부재.
* 출처: 저자 작성.

<표 1> 분석 틀

구분	경제개발구 로동규정(2013): 총 7개장 58개 조항
① 근로소득 ② 근로복지 ③ 사회보장	① 관련 조항의 구체적 진술 ② 관련 조항의 공통점과 차이점(특징) ③ 동일 조항의 내용(변화) 비교(추적) ④ 관련 조항의 지속성·변화

* 출처: 이철수(b), "북한경제특구의 노동복지법제 비교분석: 개성공업지구와 라선경제무역지대를 중심으로," 『법학연구』 제28권, 1호, 충북대학교, 2017.3, 172면.

Ⅱ. 양 법령의 법적 개괄과 구성

「라선경제무역지대 외국투자기업로동규정」의 경우 총 7개장 58개 조항으로 ① 일반규정, ② 로력의 채용과 해고, ③ 로동시간과 휴식, ④ 로동보수, ⑤ 로동보호, ⑥ 사회문화시책, ⑦ 제재 및 분쟁해결로 구성되어 있다. 또한 동 규정은 2013년 9월 제정 이후 현재까지 수정된 바 없다.

「경제개발구[8] 로동규정」의 경우 총 7개장 58개 조항으로 ① 일반규정, ② 로력의 채용과 해고, ③ 로동시간과 휴식, ④ 로동보수, ⑤ 로동보호, ⑥ 사회문화시책, ⑦ 제재 및 분쟁해결로 구성되어 있다. 또한 동 규정은 2013년 12월 제정 이후 현재까지 이렇다 할 내용적인 변화나 세부조항에 대해 수정된 것이 없다. 따라서 지금까지도 최초 법령이 통용된다고 판단된다.[9] 특이하게도 양 법령은 양적으로 완전히 동일하고 구성적으로도 동일한 형태를 갖고 있다. 이에 양 규정의 개괄적 차원의 특징을 요약하면 다음과 같다.

첫째, 법적 구성의 경우 북한이 2003년 제정한 「개성공업지구 로동규정」과 거의 동일한 구성이다. 이러한 원인은 크게 두 가지에 기인한다. 하나는 이른바 '로동규정'이라는 법령간의 동질성에 기초한

---

8) 동 법령만의 특징은, 하나는 김정은식 경제특구 법제의 원형(Prototype)이다. 기존의 북한 경제특구 법제는 중국의 제도를 모방하거나 경협상대방의 의사를 반영하면서 발전했다. 새로 제정된 경제개발구법은 북한이 그동안의 경험을 토대로 고유의 경제개방 모델을 구축한 것으로 볼 수 있다. 다른 하나는 그동안에 각각의 개별법에 의하여 특구를 개발 운영하여 오던 것을 앞으로는 이 법에 따라 다양한 종류의 개발구를 개발하겠다는 것이다. 즉 경제개발구법은 앞으로 개발하게 될 경제개발구에 적용되는 일반법으로서의 성격을 가진다. 배국열, "김정은 시대 경제개방 정책 평가: 경제개발구를 중심으로," 『북한학보』 제39집, 2호, 동국대학교 북한연구소, 2014.6, 88면.

9) 이철수(a), 앞의 논문, 31면.

것이다. 다른 하나는 북한의 법령이 「개성공업지구 로동규정」을 분기점으로 법적 발전을 나타냈기 때문이다. 따라서 북한은 2003년 이후 2013년 까지 로동규정에 대한 기본적인 법적 구성의 포맷을 유지하고자 하는 경향이 있다. 다른 한편으로 양 로동규정의 시간적인 입법 차이가 10년임을 감안하면 구성상의 일정한 변화도 자연스러운 것이기도 하다. 하지만 동 법령을 근거로 판단하면 법적 구성에 있어 북한은 변화보다는 이를 유지·고수하고자 하는 행태가 나타나고 있다 하겠다.[10]

둘째, 「개성공업지구 로동규정」의 경우 총 7개장 49개 조항으로 구성되어 있다. 이에 「경제개발구 로동규정」이 「개성공업지구 로동규정」에 비해 양적으로 9개 조항 정도 증가한 형태를 갖고 있다. 즉, 양 규정만을 놓고 볼 때, 10여년의 시간적 입법 차이가 북한으로 하여금 자연스러운 양적 변화를 야기하였다. 따라서 북한은 상술한 구성적 측면의 변화는 전무한 반면 내용상의 변화는 일정부문 유도하고 있다 하겠다.[11]

셋째, 양 법령은 상술한 법적 구성을 포함, 내용적인 측면의 표기와 서술에 있어 기존 법령과 동일하게 세부 조항에 대한 정의와 그와 관련한 구체적 서술로 구성되어 있다.[12] 이는 2000년대 이후 제정된 북한 법령의 현대화 추세의 연장선상에 있다고 판단된다. 즉, 북한 역시 입법 행태의 기술적인 변화와 개혁을 일정부문 유지하고자 한다.[13]

---

10) 위의 논문, 31면.
11) 위의 논문, 31면.
12) 그러나 다른 한편으로 세부 법조문에 부분적이지만 '우리 나라'라는 기존과 같은 과거 회기적인 표현도 있다.
13) 이철수(a), 앞의 논문, 31면.

넷째, 양 법령은 기존 로동규정의 형식과 내용을 기본적으로 승계한 형태에서 법령의 소극적 분화를 꾀하였다. 이는 상술한 동 법령의 양적 팽창을 기반으로 한 법적 내용의 밀도를 의미한다. 즉, 동 법령들은 법적인 세부밀도에 있어 상대적으로 기존 법령에 비해 상당부문 발달된 행태를 띄고 있다. 그리고 이는 동 법령들의 법적 세분화와 양적 팽창으로 이어졌다.[14]

다섯째, 「라선경제무역지대 외국투자기업로동규정」의 경우 「경제개발구 로동규정」 보다 약 3개월 앞서 제정되었다. 그러나 동 법령은 법적 적용대상의 경우 라선경제특구에만 한정하여 적용된다. 따라서 동 법령은 특정 지역인 라선경제특구에만 해당되는 법령이기 때문에 법적 적용대상이 제한적이다.

여섯째, 이와 달리 「경제개발구 로동규정」의 경우 2000년대 이후 제정한 북한의 경제특구 관련 법령들과 법적 대상에 있어 차이가 있다. 즉, 동 법령은 특정지역에 한정하여 적용하는 것이 아니라 북한의 경제개발구 자체에 적용하기 위한 법령이다. 따라서 동 법령은 특정지역을 대상으로 한 여타 경제특구 법령과 달리 북한 전체 경제개발구를 대상으로 한다. 때문에 동 법령의 법적 대상의 포괄성으로 인해 여타 법령과의 무게나 위상에 있어 다소 차이가 있다. 그리고 이것이 바로 동 규정이 여타 규정과 다른 가장 큰 차이점이다.[15] 다시 말해 동 법령을 각 로동규정 만을 놓고 볼 때, 위계상에 있어 북한의 특정 경제특구 로동규정 보다 상위개념이라 할 수 있다.

일곱째, 특이하게도 북한은 특정지역에 제한되는 「라선경제무역지대 외국투자기업로동규정」을 먼저 제정하고 포괄적으로 적용되

---

14) 위의 논문, 32면.
15) 위의 논문, 32면.

는「경제개발구 로동규정」을 추후에 제정하였다. 이는 다소 입법 순서가 도치된 것이 아니냐는 지적도 가능하다. 그러나 북한이 라선경제특구에 대한 발전 전략을 1990년대부터 진행한 사실을 상기하면 당연한 결과라고도 할 수 있다. 즉, 북한의 입장에서 보면 라선경제특구에 로동규정을 제정하고 이를 향후 추진할 경제개발구에 확대 적용하기 위해 입법화한 것이다. 따라서 양 법령의 무게나 위치를 외형적으로 보면「경제개발구 로동규정」이「라선경제무역지대 외국투자기업로동규정」보다 더 의미가 있다. 그러나 다른 한편으로 역사적으로 북한의 경제특구 발전전략을 고찰, 내형적으로 접근하면 그리 비정상적인 행태라 하기에도 일정한 한계가 있다. 다시 말해 북한은 라선경제특구에 오래전부터 상당기간 동안 관심과 공을 기울였다. 때문에 향후 추진할 경제개발구 보다 라선경제무역지대에 해당되는 법령을 먼저 제정하였다고 판단된다.

아홉째, 양 규정 모두 법령의 동질성과 더불어 제정시기의 차이가 크지 않아 구성과 내용에서 괄목할 만한 변화가 나타나지 않는다. 다만 일부 규정의 경우 개별 조항의 정의 있어 표현의 차이가 있다. 가령「라선경제무역지대 외국투자기업로동규정」에서 '로동계약서의 제출', '로동시간준수의무', '휴가비의 지불', '벌금'이「경제개발구 로동규정」에서 '로동계약의 승인', '기업의 로동시간준수의무', '휴가기간의 지불', '벌금 부과'로 각각 단어의 선택이 다르다. 그러나 이로 인해 양 법령 해당 조항의 내용적인 변화를 크게 야기하지 않았다.

열 번째, 양 규정 모두 '기업의 독자성'을 일정부문 보장하여 인력 채용, 임금 지급기준 등과 같은 사안에 대해 법적으로 기업이 독자적으로 결정할 권리를 부여하였다. 이는 북한이 동 규정에 해당되는 기업에 대한 독립성을 법적으로 보장, 이를 명문화한 것이다. 이를 통해 북한은 해당 기업에 대한 개방적 태도를 견지, 궁극적으로 기업을 유치하기 위한 전략적 수단으로 인식·표명한 것이라 판단된다. 이에 양 규정의 법적 개괄을 구성적 차원에서 요약하면 다음 〈표 2〉와 같다.

<표 2> 라선경제무역지대 외국투자기업로동규정과 경제개발구 로동규정 개괄

구분	양 규정 모두 총 7개장 58개 조항
제1장: 일반규정	-사명, 로력관리기관, 로력채용원칙, 로동생활분야에서의 남녀평등, 녀성 종업원의 건강보호, 로동조건의 보장, 종업원월로임최저기준의 제정, 직업동맹조직과 종업원대표, 로동분야에서의 기업의 독자성
제2장: 로력의 채용과 해고	-로력보장기관, 우리나라 로력의 신청, 우리나라 로력의 보장, 다른 나라 로력의 채용합의, 로력채용계약의 체결, 로동계약의 체결, **로동계약의 승인, *로동계약서의 제출, 로력채용계약, 로동계약의 효력, 로력채용계약, 로동계약의 변경, 취소, 종업원의 해고사유, 종업원의 해고와 관련한 통지, 종업원을 해고할 수 없는 사유, 종업원의 사직사유, 종업원의 사직절차, 양성, 기술견습
제3장: 로동시간과 휴식	-로동시간, **기업의 로동시간준수의무, *로동시간준수의무, 명절과 공휴일의 휴식보장, 휴가보장
제4장: 로동보수	-로동보수의 내용, 종업원월로임의 제정, **휴가기간의 지불, *휴가비의 지불, 휴가비의 계산방법, 휴가기간의 작업에 대한 로임, 생활보조금, 연장작업과 야간작업에 대한 로임, 명절일, 공휴일의 로동에 대한 로임, 상금, 장려금의 지불, 로동보수의 지불, 퇴직보조금의 지불
제5장: 로동보호	-로동안전 및 산업위생조건의 보장, 녀성로력의 보호, 탁아소, 유치원의 운영, 로동안전기술교육, 로동보호물자의 공급, 로동재해위험의 제거, 로동보호질서의 준수, 사고발생시의 조치
제6장: 사회문화시책	-사회문화시책의 실시, 사회문화시책비의 조성, 사회보험료 납부, 사회문화시책금의 납부, 문화후생기금의 조성과 리용
제7장: 제재 및 분쟁해결	-손해보상, 원상복구, 연체료의 부과, **벌금부과, *벌금, 중지, 몰수, 분쟁해결, 신소 와 그 처리

* 비고: *는 라선경제무역지대 외국투자기업로동규정, **는 경제개발구 로동규정의 항목 정의.
* 출처: 저자 작성.

Ⅲ. 노동복지 조항 분석

1. 근로소득

근로소득의 경우 ① 임금 종류, ② 임금 제정 권한, ③ 임금 지불 방식과 추가 임금으로 크게 구분하여 접근하고자 한다.

1) 임금 종류

「라선경제무역지대 외국투자기업로동규정」에서 동 규정 제28조 "종업원의 로동보수에는 로임, 장려금, 상금 같은 것이 속한다. 기업은 로동의 질과 량에 따라 로동보수를 정확히 계산하며 같은 로동을 한 종업원들에 대해서는 성별, 년령에 관계없이 로동보수를 똑같이 지불하여야 한다"라고 명시하였다.

「경제개발구 로동규정」에서 임금의 종류는 동 규정 제28조 "종업원의 로동보수에는 로임, 장려금, 상금 같은 것이 속한다. 기업은 로동의 질과 량에 따라 로동보수를 정확히 계산하며 같은 로동을 한 종업원들에 대해서는 성별, 년령에 관계없이 로동보수를 똑같이 지불하여야 한다"라고 한다. 따라서 양 법령의 제28조에 의거한 근로자의 법적인 임금의 종류는 세 가지로 여기에는 ① 통상적인 급여 성격인 임금, ② 특정 사안의 독려에 대한 장려금, ③ 특정 사안에 대한 근무자의 포상을 위한 상금이 있다. 그러나 아이러니하게도 양 규정에는 여타 규정에서 언급하고 있는 초과근무 시 지급되는 수당 성격의 '가급금'이 명시되어 있지 않다.[16]

---

16) 위의 논문, 33면.

이에 가령 「경제개발구17) 로동규정」에서 경제개발구 근로자의 초
과근무에 대한 언급이 있다면 이는 충돌 내지는 적용상의 문제가 발
생한다.18) 이에 후술했지만 동 규정 제34조와 제35조에서 초과근무와
명절, 공휴일 근무에 대한 임금지급 내용이 있다. 이에 양 조항을 근
거로 하면 로임에 기존의 가급금이 포함된 형태로 집행된다고 할 수
있다. 따라서 실제 집행 상의 문제는 크지 않다고 할 수 있으나 임금
의 종류에서 실제 적용·존재하는 임금 종류의 하나가 법령에 누락된
것은 다소 문제의 소지가 있다 하겠다. 그리고 이는 「라선경제무역지
대 외국투자기업로동규정」의 임금관련 조항을 그대로 인용한 것이다.
때문에 양 규정 모두 초과근무에 대해 동일하게 적용된다.

2) 임금 제정 권한

「라선경제무역지대 외국투자기업로동규정」 제29조 "종업원의 월
로임은 기업이 정한다. 이 경우 종업원월로임최저기준보다 낮게 정
할 수 없다. 조업준비기간에 있는 기업의 종업원 또는 견습공, 무기
능공의 월로임은 종업원월로임최저기준의 70% 이상의 범위에서 정
할 수 있다. 이 역시 후술한 「경제개발구 로동규정」의 임금관련 조
항과 거의 동일한 내용이다.

따라서 동 규정들을 근거로 판단하면 근로자의 월 임금은 해당 기
업이 자율적으로 책정한다. 하지만 동 규정에는 임금의 최하한선인
최저임금에 대한 구체적인 내용이 없다. 즉, 최저 월 임금기준이 구

---

17) 참고로 북한은 2015년 현재 공식적으로 현재 국가급 경제특구가 9곳, 각 도(道)의
지방급 경제특구가 16곳이 있다고 밝히고 있다. 보다 자세한 내용은 임을출,
"김정은 시대의 경제특구 정책: 실태, 평가 및 전망,"『동북아경제연구』제27권
3호, 한국동북아학회, 2015.9, 참조.
18) 이는 라선경제무역지대 외국투자기업도 마찬가지이다.

732 김정은시대 북한사회복지 페이소스와 뫼비우스

체적으로 어느 정도인지에 대한 명확한 진술은 표기되어 있지 않다. 그리고 이러한 원인은 향후 경제특구의 외국 기업에 대한 유인책임과 동시에 기업의 자율성을 담보하기 위한 것이라 판단된다. 즉, 전략적 차원에서 보면 북한의 입장에서 굳이 먼저 최저임금 수준을 규정에 명시하여 임금을 마지노선을 밝힐 필요가 없기 때문이다. 또 채용 이후 인턴과정의 근로자에게는 다소 차등적인 급여기준을 제시하였는데 이는 여타 규정에서도 언급된 내용이다.[19]

「경제개발구 로동규정」임금 제정 권한의 경우 제29조 "종업원의 월로임은 기업이 정한다. 이 경우 공포된 종업원월로임최저기준보다 낮게 정할 수 없다. 조업준비기간에 있는 기업은 종업원 또는 견습공, 무기능공의 월로임을 종업원월로임최저기준의 70%이상의 범위에서 정할 수 있다"라고 하였다. 이는 「개성공업지구 로동규정」제26조 종업원월로임의 제정에서 "종업원의 월로임은 종업원월최저로임보다 낮게 정할수 없다. 그러나 조업준비기간에 있는 기업의 종업원과 견습공, 무기능공의 로임은 종업원월최저로임의 70%범위에서 정할수 있다"라는 조항과 거의 동일한 내용이다.[20]

3) 임금 지불 방식과 추가 임금

「라선경제무역지대 외국투자기업로동규정」제37조 "기업은 종업원의 로동보수를 정해진 기간안에 전액 지불하여야 한다. 로임은 화폐로 지불하며 상금과 장려금은 화폐로 지불하거나 상품으로 줄 수도 있다. 로동보수를 주는 날이 되기 전에 사직하였거나 기업에서 내보낸 종업원에게는 수속이 끝난 날부터 7일 안으로 로동보수를

---

19) 이철수(a), 앞의 논문, 34~35면.
20) 위의 논문, 33~34면.

지불하여야 한다"라고 하고 있다.

또 연장작업과 야간작업 임금에 대해 「라선경제무역지대 외국투자기업로동규정」 제34조 "기업은 종업원에게 야간작업을 시켰거나 정해진 로동시간 밖의 연장작업을 시켰을 경우 일당 또는 시간당 로임액의 150%에 해당한 로임을 주어야 한다"라고 한다.

따라서 동 규정을 근거로 적용하면 북한이 인식하는 야간작업에 대한 시간적 구분이 모호하다. 그러나 이는 다른 한편 북한이 야간작업 시간을 명시하지 않음으로 인해 이를 탄력적으로 적용할 수 있도록 하였다고 볼 수 있다. 즉, 법령에 야간작업에 대한 구체적인 시간표기로 인한 법적 구속력을 언급하지 않음으로 인해 1일 8시간 근무 이후나 일몰 이후 시간대의 근무를 야간작업으로 간주할 수 있기 때문이다.

또한 명절일과 공휴일의 로동에 대한 임금의 경우 「라선경제무역지대 외국투자기업로동규정」 제35조 "기업은 명절일, 공휴일에 종업원에게 일을 시키고 대휴를 주지 않았을 경우 일당 또는 시간당 로임액의 200%에 해당한 로임을 주어야 한다"라고 명시하였다. 이는 「경제개발구 로동규정」 제35조와 동일한 내용이다. 아울러 「라선경제무역지대 외국투자기업로동규정」 제32조 "기업은 휴가기간에 있는 종업원에게 작업을 시켰을 경우 휴가비와 함께 일당 또는 시간당 로임액의 100%에 해당한 로임을 주어야 한다"라는 조항은 후술할 「경제개발구 로동규정」 제32조와 완전히 동일한 내용이다.

한편 「경제개발구 로동규정」 제37조 "기업은 종업원의 로동보수를 정해진 기간안에 전액 지불하여야 한다. 로임은 화폐로 지불하며 상금과 장려금은 화폐로 지불하거나 상품으로 줄수도 있다. 로동보수를 주는 날이 되기 전에 사직하였거나 기업에서 내보낸 종업원에

게는 수속이 끝난 날부터 7일안으로 로동보수를 지불하여야 한다"라
고 하고 있다. 동 규정을 근거로 하면 임금은 화폐로 지불하고 상금
이나 장려금은 화폐나 상품으로 대체가 가능하다. 또한 월 급여 지
급일 전에 퇴직한 근로자에게는 사직절차가 종료된 이후 일주일 내
에 임금을 지급해야한다.[21]

또한 연장작업과 야간작업에 대한 임금의 경우「경제개발구 로동
규정」제34조 "기업은 종업원에게 야간작업을 시켰거나 정해진 로동
시간 밖의 연장작업을 시켰을 경우 일당 또는 시간당 로임액의 150%
에 해당한 로임을 주어야 한다. 로동시간 밖의 야간작업을 시켰을
경우에는 일당 또는 시간당 로임액의 200%에 해당한 로임을 주어야
한다. 야간작업이란 22시부터 다음날 6시 사이의 로동을 말한다"라
고 밝혔다. 동 규정에 의거하면 연장근로와 야간근로 등 추가근로에
대한 임금지급 비율을 언급함과 동시에 야간작업에 해당하는 시간
을 언급하였다.[22]

또한「경제개발구 로동규정」제35조 "기업은 명절일, 공휴일에 종
업원에게 일을 시키고 대휴를 주지 않았을 경우 일당 또는 시간당
로임액의 200%에 해당한 로임을 주어야 한다"와 제32조 "기업은 휴
가기간에 있는 종업원에게 로동을 시켰을 경우 휴가비와 함께 일당
또는 시간당 로임액의 100%에 해당한 로임을 주어야 한다"라고 하여
명절일과 공휴일, 휴가기간의 근로에 대한 임금 지급 기준을 언급하
였다.[23]

---

21) 위의 논문, 35면.
22) 위의 논문, 35면.
23) 위의 논문, 35면. 이는「개성공업지구 로동규정」제30조 "기업은 로동시간밖의
    연장작업 또는 야간작업을 한 종업원에게 일당 또는 시간당 로임액의 50%에
    해당한 가급금을…. 명절일, 공휴일에 로동을 시키고 대휴를 주지 않았거나 로

근로소득의 경우 앞서 제정한 「라선경제무역지대 외국투자기업
로동규정」을 후일 제정한 「경제개발구 로동규정」이 거의 그대로 인
용하는 행태로 진행되었다. 그리고 무엇보다 이러한 원인은 크게 두
가지인데, 하나는 '로동규정'이라는 법령의 내재적 속성상의 공통점
이다. 다른 하나는 제정시기로 입법 시기의 차이가 3개월에 불과하
여 이렇다 할 새로운 규정을 삽입하기에는 뚜렷한 변화를 야기할 시
간이 부족하기 때문이라 판단된다.

한편 앞서 언급하였듯이 양 규정 모두 기업의 독자성을 명시하였
는데, 양 규정 제8조 "…기업은 법규에 정한 범위에서 로력채용과 로
동조건의 보장, 로임기준과 지불형식 같은 것을 독자적으로 결정할
권리를 가진다"라고 하였다. 지금까지 논증한 「라선경제무역지대 외
국투자기업로동규정」과 「경제개발구 로동규정」의 근로소득의 주요
내용을 요약하면 다음 〈표 3〉과 같다.

<표 3> 근로소득 관련 주요 내용 요약

구분	양 로동규정(2013)	주요 특징
임금 종류	임금, 장려금, 상금	가급금 부재
임금제정 권한	기업	제정 차이
월로임기준	구체적 기준 미제시	좌동
최저임금	상 동	좌동
임금지불 방식	로임은 화폐, 상금과 장려금 화폐·상품 가능	–
연장·야간작업	시간당 임금의 150%	**야간작업시간 미기재
명절·공휴일 근무	시간당 임금의 200%	기존보다 상승

* 비고: **라선경제무역지대 외국투자기업로동규정.
* 출처: 저자 작성.

동시간밖에 야간작업을 시켰을 경우에는 로임액의 100%에 해당한 가급금을…"
이라는 지급내용 기준이 상승한 것이다.

2. 근로복지

근로복지의 경우 ① 근로자의 노동시간, ② 휴식과 휴가, ③ 여성 근로자의 보호로 크게 구분하여 접근하고자 한다.

1) 노동시간

「라선경제무역지대 외국투자기업로동규정」의 노동시간은 제24조 "지대에서 종업원의 로동시간은 하루 8시간, 주 평균 48시간을 초과할 수 없다. 기업은 생산, 경영상특성에 따라 필요한 경우 종업원의 건강을 보장하는 조건에서 하루에 3시간 정도 로동시간을 연장할 수 있다"라고 한다. 이에 동 규정은 후술한 「경제개발구 로동규정」과 동일하나 연장근무에 대한 1일 시간제한을 명시하였다.

또한 「라선경제무역지대 외국투자기업로동규정」 제25조 "기업은 종업원에게 정해진 로동시간안에서 로동을 시켜야한다. 연장작업을 시키거나 명절일, 공휴일, 휴가기간에 로동을 시키려 할 경우에는 직업동맹조직 또는 종업원대표와 합의하여야 한다. 종업원은 정해진 로동시간을 지키며 로동을 성실히 하여야 한다"라고 언급하였다. 이에 동 규정은 후술한 「경제개발구 로동규정」에 추가적으로 '종업원의 근로(시간) 성실의무' 조항을 추가된 것이다. 즉, ① 기업의 노동시간 준수, ② 연장, 추가근무 시 합의과정과 주체 조항에 새롭게 ③ 근로시간 동안 종업원의 성실의무 조항이 명시되었다.

한편 「경제개발구 로동규정」 제24조 "경제개발구에서 종업원의 로동시간은 하루 8시간, 주 평균 28시간으로 한다"라고 명시하였다. 동 조항을 근거로 하면 경제개발구 근로자들은 1일 8시간, 주 평균 28시간이다. 그러나 주 노동 일수에 대한 언급이 없어 해석상의 논란이 있다. 또 앞서 언급한 추가근무 규정을 적용할 경우 실제 근로시간이 증가함에 따라 이에 대한 의문도 제기된다.[24]

또한 「경제개발구 로동규정」 제25조 "기업은 종업원에게 정해진 로동시간안에서 로동을 시켜야 한다. 부득이하게 연장작업을 시키거나 명절일, 공휴일, 휴가기간에 로동을 시키려 할 경우에는 직업동맹조직 또는 종업원대표와 합의하여야 한다"라고 하여 기업의 로동시간 준수 의무를 명문화 하였다. 단, 해당 기업의 부득이한 사정으로 추가근로가 필요한 경우 직업동맹과 종업원대표와의 합의를 전제로 하였다.[25]

2) 휴식과 휴가

「라선경제무역지대 외국투자기업로동규정」 제26조 "기업은 종업원에게 우리 나라 명절일과 공휴일의 휴식을 보장하여야 한다. 명절일과 공휴일에 로동을 시켰을 경우에는 7일안으로 대휴를 주어야 한다"라고 한다. 이는 후술한 「경제개발구 로동규정」에서 언급한 명절과 공휴일의 추가근로로 인한 대휴와 물질적 보상의 두 가지 선택에서 보상이 누락되었다. 따라서 라선경제무역지대 외국투자기업 근로자들은 명절과 공휴일의 추가근로에 대해 오직 대휴로만 보상받게 된다.

또한 「라선경제무역지대 외국투자기업로동규정」 제27조 "기업은 종업원에게 해마다 14일간의 정기휴가를 주며 중로동, 유해로동을 하는 종업원에게는 7-21인간의 보충휴가를 주어야 한다"라고 한다.

---

24) 위의 논문, 36~37면.
25) 위의 논문, 37면.

아이러니하게도 이는 「경제개발구 로동규정」에서 산전산후 휴가기간이 누락된 형태이다. 아울러 「라선경제무역지대 외국투자기업로동규정」에서 여성근로자의 산전산후 휴가에 대한 구체적인 언급이 없다.

다만 후술했지만 동 규정 제30조에서 산전산후 휴가기간 동안 90일간의 휴가비 지불 조항이 있다. 따라서 「라선경제무역지대 외국투자기업로동규정」에서 여성근로자의 산전산후 휴가에 대한 구체적인 휴가기간에 대한 언급이 없다. 반면 휴가비 지급에 대한 별도의 규정이 있어 간접적으로 산전산후휴가가 존재함을 반증한다. 그러나 상술한 바와 같이 산전산후 휴가기간에 대한 구체적인 언급이 부재하여 해석상의 논란이 존재한다.

또 「라선경제무역지대 외국투자기업로동규정」 제30조 "기업은 정기 및 보충휴가를 받은 종업원에게 휴가일수에 따르는 휴가비를 지불하여야 한다. 산전산후휴가를 받은 녀성종업원에게는 기업이 90일에 해당한 휴가비를 지불하여야 한다. 휴가비는 로임을 지불하는 때에 함께 지불한다"라고 한다. 이는 후술한 「경제개발구 로동규정」에서 다소 대비된다.

즉, 경제개발구에서 산전산후휴가 중인 여성 근로자는 휴가일수에 따르는 휴가비의 60% 이상 수준의 휴가비를 지급받는다. 하지만 라선경제무역지대의 산전산후휴가 중인 여성 근로자는 90일에 해당하는 휴가비를 지급받는다. 따라서 라선경제무역지대의 산전산후휴가 중인 여성 근로자가 월등히 높은 휴가비를 지급받는다. 왜냐하면 라선경제무역지대의 산전산후휴가 중인 여성 근로자는 휴가일수 기준이 아닌 90일 기준으로 휴가비를 지급하기 때문이다. 즉, 동 규정을 근거로 하면 라선경제무역지대의 산전산후휴가 중인 여성 근로자는 3개월분의 임금을 지급받는다.

또 「라선경제무역지대 외국투자기업로동규정」의 제31조 "휴가비는 휴가받기 전 마지막 3개월간의 로임을 실가동일수에 따라 평균한 하루로임에 휴가일수를 적용하여 계산한다"는 후술한 「경제개발구 로동규정」과 완전히 동일한 내용이다.

반면 「경제개발구 로동규정」 제26조 "기업은 종업원에게 우리 나라 명절일과 공휴일의 휴식을 보장하여야 한다. 명절일과 공휴일에 로동을 시켰을 경우에는 7일안으로 대휴를 주거나 해당한 보수를 지불하여야 한다"라고 하여 명절과 공휴일에 대한 휴식과 명절과 공휴일 근로에 대한 대휴를 언급하였다. 동 조항은 명절과 공휴일의 휴식보장과 동시에 이 기간 동안 근무하였을 경우 이에 상응하는 휴가와 별도의 추가적인 보수 지급을 명문화한 것이다. 특히 명절과 공휴일 근무 이후 7일 내에 대휴와 해당 기간 동안의 추가보수 지급을 언급, 실제 적용의 마지노선을 제시한 것은 다소 인상적이라 하겠다.[26]

또한 「경제개발구 로동규정」 제27조 "기업은 종업원에게 해마다 14일간의 정기휴가를 주며 중로동, 유해로동을 하는 종업원에게는 7-21일간의 보충휴가를 주어야 한다. 녀성종업원에게는 산전 60일, 산후90일간의 휴가를 준다"라고 한다. 동 규정 제26조와 제27조를 근거로 하면 경제개발구 근로자들은 ① 14일의 정기휴가, ② 7-21의 보충휴가, ③ 150일의 산전산후휴가, ④ 근무일 외의 근로에 대한 대휴가 보장된다. 그리고 이는 「개성공업지구 로동규정」 제23조 "기업은 종업원에게 해마다 14일간의 정기휴가를 주며 중로동, 유해로동을

---

26) 이철수(b), "북한경제특구의 노동복지법제 비교분석: 개성공업지구와 라선경제무역지대를 중심으로," 『법학연구』 제28권, 1호, 충북대학교, 2017.3, 185면.

하는 종업원에게는 2-7일간의 보충휴가를 주어야 한다. 임신한 녀성 종업원에게는 60일간의 산전, 90일간의 산후휴가를 주어야 한다"와 중노동과 유해노동 근로자의 휴가기간의 차이가 있을 뿐 나머지는 대동소이하다.[27]

아울러「경제개발구 로동규정」제30조 "기업은 정기 및 보충휴가를 받은 종업원에게 휴가일수에 따르는 휴가비를 지불하여야 한다. 산 전산후휴가를 받은 녀성종업원에게는 휴가일수에 따르는 휴가비의 60%이상에 해당한 금액을 지불하여야 한다. 휴가비는 로임을 지불 할 때 함께 지불한다"라고 하였다. 이는 휴가비 지급에 대한 규정으로 동 규정에 의거하면 경제개발구 근로자들은 ① 정기휴가비, ② 보충 휴가비, ③ 산전산후휴가비가 보장된다. 특히 산전산후휴가를 받는 여성근로자에게는 휴가일수에 비례하여 휴가비 지급기준을 명시하 였다.[28]

또한「경제개발구 로동규정」제31조 "휴가비는 휴가받기 전 마지 막 3개월간의 로임을 실가동일수에 따라 평균한 하루로임에 휴가일 수를 적용하여 계산한다"라고 하여 휴가비의 계산방식에 대해 언급 하였다.[29] 이에 동 조항에 따르면 경제개발구 근로자들의 휴가기간 동안 휴가비 계산방식은 최근 3개월 동안 실제 일한 평균1일 임금 기준에 휴가일 수를 계상하는 방식으로 결정된다. 그리고 이는「외 국인투자기업 로동규정」제27조를 차용한 형태이다.[30]

---

27) 이철수(a), 앞의 논문, 38면.
28) 위의 논문, 38면.
29) 이는「개성공업지구 로동규정」제28조 "휴가비의 계산은 휴가받기전 3개월간 의 로임을 실가동일수에 따라 평균한 하루로임에 휴가일수를 적용하여 한다" 라는 조항과 거의 동일하다.
30) 이철수(b), 앞의 논문, 186면.

3) 여성근로자 보호

「라선경제무역지대 외국투자기업로동규정」 제40조 "기업은 녀성종업원을 위한 로동위생보호시설을 특별히 갖추어야 한다. 임신하였거나 젖먹이는 기간에 있는 녀성종업원에게는 연장작업, 야간작업, 힘들고 건강에 해로운 작업을 시킬 수 없다"와 제41조 "기업은 실정에 맞게 종업원의 자녀를 위한 탁아소, 유치원을 꾸리고 운영할 수 있다"라는 조항은 후술한 「경제개발구 로동규정」과 완전히 동일한 내용이다.

즉, 「경제개발구 로동규정」 제40조 "기업은 녀성종업원을 위한 로동위생보호시설을 특별히 갖추어야 한다. 임신하였거나 젖먹이는 기간에 있는 녀성종업원에게는 연장작업, 야간작업, 힘들고 건강에 해로운 로동을 시킬 수 없다"와 제41조 "기업은 실정에 맞게 종업원의 자녀를 위한 탁아소, 유치원을 꾸리고 운영할 수 있다"라고 명시하였다.

한편 양 규정의 경우 여성근로자의 보호에 대해 보다 더 진일보한 형태이다. 왜냐하면 양 규정에서 산전산후 여성근로자에 대한 분명한 임신 기간을 언급하지 않았다. 때문에 실제 적용에 있어 상당히 포괄적일 수밖에 없다. 즉, 양 조항을 적용할 경우 경제개발구에서는 임신과 동시에 여성근로자에 대한 노동보호를 해야 한다. 때문에 양 규정에 의거하면 임신한 여성근로자들은 임신한 개월 수에 제한받지 않고 임신판정 이후부터 노동보호의 적용대상이 된다.[31]

근로복지의 경우 근로소득과 마찬가지로 앞서 제정한 「라선경제무역지대 외국투자기업로동규정」을 후일 제정한 「경제개발구 로동

---

31) 이철수(a), 앞의 논문, 39면.

규정」이 다소 인용하는 행태로 진행되었다. 그러나 특이하게도 일부 조항의 경우 누락된 형태도 나타났다. 지금까지 논증한 「라선경제무역지대 외국투자기업로동규정」과 「경제개발구 로동규정」의 근로복지의 주요내용을 요약하면 다음 〈표 4〉와 같다.

<표 4> 근로복지 관련 주요 내용 요약

구분	양 로동규정(2013)	주요 특징
노동시간	1일 8시간, 주 평균 28시간	주 노동일수 언급부재 **근로자 성실의무 조항 추가
연장근로 (시간외 근로)	직업동맹, 종업원(대표)합의	**1일 3시간 시간제한
명절, 공휴일 근무 대휴와 보수	7일 안에 결정 의무 추가보수 지급보장	개성공업지구에 비해 대휴결정기간 짧아짐
정기휴가	14일	−
보충휴가	7−21일	−
산전산후휴가	산전 60일, 산후 90일	**언급 부재
휴가비	지불 제시	기존과 거의 동일
휴가비 계산	최근 3개월 동안 평균 1일 임금	상동
녀성로력보호	임신과 동시에 보호 시작	임신 개월 수 제한 없음
탁아소, 유치원	기업의 자율운영	기존과 거의 동일

* 비고: **라선경제무역지대 외국투자기업로동규정.
* 출처: 저자 작성.

3. 사회보장

사회보장의 경우 ① 사회문화시책과 문화후생기금, ② 최저임금과 최저생계비, ③ 퇴직보조금과 생활보조금, ④ 사회보험료로 크게 구분하여 접근하고자 한다.[32]

---

32) 이철수(b), 앞의 논문, 190면.

1) 사회문화시책과 문화후생기금

「라선경제무역지대 외국투자기업로동규정」에서 사회문화시책의 경우 제47조 "기업에서 일하는 우리 나라 공민과 그 가족은 국가가 실시하는 사회문화시책의 혜택을 받는다. 사회문화시책에는 무료교육, 무상치료, 사회보험, 사회보장 같은 것이 속한다"라고 하였다.

또한 「경제개발구 로동규정」에서 사회문화시책의 경우 제47조 "기업에서 일하는 우리 나라 공민과 그 가족은 국가가 실시하는 사회문화시책의 혜택을 받는다. 사회문화시책에는 무료교육, 무상치료, 사회보험, 사회보장 같은 것이 속한다"라고 언급하였다.[33] 이에 양 규정의 진술이 완전히 동일하다. 따라서 양 규정에서 의도하는 북한의 사회문화시책은 동일하고 이에 따라 분화된 동일한 사회복지제도를 통해 보장받는다.

이에 양 조항에 근거하면 양 해당 지역의 근로자들은 ① 무료교육, ② 무상치료, ③ 사회보험, ④ 사회보장의 네 가지의 사회복지제도 혜택을 받게 된다. 그리고 이는 기존의 북한 근로자들과 거의 동일한 제도들이다. 따라서 이를 근거로 할 때 북한은 특정 경제개발구에 기존과 다른 별도의 사회문화시책을 적용할 의도가 없다고 판단된다.[34]

또 이러한 제도의 재원인 사회문화시책기금의 조성의 경우 「라선경제무역지대 외국투자기업로동규정」 제48조 "지대에서 사회문화시

---

33) 이는 또한 「개성공업지구 로동규정」 제40조 "공업지구의 기업에서 일하는 공화국의 종업원과 그 가족은 국가가 실시하는 사회문화시책의 혜택을 받는다. 사회문화시책에는 무료교육, 무상치료, 사회보험, 사회보장 같은 것이 속한다"와 거의 동일한 내용이다.
34) 이철수(a), 앞의 논문, 40~41면.

책비는 사회문화시책기금으로 보장한다. 사회문화시책기금은 기업으로부터 받는 사회보험료와 종업원으로부터 받는 사회문화시책금으로 조성한다"라고 명시하였다. 또 이러한 사회문화시책금의 납부의 경우 제50조 "우리 나라 공민인 종업원은 로임의 일정한 몫을 사회문화시책금으로 계산하여 다음달 10일안으로 라선시인민위원회가 정한 은행에 납부하여야 한다"라고 언급하였다.

또한 「경제개발구 로동규정」 제48조 "경제개발구에서 사회문화시책비는 사회문화시책기금으로 보장한다. 사회문화시책기금은 기업으로부터 받는 사회보험료와 종업원으로부터 받는 사회문화시책기금으로 조성한다"라고 하였다. 이에 양 조항을 근거로 하면 사회문화시책기금은 기업과 종업원이 각각 부담하는 사회보험료와 사회문화시책금으로 각출한다.[35] 이에 양 조항 모두 거의 동일한 내용하다. 단, 양 규정이 적용되는 지역을 지칭하는 부문만 차이가 존재할 뿐이다.

아울러 이러한 사회문화시책금의 납부의 경우 「라선경제무역지대 외국투자기업로동규정」 제50조 "우리 나라 공민인 종업원은 로임의 일정한 몫을 사회문화시책금으로 계산하여 다음달 10일안으로 라선시인민위원회가 정한 은행에 납부하여야 한다"라고 하였다. 이는 「경제개발구 로동규정」 제50조 "우리 나라 공민인 종업원은 로임의 일정한 몫을 사회문화시책기금으로 달마다 계산하여 다음달 10일안으로 경제개발구관리기관이 정한 은행에 납부하여야 한다"와 거의 동일하다.

한편 사회문화시책기금과 대비되는 문화후생기금의 경우 「라선

---

35) 이철수(b), 앞의 논문, 191면.

경제무역지대 외국투자기업로동규정」제51조 "기업은 결산리윤의 일부로 종업원을 위한 문화후생기금을 조성하고 쓸 수 있다. 문화후 생기금은 종업원의 문화기술수준향상, 체육사업, 후생시설의 운영 같은데 쓴다"라고 하였다. 또「경제개발구 로동규정」제51조 "기업 은 결산리윤의 일부로 종업원을 위한 문화후생기금을 조성하고 쓸 수 있다. 문화후생기금은 종업원의 문화기술수준향상, 체육사업, 후 생시설의 운영 같은데 쓴다"라고 하였다. 이는「개성공업지구 로동 규정」제45조 "기업은 세금을 납부하기 전에 이윤의 일부로 종업원 을 위한 문화후생기금을 조성하고 쓸 수 있다. 문화후생기금은 종업 원의 기술문화 수준의 향상과 체육사업, 후생시설 운영 같은데 쓴 다"라는 조항과 거의 대동소이하다.[36] 따라서 이를 통해 볼 때 북한 은 기존의 사회문화시책과 문화후생기금과 관련한 괄목할만한 법적 변화가 감지되지는 않는다.

2) 최저임금과 최저생계비

「라선경제무역지대 외국투자기업로동규정」에서 최저임금은 제6 조 "지대에서 종업원월로임최저기준은 라선시인민위원회가 관리위 원회와 협의하여 정한다. 이 경우, 최저생계비, 로동생산능률, 로력 채용상태 같은 것을 고려한다"라고 한다. 동 조항을 근거로 할 때, 이는 임금기준을 책정하는 기관만 달리할 뿐 나머지는 후술한「경 제개발구 로동규정」과 동일하다 하겠다. 그리고 이러한 미세한 차 이는 양 로동규정의 법적 대상 차이에 기인한 것이다. 따라서 이는 양 로동규정의 내재적 속성에 따른 자연스러운 차이일 뿐이다.

---

36) 이철수(a), 앞의 논문, 42면.

또한「경제개발구 로동규정」에서 최저임금은 제6조 "경제개발구에서 종업원월로임최저기준은 중앙특수경제지대지도기관이 해당도(직할시)인민위원회, 경제개발구관리기관과 협의하여 정한다. 이경우 최저생계비, 로동생산능률, 로력채용상태 같은 것을 고려한다"라고 하였다. 즉, 동 조항에서 북한은 최저임금에 대한 협의주체 세기관의 언급과 더불어 최저임금 기준을 책정할 경우 고려사항인 ① 최저생계비, ② 로동생산능률, ③ 로력채용상태를 제시하였다. 다시말해 동 규정에서는 최저임금의 협의주체와 고려사항만 언급하였을뿐 구체적인 최저임금 기준액은 명시되어 있지 않다. 그리고 이는「외국인투자기업 로동규정」과 거의 비슷한, 즉, 임금에 대한 추상적수준의 내용만 있는 경우이다. 그러나 다른 한편으로 북한이 「외국인투자기업 로동규정」에서 임금책정에 반영하는 요소로 밝힌 ① 로동직종, ② 기술기능수준, ③ 로동생산성이, 최저임금책정으로 ① 최저생계비, ② 로동생산능률, ③ 로력채용상태로 분화·전환됨을 의미한다.[37]

아울러 이는 북한이 「개성공업지구 로동규정」에서 최저임금액을 명시한 것과 대비된다. 그러나 더욱 중요한 것은 이러한 법적 차이의 원인과 배경이다. 이는 다분히 법제적 환경과 내재적 속성에 기인하는 바가 크다 하겠다. 즉, 「개성공업지구 로동규정」은 남한기업과 협상이 마무리된 상태의 입법기 때문이다.

이와 마찬가지로 2013년 제정한 「경제개발구 로동규정」 역시 법제정 당시 뚜렷한 협의 기업이 부재하였다. 때문에 이러한 상황에서북한이 최저임금의 기준액을 미리 제시한다는 행태 자체가 향후 협

---

37) 위의 논문, 43면.

상과 사업 자체에 상호간의 부담으로 작용할 여지가 있다. 또한 북한과 경제개발구 기업의 입장에서 보면 최저임금은 향후에 상호간의 협의를 통해 제정하는 것이 양자 모두에게 유리하다. 아울러 구체적인 최저임금액을 밝힐 경우 동 조항에서 명시한 최저임금의 협의기관인 ① 특수경제지대지도기관, ② 해당 도(직할시)인민위원회, ③ 경제개발구관리기관과의 협의 조항의 수정이 불가피하다.[38]

다른 한편으로 주목해야 하는 것은 상술한 바와 같이 북한이 양 규정에서 최저임금 기준을 책정할 경우 ① 최저생계비, ② 로동생산능률, ③ 로력채용상태를 언급하였다는 것이다. 이는 크게 세 가지 의미를 갖는다. 첫째, 동 조항을 근거로 하면 북한의 최저임금 책정 기준의 고려요소는 ① 최저생계비, ② 로동생산능률, ③ 로력채용상태 세 가지임을 스스로 밝혔다. 둘째, 그러나 이러한 북한의 행태는 기존의 법령에서 언급하지 않았던 내용이다. 즉, 기존의 법령에서 북한은 임금책정의 고려요소를 언급하였지만 최저임금의 책정기준에 대한 일체의 언급이 부재하였다. 셋째, 북한은 최저생계비와 같은 북한의 사회상·법제상·정서상 부재한 이른바 자본주의 용어를 자신들의 법령에 공식적으로 도입·인용하였다. 그리고 이는 북한의 최저임금에 대한 인식과 변화의 폭을 의미한다. 따라서 동 조항은 북한의 변화된 일부를 반증하는 사례라 하겠다.[39]

3) 퇴직보조금과 생활보조금

「라선경제무역지대 외국투자기업로동규정」에서 퇴직보조금의 경

---

38) 위의 논문, 43~44면.
39) 위의 논문, 44면.

우 제38조 "기업은 자체의 사정으로 종업원을 내보내는 경우 보조금을 주어야 한다. 보조금은 종업원을 기업에서 내보내기전 마지막 3개월간의 로임을 평균한 월로임에 일한 해수를 적용하여 계산한다. 그러나 로동년한이 1년이 못되는 경우에는 1개월분의 로임을 적용하여 계산한다"하고 명시하였다.

또한 「경제개발구 로동규정」 퇴직보조금의 경우 제38조 "기업은 자체의 사정으로 종업원을 내보내는 경우 보조금을 주어야 한다. 보조금은 종업원을 기업에서 보내기 전 마지막 3개월 안의 로임을 평균한 월로임에 일한 해수를 적용하여 계산한다. 그러나 로동년한이 1년이 못되는 경우에는 1개월분의 로임을 적용하여 계산한다"라고 하였다. 상술한 동 조항들을 근거로 하면 경제특구 외국 기업은 비자발적 퇴직 시 근로연한이 1년 미만의 근로자에게는 1개월분의 임금, 근로연한이 1년 이상인 근로자는 3개월 평균임금을 각각 보조금 형태로 지급한다. 사실 이는 일종의 퇴직보조금의 성격을 갖는다.

생활보조금의 경우 「라선경제무역지대 외국투자기업로동규정」에서 생활보조금의 경우 제33조 "기업은 양성기간에 있거나 기업의 책임으로 일하지 못하는 종업원에게 일당 또는 시간당 로임의 60%이상에 해당한 생활보조금을 주어야 한다"라고 하였다. 또한 「경제개발구 로동규정」 제33조 "기업은 양성기간에 있거나 기업의 책임으로 일하지 못하는 종업원에게 일당 또는 시간당 로임의 60%이상에 해당한 생활보조금을 주어야 한다"라고 하였다. 상술한 동 조항들은 기업이 양성기간 근로자, 비자발적 무노동 근로자들에게 생활보조금을 지급함과 동시에 그 기준을 언급한 것이다. 그러나 동 규정에는 생활보조금의 수급기간이 명시되어 있지 않아 실제 적용상의 논란이 예상된다.[40] 이 역시 「라선경제무역지대 외국투자기업로동규정」을 그대로 인용한 것이다. 따라서 양 규정상의 퇴직보조금과 생활보조금 모두 북한의 큰 변화 없이 동일하다.

4) 사회보험료[41]

「라선경제무역지대 외국투자기업로동규정」에서 사회보험료는 제49조 "기업은 우리 나라 공민인 종업원에게 지불하는 로임총액의 15%를 사회보험료로 달마다 계산하여 다음달 10일안으로 라선시인 민위원회가 정한 은행에 납부하여야 한다"라고 명시하였다. 그리고 이는 후술한 「경제개발구 로동규정」 조항과 납부기관만의 차이가 있을 뿐 동일한 내용이다.

즉, 「경제개발구 로동규정」에서 사회보험료의 경우 동 규정 제49조 "기업은 우리 나라 공민인 종업원에게 지불하는 월로임총액의 15%를 사회보험료로 달마다 계산하여 다음달 10일안으로 경제개발구관리기관이 정한 은행에 납부하여야 한다"라고 하였다.

상술한 규정들은 「개성공업지구 로동규정」 제42조 "기업은 공화국공민인 종업원에게 지불하는 월로임총액의 15%를 사회보험료로 달마다 계산하여 다음달 10일안으로 중앙공업지구지도기관이 지정하는 은행에 납부하여야 한다…"라는 조항을 사실상 그대로 인용한 것이다.[42]

동 조항에서 북한은 기업이 매월 부담하는 사회보험료율을 구체

---

40) 위의 논문, 45면.
41) 여기에서 북한의 사회보험은 공적연금과 산업재해보상제도 중심이다.
42) 다른 한편 북한이 「개성공업지구 로동규정」에서 밝힌 사회보험료율의 경우 법 제정 당시인 2003년을 기준으로 하면 상당히 파격적이다. 왜냐하면 당시 북한의 근로자의 월 사회보험료 납부액은 월로임의 1%였기 때문이다.

적으로 명시하였고 그 절차에 대해서도 언급하였다. 아울러 한 가지 간과해서는 안 되는 것은 동 조항들에 근거하면 사회보험료를 기업이 부담한다. 하지만 이는 고용된 사업장 근로자의 임금에 근거하기 때문에 사실상 근로자가 부담하는 것을 우회적으로 표현한 것이라 하겠다. 따라서 이는 외형적으로 보면 기업이 부담하나 내형적으로 보면 근로자의 임금에서 갹출되는 구도이다.[43]

한편 경제개발구나 경제특구가 아닌 북한의 일반 사업장 근로자의 사회보험 부담율의 경우 2006년을 기점으로 월 임금의 1%와 사업장 수익의 7%를 부담하는 것으로 개편되었다. 여기에서 의미하는 사업장 수익은 사실상 근로자의 임금을 의미한다. 따라서 이렇게 보면 북한의 일반 사업장 근로자의 사회보험 부담률은 임금의 8%가 된다. 이에 북한의 사회보험료율은 2003년을 기점으로 경제특구 지역과 나머지 지역 가입자로 양분되었다. 즉, 이 시점을 기준으로 북한의 사회보험 재정은 이중적인 납부체제로 재편되었다 하겠다. 그리고 북한은 이를 2013년 「라선경제무역지대 외국투자기업로동규정」과 「경제개발구 로동규정」에서 재차 확인해 주고 있다. 다시 말해 북한은 2013년에도 이를 그대로 계승, 라선경제무역지대 외국투자기업과 경제개발구 기업에게도 동일하게 적용하고자 하였다.[44] 지금까지 논증한 「라선경제무역지대 외국투자기업로동규정」과 「경제개발구 로동규정」의 사회보장의 주요내용을 요약하면 다음 〈표 5〉와 같다.

---

43) 이철수(a), 앞의 논문, 46면.
44) 위의 논문, 46~47면.

<표 5> 사회보장 관련 주요 내용 요약

구분	양 로동규정(2013)	주요 특징
종류	무료교육, 무상치료, 사회보험, 사회보장	기존 제도 승계
사회문화시책기금 (조성)	① 기업의 사회보험료, ② 종업원은 사회문화시책기금	부담률 언급 부재
문화후생기금	기업의 결산이윤에서 일부 부담	기존과 거의 동일
최저임금	협의기관 명시, 구체적 기준 부재, 최저임금 고려요소 언급	기준액 제시 부족
퇴직보조금	1년 이상 근무 3개월 평균임금 1년 미만 근무 1개월 평균임금	기존과 거의 동일
생활보조금	시간당 로임의 60%이상 지급	수급 기간 부재
사회보험료	기업이 월로임총액의 15% 부담	재정부담률 명시 재정부담률 양분

* 출처: 저자 작성.

V. 결론

지금까지 본 연구는 북한이 2013년 제정한 '라선경제무역지대 외국투자기업로동규정'과 '경제개발구 로동규정'을 비교 분석하였다. 동년에 제정하였고 3개월의 입법차이가 있는 양 로동규정은 시계열적으로 1999년 제정한 '외국인투자기업 로동규정', 2003년 제정한 '개성공업지구 로동규정'의 연장선상에 있다. 이에 먼저 제정한 '라선경제무역지대 외국투자기업로동규정'은 2003년 제정한 '개성공업지구 로동규정'에서 비롯된 것이고 후일 제정한 '경제개발구 로동규정'은 앞서 제정한 '라선경제무역지대 외국투자기업로동규정'에서 상당부문 인용한 사례가 빈번하였다. 따라서 2013년 제정한 양 로동규정만을 놓고 볼 때, 뚜렷한 차이점은 나타나지 않는다. 역으로 이는 양

로동규정이 상당부문 공통적임을 반증한다. 그럼에도 불구하고 미세한 차이점은 나타나는데, 이를 복지법제의 지속성과 변화, 공통점과 차이점의 차원에서 정리하면 다음과 같다.

지속성은 첫째, 북한은 경제특구 노동복지의 기본적인 골격을 기존의 북한지역과 같은 제도를 중심으로 이를 그대로 유지하고자 하는 경향이 있다. 둘째, 경제특구의 다양한 복지급여의 경우 최저임금과 사회보험료를 제외하고 주목할 만한 새로운 현금급여나 현물급여 없이 기존의 경제특구 복지급여 체계와 거의 동일한 형국이다. 셋째, 이의 연장선상에서 북한은 기존의 노동복지 체제를 벗어난 괄목할만한 새로운 제도나 프로그램을 양 법령에서 제시하지는 않았다. 넷째, 사회문화시책기금과 문화후생기금과 같은 노동복지와 관련된 재정부담 주체는 기존과 동일하게 기업이 부담한다.[45] 다섯째, 근로소득의 경우 추가근무에 대한 보상비율을 제외하고는 기존과 거의 동일하다. 여섯째, 근로복지의 경우 대휴, 정기·보충휴가를 제외하고는 기존과 대동소이하다. 일곱째, 사회보장의 경우 이렇다 할 변화된 새로운 내용이 사실상 부재하다.[46]

때문에 지속성의 경우 근로소득, 근로복지, 사회보장 부문 모두 공통적인 조항과 동일한 내용이 다수였다. 특히 세부 법 조항의 정의와 서술 내용이 거의 동일한 부문이 많았다. 이는 후에 제정한 「경제개발구 로동규정」이 먼저 제정된 「라선경제무역지대 외국투자기업로동규정」의 세부 조항을 그대로 인용한 사례로 반증된다. 그리고 이러한 원인은 ① 양 로동규정의 내재적 속성과 3개월이라는 시간적으로 짧은 입법 차이, ② 제정 시기를 기준으로 당시 북한의 가

---

45) 이철수(b), 앞의 논문, 198~199면.
46) 이철수(a), 앞의 논문, 48면.

장 현대화된 법령이고, ③ 이로 인해 북한의 입장에서 별다른 법적 수정을 할 필요성이 뚜렷하지 않았기 때문이라 판단된다.

반면 변화는 양 로동규정 만을 놓고 보면 뚜렷한 차이점이 나타나지 않는다. 이에 양 로동규정은 세부 법 조항의 공통점이 상당한 반면 확고한 차이점은 크지 않다. 그러나 미세한 차이점은 존재한다. 가령 북한이 먼저 제정한 「라선경제무역지대 외국투자기업로동규정」에서는 근로소득 부문의 경우 연장·야간작업에 대한 구체적인 시간이 명기되어 있지 않다. 근로복지의 경우 근로자 성실의무 조항이 추가되어 있고 연장근로 시간을 1일 3시간으로 제한하였으며 산전산후 휴가기간에 대한 내용이 부재하다. 따라서 양 로동규정은 이를 제외한 나머지 내용이 거의 동일하다.

그러나 다른 한편으로 양 규정을 기존의 규정과 비교하면 상당한 마찰이 있다. 즉, 양 로동규정을 기존의 규정과 비교하여 나타난 차이점과 변화를 정리하면 다음과 같다.

첫째, 근로소득에 있어 연장·야간작업과 명절·공휴일 추가근무에 대한 현금보상 기준비율이 기존에 비해 상승하였다. 따라서 이로 인해 양 규정에 해당되는 근로자들의 소득 상승 기회의 폭이 확장되었다. 둘째, 양 규정에 해당되는 근로자들의 임금에 있어 기존에 존재했던 가급금이 누락되어 있다. 그리고 이러한 북한의 행태가 임금구조의 개편인지, 법리적인 실수인지에 대한 논란이 제기된다. 따라서 이는 향후 북한이 양 규정에 해당되는 근로자의 임금 운영을 어떻게 하느냐에 따라 실제적인 판단이 가능한 부문이다. 셋째, 근로복지에 있어 명절, 공휴일 근무, 대휴와 보수의 결정의무 기간, 정기휴가와 보충휴가의 기간이 근로자에게 유리하게 일부 상승하였다. 특히 여성근로자 보호의 경우 임신과 동시에 보호를 시작해야 함에 따라 기업은 기존 보다 더욱 강력한 노동보호 의무를 갖는다. 넷째, 최저임금 책정에 최저생계비 등 기존의 북한 법령에서 언급하지 않았던 소위 자본주의 용어를 인용하여 다소 놀랄만한 변화도 나타내고 있다. 다섯째, 이와 연장선상에서 최저임금의 책정기준을 최저생계비, 고용상태, 생산율을 고려하여 기존의 임금책정기준인 직종, 기술수준, 로동생산성과 대비된다.[47)

환언하면 양 로동규정은 북한의 경제개발 계획과 경제발전 전략의 의지와 의도를 반증한다. 특히 양 로동규정의 경우 향후 북한이 외국기업 유치의 성과 여부에 따라 적용하는 가장 최근의 법령들이다. 따라서 이러한 점에서 북한의 외부기업 유치와 운영 여부가 북한 경제특구의 노동 복지를 가늠하는 잣대가 된다. 다시 말해 이는 결국 북한의 경제특구 외국자본 유치 성과 여부에 비례하여 나타난다 하겠다. 때문에 향후 북한의 외자유치 성과에 귀추가 주목되고 그 결과에 따라 북한 경제특구 복지법제가 천착될 것이다.

47) 위의 논문, 48면.

참고문헌

1. 북한 법령
개성공업지구 로동규정
경제개발구 로동규정
라선경제무역지대법
라선경제무역지대 외국투자기업로동규정
라선경제무역지대 외국투자기업로동규정 시행세칙
외국인투자기업 로동규정
외국인투자기업 로동법

2. 논문 및 단행본

박천조, "개성공단 노동제도의 변화와 영향 연구,"「산업노동연구」제21권 2호, 2015.

배국열, "김정은 시대 경제개방 정책 평가,"「북한학보」제39권 2호, 2014.

배종렬, "김정은 시대의 경제특구와 대외개방: 평가와 전망,"「북한연구학회보」제18권 2호, 2014.

이승옥, "김정은 시대 북한의 경제특구전략: 영역화, 분권화, 그리고 중국식 개혁개방?,"「한국경제지리학회지」제19권 제1호, 2016.

이철수(a), "북한의 경제개발구 노동복지 법제분석: 경제개발구 로동규정을 중심으로,"「동서연구」제29권 3호, 2017.

이철수(b), "북한경제특구의 노동복지법제 비교분석: 개성공업지구와 라선경제무역지대를 중심으로,"「법학연구」제28권 1호, 2017.

이효원, "라선경제무역지대법의 특징과 개선 과제: 경제개발구법과 비교를 중심으로,"「서울대학교 법학」제56권 제4호, 2015.

임을출, "김정은 시대의 경제특구 정책: 실태, 평가 및 전망,"「동북아경제연구」제27권 3호, 2015.

최우진, "라선경제무역지대의 법제도 정비 현황,"「통일과 법률」2015년 8월호, 2015.

_____, "북한 라선경제무역지대법의 최근 동향-조중협정 이후 개정내용을 중심으로,"「법조」63(12), 2014.

제18장

북한의 외국인투자기업 노동복지 법제 분석

외국인투자기업 로동규정과
외국인투자기업 로동법을 중심으로

Ⅰ. 서론

북한은 1999년 5월 8일 「조선민주주의인민공화국 외국인투자기업 로동규정」(내각결정 제40호로 채택, 이하 '외국인투자기업 로동규정'으로 약칭)을 제정하였다. 그리고 동 법령은 제정된 지 약 6년이 지난 2005년 1월 17일 내각결정 제4호로 한 차례 수정되었다. 또한 이와 관련, 북한은 2009년 1월 21일 「조선민주주의인민공화국 외국인투자기업 로동법」(최고인민회의상임위원회 정령 제3053호로 채택, 이하 '외국인투자기업 로동법'으로 약칭)을 제정하였다. 그리고 동 법령은 제정된 지 약 3년 차인 2011년 12월 21일 최고인민회의 상임위원회 정령 제2047호로 수정·보충되었고 이후 2015년 8월 26일 최고인민회의상임위원회 정령 제651호 재차 수정·보충되었다.

상술한 '외국인투자기업 로동규정'과 '외국인투자기업 로동법'은 시사하는 바가 크다. 이에 양 법령은 법명이 지칭하듯, 북한의 외국인투자기업 노동과 관련한 상위법령과 하위법령이다. 때문에 북한은 양 법령의 존재로 인해 적어도 외국인투자기업 노동에 대한 일정한 법적 체계를 갖추었다. 즉, 양 법령 중 특정 법령 하나만이 존재한다면 미완의 법적 체계를 의미하지만 양 법령의 동시적 존재는 법적 체계의 완비로 평가될 수 있다.

특히 동 법령들의 관계는 상술한 바와 같이 명백한 '상하관계'이다. 따라서 동 법령들은 북한에 존재하는 '외국인투자기업'에 해당되는 노동 관련 규정임에 따라 동일한 맥락의 기능과 성격을 갖고 있다 하겠다. 따라서 이러한 이유로 양 법령을 놓고 비교하면 법령의 공통점과 차이점, 지속성과 변화 등을 탐색할 수 있다. 아울러 양 법령은 10여 년의 입법시기의 차이가 발생함에 따라 10년 동안의 북한의 인식변화도 반영한다고 판단된다.

다른 한편으로 아이러니하게도 북한의 양 법령에 대한 입법행태의 경우 하위법령인 '외국인투자기업 로동규정'이 먼저 제정되고 10년이 지난 후에 상위법령인 '외국인투자기업 로동법'이 제정되었다. 즉, 특이하게도 양 법령은 역순으로 입법되었다. 따라서 양 법령의 내용을 추적한다면, 전후가 뒤바뀐 북한의 입법행태에 대한 원인과 배경에 대한 일정한 함의를 도출할 수 있다고 판단된다.[1]

이러한 점에서 본 연구는 북한의 외국인투자기업 노동복지 법제를 추적하여 법 제도적 공통점과 차이점, 지속성과 변화를 분석, 북한의 외국인투자기업 노동복지 체제를 분석하고자 한다. 보다 구체적인 본 연구의 목적은 북한의 '외국인투자기업 로동규정'과 '외국인투자기업 로동법'을 비교, 양 법령에서 추구하는 북한의 외국인투자기업 노동복지에 대한 법적 동학을 추적하는 것이다. 이에 본 연구

---

1) 본 연구와 관련, 현재까지 노동복지 차원에서 양 법령을 비교 분석한 연구는 전무하다.

의 주요 분석대상은 북한이 1999년과 2009년에 각각 제정한 '외국인투자기업 로동규정'과 '외국인투자기업 로동법'을 중심으로 한다. 또한 본 연구의 연구방법은 문헌연구를 중심으로 원 자료인 양 법령들을 놓고, 노동복지와 관련된 조항을 핵심 분석대상으로 하여 법 제도 분석에 일반적으로 사용되는 방법인 질적 내용분석을 통해 접근하고자 한다.

이를 위한 본 연구의 서술순서는, 먼저 양 법령의 개괄적 고찰을 통해 거시-구조적 수준의 분석을 시도하고자 한다. 다음으로 양 법령의 각각의 법 규정을 놓고 노동복지와 관련된 ① 근로소득, ② 근로복지, ③ 사회보장 조항을 중심으로 비교 분석하고자 한다. 보다 구체적으로 여기에서 근로소득인 임금의 경우 ① 임금 종류, ② 임금 제정 권한, ③ 임금 지불방식,[2] ④ 가급금을 중심으로 한다. 또 근로복지의 경우 ① 노동시간, ② 휴식과 휴가, ③ 여성근로자 보호를,[3] 사회보장의 경우 ① 사회문화시책과 문화후생기금, 사회보험기금, 보조금, 연금, ② 기본임금과 최저임금, ③ 퇴직보조금과 생활보조금, ④ 사회보험료를 중심으로 크게 구분하여 접근하고자 한다. 마지막으로 본 연구는 이를 토대로 양 법령을 통한 북한의 외국인투자기업 노동복지 법제에 대한 통시적 차원의 함의를 도출하고자 한다.

특히 본 연구가 이러한 비교 분석을 시도하는 이유는 다음과 같다. 첫째, 무엇보다 입법순서가 뒤바뀐 법령에 대한 교차분석을 통해 북한의 외국인투자기업 노동복지 법제에 대한 다양한 접근과 해석이 가능하다. 둘째, 법적 상하관계인 양 법령의 분석은 법령의 위

---

2) 이철수, "북한의 경제개발구 노동복지 법제분석: 경제개발구 로동규정을 중심으로," 「동서연구」 제29권 3호 (서울: 연세대학교 동서문제연구원, 2017), 33쪽.
3) 위의 글, 36쪽.

계적 차원에서도 상하관계임에 따라 반드시 동렬에 놓고 동시에 비교분석해야 한다. 셋째, 동 법령들은 시차적으로 약 10년의 시간적 간극이 존재하기에 현 시점에서 통시적인 접근과 해석이 가능하다. 때문에 본 연구는 양 법령에 나타난 동종의 법적 내용을 중심으로 분석한다. 참고로 본 연구의 분석 모형과 분석 틀을 도식화하면 각각 다음 〈그림 1〉과 〈표 1〉과 같다.

<그림 1> 분석 모형

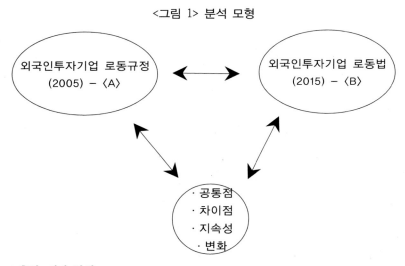

* 출처: 저자 작성.

<표 1> 분석 틀

구분	외국인투자기업 로동규정(2005)	외국인투자기업 로동법(2011)
근로소득	① 임금 종류, ② 임금제정 권한, ③ 임금 지불방식, ④ 가급금,	
근로복지	① 노동시간, ② 휴식과 휴가, ③ 여성근로자 보호	
사회보장	① 사회문화시책과 문화후생기금, 사회보험기금, 보조금, 연금, ② 기본임금과 최저임금, ③ 퇴직보조금과 생활보조금, ④ 사회보험료	

* 출처: 저자 작성.

Ⅱ. 법적 개괄

양 법령 중 먼저 제정된 「외국인투자기업 로동규정」의 경우 총 8개장 45개 조항으로 ① 일반규정, ② 로력의 채용과 해고, ③ 기능공의 양성, ④ 로동시간과 휴식, ⑤ 로동보수, ⑥ 로동보호, ⑦ 사회보험, 사회보장, ⑧ 제재 및 분쟁해결로 구성되어 있다. 또한 동 규정은 1999년 제정 이후 2005년 1월 17일 내각결정 제4호로 한차례 수정되었지만 주목할 만한 내용상의 변화는 없다.[4]

즉, 북한이 1999년 제정한 「외국인투자기업 로동규정」은 제정 당시를 기준으로 할 때, 북한이 1984년부터 제정한 각종 외국자본 유치 관련 법령의 총아라 할 수 있다. 가령 동 규정 제정 이전 북한의 외자유치와 관련한 대표적인 법령은 1984년 합영법, 1992년 합작법과 외국인기업법, 1993년 라선경제무역지대법과 자유경제무역지대법 등이다. 따라서 동 규정은 이러한 북한의 대외경제관련 법제의 환경 하에 북한 내에 장기간 체류, 경제활동에 임할 외국기업 소속 근로자에 대한 법적 함의를 다소 구체적인 '규정'차원에서 구체적으로 언급하였다. 때문에 동 규정은 북한에 상주할 외국기업이 고용한 북한 근로자에 대한 전반적인 노동관련 내용을 언급한 것으로 제정 당시를 기준으로 하면 가장 구체적인 규정이다.[5]

다음으로 양 법령 중 후일 제정된 「외국인투자기업 로동법」의 경우 총 8개장 51개 조항으로 ① 외국인투자기업로동법의 기본, ② 로

---

[4] 이철수, "북한경제특구의 노동복지법제 비교분석: 외국인투자기업 로동규정과 개성공업지구 로동규정을 중심으로," 「부동산법학」 제22집 2호 (서울: 한국부동산법학회, 2018), 168쪽.

[5] 위의 글, 169쪽.

력의 채용 및 로동계약의 체결 ③ 로동과 휴식, ④ 로동보수, ⑤ 로동보호, ⑥ 사회보험, 사회보장, ⑦ 종업원의 해임, ⑧ 제재 및 분쟁해결로 구성되어 있다. 동 법령은 상술한 바와 같이 2009년 제정 이후 2011년 12월 21일 최고인민회의 상임위원회 정령 제2047호로, 이후 2015년 8월 26일 최고인민회의상임위원회 정령 제651호로 모두 두 차례 수정·보충되었다.[6]

이에 동 법령은 앞서 제정한「외국인투자기업 로동규정」보다 총장의 비중은 동일하나 총 6개 조항이 늘어났다. 또한「외국인투자기업 로동규정」의 제1장 일반규정이 외국인투자기업로동법의 기본으로, 제2장 로력의 채용과 해고가 로력의 채용 및 로동계약의 체결로, 제4장 로동시간과 휴식이 로동과 휴식으로 각각 달리하는 반면 기존의 제3장 기능공 양성은 삭제되었다. 결국 이로 인해 동 법령은「외국인투자기업 로동규정」과는 다른 법적 서술순서의 차이가 나타났다.

이에 양 노동규정의 차이점과 의의를 열거하면 첫째, 크게 양적인 측면에서 총 8개장 45개 조항이 총 8개장 51개 조항으로 양적인 차이가 발생한다. 따라서 양적으로 보면 후일 제정한「외국인투자기업 로동법」이 기존의「외국인투자기업 로동규정」에 비해 상당부문 증가하였다. 또한 이는 양 법령의 10년의 입법 시기에서 따른 차이에 기인한 현상이다. 아울러 역으로 이는 1990년대 북한 법령의 형태와 수준, 2000년대 북한 법령의 형태와 수준을 반증하는 것이기도 하다.

---

6) 가장 최근인 2015년 수정된 내용은 제21조 산전, 산후휴가의 보장에서 산후 휴가기간 기존 90일에서 180일로 연장되었고, 제25조 휴가비의 지불 및 계산에서 기존 휴가비 대상 휴가와 산전산후휴가비의 지불규모와 방법이 새롭게 추가되었다.

둘째, 이와 연장선상에서 질적인 측면에서 접근하면 법령의 표현에 있어 「외국인투자기업 로동법」이 「외국인투자기업 로동규정」에 비해 상대적으로 세련되어 있다. 가령 「외국인투자기업 로동법」은 각 세부조항의 서술에 대한 정의와 더불어 내용이 명시된 반면 「외국인투자기업 로동규정」은 세부조항에 대한 선제적 정의가 생략된 채, 단순 서술 중심으로 나열되어 있다. 이러한 원인은 예측하건대, 북한의 입법 경험과 기술적인 문제에 기인한 것이라 판단된다. 따라서 이러한 점에서 양 로동규정의 약 10년간의 입법 차이가 의미하는 것은 시간에 비례하여 북한의 입법행태가 다소 진전되고 있다는 것이다.[7]

셋째, 법령의 실체적 존재 이유인 사명 부문의 큰 차이가 감지된다. 가령 「외국인투자기업 로동규정」의 경우 제1조 "이 규정은 외국인투자기업에 필요한 로력을 보장하며 그들의 로동생활상 권리와 리익을 보호하기 위하여 제정한다"라고 하였다. 반면 「외국인투자기업 로동법」의 경우 제1조 외국인투자기업로동법의 사명 항목에서 "조선민주주의인민공화국 외국인투자기업로동법은 로력의 채용, 로동과 휴식, 로동보수, 로동보호, 사회보험 및 사회보장, 종업원의 해임에서 제도와 질서를 엄격히 세워 기업의 경영활동을 보장하며 기업에 종사하는 종업원의 권리와 리익을 보호하는데 이바지한다"라고 하였다. 이는 이하 동 법령이 서술한 각 장의 주요 테마를 순서대로 언급한 것이다. 그리고 이는 기존의 「외국인투자기업 로동규정」의 사명 보다 구체적이고 포괄적인 것으로 법령의 서술 수준이 일정 부문 발전한 형태를 갖추고 있다.

---

7) 위의 글, 169쪽.

넷째, 특이하게도 「외국인투자기업 로동규정」 제3장의 기능공의 양성 부문이 「외국인투자기업 로동법」에서 전혀 나타나지 않았다. 이에 기능공 양성의 경우 「외국인투자기업 로동법」이 「외국인투자기업 로동규정」 보다 상위법령인 관계로 삭제되었다고 판단된다. 즉, 기능공 양성의 경우 「외국인투자기업 로동법」 보다 「외국인투자기업 로동규정」에서 다루어질 사안임에 따라 「외국인투자기업 로동법」에서 자연스럽게 논의되지 않은 것이라 판단된다.

요약하면 양 법령 중 상대적으로 「외국인투자기업 로동규정」 보다 후일 제정된 「외국인투자기업 로동법」이 질적으로 세련되고 우수하다. 왜냐하면 「외국인투자기업 로동법」은 이전의 「외국인투자기업 로동규정」과 달리 법적 구성이 촘촘하고, 법적 내용이 구체적이기 때문이다. 이에 따라 동 법령은 각 항목의 세부조항에 대한 정의와 그와 관련된 구체적인 진술로 구성·서술되어 있다. 지금까지 논증한 양 법령의 구성과 주요 내용을 정리하면 다음 〈표 2〉와 같다.

<표 2> 외국인투자기업 로동법과 외국인투자기업 로동규정 비교

구분	외국인투자기업 로동규정(1999): 총 8개장 45개 조항	구분	외국인투자기업 로동법(2009): 총 8개장 51개 조항
제1장: 일반규정	-사명, 적용대상, 로력의 채용원칙, 로력동원의 금지, 로임의 재정, 로동조건의 보장, 사회보험, 사회보장 혜택, 로동계약, 감독통제기관	제1장: 외국인투자기업로동법의 기본	-외국인투자기업로동법의 사명, 로력채용원칙, 로동조건의 보장원칙, 로동보수지불원칙, 사회보험 및 사회보장원칙, 타사업동원 금지원칙, 지도기관, 적용대상
제2장: 로력의 채용	-로동계약, 로력알선기관, 로력공급, 해고금지, 종업원의 해고조건, 퇴직 보조금 사직 절차	제2장: 로력의 채용 및 로동계약의 체결	-로력보장기관, 로력보장신청, 로력모집 및 보장, 로력채용, 외국인로력채용, 로동계약의 체결과 리행, 로동계약의 효력, 로동계약의 변경

제3장: 기능공의 양성	-기술기능 급수 사정, 기능공 양성, 기술인재 양성	제3장: 로동과 휴식	-로동시간, 로동시간의 준수, 일요일, 명절일의 휴식보장, 정기휴가, 보충휴가의 보장, 산전, 산후휴가의 보장
제4장: 로동시간 과 휴식	-로동일수, 로동시간, 시간외 로동 금지, 휴가, 대휴, 특별휴가	제4장: 로동보수	-로동보수의 내용, 월로임최저 기준의 제정, 로임기준의 제고, 휴가비의 지불 및 계산, 생활보 조금, 휴식일로동에 따르는 가 급금, 연장작업, 야간작업에 따 르는 가급금, 상금의 지불, 로 동보수의 지불
제5장: 로동보수	-월로임기준, 로임수준 향상, 휴가 기간의 로임지불, 생활보조금, 연장, 야간의 작업의 가급금, 상 금의 지불, 로동실적계산	제5장: 로동보호	-로동안전, 산업위생조건보장, 로동안전교양, 위험개소 제거, 로동안전조치, 녀성종업원의 보호, 탁아소, 유치원운영, 로동보호물자의 공급, 사고의 처리 및 사고심의
제6장: 로동보호	-사업위생조건, 로동안전기술교육, 녀성로력의 보호, 탁아소, 유치원의 운영, 로동보호물자의 공급, 로동 재해위험 제거, 사고발생시의 조치, 심의	제6장: 사회보험 및 사회보장	-사회보험 및 사회보장에 의한 혜택, 보조금, 년금의 계산, 사 회보험기금의 조성, 사회보험 료의 납부, 문화후생기금의 조 성 및 리용
제7장: 사회보험, 사회보장	-사회보험, 사회보장 각종 혜택, 급여, 급여계산방식, 사회보험기금, 정휴양소 조직과 운영, 사회보험 료 납부와 관리감독, 문화후생기 금 조성과 감독	제7장: 종업원의 해임	-종업원의 해임의 기본요구, 종 업원의 해임사유, 종업원해임 에 대한 합의 및 통지, 종업원 을 해임시킬수 없는 사유, 종업 원의 사직
제8장: 제재 및 분쟁해결	-형사적 책임, 신소와 청원, 중재 기관, 재판기관	제8장: 제재 및 분쟁해결	-벌금 및 기업활동의 중지, 신소 와 그처리, 분쟁해결

* 출처: 저자 작성.

Ⅲ. 관련 조항 비교 분석

1. 근로소득

1) 외국인투자기업 로동규정

먼저 「외국인투자기업 로동규정」에서 외국기업이 북한 근로자에게 지급하는 임금의 종류는 동 규정 제5조 "외국인투자기업에서 일하는 종업원의 로동보수액은 그의 로동직종과 기술기능수준, 로동생산성에 따라 정한다. 로동보수에는 로임, 가급금, 장려금, 상금이 포함된다"라고 명시하였다. 따라서 동 조항에 의거한 근로자의 법적인 임금 종류는 네 가지로 여기에는 ① 통상적인 급여 성격인 임금, ② 초과근무 시 지급되는 수당 성격의 가급금, ③ 특정 사안의 독려에 대한 장려금, ④ 특정 사안에 대한 근무자의 포상을 위한 상금이 있다.

그리고 동 조항에서 언급한 상금의 경우 동 법령 제30조 "외국인투자기업은 결산리윤에서 세금을 바치고 남은 리윤의 일부로 상금기금을 세우고 직업동맹조직과 협의하여 생산과제를 넘쳐 수행하는데 기여한 모범적인 종업원에게 상금을 줄수 있다"라고 하였다. 따라서 동 조항을 근거로 하면 상금의 재원은 외국기업 수익의 일부이고 이는 해당 사업장의 세금 납부 이후의 수익이며, 상금 지급대상 선정은 직업동맹과 협의하여 결정한다.

다음으로 임금의 제정 권한, 즉, 매월 지급하는 근로자의 급여에 대해 동 규정 제25조 "외국인투자기업의 종업원 월로임기준은 중앙로동기관이 정한다. 중앙로동기관은 외국인투자기업의 종업원 월로임기준을 종업원들이 로동과정에 소모된 육체적 및 정신적힘을 보상하고 그들의 생활을 보장하는 원칙에서 정하여야 한다. 조업준비 기간의 로임, 견습공, 무기능공의 로임은 해당 기관의 승인밑에 정한 월로임기준보다 낮게 정할수 있다. 외국인투자기업은 정한 로임기준에 따라 직종, 직제별 로임기준, 로임지불형태와 방법, 가급금, 장려금, 상금기준을 자체로 정한다"라고 언급하였다. 즉, 북한의 외국기업 근로자의 월 임금 기준은 북한의 중앙로동기관이 정하지만 외국기업은 여기에 근거하여 자체의 각종 임금 기준과 그에 따른 진행 방식을 결정한다. 또한 동 규정에는 임금의 최하한선인 최저임금에 대한 구체적인 내용이 없는 반면 월 임금기준이라는 표현으로 제시되어 있다. 그러나 이러한 월 임금기준이 구체적으로 어느 정도 수준인지에 대한 명확한 진술은 표기되어 있지 않다.[8]

그리고 이러한 원인은 법 제정 당시 북한이 가시적으로 유치한 외국기업이 부재했고 이에 법 제정 이후 본격적으로 진행하고자 했기 때문이라 판단된다. 즉, 북한의 입장에서 외국기업유치가 1차적인 목표이고 이러한 외자 유치 과정에서 임금에 관한 외국기업과의 협상과 협의를 통해 결정하는 것이 유리하다. 따라서 북한은 군이 법령을 통해 구체적인 임금수준을 미리 밝힐 필요가 없고 혹여 그로 인한 이득 또한 불분명하다. 때문에 이러한 북한의 행태는 전략적 차원의 포석인 면도 있지만 어찌 보면 당연한 결과이기도 하다.

그 다음으로 임금 지불방식의 경우 동 규정에는 명확한 내용이 제시되어 있지 않다. 다만 동 규정 제31조 "외국인투자기업은 종업원의 로임, 가급금, 장려금, 상금을 일한 실적에 따라 정확히 계산하여 내주어야 한다. 로동보수를 주는 날이 되기전에 사직하였거나 기업

---

8) 이철수, 앞의 논문, 2017, 34쪽.

에서 내보낼 경우에는 그 수속이 끝난 다음에 로동보수를 주어야 한다"라고 밝혔다 이는 임금지불방식에 대한 내용이 아니라 임금의 실적에 따른 계산과 사직한 근로자의 임금 지급 절차와 방식에 대한 내용이다. 따라서 임금 지불방식 또한 임금과 마찬가지로 동 규정에서는 다소 그 구체성이 떨어진다.[9]

마지막으로 가급금의 경우 동 규정 제29조 "외국인투자기업은 공휴일에 일을 시키고 대휴를 주지 않았거나 로동시간밖의 낮 연장작업 또는 로동시간안의 밤작업을 한 종업원에게 로임과 함께 일한 날 또는 시간에 따라 일당 또는 시간당 로임액의 50%(명절일작업과 로동시간밖의 밤연장작업을 한 종업원에게는 100%)에 해당한 가급금을 주어야 한다"라고 언급하였다. 이는 근로자의 공휴일과 야간 추가근무, 연장근무에 대한 추가임금 지급에 대한 내용으로 다양한 연장근무에 대한 추가 임금 지급기준을 명시한 것이다.[10]

2) 외국인투자기업 로동법

먼저 임금의 종류는 「외국인투자기업 로동법」에서 외국기업이 북한 근로자에게 지급하는 임금의 종류는 동 법령 제22조 로동보수의 내용 항목에 나타나 있다. 이에 북한은 동 조항에서 "외국인투자기업은 종업원의 로동보수를 정한 기준에 따라 정확히 지불하여야 한다. 종업원에게 주는 로동보수에는 로임, 가급금, 장려금, 상금이 속한다"라고 명시하였다. 이는 먼저 제정된 「외국인투자기업 로동규정」의 임금 종류와 완전히 동일하다.

---

9) 이철수, 앞의 논문, 2018, 173쪽.
10) 위의 글, 173쪽.

그러나 임금지급 기준의 경우 「외국인투자기업 로동규정」에서만 언급되어 있다. 동 규정에서 임금지급 기준은 ① 직종, ② 근로자의 기술기능수준, ③ 사업장의 노동생산성에 근거한다. 그리고 이러한 차이의 원인, 즉, 「외국인투자기업 로동법」은 '임금지급 의무와 임금 종류'를 언급한 반면 「외국인투자기업 로동규정」은 '임금지급 기준과 임금 종류'를 밝힌 점은 양 법령의 위계와 기능적 차이에 기인한다. 다시 말해 「외국인투자기업 로동규정」은 「외국인투자기업 로동법」과 달리 보다 세부적인 법령임에 따라 임금에 대한 구체적인 언급이 반드시 필요하다. 이러한 이유로 북한은 「외국인투자기업 로동규정」에서, 「외국인투자기업 로동법」에서 밝히지 않은 임금지급 기준을 추가적으로 언급한 것이다.

한편 임금 종류 하나인 상금의 경우 동 법령 제29조 상금의 지불 항목에 구체적으로 언급되어 있다. 동 조항에서 북한은 "외국인투자기업은 결산리윤의 일부로 상금기금을 조성하고 일을 잘한 종업원에게 상금을 줄수 있다"라고 하여 사업장 수익의 일부가 상금기금의 재원임을 밝혔다. 그리고 동 조항의 경우 「외국인투자기업 로동규정」에서 다소 구체화되어 있다. 가령 동 법령에서 북한은 상금기금의 재원과 지급 대상에 대해 간략히 언급한 반면 「외국인투자기업 로동규정」에서는 구체적으로 상금의 재원 마련과정과 상금 지급대상 선정 절차까지 나타나있다.

다음으로 임금의 제정 권한은 동 법령 제23조 월로임최저기준의 제정 항목에 나타나 있다. 이에 북한은 동 조항에서 "외국인투자기업 종업원의 월로임최저기준을 정하는 사업은 중앙로동행정지도기관 또는 투자관리기관이 한다. 월로임최저기준은 종업원이 로동과정에 소모한 육체적 및 정신적힘을 보상하고 생활을 원만히 보장할

수 있게 정하여야 한다"라고 하였다. 이에 동 조항을 근거로 하면 임금제정의 권한은 크게 두 기관인데, 하나는 중앙노동행정기관이고 다른 하나는 투자관리기관이다. 한편 동 조항에서 지칭하는 중앙노동행정기관은 북한의 행정기관을 의미하는 반면 투자관리기관은 외국인투자기업을 칭한다고 판단된다.

특히 임금을 결정하는 기관이 먼저 제정된 「외국인투자기업 로동규정」에서는 중앙노동기관 단독인 반면 동 법령에서는 중앙로동행정지도기관과 투자관리기관으로, 두 기관이 공동으로 결정한다. 이는 북한이 최저임금을 결정하는데 외국기업의 입장이나 협의를 통해 결정하겠다는 의도로 해석된다. 그러나 이러한 경우 법적인 논란을 떠나 상위법령인 「외국인투자기업 로동법」과 하위법령인 「외국인투자기업 로동규정」의 충돌은 불가피해 보인다. 왜냐하면 양 법령에서 각각 임금결정권을 가진 기관이 하나는 단독 결정, 다른 하나는 공동 결정으로 명시되어 있기 때문이다. 그러나 이를 상위법 우선 원칙에 근거하면 공동 결정을 명시한 「외국인투자기업 로동법」에 따르리라 판단된다. 아울러 현실적으로 외국기업의 입장에서 접근하면 공동 결정을 선호하고 북한의 입장에서도 외자유치에 다소 유리한 측면이 있다고 판단된다.

그러나 다른 한편으로 이 역시 「외국인투자기업 로동규정」보다 다소 소극적인 내용을 갖고 있다. 가령 「외국인투자기업 로동규정」의 경우 이외에도 최저임금보다 낮은 제한적인 임금 지급 기준과 임금지급에 대한 외국투자기업의 독립성 등을 언급하였다. 또 다른 한편으로 특이한 것은 「외국인투자기업 로동규정」에서는 '월로임기준', 「외국인투자기업 로동법」에서는 '월로임최저기준'으로 각각 임금제정 권한에 대해 밝힌 것이다. 이에 「외국인투자기업 로동규정」의

'월로임기준'은 '기본임금'인 반면 「외국인투자기업 로동법」에서는 '월로임최저기준'은 '최저임금'이라 판단된다. 그리고 이를 양 법령의 제정 당시를 기준으로 판단하면 기본임금과 최저임금 사이의 법적 경계가 다소 모호하여 사실상 거의 동일한 의미로 해석된다.

그 다음으로 임금 지불방식의 경우 동 법령 제30조 로동보수의 지불항목에서 나타나 있다. 동 조항에서 북한은 "외국인투자기업은 종업원에게 로동보수를 정해진 날자에 전액 화폐로 주어야 한다. 로동보수를 주는 날이 되기전에 사직하였거나 기업에서 나가는 종업원에게는 해당 수속이 끝난 다음 로동보수를 주어야 한다"라고 명시하였다. 이에 동 조항을 근거로 하면 외국기업 근로자의 임금은 전액 화폐로 지급되고 이는 퇴직한 종업원의 경우에도 마찬가지이다.

한편 아이러니하게도 이는 「외국인투자기업 로동규정」과 다소 차이가 나타나는데, 동 규정에서 임금 지불방식은 별도의 조항으로 나타나 있지 않다. 또한 동 법령과 비슷한 동 규정 제31조에서 북한은 임금의 종류만 언급했을 뿐, 동 법령처럼 임금 지불 기제인 화폐에 대한 명확한 언급이 없다. 따라서 동 법령이 2000년대 후반인 2009년에 제정된 것임을 감안하면, 임금 지급 기제는 전액 화폐로 지급된다고 봐야 타당하다.

마지막으로 가급금의 경우 동 법령 제28조 연장작업, 야간작업에 따르는 가급금 항목에서 "외국인투자기업은 종업원에게 로동시간외의 낮연장작업을 시켰거나 로동시간안의 밤작업을 시켰을 경우 일한 날 또는 시간에 한하여 일당 또는 시간당 로임액의 50%에 해당한 가급금을 주어야 한다. 로동시간외의 밤연장작업을 시켰을 경우에는 일당 또는 시간당 로임액의 100%에 해당한 가급금을 주어야 한다"라고 하였다. 또한 동 법령 제27조 휴식일로동에 따르는 가급금 항목에서 "외국인투자기업은 부득이한 사정으로 명절일과 일요일에 종업원에게 로동을 시키고 대휴를 주지 못하였을 경우 일한 날 또는 시간에 한하여 일당 또는 시간당 로임액의 100%에 해당한 가급금을 주어야 한다"라고 연장근무 시 지급되는 일종의 수당인 가급금 지급 기준에 대해 밝혔다. 그리고 동 조항은 「외국인투자기업 로동규정」 제29조가 확대 분리된 형태로 별다른 차이점이 나타나지 않는다.

근로소득과 관련한 지금까지 내용을 정리하면 먼저 임금 종류의 경우 임금종류는 동일하나 「외국인투자기업 로동규정」에서는 임금 지급 기준을 밝힌 반면 「외국인투자기업 로동법」에서는 임금지급 의무를 언급하였다. 상금의 경우 「외국인투자기업 로동규정」은 상금재원 원천과 지급 대상 선정절차를, 「외국인투자기업 로동법」은 상금재원과 대상을 각각 밝혔다.

다음으로 임금제정 권한의 경우 가장 확실한 차이가 나타나는데, 「외국인투자기업 로동규정」에서는 중앙노동기관 단독인 반면 「외국인투자기업 로동법」에서는 중앙로동행정지도기관 또는 투자관리 기관이 공동 결정한다. 또한 임금수준도 양 법령에서 각각 달리하는데, 「외국인투자기업 로동규정」에서는 '월 기준임금'으로, 「외국인투자기업 로동법」에서는 '월 최저임금'으로 표기되어 있다.

마지막으로 임금지불 방식의 경우 「외국인투자기업 로동규정」에서는 이와 직접적으로 관련된 구체적인 조항이 부재하지만 「외국인투자기업 로동법」에서는 전액 화폐임을 분명히 하였다. 또한 연장·야간작업과 명절·공휴일 근무에 대한 가급금 지급 조항의 경우 먼저 제정한 「외국인투자기업 로동규정」에서는 단독 조항으로, 후일 「외국인투자기업 로동법」에서는 동일한 내용을 중심으로 확대·분리되었다. 지금까지 논증한 「외국인투자기업 로동규정」과 「외국인투자기업 로동법」의 근로소득 관련 주요 내용을 정리하면 다음 〈표 3〉과 같다.

<표 3> 근로소득 관련 내용 비교

구분	외국인투자기업 로동규정(2005)	외국인투자기업 로동법(2015)	주요 특징
임금 종류	로임, 가급금, 장려금, 상금 임금지급 기준	좌동 임금지급 의무 명시	상호 조항 인용, 로동규정 구체적
상금	상금재원 원천, 대상 선정절차	상금재원과 대상	상동
임금제정 권한	중앙로동기관	중앙로동행정지도기관 또는 투자관리기관	로동법령: 단독 로동법: 공동
임금 수준	월로임기준 명시	월로임최저기준 명시	로동법령: 월기준임금 로동법: 최저임금
임금지불 방식	구체적인 언급 부재, 임금종류만 언급	전액 화폐	로동법령: 미언급 로동법: 화폐
연장·야간작업	우동	일당, 시간당 로임액의 50% 가급금(연장근무), 일당, 시간당 로임액의 100% 가급금(야간연장)	기존 조항 인용, 로동법에서 확대 분리
명절·공휴일 근무	우동	일당, 시간당 로임액의 100% 가급금,	상동

* 출처: 저자 작성.

2. 근로복지

1) 외국인투자기업 로동규정

먼저 「외국인투자기업 로동규정」에서 로동시간의 경우 동 규정 제22조 "종업원의 로동일수는 주 6일, 로동시간은 하루 8시간으로 한다. 외국인투자기업은 힘들고 어려운 로동의 정도와 특수한 조건에 따라 로동시간을 이보다 짧게 할 수 있다. 계절적 제한을 받는 부문에서는 년간 로동시간범위에서 로동시간을 다르게 정할 수 있다"라고 명시하였다.[11]

동 조항을 근거로 판단하면 외국기업 근로자는 주 6일, 1일 8시간, 일주일 동안 총 48시간의 근로를 하게 된다. 또한 중노동일 경우 노동시간이 단축되지만 그에 해당하는 구체적인 기준은 언급되어 있지 않다. 아울러 계절적인 노동환경에 따라 노동시간을 탄력적으로 운영할 수 있는데, 이는 동절기와 하절기의 노동시간 차이를 의미한다고 판단된다.[12]

또한 동 규정 제23조 "외국인투자기업은 종업원에게 시간외 로동을 시키지 말아야 한다. 불가피한 사정으로 시간외 로동을 시키려고 할 경우에는 직업동맹조직과 합의하고 시간외 로동을 시킬 수 있다"라고 밝혔다. 이에 외국인투자기업은 기본적으로 시간외 근로를 요청할 수 없다. 또한 이에 따라 근로자에게 야간근무와 연장근무를 요구할 수 없다. 그러나 특수한 상황과 이에 대한 직업동맹과의 합의가 전제될 경우 일정부문 가능하다. 즉, 북한은 시간외 노동에 대해 기본적으로 불허하지만 일부 예외의 경우를 명시하였고 이러한 사례에 대한 적법 절차를 언급하였다.[13]

다음으로 휴식과 휴가의 경우 동 규정 제24조 "외국인투자기업은 공화국의 법규범에 따라 해당한 종업원에게 명절일과 공휴일의 휴식, 정기 및 보충휴가와 산전산후휴가를 주어야 한다. 명절일과 공휴일에 일을 시켰을 경우에는 1주일안으로 대휴를 주어야 한다. 외

---

11) 위의 글, 177쪽.
12) 위의 글, 177쪽.
13) 위의 글, 177쪽.

국인투자기업은 해당한 종업원에게 해마다 관혼상제를 위한 1-5일 간의 특별휴가를 주어야 한다. 특별휴가기간에는 왕복려행일수가 포함되지 않는다"라고 제시하였다.[14]

이는 외국인투자기업 근로자의 ① 정기휴가, ② 보충휴가, ③ 산전산후휴가, ④ 근무일 외의 근로에 대한 대휴, ⑤ 근로자의 특별한 상황에 대한 특별휴가 조항이다. 특이하게도 동 규정에서 외국인투자기업 근로자의 공식적인 년간 휴가기간에 대한 구체적인 언급이 없다. 하지만 이를 제외한 사안에 대해서는 일정부문 언급되어 있다. 결국 외국인투자기업 근로자의 휴식과 휴가에 대한 북한의 법제적 기여는 다소 불충분하다 하겠다.[15]

또한 휴가기간 임금, 즉, 휴가비에 대해 동 규정 제27조 "외국인투자기업은 휴가 및 보충휴가기간에 해당한 로동보수를 휴가에 들어가기전에 종업원에게 주어야 한다. 휴가기간에 해당한 로동보수는 휴가받기전 3개월동안의 로동보수총액을 실가동일수에 따라 평균한 하루 로동보수액에 휴가일수를 적용하여 계산한다. 휴가기간의 로동보수액계산에는 로임, 가급금, 장려금이 포함된다"라고 언급하였다. 이는 외국인투자기업 근로자의 휴가기간의 임금지불과 휴가비에 대한 계산방식을 밝힌 것이다.[16]

마지막으로 여성근로자의 보호는 동 규정 제34조 "외국인투자기업은 녀성종업원을 위한 로동보호위생시설을 잘 갖추어주어야 한다. 임신 6개월이 넘는 녀성에게는 힘들고 건강에 해로운 일을 시키지 말아야 한다. 외국인투자기업은 실정에 맞게 종업원의 자녀를 위

---

14) 위의 글, 177쪽.
15) 위의 글, 178쪽.
16) 위의 글, 178쪽.

한 탁아소, 유치원을 조직하고 운영할 수 있다"라고 하여 여성근로자에 대한 포괄적인 서비스를 제시하였다. 동 조항에 따르면 외국인투자기업은 여성근로자를 위한 ① 안락한 노동시설 완비, ② 임신 6개월 이상 여성 근로자의 유해노동 금지, ③ 종업원과 그 가족을 위한 보육서비스로 요약된다.[17]

한편 동 규정 제24조 "외국인투자기업은…산전산후휴가를 주어야 한다…"라고 언급하였다. 이에 동 규정에서는 임신한 여성근로자에 대한 내용이 별도의 조항으로 독립된 것이 아니라 근로자의 휴가조항에 산전산후휴가 조항이 포함되어 있다. 그러나 아이러니하게도 여성근로자에 대한 산전산후휴가가 명백히 보장되어 있지만 구체적으로 그 기간이 명시되어 있지 않아 해석과 적용상의 문제가 제기된다. 때문에 이 역시 외국인투자기업 근로자의 휴식과 휴가와 마찬가지로 절반의 긍정만이 존재한다 하겠다.[18]

결국 상술한 여성근로자와 관련한 규정만을 근거로 하면 적어도 북한의 외국인투자기업 여성근로자의 인식에 대해 긍정과 부정적 평가가 혼재되어 있다. 즉, 북한은 외국인투자기업 여성근로자에 대한 다양한 보호와 서비스를 제공하고자 한다. 하지만 가장 중요한 것의 하나인 여성근로자의 산전산후휴가에 대한 구체적인 진술이 부재하다. 따라서 동 규정상의 외국인투자기업 여성근로자에 대한 북한의 법제적 보장은 완전하지 않다 하겠다.[19]

---

17) 위의 글, 178쪽.
18) 위의 글, 178쪽.
19) 그러나 이러한 경우 북한이 하위법령인 '시행세칙'을 통해 보다 더 확고히 명시한다면 법적 논란이나 충돌을 야기하지 않을 수 있다. 그렇지만 공식적으로 현재까지 동 법령의 하위법령인 '시행세칙'이 제정되었다고 알려진바 없다.

2) 외국인투자기업 로동법

먼저 「외국인투자기업 로동법」에서 로동시간의 경우 동 법령 제 17조 로동시간 항목에서 "종업원의 로동시간은 주 48시간, 하루 8시간으로 한다. 외국인투자기업은 로동의 힘든 정도와 특수한 조건에 따라 로동시간을 정해진 시간보다 짧게 정할수 있다. 계절적영향을 받는 부문의 외국인투자기업은 년간 로동시간범위에서 실정에 맞게 로동시간을 달리 정할수 있다"라고 밝혔다. 이는 앞서 제정된 「외국인투자기업 로동규정」 제22조의 내용을 거의 그대로 인용, 승계한 것이다. 단, 「외국인투자기업 로동규정」에서는 주간 노동일수를 6일로 표기하였지만 이를 전체 노동시간과 1일 노동시간으로 환산하면 동일한 노동시간임에 따라 해석상의 차이가 발생하지 않는다.

또한 북한은 이러한 노동시간 준수를 강조하였는데, 동 법령 제18조 로동시간의 준수 항목에서 "외국인투자기업은 종업원에게 정해진 로동시간안에 로동을 시켜야 한다. 부득이한 사유로 로동시간을 연장하려 할 경우에는 직업동맹조직과 합의한다. 종업원은 로동시간을 정확히 지켜야 한다"라고 언급하였다. 이는 「외국인투자기업 로동규정」 제23조의 내용을 다소 변형한 것으로 내용상 거의 대동소이하다.

즉, 동 법령이 노동시간 준수를 강조한 것이라면 「외국인투자기업 로동규정」은 역으로 시간외 노동금지를 통해 노동시간 준수를 간접적으로 표현하였다. 또한 동 법령에서는 종업원의 노동시간 준수도 강조하였는데, 이는 근로자도 노동시간 내의 성실한 노동의무가 있음을 간접적으로 제시한 것이라 판단된다. 그리고 이는 「외국인투자기업 로동규정」에 부재한 내용이다. 아울러 공통적으로 양 법령에는 시간외 근무를 허용할 경우 그 근거와 절차에 대해 간략히 언급되어 있다.

다음으로 휴식과 휴가의 경우 동 법령 제19조 일요일, 명절일의 휴식보장 항목에서 "외국인투자기업은 종업원에게 명절일과 일요일에 휴식을 보장하여야 한다. 부득이한 사정으로 명절일과 일요일에 로동을 시켰을 경우에는 1주일안으로 대휴를 주어야 한다"라고 명시하였다. 이는 「외국인투자기업 로동규정」 제24조를 차용한 것이라 판단되고 내용상 거의 동일하다.

반면 휴가의 경우 동 법령 제20조 정기휴가, 보충휴가의 보장 항목에서 "외국인투자기업은 종업원에게 해마다 14일간의 정기휴가를 주며 중로동, 유해로동을 하는 종업원에게는 7-21일간의 보충휴가를 주어야 한다"라고 하였다. 이 역시 「외국인투자기업 로동규정」 제24조를 변형한 것이지만 아이러니하게도 상위법인 동 법령이 하위법령보다 더 구체적이다. 가령 동 법령에는 14일간의 정기휴가 일수 명시, 중노동과 유해노동자의 7-21일간의 보충휴가 명시하였다. 이는 「외국인투자기업 로동규정」에서 전혀 언급되지 않은 구체적인 내용들이다.

이렇듯, 상위법인 「외국인투자기업 로동법」에서 하위법인 「외국인투자기업 로동규정」 보다 구체적인 내용을 밝힌 것은 매우 이례적이라 할 수 있다. 그리고 이러한 원인은 다양하게 예측할 수도 있다. 그러나 1978년 4월 18일 최고인민회의 법령 제2호로 채택(1986년 2월 20일 중앙인민위원회 정령 제 2494호로 수정, 1999년 6월 16일 최고인민회의 상임위원회 정령 제803-1호로 수정, 2015년 6월 30일 최고인민회의 상임위원회 정령 제566호로 수정)된 북한의 「사회주의로동법」 제65조 "로동자, 사무원, 협동농장원들은 해마다 14일간의 정기휴가와 직종에 따라서 7일 내지 21일간의 보충휴가를 받는다"라고 명시한 것처럼 북한은 '노동법'에서 휴가에 대해 구체적으로 언급해왔다. 따라서 이는 법적 위계상으로는 다소 모순되지만 북한의 기존 행태를 감안하면 당연한 결과이기도 하다. 또한 역으로 이는 노동과 더불어 휴식을 강조하는 사회주의 법령의 내재적 속성의 하나로써 상위법에서 이를 제시하였다고 판단된다.

또한 휴가비에 대해 동 법령 제25조 휴가비의 지불 및 계산 항목에서 "외국인투자기업은 정기휴가, 보충휴가, 산전산후휴가를 받은 종업원에게 휴가일수에 따르는 휴가비를 지불하여야 한다. 정기 및 보충휴가비는 휴가전 3개월간의 로임을 실가동일수에 따라 평균한 하루로임액에 휴가일수를 적용하여 계산한다. 산전산후휴가비의 지불규모와 방법은 중앙로동행정기관이 내각의 승인을 받아 정한다"라고 명시하였다. 이는 「외국인투자기업 로동규정」제27조에서 파생한 것으로, 양 법령을 비교하면 휴가비 지급의무, 휴가비 계산방식은 동일하다. 그러나 동 조항을 근거로 하면 휴가비의 지급대상인 휴가는 총 세 종류로 ① 정기휴가, ② 보충휴가, ③ 산전산후휴가의 경우에만 지급된다. 또한 특이하게도 산전산후휴가비는 정기휴가와 보충휴가비와 달리 중앙행정기관에서 별도로 정한다.

따라서 앞서 언급한 휴가의 하나인 근무일 외의 근로에 대한 대휴, 근로자의 특별한 상황에 대한 특별휴가의 경우 별도의 휴가비가 지급되지 않는다.[20] 또한 「외국인투자기업 로동규정」에서는 휴가비 계산방식과 더불어 휴가비에 임금, 가급금, 장려금이 포함되어 계산한다고 하였다. 아울러 동 법령에서 미세하지만 표현상의 변화도 감지되는데, 기존의 「외국인투자기업 로동규정」에서 사용한 '휴가기간에 해당한 로동보수'가 동 법령에서는 '휴가비'로 축약·서술되어 있

---

20) 대휴는 휴일근무에 따른 대휴임에 따라 휴가비 지급 대상이 아니고 특별휴가는 관혼상제임에 따라 이 역시 휴가비 지급대상이 아니다.

다. 즉, 법조문의 표현에서 기존과 다른 행태가 나타나고 이는 작은 변화이나 고무적이라 하겠다.

마지막으로 여성근로자의 보호는 동 법령 제35조 녀성종업원의 보호 항목에서 "외국인투자기업은 녀성종업원을 위한 로동보호시설을 충분히 갖추어주어야 한다. 임신하였거나 젖먹이어린이를 키우는 녀성종업원에게는 연장작업, 밤작업을 시킬수 없다"라고 명시하였다. 이는 기존의 「외국인투자기업 로동규정」 제34조를 응용하여 파생한 것이라 하겠다. 그러나 작지만 현실에서 큰 차이가 발생하는 경우도 있는데, 「외국인투자기업 로동규정」에서 임신 6개월 이상인 여성근로자를 보호하는 반면 동 법령에서는 임신한 여성근로자 자체를 보호함과 동시에 영유아를 보육하는 여성근로자의 보호도 명시한 것이 여기에 해당된다. 따라서 여성근로자의 보호의 경우 동 법령이 「외국인투자기업 로동규정」 보다 적용대상에 있어 대폭 확대되었다 하겠다.

또한 북한은 동 법령 제21조 산전, 산후휴가의 보장 항목에서 "외국인투자기업은 임신한 녀성종업원에게 정기 및 보충휴가외에 산전 60일, 산후 180일간의 산전산후휴가를 주어야 한다"라고 언급하였다. 이에 기존 「외국인투자기업 로동규정」 제24조 간략히 언급한 '산전산후휴가' 보장 조항이 동 법령에서는 보다 더 구체적으로 제시되었다. 이 역시 앞서 언급한 '휴가 관련 조항'과 비슷한 경우로 상위법이 하위법 보다 더 구체적이다. 이에 휴가조항과 마찬가지로 여성근로자의 산전산후휴가의 경우 「사회주의로동법」 제66조 "녀성근로자들은 정기 및 보충휴가외에 근속년한에 관계없이 산전 60일, 산후 180일간의 산전산후휴가를 받는다"고 명시되어 있다. 따라서 동 법령에서 이를 밝힌 것은 기존의 '휴가관련 조항'과 같은 이치이다.

또한 동 법령에서 북한은 제36조 탁아소, 유치원운영 항목에서 "외국인투자기업은 실정에 맞게 종업원의 자녀를 위한 탁아소, 유치원을 꾸리고 운영할수 있다"라고 하였다. 이는 기존「외국인투자기업 로동규정」제34조 여성근로자 보호에 대한 포괄적인 조항의 마지막 문장을 별도로 인용, 독립된 형태의 조항으로 만든 것으로 사실상 기존의「외국인투자기업 로동규정」조항과 거의 동일하다.

근로복지와 관련한 지금까지 내용을 정리하면 먼저 노동시간의 경우 노동시간에 대한 표현의 차이가 있을 뿐, 양 법령 모두 뚜렷한 차이가 나타나지 않는다. 시간외 근로의 경우「외국인투자기업 로동법」에서 기업과 종업원의 노동시간 엄수를 강조한 것을 제외하고는 별다른 차별성이 보이지 않는다.

다음으로 휴식과 휴가에서 명절과 공휴일 휴식과 명절과 공휴일 근무에 대한 대휴의 경우 양 법령 모두 거의 대동소이한 내용이다. 또한 정기휴가, 보충휴가, 산전산후휴가의 경우 상위법인「외국인투자기업 로동법」에서 구체적인 휴가기간을 명시한 반면 하위법인「외국인투자기업 로동규정」에서는 이를 간략히 언급하였다. 그러나 특별휴가의 경우 이와 정반대로 휴가기간이 하위법인「외국인투자기업 로동규정」에만 제시되어 있다. 휴가비의 경우 양 법령 모두 언급되어 있고 계산방식도 동일하다. 그러나 산전산후 휴가비의 경우 개정된「외국인투자기업 로동법」에서 별도의 기관에서 정한다.

마지막으로 여성근로자 보호의 경우 가장 큰 차이점이 나타난다. 이에「외국인투자기업 로동법」에서는 기존「외국인투자기업 로동규정」과 달리 임신 직후의 여성근로자와 더불어 영유아를 보육하는 여성근로자까지 보호대상이 확대되었다. 또한 탁아소와 유치원의 경우 양 법령 모두 운영주체가 동일하지만「외국인투자기업 로동법」

에서는 독립된 조항인 반면 「외국인투자기업 로동규정」에서는 여성근로자 보호의 포괄적인 조항의 일부로 존재한다. 지금까지 논증한 「외국인투자기업 로동규정」과 「외국인투자기업 로동법」의 근로복지 관련 주요 내용을 정리하면 다음 〈표 4〉와 같다.

<표 4> 근로복지 관련 내용 비교

구분	외국인투자기업 로동규정(2005)	외국인투자기업 로동법(2015)	주요 특징
노동시간	1일 8시간, 주 48시간 중노동 시간단축 가능 계절별 노동시간 조정 가능	주 48시간, 1일 시간 나머지는 좌동	노동시간의 표현차이
시간외 근로 (연장 근무)	기본적 시간외 로동 불허 직맹과 협의	기업과 종업원의 노동시간 준수 강조 나머지는 좌동	노동법: 기업과 종업원 근로시간 엄수 강조
명절, 공휴일 휴식	보장	좌동	–
명절, 공휴일 근무 대휴	1주일 내에 대휴 보장	좌동	–
정기휴가	휴가기간 미제시	14일 휴가기간 제시	노동법: 휴가기간 제시
보충휴가	상동	7-21일 휴가기간 제시	상동
산전산후휴가	휴가자체 보장, 구체적인 기간 미 제시	240일 휴가기간 제시	상동
특별휴가	언급, 5일 휴가기간 제시	미 언급	노동규정에만 언급
휴가비	언급	좌동	
정기, 보충, 산전산후 휴가비 계산	최근 3개월 1일 임금 기준	좌동에서, 산전산후휴가비 개정	노동법: 산전산후휴가비 별도 계산
여성근로자 보호	임신 6개월 이상 여성근로자 여성근로자 노동보호시설	임신, 영유아 보육 여성근로자 나머지는 좌동	노동법에서 확장
탁아소, 유치원	포괄적 조항에서 언급	좌동에서 독립 조항	노동법에서 분리 독립

* 출처: 저자 작성.

3. 사회보장

1) 사회문화시책과 문화후생기금, 사회보험기금과 보조금, 년금

「외국인투자기업 로동규정」에서 사회문화시책의 경우 동 규정 제 37조 "외국인투자기업에서 일하는 공화국공민인 종업원은 병 또는 부상, 일할 나이가 지나 일하지 못하는 경우 사회보험, 사회보장에 의한 혜택을 받는다. 사회보험, 사회보장에 의한 혜택에는 보조금, 년금의 지불, 정휴양 및 치료가 포함된다. 보조금과 년금을 받으려는 종업원은 보건기관이 발급하는 진단문건 또는 보조금과 년금을 받아야 할 사유를 확인하는 문건을 외국인투자기업에 내야 한다. 외국인투자기업은 사회보험보조금지불청구문건을 사회보험기관에 내여 확인을 받은 다음 은행기관에서 해당한 사회보험보조금을 받아 로동보수를 주는 날에 해당 종업원에게 내주어야 한다. 정휴양소에 가고 오는데 드는 려비와 장례보조금은 해당문건에 의하여 먼저 내주고 후에 청산받아야 한다. 사회보장에 의한 년금, 보조금은 외국인투자기업이 사회보장년금지불기관에서 달마다 정한 날에 대상자에게 내주어야 한다"라고 포괄적[21]이고 구체적으로 언급하고 있다.

동 조항을 근거로 하면 외국인투자기업 근로자에 해당되는 사회복지제도는 사회보험과 사회보장이다. 이에 따른 복지급여는 현금급여인 보조금과 연금, 현물급여인 정휴양과 치료가 있다. 또한 보조금과 연금 수급 절차는 의료기관과 행정기관의 증빙서류가 필요하다. 또 이러한 보조금과 연금 지급일은 임금지급일과 동일하다. 반면 일종의 치료와 휴식인 정휴양의 경우 '선 지급 후 청산'순이다.

---

21) 이철수, 앞의 논문, 2018, 182쪽.

이에 동 조항은 외국인투자기업 근로자에게 적용하는 ① 복지제도 종류, ② 복지급여 종류, ③ 복지급여 수급절차와 요건, ④ 기업의 사회보장급여 지급의무 등을 총망라하여 언급하였다.[22]

또 이러한 외국인투자기업 근로자에게 지급되는 각종 복지급여의 계산은 동 규정 제38조 "사회보험, 사회보장에 의한 보조금, 년금은 공화국의 로동법규범에 따라 계산한다"라고 하여 기존의 급여계산 방식에 준함을 밝혔다. 때문에 외국인투자기업 근로자의 복지급여 계산방식은 기존의 북한 기업근로자와 뚜렷한 차이가 발생하지 않는다. 그러나 사회문화시책기금의 경우 별도의 규정이 없이 동 규정 제39조 "사회보험 및 사회보장에 의한 혜택은 사회보험기금에 의하여 보장된다. 사회보험기금은 기업과 종업원에게서 받는 사회보험료로 적립된다"라고 하여 사회보험기금에 대한 적립이 명시되어 있다. 이에 사회보험기금이 사회문화시책 재정의 일부임을 감안하면 일정부문 이해가 가능한 부문이다. 하지만 사회문화시책에 대한 직접적인 언급이 없어 명확한 해석이 불가능한 부문도 일정부문 존재한다.[23]

한편 사회문화시책기금과 대비되는 문화후생기금의 경우 동 규정 제42조 "외국인투자기업은 결산리윤에서 세금을 바치고 남은 리윤의 일부로 종업원을 위한 문화후생기금을 세우고 쓸수 있다. 문화후생기금은 기술문화수준의 향상과 군중문화체육사업, 후생시설운영과 같은데 쓴다. 문화후생기금의 사용에 대한 감독은 직업동맹조직이 한다"라고 하였다. 이에 동 조항에서는 문화후생기금의 운영에 대해 감독을 직업동맹이 할 수 있도록 하였다. 이는 앞서 언급한 근

---

22) 위의 글, 183쪽.
23) 위의 글, 183쪽.

로복지의 협의의 대상이 직업동맹인 것과 동일한 맥락으로 이해된다. 즉, 북한은 외국인투자기업 근로자의 근로복지에 관한 다양한 사안을 직업동맹과 협의해야 하는 만큼 문화후생과 관련한 사업 역시 이들과 협의하는 것이 타당하다[24]고 보고 있다.

반면 「외국인투자기업 로동법」에서 사회문화시책과 관련한 조항은 부재하다. 그러나 북한은 상위법인 동 법령 제5조 사회보험 및 사회보장원칙 항목에서 "외국인투자기업은 우리 나라 공민인 종업원이 사회보험 및 사회보장에 의한 혜택을 받도록 한다"라고 천명하였다. 이에 북한은 「외국인투자기업 로동규정」에 비해 상위법인 「외국인투자기업 로동법」에서 사회보험과 사회보장 혜택에 관한 포괄적인 원칙을 밝혔고 이는 곧 하위법인 「외국인투자기업 로동규정」에 가감 없이 그대로 적용된다고 판단된다. 그리고 이는 앞서 언급한 「외국인투자기업 로동규정」 제37조와 동질의 조항이다.

또한 이러한 기금에 대해 동 법령 제41조 사회보험기금의 조성 항목에서 "사회보험 및 사회보장에 의한 혜택은 사회보험기금에 의하여 보장된다. 사회보험기금은 외국인투자기업과 종업원으로부터 받는 사회보험료로 조성한다"라고 하였다. 그리고 이 역시 「외국인투자기업 로동규정」 제39조에서 거의 인용한 것이다.

또한 상술한 동 조항에서 언급한 내용으로 인해 발생하는 현금급여의 경우 동 법령 제 40조 보조금, 년금의 계산 항목에 나타나 있다. 동 조항에서 북한은 "사회보험 및 사회보장에 의한 보조금, 년금은 해당 법규에 따라 계산한다"라고 하였다. 그리고 이 또한 「외국인투자기업 로동규정」 제38조를 기반으로 한 것이다. 하지만 「외국

---

24) 이철수, 앞의 논문, 2017, 43쪽.

인투자기업 로동법」에서 보조금과 연금을 지급할 경우 이를 계산하는 법규가 모호했던 반면 「외국인투자기업 로동규정」에서는 이와 달리 '노동법 규범'에 의거함을 분명히 하였다.

반면 문화후생기금의 경우 「외국인투자기업 로동법」에 언급되어 있는데, 북한은 동 법령 제43조 문화후생기금의 조성 및 리용 항목에서 "외국인투자기업은 결산리윤의 일부로 종업원을 위한 문화후생기금을 조성하고 쓸수 있다. 문화후생기금은 종업원의 기술문화 수준의 향상과 군중문화체육사업, 후생시설운영 같은데 쓴다"라고 명시하였다. 이는 「외국인투자기업 로동규정」 제42조와 내용상 거의 대동소이하다. 그러나 상대적으로 「외국인투자기업 로동규정」에서 밝힌 내용이 구체적 인데, 왜냐하면 동 규정에서는 기금의 재원 더불어 기금운용 감독에 대해 추가적으로 언급했기 때문이다. 그리고 이는 앞서 상술한 「외국인투자기업 로동규정」의 '상금' 관련 내용과 거의 동일한 맥락이다.

2) 기본임금과 최저임금

「외국인투자기업 로동규정」에서 최저임금에 대한 언급이 부재하다. 단지 앞서 언급한 바와 같이 기본임금에 대한 규정만 명시되어 있다. 동 규정 제25조 "외국인투자기업의 종업원 월로임기준은 중앙 로동기관이 정한다.…"라고 명시되어 있다. 반면 「외국인투자기업 로동법」에서는 제23조 월로임최저기준의 제정항목에 나타나 있다. "외국인투자기업 종업원의 월로임최저기준을 정하는 사업은 중앙로 동행정지도기관 또는 투자관리기관이 한다.…"[25]라고 밝히고 있다.

---

25) 앞에서 재인용.

따라서 양 법령에서는 북한은 다른 행태를 나타내는데, 「외국인투자기업 로동규정」에서는 기본임금을, 「외국인투자기업 로동법」에서는 최저임금을 통해 각각 나타내고 있다.

그러나 다른 한편으로 법령의 성격상 「외국인투자기업 로동법」과 달리 「외국인투자기업 로동규정」의 경우 구체적으로 기본임금의 수준을 명시할 필요가 있다. 하지만 북한이 동 규정에서 언급 내지는 제시할 필요나 혹은 기본임금의 최저 하한선조차 제시하지 않은 것은 규정으로써 미비한 측면이 있다. 하지만 앞서 상술한 바와 같이 또 다른 한편으로 북한의 입장에서 외국인투자기업과의 임금협상을 통해 기본임금을 설정해야 함에 따라 이를 의도적으로 생략한 것 일 수도 있다. 그리고 이러한 정책적 표현이 북한의 입장에서 다소 유리하다고 판단된다.

즉, 북한이 동 법령 제정 초기부터 기본임금의 수준을 명확히 할 경우 향후 외자유치 대상인 외국인투자기업과의 임금협상 여지를 스스로 불식시키게 된다. 따라서 북한은 남한기업과의 임금협상이 끝난 상태에서 출발하는 「개성공업지구 로동규정」과 달리 동 규정에서는 임금에 관한 구체적인 사항을 제시하지 않을 필요가 있다. 결국 북한은 이러한 대내외적인 요인으로 인해 최종적으로 위와 같은 행위를 한 것이라 판단된다.

3) 퇴직보조금과 생활보조금

「외국인투자기업 로동규정」에서 퇴직보조금의 경우 동 규정 제17조 "외국인투자기업은 종업원을 본인의 잘못이 아닌 사유로 기업에서 내보내는 경우 그에게 일한 년한에 따라 보조금을 주어야 한다. 일한 년한이 1년이 못되는 경우에는 최근 1개월분의 로임에 해당한 보조금을 주며 1년이상인 경우에는 최근 3개월 평균월로임액에 일한 해수를 적용하여 계산한 보조금을 주어야 한다"라고 밝혔다.[26]

동 조항을 근거로 하면 외국인투자기업은 비자발적 퇴직 시 근로연한이 1년 미만의 근로자에게는 1개월분의 임금, 근로연한이 1년 이상인 근로자는 3개월 평균임금을 각각 보조금 형태로 지급한다. 사실 이는 일종의 퇴직보조금의 성격을 갖는다.[27] 또한 법 제정 당시를 기준으로 하면 기존의 근로자에게 실제 적용하지 못한 부재한 존재라 판단된다. 때문에 동 규정에서 이를 언급한 것은 상당부문 의미하는 바가 크다.[28]

또 생활보조금의 경우 동 규정 제28조 "외국인투자기업은 종업원의 잘못이 아닌 기업의 책임으로 일하지 못하였거나 양성기간에 일하지 못한 종업원에게 일하지 못한 날 또는 시간에 따라 일당 또는 시간당 로임액의 60% 이상에 해당한 보조금을 주어야 한다"라고 하였다. 동 조항은 외국인투자기업 근로자의 비자발적 무노동에 외국인투자기업이 생활상의 일정부문을 책임지는 행태로 지급되는 현금 급여를 의미한다. 이 또한 상술한 퇴직보조금과 마찬가지로 동 법령 제정 이전까지 기존의 북한 사업장에 부재한 제도라 판단된다.[29]

반면 이와 달리 「외국인투자기업 로동법」에서 퇴직보조금과 관련된 조항은 부재한 반면 생활보조금과 관련한 조항은 존재한다. 동 법령 제26조 생활보조금에서 "외국인투자기업은 종업원이 기업의 책임으로 또는 양성기간에 일하지 못하였을 경우 일하지 못한 날 또

---

26) 이철수, 앞의 논문, 2018, 186쪽.
27) 이철수, 앞의 논문, 2017, 44쪽.
28) 이철수, 앞의 논문, 2018, 186쪽.
29) 위의 글, 186쪽.

는 시간에 한하여 일당 또는 시간당 로임액의 60%이상에 해당한 보조금을 주어야 한다"라고 명시하였다. 이는 기존의「외국인투자기업 로동규정」제28조를 토대로 인용, 승계한 것이다. 따라서 퇴직보조금과 생활보조금의 경우「외국인투자기업 로동규정」에서는 양자 모두를 언급한 반면「외국인투자기업 로동법」에서는 생활보조금만을 언급하였다. 때문에 법적 위계상 상위법인「외국인투자기업 로동법」이 하위법인「외국인투자기업 로동규정」에서 내용상으로 확장되었다 하겠다.

4) 사회보험료

「외국인투자기업 로동규정」에서 사회보험료의 경우 동 규정 제41조 "외국인투자기업은 사회보험료의 납부, 사회보험기금의 지출에 대하여 기업소재지 사회보험기관과 직업동맹조직의 감독을 받는다"라고 하였다. 이에 외국인투자기업이 부담해야하는 사회보험료율에 대한 구체적인 언급이 없다. 단지 사회보험료 납부와 지출 절차에 대해 외국인투자기업은 사회보험기관과 직업동맹의 감독 하에 있다. 따라서 동 조항은 사회보험과 관련한 기관들의 일정한 역할에 대해 제시되어 있을 뿐 사회보험 재정부담율에 대한 내용이 부재하다.[30]

반면「외국인투자기업 로동법」에서 기업의 사회보험료의 경우 동규정 제42조 사회보험료의 납부항목에서 "외국인투자기업과 종업원은 달마다 해당 재정기관에 사회보험료를 납부하여야 한다. 사회보험료의 납부비률은 중앙재정지도기관이 정한다"라고 하였다. 동 조

---

30) 이철수, 앞의 논문, 2017, 47쪽.

항에서도「외국인투자기업 로동규정」과 마찬가지로 구체적인 사회보험료 납부비율에 대한 언급은 없다. 그러나 이를 달리 보면 당연한 결과라고도 할 수 있다.

즉, 북한의 입장에서 사회보험료율과 같은 미세한 부문의 법적인 내용을 굳이 양 법령을 통해 밝힐 필요가 없기 때문이다. 다른 한편으로 이는 근로자의 임금수준에 의거하여 결정되는 측면도 있기 때문에「외국인투자기업 로동규정」에서 언급하지 않고, 결정하지 못한 기본임금의 수준에 종속 내지는 연관된 사안이다. 또한 북한의 입장에서「외국인투자기업 로동규정」을 실제 적용할 수 있는 외국기업이 나타난다면 가칭 '외국인투자기업 로동규정시행세칙'을 통해 이를 제시하면 된다. 아울러 법적 위계 상 큰 틀의 정책적 방향을 제시하는 양 법령에서 사회보험료 납부률을 밝힌다는 것은 법적 체계상 다소 맞지 않은 행태이기도 하다. 따라서 이러한 이유로 북한은 양 법령 모두에서 사회보험료의 존재만 언급했을 뿐 구체적인 납부률에 대해서 제시하지 않은 것이다.

그러나「외국인투자기업 로동법」에서 사회보험료율을 결정하는 기관은 중앙재정지도기관으로 하여 중앙정부의 관할 하에 두었다. 또한 동 법령의 동 조항을 근거로 하면 사회보험료 재정부담 주체는 외국인투자기업과 종업원이 공동부담한다. 그리고 이는 2005년 7월 6일 최고인민회의 상임위원회 정령 제1183호로 채택한 북한의「국가예산수입법」제47조 사회보험료의 납부비율 항목에서 "종업원의 사회보험료납부비률은 월로동보수액의 1%로 한다. 기업소와 협동단체의 사회보험료납부비률은 월판매수입금에 따라 계산된 생활비의 7%로 한다. 외국투자기업의 사회보험료납부는 따로 정한 기준에 따라 한다"와 법적으로 거의 동일한 맥락이다. 즉, 동 조항을 근거로 예측하면 사회보험료의 경우 외국투자기업은 별도의 납부 비율로 하되, 근로자와 사업장이 공동부담하는 형태이다. 나아가 외국투자기업의 사회보험료 납부비율의 경우 기존 북한의 일반 사업장보다 보다 높다고 판단된다.[31]

　사회보장과 관련한 지금까지 내용을 정리하면 먼저 사회보험과 사회보장의 제도적 적용원칙은 양 법령 모두 거의 동일하다. 그리고 여기에 재원인 사회문화시책기금의 경우 「외국인투자기업 로동법」에서 언급되지 않은 반면 「외국인투자기업 로동규정」에서는 언급되어 있으나 기금의 조성방식에 대한 구체적인 내용이 제시되어 있지 않다. 또한 문화후생기금의 경우 양 법령 모두 언급되어 있으나 「외국인투자기업 로동규정」에서 기금의 재원을 포함, 기금의 운영과 감독을 밝혔음에 따라 「외국인투자기업 로동규정」이 「외국인투자기업 로동법」보다 더 구체적이다. 반면 사회보험기금의 경우 양 법령 모두 대동소이하다. 하지만 보조금과 연금의 경우 「외국인투자기업 로동법」의 모호성이 「외국인투자기업 로동규정」에서 퇴직보조금, 연금 등으로 제시되었고 나아가 급여계산의 법적 근거도 제시하였다.

　다음으로 기본 임금의 경우 「외국인투자기업 로동규정」에서, 최저임금의 경우 「외국인투자기업 로동법」에서만 각각 형식을 달리하여 언급되어 있다. 그 다음으로 퇴직보조금의 경우 「외국인투자기업 로동규정」에서만 언급되어 있다. 그러나 생활보조금의 경우 양 법령 모두 제시되어 있다.

---

31) 이는 개성공업지구과 라선경제무역지대 관련 법령에서 확인되는데, '개성공업지구 로동규정' 제42조기업의 사회보험료 납부에서 북한은 "기업은 공화국 공민인 종업원에게 지불하는 월노임 총액의 15%…," '라선경제무역지대 외국투자기업 로동규정시행세칙' 제85조 "기업은 우리 나라 공민인 종업원월로임총액의 15%를 사회보험료로 …"라고 각각 언급하였다.

마지막으로 사회보험료의 경우 양 법령 모두 언급되어 있으나 다소간의 차이도 있다. 가령 사회보험료는 「외국인투자기업 로동규정」이 「외국인투자기업 로동법」에 비해 구체적인데, 양 법령 모두 사회보험료율에 대한 언급이 없는 반면 「외국인투자기업 로동규정」에서는 납부기관과 기금지출 감독기관이 명시되어 있다. 지금까지 논증한 「외국인투자기업 로동규정」과 「외국인투자기업 로동법」의 사회보장 관련 주요 내용을 정리하면 다음 〈표 5〉와 같다.

<표 5> 사회보장 관련 내용 비교

구분	외국인투자기업 로동규정(2005)	외국인투자기업 로동법(2015)	주요 특징
종류	사회보험·사회보장	좌동	노동법: 포괄적 노동규정: 구체적
사회문화시책 (기금)	언급, 기금조성 방법은 미 제시	미 언급	로동규정에서 언급
문화후생기금	외국인투자기업 부담, 기금재원과 기금운용 감독	외국인투자기업 부담	노동법: 기금재원 노동규정: 기금운용 감독 추가
사회보험기금	언급	좌동	-
보조금과 년금	노동법 규범에 의거 퇴직보조금, 연금 제시	상동	노동규정에서 구체화
기본 임금	언급	미 언급	상호 충돌
최저임금	미 언급	언급	상동
퇴직보조금	1년 미만 근무 1개월, 1년 이상 근무 3개월 평균임금	미 언급	노동규정에서 언급
생활보조금	일당 또는 시간당 로임의 60%이상 지급	좌동	-
사회보험료	납부기관, 기금지출 감독기관 제시 보험료율 미 제시,	재정부담 주체 언급, 보험료율 미 제시, 보험료율 결정기관	공통점: 보험료율 미 제시 차이점: 재정부담, 기관 역할

* 출처: 저자 작성.

V. 결론

본 연구는 북한의 '외국인투자기업 로동규정'과 '외국인투자기업 로동법'을 비교, 2010년대 전후의 외국인투자기업 노동복지 법제의 동학을 추적하였다. 이에 본 연구는 양 법령의 ① 근로소득, ② 근로복지, ③ 사회보장을 중심으로 비교하였다. 이에 본 연구는 ① 동일한 조항의 내용 비교, ② 이를 통한 동일 조항의 공통점과 차이점, ③ 지속성과 변화 등을 추적하였다.

이에 양 법령의 공통점과 차이점을 살펴보면 첫째, 근로소득 관련 내용을 비교하면 공통점과 차이점이 거의 같은 비중으로 존재한다. 공통점의 경우 비교 대상의 절반 정도가 내용상 양 법령에 중복되어 있다. 반면 차이점의 경우 비교 대상의 절반 정도가 후일 제정된 「외국인투자기업 로동법」에서 구체화되어 있다. 따라서 근로소득의 경우 일부 조항은 「외국인투자기업 로동규정」이, 또 다른 일부 조항은 「외국인투자기업 로동법」이 상호 상대적으로 구체적인 형태로 나타나고 있다. 즉, 근로소득 관련 법 조항을 구체성 차원에서 접근하면 '「외국인투자기업 로동규정」≒「외국인투자기업 로동법」'의 등식이 성립된다. 그리고 이는 후술한 근로복지와 사회보장과 다른 경향이다.

아울러 이러한 원인은 무엇보다 약 10년이라는 양 법령의 입법 시기 차이에 기인한 것이라 판단된다. 즉, 근로소득은 사실상 근로자의 임금 관련 조항이기 때문에 제정·초기 법령인 「외국인투자기업 로동규정」보다 약 10년 후에 제정된 「외국인투자기업 로동법」의 당시 입법 환경을 반영했다고 판단된다. 때문에 근로소득에서 임금 종류, 상금, 연장, 야간근무, 명절 공휴일 근무는 다소 공통적인 경향을 갖는다. 하지만 이를 제외한 임금제정 권한, 임금 수준, 임금지불 방식은 양 법령에서 차이가 있고 이로 인해 내용적으로 후일 제정된 「외국인투자기업 로동법」이 더 구체적이다.

둘째, 근로복지 관련 내용을 비교하면 내용상 다수의 공통점이 있는 가운데에 확연한 차이점도 나타났다. 공통점의 경우 기본적으로 비교 대상간의 기저에서 형식상 확고한 차이 없이 비슷하다. 그리고 여기에는 노동시간, 시간외 근로, 명절, 공휴일 휴식, 명절, 공휴일 근무 대휴, 휴가비와 휴가비 계산, 탁아소와 유치원 운영이 해당된다. 그러나 차이점의 경우 정기, 보충, 산전산후휴가와 여성근로자의 보호에서 확연히 나타나는데, 아이러니하게도 이는 「외국인투자기업 로동규정」의 포괄성이 역으로 「외국인투자기업 로동법」에서 구체성으로 나타났다. 즉, 근로복지 관련 법 조항을 구체성 차원에서 접근하면 상대적으로 '「외국인투자기업 로동규정」 ≤ 「외국인투자기업 로동법」'의 등식이 성립된다. 그리고 이는 상술한 근로소득과 후술한 사회보장과 다소 다른 경향이다.

아울러 특이하게도 위의 차이점과 관련한 조항만이 「외국인투자기업 로동법」에서 나타난 원인은 북한의 기존의 입법 행태에 기인한다. 즉, 북한의 경우 상술한 차이점과 관련한 조항이 기존의 「사회주의 로동법」에서 밝혀 왔던 내용들이다. 따라서 북한은 이와 같은 맥락에서 상술한 내용들을 하위법령인 「외국인투자기업 로동규정」이 아닌 상위법령인 「외국인투자기업 로동법」에서 제시하였다고 판단된다.

셋째, 사회보장 관련 내용을 비교하면 공통점과 차이점이 동시에 나타난다. 공통점의 경우 양 법령 모두 다수의 공통적인 복지급여가 상호 존재하는 것이다. 반면 차이점의 경우 사회문화시책과 퇴직보조금의 경우 「외국인투자기업 로동규정」에만 있다. 그리고 이러한 차이점은 하위법령인 「외국인투자기업 로동규정」에서 상대적으로 구체화되어 확장되는 형태이기 때문이다. 즉, 「외국인투자기업 로동법」의 포괄성이 「외국인투자기업 로동규정」에서 구체성으로 나타나 이것이 종국에는 차이점으로 승화되었다. 즉, 사회보장 관련 법조항을 구체성 차원에서 접근하면 '「외국인투자기업 로동규정」 ≥ 「외국인투자기업 로동법」'의 등식이 성립된다. 그리고 이는 상술한 근로소득, 근로복지와 정반대 경향이다. 아울러 이러한 원인은 양 법령의 법적 위치와 위계에 따른 것이다. 이에 북한은 양 법령의 사회보장과 관련, 상위법령인 「외국인투자기업 로동법」에서는 포괄적으로 언급하였다. 그러나 이와 달리 하위 법령인 「외국인투자기업 로동규정」에서는 구체적으로 제시하였다.

또한 지금까지 논증을 토대로 「외국인투자기업 로동규정」과 「외국인투자기업 로동법」의 비교분석을 시계열적으로 2005년 대비, 2015년을 기준으로 북한 외국인투자기업 노동복지 법제의 지속성과 변화를 살펴보면 다음과 같다. 지속성의 경우 첫째, 북한은 양 법령 제정의 시간적인 차이가 존재하지만 노동복지의 기본적인 골격을 그대로 유지하고자 하는 경향이 있다. 둘째, 외국인투자기업의 복지급여의 경우 10년 동안 주목할 만한 새로운 현금급여나 현물급여 없이 기존의 복지급여와 거의 동일하다. 셋째, 사회문화시책기금과 문화후생기금과 같은 노동복지와 관련된 재정부담 주체는 기존과 동일하게 외국인투자기업이 부담한다. 따라서 북한의 외국인투자기업 노동복지에 관한 제도적 발전 의지는 다소 취약하다고 할 수 있다.

반면 변화는 첫째, 전반적으로 법령의 표현에 있어 후일 제정한 「외국인투자기업 로동법」이 「외국인투자기업 로동규정」에 비해 상대적으로 세련되고 현대화되어 있다. 즉, 「외국인투자기업 로동법」

을 통해 확인되는 것은 북한 법령의 발달 내지는 진보이다. 둘째, 이와 연장선상에서 전반적으로 「외국인투자기업 로동법」이 「외국인투자기업 로동규정」에 비해 내용과 진술 면에서 상대적으로 구체적이다. 이로 인해 양 법령 중 상대적으로 「외국인투자기업 로동규정」보다 후에 제정된 「외국인투자기업 로동법」이 양적·질적으로 우수하다. 셋째, 「외국인투자기업 로동법」에서 최저임금 적용을 천명하여 기존의 근로소득에 관한 다소간의 변화를 추구하고 있다. 지금까지 논증을 근거로 2005년 대비, 2015년 기준 북한 외국인투자기업 노동복지 법제의 공통점과 차이점, 지속성과 변화를 요약하면 다음 〈표 6〉과 같다.

〈표 6〉 외국인투자기업 노동복지 법제의 공통점과 차이점, 지속성과 변화

구분	공통점	차이점	
2005년 대비	근로소득: 내용 절반 중복 근로복지: 형식과 내용 일부 사회보장: 복지급여	근로소득: 상호 상대적 구체성(양 법령) 근로복지: 휴가와 여성근로자 보호 구체성(노동법) 사회보장: 사회문화시책, 퇴직보조금 일부 존재 (노동규정)	
2015년 기준	지속성	변화	
	노동복지 제도 유지 기존 복지급여 유지 재정부담 주체 불변	법령의 현대화 진술의 구체화 최저임금 도입	

* 출처: 저자 작성.

한편 본 연구가 논증한 북한의 노동복지 법제의 공통점과 차이점, 지속성과 변화는 북한의 외자유치 결과와 비례한다. 이에 동 법령의 적용대상인 지역별로 존재하는 외국인투자기업의 규모에 주목된다. 즉, 북한에 실제 하는 외국인투자기업의 규모를 파악한다면 외국인투자기업 노동복지 체제를 현실적으로 판단할 수 있다. 또한 역으로

이는 실존적 차원에서 북한의 일반 기업과 외국인투자기업의 노동 복지 체제를 상호 비교할 수 있는 부문이다. 결국 북한의 외국인투자기업의 노동복지 체제의 법제는 북한의 기본적인 정책과 외국인투자기업의 운영 현실과의 끊임없는 작용과 반작용의 결과로 재편되고 천착될 것이다.

다른 한편으로 이러한 분석결과와 별외로, 법적 상하관계인 양 법령을 놓고 비정상적인 입법의 순서를 논하면 일정부문 북한이 의도하거나 이러한 선택을 할 수밖에 없는 상황과 조건에 대한 추측도 가능하다. 추측하건대, 북한의 입장에서 먼저 제정한「외국인투자기업 로동규정」의 경우 1992년 제정한「외국인기업법」의 연장선상으로 인식했을 수도 있다. 즉, 1992년「외국인기업법」과 1999년「외국인투자기업 로동규정」은 법적 내용을 차치하더라고 그 취지와 배경에 있어 공통적인 부문이 존재한다. 이로 인해 비록 법명의 명칭을 일부 달리하지만 일정부문 법적 취지와 승계는 이루어지고 있다고 볼 수 있다.

그러나 또 다른 한편으로 여기에 2009년「외국인투자기업 로동법」을 대입하면, 본 연구가 제기한 최초 문제의식과 거의 동일한 해석과 추측이 가능하다. 그리고 이는 법명의 일치성으로 인해 즉각 증명된다. 따라서 북한의 이러한 일부 이해와 모순되는 부문을 통시적으로 접근하면, 결국 다음과 같은 세 가지 견해로 정리된다.

하나는 비록 법명을 달리하지만「외국인투자기업 로동규정」은 먼저 입법된「외국인기업법」의 연장선상에 있다는 것이다. 그리고 이러한 견해의 기저에는 양 법령의 대상과 취지, 배경에 기인한다. 다른 하나는 이와 전혀 다른 견해로 법적 관계만을 중심으로 할 때,「외국인투자기업 로동규정」과「외국인투자기업 로동법」은「외국인기업법」과 별개의 존재라는 것이다. 이러한 판단의 기준과 근거는 법명과 법적 위계관계 중심에 있다. 또 다른 하나는 「외국인기업법」, 「외국인투자기업 로동규정」, 「외국인투자기업 로동법」이 정반합에 의거, 이들은 하나의 카테고리 안의 묶음이며 최종적으로 「외국인투자기업 로동법」이 종착역이라는 것이다.

이는 삼자의 입법 시기와 기능, 법적 위계를 중심으로 하는 통합적 관점이다. 특히 이는 법명의 일치성에 국한되지 않는 것으로 1992년 「외국인투자법」, 1993년 「외국투자기업 및 외국인세금법」, 2000년 「외국인투자기업파산법」, 「외국인기업법 시행규정」, 2008년 「외국인투자기업재정관리법」, 2015년 「외국인투자기업 회계검증법」 등의 법령에서 보듯이, 법명의 일부 표현상의 차이일 뿐 동질적이라는 입장이다. 따라서 이를 근거로 한 관찰과 분석결과, 이 중 가장 설득력 있고 합리적인 판단은 통합적 관점이라 판단된다.

단언컨대, 특정 법령들에 대한 법적 비교분석의 기준은 법적 관계뿐만 아니라 취지와 배경, 기능과 역할, 법적 대상과 범위, 상호 관련성 등 통합적 시각과 접근을 통해 정의되어야만 가장 타당한 결론에 이를 것이다.

참고문헌

1. 북한 법령
국가예산수입법
개성공업지구 로동규정
라선경제무역지대법
사회주의로동법
외국인기업법
외국인기업법 시행규정
외국인투자기업 로동규정
외국인투자기업 로동법
자유경제무역지대법
합영법
합작법

2. 논문 및 단행본
김미숙·최대식·김두환,"중국과 베트남 초기 경제특구와 비교를 통한 북한
　　경제특구 평가,"「LHI Journal」7(4), 2016, 191~205쪽.
김현일, "김정은 체제 5년, 북한경제의 주요 변화와 시사점,"「Weekly KDB
　　Report 북한포커스」, 2016, 21~22쪽.
＿＿＿＿, "북중 접경지역 경제협력 현황과 시사점,"「Weekly KDB Report 북한
　　포커스」, 2016, 20~21쪽.
문무기, "개성공업지구 노동규정의 운영상황 분석과 향후 제도 개선방향,"「수
　　은 북한경제」2009년 봄호, 서울: 한국수출입은행, 2009.
박용석, "북한 경제·관광특구 개발현황 및 정책과제,"「한국건설관리학회지」
　　제17권 2호, 서울: 한국건설학회, 2016, 11~15쪽.
박형중, "김정은 시대 북한 경제 변화에 대한 평가: 1980년대 후반 중국과의
　　비교," 서울: 통일연구원, 2015.
박천조, "개성공단 노동제도의 변화와 영향 연구,"「산업노동연구」제21권 2호,
　　서울: 한국산업노동학회, 2015.

배국열, "김정은 시대 경제개방 정책 평가," 「북한학보」 제39권 2호, 서울: 북한
    학회, 2014, 75~109쪽.
배종렬, "김정은 시대의 경제특구와 대외개방: 평가와 전망," 「북한연구학회보」
    제18권 2호, 서울: 북한연구학회, 2014, 27~57쪽.
유현정, "북한의 「경제개발구법」에 대한 평가와 함의," 「북한연구학회 동계학
    술발표논문집」 2013(4), 2013, 519~532쪽.
유현정·정일영, "북한 경제특구 개발전략의 한계와 대안," 「월간 북한」 540호,
    서울: 북한연구소, 2016, 151~158쪽.
이승열, "개성공단 재개를 위한 조건과 대응전략," 「이슈와 논점」, 2017년 2월,
    국회입법조사처, 서울: 대한민국 국회.
이영훈, "나선 경제특구 개발의 결정요인 및 전망," 「JPI 정책포럼」 2015(15),
    2015, 1~10쪽.
이종규, "북한의 경제특구·개발구 추진과 정책적 시사점," 「KDI Policy Study」,
    세종: 한국개발연구원, 2015.
이종석, "국경에서 본 북-중 경제교류와 북한 경제 실상," 「세종정책브리핑」
    2016-21, 2016, 1~30쪽.
이해정·이용화, "개성공단 가동 중단 1년, 남북관계 현주소와 과제," 「이슈리
    포트」, 2017(3), 2017, 1~12쪽.
이철수, "북한의 경제개발구 노동복지 법제분석: 경제개발구 로동규정을 중심
    으로," 「동서연구」 제29권 3호, 서울: 연세대학교 동서문제연구원, 2017.
_____, "북한경제특구의 노동복지법제 비교분석: 외국인투자기업 로동규정
    과 개성공업지구 로동규정을 중심으로," 「부동산법학」 제22집 2호,
    서울: 한국부동산법학회, 2018.
이효원, "라선경제무역지대법의 특징과 개선 과제: 경제개발구법과 비교를 중
    심으로," 「서울대학교 법학」 제56권 제4호, 서울: 서울대학교, 2015.
임을출, "김정은 시대의 경제특구 정책: 실태, 평가 및 전망," 「동북아경제연구」
    제27권 3호, 서울: 한국동북아학회, 2015.
조봉현, "북한의 경제특구 개발과 연계한 남북경협 방안," 「글로벌경영학회지」
    12(1), 2015, 139~157쪽.
조봉현, "라선경제특구 발전 가능성과 우리의 전략," 「월간 북한(529)」 80-86,
    서울: 북한연구소, 2016.
조영기, "북한경제특구(개발구) 진출기업에 대한 지원수요 정책," 「국회 입법

조사처」, 서울: 대한민국 국회, 2014.

최우진, "라선경제무역지대의 법제도 정비 현황,"「통일과 법률」2015년 8월호,
서울: 법무부, 2015.

_____, "북한 라선경제무역지대법의 최근 동향-조중협정 이후 개정내용을 중
심으로,"「법조」63(12), 2014, 146~183쪽.

현대경제연구원, "북한 외자유치 정책의 성과와 한계,"「이슈리포트」2016(37),
2016, 1~9쪽.

홍양호, "개성공단사업의 현황, 정책적 함의와 개선과제,"「통일문제연구」제
27권 1호, 서울: 통일연구원, 2015.

3. 기타
한겨레신문, 2016.2.11.

북한의 경제개발구 노동복지 법제분석

경제개발구 로동규정을 중심으로

Ⅰ. 서론

북한은 2013년 5월 29일 「조선민주주의인민공화국 경제개발구법」 (최고인민회의 상임위원회 정령, 이하 경제개발구법으로 약칭), 동년 9월 12일 「조선민주주의인민공화국 라선경제무역지대 외국투자기업 로동규정[1]」(최고인민회의 상임위원회 결정 제139호로 채택, 이하 라선경제무역지대 외국투자기업 로동규정으로 약칭)을 제정하였다. 또한 북한은 동년 12월 12일 「조선민주주의인민공화국 경제개발구 로동규정」(최고인민회의 상임위원회 결정 제150호로 채택, 이하 경제개발구 로동규정으로 약칭)을 공포하였다. 아울러 북한은 2014년 11월 17일 「조선민주주의인민공화국 라선경제무역지대 외국투자기업 로동규정 시행세칙」(라선시인민위원회 결정 제162호로 채택, 이하 라선경제무역지대 외국투자기업 로동규정 시행세칙으로 약칭)을 제정하였다.

---

[1] 본 연구에서 북한법령의 명칭, 북한문헌을 인용하는 경우 북한 맞춤법에 의거하고 그 외의 경우 이와 반대로 남한 맞춤법에 따른다.

이러한 북한의 법제정 동학을 추적하면 ① 2013년 5월 「경제개발구법」, ② 동년 9월 「라선경제무역지대 외국투자기업 로동규정」, ③ 동년 12월 「경제개발구 로동규정」, ④ 2014년 11월 「라선경제무역지대 외국투자기업 로동규정 시행세칙」으로 정리된다. 이는 북한이 경제특구와 관련한 입법의 시계열적 순서가 점차 구체화되는 경향임을 의미한다. 또한 이는 북한의 경제특구와 관련한 자신들의 의지와 태도를 반증하는 하나의 사례이다.

이에 북한의 경제특구 관련 법적 동학의 의미는 크게 두 가지로 요약된다. 하나는 북한의 라선경제무역지대의 경우 '상위범주인 로동규정과 하위범주인 시행세칙'을 완비하여 법적 체계를 갖추었다는 것이다. 다른 하나는 이러한 특정 지역과 별도로 북한이 향후 개발할 '경제개발구'에 한해 또 다른 별도의 로동규정을 재차 입법하여 일종의 '입법과잉' 현상이 나타난다는 것이다. 또한 '경제개발구 로동규정'의 경우 '라선경제무역지대 외국투자기업 로동규정'과 달리 특정지역을 대상으로 한 것이 아니라 북한의 '경제개발구' 자체를 포괄하는 규정이다. 따라서 동 규정의 법적 적용대상의 범위는 여타 특정 경제특구 법령의 대상과 지역을 능가하는 불특정 지역에 대한 함의를 의미한다. 그리고 바로 이것이 동 법령이 여타 법령과 다른 법적 차별성이다.

다른 한편 경제개발구의 경우 북한이 「경제개발구법」을 제정하고 약 6개월 후에 「경제개발구 로동규정」을 입법하여 북한의 의지가 돋보인다. 그러나 북한은 동 규정의 최하위규정인 '경제개발구 로동규정 시행세칙'을 제정하지 않았다. 즉, 북한은 경제개발구에 관한 「경제개발구법」, 「경제개발구 로동규정」, '경제개발구 로동규정 시행세칙'으로 이어지는 법률적 체계를 완비하지 않은 것이다. 반면 북한은 라선경제무역지대의 경우 상술한 바와 같이 2013년 9월 「라선경제무역지대 외국투자기업 로동규정」, 2014년 11월 「라선경제무역지대 외국투자기업 로동규정 시행세칙」 각각 제정하여 법적 체계를 갖추었다. 이에 북한의 경제특구의 경우 일부는 법적체계가 완성되었고 나머지 일부는 법적체계를 완성해가는 중에 있다 하겠다. 하지만 분명한 것은 이러한 북한의 입법 행태가 과거와 달리 적극적이고 다소 신속함에 따라 변화한 북한의 모습이 내포되어 있다는 것이다.

한편 이에 앞서 북한은 1999년 5월 8일 「조선민주주의인민공화국 외국인투자기업 로동규정」(내각결정 제40호로 채택, 이하 외국인투자기업 로동규정으로 약칭)을 제정하였다. 이는 기존의 북한 경제발전 전략 수립의 연장선상의 법령으로 외자유치를 목적으로 한 법령이다. 특히 이는 북한이 2003년 9월 18일 제정한 「조선민주주의인민공화국 개성공업지구 로동규정」(최고인민회의 상임위원회 결정 제2호로 채택, 이하 개성공업지구 로동규정으로 약칭)과 대비된다. 왜냐하면 하나는 북한이 외자유치를 위해 제정한 법령이고 다른 하나는 남북경협이지만 사실상의 외자유치에 성공한 특정 지역에 대해 각각 1999년과 2003년에 별도의 '로동규정'을 제정했기 때문이다.

이러한 점에서 '외국인투자기업 로동규정'과 '개성공업지구 로동규정'은 의미하는 바가 크다. 왜냐하면 '외국인투자기업 로동규정'과 '개성공업지구 로동규정'은 '라선경제무역지대 외국투자기업 로동규정'과 '라선경제무역지대 외국투자기업 로동규정 시행세칙'과 그 기능을 같이 하지만 시기적으로 10년 먼저 제정되었기 때문이다.

이에 본 연구는 북한 경제특구의 노동복지 법제를 추적하여 법제도적 변화를 분석, 그 함의를 도출하고자 한다. 보다 구체적인 본 연구의 목적은 북한의 '경제개발구 로동규정'을 '외국인투자기업 로동규정'과 '개성공업지구 로동규정'과 비교 분석, 북한경제특구 노동복지 법제의 동학을 추적하고자 한다. 이에 본 연구의 주요 분석 대상은 북한이 2013년 제정한 '경제개발구 로동규정'을 놓고, 1999년 제정한 '외국인투자기업 로동규정'과 2003년 제정한 '개성공업지구 로동규정'과 비교하고자 한다. 본 연구의 연구방법은 문헌연구를 중심으로 하여 원 자료인 동 법령을 놓고, 노동과 복지 관련 조항을 핵심 분석대상으로 하여 법제도 분석에 일반적으로 사용되는 방법인 질적 내용분석을 통해 분석하고자 한다.

특히 본 연구는 기존의 북한 경제특구의 배경과 특성, 현황 중심의 단선적인 고찰을 보다 더 확대하여 연구스펙트럼의 다양화에 일조한다. 동시에 본 연구는 다소 등한시 되었던 북한 경제특구의 노동복지 법제 연구를 세 가지 관점에서 접근하여 이를 체계화하는 단초를 제공할 것이라 판단된다.[2]

이를 위한 본 연구의 서술순서는, 먼저 '경제개발구 로동규정'⟨X⟩의 개괄적 고찰을 통해 거시적 분석을 시도하고자 한다. 다음으로 동 규정을 놓고 ① 근로소득, ② 근로복지, ③ 사회보장을 중심으로 '외국인투자기업 로동규정'⟨Y1⟩과 '개성공업지구 로동규정'⟨Y2⟩와 비교분석하고자 한다. 마지막으로 이를 토대로 동 법령을 통한 김정일시대 전후 북한경제특구의 노동복지 법제에 관한 통시적 차원의 지속성과 변화를 도출하고자 한다. 참고로 본 연구의 분석모형과 분석 틀을 도식화면 각각 다음 ⟨그림 1⟩, ⟨표 1⟩과 같다.

---

[2] 참고로 본 연구와 관련한 기존 연구의 경우 간접적으로 북한의 경제특구 법제 자체를 분석한 일부 사례는 있으나 직접적인 근로소득, 근로복지, 사회보장을 탐색한 연구는 극소수이다.

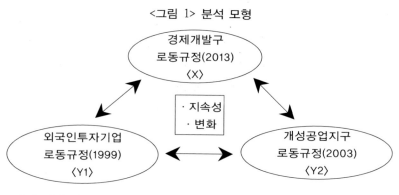

<그림 1> 분석 모형

경제개발구
로동규정(2013)
〈X〉

· 지속성
· 변화

외국인투자기업
로동규정(1999)
〈Y1〉

개성공업지구
로동규정(2003)
〈Y2〉

* 출처: 저자 작성.

<표 1> 분석 틀

구분	경제개발구 로동규정(2013): 총 7개장 58개 조항
① 근로소득	① 관련 조항의 구체적 진술 ② 관련 조항의 공통점과 차이점(특징)
② 근로복지	③ 동일 조항의 내용(변화) 비교(추적)
③ 사회보장	④ 관련 조항의 지속성·변화-추적·분석

* 출처: 이철수, "북한경제특구의 노동복지법제 비교분석: 개성공업지구와 라선경제
무역지대를 중심으로," 「법학연구」 제27권 1호, (충북: 충북대학교, 2017),
172쪽.

II. 법적 개괄과 구성

「경제개발구 로동규정」의 경우 총 7개장 58개 조항으로 ① 일반규
정, ② 로력의 채용과 해고, ③ 로동시간과 휴식, ④ 로동보수, ⑤ 로
동보호, ⑥ 사회문화시책, ⑦ 제재 및 분쟁해결로 구성되어 있다. 동
규정의 경우 2013년 제정 이후 현재까지 이렇다 할 내용적인 변화나
세부조항에 대해 수정된 것이 없다. 따라서 지금까지도 최초 법령이
통용된다고 판단된다. 이에 동 규정의 개괄적 차원의 특징을 간략히

요약하면 다음과 같다.

첫째, 법적 구성의 경우 북한이 2003년 제정한 「개성공업지구 로동규정」과 거의 동일한 구성이다. 이러한 원인은 크게 두 가지에 기인한다. 하나는 이른바 '로동규정'이라는 법령간의 동질성에 기초한 것이다. 다른 하나는 북한의 법령이 「개성공업지구 로동규정」을 분기점으로 법적 발전을 나타냈기 때문이다. 따라서 북한은 2003년 이후 2013년 까지 로동규정에 대한 기본적인 법적구성의 포맷을 가급적 유지하고자 하고 있다. 다른 한편으로 양 로동규정의 시간적인 입법 차이가 10년임을 감안하면 구성상의 일정한 변화도 자연스러운 것이기도 하다. 하지만 동 법령을 근거로 판단하면 법적 구성에 있어 북한은 변화보다는 이를 유지·고수하고자 하는 행태가 나타나고 있다 하겠다.

둘째, 「개성공업지구 로동규정」의 경우 총 7개장 49개 조항으로 구성되어 있다. 이에 상술한 바와 같이 「경제개발구 로동규정」이 「개성공업지구 로동규정」에 비해 양적으로 9개 조항 정도 증가한 형태를 갖고 있다. 즉, 양 규정만을 놓고 볼 때, 10여년의 시간적 입법 차이가 북한으로 하여금 자연스러운 양적 변화를 야기하였다. 따라서 북한은 상술한 구성적 측면의 변화는 전무한 반면 내용상의 변화는 일정부문 유도하고 있다 하겠다.

셋째, 상술한 법적 구성을 포함, 내용적인 측면의 표기와 서술에 있어 기존 법령과 동일하게 세부 조항에 대한 정의와 그와 관련한 구체적 서술로 구성되어 있다. 이는 2000년대 이후 제정된 북한 법령의 현대화 추세의 연장선상에 있다고 판단된다. 즉, 북한 역시 입법 행태의 기술적인 변화와 개혁을 일정부문 유지하고자 하고 있다.

넷째, 동 법령은 기존 로동규정의 형식과 내용을 기본적으로 승계한 형태에서 법령의 소극적 분화를 꾀하였다. 이는 상술한 동 법령의 양적 팽창을 기반으로 한 법적 내용의 밀도를 의미한다. 즉, 동 법령은 법적인 세부밀도에 있어 상대적으로 기존 법령에 비해 상당 부문 발달된 행태를 띄고 있다. 그리고 이는 동 법령의 법적 세분화와 양적 팽창으로 이어졌다.

다섯째, 동 법령의 경우 2000년대 이후 제정한 북한의 경제특구 관련 법령들과 법적 대상에 있어 차이가 있다. 즉, 동 법령은 특정지역에 한정하여 적용하는 것이 아니라 북한의 경제개발구 자체에 적용하기 위한 법령이다. 따라서 동 법령은 특정지역을 대상으로 한 여타 경제특구 법령과 달리 북한 전체 경제개발구를 대상으로 한다. 때문에 동 법령의 법적 대상의 포괄성으로 인해 여타 법령과의 무게나 위상에 있어 다소 차이가 있다. 그리고 이것이 동 규정이 여타 규정과 다른 가장 큰 원인이다. 다시 말해 동 법령을 기준으로 각 로동규정과 비교하면 상위법령 내지는 법적으로 우월한 지위를 갖고 있다. 이에 동 규정의 법적 개괄을 구성적 차원에서 요약하면 다음 〈표 2〉와 같다.

<표 2> 경제개발구 로동규정 개괄

구 분	경제개발구 로동규정(2013): 총 7개장 58개 조항
제1장: 일반규정	-사명, 로력관리기관, 로력채용원칙, 로동생활분야에서의 남녀평등, 녀성종업원의 건강보호, 로동조건의 보장, 종업원월로임최저기준의 제정, 직업동맹조직과 종업원대표, 로동분야에서의 기업의 독자성
제2장: 로력의 채용과 해고	-로력보장기관, 우리 나라 로력의 신청, 우리 나라 로력의 보장, 다른 나라 로력의 채용합의, 로력채용계약의 체결, 로동계약의 체결, 로동계약의 승인, 로력채용계약, 로동계약의 효력, 로력채용계약, 로동계약의 변경, 취소, 종업원의 해고사유, 종업원의 해고와 관련한 통지, 종업원을 해고할 수 없는 사유, 종업원의 사직사유, 종업원의 사직절차, 양성, 기술견습

제3장: 로동시간과 휴식	-로동시간, 기업의 로동시간준수의무, 명절과 공휴일의 휴식보장, 휴가보장
제4장: 로동보수	-로동보수의 내용, 종업원월로임의 제정, 휴가기간의 지불, 휴가비의 계산방법, 휴가기간의 작업에 대한 로임, 생활보조금, 연장작업과 야 간작업에 대한 로임, 명절일, 공휴일의 로동에 대한 로임, 상금, 장려 금의 지불, 로동보수의 지불, 퇴직보조금의 지불
제5장: 로동보호	-로동안전 및 산업위생조건의 보장, 녀성로력의 보호, 탁아소, 유치원 의 운영, 로동안전기술교육, 로동보호물자의 공급, 로동재해위험의 제거, 로동보호질서의 준수, 사고발생시의 조치
제6장: 사회문화시책	-사회문화시책의 실시, 사회문화시책비의 조성, 사회보험료 납부, 사 회문화시책금의 납부, 문화후생기금의 조성과 리용
제7장: 제재 및 분쟁해결	-손해보상, 원상복구, 연체료의 부과, 벌금부과, 중지, 몰수, 분쟁해 결, 신소 와 그 처리

* 출처: 저자 작성.

Ⅲ. 노동복지 조항 분석

1. 근로소득

근로소득인 임금의 경우 ① 임금 종류와 제정 권한, ② 최저임금,
③ 임금 지불방식으로 크게 구분된다. 첫째, 먼저 「경제개발구 로동
규정」에서 임금의 종류는 동 규정 제28조 "종업원의 로동보수에는
로임, 장려금, 상금 같은 것이 속한다…"라고 한다. 따라서 동 조항에
의거한 근로자의 법적인 임금의 종류는 세 가지로 여기에는 ① 통상
적인 급여 성격인 임금, ② 특정 사안의 독려에 대한 장려금, ③ 특
정 사안에 대한 근무자의 포상을 위한 상금[3]이 있다. 그러나 아이러

---

3) 한편 「경제개발구 로동규정」 제36조에서 북한은 "기업은 결산리윤의 일부로
   상금기금을 조성하고 일을 잘하는 종업원에게 상금 또는 장려금을 줄 수 있다"

니하게도 동 규정에는 여타 규정에서 언급하고 있는 초과근무 시 지급되는 수당 성격의 '가급금'이 명시되어 있지 않다.

따라서 만약 「경제개발구 로동규정」에서 경제개발구 근로자의 초과근무에 대한 언급이 있다면 이는 충돌 내지는 적용상의 문제가 발생한다. 이에 후술했지만 동 규정 제34조와 제35조에서 초과근무와 명절, 공휴일 근무에 대한 임금지급 내용이 있다. 이에 양 조항을 근거로 하면 로임에 기존의 가급금이 포함된 형태로 집행된다고 할 수 있다. 따라서 실제 집행상의 문제는 크지 않다고 할 수 있으나 임금의 종류에서 실제 적용·존재하는 임금 종류의 하나가 법령에 누락된 것은 다소 문제의 소지가 있다 하겠다.[4]

반면 「외국인투자기업 로동규정」에서 임금종류는 동 규정 제5조 "…종업원의 로동보수액은 그의 로동직종과 기술기능수준, 로동생산성에 따라 정한다. 로동보수에는 로임, 가급금, 장려금, 상금이 포함된다"라고 한다. 또 「개성공업지구 로동규정」에서 임금종류는 제24조 "로동보수에는 로임, 가급금, 장려금, 상금이 속한다…"라고 한다. 이는 「외국인투자기업 로동규정」 제5조와 거의 대동소이한 내용이다.

다음으로 임금의 제정 권한의 경우 「경제개발구 로동규정」 제29조 "종업원의 월로임은 기업이 정한다. 이 경우 공포된 종업원월로임최저기준보다 낮게 정할 수 없다. 조업준비기간에 있는 기업은 종업원 또는 견습공, 무기능공의 월로임을 종업원월로임최저기준의 70%이

라고 하여 상금과 장려금의 조성 방법을 언급하였다. 그리고 이는 기존의 내용과 다소 대동소이하다.

4) 다른 한편으로 이러한 경우 이를 시행세칙에서 언급하여 문제를 방지할 수도 있다.

상의 범위에서 정할 수 있다"라고 하였다. 이는 「개성공업지구 로동규정」 제26조 종업원월로임의 제정에서 "종업원의 월로임은 종업원월최저로임보다 낮게 정할수 없다. 그러나 조업준비기간에 있는 기업의 종업원과 견습공, 무기능공의 로임은 종업원월최저로임의 70% 범위에서 정할수 있다"라는 조항과 거의 동일한 내용이다.

또한 「개성공업지구 로동규정」 제5조 로임의 제정에서 "종업원의 로임은 종업원월최저로임에 기초하여 기업이 정한다"라고 하여 임금제정 권한은 해당 기업이, 적정 임금 기본선은 최저임금에 기초함을 밝혔다. 이에 따라 북한은 후속적인 조항으로 동 규정 제25조에서 최저임금액을 밝히고 있는데, "기업의 종업원월최저로임은 50US$로 한다. 종업원월최저로임은 전년도 종업원월최저로임의 5%를 초과하여 높일수 없다"라고 명시하고 있다. 따라서 동 조항에서 북한은 임금의 지정 주체, 최저임금액, 최저임금에 대한 년간 임금인상 상한율을 각각 명시하고 있다(이철수, 2017, 179). 이러한 원인은 동 규정의 경우 개성공단 운영에 대해 북한이 남한과 상당한 합의에 도달한 상태였다. 따라서 북한 스스로 최저임금에 대한 구체적인 내용을 법조문에 제시할 수 있었다.

반면 「외국인투자기업 로동규정」 제25조 "외국인투자기업의 종업원 월로임기준은 중앙로동기관이 정한다. 중앙로동기관은 외국인투자기업의 종업원 월로임기준을 종업원들이 로동과정에 소모된 육체적 및 정신적힘을 보상하고 그들의 생활을 보장하는 원칙에서 정하여야 한다. 조업준비기간의 로임, 견습공, 무기능공의 로임은 해당 기관의 승인밑에 정한 월로임기준보다 낮게 정할수 있다. 외국인투자기업은 정한 로임기준에 따라 직종, 직제별 로임기준, 로임지불형태와 방법, 가급금, 장려금, 상금기준을 자체로 정한다"라고 언급하었다. 즉, 북한의 외국기업 근로자의 월 임금 기준은 북한의 중앙로동기관이 책정하지만 외국기업은 여기에 근거하여 자체의 각종 임금기준과 그에 따른 진행 방식을 결정한다. 또한 동 규정에는 임금의 최하한선인 최저임금에 대한 구체적인 내용이 없는 반면 월 임금기준이라는 표현으로 제시되어 있다. 그러나 이러한 월 임금기준이 구체적으로 어느 정도 수준인지에 대한 명확한 진술은 표기되어 있지 않다. 그리고 이는 앞서 언급한 양 로동규정에 비해 상대적으로 추상적이고 포괄적이며 구체적이지 않다.

한편 「경제개발구 로동규정」을 근거로 판단하면 근로자의 월 임금은 해당 기업이 자율적으로 책정한다. 하지만 동 규정에는 임금의 최하한선인 최저임금에 대한 구체적인 내용이 없다. 즉, 최저 월 임금기준이 구체적으로 어느 정도인지에 대한 명확한 진술은 표기되어 있지 않다. 그리고 이러한 원인은 향후 경제개발구의 외부 기업에 대한 유인책임과 동시에 경제개발구 기업의 자율성을 담보하기 위한 것이라 판단된다. 즉, 전략적 차원에서 보면 북한의 입장에서 굳이 먼저 최저임금 수준을 규정에 명시하여 임금의 마지노선을 밝힐 필요가 없기 때문이다. 또 채용 이후 인턴과정의 근로자에게는 다소 차등적인 급여기준을 제시하였는데 이는 여타 규정에서도 언급된 내용이다.

마지막으로 임금 지불방식의 경우 「경제개발구 로동규정」 제37조 "기업은 종업원의 로동보수를 정해진 기간안에 전액 지불하여야 한다. 로임은 화폐로 지불하며 상금과 장려금은 화폐로 지불하거나 상품으로 줄수도 있다. 로동보수를 주는 날이 되기 전에 사직하였거나 기업에서 내보낸 종업원에게는 수속이 끝난 날부터 7일안으로 로동보수를 지불하여야 한다"라고 하고 있다. 동 규정을 근거로 하면 임

금은 화폐로 지불하고 상금이나 장려금은 화폐나 상품으로 대체가
가능하다. 또한 월 급여 지급일 전에 퇴직한 근로자에게는 사직절차
가 종료된 이후 일주일 내에 임금을 지급해야한다.

아울러 연장작업과 야간작업에 대한 임금의 경우 「경제개발구 로
동규정」 제34조 "기업은 종업원에게 야간작업을 시켰거나 정해진 로
동시간 밖의 연장작업을 시켰을 경우 일당 또는 시간당 로임액의
150%에 해당한 로임을 주어야 한다. 로동시간 밖의 야간작업을 시
켰을 경우에는 일당 또는 시간당 로임액의 200%에 해당한 로임을
주어야 한다. 야간작업이란 22시부터 다음날 6시 사이의 로동을 말
한다"라고 밝혔다. 동 규정에 의거하면 연장근로와 야간근로 등 추
가근로에 대한 임금지급 비율을 언급함과 동시에 야간작업에 해당
하는 시간을 언급하였다.

또한 「경제개발구 로동규정」 제35조 "기업은 명절일, 공휴일에 종
업원에게 일을 시키고 대휴를 주지 않았을 경우 일당 또는 시간당
로임액의 200%에 해당한 로임을 주어야 한다"와 제32조 "기업은 휴
가기간에 있는 종업원에게 로동을 시켰을 경우 휴가비와 함께 일당
또는 시간당 로임액의 100%에 해당한 로임을 주어야 한다"라고 하여
명절일과 공휴일, 휴가기간의 근로에 대한 임금 지급 기준을 언급하
였다.

이는 「개성공업지구 로동규정」 제30조 "기업은 로동시간밖의 연
장작업 또는 야간작업을 한 종업원에게 일당 또는 시간당 로임액의
50%에 해당한 가급금을…. 명절일, 공휴일에 로동을 시키고 대휴를
주지 않았거나 로동시간밖에 야간작업을 시켰을 경우에는 로임액의
100%에 해당한 가급금을…" 지급해야한다고 밝힌 내용에 비해 임금
지급 기준이 상승한 것이다.

또한 이는 「외국인투자기업 로동규정」 제29조 "외국인투자기업은 공휴일에 일을 시키고 대휴를 주지 않았거나 로동시간밖의 낮 연장 작업 또는 로동시간안의 밤작업을 한 종업원에게 로임과 함께 일한 날 또는 시간에 따라 일당 또는 시간당 로임액의 50%(명절일작업과 로동시간밖의 밤연장작업을 한 종업원에게는 100%)에 해당한 가급 금을 주어야 한다"와 거의 동일한 내용이다. 이에 「경제개발구 로동 규정」에서 북한은 근로자의 공휴일과 야간 추가근무, 연장근무에 대한 추가임금 지급에 대한 내용으로 다양한 연장근무에 대한 추가 임금 지급기준을 명시한 것이다(이철수, 2017, 179). 지금까지 논증한 「경 제개발구 로동규정」의 근로소득의 주요내용을 요약하면 다음 〈표 3〉과 같다.

〈표 3〉 근로소득 관련 조항 비교

구분	경제개발구 로동규정(2013)	주요 특징
임금 종류	임금, 장려금, 상금	가급금 부재, 연장 추가근로에 대한 임금 지급 언급
임금제정 권한	기업	제정 차이 (외국인기업은 중앙노동기관 등)
월로임기준	구체적 기준 미제시	구체적인 임금 기준 미제시
최저임금	상 동	상동
임금지불 방식	로임은 화폐, 상금과 장려금 화폐·상품 가능	–
연장·야간작업	시간당 임금의 150%	여타 규정보다 상승
명절·공휴일 근무	시간당 임금의 200%	상동

* 출처: 저자 작성.

2. 근로복지

근로복지의 경우 ① 근로자의 노동시간, ② 휴식과 휴가, ③ 여성 근로자의 보호로 크게 구분된다. 첫째, 먼저「경제개발구 로동규정」 제24조 "경제개발구에서 종업원의 로동시간은 하루 8시간, 주 평균 28시간으로 한다"라고 명시하였다. 동 조항을 근거로 하면 경제개발구 근로자들은 1일 8시간, 주 평균 28시간이다. 그러나 주 노동일수에 대한 언급이 없어 해석상의 논란이 있고 앞서 언급한 추가근무 규정을 적용할 경우 실제 근로시간이 증가함에 따라 이에 대한 의문도 제기된다.

이와 달리「개성공업지구 로동규정」제20조 "공업지구에서 기업의 종업원로동시간은 주 48시간으로 한다. 기업은 로동의 힘든 정도와 특수한 조건에 따라 종업원의 주로동시간을 48시간보다 짧게 할 수 있다. 계절적제한을 받는 부문의 기업은 년간 로동시간범위에서 종업원의 주로동시간을 실정에 맞게 정할수 있다"라고 명시하였다. 따라서 동 조항에 의거하면 개성공업지구 근로자들은 1일 8시간 기준, 주 6일 동안의 노동시간을 갖게 된다. 또한 중노동이나 노동제한이 있는 경우 탄력적으로 근로시간을 다소 유연하게 조정할 수 있도록 하였다. 하지만 이러한 견해와 달리 1일 근로시간에 대한 분명한 명시가 없어 해석과 적용상의 문제를 동시에 내포하고 있다. 그리고 이는「외국인투자기업 로동규정」제22조를 다소 변형한 형태이다. 가령 이는 ① 노동시간의 경우 주 전체 노동시간을 포괄하여 제시, ② 중노동에 대한 8시간 이하 노동, ③ 계절적 노동환경에 따른 노동시간 단축으로 요약된다. 이에 노동시간의 경우「개성공업지구 로동규정」이「외국인투자기업 로동규정」에 비해 상대적으로 다소 세련되고 진전된 형태지만 기본적인 골격은 대동소이하다 하겠다(이철수, 2017, 185).

이에「외국인투자기업 로동규정」에서 로동시간은 동 규정 제22조 "종업원의 로동일수는 주 6일, 로동시간은 하루 8시간으로 한다. 외국인투자기업은 힘들고 어려운 로동의 정도와 특수한 조건에 따라 로동시간을 이보다 짧게 할 수 있다. 계절적 제한을 받는 부문에서는 년간 로동시간범위에서 로동시간을 다르게 정할 수 있다"라고 명시하였다. 이는 앞서 언급한「경제개발구 로동규정」제24조 보다 구체적인 내용을 갖고 있어 해석과 적용상의 큰 문제가 발생하지 않는다.

또한「경제개발구 로동규정」제25조 "기업은 종업원에게 정해진 로동시간안에서 로동을 시켜야 한다. 부득이하게 연장작업을 시키거나 명절일, 공휴일, 휴가기간에 로동을 시키려 할 경우에는 직업동맹조직 또는 종업원대표와 합의하여야 한다"라고 하여 기업의 로동시간 준수 의무를 명문화 하였다. 단, 해당 기업의 부득이한 사정으로 추가근로가 필요한 경우 직업동맹과 종업원대표와의 합의를 전제로 하였다.

이는「외국인투자기업 로동규정」제23조 "외국인투자기업은 종업원에게 시간외 로동을 시키지 말아야 한다. 불가피한 사정으로 시간외 로동을 시키려고 할 경우에는 직업동맹조직과 합의하고 시간외 로동을 시킬 수 있다"와 거의 대동소이한 내용이다. 단지 동 조항과 다른 것은 추가근로의 협의 대상에서 종업원 대표가 추가된 것뿐이다.

다음으로 휴식과 휴가의 경우「경제개발구 로동규정」제26조 "기업은 종업원에게 우리 나라 명절일과 공휴일의 휴식을 보장하여야 한다. 명절일과 공휴일에 로동을 시켰을 경우에는 7일안으로 대휴를 주거나 해당한 보수를 지불하여야 한다"라고 하여 명절과 공휴일에 대한 휴식, 명절과 공휴일 근로에 대한 대휴를 언급하였다. 동 조항은 명절과 공휴일의 휴식보장과 동시에 이 기간 동안 근무하였을 경우 이에 상응하는 휴가와 별도의 추가적인 보수 지급을 명문화한 것이다. 특히 명절과 공휴일 근무 이후 7일 내에 대휴와 해당 기간 동안의 추가보수 지급을 언급, 실제 적용의 마지노선을 제시한 것은 다소 인상적이라 하겠다(이철수, 2017, 185). 그리고 이는「개성공업지구 로동규정」제22조 "기업은 종업원에게 공화국의 명절일과 공휴일의 휴식을 보장하여야 한다. 명절일과 공휴일에 로동을 시켰을 경우에는 15일안으로 대휴를 주거나 해당한 보수를 지불하여야한다"와 대휴 기간의 차이가 있을 뿐 나머지는 거의 동일한 내용이다.

또한「경제개발구 로동규정」제27조 "기업은 종업원에게 해마다 14일간의 정기휴가를 주며 중로동, 유해로동을 하는 종업원에게는 7-21일간의 보충휴가를 주어야 한다. 녀성종업원에게는 산전 60일, 산후 90일간의 휴가를 준다"라고 한다. 동 규정 제26조와 제27조를 근거로 하면 경제개발구 근로자들은 ① 14일의 정기휴가, ② 7-21의 보충휴가, ③ 150일의 산전산후휴가, ④ 근무일 외의 근로에 대한 대휴가 보장된다. 그리고 이는「개성공업지구 로동규정」제23조 "기업은 종업원에게 해마다 14일간의 정기휴가를 주며 중로동, 유해로동을 하는 종업원에게는 2-7일간의 보충휴가를 주어야 한다. 임신한 녀성종업원에게는 60일간의 산전, 90일간의 산후휴가를 주어야 한다"와 중노동과 유해노동 근로자의 휴가기간의 차이가 있을 뿐 나머지는 대동소이하다.

아울러「경제개발구 로동규정」제30조 "기업은 정기 및 보충휴가를 받은 종업원에게 휴가일수에 따르는 휴가비를 지불하여야 한다.

산전산후휴가를 받은 녀성종업원에게는 휴가일수에 따르는 휴가비의 60%이상에 해당한 금액을 지불하여야 한다. 휴가비는 로임을 지불할 때 함께 지불한다"라고 하였다. 이는 휴가비 지급에 대한 규정으로 동 규정에 의거하면 경제개발구 근로자들은 ① 정기휴가비, ② 보충휴가비, ③ 산전산후휴가비가 보장된다. 특히 산전산후휴가를 받는 여성근로자에게는 휴가일수에 비례하여 휴가비 지급기준을 명시하였다.

또한 「경제개발구 로동규정」 제31조 "휴가비는 휴가받기 전 마지막 3개월간의 로임을 실가동일수에 따라 평균한 하루로임에 휴가일수를 적용하여 계산한다"라고 하여 휴가비의 계산방식에 대해 언급하였다. 이는 「개성공업지구 로동규정」 제28조 "휴가비의 계산은 휴가받기 전 3개월간의 로임을 실가동일수에 따라 평균한 하루로임에 휴가일수를 적용하여 한다"라는 조항과 거의 동일하다. 이에 동 조항에 따르면 경제개발구 근로자들의 휴가기간 동안 휴가비 계산방식은 최근 3개월 동안 실제 일한 평균 1일 임금 기준에 휴가일 수를 계상하는 방식으로 결정된다. 그리고 이는 「외국인투자기업 로동규정」 제27조를 차용한 형태이다(이철수, 2017, 186).

마지막으로 여성근로자의 보호는 「경제개발구 로동규정」 제40조 "기업은 녀성종업원을 위한 로동위생보호시설을 특별히 갖추어야 한다. 임신하였거나 젖먹이는 기간에 있는 녀성종업원에게는 연장작업, 야간작업, 힘들고 건강에 해로운 로동을 시킬 수 없다"와 제41조 "기업은 실정에 맞게 종업원의 자녀를 위한 탁아소, 유치원을 꾸리고 운영할 수 있다"라고 명시하였다.

이는 「외국인투자기업 로동규정」 제34조 "외국인투자기업은 녀성종업원을 위한 로동보호위생시설을 잘 갖추어주어야 한다. 임신 6개월이 넘는 녀성에게는 힘들고 건강에 해로운 일을 시키지 말아야 한다. 외국인투자기업은 실정에 맞게 종업원의 자녀를 위한 탁아소, 유치원을 조직하고 운영할 수 있다"라는 규정에서 파생된 것이다.

단, 「경제개발구 로동규정」의 경우 여성근로자의 보호에 대해 보다 더 진일보한 형태이다. 왜냐하면 동 규정에서 산전산후 여성근로자에 대한 분명한 임신 기간을 언급하지 않았다. 때문에 실제 적용에 있어 상당히 포괄적일 수밖에 없다. 즉, 동 조항을 적용할 경우 경제개발구에서는 임신과 동시에 여성근로자에 대한 노동보호를 해야 한다. 때문에 동 규정에 의거하면 경제개발구에서 임신한 여성근로자들은 임신한 개월 수에 제한받지 않고 임신판정 이후부터 노동보호의 적용대상이 된다.

아울러 이는 「개성공업지구 로동규정」 제34조 "임신 6개월이 지난 녀성종업원에게는 힘들고 건강에 해로운 일을 시킬수 없다. 기업은 녀성종업원을 위한 로동위생보호시설을 충분히 갖추어야 한다"에서 파생한 내용이다. 또한 「개성공업지구 로동규정」 제35조 "기업은 실정에 맞게 종업원의 자녀를 위한 탁아소, 유치원을 꾸리고 운영할 수 있다"라고 하고 있다. 이는 「외국인투자기업 로동규정」 제34조의 일부 조항을 차용, 승계·분화하여 별도의 독립된 조항으로 발전시킨 형태이다. 따라서 「경제개발구 로동규정」에서 북한은 「외국인투자기업 로동규정」과 「개성공업지구 로동규정」에서 밝힌 여성근로자의 일부 조항을 확장하거나 계승하였다. 지금까지 논증한 「경제개발구 로동규정」의 근로복지의 주요내용을 요약하면 다음 〈표 4〉와 같다.

<표 4> 근로복지 관련 조항 비교

구분	경제개발구 로동규정(2013)	주요 특징
노동시간	1일 8시간, 주 평균 28시간	주 노동일수 언급부재
연장근로 (시간외 근로)	직업동맹, 종업원(대표)합의	외국인투자기업은 종업원대표와 합의 불필요
명절, 공휴일 휴식	보장	–
명절, 공휴일 근무 대휴와 보수	7일 안에 결정 의무 추가보수 지급보장	개성공업지구에 비해 대휴결정기간 짧아짐
정기휴가	14일	휴가 기간 제시
보충휴가	7-21일	휴가 기간 상승
산전산후휴가	산전 60일, 산후 90일	기존과 동일
특별휴가	미언급	특별휴가 삭제
휴가비	지불 제시	기존과 거의 동일
휴가비 계산	최근 3개월 동안 평균 1일 임금	상동
녀성로력보호	임신과 동시에 보호 시작	임신 개월 수 제한 없음
탁아소, 유치원	기업의 자율운영	기존과 거의 동일

* 출처: 저자 작성.

3. 사회보장

사회보장의 경우 ① 사회문화시책과 문화후생기금, ② 최저임금과 최저생계비, ③ 퇴직보조금과 생활보조금으로 대표되는 복지급여, ④ 사회보험(료)으로 크게 구분된다. 이를 기준으로 비교 분석하면 다음과 같다(이철수, 2017, 190).

1) 사회문화시책과 문화후생기금

「경제개발구 로동규정」에서 사회문화시책의 경우 제47조 "기업에서 일하는 우리 나라 공민과 그 가족은 국가가 실시하는 사회문화시책의 혜택을 받는다. 사회문화시책에는 무료교육, 무상치료, 사회보험, 사회보장 같은 것이 속한다"라고 언급하였다. 이는 「개성공업지구 로동규정」 제40조 "공업지구의 기업에서 일하는 공화국의 종업원과 그 가족은 국가가 실시하는 사회문화시책의 혜택을 받는다. 사회문화시책에는 무료교육, 무상치료, 사회보험, 사회보장 같은 것이 속한다"와 거의 동일한 내용이다.

이에 동 조항에 근거하면 경제개발구 근로자들은 ① 무료교육, ② 무상치료, ③ 사회보험, ④ 사회보장의 네 가지의 사회복지제도 혜택을 받게 된다. 그리고 이는 기존의 북한 근로자들과 거의 동일한 제도들이다. 따라서 이를 근거로 할 때 북한은 경제개발구에 기존과 다른 별도의 사회문화시책을 적용할 의도가 없다고 판단된다.

반면 「외국인투자기업 로동규정」에서 사회문화시책의 경우 제37조 "외국인투자기업에서 일하는 공화국공민인 종업원은 병 또는 부상, 일할 나이가 지나 일하지 못하는 경우 사회보험, 사회보장에 의한 혜택을 받는다. 사회보험, 사회보장에 의한 혜택에는 보조금, 년금의 지불, 정휴양 및 치료가 포함된다. 보조금과 년금을 받으려는 종업원은 보건기관이 발급하는 진단문건 또는 보조금과 년금을 받아야 할 사유를 확인하는 문건을 외국인투자기업에 내야 한다. 외국인투자기업은 사회보험보조금지불청구문건을 사회보험기관에 내여 확인을 받은 다음 은행기관에서 해당한 사회보험보조금을 받아 로동보수를 주는 날에 해당 종업원에게 내주어야 한다. 정휴양소에 가고 오는데 드는 려비와 장례보조금은 해당문건에 의하여 먼저 내주고 후에 청산받아야 한다. 사회보장에 의한 년금, 보조금은 외국인투자기업이 사회보장년금지불기관에서 달마다 정한 날에 대상자에게 내주어야 한다"라고 포괄적으로 언급하였다. 따라서 사회문화시책의 경우 북한이 1999년의 '포괄'이 2003년을 기점으로 '단순 명료'

함을 거쳐 2013년까지 이어져 왔다 하겠다.

또 이러한 제도의 재원인 사회문화시책기금 조성의 경우 「경제개발구 로동규정」 제48조 "경제개발구에서 사회문화시책비는 사회문화시책기금으로 보장한다. 사회문화시책기금은 기업으로부터 받는 사회보험료와 종업원으로부터 받는 사회문화시책기금으로 조성한다"라고 하였다. 이에 동 조항에 근거하면 사회문화시책기금은 기업과 종업원이 각각 부담하는 사회보험료와 사회문화시책금으로 각출한다(이철수, 2017, 191). 이 조항 역시 「개성공업지구 로동규정」 제41조 "사회문화시책비는 사회문화시책기금으로 보장한다. 사회문화시책기금은 기업으로부터 받는 사회보험료와 종업원으로부터 받는 사회문화시책금으로 조성한다"라는 조항을 그대로 인용한 것이다.

아울러 사회문화시책금의 납부의 경우 「경제개발구 로동규정」 제50조 "우리 나라 공민인 종업원은 로임의 일정한 몫을 사회문화시책기금으로 달마다 계산하여 다음달 10일안으로 경제개발구관리기관이 정한 은행에 납부하여야 한다"라고 하였다. 이 또한 「개성공업지구 로동규정」 제43조 "…종업원은 월로임액의 일정한 몫을 사회문화시책금으로 계산하여 다음달 10일안으로 중앙공업지구지도기관이 지정하는 은행에 납부하여야 한다"라는 조항과 거의 동일하다. 한편 개성공업지구의 경우 여기에 소요되는 '일정한 몫'에 대한 분명한 제시가 나타나 있지 않다. 그러나 2016년 2월 11일 한겨레신문 보도에 의하면 종업원의 월로임의 30%를 사회문화시책금 명목으로 납부한다고 한다. 따라서 이를 통해 예측하면 경제개발구 근로자들도 이에 준하는 부담을 하리라 판단된다.

반면 「외국인투자기업 로동규정」의 사회문화시책기금은 별도의 조항 없이 제39조 "사회보험 및 사회보장에 의한 혜택은 사회보험기금에 의하여 보장된다. 사회보험기금은 기업과 종업원에게서 받는 사회보험료로 적립된다"라고 하여 사회보험기금에 대한 적립이 명시되어 있다. 이에 사회보험기금이 사회문화시책 재정의 일부임을 감안하면 일정부문 이해가 가능한 부문이다. 하지만 사회문화시책에 대한 직접적인 언급이 없어 명확한 해석이 불가능한 부문도 일정부문 존재한다. 따라서 이를 통해 볼 때, 북한의 법조문의 발달이 시간의 경과에 비례한다 하겠다.

한편 사회문화시책기금과 대비되는 문화후생기금의 경우「경제개발구 로동규정」제51조 "기업은 결산리윤의 일부로 종업원을 위한 문화후생기금을 조성하고 쓸 수 있다. 문화후생기금은 종업원의 문화기술수준향상, 체육사업, 후생시설의 운영 같은데 쓴다"라고 하였다. 이 역시「개성공업지구 로동규정」제45조 "기업은 세금을 납부하기 전에 이윤의 일부로 종업원을 위한 문화후생기금을 조성하고 쓸 수 있다. 문화후생기금은 종업원의 기술문화 수준의 향상과 체육사업, 후생시설 운영 같은데 쓴다"라는 조항과 거의 대동소이하다.

이를 통해 볼 때, 사회문화시책과 문화후생기금에 대한「경제개발구 로동규정」은 기존의「개성공업지구 로동규정」과 별다른 차이점이 나타나지 않는다. 즉, 양 로동규정의 경우 10여년의 입법차이가 있음에도 불구하고 내용상의 뚜렷한 차이점이 없다. 그리고 이는 북한이 사회문화시책과 문화후생기금에 대한 기존의 정책적 제도적 입장을 유지·고수하겠다는 것을 의미한다.

반면「외국인투자기업 로동규정」의 문화후생기금의 경우 제42조 "외국인투자기업은 결산리윤에서 세금을 바치고 남은 리윤의 일부로 종업원을 위한 문화후생기금을 세우고 쓸수 있다. 문화후생기금은 기술문화수준의 향상과 군중문화체육사업, 후생시설운영과 같은데 쓴다. 문화후생기금의 사용에 대한 감독은 직업동맹조직이 한다"라고 하였다. 이에 동 조항에서는 앞서 언급한「경제개발구 로동규정」과「개성공업지구 로동규정」과 달리 문화후생기금의 운영에 대해 감독을 직업동맹이 할 수 있도록 하였다. 이는「외국인투자기업 로동규정」에서 근로복지의 협의의 대상이 직업동맹인 것과 동일한 맥락으로 이해된다. 즉, 북한은 외국인투자기업 근로자의 근로복지에 관한 다양한 사안을 직업동맹과 협의해야 하는 만큼 문화후생과 관련된 사업 역시 이들과 협의하는 것이 타당하다고 판단한다.

2) 최저임금

「경제개발구 로동규정」에서 최저임금은 제6조 "경제개발구에서 종업원월로임최저기준은 중앙특수경제지대지도기관이 해당 도(직할시)인민위원회, 경제개발구관리기관과 협의하여 정한다. 이 경우 최저생계비, 로동생산능률, 로력채용상태 같은 것을 고려한다"라고 하였다. 즉, 동 조항에서 북한은 최저임금에 대한 협의주체 세 기관의 언급과 더불어 최저임금 기준을 책정할 경우 고려사항인 ① 최저생계비, ② 로동생산능률, ③ 로력채용상태를 제시하였다. 다시 말해 동 규정에서는 최저임금의 협의주체와 고려사항만 언급하였을 뿐 구체적인 최저임금 기준액은 명시되어 있지 않다. 그리고 이는「외국인투자기업 로동규정」과 거의 비슷한, 즉, 임금에 대한 추상적 수준의 내용만 있는 경우이다. 그러나 다른 한편으로 북한이「외국인투자기업 로동규정」에서 임금책정에 반영하는 요소로 밝힌 ① 로동직종, ② 기술기능수준, ③ 로동생산성이, 최저임금책정으로 ① 최저생계비, ② 로동생산능률, ③ 로력채용상태로 분화·전환됨을 의미한다.

아울러 이는 앞서 언급한 「개성공업지구 로동규정」과 대비된다. 더욱 중요한 것은 이러한 법적 차이의 원인과 배경이다. 이는 다분히 법제적 환경과 내재적 속성에 기인하는 바가 크다 하겠다. 즉, 「외국인투자기업 로동규정」 제정 당시는 협상의 주체인 외국인투자기업이 부재했던 반면 「개성공업지구 로동규정」은 남한기업과 협상이 마무리된 상태의 입법이었다. 때문에 「개성공업지구 로동규정」이 「외국인투자기업 로동규정」에 비해 상대적으로 보다 더 명확한 내용을 명시할 수 있는 법적 토대이자 환경을 갖추고 있었다.

이와 마찬가지로 2013년 제정한 「경제개발구 로동규정」 역시 법제정 당시 뚜렷한 협의 기업이 부재하였다. 때문에 이러한 상황에서 북한이 최저임금의 기준액을 미리 제시한다는 행태 자체가 향후 협상과 사업 자체에 상호간의 부담으로 작용할 여지가 있다. 또한 북한과 경제개발구 기업의 입장에서 보면 최저임금은 향후에 상호간의 협의를 통해 제정하는 것이 양자 모두에게 유리하다. 아울러 구체적인 최저임금액을 밝힐 경우 동 조항에서 명시한 최저임금의 협의기관인 ① 특수경제지대지도기관, ② 해당 도(직할시)인민위원회, ③ 경제개발구관리기관과의 협의 조항의 수정이 불가피하다.

다른 한편으로 주목해야 하는 것은 상술한 바와 같이 북한이 동 규정에서 최저임금 기준을 책정할 경우 ① 최저생계비, ② 로동생산능률, ③ 로력채용상태를 언급하였다는 것이다. 이는 크게 세 가지 의미를 갖는다. 첫째, 동 조항을 근거로 하면 북한의 최저임금 책정 기준의 고려요소는 ① 최저생계비, ② 로동생산능률, ③ 로력채용상태 세 가지임을 스스로 밝혔다. 둘째, 그러나 이러한 북한의 행태는 기존의 법령에서 언급하지 않았던 내용이다. 즉, 기존의 법령에서 북한은 임금책정의 고려요소를 언급하였지만 최저임금의 책정기준

에 대한 일체의 언급이 부재하였다. 셋째, 북한은 최저생계비와 같
은 북한의 사회상·법제상 부재한 이른바 자본주의 용어를 자신들
의 법령에 도입·인용하였다. 그리고 이는 북한의 최저임금에 대한
인식과 변화의 폭을 의미한다. 따라서 동 조항은 북한의 변화된 일
부를 반증하는 사례라 하겠다.

3) 급여: 퇴직보조금·생활보조금

「경제개발구 로동규정」 퇴직보조금의 경우 제38조 "기업은 자체
의 사정으로 종업원을 내보내는 경우 보조금을 주어야 한다. 보조금
은 종업원을 기업에서 보내기 전 마지막 3개월안의 로임을 평균한
월로임에 일한 해수를 적용하여 계산한다. 그러나 로동년한이 1년이
못되는 경우에는 1개월분의 로임을 적용하여 계산한다"라고 하였다.
동 조항을 근거로 하면 경제개발구 기업은 비자발적 퇴직 시 근로연
한이 1년 미만의 근로자에게는 1개월분의 임금, 근로연한이 1년 이
상인 근로자는 3개월 평균임금을 각각 보조금 형태로 지급한다. 사
실 이는 일종의 퇴직보조금의 성격을 갖는다.

그리고 이는 「외국인투자기업 로동규정」 제17조 "외국인투자기업
은 종업원을 본인의 잘못이 아닌 사유로 기업에서 내보내는 경우 그
에게 일한 년한에 따라 보조금을 주여야 한다. 일한 년한이 1년이
못되는 경우에는 최근 1개월분의 로임에 해당한 보조금을 주며 1년
이상인 경우에는 최근 3개월 평균월로임액에 일한 해수를 적용하여
계산한 보조금을 주어야 한다"라는 조항에서 서술적 도치를 제외하
고는 거의 동일한 내용이다.

반면 「개성공업지구 로동규정」 제19조 "기업의 사정으로 1년이상
일한 종업원을 내보내는 경우에는 보조금을 준다. 보조금의 계산은

3개월평균월로임에 일한 해수를 적용하여 한다"라고 언급하였다. 이역시 기업의 사정으로 인한 근로자의 비자발적 실업에 대한 현금보상을 언급한 것이다(이철수, 2017, 194).

그리고 이는「외국인투자기업 로동규정」제17조의 일부를 계승한 것이다. 따라서 북한의 사실상의 퇴직보조금에 대한 인식은 이미 오래전부터 의식한 것이라 하겠다. 그리고 무엇보다 이러한 원인이 중요한데, 이는 퇴직보조금의 지급주체가 북한기업이 아닌 외부기업이기 때문이라 판단된다. 즉, 북한은 퇴직보조금 지급에 대한 부담을 갖지 않아도 되는 태생적 환경에 기인한다(이철수 2017, 195).

또 생활보조금의 경우「경제개발구 로동규정」제33조 "기업은 양성기간에 있거나 기업의 책임으로 일하지 못하는 종업원에게 일당 또는 시간당 로임의 60%이상에 해당한 생활보조금을 주어야 한다"라고 하였다. 동 조항은 기업이 양성기간 근로자, 비자발적 무노동 근로자들에게 생활보조금을 지급함과 동시에 그 기준을 언급한 것이다. 그러나 동 규정에는 생활보조금의 수급기간이 명시되어 있지 않아 실제 적용상의 논란이 예상된다.

이는「외국인투자기업 로동규정」제28조 "외국인투자기업은 종업원의 잘못이 아닌 기업의 책임으로 일하지 못하였거나 양성기간에 일하지 못한 종업원에게 일하지 못한 날 또는 시간에 따라 일당 또는 시간당 로임액의 60% 이상에 해당한 보조금을 주어야 한다"라는 조항에서 인용·파생한 것이다.

한편「개성공업지구 로동규정」제29조 "기업은 자기의 책임으로 또는 양성기간에 일하지 못한데 대하여 종업원에게 일당 또는 시간당 로임의 60%이상에 해당한 생활보조금을 주어야 한다. 생활보조금을 주는 기간은 3개월을 넘을수 없으며 생활보조금에는 사회보험료,

도시경영세를 부과하지 않는다"라고 명시하였다(이철수, 2017, 195). 이 또한 「외국인투자기업 로동규정」 제28조를 계승함과 동시에 보다 더 발전된 형태이다. 즉, 「개성공업지구 로동규정」에서 북한은 생활보조금의 지급수준과 수급기간, 생활보조금에 대한 일부 감면과 면세를 밝혔다. 다시 말해 이는 생활보조금의 지급수준만을 언급한 「외국인투자기업 로동규정」의 내용적인 한계를 극복한 것이다.

퇴직보조금의 경우 북한의 변화는 거의 부재하나 생활보조금의 경우 이와 달리 다소간의 부침이 있다. 「경제개발구 로동규정」과 「외국인투자기업 로동규정」의 생활보조금은 거의 대동소이하다. 그러나 「개성공업지구 로동규정」은 이와 달리 상당히 구체적이다. 더욱 중요한 것은 법적 내용상의 차이에 대한 배경과 원인이다. 이는 「경제개발구 로동규정」과 「외국인투자기업 로동규정」의 경우 미래의 상황을 대비, 적용 가능한 부문에 대한 예측을 중심으로 진술하였다. 반면 이와 달리 「개성공업지구 로동규정」은 당장 적용해야하는 법적 구속력을 갖고 있어야만 했다. 때문에 북한의 입장에서 그들의 의지와 상황에 맞게 구체적으로 언급하여도 별다른 부담이 없었다. 또 생활보조금에 대해 일정부문 남한(기업)과 협의된 상황이었다고 판단된다. 결국 이러한 이유로 생활보조금에 대한 세 가지 로동규정에 내용상의 차이가 발생한 것이다.

4) 사회보험(료)

「경제개발구 로동규정」에서 사회보험료의 경우 동 규정 제49조 "기업은 우리 나라 공민인 종업원에게 지불하는 월로임총액의 15%를 사회보험료로 달마다 계산하여 다음달 10일안으로 경제개발구관리기관이 정한 은행에 납부하여야 한다"라고 하였다. 이는 「개성공업지구 로동규정」 제42조 "기업은 공화국공민인 종업원에게 지불하는 월로임총액의 15%를 사회보험료로 달마다 계산하여 다음달 10일 안으로 중앙공업지구지도기관이 지정하는 은행에 납부하여야 한다…"라는 조항을 그대로 인용한 것이다.[5] 동 조항에서 북한은 기업이 매월 부담하는 사회보험료율을 구체적으로 명시하였고 그 절차에 대해서도 언급하였다. 아울러 한 가지 간과해서는 안 되는 것은 동 조항들에 근거하면 사회보험료를 기업이 부담한다. 하지만 이는 고용된 사업장 근로자의 임금에 근거하기 때문에 사실상 근로자가 부담하는 것을 우회적으로 표현한 것이라 하겠다. 따라서 이는 외형적으로 보면 기업이 무담하나 내형적으로 보면 근로자의 임금에서 갹출되는 구도이다.

한편 경제개발구나 경제특구가 아닌 북한의 일반 사업장 근로자의 사회보험 부담율의 경우 2006년을 기점으로 월 임금의 1%와 사업장 수익의 7%를 부담하는 것으로 개편되었다. 여기에서 의미하는 사업장 수익은 사실상 근로자의 임금을 의미한다. 따라서 이렇게 보면 북한의 일반 사업장 근로자의 사회보험 부담률은 임금의 8%가 된다. 이에 북한의 사회보험료율은 2003년을 기점으로 경제특구와 일반지역으로 양분되었다. 즉, 이 시점을 기준으로 북한의 사회보험 재정은 이중적인 납부체제로 재편되었다 하겠다. 그리고 북한은 이를 2013년 「경제개발구 로동규정」에서 재차 확인해 주고 있다. 다시

---

5) 한편 '개성공업지구 로동규정'에서 사회보험료가 연체될 경우 동 규정 제47조 "사회보험료를 제때에 납부하지 않았을 경우에는 납부기일이 지난 날부터 매일 0.05%에 해당한 연체료를 물린다. 연체료는 미납액의 15%를 넘을수 없다" 라고 하여 납부의무를 강조함과 동시에 연체료 상한선을 제시하였다. 따라서 이는 「외국인투자기업 로동규정」에서 제시되지 않았던 ① 월 사회보험료율, ② 미납시 연체비 부담을 명시하여 보다 더 구체화되었다. 이철수, 미발표논문, 2017.

말해 북한은 2013년에도 이를 그대로 계승, 경제개발구 기업에게도 동일하게 적용하고자 하였다.

　다른 한편 북한이 「개성공업지구 로동규정」에서 밝힌 사회보험료율의 경우 법 제정 당시인 2003년을 기준으로 하면 상당히 파격적이다. 왜냐하면 당시 북한의 근로자의 월 사회보험료 납부액은 월로임의 1%였기 때문이다.

　반면 「외국인투자기업 로동규정」에서 사회보험료의 경우 동 규정 제41조 "외국인투자기업은 사회보험료의 납부, 사회보험기금의 지출에 대하여 기업소재지 사회보험기관과 직업동맹조직의 감독을 받는다"라고 하였다. 이에 외국인투자기업이 부담해야 하는 사회보험료율에 대한 구체적인 언급이 없다. 단지 납부와 지출 절차에 대해 외국인투자기업은 사회보험기관과 직업동맹의 감독 하에 있다. 따라서 동 조항은 사회보험과 관련한 기관들의 일정한 역할에 대해 제시되어 있을 뿐 사회보험 재정부담율에 대한 내용이 부재하다. 따라서 사회보험료율을 분명히 언급한 「경제개발구 로동규정」과 「개성공업지구 로동규정」이 「외국인투자기업 로동규정」에 비해 구체적이라 하겠다. 지금까지 논증한 「경제개발구 로동규정」의 근로복지의 주요내용을 요약하면 다음 〈표 5〉와 같다.

<표 5> 사회보장 관련 조항 비교

구분	경제개발구 로동규정(2013)	주요 특징
종류	무료교육, 무상치료, 사회보험, 사회보장	기존 제도 승계
사회문화시책기금 (조성)	① 기업의 사회보험료, ② 종업원은 사회문화시책기금	부담률 언급 부재
문화후생기금	기업의 결산이윤에서 일부 부담	기존과 거의 동일
최저임금	협의기관 명시, 구체적 기준 부재, 최저임금 고려요소 언급	기준액 제시 부족

퇴직보조금	1년 이상 근무 3개월 평균임금 1년 미만 근무 1개월 평균임금	기존과 거의 동일
생활보조금	시간당 로임의 60%이상 지급	수급 기간 부재
사회보험료	기업이 월로임총액의 15% 부담	재정부담률 명시 재정부담률 양분

* 출처: 저자 작성.

V. 결론

지금까지 본 연구는 북한이 2013년 제정한 '경제개발구 로동규정'을 1999년 제정한 '외국인투자기업 로동규정'과 2003년 제정한 '개성 공업지구 로동규정'과 비교 분석하였다. 이에 지금까지의 논증을 토대로 2013년 '경제개발구 로동규정'을 놓고 '외국인투자기업 로동규정'과 '개성공업지구 로동규정'의 비교분석을 시계열적으로 2013년 대비, 북한 경제특구 노동복지 법제의 지속성은 첫째, 법령 제정의 시간적 차이가 존재하지만 북한은 경제특구 노동복지의 기본적인 골격을 기존의 북한지역과 거의 동일한 제도를 중심으로 이를 그대로 유지하고자 하는 경향이 있다. 둘째, 경제특구의 다양한 복지급여의 경우 최저임금과 사회보험료를 제외하고 주목할 만한 새로운 현금급여나 현물급여 없이 기존의 복지급여 체계와 거의 동일한 형국이다. 셋째, 이의 연장선상에서 기존의 노동복지 체제를 벗어나 괄목할만한 새로운 제도나 프로그램을 제시하지 않았다. 넷째, 사회문화시책기금과 문화후생기금과 같은 노동복지와 관련된 재정부담 주체는 기존과 동일하게 외부기업이 부담·적용한다(이철수 2017, 198-199). 다섯째, 근로소득의 경우 추가근무에 대한 보상비율을 제외하고는 기존과 거의 동일하다. 여섯째, 근로복지의 경우 대휴, 정기·보충휴가를 제외하고는 기존과 거의 동일하다. 일곱째, 사회보장의 경우 이렇다 할 변화된 새로운 내용이 부재하다.

반면 변화는 첫째, 근로소득에 있어 연장·야간작업과 명절·공휴일 추가근무에 대한 현금보상 기준비율이 기존에 비해 상승하였다. 따라서 이로 인해 경제개발구 근로자들의 소득 상승 기회의 폭이 상승하였다. 둘째, 경제개발구 근로자들의 임금에 있어 기존에 존재했던 가급금이 누락되어 있다. 이에 이러한 북한의 행태가 임금구조의 개편인지, 법리적 실수인지에 대한 논란이 야기된다. 따라서 이는 향후 북한이 경제개발구의 임금 운영을 어떻게 하느냐에 따라 실제적인 판단이 가능한 부문이다. 셋째, 근로복지에 있어 명절, 공휴일 근무, 대휴와 보수의 결정의무 기간, 정기휴가와 보충휴가의 기간이 근로자에게 유리하게 일부 상승하였다. 특히 녀성로력보호의 경우 임신과 동시에 보호를 시작해야함에 따라 기업은 기존보다 더욱 강력한 노동보호 의무를 갖는다. 넷째, 최저임금 책정에 최저생계비 등 기존의 북한법령에서 언급하지 않았던 소위 자본주의 용어를 인용하여 다소 놀랄만한 변화도 나타내고 있다. 다섯째, 이와 연장선상에서 최저임금의 책정기준을 최저생계비, 고용상태, 생산율을 고려하여 기존의 임금책정기준인 직종, 기술수준, 로동생산성과 대비된다.

특히 다른 한편으로 간과할 수 없는 것은 「개성공업지구 로동규정」의 경우 지금 현재를 기준으로 사실상 사문화된 규정이다. 하지만 「경제개발구 로동규정」의 경우 향후 북한이 기업유치의 성과에 따라 적용·집행할 새로운 법령이다. 따라서 이러한 점에서 북한의 경제개발구 기업 유치와 운영 여부가 북한 경제특구의 노동복지를 가늠하는 바로미터가 된다.

한편 북한의 경제특구 노동복지 법제의 지속성과 변화의 원인과 배경은 시간의 경과에 따른 북한의 변화와 새로운 환경에 대한 북한의 반응과 인식을 의미한다. 그리고 이를 통해 볼 때 북한의 노동복지 법제는 기본적인 제도적 골격은 기존의 체제를 벗어나려 하지 않는다. 그러나 기업에게 큰 부담이 되지 않는 부문에 대해서는 근로자의 입장을 적극 반영한 제도적 노력을 꾀하고 있다 하겠다. 그리고 이는 어찌 보면 사회주의 국가의 당연한 모습일 수도 있다. 문제는 북한이 시간의 경과에 비례하여 작지만 의미 있는 변화를 지속하고 있다는 것이다. 지금까지 논증을 근거로 2013년 기준 북한 경제특구 노동복지 법제의 지속성과 변화를 요약하면 다음 〈표 6〉과 같다.

〈표 6〉 노동복지 법제의 지속성과 변화

구분	지속성	변화
1999년 대비 2003년 대비 2013년 기준	-노동복지의 골격 기존 유지 경향 -기존의 복지급여 체계 유지 -재정부담 주체는 기업	-연장·야간작업과 명절·공휴일 추가근무에 대한 현금보상 기준비율이 상승 -기존에 존재했던 가급금이 누락 -명절, 공휴일 근무, 대휴와 보수의 결정의무 기간, 정기휴가와 보충휴가의 기간 일부 상승 -녀성로력보호 강화 -최저생계비 등 최저임금 책정요소 언급 -기존 임금책정 요소와 차이

* 출처: 저자 작성.

본 연구가 지금까지 논증한 북한이 2013년 제정·공표한 「경제개발구 로동규정」은 한마디로 야심찬 북한의 경제개발 계획을 반증한다. 북한이 다양한 지역에 경제개발구를 개발, 해당지역에 기업을 유치하여 경제발전 전략의 한 축으로 삼는다는 것은 북한이 당면한 현실로 볼 때 그 만큼의 절실함이 묻어 있다. 이는「경제개발구 로동규정」과 연이어 제정·공표한 북한의 경제특구 법령들이 반증하고 있다. 물론 이러한 북한의 입법적·법제적 노력과 수고가 최근의 행태만은 아니다. 그러나 2010년에 접어들어 경제특구와 관련한 새로운 법령이 제정되었다는 것은 그만큼의 무게를 의미한다.

그리고 무엇보다 이러한 법령 속에 북한의 경제특구 운영전략이 나타나고 그 속에 노동복지의 지속성과 변화가 감지된다. 문제는 각각 이러한 지속성과 변화의 원인과 결과이다. 이에 지속성의 경우 무엇보다 북한은 노동복지의 제도적 변화를 크게 유도하지는 않는다. 즉, 북한은 기존의 노동복지 제도만으로 충분하다고 보고 있다. 때문에 지속성의 결과에 따른 변화는 크지 않다. 아울러 경제특구 근로자에 대한 별도의 새로운 노동복지제도는 부재하다 하겠다. 즉, 북한의 근로자들은 적어도 외형적으로 동일한 복지제도 하에 해당된다.

반면 변화의 경우 그 원인은 시간의 경과에 따른 새로운 환경변화와 여기에 기인한 북한의 의식변화의 결과를 반영한 것이다. 그리고 이러한 것이 입법행태에 반영되어 새로운 조문에 삽입되어 있다. 이에 부분적이지만 과거와 자못 다른 입법행태를 나타내고 있다. 가령 이는 북한이 앞서 상술한 바와 같이 비록 상징적일지라도 '최저생계비'라는 용어와 표현을 공식적으로 자신들의 법조문에 포함시켰다는 것이다. 따라서 이렇듯 향후 북한의 노동복지에 관한 법제적 변화는 북한의 당면한 경제적 상황과 환경, 대내외적 변화로 인한 인식의 변화와 폭, 경제전략 간의 끊임없는 피드백과 작용, 반작용의 결과로 나타날 개연성이 짙다. 때문에 남한의 입장에서 북한의 개혁과 개방을 촉진하여 법제의 민주화, 노동복지 법제의 개혁을 외부에서 조력할 필요가 있다. 아울러 북한의 복지와 현실간의 괴리를 인지, 이에 대한 지적과 접근으로 북한의 법제와 현실간의 간극을 좁히는데 관심을 가져야 한다.

참고문헌

1. 북한 법령

개성공업지구 로동규정

경제개발구 로동규정

라선경제무역지대법

라선경제무역지대 외국투자기업 로동규정

라선경제무역지대 외국투자기업 로동규정 시행세칙

외국인기업법

외국인기업법 시행규정

외국인투자기업 로동규정

외국인투자기업 로동법

2. 논문 및 단행본

박천조, "개성공단 노동제도의 변화와 영향 연구,"『산업노동연구』제21권 2호, 서울: 한국산업노동학회, 2015.

배종렬, "김정은 시대의 경제특구와 대외개방: 평가와 전망,"『북한연구학회보』제18권 2호, 서울: 북한연구학회, 2014, 27~57쪽.

이철수, "북한경제특구의 노동복지법제 비교분석: 개성공업지구와 라선경제무역지대를 중심으로,"『법학연구』제28권 1호, 2017, 169~204쪽.

_____, "북한경제특구의 노동복지법제 비교분석: 외국인투자기업 로동규정과 개성공업지구 로동규정을 중심으로," 미발표논문, 2017, 1~22쪽.

임을출, "김정은 시대의 경제특구 정책: 실태, 평가 및 전망,"『동북아경제연구』제27권 3호, 서울: 한국동북아학회, 2015.

최우진, "라선경제무역지대의 법제도 정비 현황,"『통일과 법률』2015년 8월호, 서울: 법무부, 2015.

3. 기타

"70%가 북 노동자 몫인데…개성공단 돈으로 핵개발은 억측," 한겨레신문, 2016.02.11.

제20장

북한의 노동복지법제 비교분석

로동법과 외국인투자기업로동법을 중심으로

Ⅰ. 서론

북한이 1978년 4월 18일 공표한 「조선민주주의인민공화국 사회주의 로동법」(최고인민회의 제6기 제2차 회의, 이하 「로동법」으로 약칭)은 북한체제를 상징하는 핵심 법령 중의 하나이다. 왜냐하면 북한의 「로동법」은 북한 헌법과 더불어 북한체제의 정체성을 가늠하는 대표적인 법령 중의 하나이기 때문이다. 이러한 북한의 「로동법」은 1986년 2월 22일 중앙인민위원회 정령 제2494호, 1999년 6월 16일 최고인민회의 상임위원회 정령 제803-1호, 2015년 6월 30일 최고인민회의 상임위원회 정령 제566호로 각각 부분 수정된 바, 1978년 제정이후 현재까지 약 40년 동안 총 세 차례 수정되었다.

이를 근거로 판단하면 북한 「로동법」은 수정된 사례가 빈번하지 않다 하겠다. 이는 북한당국의 「로동법」에 대한 입장 변화가 크지 않음을 반증한다. 다시 말해 북한은 1978년 제정한 이래 기존의 「로동법」에 관한 변화의 폭이 얕다 하겠다. 때문에 사실상 이는 적어도 제도적 차원에서 북한의 '사회주의노동'에 대한 인식과 입장의 불변을 의미한다. 즉, 북한은 「로동법」의 법적 골격과 내용적 중심을 크게 흔들지 않고 있다.

한편 북한은 2009년 1월 21일 「조선민주주의인민공화국 외국인투자기업로동법」(최고인민회의상임위원회 정령 제3053호로 채택, 이하 「외국인투자기업로동법」으로 약칭)을 공포하였다. 이러한 북한의 「외국인투자기업로동법」은 2011년 12월 21일 최고인민회의 상임위원회 정령 제2047호, 2015년 8월 26일 최고인민회의 상임위원회 정령 제651호 각각 두 차례 수정·보충되었다.

동 법령은 북한의 경제특구 유치 전략과 맞물린 것으로 북한이 외국인투자기업과 해당 외국인투자기업에 종사하는 북한 근로자에게 적용하기 위해 제정한 별도의 노동법이다. 때문에 이렇게 보면 북한의 「로동법」은 크게 두 가지로 구분된다. 하나는 북한의 국내 국영기업 근로자에게 적용되는 1978년 「로동법」과 다른 하나는 북한의 국내 외국인투자기업 근로자에게 적용되는 2009년 「외국인투자기업로동법」이다.

특히 약 40년의 제정시기상 시간적 차이가 있는 양 법령은 상당부문 대비된다. 가령 전자인 「로동법」이 대내적인 성격이 강한 반면 후자인 「외국인투자기업로동법」은 대외적인 성격이 짙다. 또 전자인 「로동법」은 북한의 국영기업이 해당된다. 하지만 후자인 「외국인투자기업로동법」은 북한에 존재하는 외국인투자기업이 해당된다. 즉, 양 법령의 경우 법적 적용대상에서 기업별·근로자별 차이점이 존재한다. 그러나 동시에 양 법령은 북한 근로자를 대상으로 한 점, 노동에 대한 국가차원의 법적 함의를 내포한 점 등 공통점도 존재한다.

다른 한편으로 양 법령이 제정된 시대적 상황의 차이도 간과할 수 없는 부문이다. 즉, 「로동법」의 경우 대외적으로는 냉전시대이고 대내적으로는 비교적 북한경제가 원만한 시기였다. 반면 「외국인투자기업로동법」의 경우 대외적으로는 탈냉전시대이고 대내적으로는 북한의 경제난이 지속되었던 시기였다. 또 한편으로 북한은 「외국인투자기업로동법」을 통해 2000년대 이후 북한경제와 노동환경 변화, 그러한 변화에 따른 현실과의 법 제도 부문의 일치를 해소해야만 했다. 즉, 북한은 변화한 경제와 노동환경에 적합하도록 기존의 법제와 현실의 간극과 모순을 수정하여 제도적 질서를 확립해야 했다.

역설적으로 더욱 중요한 점은 양 법령으로 인해 북한의 로동이 외형적·법적으로 양분화 되었다는 것이다. 그리고 이를 주도한 것은 북한 스스로의 의지에 기인한 것이다. 따라서 북한의 의지와 선택에서 비롯된 「외국인투자기업로동법」은 존재 그 자체만으로도 의미가 있다. 특히 동 법령은 기존의 1978년 「로동법」과 어떠한 공통점과 차이점이 있고, 무엇이 지속되었고 변화하였는지에 대한 의문이 제기된다. 따라서 이러한 내용을 초점으로 양 법령을 비교하면 최근 북한의 노동과 복지에 대한 인식의 차이를 추적할 수 있다.

이러한 점에서 본 연구는 북한의 노동복지법제를 추적, 제도적 내용을 분석하여 함의를 도출하고자 한다. 보다 구체적인 본 연구의 목적은 북한의 「로동법」과 「외국인투자기업로동법」 양 법령을 놓고 비교 분석, 북한의 노동복지법제 동학을 규명하는 것이다. 이에 본 연구의 주요 분석 대상은 북한이 1978년 제정한 「로동법」과 2009년 제정한 「외국인투자기업로동법」의 노동복지 관련 조항을 비교하고자 한다.[1] 이에 본 연구의 연구방법은 문헌연구를 중심으로 원 자료

---

1) 한편 무엇보다 북한의 법제 연구는 '제도와 현실'에 대한 상호간의 논의와 교차 분석이 필요하다. 그러나 본 연구에서는 제도적인 분석만을 시도하고자 한다.

인 양 법령들을 놓고, 법제도 분석에 일반적으로 사용되는 방법인 질적 내용분석을 통해 분석하고자 한다.[2] 한편 북한의 법에 대한 서술을 놓고, 본 연구와 같은 기술적인 분석이 주는 의미는 북한의 표현과 수사에 대한 분석을 통해 그들의 인식의 변화 여부를 추적하고 가늠할 수 있다는 것이다.

이를 위한 본 연구의 서술순서는, 먼저 「로동법」과 「외국인투자기업로동법」의 개괄적 차원의 법제고찰을 통해 거시-구조적 차원의 분석을 시도하고자 한다. 다음으로 양 법령을 놓고, 미시-행위적 차원의 노동복지와 직접적으로 관련 있는 ① 근로복지, ② 사회보장 조항을 중심으로 비교 분석하고자 한다. 이에 본 연구에서 근로복지의 경우 ① 노동시간, ② 휴식과 휴가, ③ 여성근로자의 보호, 사회보장의 경우 ① 사회문화시책과 문화후생기금, ② 최저임금과 생활보조금, ③ 사회보험(료)으로 구분한다. 마지막으로 이를 토대로 양법령들을 통한 북한의 노동복지법제에 대한 함의를 도출하고자 한다.[3] 참고로 본 연구의 분석모형과 분석 틀을 도식화하면 각각 다음 〈그림 1〉, 〈표 1〉과 같다.

---

2) 이철수, "북한의 경제개발구 노동복지 법제분석: 경제개발구 로동규정을 중심으로,"『동서연구』제29권 3호 (2017b), 29쪽; "이철수, 북한의 경제특구 복지법제 비교분석: 라선경제무역지대 외국투자기업로동규정과 경제개발구 로동규정을 중심으로,"『법학논총』제34집 2호 (2017c), 193쪽.

3) 참고로 본 연구와 관련한 대표적인 기존연구는 이철수(2017a · 2017b · 2017c), 이효원(2015)의 연구가 있고 북한 경제특구와 관련한 대표적인 연구는 문무기 (2009), 유현정(2013), 배국열(2014), 박천조(2015), 배종렬(2014), 이영훈(2015), 임을출(2015), 조봉현(2015), 최우진(2015 · 2014) 등의 연구가 있다. 그러나 이러한 연구들 중 본 연구와 같이 북한의 '로동법'과 '외국인투자기업로동법'의 '노동복지법제'를 직접적으로 비교한 분석한 연구는 사실상 전무하다.

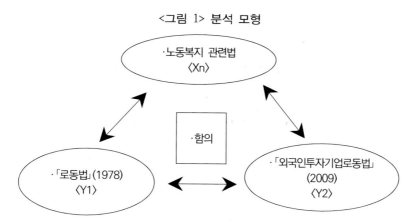

<그림 1> 분석 모형

·노동복지 관련법
〈Xn〉

·함의

·「로동법」(1978)
〈Y1〉

·「외국인투자기업로동법」
(2009)
〈Y2〉

* 출처: 이철수, "북한의 경제특구 복지법제 비교분석: 라선경제무역지대 외국투자
기업로동규정과 경제개발구로동규정을 중심으로," 『법학논총』, 제34집 3호
(2017c), 194쪽에서 수정 인용.
* 비고: 노동복지 관련법의 하위개념으로 「로동법」과 「외국인투자기업로동법」이
수직적으로 존재하는 것이 아니라 내용상의 등치개념으로 접근.

<표 1> 분석 틀

구분	「로동법」과 「외국인투자기업로동법」
① 근로복지 ② 사회보장	① 관련 조항의 구체적 진술 ② 관련 조항의 공통점과 차이점(특징) ③ 동일 조항의 내용(변화) 비교(추적)

* 출처: 이철수, "북한경제특구의 노동복지법제 비교분석: 개성공업지구와 라선경
제무역지대를 중심으로," 『법학연구』, 제28권 1호 (2017a), 172쪽에서 수정
인용.

II. 양 법령의 법적 개관

　1978년 「로동법」의 경우 총 8개장 79개 조항으로 ① 사회주의로동
의 기본원칙, ② 로동은 공민의 신성한 의무, ③ 사회주의로동조직,
④ 로동에 의한 사회주의 분배, ⑤ 로동과 기술혁명, 근로자들의 기

술기능향상, ⑥ 로동보호, ⑦ 로동과 휴식, ⑧ 근로자들을 위한 국가
적 및 사회적혜택으로 구성되어 있다. 이에 동 법령에서 북한은 그
들이 인식하는 로동의 기본원칙과 의무, 이를 위한 로동조직, 분배
기준, 로동과 관련된 기술향상, 로동보호와 휴식, 로동자를 위한 국
가정책 등에 대해 언급하였다. 따라서 동 법령을 통해 북한은 노동
과 직간접적으로 연관된 정책적 사안에 대한 함의를 제시하였다.

한편 동 법령 제1조 "사회주의하에서 로동은 착취와 압박에서 해
방된 근로자들의 자주적이며 창조적인 로동…. …근로자들은 조국
의 번영과 인민의 복리와 자신의 행복을 위하여 자각적 열성과 창발
성을 내여 일한다"와 제2조 "로동은 모든 물질적 및 문화적 재부의
원칙이며 자연과 사회와 인간을 개조하는 힘있는 수단이다. 사회주
의, 공산주의는 수백만 근로대중의 창조적 로동에 의하여 건설된다.
조선민주주의인민공화국에서 로동은 가장 신성하고 영예로운 것으
로 된다"라는 조항이 북한의 사회주의로동에 대한 인식을 상징적으
로 나타내고 있다. 즉, 북한은 노동을 체제이념적으로 봄과 동시에
체제형성 수단으로 보고 있다.

이에 북한은 동 법령 제3조 "사회주의하에서 로동은 공동의 목적
과 리익을 위한 근로자들의 집단적인 로동이다. 조선민주주의인민
공화국의 근로자들은 ≪하나는 전체를 위하여, 전체는 하나를 위하
여≫라는 집단주의원칙에서 서로 돕고 이끌면서 공동으로 일한다"
라고 하여 북한의 노동은 집단적 노동, 공동체적 노동을 강조하고
있다. 역으로 이는 제도적으로 개인적 노동의 제한적 허용을 의미한
다고 판단된다. 반면 동 법령에서 북한은 공민의 노동에 대한 의무
도 명시되어 있다. 동 법령 제4조 "사회주의하에서 공민은 로동에 참
가할 의무를 지닌다. … 로동능력 있는 모든 공민은 자기능력에 따

라 사회적 로동에 참가한다"라고 하여 노동에 대한 의무와 개인의 능력에 따른 노동참여를 언급하고 있다.

다른 한편 동 규정은 상술한 바와 같이 1978년 4월 제정 이후 현재까지 총 세 차례 수정되었다. 가장 최근인 2015년 6월의 경우 동 법령 제66조의 산전산후휴가 기간의 일부 내용이 수정되었다. 수정된 조항의 내용을 살펴보면 "녀성근로자들은 정기 및 보충휴가 외에 근속년한에 관계없이 산전 60일, 산후 180일간의 산전산후휴가를 받는다"라고 하였다. 이는 기존의 산전산후휴가 150일을 240일로 확대된 것으로 총 3개월(90일)이 연장되었다. 한편 이러한 배경은 북한의 여성근로자에 대한 제도적 배려와 더불어 출산율 상승을 유도하기 위한 정책적 의도가 있다고 판단된다.

반면 2009년 「외국인투자기업로동법」의 경우 총 8개장 51개 조항으로 ① 외국인투자기업로동법의 기본, ② 로력의 채용 및 로동계약의 체결, ③ 로동과 휴식, ④ 로동보수, ⑤ 로동보호, ⑥ 사회보험 및 사회보장, ⑦ 종업원의 해임, ⑧ 제재 및 분쟁해결로 구성되어 있다. 이에 동 법령을 통해 북한은 자국 내에서 활동하는 외국인투자기업 근로자의 고용관계, 임금, 사회복지, 법적 분쟁 등에 대해 밝혔다. 따라서 동 법령은 「로동법」이라는 법적 명명의 공통점이 존재하지만 앞서 언급한 「로동법」과는 결이 다른 법령이라 하겠다. 또한 동 법령은 상술한 바와 같이 2009년 1월 제정된 이후 2011년 12월, 2015년 8월 총 두 차례 수정되었다. 가장 최근인 2015년 8월의 경우 동 법령 제21조 산전산후휴가기간과 제25조 휴가비의 지불 및 계산 외에 이렇다 할 변화가 나타나지 않는다. 따라서 동 법령은 두 차례의 부분적인 수정이 있었지만 지금까지도 최초 제정 법령의 큰 틀을 유지한 채 이를 중심으로 통용된다고 판단된다.

한편 동 법령은 북한의 2000년대 하반기 이후 북한경제 환경과 그에 따른 문제의식, 북한의 경제발전 전략 등을 반영한 법령이다.[4] 즉, 동 법령은 비록 일부 외국인투자기업에만 해당되지만 비교적 최근 북한의 노동에 대한 인식을 실무적 차원에서 언급하고 있다. 그리고 이는 북한이 「로동법」이라는 법명을 지칭한 것만으로도 그 의미와 중요성이 반증된다. 다시 말해 동 법령은 기존의 「로동법」을 제외하고 별도의 '노동법'이라는 법명으로 명명된 북한 최초의 법령이다. 따라서 동 법령의 실제적인 파급효과를 차치하더라도 동 법령이 상징하는 의미는 지대하다 하겠다.

결국 양 법령을 외형적으로 보면 양적으로나 구성적으로 상당한 차이가 나타난다. 이는 양 법령의 제정 시기 당시의 북한의 대내외 환경, 제도적 취지와 목적 등 다양한 원인과 배경에 기인한 것이라 판단된다. 이에 양 규정을 놓고 개괄적 차원의 특징을 요약하면 다음과 같다.

첫째, 입법 제정취지의 경우 「로동법」은 북한체제하의 사회주의 노동에 대한 전반적인 내용을 명시하였다. 반면 「외국인투자기업로동법」은 북한 내의 외국인투자기업의 노동에 대한 내용을 밝혔다. 따라서 양 법령은 '노동법'의 광의의 범주에 모두 해당되나 사실상 차원이 다른 법령이다. 즉, 양 법령을 비교하면 상대적으로 「로동법」은 북한체제 자체에 해당하는 노동에 대한 법적 상위 개념의 함의이다. 반면 「외국인투자기업로동법」은 북한에서 경제활동을 하고자하는 외국인투자기업에만 해당하는 노동에 대한 법적 하위 개념의 함의이다. 때문에 상대적인 것은 물론이거니와 절대적으로 「로동법」이

---

4) 이에 대한 보다 자세한 내용은 양문수 외, 『2000년대 북한경제 종합평가』 (서울: 산업연구원, 2012) 연구 참조.

「외국인투자기업로동법」에 비해 법적 우위를 점하고 있다 하겠다.

둘째, 이와 연장선상에서 앞서 상술한 바와 같이 양 법령의 적용대상에서 상당한 차이가 있다. 즉,「로동법」은 북한의 전체 사업장 근로자에게 적용된다. 그러나「외국인투자기업로동법」은 북한의 일부 외국인기업에 종사하는 북한 근로자에게만 해당된다. 따라서 양 법령의 적용대상의 규모를 놓고 볼 때,「로동법」에 적용되는 북한 근로자가 압도적이라 하겠다. 그러나 다른 한편으로 -후술하겠지만- 이와 달리 질적으로 보면「외국인투자기업로동법」에 해당하는 북한근로자는 가령 임금과 수당 등 근로소득부문에 있어 기존의 북한 국영기업 근로자보다 처우가 높다. 이는 기본적으로 북한의 외국인투자기업 근로자의 기본임금이 북한의 국영기업 근로자보다 높기 때문이다.

셋째,「로동법」의 경우 총 8개장 79개 조항으로 구성되어 있다. 반면「외국인투자기업로동법」8개장 51개 조항으로 구성되어 있다. 이에 양적으로만 보면 상대적으로「로동법」이 우수하다고 할 수 있다. 하지만 양 법령의 입법 취지와 적용대상을 고려하면 법적으로 양적인 차이가 존재할 뿐이다. 즉, 양 법령의 경우 양적인 차이를 토대로 내용상의 법적 우열을 판단할 만한 법령이라 보기에는 분명한 한계가 존재한다. 다시 말해 양 법령은 법적 정체성과 목적, 입법취지와 배경 등에 있어 상호간의 Ⅱ차이가 분명한 법령이다.

넷째, 법적 구성의 경우 양 법령의 시간적인 입법 차이가 약 40년이고 대상의 차이를 감안하면 구성상의 변화가 일면 당연한 측면도 있다. 하지만 적어도 내용적인 측면의 표기와 서술에 있어「외국인투자기업로동법」이「로동법」에 비해 세련된 구조와 문장을 구사하고 있다. 즉,「외국인투자기업로동법」은 세부 조항에 대한 정의와 그와 관련한 구체적 서술로 구성되어 있다. 이러한 배경에는 2000년대 이후 제정된 북한 법령의 현대화 추세의 연장선상에 있다고 판단된다. 즉, 북한 역시 시간의 경과에 비례하여 입법 행태의 기술적인 변화와 개혁을 일정부문[5] 추구하고 있다.

다섯째, 법적 내용을 중심으로 접근하면 상대적으로 「로동법」이 거시-구조적인 반면 「외국인투자기업로동법」은 미시-행위적인 차원의 법령이다. 즉, 「로동법」은 사회주의노동과 관련한 전반적인 법적 내용을 언급하였다. 반면 「외국인투자기업로동법」은 외국인투자기업에 해당하는 노동현장의 실제적 차원의 법적 내용을 밝혔다. 따라서 양 법령의 경우 상대적으로 「로동법」이 추상적 수준의 함의라면 「외국인투자기업로동법」은 구체적 수준의 함의라 하겠다.

여섯째, 「외국인투자기업로동법」의 제정으로 인해, 제도적 파급효과에 대한 판단을 차치하더라도 북한의 노동정책이 제도적으로 사실상 이중체제로 재편되었다 하겠다. 통상 북한헌법을 제외한 북한의 공식적·제도적 차원에서 노동은 기존의 「로동법」에 근거한다. 하지만 2009년 북한이 「외국인투자기업로동법」을 제정함으로 인해 법적으로 북한의 국영기업 대 북한 내의 외국인투자기업으로 분리·양분되었다. 이것이 의미하는 바는 북한이 공식적으로 노동에 대한 법적 기준을 두 가지로 보고 있고 이것을 대내외에 공표·공식화하였다는 것이다. 따라서 「외국인투자기업로동법」은 2000년대 후반 이후 북한의 노동에 대한 인식을 반영함과 동시에 입법행위의 결과로 북한의 이중노동정책이 실제화되었다 하겠다. 지금까지 논증을 기초로 북한의 「로동법」과 「외국인투자기업로동법」의 법적 체계를 도식화하면 다음 〈그림 2〉와 같다. 또한 양 법령의 법적 개

---

5) 이철수, "북한의 경제개발구 노동복지 법제분석: 경제개발구 로동규정을 중심으로," 『동서연구』 제29권 3호 (2017b), 31쪽.

괄을 구성적 차원에서 요약하면 다음 〈표 2〉와 같다.

〈그림 2〉 「로동법」과 「외국인투자기업로동법」의 상대적 수준의 법적 체계

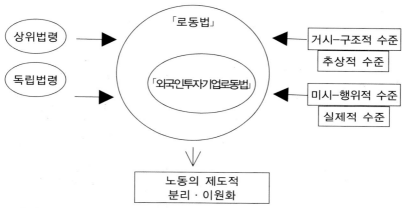

* 출처: 저자 작성.

〈표 2〉 「로동법」과 「외국인투자기업로동법」의 개괄

구분	로동법(1978) : 총 8개장 79개 조항	구분	외국인투자기업로동법(2009) : 총 8개장 51개 조항
제1장: 사회주의로동의 기본원칙	– 사회주의로동, 로동의 목적과 이익, 공민의 로동의무, 근로자의 로동권리, 문화기술수준 향상, 로동생산능률, 사회주의로동, 사회주의분배, 로동과 휴식의 결합, 로동정책 등	제1장: 외국인투자기업 로동법의 기본	– 외국인투자기업로동법의 사명, 로력채용원칙, 로동조건의 보장원칙, 로동보수지불원칙, 사회보험 및 사회보장원칙, 타사업 동원 금지원칙, 지도기관, 적용대상
제2장: 로동은 공민의 신성한 의무	– 근로연령, 1일 로동시간, 로동의 혁명화, 로동규율, 기술혁명, 근로자의 책임, 모범 근로자 등	제2장: 로력의 채용 및 로동계약의 체결	– 로력보장기관, 로력보장신청, 로력모집 및 보장, 로력채용, 외국인로력채용, 로동계약의 체결과 리행, 로동계약의 효력, 로동계약의 변경

제3장: 사회주의로동조직	– 사회적로동조직, 로동조직과 단체의 이용, 로동계획화, 로력균형보장, 인민경제 로력수요, 로력의 배치, 녀성근로자의 로동, 로력관리질서, 로동생활조직, 1일 8시간 로동 등	제3장: 로동과 휴식	– 로동시간, 로동시간의 준수, 일요일, 명절일의 휴식보장, 정기휴가, 보충휴가의 보장, 산전, 산후휴가의 보장
제4장: 로동에 의한 사회주의 분배	– 사회주의분배 원칙, 생활비등급제, 생활비의 종류, 생활비의 분배, 로동정량, 국가표준로동정량제정, 로력일, 분조관리제, 작업반우대제 등	제4장: 로동보수	– 로동보수의 내용, 월로임 최저기준의 제정, 로임기준의 제고, 휴가비의 지불 및 계산, 생활보조금, 휴식일로동에 따르는 가급금, 연장작업, 야간작업에 따르는 가급금, 상금의 지불, 로동보수의 지불
제5장: 로동과 기술혁명, 근로자들의 기술기능향상	– 기술혁명의 목적, 로동의 기계화, 자동화, 농촌기술혁명, 인재양성 등	제5장: 로동보호,	– 로동안전, 산업위생조건보장, 로동안전교양, 위험개소 제거, 로동안전조치, 녀성종업원의 보호, 탁아소, 유치원운영, 로동보호물자의 공급, 사고의 처리 및 사고 심의
제6장: 로동보호	– 로동보호사업, 로동안전교양사업체계, 문화위생사업, 로동안전, 로동보호조건, 건강보호, 녀성근로자보호 등	제6장: 사회보험 및 사회보장	– 사회보험 및 사회보장에 의한 혜택, 보조금, 년금의 계산, 사회보험기금의 조성, 사회보험료의 납부, 문화후생기금의 조성 및 리용
제7장: 로동과 휴식	– 8시간로동제, 휴가제, 정휴양제, 휴식보장, 정기휴가, 보충휴가, 산전산후휴가, 정휴양소 등	제7장: 종업원의 해임	– 종업원의 해임의 기본요구, 종업원의 해임사유, 종업원해임에 대한 합의 및 통지, 종업원을 해임시킬수 없는 사유, 종업원의 사직
제8장: 근로자들을 위한 국가적 및 사회적혜택	– 식량공급, 무상보육, 무상교육, 국가사회보험, 국가사회보장, 년로연금, 공로자우대, 보조금, 유가족년금, 무의무탁 노인, 장애인의 무상보호, 무상치료제 등	제8장: 제재 및 분쟁해결	– 벌금 및 기업활동의 중지, 신소와 처리, 분쟁해결

* 비고: 「로동법」은 세부 조항의 정의가 부재하여 저자가 임의로 판단하여 작성.
* 출처: 저자 작성.

Ⅲ. 노동복지 조항 분석

1. 근로복지[6]

1) 노동시간

「로동법」은 동 법령 제16조 "근로자들의 하루 로동시간은 8시간이다. 국가는 로동의 힘든 정도와 특수한 조건에 따라 하루 로동시간을 7시간 또는 6시간으로 한다. 3명 이상의 어린이를 가진 녀성로동자들의 하루 로동시간은 6시간으로 한다"라고 명시하였다. 이에 동 조항을 근거로 하면 북한의 근로자들의 1일 노동시간은 크게 세 종류이다. 첫째, 대다수 근로자들에게 해당되는 1일 8시간, 둘째, 노동 강도와 노동 환경에 따라 1일 8시간 보다 1-2시간 단축된 1일 6시간,

---

6) 이외에도 노동복지에 근로소득(임금)이 있는데, 이는 ① 임금 종류와 제정 권한, ② 최저임금, ③ 임금 지불방식으로 크게 구분된다. 「로동법」 제37조 "…근로자들은 성별, 년령, 민족별에 관계없이 같은 로동에 대하여서는 같은 보수를 받는다," 제38조 "국가는 …생활비 등급제를 정한다.…," 제39조 "…생활비의 기본형태는 도급지불제와 정액지불제이며 생활비의 추가적 형태는 가급금제와 상금제이다. …," 제40조 "국가는 … 일을 잘한 근로자들에게 추가적으로 장려금을 지불하여야 한다"라고 언급하였다. 이에 따라 북한은 임금체계의 경우 동일로동 동일임금이고, 생활비 등급제를 활용하고 있다. 또한 이러한 생활비 등급제는 도급지불제와 정액지불제이고 생활비의 추가적 형태로 가급금과 상금이 있다. 아울러 포상형식의 장려금도 있다. 그러나 동 법령에서는 최저임금, 임금 지불방식에 대한 언급이 부재하다. 반면 「외국인투자기업로동법」 제22조 "…종업원에게 주는 로동보수에는 로임, 가급금, 장려금, 상금이 속한다," 제30조 "…로동보수를 정해진 날자에 전액 화폐로 주어야 한다.…," 제28조 "…로동시간외의 낮연장작업을 시켰거나 로동시간안의 밤작업을 시켰을 경우 일한 날 또는 시간에 한하여 일당 또는 시간당 로임액의 50%에 해당한 가급금을 주어야 한다. 로동시간외의 밤연장작업을 시켰을 경우에는 일당 또는 시간당 로임액의 100%에 해당한 가급금을 주어야 한다"라고 하였다. 이에 동 법령은 「로동법」에서 언급하지 않은 임금지급방식, 연장근로에 대한 추가 임금 등에 대해 명시하고 있다.

1일 7시간, 셋째, 자녀가 3명 이상인 여성근로자의 경우 1일 6시간으로 구분된다.

또한 동 법령 제32조 "…근로자들의 480분 로동시간을 완전히 리용하도록 한다"라고 밝혀 1일 8시간 노동을 재차 강조하고 있다. 아울러 북한은 동 법령 제33조 "국가는 근로자들의 로동생활조직에서 8시간 일하고 8시간 쉬고 8시간 학습하는 원칙을…"이라고 하여 이를 법제적으로 뒷받침하고 있다.

한편 동 법령에는 근로제한 연령도 언급되어 있다. 동 법령 제15조 "…로동하는 나이는 만 16살부터이다. 국가는 로동하는 나이에 이르지 못한 소년들의 로동을 금지한다"라고 언급하고 있다. 이에 동 조항을 근거로 하면 북한에서 만 16세 이하인 아동과 청소년의 노동은 금지한다. 다시 말해 북한의 노동가능 연령은 만 16세 이상이다.

다른 한편 북한은 이러한 노동에 대해 동 법령 제13조 "조선민주주의인민공화국의 사회주의적 로동정책은 영광스러운 항일혁명투쟁 시기에 제시된 혁명적인 로동강령을 구현하며 민주주의혁명과 사회주의혁명을 실현하기 위한 투쟁을 통하여 이룩한 혁명의 고귀한 전취물이다. 국가는 사회주의적 로동정책을 더욱 발전시키며 전국적 범위에서 인민적이며 민주주의적인 로동정책을 실시하기 위하여 투쟁한다"라고 하여 이를 사회주의 노동정책이라 명명하고 있다.

반면 「외국인투자기업로동법」은 동 법령 제17조 "종업원의 로동시간은 주 48시간, 하루 8시간으로 한다. 외국인투자기업은 로동의 힘든 정도와 특수한 조건에 따라 로동시간을 정해진 시간보다 짧게 정할수 있다. 계절적영향을 받는 부문의 외국인투자기업은 년간 로동시간범위에서 실정에 맞게 로동시간을 달리 정할수 있다"라고 명

시하였다. 동 조항을 근거로 하면 북한의 외국투자기업노동자는 ①
1일 8시간 근무, ② 주 6일 근무, ③ 중노동과 특수 노동은 단축근무
가능, ④ 년간 총 근로시간 내에서 계절에 따른 유연근무 가능으로
구분된다. 이는 상술한 「로동법」과 크게 이질적이지는 않다.

하지만 미세한 차이점도 나타나는데, 첫째, 구체적인 단축근무 시
간 명시, 둘째, 세 자녀 이상의 여성근로자에 대한 배려가 부재한 점
은 다소 차이가 난다 하겠다. 그리고 이는 첫 번째 단축근무 시간
명시의 경우 실제 적용에 있어 확고한 차이가 불투명하다. 즉, 중노
동에 대한 1-2시간미만의 단축근무는 노동환경상 자연적인 적용이
가능한 부문이다. 그러나 두 번째 세 자녀 이상을 양육하는 여성근
로자에 대한 제도적 배려가 언급되어 있지 않은 것은 다소 후퇴한
조항이라는 판단이 가능하다.

또한 동 법령 제18조 "외국인투자기업은 종업원에게 정해진 로동
시간안에 로동을 시켜야 한다. 부득이한 사유로 로동시간을 연장하
려 할 경우에는 직업동맹조직과 합의한다. 종업원은 로동시간을 정
확히 지켜야 한다"라고 밝혔다. 이에 동 조항에서 북한은 ① 외국투
자기업의 노동시간 준수, ② 근로시간 연장 시 협의 대상, ③ 소속
근로자의 노동시간 준수를 언급하였다. 이에 동 조항은 근로시간 엄
수에 대한 노사 간의 의무와 더불어 연장근무 시 필요한 절차를 제
시하였다. 이는 특히 그 일부 내용-연장근무 시 절차 같은이 상술한
「로동법」에 부재한 내용이라 인상적이라 하겠다. 그리고 이러한 차
이의 원인과 배경은 상술한 바와 같이 동 법령의 성격과 기능 자체
가 「로동법」에 비해 상대적으로 구체적이고 실제적이기 때문이라
판단된다.

다른 한편 연장근무의 경우 이는 「로동법」 제63조 "근로자들은 하

루 로동시간이 끝나면 휴식한다. 경제기관, 기업소들은 근로자들에게 시간외 로동을 시킬 수 없다"와 정면으로 배치된다. 따라서 동 조항을 근거로 하면 북한의 근로자들에 대한 시간외 근무는 제도적으로 허용되지 않는다.

2) 휴식과 휴가

휴식과 휴가의 경우 「로동법」 제12조 "로동과 휴식을 옳게 결합하며 근로자들의 로동을 보호하는 것은 사람을 가장 귀중히 여기는 사회주의제도의 본성적 요구이다. 국가는 근로자들이 로동과정에서 소모한 힘을 회복할 수 있도록 충분한 휴식을 보장하며 전반적 무상치료제와 선진적인 로동보호제도를 통하여 근로자들의 생명과 건강을 보호한다"라고 명시하였다.

이에 북한은 동 조항을 통해 ① 노동과 휴식의 관계와 필요성, ② 근로자의 휴식 보장, ③ 무상치료제와 노동보호제도를 통한 근로자 보호를 밝혔다. 특이하게도 북한이 근로자의 휴식에 대해 무상치료제를 언급한 것은 다소 인상적인데, 이러한 원인은 건강권과 휴식의 상관관계를 인식했기 때문이라 판단된다.

또한 동 법령 제62조 "근로자들은 휴식에 대한 권리를 가진다. 국가는 8시간로동제, 유급휴가제, 국가비용에 의한 정휴양제, 계속 늘어나는 여러 가지 문화시설 등을 통하여 근로자들의 휴식에 대한 권리를 전면적으로 보장한다"라고 언급하였다. 동 조항에서 북한은 ① 근로자의 휴식권, ② 휴식권을 위해 필요한 8시간로동제, 유급휴가제, 국고부담의 정휴양제, 문화생활을 위한 시설확보 등 제반 여건을 언급하였다. 즉, 북한은 근로자의 휴식에 필요한 관련 사안을 법적으로 제시하여 이를 권리로써 보장하고자 한다.

이를 추동하듯 동 법령 제67조에서 북한은 "국가는 정양소, 휴양소망을 여러 가지 형태로 늘이고 그 시설을 현대화하며 관광탑승 등을 널리 조직하여 근로자들의 늘어나는 문화적 휴식에 대한 수요를 충족시킨다. 해당 국가기관, 기업소 직장정양소를 잘 운영하여 근로자들이 일하면서 충분히 휴식하도록 하여야 한다"라고 하였다.

또한 동 법령 제64조 "근로자들은 주에 하루씩 휴식을 보장받는다. 국가적으로 제정된 명절날과 일요일은 쉬는 날로 한다. 국가기관, 기업소, 사회협동단체는 부득이한 사정으로 쉬는 날에 근로자들을 로동시킨 경우에는 한 주일 안으로 반드시 대휴를 주어야 한다"라고 하였다. 동 조항을 근거로 판단하면 북한의 근로자는 일주일에 1일의 휴식, 명절 휴식이 보장된다. 역으로 이는 일주일에 6일 근무를 의미한다. 또 휴식일에 근무할 경우 일주일 내에 대휴가 주어진다.

또한 동 법령 제65조 "로동자, 사무원, 협동농장원들은 해마다 14일간의 정기휴가와 직종에 따라서 7일 내지 21일간의 보충휴가를 받는다"라고 밝혔다. 이에 북한 근로자의 휴가는 ① 14일간의 정기휴가와 ② 중노동 이상의 경우 7-21일의 보충휴가가 주어진다. 따라서 이를 통해 볼 때, 북한 의 경노동 근로자의 최소 휴가 기간은 14일이고 중노동 이상 근로자의 최대 휴가 기간은 35일이다.

반면 「외국인투자기업로동법」은 동 법령 제19조 "외국인투자기업은 종업원에게 명절일과 일요일에 휴식을 보장하여야 한다. 부득이한 사정으로 명절일과 일요일에 로동을 시켰을 경우에는 1주일안으로 대휴를 주어야 한다"라고 명시하였다. 또한 동 법령 제27조에서 북한은 "외국인투자기업은 부득이한 사정으로 명절일과 일요일에 종업원에게 로동을 시키고 대휴를 주지 못하였을 경우 일한 날 또는 시간에 한하여 일당 또는 시간당 로임액의 100%에 해당한 가급금을 주어야 한다"라고 하였다. 따라서 동 조항들은 근로자의 휴식보장과 더불어 이를 위반하였을 경우 후속조치에 대한 구체적인 진술이 언급되어 있다. 특히 대휴와 가급금 지급의 경우 여타 법령과 다소 유사한 내용이다.[7]

또한 동 법령 제20조 "외국인투자기업은 종업원에게 해마다 14일간의 정기휴가를 주며 중로동, 유해로동을 하는 종업원에게는 7~21일간의 보충휴가를 주어야 한다"라고 밝혔다. 이는 상술한 「로동법」과 동일한 내용이다. 따라서 북한의 국영기업 근로자와 외국인투자기업 근로자의 휴가기간은 동일하다.

또한 동 법령 제25조 "외국인투자기업은 정기휴가, 보충휴가, 산전산후휴가를 받은 종업원에게 휴가일수에 따르는 휴가비를 지불하여야 한다. 정기 및 보충휴가비는 휴가전 3개월간의 로임을 실가동일수에 따라 평균한 하루로임액에 휴가일수를 적용하여 계산한다. 산전산후휴가비의 지불규모와 방법은 중앙로동행정지도기관이 내각의 승인을 받아 정한다"라고 하였다. 동 조항을 근거로 하면 외국인투자기업 근로자의 휴가비는 총 세 종류로 ① 정기휴가비, ② 보충휴가비, ③ 산전산후휴가비로 구분된다. 또한 정기 휴가비는 전체 근로자에게 적용되고, 보충휴가비는 중노동 이상 근로자에게 적용되며 산전산후휴가비는 임신한 여성근로자에게 일시적으로 적용된다.

---

7) 가령 「경제개발구로동규정」 제35조 "기업은 명절일, 공휴일에 종업원에게 일을 시키고 대휴를 주지 않았을 경우 일당 또는 시간당 로임액의 200%에 해당한 로임을 주어야 한다"와 제32조 "기업은 휴가기간에 있는 종업원에게 로동을 시켰을 경우 휴가비와 함께 일당 또는 시간당 로임액의 100%에 해당한 로임을 주어야 한다"라고 하여 명절일과 공휴일, 휴가기간의 근로에 대한 임금 지급 기준을 언급하였다.

한편 정기휴가비, 보충휴가비, 산전산후휴가비에 대한 지급조항의 경우 2015년 8월 수정 보충된 내용이다. 이에 동 법령 수정 전의 경우 휴가비를 통칭하여 언급하였다. 즉, 최근 수정된 내용처럼 정기휴가, 보충휴가, 산전산후휴가비에 대해 각각 구분하여 언급하지 않고 동 조항 두 번째 조문에서 휴가비를 통칭하여 제시하였다. 따라서 최근 수정된 내용이 기존에 비해 보다 더 구체적이라 하겠다.

특히 휴가비의 경우 「로동법」에서 부재한 내용이다. 따라서 휴가비는 북한의 외국인투자기업 근로자에게만 해당되는 사안이다. 이러한 원인은 휴가비의 제공주체가 북한의 일반기업의 경우 자국기업이고 이는 사실상 재정의 국가부담이 강하다. 반면 외국인투자기업은 해당 외국인투자기업이 재정지원 주체이다. 따라서 북한의 입장에서 보면 휴가비의 부담주체가 전혀 다르기 때문에 외국인투자기업에 대해서는 휴가비 지급을 명시해도 전혀 부담되지 않는다. 반면 이를 북한의 일반기업 근로자에게 확대 적용하기에는 재정적으로 다소 무리가 따르는 부문이다. 때문에 북한의 입장에서 접근하면 「로동법」에서는 휴가비의 언급을 자제하고 이와 반대로 「외국인투자기업로동법」에서 명시한 것은 전략적 선택이라 할 수 있다. 그러나 특이하게도 「외국인투자기업로동법」에서는 근로자의 휴식의 권리에 대한 언급이 부재하다.

3) 여성근로자 보호

여성근로자에 대한 보호는 「로동법」 제31조 "국가는 녀성근로자들이 사회적 로동에 적극 참가할 수 있도록 온갖 조건을 보장한다. 지방정권기관과 해당 국가기관, 기업소, 사회협동단체는 녀성들이 일하는데 편리하게 탁아소, 유치원, 아동병원, 편의시설을 꾸려야 하며 직장에 나가지 못하는 녀성들이 희망에 따라 일할 수 있도록 가내작업반, 가내협동조합 등을 조직하여야 한다"라고 명시하였다.

동 조항을 근거로 하면 북한은 여성근로자들의 적극적인 고용 촉진을 추진하고 더불어 여성근로자들의 근로에 필요한 제반 여건인 보육과 보건서비스를 보장하고 있다. 또 이를 담당하는 주무 기관을 밝힘과 동시에 미취업 여성을 위한 별도의 작업장 조직을 독려하고 있다.

이어서 동 법령 제59조 "국가는 녀성근로자들의 로동보호사업에 특별한 관심을 돌린다. 국가기관, 기업소, 사회협동단체는 녀성근로자들을 위한 로동보호위생시설을 충분히 갖추어야 한다. 녀성들에게는 힘들고 건강에 해로운 작업을 시킬 수 없으며 젖먹이아이를 가졌거나 임신한 녀성근로자들에게는 야간로동을 시킬 수 없다"라고 하였다. 이는 여성근로자들을 위한 노동보호 사업의 실시를 명시함과 동시에 임신과 출산한 여성근로자에 대한 구체적인 보호를 언급한 것이다. 그리고 이는 앞서 제시한 동 법령 제31조 여성근로자 보호 조항의 내용상 연장선상에서 있다.

이어서 동 법령 제66조 "녀성근로자들은 정기 및 보충휴가 외에 근속년한에 관계없이 산전 60일, 산후 180일간의 산전산후휴가를 받는다"라고 제시하였다. 이 역시 동 법령 제66조의 내용을 계승한 것이다.

반면 「외국인투자기업로동법」은 동 법령 제35조 "외국인투자기업은 녀성종업원을 위한 로동보호시설을 충분히 갖추어주어야 한다. 임신하였거나 젖먹이어린이를 키우는 녀성종업원에게는 연장작업, 밤작업을 시킬수 없다"라고 명시하였다. 이는 「로동법」 제59조에서 파생한 것이나 다소 후퇴한 내용이다. 가령 동 조항에서 북한은 일반 여성근로자들에게 중노동을 금지한 내용이 누락되어 있다. 단지 동 조항에서 북한은 크게 두 가지의 내용을 「로동법」에서 승계하고 있는데, 하나는 여성근로자를 위한 시설이고 다른 하나는 임수산한 여성근로자에 대한 보호이다. 따라서 「로동법」을 기준으로 보면 「외국인투자기업로동법」에서 여성근로자의 보호에 대한 미세한 차이가 발생한다.

또한 동 법령 제36조 "외국인투자기업은 실정에 맞게 종업원의 자녀를 위한 탁아소, 유치원을 꾸리고 운영할수 있다"라고 하였다. 이는 「로동법」 제31조의 내용을 승계한 것이지만 아동병원과 편의시설에 대한 언급이 누락되어 있다. 하지만 이는 접근하는 시각과 관점에 따라 달리 해석될 수 있다. 가령 이것이 비교적 큰 문제가 아니라고 판단하는 근거는 크게 세 가지이다. 첫째, 북한은 '상위법령인 「로동법」에서 이에 대해 언급하였다. 때문에 이미 북한의 전 지역에 해당되고 적용됨에 따라 이미 갖추어져 있다. 즉, 「외국인투자기업로동법」을 적용받는 지역은 「로동법」을 통해 통제받았기 때문에 아동병원과 편의시설이 갖추어져 있다'라는 시각이다. 둘째, '아동병원과 편의시설은 동 법령의 핵심적인 사인이 아니라 부수적이다' 때문에 북한의 입장에서 굳이 이를 언급할 필요성이 높지 않다. 셋째, 외국투자기업을 유치하기 위해 '탁아소와 유치원의 운영만을 언급하고 추가적인 아동병원과 편의시설을 요구하면 투자자의 과다한 부담이고 이는 자칫 투자를 유예할 수 있는 독소조항'이라는 시각이다.

반면 이와 반대의 주장은 여성근로자의 원만한 근로환경의 필수적인 요소인 보육부문의 필요충분조건인 아동병원과 편의시설을 제도적으로 보장하지 않은 것은 심각한 문제로 여성근로자에 대한 제도적 장이 충분치 않다는 시각이다. 따라서 아동병원과 편의시설은 제도적 수사에 불과할지라도 동 조항에 대한 상반된 해석이 가능하고 아는 곧 제도적 취약성과 논란, 후속법령을 통한 보완이 요구된다 하겠다.[8]

또한 동 법령 제21조 "외국인투자기업은 임신한 녀성종업원에게 정기 및 보충휴가외에 산전 60일, 산후 180일간의 산전산후휴가를 주어야 한다"라고 제시하였다. 이는 「로동법」과 동일한 내용이다. 역으로 산전산후휴가 기간은 동 법령이 제정된 2009년 1월부터 2015년 5월까지는 과거와 같이 산전 60일, 산후 90일 총 150일이였지만 「로동법」이 수정된 2015년 6월 이후 부터는 240일로 확대되었다. 다른 한편으로 역으로 이는 동 법령보다 「로동법」이 상위법령임을 반증한다 하겠다.

근로복지의 경우 상대적으로 「로동법」은 포괄적인 경향인 반면 「외국인투자기업로동법」은 이와 달리 보다 더 구체적인 성향을 내포하고 있다. 그리고 이러한 원인은 무엇보다 양 법령이 갖는 고유한 내재적 속성에 기인한다. 다시 말해 이는 「로동법」과 「외국인투자기업로동법」의 위계적 차이에 근거한 자연발생적인 현상이다. 반면 일부 조항의 경우 내용상 마찰하는 부분이 존재한다. 그러나 이는 지엽적인 문제로 양 법령의 관계에 지대한 영향을 미치지는 않는다. 이에 역으로 양 법령은 공통점이 차이점 보다 많다. 결국 전체적으로 근로복지의 노동시간, 휴식과 휴가, 여성근로자 보호에 있어 양 법령은 다수의 공통분모가 존재한다 하겠다. 지금까지 논증한 「로동법」과 「외국인투자기업로동법」의 근로복지의 주요내용을 요약하면 다음 〈표 3〉과 같다.

---

8) 한편 동 법령에서 의미하는 편의시설의 종류와 규모, 서비스 대상에 대한 의문도 제기된다.

<표 3> 근로복지 관련 주요 내용 요약

구분	로동법(1978)	외국인투자기업로동법(2009)
노동시간	- 1일 8시간 - 노동강도와 환경에 따른 1-2시간 단축 - 세 자녀 여성근로자 1일 6시간 - 16세 이하 노동금지	- 노동강도와 환경에 따른 단축근무언급, 구체적인 시간단축은 명시는 부재 - 3자녀 여성근로자 6시간, 16세 이하 노동금지 부재
연장근로	- 시간외 노동 금지	- 직업동맹조직과 합의
휴식	- 휴식권 전면적 보장 - 무상치료제와 노동보호제도 명시 - 한주에 1일 휴식보장	- 부재
명절, 공휴일 근무 대휴와 추가 수당	- 대휴 보장 - 추가 보수 부재	- 일주일 안에 대휴 결정 의무 - 대휴미보장 시 가급금 지급
정기휴가	- 14일	- 좌동
보충휴가	- 7-21일	- 좌동
휴가비	- 부재	- 정기, 보충, 산전산후휴가비 지급 명시
휴가비 계산	- 상동	- 최근 3개월 동안 평균 1일 임금
여성근로자 보호	- 노동권 보장 및 노동보호 - 아동병원, 편의시설 보장 - 위해노동금지 - 임신여성 야간근로금지	- 노동보호 - 임수산부 야간근로금지 - 아동병원, 편의시설 부재
산전산후휴가 기간	- 산전 60일, 산후 180일	- 좌동
탁아소, 유치원	- 지방정권기관, 국가기관, 기업소, 사회협동단체	- 외국인투자기업이 운영 담당
아동병원, 편의시설	- 상동	- 부재

* 출처: 저자 작성.

2. 사회보장

1) 사회문화시책과 문화후생기금

「로동법」에서 북한은 직접적으로 사회문화시책이라는 조항보다는 관련된 내용을 중심으로 명시하였다. 동 법령 제11조 "…모든 물질적 및 문화적 재부는 전적으로 나라의 부강발전과 근로자들의 복리증진에 돌려진다.…"라고 명시하였다. 또한 동 법령 제5조 "…실업이 영원히 없어졌다. 모든 근로자들은 희망과 재능에 따라 직업을 선택하며 국가로부터 안정된 일자리와 로동조건을 보장받는다"라고 하였다. 이에 북한은 동 법령에서 인민복리 증진과 실업해소, 취업보장을 명문화하였다.

또한 사회문화시책의 일부라 할 수 있는 교육과 보건과 관련하여 북한은 동 법령 제8조에서 인민교육시책, 제72조에서 의무교육, 제58조에서 근로자들의 건강보호에 대해 언급하였다. 특히 북한은 동 법령 제68조 "국가는 모든 근로자들의 생활을 책임지고 보장하며 그들의 물질문화 생활을 끊임없이 높이는 것을 자기활동의 최고원칙으로 삼는다. 근로자들은 로동에 의한 분배 외에 추가적으로 많은 국가적 및 사회적혜택을 받는다"라고 하여 국가책임과 더불어 추가적인 혜택을 명시하였고 여기에서 말하는 혜택에 사회문화시책이 해당된다. 또한 북한은 동 법령 제69조에서 주택보장, 제70조에서 눅은 값으로 식량공급, 제71조에서 국가와 사회부담의 보육사업을 각각 제시하였다.

특히 북한은 동 법령 제73조부터 79조까지 사회문화시책에 대해 구체적으로 언급하였다. 구체적으로 보면 동 법령 제73조 "국가는 로동재해, 질병, 부상으로 로동능력을 일시적으로 잃은 근로자들에게 국가사회보험제에 의한 일시적 보조금을 주며 그 기간이 6개월이 넘으면 국가사회보장제에 의한 로동능력상실년금을 준다"라고 하였다. 이는 근로자가 근로기간 중 발생한 사고나 위험에 대한 보호로 해당 제도와 급여종류, 급여수급기간에 대해 밝혔다.

또한 북한은 동 법령 제74조 "국가는 남자 만 60살, 녀자 만 55살에 이른 근로자들에게 일정한 근속로동년한을 가진 경우에 년로년금을 준다"하고 하였다. 이는 은퇴한 근로자의 노후보장과 관련한 내용이다. 또한 동 법령 제75조 "…공훈을 세운 국가공로자들이 로동능력을 잃었거나 사망하였을 때에는 그들과 그 가족들에게 특별한 배려를 돌린다"라고 하여 공로자에 대한 우대를 명문화하였다.

또한 동 법령 제76조 "…정기 및 보충휴가기간에 평균생활비 또는 평균로력일을 주며 산전산후휴가기간에는 일시적 보조금 또는 평균로력일을 준다"라고 밝혀 각종 휴가비 보장을 제시하였다. 또한 동 법령 제77조 "…근로자들이 사망하였을 때에는 그들의 양육을 받아오던 부양가족들에게 유가족에게 유가족년금을 주며 돌볼 사람이 없는 어린이들은 국가가 맡아 키운다"라고 하여 유족연금과 무의무탁 아동에 대한 국가차원의 보호를 명기하였다. 이와 동렬에서 동 법령 제78조 "국가는 로동능력을 잃은 돌 볼 사람이 없는 늙은이들과 불구자들을 양로원과 양생원에서 무료로 돌보아준다"라고 하여 무의무탁노인과 장애인에 대한 보호를 언급하였다.

특히 동 법령 제79조 "국가는 모든 근로자들에게 완전한 무상치료제에 의한 의료상 혜택을 준다. 로동자, 사무원, 협동농장원 및 그들의 부양가족은 치료, 료양, 예방, 해산 등 모든 의료봉사를 무상으로 받는다"라고 하여 사실상의 무상치료제를 명시하였다. 그러나 이와 달리 동 법령에서 문화후생기금에 대한 내용은 부재하다.

반면 「외국인투자기업로동법」은 동 법령에서 사회문화시책에 대한 직접적인 언급은 부재하다. 하지만 동 법령 제1조 "조선민주주의인민공화국 외국인투자기업로동법은 로력의 채용, 로동과 휴식, 로동보수, 로동보호, 사회보험 및 사회보장, 종업원의 해임에서 제도와 질서를 엄격히 세워 기업의 경영활동을 보장하며 기업에 종사하는 종업원의 권리와 리익을 보호하는데 이바지한다"라고 밝혔다. 이는 동 법령의 사명이지만 조항의 내용들이 사실상 인민시책과 관련된 것이다.

특히 동 법령 제5조 "외국인투자기업은 우리 나라 공민인 종업원이 사회보험 및 사회보장에 의한 혜택을 받도록 한다"라고 하여 외국인투자기업 종업원의 사회보험과 사회보장제도의 적용을 천명하였다. 또한 동 법령 제43조 "외국인투자기업은 결산리윤의 일부로 종업원을 위한 문화후생기금을 조성하고 쓸 수 있다. 문화후생기금은 종업원의 기술문화수준의 향상과 군중문화체육사업, 후생시설운영 같은데 쓴다"라고 하여 문화후생기금의 조성과 이용에 대해 밝혔다.

2) 최저임금과 생활보조금

「로동법」의 경우 최저임금에 대한 법 조항이 전혀 부재하다. 이러한 이유는 북한의 입장에서 굳이 「로동법」에서 최저임금을 밝히기보다는 간접적으로 관련 있는 생활비등급제를 통해 다소 추상적으로 제시하는 것이 용이하기 때문이다. 또한 동 법령에서 북한은 최저임금액에 대한 언급을 할 이유나 필요도 충분치 않다. 다시 말해 동 법령을 통해 북한이 최저임금액을 명기하는 것보다 명기하지 않는 것이 자신들의 입장에서 유리하다. 더욱이 동 법령은 추상적 수준의 함의이기 때문에 구체적인 내용을 담아야하는 최저임금에 대해 언급할 명분과 실리가 부족하다고 판단된다.

이와 마찬가지 이유로 생활보조금의 경우에도 동 법령에서 명시되어 있지 않다. 따라서 최저임금과 생활보조금이 동 법령에 부재한 것은 달리 보면 당연한 결과라 할 수도 있다. 즉, 최근 북한의 경제특구에 일괄적으로 적용하는 최저임금과 생활보조금을 동 법령에서 언급한다는 자체가 북한에게 있어 상당히 부담스러운 문제이다. 왜냐하면 동 법령은 북한의 전체 근로자에게 적용됨에 따라 자칫 중앙정부 차원의 정책과 문제로 작용하기 때문이다.

반면 「외국인투자기업로동법」은 동 법령 제23조 "외국인투자기업 종업원의 월로임최저기준을 정하는 사업은 중앙로동행정지도기관 또는 투자관리기관이 한다. 월로임최저기준은 종업원이 로동과정에 소모한 육체적 및 정신적힘을 보상하고 생활을 원만히 보장할수 있게 정하여야 한다"라고 명시하였다. 이에 동 법령에서 북한은 외국인투자기업 근로자의 ① 최저임금의 명시, ② 최저임금 지정주체, ③ 최저임금 책정기준에 대해 언급하였다. 특히 북한은 외국인투자기업 근로자의 최저임금을 결정하는 것에 대해 중앙노동행정기관과 투자관리기관이 주무 담당기관으로 명시하였다. 이는 외국인투자기업 근로자의 최저임금 결정과 임금 협상에 대한 채널을 언급한 것이다. 그리고 사실상 이는 양 기관의 합의에 의해 최저임금이 결정됨을 의미한다.

또한 동 법령 제26조 "외국인투자기업은 종업원이 기업의 책임으로 또는 양성기간에 일하지 못하였을 경우 일하지 못한 날 또는 시간에 한하여 일당 또는 시간당 로임액의 60%이상에 해당한 보조금을 주어야 한다"라고 하였다. 그리고 이는 북한이 2013년 제정한 「경제개발구로동규정」 제33조 "기업은 양성기간에 있거나 기업의 책임으로 일하지 못하는 종업원에게 일당 또는 시간당 로임의 60%이상에 해당한 생활보조금을 주어야 한다"라는 조항과 거의 동일하다. 이를 통해 볼 때, 북한은 2009년 제정한 동 법령을 2013년 제정한 「경제개발구로동규정」에도 적용하여 이를 추동하는 행태, 즉, 동일한 사안에 대해 동일한 입장을 보이는 지속성을 나타내고 있다.[9]

한편 동 조항은 외국인투자기업의 책임으로 인하여 양성기간 중이지만 비자발적 무노동 근로자들에게 생활보조금을 지급함과 동시에 그 지급수준을 언급한 것이다. 그러나 동 조항에는 생활보조금의 수급기간이 명시되어 있지 않아 실제 적용상의 논란이 예상된다.[10] 때문에 북한은 이 같은 법적 논란을 해소하기 위해 동 법령의 하위규정인 '외국인투자기업로동규정'[11]이나 '외국인투자기업로동규정 시행세칙'등을 제정, 이를 통해 분명히 밝힐 필요가 있다. 즉, 북한은 이러한 법적 분화를 통해 제도적 함의와 규준을 명확히 하여 적용과 해석상의 우려를 상쇄시켜야 한다.

---

9) 사실 북한법령의 이러한 행태는 여타 법령에도 다소 나타나는 현상이다. 특히 경제특구와 관련된 사항들은 1990년대 제정한 법령을 시초로 지속성과 변화가 동시에 감지된다.

10) 이철수, "북한의 경제특구 복지법제 비교분석: 라선경제무역지대 외국투자기업 로동규정과 경제개발구 로동규정을 중심으로,"『법학논총』 제34집 2호 (2017c), 209쪽. 한편 이는 「외국인투자기업로동규정」 제28조 "외국인투자기업은 종업원의 잘못이 아닌 기업의 책임으로 일하지 못하였거나 양성기간에 일하지 못한 종업원에게 일하지 못한 날 또는 시간에 따라 일당 또는 시간당 로임액의 60% 이상에 해당한 보조금을 주어야 한다"라는 조항에서 인용·파생한 것이다.

11) 아이러니하게도 동일한 법명으로 1999년 5월 8일(내각결정 제40호로 채택), 2005년 1월 17일 내각결정 제4호로 수정된 「외국인투자기업로동규정」이 존재한다. 동 법령을 하위규정으로 하면 북한의 입법순서는 역순으로 진행된 것이라 하겠다.

3) 사회보험(료)

「로동법」의 경우 사회보험료에 대한 법 조항이 부재하다. 그리고 이러한 이유는 상술한 최저임금과 생활보조금의 경우와 동일한 사유이다. 하지만 북한은 앞서 언급한 바와 같이 동 법령 제73조에서 국가사회보험과 국가사회보장, 제74조에서 노후보장에 해당되는 년로년금, 제75조에서 공로자 우대, 제76조에서 임금과 보조금, 제77조에서 유가족년금 등을 언급하여 사회보험과 관련한 내용을 명시하였다. 그리고 이는 사회보험료와는 관련이 없지만 사회보험과는 밀접한 관련이 있는 조항들이다. 따라서 동 법령에서는 사회보험에 대한 언급은 있지만 여기에 소요되는 재정인 사회보험료에 대한 내용은 부재하다.

반면 「외국인투자기업로동법」은 동 법령 제5조 "외국인투자기업은 우리 나라 공민인 종업원이 사회보험 및 사회보장에 의한 혜택을 받도록 한다"라고 하였다. 이는 북한이 외국인투자기업 근로자의 사회보험 및 사회보장 제도에 대한 적용원칙을 밝힌 것이다. 따라서 동 조항에 근거하면 외국인투자기업에서 근무하는 북한 근로자들은 기존과 동일한 북한의 사회보험과 사회보장제도에 적용된다. 그리고 이는 큰 틀의 동일한 북한사회복지제도에 해당되는 것으로 여타 북한 경제특구의 근로자들과 별반 차이가 나지 않는다 하겠다.

또한 동 법령 제39조 "외국인투자기업에서 일하는 우리 나라 종업원이 병, 부상 같은 원인으로 로동능력을 잃었거나 일할 나이가 지나 일하지 못하게 되였을 경우에는 국가의 사회보험 및 사회보장에 의한 혜택을 받는다. 사회보험 및 사회보장에 의한 혜택에는 보조금, 년금의 지불과 정양, 휴양, 견학 같은것이 속한다"라고 하였는데, 이는 북한이 기존의 「로동법」의 주요 내용을 승계하여 북한의 사회보험과 사회보장 제도의 각종 혜택을 밝힌 것이다. 이에 동 조항에 근거하면 ① 노동능력을 상실한 경우와 ② 은퇴한 근로자는 사회보험과 사회보장에 적용된다. 그리고 이러한 경우 현금급여인 ① 연금과 보조금[12], 현물급여인 ② 휴양과 견학이 제공된다. 단, 한 가지 여기에서 의문스러운 것은 '견학'인데, 이것이 현물급여인 것은 분명해보이나 휴양과 달리 구체적으로 무엇이 제공되는지에 대해서는 언급하기에는 한계가 있다.

그리고 여기에 소요되는 기금의 경우 북한은 동 법령 제41조 "사회보험 및 사회보장에 의한 혜택은 사회보험기금에 의하여 보장된다. 사회보험기금은 외국인투자기업과 종업원으로부터 받는 사회보험료로 조성한다"라고 하였다. 따라서 외국인투자기업 근로자에게 제공되는 각종 복지혜택에 소요되는 재원의 원천은 사회보험기금이고 이는 근로자가 부담하는 사회보험료로 충당된다. 다른 한편 여기에서 매우 중요한 점은 사회보험과 사회보장에 소요되는 재원이 별도의 기금으로 각각 조성되는 것이 아니라 사회보험기금으로 통합·운영된다는 것이다. 이는 북한이 사회보험과 사회보장이라는 제도를 이원화하였지만 양 제도의 운영에 필요한 재원은 단일하게 사회보험기금으로 일원화되어 있음을 반증한다. 따라서 결국 적어도 북한의 외국인투자기업 근로자에게 적용되는 북한의 복지제도는 크게 사회보험과 사회보장 두 제도이다. 또한 여기에 조달되는 재원은 사회보험료이고 이를 통해 확보한 기금은 사회보험기금으로 통칭된다.

이러한 기금의 원천인 사회보험료에 대해 북한은 동 법령 제42조 "외국인투자기업과 종업원은 달마다 해당 재정기관에 사회보험료를

---

12) 여기에서 말하는 연금은 북한의 복지급여인 노령연금과 노동능력상실연금을 의미하고 보조금은 이와 별개의 것이라 판단된다.

납부하여야 한다. 사회보험료의 납부비률은 중앙재정지도기관이 정한다"라고 하였다. 동 조항을 근거로 하면 사회보험료는 외국인투자기업과 해당기업 근로자가 각각 공동으로 납부·부담한다.

이는 기존과 다소 차이가 나는 부문으로 가령 2003년 적용한 개성공업지구의 경우 북한은 「개성공업지구 로동규정」에서 동 규정 제42조 "기업은 공화국공민인 종업원에게 지불하는 월로임총액의 15%를 사회보험료로 달마다 계산하여 다음달 10일안으로 중앙공업지구 지도기관이 지정하는 은행에 납부하여야 한다. 사회문화시책과 관련하여 기업은 사회보험료밖의 다른 의무를 지니지 않는다"라고 명시하였다. 즉, 동 조항에 근거하면 개성공업지구 근로자의 사회보험료는 근로자의 임금에서 갹출하지만 기업이 직접 납부·부담한다.

반면 상술한 바와 같이 외국인투자기업 근로자들은 개성공업지구 근로자들과 달리 해당 외국인 기업과 근로자들이 각각 별도로 납부하지만 공동 부담한다. 따라서 이러한 북한의 변화를 놓고 다양한 해석이 가능하지만 한 가지 분명한 것은 2009년을 기점으로 사회보험료의 재정부담 주체가 제도적으로 이원화되었다는 것이다. 그리고 이러한 북한의 변화와 추세에 대한 확고한 판단은 동 법령의 하위규정을 통해 구체화될 때 가능하다고 판단된다.[13]

한편 각종 복지급여에 대해 북한은 동 법령 제40조 "사회보험 및 사회보장에 의한 보조금, 년금은 해당 법규에 따라 계산한다"라고 하여 보조금과 년금의 급여수준 계산에 대해 언급하였다. 동 조항을

---

13) 동 법령보다 먼저 제정된 「외국인투자기업로동규정」 제39조 "사회보험 및 사회보장에 의한 혜택은 사회보험기금에 의하여 보장된다. 사회보험기금은 기업과 종업원에게서 받는 사회보험료로 적립된다"고 하였다. 이를 근거로 하면 사회보험료 재정부담 주체는 기업과 근로자가 각각 별도로 공동 부담한다.

근거로 하면 북한의 외국인기업 근로자는 복지급여 계산과 수준이 별도의 법규에 의해 결정된다. 특히 여기에서 북한이 언급한 '해당 법규'가 구체적으로 무엇인가에 대한 문제와 의문이 제기된다. 이를 위해 여기에서 북한이 언급한 법규가 기존의 법규인지, 아니면 신설된 법규인지에 대한 추적이 필요하다. 이를 추적해 보면 이는 신설된 법규라기보다는 기존의 법규를 의미한다 하겠다. 이러한 이유는 동 법령의 하위규정이나 별도의 법규가 현재까지 공표된 바 없기 때문이다. 따라서 예측하건대, 여기에서 말하는 해당 법규는 기존의 북한의 각 사업장별로 비치된 '노동성 사회보험규정집'을 의미한다고 판단된다.[14)]

사회보장의 경우 「로동법」과 「외국인투자기업로동법」은 각각 법적 지위에 맞게 구성되어있다. 「로동법」은 다양한 북한의 시책과 복지제도에 대한 구체적인 정책과 급여에 대해 언급하였지만 최저임금과 생활보조금, 사회보험료에 대한 내용은 부재하다. 반면 「외국인투자기업로동법」 사회문화시책에 대한 언급은 부재한 반면 문화후생기금, 최저임금과 생활보조금, 사회보험료에 대한 구체적인 내용이 서술되어 있다. 이러한 양 법령의 차이는 앞서 상술한 바와 같이 양 법령이 갖는 내재적 속성과 법적 지위, 기능과 역할에 근거한 것이라 판단된다. 지금까지 논증한 「로동법」과 「외국인투자기업로동법」의 사회보장의 주요내용을 요약하면 다음 〈표 4〉와 같다.

---

14) 이에 「외국인투자기업로동규정」 제38조 "사회보험, 사회보장에 의한 보조금, 년금은 공화국의 로동법규범에 따라 계산한다"라고 하여 동 규정에서 북한은 노동법규범에 따른다고 하였다. 그리고 여기에서 말하는 노동법규범 또한 무엇을 지칭하는지 분명하지 않다.

<표 4> 사회보장 관련 주요 내용 요약

구분	로동법(1978)	외국인투자기업로동법(2009)
사회문화시책	-제도와 다양한 급여 제시	-제도로서 언급
문화후생기금	-부재	-조성과 이용 제시
최저임금	-상동	-합의 주체 언급
생활보조금	-상동	-수급 기간 부재
사회보험	-국가사회보험으로 제시	-제도 적용 언급
사회보장	-국가사회보장으로 제시	-상동
사회보험료	-부재	-기업과 근로자 공동 부담

* 출처: 저자 작성.

Ⅳ. 결론

지금까지 본 연구는 북한의 「로동법」과 「외국인투자기업로동법」 양 법령을 놓고 비교 분석하였고 이를 통해 북한의 노동복지법제 동학을 양 법령의 법적개관, 근로복지와 사회보장 조항을 중심으로 규명하였다. 이에 주요 분석결과는 크게 다음 세 가지로 정의된다. 첫째, 양 법령은 법적 정체성과 법적 지위에 있어 상당한 차이가 있다. 먼저 법적 위계적 차원에서 상대적으로 접근하면 「로동법」이 「외국인투자기업로동법」에 비해 상위법령이고 때문에 「외국인투자기업로동법」은 하위법령이다. 따라서 양 법령은 법령의 위계적 차원에서 법적 상하관계를 갖는다. 즉, 북한은 「로동법」이라는 기존의 원칙적 입 법령 아래 「외국인투자기업로동법」을 허용·통제하고자 한다. 때문에 양 법령은 ① 입법과 제정취지, ② 입법시기와 환경, ③ 양 법령의 적용대상, ④ 법적 구성에 있어 차이가 발생할 수밖에 없다.[15]

---

15) 다른 한편으로 양 법령은 '상하관계'이기도 하지만 '수평관계'라고도 할 수 있

다음으로 법적 내용차원에서 상대적으로 접근하면 「로동법」이 북한의 노동에 관한 고전적-추상적 수준의 함의를 밝힌 것이라면 「외국인투자기업로동법」은 북한의 외국인투자기업노동에 대한 현대적-실제적 수준의 함의를 제시하였다. 그리고 이는 재차 「로동법」은 거시-구조적 수준, 「외국인투자기업로동법」은 미시-행위적 수준으로 정리된다. 결국 이는 법령의 서술과 표기, 내용의 구체성, 해석과 적용의 명확성에 반영되는데, 이러한 점에서 보면 「외국인투자기업로동법」이 「로동법」에 비해 발달된 형태이다.

마지막으로 양 법령의 존재로 인해 특히 「외국인투자기업로동법」의 제정으로 말미암아 북한의 노동제도와 정책이 이중적으로 다층화되었다는 것이다. 동 법령이 제정되기 이전까지 기존의 북한 노동제도는 「로동법」에 근거하여 단일하게 작동하였다. 그러나 2009년 동 법령의 제정 이후 북한이 제정한 '노동법'은 두 가지가 되었다. 특히 북한이 법 명칭에 「외국인투자기업로동법」이라 칭 것은 상당한 의미를 갖는다. 또한 이에 따라 후속적으로 양 '노동법'이 표방하는 법적 내용에 근거하여 북한의 노동제도가 양립하게 되었다. 따라서 2009년 이후 지금 현재 북한은 두 개의 '노동법' 아래 두 개의 '노동제도'로 재편되었다 하겠다.

둘째, 근로복지는 상대적으로 「로동법」이 포괄적인 내용을 갖고 양적으로도 다수인 반면 「외국인투자기업로동법」은 이와 달리 보다 더 구체적인 내용을 갖고 양적으로 소수이다. 이러한 원인은 양 법령이 갖고 있는 속성과 기능, 법적 지위, 적용기업 등 실제적 차이 등에 있다. 또한 양 법령의 일부 조항이 부분적으로 공통적이거나

다. 그리고 이러한 '수평적 양립관계'의 근거는 양 법령의 적용기업의 차이에 근거한다.

상호 부재한 내용도 있다. 따라서 양 법령은 법 내용상 근로복지에 관한 공통점과 차이점, 지속성과 변화 등이 동시에 나타난다. 그러나 이러한 현상이 북한의 노동관련 법의 체계나 법적 기본 틀을 훼손하여 법적 위계와 내용, 나아가 법적 질서에 영향을 미치지는 못한다고 판단된다.

셋째, 사회보장은 내용상 「로동법」과 「외국인투자기업로동법」 양 법령 모두 법적·위계적 지위에 맞게 언급되어있다. 즉, 「로동법」은 북한의 다양한 정책, 복지제도와 그에 따른 급여, 일종의 북한식 복지프로그램 등에 대해 명시하였다. 그러나 동 법령에는 북한이 「외국인투자기업로동법」에서 언급한 문화후생기금, 최저임금, 생활보조금, 사회보험(료), 사회보장 등에 대한 내용이 제시되어 있지 않다. 이와 반대로 「외국인투자기업로동법」에는 이와 같은 내용이 있는 반면 북한의 복지제도에 대한 언급은 명기되어 있지 않다.

한편 더욱 중요한 것은 양 법령의 파급효과나 실제적 결과를 떠나 북한의 노동제도가 제도적-형식적으로 법적 적용대상에 따라 '이중화'내지는 사업장별 '다중화'되었다는 것이다. 다시 말해 북한이 소유하고 제정한 '노동법'은 2009년을 기준으로 구분된다. 즉, 2009년 제정한 「외국인투자기업로동법」으로 인해 북한이 공식적으로 표방하고 인정한 '노동법'은 두 종류이다. 따라서 「로동법」과 「외국인투자기업로동법」 양 법령의 법적 정체성, 실제적 영향력에 대한 판단을 차치하더라도 북한노동의 제도적 이중화는 공식화 되었다. 이에 북한의 노동은 북한이 당면한 대내외 환경에 종속되어 제도적 분화를 꾀하였다.

때문에 다른 한편으로 북한의 '이중화'내지는 '다중화'된 노동정책이 만 10년째인 2018년 현재 북한 노동현장에 대한 근로복지와 사회보장의 현실과 그 실체에 귀추가 주목된다. 나아가 향후 북한의 노동제도의 법적 분할, 특히 최근 북한의 경제특구 근로소득과 근로복지, 사회보장에 대한 추가적인 관찰이 필요하다. 또 다른 한편으로 현실적으로 국제사회의 대북제재로 인한 북한의 투자 유치의 제한적인 상황도 고려해야한다. 이에 북한의 노동복지법제와 현실에 대한 고찰을 통해 실체적 진실에 접근한다면 보다 더 확실한 북한의 노동복지에 대한 판단이 가능할 것이다. 이러한 점에서 본 연구는 단초적인 역할을 하였고 의미 있는 연구로 천착될 것이다.

참고문헌

1. 북한 법령

개성공업지구로동규정

경제개발구로동규정

라선경제무역지대법

라선경제무역지대 외국투자기업로동규정

라선경제무역지대 외국투자기업로동규정 시행세칙

사회주의로동법

외국인투자기업로동규정

외국인투자기업로동법

2. 논문 및 단행본

문무기, "개성공업지구 노동규정의 운영상황 분석과 향후 제도 개선방향,"『수은 북한경제』 2009년 봄호, 2009.

박은정, "북한의 노동법: 노동보호법과 노동정량법,"『법학논집』 제16권 3호, 2012, 269~288쪽.

박천조, "개성공단 노동제도의 변화와 영향 연구,"『산업노동연구』 제21권 2호, 2015.

배국열, "김정은 시대 경제개방 정책 평가,"『북한학보』 제39권 2호, 2014, 75~109쪽.

배종렬, "김정은 시대의 경제특구와 대외개방: 평가와 전망,"『북한연구학회보』 제18권 2호, 2014, 27~57쪽.

송강직, "북한사회주의로동법의 특징,"『강원 법학』 제44권, 2015, 251~280쪽.

양문수 외,『2000년대 북한경제 종합평가』, 서울: 산업연구원, 2012.

유현정, "북한의「경제개발구법」에 대한 평가와 함의,"『북한연구학회 동계학술발표논문집』 2013(4), 519~532쪽.

이규창,『남북 법제통합 기본원칙 및 가이드라인』, 서울: 통일연구원, 2010.

이승옥, "김정은 시대 북한의 경제특구전략: 영역화, 분권화, 그리고 중국식 개혁개방?"『한국경제지리학회지』 제19권 제1호, 2016, 122~142쪽.

이영훈, "나선 경제특구 개발의 결정요인 및 전망," 『JPI 정책포럼』 2015(15), 1~10쪽.

이철수, "북한경제특구의 노동복지법제 비교분석: 개성공업지구와 라선경제 무역지대를 중심으로," 『법학연구』 제28권 1호, 2017a.

_____, "북한의 경제개발구 노동복지 법제분석: 경제개발구 로동규정을 중심으로," 『동서연구』 제29권 3호, 2017b.

_____ "북한의 경제특구 복지법제 비교분석: 라선경제무역지대 외국투자기업 로동규정과 경제개발구 로동규정을 중심으로," 『법학논총』 제34집 2호, 2017c.

이효원, "라선경제무역지대법의 특징과 개선 과제: 경제개발구법과 비교를 중심으로," 『서울대학교 법학』 제56권 제4호, 2015.

임을출, "김정은 시대의 경제특구 정책: 실태, 평가 및 전망," 『동북아 경제연구』 제27권 3호, 2015.

최우진, "라선경제무역지대의 법제도 정비 현황," 『통일과 법률』 2015년 8월호, 2015.

_____, "북한 라선경제무역지대법의 최근 동향-조중협정 이후 개정내용을 중심으로," 『법조』 63(12), 2014, 146~183쪽.

한국경영자총협회, 『통일이후 노동시장 변화와 정책과제』, 서울: 한국경영자 총협회, 2012.

제21장

북한경제특구의 노동복지법제 비교분석

외국인투자기업 로동규정과
개성공업지구 로동규정을 중심으로

Ⅰ. 서론

북한은 1999년 5월 8일 「조선민주주의인민공화국 외국인투자기업 로동규정」(내각결정 제40호로 채택)을 제정하였다. 이는 기존의 북한 경제발전 전략 수립의 연장선상의 법령으로 외자유치를 목적으로 한 법령이다. 특히 이는 북한이 2003년 9월 18일 제정한 「조선민주주의인민공화국 개성공업지구 로동규정」(최고인민회의 상임위원회 결정 제2호로 채택)과 대비된다. 왜냐하면 하나는 북한이 외자유치를 위해 제정한 법령이고 다른 하나는 남북경협이지만 사실상의 외자유치에 성공한 특정 지역에 대해 각각 1999년과 2003년에 별도의 '로동규정'을 제정했기 때문이다.

따라서 북한의 전 지역에 해당되는 '외국인투자기업 로동규정'과 경제특구인 '개성공업지구 로동규정'을 놓고 그 내용을 비교하면, 북한의 경제특구 로동규정에 관한 위계적·순차적 차원의 동학을 규명할 수 있다. 즉, 양 법령의 적용지역과 대상의 차이로 인해 발생하

는 법적 내용과 더불어 약 4년간의 입법 시간의 간극에서 따라 나타
난 당시 북한의 동학에 접근할 수 있다.

한편 북한은 2013년 9월 12일 「조선민주주의인민공화국 라선경제
무역지대 외국투자기업로동규정」(최고인민회의 상임위원회 결정
제139호로 채택), 2014년 11월 17일 「조선민주주의인민공화국 라선
경제무역지대 외국투자기업로동규정 시행세칙」(라선시인민위원회
결정 제162호로 채택)을 각각 제정하였다. 이는 북한이 2013년 라선
경제무역지대라는 경제특구에 별도의 로동규정을 시행하겠다는 것
을 천명한 것이고 연이어 2014년 이를 실제 적용하기 위해 실천규정
인 시행세칙을 재차 제정한 것이다.[1] 그리고 이는 상술한 바와 같이
북한이 1999년과 2003년 각각 제정한 '외국인투자기업 로동규정'과
'개성공업지구 로동규정'의 연장선상에 있다고 판단된다.

이러한 점에서 '외국인투자기업 로동규정'과 '개성공업지구 로동
규정'은 의미하는 바가 크다. 왜냐하면 '외국인투자기업 로동규정'과
'개성공업지구 로동규정'은 '라선경제무역지대 외국투자기업로동규
정'과 '라선경제무역지대 외국투자기업로동규정 시행세칙'과 그 기
능을 같이 하지만[2] 먼저 제정되었기 때문이다. 따라서 '외국인투자
기업 로동규정'과 '개성공업지구 로동규정'을 추적하면, 후일 제정한
'라선경제무역지대 외국투자기업로동규정'과 '라선경제무역지대 외

---

1) 이철수, "북한경제특구의 노동복지법제 비교분석: 개성공업지구와 라선경제무역
   지대를 중심으로," 「법학연구」 제28권 1호 (충북: 충북대학교, 2017a), 169쪽. 북
   한은 라선경제무역지대와 관련, 2014년 7월 23일 '환경보호규정', 동년 8월 7일
   '벌금규정', 동년 9월 25일 '세금규정', 동년 12월 24일 '부동산규정', 2015년 4월
   8일 '외국투자기업 재정관리규정', '외국투자기업 회계규정', 동년 6월 10일 '세
   금징수관리규정', '외국투자기업회계검증규정'을 각각 제정하였다.
2) 이철수, "북한의 경제개발구 노동복지 법제분석: 경제개발구 로동규정을 중심
   으로," 「동서연구」 제29권 3호 (서울: 연세대학교 동서문제연구원, 2017b), 29쪽.

국투자기업로동규정 시행세칙'의 원인과 배경에 대한 일정한 함의를 도출할 수 있다.

이에 본 연구는 북한 경제특구의 노동복지 법제를 추적하여 법제도적 변화를 분석, 그 함의를 도출하고자 한다.[3] 보다 구체적인 본 연구의 목적은 북한의 '외국인투자기업 로동규정'과 '개성공업지구 로동규정'을 비교, 1999년-2003년 사이의 북한경제특구 노동복지 법제의 동학을 추적하고자 한다. 이에 본 연구의 주요 분석 대상은 북한이 1999년과 2003년에 각각 제정한 '외국인투자기업 로동규정'과 '개성공업지구 로동규정'을 중심으로 한다. 또한 본 연구의 연구방법은 문헌연구를 중심으로 하여 원 자료인 두 법령들을 놓고, 노동과 복지 관련 조항을 핵심 분석대상으로 하여 법제도 분석에 일반적으로 사용되는 방법인 질적 내용분석을 통해 비교 분석하고자 한다.[4]

이를 위한 본 연구의 서술순서는, 먼저 양 법령의 노동복지 관련 조항에 대한 개괄적 고찰을 통해 거시적 분석을 시도하고자 한다. 다음으로 양 법령의 규정을 놓고 ① 근로소득, ② 근로복지, ③ 사회보장을 중심으로 비교 분석하고자 한다. 마지막으로 이를 토대로 양 법령을 통한 2000년대 전후 북한경제특구의 노동복지 법제에 관한 통시적 차원의 지속성과 변화를 도출하고자 한다.

특히 본 연구가 이러한 비교 분석을 시도하는 이유는 다음과 같다. 첫째, 무엇보다 관련 법령들과의 교차분석을 통해 북한경제특구의 노동복지 법제에 대한 다층적 해석이 가능하다. 둘째, 북한경제특구의 노동복지 법제의 지속성과 변화에 접근하기 위해서는 반드시 관련 법령들과의 비교를 통해 추출해야한다. 셋째, 동 법령들은

---

3) 위의 논문, 29쪽.
4) 위의 논문, 29쪽.

시차적으로 약 4년의 시간적 간극이 존재하기에 현 시점에서 통시적인 접근과 해석이 가능하다. 때문에 본 연구는 각각의 법령에 나타난 동종의 내용을 비교분석하고자 한다.[5] 참고로 본 연구의 분석 모형과 분석 틀을 도식화면 각각 다음 〈그림 1〉과 〈표 1〉과 같다.

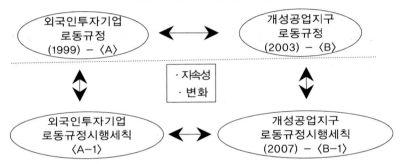

<그림 1> 분석 모형: 법적 체계

* 비고 1: 외국인투자기업 로동규정시행세칙은 부재, 개성공업지구 로동규정시행
  세칙은 공식적으로 미공개.
* 비고2: 점선 위 두 법령 중심의 시계적 차원의 비교 분석.
* 비고3: 2009년 외국인투자기업로동법 제정.
* 출처: 이철수, 2017a, 171쪽에서 수정 재인용.

<표 1> 분석 틀

구분	외국인투자기업 로동규정(1999)	개성공업지구 로동규정(2003)
① 근로소득 ② 근로복지 ③ 사회보장	① 관련 조항의 구체적 진술 ② 관련 조항의 공통점과 차이점 ③ 동일 조항의 내용(변화) 비교(추적) ④ 동일 조항의 지속성·변화-추적·분석	

* 출처: 이철수, 2017a, 172쪽에서 수정 재인용.

---

5) 참고로 본 연구와 관련한 대표적인 기존연구는 이철수(2017a · b), 이효원(2015)의
  연구가 있고 북한 경제특구와 관련한 대표적인 연구는 문무기(2009), 박천조
  (2015), 박형중(2015), 배종렬(2014), 유현정 · 정일영(2016), 임을출(2015 · 2016),
  조봉현(2015), 최우진(2015 · 2014) 등의 연구가 있다.

II. 법적 개괄

먼저 「외국인투자기업 로동규정」의 경우 총 8개장 45개 조항으로 ① 일반규정, ② 로력의 채용과 해고, ③ 기능공의 향성, ④ 로동시간과 휴식, ⑤ 로동보수, ⑥ 로동보호, ⑦ 사회보험, 사회보장, ⑧ 제재 및 분쟁해결로 구성되어 있다. 또한 동 규정은 1999년 제정 이후 2005년 1월 17일 내각결정 제4호로 한차례 수정되었지만 주목할 만한 내용상의 변화는 없다.

즉, 북한이 1999년 제정한 「외국인투자기업 로동규정」은 제정 당시를 기준으로 할 때, 북한이 1984년부터 제정한 각종 외국자본 유치 관련 법령의 총아라 할 수 있다. 가령 동 규정 제정이전 북한의 외자유치와 관련한 대표적인 법령은 1984년 합영법, 1992년 합작법과 외국인기업법, 1993년 라선경제무역지대법과 자유경제무역지대법 등이다. 따라서 동 규정은 이러한 북한의 대외경제관련 법제의 환경 하에 북한 내에 장기간 체류, 경제활동에 임할 외국기업 근로자에 대한 법적 함의를 다소 구체적인 '규정'차원에서 구체적으로 언급하였다. 때문에 동 규정은 북한에 상주할 외국기업이 고용한 북한 근로자에 대한 전반적인 로동 관련 내용을 언급한 것으로 제정 당시를 기준으로 하면 가장 구체적인 규정이다.

반면 「개성공업지구 로동규정」의 경우 총 7개장 49개 조항으로[6] ① 일반규정, ② 로력의 채용과 해고, ③ 로동시간과 휴식, ④ 로동보수, ⑤ 로동보호, ⑥ 사회문화시책, ⑦ 제재 및 분쟁해결로 구성되어 있다. 또한 동 규정은 2003년 제정 이후 현재까지 구체적으로 수

---

6) 이철수, 앞의 논문, 2017b, 31쪽.

정된 내용이 없다. 즉, 2003년 제정된 초기 규정이 현재까지 지속되고 있다.

북한이 2003년 제정한 「개성공업지구 로동규정」은 남북경협의 산실로 시작된 개성공단사업의 법률적 토대를 마련한 것으로 평가된다. 역으로 동 법령은 북한의 입장에서 개성공업지구에 반드시 필요한 법령이다. 사실 북한의 대외경제적인 측면에서 보면 이전까지 동 법령과 같은 구체적인 법령-후술하였지만-은 제정되지 않았다. 즉, 동 법령이 제정되기 전까지 북한이 이와 같은 특정지역과 특정분야에 한정하여 실천적 수준의 법령을 대내외에 공표한 사례가 매우 제한적이었다.

이에 양 로동규정을 비교하면 첫째, 크게 양적인 측면에서 총 8개 장 45개 조항이 총 7개장 49개 조항으로 1개장과 4개 조항의 차이가 발생한다. 그러나 이는 외형적인 차이일 뿐 크게 주목할 만한 부문은 아니라 판단된다.

둘째, 법령의 표현에 있어 「개성공업지구 로동규정」이 「외국인투자기업 로동규정」에 비해 상대적으로 세련되어 있다. 가령 「개성공업지구 로동규정」 각 세부조항의 서술에 대한 정의와 더불어 내용이 명시된 반면 「외국인투자기업 로동규정」은 세부조항에 대한 선제적 정의가 생략된 채 단순한 내용이 나열되어 있다. 이러한 원인은 예측하건대, 북한의 입법 경험과 기술적인 문제에 기인한 것이라 판단된다. 따라서 이러한 점에서 양 로동규정의 약 4년간의 입법 차이가 의미하는 것은 시간에 비례하여 북한의 입법행태가 다소 진전되고 있다는 것이다.

셋째, 특이하게도 「외국인투자기업 로동규정」 제3장의 기능공의 양성 부문이 「개성공업지구 로동규정」에서 전혀 언급되어 있지 않

다. 이러한 이유는 「외국인투자기업 로동규정」 제19조 "외국인투자
기업은 종업원의 기술기능수준을 높이며 공화국의 로동법규범에 따
라 그들에게 기술기능급수를 사정해 주어야 한다"라는 조항 때문이
라 판단된다. 즉, 동 조항을 「개성공업지구 로동규정」에서 재차 언
급 할 경우 남측 기업이 북측 노동자의 기술기능급수를 판단해야하
고 이 경우 북한의 입장에서는 다소 부담되는 형국이 되기 때문이
다. 따라서 북한의 입장에서 굳이 동 조항을 삽입할 이유가 존재하
지 않게 된다.

넷째, 「외국인투자기업 로동규정」의 제7장 사회보험, 사회보장 부
문이 「개성공업지구 로동규정」 제6장에서 사회문화시책으로 표현이
변화였다. 그러나 북한의 이러한 변화는 '제도 내에 정책'을 표현하
는 방법에서 '정책 내에 제도'를 표현하는 방식으로 변화한 것이라
판단된다.

다섯째, 「개성공업지구 로동규정」이 「외국인투자기업 로동규정」
에 비해 상대적으로 구체적이다. 가령 북한은, 「개성공업지구 로동
규정」에서는 「외국인투자기업 로동규정」에서 부재한 최저임금액의
구체적인 지급 기준, 사회보험료 납부율에 대한 명시 등 기존의 「외
국인투자기업 로동규정」에 간접적으로 언급되어 있었지만 구체적
이지 않은 부문에 대한 내용이 분명히 제시되어 있다. 이러한 원인
은 「외국인투자기업 로동규정」의 경우 향후 외국기업을 대상으로
외자유치에 대한 의뢰와 교섭 등 사업절차가 상당부문 남아있는 상
태의 입법이었던 반면 「개성공업지구 로동규정」은 법 제정 당시 이
미 남측과 구체적인 내용에 대한 포괄적인 합의를 한 상태였기 때문
이라 판단된다. 즉, 당시 북한은 자의반 타의반으로 「개성공업지구
로동규정」의 상당한 부문에 대한 구체적인 내용을 명시할 수 있을

만큼 남북한과 합의에 이른 상태였다. 따라서 이러한 차이는 양 로동규정의 입법 환경의 차이에 근거한다고 판단된다.

요약하면 양 로동규정 중 상대적으로 「외국인투자기업 로동규정」 보다 후에 제정된 「개성공업지구 로동규정」이 질적으로 우수하다고 판단된다. 왜냐하면 「개성공업지구 로동규정」은 이전의 「외국인투자기업 로동규정」과 달리 내용적으로 구체적이고, 법적 구성이 촘촘하고, 세부조항에 대한 정의와 구체적인 진술로 구성·명시되어 있기 때문이다. 지금까지 논증한 양 로동규정의 구성을 비교하면 다음 〈표 2〉와 같다.

〈표 2〉 외국인투자기업 로동규정과 개성공업지구 로동규정 비교

구분	외국인투자기업 로동규정(1999): 총 8개장 45개 조항	구분	개성공업지구 로동규정(2003): 총 7개장 49개 조항
제1장: 일반규정	-사명, 적용대상, 로력의 채용원칙, 로력동원의 금지, 로임의 재정, 로동조건의 보장, 사회보험, 사회보장 혜택, 로동계약, 감독통제기관	제1장: 일반규정	-사명, 적용대상, 로력의 채용원칙, 로동조건의 보장, 로임의 재정, 로력동원의 금지, 감독통제기관
제2장: 로력의 채용	-로동계약, 로력알선기관, 로력공급, 해고금지, 종업원의 해고조건, 퇴직 보조금 사직 절차	제2장: 로력의 채용과 해고	-로력의 보장자, 로력알선계약의 체결, 로력의 채용 계약, 노력알선료, 남측 및 해외동포, 외국인의 채용, 로동규칙의 작성과 실시, 종업원의 해고조건, 종업원의 해고, 종업원을 해고할 수 없는 조건, 종업원의 사직 조건, 종업원의 사직 절차, 퇴직 보조금의 지불

제3장: 기능공의 양성	-기술기능 급수 사정, 기능 공 양성, 기술인재 양성	제3장: 로동시간과 휴식	-로동시간, 로동시간의 준 수, 명절과 공휴일의 휴 식보장, 휴가보장
제4장: 로동시간과 휴식	-로동일수, 로동시간, 시 간외 로동금지, 휴가, 대휴, 특별휴가	제4장: 로동보수	-로동보수의 내용, 종업 원의 월최저 로임, 종업 원 월로임의 제정, 휴가 기간의 로임지불, 휴가 비의 계산방법, 생활보 조금, 연장, 야간의 작 업의 가급금, 상금의 지 불, 로동보수의 지불
제5장: 로동보수	-월로임기준, 로임수준 향상, 휴가기간의 로임 지불, 생활보조금, 연장, 야간의 작업의 가급금, 상금의 지불, 로동실적 계산	제5장: 로동보호	-산업위생조건의 보장, 녀 성로력의 보호, 탁아소, 유치원의 운영, 로동안전 기술교육, 로동보호물자 의 공급, 로동재해위험 제거, 사고발생시의 조치
제6장: 로동보호	-사업위생조건, 로동안전 기술교육, 녀성로력의 보호, 탁아소, 유치원의 운영, 로동보호물자의 공급, 로동재해위험 제 거, 사고발생시의 조치, 심의	제6장: 사회문화시책	-사회문화시책의 실시, 사 회문화시책 기금의 조성, 기업의 사회보험료 납부, 사회문화시책금의 납부, 사회문화시책기금의 이 용, 문화후생기금의 리용
제7장: 사회보험, 사회보장	-사회보험, 사회보장 각 종 혜택, 급여, 급여계산 방식, 사회보험기금, 정 휴양소 조직과 운영, 사 회보험료 납부와 관리감 독, 문화후생기금 조성 과 감독	제7장: 제재 및 분쟁해결	-벌금 및 영업중지, 사회 보험 연체료, 분쟁해결 방법, 신소 및 처리
제7장: 제재 및 분쟁해결	-형사적 책임, 신소와 청 원, 중재기관, 재판기관	-	-

* 출처: 저자 작성.

Ⅲ. 관련 조항 비교 분석

1. 근로소득

근로소득인 임금의 경우 ① 임금 종류와 제정 권한, ② 최저임금, ③ 임금 지불방식[7]으로 크게 구분하여 접근하고자 한다.

1) 외국인투자기업 로동규정

먼저 「외국인투자기업 로동규정」에서 외국기업이 북측 근로자에게 지급하는 임금의 종류는 동 규정 제5조 "외국인투자기업에서 일하는 종업원의 로동보수액은 그의 로동직종과 기술기능수준, 로동생산성에 따라 정한다. 로동보수에는 로임, 가급금, 장려금, 상금이 포함된다"라고 명시하였다. 따라서 동 조항에 의거한 외국기업 근로자의 법적인 임금의 종류는 네 가지로 여기에는 ① 통상적인 급여 성격인 임금, ② 초과근무 시 지급되는 수당 성격의 가급금, ③ 특정 사안의 독려에 대한 장려금, ④ 특정 사안에 대한 근무자의 포상을 위한 상금이 있다.[8]

다음으로 임금의 제정 권한, 즉, 매월 지급하는 외국기업 근로자의 급여에 대해 동 규정 제25조 "외국인투자기업의 종업원 월로임기준은 중앙로동기관이 정한다. 중앙로동기관은 외국인투자기업의 종업원 월로임기준을 종업원들이 로동과정에 소모된 육체적 및 정신적힘을 보상하고 그들의 생활을 보장하는 원칙에서 정하여야 한다. 조업준비기간의 로임, 견습공, 무기능공의 로임은 해당 기관의 승인

---

7) 위의 논문, 33쪽.
8) 이철수, 앞의 논문, 2017a, 178쪽.

밑에 정한 월로임기준보다 낮게 정할수 있다. 외국인투자기업은 정한 로임기준에 따라 직종, 직제별 로임기준, 로임지불형태와 방법, 가급금, 장려금, 상금기준을 자체로 정한다"라고 언급하였다. 즉, 북한의 외국기업 근로자의 월 임금 기준은 북한의 중앙로동기관이 정하지만 외국기업은 여기에 근거하여 자체의 각종 임금 기준과 그에 따른 진행 방식을 결정한다. 또한 동 규정에는 임금의 최하한선인 최저임금에 대한 구체적인 내용이 없는 반면 월 임금기준이라는 표현으로 제시되어 있다. 그러나 이러한 월 임금기준이 구체적으로 어느 정도 수준인지에 대한 명확한 진술은 표기되어 있지 않다.[9]

마지막으로 임금 지불방식의 경우 동 규정에는 명확한 내용이 제시되어 있지 않다. 다만 동 규정 제31조 "외국인투자기업은 종업원의 로임, 가급금, 장려금, 상금을 일한 실적에 따라 정확히 계산하여 내주어야 한다. 로동보수를 주는 날이 되기전에 사직하였거나 기업에서 내보낼 경우에는 그 수속이 끝난 다음에 로동보수를 주어야 한다"라고 밝혔다 이는 임금지불방식에 대한 내용이 아니라 임금의 실적에 따른 계산과 사직한 근로자의 임금 지급 절차와 방식에 대한 내용이다. 따라서 임금지불방식 또한 최저임금과 마찬가지로 동 규정에서는 다소 그 구체성이 떨어진다 하겠다.

반면 동 규정 제29조 "외국인투자기업은 공휴일에 일을 시키고 대휴를 주지 않았거나 로동시간밖의 낮 연장작업 또는 로동시간안의 밤작업을 한 종업원에게 로임과 함께 일한 날 또는 시간에 따라 일당 또는 시간당 로임액의 50%(명절일작업과 로동시간밖의 밤연장작업을 한 종업원에게는 100%)에 해당한 가급금을 주어야 한다"라고 언급하였다. 이는 근로자의 공휴일과 야간 추가근무, 연장근무에 대

---

9) 이철수, 앞의 논문, 2017b, 34쪽.

한 추가임금 지급에 대한 내용으로 다양한 연장근무에 대한 추가 임금 지급기준을 명시한 것이다.

2) 개성공업지구 로동규정

먼저 「개성공업지구 로동규정」에서 남측기업이 북측 개성공단 근로자에게 지급하는 임금의 종류는 동 규정 제24조 로동보수의 내용에 언급되어 있다. 동 조항에서 북한은 "로동보수에는 로임, 가급금, 장려금, 상금이 속한다"라고 명시하였다. 이는 앞서 언급한 「외국인투자기업 로동규정」 제5조와 거의 대동소이한 내용이다.[10] 단지 규정의 구성과 진술의 순서에 있어 위치가 변경된 것뿐이라 하겠다.

다음으로 이러한 임금의 제정 권한은 동 규정 제5조 로임의 제정에서 "종업원의 로임은 종업원월최저로임에 기초하여 기업이 정한다."라고 하여 임금제정 권한은 해당 기업이, 적정 임금 기본선은 최저임금에 기초함을 밝혔다. 이에 따라 북한은 후속적인 조항으로 동 규정 제25조에서 최저임금액을 밝히고 있는데, "기업의 종업원월최저로임은 50US$[11]로 한다. 종업원월최저로임은 전년도 종업원월최저로임의 5%를 초과하여 높일수 없다"라고 명시하고 있다. 따라서 동 조항에서 북한은 임금의 지정 주체, 최저임금액, 최저임금에 대한 년간 임금인상 상한율을 각각 명시하고 있다.[12]

---

10) 위의 논문, 33쪽.
11) 북한은 2014년 11월 20일 동 규정을 일부 개정, 기존의 관리기관과 중앙공업지구지도기관이 협의하여 최저임금을 결정하였던 것을 중앙공업지구지도기관 단독으로 결정하는 것으로 변경하였다. 이에 따라 중앙공업지구지도기관이 2015년 2월 경 최저임금을 74$로 일방적으로 정하여 통보하였다. 최우진, "라선경제무역지대의 법제도 정비 현황," 「통일과 법률」 2015년 8월호 (서울: 법무부), 113쪽.
12) 이철수, 앞의 논문, 2017a, 179쪽.

그리고 이는 앞서 분석한 「외국인투자기업 로동규정」의 '월로임 기준'이 동 규정에서는 '월최저로임'으로 구체화되어 그 수준까지 언급되어 있다. 이러한 원인은 「외국인투자기업 로동규정」의 경우 동 규정 제정이후 즉각적으로 외자유치 사업을 실제 적용할 만한 기업이 부재하였다. 또한 북한의 입장에서 이를 굳이 먼저 밝힐 전략적 요구도 필요치 않았다. 즉, '월로임기준'은 외국기업과 북한과의 협상을 통해 합의해야하는 사안이다. 따라서 북한의 입장에서는 협상의 주체인 중앙로동기관만을 언급하고 추후 협상을 할 경우 이들이 전면에 나서서 외국기업과 합의에 이르고 이러한 과정에서 구체적인 임금기준을 제시하는 것이 전략적이었다. 그러나 이와 달리 「개성 공업지구 로동규정」은 북한이 남한과 상당한 합의에 도달한 상태였기 때문에 사업의 가시적인 진행을 통해 최저임금에 대한 구체적인 내용을 제시할 수 있었다. 결국 양 로동규정의 임금에 대한 구체성의 차이는 상술한 바와 같이 양 규정의 입법 환경에 기인한다 하겠다.

또한 매월 지급하는 근로자의 급여에 대해 동 규정 제26조 종업원 월로임의 제정에서 "종업원의 월로임은 종업원월최저로임보다 낮게 정할수 없다. 그러나 조업준비기간에 있는 기업의 종업원과 견습공, 무기능공의 로임은 종업원월최저로임의 70%범위에서 정할수 있다" 라고 하여 최저임금보장과 동시에 최초 채용 이후 일종의 인턴기간 동안에 견습 근로자와 무기능 근로자의 최저임금 지급을 미준수 해도 가능한 일정기간과 특정 근로자의 최저 임금격차를 언급하여 다소 유연한 임금보장선을 명시하였다. 그러나 동 조항에서 조업준비기간에 대한 분명한 '기간 명시'가 제시되어 있지 않은 점은 다소 논란의 여지가 있다 하겠다.[13]

---

13) 위의 논문, 179쪽.

마지막으로 임금 지불방식의 경우 동 규정 제32조 로동보수의 지불에서 "기업은 로동보수를 화폐로 종업원에게 직접 주어야 한다. 이 경우 상금은 상품으로 줄수도 있다…"라고 명시되어 있다. 이에 동 조항을 근거로 할 때 임금(로임, 가급금, 장려금)은 화폐 즉, 미화로 지불되는 반면 상금은 경우에 따라 화폐와 상품으로 대체할 수 있다고 판단된다. 그러나 실제 임금은 법령에 명시한 것과 같이 기업이 근로자에게 직접 지급되지 않았다. 참고로 이러한 개성공업지구 북측 근로자의 임금 흐름도를 정리하면 〈그림 2〉와 같다.[14]

<그림 2> 개성공업지구 북측 근로자의 임금 흐름도

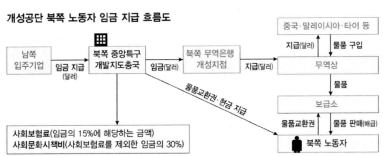

* 출처: 한겨레신문, 2016년 2월 11일.

한편 북한은 동 규정 제30조에서 추가 근무인 연장, 야간작업에 대한 가급금 지급기준을 밝혔는데, "기업은 로동시간밖의 연장작업 또는 야간작업을 한 종업원에게 일당 또는 시간당 로임액의 50%에 해당한 가급금을…. 명절일, 공휴일에 로동을 시키고 대휴를 주지 않았거나 로동시간밖에 야간작업을 시켰을 경우에는 로임액의 100%

14) 위의 논문, 179쪽.

에 해당한 가급금[15]을…" 지급해야한다고 밝혔다. 이에 북한은 개성공업지구 북측 근로자의 초과근무에 대한 수당지급을 명문화하여 '초과 근로 수당=추가 임금소득'의 구도를 확립하였다.

이는 북한이 앞서 언급한 「외국인투자기업 로동규정」제29조를 그대로 인용한 것이다. 때문에 이 시기까지 북한은 대외기업 근로자의 초과근무와 대휴에 대한 현금보상 수준의 큰 변화가 감지되지는 않는다.[16] 즉, 기존의 관례를 그대로 유지하고자 하는 북한의 인식이 반영되어 있다. 따라서 이 시기까지 초과근무에 대한 북한의 뚜렷한 입장변화가 나타나지 않는다.

결국 양 로동규정의 임금관련 내용을 비교 분석하면, 임금의 제정권한과 최저임금에 대한 내용 차이가 분명하다. 반면 이를 제외한 나머지 부문은 먼저 제정한 「외국인투자기업 로동규정」을 후에 제정한 「개성공업지구 로동규정」이 그 일부를 승계 내지는 그대로 인용한 행태이다. 그리고 이러한 이유는 다소 복합적인데, 공통점인 조항의 경우 양 로동규정의 법령상의 속성에 따른 측면으로 인해 나타난다. 반면 차이점인 조항의 경우 양 로동규정의 입법 환경과 사업배경과 속도에 따른 것이라 하겠다. 또한 양 로동규정의 경우 약 4년이라는 입법의 시간적 차이로 인해 후에 제정한 「개성공업지구

15) 2009년 기준 개성공업지구 북측 근로자들은 주당 평균 6-7시간 정도의 연장근무를 수행하는 것으로 알려져 있으며 이에 대한 초과근무수당(50% 가급금)이 지급되었다고 한다. 그러나 아이러니하게도 북한은 개성공단에서 개별 근로자에 대한 금전적인 인센티브 지급에 대해서는 매우 부정적인 입장이었다라고 한다. 북측은 개성공단 운영사업으로 인하여 북측의 통치체제에 근본적인 혼란을 가져오는 것을 원하지 않았기 때문에 자본주의 제도로서의 인센티브 지급을 원하지 않았다고 한다. 문무기, "개성공업지구 노동규정의 운영상황 분석과 향후 제도 개선방향," 「수은 북한경제」 2009년 봄호 (서울: 한국수출입은행, 2009), 35~36쪽.

16) 이철수, 앞의 논문, 2017a, 181쪽.

로동규정」이 상대적으로 구체적이고 보다 더 발전된 형태를 나타내고 있다. 지금까지 논증한 「개성공업지구 로동규정」과 「외국인투자기업 로동규정」의 임금 관련 주요 내용을 정리하고 「개성공업지구 로동규정」을 중심으로 주요특징을 요약하면 다음 <표 3>과 같다.

<표 3> 근로소득 관련 조항 비교

구분	외국인투자기업 로동규정 (1999)	개성공업지구 로동규정 (2003)	주요 특징
임금 종류	로임, 가급금, 장려금, 상금	좌동	기존 조항 인용
임금제정 권한	중앙로동기관	기업: 최저임금액에 기초 (남북 간 합의전제)	제정 주체 변화
월로임기준 최저임금	월로임기준 언급 구체적인 금액 미제시	최저임금 언급 월 미화 50$ 제시	구체적인 기준 제시
임금지불 방식	구체적인 언급 부재	로임, 가급금, 장려금 화폐, 상금 화폐·상품 가능	구체적인 언급
연장·야간작업	일당, 시간당 로임액의 50% 가급금	좌동	기존 조항 인용
명절·공휴일 근무	로임액의 100% 가급금	좌동	상동

* 출처: 저자 작성.

2. 근로복지

근로복지의 경우 ① 근로자의 노동시간, ② 휴식과 휴가, ③ 여성 근로자의 보호[17]로 크게 구분하여 접근하고자 한다.

1) 외국인투자기업 로동규정

먼저 「외국인투자기업 로동규정」에서 로동시간의 경우 동 규정

---

17) 이철수, 앞의 논문, 2017b, 36쪽.

제22조 "종업원의 로동일수는 주 6일, 로동시간은 하루 8시간으로 한다. 외국인투자기업은 힘들고 어려운 로동의 정도와 특수한 조건에 따라 로동시간을 이보다 짧게 할 수 있다. 계절적 제한을 받는 부문에서는 년간 로동시간범위에서 로동시간을 다르게 정할 수 있다"라고 명시하였다.

동 조항을 근거로 판단하면, 외국기업 근로자는 주 6일 1일 8시간, 일주일 동안 총 48시간의 근로를 하게 된다. 또한 중노동일 경우 노동 시간이 단축되지만 그에 해당하는 구체적인 기준은 언급되어 있지 않다. 아울러 계절적인 노동환경에 따라 노동시간을 탄력적으로 운영할 수 있는데, 이는 동절기와 하절기의 노동시간 차이를 의미한다고 판단된다.

또한 동 규정 제23조 "외국인투자기업은 종업원에게 시간외 로동을 시키지 말아야 한다. 불가피한 사정으로 시간외 로동을 시키려고 할 경우에는 직업동맹조직과 합의하고 시간외 로동을 시킬 수 있다"라고 밝혔다. 이에 외국인투자기업은 기본적으로 시간외 근로를 요청할 수 없다. 또한 이에 따라 근로자에게 야간근무와 연장근무를 요구할 수 없다. 그러나 특수한 상황과 이에 대한 직업동맹과의 합의가 전제될 경우 일정부문 가능하다. 즉, 북한은 시간외 노동에 대해 기본적으로 불허하지만 일부 예외의 경우를 명시하였고 이러한 사례에 대한 적법 절차를 언급하였다.

다음으로 휴식과 휴가의 경우 동 규정 제24조 "외국인투자기업은 공화국의 법규범에 따라 해당한 종업원에게 명절일과 공휴일의 휴식, 정기 및 보충휴가와 산전산후휴가를 주어야 한다. 명절일과 공휴일에 일을 시켰을 경우에는 1주일안으로 대휴를 주어야 한다. 외국인투자기업은 해당한 종업원에게 해마다 관혼상제를 위한 1-5일간의 특별휴가를 주어야 한다. 특별휴가기간에는 왕복려행일수가 포함되지 않는다"라고 제시하였다.

이는 외국인투자기업 근로자의 ① 정기휴가, ② 보충휴가, ③ 산전산후휴가, ④ 근무일 외의 근로에 대한 대휴, ⑤ 근로자의 특별한 상황에 대한 특별휴가 조항이다. 특이하게도 동 규정에서 외국인투자기업 근로자의 공식적인 년간 휴가기간에 대한 구체적인 언급이 없다. 하지만 이를 제외한 사안에 대해서는 일정부문 언급되어 있다. 결국 외국인투자기업 근로자의 휴식과 휴가에 대한 북한의 법제적 기여는 다소 불충분하다 하겠다.

또한 휴가기간 임금에 대해 동 규정 제27조 "외국인투자기업은 휴가 및 보충휴가기간에 해당한 로동보수를 휴가에 들어가기전에 종업원에게 주어야 한다. 휴가기간에 해당한 로동보수는 휴가받기전 3개월동안의 로동보수총액을 실가동일수에 따라 평균한 하루 로동보수액에 휴가일수를 적용하여 계산한다. 휴가기간의 로동보수액계산에는 로임, 가급금, 장려금이 포함된다"라고 언급하였다. 이는 외국인투자기업 근로자의 휴가기간의 임금지불과 휴가비에 대한 계산방식을 밝힌 것이다.

마지막으로 여성근로자의 보호는 동 규정 제34조 "외국인투자기업은 녀성종업원을 위한 로동보호위생시설을 잘 갖추어주어야 한다. 임신 6개월이 넘는 녀성에게는 힘들고 건강에 해로운 일을 시키지 말아야 한다. 외국인투자기업은 실정에 맞게 종업원의 자녀를 위한 탁아소, 유치원을 조직하고 운영할 수 있다"라고 하여 여성근로자에 대한 포괄적인 서비스를 제시하였다. 동 조항에 따르면 외국인투자기업은 여성근로자를 위한 ① 안락한 노동시설 완비, ② 임신 6개월 이상 여성 근로자의 유해노동 금지, ③ 종업원과 그 가족을 위한 보육서비스로 요약된다.

한편 동 규정 제24조 "외국인투자기업은…산전산후휴가를 주어야
한다…"라고 언급하였다. 이에 동 규정에서는 여성근로자에 대한 내
용이 별도의 조항으로 독립된 것이 아니라 근로자의 휴가조항에 산
전산후휴가 조항이 포함되어 있다. 그러나 아이러니하게도 여성근
로자에 대한 산전산후휴가가 명백히 보장되어 있지만 구체적으로
그 기간이 명시되어 있지 않아 해석과 적용상의 문제가 제기된다.
때문에 이 역시 외국인투자기업 근로자의 휴식과 휴가와 마찬가지
로 절반의 긍정만이 존재한다 하겠다.

결국 상술한 여성근로자와 관련한 규정만을 근거로 하면 적어도
북한의 외국인투자기업 여성근로자의 인식에 대해 긍정과 부정적
평가가 혼재되어 있다. 즉, 북한은 외국인투자기업 여성근로자에 대
한 다양한 보호와 서비스를 제공하고자 한다. 하지만 가장 중요한
것의 하나인 여성근로자의 산전산후휴가에 대한 구체적인 진술이
부재하다. 따라서 동 규정상의 외국인투자기업 여성근로자에 대한
북한의 법제적 보장은 완전하지 않다 하겠다.[18]

2) 개성공업지구 로동규정

먼저 「개성공업지구 로동규정」에서 로동시간의 경우 동 규정 제
20조 "공업지구에서 기업의 종업원로동시간은 주 48시간으로 한다.
기업은 로동의 힘든 정도와 특수한 조건에 따라 종업원의 주로동시
간을 48시간보다 짧게 할수 있다. 계절적제한을 받는 부문의 기업은
년간 로동시간범위에서 종업원의 주로동시간을 실정에 맞게 정할수

---

18) 그러나 이러한 경우 북한이 하위법령인 '시행세칙'을 통해 보다 더 확고히 명시
한다면 법적 논란이나 충돌을 야기하지 않을 수 있다.

있다"고 명시하였다. 따라서 동 조항에 의거하면 개성공업지구 근로자들은 1일 8시간 기준, 주 6일 동안의 노동시간을 갖게 된다. 또한 중노동이나 노동제한이 있는 경우 신축적으로 근로시간을 다소 유연하게 조정할 수 있도록 하였다. 하지만 이러한 견해와 달리 1일 근로시간에 대한 분명한 명시가 없어 해석과 적용상의 문제를 동시에 내포하고 있다.[19]

이는 앞서 언급한 「외국인투자기업 로동규정」 제22조를 다소 변형한 형태이다. 가령 이는 ① 노동시간의 경우 주 전체 노동시간을 포괄하여 제시, ② 중노동에 대한 8시간 이하 노동, ③ 계절적 노동환경에 따른 노동시간 단축으로 요약된다. 이에 노동시간의 경우 「개성공업지구 로동규정」이 「외국인투자기업 로동규정」에 비해 상대적으로 다소 세련되고 진전된 형태지만 기본적인 골격은 대동소이하다 하겠다.

또 이러한 노동시간에 대해 동 규정 제21조 "기업은 종업원에게 로력채용계약 또는 로동규칙에 정해진 로동시간안에서 로동을 시켜야 한다. 연장작업이 필요한 기업은 종업원대표 또는 해당 종업원과 합의하여야 한다"라고 명시하였다. 이는 노동시간의 준수와 더불어 연장작업이 필요할 경우 종업원과의 합의가 전제되어야 함을 의미한다.[20]

이 역시 앞서 언급한 「외국인투자기업 로동규정」 제23조를 응용한 것이다 다만 시간외 연장근무에 대한 합의 주체의 차이가 존재할 뿐이다. 그러나 이는 양 규정의 적용대상의 내재적 속성 차이에 기인한 것으로 이렇다 할 뚜렷한 차이가 발생한다고 해석하기엔 분명

19) 이철수, 앞의 논문, 2017a, 185쪽.
20) 위의 논문, 185쪽.

한 한계가 있다.

다음으로 휴식과 휴가의 경우 동 규정 제22조 "기업은 종업원에게 공화국의 명절일과 공휴일의 휴식을 보장하여야 한다. 명절일과 공휴일에 로동을 시켰을 경우에는 15일안으로 대휴를 주거나 해당한 보수를 지불하여야한다"라고 밝혔다. 동 조항은 명절과 공휴일의 휴식보장과 동시에 이 기간 동안 근무하였을 경우 이에 상응하는 휴가와 별도의 추가적인 보수 지급을 명문화한 것이다. 특히 명절과 공휴일 근무 이후 15일 내에 대휴와 해당 기간 동안의 추가보수 지급을 언급, 실제 적용의 마지노선을 제시한 것은 다소 인상적이라 하겠다.[21]

반면 휴가의 경우 동 규정 제23조 "기업은 종업원에게 해마다 14일간의 정기휴가를 주며 중로동, 유해로동을 하는 종업원에게는 2~7일간의 보충휴가를 주어야 한다. 임신한 녀성종업원에게는 60일간의 산전, 90일간의 산후휴가를 주어야 한다"라고 밝혔다. 이에 동 조항에 따르면 개성공업지구 근로자들은 ① 1년 동안 14일의 정기휴가, ② 중노동과 유해 근로자의 경우 14일의 정기휴가에 추가적으로 2-7일 동안의 보충휴가를 받음에 따라 1년 동안 총 16-21일의 휴가, ③ 임신한 여성 근로자의 산전산후 150일간의 출산휴가로 구분·보장된다.[22] 그리고 이는 기존의 북한 여성근로자의 산전산후 휴가기간과 동일하다.

또한 휴가기간의 로임지불에 대해 동 규정 제27조 "기업은 정기 및 보충휴가를 받은 종업원에게 휴가일수에 따르는 휴가비를 지불하여야 한다. 산전산후휴가를 받은 녀성종업원에게는 60일에 해당

21) 위의 논문, 185쪽.
22) 위의 논문, 185~186쪽.

한 휴가비를 지불하여야 한다"라고 하였다. 이에 동 조항에 따르면 개성공업지구 근로자들은 매 휴가기간 동안 근로자의 소속기업으로 부터 별도의 휴가비를 지급받는다. 또한 산전산후휴가 중인 여성근로자의 경우 60일 동안의 휴가비 지급을 보장받는다. 그리고 이때 지급받는 휴가비의 경우 동 규정 제28조 "휴가비의 계산은 휴가받기 전 3개월간의 로임을 실가동일수에 따라 평균한 하루로임에 휴가일수를 적용하여 한다"라고 하였다. 이에 동 조항에 따르면 휴가기간 동안 휴가비의 계산방식은 최근 3개월 동안의 1일 임금 기준에 휴가일 수를 계상하는 방식으로 결정된다. [23) 그리고 이는 앞서 언급한 「외국인투자기업 로동규정」 제27조를 차용한 형태이다.

이에 휴식과 휴가의 경우 앞서 언급한 「외국인투자기업 로동규정」과 보다 「개성공업지구 로동규정」이 다소 발전되었다 하겠다. 예컨대, 「외국인투자기업 로동규정」은 추가근무에 대한 대휴와 특별휴가가 있지만 근로자의 년간 정가휴가 기간에 대한 구체적인 언급이 없다. 반면 「개성공업지구 로동규정」은 정기휴가 년간 14일 보장 등을 포함, 추가근무에 대한 대휴와 보상, 150일간의 산전산후휴가 기간을 제시하였고 이는 기존의 「외국인투자기업 로동규정」에 언급되지 않은 내용들이다.

마지막으로 여성근로자의 보호는 동 규정 제34조 "임신 6개월이 지난 녀성종업원에게는 힘들고 건강에 해로운 일을 시킬수 없다. 기업은 녀성종업원을 위한 로동위생보호시설을 충분히 갖추어야 한다"라고 명시하였다. 이에 동 조항에 따르면 개성공업지구 기업은 임신한 여성근로자에 대한 보호와 더불어 여성근로자를 위한 별도

---

23) 위의 논문, 186쪽.

의 시설보호를 보장해야한다.[24)]

이는 기존의 「외국인투자기업 로동규정」 제34조를 응용하여 파생
한 것이라 하겠다. 그러나 「개성공업지구 로동규정」 제23조 "…임신
한 녀성종업원에게는 60일간의 산전, 90일간의 산후휴가…"를 보장
한 것은 「외국인투자기업 로동규정」에 부재한 것이다. 따라서 여성
근로자 보호의 경우 「개성공업지구 로동규정」의 구체적인 조항으로
인해 「외국인투자기업 로동규정」에 비해 상당부문 발달된 모습이
다.

또한 「개성공업지구 로동규정」 제35조 "기업은 실정에 맞게 종업
원의 자녀를 위한 탁아소, 유치원을 꾸리고 운영할 수 있다"라고 하
고 있다. 이는 「외국인투자기업 로동규정」 제34조의 일부 조항을 차
용, 독립된 조항으로 발전시킨 형태이다. 따라서 「개성공업지구 로
동규정」에서 북한은 「외국인투자기업 로동규정」에서 밝힌 여성근
로자의 일부 조항을 계승함과 동시에 「외국인투자기업 로동규정」에
서 언급되지 않은 사안을 구체화하는 형태를 갖는다 하겠다.

결국 양 로동규정의 근로복지 관련 내용을 비교 분석하면, 이 역
시 후에 제정한 「개성공업지구 로동규정」이 먼저 제정한 「외국인투
자기업 로동규정」에 비해 상당부문 질적·양적으로 발달된 형태이
다. 지금까지 논증한 「외국인투자기업 로동규정」과 「개성공업지구
로동규정」의 근로복지 관련 주요 내용을 정리하고 「개성공업지구
로동규정」을 중심으로 주요특징을 요약하면 다음 〈표 4〉와 같다.

---

24) 위의 논문, 186쪽.

<표 4> 근로복지 관련 조항 비교

구분	외국인투자기업 로동규정 (1999)	개성공업지구 로동규정 (2003)	주요 특징
노동시간	1일 8시간, 주 48시간 중노동 시간단축 가능 계절별 노동시간 조정 가능	거의 좌동	-
연장근로 (시간외 근로)	기본적 시간외 로동 불허 직맹과 협의	종업원(대표)합의 시간언급 없음	연장근무 협의 대상 차이
명절, 공휴일 휴식	보장	보장	-
명절, 공휴일 근무 대휴와 보수	1주일 내에 대휴 보장	15일 안에 결정 의무 추가보수 지급보장	대휴결정기간 상승 추가보수 지급
정기휴가	언급 기간 미제시	14일	휴가 기간 제시
보충휴가	상동	2-7일	상동
산전산후휴가	상동	산전 60일, 산후 90일	상동
특별휴가	상동	미언급	특별휴가 삭제
휴가기간 임금	미언급	산전산후휴가 녀성종업원 60일 휴가비	내용 추가
휴가비 계산	최근 3개월 1일 임금 기준	좌동	-
탁아소, 유치원	언급	좌동	별도 조항
녀성로력보호	임신 6개월 이상 여성근로자 여성근로자 로동보호시설	좌동	-

* 출처: 저자 작성.

3. 사회보장

사회보장의 경우 ① 사회문화시책과 문화후생기금, ② 최저임금, ③ 퇴직보조금과 생활보조금, ④ 사회보험료로 크게 구분하여 접근하고자 한다.

1) 사회문화시책과 문화후생기금

「외국인투자기업 로동규정」에서 사회문화시책의 경우 동 규정 제

37조 "외국인투자기업에서 일하는 공화국공민인 종업원은 병 또는 부상, 일할 나이가 지나 일하지 못하는 경우 사회보험, 사회보장에 의한 혜택을 받는다. 사회보험, 사회보장에 의한 혜택에는 보조금, 년금의 지불, 정휴양 및 치료가 포함된다. 보조금과 년금을 받으려는 종업원은 보건기관이 발급하는 진단문건 또는 보조금과 년금을 받아야 할 사유를 확인하는 문건을 외국인투자기업에 내야 한다. 외국인투자기업은 사회보험보조금지불청구문건을 사회보험기관에 내여 확인을 받은 다음 은행기관에서 해당한 사회보험보조금을 받아 로동보수를 주는 날에 해당 종업원에게 내주어야 한다. 정휴양소에 가고 오는데 드는 려비와 장례보조금은 해당문건에 의하여 먼저 내주고 후에 청산받아야 한다. 사회보장에 의한 년금, 보조금은 외국인투자기업이 사회보장년금지불기관에서 달마다 정한 날에 대상자에게 내주어야 한다"라고 포괄적으로 언급하고 있다.

동 조항을 근거로 하면 외국인투자기업 근로자에 해당되는 복지제도는 사회보험과 사회보장이다. 이에 따른 복지급여는 현금급여인 보조금과 연금, 현물급여인 정휴양과 치료가 있다. 또한 보조금과 연금 수급 절차는 의료기관과 행정기관의 증빙서류가 필요하다. 또 이러한 보조금과 연금 지급일은 임금지급일과 동일하다. 반면 일종의 치료와 휴식인 경우 '선 지급 후 청산'순이다. 이에 동 조항은 외국인투자기업 근로자에게 적용하는 ① 복지제도 종류, ② 복지급여 종류, ③ 복지급여 수급절차와 요건, ④ 기업의 사회보장급여 지급의무 등을 총망라하여 언급하였다.

또 이러한 외국인투자기업 근로자에게 지급되는 각종 복지급여의 계산은 동 규정 제38조 "사회보험, 사회보장에 의한 보조금, 년금은 공화국의 로동법규범에 따라 계산한다"라고 하여 기존의 급여계산방식에 준함을 밝혔다. 때문에 외국인투자기업 근로자의 복지급여 계산방식은 기존의 북한 기업근로자와 뚜렷한 차이가 발생하지 않는다. 그러나 사회문화시책기금의 경우 별도의 규정이 없이 동 규정 제39조 "사회보험 및 사회보장에 의한 혜택은 사회보험기금에 의하여 보장된다. 사회보험기금은 기업과 종업원에게서 받는 사회보험료로 적립된다"라고 하여 사회보험기금에 대한 적립이 명시되어 있다. 이에 사회보험기금이 사회문화시책 재정의 일부임을 감안하면 일정부문 이해가 가능한 부문이다. 하지만 사회문화시책에 대한 직접적인 언급이 없어 명확한 해석이 불가능한 부문도 일정부문 존재한다.

한편 사회문화시책기금과 대비되는 문화후생기금의 경우 동 규정 제42조 "외국인투자기업은 결산리윤에서 세금을 바치고 남은 리윤의 일부로 종업원을 위한 문화후생기금을 세우고 쓸수 있다. 문화후생기금은 기술문화수준의 향상과 군중문화체육사업, 후생시설운영과 같은데 쓴다. 문화후생기금의 사용에 대한 감독은 직업동맹조직이 한다"라고 하였다. 이에 동 조항에서는 문화후생기금의 운영에 대해 감독을 직업동맹이 할 수 있도록 하였다. 이는 앞서 언급한 근로복지의 협의의 대상이 직업동맹인 것과 동일한 맥락으로 이해된다. 즉, 북한은 외국인투자기업 근로자의 근로복지에 관한 다양한 사안을 직업동맹과 협의해야 하는 만큼 문화후생과 관련된 사업 역시 이들과 협의하는 것이 타당하다고 판단된다.[25]

반면 「개성공업지구 로동규정」에서 사회문화시책의 경우 동 규정 제40조 "공업지구의 기업에서 일하는 공화국의 종업원과 그 가족은

---

25) 이철수, 앞의 논문, 2017b, 43쪽.

국가가 실시하는 사회문화시책의 혜택을 받는다. 사회문화시책에는 무료교육, 무상치료, 사회보험, 사회보장 같은 것이 속한다"라고 명시하였다. 이는 북한의 대표적인 사회보장제도들을 적용함을 의미한다. 따라서 개성공업지구 근로자들은 기존의 북한 주민에게 적용하는 사회보장제도들을 그대로 받는다.[26]

아울러 이는 「외국인투자기업 로동규정」 제37조를 기반으로 '내용적 축약과 제도적 발달'이 동시에 나타난 것이라 할 수 있다. 가령 「외국인투자기업 로동규정」에서 포괄적으로 명시한 것을 「개성공업지구 로동규정」에서는 함축하여 '내용적 축약'이 나타나고 「외국인투자기업 로동규정」에서 부재한 무료교육, 무상치료가 언급되어 '제도적 발달'을 유도하고 있다.

또 이러한 제도의 재원인 사회문화시책기금의 조성의 경우 동 규정 제41조 "사회문화시책비는 사회문화시책기금으로 보장한다. 사회문화시책기금은 기업으로부터 받는 사회보험료와 종업원으로부터 받는 사회문화시책금으로 조성한다"라고 하였다. 이에 동 조항에 근거하면 사회문화시책기금은 기업과 종업원이 각각 부담하는 사회보험료와 사회문화시책금으로 갹출한다.[27]

아울러 이러한 사회문화시책금의 납부의 경우 동 규정 제43조 "…종업원은 월로임액의 일정한 몫을 사회문화시책금으로 계산하여 다음달 10일안으로 중앙공업지구지도기관이 지정하는 은행에 납부하여야 한다"라고 하지만 여기에 소요되는 '일정한 몫'에 대한 분명한 제시가 나타나 있지 않다. 그러나 2016년 2월 11일 한겨레신문 보도에 의하면 종업원의 월로임의 30%[28]를 사회문화시책금 명목으로 납

---

26) 이철수, 앞의 논문, 2017a, 190~191쪽.
27) 위의 논문, 191쪽.

부한다고 한다. 또한 이러한 사회문화시책기금의 이용, 즉, 수입과 지출의 경우 동 규정 제44조 "사회문화시책기금의 리용질서는 중앙 공업지구지도기관이 해당 기관과 협의하여 정한다"라고 하여 중앙 기구가 담당함을 밝혔다. 그리고 이는 기존의 행태와 거의 동일하다.[29]

한편 이는 「외국인투자기업 로동규정」에 비해 상당부문 진전된 형태이다. 가령 「외국인투자기업 로동규정」에 부재한 ① 사회문화 시책비의 재원, ② 사회문화시책기금의 조성, ③ 기금의 납부절차 등이 명시되어 있기 때문이다.

2) 최저임금

「외국인투자기업 로동규정」에서 최저임금에 대한 언급이 부재하다. 단지 앞서 언급한 바와 같이 임금에 대한 규정만 명시되어 있다. 반면 「개성공업지구 로동규정」에서 최저임금의 경우 동 규정 제5조 로임의 제정에서 "종업원의 로임은 종업원월최저로임에 기초하여 기업이 정한다"라고 하여 임금제정 권한은 해당 기업이, 적정 임금 기본선은 최저임금에 기초함을 밝혔다. 이에 동 규정 제25조에서 최 저임금액을 밝히고 있는데, "기업의 종업원월최저로임은 50US$로 한 다. 종업원월최저로임은 전년도 종업원월최저로임의 5%를 초과하 여 높일수 없다"라고 명시하였다. 따라서 동 규정에서 북한은 임금 의 지정 주체, 최저임금액, 최저임금에 대한 임금인상 상한율을 각 각 명시하고 있다.[30]

---

28) 한겨레신문, 2016년 2월 11일.
29) 이철수, 앞의 논문, 2017a, 191쪽.
30) 앞에서 재인용.

따라서 「외국인투자기업 로동규정」에 비해 「개성공업지구 로동규정」이 매우 발달된 형태를 갖는다고 하겠다. 이렇게 보면 북한은 시간의 경과에 비례하여 법제적 성숙도 일정부문 이루어지고 있다. 더욱 중요한 것은 이러한 차이의 원인과 배경이다. 이 역시 법제적 환경과 내재적 속성에 기인하는 바가 크다 하겠다. 즉, 「외국인투자기업 로동규정」 제정 당시는 협상의 주체인 외국인투자기업이 부재했던 반면 「개성공업지구 로동규정」은 남한기업과 협상이 마무리된 상태의 입법이었다. 때문에 「개성공업지구 로동규정」이 「외국인투자기업 로동규정」에 비해 상대적으로 보다 더 명확한 내용을 명시할 수 있는 법적 토대이자 환경을 갖추고 있었다.[31]

아울러 이는 사실상 최초로 북한이 경제특구에 최저임금을 적용·도입한 사례이고 이러한 점에서 개성공단은 매우 큰 의의를 갖는다. 그러나 무엇보다 이러한 배경에는 개성공업지구의 외자 유치 상대가 남측기업이고 이로 인해 최저임금에 대한 합의를 남한 정부와 협의를 통해 사업사행 이전에 이룬 반면 「외국인투자기업 로동규정」의 경우 최저임금에 협상을 시도할 외국기업이 상당기간 부재했거나 미비했기 때문이다. 결국 이는 사업성과에 종속된 행태에 기인하거나 그 결과라 하겠다.

3) 퇴직보조금과 생활보조금

「외국인투자기업 로동규정」 퇴직보조금의 경우 동 규정 제17조 "외국인투자기업은 종업원을 본인의 잘못이 아닌 사유로 기업에서 내보내는 경우 그에게 일한 년한에 따라 보조금을 주어야 한다. 일

---

31) 이철수, 앞의 논문, 2017b, 43쪽.

한 년한이 1년이 못되는 경우에는 최근 1개월분의 로임에 해당한 보조금을 주며 1년이상인 경우에는 최근 3개월 평균월로임액에 일한 해수를 적용하여 계산한 보조금을 주어야 한다"라고 밝혔다.

동 조항을 근거로 하면 외국인투자기업은 비자발적 퇴직 시 근로연한이 1년 미만의 근로자에게는 1개월분의 임금, 근로연한이 1년 이상인 근로자는 3개월 평균임금을 각각 보조금 형태로 지급한다. 사실 이는 일종의 퇴직보조금의 성격을 갖는다.[32] 또한 법 제정 당시를 기준으로 하면 기존의 근로자에게 실제 적용하지 못한 부재한 존재라 판단된다. 때문에 동 규정에서 이를 언급한 것은 상당부문 의미하는 바가 크다.

또 생활보조금의 경우 동 규정 제28조 "외국인투자기업은 종업원의 잘못이 아닌 기업의 책임으로 일하지 못하였거나 양성기간에 일하지 못한 종업원에게 일하지 못한 날 또는 시간에 따라 일당 또는 시간당 로임액의 60% 이상에 해당한 보조금을 주어야 한다"라고 하였다. 동 조항은 외국인투자기업 근로자의 비자발적 무노동에 외국인투자기업이 생활상의 일정부문을 책임지는 행태로 지급되는 현금급여를 의미한다. 이 또한 상술한 퇴직보조금과 마찬가지로 기존의 북한 사업장에 부재한 제도라 판단된다.

반면 「개성공업지구 로동규정」에서 퇴직보조금의 경우 동 규정 제19조 "기업의 사정으로 1년이상 일한 종업원을 내보내는 경우에는 보조금을 준다. 보조금의 계산은 3개월평균월로임에 일한 해수를 적용하여 한다"라고 언급하였다. 이는 기업의 사정으로 인한 근로자의 비자발적 실업에 대한 현금보상을 언급한 것이다.[33]

---

32) 위의 논문, 44쪽.
33) 이철수, 앞의 논문, 2017a, 194쪽.

그리고 이는 「외국인투자기업 로동규정」 제17조를 일부 계승한 것이다. 따라서 이러한 북한의 사실상의 퇴직보조금에 대한 인식은 이미 오래전부터 인식한 것이라 하겠다. 그리고 무엇보다 이러한 원인이 중요한데, 이는 퇴직보조금의 지급주체가 외국기업이기 때문이라 판단된다. 즉, 북한은 퇴직보조금 지급에 대한 부담을 갖지 않아도 되는 태생적 환경에 기인한다.[34] 그러나 다른 한편으로 「외국인투자기업 로동규정」 의 경우 1년 미만 근무한 근로자의 경우 퇴직보조금이 지급되었지만 「개성공업지구 로동규정」에서는 삭제되어 부문적인 후퇴도 감지된다.

또 생활보조금의 경우 동 규정 제29조 "기업은 자기의 책임으로 또는 양성기간에 일하지 못한데 대하여 종업원에게 일당 또는 시간당 로임의 60%이상에 해당한 생활보조금을 주어야 한다. 생활보조금을 주는 기간은 3개월을 넘을수 없으며 생활보조금에는 사회보험료, 도시경영세를 부과하지 않는다"라고 명시하였다.[35] 이 또한 「외국인투자기업 로동규정」 제28조를 계승함과 동시에 보다 더 발전된 형태이다. 즉, 「개성공업지구 로동규정」에서 북한은 생활보조금의 지급수준과 수급기간, 생활보조금에 대한 면세를 밝혔다. 다시 말해 이는 생활보조금의 지급수준만을 언급한 「외국인투자기업 로동규정」의 내용적인 한계를 극복한 것이다.

4) 사회보험료

「외국인투자기업 로동규정」에서 사회보험료의 경우 동 규정 제41

---

34) 위의 논문, 195쪽.
35) 위의 논문, 195쪽.

조 "외국인투자기업은 사회보험료의 납부, 사회보험기금의 지출에 대하여 기업소재지 사회보험기관과 직업동맹조직의 감독을 받는다" 라고 하였다. 이에 외국인투자기업이 부담해야하는 사회보험료율에 대한 구체적인 언급이 없다. 단지 납부와 지출 절차에 대해 외국인 투자기업은 사회보험기관과 직업동맹의 감독 하에 있다. 따라서 동 조항은 사회보험과 관련한 기관들의 일정한 역할에 대해 제시되어 있을 뿐 사회보험 재정부담율에 대한 내용이 부재하다.[36]

반면 「개성공업지구 로동규정」에서 기업의 사회보험료의 경우 동 규정 제42조 "기업은 공화국공민인 종업원에게 지불하는 월로임총 액의 15%를 사회보험료로 달마다 계산하여 다음달 10일안으로 중앙 공업지구지도기관이 지정하는 은행에 납부하여야 한다. 사회문화시 책과 관련하여 기업은 사회보험료밖의 다른 의무를 지니지 않는다" 라고 명시하였다. 이는 법 제정 당시인 2003년을 기준으로 하면 상 당히 파격적이다. 왜냐하면 당시 북한의 근로자의 월 사회보험료 납 부액은 월로임의 1%였기 때문이다. 따라서 이 시점을 기준으로 북 한의 사회보험 재정은 이중적인 납부체제로 재편되었다 하겠다.

한편 이러한 사회보험료가 연체될 경우 동 규정 제47조 "사회보험 료를 제때에 납부하지 않았을 경우에는 납부기일이 지난 날부터 매 일 0.05%에 해당한 연체료를 물린다. 연체료는 미납액의 15%를 넘 을수 없다"라고 하여 납부의무를 강조함과 동시에 연체료 상한선을 제시하였다. 따라서 이는 「외국인투자기업 로동규정」에서 제시되지 않았던 ① 월 사회보험료율, ② 미납시 연체비 부담을 명시하여 보 다 더 구체화되었다.

---

36) 이철수, 앞의 논문, 2017b, 47쪽.

결국 양 로동규정의 사회보장 관련 내용을 비교 분석하면, 이 또한「개성공업지구 로동규정」이 「외국인투자기업 로동규정」에 비해 보다 더 발전된 형태라 판단된다. 지금까지 논증한 「외국인투자기업 로동규정」과 「개성공업지구 로동규정」의 사회보장 관련 주요 내용을 정리하고 「개성공업지구 로동규정」을 중심으로 주요특징을 요약하면 다음 〈표 5〉와 같다.

<표 5> 사회보장 관련 조항 비교

구분	외국인투자기업 로동규정 (1999)	개성공업지구 로동규정 (2003)	주요 특징
종류	사회보험·사회보장	무료교육·무상치료 사회보험·사회보장	제도 추가 언급
사회문화시책기금 (조성)	미 제시	① 기업의 사회보험료, ② 종업원은 월로임의 30%	–
문화후생기금	외국인투자기업 부담	기업부담	거의 동일
최저임금	미 제시	미화 50$ 상승 가능	구체적 제시
퇴직보조금	1년 미만 근무 1개월, 1년 이상 근무 3개월 평균임금	1년 이상 근무 3개월 평균임금	1년 미만 삭제
생활보조금	일당 또는 시간당 로임의 60%이상 지급	일당 또는 시간당 로임의 60%이상 3개월 지급	수급 기간, 면세 제시
사회보험료	미 제시	기업이 종업원 월로임총액의 15% 납부	재정부담률 제시

* 출처: 저자 작성.

V. 결론

본 연구는 북한의 '외국인투자기업 로동규정'과 '개성공업지구 로동규정'을 비교, 2000년대 전후의 북한경제특구 노동복지 법제의 동학을 추적하였다. 특히 본 연구는 ① 근로소득, ② 근로복지, ③ 사회보장을 중심으로 양 노동규정을 비교 분석하였다. 이에 본 연구는 ① 관련 조항의 구체적 진술, ② 관련 조항의 공통점과 차이점, ③ 동일조항의 내용(변화) 비교(추적), ④ 관련 조항의 내용을 추적하였다.

이를 통해 보면 북한은 1999년 '외국인투자기업', 2003년 '개성공업지구'에 이르기까지 경제특구의 로동규정 제정에 관한 행태가 발생한다. 그리고 이는 결과적으로 보면 대외경제적 측면에서 그동안 북한의 경험과 학습, 당면한 경제현실 등에 따른 총체적인 판단 결과라 판단된다. 다시 말해 이러한 법령들은 북한의 정책적 선택과 흐름에 조응한 법적인 태동과 그 궤적을 같이 한다.[37)]

지금까지의 논증을 토대로 '외국인투자기업 로동규정'과 '개성공업지구 로동규정'의 비교분석을 시계열적으로 1999년 대비, 2003년을 기준으로 북한 경제특구 노동복지 법제의 지속성은 첫째, 법령제정의 시간적 차이가 존재하지만 북한은 경제특구 노동복지의 기본적인 골격을 기존의 북한지역과 같은 제도를 중심으로 이를 그대로 유지하고자 하는 경향이 있다. 둘째, 경제특구의 다양한 복지급여의 경우 최저임금과 사회보험료를 제외하고 주목할 만한 새로운 현금급여나 현물급여 없이 기존의 복지급여 체계와 거의 동일한 형국이다. 셋째, 이의 연장선상에서 기존의 노동복지 체제를 벗어나 괄목

---

37) 이철수, 앞의 논문, 2017a, 175쪽.

할만한 새로운 제도나 프로그램을 제시하지는 않았다. 넷째, 사회문화시책기금과 문화후생기금과 같은 노동복지와 관련된 재정부담 주체는 기존과 동일하게 외부기업이 부담·적용된다.[38]

반면 변화는 첫째, 전반적으로 법령의 표현에 있어 나중에 제정한 「개성공업지구 로동규정」이 「외국인투자기업 로동규정」에 비해 상대적으로 현대화되어 있다. 즉, 북한의 입법행태가 발달내지는 진전된 징후가 포착된다. 둘째, 이의 연장선상에서 「개성공업지구 로동규정」이 「외국인투자기업 로동규정」에 비해 내용과 진술 면에서 상대적으로 구체적이다. 이에 양 로동규정 중 상대적으로 「외국인투자기업 로동규정」보다 후에 제정된 「개성공업지구 로동규정」이 질적으로 우수성이 나타난다. 셋째, 북한은 「개성공업지구 로동규정」에서 기존의 「외국인투자기업 로동규정」에서 제시하지 않았던 ① 사회보험료율, ② 사회문화시책기금의 조성, ③ 최저임금, ④ 무상치료, ⑤ 무상교육 등 새로운 조항을 구체적으로 제시하였다. 넷째, 이와 연장선상에서 북한은 개성공업지구에서 로동규정을 통한 제도적 성숙과 발전을 크게 유도하였다. 다섯째, 비록 수사학적 표현이나 기존의 「외국인투자기업 로동규정」에서 제시하지 않았던 무료교육·무상치료가 「개성공업지구 로동규정」에서 반영되었다.[39]

특히 다른 한편으로 간과할 수 없는 것은 「외국인투자기업 로동규정」의 경우 사실상 사문화된 규정이지만 「개성공업지구 로동규정」의 경우 장기간 유지 적용된 규정이라는 것이다. 결국 이러한 당시 북한의 경제특구 노동복지 법제의 지속성과 변화의 원인과 배경은 시간에 비례한 북한의 변화와 새로운 환경에 따른 북한의 대응을 의

---

38) 위의 논문, 198~199쪽.
39) 미세하지만 임금제정 권한도 '중앙로동기관'에서 '기업'으로 변화하였다.

미한다. 지금까지 논증을 근거로 2003년 기준 북한 경제특구 노동복지 법제의 지속성과 변화를 요약하면 다음 〈표 6〉과 같다.

<표 6> 노동복지 법제의 지속성과 변화

구분	지속성	변화
1999년 대비 2003년 기준	노동복지의 골격 유지 경향 기존의 복지급여 체계 유지 재정부담 주체는 기업	법령의 현대화 진술의 구체화(근로복지 부문) 사회보험료 15% 부담 최저임금 명시 사회문화시책기금 조성 제시 제도적 성숙 유도 무료교육·무상치료 반영

* 출처: 저자 작성.

지금까지의 논증을 근거로 판단하면, 북한의 노동복지 법제에 있어 법률의 위계적·내용적·구성적 체계는 2000년대를 기점으로 구분된다 하겠다. 즉, 본 연구가 분석한 '개성공업지구 로동규정'을 시작으로, 다시 말해 남한과의 개성공업지구 공동사업을 기점으로 적어도 노동복지에 관한 북한의 법령이 다소 세련되고 현대화 되었다. 이러한 북한의 경향은 그 이후 제정한 북한의 입법 동향을 추적하면 더욱 더 분명하다. 이에 한마디로 북한의 법령은 2000년대 초반을 기점으로 각종 법조문의 체계와 서술, 구성에 있어 과거와 다른 수준의 발전된 행태를 나타내고 있다 하겠다.

물론 이에 대한 평가를 차치하더라도 이러한 변화가 북한의 입장에서 또는 내외부의 다양한 시각에서 접근하면 다소 늦은 감이 없지 않다. 또한 법령의 지속성과 변화 차원에서 접근해 보면 아직까지는 여전히 변화를 추구해야하는 북한의 법적·제도적 한계를 지적하지 않을 수 없다. 때문에 북한은 스스로 제정한 법령에 대한 거시적-매개적-미시적 수준에서의 지속성과 변화에 대한 끊임없는 자문과 자답이 요구된다. 그리고 이는 북한이 당면한 대내외의 현실, 국가 경제발전 전략과 전술 등과 맞물려 북한의 입법에 다양한 영향을 미치게 되어 종국에는 북한의 상황과 목적, 이상 과 현실 사이의 합의에 의한 결과로 나타날 것이다.

따라서 향후 북한의 노동복지 법제의 지속성과 변화는 북한의 외자유치, 남북경협의 결과에 편승하여 나타날 것이다. 때문에 이러한 점에서 김정은정권 출범 이후 북한이 취한 경제특구 개발전략의 귀추와 그 성과가 주목된다. 왜냐하면 만약 김정은정권이 추구하는 경제특구 전략을 실현하면, 법적으로 동일하거나 혹은 분화된 노동복지 체제를 현실적으로 판단할 수 있기 때문이다. 또한 이는 이중화된 북한경제특구 노동복지 적용대상의 규모를 가늠할 수 있다. 때문에 또한 이는 법적 적용과 더불어 실존적 차원에서 기존의 노동복지 체제와 구체적으로 비교 가능한 부문이 된다. 결국 북한 경제특구의 노동복지 체제의 법적 실체는 북한 경제특구 현실과의 끊임없는 작용과 반작용-제도와 현실-의 결과로 천착될 것이다.

참고문헌

1. 북한 법령
개성공업지구 로동규정
라선경제무역지대법
외국인기업법
외국인기업법 시행규정
외국인투자기업 로동규정
외국인투자기업 로동법
자유경제무역지대법
합영법
합작법

2. 논문 및 단행본

김미숙 · 최대식 · 김두환, "중국과 베트남 초기 경제특구와 비교를 통한 북한 경제특구 평가,"「LHI Journal」 7(4), 2016, 191~205쪽.

김현일, "김정은 체제 5년, 북한경제의 주요 변화와 시사점,"「Weekly KDB Report 북한포커스」, 2016, 21~22쪽.

_____, "북중 접경지역 경제협력 현황과 시사점,"「Weekly KDB Report 북한 포커스」, 2016, 20~21쪽.

문무기, "개성공업지구 노동규정의 운영상황 분석과 향후 제도 개선방향,"「수 은 북한경제」 2009년 봄호, 서울: 한국수출입은행, 2009.

박용석, "북한 경제 · 관광특구 개발현황 및 정책과제,"「한국건설관리학회지」 제17권 2호, 서울: 한국건설학회, 2016, 11~15쪽.

박형중, "김정은 시대 북한 경제 변화에 대한 평가: 1980년대 후반 중국과의 비교," 서울: 통일연구원, 2015.

박천조, "개성공단 노동제도의 변화와 영향 연구,"「산업노동연구」 제21권 2호, 서울: 한국산업노동학회, 2015.

배국열, "김정은 시대 경제개방 정책 평가,"「북한학보」 제39권 2호, 서울: 북한 학회, 2014, 75~109쪽.

배종렬, "김정은 시대의 경제특구와 대외개방: 평가와 전망,"「북한연구학회보」 제18권 2호, 서울: 북한연구학회, 2014, 27~57쪽.

유현정, "북한의「경제개발구법」에 대한 평가와 함의,"「북한연구학회 동계학 술발표논문집」 2013(4), 2013, 519~532쪽.

유현정·정일영, "북한 경제특구 개발전략의 한계와 대안,"「월간 북한」 540호, 서울: 북한연구소, 2016, 151~158쪽.

이승열, "개성공단 재개를 위한 조건과 대응전략,"「이슈와 논점」 2017년 2월, 국회입법조사처, 서울: 대한민국 국회, 2017.

이영훈, "나선 경제특구 개발의 결정요인 및 전망,"「JPI 정책포럼」 2015(15), 2015, 1~10쪽.

이종규, "북한의 경제특구·개발구 추진과 정책적 시사점,"「KDI Policy Study」, 세종: 한국개발연구원, 2015.

이종석, "국경에서 본 북·중 경제교류와 북한 경제 실상,"「세종정책브리핑」 2016-21, 2016, 1~30쪽.

이해정·이용화, "개성공단 가동 중단 1년, 남북관계 현주소와 과제,"「이슈리 포트」 2017(3), 2017, 1~12쪽.

이철수, "북한경제특구의 노동복지법제 비교분석: 개성공업지구와 라선경제 무역지대를 중심으로,"「법학연구」 제28권 1호, 충북: 충북대학교, 2017a.

_____, "북한의 경제개발구 노동복지 법제분석: 경제개발구 로동규정을 중심 으로,"「동서연구」 제29권 3호, 서울: 연세대학교 동서문제연구원, 2017b.

이효원, "라선경제무역지대법의 특징과 개선 과제: 경제개발구법과 비교를 중 심으로,"「서울대학교 법학」 제56권 제4호, 서울: 서울대학교, 2015.

임을출, "김정은 시대의 경제특구 정책: 실태, 평가 및 전망,"「동북아경제연구」 제27권 3호, 서울: 한국동북아학회, 2015.

조봉현, "북한의 경제특구 개발과 연계한 남북경협 방안,"「글로벌경영학회지」 12(1), 2015, 139~157쪽.

_____, "라선경제특구 발전 가능성과 우리의 전략,"「월간 북한(529)」, 80-86, 서울: 북한연구소, 2016.

조영기, "북한경제특구(개발구) 진출기업에 대한 지원수요 정책,"「국회 입법 조사처」, 서울: 대한민국 국회, 2014.

최우진, "라선경제무역지대의 법제도 정비 현황,"「통일과 법률」 2015년 8월호,

서울: 법무부, 2015.

_____, "북한 라선경제무역지대법의 최근 동향-조중협정 이후 개정내용을 중심으로," 「법조」 63(12), 2014, 146~183쪽.

현대경제연구원, "북한 외자유치 정책의 성과와 한계," 「이슈리포트」 2016(37), 2016, 1~9쪽.

홍양호, "개성공단사업의 현황, 정책적 함의와 개선과제," 「통일문제연구」 제27권 1호, 서울: 통일연구원, 2015.

3. 기타
한겨레신문, 2016.2.11.

보론

북한의 군인연금에 대한 일고

통합 쟁점을 중심으로

I. 서론

급격한 통일을 이룬 독일의 경우 동독지역은 통일 후에 탈산업화와 노동시장의 악화, 경제적 불평등의 증가, 각종 정책 등에서의 사회적 분리현상이 심화되면서 주민들의 삶의 질이 저하되고, 서독주민 사이에 심리적 이반현상이 통일이후 장기간 가속화되었다고 평가된다.[1]

독일통일의 경우 대부분의 통일비용이 서독에 비해 상대적으로 낙후되었던 동독 주민의 사회복지부문 특히, 연금과 고용부문에 통일초기부터 장기간 집중적으로 지원되었다. 이는 통일독일 정부가 동서독 주민의 사이에 삶의 질의 격차를 최대한 줄이고 동독주민의 통일에 대한 '기대감'을 충족시켜야만 하는 정치적인 동기에 기인한다. 즉, 서독정부가 통일을 놓고 정치와 경제를 분리하지 않고 이를 합치한 인식에서 비롯된 통일정책의 결과였다. 때문에 막대한 비용이 소요됨에도 불구하고 서독정부는 동독주민에 대한 생계를 최대

---

1) Max Kaase & Petra Bauer-Kaase, "Deutsche Vereinigung und innere Einheit 1990 ~1997," in Heiner Meulemann (Hg.), Werte und nationale Identitaet im vereinten Deutschland (Opladen: Leske+Budrich, 1998), pp.251~265.

한 지원·보장하고자 노력했고 이러한 결과가 바로 통일비용의 증가를 야기하였다. 또 이러한 통일비용에 대한 부담을 부정적으로 인식하는 서독주민들의 경우 통일독일에 대한 불편함을 통일초기에 표현하기도 하였다. 이러한 배경에는 ① 동·서독 양자 모두 구체적인 통일계획이 준비되지 않은 상태에서 갑작스럽게 진행되었고, ② 서독에 의한 동독의 사실상의 흡수통일이었고, ③ 이에 서독의 제도를 동독에 거의 그대로 이식할 수밖에 없었고, ④ 따라서 동독의 복지제도는 거의 도외시 되었고, ⑤ 이러한 것과 더불어 양독의 경제적 격차로 인해 일방적 체제이식에 대한 문제의식과 비판이 제기되지 않았기 때문이다. 즉, 적어도 복지부문에 관한 동서독의 삶의 질에 대한 균형을 맞추는 것 이외에 이것이 야기하는 파급현상을 고려하지 않았다. 결과적으로 통일독일의 사회복지 통합은 절반의 성공을 거두었다고 평가할 수 있다. 때문에 통일독일의 사회복지 통합은 남북한에게 하나의 사례가 될 수 있을지는 몰라도 계승해야할 롤 모델은 아니다. 그렇지만 남한은 이들이 범한 오류와 부분적 실패를 결코 간과해서는 안 된다.[2]

이에 독일통일에 대해 독일 스스로는 다음과 같이 논평하였다. 통일 초기에는 ① 동서독의 조기 화폐통합, ② 서독의 행정과 복지제도의 동독 조기이식, ③ 사유화와 소유권 조정의 미흡, ④ 동독 재건비용의 과소평가, 통합 진행 이후에는 ① 동독의 낮은 경제자립도, ② 동독인구의 서독유입(고령화와 저출산), ③ 동서독 주민의 심리적 갈등, ④ 동독에 대한 정보부족을 부정적 요소로 꼽았다.[3]

---

2) 이철수, 「월간 북한」 통권 제511호 (서울: 북한연구소, 2014), 45쪽.
3) 평화문제연구소, 「독일통일 바로알기」 (서울: 평화문제연구소, 2010)에서 요약정리.

이러한 문제의식을 시작으로 본 연구의 목적은 통일한국의 사회
복지 통합을 감안할 때, 예상되는 남북한 군인연금제도의 통합 쟁점
을 제시, 이를 근거로 거시-구조적 수준에서 남북한 군인연금통합
방향을 제시하는 것이다.[4] 이에 보다 구체적으로 본 연구는 북한의
군인연금제도에 대해 북한이탈주민의 증언을 바탕으로 논증하는 한
편 기존의 문헌연구를 통해 그 내용을 분석하고자 한다. 그리고 이
를 토대로 남북한 군인통합의 쟁점과 과제를 제시하고자 한다.[5] 이
에 본 연구는 국내 최초로 북한 군인연금을 분석하고 통일 이후 통
합쟁점과 과제를 제시하는 국내 최초의 연구로 의의가 있다.

본 연구의 연구방법은 북한의 군인연금제도를 놓고 각종 문헌 자
료를 통한 질적내용분석, 탈북자 인터뷰, 연금제도분석을 중심으로
접근하였다. 특히 북한의 군인연금 제도분석은 사회복지정책에서
통용되는 분석틀인 길버트와 스펙트(2010)의 정책분석 틀을 인용,
수정하였다. 본 연구의 서술순서는 먼저 북한의 군인연금제도를 제
도적 실증적 관점에서 분석하였다. 다음으로 이를 토대로 남북한 공
적연금제도 비교를 기반으로 남북한 군인연금 통합의 주요 쟁점과
과제를 도출하였다. 마지막으로 현 시점을 기준으로 남북한 군인연
금을 포함, 사회보장 통합모형 방향을 제시하였다. 이에 본 연구의
분석 모형과 분석 틀을 도식화 하면 각각 다음 〈그림 1〉과 〈표 1〉과
같다.

---

4) 군인 규모는 128만 명으로 총 인구인 약 2500만 명 중 약 5%에 해당하는 수치
   (국방부, 2016)
5) 한편 본 연구는 통일에 대한 여러 가지 시나리오 중 독일과 같이 남북한이 남
   한에 의한 흡수통일이 갑작스럽게 되는 경우를 상정하고 남북한 제도 통합에
   대한 논의를 진행하고자 한다.

<그림 1> 분석 모형

남한 군인연금 + 북한 군인연금 = 남북한 군인연금 통합 ↔ 통합 쟁점과 과제 ↔ 통합 방향 제시

* 출처: 저자 작성.

<표 1> 분석 틀

분석 단위	분석 내용	남북한 비교 쟁점과 해결방안
법령	언제, 어떠한 방식으로 도입되었는가?	제도적 통합 쟁점
적용 대상	어느 정도 범위를 포괄하는가?	적용 대상 규모
급여(상훈)	급여의 종류 및 수준은 어떠한가?	급여 종류, 수준, 조건
재정	재원은 어떻게 마련하는가?	재정부담
전달체계	행정적 전달체계는 어떠한가?	관리운영 체계

* 출처: Gilbert, N. & Terrell, P, 『Dimensions of social welfare policy(7th)』 (Boston: Pearson Education, 2010), pp.69~70을 토대로 재인용.

Ⅱ. 북한의 군인연금

1. 법령

북한의 군인연금과 관련, 현재까지 별도의 직접적인 법령에 대해 국내외에 정확히 알려진 바는 없는데 북한은 남한과 같은 '군인연금법'이라는 정식명칭을 지칭하는 별도의 법령이 공개된 적이 없다. 그러나 비공개, 이것이 북한의 군인연금 관련법의 부재를 의미하지는 않는다. 왜냐하면 후술한 바와 같이 북한이탈주민들을 통해 증명되듯, 북한의 군인연금이 엄연히 존재하기 때문이다. 다른 한 축으로는 이러한 원인은 독특한 북한의 공적연금 체계와도 관련이 있다.

즉, 일부 불명예전역자나 미만기전역자를 제외한 대다수 북한 군인들은 군 복무기간중의 공로로 인해 만기전역 후 공로자연금 대상자가 된다. 다시 말해 이는 군인이라는 특수한 신분과 더불어 훈포장에 근거한 북한 국가공로자연금 대상자의 선별 기준에 의거한다. 따라서 북한의 군인연금은 사실상 공로자연금으로 구조상·제도상 치환된다. 아울러 이와 마찬가지로 북한의 공공기관 종사자, 즉, 남한의 공무원연금과 같은 공적연금(대상자)도 거의 동일하게 파생된다.

북한의 경우 명시적인 군인연금의 명칭은 아니지만 남한의 군인연금 기능을 하는 국가공로자연금에 대한 법령은 이미 오래전부터 존재해 왔다. 이는 북한이 1956년 2월 3일 「국가 공로자에 대한 사회보장규정 승인에 대하여」(내각 결정 제10호)에 나타나 있다. 이 법령 1항 "적용대상을 국가공로자에 한하여 유가족연금을 남자 60세, 여자55세 이상으로 최종 월급여의 100%를 현금으로 지급"하는, 한편 2항 "노동상실연금은 노동능력상실 기간이 2개월 이상의 경우, 최종 월급의 100%를 회복될 때 까지 지급"한다는 등의 내용을 명시하였다. 이 법령의 경우 각종 연금제도와 관련된 것은 그 적용대상이 국가유공자이고, 정액(정률)급여로 지급된다는 것과 수급자의 연령을 명시한 것 외에 다른 언급은 없다.

또한 이는 유가족연금과 노동능력상실연금을 밝힌 것으로 이는 온전한 노후보장에 해당되는 연금과는 크게 다른 의미이다. 그러나 다른 한편으로 이것이 중요한 이유는 수급연령은 노령연금과 동일한 반면 급여수준은 이와 달리 최종급여의 100%를 지급하는 지급수준 차이가 명시되어있기 때문이다. 때문에 북한의 군인연금이라 할 수 있는 국가공로자연금은 이러한 틀 안에서 규정되어 진다고 판단된다.[6]

한편 이러한 북한 공로자연금에 대한 해석은 관점과 입장에 따라 상대적으로 박탈, 호혜, 차별, 평등으로 해석이 가능한 한편 근로소득과 노후보장이 미비하고 부족한 상태에선 근로를 강제, 유도하는 역기능과 순기능이 공존하는 다중적인 정체성을 갖고 있다. 다른 한편으로 이는 가령 남한에서 연령에 상관없이 공로로 지급되는 체육연금이 대상자의 공적연금에 합산되어 지급되는 행태라고 할 수 있다.

또한 북한은 1970년대 초에 '제대군인생활보장비'라는 일종의 연금제도를 도입했다는 증언[7]도 있으나 현재까지 이에 대한 구체적인 법령이나 급여의 내용, 관련 문헌을 발견하지는 못했다. 그러나 만약 동 제도에 의한 급여가 만기 전역 후 종신토록 지급된다면 이는 가장 군인연금의 성격에 가깝다.

2. 적용 대상: 장기복무 직업군인

일단 북한 군인연금의 적용대상은 10년 이상 장기복무 직업군인을 대상으로 한다. 한편 북한은 통상 중학교 졸업이후 입대하는 추세로 입대 당시 대략 만 16세에 입대한다. 그러나 장기 복무 직업군인의 경우 군 입대 3-4년 후 일부를 선발 혹은 추천하여 장교와 하사관으로 재차 편성된다. 과거 이러한 인력의 할당은 인민무력부로부터 각 부대 마다 인원수 할당을 받아 자체 인사 검증을 통해 최종 선발되었다. 이에 따라 장교는 별도의 군관학교를 졸업하고 임관되는

---

6) 한편 북한은 군복무중 부상으로 인한 영예군인연금제도가 별도로 있는데, 이는 보훈연금 성격이지만 급여수준은 높다. 본 연구에서는 국가공로자연금 중 군인이 급여를 수급하는 경우를 영예군인연금제도와 별개로 북한의 군인연금이라 칭한다.

7) 북한이탈주민A 증언(2016.7 인터뷰 내용)

반면 부사관은 별도의 양성소(단기 교육)를 통해 교육·양성된다.[8]

그러나 이와 반대로 직업군인이 아닌 사병의 경우 10년 만기 혹은 미만 복무 후 제대하였을 경우 사회로 복귀한다. 그리고 이 시기부터 당사자는 해당 사업장 소속직장인으로 노령연금 가입대상자가 된다.[9] 즉, 이러한 경우 취업-일부를 제외한-을 통해 자동적으로 노령연금에 가입되는데, 이때에 '년한가급금[10]'이라고 하여 군 복무기간을 연금가입 기간으로 인정해준다. 또한 군복무 기간을 당사자의 급여에 합산-남한으로 보면 호봉-하여 지급한다.[11]

이에 북한군 사병출신 근로자의 경우 공적연금의 사각지대-여타 근로자도 마찬가지지만-가 비교적 존재하지 않는 이유는 크게 두 가지이다. 하나는 북한군인의 입대 연령이 낮아 10년 복무 후에도 여전히 20년 이상 근로가 가능하고 다른 하나는 사병 전역이후 직장 (혹은 학교) 배치에 따라 제도적으로는 실업률이 거의 전무하기 때문이다.

따라서 북한의 입장에서 보면 장교와 부사관을 제외한 사병[12]에 대한 별도의 공적연금을 군 생활 당시 군이 적용하지 않아도 된다.

---

8) 북한이탈주민B 증언(2016.8 인터뷰 내용)
9) 북한이탈주민B 증언(2016.8 인터뷰 내용)
10) 년한가급금은 북한이 5년 마다 적용하는 제도로 일종의 경력인정제도로 해당자의 호봉에 경력기간을 합산해주는 제도이다. 가령 군복무 10년 만기 사병전역자가 취업한 경우 년한가급금 10년(호봉인정, 경력인정)을 인정받아 해당자가 00직종 6급에 취업했다면 여기에 군 복무 10년을 합산하여 호봉과 연금가입 기간을 인정해주는 제도이다. 북한이탈주민C 증언(2016)
11) 북한이탈주민C 증언(2016.7 인터뷰 내용)
12) 과거 북한 사병의 근무기간은 주특기별로 다른데, 가령 특수부대는 10년, 전차, 운전병, 잠수함 복무 사병은 12년, 그밖에 일반 사병은 8-10년을 복무한다. 지금 현재 북한 사병의 의무복무기간은 10년이다. 참고로 북한도 남한과 같은 복무 부적격자의 조기전역제도가 있는데 이를 '생활제대'라 칭한다.

다시 말해 이들은 북한의 공적연금체제 하에서 구조적으로 공적연금 대상에 포함될 수밖에 없는 제도적 울타리가 갖춰져 있다. 아울러 북한은 남한과 같이 직역간 연계를 인정하는 공적연계연금의 존재여부-공식적이거나 제도적으로-는 현재까지 알려진 바 없지만 직장가입기간에 군복무 기간을 합산 · 인정하고 있다.[13] 현재까지 공개된 관련 법령과 북한이탈주민 인터뷰를 통해 북한군인 공적연금 가입과 적용에 대한 유형을 도식화하면 다음 〈그림 2〉와 같다.

<그림 2> 북한군인의 공적연금 가입 유형

〈A형〉
·사병입대: 만 16세 입대, 만 26세 전역 → 취업: 노령연금(년한가급금 적용)
 - 만기전역 시 10개월 급여 퇴직수당 지급

〈B형〉
·사병·장교입대: 입대 후 교육 부/사관, 30년 미만 전역 → 연금수급자격 미달

〈C형〉
·사병·장교입대: 입대 후 교육 부/사관, 30년 미만 전역 → 재취업: 노령연금(년한가급금 적용)

〈D형〉
·사병·장교입대: 입대 후 교육 부/사관, 30년 이상 만기 전역 → 대다수 국가공로자연금

〈E형〉
·사병·장교입대: 입대 후 교육 부/사관, 복무 중 부상 전역 → 대다수 영예군인연금

---

* 비고: 인터뷰 및 법 내용을 정리하여 5가지 유형으로 구분.
* 출처: 저자 작성.

---

13) 북한이탈주민C 증언(2016.7 인터뷰 내용)

한편 북한군장교의 경우 계급정년제가 있어 영관급은 만 60세 이나 장성급[14]은 이와 달리 더 높은 것으로 알려져 있다.[15] 특히 영관급 장교의 경우 만 60세인 것은 앞서 언급한 유가족연금, 북한의 노령연금 수급자격과 동일하다. 즉, 이는 공적연금에 관한 북한의 고민이 고스란히 나타나 있다고 할 수 있다. 왜냐하면 일반 노동자와 군인간의 수급연령간의 차이를 두지 않아 형평성에 문제가 없지만 군인을 우대하여 별도의 특혜를 두어 적어도 양자 간의 급여수준의 차이만을 꾀했기 때문이다.

다른 한편 북한은 노동자에게도 노동기간 능력에 따라 적절한 훈포상의 기회를 제공, 그들 역시 국가공로자연금대상자로 편입할 수 있는 발판을 구조적으로 마련하고 있다. 북한의 공로자연금 적용대상을 순위별로 간략히 정리하면 다음 〈그림 3〉과 같다.

〈그림 3〉 북한의 공로자연금 적용대상 순위

```
· 1위: 공화국영웅-김일성훈장, 김정일훈장
· 2위: 노력영웅-노력훈장, 전투영웅 등
· 3위: 인민OO-인민배우, 인민가수, 인민체육인 등
· 4위: 공훈OO-공훈배우, 공훈가수, 공훈체육인 등
· 5위: 국기훈장 1급 수여자
· 6위: 국기훈장 2급, 공훈메달 3개
· 7위: 국기훈장 3급, 공훈메달 6개(이상 상류층)
· 8위: 공훈메달 수상자(포상 개수별 계상)
```

* 비고 1: 훈·포장이 없거나 부족한 노동자·사무원, 협동농민은 노령연금 대상자
* 비고 2: 칭호와 훈장 중복 수여
* 출처: 이철수, "남북한 사회복지통합 쟁점과 과제," 인구포럼 발표문, 서울: 한국보건사회연구원, 2014 참고로 수정.

---

14) 북한의 현직 장성 수는 남한의 4-5배로 1400-1500명 수준으로 알려져 있다.
15) 북한이탈주민B 증언(2016.8 인터뷰 내용)

3. 급여와 상훈

1) 급여: 종류·수준·조건

북한의 공로자연금의 급여종류는 식량으로 대표되는 현물과 현금 급여로 구분되며 급여수급 자격은 수급자의 훈·포장수준에 의거한 다. 공로자연금 수급자 중 군인자격으로 획득한 것에 대해 2005년 탈북한 한 탈북자는 7.1조치 이전 남자 60세, 여자 55세로 30년 이상 만기 제대한 경우 해당되었으나 7.1 조치 이후 남자 60세, 여자 58세 로 30년 이상 만기 제대한 경우로 변경되었다고 한다.[16] 이는 북한 의 군출신 연금수급자격이 적어도 수급연령에 있어서는 노령연금과 동일하다는 것을 의미한다. 그리고 이는 북한 공적연금 수급연령의 일관성과 관련이 있지만 2007년 4월 26일 최고인민회의 상임위원회 (정령 제2214호) 「조선민주주의인민공화국 년로자보호법」(이하 년 로자보호법으로 약칭)과는 다소 배치된다.

즉, 동 법령 제2조에서 "조선민주주의인민공화국에서 년로자는 남 녀 60살 이상의 공민이다. 로동년한을 끝마쳤거나 현재 일하고 있는 남자 60살, 여자 55살 이상의 공민은 이 법의 보호를 받는다"라고 명 시하였다. 이에 동 법령의 적용대상은 연령을 기준으로, 1차적으로 남녀 60세를, 2차적으로 현재 노동종료·노동중인 경우 남자는 60세, 여자는 55세로 재차 구분된다.[17]

이를 근거로 판단할 때, 먼저 북한은 남녀 모두 60세 이상을 년로 자로 보고 있다. 그러나 이와 달리 노동종료·노동중인 경우 남자는

---

16) 북한이탈주민C 증언(2016.8 인터뷰 내용)
17) 이철수, "남북한 사회복지통합 쟁점과 과제," 인구포럼 발표문, 서울: 한국보건 사회연구원, 2014.

60세로 상술한 년로자 기준과 동일한 반면 여자는 55세부터 년로자로 간주하여 5세가 낮다. 이는 다소 특이한 것으로 북한이 년로자에 대한 이중적인 척도를 제시한 것이라 하겠다. 하지만 이와 다른 견해도 가능한데, 북한의 노령연금 수급자격기준이 남자 60세, 여자 55세이기 때문에 북한은 여기에 근거하여 법적 형평성을 동일하게 적용한 것 이라고도 볼 수 있다. 즉, 이는 북한의「로동법」제74조 "국가는 남자 만 60살, 녀자 만 55살에 이른 근로자들에게 일정한 근속로동년한을 가진 경우에 년로년금을 준다"라는 조항을 준용한 것이다. 따라서 이를 근거로 할 때, 7.1조치 이후 여군의 수급연령을 기존 55세에서 58세로 연장한 것은 다소 아이러니하다.[18]

한편 구체적인 연금 급여수준을 살펴보면, 가령 2002년 7.1조치 이전의 경우 군에서 상좌로 전역한 북한 장교의 경우 공로자연금 급여가 현물급여 1일 600g, 현금급여 월 900원을 지급받았는데, 이는 7.1 조치 이전 1급 현직 의사의 월급 수준이다. 또한 당시 일반 노령연금 수급자의 현물급여 1일 400g, 현금급여 월 2-30원에 비해 상당히 높은 수준이다. 반면 7.1조치 이후에는 현물급여 1일 600g, 현금급여 월 18,000원을 지급받았다.[19] 즉, 북한은 7.1조치 이후 현물급여인 식량은 기존을 유지한 반면 현금급여는 7.1조치로 인한 물가상승률 만큼 상향 지급하였는데, 이는 극히 자연스러운 현상이다.

이에 북한의 공로자연금은 과거 1980-90년대 초반까지만 해도 비교적 안정적이었고 만족도가 높았다. 반면 지금 현재는 현실적인 노

---

18) 한편 만기전역하지 못거나 30년 미만의 군생활을 한 직업군인의 경우 대체로 불명예제대자 이고 이들은 취업하여 연금가입기간을 연장한다고 한다. 북한이탈주민C 증언(2016) 특히 이는 달리 보면 남한의 공적연계연금대상자들이라 할 수 있다.

19) 북한이탈주민C 증언(2016.8 인터뷰 내용)

후보장 기능이 상당부문 악화되었다. 이러한 원인은 현금급여 수준이 일반 노령연금보다 상당부문 높지만 여전히 현실적으로 온전한 노후보장 수준에 턱없이 부족하기 때문이다.[20] 반면 이와 달리 북한 군인-10년 미만 단기복무- 퇴직 시 10개월 치의 임금을 퇴직급여 형식으로 지급하여 재대 후 생활안정을 꾀한다고 한다.[21]

2) 상훈

북한의 군인연금은 상훈이 급여와 연동이 되기 때문에 별도로 살펴보아야 한다. 연금급여와 직접적으로 관련이 있는 북한의 상훈은 크게 훈장, 칭호, 표창, 상, 기, 메달 등으로 구분되며 모두 합쳐 총 170여 종류가 있다. 훈장은 20여종, 최고인 김일성훈장, 김정일훈장, 국기훈장 1-3급, 노력훈장 등 일반훈장과 농촌테제발표 30돌훈장, 인민군창건 60돌훈장, 정권창건 50돌훈장 등 정치·사회적으로 중요한 행사와 경축일을 기념하기 위해 제정한 기념훈장으로 구분된다.[22]

반면 칭호에는 공화국영웅, 노력영웅, 인민(인민교원, 인민의사, 인민배우 등 직종별 구분), 공훈(공훈체육인, 공훈운전사, 공훈어부 등 직종별 구분), 모범칭호(모범체육학교, 군민일치 모범군 등) 등 20여종이 있다. 표창은 김일성시계 표창, 김정일표창 2종, 상은 김일

---

20) 한편 일부 국가공로자연금 대상자의 경우 재취업하는 경우도 있는데, 가장 대표적인 것이 사업장 고문제도로 이는 종신고용제도이고 이러한 경우 연금과 급여를 동시에 지급받는다고 한다. 그밖에도 재취업영역은 다양한데, 가령 각종 기념관, 박물관 안내 및 관리, 학교봉사관리, 행정구역 단위마다 설치된 가내생산협동조합반 등에 재취업할 경우 임금과 연금을 동시에 수급한다. 북한이탈주민C 증언(2016.8 인터뷰 내용)

21) 북한이탈주민D 증언(2016.9 인터뷰 내용)

22) 이철수, "남북한 사회복지통합 쟁점과 과제," 인구포럼 발표문, 서울: 한국보건사회연구원, 2014.

성상, 김정일상, 인민상, 과학상, 조국통일상 등 12종의 상, 3대, 혁명 붉은기, 영예의 붉은기, 공동순회우승기 등 4종의 기, 공로메달, 군 공메달, 인민군창건 기념메달 등 18종의 메달이 있다.[23]

이러한 포상대상은 각 상훈별로 약간의 차이는 있으나 대부분 "주 체사상의 위대한 생활력을 전면적으로 과시하기 위한 분야에서 빛 나는 위훈을 세웠거나 정치ㆍ경제ㆍ국방ㆍ문화 및 기타 각 부문에서 탁월한 공훈을 세운 자 또는 집단, 기관, 기업소, 사회단체들에 수여 한다"고 명시하고 있다. 이러한 상훈에 대한 결정은 최고인민회의 상임위원회 정령으로 제정ㆍ수여하며 기본적으로 김일성 생일(4.15), 김정일 생일(2.16), 정권창건일(9.9), 당창건일(10.10) 등을 계기로 수 여한다. 상훈에 대한 특전은 김일성훈장, 김정일훈장, 공화국영웅ㆍ 노력영웅칭호, 국기훈장 1급 등 상급의 경우 상훈ㆍ수훈 시 각종 포 상품, 철도 무임승차, 진급 등이 자연스럽게 수반된다.[24]

4. 재원과 관리운영체계

북한의 군인연금 자체에 대한 정보가 부재하듯이 군인연금 가입 자인 북한 직업군인의 재정부담에 대해 현재까지 알려진 바가 없다. 그러나 한편으로 북한의 노동자, 사무원의 사회보험료가 급여의 월 1%임에 따라 북한의 군인연금도 이에 준하리라 판단된다. 따라서 북한 군인연금의 재정부담의 경우 노동자, 사무원과 동일한 부담을 한다는 명시적인 법 규정이 존재하지는 않는다. 하지만 이들의 부담 률을 대입한다면 만기제대 후 급여 전액을 거의 국가가 부담하는 것

23) 위의 글.
24) 위의 글.

으로 볼 수 있다. 또한 앞서 상술한 바와 같이 대다수가 만기 제대 시 대다수가 국가공로자연금 대상자이기 때문에 이는 더욱 더 설득력이 있다.

이에 북한 군인연금은 그 특성상 99% 국가 재정을 재원으로 한다고 할 수 있다. 또한 앞서 급여에서 살펴보았듯이 노후보장의 기능을 연금과 더불어 배급제를 함께 시행함에 따라 남한에 대비할 경우 공공부조와 공적연금의 역할을 모두 포괄한다고 할 수 있다.

반면 이러한 군인연금의 관리운영체계는 일반 노령연금과 거의 비슷하다.[25] 즉, 행정단위별 행정위원회, 담당 사회보험서기가 수급자들을 관리한다. 다시 말해 수급자의 경우 동사무소 일반 연로보장부서 사회보험서기 일선에서 현물과 현금급여전달에 대한 행정적인 처리를 담당하고 있다.[26] 단, 제대군인의 총수와 수급자 규모와 대상자는 군사동원부에서 별도 이중관리하고 있다.[27]

Ⅲ. 군인연금 통합 쟁점

공적연금의 경우 제도적 취지에 맞게 남북한이 노후보장을 위해 모두 운용하고 있으나 운영방식과 내용면에서 상호간의 극심한 차이 또한 엄연히 존재한다. 남한의 공적연금은 국민연금, 특수직역연금(공무원, 군인, 사립학교교직원, 별정우체국연금), 기초연금[28], 보

---

25) 북한이탈주민B 증언(2016.7 인터뷰 내용)
26) 북한이탈주민C 증언(2016.8 인터뷰 내용)
27) 북한이탈주민B 증언(2016.7 인터뷰 내용)
28) 기초연금은 공적연금이라기 보다는 공공부조형 급여에 가깝다. 하지만 노후보장의 취지에 있어 빈곤층의 노후보장을 위한 공적연금과 비슷한 기능을 하기

훈연금, 체육연금으로 구분되나 북한은 노령연금, 공로자연금, (영예)군인연금으로 크게 구분된다. 문제는 남한은 가입대상간의 분화가 직종을 중심으로 크게 5가지 영역인 반면 북한은 3가지 영역으로 크게 구분된다는 것이다.[29] 남북한 (공적)연금 제도 종류를 군인연금을 포함하여 간략히 비교하면 다음 〈표 3〉과 같다.

<표 3> 남북한 공적연금 비교

구분	남한	북한
공공부조형 공적연금	·기초연금	·없음
사회보험형 공적연금	·국민연금 (노령연금, 장애연금, 유족연금)	·노령연금(유가족연금)
특수직역 공적연금	·특수직역연금 (공무원연금, 사립학교교직원연금, 군인연금, 별정우체국연금)	·국가공로자연금, ·(영예)군인연금
사회보훈형 연금	·보훈연금, 국가유공자연금	·바로 위와 성격상 중복
사회복지서비스형 연금	·장애인연금	·장애인보조금
국가포상형 연금	·체육연금, 계속기여자종사연금	·국가공로자연금과 성격상 중복

* 비고: 본 연구는 이 중에서 군인연금만 핵심 분석대상임.
* 출처: 이철수, "남북한 사회복지 통합에 대한 소고,"「동북아연구」제30권 1호, (광주: 한국동북아학회, 2015), 146쪽.

그 내용을 살펴보면 남한은 특수직역을 제외한 대다수 국민이 가입한 국민연금인 반면 북한은 노동가능 인구 대다수가 가입한 노령

때문에 등치하였다. 이외에도 남한은 근로자가 가입대상인 퇴직연금, 개인별 임의가입인 개인연금과 주택연금, 농지소유자에게 해당되는 농지연금, 과학기술인연금과 예술인연금도 있으나 분석대상에서 제외하고자 한다.
29) 이철수, "남북한 사회복지 통합에 대한 소고,"「동북아연구」제30권 1호, (광주: 한국동북아학회, 2015), 145~146쪽.

연금이 있다. 다른 한편으로 남한은 특수직역에 해당되는 4가지 공무원, 군인, 사립학교교직원, 별정우체국연금이 있다. 반면 북한은 최초 가입은 노령연금으로 시작하나, 개인의 노동기간 중 포상의 수준에 따라 국가공로자연금으로 상승 가입되는, 다시 말해 노령연금 가입자가 가입기간 중 개별적으로 획득한 공훈이나 포상으로 국가공로자연금으로 승급되는 구조이다. 또 영예군인연금은 군 복무중 사고나 재해로 인해 입은 장애에 대한 별도의 보상연금으로 남한의 군인연금의 장애보상 기능을 수행한다고 할 수 있다.[30]

따라서 북한은 이와 같이 일부 특수계층을 대상으로 하는 연금으로 국가공로자연금과 영예군인연금이 존재하는데, 이 두 가지 연금은 노후소득보장 기능을 제외하고 보면 사실상 남한의 군인연금이라기보다는 보훈연금 혹은 체육연금과 비슷한 성격의 제도라고도 할 수 있다. 즉, 북한은 남한으로 보면 국가공훈에 대한 보상인 보훈연금과 재정기여에 대한 보상인 노령연금이 합산된 국가공로자연금이 별도로 존재한다.[31]

그렇다면 앞서 본 연구에서 전제한 바 있듯이 남한에 의한 흡수통일이 이루어져 남한의 제도를 북한에 적용할 경우 남한정부는 이러한 북한의 현실과 공무원연금의 기본적인 제도운영 원리와 취지를 계승, 이를 수용·인정해 주어야하는가? 라는 문제가 제기된다. 그러나 이는 사실상 현실적으로 남한정부가 수용할 수 있는 능력 밖의 문제이다. 왜냐하면 남한 공무원연금(군인연금과 국민연금도 마찬가지지만)의 재정이 열악하여 이들을 감당할 여력이 없기 때문이다.[32]

---

30) 위의 글, 146쪽.
31) 위의 글, 146쪽.

또한 통일 이후 공적연금 수급대상 선별에서 단순히 사회주의 체제하의 의무가입으로 인한 60-65세 이상 전체 북한주민의 노후보장 추진해야 하는 문제, 체제차이로 인해 미가입한 지금 현재 남한 노인의 사각지대, 이러한 현실을 외면한 채, 기초연금이 아닌 공적연금으로 북한을 지원하는 남한의 행태가 과연 형평성에 맞는가, 또한 이것이 남남갈등, 남북한의 갈등요소로 작용할 가능성이 없는가 하는 문제도 제기된다.

반면 통일 이후 북한지역 직업군의 정비를 통해 공무원연금으로의 제도 편입을 유도, 가입을 확대할 수는 있다. 즉, 북한지역에 근무하는 공무원연금 가입자의 확대가 자연스럽게 예상된다. 하지만 수급자의 경우 문제의 성격이 매우 다르다. 가령 통일 당시 수급자들의 급여 수준을 남한의 공무원연금을 기준으로 적용하기에는 무리가 있다. 특히 남한 공무원연기금의 재정을 놓고 볼 때, 이는 요원한 기대일 것이다.

더욱이 남한 국민들의 경우 대다수가 국민연금에 가입, 공무원연금에 비해 상대적으로 급여수준이 낮다. 따라서 남한국민들이 이를 용납할 명분과 이유, 감정 또한 허락되지 않을 것임이 명백하다. 이와 마찬가지로 남한 군인연금의 열악한 재정, 국민연금의 기금 고갈 우려 등을 감안 할 때, 통일 이후 북한의 가입자의 확대를 허용할 수는 있으나 수급자의 형평성을 고려하기에는 현실적으로 다소 무리가 있다. 결국 통일 이후 공적연금제도에서 제기되는 가장 큰 문제는 북한 수급자의 급여수준과 관련되어 있다.

남한의 공적연금을 북한에 그대로 적용 이식하면 가입자에 대한

---

32) 위의 글, 147~148쪽.

편입은 북한의 시장화에 맞추어 전개하면 되지만 궁극적인 문제는 수급자의 급여수준에서 발생하게 된다. 가령 통일 당시 이미 지급받고 있는 북한의 노령연금, 공로자연금, (영예)군인연금 수급자의 경우 이들을 어떻게 할 것인가에 대한 문제가 재차 제기된다.[33] 이에 공적연금 제도를 통일 직후 즉각 통합하여 남한중심의 단일급여체계를 적용할 경우 비용부담 발생이 예상된다. 또한 남북한 양자의 기존제도 하에 분리 운영 후 통합할 것을 가정하여 접근하면 북한주민의 안정된 노후보장을 담보할 수 없을 것이다.[34]

따라서 북한의 군인연금을 포함한 노령연금 대상자에게는 별도의 지급기준을 마련하여 기존보다 높은 급여를 보장하되 기존의 남한 연기금의 운영에 큰 피해가 없는 방향으로 설계해야한다.[35] 즉, 북한주민의 '노후 생활보장 기준액'을 산정하여 이를 기준으로 기존의 수급액과 가입기간에 따라 재산정할 필요가 있다. 한편 가입자의 경

33) 과거 독일의 경우 통일 직후부터 노령연금수급액을 재산정하여 지급되었는데, 동독의 일반층의 노령연금수급자들은 급여가 사실상 상승한 반면 특권층의 수급자(특별부양연금제도 대상자-특별직업군)들은 상당부문 통일 전 보다 급여수준이 매우 하락하였다. 당시 동독의 특별직업군은 공무원에 가까운 사람들로 국가안전보위부, 경찰, 인민군, 판·검사, 소방관 등 공공기관종사자들이 중심이었고 통일직전 36만 명의 수급자와 160만 명의 잠재적 수급자(전체 동독인구의 10%)가 있었다(김원섭, 2014)

34) 독일의 경우 제2차 통일조약에 따라 구체화된 '연금이식법'에 따라 서독의 제도를 동독에 그대로 적용, 기존 동독제도는 폐지하며 양 독의 제도 중 크게 상이한 부문은 경과규정을 적용하였다. 이에 동독주민은 마치 서독연금법에 가입했던 것처럼 간주하여 재계산·지급하였다. 또 연금재정의 회계는 일정기간 양독간 분리하였다. 그러나 결코 간과해서는 안 되는 것은, 독일은 통일이 20년이나 지난 지금도 동독에 대한 '후한 연금복지'로 인한 후유증, 즉, 동독연금의 재정적자와 이를 지원한 서독의 재정부담이라는 것이다(이용하, 2015)

35) 가령 이는 북한의 공적연금 수급자들이 안전한 노후보장이 되도록 현금급여수준을 통일이전보다-현재 북한 노령연금은 북한 돈 2~3000원 수준-높이되 남한과 동일하게 적용하지 않음에 따라 과도한 남한 연기금의 지출을 억제하자는 것이다.

우는 이와 달리 현행 남한의 공적연금을 그대로 적용해도 무방하나 기존보다 높은 사회보험료 부담액이 증가한다. 이에 따라 상술한 바와 같이 실질가계소득은 낮아질 것이다. 아울러 통일이후 북한의 고용시장의 변화에 따라 납부예외자가 발생할 것으로 판단된다.[36]

결론적으로 남북한 군인연금 통합은 특정 일방의 제도를 이식하기 보다는 일정기간 과도기적 이중 체제를 통해 분리 운영하는 방향으로 하되, 그 기간 동안 과도기적 급여와 제도를 운영한 후에 통합해야한다. 가령 '선 가입자 통일 후 수급자 통일', '수급자의 급여수준 재설정', '급여수준의 점진적 인상 이후 최종적인 남북한 단일화'하는 방향으로 진행할 필요가 있다.[37]

연금급여 수준 통합과 관련, 통일 이후 남한 수급자는 기존 연금수준 유지, 북한 수급자는 기존보다 높은 수준을 유지하되 남한보다는 낮은 수준-그러나 남북한 가입자와 수급 대상자 모두 만족할 만한 급여 수준-을 적용하여 연기금을 안정적으로 운영하여야 한다.[38] 다른 한편으로 통일정부는 이러한 경우를 대비, 남북한 간의 상대적 박탈감-가령 남한의 정서적 부담, 북한의 통일 기대감-에 대한 해소방안을 사전에 마련할 필요가 있다.[39] 본 연구에서 도출한 내용을

---

36) 이철수, 앞의 글, 149쪽.

37) 위의 글, 149쪽.

38) 이는 통일독일의 사례로 가되 그 상승 수준과 속도는 안정적으로 진행하자는 것이다. 참고로 독일 표준순연금의 경우 동독/서독, 1990년 40.3, 1991년 50.8, 1992년 62.3, 1993년 72.7, 1994년 75.1, 1995년 78.8로 급속히 증가하였다. 동서독 화폐 통합 당시 서독의 1/3에 불과하던 것이 빠르게 증가하여 1995년에 거의 서독의 80% 수준에 도달하였다(김원섭, 2014)

39) 참고로 독일의 연금통합 사례가 시사해 주는 가장 중요한 교훈은 연금통합 관련 통일비용을 줄이기 위해서는 제도 이행 및 동화는 최대한 신속하게 수행하되, 남북한 지역 간의 경제력 및 급여의 격차는 점진적인 수렴을 유도해 나가는 것이 중요하다는 점이다. 즉, 연금제도 및 조직관리 체계상의 접근 및 통합

토대로 남북한 군인연금 통합시 예상되는 주요 쟁점을 요약하면 다음 〈표 4〉와 같다.

<표 4> 남북한 군인연금 통합 주요 쟁점과 과제 요약

구분		쟁점
개요		·북한공로자연금=남한의 군인연금+훈포장+(대상자별 보훈연금)
적용 범위	지급대상	·대다수 국가공로자 ·군 병력의 차이로 인해 북한 수급자가 상대적으로 다수
	가입대상	·기존의 급여계상으로 할 때 이미 상당수가 공로자연금 대상 ·단기적으로 통일 직후 가입자 확대 예상
	수급자격	·30년으로 남한과 10년 차이
급여	급여계상	·공훈에 따라 최종 합산되는 형식 ·남-가입기간과 가입기간 평균납부률, 북-최종 임금
	급여종류	·급여종류에 식량 포함, 현물급여 대체 문제
	급여수준	·적정급여 수준과 재산정 기준 제시
재정		·남한 군인연금의 기금고갈, 국고지원 ·북한 군인연금의 부과방식 운영 ·북한수급자로 인한 재정 지출 확대 ·재정조달 방안의 미비로 인한 국민연금 갹출 가능성
전달체계		·남한의 경우 공적연금과 군인연금을 분리 운영 하는 시스템이지만 북한의 경우 군인연금은 국가공로자연금이라는 노령연금에 상훈이 결합된 형태가 주를 이르므로 관리운영에 있어 혼란 초래 가능
납부률		·가입자의 납부률 일괄적으로 정해야 하는 문제
통합기준		·남한군인연금을 북한군인에게 적용할 경우 조기수급 우려

* 출처: 저자 작성.

을 신속하게 완료할수록 행정비용이 최소화될 것이다. 반면 남북한 양 체계 간의 생활수준 및 경제력 격차의 완화를 서두를수록 북한경제의 생산성 및 경쟁력에 대한 부정적 영향이 커지고 북한지역으로의 재정이전 부담이 늘어나게 된다는 것이다(전홍택, 2012)

Ⅳ. 결론

본 연구는 제도적 관점에서 북한 이탈주민들의 인터뷰 내용, 법령 등의 자료들을 활용하여 북한 군인연금제도와 통일 시 남북한 군인연금제도를 통합 쟁점을 도출하고 이를 토대로 과제 및 연금 통합방향에 대해 논증하였다. 이를 근거로 본 연구의 핵심 분석대상인 남북한 군인연금을 포함, 사회보장 통합모형 방향을 제시하면 다음과 같다.

첫째, 무엇보다 통일이후 군인연금을 포함, 남북한 사회복지제도의 과도기적 이중체제 운영의 불가피성이다. 즉, 역으로 이는 현실적으로 통일 직후 남북한 사회복지제도의 신속한 통합의 불가능성이 존재한다는 것을 의미한다. 이러한 원인은 지금 현재를 기준으로 할 때, 남북한의 제도적 이질성과 통일·통합 준비 정도, 통일복지 재정지출과 재원조달 부담, 정보 부재 등의 문제에 기인한다.

특히 남북한 사이의 상호 교류가 없는 상태, 즉, 이로 인한 부족한 정보를 중심으로 한 통합방안은 현실에서 상당한 부작용을 파생한다. 때문에 통일 직후 과도기적 운영을 통해 북한에 대한 충분한 교류와 정보를 토대로 실질적인 통합을 시도해야한다. 결국 이 때문에 통일한국은 남북한 사회복지통합에 있어 과도기 이중체제를 전략적으로 활용, 일시적인 이중체제를 제한적으로 적용하는 전술적 선택을 취해야한다.

둘째, 통일 직후 여타 사회보험제도도 마찬가지지만 만약 남북한 사회보험 통합을 추진한다면, '선 가입자 통일, 후 수급자 통일' 방식으로 진행해야한다. 남북한 통일·통합 여부를 떠나 가입자의 경우 대다수가 근로를 하고 있는 가운데에 고정적인 노동수입-비록 만족할만한 수준은 아니지만-이 있다. 또한 이들은 이미 북한사회복지체제에서 사회보험료를 납부한 경험이 있다. 때문에 이들은 통일이후 사회보험 재정부담율에 대한 조정을 제외하고는 상대적으로 수급자에 비해 제도적 편입이 용이한 계층이다.[40]

또한 가입자 통합은 단순히 제도적 편입만을 의미하는 것이 아니다. 이는 북한의 가입자들의 재정부담을 통해 그들 스스로 일정하게 통일복지 재정에 기여하게 만든다. 또한 이로 인해 북한주민들은 그들 스스로의 자존감을 지키는 한편 남한주민만의 복지재정 조달에 부담감을 상쇄하게 하는 이중적인 효과도 있다. 또한 이는 "통일=남한에 의한 북한 일방지원"이라는 통일인식에 대한 등식을 감쇄하는 기능과 더불어 사회복지에 관한 기여에 대한 보상이라는 인식의 유지와 확장을 유도할 것이다.

반면 수급자의 경우 가입자와는 차원이 전혀 다른 문제이다. 가령 통일 직후 이미 기 수급하고 있는 북한 고령자의 경우 통일정부는 어떠한 식으로든 이들의 노후를 보장해야하는 의무가 있다. 따라서 통일복지체제가 단일체제든지 이중체제든지를 떠나 현재 북한 고령자들의 노후보장 수준을 적정수준 이상으로 반드시 보장해야만 한다.

상술한 바와 같이, 이러한 경우 발생하는 가장 큰 문제는 남한의 노후보장 수준과 동일하게 보장할 것인가?, 그리고 그것이 가능한가? 라는 문제에 봉착하게 된다. 지금 현재를 기준으로 판단할 때, 양자 모두 현실적인 제약으로 인해 불가능하다. 때문에 이러한 이유로 상술한 바와 같이 남북한 사회복지 통합에 관한 과도기적 이중체제가 필요하고 이 시기동안 북한 수급자의 급여수준을 통일이전보

---

40) 물론 제도편입 이후 실제 서비스를 완전히 제공하는 것은 전혀 다른 차원의 논의이다.

다 상승시키되 급여수준을 조정-이중 기준-할 필요가 있다. 따라서 북한 수급자에 대한 남북한 급여수준 통합은 점진적으로 추진해야 한다. 즉, 북한 주민에 대한 급여수준의 점진적 인상 이후 순차적으로 남북한 단일화를 꾀해야한다.[41]

셋째, 이와 연장선상에서 통일 이후 북한주민의 '노후 생활보장 기준액'을 준비 · 제시해야 한다. 또한 이때에 거의 동시에 필요한 것은 각종 수급자들의 '급여수준 재설정 · 재산정' 문제이다. 아울러 상술한 바와 같이 이는 여타 복지급여와도 연계한 접근과 제도 설계가 필요한 부문이다.

더불어 이는 또한 북한 주민의 통일 이후 '통합적인 소득보장 정책과 수준'과도 연결된다. 가령 북한주민의 노령연금은 공공부조의 생계급여, 기초연금과 연동되는 사안으로 이를 별도로 적용하는 것이 아니라 통합 · 운영해야 한다.[42]

넷째, 북한주민들에게 노후보장을 위한 다층연금체제 도입을 검토, 수급자의 경우 주택연금-사유화 전제-활용, 가입자의 경우 개인연금, 퇴직연금, 주택연금, 농지연금-협동농장원-가입을 유도할 필요가 있다. 이는 북한 국유재산의 시장화와 사유화가 전제되는 사안이자 현재 음성적인 북한의 실상을 통일 이후 제도적으로 공식화하자는 것이다.

따라서 이를 통일 이후 사적연금의 제도적 기제로 활용, 궁극적으로 북한주민과 근로자를 기존의 급여수준이 낮은 단층연금체제에서 상대적으로 급여수준이 높은 다층연금체제로 유도 · 재편하자는 것

---

41) 이러한 점에서 남북한 모두 현행 재정부담률을 통일이후에도 유지할 가능성, 반대로 변화할 가능성과 필요가 있는지에 대한 면밀한 검토가 필요하다.
42) 이를 위해 북한 주민의 욕구와 소득, 자산조사가 반드시 필요하다.

이다. 이를 통해 북한의 은퇴한 노동자의 노후보장 수준의 상승을 꾀하는 한편 통일정부의 부담을 상쇄시켜야한다. 또한 가입자의 경우 미래를 대비, 고령사회에 대한 개인의 역할과 제도적 장치를 활용하여 본인의 노후를 최대한 안정화하도록 하는 한편 남한 복지재정과 국민연금의 안정적인 운영에 이바지하는 방향으로 유도하여야 한다.

다섯째, 질서 있고 평화로운 남북한 사회복지 통합을 추진해야한다. 특히 남북한 군사통합의 한 부문인 남북한 군인연금통합의 경우 더욱 중요하고 필요하다. 가령 이를 위해 북한군의 안정적인 해체와 편입의 경우 크게 이들에게 전역이후의 소득과 전역이후의 명예를 동시에 보장해주는 정책적 프로그램이 필요하다.

무엇보다 이들의 경우 전역 이후 불안정한 생활과 낮은 소득, 불명예스러운 전역, 통일이후 자존감의 상실은 통일사회 안정에 부정적인 요인으로 작용한다. 따라서 군인의 특수성을 감안, 통일이후 북한의 기 가입자에 대한 전역 이후 연계연금 도입, 재취업 프로그램, 합리적인 전역 범위 조정, 순차적 전역, 전역 이후 군무원으로 재임용 등 이들의 소득과 명예를 보장하는 정책적 방안도 반드시 필요하다.

여섯째, 남북한 사회복지통합 기준의 '정치성'을 배제해야한다. 이는 과거 독일통일의 사례에서 증명되었듯이 군인연금을 포함, '필요이상의 지원', '필요이상의 해체'는 사실상의 파괴로 상호간의 불신을 야기함과 동시에 과도한 재정 부담과 그로 인해 수반되는 문제를 유발한다. 그리고 이러한 정치적 행태가 야기한 문제를 해결하는 데는 상당한 시간과 각고의 노력이 필요하다.

또 한편으로 정책결정자의 합리적인 판단에 정치성을 가미, 일시적인 정책적 판단 오류는 종국에는 국민부담은 물론 해당 제도의 기반을 유린하는 결과로도 작용할 수 있음을 직시해야한다. 따라서 남북한 사회복지통합은 정치성을 배제한 정책적 판단을 우선시하여 그 일관성을 유지, 합리적인 해법에 근거하여야 한다.

일곱째, 남북한 사회복지 통합은 현실적으로, 전략 전술적으로 남북한의 공동책임과 공동부담 방식으로 진행해야만 하고 진행할 수밖에 없다. 이는 특히, 공히 통일복지 재정 부문에서도 남한만의 지원이 아니라 북한 역시 공동 부담하는 방식으로 진행해야한다. 이러한 입장은 북한주민의 자존감과 책임의식, 복지에 대한 자주성과 자립, 남한주민의 통일부담감 해소, 남북한 주민의 사회연대성에 일정한 기여를 하리라 판단된다. 그리고 종국적으로 이러한 행태는 통일·통합주체의 남북한 공동 진행으로 사회통합에 상당히 긍정적인 요소로 작용하리라 판단된다.

한편 남북한 사회복지 통합은 가시화된 통일시점 당시의 남북한 복지 상황과 복지 현실, 경제수준에 근거한 기준에 의거할 개연성이 있다. 다른 한편 이러한 이유로 남북한에서 각각 다른 형태로 상존하는 다양한 사회복지제도의 변화 범위와 폭은 남북한 사회복지 통합요소와 직결되는 사안으로 작용한다. 이러한 점에서 정책적 과제로 제기되는 것은 무엇보다 남북한 사회복지 통합에 대한 지속적인 관찰과 준비가 통합의 안정성과 합리성을 담보하는 지렛대가 된다는 것이다.[43]

---

43) 이철수, 앞의 글, 163쪽.

참고문헌

곽용수 편저, 「공적연금제도의 국제적 비교·분석」, 서울: 한국국방연구원, 2010.

국방부, 「국방백서」, 서울: 2016.

김원섭, 「독일통일과 연금통합에 관한 연구」, 서울: 국민연금연구원, 2014.

이용하, "남북통일과 연금 통합방안," 통일복지포럼 발표문, 서울, 통일복지포럼, 2015.

이철수, "남북한 사회복지 통합에 대한 소고," 「동북아연구」 제30권 1호, 광주: 한국동북아학회, 2015.

_____, "남북한 사회복지 제도통합: 구성 쟁점," 「동서연구」 제27권 4호, 서울: 동서문제연구소, 2015.

_____, "남북한 사회복지 통합 쟁점연구 거시-구조적 관점을 중심으로," 북한연구학회 발표문, 서울: 북한연구학회, 2014.

_____, 「월간 북한」 통권 제511호, 서울: 북한연구소, 2014.

_____, "남북한 사회복지통합 쟁점과 과제," 인구포럼 발표문, 서울: 한국보건사회연구원, 2014.

장용철, "북한 사회복지서비스 전달체계 구축방안 기초연구," '통일복지포럼 발표문', 서울: 한선, 2015.

전홍택 편, 「남북한 경제통합 연구: 북한경제의 한시적 분리운영방안」, 서울: 한국개발연구원, 2012.

평화문제연구소, 「독일통일 바로알기」, 서울: 평화문제연구소, 2010.

Gilbert, N. & Terrell, P, Dimensions of social welfare policy(7th), Boston: Pearson Education, 2010.

Max Kaase & Petra Bauer-Kaase, "Deutsche Vereinigung und innere Einheit 1990~1997," in Heiner Meulemann(Hg.), Werte und nationale Identitaet im vereinten Deutschland, Opladen: Leske+Budrich, 1998.

부록 I
남북한 사회복지 용어 비교

○ 가급금【01】

(북한) 생활비표에 규정된 로동 부류와 기능등급, 직제에 의한 생활비. 기준액만으로써는 일률적으로 해결할 수 없는 특수한 조건을 고려하여 해당한 로동자, 사무원들에게 기본생활비밖에 보충적으로 더 주는 추가적 생활비.(『조선말대사전 1』, 평양: 사회과학출판사, 1992, 4쪽)

(남한) 남한에서 존재하는 용어이나 자주 사용되는 용어가 아니며 통상 월 급여에 포함된 각종 보너스, 수당과 유사한 개념.

○ 고려의학【02】 → 주체의학

(북한) 북한은 한방치료를 동의학(東醫學)이라 하여 1953년 휴전 이후부터 정책적으로 장려하고 있는데, 이 고려의학은 1993년 '민족 주체성을 살린다'는 취지 아래 기존의 동의학의 명칭을 새롭게 명명한 용어.

(남한) 남한에서 존재하지 않는 보건의료 용어이나 한의학으로 이해.

○ 공공부조【03】 → 사회부조, 공적부조

(북한) 북한에서는 존재하지 않는 용어.

(남한) 사적부조에 대응하는 용어로 개인이 아닌 국가나 지방자체단체의 이전지출금에 의해서 운용되는 것으로 사회보험과 더불어 사회보장의 중심. 그러나 공공부조에 대한 용어는 사회보장의 의미가 내용 및 범위에 있어서 통일된 용어를 갖지 못한 것과 마찬가지로 미국은 공공부조(public assistance), 영국은 국민부조 혹은 무갹출급여(non contributory benefits) 독일과 프랑스는 사회부조로 사용하고 있어 국제적으로 통일된 용어가 없음.(이철수, 『사회복지학사전』, 서울: 블루피쉬, 2009, 137쪽)

○ 국가보험【04】

(북한) 자연재해 또는 불의의 재난이나 사고로 말미암아 개별적인 기관, 기업소 및 개인에게 생긴 피해를 국가가 보상하는 보험. 우리나라 근로자들에 대한 사회보험제도를 광범히 실시하였을 뿐만 아니라 국가보험사업도 사회경제발전의 현실적 요구에 맞게 부단히 개선하고 있다.(『조선말대사전 1』, 평양: 사회과학출판사, 1992, 325쪽)

(남한) 남한에서 존재하지 않는 용어.

○ 국가사회보장【05】

(북한01) 국가기관, 기업소, 사회협동단체들에서 일하다가 로동능력을 완전히 또는 오래 동안 잃거나 사망한 경우에 그와 그 유가족들의 생활을 보장하기 위하여 국가적으로 보장해주는 혜택.(『조선말대사전 1』, 평양: 사회과학출판사, 1992, 325쪽) ◇대상: 국가사업을 하다가 로동능력을 완전히 또는 오랫동안(6개월 이상) 잃은 근로자들과 혁

명과업을 수행하던 도중 사망한 근로자들의 유가족들에게 돌려지는 국가적 혜택/급여 ◇내용: 국가사회보장은 보조금과 연금의 형태로 6개월 이상의 장기 생활보조금 지급.(『경제사전 Ⅰ』, 평양: 사회과학출판사, 1985, 185쪽)

(북한02) 국가사업을 하다가 로동능력을 완전히 또는 오랫동안(6개월 이상) 잃은 근로자들과 혁명과업을 수행하던 도중 사망한 근로자들의 유가족들에게 돌려지는 국가적 혜택이다. 국가사회보장은 보조금과 연금의 형태로 6개월 이상의 장기 생활보조금을 지급한다. 로동능력을 완전히 또는 오랫동안(6개월 이상) 잃은 근로자들과 혁명과업을 수행하던 도중 사망한 근로자들의 유가족들에게 제공된다.(『경제사전 Ⅰ』, 평양: 사회과학출판사, 1985, 185쪽)

(남한) 남한에서 존재하지 않는 제도이자 용어.

○ 국가사회보험【06】

(북한01) 국가가 근로자들의 건강을 보호 증진시키며 질병, 부상, 임신, 해산 등으로 로동능력을 일시적으로 잃었을 때 그들의 생활을 보장하여주는 제도(『조선말대사전 1』, (평양: 사회과학출판사, 1992, 325~326쪽) ◇대상: 생활비를 받는 현직 일꾼들 중에서 일시적으로 로동 능력을 잃은 사람들에게 적용 ◇내용: 국가사회보험에 의한 급여는 크게 일시적 보조금, 산전산후보조금, 장례보조금, 의료상 방조, 정 휴양, 료양 등.(『경제 사전 Ⅰ』, 평양: 사회과학출판사, 1985, 205~206쪽)

(북한02) 생활비를 받는 현직 일꾼들 중에서 일시적으로 로동능력을 잃은 사람들에게 적용되는 것으로서 로동 능력을 완전히 또는 장기적으로 잃은 근로자들에게 적용하는 사회보장과 구별된다.(『경제사전Ⅰ』, 평양: 사회과학출판사, 1985, 205~206쪽)

(남한) 남한에서 존재하지 않는 제도이자 용어.

○ 국가적·사회적 혜택【07】 → 사회적 혜택

(북한) 사회주의제도 하에서 근로자들이 노동에 의한 분배 이외에 당과 정부의 인민적 시책에 의하여 국가와 사회로부터 추가적으로 받는 혜택.(『경제사전Ⅰ』, 평양: 사회과학출판사, 1986, 208쪽)

(남한) 남한에서 존재하지 않는 용어.

○ 국민기초생활보장제도【08】 → 기초생활보장제도, 국민기초생활보장법

(북한) 북한에서 존재하지 않는 용어.

(남한) 빈곤선 이하의 저소득층에게 국가가 무상으로 생계·교육·의료·주거·자활 등에 필요한 경비를 주어 최소한의 기초생활을 제도적으로 보장해 줄 목적으로 제정된 제도.(이철수, 『사회복지학사전』, 서울: 블루피쉬, 2009, 180쪽)

○ 근로소득【09】 → 1차적 분배, 임금

(북한01) 노동의 보상에 따른 직접적인 수입인 1차적 분배. 기본적 재화구입을 위한 소득보
　　　　장의 형태-근로소득: 근로자들이 자기 로동의 대가로 얻은 개인소득-. 근로자들의 로
　　　　동에 의하여 창조된 사회의 총소득가운데서 근로자들에게 로동의 대가로 차려지는 몫
　　　　이다.(『조선말대사전 1』, 평양: 사회과학출판사, 1992, 379쪽)
(북한02) 근로자들이 자기 로동의 대가로 얻은 개인소득. 근로자들의 로동에 의하여 창조된
　　　　사회의 총소득가운데서 근로자들에게 로동의 대가로 차려지는 몫이다.(『조선말대사전
　　　　1』, 평양: 사회과학출판사, 1992, 379쪽)
(남한) 용역의 제공에 대한 보상으로 개인에게 지급되는 개인소득 이는 용역의 제공에 의한
　　　　것만을 말하며 배당소득이나 자본이득 등의 비근로소득과 구분.(이철수, 『사회복지학
　　　　사전』, 서울: 블루피쉬, 2009, 206쪽)

○ 로동법【10】 → 조선민주주의인민공화국 사회주의로동법

(북한) 북한이 혁명발전의 변화된 조건에 맞추어 노동자들의 사회적 역할을 재인식시키고 노
　　　　동참여의식을 양양하기 위해 1978년 4월 18일 최고인민회의 제6기 2차 회의에서
　　　　새로 채택한 법령. 동 법은 1946년 제정된 노동법령과 달리 자본주의적 요소를 완전
　　　　히 배제하는 한편, △집단주의원칙에 입각한 집단적 노동(제3조) △국가계획에 의한
　　　　사회적 노동의 조직화(제10조) △노동의 양과 질에 의한 사회주의분배원칙(제11조)
　　　　등 생산과 노동에서의 사회주의 이념을 전면적으로 구현했다는 점 △주체사상에 입각
　　　　한 노동(제6조) △사상·기술·문화의 3대혁명 촉진과 천리마 운동의 심화발전을 통한
　　　　노동생산능률 제고 및 생산의 급속한 발전(제9조) 등 농민을 포함한 전체근로자의 노
　　　　동력 동원적 성격을 한층 강화하고 있다는 데 그 특징.
(남한) 남한에서 존재하지 않는 법령이나 노동 3법과 유사한 기능을 하는 법령.

○ 로동법령【11】 → 로동자, 사무원에 대한 로동법령에 대한 결정서.

(북한) 로동자, 사무원의 로동에 대한 관계를 규제한 국가법령. 1946년 6월 로동법령이 발
　　　　포.. 로동법령을 통하여 우리나라 력사에서 처음으로 8시간 로동제와 사회보험제가
　　　　실시.(『조선말대사전 1』, 평양: 사회과학출판사, 1992, 965쪽)
(남한) 남한에서 존재하지 않는 법령.

○ 로동보험【12】

(북한) 로동자, 사무원들에게 뜻하지 않은 사고가 생겼을 때 그로 말미암아 입은 부담을 덜어
　　　　주기 위하여 실시하는 보험.(『조선말대사전 1』, 평양: 사회과학출판사, 1992, 965쪽)
(남한) 남한에서는 존재하지 않는 제도이나, 산업재해보상과 유사한 제도.

○ 로동보호【13】

(북한) 로동 과정에서 사고가 나지 않도록 미리 막으며 해로운 로동 조건을 없애고 근로자들에게 자유롭고 안전하며 보다 문화 위생적인 로동 조건을 지어주고 그들의 생명과 건강을 보호증진시키는 것. 사람을 가장 귀중히 여기는 우리나라에서의 로동 보호는 사회주의 로동법에 의하여 철저히 보장되고 있다.(『조선말대사전 1』, 평양: 사회과학출판사, 1992, 965쪽)

(남한) 남한에서는 노동보호로 쓰이며 그 의미는 북한과 거의 유사.

○ 무상치료제【14】

(북한) 인민들에게 나라에서 무료로 병의 예방과 치료를 해주는 선진적인 보건제도.(『조선말대사전 1』, 평양: 사회과학출판사, 1992, 1159쪽)

(남한) 남한에서 자주 사용되는 용어가 아니며 전 국민이 해당되는 제도도 아니지만 의료급여대상자, 군복무자, 교도소 시설 수용자의 경우 무상으로 일부 제공.

○ 배급제【15】

(북한) 국가가 공급량이 제한되어 있는 소비품을 일정한 기준에 따라 판매 공급하는 제도.(『조선말대사전 1』, 평양: 사회과학출판사, 1992, 1579쪽)

(남한) 공적인 부문에서 남한에서 존재하는 제도는 아니지만 광의의 개념으로 보면 특정 사안과 대상(군 복무자, 교정시설 수용자)에 따라 일부 유사한 사례는 있음.

○ 사회급양【16】

(북한) 여러 가지 음식물을 생산하여 인민들에게 공급하는 사회주의 상업의 한 부분. 사회급양은 상업적 봉사의 한 형태로 급양제품에 대한 근로자들의 수요를 충족시키는데 복무한다.(『조선말대사전 1』, 평양: 사회과학출판사, 1992, 1646쪽)

(남한) 남한에서는 존재하나 자주 사용되지 않는 용어로 여러 가지 음식물을 생산하여 공급하는 사회주의 상업의 한 부분으로 해석.

○ 사회문화기금【17】

(북한) 농장원들에 대한 사회문화사업을 위하여 세워지는 협동농장기금의 한 형태.(『조선말대사전 1』, 평양: 사회과학출판사, 1992, 1646쪽)

(남한) 남한의 공공기금에서 사회문화 분야에 소요되는 기금을 지칭.

○ 사회문화시책【18】

(북한01) 사람들의 건강과 문화수준을 높이기 위한 사회적 수요를 공동으로 충족시키는 국가

적 대책의 총체. 사회문화시책의 본질과 내용은 그것을 실시하는 국가의 성격에 의하여 규정된다. 사회주의 사회에서의 사회문화시책은 전체 사회성원들의 육체적 및 정신적 능력을 전면적으로 발전시키며 그들의 물질 문화적 수요를 보다 원만히 충족시킬 것을 목적으로 한다. 사회주의 사회에서의 사회문화시책은 전사회적 범위에서 전면적으로 그리고 주로 국가 부담에 의하여 실시된다. 사회주의 국가는 사회문화시설들을 자기 손에 틀어쥐고 자기가 직접 운영한다.…근로자들의 복리 증진에 대한 배려를 자기 활동의 최고원칙으로 삼고 있는 조선로동당과 공화국정부는 사회문화시책에 늘 깊은 관심을 돌리고 학교, 병원, 정휴양소, 극장, 영화관, 도서관과 같은 것들을 국가투자에 의하여 대대적으로 건설하였으며 이미 건설된 방대한 사회문화시설들의 운영을 위해서도 막대한 국가자금을 지출하고 있다.(『정치사전』, 평양: 사회과학출판사, 1973, 529~530쪽)

(북한02) 사람들의 건강과 문화수준을 높이기 위한 사회적 수요를 공동으로 충족시키는 국가적 대책의 총체이며 사회주의사회에서의 사회문화시책은 전사회적 범위에서 전면적으로 그리고 주로 국가 부담에 의하여 실시한다. 사회문화시책에는 무료교육, 무상치료, 사회보험, 사회보장 등이 속하고 사회문화시책비는 사회문화시책기금으로 보장한다. 사회문화시책기금은 기업으로부터 받는 사회보험료와 종업원으로부터 받는 사회문화시책금으로 조성한다.(『정치사전』, 평양: 사회과학출판사, 1973, 529~530쪽)

(남한) 남한에서는 자주 사용되지 않는 용어이나 공익을 위한 사회문화, 공공정책과 유사한 개념.

○ 사회문화시책비【19】

(북한) 국가예산에서 교육, 문화, 보건 등 사회문화시책에 돌려지는 비용.(『조선말대사전 1』, 평양: 사회과학출판사, 1992, 1646쪽)

(남한) 국가예산부문에서 남한에서는 존재하지 않는 비목이나, 그 기능상 교육, 문화, 보건에 투입되는 예산과 유사.

○ 사회보장【20】

(북한) 사회주의 사회에서 늙거나 병에 걸리거나 부상당하여 일할 수 없게 된 사람들 그리고 무의무탁한 사람들에게 국가부담으로 생활을 보장하여 주는 인민적 시책.(『조선말대사전 1』, 평양: 사회과학출판사, 1992, 1646쪽)

(남한) 빈곤상태에 빠지거나 생활수준이 대폭적으로 저하될 위험에 처했을 경우에 국가나 공공단체가 현금 또는 대인서비스를 급여, 최저한도의 생활수준을 보장하는 공적제도. 빈곤이나 생활수준을 저하시키는 원인은 실업 또는 상병에 의한 수입의 상실, 출산, 사망 등에 의한 특별지출 등이다.…제도적으로 공공부조, 사회보험, 사회복지, 공중위생의 4개 부문을 포함하고 있지만, 급여내용은 소득보장, 의료보장, 사회서비스보장의 세 가지로 구성되어 있다. 그 급여수준은 내셔널 미니멈을 원칙으로 하고 있는데, 국제적으로는 ILO의 사회보장최저기준조약(1952)과 장애·노령·유족 급여에 관한 조

약(1967)이 기준이다.(이철수, 『사회복지학사전』, 서울: 블루피쉬, 2009, 410쪽)

○ 사회보장제도【21】→ 사회보장제

(북한01) 공민들이 로동능력을 잃었거나 사망하였을 때 본인 또는 그의 가족의 생활을 국가적 부담으로 보장하는 제도.(『조선말대사전 1』, 평양: 사회과학출판사, 1992, 1646쪽)

(북한02) 일군들이 로동능력을 잃었거나 사망하였을 경우에 본인 또는 그 가족의 생활을 국가적 부담으로 보장하는 제도. 진정한 사회보장제도는 근로자들의 생활에 대하여 국가가 책임지는 사회주의제도 하에서만 실시된다. 사회주의 국가는 국민소득의 분배에서 사회보장 폰드를 계획적으로 형성하며 사회보장대상자들의 건강과 생활을 보장해준다. 우리나라에서 사회보장제도는 당, 국가 경제기관, 기업소 및 근로단체 일군들이 로동 능력을 상실하였거나 사망된 경우에 본인 또는 그 가족에 대하여 국가 부담으로 실시된다.…우리나라에서의 사회보장제도는 현금 및 현물에 의한 방조, 의료상 방조, 사회적 보호시설을 통한 방조, 알맞은 일자리의 보장, 사회적 원호 등의 형태로 실시되고 있다. 현금 및 현물지불에 의한 방조에는 각종 년금 및 보조금 지불, 불구자에 대한 교정기구 공급 등이 속한다. 의료상 방조에 의하여 사회보장대상자들은 건강회복에 필요한 온갖 혜택을 받는다. 건강이 회복된 사회보장대상자들은 건강회복에 필요한 온갖 혜택을 받는다. 건강이 회복된 사회보장대상자들은 그들의 체질과 능력에 알맞은 일자리에 배치된다. 영예군인, 무의무탁한 불구자, 년로자, 고아들은 영예 군인 보양소, 양로원, 애육원 등 사회적 보호시설에서 생활하며 그들은 필요한 교양을 받는다. 로동 능력을 상실한 애국렬사 유가족, 영예 군인, 후방가족 등 사회보장대상자들에 대한 사회적 원호사업은 우리나라 사회보장사업에서 중요한 자리를 차지한다. (『정치사전』, 평양: 사회과학출판사, 1973, 532~533쪽)

(남한) 사회구성원인 개인의 부상, 질병, 출산, 실업, 노쇠 등의 원인에 의해 생활이 곤궁에 처하게 될 경우에 공공의 재원으로 그 최저생활을 보장하여 주는 제도. 여기에는 사회부조와 사회보험의 두 가지가 있다. 사회부조는 국가 또는 공공단체가 생활비의 일부 또는 전부를 부조하는 제도이며, 생활곤궁자에 대해서만 부여된다. 사회보험은 본인 또는 이를 대신하는 자가 보험료를 적립하고 여기에 국가가 보조를 해주어 상기한 바와 같은 사유가 발생한 경우에는 연금 또는 일시금을 지급하는 제도이다.(이철수, 『사회복지학사전』, 서울: 블루피쉬, 2009, 413쪽)

○ 사회보험【22】

(북한01) 사회주의 사회에서 로동자, 사무원들을 비롯한 근로자들의 건강을 증진시키고 문화적인 휴식조건을 보장하며 그들이 병, 부상, 임신, 해산 등으로 로동 능력을 일시적으로 잃었을 때에 생활안정과 치료를 위하여 돌려주는 국가적인 혜택.(『조선말대사전 1』, 평양: 사회과학출판사, 1992, 1646쪽)

(북한02) 일시적인 로동 능력 상실자들의 생활보장, 건강회복과 근로자들의 건강 증진을 위하여 실시되는 물질적 보장제도. 사회보험은 보험가입자가 정한 보험금이 아니라 사

회적으로 규정된 기준에 따라 보조금이 지불되며 보험가입자의 보험료와 함께 기관, 기업소에서 납부하는 보험료를 원천으로 한다는 점에서 일반보험과 구별된다. 또한 그것은 보험형식을 취하여 현직일군들은 대상으로 한다는 점에서 사회보장과도 구별된다. 사회보험은 주권이 인민의 손에 쥐여지고 생산수단이 사회주의적 소유로 되어있는 사회에서 전면적으로 실시하게 된다. 사회주의 하에서 사회보험의 실시는 인민들의 물질 문화적 복리를 증진시킬 데 대한 당과 정부의 커다란 배려로 된다.…현재 우리나라의 사회보험은 국가기관, 기업소, 사회단체와 생산, 건설, 수산 및 편의 협동조합들에서 일하는 모든 로동자, 기술자, 사무원들을 대상으로 하여 일시적 보조금, 산전산후 보조금, 장례 보조금, 의료상 방조, 휴양, 야영, 관광, 탑승료 등 여러 가지 형태로 실시되고 있으며 그 지출은 기관, 기업소들의 부담을 원천으로 계속 늘어나고 있다. 우리나라에서 사회보험이 로동자, 사무원, 생산협동조합원 등 많은 근로자들에게 널리 실시되며 그 방조 형태가 다양하고 물질적 보장수준이 높으며 보험기금의 압도적 부분이 국가기관, 기업소에 의하여 보장되는 것 등은 그 인민적 성격의 표현이다.(『정치사전』, 평양: 사회과학출판사, 1973, 533쪽)

(남한) 질병, 부상, 분만, 노령, 장애, 사망, 실업 등 생활 곤란을 초래하는 여러 가지 사고에 대해 일정한 급여를 행함으로써 피보험자의 생활안정을 도모하는 강제성 보험제도로 독일의 비스마르크에 의한 질병보험에서 비롯, 그 후 각국에 보급되었다. 산업재해보상보험, 건강보험, 실업보험, 연금보험 등 네 종류로 대별된다. 급여는 획일적으로 일정한 기준에 따라 정해져 있고, 비용은 피보험자의 보험료를 중심으로 하되 사업주와 국가의 재정부담 등에 의한다.(이철수, 『사회복지학사전』, 서울: 블루피쉬, 2009, 413~414쪽)

○ 사회보훈【23】

(북한) 북한에서는 존재하지 않는 용어이나 국가, 사회적 공훈에 대한 국가차원의 물질적 보상을 의미하며 통상 국가, 사회적 공훈과 유사한 의미.

(남한) 국가유공자의 생활이 보장되도록 실질적인 보상을 행함으로써 생활안정과 복지향상을 도모하고 그들이 국민으로부터 예우를 받을 수 있도록 하는 제도. 국가의 존립과 유지를 위해 공헌하거나 희생한 국가유공자의 생활이 보장되도록 실질적인 보상을 행함으로써 생활안정과 복지향상을 도모하고 그들이 국민으로부터 예우를 받을 수 있도록 하며 국민의 애국정신 함양에 이바지하는 제도이다.(이철수, 『사회복지학사전』, 서울: 블루피쉬, 2009, 414쪽)

○ 사회복지【24】

(북한) 북한에서는 존재하지 않는 용어이나 아이러니하게도 사회복지법인에 대한 언급은 있다. 사회복지사업의 진행을 목적으로 하여 설립되는 법인. 부르죠아 민법에서 쓰이는 용어이다. 이 법인은 사회복지사업을 진행하는 외에 그 사업의 경영에 충당하기 위하여 리득을 얻기 위한 사업도 진행할 수 있다.(사회과학원 법학연구소, 『민사법사전』, 평양: 사회안전부출판사, 1997, 339쪽)

(남한) 우리나라 헌법 제34조에서는 사회복지를 사회보장과 구별하여 사용하고 있으나, 그 의미나 내용에 대한 언급은 없다. 따라서 사회복지의 의미는 사회복지를 사회보장의 일부로 보는 견해, 사회보장, 보건위생, 노동, 교육, 주택 등 생활과 관계되는 공공시 책을 총괄한 개념으로 보는 견해, 생활에 관계되는 공공시책 그 자체가 아니라 이와 같은 시책을 국민 개인이 이용하고 개선하여 자신의 생활문제를 자주적으로 해결하게 끔 원조함을 의미한다는 견해 등 여러 가지로 풀이되고 있다.···사회복지는 UN의 정 의, 즉, 사회복지란 개인, 집단 지역사회 및 여러 제도와 전체사회 수준에서 사회인으 로서의 기능이나 사회관계의 개선을 목적으로 한 개인의 복지(personal welfare)증 진을 위한 갖가지 사회적 서비스와 측면적 원조(enabling process)라는 것과 내용을 같이 한다. 그러나 사회복지가 사회보장이나 보건의료 등의 생활관련 시책과 다른 고 유성으로 사회복지는 인간의 행동과 해결, 생활욕구의 충족 그리고 개인과 제도관계 의 문제처리에 채용하는 전체적 종합적 접근법에 있다.(이철수, 『사회복지학사전』, 서 울: 블루피쉬, 2009, 415쪽)

○ 사회서비스【25】
(북한) 북한에서는 존재하지 않는 용어.
(남한) 국가, 지방자치단체 및 민간부문의 도움이 필요한 모든 국민에게 복지, 보건의료, 교 육, 고용, 주거, 문화, 환경 등의 분야에서 인간다운 생활을 보장하고 상담, 재활, 돌 봄, 정보의 제공, 관련 시설의 이용, 역량 개발, 사회참여 지원 등을 통하여 국민들의 삶의 질이 향상되도록 지원하는 제도.(『사회보장기본법』(2012. 1월 개정))

○ 사회안전망【26】 → 사회적 안전망
(북한) 북한에서는 존재하지 않는 용어.
(남한) 정부의 근로자에 대한 고용과 실업에 대한 각종 대책. 개인이 직장을 잃고 실업자가 된 뒤 다시 직장을 얻으려고 노력하는 대신 노숙자 같은 사회적 무기력층이 되는 것을 막기 위해 정부가 최소한의 생계를 유지할 수 있도록 해주는 제도. 또 경제구조조정으 로 불가피하게 발생한 실업자들에게 공공사업을 통해 일자리를 제공하거나 생계비를 보조해 주는 것을 말한다. 그러나 보다 넓은 의미로는 사회보장과 같은 뜻으로 노령· 질병·실업·산업재해 등 사회적 위험으로부터 모든 국민을 보호하기 위한 제도적 장치 를 의미한다.(이철수, 『사회복지학사전』, 서울: 블루피쉬, 2009, 433~434쪽)

○ 사회적 혜택【27】 → 국가적·사회적 혜택
(북한) 사회주의 근로자들이 로동에 따르는 보수밖에 추가적으로 받는 물질적 혜택, 우리나 라 근로자들은 무상치료제와 무료교육제를 비롯한 여러 가지 인민적 시책에 의하여 해마다 많은 사회적 혜택을 추가적으로 받고 있으며 그것은 더욱더 늘어나고 있다. (『조선말대사전 1』, 평양: 사회과학출판사, 1992, 1647쪽)
(남한) 남한에서 존재하나 자주 사용되지 않는 용어

○ 의사담당구역제【28】 → 호담당제

(북한) 의사들이 일정한 주민구역이나 기관을 맡아 근로자들의 건강을 일상적으로 책임적으로 돌보면서 예방치료사업을 하는 선진적인 의료봉사제도.(『조선말대사전 2』, 평양: 사회과학출판사, 1992, 1788쪽)
(남한) 남한에서는 존재하지 않는 보건의료 제도이자 용어.

○ 인민적 시책【29】

(북한) 광범한 근로인민대중의 리익과 행복을 위하여 실시하는 정책.(『조선말대사전 1』, 평양: 사회과학출판사, 1992, 1700쪽)
(남한) 남한에서는 존재하지 않는 용어이나 시책이라는 표현은 사용.

○ 임금【30】 → 생활비, 로임

(북한) 생활비는 로동자, 사무원들의 생활을 보장하기 위하여 사회주의 국가가 로동의 량과 질에 따라 분배하는 몫의 화폐적 표현이며 생활비 기준액은 산업부문별 로동자들의 직종과 로동 부류, 기능등급 그리고 기술자, 사무원들의 직제와 자격 및 그 급수에 따라 단위시간에 지출한 로동에 대하여 지불하는 생활비 수준이다. 이와 관련하여 생활비등급제는 지출된 로동에 따르는 정확한 분배를 실시하기 위하여 근로자들의 직종과 직제, 기술기능자격과 급수, 로동 조건 등에 따라 생활비수준에서 차이를 두는 제도.(『조선말대사전 1』, 평양: 사회과학출판사, 1992, 1969쪽)
(남한) 사용자가 근로대가로 근로자에게 지급하는 일체의 현금 급여. 따라서 급료·봉급·상여·수당·보수 등 명칭여하를 불문하며 실물임금도 포함된다.

○ 호담당제【31】 → 의사담당구역제

○ 1차적 사회안전망【32】

(북한) 북한에서는 존재하지 않는 용어.
(남한) 1차적 사회안전망인 4대 사회보험은 일반국민을 대상으로 노령·질병·산재·실업 등의 사회적 위험을 보험을 통해 분산 보호.(출처: 시사경제용어사전, 2010.11, 기획재정부)

○ 2차적 사회안전망【33】

(북한) 북한에서는 존재하지 않는 용어.
(남한) 2차 사회안전망은 공공부조를 통해 1차 사회안전망에서 보호받지 못한 저소득 빈곤계층의 기초생활을 보장(출처: 시사경제용어사전, 2010.11, 기획재정부)과 의료급여 등 각종 보완적 장치를 운용.

○ 3차적 사회안전망【34】

(북한) 북한에서는 존재하지 않는 용어.

(남한) 3차 사회안전망은 재난을 당한 사람에게 최소한 생계와 건강을 지원해주는 각종 긴급
구호 제도.

부록 Ⅱ

조선민주주의인민공화국 사회보장법

주체97(2008)년 1월 9일 최고인민회의 상임위원회 정령 제2513호로 체택
주체97(2008)년 10월 26일 최고인민회의 상임위원회 정령 제2943호로 수정보충
주체101(2012)년 4월 3일 최고인민회의 상임위원회 정령 제2303호로 수정보충

제1장 사회보장법의 기본

제1조(사회보장법의 사명)
조선민주주의인민공화국 사회보장법은 사회보장사업에서 제도와 질서를 엄격히 세워 인민들의 건강을 보호하고 그들에게 안정되고 행복한 생활환경과 조건을 보장해주는데 이바지한다.

제2조(사회보장대상)
사회보장의 대상에는 나이가 많거나 병 또는 신체장애로 로동능력을 잃은 사람, 돌볼 사람이 없는 늙은이, 어린이가 속한다. 국가는 사회보장자들에게 사회보장의 혜택이 정확히 차례지도록 한다.

제3조(사회보장부문의 투자원칙)
사회보장제를 끊임없이 공고 발전시키는 것은 조선민주주의인민공화국의 일관한 정책이다. 국가는 사회보장부문에 대한 투자를 계통적으로 늘여 그 물질기술적수단을 개선강화하도록 한다.

제4조(우대원칙)
국가는 조국과 인민을 위하여 공로를 세운 혁명투사, 혁명렬사가족, 애국렬사가족,사회주의애국희생자 가족, 영웅, 전쟁로병, 영예군인들을 사회적으로 우대하도록 한다.

제5조(사회보장기관의 운영원칙)
국가는 사회보장자들이 안정되고 행복한 생활을 할수 있도록 사회보장기관을 현대적으로 꾸리고 정상적으로 관리운영하도록 한다.

제6조(사회보장금지출 확대원칙)
국가는 재정수입이 늘어나는데 맞게 사회보장금의 지출을 계통적으로 늘이도록 한다.

제7조(사회보장들에 대한 사회적원호)
국가는 인민들속에서 교양사업을 강화하여 그들이 사회보장자들을 적극 도와주도록 한다.

제8조(사회보장분야의 교류와 협조)
국가는 사회보장분야에서 다른 나라, 국제기구들과의 교류와 협조를 발전시킨다.

제2장 사회보장수속

제9조(사회보장수속의 기본요구)
사회보장수속을 바로하는 것은 인민들에게 사회보장혜택이 정확히 차례지도록 하기 위한 중요요구이다. 기관, 기업소, 단체와 공민은 사회보장수속질서를 엄격히 지켜야 한다.

제10조(사회보장의 신청)
사회보장신청은 사회보장을 받으려는 공민이 속한 기관, 기업소, 단체가 한다.
기관, 기업소, 단체는 사회보장을 받으려는 대상이 제기되였을 경우 사회보장신청문건을 작성하여 대상에 따라 중앙로동행정기관 또는 해당 인민위원회에 내야한다.

제11조(사회보장신청문건의 기재사항과 첨부문건)
사회보장신청문건에는 사회보장을 받으려는 공민의 이름과 나이, 직장직위, 신청리유와 경력, 수훈관계 같은 것을 정확히 밝히고 기관, 기업소, 단체의 공인을 찍으며 로동수첩과 그밖의 필요한 문건을 첨부한다. 병 또는 부상을 리유로 사회보장신청을 제기하는 경우에는 해당 보건기관에서 발급한 의학감정서를 첨부한다.

제12조(사회보장신청문건의 심의)
중앙로동행정지도기간과 해당 인민위원회는 사회보장신청문건을 접수하였을 경우 제때에 심의하고 승인 또는 부결하는 결정을 하여야 한다.

제13조(사회보장자의 등록과 증서발급)
중앙로동행정지도기관과 해당 인민위원회는 사회보장신청문건심의에서 승인된 공민을 사회보장자로 등록하여야 한다.

제14조(사회보장자등록정형 통보)
중앙로동행정지도기간과 해당 인민위원회는 사회보장자등록정형을 그가 거주하고있는 지역의 리, 읍, 로동지구, 동사무소에 알려주어야 한다.

제15조(건강이 회복된 사회보장자의 직업보장)
해당 인민위원회는 병 또는 부상으로 사회보장을 받던 공민이 건강을 회복한 경우 1개월안으로 알맞은 일자리를 보장하여주어야 한다.

제16조(사회보장자의 의무) 사회보장자는 다음과 같은 의무를 지닌다.
1. 로동능력상실에 의한 사회보장자는 정기적으로 로동능력에 대한 의학감정을 받아야 한다.
2. 거주지, 가족수 그밖의 생활상변동이 생긴 경우에는 5일안으로 해당 리, 읍, 로동지구, 동사무소에 알려야한다.
3. 국가의 법규범과 사회질서를 자각적으로 지켜야 한다.
4. 사회보장년금과 보조금지불을 위하여 해당 기관에서 요구하는 자료를 제때에 내야 한다.
5. 사회보장금증서를 다른 사람에게 빌려줄수 없으며 분실, 오손된 경우에는 제때에 재발급받아야 한다.

제3장 사회보장금의 지출

제17조(사회보장금지출의 기본요구)
사회보장금은 사회보장자의 생활을 보장하기 위하여 지출하는 자금이다.
재정은행기관과 해당 인민위원회는 사회보장금을 정확히 지출하여야 한다.

제18조(사회보장금의 지출대상)
사회보장금은 사회보장장년금,보조금의 지불과 사회보장기관의 운영, 장애보조기구의 생산, 공급 같은 목적에 지출한다.
해당 기관은 사회보장금지출계획을 바로세우고 정확히 지출하여야 한다.

제19조(사회보장년금, 보조금의 지불)
사회보장자는 사회보장금증서에 따라 사회보장년금과 보조금을 받는다.
사회보장년금, 보조금의 지불대상과 기준을 정하는 사업은 중앙로동행정지도기관이 한다.

제20조(사회보장년금과 보조금의 지불, 중지, 변동)
사회보장년금과 보조금은 사회보장자로 등록한 달부터 계산항 지불된다.
사회보장년금과 보조금의 지불을 중지, 변동시켜야 할 사유가 생겼을 경우에는 그 다음달부터 지불을 중지 또는 변동시킨다.

제21조(사회보장년금과 보조금의 회수 또는 추가지불)
사회보장년금, 보조금을 더 지불하였거나 적게 지불하였을 경우에는 그해에 한하여 더 지불된 몫을 회수하거나 적게 지불된 몫을 추가로 지불한다.

제22조(사회보장년금과 보조금의 지불금지)
다음의 경우에는 사회보장년금과 보조금을 지불하지 않는다.
    1.법질서를 어기는 행위를 하다가 사망하였거나 로동능력을 상실하였을 경우
    2.위법행위를 하여 법적제재를 받고있는 경우
    3.사회보장신청을 허위로 하였을 경우
    4.국가로부터 생활상방조를 따로 받고있는 경우
    5.기타 따로 정한 법규에 사회보장년금, 보조금을 지불하지 않기로 하였을 경우

제23조(한가지 사회보장년금 또는 보조금의 지불)
사회보장자에게는 본인에게 유리한 한가지 사회보장년금 또는 보조금을 지불한다. 그러나 필요에 따라 사회보장자에게 사회보장년금외에 보조금을 더 지불하여야 할 경우에는 중앙로동행정지도기관이 정한데 따른다.

제4장 사회보장기관의 조직운영

제24조(사회보장기관조직운영의 기본요구)
사회보장기관을 잘 조직하고 운영하는 것은 사회보장자들의 생활조건을 원만히 보장해주어 그들이 아무런 불편없이 생활할수 있도록 하기 위한 중요조건이다.
중앙로동행정지도기관과 해당 인민위원회는 사회보장기관의 운영체계를 바로세우고 끊임없이 개선해나가야한다.

제25조(사회보장기관의 조직운영)
중앙로동행정지도기관과 해당 인민위원회는 영예군인과 돌볼 사람이 없는 늙은이, 장애자의 생활보장을 위하여 영예군인보양소, 양로원, 양생원, 같은 사회보장기관을 조직하고 책임적으로 관리운영하여야 한다.
영예군인보양소는 중앙로동행정기관이, 양로원, 양생원, 같은것은 중앙로동행정지도기관의 승인을 받아 도(직할시)인민위원회가 조직하고 관리 운영한다.

제26조(사회보장기관에서 생활할수 있는 대상)
돌볼 사람이 없거나 돌볼 사람이 있는 경우에도 그의 부양을 받기 어렵다고 인정되는 사회보장자는 사회보장기관에서 생활할수 있다.

부양의무자가 있는 대상을 사회보장기관에서 생활하게 하려 할 경우에는 본인의 동의를 받아야 한다. 이 경우 부양의무자는 매달 정해진 부양료를 사회보장기관에 내야 한다.

제27조(사회보장자파송신청)
사회보장기관에서 생활하려는 대상이 제기되였을 경우 그가 속한 기관, 기업소 단체와 리, 읍, 로동자, 구, 동사무소는 사회보장자파송신청문건을 만들어 해당 인민위원회에 내야 한다. 사회보장자파송신청문건에는 사회보장기관에서 생활하려는 공민의 이름과 나이, 신청리유, 부양관계 같은 것을 밝힌다.

제28조(사회보장자파송신청문건의 심의)
해당 인민위원회는 사회보장자파송신청문건을 접수하였을 경우 10일안으로 심의결정하여야 한다.
영예군인보양소와 다른 도에 있는 양로원, 양생원 같은 곳에 보낼 대상에 대하여서는 상급인민위원회를 거쳐 중앙로동행정지도기관의 승인을 받는다.

제29조(사회보장자파송증의 발급)
해당 인민위원회는 사회보장기관에서 생활하게 된 사회보장자에게 사회보장자파송증을 발급하여야 한다.
사회보장자파송증은 해당 사회보장자가 속한 기관, 기업소, 단체와 리, 읍, 로동자구, 동사무소에 보낸다.

제30조(사회보장자의 파송)
사회보장자를 사회보장기관에 보내는 사업은 그가 속한 기관, 기업소, 단체와 리, 읍, 로동자구, 동사무소가 맡아한다.
사회보장자파송증을 받은 기관, 기업소, 단체와 리, 읍, 로동자구, 동사무소는 사회보장기관에서 생활 하기 위하여 가는 사회보장자를 안전하게 데려다주어야 한다. 이 경우 사회보장자와 그를 데리고가는 공민의 려비는 해당 기관, 기업소, 단체가 부담한다.

제31조(사회보장자의 생활조건보장)
사회보장기관은 사회보장자들이 아무런 불편없이 생활할수 있도록 조건과 환경을 충분히 보장해주고 잘 돌봐주어야 한다.

제32조(생활보장시설구비)
사회보장기관은 학습실, 침실, 식당, 진료실, 리발실, 세목장 같은 후생시설을 현대적으로 갖추며 사회보장자에게 필요한 생활필수품을 정해진대로 보장하여야 한다.

제33조(사회보장자들의 건강보장)

사회보장기관은 사회보장자의 건강에 늘 관심을 돌리며 치료간호조직을 잘 짜고 들어야 한다. 전문치료를 받아야 할 대상이 생기면 제때에 전문병원에 후송하여 치료받도록 하여야 한다.

제34조(사회보장기관의 부업경리)

사회보장기관은 사회보장들의 생활보장을 위하여 부업경리를 할수 있다. 부업경리에서 나오는 수입은 해당 도(직할시) 인민위원회의 승인을 받아 사회보장기관운영에 쓴다.

제35조(사회보장기관에서 내보내는 경우)

다음의 경우에는 사회보장자를 사회보장기관에서 내보낸다.
   1. 보호자, 부양자가 나타났을 경우
   2. 로동행정기관의 로력파견장을 받았을 경우
   3. 부양의무자가 3개월 이상 정해진 부양료를 바치지 않았을 경우
   4. 사회보장기관의 부양을 받지 않고도 자체로 생활할수 있다고 인정될 경우

제36조(사회보장기관에서 나오는 사회보장자의 생활조건보장)

사회보장기관에서 나오는 사회보장자에게는 퇴소증을 발급한다.
해당 인민위원회와 기관, 기업소, 단체는 사회보장기관에서 나온 사회보장자에게 살림집과 일자리 같은 것을 제때에 보장하여주어야 한다.

제5장 보조기구의 생산, 공급

제37조(보조기구생산, 공급의 기본요구)

보조기구는 장애자의 필수적인 생활보조수단이다. 해당 기관, 기업소는 장애자들에게 필요한 보조기구를 제때에 생산, 공급하여야 한다.

제38조(보조기구의 생산)

중앙보건지도기관과 해당 기관, 기업소는 교정기구, 삼륜차, 안경, 보청기 같은 보조기구를 계획적으로 생산보장하여 한다.
보조기구생산기업소는 장애자의 성별, 나이, 장애정도와 기호에 맞는 여러 가지 보조기구를 질적으로 만들어야 한다.

제39조(보조기구의 공급승인신청)

보조기구를 공급받으려는 장애자는 신청서를 만들어 해당 인민위원회에 내야한다. 신청서를 접수한 인민위원회는 그것을 정확히 검토하고 보조기구공급승인문건을 발급하여야 한다.

제40조(보조기구의 공급)

보조구기는 정해진 기관, 기업소에서 공급한다.

보조기구를 공급받으려는 장애자는 해당 인민위원회에서 발급한 보조기구공급승인문건을 해당 기관, 기업소에 내야 한다. 해당 기관, 기업소는 보조기구공급승인문건에 따라 보조기구를 제때에 공급하여야 한다.

제41조(비용부담)

보조기구의 값과 장애자가 보조기구를 공급받기 위하여 오가는데 든 려비는 국가와 본인이 부담한다. 구체적인 비용부담관계는 따로 정한데 따른다.

제42조(보조구기구의 수리)

보조기구를 공급한 기관, 기업소는 사용과정에 보조기구가 못쓰게 되었을 경우 그것을 제때에 수리하여 주거나 다시 만들어주어야 한다.

제43조(교정기구초대소의 조직운영)

교정기구생산기업소는 장애자를 위한 교정기구초대소를 꾸리고 그들이 교정기구를 공급받기 위하여 머무르는 기간 생활상불편이 없도록 편의를 보장하여주어야 한다.

제6장 사회보장사업에 대한 지도통제

제44조(사회보장사업에 대한 지도통제의 기본요구)

사회보장사업에 대한 지도통제를 강화하는 것은 국가의 사회보장정책을 철저히 집행하기 위한 근본담보이다. 국가는 사회보장사업에 대한 지도와 통제를 강화하도록 한다.

제45조(사회보장사업에 대한 지도)

사회보장사업에 대한 지도는 내각의 통일적인 지도밑에 중앙로동행정지도기관과 해당 기관이 한다. 중앙로동행정지도기관과 해당 기관은 사회보장사업을 정상적으로 장악하고 지도하여야 한다.

제46조(사회보장사업조건보장)

국가계획기관과 로동행정기관,보건기관,재정은행기관,인민위원회는 사회보장사업에 필요한 로력, 자금, 설비, 물자를 제때 보장하여주어야 한다.

제47조(감독통제)

사회보장사업에 대한 감독통제는 해당 중앙기관과 감독통제기관이 한다. 해당 중앙기관과 감독통제기관은 국가의 사회보장정책집행정형을 엄격히 감독통제하여야 한다.

제48조(회수 및 벌금, 손해보상)

사회보장금을 비법적으로 지출, 류용, 횡령하였거나 사회보장시설을 파손, 분실시켰을 경우에는 회수 또는 벌금을 물리거나 해당한 손해를 보상시킨다.

제49조(행정적 및 형사적책임)

이 법을 어겨 사회보장사업에 엄중한 결과를 일으킨 기관, 기업소, 단체의 책임있는 일군과 개별적공민에게는 정상에 따라 행정적 또는 형사적책임을 지운다.

조선민주주의인민공화국 년로자보호법

주체96(2007)년 4월 26일 최고인민회의 상임위원회 정령 제2214호로 채택
주체96(2007)년 8월 21일 최고인민회의 상임위원회 정령 제2333호로 수정보충
주체101(2012)년 4월 3일 최고인민회의 상임위원회 정령 제2303호로 수정보충

제1장 년로자보호법의 기본

제1조(년로자보호법의 사명)
조선민주주의인민공화국 년로자보호법은 년로자보호사업에서 제도와 질서를 엄격히 세워 년로자의 권리와 리익을 보장하며 그들이 정신육체적으로 더욱 건강하여 보람있고 행복하게 살도록 하는데 이바지한다.

제2조(년로자의나이, 보호대상)
조선민주주의인민공화국에서 년로자는 남녀 60살이 상의 공민이다.
로동년한을 끝마쳤거나 현재 일하고있는 남자 60살, 녀자 55살이상의 공민은 이 법의 보호를 받는다.

제3조(년로자의 지위와 보장원칙)
년로자는 국가와 사회의 공고발전과 경제문화적재부의 창조를 위한 투쟁에서 자기의 지혜와 정열을 바쳐 헌신적으로 일하여 온 앞선 세대이다.
국가는 년로자들에게 혁명의 선배, 사회와 가정의 웃사람으로서의 지위와 역할을 다할수 있도록 온갖 조건을 보장한다.

제4조(년로자보호부문의 투자원칙)
년로자의 생활과 건강을 국가가 책임지고 돌보아주는것은 사회주의제도의 우월한 시책이다.
국가는 년로자보호부문에 대한 투자를 계통적으로 늘여 년로자에게 보다 문명하고 행복한 생활을 보장하도록 한다.

제5조(공로있는 년로자의 특별보호원칙)
국가는 혁명투사와 혁명투쟁공로자, 영웅, 전쟁로병, 영예군인, 공로자 같은 조국수호와 사회주의건설에서 공로를 세운 년로자를 사회적으로 특별히 우대하며 그들의 생활을 따뜻이 보살펴주도록 한다.

부록 II **967**

제6조(년로자에 대한 사회적관심원칙)

국가는 사회주의도덕교양과 미풍교양을 강화하여 온 사회에 년로자를 관심하고 도와주며 존경 하는 기풍이 높이 발양되도록 한다.

제7조(대외교류와 협조)

국가는 년로자보호사업에서 다른 나라, 국제기구들과의 교류와 협조를 강화하도록 한다.

제2장 년로자의 부양

제8조(년로자부양의 기본요구)

국가는 년로자에 대한 국가적부양과 가정부양을 결합하도록 한다.
기관, 기업소, 단체와 공민은 년로자에 대한 부양을 사회생활과 인간생활에서 지켜야 할 도덕규범, 행동준칙으로 여겨야 한다.

제9조(가정부양의 무자)

년로자의 부양의무자로는 배우자, 같이 살거나 따로 사는 자녀, 손자녀가 된다.
형제, 자매도 부양의무자로 될수 있다.

제10조(사회적부양의무자)

년로자의 요구와 해당 공민의 승낙에 따라 가정부양의무자가 아닌 공민도 년로자를 부양할수 있다.

제11조(가정부양자의 의무)

부양의무자는 년로자가 건강하고 편안하게 오래 살도록 돌보아주어야 한다.
따로 사는 부양의무자는 정신적으로, 물질적으로 년로자를 도와주어야 한다.

제12조(국가적부양)

부양의무자가 없고 자립적으로 살아가는데 지장을 받는 년로자는 국가가 부양한다. 부양의무자가 있어도 년로자의 요구에 따라 국가의 부양을 받을수 있다. 이 경우 부양비용은 부양의무자가 부담한다.

제13조(식료품 및 생활용품의 보장)

국가부양기관 일군은 고상한 도덕품성과 친혈육의 심정으로 년로자를 따뜻이 보살피고 돌보아주어야 한다.

지방정권기관과 해당 기관, 기업소, 단체는 년로자의 건강증진에 필요한 식료품과 기호에 맞는 생활용품을 생산공급하여야 한다.

제14조(년금, 보조금보장)

년로자는 국가로부터 년로년금과 여러가지 형태의 보조금을 받는다.

재정은행 기관과 해당 기관은 년로자에게 정해진 년금, 보조금을 정확히 내주어야 한다. 년금, 보조금대상과 기준을 정하는 사업은 중앙로동행정지도기관이 한다.

제15조(무장애환경보장)

국가건설감독기관과 도시설계기관, 해당 건설기업소는 년로자의 생활상안정과 편리를 도모하도록 도시계획과 살림집 및 대상설계, 건설에서 무장애환경을 보장하여야 한다. 부양의무자는 년로자의 개성적 특성과 생활에 편리하게 살림방을 꾸려주어야 한다.

제16조(재산보호)

년로자는 개인재산소유 및 분권에 대한 법적보호를 받는다.

부양의무자는 년로자가 리용하고있는 살림집과 그의 재산, 생활용품 같은것을 해당 년로자와의 합의없이 마음대로 처분할수 없다.

제3장 년로자의 건강보장

제17조(건강보장의 기본요구)

년로자의 건강을 보장하는것은 그들이 보람찬 삶을 누려나가도록 하기 위한 기본담보이다.

보건기관과 의료기관은 년로자에 대한 치료간호조직을 짜고들며 그들이 전반적 무상치료제의 혜택을 원만히 보장받도록 하여야 한다.

제18조(병치료 및 간호)

보건기관과 의료기관은 해당 지역의 년로자를 빠짐없이 등록하고 정상적으로 건강검진과 치료사업을 하며 왕진을 비롯한 의료사업에서 정성을 다하여야 한다.

부양의무자는 년로자의 질병 간호상식을 배우고 운신할수 없는 년로자에 대한 간호를 특별히 잘하여야 한다.

제19조(치료방법의 개선)

보건기관과 의료기관, 지방정권기관은 년로자의 치료에서 현대의학과학기술과 고려치료방법을 적극 받아들여야 한다.

필요한 지역에 년로자전문병원 또는 전문과를 내올수 있다.

제20조(장수보약, 영양식품의 보장)

보건기관과 해당 기관, 기업소, 단체는 년로자의 생리적특성에 맞게 비타민, 칼시움 같은 미량원소가 풍부한 영양식품, 장수보약제를 더 많이 생산공급하여야 한다.

제21조(보조기구 및 치료기구 보장)

보건기관과 해당 기관, 기업소, 단체는 년로자를 위한 현대적인 보청기, 안경, 지팽이 같은 보조기구와 회복치료기구를 더 많이 생산공급하여야 한다.

제22조(대중체육의 조직)

지방정권기관과 년로자보호기관, 해당 기관, 기업소, 단체는 여러가지 형식과 방법으로 년로자를 위한 대중체육활동을 조직하며 로인률동체조, 로인태권도 같은 운동을 정상적으로 하는데 필요한 조건을 보장하여야 한다.

제23조(장수자보호)

중앙년로자보호기관과 출판보도기관, 지방정권기관은 100살이상의 장수자를 등록하고 장수경험을 널리 소개하여야 한다.
90살이상의 년로자는 따로 정한 사회적 혜택을 받는다.

제4장 년로자의 문화정서생활

제24조(문화정서생활의 기본요구)

년로자의 문화정서생활은 년로자가 여생을 보람있고 락천적으로 살아가도록 하는 중요한 사업이다.
해당. 기관, 기업소, 단체와 공민은 년로자의 문화정서생활환경과 조건을 보장하여야 한다.

제25조(문화정서생활거점의 배치)

지방정권기관과 설계기관, 건설감독기관은 도시 및 마을건설총계획에 년로자를 위한 문화시설을 합리적으로 배치하고 체육오락기재와 회복치료기구를 설치하며 전쟁로병과 년로자를 위한 현대적인 종합문화봉사시설을 수요에 맞게 꾸려야 한다.

제26조(문화정서생활의 조직)

년로자보호기관과 지방정권기관은 국가적명절이나 년로자의 날을 맞으며 그들의 문화정서적요구를 원만히 충족시킬수 있도록 예술활동, 체육오락 같은것을 널리 조직하여야 한다.

제27조(출판물의 편집발행)

출판기관은 년로자를 위한 출판물을 편집발행하여야 한다.

출판물보급기관은 년로자의 가정에 신문, 잡지 같은 출판물의 보급를을 높여야 한다.

제28조(문화오락시설의 보장)

해당 기관, 기업소, 단체와 공민은 년로자에게 여러가지 문화오락시설과 기재, 회복치료기구를 보장하여 그들이 공원, 유원지, 낚시터, 놀이터, 명승지 같은 문화휴식장소에서 정서생활을 마음껏 누리도록 하여야 한다.

제29조(휴양, 관광, 탐승)

중앙로동행정지도기관과 년로자보호기관, 지방정권기관은 년로자의 요구에 따라 봄과 가을 또는 의의 있는 날들에 휴양, 견학, 관광, 탐승 같은것을 널리 조직하여야 한다.

제5장 년로자의 사회활동

제30조(사회활동의 기본요구)

년로자가 사회활동에 참가하는것은 앞선 세대의 고귀한 투쟁정신과 경험, 민족문화와 풍습을 후대들에게 물려주며 자기의 지식과 능력으로 사회에 이바지 하는 사업이다.

국가는 년로자의 의사와 능력에 따라 사회 활동에 적극 참가하도록 한다.

제31조(사회활동의 내용)

년로자는 강연, 담화, 강의, 전습, 번역, 창작, 예술활동, 공원 및 유원지관리, 공중질서 유지 같은 사회활동을 할수 있다.

제32조(년로자의 사회활동참가)

지방정권기관과 년로자보호기관은 년로자의 년령, 건강상태, 지식정도 같은것을 고려하여 여러가지 사회활동에 적극 참가할수 있도록 환경과 조건을 마련해주어야 한다.

제33조(년로자의 근무연장)

해당 기관, 기업소, 단체는 지식있고 능력있는 년로자가 계속 근무하려 할 경우 필요에 따라 알맞는 직종에서 일하도록 할수 있다. 이 경우 년로자의 사업조건을 책임적으로 보장하여야 한다.

제34조(후대 교양)

년로자는 국가의 법규범을 자각적으로 지키며 사회활동을 통하여 후대들에게 고귀한 혁명전통과 민족의 력사와 문화, 앞선 세대의 자랑스러운 투쟁기풍 같은것을 물려주기 위하여 적극 노력하여야 한다.

제35조(국가적 표창)

국가는 사회 활동에 참가하여 특출한 공로를 세운 년로자에게 훈장과 메달, 명예칭호수여를 비롯한 표창을 한다.

제6장 년로자보호사업에 대한 지도통제

제36조(년로자보호사업에 대한 지도통제의 기본요구)

년로자보호사업에 대한 지도통제를 강화하는것은 국가의 년로자보호정책을 정확히 집행하기 위한 근본담보이다.

국가는 현실발전의 요구에 맞게 년로자보호사업에 대한 지도와 통제를 강화하도록 한다.

제37조(년로자보호사업의 지도)

년로자보호사업에 대한 지도는 내각의 통일적인 지도밑에 중앙로동행정지도기관과 해당 중앙기관이 한다.

중앙로동행정지도기관과 해당 중앙기관은 년로자보호사업에 대한 지도체계를 바로세우고 년로자보호사업을 정상적으로 장악하고 지도하여야 한다.

제38조(년로자보호기관의 조직)

국가는 년로자보호사업을 계획적으로 협의하고 통일적으로 집행하기 위하여 내각과 도(직할시), 시(구역), 군인민위원회에 비상설로 년로자보호위원회를 둔다.

년로자보호위원회의 실무사업은 중앙년로자보호련맹과 해당 기관이 한다.

제39조(년로자보호기금의 창설)

년로자보호기관은 년로자보호기금을 세울수 있다.

년로자보호기금은 년로자보호기관이 조성하는 자금과 국제기구와 자선단체, 해외동포의 자선자금 같은것으로 적립하고 리용한다.

제40조(기관, 기업소, 단체의 의무)

기관, 기업소, 단체는 자기 단위에서 년로보장으로 들어간 년로자를 따뜻이 대해주고 돌보아주며 풍부한 경험과 능력으로 사회에 이바지 할수 있도록 필요한 조건을 마련하여주어야 한다.

제41조(인재양성)
해당과학연구기관과 교육기관은 년로자보호사업과 관련한 과학연구사업을 강화하며 필요한 기술자, 전문가를 체계적으로 양성하여야 한다.

제42조(년로자보호사업조건의 보장)
국가계획기관과 로동행정기관, 재정은행기관, 해당 기관은 년로자종합문화봉사시설, 국가부양기관 같은 시설의 건설과 관리운영에 필요한 로력, 설비, 자재, 자금, 식량을 제때에 보장하여야 한다.

제43조(출판보도수단에 의한 소개)
출판보도기관은 신문, 방송 같은 출판보도수단을 통하여 년로자들속에서 발양되는 미풍과 락천적인 생활모습, 년로자를 보호하는데서 모범적인 사실을 널리 소개하여야 한다.

제44조(사회적 우대)
지방정권기관과 상업기관, 편의봉사, 교통운수기관은 《년로자자리》, 《년로자봉사의 날》의 제정, 주문봉사 같은 방법으로 년로자를 우대하며 《국제년로자의 날》을 맞으며 년로자를 존경하고 우대하는 사업을 더 잘하여야 한다.

제45조(감독통제)
년로자보호사업에 대한 감독통제는 로동행정기관과 년로자보호기관, 해당 감독통제기관이 한다.
로동행정기관과 년로자보호기관, 해당 감독통제기관은 년로자보호에 대한 감독통제사업을 엄격히 하여야 한다.

제46조(손해보상, 벌금, 몰수)
인격모욕, 천대, 치료거절, 부당한 재산처리, 년로자보호기구 및 보호시설의 파손 같은 년로자의 권리와 리익을 침해하였을 경우에는 해당한 손해를 보상시키거나 원상복구 또는 벌금을 물리며 부당하게 얻은 돈과 물건은 몰수한다.

제47조(행정적 또는 형사적책임)
이 법을 어겨 년로자보호사업에 엄중한 결과를 일으킨 기관, 기업소, 단체의 책임있는 일군과 개별적공민에게는 정상에 따라 행정적 또는 형사적책임을 지운다.

라선경제무역지대 외국투자기업로동규정

주체102(2013)년 9월 12일 최고인민회의 상임위원회 결정 제139호로 채택

제1장 일반규정

제1조(규정의 사명)
이 규정은 라선경제무역지대에서 로력의 채용, 로동과 휴식, 로동보수와 로동보호, 사회보험
및 사회보장과 관련한 질서를 바로세워 외국투자기업의 경영활동과 종업원의 로동생활조건
을 원만히 보장하는데 이바지한다.

제2조(로력관리기관)
라선경제무역지대(이 아래부터 지대라고 한다.)에서 로력관리사업은 라선시인민위원회와 관
리위원회가 한다.
관리위원회는 산업구와 정해진 지역의 로력관리사업을 한다.
지대의 로력관리사업에 대한 통일적인 장악과 통제는 라선시인민위원회가 한다.

제3조(로력채용원칙)
지대에서 외국투자기업(이 아래부터 기업이라고 한다.)은 우리 나라 로력을 기본으로 채용한
다. 관리성원이나 특수한 직종의 기술자, 기능공은 다른 나라 로력으로 채용할 수 있다. 로동
할 나이에 이르지 못한 미성인의 채용은 금지한다.

제4조(로동생활분야에서의 남녀평등, 녀성종업원의 건강보호)
지대의 로동생활분야에서 녀성은 남성과 동등한 권리를 가진다.
라선시인민위원회와 관리위원회, 기업은 녀성종업원의 로동조건보장과 건강보호에 특별한
관심을 돌린다.

제5조(로동조건의 보장)
지대에서는 종업원에게 안전하고 문화위생적인 로동조건을 보장하도록 한다.

제6조(종업원월로임최저기준의 제정)
지대에서 종업원월로임최저기준은 라선시인민위원회가 관리위원회와 협의하여 정한다. 이
경우, 최저생계비, 로동생산능률, 로력채용상태 같은 것을 고려한다.

제7조(직업동맹조직과 종업원대표)
지대에서는 기업의 실정에 맞게 직업동맹조직을 내오고 운영한다.

규모가 작은 기업에는 종업원대표를 둔다.

직업동맹조직과 종업원대표는 종업원들의 권리와 리익을 대표하며 기업의 경영활동에 협력한다.

제8조(로동분야에서 기업의 독자성)
지대에서 기업은 법규에 정한 범위에서 로력채용, 로임기준과 지불형식, 로동조건보장과 같은 사업을 독자적으로 결정할 권리를 가진다.

제2장 로력의 채용과 해고

제9조(로력보장기관)
지대에서 우리 나라 로력을 보장하는 사업은 라선시인민위원회가 한다.

기업은 라선시인민위원회가 보장한 로력이 자기의 실정에 맞지 않을 경우에는 채용하지 않을 수 있다.

제10조(우리 나라 로력의 신청)
기업은 우리 나라 로력을 채용하려는 경우 로력신청문건을 직접 또는 관리위원회를 통하여 라선시인민위원회에 내야 한다. 이 경우 로력신청문건에는 채용할 로력자수, 성별, 년령, 업종, 기술기능수준, 채용기간, 로임수준, 로동조건 같은 것을 밝힌다.

제11조(우리 나라 로력의 보장)
라선시인민위원회는 로력신청문건을 접수한 때부터 30일안으로 기업이 요구하는 우리 나라 로력을 보장하여야 한다. 그러나 지대 밖의 우리 나라 다른 지역에 있는 로력을 보장하는 경우에는 그 기간을 초과할 수 있다.

우리 나라 로력을 보장받는 기업은 라선시인민위원회에 해당한 료금을 지불하여야 한다.

제12조(다른 나라 로력의 채용통지)
다른 나라 로력을 채용하려는 기업은 라선시인민위원회 또는 관리위원회에 서면으로 통지하여야 한다. 이 경우 통지서에 채용할 외국인의 이름, 성별, 생년월일, 국적, 거주지, 지식정도, 기술자격, 간단한 경력, 직종 같은 것을 밝힌다.

제13조(로력채용계약의 채결)
로력을 채용하는 기업은 로력자와 채용기간, 로동시간, 초기월로임액 같은 것을 밝힌 로력채용계약을 맺어야 한다.

제14조(로동계약의 체결)
기업은 직업동맹조직 또는 종업원대표와 로동계약을 맺어야 한다.
로동계약에서는 로동시간과 휴식시간, 로동보수, 로동보호기준, 로동생활질서, 문화후생조건, 상벌기준 같은 것을 정한다.

제15조(로동계약서의 제출)
기업은 로동계약을 체결하였을 경우 계약서를 7일안으로 라선시인민위원회 또는 관리위원회에 내고 승인을 받아야 한다.

제16조(로력채용계약, 로동계약의 효력)
로력채용계약은 맺은 날부터, 로동계약은 라선시인민위원회 또는 관리위원회의 승인을 받은 날부터 효력을 가진다.

제17조(로력채용계약, 로동계약의 변경, 취소)
로력채용계약, 로동계약은 당사자들이 합의하여 변경하거나 취소할 수 있다.
로동계약을 변경, 취소하였을 경우에는 라선시인민위원회 또는 관리위원회의 승인을 받는다.

제18조(종업원의 해고사유)
기업이 로력채용기간이 끝나기 전에 종업원을 내보낼수 있는 경우는 다음과 같다.
  1. 종업원이 질병 또는 부상(직업병, 작업중 입은 부상 제외)으로 치료를 받았으나 자기 직종 또는 기업안의 다른 직종에서 일할 수 없는 경우
  2. 기업의 경영조건 또는 기술조건의 변동으로 종업원이 남을 경우
  3. 종업원이 기술기능의 부족으로 자기 직종에서 일할 수 없을 경우
  4. 종업원이 기업의 재산에 막대한 손실을 주었거나 로동생활질서를 어겨 엄중한 결과를 일으켰을 경우

제19조(종업원의 해고와 관련한 통지)
종업원을 내보내려는 기업은 직업동맹조직 또는 종업원대표와 토의하며 30일 전에 해당 사유를 당사자에게 알려주어야 한다.
종업원을 내보냈을 경우에는 그 정형을 라선시인민위원회 또는 관리위원회에 통지하여야 한다.

제20조(종업원을 해고할 수 없는 사유)
종업원을 해고할 수 없는 경우는 다음과 같다.
  1. 종업원이 직업병을 앓거나 작업과정에 부상당하여 치료받고 있는 경우
  2. 병치료를 받는 기간이 6개월을 초과하지 않았을 경우
  3. 임신, 산전산후휴가, 어린이에게 젖먹이는 기간에 있을 경우

제21조(종업원의 사직사유)
종업원이 사직할 수 있는 경우는 다음과 같다.
  1. 개인적으로 일을 그만두거나 다른 일을 해야할 사정이 생겼을 경우
  2. 직종이 맞지 않아 기술기능을 충분히 발휘할수 없을 경우
  3. 학교에 입학하였을 경우

제22조(종업원의 사직절차)
사직하려는 종업원은 기업에 사직서를 내야한다.
기업은 사직서를 접수한 날부터 30일안에서 사직을 연기할데 대하여 요구할 수 있다. 이 경우 종업원은 특별한 사정이 없는 한 기업의 요구에 응하여야 한다.

제23조(양성, 기술견습)
기업은 기능공양성, 기술견습을 위하여 종업원을 다른 나라에 보낼 수 있다. 이 경우 라선시 인민위원회의 승인을 받아야한다.

제3장 로동시간과 휴식

제24조(로동시간)
지대에서 종업원의 로동시간은 하루 8시간, 주 평균 48시간을 초과할 수 없다.
기업은 생산, 경영상특성에 따라 필요한 경우 종업원의 건강을 보장하는 조건에서 하루에 3시간 정도 로동시간을 연장할 수 있다.

제25조(로동시간의 준수)
기업은 종업원에게 정해진 로동시간안에서 로동을 시켜야한다.
연장작업을 시키거나 명절일, 공휴일, 휴가기간에 로동을 시키려 할 경우에는 직업동맹조직 또는 종업원대표와 합의하여야 한다.
종업원은 정해진 로동시간을 지키며 로동을 성실히 하여야 한다.

제26조(명절일과 공휴일의 휴식보장)

기업은 종업원에게 우리 나라 명절일과 공휴일의 휴식을 보장하여야 한다.
명절일과 공휴일에 로동을 시켰을 경우에는 7일안으로 대휴를 주어야 한다.

제27조(휴가보장)

기업은 종업원에게 해마다 14일간의 정기휴가를 주며 중로동, 유해로동을 하는 종업원에게는 7~21인간의 보충휴가를 주어야 한다.

제4장 기업창설 및 경제무역활동

제28조(로동보수의 내용)

종업원의 로동보수에는 로임, 장려금, 상금 같은 것이 속한다.
기업은 로동의 질과 량에 따라 로동보수를 정확히 계산하며 같은 로동을 한 종업원들에 대해서는 성별, 년령에 관계없이 로동보수를 꼭같이 지불하여야 한다.

제29조(종업원월로임의 제정)

종업원의 월로임은 기업이 정한다. 이 경우 종업원월로임최저기준보다 낮게 정할 수 없다.
조업준비기간에 있는 기업의 종업원 또는 견습공, 무기능공의 월로임은 종업원월로임최저기준의 70% 이상의 범위에서 정할 수 있다.

제30조(휴가비의 지불)

기업은 정기 및 보충휴가를 받은 종업원에게 휴가일수에 따르는 휴가비를 지불하여야 한다.
산전산후휴가를 받은 녀성종업원에게는 기업이 90일에 해당한 휴가비를 지불하여야 한다.
휴가비는 로임을 지불하는 때에 함께 지불한다.

제31조(휴가비의 계산방법)

휴가비는 휴가받기 전 마지막 3개월간의 로임을 실가동일수에 따라 평균한 하루로임에 휴가일수를 적용하여 계산한다.

제32조(휴가기간의 작업에 대한 로임)

기업은 휴가기간에 있는 종업원에게 작업을 시켰을 경우 휴가비와 함께 일당 또는 시간당 로임액의 100%에 해당한 로임을 주어야 한다.

제33조(생활보조금)

기업은 양성기간에 있거나 기업의 책임으로 일하지 못하는 종업원에게 일당 또는 시간당 로임의 60%이상에 해당한 생활보조금을 주어야 한다.

제34조(연장작업과 야간작업에 대한 로임)

기업은 종업원에게 야간작업을 시켰거나 정해진 로동시간 밖의 연장작업을 시켰을 경우 일당 또는 시간당 로임액의 150%에 해당한 로임을 주어야 한다.

제35조(명절일, 공휴일의 로동에 대한 로임)

기업은 명절일, 공휴일에 종업원에게 일을 시키고 대휴를 주지 않았을 경우 일당 또는 시간당 로임액의 200%에 해당한 로임을 주어야 한다.

제36조(상금, 장려금의 지불)

기업은 결산리윤의 일부로 상금기금을 조성하고 일을 잘하는 종업원에게 상금 또는 장려금을 줄 수 있다.

제37조(로동보수의 지불)

기업은 종업원의 로동보수를 정해진 기간안에 전액 지불하여야 한다.
로임은 화폐로 지불하며 상금과 장려금은 화폐로 지불하거나 상품으로 줄 수도 있다. 로동보수를 주는 날이 되기 전에 사직하였거나 기업에서 내보낸 종업원에게는 수속이 끝난 날부터 7일 안으로 로동보수를 지불하여야 한다.

제38조(퇴직보조금의 지불)

기업은 자체의 사정으로 종업원을 내보내는 경우 보조금을 주어야 한다.
보조금은 종업원을 기업에서 내보내기전 마지막 3개월간의 로임을 평균한 월로임에 일한 해수를 적용하여 계산한다. 그러나 로동년한이 1년이 못되는 경우에는 1개월분의 로임을 적용하여 계산한다.

제5장 로동보호

제39조(로동안전 및 산업위생조건의 보장)

로동안전시설을 갖추어 종업원이 안전하게 일할 수 있는 조건을 보장하는 것은 기업의 의무이다. 기업은 고열, 가스, 먼지, 소음을 막고 채광, 조명, 통풍 같은 산업위생조건을 보장하여야 한다.

제40조(녀성로력의 보호)

기업은 녀성종업원을 위한 로동위생보호시설을 특별히 갖추어야 한다.

임신하였거나 젖먹이는 기간에 있는 녀성종업원에게는 연장작업, 야간작업, 힘들고 건강에 해로운 작업을 시킬 수 없다.

제41조(탁아소, 유치원의 운영)

기업은 실정에 맞게 종업원의 자녀를 위한 탁아소, 유치원을 꾸리고 운영할 수 있다.

제42조(로동안전기술교육)

기업은 종업원에게 로동재해를 방지하기 위한 로동안전기술교육을 준 다음 일을 시켜야 한다. 로동안전기술교육의 기간과 내용은 업종과 직종에 따라 기업이 정한다.

제43조(로동보호물자의 공급)

기업은 종업원에게 로동보호용구, 작업필수품, 영양제, 세척제, 약제 같은 로동보호물자를 정해진 기준대로 제때에 공급하여야 한다.

제44조(로동재해위험의 제거)

기업은 교대별, 주별 설비점검체계를 세우고 설비점검을 정상적으로 하여야 한다.

로동재해위험이 생겼을 경우에는 즉시 영업을 중지하고 그것을 재개하여야 한다.

제45조(로동보호질서의 준수)

종업원은 작업설비를 규정대로 관리, 운영하며 로동안전시설과 로동보호물자의 리용질서를 철저히 지켜 로동재해와 사고를 미리 막아야 한다.

제46조(사고발생시의 조치)

기업은 작업과정에 종업원이 사망하였거나 심한 부상, 중독 같은 사고를 일으켰을 경우 즉시 대책을 세우고 라선시인민위원회 또는 관리위원회에 통지하여야 한다.

통지를 받은 기관은 제때에 사고정형을 료해하고 해당한 대책을 세워야 한다.

제6장 사회문화시책비

제47조(사회문화시책의 실시)

기업에서 일하는 우리 나라 공민과 그 가족은 국가가 실시하는 사회문화시책의 혜택을 받는다. 사회문화시책에는 무류교육, 무상치료, 사회보험, 사회보장 같은 것이 속한다.

제48조(사회문화시책비의 조성)
지대에서 사회문화시책비는 사회문화시책기금으로 보장한다.
사회문화시책기금은 기업으로부터 받는 사회보험료와 종업원으로부터 받는 사회문화시책금
으로 조성한다.

제49조(사회보험료의 납부)
기업은 우리 나라 공민인 종업원에게 지불하는 로임총액의 15%를 사회보험료로 달마다 계
산하여 다음달 10일안으로 라선시인민위원회가 정한 은행에 납부하여야 한다.

제50조(사회문화시책금의 납부)
우리 나라 공민인 종업원은 로임의 일정한 몫을 사회문화시책금으로 계산하여 다음달 10일
안으로 라선시인민위원회가 정한 은행에 납부하여야 한다.

제51조(문화후생기금의 조성과 리용)
기업은 결산리윤의 일부로 종업원을 위한 문화후생기금을 조성하고 쓸 수 있다.
문화후생기금은 종업원의 문화기술수준향상, 체육사업, 후생시설의 운영 같은데 쓴다.

제7장 제재 및 분쟁해결

제52조(손해보상, 원상복구)
이 규정을 어겨 기업 또는 종업원의 생명과 건강, 재산에 피해를 준 경우에는 원상복구시키
거나 해당한 손해를 보상시킨다.

제53조(연체료의 부과)
사회보험료를 제때에 납부하지 않았을 경우에는 납부기일이 지난 날부터 매일 0.05%에 해
당한 연체료를 물린다.

제54조(벌금)
기업에게 물리는 경우와 벌금액의 한도는 다음과 같다.
  1. 비법적으로 연장작업을 시켰거나 휴식을 제대로 시키지 않았을 경우 한사람당 30~200
     € 까지

2. 비법적으로 로력을 채용하였을 경우 한사람당 100~500€까지
3. 종업원을 비법적으로 해고시켰을 경우 한사람당 200~1,000€까지
4. 로동보수를 정해진대로 지불하지 않았을 경우 200~10,000€까지
5. 로동보호안전 및 산업위생조건을 제대로 보장하지 않았을 경우 300~20,000€까지
6. 로력관리기관의 정상적인 사업을 방해하였을 경우 100~300€까지
   이밖에 법규를 어겼을 경우 50~10,000€까지

제55조(중지)

다음의 행위의 정상이 무거울 경우에는 기업의 영업을 중지시킨다.
1. 종업원들에게 로동안전시설 및 로동보호조건을 규정대로 갖추어주지 않았을 경우
2. 직업동맹조직의 적법적인 활동에 지장을 주었을 경우
3. 정해진 비용을 제대로 납부하지 않았을 경우

제56조(몰수)

기업이 이 규정을 어기고 비법적으로 소득을 얻었을 경우에는 정해진 절차에 따라 해당 소득을 몰수 한다.

제57조(분쟁해결)

로동과 관련하여 생긴 의견상이는 당사자들사이에 협의의 방법으로 해결한다.
협의의 방법으로 해결할 수 없는 분쟁은 조정이나 중재, 재판의 방법으로 해결할 수 있다.

제58조(신소와 그 처리)

이 규정의 집행과 관련하여 의견이 있는 기업이나 종업원은 라선시인민위원회와 관리위원회,
해당 기관에 신소할 수 있다.
신소를 받은 기관은 30일 안으로 료해처리하고 그 결과를 신소자에게 알려주어야 한다.

라선경제무역지대 외국투자기업로동규정시행세칙

주체103(2014)년 11월 17일 라선시인민위원회 결정 제162호로 채택

제1장 일반세칙

제1조 이 세칙은 라선경제무역지대에서 외국투자기업에 필요한 로력의 채용, 로동과 휴식, 로동보수와 로동보호, 사회보험 및 사회보장, 종업원의 로동조건 및 로동생활상권리와 리익을 보장하기 위하여 제정한다.

제2조 라선경제무역지대(이 아래부터는 지대라 한다)에 창설되는 외국투자기업(합영, 합작, 외국인기업)에 필요한 로력자의 알선, 채용, 해고, 기능공양성, 로동보수, 사회보험, 사회보장과 같은 것은 이 세칙에 따른다.

제3조 외국투자기업(이 아래부터는 기업이라 한다.)에 대한 로력관리사업은 라선시인민위원회(이 아래부터는 로력관리기관이라 한다.)가 하며 관리위원회는 관할지역의 로력관리사업을 로력관리기관을 통하여 한다.

제4조 로력관리기관은 지애안의 로력원천을 늘 장악하고 있어야 하며 지대밖의 로력을 보장할수 있는 실무적대책을 철저히 세우고 기업이 요구하는 로력을 제떼에 보장하여야 한다.

제5조 기업은 지대에서 우리 나라 로력을 기본으로 채용한다. 관리성원이나 특수한 직종의 기술자, 기능공은 다른 나라 로력으로 채용할 수 있다. 16살에 이르지 못한 미성인의 채용은 금지한다.

제6조 기업이 받아들인 노력은 자연재해 같은 불가항력적인 경우를 제외하고 다른 일에 동원하지 않는다.

제7조 기업은 종업원들이 안전하고 문화위생적인 환경에서 일할수 있도록 로동조건을 개선하고 그들의 생명과 건강을 보호증진시키는데 선차적인 관심을 돌려야 한다.

제8조 녀성은 로동생활분야에서 남성과 동등한 권리를 가진다. 로력관리기관과 관리위원회, 기업은 녀성종업원의 로동조건 보장과 건강보호에 특별한 관심을 돌린다.

제9조 지대에서 기업의 종어원월로임최저기준은 최저생계비, 로동생산능률, 로력채용상태 같은 것을 고려하여 75.2€ 이상으로 한다. 종업원월로임최저기준은 라선시인민위원회가(관리위원회 관할지역안의 종업원월로임최저기준은 관리위원회와 협의하여)정한다.

제10조 이세칙 집행에 대한 감독통제는 로력관리기관이 한다.

제2장 기업의 로력채용과 해고

제11조 기업의 로력보장은 라선시인민위원회(이 아래부터는 로력보장기관이라 한다)가 하며 외국인기업에 대한 로력보장은 외국투자기업복무소에 위임하여 할수 있다.

제12조 기업은 우리 나라 로력을 채용하려 할 경우 로력자수, 성별, 년령, 업종, 기술기능수준, 채용기간, 로임수준, 로동조건 같은 것을 밝힌 로력신청문건을 직접 또는 관리위원회를 통하여, 외국인기업은 외국투자기업복문소를 통하여 로력보장기관에 내야 한다.

제13조 외국투자기업복무소는 로력보장기관의 위임에 따라 기업에서 요구하는 로력보장을 위해 필요한 경우 해당한 장소들에 로력모집과 관련한 광고를 낼수 있으며 모집된 로력들에 대한 명단을 기업별로 작성하여 제때에 로력보장기관에 보고하여야 한다. 로력보장기관은 모집된 로력명단을 보고받은 다음 기업별 로력신청문건에 기초하여 승인 또는 부결결과를 관리위원회와 외국투자기업복문소에 제때에 통지해주어야 한다.

제14조 외국투자기업복무소는 로력보장기관으로부터 승인 받은 로력자에 대하여 8일안으로 필요한 수속과 로동교양을 진행하고 로력보장기관의 파견장과 함께 기업에 보내주어야 한다. 지대밖의 우리 나라 다른 지역에 있는 로력을 보장하는 경우에는 그 기간을 초과할수 있다.

제15조 기업은 로력보장기관과 외국투자기업복무소가 보내준 로력자와 채용기간, 로동시간, 초기월로임액, 로동보호조건보장 같은 것을 밝힌 로력채용계약을 맺어야 한다. 로력채용계약을 맺은 로력자은 기업의 종업원으로 된다. 로력채용계약을 맺은 기업은 2일간으로 계약서사본에 기업의 공인을 찍어 관리위원회와 외국투자기업복무소에 보내야 한다. 로력보장기관의 파견장이 있는 로력자만이 기업과 로력채용계약을 맺을수 있다.

제16조 외국투자기업복무소는 외국인기업의 실정에 맞게 직업동맹조직을 내오고 책임자를 임명해주어야 한다. 종업원이 10명이상인 기업에는 직업동맹위원회를 조직하며 그 이하인 기업에는 종업원대표를 둔다. 직업동맹조직과 종업원대표는 종업원들의 권리와 리익을 대표하며 기업의 경영활동에 협력한다.

제17조 기업은 직업동맹조직 또는 종업원대표와 로동계약을 맺고 경영활동을 하여야 한다. 로동계약에서는 로동시간과 휴식시간, 로동보수, 로동보호기준, 로동생활질서, 문화후생조건, 상벌기준 같은 것을 밝힌다. 기업은 로동계약을 체결하였을 경우 계약서를 7일안으로 관리위원회와 외국투자기업복무소의 합의를 받아 로력보장기관에 내고 승인을 받아야 한다. 로력보장기관 또는 외국투자기업복무소는 로동계약서에 결함이 있을 경우 계약을 다시 맺을 것을 요구할수 있다. 기업은 직업동맹조직 또는 종업원대표와 로동계약을 맺은 조건에서만 종업원들에게 일을 시킬수 있다. 이 세칙에 어긋나거나 사기, 강요로 맺은 계약은 효력을 가지지 못한다.

제18조 기업은 매월 직업동맹조직에 아래와 같은 활동자금을 보장해주어야 한다.
 1. 종업원 500명까지는 전체 종업원 월로임의 2%에 해당한 자금
 2. 종업원 501명부터 1000명까지는 전체 종업원 월로임의 1.5%에 해당한 자금
 3. 종업원 1001명이상은 전체 종업원 월로임의 1%에 해당한 자금

제19조 기업은 기술자, 기능공을 비롯하여 절박하게 요구되는 로력자를 외국투자기업복무소에 의뢰하여 로력보장기관의 승인에 다라 림시로력채용계약을 맺고 수속전 15-30일동안 채용할 수 있다.

제20조 기업은 다른 나라 로력을 채용하려는 경우 로력보장기관 또는 관리위원회에 채용할 외국인의 이름, 성별, 생년월일, 국적, 거주지, 지식정도, 기술자격, 간단한 경력, 직종 같은 것을 서면으로 통지하여야 한다.

제21조 우리 나라 로력을 보장받은 기업은 로력알선 료금을 지대중앙은행에 납부하고 확인서를 로력보장기관에 로력채용계약을 맺은 다음날(법정로동일)까지 보내야 한다. 로력자당 알선료금의 가격은 시인민위원회가격기관에서 정한다.

제22조 로력자의 수속과 관련한 질서는 다음과 같다.
기업은 로력보장기관과 외국투자기업복무소가 보내준 로력자에 대하여 료해하고 로력채용고건에 맞는 로력자의 《종업원입직신청서》와 《로력조절배치의뢰서》에 기업의 공인을 찍은 다음 로력보장기관과 외국투자기업복무소에 보낸다. 로력보장기관과 외국투자기업복무소는 《종업원입직신청서》에 합의경유를 받게 된 기관(일군)의 경유확인을 받은 다음 《종업원입직신청서》는 해당기업에 보내고 《로력조절배치의뢰서》는 로력을 내보내는 기관, 기업소에 보내주어야 한다. 로력자를 내보내는 기관, 기업소는 로력보장기관과 외국투자기업복무소에서 보내온 《로력조절배치의뢰서》를 확인하고 2일안으로 《종업원퇴직신청서》에 합의경유를 받게 된 기관(일군)의 경유확인을 받은 다음 《종업원퇴직신청서》는 해당 기관, 기업소에 보관하고 《로력조절배치의뢰서》에 기관, 기업소 공인을 찍은 다음 로력보장기관과 외국투자기업

복무소에 보내주어야 한다. 외국투자기업복무소는 《로력조절배치의뢰서》를 확인하고 로력보장기관에 제기하여 로력파견장 또는 로력소환장을 발급받아 로력을 받거나 내보내는 기관, 기업소에 보내주어야 한다. 로력파견장 또는 로력소환장을 받은 기관, 기업소는 8일안으로 모든 수속을 끝내고 해당한 문건을 로력자와 함께 기업에 넘겨주며 기업은 로력접수회보서를 제때에 로력보장기관에 내보내주어야 한다.

제23조 로력채용계약은 맺은 날부터, 로동계약은 로력보장 기관 또는 관리위원회의 승인을 받은 날부터 효력을 가진다.

제24조 로력채용계약, 로동계약은 당사자들이 합의하여 변경하거나 취소할수 있다. 로동계약을 변경, 최소하려 할 경우에는 관리위원회와 외국투자기업복무소의 합의를 받아 로력보장기관의 승인을 받는다.

제25조 기업은 아래와 같은 경우 로력채용기간이 끈나기 전에 종업원을 내보낼수 있다.
1. 종업원이 질병 또는 부상(직업병, 작업중에 입은 부상제외)으로 치료를 받았으나 자기 직종 또는 기업안의 다른 직종에서 일할수 없을 경우
2. 기업의 경영조건 또는 기술조건의 변동으로 종업원이 남을 경우
3. 종업원이 기술기능의 부족으로 자기 직종에서 일할수없을 경우
4. 종업원이 기업의 재산에 막대한 손실을 주었거나 로동생활질서를 어겨 엄중한 결과를 일으켰을 경우

제26조 기업은 종업원을 내보내려는 경우 직업동맹조직 또는 종업원대표와 토의하며 30일 전에 해당 당사자에게 알려주어야 한다. 기업은 내보내는 종업원에 대하여 최직리유를 외국투자기업복무소를 통하여 로력보장기관과 관리위원회에 통지하고 승인을 받은 종업원은 외국투자기업복무소에 넘겨준다. 외국투자기업복무소는 기업이 내보낸 로력자를 로력보장기관의 로력파견장이 발급될때까지 다른 기관, 기업소에 들어가일할수 있도록 알선해 주어야 한다.

제27조 기업은 아래의 경우 보건기관의 의학적확인이 있는 조건에서 종업원을 해고 할수 없다.
1. 직업병을 잃거나 작업과정에 부상당하여 치료받고있을 경우
2. 병치료를 받는 기간이 6개월을 초과하지 않았을 경우
3. 임신, 산전산후휴가, 어린이에게 젖먹이는 기간에 있을 경우

제28조 종업원은 아래의 경우 직업동맹조직 또는 종업원 대표와 합의하고 사직할 수 있다.
1. 개인적으로 일을 그만두거나 다른 일을 해야 할 사정이 생겼을 경우
2. 직종이 맞이 않아 기술기능을 충분히 발휘할수 없을 경우
3. 학교에 입학하였을 경우

사직하려는 종업원은 기업에 사직서를 내야 한다. 기업은 사직서를 접수한 날부터 30일안으로 직업동맹조직 또는 종업원대표와 합의하고 사직을 연기할데 대하여 요구할수 있다. 이 경우 종업원은 특별한 사정이 없는 한 기업의 요구에 응하여야 한다. 사직하는 종업원은 외국투자기업복무소의 승인과 로력보장기관의 파견장에 의해서만 이동할 수 있다.

제3장 기능공양성

제29조 기업은 기능공양성, 기술견습을 위하여 종업원을 다른 나라에 보낼수 있다. 이 경우 로력관리기관의 승인을 받아야 한다.

제30조 기능공양성은 직업기술교육을 통하여 한다. 로력관리기관은 지대의 특성에 맞게 직업기술교육체계를 정연하게 세우고 기능로력후비를 체계적으로 양성하여야 한다. 직업기술교육은 일정한 직종의 기술기능작업을 원만히 수행할수 있도록 필요한 지식과 기술기능을 배워주는 교육이다.

제31조 직업기술교육은 부분별 또는 해당 기업에 조직된 직업기술교육단위에서 한다. 직업기술교육단위에는 기능공학교, 기능공양성소, 기능공양성반(이 아래부터는 직업기술학교라 한다)같은 것이 속한다.

제32조 직업기술학교의 양성직종과 규모는 지대의 경제부문별기능공수요에 따라 로력관리기관이 정한다. 직업기술학교를 내오거나 없애려고 하는 경우에는 로력보장기관의 승인을 받아야 한다. 직업기술학교를 내오거나 없애는 절차는 다음과 같다. 직업기술학교를 내오려는 기업은 기능공수요에 따르는 양성지표, 규모, 양성목표급수를 정확히 타산한데 따라 직업기술학교의 교사, 기숙사 실습장을 비롯한 교육시설들과 실습 설비, 교구비품 등 물질기술적조건을 구비하기 위한 대책을 세운다음 《직업기술학교조직신청서》를 로력관리관에 내야한다. 직업기술학교조직을 승인받은 기업은 5개월내에 교원대렬과 교육조건을 원만히 갖추어야 하며 해당 양성지표에 대한 교육강렬을 작성하여 로력관리기관의 승인을 받아야 한다. 교원대렬과 교육조건을 갖추지 않고 교육강령을 작성승인받지 않는 직업기술학교는 운영할 수 없다. 직업기술학교는 다음과 같은 원칙에서 조직하여야 한다. 양성생규모가 50명 이상인 기업에는 학교를, 양성생규모가 50명 이하인 기업에는 양성반을 조직하여야 한다. 부문 또는 지역단위로 조직한 직업기술학교는 로력관리기관이 직접 운영하는 직업기술학교에 소속시킬수도 있다. 기업에 조직한 직업기술학교 교장은 기업책임자가 겸임하며 부문 또는 지역단위로 조직한 직업기술학교는 공인과 돈자리를 둔다.

제33조 직업기술학교의 양성기간은 해당 직종의 양성급수에 따라 3개월~2년으로 한다. 양성직종은 해당기업의 기본직종으로 정하는 것을 원칙으로 한다. 양성직종과 그에 따르는 양

성기간은 로력관리기관이 정한다.

제34조 직업기술학교의 교육강령은 자체로 작성한 다음 로력관리기관의 심의를 거쳐 집행하여야 한다. 직업기술학교는 로력관리기관의 승인없이 교육강령을 고칠수 없으며 승인되지 않은 교육강령은 집행할수 없다.

제35조 직업기술학교는 기술기능교육을 통하여 고급중학교 졸업생을 비롯한 기술기능이 없는 대상은 3~4급공으로, 현직 해당직종에서 일하던 대상은 4~5급공으로 양성하여야 한다. 특수한 경우에는 로력보장기관의 승인을 받아 그 이상 급수의 기능공으로 양성하여야 한다. 기업은 일정한 기술기능을 요구하는 직종에 배치할 대상이 기술기능이 없거나 낮은 경우에는 직업기술학교에 보내어 양성한 다음 로동에 참가시켜야 한다.

제36조 직업기술학교는 해마다 필요한 성원들로 졸업시험위원회를 조직하고 시험에서 합격된 학생들에게 해당 직종의 기술기능급수를 밝힌 졸업증을 내주어야 한다.

제37조 기업은 기술기능급수사정사업을 엄격히 하여야 하며 기술일군, 고급기능공을 비롯한 우수한 일군들을 기술기능급수시험위원으로 선발하고 시험을 엄격하게 쳐야 한다. 시험위원을 선발할수 없는 경우에는 로력보장기관에 의뢰하여 시험을 쳐야 한다.

제38조 기술기능급수시험은 년간 기술기능학습과정을 마친 대상에 대하여 실지 일하고 있는 직종으로 1급~4급까지는 년에 한번, 5급~6급은 2년에 한번, 7급~8급은 3년에 한번씩 조직하여야 한다. 다음과 같은 대상은 년한에 관계없이 응시한다.
　국가적으로 평가를 받은 대상.
　기술기능적문제들을 해결하여 제품의 질을 높이고 수입을 늘이는데 기여한 대상.
　기술기능강습과 전습을 끝낸 대상.
　기능공학교 과정안을 마치고 졸업하는 대상.
　새로 들어왔거나 직종을 바꾼 대상.
　이밖에 제기되는 대상.

제39조 기업은 기술기능급수시험에 응시대상을 의무적으로 참가시켜야하며 정당한 리유없이 참가하지 않는 경우에는 기술기능급수를 한급 낮추어야 한다. 자기직종의 최고기능급수를 가진 기능공은 제자리 급수시험에 참가하여야 한다.

제4장 로동시간과 휴식

제40조 기업은 종업원의 로동시간을 하루 8시간, 주 평균 48시간이상 초과할수 없으며 필요한 경우 연장작업을 시키거나 명절일, 공휴일, 휴가기간에 로동을 시키려 할 경우 직업동맹조직 또는 종업원대표와 합의하여야 한다.

제41조 기업은 종업원의 건강을 보장하는 조건에서 하구 3시간 정도 로동시간을 연장할수 있다. 종업원은 정해진 로동시간을 지키며 로동을 성실히 하여야 한다.

제42조 기업은 종업원에게 우리 나라 명절일과 공휴일의 휴식을 보장하여야 하며 로동을 시켰을 경우에는 7일안으로 대휴를 주어야 한다.

제43조 기업은 해마다 14일간의 정기휴가를 종업원에게 주어야 하며, 중로동, 유해로동을 하는 종업원에게는 7~21일간의 보충휴가를 주어야 한다. 녀성종업원에게는 의료기관의 확인서가 있는 조건에서 산전 60일, 산후 90일간의 휴가를 준다.

제5장 로동보수

제44조 종업원의 로동보수에는 로임, 장려금, 상금 같은 것이 속한다. 기업은 로동의 지로가량에 따라 로동보수를 정확히 계산하며 같은 로동을 한 종업원들에 대해서는 성별, 년령에 관계없이 로동보수를 꼭같이 지불하여야 한다.

제45조 종업원의 월로임은 기업이 정한다. 이 경우 월로임을 종업원월로임최저기준보다 낮게 정할수 없다. 조업준비기간에 있는 종업원 또는 견습공, 무기기능공의 월로임은 종업원월로임최저기준의 70%이상의 범위에서 정할수 있다. 조업준비기간은 3개월을 넘을수 없다.

제46조 기업은 정기 및 보충휴가를 받은 종업원에게 휴가일수에 따르는 휴가비를 지불하여야 한다. 산전산후휴가를 받은 녀성종업원에게는 기업이 90일에 해당한 휴가비를 지불하여야 한다. 휴가비는 로임을 지불하는 때에 함께 지불한다.

제47조 휴가비는 휴가받기 전 마지막 3개월간의 로임을 실가동일수에 따라 평균한 하루 로임에 휴가일수를 적용하여 계산한다.

제48조 기업은 휴가기간에 있는 종업원에게 작업을 시켰을 경우 휴가비와 함께 일단 또는 시간당 로임액의 100%에 해당함 로임을 주어야 한다.

제49조 기업은 양성기간에 있거나 기업의 책임으로 일하지 못하는 종업원에게 일당 또는 시간당 로임의 60%이상에 해당한 생활보조금을 주어야 한다. 생활보조금을 주는 기간은 3 개월을 넘을수 없다.

제50조 기업은 종업원에게 야간작업을 시켰거나 정해진 로동시간밖의 연장작업을 시켰을 경우 일당 또는 시간당 로임액의 150%에 해당한 로임을 주어야 한다. 로동시간밖의 야간작업을 시켰을 경우에는 일당 또는 시간당 로임액의 200%에 해당한 로임을 주어야 한다. 야간작업이란 22시부터 다음날 6시사이의 로동을 말한다.

제51조 기업은 명절일, 공휴일에 종업원에게 일을 시키고 대휴를 주지 않았을 경우 일당 또는 시간당 로임액의 200%에 해당한 로임을 주어야 한다.

제52조 기업은 결산리윤의 일부로 상금기금을 조성하고 일을 잘하는 종업원에게 상금 또는 장려금을 줄수 있다.

제53조 기업은 종업원의 로동보수를 정해진 기간안에 전액 지불하여야 한다. 로임은 화폐로 지불하며 상금과 장려금은 화폐로 지불하거나 상품으로 줄수도 있다. 로동보수를 주는 날이 되기전에 사직하였거나 기업에서 내보낸 종업원에게는 수속이 끝난 날부터 7일안으로 로동보수를 지불하여야 한다.

제54조 기업은 자체의 사정으로 종업원을 내보내는 경우 보조금을 주어야 한다. 보조금은 종업원을 기업에서 내보내기 전 마지막 3개월간의 로임을 평균한 월로임에 일한 해수를 적용하여 계산한다. 그러나 로동년한이 1년이 못되는 경우에는 1개월분의 로임을 적용하여 계산한다.

제6장 로동보호

제55조 기업은 로동안전시설을 갖추어 종업원이 안전하게 일할수 있는 조건을 보장하여야 한다. 기업은 고열, 가스, 먼지, 소음을 막고 채광, 조면, 통풍같은 산업위생조건을 보장하여야 한다.

제56조 기업은 로동보호사업을 생산에 확고히 앞세울데 대한 국가의 정책과 법규범의 요구를 엄격히 지켜야 한다. 로동보호사업에 대한 통일적인 장악과 지도는 시인민위원회(이 아래부터는 로동보호감독기관이라 한다)와 따로 정한 로동보호감독일군이 한다. 로동보호감독기관은 로동보호사업과 관련하여 다른나라 국제기구와의 협력과 교류를 발전시켜야 한다. 기업

은 로동보호사업정형을 월, 분기, 년마다 정기적으로 총화하여야 한다. 년간 로동보호사업총화는 다음해 1월안으로 하여야 한다. 기업의 로동보호사업은 기업의 책임자가 직업동맹조직 또는 종업원대표와 협의하여 직접 조직하고 집행하며 총화하야 한다.

제57조 기업은 로동안전교양체계를 바로 세우고 종업원들에게 정기적을 ㅗ로동안정교양을 주어야 한다. 새로 들어온 종업원에게는 5~20일간, 직종을 바꾸는 종업원에게는 2~5일간, 규정위반자에게는 10~30일간, 리론교양과 현장에서 로동안전규정의 요구에 맞게 일하는 방법을 배워주는 형식으로 로동안정교양을 주어야 한다.

제58조 지대안의 산업부문별 로동안전과 관련된 교양자료는 로동보호기관이 작성하거나 해당 기업에서 작성한 다음 로동보호기관의 심의를 받아 리용한다.

제59조 기업은 로동안전시설 및 로동위생조건을 개선완비하고 현대화하기 위한 사업을 계획적으로 진행하여 종업원들이 보다 안정하고 문화위생적인 조건에서 일하도록 하여야 한다.

제60조 기계설비와 같이 회전하는 물체에는 안정장치를, 높은 열과 압력, 화염과 폭발, 전기감전, 유독성물질과 같은 인명피해 위험성이 있는 장소에는 보호장치를 하여야 하며 사고의 위험성이 있는 장소에는 보호장치를 하여야 하며 사고의 위험성을 미리 알리는 소리, 표식과 같은 신호장치를 하여야 한다.

제61조 기업은 불비한 로동안전시설과 위험한곳을 찾아내여 제때에 안전대책을 세워야 하며 사람의 건강에 해롭거나 위험한 곳에서는 로동안전대책없이 종업원들에게 일을 시키지 말아야 한다.

제62조 기업은 로동보호조건에 맞게 건물 또는 구축물을 건설하러나 기계설비 및 공구, 지구를 만들어야 한다.

제63조 기업은 예방의학 및 로동위생의 요구에 맞게 생산 조건을 갖추어 주어야 하며 종업원들의 로동과정과 생산환경에 미치는 유해인자를 정상적으로 측정하고 철저히 막아야 한다.

제64조 기업은 종업원들에게 생리적허용한계를 초과하는 로동을 시키지 말아야 하며 건강에 해로운 고열, 가스, 먼지, 소음, 진동, 습기 같은 것을 막고 위생학적요구에 맞게 채광, 조명, 난방, 통풍, 보호장치 같은 것을 충분히 보장하여 종업원들이 안전하고 문화위생적인 환경에서 일하게 하여야 한다.

제65조 기업은 종업원들에 대한 건강검진을 정상적으로하며 합숙, 식당, 수리소, 목욕탕과 같은 후방생활조건과 보조위생시설을 원만히 보장해주어야 한다.

제66조 작업대상과 성격에 따라 작업필수품, 로동보호용구, 영양제, 세척제, 기타 약제(보호약제, 해독제, 피부보호제)의 공급대상 기준은 로동보호기관이 정한다.

제67조 기업은 종업원들에게 작업필수품, 로동보소용구를 정확히 착용하게 하여야 하며 착용하지 않았을 경우에는 일을 시키지 말아야 한다.

제68조 기업은 종업원들에게 휴식, 휴가, 휴양, 정양의 권리를 충분히 보장하며 건강보호사업을 책임적으로 하여야 한다.

제69조 기업은 하루 로동시간을 마친 종업원들에게 충분한 휴식을 보장하여야 한다. 특수한 경우를 제외하고는 정해진 시간밖의 로동을 시킬 수 없다.

제70조 기업은 로동안전규률과 질서를 엄격히 세워 로동재해사고를 미리 막고 안전한 로동조건을 마련해주어야 한다.

제71조 기업은 생산조직에 앞서 로동안전지령을 주며 그것을 정확히 총화하여야 한다.

제72조 전기작업, 불다루기작업, 유해작업과 같은 위험한 작업을 할 경우에는 기업책임자가 작업장에 나가 안전대책을 세운 다음 작업하도록 하여야 한다.

제73조 생산과정에 로동재해사고의 위험이 생겼을 경우에는 즉시 생산을 중지하고 위험개소를 퇴치한 다음 생산을 계속하여야 한다.

제74조 기업은 작업교대질서를 철저히 세워 기계설비와 작업장의 인원상태를 확인한 다음 작업교대를 하도록 하여야 한다.

제75조 설비를 점검할 경우에는 로동안전시설에 대한 점검을 포함시켜야 한다.

제76조 로동보호감독기관과 기업은 로동안전규률롸 질서를 세우기 위한 사업을 군중적운동으로 벌려야 한다.

제77조 로동재해사고는 로동과정에 종업원들의 생명과 건강에 피해를 준 사고이다. 로동보호재해사고에는 경상, 중상, 사망이 포함된다.

1. 경상로동재해사고는 로동재해사고를 당한 때로부터 10일안으로 치료받아 볼래대로 회복되였을 경우

2. 중상로동재해사고는 로동재해사를 당한 때로부터 10일 이상 치료받았을 경우 불구중상은 로동재해사고를 당하여 10일이상 치료를 받았으나 불구(신체의 어느 한 부분이 온전하지 못하거나 그 기능이 상실되였을 때)가 되였을 경우

3. 사망로동재해사고는 로동재해사고로 즉시 사망하였거나 로동재해사고로 하여 중상되였다가 10일안에 사망(로동재해사고로 즉시 병원에 입원하여 계속 치료를 받던줄 사망되였을 경우 포함)되였을 경우

4. 집단로동재해사고는 한 작업장소에서 로동재해사고로 한번에 20명부터 그 이상의 (경상자만 3명이상일 때, 경상, 중상, 사망자를 모두 합쳐 3명 이상일 때) 피해자를 내였을 경우

제78조 기업은 로동재해사고가 발생하였을 경우 즉시 로동봇호감독기관에 통보하여야 하며 로동보호감독기관은 로동재해사고의 원인을 해명하고 해당한 대책을 세운 다음 사고방지대책위원회심의에 제기하여야 한다.

1. 기업은 로동재해사고가 발생하면 사고현장에 대한 확인과 피해인원들에 대한 치료처리대책을 즉시 세우는것과 함께 전화 또는 전보문건으로 로동재해사고내용(사고 날짜, 시간, 장소, 사고형태와 원인, 경상, 중상, 사망 등 피해정도, 처리 대책 등)을 보고하여야 한다.

2. 로동보호감독기관은 로동재해사고발생정형을 검열하고 그 정형을 사고방지대책위원회에 보고하는것과 함께 사고 심의에 제기항야 한다.

제79조 사고방지대책위원회는 로동재해사고심의를 과학적이며 객관적인 자료에 기초하여 제때에 하여야 하며 로동재해와 관련한 사고방지대책을 철저히 세워야 한다.

1. 사고방지대책위원회는 로동재해사고심의에서 다음과 같은 문제를 확증하여야 한다.
   ① 로동재해사고가 난 날자, 시간, 장소, 사고형태
   ② 로동재해사고가 나게 된 동기와 원인
   ③ 로동재해사고를 낸 단위의 로동보호사업정형
   ④ 로동재해사고와 관련한 책임한계
   ⑤ 로동재해사고로 인한 로력, 재산의 손실
   ⑥ 로동재해사고에 의한 피해자와 그 가족의 생활보장대책
   ⑦ 로동재해를 미리 막기 위한 대책
   ⑧ 로동재해사고처리와 관련한 대책
   ⑨ 이밖의 로동재해사고와 관련하여 제기되는 문제

2. 로동재해사고가 발생되면 로동보호감독기관(로동보호감독일군)과 인민보안기관은 사고조사를 함께 하거나 따로 할수 있으며 과학적이며 객관적인 원칙에서 사고의 원인을

정확히 찾은데 따라 조사자료를 로동재해사고심의에 5일안으로 제기하여야 한다.

제80조 사고방지대책위원회는 로동재해사고를 내였거나 로동보호와 관련한 법규범을 어긴 기업책임자에게 벌금을 적용하며 형사적제재를 주어야 할 경우에는 해당 기관에 제기할수 있다.

제81조 기업은 녀성종업원을 위한 로동위생보호시설을 특별히 갖추어야한다. 임신하였거나 젖먹이는 기간에 있는 녀성종업원에게는 연장작언, 야간작업, 힘들고 건강에 해로운 작업을 시킬수 없다.

제82조 기업은 실정에 맞게 종업원의 자녀를 위한 탁아소, 유치원을 꾸리고 운영할수 있다.

제7장 사회문화시책

제83조 기업에서 일하는 우리나라 공민과 그 가족은 국가가 실시하는 사회문화시책의 혜택을 받는다. 사회문화시책에는 무료교육, 무상치료, 사회보험, 사회보장 같은 것이 속한다.

제84조 지대에서 사회문화시책비는 사회문화시책기금으로 보장한다. 사회문화시책기금은 기업으로부터 받은 사회보험료와 종업원으로부터 받는 사회문화시책음으로 조성한다.

제85조 기업은 우리 나라 공민인 종업원월로임총액의 15%를 사회보험료로 달마다 계산하여 다음달 10일안으로 라선시 인민위원회가 정한 은행에 납부하여야 한다.

제86조 우리 나라 공민인 종업원은 로임의 40%를 사회문화시책금으로 달마다 계산하여 다음달 10일안으로 라선시인민위원회가 정한 은행으로 납부하여야 한다.

제87조 기업은 결산리윤의 일부를 종업원을 위한 문화후생기금을 조성하고 쓸수 있다. 문화후생기금은 종업원의 문화기술수준향상, 체육사업, 후생시설의 운영 같은데 쓴다.

제8장 제재 및 분쟁해결

제88조 이 세직 집행에 대한 감독통제는 라선시인민위원회가 한다.
라선시인민위원회와 관리위원회는 세칙집행정형을 정상적으로 엄격히 감독통제하여야 한다.

제89조 기업이 사회보험료와 직업동맹활동자금을 제때에 납부하지 않았을 경우에는 납부기일이 지난날부터 바친날까지 기간의 쉬는날, 명절일을 포함하여 매일 0.05%에 해당한 연체료를 물린다.

제90조 기업이 아래와 같은 해우이를 하였을 경우 정도에 따라 벌금을 적용하며 벌금액의 한도는 다음과 같다.
1. 비법적으로 연장작업을 시켰거나 휴식을 제대로 시키지 않았을 경우 한사람당 30-200€까지
   - 비법적으로 연장작업을 2시간 시킨 경우 30-150€까지
   - 비법적으로 연장작업을 2시간이상 시킨 경우 200€까지
   - 정당한 리유없이 휴식을 시키지 않았을 경우 30-100€까지
   - 부득이한 사정으로 야간작업을 시키고 주간에 대휴를 주지 않은 경우 200€까지
   - 우리 나라 명절일과 공휴일에 휴식을 보장하지 않은 경우 200€까지
2. 비법적으로 로력을 채용하였을 경우 한사람당 100-500€까지
   - 비법적으로 로력을 1일간 채용한 경우 한사람당 100-150€까지
   - 비법적으로 로력을 2일간 채용한 경우 한사람당 160-300€까지
   - 비법적으로 로력을 3일간 채용한 경우 한사람당 310-500€까지
3. 종업원을 비법적으로 해고시켰을 경우 한사람당 200-1000- 비법적으로 로력을 1일간 채용한 경우 한사람당 100-150€까지
   - 로력보장기관의 승인이 없이 로력을 비법적으로 해고시켰을 경우 500-1000€
   - 휴직기간 또는 산전산후휴가기간 로력을 해고시켰을 경우 700-1000€
4. 로동보수를 정해진대로 지불하지 않았을 경우 200-1만€까지
   - 로동보수를 정확히 계산지불하지 않았을 경우 1만€
   - 같은 로동을 한 종업원에게 성별, 년령에 관계없이 로동보수를 꼭같이 지불하지 않은 겨우 한사람당 200-1000€
   - 종업원 월로임최저기눈보다 낮게 로동보수를 지불한 경우 한사람당 300-2000€
   - 조업준비기간이 지난 후에도 로동보수를 종업원월로임최저기준보다 적게 지불한 경우 한사람당 500-4000€
   - 정기 및 보충휴가, 산전산후 휴가비를 지불하지 않았을 경우 휴가비를 지불하고 한사람당 100-7000€
   - 휴가기간에 있는 종업원에게 작업을 시키고 로동보수를 규정대로 지불하지 않았을 경우 1000€
   - 양성기간, 기업의 책임으로 일을 하지 못하여 지불하는 생활보조금을 주지 않았을 경우 3000€
   - 야간작업 또는 연장작업을 시키고 그에 해당한 로동보수를 지불하지 않은 경우 3000€
   - 기업이 자체의 사정으로 종업원을 내보내면서 보조금을 지불하지 않았을 경우 보조금을 지불하고 4000€
5. 로동보호안전 및 산업위생조건을 제대로 보장하지 않았을 경우 300-2만€까지
   - 로동보호조건을 제대로 갖추어 주지 않았을 경우 1만5천-2만€

- 로동안전조건을 보장하지 않았을 겨우 1만-2만€
- 로동보호물자와 작업필수품들을 제대로 공급하지 않았을 경우 300-1000€
6. 정상적인 로력관리사업을 방해하였을 겨웅 100-3000€까지
7. 이밖에 법규를 어겼을 경우 50-1만€까지

제91조 다음의 경우에는 기업의 영업을 중지시킨다.
1. 종업원에게 로동안정시설 및 로동보호조건을 규정대로 갖추어주지 않았을 경우
2. 직업동맹조직의 적벚적인 활동에 지장을 주었을 경우
3. 정해진 비용을 제대로 납부하지 않았을 경우

제92조 로력보장기관의 승인없이 로력자를 채용 및 해고시키거나 로동조건과 생활조건을 충분히 보장해주지 않았을 때에는 해당한 법적 제재를 준다.

제93조 이 세직의 집행과 관련한 의견상이는 당사자들사이에 협의의 방법으로 해결한다. 협의의 방법으로 해결할수 없는 분쟁은 조정이나 중재, 재판의 방법으로 해결할수 있다.

제94조 이 세칙의 집행과 관련하여 의견이 있는 기업이나 종업원은 라선시인민위원회와 관리위원회, 해당 기관에 신소할수 있다. 신소를 받은 기관은 30일 안으로 표해처리하고 그 결과를 신소자에게 알려주어야 한다.

저자약력

▶ 한국외국어대학교 박사
▶ 고려대학교 북한학연구소 연구교수 역임
▶ 연세대학교 사회복지대학원 박사후 연수과정(Post-Doctor) 이수
▶ 한국보건사회연구원 통일사회보장연구단 단장(연구위원) 역임
▶ 현재 통일사회복지학회 회장
▶ 현재 사회복지공동모금회 중앙배분위원
▶ 현재 신한대학교 대학원 사회복지학과 교수
   · E-mail: cslee1028@hanmail.net

〈대표 저서〉
『북한사회복지: 반복지의 북한』(2004년 대한민국학술원 우수도서)
『북한사회복지의 변화와 전망: 탈사회주의의 전주곡』
『북한사회복지법제: 알파와 오메가』
『7·1조치와 북한』(공저)
『북한보건의료법제: 원문과 해설』(공저)
『사회복지학(소)사전』
『긴급구호, 북한의 사회복지: 풍요와 빈곤의 이중성』
『김정은시대의 경제와 사회』(공저)
『통일한국 사회보장체계 구축을 위한 기초연구』(공저)
『통일 이후 북한 지역 사회보장제도: 통합기 단일체제』(공저)
『남북한 사회복지 통합 쟁점과 정책과제: 북한의 전달체계를 중심으로』(공저)
『통일의 인구·보건·복지 통합 쟁점과 과제』(공저)
『북한의 노동시장』(공저)
『통일과 사회복지』(공저)
『통일복지 디자인: 엑스(X)자 시소』 외 졸저